U0856271

中国文学艺术界联合会年鉴

China Federation of Literary and Art Circles Yearbook

《中国文学艺术界联合会年鉴》编委会　编

2021

新 华 出 版 社

图书在版编目（CIP）数据

中国文学艺术界联合会年鉴.2021/《中国文学艺术界联合会年鉴》编委会编.
北京：新华出版社，2022.9
ISBN 978-7-5166-6462-9
Ⅰ.①中… Ⅱ.①中… Ⅲ.①中国文学艺术界联合会－2021－年鉴Ⅳ.① I2－26
中国版本图书馆CIP数据核字（2022）第178845号

中国文学艺术界联合会年鉴·2021

编　　者：《中国文学艺术界联合会年鉴》编委会

出 版 人：匡乐成　　**封面设计：**朱　江
责任编辑：张　谦

出版发行：新华出版社
地　　址：北京石景山区京原路8号　　**邮　　编：**100040
网　　址：http：//www.xinhuapub.com
经　　销：新华书店、新华出版社天猫旗舰店、京东旗舰店及各大网店
购书热线：010-63077122　　**中国新闻书店购书热线：**010-63072012

照　　排：朱江工作室
印　　刷：北京鑫益晖印刷有限公司

成品尺寸：210mm×285mm　　**印　　张：**44.25
彩插印张：5.75　　**字　　数：**1580千字
版　　次：2023年1月第一版　　**印　　次：**2023年1月第一次印刷

书　　号：ISBN 978-7-5166-6462-9
定　　价：398.00元

图书如有印装问题请与印刷厂联系调换：010-87300139

《中国文学艺术界联合会年鉴》(2021)
编辑委员会

韩新安　　中国音乐家协会分党组书记、驻会副主席、秘书长

徐　里　　中国美术家协会分党组书记、驻会副主席、中国文联美术艺术中心主任

杨发航　　中国曲艺家协会分党组书记、驻会副主席

罗　斌　　中国舞蹈家协会分党组书记、驻会副主席、中国文联舞蹈艺术中心主任

邱运华　　中国民间文艺家协会分党组书记、驻会副主席、秘书长

郑更生　　中国摄影家协会分党组书记、驻会副主席、中国文联摄影艺术中心主任

李　昕　　中国书法家协会分党组书记、驻会副主席

唐延海　　中国杂技家协会分党组书记、驻会副主席、中国文联杂技艺术中心主任

范宗钗　　中国电视艺术家协会分党组书记、副秘书长

张俊峰　　北京市文联办公室主任

王世农　　山东省文联党组书记、副主席

王守国　　河南省文联党组书记、副主席

邓长青　　湖北省文联党组书记、常务副主席

夏义生　　湖南省文联党组书记、副主席

王　晓　　广东省文联党组书记、专职副主席

石才夫　　广西壮族自治区文联党组成员、副主席

王艳梅　　海南省文联作协专职副主席

陈若愚　　重庆市文联党组书记、副主席

平志英　　四川省文联党组书记、常务副主席

兰义彤　　贵州省文联党组书记、副主席

李　琦　　云南省文联党组成员、副主席

段胜前　　西藏自治区文联党组书记、副主席

吴丰宽　　陕西省文联党组书记、常务副主席

王登渤　　甘肃省文联党组书记、主席

雷　忠　　宁夏回族自治区文联党组成员、副主席

谷晓恒　　青海省文联副主席

邓选斌	新疆维吾尔自治区文联党组书记
李　斌	新疆生产建设兵团文联党组成员、副主席
庞崇娅	中国煤矿文联主席
徐文荣	中国石油文联主席
李　强	中国铁路文联秘书长兼副主席
张小明	中国电力文协副主席
司毅兵	中国水利文协秘书长
李云鹏	中国石化文联主席
孙　洁	全国公安文联秘书长
郝敬华	中国人民银行文联主席
郭永琰	中国金融文联副主席兼秘书长

《中国文学艺术界联合会年鉴》（2021）
编 辑 部

《中国文学艺术界联合会年鉴》(2021)
撰 稿 人

武震鑫	邓　攀	李翌辰	刘燕铭	孙晋耀
展华云	冷　玉	王　威	杨军良	张　扬
李春光	卢明英	韩雪竹	甘益聪	李维娟
李　楠	吕　欣	冷　怡	张　黎	魏　江
莫惊涛	柏媛媛	董大汗	吴美玲	王菲菲
张小卫	唐　坤	程　溪	赵　彤	胡天正
郑培亮	郭云鹏	任　娟	谈媛媛	王　飞
郑津昱	李晓宇	樊丽红	张娜娜	徐　鹏
赵　旺	姜尚普	常　明	林　晗	邓婉莹
汤学君	吴　瑾	何冰凌	邹冰婵	方　毅
陈　聪	毛　杰	刘多斌	王涘海	孙广雪
王　迅	蒋锦璐	温航军	沈　琛	伍震环
张维佳	梁　磊	江金玉	雷　海	那　坤
刘彦宏	李洪川	郭苓伶	魏　军	李　军
徐　梓	徐　敏	刘　鹏	王　丹	马德仲
吴宗润	吴美杰			

《中国文学艺术界联合会年鉴》(2021)
编 辑 说 明

一、《中国文学艺术界联合会年鉴》(以下简称《中国文联年鉴》)由中国文学艺术界联合会(以下简称中国文联)主办，中国文联、中国艺术报社、新华出版社联合编辑出版。《中国文联年鉴》是一部全面反映我国文联系统工作情况的综合性年刊，创刊于2007年，面向全国发行，本卷为第十五卷。

二、《中国文联年鉴》坚持以习近平新时代中国特色社会主义思想为指导，全面贯彻落实党的十九大和十九届二中、三中、四中、五中全会精神，贯彻落实习近平总书记关于宣传思想工作、文艺工作和文联工作的重要论述，深入贯彻落实全国宣传思想工作会议和全国宣传部长会议部署，力求全面准确客观真实地反映中国文联及各团体会员全年工作成就、事业发展状况和总体工作情况，以发挥年鉴的资治、宣传、交流、存史作用，总结经验、加强交流，不断开创文联工作新局面。

三、《中国文联年鉴》内容有：重要讲话及文献，重要会议、活动，团结引导、联络协调、服务管理、自律维权，中国文联各团体会员工作情况，中国文联大事记等。《中国文联年鉴》内容翔实、数据准确、覆盖面广、史料性强，是中国文联各团体会员及相关部门、单位必备的参考工具书。

四、《中国文联年鉴》采用篇目、类目、分目、条目四级编辑体例，并分别以不同字体、字号加以区分，条目为年鉴内容的基本载体。

五、文联工作与发展情况是本刊的主要内容，着重在以下篇目中反映：

《**重要讲话及文献**》：中央、上级主管部门领导同志和中国文联主要领导关于文联工作的重要讲话，有关重要文献。

《**重要会议、活动**》：中国文联的重要会议、具年度特色或品牌意义的重要活动，以及文艺界名人纪念活动等。

《**团结引导、联络协调、服务管理、自律维权**》：中国文联及各直属单位开展的重要工作。

《**中国文联各团体会员（一）**》：中国文联所属各全国文艺家协会开展的主要工作。

《**中国文联各团体会员（二）**》：各省（自治区、直辖市）文联，新疆生产建设兵团文联和产（行）业文联的主要工作。

《**中国文学艺术界联合会大事记**》：对中国文联在2020年度所开展重要工作的记录。

《中国文联年鉴》主要内容由中国文联各团体会员、中国文联机关各部门及各直属单位提供。

Content

目 录

重要讲话及文献

重要会议、活动

重要会议活动

品牌活动

全国性文艺大奖、艺术节

文艺志愿服务活动

重点文艺工程

文化名人、著名艺术家纪念活动

团结引导 联络协调 服务管理 自律维权

组织联络工作

对外及对港澳台地区文化交流工作

理论研究

权益保护

出版业改革发展与管理

出版管理与服务

党的建设工作

机关建设

文艺研修

基金会工作

中国文联出版社

中国艺术报社

中国文联各团体会员（一）

中国戏剧家协会

中国电影家协会

中国音乐家协会

中国美术家协会

中国曲艺家协会

中国舞蹈家协会

中国民间文艺家协会

中国摄影家协会

中国书法家协会

中国杂技家协会

中国电视艺术家协会

中国文艺评论家协会

中国文联各团体会员（二）

北京市文联

天津市文联

河北省文联

山西省文联

内蒙古自治区文联

辽宁省文联

吉林省文联

黑龙江省文联

上海市文联

江苏省文联

浙江省文联

安徽省文联

福建省文联

江西省文联

山东省文联

河南省文联

湖北省文联

湖南省文联

广东省文联

广西壮族自治区文联

海南省文联

重庆市文联

四川省文联

贵州省文联

云南省文联

西藏自治区文联

陕西省文联

甘肃省文联

青海省文联

宁夏回族自治区文联

新疆维吾尔自治区文联

新疆生产建设兵团文联

中国石油文联

中国石化文联

中国铁路文联

中国煤矿文联

中国电力文协

中国水利文协

全国公安文联

中国人民银行文联

中国金融文联

2020年中国文学艺术界联合会大事记

索　引

彩色插页

编委名单

中国文联2020年工作回顾

中国文联各团体会员（一）

中国文联各团体会员（二）

中国文联十届五次全委会

1月7日，中国文联十届五次全委会在京召开。图为会议现场。

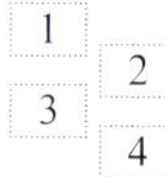

1. 1月7日，中国文联十届五次全委会在京召开。图为中国文联主席、中国作协主席铁凝主持会议。
2. 中国文联党组书记、副主席李屹作工作报告。
3. 中国文联党组成员、副主席李前光通报中国文联十届四次全委会以来中国文联全委变动情况。
4. 中国文联党组成员、副主席陈建文通报《中国文联第十届主席团第七次会议关于同意中国检察官文联不再作为中国文联团体会员的决议》。

1月7日，中国文联十届五次全委会在京召开。图为会议现场。

1月7日，中国文联十届五次全委会在京召开。图为会议现场。

文艺志愿服务

1
2 3
4

1. 中国文联领导会见 2019 年度学雷锋志愿服务“四个 100”先进典型暨疫情防控最美志愿者代表。
2. 5 月 16 日，中国文艺志愿服务“以艺战疫”数字博物馆启动仪式上，中国文艺志愿者协会主席冯巩（右）为首件藏品油画作品《春天终会到来》的捐赠者、中国美协主席范迪安颁发收藏证书。
3. 10 月 30 日，中国文联新时代文明实践文艺志愿服务项目扩大试点工作培训会在京召开。
4. 10 月 15 日，在第 7 个“10 · 17 国家扶贫日”即将来临之际由中国文联、中国音协、中国文艺志愿者协会主办，中国文联文艺志愿服务中心、中国文联音乐艺术中心承办的“‘大道康庄’中国文联 2020 年文艺扶贫原创歌曲演唱会”在北京二七剧场举办。

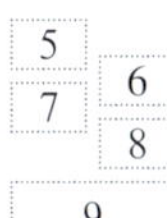

5. 12 月 13 日，组织举办"学习雷锋好榜样"中国文联学雷锋文艺志愿服务团走进雷锋精神发祥地辽宁抚顺特别节目，成立学雷锋文艺志愿服务先锋队。
6. 2020"我们的中国梦"——文化进万家启动仪式上佟丽娅、辛柏青、平安、王丽达演唱《我们都是追梦人》。
7. 11 月 4 日，中国文联学雷锋文艺志愿服务团走进湖南湘西花垣县慰问演出，姜昆、牛群、大兵等带领全体观众演唱《学习雷锋好榜样》。
8. 11 月 15 日，中国文联学雷锋文艺志愿服务团走进"南水北调"中线水源地。
9. 12 月 4 日，"文艺进万家健康你我他"中国文联新时代文明实践学雷锋文艺志愿服务队走进山东临沂莒南慰问演出。

对外及对港澳台交流

1. 9 月，由中国文联、中国外文周主办的纪念联合国成立 75 周年线上艺术研讨会 云合影。
2. 参加国际艺术理事会亚洲片会。
3. 11 月，“濠江之春——澳门与内地艺术家大联欢”嘉宾合影。
4. 11 月，“濠江之春——澳门与内地艺术家大联欢”在澳门举办“大美河北。风情燕赵”摄影展。
5. 10 月 22 日至 24 日，中国文联全委会委员陈志威书画展在澳门举办。中国文联港澳台办公室副主任张锡海参加书画展。
6. 11 月，中国文联香港会员总会成立。

理论研究

1. 6月30日，中国文联理论研究室举办《2019中国艺术发展报告》云发布仪式。
2. 9月16日，中国文联理论研究室在山东青州召开加强县级文联工作专题调研座谈会，听取部分省市基层文联组织建设的意见建议。
3. 11月5日至6日，中国文联在京召开习近平总书记文艺工作重要论述理论研讨会。图为大会分组讨论现场。
4. 12月17日至18日，中国文联理论研究室组织召开中国文联第二期意识形态工作培训班。
5. 11月5日至6日，中国文联在京召开习近平总书记文艺工作重要论述理论研讨会。图为大会开幕式现场。

出版和权益保护

1. 9月27日，中国文联出版工作会议在京召开。中国文联党组成员张雁彬出席会议并讲话。
2. 10月29日，中国文联、中国剧协文艺法律志愿服务活动走进北京码字人书店，特邀法律专家面向戏剧、影视工作者举办著作权公益讲座沙龙，开展普法宣传。
3. 12月2日，2020年中国文联系统法律顾问工作会举行。
4. 12月24日，中国文联党组成员张雁彬赴中国摄协走访调研并与中国文联所属图书出版单位进行座谈。
5. 邀请法律专家撰文深入解读《民法典》。

6–8. 中国文联制作发布《民法典》学习宣传海报漫画。

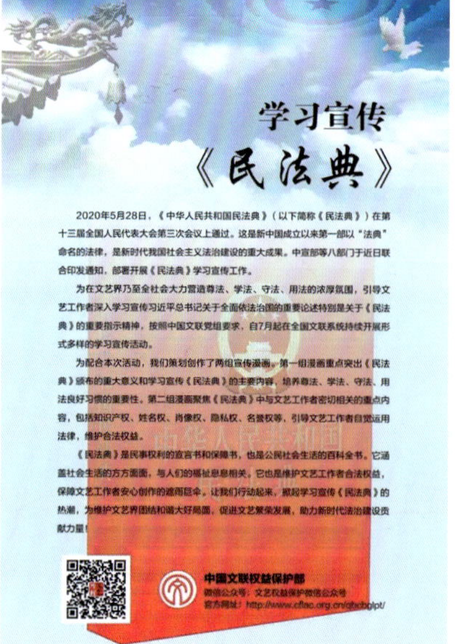

机关党纪委

1. 11月6日、中国文联党组2020年巡视工作动员部署会议在京召开。
2. 12月8日，中国共产党中国文联机关第五次代表大会在京召开。图为中国文联党组书记、副主席李屹作工作报告。
3. 12月8日，中国共产党中国文联机关第五次代表大会在京召开。图为主持和参加会议的文联领导。

4–5. 12月22日，中国文联2020年加强和改进社会组织党的建设和业务管理工作会召开。

6. 12月8日，中国共产党中国文联机关第五次代表大会在京召开。图为会议现场。

行政服务和后勤保障

1. 中国文联党组成员、副主席李前光讲授党课。
2. 中国文联党组成员、副主席李前光视察指导工作。
3. 中国文联参加控烟示范单位创建活动培训会。
4. 中国文联加强人员车辆安全管理。
5. 中国文联机关服务中心乒乓球比赛。
6. 1月，“崇德尚艺 潜心耕耘——中国文联知名老艺术家艺术成就展”在京举办。

文艺研修

1	2
3	4
5	
6	

1. 8 月，中国文联年轻干部（初任）线上培训班举办。
2. 9 月，2020 年全国新文艺群体造型艺术人才网络培训班举办。
3. “2020 携手铸梦”曲艺组合影。
4. “2020 携手铸梦”书法组现场辅导。
5. 第 11 期全国少数民族地区文艺骨干研修班专业辅导现场。
6. 11 月，苏州吴中高层次文艺人才研修班现场教学走进北京胡同。

中国文联出版社

1	2
3	4
	5
6	

1. 6月，《2019中国艺术发展报告》云发布，中国文联党组成员、书记处书记董耀鹏出席并为新书揭幕。
2. 3月，中国民协"两大工程"工作推进会会议现场。
3. 中国文联举办青年干部职工"学习习近平新时代中国特色社会主义思想"主题演讲比赛。
4. 9月，《葱茏十年》新书首发式现场。
5. 图为中国文联出版社出品的"社会主义核心价值观"2021年新春祥瑞包。
6. 12月，中国文联出版社党总支书记、董事长尹兴讲"为把文联社建设成受人尊重的知名文化品牌而奋斗"主题党课。

中国艺术报

1	2
3	4
5	
6	

1-2. 9月，报社主办的“现证·前行——广西环江毛南族实现整族脱贫摄影展”举办。

3. 10月，报社参与主办的2020京东文学盛典之夜，在京举行。

4. 报社主办的大巴山文艺推优工程启动仪式海报。

5-6. 11月，报社参与主办的“正本清源守正创新”苏州吴中高层次文艺人才研修班学员晋京作品汇报展现场。

基金会发展

1	2
3	4
5	6
7	

1. 3月4日，中国文学艺术基金会携手音乐人郭峰、倾情推出了战“疫”歌曲《等我回家》MV，点击量超过1.2亿。图为郭峰将该歌曲公益使用权捐赠给中国文学艺术基金会，秘书长向云驹为郭峰颁发捐赠证书。
2. 4月30日，由中国文学艺术基金会、文投控股股份有限公司联合主办的“中国文学艺术基金会冰雪文化专项基金”启动仪式在北京冬奥组委首钢小公区举行。北京冬奥组委专职副主席、秘书长韩子荣、中国文联副主席、中国文学艺术基金会理事长左中一等出席启动仪式。
3. 基金会资助的《百年巨匠》纪录片项目在2020年陆续完成了建筑篇等多部人物专题片的拍摄。图为纪录片海报。
4. 8月7日，基金会资助甘肃陇南市武都区文联开展脱贫攻坚美术书法回顾展、题写制作匾额和文艺扶贫三下乡项目——“文艺助力脱贫，书画提振精神”挂牌活动。
5. 11月6日晚，由中国文学艺术基金会澳门文化艺术专项基金资助的“2020濠江之春——魅力江南·上海市及长三角文艺演出”在澳门文化中心开演。
6. 12月21日，中国文学艺术基金会第五届理事会第七次会议召开，图为会议现场。
7. 1月15日，基金会主办的“魅力校园”第二十届全国校园春节大联欢活动“向梦想出发”在京举行。

Important speeches、documents

2021

重要讲话及文献

坚定文化自信　担当文化使命
努力开创中国戏剧和杂技事业发展新局面

——在中国戏剧家协会第九次全国代表大会、
中国杂技家协会第八次全国代表大会开幕式上的讲话
（2020年12月14日）

中共中央政治局委员、中央书记处书记、中宣部部长　黄坤明

在全国上下深入贯彻党的十九届五中全会精神、即将开启全面建设社会主义现代化国家新征程的重要历史时刻，中国戏剧家协会第九次全国代表大会、中国杂技家协会第八次全国代表大会隆重开幕了。这是全国戏剧界和杂技界的一件盛事。谨向大会胜利召开表示热烈的祝贺！向各位代表、全国戏剧和杂技工作者致以崇高的敬意和亲切的问候！

党的十八大以来，以习近平同志为核心的党中央高度重视文化文艺工作，十分关心戏剧和杂技事业，十分关怀广大戏剧和杂技工作者。今年9月22日，习近平总书记主持召开教育文化卫生体育领域专家代表座谈会，对繁荣发展文艺事业提出明确要求。10月23日，习近平总书记专门给中国戏曲学院师生回信，强调要坚定文化自信，弘扬优良传统，坚持守正创新，在教学相长中探寻艺术真谛，在服务人民中砥砺从艺初心，为传承中华优秀传统文化、建设社会主义文化强国作出新的更大的贡献。这些都体现了习近平总书记对包括戏剧、杂技在内的文艺事业的充分肯定和殷切期望，也为戏剧和杂技艺术发展指明了方向。几年来，戏剧和杂技创作始终坚持以人民为中心，优秀作品层出不穷，优秀人才不断涌现，演出市场日趋活跃，行业生态持续优化，中外交流日益频繁，为繁荣社会主义文艺、提高中华文化影响力作出了积极贡献。特别是涌现出许多深受观众喜爱的精品力作，给人以审美的享受，给人以思想的启迪，反映了这些年戏剧和杂技磨砺精品、勇攀高峰的艺术追求。

党的十九届五中全会对“十四五”时期文化建设作出全面部署，提出到2035年建成文化强国的战略目标。站在“两个一百年”奋斗目标的历史交汇点上，中国戏剧和杂技事业舞台广阔、大有可为。我们要深入学习贯彻习近平总书记关于文艺工作的重要论述，始终牢记党的嘱托和人民期盼，抓住历史机遇，担当文化使命，推动中华文化创造性转化、创新性发展，创作出更多彰显时代主题、体现实践要求、满足人民期待的艺术精品，努力开创中国戏剧和杂技事业发展新局面，为提高国家文化软实力、建设社会主义文化强国再立新功。

一、秉承正确的历史观，自觉担当起记录历史、书写时代的重任

戏剧和杂技艺术，承载着历史的文化积淀，展现着时代的精神风貌。许多作品之所以成为传世佳作，很重要的就是因为植根时代沃土、紧扣时代脉搏、反映时代变迁，构成了一个时代的记忆和标识。近年来，戏剧界、杂技界紧紧围绕党和国家工作大局，在改革开放40周年、新中国成立70周年等重大时间节点中，在决胜全面小康、决战脱贫攻坚的伟大实践中，创作了一批反映历史进程、富有时代气息的优秀作品。特别是在抗击新冠肺炎疫情的斗争中，大家倾情投入、全力以赴、潜心创作，推出了许多感人至深的作品，讲述了万众一心、艰苦卓绝的抗疫故事，歌颂了党领导人民铸就的伟大抗疫精神，让人深受感染、深受鼓舞。我们即将迎来中国共产党成立100周年，向着第二个百年奋斗目标进军。希望广大戏剧和杂技工作者增强历史自觉，强化责任担当，不仅要做历史变迁的参与者、见证者，更要做时代创造的记录者、时代精神的弘扬者，为建设现代化国家、推进民族复兴进程立传，为新时代的奋斗者、建设者画像，彰显初心使命，展现人民力量，引导人们把握历史前进方向，挺立时代发展潮头，坚定信心、鼓足干劲，在新时代新征程上不断铸就新的历史伟业。

二、践行正确的人民观，在扎根人民、讴歌人民中更好满足人民精神文化需求

戏剧和杂技艺术是人民的艺术、大众的艺术。人民群众的火热生活是艺术创作的不竭源泉，是艺术发展的深厚基础。只有深入生活、扎根人民，用心感受人民群众的喜怒哀乐，才能创作出更多充满生活气息、贴近人民情感世界的优秀作品。一些作品经久不衰、常演常新，就是因为说的事是老百姓身边的事，讲的话是老百姓自己的话。实践证明，好作品不是自己说出来的，而是靠真功夫真感情演出来的，是靠群众口碑颂扬出来的。希望广大戏剧和杂技工作者牢固树立以人民为中心的创作导向，始终把人民作为文艺表现的主体，把人民作为文艺审美的鉴赏家和评判者，把为人民服务作为宗旨和天职。要深入社会主义现代化建设第一线，深入改革开放最前沿，深入社会生活最基层，从人民中间汲取营养、激发灵感，写百姓冷暖、演人间苦乐，用现实的厚度、生活的温度感染人、激励人。要把舞台搭建在民间，把深入生活搞创作与扎根基层服务群众结合起来，让人民享受更加充实、更为丰富、更高质量的精神文化生活。

三、坚持正确的审美观，以高度的文化自信展现中华美学风范

中国的戏曲和杂技在中华大地源远流长，凝结着中华优秀传统文化精粹，体现着鲜明的中国特色、中国风格、中国气派。我们讲坚定文化自信、弘扬中华文化，繁荣戏剧和杂技艺术是重要内容、重要支撑；我们讲推动戏剧和杂技守正创新，坚守中华文化立场、发扬中华美学风范是基本取向、基本要求。希望广大戏剧和杂技工作者增强文化自觉、坚定文化自信，自觉传承中华优秀传统文化，大力弘扬中华美学精神，结合民族审美习惯发掘文化之美，结合社会变革进步彰显时代之美，结合实践发展变化彰显中国之美。要发挥戏剧在传承中华文脉、抒发家国情怀、陶冶道德情操等方面的审美功能，推陈出新、开拓创新，创作更多富有文化底蕴、反映中国精神、展现中国故事的优秀作品。要发挥杂技这一世界性艺术语言的优势，坚持以技为本、技艺并举，赋予鲜明的民族特色和审美意蕴，让民族艺术在世界舞台上绽放更亮丽的光彩。

四、树立正确的创作观，自觉砥砺从艺初心、勇攀文艺创作高峰

创作是文艺工作者的中心任务，精品是文艺工作者的永恒追求。一个时代要有与之相匹配的文艺精品、与之相呼应的文化追求，这是时代的记忆，也是文艺的使命，许多艺术家为之献出毕生心血。精品创作需要“十年磨剑”的艺术匠心、“返本开新”的信念勇气。我们正处于一个伟大的时代，人民呼唤伟大的作品。正如习近平总书记强调的，中国不乏史诗般的实践，关键要有创作史诗的雄心。希望广大戏剧和杂技工作者把创作生产优秀作品作为首要任务，坚持思想性、艺术性、观赏性有机统一，以高质量为目标、以专业性为原则，心无旁骛搞创作，深耕细作出精品。要增强创新意识、提升创新能力，在传承历史、发扬传统的基础上，全面推进理念创新、内容创新、形式手段创新，注重运用先进技术成果，使我们的戏剧和杂技作品更富时代气息，更具艺术表现力、感染力。

五、强化高尚的职业观，争做德艺双馨的文艺工作者

德是立命之本，艺为事业之基。中国戏剧和杂技事业的薪火相传、繁荣发展，离不开一代又一代德艺双馨的艺术家身体力行、言传身教。豫剧表演艺术家常香玉不但留下了许多经典剧目，而且留下了依靠募捐义演为抗美援朝捐赠战斗机的佳话。著名艺术家郭兰英一辈子为人民表演、为人民歌唱，被授予“人民艺术家”荣誉称号。新中国第一代杂技表演艺术家夏菊花，虽然已经八十高龄，仍然为中国杂技事业奔波操劳。老一辈艺术家为我们树立了“戏比天大”的榜样，确立了从艺做人的标杆，他们身上的精神是永远值得珍惜的财富。希望广大戏剧和杂技工作者继承和发扬老一辈艺术家的优良传统和崇高精神，积极践行社会主义核心价值观，把崇德尚艺作为一生的功课，坚持弘扬清风正气，坚决抵制歪风邪

气，把为人、做事、从艺统一起来，努力做到真才学、好德行、高品位。

中国戏剧家协会和中国杂技家协会是党领导下的人民团体，是党和政府联系戏剧和杂技工作者的桥梁和纽带。要认真贯彻落实党的文艺方针政策，按照党中央关于群团改革的统一部署，深入推进协会改革，不断增强政治性、先进性、群众性。要聚焦繁荣发展戏剧和杂技艺术事业的目标，认真履行团结引导、联络协调、服务管理、自律维权的职能，创新组织形式，拓宽服务渠道，延伸联系手臂，不断增强影响力、号召力和凝聚力，把广大戏剧和杂技工作者特别是新文艺组织和新文艺群体，紧紧团结在党的周围。要真诚关心、真情关爱戏剧和杂技工作者，积极帮助解决实际困难和问题，努力把中国剧协和中国杂协建设成为温暖和美的文艺家之家。

新时代新征程，中国戏剧和杂技事业天地广阔、前景无限。让我们紧密团结在以习近平同志为核心的党中央周围，牢记初心、满怀激情，锐意进取、奋发有为，不断攀登新的艺术高峰，共同开创中国戏剧和杂技事业的辉煌未来，为建设社会主义文化强国作出新的更大贡献！

牢记初心使命 坚定正确方向
为繁荣发展新时代文艺事业作出新贡献

——在中国文联十届五次全委会会议上的工作报告

（2020年1月7日）

中国文联党组书记、副主席　李　屹

各位委员、同志们：

我受中国文联主席团委托，向全委会作工作报告，请予审议。

一、认真回顾和总结2019年文联工作

2019年是新中国成立70周年，是决胜全面建成小康社会关键之年，也是中国文联深化改革深入推进之年。一年来，中国文联在党中央亲切关怀和中宣部直接领导下，深入学习贯彻习近平新时代中国特色社会主义思想和党的十九大及十九届二中、三中、四中全会精神，贯彻落实习近平总书记关于文艺工作的一系列重要讲话批示指示，团结引领广大文艺工作者不忘初心、牢记使命，围绕中心、服务大局，繁荣创作、服务人民，守正创新、锐意进取，圆满完成中国文联十届四次全委会确定的目标任务，为繁荣发展社会主义文艺事业作出了新努力新贡献。

1．扎实开展重大文艺实践，浓墨重彩庆祝新中国成立70周年。聚焦隆重庆祝中华人民共和国成立70周年这条主线，整合资源，大力开展导向鲜明、特色突出、内容丰富的系列化多样化主题文艺实践。在中宣部指导下，会同中央文明办、教育部、文化和旅游部、中国作协等部门开展“我和我的祖国”征文征集活动，征集文学类作品14万余篇、摄影作品11万余幅、短视频3000多部，举办征集作品展览，遴选一批优秀作品在中央媒体集中展示。与中宣部、北京市委、中国作协等部门联合举办“奋进新时代　礼赞奋斗者”大型音乐诗歌咏唱会，与中央党校（国家行政学院）联合举办“初心永在　放歌祖国”电视艺术家咏读音乐会。成功举办“为祖国放歌”戏剧晚会、“奋进新时代”大型原创交响合唱音乐会、庆祝新中国成立70周年优秀影片展映和经典电影音乐会、“盛世中国”大型书法展、“中国人家”摄影展等。圆满举办第16届中国戏剧节、第28届中国金鸡百花电影节、第13届全国美术作品展、第27届全国摄影艺术展、第12届全国书法篆刻作品展、第4届中国杂技艺术节、第8届中国大学生电视节等节展活动，顺利举办第17届“百花迎春”大联欢，生动彰显了中国特色社会主义的辉煌成就和强大生命力，极大地激发了人民群众的爱国热情和奋进精神。召开纪念中国文联、中国作协成立70周年座谈会，中国剧协、中国美协、中国曲协、中国舞协、中国杂协纷纷举办展览展演，全面回顾文联走过的光辉历程和取得的丰硕成果，进一步增强做好新时代文艺工作和文联工作的使命感和责任感。继续实施中国民间文学大系出版工程，着力推进“不忘初心　继续前进”——庆祝中国共产党成立100周年大型美术创作工程和重点现实题材电视剧剧本创作，重大项目取得阶段性进展，积累了用文艺的形式和力量更加积极主动地服务党和国家工作大局的做法和经验。

2．持续强化文艺界理论武装，思想政治引领更加鲜明有力。切实把学习贯彻习近平新时代中国特色社会主义思想和习近平总书记关于文艺工作的重要论述作为重要政治任务和重大政治责任扛在肩上，持续深入强化文艺界思想理论武装。坚持把培训作为开展思想政治引领的重要抓手不松劲，制定印发《2019-2022年全国文联系统文艺人才和管理干部培训规划》，完善文艺界教育培训常态化制度化机制。以思想政治理论培训为龙头，发挥重点班次的示范带动作用，突出

抓好文艺拔尖人才、中青年文艺人才、基层和创作一线文艺工作者培训，举办首期全国中青年文艺领军人才培训班、第14期全国中青年文艺人才高级研修班、第4期全国新文艺群体拔尖人才高级研修班等。区别不同情况，注意分级分类，不断扩大覆盖面，全年共举办各类培训班148个，累计培训文艺工作者近1.3万人次。其中举办专门面向新文艺组织和新文艺群体的培训班38期，参训人员3370名，新文艺群体学员占全年培训学员比例近35%。持续开展“崇德尚艺 做有信仰有情怀有担当的新时代文艺工作者”巡回宣讲活动，组织13位创作一线的文艺名家，进行4轮主题宣讲，行程5万多公里，首次实现省级文联全覆盖，凸显了榜样的示范引领效应。与此同时，也有力带动了各团体会员单位巡回宣讲活动的有效开展。通过持续有力的思想政治引领，广大文艺工作者进一步增强了对党的基本理论、基本路线、基本方略的政治认同、思想认同、情感认同，进一步坚定了用马克思主义文艺观指导文艺实践的理论自觉和行动自觉。

3．广泛开展“深入生活、扎根人民”主题实践和文艺志愿活动，服务大众更加用心用力。扎实开展增强“脚力、眼力、脑力、笔力”教育实践，持续完善“深入生活、扎根人民”主题实践常态化工作机制。组织广大文艺工作者聚焦现实题材，深入基层一线开展采风创作，实施大型影像跨界驻点调研创作工程、“文质兼美”优秀基层书法家创作活动，举办“同心曲”音乐创作成果演唱会、“走四方”舞蹈展演、全国农民画创作展等展演展示。精心开展2019元旦春节“我们的中国梦 文化进万家”活动，组织51支文艺志愿服务小分队赴江苏徐州、海南琼山、中建五局建设工地、西昌卫星发射基地等进行慰问演出、辅导培训、展览展示、采风创作，面对面直接服务基层群众10万余人，切实把丰富的精神大餐送到百姓身边。扎实推进“到人民中去”“送欢乐下基层”和各全国文艺家协会文艺志愿服务活动常态化，赴新疆克拉玛依、广西百色、四川凉山、湖北麻城等20多个地区进行慰问演出。深入开展文艺扶贫志愿服务，赴甘肃武都等地进行定点帮扶，组织30余位美术家、书法家采风创作、举办展览，捐赠书画作品110件。组织24名优秀词曲作家深入12个国家级贫困县开展文艺扶贫歌曲创作，举办“奋进小康路 唱响幸福歌”文艺扶贫原创音乐会。有针对性地开展武陵山集中连片特困区文艺扶贫系列活动。继续开展文艺支教、文艺培训，在中西部15个省、自治区的31个贫困县实施乡村学校少年宫艺术辅导员培训计划。积极推进文艺志愿服务与新时代文明实践中心建设相结合，对48个新时代文明实践中心试点县开展结对帮扶，在山东试点实施“文艺进万家 健康你我他”文艺志愿服务项目，推动文艺志愿服务向更广更深更实的方向拓展。

4．大力加强文艺界行风建设和文艺工作者职业道德建设，文艺生态日益健康清朗。贯彻习近平总书记关于坚持用明德引领风尚的明确要求，大力加强文艺界行风和道德建设，努力培养有信仰、有情怀、有担当的文艺工作者队伍。发挥中国文联职业道德建设委员会和各全国文艺家协会行风建设委员会积极作用，建立文艺工作者职业道德建设联席会议工作机制，召开行风建设和职业道德建设推进会，组织开展“讲品位讲格调讲责任，抵制低俗庸俗媚俗”专项工作，及时处置一批违纪违法、失德失范会员，科学研判应对泛娱乐化、恶意调侃、学术不端等文艺热点问题，努力营造健康清朗的文艺生态。探索建立符合文艺界特点和文艺发展规律的行业管理机制，推动中国舞协、中国曲协等文艺家协会制定相关领域的行业标准和行业规范，在行业联盟、艺术教育、职业道德规范、演出场所管理等方面进行有益尝试。持续实施“艺坛大家”和“艺苑百花”优秀文艺工作者宣传推介项目，深入挖掘传播文艺工作者崇德尚艺的鲜活事例，举办钱松喦、王朝闻、李焕之、尹瘦石、古元、石鲁、吴冠中等名人纪念活动，广泛号召学习“人民艺术家”国家荣誉称号获得者王蒙、秦怡、郭兰英的感人事迹，拍摄完成田华、李谷一、周令钊等老艺术家人物专题片，组织举办沈鹏、吴雁泽、李维康等老艺术家成就展，连续在《中国艺术报》刊发中青年艺术家专访文章数十期，为传承弘扬德艺双馨精神、树立文艺界新风正气发挥了重要作用。

5．切实加强和改进文艺评奖评论，引导文艺精品创作更加精准有效。加大文艺创作扶持力度，把牢正确导向，完善机制保障，有效提升引导的组织化程度和引领水平。创作扶持资源向中青年文艺工作者特别是新文艺群体倾斜，全年资助“中国精神·中国梦”主题文艺创作工程和青年文艺创作扶持计划项目63个，其中新文艺群体项目32个，助推文艺精品的涌现和优秀人才的成长。重点扶持项目歌剧《呦呦鹿鸣》、歌曲《小村微信群》获得第15届精神文明建设“五个一工程”优秀作品奖。各全国文艺家协会进一步修订完善文艺评奖制度，着力加强对评奖重点环节的监管把关，规范评审程序，健全管理机制，不断提升文艺评奖的公信力引导力影响力。成功举办第29届中国戏剧梅花奖、第23届曹禺剧本奖、第32届中国电影金鸡奖、第12届中国音乐金钟奖、第3届中国美术奖、第12届中国舞蹈荷花奖（民族民间舞）、第14届中国民间文艺山花奖评选活动，共有75部作品和51名文艺工作者受到表彰奖励，授予17位老艺术家“中国文联终身成就艺术家”荣誉称号。持续深入实施文艺评论工程，举办第5届全国中青年文艺评论骨干研讨班、第2届文艺评论新媒体培训班，组织开展文艺评论“西湖论坛”“长安论坛”、戏剧创作高峰论坛、全国美术高峰论坛、华语青年影像论坛、高等院校曲艺教育峰会、中国舞蹈高峰论坛、“源流·时代”书法论坛等系列研讨活动，举办第4届“啄木鸟杯”中国文艺评论年度推优活动，曲艺、杂技等艺术门类学科建设和高等院校本科教材编辑出版工作取得阶段性成果。进一步加强文艺评论组织建设和阵地建设，编撰出版《2018中国艺术发展报告》。充分发挥中国艺术报等文联所属各类媒体的导向作用，在引导创作、推出精品、提高审美、引领风尚方面取得新成效。

6．积极开展对外和对港澳台民间文艺交流，服务党和国家外交外宣大局愈益务实活跃。配合党和国家外交外宣大局，充分发挥文联组织在民间文化交流中的独特优势，更好推动中国文化“走出去”走深走实。赴巴拿马、古巴、墨西哥举办2019“今日中国”艺术周，举办“艺术与和平”中国当代美术巡展、第12届巴黎中国曲艺节、“汉字之美”中国书法立陶宛展，赴德国、英国举办文艺人才高研班等。紧扣国家“一带一路”倡议，举办“一带一路”国际音乐季、中国电影展映、“丝路筑梦”摄影季、丝绸之路佛教泥塑展，开展中印传统舞蹈对话、“顶尖舞者”海外巡演等。发挥我国在艺术交流中的主场优势和主导作用，圆满举办第11届中国国际民间艺术节、第8届北京国际美术双年展、第3届深圳国际摄影大展、第7届亚洲微电影艺术节、第19届中日韩电视制作者论坛、第3届中美影视创新峰会、第74届国际青年音乐联盟代表大会、第3届国际摄影研讨会、第11届国际马戏论坛、首届国际说唱幽默艺术节等，吸引了一批国际艺术同行关注和了解中国，用艺术的方式向全世界传递中国声音、讲述中国故事、展现中国形象。围绕粤港澳大湾区建设等国家战略和澳门回归祖国20周年等重要节点，举办首届粤港澳大湾区国际舞蹈季、第11届海峡两岸暨港澳地区艺术论坛、“濠江之春”澳门与内地艺术家大联欢、“庆祝澳门回归”华人歌曲音乐盛典、澳门回归20周年摄影展和舞蹈展演、第3届中华曲艺港澳情展演、“中华情·中国梦”中秋展演、第9届海峡两岸曲艺欢乐汇、第8届海峡两岸电视艺术节等，连续5年培养澳门中青年艺术人才累计79人次，加深了中华儿女的文化认同、情感联系和精神归属感，提升了中华民族的凝聚力向心力。

7．统筹推动文联深化改革取得重要进展，文联组织焕发出新的生机和活力。坚持顶层设计与基层探索相结合，持续推动文联深化改革稳中有进，文联组织的生机和活力得以激发和显现。指导31个省级文联深化改革方案全部出台，推动文联系统改革向市县级延伸。据了解，全国现有409家地市级文联中，已有366家出台深化改革方案，比占达89.5%。全国3528个县级行政区中，成立县级文联组织的有2584个，占比达73%。首次召开全国基层文联工作座谈会，交流经验、明确思路，凝聚形成“坚定方向、把握导向，围绕中心、服务大局，强化职能、扩大覆盖，繁荣文艺、服务人民，因地制宜、开拓创新，自加压力、主动作为”的广泛共识，推动基层文联通过深化改革开创工作新局面。高度重视新文艺组织、新文艺群体工作，中国文联党组成员分赴各省区市开展专题专项调研，探索研究制定加强团结引领“文艺两新”健康成长的具体措施办法。2019年，各全国文艺家协会已建立新文艺群

体代表人士人才库，共发展新文艺群体会员1256人，占新增会员总数的27.93%。深入推进“互联网+文联”“互联网+协会”建设，各全国文艺家协会均建立会员数据库，初步实现主要业务线上线下一体化运行，会员联络服务等基础性工作得到进一步加强。深入推进文联所属传统媒体和新媒体融合发展，以中国文艺网为龙头的28个网站和117个新媒体组成的矩阵效应正在形成。文联重点工作、重大活动、重要会议实现线上同步直播，一批原创短视频、音频、动漫等网络文艺节目浏览量突破亿级。首次发布《中国网络文艺发展研究报告（2018-2019）》，填补了国内网络文艺蓝皮书的空白。制定中国文联贯彻落实《关于加强和改进出版工作意见》的实施方案，加大对中国文联所属图书、报刊的监督检查和管理力度。组织召开文联报刊企业改革与发展经验现场交流会，深化期刊出版单位改革，完成中国文联所属各出版社公司制改制任务。大力推进法治文联建设，举行中国文联系统法律顾问工作推进会，制定《中国文联关于推行法律顾问制度的意见》，防范化解法律风险，提高文联组织运用法治思维和法治方式开展工作的本领和能力。创新文艺维权机制，以文艺法律志愿服务为重要载体，突出为“文艺两新”提供维权服务。组织文艺维权交流培训，不断提升维权服务的能力和水平。定期面向文艺界开展法律宣传，举办“知识产权宣传周”和“宪法宣传周”活动，扩大文艺维权的知晓度、覆盖面和影响力。

8．认真组织“不忘初心、牢记使命”主题教育和巡视整改，文联工作科学化制度化规范化水平日益提升。始终坚持把党的政治建设放在首位，全面落实党组（分党组）全面从严治党主体责任，深入扎实开展“不忘初心、牢记使命”主题教育。聚焦深入学习贯彻习近平新时代中国特色社会主义思想，精准把握“守初心、担使命、找差距、抓落实”总要求，坚持把学习教育、调查研究、检视问题、整改落实贯穿始终，主题教育在理论学习有收获、思想政治受洗礼、干事创业敢担当、为民服务解难题、清正廉洁作表率上取得显著成效。积极配合中央第六巡视组对中国文联进行专项政治巡视，针对巡视组意见和反馈问题，制定整改落实方案。精心开展中央和国家机关工委党的政治建设重点督查整改工作。制定印发《中国文联党建工作责任制实施办法》，进一步压紧压实文联机关党建领导责任。严格落实意识形态工作责任制，开展常态化督查，强化业务培训。以贯彻落实《中国共产党宣传工作条例》为契机，修订《中国文联新闻宣传工作管理办法》，首次出台《中国文联新媒体管理办法》《中国文联加强网络评论队伍建设实施意见》等，切实加强对文艺活动、评论评奖、理论研讨和报刊出版等意识形态阵地的监督管理。认真贯彻落实《中国共产党支部工作条例》，实施中国文联基层党组织建设质量提升三年行动计划，着力增强文联基层党组织组织力。大力加强干部队伍作风建设，制定《关于进一步激励中国文联系统干部担当作为干事创业的实施办法》等配套文件，努力营造干事创业的良好环境。全面落实从严治党和党风廉政建设主体责任，严格贯彻执行中央八项规定及实施细则，签订《全面从严治党主体责任书》，深入开展党风廉政建设和反腐败斗争，召开警示教育大会，引导文联党员干部以案为戒、严格遵纪守法。通过上述工作，推动文联党员干部进一步提高政治站位、增强综合素质、转变工作作风，文联自身建设的科学化制度化规范化水平得到了有力提升。

一年来，各地文联、各产行业文联认真贯彻落实中央决策部署和各地党委政府、上级组织要求，贯彻落实中国文联十届四次全委会工作安排，呈现出新的发展态势，迸发出新的动力活力。一是从党政所需、业界所盼、自己所能的领域找准工作着力点，抓住重大工作部署、重大活动、重点建设工程和重要时间节点，策划承办主题鲜明、丰富多彩的大型文艺活动，有效服务经济社会发展大局，增强了文联影响力凝聚力；二是把满足人民群众精神文化生活新期待作为工作目标，有序开展经常性群众文艺实践，打造形成一批叫得响、传得开、立得住、留得下的特色品牌，涵养了有关地方和行业领域的文化生态；三是在实践中不断深化对文联职责使命的认识，真正把“做人的工作”突出出来，牢固树立人才意识，重视加强对新文艺组织和新文艺群体的团结引领，广泛吸纳各领域各层次的文艺人才，凝聚起了数量可观的基层文艺工作者队伍；四是主动争取党委政府支持和相关部门配合，把文联改革纳入改革总体规划，积极破解文联发展难题，加快推进文联深化改革步伐，文联组织覆盖不断扩大，文联工作条件逐步改善，组织活力和履职能力得到明显提升；五是一些地方文联紧紧抓住新时代文明实践中心建设的机遇，发挥专业优势和人才优势，组建新时代文明实践中心文艺志愿服务队伍，常年活跃在农村、社区、学校、厂矿、部队等基层一线，为推动新时代精神文明建设作出积极贡献；六是各地文联在开展会员培训、“互联网+文联”建设、主题文艺实践、文艺志愿服务等方面给予了中国文联有力支持和有效配合，为推动形成全国文联一盘棋工作格局发挥了重要作用。

同志们，2019年全国文联系统各方面成绩的取得，是党中央亲切关怀和中宣部正确领导的结果，是广大文艺工作者团结一心、共同奋斗的结果，是主席团各位成员、全委会各位委员和各级文联干部认真履职、积极奉献的结果，是社会各界热情关注、大力支持的结果。在此，我谨代表中国文联主席团，向大家表示衷心感谢和诚挚敬意！

在充分肯定成绩的同时，我们也要清醒地看到，对照习近平总书记关于文艺工作的重要论述和寄予广大文艺工作者的殷切厚望，对照新时代党和国家事业发展赋予文联的职责使命，对照人民群众对美好精神文化生活的新期待，我们的工作还有许多不足和不小差距。比如，全国文联系统特别是基层文联深化改革进展仍比较缓慢，一些重点改革任务和难点问题亟需破解；“深入生活、扎根人民”的长效机制有待进一步完善，引导推动文艺精品创作的措施还不够有力、效果还不够明显；文艺领域治理体系和治理能力建设较为薄弱，加强行业服务、行业管理和行业自律，发挥文联组织行业建设主导作用还有许多工作要做；顺应文艺新业态发展趋势，团结引领新文艺组织和新文艺群体的方法举措还不够多样、成效还不够突出；基层文联组织建设和工作发展不平衡现象依然存在，文联基层基础工作薄弱的局面还没有得到根本扭转。这些问题都迫切需要我们在今后的工作中深入研究，努力加以解决。

二、准确把握方位，坚持守正创新，切实担当新时代文艺事业和文联工作的职责使命

党的十八大以来，党和国家高度重视文艺事业和文艺战线，习近平总书记对文艺工作格外重视、格外关心，对文艺工作和文联工作多次发表重要讲话、作出指示批示。去年年初以来，习近平总书记亲切看望参加全国政协十三届二次会议的文艺界社科界委员并发表重要讲话，致信祝贺中国文联、中国作协成立70周年，专门就新中国70年电影发展作出重要批示，对文艺事业、文联工作寄予厚望，为我们开创文艺工作和文联工作新局面指明了前进方向、提供了根本遵循。去年6月中央颁布的《中国共产党宣传工作条例》，首次以党内法规的形式对意识形态工作作出重大决策部署，对文艺工作承担的五项任务作出明确规定。去年10月召开的党的十九届四中全会，在坚持和完善中国特色社会主义制度，推进国家治理体系和治理能力现代化的战略全局工作中，从体制机制层面对推动文艺事业健康发展作出了重大制度安排，对文艺工作和文联工作提出了新的更高要求。我们一定要认真学习、跟进学习、深刻领会习近平总书记关于文艺工作的重要论述和中央的新精神新部署新要求，按照刚刚召开的全国宣传部长会议精神，坚持守正创新，不断校准工作方位，认真履行主责主业，切实抓好贯彻落实。

1．深入学习贯彻习近平新时代中国特色社会主义思想，准确认识和把握文联组织的政治定位。古人云，欲事立，须是心立。坚持用科学理论武装头脑，以科学理论引领行动，是文联组织在新时代迎接新挑战、完成新使命的根本保证。习近平新时代中国特色社会主义思想是马克思主义中国化最新成果，深入回答了时代之问、实践之问、人民之问，深刻揭示了强党之路、强国之路、民族复兴之路，是全党全国人民的思想之旗和精神之魂。习近平总书记关于文艺工作的重要论述，是习近平新时代中国特色社会主义思想的重要组成部分，深化了我们党对文艺工作的规律性认识，是中国化的马克思主义文艺理论，是马克思主义文艺观的当代教科书。在新的征程上，文联组织要履行好新时代的职责使命，一刻也离不开习近平新时代中国特色社会主义思想的强大指引。我们一定要把习近平新时代中国特色社会主义思想作为主心骨、定盘星，深入领会贯穿其中的马克思主义立场观点方法，特别是深入学习领会习近平总书记关于文艺工作的重要论述，在学懂弄通做实上下功夫，把学习成果切实转化为

增强“四个意识”、坚定“四个自信”、做到“两个维护”的政治自觉、思想自觉和行动自觉，转化为正确的世界观、人生观、价值观，更加有力地承担起举旗帜、聚民心、育新人、兴文化、展形象的使命任务。要进一步提高政治站位，在党和国家事业全局、宣传思想战线大局中准确认识和科学把握文联组织的政治定位，自觉坚持党对文艺工作和文联工作的全面领导，牢牢把握政治性是文联组织第一属性、文联工作是政治工作、文联组织是政治组织的要求。自觉强化中国文联及各团体单位党的政治机关意识，以政治建设为统领，全面加强文联组织党的建设，以党建带队伍、抓管理、强基础、促业务，增强文联组织的政治功能，更好地承担起团结引导广大文艺工作者听党话、跟党走的政治责任，为文联组织的改革发展提供坚强思想政治保证。

2．始终坚持马克思主义在意识形态领域指导地位这一根本制度，牢牢把握社会主义文艺前进的正确方向。习近平总书记指出，马克思主义就是我们党和人民事业不断发展的参天大树之根本，就是我们党和人民不断奋进的万里长河之泉源。党的十九届四中全会第一次把马克思主义在意识形态领域指导地位确立为中国特色社会主义的一项根本制度，这是关系党和国家事业长远发展、关系我国文化前进方向和发展道路的重大理论创新。我国文艺发展的历史和实践充分表明，只有坚持马克思主义指导地位，中国特色社会主义文艺才能固本开新、永葆生机，才能开创繁荣兴盛的生动局面，反之就会迷失方向、丢掉灵魂，就会导致不良文艺思潮沉渣泛起，造成文艺领域的混乱。我们一定要坚持中国特色社会主义文化发展道路，把准社会主义先进文化前进方向，坚定文化自信，坚持守正创新，坚持为人民服务、为社会主义服务的方向，坚持百花齐放、百家争鸣的方针，坚持创造性转化、创新性发展，大力弘扬社会主义核心价值观，传承中华优秀传统文化，推出更多无愧于时代、无愧于人民、无愧于民族的文艺精品，不断满足人民精神文化需求，更好地巩固全体人民团结奋进的共同思想道德基础。要牢牢掌握党在文艺领域意识形态工作的领导权，发扬斗争精神，澄清模糊认识，耐心细致引导偏颇认识，旗帜鲜明反对错误认识，切实维护文艺领域意识形态安全。加强文艺阵地的建设和管理，注意区分政治原则问题、思想认识问题、学术观点问题、艺术表现问题，坚持具体问题具体分析，是什么问题就解决什么问题，无论处理什么问题，都要最大限度地调动文艺界积极性，都要最广泛地把文艺工作者团结在党的周围，凝聚在中国特色社会主义旗帜下。

3．紧紧围绕创作优秀作品这一中心环节，持续推进新时代文艺高峰建设。习近平总书记强调，作品是文艺工作者的安身之本，要把创作生产优秀作品作为文艺工作的中心环节，把提高质量作为文艺作品的生命线。繁荣文艺创作、推出精品力作是我国文艺事业发展的重大战略任务，也是文联工作的重要目标追求。一切优秀文艺工作者的艺术生命都源于人民。要在创作导向上，始终坚持以人民为中心；在创作理念上，始终坚持创造性转化、创新性发展；在题材选择上，始终坚持与时代同步伐；在创作方法上，始终坚持扎根生活、扎根人民；在创作评价上，始终坚持把社会效益放在首位；在创作心态上，始终坚持摒弃浮躁、增强定力。要积极观照改革进程中社会的全面进步和人的全面发展，在火热的生活中积累鲜活生动的素材，以充沛的激情、生动的笔触、优美的旋律、感人的形象，展现时代的变迁，表现中国人民刚健有为、昂扬向上的精神风貌，反映人民群众的喜怒哀乐和多彩人生，创作生产出思想精深、艺术精湛、制作精良相统一的优秀作品，大力讴歌党、讴歌祖国、讴歌人民、讴歌英雄，真正做到胸中有大义、心里有人民、肩头有责任、笔下有乾坤，努力铸就中华民族伟大复兴时代的文艺高峰。

4．高度聚焦“做人的工作”这一核心任务，自觉担负团结引领文艺工作者的重大责任。习近平总书记指出，哪里有文艺工作者，文联、作协的工作就要做到哪里。文联组织是党和政府联系广大文艺工作者的桥梁纽带，是党领导下的人民团体，担负着做好所联系的文艺界群众工作的重要任务。党中央赋予文联十六字基本职能，无论是团结引导、联络协调，还是服务管理、自律维权，这些职能归根结底就是“做人的工作”。我们一定要进一步转变思想观念，在谋划推进文联深化改革特别是文联的组织架构、职能任务、活动策划、业务考核中，都要体现“做人的工作”这一核心理念和要求。要切实把团结引导和服务管理结合起来，遵循群团工作特点和文艺发展规律，最广泛地把各领域各层级的文艺工作者、文艺从业者、文艺爱好者团结凝聚起来，为国家的富强民主文明和谐美丽贡献力量。要尊重文艺工作者的创造性劳动和艺术个性，政治上充分信任，创作上热情支持，生活上关心爱护，营造有利于文艺发展的良好社会环境。要眼睛向下、重心下沉，诚心诚意同文艺工作者交朋友，经常同他们进行面对面、心贴心的思想交流和情感沟通，多做得人心、暖人心的事，努力把实事办好，把好事办实。特别是要积极延伸工作手臂，主动加强对“文艺两新”的团结引导服务。要有针对性地加强调查研究，了解新文艺群体的生存状况、从业情况和专业诉求，尽最大可能帮助他们强信心筑同心，把千千万万文艺从业者、爱好者团结起来，凝聚起文艺战线的磅礴力量，推动文艺事业呈现出百花齐放的蓬勃景象。

5．积极融入推进国家治理体系和治理能力现代化的时代洪流，不断探索发挥行业建设主导作用的实现途径。习近平总书记指出，文联组织要强化行业服务、行业管理、行业自律，发挥在行业建设中的主导作用，不断增强行业影响力。党的十九届四中全会对新时代群团组织参与创新社会治理、行业治理、基层治理提出了新任务新要求。文艺领域是推进国家治理体系和治理能力现代化的重要方面，文联组织作为文艺界群团组织是推进文艺领域国家治理体系和治理能力现代化的重要力量。我们一定要继续推进文联深化改革，把强基础、补短板与立机制有机结合起来，切实增强政治性、先进性、群众性，发挥组织优势和行业优势，积极参与国家治理体系和治理能力现代化建设。要支持和代表文艺工作者，依法、有序、广泛参与管理国家事务、社会事务和文化事业，积极反映文艺界的利益诉求和意见建议。要科学制定行业标准、行业规范，有效开展行业评价，积极协调利益、化解矛盾、整合力量，推动文艺行业服务、行业管理、行业自律有序推进。要支持基层文联积极参与政府治理、社会调节和居民自治的良性互动，使基层文联组织和基层文艺工作者、基层文艺爱好者成为推动基层社会治理的重要力量。文艺界公众人物多、受关注度高、社会影响大，一言一行都具有示范带动作用，在社会治理中的作用不容忽视。近年来，少数文艺从业者违法失德甚至犯罪，损害了文艺界的整体形象，在社会上也造成不良影响，切实加强文艺领域行业治理已成为社会共识。我们要进一步加强顶层设计，争取各方支持，协调运用法治、道德、科技、行政等多种手段，完善倡导讲品位讲格调讲责任、抵制低俗庸俗媚俗的工作机制，增强行业治理的整体性、协同性、系统性、精准性，形成综合联动的行业治理平台，为推动国家治理体系和治理能力现代化发挥更大作用。

三、科学谋划和安排2020年工作任务

2020年是全面建成小康社会和“十三五”规划收官之年，是脱贫攻坚的决战之年。做好今年文联工作，具有特殊重要的意义。今年文联工作的总体要求是：坚持以习近平新时代中国特色社会主义思想为指导，全面贯彻落实党的十九大和十九届二中、三中、四中全会精神，贯彻落实习近平总书记关于宣传思想工作重要思想和关于文艺工作的重要论述，坚持稳中求进、守正创新、务求实效，围绕学习宣传贯彻习近平新时代中国特色社会主义思想这一首要政治任务，围绕决胜全面建成小康社会、决战脱贫攻坚这一主基调，围绕坚持和完善繁荣发展社会主义先进文化的制度，以推动文艺高质量发展为主线，以深化文联改革为动力，以强化制度建设为保障，固基础、扬优势，强弱项、补短板，激活力、抓落实，努力实现服务大局有新作为、政治引领有新成效、精品创作有新成果、服务人民有新举措、自身建设有新进展，团结引导广大文艺工作者，为繁荣发展新时代社会主义文艺事业作出积极贡献。

1．坚持以政治建设为统领，切实加强文艺界理论武装和思想引领。党的政治建设是党的根本性建设，旗帜鲜明讲政治是群团组织和群团工作的灵魂，必须以此为统领，推动文联工作全面发展。要把党的政治建设要求体现到文联工作的全过程和各方面，深入贯彻落实中央《关于加强党的政治建设的意见》，提高政治站位，增强政治自觉，提供政治保障，努力把广大文艺工作者紧紧团结在党的周围。要引导广大文艺工作者深

入学习贯彻习近平新时代中国特色社会主义思想和习近平总书记关于文艺工作的重要论述，建立健全用党的创新理论武装文艺工作者的制度，推动学习宣传贯彻党的创新理论不断往深里走、往实里走、往心里走。要把教育培训作为加强文艺界思想政治引领的重要载体和有力抓手，落实好全国文联系统文艺人才和管理干部培训规划，完善常态化培训机制，突出抓好思想政治理论培训，重在提升培训质量，进一步优化学员遴选机制，创新教学模式、打造培训品牌，不断提升教育培训的系统性、针对性和实效性。加大对新文艺群体及中青年一线文艺工作者的培训力度，增加班次、扩大规模，继续拓展培训覆盖面。重点办好中青年文艺领军人才、文艺业务骨干、新文艺群体拔尖人才、少数民族文艺骨干、新入会会员等研修培训班次。加快开发建设“文联网络培训云平台”，推动文联线上线下培训协调发展。持续发挥榜样的引领作用，深入开展“崇德尚艺做有信仰有情怀有担当的新时代文艺工作者”巡回宣讲，用艺术的语言讲政治，用故事的形式讲道理，调动省区市文联组织的活力和积极性，推动活动向地市县延伸，使德艺双馨的精神追求在文艺界蔚然成风。

2．紧扣党和国家中心工作及重要时间节点，广泛扎实开展主题文艺实践活动。围绕中心、服务大局是文艺事业和文联工作的职责所系、价值所在。要紧扣决胜全面小康、决战脱贫攻坚、建党100周年等重要时间节点和重大主题，举办脱贫攻坚主题戏剧作品晋京展演、“一个也不能少”全国脱贫攻坚摄影大展、新时代曲艺星火扶贫工程巡礼、脱贫攻坚主题书法作品大展、“小康欢歌”新创歌曲演唱会、金钟之星“一带一路”民族音乐会、大型原创交响合唱“奋进新时代”全国巡演、全国小剧场剧目展演、第13届全国美术作品展览巡展、北京国际美术双年展巡展、第7届全国道德模范故事汇基层巡演、“书写新时代”新文艺群体书法创作展等各类展演、展映、展示、研讨活动，充分展现新时代的生动气象，凝聚起砥砺追梦的奋进力量。着力办好第29届中国金鸡百花电影节、第10届中国曲艺节、第8届中国舞蹈节、第12届中国民间艺术节、第13届摄影艺术节、第10届全国农民摄影大展、第13届中国金鹰电视艺术节、第9届中国大学生电视节、第7届中国校园戏剧节、第9届全国少儿曲艺展演、中国农民艺术节等重要节展活动，引导文艺工作者更好构筑中国精神、中国价值、中国力量。举办“我们的节日”、“中华情·中国梦”中秋文艺展演、长江流域戏剧节、“听见中国听见你”歌曲推选、马街书会曲艺展演、“摄影发现中国”、“同心同书·祖国新春好”等活动，传承中华优秀传统文化，大力弘扬以爱国主义为核心的伟大民族精神。主题文艺实践活动要把握正确的政治方向、舆论导向、价值取向，坚持节俭、精致、高效原则，集中优势资源，提前统筹规划，精心组织实施，注重提高思想性、艺术性、观赏性，充分发挥文艺凝聚力量、振奋精神、鼓舞人心的独特作用。

3．健全完善引导文艺创作生产的激励机制，努力推出更多高质量文艺作品。助力繁荣创作、推出精品是文联工作必须履行的重大职责。要继续围绕现实题材，提高创意策划能力，注重从基础环节扶持原创，推出富有感染力吸引力、既叫好又叫座的文艺精品。要把作品质量放在更加突出的地位，在主题提炼、内容表达、形式呈现上下功夫，抓好重大示范性创作项目的组织实施。持续推进“不忘初心 继续前进”——庆祝中国共产党成立100周年大型美术创作工程、中国民间文学大系出版工程、中国民间工艺传承传播工程、重点现实题材电视剧剧本创作计划等。进一步完善优秀作品扶持奖励机制，重点在前期策划、采风创作、评论引领、激励表彰等环节给予精准扶持。继续开展“中国精神·中国梦”主题文艺创作工程和青年文艺创作扶持计划。组织第33届中国电影金鸡奖、第35届大众电影百花奖、第11届中国曲艺牡丹奖、第12届中国舞蹈荷花奖、第15届中国民间文艺山花奖、第13届中国摄影金像奖、第7届中国书法兰亭奖、第30届中国电视金鹰奖等评奖工作，建立健全评奖标准，强化评奖导向功能。加大对优秀获奖作品、优秀文艺人才的宣传推介力度，注重评奖与推出新人新作相结合。要推进“互联网＋文艺评奖”建设，促进传统媒体与现代传播方式的深度融合，强化权威发布，不断提升文艺评奖引导力影响力。发挥中国文艺评论家协会的龙头作用和各全国文艺家协会理论专业委员会的骨干作用，巩固评论阵地，团结更多优秀评论人才，对文艺思潮倾向、热点文艺现象、重点文艺作品开展客观、理性、公正、有效的评论。举办第6届全国中青年文艺评论骨干研讨班，组织开展第2届网络文艺评论大赛、校园戏剧发展论坛、音乐评论推优、美术高峰论坛、曲艺教育峰会、高等书法教育论坛、摄影理论研讨会、杂技高峰论坛、文艺评论“西湖论坛”“民族文艺论坛”等系列研讨活动，以强有力的文艺批评引导创作、助力推出精品。

4．围绕保障人民文化权益，不断提升文艺志愿服务的质量和水平。文化小康是全面小康的重要内容，满足人民群众多方面多层次多样化的精神文化需求是文艺和文联工作的出发点和落脚点。要始终把“文化惠民、文化为民、文化乐民”作为根本宗旨，推动“深入生活、扎根人民”主题实践活动制度化、常态化，完善各全国文艺家协会深入生活采风创作管理办法及实施细则，组织动员、鼓励引导越来越多的文艺工作者走进社区、走进乡村、走进基层，让人民群众感受到文化带来的获得感幸福感。要继续组织音乐家赴边疆少数民族地区采风创作，继续推进“影像见证新时代　聚焦扶贫决胜期”驻点调研创作工程，扩大覆盖面、增强实效性。助力国家乡村振兴战略实施，持续推进“文艺扶贫奔小康”志愿服务行动，开展“送欢乐下基层”“到人民中去”“美育筑梦”“唱响幸福歌”“祖国不会忘记”等各类品牌活动。积极参与公共文化服务体系建设，坚持“送文化”与“种文化”相结合，推动乡村学校少年宫艺术辅导员培训计划、文艺支教、文艺培训等项目落地生根，进一步拓展受益群体，不断促进基层艺术教育发展。文艺志愿服务要实现与新时代文明实践中心建设的全面对接，推动多方联动，加强资源整合，进一步探索“文艺进万家　健康你我他”新时代文明实践文艺志愿服务模式，助力建设有强大生命力和创造力的社会主义精神文明。要加强文艺志愿者协会组织建设，规范健全文艺志愿者注册管理、星级评定和激励嘉许制度，广泛吸纳优秀文艺人才入会。主动参与全国“四个100”学雷锋志愿服务典型宣传推选活动，在文艺界大力弘扬奉献、友爱、互助、进步的志愿精神。

5．延伸工作手臂、扩大工作覆盖，进一步团结凝聚新文艺组织和新文艺群体。团结引领“文艺两新”是文联组织面临的新课题新挑战，也是拓展文联工作的新机遇新空间。要持续深入开展“文艺两新”调查研究，全面掌握新文艺组织和新文艺群体基本情况，系统分析特点规律、发展趋势，为进一步做好团结引领工作创造条件。召开全国“文艺两新”工作座谈会，总结先进经验，部署全国文联系统当前和今后一个时期团结引领“文艺两新”工作。在中宣部的统筹指导下，参与制定做好新文艺群体工作的指导意见，探索搭建面向“文艺两新”的行政管理与行业建设协同平台。积极推动新文艺群体专业技术职务评审、从业资质认定等工作进入操作性阶段。建立“文艺两新”健康发展专项扶持基金，继续实施创作扶持计划。协调有关部门，完善政府购买服务相关政策规定，支持“文艺两新”作为社会力量参与公共文化服务。贯彻落实中国文联新文艺群体团结引领工作的意见，进一步修订完善各全国文艺家协会个人会员入会细则，吸收新文艺群体中的优秀人才入会，提升新文艺群体在个人会员中的构成比例。要密切关注“文艺两新”聚集区，指导基层文联与他们建立经常性联系制度，探索属地管理和行业管理相结合的工作新模式，推动团结凝聚“文艺两新”工作迈出新步伐。

6．牢牢抓住行风建设突破口和切入点，切实加强文艺工作者职业道德建设和人才队伍建设。行风是反映文艺界行业素质、能力、形象、生态的一面镜子，体现着文艺工作者的思想境界、价值追求、职业道德、精神面貌。要持续深入开展“崇德尚艺、潜心耕耘”主题实践活动，贯彻中央印发的《新时代爱国主义教育实施纲要》和《新时代公民道德建设实施纲要》，引导督促文艺工作者自觉践行社会主义核心价值观，遵守法律法规，恪守职业道德，承担社会责任。精心组织开展第5届中青年德艺双馨文艺工作者评选表彰工作，展现文艺工作者高贵的思想品质和高尚的道德操守，让全社会看到文艺界的主流和良好社会形象。统筹文艺人才队伍建设长远目标和近期任务，进一步做好文艺人才工作规划，完善人才工作制度。要办好曹禺、张君秋、杨兰春、沈亚威、吴印咸等知名艺术家纪念活动。继

续实施“艺坛大家”和“艺苑百花”项目，开展音乐骨干人才培养、顶尖舞者工程、曲艺名家专家创作示范工程、电视新文艺群体英才培养“登攀计划”等，评选、授予成就卓著的老艺术家“中国文联终身成就艺术家”荣誉称号。开展行业组织评价体系调研，逐步推进分级分类的行业标准和行业规范建设。要依托各全国文艺家协会专委会、艺委会、学会，推动各艺术门类的行业自律制度建设，建立负面清单，明确惩戒措施，对已颁布出台的行业自律公约制定配套实施办法。进一步加强各全国文艺家协会会员管理，增强职业道德约束，定期开展失德失范、违纪违法情况排查，建立健全会员准入和退出机制。完善应急处置机制，充分发挥中国文联职业道德建设联席会议作用，及时处置重大违法失德事件，发出主流声音，加强正面引导，批评不良现象。要积极协调协同相关部门，建立约束和惩戒文艺工作者违法失德行为的联动机制，共同维护健康的行业发展生态。

7. 在深化改革中坚持问题导向、目标导向、效果导向，切实加强文联基层基础工作。守正创新，是习近平总书记对新时代宣传思想工作提出的明确要求，深化改革是守正创新的重要体现。中国文联深化改革阶段性工作已基本完成，全国文联系统深化改革已经迈入纵深推进、攻坚克难的关键时期。要坚持“全国文联工作一盘棋”理念，在夯实基础、发扬优势的同时，强化弱项、补足短板，推动基层文联深化改革落地落实。加大统筹协调力度，督促尚未出台改革方案的10.5%的地市文联，争取各方支持，推动深改方案全面出台。要加强基层文联组织建设，积极推进出台关于加强县级文联组织建设的意见，在中宣部和各级党委宣传部门的有力支持和具体指导下，争取推动市县级文联组织机构全覆盖。加强上级文联对下级文联的工作指导和业务指导，强化基层文联干部业务培训，提高基层文联工作的科学化规范化制度化水平。适应时代需求和顺应业界呼声，畅通各类文艺工作者入会渠道，大力发展基层协会会员，让更多的基层文艺工作者、文艺爱好者加入文联队伍。加强会员动态管理，努力完成各全国文艺家协会、各省级文艺家协会会员重新登记工作。搭建协会会员在线服务管理平台，推进会员资料信息化网络化使用，实现会员入会网上申报、审批和公示。加强对协会主席团成员和理事会成员的履职考核，引导艺术家发挥自身专业优势和社会影响，积极参与文联协会工作。切实维护文艺工作者合法权益，加强与业界权益保护组织的联络合作，为文艺工作者开辟更多的维权渠道和服务平台。加强文艺维权法律宣传，持续办好“中国文联知识产权宣传周”系列活动，不断提高文艺工作者维权意识和能力。继续开展各项法律志愿服务，为广大文艺工作者特别是新文艺组织和新文艺群体提供有效管用的维权服务。深入开展文艺维权调研，充分反映业界维权呼声。积极推进文联系统法律顾问工作，不断增强法律风险防范能力。进一步加强文艺维权组织建设，切实提高维权干部的专业素养和服务能力。

8. 充分发挥民间外交独特作用，切实提升对外和对港澳台文化交流的针对性影响力。配合服务国家总体外交外宣战略和布局，充分发挥人文外交柔性作用，是文联组织的一项重要任务。要加强统筹谋划、优势互补，整合各艺术门类资源，广泛开展形式多样、丰富多彩的对外和对港澳台文化交流活动。聚焦当代现实题材、聚力讲好中国故事，着力办好“今日中国”艺术周、中韩日戏剧节、全国美展海外巡展、“一带一路·金钟华韵”中国音乐海外巡演、中国舞蹈“荷花奖”艺术团海外巡演、“中国美术世界行”系列展、中华曲艺海外行、巴黎中国曲艺节、德国中国曲艺周、中外青年摄影联展、国际书法大展、“金菊飘香　中国之夜”魔术演出等品牌活动。拓展交流渠道，在欧盟总部、加拿大、亚美尼亚等举办扶贫成就摄影展，展示新时代中国脱贫攻坚成果，宣传中国特色社会主义的伟大成就。组织开展中日、中韩人文交流合作框架内项目和中印建交70周年交流项目，推动与加拿大、意大利、越南、丹麦、芬兰、瑞典、瑞士、新加坡等开展多领域文化交流与研修培训。同时，要加强对国外受众的话语体系、文化心理和审美需求的研究，进一步向国外主流社会和普通民众拓展，不断提升对外文化交流感染力、亲和力、影响力。积极“请进来”，举办第4届中印音乐节、第18届中国国际摄影艺术展览、第4届深圳国际摄影大展、第14届国际书法大展、中印建交70周年城市片展映等活动，促进中外文艺交流互鉴。着力加强与国际音乐理事会、国际青年音乐联盟、国际说唱艺术联盟、世界马戏联盟年会、亚洲魔术大会等国际艺术组织的沟通交流，不断扩大中华文艺的国际话语权。打造中国文联对外传播窗口，推进中国文艺网外文版建设，注重运用外媒加强宣传推介，不断增强对外传播话语权。落实中央对港澳台工作部署，加强与港澳台文艺家、文艺从业者的联络沟通，发挥好中国文联及各全国文艺家协会港澳台全委、理事、代表、会员的积极作用。举办好第12届海峡两岸暨港澳地区艺术论坛、“濠江之春——澳门与内地艺术家大联欢”系列活动、第10届海峡两岸曲艺欢乐汇、第9届海峡两岸电视艺术节、民间文艺小分队赴台展演、海峡两岸青少年舞蹈交流展演、第4届香港青少年书法大奖赛、首届青少年书法夏令营等活动，进一步增强港澳台同胞特别是青少年和普通民众对中华民族和中华文化的认同感归属感。

9．严格落实意识形态工作责任制，确保文艺领域意识形态安全。意识形态决定文化前进方向和发展道路，是文联必须履职尽责的一项极端重要的工作。要严格落实《中国共产党宣传工作条例》和意识形态工作责任制，认真执行中国文联《新闻宣传工作管理办法》《新媒体管理办法》和《加强网络评论队伍建设意见》等各项制度规定，加强对评奖办节、展览展演、论坛讲座、报刊出版等意识形态阵地的建设和管理，强化组织领导、工作指导和督查考核，健全完善审核把关制度，确保意识形态安全和文化安全。要把政治方向摆在第一位，发挥好《中国艺术报》、中国文艺网等文联及协会所属各类媒体主阵地主渠道作用，加大正面宣传力度，积极扩大文联工作的传播力影响力，努力做到正能量充沛、主旋律高昂。积极稳妥推进网络和信息化工作，推动各团体会员单位信息平台、资源数据有序纳入“网上文联”系统，确保《全国文联“互联网+文艺”建设工作规划（2018-2020）》各项目标顺利实现，初步建成“网上文艺之家”，形成“全国文联一张网”。加强对文联传统媒体和新兴媒体的统筹监管，扎实推动媒体有机深度融合发展，探索建立行之有效的融媒体内容生产机制和人才使用机制。依托各级文联组织新媒体集群建设，努力打造有特色有影响的国家重点文艺网站，不断提升文联新媒体影响力。加强网络内容建设和传播手段创新，发挥文联人才资源优势，大力推动优秀文艺人才、文艺作品和重大文艺活动等优质文艺资源的数字化转化和网络化应用，逐步实现线上线下常态化同步展示传播，引导推出更多健康优质的网络文艺作品。要加强文艺界舆情的监测分析研判，旗帜鲜明反对和抵制各种错误观点，敢抓敢管、敢于亮剑，不断提高风险防控和应急处置能力，有效引领主流文艺舆论。

10．坚持以党建带群建促管理，推动文联自身建设迈上新台阶。持续加强党的建设是做好新时代文联工作的根本保证。扎实开展巡视整改是中国文联2020年党的建设一项重大政治任务。文联党组必须切实担负起全面整改落实的主体责任，贯彻落实中央第六巡视组反馈意见和中央巡视办整改要求，认真对照巡视整改方案，科学制定任务书、时间表、路线图，实施跟踪问效，逐项对账销号，以自我革命的精神和“钉钉子”的韧劲抓紧抓好整改落实。要坚持立行立改、以改促建，不等不靠不拖，突出制度建设，不断完善各项规定规则和办法措施，进一步建立健全落实全面从严治党要求、加强党风廉政建设的长效机制。修改完善《中国文联巡视工作实施办法》，谋划启动开展内部巡视。切实推动文联党建工作高质量发展，层层传导压力，压紧压实主体责任。坚持把党的政治建设摆在首位，坚持把讲政治作为第一位的要求，把忠诚可靠作为第一位的标准，落实好中央《关于加强和改进中央和国家机关党的建设的意见》，带头增强“四个意识”，坚定“四个自信”，做到“两个维护”，发挥“三个表率”，建设让党中央放心、让人民群众满意的模范机关。要切实加强党员干部思想理论武装，强化制度意识，办好学习贯彻党的十九届四中全会局处级领导干部培训班，强化党性教育和党性锻炼，引导文联党员干部修好共产党人的“心学”。严格党内政治生活，以落实支部工作条例为抓手，从理论学习、“三会一课”、主题党日活动切入，认真执行各项制度规定，扎实推进党支部标准化规范化建设。深入推进增强“四力”

教育实践，继续加大文联局级领导班子和干部队伍建设力度，注重发现培养优秀年轻干部，不断优化文联干部队伍结构，发挥好各个年龄段干部的作用。积极推动重点岗位干部的交流轮岗工作。切实做好中国剧协、中国音协、中国舞协、中国书协、中国杂协和中国评协换届工作。加强干部日常教育管理监督，大力加强作风建设和纪律建设，坚决反对和防止形式主义、官僚主义，从源头上防范“四风”问题发生，加大执纪问责力度，深化运用监督执纪“四种形态”，严肃查处违纪问题，坚持用制度管权、管人、管事，努力建设一支政治过硬、素质优良、勤奋敬业、廉洁自律、担当作为的文联干部队伍。

同志们，今天，我们正站在实现“两个一百年”奋斗目标的历史交汇点上，伟大的时代召唤着我们接续奋斗，伟大的事业激励着我们不懈奋斗。让我们更加紧密地团结在以习近平同志为核心的党中央周围，践行使命勇担当，重整行装再出发，同心同德、奋发有为，努力开创文艺事业和文联工作新局面，为决胜全面小康、决战脱贫攻坚，实现中华民族伟大复兴的中国梦作出新的更大贡献！

在“转变作风，重心下沉，广泛联系、紧紧依靠广大文艺工作者，切实增强文联组织政治性先进性群众性”专题研讨会上的讲话

（2020年6月18日）

中国文联党组书记、副主席　李　屹

同志们：

最近一段时间，中国文联和各协会集中开展了“转变作风，重心下沉，广泛联系、紧紧依靠广大文艺工作者，切实增强文联组织政治性先进性群众性”专题研讨，这是中国文联党组为了进一步推进巡视整改落实落地的一次思想再发动、再动员，同时也是对新时代文联组织根本属性、使命任务、职能职责的再认识、再深化。各协会根据要求组织不同范围的座谈研讨，有的协会还通过问卷等形式，开展线上线下的交流。今天，我们进行集中座谈，就是希望通过深入研讨交流，进一步理清方向思路，形成深入基层、重心下沉，扎实整改、深化改革的思想共识。刚才，协会几位同志从密切与基层组织的联系、加强对“文艺两新”的团结引领、找准回应基层组织和文艺工作者诉求、提升会员联络服务水平、下沉重心推动组织一体化等不同角度，作了很好的发言，介绍了工作思路和做法，提出了很有针对性的意见建议。听了以后，很受启发。

文联作为文艺界党的群团组织，中央交给我们最核心的任务，就是广泛地团结引导文艺工作者听党话、跟党走，繁荣创作、服务人民。我们说履行文联的使命任务，这就是最根本的使命任务，我们说讲政治，这就是最大的政治。2017年文联深化改革以来，文联及协会按照中央的部署要求，推动工作理念思路的转变、工作范围职能的拓展、工作重心作风的转变、工作机构职责的优化、工作机制手段的创新，进行了一系列探索实践，取得了显著的阶段性成果，文联整体工作面貌有了可喜的新的变化，工作质量水平得到较大提升。但同时也应该看到，我们工作中仍然有一些基础性问题还没有解决好、解决到位，一些创新的工作机制载体还不够成熟，一些新的工作领域有的还没有真正破题。工作的理念思路还不够清晰，工作的重点着力点还不够突出，力量分布、资源配置还不够合理，亟须通过进一步深化改革加以解决。中央两次巡视文联反馈问题都指出，文联和协会重心下沉不够，存在联系文艺工作者不广泛不紧密的问题，也说明我们这方面的问题没有得到根本解决。我感到这其中深层次原因或者说问题根源所在，还是没有贯彻落实好“做人的工作”理念，没有很好地围绕这个核心理念来统筹谋划工作，真正下沉工作重心，扎扎实实把工作落到实处。我们开展研讨的目的就是要再进一步聚焦问题、统一共识，切实解决好工作理念、工作重心方面存在的问题。下面我讲几点意见，与大家共同探讨。

一、深刻认识把握新形势下“做人的工作”的丰富内涵和时代要求

我们说文联及协会是“做人的工作”的，这是一种形象的概括，也是思考认识问题的一种方法思路，就是以这个核心理念为主线，围绕“面向、联系、服务、依靠”广大文艺工作者的思路来谋篇布局，写好“做人的工作”这篇大文章。

第一，准确把握新形势下文联工作重心的转移，真诚面向、密切联系广大文艺工作者。我们“做人的工作”首先要搞清楚“为了谁”的问题。新形势下文艺工作的一个重要变化，就是文艺工作者和从业人员队伍不断发展壮大，队伍构成多元多样，新的有生力量不断增长，给文艺队伍建设提出新的课题和挑战。习近平总书记在中国文联十大、中国作协九大开幕式上的重要讲话中明

确要求，哪里有文艺工作者，文联、作协的工作就要做到哪里。要加强联络，延伸工作手臂，把千千万万文艺从业者、爱好者凝聚起来，不断增强组织吸引力。我们要按照习近平总书记的要求，加快文联协会工作作风和工作重心的转变，从过去主要面向知名文艺家，拓展到面向广大基层一线文艺工作者和“文艺两新”，不断创新机制载体，延伸工作手臂，扩大组织覆盖，广泛密切地联系他们，切实把他们团结凝聚到党的周围。

第二，准确把握新形势下文联工作思路的转换，热情服务、紧紧依靠广大文艺工作者。新的形势任务需要文联着眼整个文艺界、文艺行业履行新职能，发挥行业建设主导作用，这就要求文联协会必须打开工作视野，转换工作思路，改变那种主要靠机关干部职工开展联络服务知名艺术家的老办法。要切实树立文艺工作者的主体地位，把文艺工作者，特别是基层一线的文艺工作者作为服务对象，围绕他们来谋划展开工作，广泛开展团结联络服务，为更广大的文艺工作者热情服务。要充分信任、紧紧依靠广大文艺工作者，让文艺工作者当主角，而不是当配角、当观众。要通过激发积极性、主动性、创造性，让广大文艺工作者自觉地把思想、行动和创作统一到党的大政方针和决策部署上来，去进行富有个性的艺术追求、艺术创造和艺术表达。紧紧依靠文艺工作者，真心实意地为文艺工作者服务，是我们新形势下“做人的工作”必须理清摆正、解决好的重要问题。

第三，准确把握新形势下党的群团工作要求，着力增强文联组织的政治性先进性群众性。习近平总书记在中央党的群团工作会议上明确要求，党的群团组织要切实保持和有效增强政治性、先进性、群众性，把自己联系的群众最广泛最紧密地团结在党的周围。可以说，政治性、先进性、群众性是党的群团组织的根本属性，依托群众性这个基础，保持政治性、先进性这个本色，这是党的群团组织开展工作的基本准则。要把保持和增强政治性放在首要位置。文联和协会首先是政治组织、政治机关，必须始终坚持党对文艺工作、文联工作的领导，自觉在思想上政治上行动上与以习近平同志为核心的党中央保持高度一致。要不断创新思想政治引领的方式方法，充分发挥桥梁纽带作用，把增强政治性贯穿到“做人的工作”的全过程、各方面，切实团结引导广大文艺工作者听党话，跟党走。要把保持和增强先进性作为工作的重要着力点。紧紧扭住增强先进性这个牛鼻子，切实发挥文联和协会的人才资源优势，通过履职尽责、发挥作用、评选表彰、宣传推介等多种形式载体，建立增强先进性的常态化工作机制，充分发挥优秀文艺工作者的示范带动作用，营造崇德尚艺、学习先进、潜心耕耘、团结和谐、积极向上的良好氛围。要把保持和增强群众性作为立足之基。时刻牢记广大文艺工作者是文联和协会赖以存在的组织基础、群众基础，在广泛联系、密切联系上下功夫，不断延伸工作手臂，扩大组织覆盖，增强文联协会组织的活力吸引力，充分调动基层一线广大文艺工作者，特别是“文艺两新”的积极性、主动性、创造性，共同把文联协会建成文艺工作者的温馨和谐之家。

二、努力创新新形势下“做人的工作”的方式方法

在党的领导下，围绕党和国家工作大局，做文艺工作者的工作，这是文联的优良传统和政治优势。在新的时代条件下，文联协会必须承担起新的使命任务，进一步发挥优势，转变理念作风，全面推进机制载体创新，切实找到新形势下“做人的工作”的有效途径和可行办法。

第一，适应新的职能要求，积极探索新的工作机制。一是创新思想政治引领机制。加强思想政治引领是文联协会履行新职能的重要抓手。要积极探索常态化工作机制，对文艺骨干教育培训、优秀文艺工作者巡回宣讲等新创品牌，做到有年度计划、有职责人员、有经费保障、有督促落实。要加强力量投入和传播辐射，创新方法手段，开展有针对性的基础研究、理论阐释，在提质增效上下功夫，切实增强吸引力，扩大覆盖面，充分发挥引导示范作用。二是创新引导推动文艺精品创作机制。要把引导推动创作作为“做人的工作”的重要着力点，把引导推动创作的工作举措与文艺队伍建设的规划计划有机结合起来，使之相互促进。要通过组织实施重大主题创作、深扎采风创作、青年文艺创作扶持等品牌项目，建立与基层和文艺创作一线文艺工作者的密切联系。要加大对作品人才的评奖评论、宣传推介力度，强化对创作方向道路的引导。要着力探索引导创作常态化工作机制，加大对活跃在基层和创作一线文艺工作者的发掘引导、培养培育工作力度，为他们成长成才创造条件，打通路径。三是创新团结联络机制。要加强对“文艺两新”的调研，推动全国各级文联和协会发挥各自优势，探索团结联络“文艺两新”有效工作机制。各全国文艺家协会要通过协会艺委会、专委会，通过各省市区协会和基层文联协会来延伸工作手臂，与基层一线和“文艺两新”建立密切联系，指导基层行业组织建设，扩大有效覆盖。要加强协会“青年文艺家之友”等平台建设，通过主题创作、志愿服务、教育培训、会员发展、创作扶持、职称评审等有效载体，把更多青年文艺工作者吸引过来。四是创新发挥文艺工作者作用工作机制。要健全文联和协会领导机构成员履职机制。积极推动中国文联全委会和各协会主席团理事会等领导机构成员履职尽责、示范带头。要不断拓宽履职渠道，加强联络服务，调动广大艺术家专家的积极性能动性，支持他们参与行业建设、学术引领、艺术创新、培养人才等各层级各领域工作。要注重发挥协会会员作用，加快推进各协会会员工作信息化建设，建立会员发挥作用考评激励机制，推动会员工作的规范化精细化便捷化，以点带面，层层辐射，做好广大文艺工作者的团结引导工作。五是健全专委会艺委会和基层行业组织常态化工作机制。各协会要把专委会艺委会工作作为推进协会专业性建设、行业行风建设的重要力量，作为团结凝聚文艺工作者的重要抓手，纳入协会整体工作统筹谋划。要加强日常工作的指导监督，推动专委会艺委会建立稳定工作队伍，积极探索形成常态化工作机制。

第二，积极探索发挥行业建设主导作用的有效形式。随着改革开放推进和社会主义市场经济发展，文艺界已经由相对独立的各艺术门类发展形成跨界融合的文艺创作生产行业，行业行风建设的任务显得繁重而紧迫。习近平总书记明确要求，文联协会要增强本领，加强能力建设，强化行业服务、行业管理、行业自律，发挥行业建设的主导作用，不断增强行业影响力。文联和协会要按照习近平总书记要求，根据文艺工作和文艺工作者新的特点需求，注重培育专业精神，提升专业素质，增强专业能力，不断加强专业性建设。要主动开展行业服务，积极探索行业管理自律的有效机制，切实增强行业影响力。要注重发挥专委会的专业优势。转变思路理念，充分发挥专委会工作在行业建设方面的重要作用，加强顶层设计和合理布局，支持专委会进行行业标准行业规范建设方面的探索，推动行业标准规范机制的协同运行和上下贯通。要着力夯实行业建设制度根基。加快建立健全各艺术门类行业从业人员、从业机构的管理制度、行业规范和自律公约，建立负面清单制度，明确行业底线和惩戒措施，用制度规范对从业者进行可预期、可操作的引导约束，提升行业建设规范化制度化管理水平。要切实加强正面宣传。加大对德艺双馨先进典型的评选表彰力度，持续开展“崇德尚艺、潜心耕耘，做有信仰、有情怀、有担当的新时代文艺工作者”主题实践活动和巡回宣讲，依托各团体会员发掘坚持从事慈善公益、文艺志愿服务，坚持坚守基层、默默奉献，坚守理想、潜心耕耘的先进典型，通过身边人身边事，言传身教，进一步发挥好的示范带动作用。要完善舆论引导工作机制。加强常态化信息收集研判，建立定期会商、信息通报、专项整治等工作机制和联席会议制度，及时应对处置文艺舆情和突发事件。要针对文艺界一些倾向性苗头性问题及时研判，对错误的思潮、言行明确立场、亮明态度，组织艺术家专家撰写刊发有战斗力、说服力的访谈评论、倡议声明，探索建立保障批评者合法权益的机制。要推动建立行业管理联动机制。主动与相关行业管理部门进行沟通，从社会治理的高度进行顶层设计，探索形成文艺行业管理联动机制，推动建立起党政主管部门、行业组织、企事业单位、媒体舆论职责权限明确、各负其责、齐抓共管的综合管理体系。

第三，要加快网络建设，在放大职能效应上下功夫，见成效。作为20世纪最伟大的发明，当前，互联网的地位与作用得到全面显现和增强，这也为文联和协会全面履行新的职责使命带来了机遇，提供了更多的可能。近两年，我们一再强调互联网思维在文联和协会工作中的极端重要性，强调新形势下文联和协会工作的创新发展必须过好互联网这一关。要看到，无论是纵向还是

横向比，在网络建设和开发利用方面，我们欠账太多、差距很大。软硬件的投入、网络体系的搭建、文艺资源基础性数据库的建设、文艺人才队伍联络服务管理的网上平台建设、文艺活动文艺作品的网上传播、网络专业人才队伍建设等等，都需要投入大量人力物力，并持续用力。各协会要高度重视，要有时不我待的紧迫感，把互联网的开发运用做细做大做实。网络文艺传播中心要加强统筹规划，并督促推进规划目标的如期实现。文联上下要加快协同推进，尽早把文联和协会的人才资源优势转换成互联互通、开放共享的网上资源，把工作举措的线下机制创新转换成服务文艺工作者的线上有效运用，最大限度地借助互联网，实现职能措施效用的快速传导辐射，有效占领互联网这块重要阵地。

三、切实转变作风、重心下沉，推动形成文联系统“做人的工作”的整体合力

目前各全国文艺家协会会员有13万人，省级文联个人会员约66万人，市级文联个人会员约157万人，县级文联个人会员约202万人。31个省市自治区文联中，404个市级行政区划中，成立了400个市级文联，覆盖率为99.01%，3528个县级行政区划中，成立了2584个县级文联，覆盖率为73.24%。就分布情况看，多数文艺工作者、从业者都在文联协会基层组织的覆盖范围内。习近平总书记在在中国文联十大、中国作协九大开幕式上的重要讲话中明确要求，新形势下，文联协会要深化改革，工作向基层倾斜，服务向最广大的文艺工作者拓展，改变机关化、行政化倾向，不断增强组织活力。这为文联协会深化改革工作指明了前进方向。无论从党的群团工作要求来看，还是从履行新的职能职责来看，基层组织都处于文联协会工作重要的战略位置，是直接面对广大文艺工作者的一线，也是深化改革举措落实落地的终端。我们说“面向、联络、服务、依靠”广大文艺工作者，离开基层文联组织，就会成为一句空话。所以，我们要把解决文联基础基层薄弱、充分发挥基层文联组织作用的问题，作为“做人的工作”的关键环节扭住不放，和各省市自治区文联一道，下决心把重心沉下去，扎扎实实地帮助解决基层工作中难点问题，加强工作指导扶持，上下同心，同向发力，切实形成文联系统“做人的工作”的整体合力。

第一，进一步加强调查研究，切实在发现解决问题上下功夫，见成效。前面讲到，文联基层组织覆盖不到位、发展还不平衡。有的基层文联条件很好，领导重视，经费有保障，各方面支持，工作很活跃、很有成效。但也有不少基层文联工作刚刚起步，机构编制、办公条件、经费项目等方面存在这样那样的困难，有的还没有成立基层文联组织。这就需要我们切实重视加强调查研究，把真实情况摸清楚、搞准确。近年来，我们做过不少调研，对了解基层情况很有帮助，但总体感觉还是不够深入，对情况掌握不够细致，对问题把握不够精准，花的时间精力心思还不够，有的还是走马观花，从整体上推进全国文联组织的工作，力度还不够。下一步我们要在调查研究上下真功夫、下足功夫。从文联党组到各协会、各部门单位班子，要把深入基层、调查研究作为开展工作的重要组成部分和重要的方法手段，在调查研究上要用心着力。调研过程中，要切实坚持问题导向，把发现提出问题、分析研究问题、回答解决问题贯穿起来，要善于提炼实际工作中的真问题，善于在调研过程中发现新问题，通过梳理分析研究，形成解决问题、指导工作的思路和举措，同时，善于发现好的典型，善于总结推广基层的好做法、好经验，由点到面推进工作。

第二，进一步加强示范指导，切实在贯通机制、形成协同性上下功夫，见成效。工作重心下沉下移，既是转变作风的需要，更是团结引领广大文艺工作者的需要。我们要清醒认识到，最广泛团结引领广大文艺工作者，仅仅靠中国文联及各全国文艺家协会是远远不够的。只有从上到下，紧紧依靠各级文联组织层层延伸手臂、扩大工作覆盖，文联组织的整体优势才能充分发挥出来，文联组织的职能也才能履行到位。而大家知道，目前文联系统各级组织还处于相对独立松散的状态，还缺乏相对规范的工作指导。这就要求中国文联有关职能部门和各全国文艺家协会要在深入调研的基础上，加强专业性建设，协同各级文联协会和专委会一道，推动形成文联及协会规律性规范性工作范式，加强顶层设计和示范指导，强化传导联动，推动各省自治区直辖市文联与各市县基层文联和协会工作的统筹协调，探索适合区域工作实际，符合各行业门类规律特点、上下贯通的工作机制，加快基层文联工作标准化规范化建设，提升文联系统工作的整体性、协同性，在团结引领广大文艺工作者上形成强大的工作合力。

第三，进一步转变工作作风，切实在服务基层、扎扎实实办事上下功夫，见成效。解决基础基层薄弱问题不是短时间突击可以实现的，需要长期努力和积累，需要上上下下共同努力，持续用心用情用功。特别是中国文联和各全国文艺家协会的同志们，要切实改变行政化、机关化倾向，既要注意克服客观存在的空间距离，更要有意识地克服主观上存在的心理距离，以及高高在上、盲目优越、以我为尊的非理性非健康倾向；转变那种只把本级事务当做分内工作的看法；转变那种远离基层、浮在面上的工作状态。要在心中时刻装着基层，时刻想着活跃在基层一线的广大文艺工作者，在顶层设计、工作谋划、机制创新、资源配置、活动组织、项目实施等各个方面、各个环节，都能从是否有利于加强基层文联建设、是否有利于团结联络广大文艺工作者出发来考量、来设计。要力戒形式主义、官僚主义，以务实求是的作风，切实为基层解决一些问题，办一些实事，做一些确有实效的工作。要自觉克服对待基层文联组织的实用主义倾向，决不能拿服务基层作装点门面作秀的幌子，更不要不顾基层实际，搞花架子、大场面，不帮忙，反添乱，增加基层负担。

第四，进一步加强统筹谋划，切实在贯穿核心理念、形成整体合力上下功夫，见成效。“做人的工作”理念是一种思想方法论、工作方法论。我多次强调，文联协会的深化改革既是工作理念、工作重心、工作思路的转变，也是工作方式、工作机制、工作作风的转变，既要拓展职能、拓宽视野、创新载体，也要补齐短板、补强弱项、夯实基础，说到底，都是围绕“做人的工作”来展开的。一是处理好“做人的工作”与组织开展活动的关系。组织开展文艺活动本来是文联和协会推动工作的有效载体。但活动搞得过多就可能导致工作失衡。组织采风创作、评奖办展、教育培训、宣传推介等等，都应该围绕“做人的工作”来展开的，从是否有利于扩大覆盖、加强引领来考量。换句话说，就是要把“做人的工作”贯穿各项工作和活动始终。客观来讲，文联和协会人力物力有限，精力有限，每年举办的活动不可能太多，要适度，要唯实、唯效。要集中精力抓好中央交办的重大主题活动和文联协会的文艺大奖、大型展节、重点培训等品牌活动，同时，把心力凝聚在“做人的工作”成效上，在内容建设、提质增效上下功夫，在体现代表性广泛性上下功夫，在强化引导、推动创作上下功夫，切实发挥团结引导文艺工作者的示范引领作用。二是处理好阶段性重点工作与长远基础性工作的关系。文联和协会每年都有围绕党和国家中心工作的重大阶段性任务和重点品牌活动，如何在做好这些重点工作的同时推进常态化基础性工作，需要把握好节奏和平衡，这其中的结合处和着力点应该落到文艺工作者上来。不能因为忙于重点工作，顾不上基础性工作，本来是循序渐进的常态化工作，一拖再拖，变成影响事业发展的难题。这里有认识方面的问题，也有工作措施保障方面的问题，在协会机构调整优化中，我们提出要保证会员联络服务管理、培训教育等基础性工作岗位的职责和人员到位，就是出于这方面的考虑，各位协会主要负责同志要心中有数，要抓好工作落实，确保基础性工作的推进力度和质量。

同志们，“做人的工作”从来就不是轻而易举的事情，但只要真用心、用真情、下真功夫，就一定会找到解决困难和矛盾的办法。今天我们专门抽出时间围绕“做人的工作”进行情况交流，把“做人的工作”几个主要方面再进行系统的梳理，对比较突出的问题再作些强调，就是希望进一步明确理念思路，转变工作作风，切实把重心沉下去，把工作做得更扎实。现在中国文联深化改革和巡视整改进入关键时期，巡视整改也处于最吃劲的落实落地阶段，面对的都是难啃的硬骨头。这不仅是一个认识问题、能力问题，还要看我们敢不敢担当作为，有没有功成不必在我的情怀。在座的各位都是各协会和各单位的负责人，都在文联和协会工作的重要岗位上，是文联协会工作的关键少数，希望大家怀着对文联及协会工作和事业的高度使命感责任感，切实提高政治站

位，既要登高望远，从政治高度、战略大局、发展前景来谋划工作，把正方向、抓好大事、把握全局；又要心系基层、心系广大文艺工作者，勇于创新、精于细节、善于落实，抓准工作切入点和着力点，通过扎扎实实的具体工作帮助基层破解难题，优化职能，把广大文艺工作者紧紧团结在党的周围。希望大家齐心协力，同舟共济，聚焦“做人的工作”这个核心理念，聚焦转变作风、重心下沉这个关键点，不断强化措施，推进巡视整改和深化改革落实落地，取得实效，不断推动文联和协会基层基础工作取得新进展、新突破，推动文联系统整体工作迈上新的台阶。

中国文联十届五次全委会总结讲话

（2020年1月8日）

中国文联党组成员、副主席　李前光

在中宣部、中组部的指导下，经过全体与会同志的共同努力，本次全委会开得很顺利、很成功。大家一致认为，这次会议深入学习贯彻全国宣传部长会议精神，紧紧围绕党和国家工作大局，立足新时代文艺事业和文联工作实际，突出文联组织的政治定位、核心任务和中心工作，达到了明确方向与任务，交流经验与思想，增进团结与凝聚力量的目的。

一、通过这次会议，大家进一步加深了对习近平新时代中国特色社会主义思想和党的十九届四中全会精神的理解和把握，强化了初心使命意识

党的十八大以来，以习近平同志为核心的党中央高度重视文艺工作，对文艺工作和文联工作多次发表重要讲话、作出指示批示、印发重要文件。广大文艺工作者深切感受到来自党中央和习近平总书记的亲切关怀和殷切期望，感受到我国文艺事业发展的战略机遇和光明前景，也更加深切地感到肩上责任重大、使命光荣。2019年，我们隆重庆祝新中国成立70周年，深入广泛开展“不忘初心、牢记使命”主题教育，今年我们将迎来全面建成小康社会圆满收官，本次全委会正是在这样一个重大历史背景下召开的一次重要会议。

这次会议得到了中宣部的有力指导和支持，黄坤明同志专门就大会工作报告作出重要批示，充分肯定成绩，科学分析形势，明确提出要求，使大家深受鼓舞。大家表示，一定要认真学习领会黄坤明同志的重要批示精神，抓好贯彻落实，以昂扬的精神风貌和扎实的工作状态完成好今年各项工作任务。

二、通过这次会议，大家进一步明确了工作重心和努力方向，增强了全面开创文艺事业和文联工作新局面的信心和决心

通过听取报告和深入讨论，大家一致认为，李屹同志所作的全委会工作报告全面客观、系统深入，深刻反映了中国文联全面贯彻落实习近平总书记关于文艺工作重要论述、认真贯彻中央决策部署所展现出的新变化、新气象，深刻反映了文艺事业和文联工作的新举措、新成效，深刻反映了广大文艺家和文艺工作者围绕中心、服务大局、不忘初心、勇担使命的新面貌、新作为。

大家认为，2019年工作回顾和总结内容充实，亮点纷呈，全面客观反映了文联聚焦主责主业、履行职责使命的工作实践和突出成效。大家感到，2019年是党和国家历史上具有重要里程碑意义的一年，也是中国文联极不平凡的一年，是在守正创新中巩固提升的一年，主要表现在履行职责使命与推进职能转换交织进行，强化理论武装与加强团结引领一体推进，巩固改革成果与拓展基础工作同步实施，各项任务交叉并行，时间紧、头绪多、任务重、要求高，能够圆满完成好各项工作任务着实不易。一年成绩的取得是中国文联和各会员单位勠力同心、共同奋斗的结果，也是全体文艺家和文艺工作者辛勤工作、倾情奉献的结果，需要我们发扬光大、再接再厉，把工作做得更好、更实、更有成效。

大家谈道，工作报告在深刻把握党的十八大以来习近平总书记关于文艺工作重要论述的基础上，从五个方面深入分析当前文艺工作和文联工作的新形势新任务，既有理论高度，又有很强的实践指导性。

大家认为，2020年工作部署顺应大势、把握全局，目标明确、措施有力，有很强的导向性、可行性。具体地说，有以下几个特点：一是围绕中心、服务大局。2020年是全面建成小康社会和“十三五”规划收官之年，即将实现第一个百年奋斗目标。做好今年的文联工作，具有特殊重要

的意义。二是突出团结引领和队伍建设。大家感到，报告深刻把握新时代文艺工作和文联工作新任务新要求，紧密结合文联工作实际，提出一系列团结引领广大文艺工作者特别是新文艺组织、新文艺群体的新举措。三是突出问题意识和效果导向。委员们认为，今年的工作安排既聚焦文联组织的主责主业，又积极回应和解决当前发展中面临的突出问题，体现出强烈的问题意识和目标导向。总之，大家普遍感到，今年的工作部署思路清晰、目标明确、举措务实，将有力推动全国文联系统的工作再上新台阶。大家表示，将结合自身实际，认真抓好贯彻落实。会后，我们还将根据大家提出的意见建议，进一步充实完善2020年工作要点，以便各团体会员结合自身实际，积极主动推进全年工作。

三、通过分组讨论和大会交流，大家分享了经验和体会，对文艺事业和文联工作创新发展提出了许多建设性的意见建议

随着全国文联系统深化改革向基层拓展，基层文联在深化改革方面的实践和探索对于推进新形势下文联系统创新发展具有越来越重要的意义。在大会交流环节，5位同志的发言从不同侧面、不同角度介绍了工作思路和经验体会，这是贯彻习近平总书记关于文艺工作重要论述、贯彻落实中央关于文艺工作和文联工作决策部署的有益尝试，充分体现了开拓思维、转变思路、敢闯敢干带来的生机活力，为我们围绕中心、履职尽责、担当作为、开拓创新提供了很好的借鉴和启发。在分组讨论中，委员们畅所欲言，有的阐述了自己理论学习的新思考，有的分享了经过工作实践探索获得的新经验，有的反映了一些文艺家和基层文艺工作者为文艺事业孜孜以求、不懈奋斗的担当和情怀，达到了相互学习、相互启发，相互促进、共同提高的目的。从大家分组讨论时提出的意见建议来看，问题意识更加凸显，与实际工作结合更加紧密，因此也更加务实、更加具有可操作性。比如，有些委员提出，通过广泛深入调研全面掌握“文艺两新”的基本情况，加大培训和创作扶持力度，创新服务手段和服务方式，进一步加强对“文艺两新”的团结引领；有些委员提出，进一步加强基层文联建设，督促指导基层文联全面完成深化改革任务，尽早推动出台关于加强县级文联组织建设的意见；有些委员提出，紧紧抓住新时代文明实践中心建设的契机，积极探索文艺志愿服务与其相结合，推动文艺志愿“送文化”“种文化”与深入挖掘当地特色文化资源相结合；有些委员提出，进一步加强对港澳台文化交流工作，通过吸纳港澳台文艺工作者入会、举办各类主题文艺活动、组织开展文艺人才培训等多种方式，进一步强化中华民族共同体的文化认同和情感认同。好的建议很多，这里不再一一列举。委员们的意见建议，聚焦主责主业，紧密结合实际，针对性、可行性强，充分反映了大家强烈的责任意识和主人翁精神。会后我们将认真加以梳理、研究和吸纳，落实到今后的工作中去。

各位委员、同志们，我们这次全委会，在中央领导同志的亲切关怀和中宣部、中组部的具体指导下，通过大家的共同努力，已圆满完成了各项议程。下面就本次全委会会议精神的贯彻落实，我再强调几点：

1．认真做好全委会精神的汇报、传达和贯彻。各省区市、产（行）业团体会员要向党委宣传部门汇报好本次会议精神，努力争取党委政府的大力支持。要采取多种方式、利用多种渠道，把会议精神传达到文联系统广大干部职工和文艺工作者，要注重在深化转化上下功夫，让广大文艺工作者愿意听、听得懂、听得进，凝聚起文联系统和文艺界的整体合力。

2．结合实际科学谋划好今年工作。要按照会议部署，牢牢把握文联组织的政治定位，突出政治建设为统领，自觉把文联工作放在中央和地方工作大局中来科学谋划、统筹安排、精心组织实施。要紧密结合各地实际，突出重点、突出特色，切实把全委会各项工作部署落实到位。特别是要结合地方文联深化改革，在强化团结引领、服务广大文艺工作者上出实招，在服务基层群众、参与公共文化服务上用实劲，在加强理论武装、推进自身建设上求实效，推动全国文联系统深化改革切实取得成效，圆满完成中央交办的改革任务。

3．扎实做好春节期间各项工作。要以尚未脱贫的地区为重点，深入开展春节期间的“送欢乐下基层”文艺志愿服务活动，为基层群众送去更多美好精神食粮，努力营造喜庆、文明、和谐的节日气氛。要认真做好老艺术家、离退休同志和困难职工的走访慰问工作，千方百计为他们办实事、做好事、解难题，送去温暖和祝福。

同志们，文艺事业和文联工作是中华民族伟大复兴伟大事业的重要组成部分，站在“两个一百年”奋斗目标的历史交汇点上，在新中国成立70周年、中国文联成立70周年新的起点上，我们更加深刻地感到责任重大、使命光荣。让我们更加紧密地团结在以习近平同志为核心的党中央周围，不忘初心、牢记使命，守正创新、开拓奋进，推动新时代文艺工作不断开创新局面，为党和国家事业发展作出新的更大贡献！

在纪念吴印咸诞辰120周年摄影艺术研讨会上的讲话

（2020年9月21日）

中国文联党组成员、副主席　李前光

各位嘉宾，同志们、朋友们：

今天，我们相聚在沭阳，怀着十分崇敬的心情深切怀念一代摄影大师吴印咸先生诞辰120周年，总结他一生取得的非凡艺术成就，缅怀他为新中国摄影事业作出的卓越贡献，追思他崇高的艺术理想和艺德风范，激励更多的摄影工作者为新时代社会主义摄影事业繁荣兴盛不懈奋斗。借此机会，我谨代表中国文学艺术界联合会，向出席座谈会的各位专家、艺术家、吴印咸先生的亲属以及社会各界朋友表示热烈的欢迎！向为党为国家为人民潜心耕耘、倾情奉献的广大摄影工作者致以崇高的敬意！

吴印咸同志是我国杰出的摄影艺术家、摄影教育家和电影摄影师，是中国共产党和中国人民解放军摄影事业的开拓者，也是新中国摄影事业的奠基者。

在70多年的艺术生涯中，吴印咸满怀对摄影艺术的热爱和对国家民族的深情，谱写了中国摄影的辉煌篇章，为我们留下了宝贵的艺术遗产和精神财富，不愧为中国的摄影大师，不愧为党的文艺战士，不愧为人民的艺术家！

同志们，朋友们！

举办座谈会是向以吴印咸为代表的老一辈摄影家表示诚挚的敬意和深切的怀念，总结他们的摄影成就、学习他们的艺术品格，同时也是希望广大摄影工作者继承和发扬老一辈摄影家的优良传统，坚持崇高的艺术理想和以人民为中心的创作导向，努力创作出更好更多的摄影精品，弘扬中国精神、凝聚中国力量、讲好中国故事。

借此机会，我谈几点意见，与大家一起交流：

我们纪念吴印咸同志，就是要学习他立时代之潮头、发时代之先声的使命担当。文艺是时代前进的号角。任何一个时代的文艺，只有同国家和民族紧紧维系、休戚与共，才能发出振聋发聩的声音。在长达70年的摄影艺术生涯中，吴印咸用手中的摄影机和照相机，站在时代和历史的高度，忠实地记录了中国新民主主义革命、社会主义革命和建设以及改革开放的风云际会，拍摄了《南泥湾》《白求恩大夫》等数万张照片，为毛泽东、周恩来、邓小平等老一辈革命家留下了很多珍贵历史镜头。他还拍摄了《风云儿女》《都市风光》《马路天使》等7部故事片和5部纪录片，曾获得全国电影“百花奖”的“最佳摄影奖”，编著了19本摄影艺术专著，电影《风云儿女》可能看过的不多，但其主题曲《义勇军进行曲》即今日的国歌，可以说是无人不知。

在革命战争、抗美援朝、社会主义建设和改革开放各个时期，吴印咸总能紧扣时代脉搏、顺应时代潮流，自觉与时代发展同频共振。他一生的创作紧紧围绕着火热的社会实践，围绕着恢宏的时代主题。无论是部队战士、普通群众还是重大历史时刻的领袖人物，他镜头下的画面无不体现出把握时代风向的襟怀、记录时代风貌的担当、引领时代风气的魄力。

我们要学习吴印咸，坚持用手中相机观照现实生活，讲好当代中国追梦筑梦圆梦的动人故事；自觉践行社会主义核心价值观，用春风化雨的艺术表达启迪思想、温润心灵、陶冶人生；自觉发扬以改革创新为核心的时代精神，不停超越自我，不断攀登高峰，创作更多不辜负伟大时代的优秀作品。

我们纪念吴印咸同志，就是要学习他与祖国共命运，救民族于危难的家国情怀。文艺工作者只有对民族、对国家怀有深情，与民族和国家的命运紧密相连、热情相拥，创作才能充满激情，作品才会产生震撼人心的力量。从条件优越的大上海，来到贫穷落后的土山沟，吴印咸在炮火纷飞、硝烟弥漫的战场创作的一大批优秀作品，虽已经过漫长的历史岁月，但是至今仍然具有强烈的艺术感染力，堪称不朽之作。为了拍摄白求恩大夫在中国战场上的活动情境，吴印咸从晋西到冀中，用两个月的时间跟随白求恩。当日军步步紧逼，战斗异常激烈，白求恩一丝不苟地做着手术，吴印咸沉着镇定地拍摄了那幅名垂千古的作品《白求恩大夫》，留下了珍贵的历史影像。这幅作品是我们学摄影时的样板。

1990年，在第16届中国摄影艺术展览开幕前，吴印咸在《没有共产党，就没有新中国》一文中郑重写道：回顾七十年的摄影生涯，我拍摄的照片不计其数，但我最珍贵最看重的仍然是延安时期拍摄的那些带有陕北高原黄土气息、充满革命激情的历史照片。当我的镜头对准延安军民同仇敌忾、奋勇抗战的一个又一个动人场面；当我摄取到一幅又一幅自力更生、丰衣足食的欢愉画面；当我为中国共产党领袖们拍照，亲身领略到他们如松、如玉、如坚石、如长虹的思想品貌、气质风度及满腹的雄图大志，我的内心一次又一次受到震撼，我深深感到并由衷地信服“没有中国共产党，就没有新中国”。

如何拍出优秀作品？吴印咸到延安后条件优越了？还是技术提高了？一定不是，是他镜头的对象、面对的生活决定了其作品的价值。

我们要学习吴印咸这种爱国之情、报国之志，用实际行动投身中国特色社会主义伟大事业建设当中；发挥文艺特别是摄影特有的表达方式，凝聚起全国各族人民投身伟大时代的火热情怀；自觉把爱国主义作为文艺创作的主旋律，抒发家国情怀、彰显民族正气、颂扬爱国英雄、引导人民树立和坚持正确的历史观、民族观、国家观、文化观，不断增强中华民族的归属感、认同感、尊严感、荣誉感。

我们纪念吴印咸同志，就是要学习以人民为中心、以生活为土壤的赤子之心。一切有抱负、有追求的文艺工作者都应该追随人民脚步，走出方寸天地，阅尽大千世界，做到始终与人民心连心。文艺创作只有植根人民群众的现实生活，与人民群众同心同行，才能充满活力。那些经久不衰、家喻户晓的精品佳作，无不充满着对人民命运的悲悯、对人民悲欢的关切。吴印咸的早期作品《晓市》反映了家乡沭阳县承辉门下穷苦大众为生计而忙碌的身影。他将镜头聚焦于社会弱势群体，拍摄了《拉纤》《负重》《过别墅有感》等作品，为挣扎在死亡线上的底层百姓呐喊。在这些作品，饱含着他对劳苦民众的深切同情和对摄影艺术的潜心探求。

延安文艺座谈会确定了文艺“为了谁”，即为人民。这一文艺史上的重大事件、里程碑意义的活动，是吴印咸留下了唯一影像。

社会主义文艺从本质上讲，就是人民的文艺。人民生活水平不断提高，对文艺作品的质量、品位、风格等的要求也更高更多。广大摄影工作者要创作出无愧于时代和人民的优秀作品，就要按照习近平总书记所要求的那样“用心用情用功”，深入火热的生活，向人民学习，了解人民心声，从实践中汲取营养，激发灵感，只有这样才能真正感受到时代的脉搏，把握住时代的精神，为人民立言，为时代歌唱。广大摄影工作者肩负重大责任，必须树立以人民为中心的导向引领摄影创作，坚持走“深入生活、扎根人民”的创作道路，坚持把人民的选择作为评判文艺的最高标准。

我们要学习吴印咸为人民留影、为时代写真的精神境界，坚持以人民为中心的创作导向，深入生活、扎根人民，注目人民的冷暖，追随人民的脚步，体悟人民的喜怒哀乐，把百姓至上融入血液之中，把对人民的深厚情感转化为一幅幅精品力作，反哺人民，滋养人民的精神世界，让摄影艺术在服务人民中实现生命永驻、彰显最大价值。

我们纪念吴印咸同志，就是要学习他淡泊名利、德艺双馨的高尚品格。文艺是铸造灵魂的工程，承担着以文化人、以文育人的重要职责，文艺工作者必须以深厚的文化修养、高尚的人格魅力、文质兼美的作品赢得尊重，成为先进文化的践行者、社会风尚的引领者。吴印咸在晚年回顾一生的摄影事业，深情地说：“我一生的心血精力全部献给了我所热爱的摄影事业。我愿它繁荣兴旺，在祖国实现‘四化’的大业中发挥更大作用。”以吴印咸为代表的老一辈摄影工作者以他们

勤奋敬业、甘于奉献的高尚情操，为我们留下了弥足珍贵的精神财富。他对待摄影事业的严谨执着、精益求精的艺术品格和真诚质朴的艺术风范成为无数摄影工作者学习的榜样。

我们要学习吴印咸把崇德尚艺作为一生的功课，自觉做真善美的追求者和传播者，做社会主义先进文化的引领者和践行者，做行业良好风气的倡导者和维护者，讲品位、讲格调、讲责任，抵制低俗、庸俗、媚俗，把崇高的价值、美好的情感融入自己的作品，弘扬社会主义核心价值观，引导人们向高尚的道德聚拢。有信仰是立身之魂，有情怀是立身之根，有担当是立身之道。要把为人、做事、从艺统一起来，争做有信仰、有情怀、有担当的摄影工作者，明大德、守公德、严私德，在从艺做人上作表率，为满足人民群众日益增长的美好生活的需要贡献更多有筋骨、有道德、有温度的优秀作品，努力营造风清气正的摄影行业生态。

各位艺术家，朋友们！大师虽去，风范永存。不忘初心、牢记使命、继续前行是我们对大师最好的纪念。衷心希望广大摄影工作者继承和发扬吴印咸等老一辈艺术家的优良传统，始终坚持“二为”方向和“双百”方针，坚持创造性转化和创新性发展，坚持以人民为中心的创作导向，大力弘扬社会主义核心价值观和中华优秀传统文化，积极投身新时代中国特色社会主义的伟大实践，为繁荣发展社会主义摄影事业、实现中华民族伟大复兴中国梦谱写新的篇章！

在第六届“世界电视日”中国电视大会开幕式上的致辞

（2020年11月20日）

中国文联党组成员、副主席　胡孝汉

各位嘉宾、各位同行：

大家好！

在各方共同努力下，第六届“世界电视日”中国电视大会开幕了。我谨代表中国文联表示祝贺！

电视传播文化、传承文明，在满足人们精神文化需求、推进社会发展进步中发挥重要作用，是繁荣发展社会主义文化事业和文化产业的重要力量。联合国设立“世界电视日”的宗旨就是希望电视能够更好地实现推动人类社会进步发展的功能。

文化兴国运兴，文化强民族强。党的十九届五中全会对“十四五”期间繁荣发展文化事业和文化产业、提高国家文化软实力作出全面部署，提出了到2035年建成文化强国的战略目标。在实现中华民族伟大复兴、建设社会主义文化强国的历史进程中，如何围绕举旗帜、聚民心、育新人、兴文化、展形象的使命任务，创新运用自己独特的形式和手段讲好中国故事、传播好中国声音，阐发中国精神、展示中国魅力，提高国家文化软实力，这是中国电视在新时代新征程新发展格局中必须完成的答卷。

“十四五”时期我国将进入新发展阶段。贯彻好五中全会精神、繁荣发展好文化事业和文化产业，必须科学把握新发展阶段的时代特征，全面贯彻新发展理念，深入落实高质量发展要求。电视既是传递信息、传播文化的媒介，又是书写人生梦想、表达审美追求的艺术样式。当代中国正经历着历史上最为广泛而深刻的社会变革，也正在进行着人类历史上最为宏大而独特的实践创新，这对包括电视艺术在内的文艺创作提供了强大的动力和广阔空间。电视艺术要体现高质量发展的要求，满足人民文化需求，增强人民精神力量，必须坚持以人民为中心的创作导向，坚持与时代同步伐，坚持思想精深、艺术精湛、制作精良相统一，加强现实题材创作生产，实施精品战略，把创新精神贯穿到电视创作全过程，在拓展题材、内容、形式、手法上下功夫，不断推出反映时代新气象、讴歌人民新创造的精品力作。

融合发展是当今世界媒体发展的总趋势。习近平总书记以时代全局的战略眼光审时度势，亲自谋划、亲自部署、亲自推动媒体融合发展，指出“推动媒体融合发展、建设全媒体就成为我们面临的一项紧迫课题”。电视媒体作为传统媒体，长期以来在引导、激励、鼓舞亿万人民群众万众一心致力于社会主义现代化建设和改革开放事业方面，发挥了巨大的宣传效应。电视媒体的权威性、专业性、公信力都很强，但在互联网时代，电视媒体也显出单向传播、互动性不强、移动性不足的弱点。在全媒体时代，传统媒体和新兴媒体不是简单的此消彼长的关系，在一定条件下可以相得益彰，携手共进。电视媒体与新兴媒体要实现融合发展，关键在融为一体、合而为一，以深度融合打造新型主流媒体，以内容建设赢得发展新优势，以新媒体传播优势打通信息交流新渠道，以先进技术引领驱动融合发展。

本届“世界电视日”中国电视大会以“视界触手可及”为主题，聚焦电视发展前沿热点问题，探讨电视发展的守正与创新、艺术与技术、内容与渠道。希望与会业界、学界嘉宾能够畅所欲言，交流碰撞，集思广益，提出真知灼见，为新时代中国电视的美好明天贡献学识与智慧。

最后，预祝大会圆满成功！

在第33届中国电影金鸡奖主题音乐会上的致辞

（2020年11月25日）

中国文联党组成员、副主席　胡孝汉

各位领导、各位嘉宾、各位朋友：

大家晚上好！

非常高兴与大家相聚鹭江之滨——厦门，共襄电影盛典，共赏音乐盛宴，为电影艺术发展出谋划策、鼓劲加油。在这里，我受李屹书记委托，谨代表中国文联、中国电影家协会，向出席金鸡奖活动的各位嘉宾和朋友表示热烈欢迎！向为中国电影的繁荣发展付出心血与智慧的各位艺术家和电影工作者致以崇高敬意！向支持金鸡奖活动举办的福建省委省政府、厦门市委市政府，以及热爱电影、盛情好客的厦门人民表示衷心感谢！

去年此时，电影界在这里传达学习习近平总书记关于电影工作的重要指示精神。一年来，中国文联、中国影协和广大电影工作者牢记习近平总书记的谆谆教导和殷殷嘱托，坚持以人民为中心的创作导向，把创作优秀电影作品作为中心环节，以“三精三有”标准开展创作和评奖活动，按“双馨三养”要求加强队伍建设，推动电影艺术繁荣发展。其贯彻落实的成果已为广大电影观众所目睹，将在本届颁奖典礼中展现。

2020年是一个特殊年份。近一年来，面对突如其来的新冠肺炎疫情，广大电影工作者以实际行动贯彻落实习近平总书记重要指示精神，积极投身抗疫战斗，努力开展行业自救和帮扶；行业重启后，积极调整状态，迅速扭转局面，短短4个月时间，国内电影票房已经突破150亿元，首次成为全球票房第一的电影市场。取得这个成绩，得益于我国强大的疫情防控能力，得益于我国优越的社会制度，也得益于广大电影工作者不懈的努力。

今年是厦门经济特区建立40周年，也是中国电影金鸡奖开启与厦门十年之约的重要一年。40年来，厦门特区的建设者们发扬敢闯敢试、敢为人先、埋头苦干的精神，创造了一个又一个“特区奇迹”。最近，习近平总书记在金砖国家领导人第十二次会晤上指出，将在厦门市建立金砖国家新工业革命伙伴关系创新基地。一年前，黄坤明同志在这里宣布金鸡奖每年评选一次；文联与厦门约定金鸡奖颁奖活动连续十年在厦门举办。这为厦门推进全方位高水平对外开放，为中国电影金鸡奖实现评奖专业化、运营市场化、品牌国际化的目标提供了良好机遇。以此为契机，中国文联、中国影协与厦门市人民政府精诚合作，与全国电影工作者团结奋斗，将更多精力聚焦在金鸡奖专业性的提升上，聚焦在电影精品的扶持创作上，聚焦在电影优秀人才的挖掘培养上，以高标准办好中国电影金鸡奖颁奖盛典系列活动，以高起点共同打造新时代中国影视产业高质量发展的典范之城。

今晚，第33届中国电影金鸡奖颁奖盛典系列活动将在美妙的电影音乐中拉开帷幕。4天时间里，我们将以推动中国电影高质量发展为主题，通过组织评奖、颁奖、影展、论坛、创投等一系列专业活动展示电影发展成果，探讨业界热点话题，促进跨领域深度合作，努力办成一届独具时代特征、电影特点、厦门特色的电影文化盛会。我国电影界的领军人物、优秀代表与来自教育界、金融界、科技界、新闻出版界等领域的专家齐聚一堂，共同为实现中国电影高质量发展贡献智慧和力量。

各位嘉宾、各位朋友，党的十九届五中全会为我们描绘了国家未来发展的宏伟蓝图，提出了建设社会主义文化强国的目标。电影是文化强国建设的重要组成部分，我们务必抓住这一历史机遇，积极融入国家发展大局，主动担当、奋发有为，创造更多思想精深、艺术精湛、制作精良的电影作品，抒写人民奋力创造美好生活的伟大实践，记录社会主义现代化强国建设的伟大进程，谱写新时代中国电影的华彩乐章！

下面，我宣布：第33届中国电影金鸡奖颁奖盛典系列活动开幕！

提质增效 服务人民 开创新时代文联出版事业新局面

——在中国文联出版工作会议上的讲话

（2020年9月27日）

中国文联党组成员、书记处书记　张雁彬

同志们：

刚才，出版办的同志传达了中宣部2020年出版管理工作会议精神和近期关于出版管理方面的工作要求，通报了2019年以来中国文联出版管理工作和2020年中国文联“三审三校”制度落实大检查的有关情况，内容多，信息量大，请大家回去以后对照实际工作加以消化吸收，认真抓好各项工作要求的贯彻落实。大家知道，前几天习近平总书记在教育文化卫生体育领域专家代表座谈会上发表了重要讲话，强调要把文化建设摆在更加突出位置。中国特色社会主义是全面发展、全面进步的伟大事业，没有社会主义文化繁荣发展，就没有社会主义现代化。同时习近平总书记又强调，要坚定文化自信，推动中华优秀传统文化创造性转化、创新性发展，继承革命文化，发展社会主义先进文化，不断铸就中华文化新辉煌，建设社会主义文化强国。这就要求我们要能够将文化产业打造成为国民经济支柱产业，实现文化产业在GDP中的占比达到5%以上。在讲话中，习近平总书记还有一段意义重大的话，他指出，统筹推进“五位一体”总体布局、协调推进“四个全面”战略布局，文化是重要内容；推动高质量发展，文化是重要支点；满足人民日益增长的美好生活需要，文化是重要因素；战胜前进道路上各种风险挑战，文化是重要力量源泉。“十四五”时期，我们要把文化建设放在全局工作的突出位置，切实抓紧抓好。习近平总书记的讲话，我们要深刻领会，他为我们描绘了一个远景，意味着“十四五”时期我们可能迎来文化的大发展，这对我们出版人，或者报纸、期刊来说，都应该算是一个机遇期，我们的报纸、期刊都会有一个很好的机遇和生存环境。下面，我就新形势下如何高质量做好文联出版管理工作，提质增效，更好地服务人民，努力开创新时代文联出版事业新局面，从九个方面谈点认识、提点要求，与大家共勉。

一、铸好魂魄

出版事业是崇高的事业，当然也是辛苦细致的劳作，是在纸上绣花；出版人更是有理想追求，有信念、有情怀，有本领、善发现，有修养、有学养、能奋进、真作为的综合素质皆备的特殊人才。

出版物既是物质产品也是精神产品，不仅可以丰富人生，涵养一个民族的精气神，更可以铸就一个国家的文化根基。出版作为一项铸魂工程，要想铸好读者大众的魂，滋养读者的心灵，必要条件首先是要把我们自己的魂魄养好、铸牢、融化到血液里、常驻在心灵中。

抓好我们自己的铸魂工程，分管领导、社长、主编，一定要提高政治站位，怀有强烈的政治意识、纯粹的政治品格和主动的政治担当，出书、办刊、发文章，要以政治的眼光审视衡量，确保政治上不走偏、不出差错。政治是我们的生命线，要在思想深处铭记增强“四个意识”，坚定“四个自信”，在实际工作中真正践行做到“两个维护”，始终保持政治上的清醒和坚定，确保以政治保证业务成效，以业务彰显政治效果，做政治上的“明白人”。

这种坚定清醒不是凭空而来的，也不是表态表来的，这就要求我们首先要学好习近平新时代中国特色社会主义思想，这是马克思主义中国化的最新理论创新成果，是指导我国各项事业的根本指针和基本遵循，要把《习近平新时代中国特色社会主义思想学习纲要》和《习近平谈治国理政》三卷当成常读书、案头书，认真学、系统学、结合实际学，特别是习近平总书记关于文联、文化、文艺工作的重要论述，要反复学，真正学深悟透，融会贯通。同时还要对中国社会的发展变化、历史演进，进行必要的学习，了解党情、世情、国情、民情，特别是对改革开放以来中国的成就以及人们思想观念、精神生活、文艺文化的需求变化有深入的了解掌握；更要以丰厚的中华优秀传统文化和人类创造的文明成果滋养心智，广泛涉猎，消化对比，站稳中华文化的立场，以宽广的视野、丰富的学养，养好我们的魂魄，聚气凝神，守正创新，自觉承担起“举旗帜、聚民心、育新人、兴文化、展形象”的使命任务。

文联作为党和政府团结引领广大文艺工作者的桥梁和纽带。文艺工作者是满足人民群众精神文化生活需求的特殊群体，是精神产品、艺术产品的策划者、生产者、供应者、传播者，而我们的杂志社、出版社、编辑部是这个桥梁、纽带的重要组成部分，重要的支撑和手段，文艺图书、报刊、音像出版，是我们文联的优势之一，更是文联工作重要的舆论阵地，以各种载体传递党的政策、声音、关怀、爱护，把文联党组的部署、要求传播出去，借此把文艺工作者紧紧凝聚起来、团结起来，激发他们的创新、创造力，提升综合素养、传递艺术美学，服务时代、服务人民，为繁荣发展中华民族的文化事业，为建设社会主义文化强国作出我们应有的贡献。

二、守好阵地

出版工作是党的新闻宣传事业的重要组成部分，承担着党的意识形态领域工作的重要职责。习近平总书记指出，意识形态工作是党的一项极端重要的工作，关乎政治安全特别是政权安全、制度安全。

出版单位作为意识形态的重要阵地，一定要有强烈的阵地意识。守好这块“责任田”，是职责所系，关乎事业，关乎社、刊全体同志的前途命运。田里要长出好的精神食粮，就要学会精耕细作、日夜看护、浇水施肥、杀虫除害，就要始终坚持政治家办出版的意识和社会责任感，把坚持正确的政治方向作为出版工作的灵魂，把坚持正确的出版导向作为出版工作的生命线，不断增强阵地意识、把关意识，落实好出版单位第一责任人的责任，牢牢把握主动权和话语权，发挥好政治上定向、思想上把关的作用，切实做到“守土有责、守土负责、守土尽责”。

要找准着力点和突破口，把意识形态管理工作有关要求嵌入各项规章制度和实际工作之中。健全出版行业意识形态工作体系，把国家关于出版管理的各项规定落到实处。切实将意识形态工作的规矩立起来、要求亮出来，有效推动与意识形态工作相关的选题论证制度、重大选题备案制度、三审责任制度、责任编辑制度、责任校对制度和“三校一读”制度等质量保障体系不折不扣落实到位，严格把控与意识形态相关的内容，确保出版物内容的可管可控，出好书、出好刊。

同时，我们必须保持高度清醒，对错误思潮和言论敢于亮剑、敢于负责，及时有效地发出声音，既要在出版导向上对西方宪政民主、普世价值、新自由主义、历史虚无主义等思潮有清晰准确的判断和定位，对国家主权、民族宗教问题保持高度敏感，又要用好出版这一思想传播武器，始终坚持把做强主题出版，弘扬主旋律，提振精气神，凝聚正能量作为一以贯之的任务，不断巩固主流意识形态，唱响共产党好、社会主义好、改革开放好的主旋律，让党的声音、传统美德、主流价值观传递到更深的角落、更远的地方。

三、尽好责任

今天到会的都是各协会分管出版的同志和杂志、出版社、报社的领导。我们就是这个机构、这个单位、这项事业的当家人、责任人。尽好责任，是组织的要求，也是岗位的要求，事业的需要。责权利是统一的整体。我想，首先是政治责任、把关责任，上面已经说了。

接下来，我想说的是，我们是否应该关注一下，我们的出版社、杂志社在整个行业里的历史和现实的方位问题。这关系到我们能否突破现实的制约、面临的问题、生存的困顿，提质增效，更好地服务人民，更好地拓展生存空间，紧跟时代步伐，紧盯各种层出不穷的新业态、新载体，主动积极作为，上下一心、群策群力，努力开创新时代文联出版事业新局面的大问题。其实也是各位在新形势下自身利益攸关的根本问题。办好了，事业兴、人心顺，各种需求能得到满足；办不好，则是另外一个情形。

今天我只是提一个课题，请大家认真思考。这就是发展的责任。我们必须始终坚持把社会效益放在首位，实现“两个效益”相统一，自觉担负起出版单位应尽的社会责任，防止片面追求经济效益，忽视社会效益的倾向。

四、做好内容

人民需要精品力作，时代呼唤出版繁荣。习近平总书记在文艺工作座谈会上的重要讲话中指出：“精品之所以‘精’，就在于其思想精深、艺术精湛、制作精良。”我们要认真学习贯彻习近平总书记重要讲话精神，把出精品、创名牌作为发展目标和追求，始终把提高出版质量，满足人民群众精神文化生活新期待作为一以贯之的目标和任务。

内容建设是基础工程，内容为王是永恒的主题。出版事业想要繁荣发展，就必须推进内容生产供给侧结构性改革，始终保持内容定力，专注内容质量，扩大优质内容产能，创新内容表现形式，提升内容传播效果。无论社会条件如何变化，出版物始终是传播科学知识、弘扬先进文化的重要载体，在引领风尚、教育人民、服务社会、推动发展等方面发挥着无可替代的重要作用。出好书、创精品、献力作，为社会为人民奉献更多经得起人民检验、经得起时光筛选的出版物，是我们作为出版人的神圣使命。

经验证明，凡有影响的出版单位，无不重视积累，靠好书好文铺路，靠精品留名。出版单位要向经典看齐、以名家为范，牢固树立精品意识，积极策划精品选题，提升原创出版能力，突出重点选题，压缩平庸选题，减少重复出版，精心打造一批在全国“叫得响、传得开、留得住”的知名品牌和具有核心竞争力的优质出版物，用精品带动出版整体质量水平的提升。

文联上接“天气”，下接“地气”，拥有广泛的优质文艺资源，我们要充分认识自身优势，牢牢把握出版规律，克服急功近利的思想，要注重积累和传承，紧紧抓住市场调研、选题策划、出版制作等关键环节，在人力、资源、资金等方面加大投入，精心组织重点出版物的创作生产，努力形成自己的品牌优势和专业特色。

五、把好质量

根据中国文联权保部（出版办）2019年对中国文联所属4家图书出版单位、31家报刊出版单位的编校质量检查情况，还有少数出版单位的出版物存在编校质量问题。这与出版单位及主办单位的重视程度，特别是是否真正落实了各项制度，是否严格执行了“三审三校”制度有很大关系。这再一次提醒各出版单位及主办单位，要落实主体责任，真正树立并增强质量意识，坚持“严”字当头，严格监督管理，严肃追责问责，以质量作为出版事业发展的生命线，推动出版事业向纵深发展。

在出版导向方面，我们是有过教训的。我们必须引起高度重视，时刻保持清醒头脑，加强对选题和书稿的审读把关，准确把握正确的政治导向、思想导向、价值导向、文化导向，坚持把导向管理要求落实到出版各个方面、各个环节，确保出版物导向正确、内容健康、格调高雅，用优秀的出版物占领思想文化阵地和出版物市场。

要建立健全质量管理制度，一方面要加强内部管理，不断完善出版质量管理的监督、约束、激励和处罚机制，按照国家有关规定要求，设立校对、质检、审读部门或岗位，配齐相关人员，充实专职校对力量，认真执行选题、内容审核和出版前审读等制度，实行“源头把控”，严把内容质量关和编校质量关，从制度上堵塞“漏洞”；另一方面要严格执行《图书质量保障体系》《图书质量管理规定》《报刊质量管理规定》等出版物质量管理法规和国家有关质量标准，确保出版产品质量达到国家规定的标准，以提高出版质量为突破口，推进出版单位整体水平的提升。

六、勇于创新

创新是时代的主题，是发展进步的最大推动力。习近平总书记在全国宣传思想工作会议上强调，要推动文化产业高质量发展，以高质量文化供给增强人们的文化获得感、幸福感。中国文联所属出版单位改革发展也必须聚焦高质量发展这一当前经济社会发展主题词，抓住顶层设计带来的新机遇，吃透中央精神，把握时势大局，摸清实际情况，利用好现有政策，培育新的增长点，创造出版和传播新模式。

巩固传统优势，是立足之本、发展之基；鼓励开拓创新，是发展之要、长远之需。出版单位、出版人要在继承的基础上勇于创新，坚持守正创新，坚持创造性转化、创新性发展，以社会主义核心价值观为引领，坚持把打造精品力作作为出版工作中心环节，在传统文化与时代精神结合上进行新的创造，努力挖掘传统出版的优质内容资源，推出更多能够启迪思想、温润心灵、群众欢迎的优秀图书，不断提高内容生产的专业化水平、融合发展的市场化水平，提升内容供给质量和融合发展质量，增强出版物的感染力和传播力。

要深入学习贯彻习近平总书记关于推动媒体融合发展、做大做强主流舆论的重要论述，积极回应时代挑战，坚持传统媒体和新兴媒体一体化发展方向，以融合创新谋划文化产业高质量发展，以先进技术引领驱动融合发展，用好5G、大数据、云计算、物联网、区块链、人工智能等信息技术革命成果，加快从互联网相加阶段迈向相融阶段，以科技助力打造移动时代的文化新业态，把改造传统业态和发展新兴业态结合起来，用先进技术传播先进文化，催生新业态，延伸产业链。

要选好点、找准路，在擅长的优势领域做专、做精、做深、做优，从选题内容策划、封面设计装帧、渠道分销与发行到出版全流程都要有自己的思路和创建，立足传统出版、发掘内容优势、运用先进技术、走向网络空间，在内容、渠道、平台、经营、管理等方面深度融合，整合出版资源，与人民同步伐，与时代同频共振，推动中国文联出版业高质量发展。

七、推进改革

出版社的小日子过得好的，要继续保持干事创业的拼劲和闯劲，让自己的日子过得更红火；过得不好的，要从思维方式上开始转变，要以饱满的热情解放思想、提振精神，努力使出版工作取得实实在在的成效。

我们要坚持稳中求进的总基调、总要求，勇于改革、善于改革，要改出活力、改出力作、改出效益、改出影响力。截至2019年3月，中国文联所属4家图书出版单位完成了中国文联出版社有限公司、中国电影出版社有限公司、中国摄影出版传媒有限责任公司、书法出版社有限公司的工商注册登记，由全民所有制企业改制为国有独资公司。以上4家中央文化企业要抓紧做好公司制改制后续工作，同时要规划好公司制改制后的未来发展。未来发展的愿景规划至关重要。要掌握行业发展大势，综合评估，认真研究，完善方案，使改革有明确的目标和路径。

改制不是简单地换个牌子，而是建立灵活高效的市场化经营机制，释放企业发展活力。希望大家以这次公司制改制为契机，按照《公司法》和公司章程的规定，使企业的权力机构、决策机构、监督机构和执行机构的职责更加明确，形成相互补充、相互制衡的经营机制。

近日，中共中央办公厅、国务院办公厅印发了《关于加快推进媒体深度融合发展的意见》，从重要意义、目标任务、工作原则三个方面明确了媒体深度融合发展的总体要求，我们要积极适应新时代发展方向，充分领会中央精神，落实相关要求，推动传统媒体和新兴媒体在体制机制、政策措施、流程管理、人才技术等方面加快融合步伐，尽快建成一批具有强大影响力和竞争力的新型主流媒体，逐步构建网上网下一体、内宣外宣联动的主流舆论格局，建立以内容建设为根本、先进技术为支撑、创新管理为保障的全媒体传播体系。这项工作已纳入意识形态工作责任制的范畴，大家要高度重视，积极作为。

此外，在书号下拨“零增长”前提下，要注意在保证质量的前提下合理增速。以企业的方式做文化、以商业的方式做传播、以市场的方式配资源、以产业的方式增强文化影响力。把出版事业的发展放到文化产业发展新格局中，立足、依托国内市场，推动形成以国内大循环为主体、国内国际双循环相互促进的新发展格局，满足人民群众对美好生活的需求，释放潜力巨大的文化消费，形成创作多样、个性化的文化产品和新的消费热点，拉动经济增长。

八、服务大局

服务大局，就是要聚焦党和国家的中心工作、重大活动节点，着眼构建人类命运共同体，服务“一带一路”国际合作，大力推动中国出版走出去，作出我们文联出版者应有的贡献。今年是脱贫攻坚决战决胜之年，“十三五”收官之年，明年是建党100周年，我们要紧紧围绕迎接建党100周年，积极策划推出一批思想性、艺术性、可读性俱佳的好图书好文章，全面阐释中国共产党气质风貌、精神内涵，紧扣新时代新思想，充分阐释中国共产党大气磅礴、无私为民，展现中国共产党在见识、胸襟、气度、力量上的大党形象，突

出党的领导与全面建成小康社会之间的逻辑关联，以事实说话，用小故事反映大时代，通过深度的思考、独特的视角讲好中国共产党故事、讲好新中国故事，为世界“读懂中国”提供艺术化的新视角、新产品。

近几年，出版办积极组织文联所属图书出版单位申报国家出版基金主题出版项目，但总体上入选数量偏少，各出版单位在专业特色、品牌优势上下功夫不够，还没有形成文联文艺特色的主题出版体系。2017年，文联只有3个项目入选国家出版基金主题出版项目，2018年仅有1个项目入选，2020年仅有1个项目入选（全国共125种）。

随着文化产业的发展，文化供给已经不是缺不缺、够不够的问题，而是好不好、精不精的问题，存在有“数量”缺“质量”、有“高原”缺“高峰”的现象。

中央高度重视谋划“十四五”时期文化产业发展。9月17日下午，习近平总书记在长沙调研时第一次专门视察文化产业园区，并高度评价文化产业在国民经济发展中的重要作用，强调文化产业的社会效益。我们一定要认真学习贯彻，并转化为文联出版事业的生动实践。

九、加强领导

搞好出版工作是推出文艺人才、推出文艺佳作、服务人民群众的重要工作，更是文联为文艺家服务、促进文艺繁荣的一个重要方面。我们的文艺出版工作要努力体现“代表中国先进文化的前进方向”这一要求，不断加强对文艺出版工作的领导和管理，积极探索新的发展机制，做好重点选题策划，每年都要出版一批有价值、有影响的优秀图书和音像制品，进一步提高文联各种期刊的思想艺术质量和社会影响。

办好杂志社、出版社，关键在人。做好新形势下的出版工作，关键靠人才，核心是强队伍。我们要树立“人才第一”的观念，实行更加积极、开放、有效的人才引进政策和激励机制，持续优化人才队伍结构，大力培养适应新时代出版业发展方向的全媒体人才，将他们充实到关键岗位，充分释放人才活力。一方面要积极采取措施，加大对出版从业人员的培训力度，强化马克思主义文艺观、出版观教育，引导编校人员不断提高政治业务素质和把关定向能力，切实增强社会责任感，树立良好的职业道德和敬业奉献精神；不断学习新知识，开阔新视野，掌握新技能，适应数字化、网络化出版的新要求，建立一支高素质的出版队伍。另一方面，要不断创新体制机制，建立科学的考核制度，为人才发挥聪明才智唱戏搭台，努力营造有利于人才成长和脱颖而出的良好环境。希望编辑部也好，期刊也好，出版社也好，要善用核心人才、灵魂人物，出版社有了灵魂，事业才能发展。要真心实意地重视人才的引进、使用和培养，尊重人才、关心人才、爱护人才、留住人才，为出版人才的成长创造良好条件，努力培养出政治坚定、功底扎实、业务突出、勇于创新的出版专业人才。

同志们，随着我国政治、经济、文化的综合影响力日益增强，中国日益走近世界舞台的中央，作为提升中华文化世界影响力的重要文化版块——中国出版的国际化水平得到快速提升，中国已经成为世界出版中心之一。我们要发挥文艺出版更易走出去的优势，思考、谋划，积极作为，争取有新的突破，新形势下的出版工作任务更繁重、责任更重大、使命更光荣。我们要把握时代潮流、紧扣时代脉搏，努力打造全媒体对外传播格局，推出更多具有世界性的中国文化产品，讲好中国故事、传播中华文化，推动文联出版事业大提升、大发展、大进步。

我们赶上了一个日新月异的时代，我们联系着中国最丰厚最优质的文艺资源，我们有良好的出版资源的积淀传承，我们有积极进取、思想活跃、能力素质高超的出版、编辑力量，特别是有中国文联党组的大力支持，让我们抓住难得的历史机遇，转危为机、转弱为强、转小为大。同心同德、拼搏奋进、求真务实、真抓实干，用我们的心智和汗水努力开创新时代文联出版的新局面，不负时代、不负韶华、不负组织的信任和同人们的期待。

在“大美民间——中国民协七十华诞”开幕式活动上的讲话

（2020年12月8日）

中国文联党组成员、书记处书记　张雁彬

同志们、朋友们：

大家上午好！

欣逢中国民间文艺家协会成立七十周年，这是我国民间文艺事业发展进程中的一件大事、喜事，也是文艺界的一件盛事。在此，我谨代表中国文联党组，向创会前辈致以崇高的敬意！向老一辈民间文艺工作者致以深深的敬意！向正工作在田野讲坛研究室创作室办公室的民间文艺工作者致以诚挚的谢意！向在各时期帮助支持过中国民间文艺家协会和民间文艺事业的朋友们致以诚挚的谢意！

七十年辛勤耕耘，民协与新中国一路同行，始终坚持党的文化、文艺方针政策，发时代之先声、引民艺之新潮，走出了一条特色鲜明的振声激扬之路，为繁荣发展社会主义文艺作出了重要贡献。从中国民间文艺研究会到中国民间文艺家协会，从郭沫若、周扬、钟敬文到冯元蔚、冯骥才、潘鲁生，从上世纪五十年代以来开展的多次歌谣普查和大规模全国性的民间文学、民间艺术、民俗文化采风活动和保护工作，到现在推进的中国民间文学大系出版工程、中国民间工艺传承传播工程和民间文艺“山花奖”、“我们的节日”系列活动等重大工程、重点实施项目，一棒又一棒地接力奋斗，一代又一代地传承弘扬，无数民间文艺家和文艺工作者坚守在田野地头，默默用汗水和智慧在民间文艺的沃野上夯基垒台、立柱架梁，逐步推动中国民间文艺的传承与研究工作由浅入深、由表及里、由点到面铺开，不断发展、丰富民间文艺这一彰显中华美学精神、突出民族风格的艺术门类，持续创作、涌现出一大批深刻反映时代历史巨变、描绘时代精神图谱、勇于回答时代课题的优秀作品。七十年风雨兼程，以中国民协为代表的民间文艺界用锐意进取描绘出事业发展的美好篇章，以担当作为书写了不负时代的精彩答卷。

在新的征程上，民间文艺事业天地广阔、大有作为。下面，我从三个方面对民协工作和民间文艺事业发展谈几点希望。

一、要擎好火炬照亮人心，坚持以习近平新时代中国特色社会主义思想统领新时代文艺工作

党的十八大以来，以习近平同志为核心的党中央深刻把握时代发展大势和我国文化、文艺发展趋势，作出了推动优秀中华传统文化传承发展和新时代文艺工作的重大决策部署。从习近平总书记在文艺工作座谈会上的重要讲话，到在教育文化卫生体育领域专家代表座谈会上的重要讲话；从习近平总书记给内蒙古自治区苏尼特右旗乌兰牧骑队员们的回信到给中国戏曲学院师生的回信；从《中共中央关于繁荣发展社会主义文艺的意见》，到中办《关于实施中华优秀传统文化传承发展工程的意见》，再到“十四五”规划建议中明确提出“繁荣发展文化事业和文化产业，提高国家文化软实力”，充分表明习近平总书记和党中央对文化、文艺、文联工作的高度重视和亲切关怀，给我们以鼓舞、给我们以指引、给我们以鞭策。我们要把学习贯彻习近平新时代中国特色社会主义思想特别是习近平总书记关于文艺工作的重要论述不断引向深入，使之真正成为指导民间文艺事业的重要遵循和行动指南，不断增强政治认同、思想认同、情感认同，把贯穿其中的坚定信仰、博大情怀、自觉担当，体现到创作实践之中，落实到具体行动之上，推动习近平新时代中国特色社会主义思想更加深入人心、落地生根，转化为文艺创作的生动故事、精彩语言和

丰润形象，用画笔绘就中国风采，用刻刀展现中国力量，用文字书写中国气象。

二、要吹好号角催人奋进，始终坚持以人民为中心的创作导向，担当起推动民间文艺繁荣发展的历史使命和时代责任

社会主义文艺是人民的文艺，承载着我们党深厚的人民情怀，体现出我们党全心全意为人民服务的不变宗旨和永恒追求。民间文艺有着悠久的传承历史，在人民群众中广为流传，在岁月长河里融入人间烟火，在喜闻乐见、柴米油盐中烙刻民族印记。广大民间文艺工作者要始终坚持以人民为中心的创作导向，在扎根人民、融入人民中为人民抒写、为人民放歌，潜心创作、精益求精，努力为人民创作生产出更多思想精深、艺术精湛、制作精良，在舞台上立得住、在业界叫得响、在社会上传得开、在历史上留得下的优秀文艺作品。

三、要举好旗帜引领方向，把握好民间文艺的当代价值，在创造性转化创新性发展中传承好中华优秀传统文化

习近平总书记指出："优秀传统文化是一个国家、一个民族传承和发展的根本，如果丢掉了，就割断了精神命脉。我们要善于把弘扬优秀传统文化和发展现实文化有机统一起来，紧密结合起来，在继承中发展，在发展中继承。"深刻领会习近平总书记重要论述的精髓要义，准确把握中华优秀传统文化的当代价值和时代意蕴，积极推动中华优秀传统文化创造性转化、创新性发展，是建设好中国特色社会主义文化、建成社会主义文化强国的应有之义和必由之路。民间文艺蕴涵着丰富的中华优秀传统文化资源，是中华民族生生不息繁荣强大的文化基因宝库，我们要珍视我们拥有的文化财富，科学发掘其中穿越时空的当代价值，让民间艺术走近现代生活，让民俗文化融入现代文明，让优秀传统文化伴随着中华民族伟大复兴中国梦的历史步伐历久弥新再现辉煌。

薪火相传，中国民间文艺发展的七十年，是辉煌的、光荣的、壮丽的七十年，也是承续传统、孕育先机、开创未来的七十年。岁月长歌，芳华永续。我们要抓住时代发展为民间文艺事业繁荣提供的良好机遇，搭好彰显广大民间文艺工作者才华智慧的广阔舞台，推出更多陶冶情操、滋养心灵、启迪心智的文艺作品，培厚坚守正道、砥砺前行、变革创新的文化土壤，为谱写民间文艺事业新篇章、繁荣发展社会主义文艺作出新的更大贡献，共同为实现中华民族的伟大复兴而奋斗！

中国文联2020年工作要点

2020年是全面建成小康社会和“十三五”规划收官之年，是脱贫攻坚的决战之年。今年文联工作的总体要求是：坚持以习近平新时代中国特色社会主义思想为指导，全面贯彻落实党的十九大和十九届二中、三中、四中全会精神，贯彻落实习近平总书记关于宣传思想工作重要思想和文艺工作的重要论述，坚持稳中求进、守正创新、务求实效，围绕学习宣传贯彻习近平新时代中国特色社会主义思想这一首要政治任务，围绕决胜全面建成小康社会、决战脱贫攻坚这一主基调，围绕坚持和完善繁荣发展社会主义先进文化的制度，以推动文艺高质量发展为主线，以深化文联改革为动力，以强化制度建设为保障，固基础、扬优势，强弱项、补短板，激活力、抓落实，努力实现服务大局有新作为、政治引领有新成效、精品创作有新成果、服务人民有新举措、自身建设有新进展，团结引导广大文艺工作者，为繁荣发展新时代社会主义文艺事业作出积极贡献。

一、加强文艺界理论武装和思想引领

深入贯彻落实中央《关于加强党的政治建设的意见》，引导广大文艺工作者深入学习贯彻习近平新时代中国特色社会主义思想和习近平总书记关于文艺工作的重要论述，建立健全用党的创新理论武装文艺工作者的制度。落实全国文联系统文艺人才和管理干部培训规划，完善常态化培训机制，突出抓好思想政治理论培训，重在提升培训质量。加大对新文艺群体及中青年一线文艺工作者的培训力度，增加班次、扩大规模，继续拓展培训覆盖面。办好中青年文艺领军人才、文艺业务骨干、新文艺群体拔尖人才、少数民族文艺骨干、新入会会员等研修培训班次。加快开发建设“文联网络培训云平台”。开展“崇德尚艺　做有信仰有情怀有担当的新时代文艺工作者”巡回宣讲，推动活动向地市县延伸。

二、开展主题文艺实践活动

紧扣决胜全面小康、决战脱贫攻坚、建党100周年等重要时间节点和重大主题，举办脱贫攻坚主题戏剧作品晋京展演、“一个也不能少”全国脱贫攻坚摄影大展、新时代曲艺星火扶贫工程巡礼、脱贫攻坚主题书法作品大展、“小康欢歌”新创歌曲演唱会、金钟之星“一带一路”民族音乐会、大型原创交响合唱“奋进新时代”全国巡演、全国小剧场剧目展演、第13届全国美术作品展览巡展、北京国际美术双年展巡展、第7届全国道德模范故事汇基层巡演、“书写新时代”新文艺群体书法创作展等活动。办好第29届中国金鸡百花电影节、第10届中国曲艺节、第8届中国舞蹈节、第12届中国民间艺术节、第13届摄影艺术节、第10届全国农民摄影大展、第13届中国金鹰电视艺术节、第9届中国大学生电视节、第7届中国校园戏剧节、第9届全国少儿曲艺展演、中国农民艺术节。举办“我们的节日”、“中华情·中国梦”中秋文艺展演、长江流域戏剧节、“听见中国听见你”歌曲推选、马街书会曲艺展演、“摄影发现中国”、“同心同书·祖国新春好”等活动。

三、完善文艺精品创作生产引导机制

抓好重大示范性创作项目组织实施，持续推进“不忘初心　继续前进”——庆祝中国共产党成立100周年大型美术创作工程、中国民间文学大系出版工程、中国民间工艺传承传播工程、重点现实题材电视剧剧本创作计划等。继续开展“中国精神·中国梦”主题文艺创作工程和青年文艺创作扶持计划。

四、组织开展文艺评奖

组织第33届中国电影金鸡奖、第35届大众电影百花奖、第11届中国曲艺牡丹奖、第12届中国舞蹈荷花奖（古典舞、现代舞、当代舞、舞剧）、第15届中国民间文艺山花奖、第13届中国摄影金

像奖、第7届中国书法兰亭奖、第30届中国电视金鹰奖。加大对优秀获奖作品、优秀文艺人才的宣传推介力度，推进“互联网+文艺评奖”建设。

五、加强文艺评论工作

发挥中国文艺评论家协会的龙头作用和各文艺家协会理论专业委员会的骨干作用，对文艺思潮倾向、热点文艺现象、重点文艺作品开展评论。举办第6届全国中青年文艺评论骨干研讨班，组织开展第二届网络文艺评论大赛、校园戏剧发展论坛、音乐评论推优、美术高峰论坛、曲艺教育峰会、高等书法教育论坛、摄影理论研讨会、杂技高峰论坛、文艺评论“西湖论坛”“民族文艺论坛”。

六、提升文艺志愿服务质量水平

推动“深入生活、扎根人民”主题实践活动制度化常态化，完善深入生活采风创作管理办法及实施细则。组织音乐家赴边疆少数民族地区采风创作，推进“影像见证新时代　聚焦扶贫决胜期”驻点调研创作工程。持续推进“文艺扶贫奔小康”志愿服务行动，开展“送欢乐下基层”“到人民中去”“美育筑梦”“唱响幸福歌”“祖国不会忘记”等活动。实施文艺培训、文艺支教、乡村学校少年宫艺术辅导员培训计划等，探索“文艺进万家　健康你我他”新时代文明实践文艺志愿服务模式。规范健全文艺志愿者注册管理、星级评定和激励嘉许制度。参与全国“四个100”学雷锋志愿服务典型宣传推选活动。

七、做好新文艺组织和新文艺群体工作

开展“文艺两新”调查研究，召开全国“文艺两新”工作座谈会。在中宣部的统筹指导下，参与制定做好新文艺群体工作的指导意见。推动新文艺群体专业技术职务评审、从业资质认定等工作进入操作性阶段。建立“文艺两新”健康发展专项扶持基金。修订完善各全国文艺家协会个人会员入会细则，吸收新文艺群体中的优秀人才入会。指导基层文联与“文艺两新”聚集区建立经常性联系制度。

八、加强文艺工作者职业道德建设和人才队伍建设

开展“崇德尚艺、潜心耕耘”主题实践活动。组织第5届中青年德艺双馨文艺工作者评选表彰工作。办好曹禺、张君秋、杨兰春、沈亚威、吴印咸等知名艺术家纪念活动。实施“艺坛大家”和“艺苑百花”项目，开展音乐骨干人才培养、顶尖舞者工程、曲艺名家专家创作示范工程、电视新文艺群体英才培养“登攀计划”。评选、授予成就卓著的老艺术家“中国文联终身成就艺术家”荣誉称号。开展行业组织评价体系调研。制定行业自律公约配套实施办法。加强会员管理，定期开展失德失范、违纪违法情况排查，建立健全会员准入和退出机制。发挥中国文联职业道德建设联席会议作用，及时处置重大违法失德事件。协调协同相关部门，建立约束和惩戒文艺工作者违法失德行为的联动机制。

九、推动基层文联深化改革

督促尚未出台改革方案的10.5%的地市文联，推动深改方案全面出台。积极推进出台关于加强县级文联组织建设的意见，推动市县级文联组织机构全覆盖。加强上级文联对下级文联的工作指导和业务指导，强化基层文联干部业务培训。

十、加强会员基础性工作。畅通入会渠道，发展基层协会会员

加强会员动态管理，完成各全国文艺家协会、各省级文艺家协会会员重新登记工作。完善协会会员在线服务管理平台，推进会员资料信息化网络化使用，实现会员入会网上申报、审批和公示。加强对协会主席团成员和理事会成员的履职考核。

十一、切实维护文艺工作者合法权益

办好“中国文联知识产权宣传周”系列活动。继续开展各项法律志愿服务，深入开展文艺维权调研。积极推进文联系统法律顾问工作。加强文艺维权组织建设，提高维权干部的专业素养和服务能力。

十二、加强对外和对港澳台文化交流

办好“今日中国”艺术周、中韩日戏剧节、全国美展海外巡展、“一带一路·金钟华韵”中国音乐海外巡演、中国舞蹈“荷花奖”艺术团海外巡演、“中国美术世界行”系列展、中华曲艺海外行、巴黎中国曲艺节、德国中国曲艺周、中外青年摄影联展、国际书法大展、“金菊飘香　中国之夜”魔术演出等品牌活动。在欧盟总部、加拿大、亚美尼亚等举办扶贫成就摄影展。组织开展中日、中韩人文交流合作框架内项目和中印建交70周年交流项目，推动与加拿大、意大利、越南、丹麦、芬兰、瑞典、瑞士、新加坡等开展多领域文化交流与研修培训。举办第4届中印音乐节、第18届中国国际摄影艺术展览、第4届深圳国际摄影大展、第14届国际书法大展、中古电视艺术交流、中印建交70周年城市片展映等。加强与国际音乐理事会、国际青年音乐联盟、国际说唱艺术联盟、世界马戏联盟年会、亚洲魔术大会等国际艺术组织沟通交流。推进中国文艺网外文版建设。举办第12届海峡两岸暨港澳地区艺术论坛、“濠江之春——澳门与内地艺术家大联欢”系列活动、第10届海峡两岸曲艺欢乐汇、第9届海峡两岸电视艺术节、民间文艺小分队赴台展演、海峡两岸青少年舞蹈交流展演、第4届香港青少年书法大奖赛、首届青少年书法夏令营等活动。

十三、严格落实意识形态工作责任制

严格落实《中国共产党宣传工作条例》和意识形态工作责任制，认真执行中国文联《新闻宣传工作管理办法》《新媒体管理办法》和《加强网络评论队伍建设意见》等制度规定，加强对评奖办节、展览展演、论坛讲座、报刊出版等意识形态阵地的建设和管理。发挥好《中国艺术报》、中国文艺网等文联及协会所属各类媒体主阵地主渠道作用。加强文艺界舆情的监测分析研判。

十四、加强网络和信息化工作

推动各团体会员单位信息平台、资源数据有序纳入“网上文联”系统。加强对文联传统媒体和新兴媒体的统筹监管，推动媒体有机深度融合发展。打造有特色有影响的国家重点文艺网站，提升新媒体影响力。推动优秀文艺人才、文艺作品和重大文艺活动等优质文艺资源的数字化转化和网络化应用。

十五、加强文联机关党的建设

贯彻落实中央第六巡视组反馈意见和中央巡视办整改要求，扎实开展巡视整改，建立健全落实全面从严治党要求、加强党风廉政建设的长效机制。压紧压实主体责任，落实好中央《关于加强和改进中央和国家机关党的建设的意见》。办好学习贯彻党的十九届四中全会局处级领导干部培训班。推进党支部标准化规范化建设。加强作风建设和纪律建设，加大执纪问责力度。

十六、加强文联干部队伍建设

加大文联局级领导班子和干部队伍建设力度，发现培养优秀年轻干部，优化文联干部队伍结构。推动重点岗位干部的交流轮岗工作。做好中国剧协、中国音协、中国舞协、中国书协、中国杂协和中国评协换届工作。

Important meetings、events

2021

重要会议、活动

重要会议活动

中国文联第十届主席团第七次会议

1月6日在京召开。会议审议了《中国文联第十届全国委员会第五次会议议程(草案)》；审议了《中国文联十届五次全委会工作报告(审议稿)》；审议了关于同意中国检察官文联不再作为中国文联团体会员事项；审议了更替和增补中国文联第十届全委会委员；通过《中国文联第十届主席团第七次会议决议(草案)》。

中国文联第十届全国委员会第五次会议

1月7日至8日在京召开。会议深入学习贯彻落实习近平新时代中国特色社会主义思想和党的十九大及十九届二中、三中、四中全会精神，贯彻落实全国宣传部部长会议精神，全面总结中国文联2019年工作，部署2020年工作，进一步团结动员广大文艺工作者推动社会主义文艺繁荣发展。

中国文联主席、中国作协主席铁凝主持会议并传达中央领导同志对中国文联工作的批示。中国文联党组书记、副主席李屹做题为《牢记初心使命 坚定正确方向 为繁荣发展新时代文艺事业作出新贡献》的工作报告。中国文联党组成员、副主席李前光、陈建文，中国文联党组成员、书记处书记董耀鹏出席会议。会上，陈建文通报了《中国文联第十届主席团第七次会议关于同意中国检察官文联不再作为中国文联团体会员的决议》；李前光通报了中国文联第十届全委会第四次会议以来中国文联全委变动情况。大会通过李祯盛同志不再担任中国文联副主席，增选董耀鹏同志为中国文联主席团委员。

会议期间，与会代表围绕学习贯彻落实全国宣传部部长会议精神以及《中国文联十届五次全委会工作报告(审议稿)》进行了分组讨论。大家表示，中国文联十届五次全委会工作报告政治站位高、分析思考深、工作落点实，贯穿和体现了贯彻落实习近平新时代中国特色社会主义思想和党的十九大及十九届二中、三中、四中全会精神，以及习近平总书记关于繁荣发展社会主义文艺的重要论述，集中反映了过去一年文艺发展和文联工作的一系列新变化、新成就。大家认为，要把深入学习贯彻落实习近平新时代中国特色社会主义思想作为首要政治任务，深入领会精神实质，准确把握思想精髓，自觉用习近平新时代中国特色社会主义思想武装头脑，切实增强繁荣兴盛新时代社会主义文艺的历史责任和使命担当。大家一致认为，文艺工作者应该把创作优秀作品作为文艺工作的中心环节，把提高作品质量作为文艺创作的生命线。要走高质量的文艺发展之路，把坚持创造性转化和创新性发展，坚持与时代同步伐，坚持扎根生活、扎根人民，坚持把社会效益放在首位贯穿创作始终。艺术服务人民，要积极观照改革进程中社会的全面进步和人的全面发展，在火热的生活中积累鲜活生动的素材，以充沛的激情、生动的笔触、优美的旋律、感人的形象，展现时代的变迁，表现中国人民刚健有为、昂扬向上的精神风貌，创作出思想精深、艺术精湛、制作精良的优秀作品。要团结引领“文艺两新”，深入调研、积极探索，进一步把联络服务、团结引领新文艺组织和新文艺群体的工作做实做好。中国文联副主席赵实、叶小钢、冯巩、冯远、许江、李雪健、张平、陈振濂、迪丽娜尔·阿布拉、胡占凡、奚美娟、郭运德、彭丽媛、董伟、潘鲁生，中国文联主席团委员王瑶、王一川、冯双白、高西西、盛小云，中国文联第十届全委会委员出席会议。中央纪委国家监委驻中宣部纪检监察组，中组部干部三局，中宣部文艺局、干部局有关负责人到会指导工作。各全国文艺家协会主席，各全国文艺家协会、中国文联机关各部门、各直属单位领导班子成员，各副省级城市文联负责人，中国文联机关部门各处室负责人列席会议。

“转变作风、重心下沉，广泛联系、紧紧依靠广大文艺工作者，切实增强文联组织政治性先进性群众性”专题研讨会

为推进巡视整改落实落地的思想再发动、再动员以及对新时代文联组织根本属性、使命任务、职能职责的再认识、再深化。6月18日，中国文联在京召开“转变作风、重心下沉，广泛联系、紧紧依靠广大文艺工作者，切实增强文联组织政治性先进性群众性”专题研讨会，旨在进一步理清方向思路，形成深入基层、重心下沉，扎实整改、深化改革的思想共识。

中国文联党组书记、副主席李屹出席会议并讲话。中国文联党组成员、副主席李前光主持会议。中国文联党组成员、副主席陈建文，中国文联党组成员、书记处书记董耀鹏出席会议。

会议强调，要怀着对文联及协会工作和事业的高度使命感责任感，切实提高政治站位，既要登高望远，从政治高度、战略大局、发展前景来谋划工作，把正方向、抓好大事、把握全局；又要心系基层、心系广大文艺工作者，勇于创新、精于细节、善于落实，抓准工作切入点和着力点，通过扎扎实实的具体工作帮助基层破解难题，优化职能，把广大文艺工作者紧紧团结在党的周围。

希望大家齐心协力，同舟共济，聚焦“做人的工作”这个核心理念，聚焦转变作风、重心下沉这个关键点，不断强化措施，推进巡视整改和深化改革落实落地，取得实效，不断推动文联和协会基层基础工作取得新进展、新突破，推动文联系统整体工作迈上新的台阶。

有关全国文艺家协会负责人在会上做交流发言。各全国文艺家协会分党组成员、中国文联机关各部门和直属单位主要负责同志出席会议。

青年文艺创作扶持计划

青年文艺创作扶持计划始创于2016年，旨在深入学习贯彻习近平新时代中国特色社会主义思想和党的十九大精神，全面落实全国宣传思想工作会议和全国宣传部部长会议决策部署，团结带领广大文艺工作者把握时代脉搏、坚守人民立场，创作推出更多优秀作品，不断满足新时代人民精神文化生活新期待，该项目以个人原创为主，支持艺术创新，主要扶持中小型创作项目，侧重于当年推出创作成果。精准扶持、精准立项，为包括新文艺组织和新文艺群体青年文艺创作人才在内的广大青年文艺工作者成长发展搭建平台。为文艺创作引来活水、注入新鲜力量。该活动的开展获得了中国文联各团体会员单位及广大青年文艺工作者的高度关注，影响力不断扩大、吸引力不断提升，成为文联深化改革，推进文艺创作工作的有力抓手，为精品创作提供了有效后备力量，各全国文艺家协会及省级文联也以此为参考，孵化开展了各类培英、培青扶持计划，一大批优秀的青年文艺工作者在扶持创作过程中潜心创作、专心耕耘，艺术水平得到了提高、创作能力得到了加强。

2020年，中国文联面向全国45周岁以下、活跃在创作一线并在本艺术领域具有一定造诣及较强创作能力的青年文艺工作者再次征集青年文艺创作扶持计划项目。全国青年文艺工作者热情参与，中国文联各团体会员积极推荐，报送了一大批热情讴歌党、讴歌祖国、讴歌人民、讴歌英雄的现实题材优秀精品文艺创作项目，涵盖11个艺术门类。文艺工作者根据本人所在地或所属艺术门类报送项目，中国文联各团体会员对项目进行遴选论证后，推荐报送至中国文联项目领导小组办公室。一个项目只能申报一次，已获得其它全国性艺术基金资助的项目不在申报之列，重复申报视为无效；申报项目采取系统内回避制度，文联协会在职人员不得作为申报项目受资助主体，不得从中领取报酬或报销额外费用；各团体会员需面向本区域或本行业公开征集，尽量向体制外青年文艺工作者倾斜；创作主题方面要求围绕庆祝中国共产党成立100周年、全面建成小康社会、

决战脱贫攻坚和抗击新冠肺炎疫情等，聚焦奋进新时代的主题，塑造时代新人的典型形象，展现新时代人民追梦圆梦的奋斗实践和崭新的精神风貌，彰显时代的精气神。创作题材方面要求为2020年度重点扶持现实题材原创项目。中国文联对于入选项目在资金投入、协调深入生活采风创作、专家指导、宣传推介等方面给予全程跟踪、动态服务、精准扶持，并将优秀文艺创作人才及其创作成果纳入中国文联文艺人才数据库。依照《中国文联文艺创作项目参考原则》，中国文联邀请各艺术门类评委对申报的189个项目进行评审。通过初评、复评并经中国文联书记处审批同意，共确定81项入选。其中，新文艺群体扶持项目48项，占比由2016年的18%提升至2020年的近60%。入选项目于5月28日至6月3日在《中国艺术报》、中国文艺网和中国文学艺术基金会官网公示7天。其间，青年文艺创作扶持项目领导小组办公室与各团体会员及项目申报人沟通，反馈资助经费数额，对经费预算进一步细化修正调整，公示结束及合规审核后，由中国文学艺术基金会、中国文联国内联络部和中国文联相关团体会员签订项目专项经费资助协议。

崇德尚艺
做有信仰有情怀有担当的
新时代文艺工作者巡回宣讲

“崇德尚艺 做有信仰有情怀有担当的新时代文艺工作者巡回宣讲”活动是中国文联学习贯彻习近平总书记关于宣传思想工作的重要思想和关于文艺工作的重要论述，贯彻落实习近平总书记在看望参加全国政协十三届二次会议的文艺界社科界委员时的重要讲话精神和习近平总书记致中国文联中国作协成立70周年的贺信重要精神，展现文艺界正风正气，树立文艺界良好形象的一项重要举措，也是文艺界增强“四力”教育实践工作的案例教学。该活动于2018年在京启动。

2020年，党的十九届五中全会明确提出到2035年建成文化强国这一远景目标，同时对“十四五”时期文化建设领域的主要目标做出具体阐述——“社会文明程度得到新提高，社会主义核心价值观深入人心，人民思想道德素质、科学文化素质和身心健康素质明显提高，公共文化服务体系和文化产业体系更加健全，人民精神文化生活日益丰富，中华文化影响力进一步提升，中华民族凝聚力进一步增强。”11月9日至20日，中国文联分三批组织活跃在创演一线的文艺名家赴甘肃、广东、江西、黑龙江、贵州、云南开展2020年度“崇德尚艺 做有信仰有情怀有担当的新时代文艺工作者巡回宣讲”。2000多名一线文艺工作者特别是基层中青年文艺骨干、新文艺群体代表现场聆听宣讲，至此实现全国各省区市全覆盖。此次活动共召集12位文艺名家(既包括中青年“德艺双馨”文艺工作者，也包括中宣部命名的文艺名家、新文艺群体优秀代表)进行主题宣讲，通过讲述他们的亲身经历和创作实践故事，分享学习习近平总书记关于宣传思想工作的重要论述以及关于文艺工作的重要论述的心得体会，倡导广大文艺工作者自觉肩负起为民族培根铸魂的职责，坚持以人民为中心的创作导向，坚持德艺双馨、艺品兼修，努力成为时代风气的先觉者、先行者、先倡者，共同为建设社会主义文化强国提供有力精神支撑。本次宣讲在新冠肺炎疫情防控常态化的大背景下，实现了主题宣讲向基层文联、新文艺群体集聚区的拓展延伸，产生了积极的社会反响、业内反响，成为文联推动行业建设、发挥优秀文艺工作者示范引领作用的积极举措。

范迪安（中国美协主席、中央美术学院院长）

【立足中国大地，彰显时代精神】

宣讲地点：黑龙江哈尔滨(11月19日)

范迪安在宣讲中提出，百年来，不同时代的艺术家思考他们时代的重要课题，并用实践回答这些课题。范迪安从“在传统中认识时代创造”“在艺术创作中追求时代高度”“深入生活现场表现时代精神”三个方面，重点分析了文艺与时代的紧密关系。他认为，要把握时代脉搏，聆听时代声音，承担记录新时代、书写新时代、讴歌新时代的使命，勇于回答时代课题，从当代中国的伟大创造中发现创作的主题、捕捉创新的灵感，深刻反映时代的历史巨变，描绘时代的精神图谱。

范迪安以多位现当代画家的创作为例，深刻

阐释了文艺创作与人和时代的重要关系："不是一般地去寻找一个题材，而是要在主题和题材之上，思考艺术的表达方式。"

吴为山（中国美协副主席、中国美术馆馆长）

【有信仰才有力量】

宣讲地点：广东深圳(11月12日)，江西景德镇(11月13日)

吴为山以作品为线索，讲述了其艺术生涯和中国艺术不断增长的影响力。他说，这些年他做了3件事情：一是20世纪90年代开始创作系列中华人物塑像以立时代丰碑；二是提出写意雕塑理论；三是向世界讲好中国故事。

吴为山说，作品是立身之本，创作的力量源于文化自信，要以文化温情对话世界。"这些年我通过国际巡展、立像、演讲等方式向世界讲中国故事。通过对古代和现代一脉相承的作品展示中华民族美的历程，让那些为人类作出贡献的中国人形象屹立于世界，也使世界感知中华民族前进的步伐。"

盛小云（中国文联主席团委员、中国曲协副主席）

【守正创新，光前裕后】

宣讲地点：云南昆明，贵州贵阳(11月18日至19日)

盛小云的艺术得益于对传统的继承，来自与时代同频的融合发展，更凝聚着她身为从业者、传承者、管理者的挚爱真情和使命担当。在苏州评弹艺术领域，盛小云坚持培养青年演员和青年观众"两条腿走路"。盛小云团队创编了中篇苏州弹词《雷雨》，八易其稿，在坚守艺术特色的基础上进行创新，并带着作品走进清华大学等多所高校，让传统文化走到年轻人中间。"在新时代，我们一定要为青年观众量身定做他们喜欢的作品。"

盛小云说："继承是基础，创新是发展，两者相互依存，有矛盾，但不是彼此对立的，艺术创新首先要彰显艺术自身的固有特色，按艺术自身的规律发展。没有了艺术自身的固有特色，创新将消解，并异化自己。"

李舸（中国文联全委、中国摄协主席、人民日报社总编室部务委员）

【中国"战"疫，文艺工作者在现场】

宣讲地点：广东深圳(11月12日)，江西景德镇(11月13日)

李舸放映了用123张照片制作的一部纪录短片，以此缅怀新冠肺炎疫情发生、武汉封城这段刻骨铭心的历史，铭记中国抗疫阻击战的艰难与辉煌。真情流露的画面和动情的解说令现场观众泪下。

抗击新冠肺炎疫情期间，李舸带领中国摄协小分队拍摄了4.2万名医护人员的肖像，经历了4.2万次真情流露的感动。这些肖像已经成为举国瞩目的珍贵记忆，并作为完整的影像文献档案保留在国家史册中。"66个日夜，我强烈感到急迫的历史担当。此时此刻如果不去记录、不去书写、不去讴歌，就是最大的失职。因为在非常时期，冷漠和遗忘比病毒更可怕，精神和信仰比药品更可贵。"

翁仁康（中国文联全委、中国曲协副主席、浙江省文联副主席）

【从乡村来，到乡村去】

宣讲地点：甘肃兰州(11月9日)

"我十多岁的时候，做了浙江杭州萧山县文化馆的一名故事员。"翁仁康用自己的故事打动了现场每一位观众。从艺40年来，他一直不忘自己是农民的儿子，每年走基层演出达上百场。父亲去世时，因履行基层百姓演出约定，他坚持在舞台上表演；因为忙着基层演出，带母亲去杭州的承诺，直到母亲去世也没能兑现。如今，翁仁康下基层的次数更多了，他想把更多的演出带给像父母亲一样的老百姓。

宣讲中，翁仁康说，中国有14亿人口，就是吃饱穿暖也是件不容易的事情，但是中国共产党领导我们做到了。他创作了《我心中的党》，描述心中的共产党是什么样子。"我们文艺工作者一定要传递正能量，一定要有社会担当，不添乱，守底线，有担当，作贡献。"

黄豆豆（全国青联副主席、中国舞协副主席、中国文艺志愿者协会副主席）

【舞出中国风】

宣讲地点：云南昆明，贵州贵阳(11月18日至19日)

"如果没有抬鼓的人，怎么会有在鼓上跳舞的人？"黄豆豆结合31年的从艺经历提出，舞蹈是一门合作的艺术，要尊重团队里的每一个人，大

家做到最好，才有可能让一个作品在观众心里留下印象。

在宣讲中，黄豆豆讲述了自己深入基层慰问演出的经历。在汶川地震发生的时候，他所在的文艺志愿服务团深入地震中心区慰问，在泥地上铺块毯子，就开始为当地的孩子们表演；在浙江省下姜村，他们演到最后舞党旗的时候，老百姓都坐不住了，全都站起来了。“作为一名文艺工作者，我们一定要在党中央的指引下，饱含激情、修德修艺，向老艺术家们学习；在苦练基本功的同时，更要深入生活、扎根人民，人民需要艺术，艺术更需要人民。”黄豆豆说。

吴元新（中国民协副主席、江苏民协副主席、南通大学非遗研究院院长）

【从染坊学徒到国家级传承人——我的蓝印花布传承之路】

宣讲地点：江西景德镇(11月13日)

吴元新从17岁走进染坊学习蓝印花布技艺，至今已40多年。小时候，80多岁的奶奶因白内障眼睛看不见，凭着经验和感觉纺纱，这样一种勤劳朴素的精神，感染和鼓励吴元新走上了蓝印花布传承之路。在蓝印花布领域中，从作坊学徒到国家级传承人，吴元新努力尽到应有的责任和义务，在做好技艺传承的基础上，创新制作了近千种蓝印花布的纹样，培养了300多名蓝印花布传承人。

“中国的传统文化从来都是非常包容的，要体现文化自信，就要敢于走出去展示，善于兼收并蓄，用创新思维、国际视野来激活传统。蓝印花布先后赴多个国家和地区举办展览和展演活动，在国际嘉宾的赞叹声中，传承人的文化自信不断加强。”

李伯男（中国文联全委、中国国家话剧院导演、北京剧协副主席）

【我在新时代的春风沐浴下成长】

宣讲地点：云南昆明，贵州贵阳(11月18日至19日)

一直以来，李伯男立志于创作既具艺术水准又具商业价值的优秀剧目。此次宣讲，李伯男以导演生涯为主线，分享了艺术创作历经三个阶段的点滴心得：见自己，表达自我；见天地，讲中国故事；见众生，以人民为中心的主旋律题材创作。李伯男认为，在新时代，文艺工作者应站在文化自觉的高度，来审视和把控自己的艺术创作。他在谈到今年年初的疫情阻击战时说：“国家不易时，文艺工作者要旗帜鲜明地表白，要有担当。崇德尚艺不是一句空话，它要落实在文艺工作者的世界观、价值观、文艺观上。”复工复产后，李伯男导演了两部抗疫作品：《因为有你》和《人民至上》。他希望能用文艺作品鼓舞人民，满足人民文化需求，增强人民精神力量。

滕爱民（中国文联全委、北京舞协副主席、北京城市当代舞蹈团团长）

【根深才能叶茂】

宣讲地点：黑龙江哈尔滨(11月19日)

滕爱民努力探索中国人自己的身体语言，用实践证明了从中国优秀传统文化中汲取营养、寻找创作灵感的重要意义。宣讲会上，滕爱民回忆起有一次在与外国艺术团交流时，一名外国演员讲起太极的基本动作和理念并作了示范。“我不会打太极，可总觉得一个外国人来教我这些真不是滋味，觉得必须较劲。”不久后，他就请杨氏太极传人丁水德给舞蹈团上太极课，大家还深入学习了书法、武术、道家哲学等。

“传统文化之于文艺创作的关系就是根之于枝叶的关系，只有深研其中，才能创作出优秀的文艺作品，只有根深才能叶茂。将传统文化融入当代视野，当代艺术融汇民族血脉，才能提升自信、激发斗志，为人民、为世界提供更丰富的精神食粮。”

邬建美（中国民协理事、湖南民协副主席、湖南长沙美伦湘绣文化传播有限公司艺术总监）

【做文化传承和创新的追梦人】

宣讲地点：黑龙江哈尔滨(11月19日)

邬建美回忆，自己小时候常常偷偷在母亲的绣活上绣几针。一次，母亲派她去湘绣站送一幅被面，她说服老师傅将难度最大的“百子图”的绣制任务派给了她，最后产品验收通过了。这件事激发了邬建美对刺绣的极大兴趣，成了她迈入艺术门槛的一个阶梯。“从此，我一路风雨，一路无悔。”就这样，邬建美坚持在绣面上呈现春华秋实，至今已有42年。

“文化传承不仅要做好存量的文章，更要在题材、内容和形式上不断创新，创造出更多的增量。”为此，邬建美立足湘绣传统特质，挖掘和提炼湖湘文化元素，开拓湘绣内容题材，创新湘绣的表现形式。“过去十多年，无论环境如何变化，永远不变的是对艺术的初心，坚定文化自信，用信心创新，用创新坚守，我们都是追梦人。”

王亚彬（中国舞协理事、北京舞蹈学院青年舞团演员、“亚彬舞影工作室”创始人）

【舞蹈的力量】

宣讲地点：甘肃兰州（11月9日），广东深圳（11月12日）

王亚彬将她的演出片段穿插于对舞蹈艺术的阐释中。王亚彬说：“舞蹈，在我看来是具有国际性的艺术表达方式，最高级、最纯粹、最丰富，跨越了语言的障碍。”在她的现代舞作品视频片段的展示下，观众对这句话有了充分理解。

此次宣讲之前，王亚彬认真修改宣讲提纲，精心准备舞蹈视频，她希望充分发挥身为艺术家的自由度，展示创作理念。王亚彬将她对艺术追求的信念与大家作了分享，在梳理艺术理念的同时，将自身的实践和文艺群体联系在了一起。无论作为舞蹈的表演者、创作者还是教育者，王亚彬希望将舞蹈的力量更为广泛地传递下去，提升大众审美层次。

傅琰东（中国杂协魔术艺委会副主任、北京杂协副主席、北京魔幻久久文化传播有限公司首席魔术师）

【坚信中国文化，用“魔幻”的双手展现新时代】

宣讲地点：甘肃兰州（11月9日）

“下面我教大家一个魔术，请拿出一张餐巾纸……”从一个简单的魔术开始，傅琰东开始了他别开生面的宣讲。他将魔术表演融入其艺术成长历程，一步步引人入胜。

出生在魔术世家的傅琰东，从小耳濡目染，6岁开始学习用一根绳子表演魔术技法。小时候，在学校写完作业就回家练功，日积月累，傅琰东不仅魔术学得好，还成了“学霸”。他的魔术变幻多端，很快在业界占有一席之地，多次登上春晚舞台，并携魔术《青花神韵》代表国家参加世界魔术大赛。

“要坚定我们的文化自信，全世界的观众都是非常希望了解和欣赏我们的优秀传统文化的。当然，也要不断融入时代元素，创作富有时代意义的新魔术精品，奉献给人民。”傅琰东说。

我们的中国梦——文化进万家

2019年12月23日，中国文联2020年“我们的中国梦——文化进万家”活动动员会在京召开。中国文联党组成员、副主席李前光作动员讲话并为各全国文艺家协会、产行业文联、省级文联小分队代表授旗。各全国文艺家协会、有关产业行业文联、省级文联负责人出席会议。会议由中国文联文艺志愿服务中心主任、中国文艺志愿者协会副主席兼秘书长冀彦伟主持。会上还播放了2020年中宣部等五部委“文化进万家”活动宣传片和《焦点访谈》有关节目。

1月13日至15日，在庆祝辽河油田开发建设50周年之际，2020中国文联、中国书协“我们的中国梦”文化进万家暨“同心同书•祖国新春好”书法文化惠民公益活动在辽宁省盘锦市辽河油田公司特油公司前线驻地员工活动中心举行。中国书协志愿小分队以及石油书协的书法家们挥毫泼墨，将一件件现场书写的春联、“福”字赠予辽河油田的劳模代表、企业一线员工。现场企业员工们火红的工作服、满面的笑颜与翰墨飘香的书写新春吉语的楹联、“福”字交相辉映，呈现出一片红红火火迎新年的欢乐祥和的喜庆氛围。当晚，中国书协理事张维忠在辽河宾馆礼堂结合自身多年创作实践就书法的结体、墨法、笔法、章法等问题作了书法公益讲座。讲座结束后，中国书协志愿小分队一行还对辽河油田的书法爱好者们的作品进行了点评。该活动由中国文联、中国文艺志愿者协会、中国书协、中国石油书协联合主办，中国文联书法艺术中心、中国石油辽河油田公司工会、中国石油辽河油田文联协办。

艺苑百花

为深入贯彻习近平新时代中国特色社会主义思想特别是习近平总书记关于文艺工作的重要论述，大力倡导德艺双馨，着力培育正风正气，弘扬艺术之美、信仰之美、崇高之美，进一步营造

文艺界见贤思齐、崇德尚艺、奋发有为的良好态势，不断发现、培育和推出当代优秀文艺工作者与文艺界先进典型，中国文联于2018年启动“艺苑百花”项目。国内联络部与《中国艺术报》共同策划开设“艺苑百花”专栏，深入挖掘优秀文艺工作者的动人故事，充分展现他们爱党爱国的崇高理想、追求卓越的艺术创造、扎根生活的精彩实践、感人至深的善行义举。2020年“艺苑百花”专栏刊发的优秀文艺工作者访谈篇目有：

4月2日，《因热爱而美丽——访中国舞协著名舞蹈家山翀》

4月28日，《从“小飞兄”到“评弹代言人”——访中国曲协副主席、苏州市评弹团副团长、苏州评弹学校副校长盛小云》

6月7日，《为古老的民族乐器寻找更多的可能性——访中国音协副主席，二胡演奏家、教育家宋飞》

7月16日，《生活让书家的内心真正强大——访中国书协理事、北京书协副主席、首师大教授叶培贵》

8月6日，《在限制中探索生命与戏剧的无限可能——访中国剧协主席、话剧表演艺术家濮存昕》

9月11日，《全力以赴，找到创作道路上的“定风珠”——访国家一级导演王舸》

10月20日，《现代舞尊重和欣赏每个生命的不同——访舞蹈家、北京现代舞团艺术总监高艳津子》

11月10日，《“每个人来到这个世界上都有使命”——访中国剧协副主席、著名剧作家罗怀臻》

11月19日，《“我不过是在书法领域里做了编辑出版工作而已”——访中国书协主席苏士澍》

12月7日，《古为今用，打造独一无二的中国风魔术——访中国杂协魔术艺术委员会副主任、北京杂协副主席傅琰东》

艺坛大家

“艺坛大家”是中国文联的品牌项目之一，起始于2004年，至今已拍摄老一辈著名文艺家100余人的专题片，涉及戏剧、电影、音乐、美术、曲艺、舞蹈、民间文艺、摄影、书法、杂技、电视等多个艺术门类，部分专题片先后在中央电视台、地方电视台播出，产生了广泛而深远的影响。通过中国文艺网的新媒体平台集中发布推送，是适应网络时代传播发展趋势，充分利用新媒体优势开展宣传推介的重要探索。该品牌致力于回顾总结我国当代艺坛德高望重的老艺术家的艺术成就和人生历程，收集抢救他们的珍贵音像资料，既努力为文艺工作的后来者打造一部生动教材，也力争为中华文艺保存一批宝贵的艺术人文史料。“艺坛大家”项目网络宣传推介工程坚持以马克思主义文艺观和习近平新时代中国特色社会主义思想为指导，以社会主义核心价值观为引领，坚持“二为”方向、“双百”方针，牢固树立以人民为中心的工作导向，深入挖掘、广泛宣传老一辈中国文艺工作者深入生活、扎根人民、潜心创作、精益求精的优良作风。

2020年，在中国文艺网陆续推出的专题人物有：于蓝、李铎、欧阳中石、陈爱莲、田华、李谷一、郑小瑛、斯琴塔日哈、周令钊等，并启动了郭汉城、张淑筠等艺术家的专题片摄制工作。

品牌活动

百花迎春——中国文学艺术界2020春节大联欢

1月8日，“百花迎春——中国文学艺术界2020春节大联欢”在北京人民大会堂举行。中国文联名誉主席孙家正，中国文联主席、中国作协主席铁凝，中国文联党组书记、副主席李屹，高占祥、王蒙等中国文联老领导，中国文联原副主席仲呈祥，著名艺术家郭兰英、白淑湘、王晓棠、谢芳、张海等出席并观看了演出。活动特设向“人民艺术家”国家荣誉称号获得者郭兰英、王蒙、秦怡致敬环节，傅庚辰、张平、王铁成分别诵读了写给3位“人民艺术家”的致敬辞，凸显了活动立意。活动实行实名制管理，压缩人数，严格控制节目时长，为打造精品化节目进行了探索，向全国人民奉献了一场艺术盛宴，赢得了广泛的赞誉。

2020“濠江之春——澳门与内地艺术家大联欢”系列活动

11月4日至7日，由澳门中华文化联谊会、上海市文联、河北省文联、中国文联港澳台办公室、中央人民政府驻澳门联络办公室宣传文化部共同主办的2020“濠江之春——澳门与内地艺术家大联欢”系列活动在澳门举办。全国政协副主席何厚铧，全国政协港澳台侨委员会副主任裘援平，中央人民政府驻澳门特别行政区联络办公室副主任严植婵，中国文联党组成员张雁彬，外交部驻澳门特派员公署署理特派员王冬，全国政协港澳台侨委副主任、澳门妇女联合会会长贺定一，澳门中华文化联谊会会长梁华，澳门基金会行政委员会主席吴志良以及澳门各界嘉宾出席活动。

本次“濠江之春”活动突出“魅力江南”“风情燕赵”等地方特色，注重区域文化互动，内容包括澳门与内地艺术家大联欢、上海市及长三角文艺演出、艺术家走进培正中学慰问演出、“大美河北·风情燕赵”摄影展等。

5日晚，大联欢活动在澳门万豪轩大宴会厅举行，拉开了此次“濠江之春”系列活动的帷幕。大联欢演出由上海市文联艺术促进中心、上海新文艺工作者联合会承办，来自内地和澳门的400余位嘉宾出席活动，张雁彬、梁华分别致辞。张雁彬在致辞中表示，在粤港澳大湾区建设的历史机遇面前，在澳门探索构建“以中华文化为主流、多元文化共存的交流合作基地”过程中，中国文联将一如既往地发挥桥梁和纽带作用，更加紧密地与澳门的文艺团体、文艺家团结在一起，也希望澳门文艺界能够一如既往地关心、支持和参与文联工作，携手创造更多反映新时代生活的文艺作品，努力培育更多适应新时代需求的文艺人才，更好地运用并拓展“濠江之春”这一活动品牌，持续不断交流与展示两地文艺发展的最新成果，共同推动中华文化创新发展，为繁荣发展新时代社会主义文艺事业贡献力量。梁华表示，此次大联欢由来自上海和长三角的艺术家倾情演绎，展现出风雅旖旎、诗情画意的江南文化，用艺术搭建起了澳门与上海、大湾区与长三角之间友谊、交流与合作的桥梁。大联欢气氛热烈，高潮不断，廖昌永、盛小云、吴凤花、史依弘、平安等艺术家带来了精彩的演出，《我和我的祖国》等歌曲更是激起了大家浓浓的爱国情。

6日晚，澳门文化中心剧场迎来久违的热闹场面，“魅力江南·上海市及长三角文艺演出”在这里举行。盛小云、席燕娟、吴凤花、方亚芬、林宝、茅善玉、平安、史依弘、宋思衡、王之炅、刘恋、张冉、廖昌永等知名艺术家倾情献艺，澳门粤剧表演艺术家朱振华、澳门青年粤剧演员莫颖霖和澳门少儿艺术团表演了特为抗疫编排的粤

剧《风雨同路》片段和舞蹈《信·心》等精彩节目。根据疫情防控要求，剧场只能容纳400名观众，为让更多观众享受这场视听盛宴，演出在网易、斗鱼等网络平台进行了直播，在线观看人数超过15万。

澳门培正中学于1889年创办，百余年来培养出一大批杰出人才。6日上午，演出团在这里举行了“江南艺术家走进培正中学慰问演出”。在主持人曹可凡颇具启迪性的介绍下，学生们对弹词《江南好风光》、京剧《贵妃醉酒》选段等戏剧节目产生了浓厚的兴趣，也加深了对中国传统文化的理解。青年钢琴独奏家宋思衡和现场学生进行的四手联弹互动增强了学生的参与感和积极性。河北省文联的书法家们在这里开展了书法培训课，深入浅出地向学生们介绍了书法文化的深厚魅力。

5日至8日，“大美河北·风情燕赵”摄影展在澳门现代艺术中心举行，河北省文联、河北省摄协和澳门摄影学会精心组织了56幅摄影作品，内容包括“慷慨燕赵”“风情燕赵”“活力京畿”，展示了河北的风景名胜、特色文化和发展态势。来自河北的知名摄影家进行了现场讲解和交流。

自2011年创办至今，“濠江之春”已历十载。受新冠肺炎疫情影响，2020“濠江之春”系列活动由6月推迟到11月，在两地艺术家的努力坚守和各方合作伙伴的通力协作下得以精彩呈现。本次活动的成功举办不仅是对两地文艺家的极大鼓舞，更凸显了中国人民众志成城抗击疫情的坚定信心和我国抗疫斗争所取得的重大阶段性胜利，对团结和联络澳门各界人士具有特殊意义。

全国性文艺大奖、艺术节

第十一届中国曲艺牡丹奖

中国曲艺牡丹奖是经中央批准，由中国文联、中国曲协共同主办的全国性曲艺专业奖项，每两年评选一届。颁奖系列活动自2006年落户江苏，至今已举办7届。本届评奖是深入学习贯彻习近平新时代中国特色社会主义思想和党的十九大精神、贯彻落实中央《关于全国性文艺评奖制度改革的意见》和中宣部《全国性文艺评奖改革方案》，持续做好巡视整改工作的一次评奖，是疫情防控常态化背景下扎实推进中国曲协全年工作的一次评奖。共有48家单位报送的430个节目参评，涵盖116个南北曲种，参评作者174人，参评演员394人，节目报送数量为历届牡丹奖之最。

本届中国曲艺牡丹奖全国曲艺大赛共设江苏苏州赛区(评弹滑稽类节目)、浙江余杭赛区(南方鼓曲唱曲类节目)、安徽合肥赛区(相声小品三书类节目)和山西长治赛区(北方鼓曲唱曲类节目)4个分赛区。苏州赛区的比赛由中国文联、中国曲协、江苏省文联主办，江苏省曲协、苏州市文广旅局承办，参赛节目曲种包括苏州评弹、扬州弹词、独脚戏、杭州小热昏、沪书等8种，题材丰富、佳作荟萃，既传承经典又富有时代气息，表现出评弹滑稽类曲艺作品蓬勃的生命力。比赛结束后还举行了汇报演出暨中国曲艺牡丹奖艺术团“送欢笑”走进苏州专场演出。

5月30日至6月1日，第十一届中国曲艺牡丹奖全国曲艺大赛(苏州赛区)在江苏省苏州市举行。来自江浙沪和中国曲协香港会员联谊会的135名演员参赛，40个评弹滑稽类节目分为4场展开角逐。中国文联党组成员、书记处书记，中国曲协分党组书记、驻会副主席董耀鹏出席活动。

6月1日，第十一届中国曲艺牡丹奖全国曲艺大赛(苏州赛区)汇报演出暨中国曲艺牡丹奖艺术团“送欢笑”走进苏州专场演出在江苏省苏州昆剧院举行。演出开始前，董耀鹏向苏州市颁发了特殊贡献奖奖牌。第十一届中国曲艺牡丹奖全国曲艺大赛评委会主任、中国曲协副主席、浙江省曲协主席翁仁康宣读了本届中国曲艺牡丹奖全国曲艺大赛(苏州赛区)提名名单。翁仁康、籍薇、王瑾、盛小云、王汝刚、袁小良、王文水、刘颖、张浩楠、陈靓、董其峰、徐涛、郭威、方菁萍、梁雪、钦婉云等曲艺名家新秀参演，带来相声、小品、快板、梅花大鼓、绍兴莲花落、苏州评弹、独脚戏等精彩节目。

【提名名单】

节目奖提名3个：中篇苏州评弹《初心》、中篇苏州弹词《顾炎武》、中篇苏州弹词《军嫂》；

表演奖提名6人：毛新琳、曹雄、黄震良、张建珍、赵松艳、王金福(艺名：王池良)；

文学奖提名4个：中篇苏州评弹《钱学森》(作者：徐惠新、姜永春、李大成)，中篇苏州弹词《大律师史良》(作者：言禹墨、鹿牧、邢晏春、邢晏芝)，中篇苏州弹词《瞧这一家子》(作者：陆建华)，中篇苏州评弹《郑和下西洋》(作者：方金华)；

新人奖提名5人：金一戈(34岁)、吴啸芸(34岁)、祁晔(24岁)、谢英(33岁)、倪真扬(26岁)。

6月22日至23日，第十一届中国曲艺牡丹奖全国曲艺大赛在浙江杭州余杭区举行。上海、江苏、浙江、安徽、福建、江西、湖南、湖北、广东、广西、重庆、四川、贵州、云南14个省区市和中国曲协澳门曲艺家联谊会选送的48个节目分4场展开激烈角逐。大赛由中国文联、中国曲协、浙江省文联、杭州市余杭区政府主办，浙江省曲协、杭州市余杭区委宣传部、余杭区文化和广电旅游体育局、余杭区文联承办。参赛节目曲种主要为南方鼓曲唱曲类，包括苏北大鼓、四川竹琴、侗族琵琶弹唱、四川清音、彝族烟盒弹唱、南音、绍兴莲花落、长沙弹词、衡南渔鼓、粤曲、广西文场、安徽大鼓、徐州琴书等，曲种丰富、形式

多样。既有《读一读〈可爱的中国〉》《南原突围》《龙华塔》《扶贫佳话》《村史馆》《澳门明天更美好》等革命历史题材和现实题材佳作，也有《昭君出塞》《桃园三结义》《张松献地图》《诗仙搁笔》等经典历史故事，展现出南方鼓曲唱曲类曲艺作品的独特魅力。

7月27日至30日，第十一届中国曲艺牡丹奖全国曲艺大赛（合肥赛区）在安徽省合肥市举行。大赛由中国文联、中国曲协、安徽省文联、合肥市政府主办，合肥市文旅局、合肥文广集团、合肥大剧院承办。中国文联党组成员、书记处书记、中国曲协分党组书记、驻会副主席董耀鹏，中国曲协主席姜昆等出席活动。参赛节目曲种主要为相声小品三书类，包括相声、曲艺小品、快板书、评书、山东快书、陕西快板、四川评书、太原莲花落等，北京、天津、河北、山西、辽宁、黑龙江、上海、江苏、浙江、安徽、山东、河南、湖南、广东、重庆、四川、贵州、陕西、甘肃19个省市曲协和中国煤矿曲协、全国公安曲协、中国曲协相声艺委会、中国曲协山东快书艺委会、中华全国总工会文工团、中国铁路文工团、中国广播艺术团、中国煤矿文工团推荐的40余个节目近百名演员分5场展开角逐。

【提名名单】

节目奖提名：小品《换牙》《好人好“抱”》《家和月圆》和相声《接电话》

表演奖提名：张怡、张勇、金岩、闫成山、应宁、李菁

文学奖提名：相声《超级英雄》(作者：刘骥、李大宇)，相声《乡音乡情》(作者：宋好)，相声《焦虑的爱》(作者：成杨)，相声《成语新篇》(作者：李寅飞、叶蓬)，评书《为民服务》(作者：刘昭)，评书《一次心灵的对话》(作者：蒋巍)，相声《都是手机惹的祸》(作者：刘岚、李清)，相声《姥说》(作者：高君岩，艺名：高晓攀)

新人奖提名：王灏玮(艺名：王名乐27岁)、窦晨光(27岁)、王超(34岁)、卢鑫(32岁)、董建春(28岁)、孙超(23岁)、迟永志(30岁)、陈默奇(艺名：陈印泉34岁)、郭培鑫(艺名：大新35岁)、赵子漪(艺名：赵千惠32岁)、马军(34岁)

8月10日至13日，第十一届中国曲艺牡丹奖全国曲艺大赛(长治赛区)在“中国曲艺名城”山西长治举行。大赛由中国文联、中国曲协、山西省文联、长治市政府主办，长治市委宣传部承办、山西省曲协协办。董耀鹏以及黄群、项云、盛小云、闫淑平、戴志诚等出席活动。北京、天津、山东、陕西、河南、甘肃等省市的39个节目参赛，参赛节目曲种主要为北方鼓曲唱曲类，包括陕北说书、京韵大鼓、二人转、河南坠子、青海平弦、拉场戏、撸板呱嘴、乐亭大鼓等，内容涵盖传统题材与现实题材，尤以现实题材居多。

【提名名单】

节目奖提名：二人转《双菊花》、陕北说书《时代楷模黄文秀》、西河大鼓书《大营救》、长子鼓书《闹红火》、河南坠子《忠烈骄杨》、潞安大鼓《小毛驴》、京韵大鼓《雪域朝阳》

表演奖提名：熊竹英、袁沛耀、盛喆、侯红莲、张春丰、张华、刘渤扬、王付贵、崔丽玲

文学奖提名：襄垣鼓书《光蛋孩与张爱爱》、潞安大鼓《再唱赵树理》、河东桌子戏《面对黄河一声喊》

新人奖提名：时唯、崔鹏、宋攀攀、路晨、霍亚杰

9月25日，第十一届中国曲艺牡丹奖在江苏苏州颁奖。包括节目奖5个、表演奖6个、文学奖4个、新人奖5个。其中，中篇苏州弹词《军嫂》、杭州摊簧《淑英救弟》、曲艺小品《家和月圆》、二人转《双菊花》、长子鼓书《闹红火》获节目奖；评书《一次心灵的对话》、中篇苏州评弹《钱学森》、评书《为民服务》、相声《乡音乡情》荣获文学奖；张怡、黄震良、张建珍、肖向丽、李菁、熊竹英获表演奖；金一戈、王灏玮、卢鑫、罗捷、董建春获新人奖。南音表演艺术家、理论家苏统谋，评书表演艺术家刘兰芳，苏州评弹表演艺术家邢晏春被授予“中国文联终身成就曲艺艺术家”荣誉称号。发布会上还首次亮相了全新打造的牡丹奖奖杯。

【获奖名单】

节目奖：中篇苏州弹词《军嫂》、杭州摊簧《淑英救弟》、曲艺小品《家和月圆》、二人转《双菊花》长子鼓书《闹红火》

表演奖：张怡、黄震良、张建珍、肖向丽、李菁、熊竹英

文学奖：

评书《一次心灵的对话》作者：蒋巍

中篇苏州评弹《钱学森》作者：徐惠新、姜永春、李大成

评书《为民服务》作者：刘昭

相声《乡音乡情》作者：宋好

新人奖：金一戈、王灏玮、卢鑫、罗捷、董建春

第十二届中国舞蹈荷花奖

10月17日，中国舞蹈荷花奖古典舞奖在河南洛阳揭晓。《大河三彩》《雨花石的等待》《西施别越》3部作品获奖。

9月16日至28日，来着全国8家院团的8部舞剧在上海展演，角逐第十二届中国舞蹈荷花奖舞剧奖。

10月22日，第十二届中国舞蹈荷花奖舞剧评奖结果揭晓。《骑兵 》《朱自清》《石榴花开》《红旗》《努力餐》5部作品获奖。

第十三届中国摄影艺术节暨第十三届中国摄影金像奖

中国摄影金像奖旨在表彰和奖励在摄影创作领域取得优异成绩的德艺双馨摄影家，一直以来都在用影像引领创作、凝聚力量，是摄影工作者和摄影爱好者的创作标杆。

12月20日，第十三届中国摄影艺术节开幕式暨第十三届中国摄影金像奖颁奖典礼在河南三门峡国际文博城大剧院举行。19位新晋金像奖获得者站上流光溢彩的颁奖舞台，迎来属于他们摄影生涯的高光时刻，接受来自全国摄影人的由衷祝福。

本届庆典中首个金像奖专属歌曲《光影礼赞》登台亮相。由国家一级作曲家刘青作曲、《中国摄影》杂志资深编辑马夫作词的《光影礼赞》、显示出摄影工作者的智慧与才情。以此致敬摄影人坚定信念、根植沃土、勇担责任、潜心创作的艺术情怀，用歌声礼赞摄影金像奖的荣光。首次邀请全部19位获奖者齐聚“金像面对面”(特设长达3个多小时的“金像直播间”，使未到场的观众通过网络与获奖者进行进一步的交流与分享。开幕式当晚，由北京摄影函授学院院长张希红主持，通过抖音、今日头条、小鹅通等直播平台同步直播访谈金像奖入选作者，分享他们的获奖心得、作品解读和对摄影的理解。此外，由中国文联网络文艺传播中心策划制作的“第十三届中国摄影金像奖获奖者作品展”360°全景展厅也同步上线。河南广播电视台大象客户端，抖音平台、头条号、微信公众号等多个网络平台、直播平台都成为艺术节系列活动的即时互动交流手段)；首次由央视直播金像奖获奖作品展览(充分利用新媒体传播优势，采取多个平台的网络直播、照片直播等形式宣传和扩大本次“一节一展”活动的公众参与度和影响力。不能亲临艺术节现场的观众不仅可以通过扫码观看金像奖颁奖盛典直播，中央广播电视总台央视新闻客户端首次对金像奖获奖作品展览进行了网络直播——邀请诸位策展人和获奖者现场分享和讲解他们的策展理念与拍摄理念。作为中国摄影史上首创的一次集体行动，全国近百位摄影师为4.2万余名奔赴武汉抗疫一线的医护人员拍摄肖像的创举，成为本年度最能体现摄影价值和记录功能的一份宝贵记忆)；《中国摄影报》首次推出金像奖特刊(为突出展示金像奖的艺术水准，纪念这份独属于摄影人的荣耀，该报首次推出中国摄影金像奖特刊，隆重介绍两位“中国文联终身成就摄影家”荣誉获得者和19位本届中国摄影金像奖获奖者，推介他们德艺双馨的事迹和优秀摄影作品。所有获奖者受邀在报纸头版签名的创意，也使这份特刊成为值得摄影人永久珍藏的一份纪念品)。此外，本次展览中还特设优秀摄影师的微信视频号展播与作品征集。图文时代方兴未艾，视频时代又以迅猛之势来临，短视频正日渐成为优质内容的主流传播方式之一。颁奖典礼充分运用高科技手段，带给人们一场高水准的视觉盛宴。巨幅全息投影屏幕效果惊艳，舞者化身为天鹅仙子，金像奖杯与天鹅翅膀的完美结合，寓意着天鹅之城三门峡与中国摄影艺术节结下的10年之缘。开幕式的启动按钮是相机快门装置，以按下快门的方式开启全场的闪光灯效果别具创意。颁奖时的大型碳纤维分屏幕在舞台中央徐徐落

下，播放着每位获奖者的作品和个人短片。声光电之外，所有节目也都紧紧围绕摄影主题展开，舞美全程贯穿摄影元素。

摄影艺术节上，“书香中国•美丽人生”全国全民阅读摄影大展展出数幅代表性优秀作品，专设优秀摄影书和摄影手工书阅读区域，成立40周年的中国摄影出版社推出的“影像与阅读”微型书馆展出了40册(套)经典摄影图书，涵盖名家传记、作品赏析、技术艺术、图像历史、艺术修养等摄影各个层面；60本由影上书房与《中国摄影》杂志社联合举办的第一届至第四届中国摄影图书榜的入榜图书集中亮相，推荐具有学术性、专业性、权威性及前瞻性的各类优秀摄影图书。在展陈方面，主展区设立了独具匠心的特装设计(在整个展览场地的中心位置，中间一根高达5米的立柱，是此次摄影艺术节的一个标志，高高的立柱标示中国摄影艺术节是中国规格最高的摄影艺术节展，也寓意着中国摄影艺术节金像奖至高无上的地位。围绕立柱，此次艺术节最重要的几个展览的主形象在特装设计上集中展示，旨在强化家国情怀。有以金像奖奖杯底纹——饕餮纹样为设计元素的金像奖主视觉形象；有全国脱贫攻坚地名和脱贫攻坚镂空剪纸为设计元素的全国脱贫攻坚摄影展览——《一个也不能少》；还有2020最重要的抗疫关键字和抗疫白衣天使设计元素，中国文联、中国摄协赴武汉抗疫小分队为代表的全国抗击疫情影像展览——《见证•造像》；由中国文联摄影艺术中心主办的“日常-青春”青年摄影师作品联展也在艺术节期间展出，展览旨在从日常经验出发，让年轻人发声，同期还举办了“日常-青春”青年摄影师多媒体幻灯演示交流会；以及以各种野生动物为表现对象的第四届中国三门峡自然生态国际摄影大展等。在展览留言墙上，观众吐露了观展心声：“脱贫攻坚一个都不能少，新冠病毒一个也不能多。”“从日常中偶得的瞬间，正因其平凡、真实，让我仍然相信灵魂的崇高，内心的纯洁，人间有温暖。”

【评奖结果】

纪实摄影类：王大斌、王经春、毛建军、卢北峰、严志刚、范江怀、郭建设、曾毅、鲍永清

艺术摄影类：龙江、李馨、李志良、肖萱安、陈茂盛、邵大浪、郑伟杰、谢子龙

商业摄影类：马国彤、李嘉宾

第九届中国大学生电视节

9月18日至19日，由中国文联、中国视协、中国传媒大学联合主办，成都市人民政府承办，中国教育电视台特别协办，中国文联电视艺术中心、成都市文化广电旅游局、成都市广播电视台、中国视协高等院校电视艺术委员会、中国视协演员工作委员会共同协办的中国大学生、电视行业及学界的年度文化盛会——第九届中国大学生电视节在四川成都都江堰市举行。中国文联副主席、中国视协主席胡占凡，中国视协分党组书记、驻会副主席、秘书长廖恳，中国传媒大学党委书记陈文申，中国文联理论研究室主任周由强，中国视协分党组成员、副秘书长范宗钗等领导出席开幕式并致辞。本届电视节以“弘扬优秀青年文化”为宗旨，以“时代传承•青春不悔”为主题，以“大学生欣赏、大学生创作、大学生参与”为特色，聚焦国情世情，继续为广大大学生朋友放飞艺术梦想、成就人生理想搭建一方舞台，引导青年学生热爱艺术、树立崇高的理想信念、塑造健康向上的价值观，促进精品创作和电视艺术繁荣发展。以丰富多样的电视艺术手法和媒介融合新形式，充分展现当代大学生蓬勃向上的青春力量和奋发进取的担当精神。与广大电视同人一起，在实现中华民族伟大复兴中国梦的新长征路上奋勇搏击，抒写出浓墨重彩的青春华章。

新时代•新语境•新征程——高等院校戏剧影视教育论坛同期举办。众多知名高校的专家学者围绕“新时代中国高等院校戏剧影视教育”这一主题，共同探讨互联网+语境下，“双一流”和新文科建设背景下戏剧影视学科和专业建设面临的机遇和挑战以及新时代中国特色戏剧影视学知识体系、学科体系和学术话语体系建设等议题，为推动新时代中国高等院校戏剧影视教育贡献力量。

18日下午，深受大学生喜爱的“大学生优秀原创作品展映”和“艺术家高校面对面”两项活动同时在成都三所高校举行。《江湖故人》《明月来相照》《少年青马》《“战”疫先锋》《守望花开》5部大学生原创影像作品展映，创作者作了创作过

程与创作感想交流汇报。

在19日上午举行的“致敬青春——第九届中国大学生电视节青春题材电视精品创作论坛”上，众多业界知名节目制作人、主创代表和专家学者、大学生村官、大学生代表会聚一堂，共同探讨新的时代条件下电视工作者应该如何承担主流媒体责任，关注青春题材、展现青春精神，通过创新话语方式、思维方式和经营模式讲好中国故事、传播中国声音。业界专家学者、创作者从不同的角度就如何进一步推动青春题材电视精品创作进行了广泛深入的讨论。

19日晚举行的闭幕式晚会共分“传承·青春是一条路”“奋进·青春是一首歌”“理想·青春是一束光”“大运·青春是一场梦”四个主题，众多知名艺术家与青年学生同台演出，表达对新时代的讴歌，对青春的礼赞和对影视业发展美好未来的展望。闭幕式上还公布了第九届中国大学生电视节大学生原创优秀作品名单和大学生赏析推荐作品。

【第九届中国大学生电视节大学生赏析推荐作品】

电视剧类：《庆余年》《亲爱的热爱的》《安家》《鬓边不是海棠红》《新世界》《局中人》《鹤唳华亭》《最美的乡村》《澳门人家》《绝境铸剑》

综艺节目类：《向往的生活4》《乘风破浪的姐姐》《中国诗词大会5》《奔跑吧4》《极限挑战6》《令人心动的offer》《舞蹈风暴》《国乐大典2》《守护解放西》《脱贫大决战4》

纪录片类：《风味人间2》《中国医生》《武汉“战”疫纪》《如果国宝会说话3》《本草中国》第二季《从长安到罗马》《安居中国》《澳门二十年》《但是还有书籍》《我的扶贫年》

动画片类：《舒克贝塔》《新大头儿子》《大运河奇缘》《八仙过海》

电视剧音乐作品类：《无名之辈》——电视剧《亲爱的热爱的》《愿得一人心》——电视剧《鹤唳华亭》《一念一生》——电视剧《庆余年》《传闻》——电视剧《传闻中的陈芊芊》

【第九届中国大学生电视节大学生原创优秀作品】

剧情类：《单车少年》（广西艺术学院）《海风咸湿》（上海大学）《江湖故人》（四川传媒学院）《库斯别克》（上海交通大学）《明月来相照》（中国传媒大学）《少年青马》（北京电影学院）《时光照相馆》）吉林动画学院）《新世界》（中国传媒大学）《信徒》（河北传媒学院）《泱》（北京电影学院）

纪录类：《穿越时空的记忆超人》（四川电影电视学院）《羌山回响》（北京电影学院现代创意媒体学院）《新声》（南京艺术学院）《有始有终》（四川传媒学院）《这个“糟老头子”有点帅》（云南师范学院）

抗击疫情主题作品：《青春记疫——大学生在行动云晚会》（中国传媒大学）《“战”疫先锋》（山东艺术学院）

脱贫攻坚主题作品：《光》（吉林艺术学院）《跨过贫困这条线——龙岗脱贫攻坚纪实》（中国传媒大学）《守望花开》（绵阳师范学院）

第三十届中国电视金鹰奖

中国电视金鹰奖是经中央批准，由中国文联、中国视协共同主办，唯一以专家评审、中国视协会员、观众投票相结合评选产生的常设全国性电视艺术大奖，创办于1983年，至今已经成功举办了29届。

为顺应新时代电视和网络视听节目的发展，本届金鹰奖对奖项设置进行了调整，电视作品奖除设置最佳电视剧奖、优秀电视剧奖外，增设了最佳电视综艺节目奖、最佳电视纪录片奖、最佳电视动画片奖，而且全部面向网络视听作品。在电视剧创作单项奖中，保留了最佳编剧奖、最佳导演奖、最佳摄像奖，增设了最佳原创主题歌曲奖；观众喜爱的男、女演员奖从原来的各2个，改为观众喜爱的男、女演员奖各1个和最佳男、女演员奖各1个。

本届金鹰奖共征集到各类作品936部，初审筛选和资格审查出529部作品正式参评，其中电视剧159部、电视纪录片181部、电视综艺节目130部、电视动画片59部。7月18日晚，中国文联、中国视协发布第三十届中国电视金鹰奖宣传片《灼灼其华》《风华正茂》，开启第一轮网络投票，至8月18日结束，按照一个手机号码一票的规则，共有来自观众和中国视协会员的1369875个手机号码参

与。8月下旬，金鹰奖组委会组织专家在浙江建德对参评作品进行评审，共有48部电视剧(含网络剧6部)和相关作品报名参评的男演员137名、女演员121名进入9月3日开启的第二轮网络投票，截至9月9日结束，随后进入专家终评。

第13届中国金鹰电视艺术节

10月16日至18日，第30届中国电视金鹰奖暨第13届中国金鹰电视艺术节在长沙举行。开幕式晚会以“金鹰三十•正当潮”为主题，主打电视剧情与潮流文化的结合，用近两年最热门的电视剧、最热门的话题、最热门的演员，表现建党100周年、决战决胜脱贫攻坚、抗击疫情等宏大叙事，彰显以湖南电视为代表的湖南文化产业关照社会、关照现实，与人民同心、与时代同行的昂扬姿态；颁奖晚会以“金鹰三十•迎风而砺”为主题，兼顾岁月厚度和年轻风华，用年轻化的表达方式，创新打造国风文艺节目演绎、创意音乐讲演秀等节目，表现了湖南文化产业澎湃的活力和动力。金鹰论坛、圆桌对话思想碰撞、智慧迸发，展现湖南文化产业兼容并蓄、海纳百川的博大胸怀。在国家第7个扶贫日举办《大地颂歌》演出，既展现了湖南文化和演艺事业的新风貌、新成就，又体现了湖南在习近平总书记关于精准扶贫的重要论述指引下，打赢脱贫攻坚战的举措和成就。这场演出一票难求、座无虚席、十分火爆，嘉宾们称赞“《大地颂歌》是一场精神盛宴”。央视《新闻联播》当晚单条报道《十八洞村村民观看扶贫大剧<大地颂歌>》。

10月18日晚，第13届中国金鹰电视艺术节闭幕式暨第30届中国电视金鹰奖颁奖晚会在湖南国际会展中心举行。

【获奖名单】

最佳电视剧：《外交风云》

优秀电视剧：《大江大河》《破冰行动》《小欢喜》《知否知否应是绿肥红瘦》《共产党人刘少奇》《都挺好》《长安十二时辰》

最佳编剧：马继红《外交风云》

最佳导演：孔笙《大江大河》

最佳摄影：荆冲《长安十二时辰》

最佳音乐（原创主题歌曲）：《国家孩子主题曲永生不忘》词作者：樊孝斌、曲作者：张宏光

最佳男演员：任达华(中国香港)

最佳女演员：童瑶

观众喜爱的男演员：王一博

观众喜爱的女演员：赵丽颖

最佳电视纪录片：《中国出了个毛泽东》《但是还有书籍》

最佳电视动画片：《丝路传奇》

最佳电视综艺节目：《江苏卫视2019—2020跨年演唱会》

第十二届中国民间艺术节

中国民间艺术节是经党中央、国务院批准，由中国文联、中国民协联合主办的国家级大型文艺交流活动，为我国民间文艺界规模最大、规格最高的文化盛会，每两年举办一届，已在辽宁、北京、山西、江苏、湖北、广东、甘肃、江西等地成功举办了11届。11月22日至12月13日，第十二届中国民间艺术节在广东省中山市小榄镇举办。活动由广东省文联、中山市委市政府承办，广东省民协、广东省文艺志愿者协会、中山市委宣传部、中山市文联、中山市文广旅局、小榄镇党委、小榄镇政府共同协办。

本届艺术节包括“花动菊城、风起香山”——第十二届中国民间艺术节开幕式演出，第十五届“中国民间文艺山花奖•优秀民间艺术表演”民间广场歌舞和民歌子项初评展演、“建设美丽乡村脱贫攻坚奔小康”——第三届广东农民画展、“城市化背景下的民俗文化传承”论坛以及5场“民间艺术展演下基层”惠民演出等系列活动，来自24个省区市的34支民间文艺表演队伍、全国各地的知名专家学者和民间文艺工作者会聚中山小榄，为当地群众送上了一场场视听盛宴，也为当地的民间文艺事业发展建言献策，受到了广泛好评。同期举办的小榄菊花会与艺术节相得益彰。

中国文联党组成员张雁彬，中国民协分党组书记、驻会副主席邱运华，广东省各有关方面负责人等出席了11月23日晚举行的“花动菊城、风起香山”——第十二届中国民间艺术节开幕式。开

幕式演出由“小康圆梦”“多彩神州”“山花竞放”三个篇章组成。陕北的安塞腰鼓、雪域高原的藏族民歌、白山黑水的达斡尔族传统舞蹈、福建原生态畲族歌言、贵州苗族“嘎闹”支系锦鸡舞、海南黎族打柴舞等一系列民俗文化展演，描绘了全国各族人民在党的领导下团结一致，为脱贫攻坚而努力奋斗的壮丽景象。

11月24日至12月13日举行的“第三届广东农民画展”得到广东省各地民协的大力支持，共有130余幅作品参展。汇聚了来自惠州、中山、广州、佛山、东莞、江门、茂名、梅州、云浮、揭阳、湛江等多地的作者近年新创的精品，体现了广东省农民画近年来的发展现状与创作水平。展品“以建设美丽乡村、脱贫攻坚奔小康”为主题，原创特征明显，具有鲜明的岭南地域特色和浓郁的乡土风情，突出展现美丽家园、建设新农村等时代主旋律，全面展示了广大农民蓬勃向上的精神面貌和风采。

11月24日举行的“第十五届中国民间文艺山花奖•优秀民间艺术表演”民间广场歌舞和民歌子项初评共收到28个省区市以及新疆生产建设兵团选送的54个节目，有34个节目进入现场参评。本次初评以优秀民歌和民间广场歌舞展演为依托，将我国各地风格鲜明、特色浓郁的优秀民间表演艺术及其深厚博大的历史文化底蕴激情演绎出来。各地文联、文旅局、文化馆、乡镇表演队、村委会文艺队等基层文艺组织以及艺术培训中心、民间艺术团、农民剧团等新文艺群体组织构成了参赛队伍的主体。国家级传承人、退休职工、地区文艺骨干、民间文艺爱好者等各种身份的演职人员覆盖了各个年龄层。展演活动规模盛大、内容丰富、形式多样，参评作品代表了近年来我国民间广场歌舞和民歌的最高水平。民间歌舞、民歌和其他民间文艺一样，贴近人民生活，反映群众心声。参演节目既保持了原生态文化特色，突出民族性和地域特色，又保留了民间风格和乡土气息的基础，突破传统，有所创新。在题材内容上除了展现地域民族文化，还集中体现了脱贫攻坚奔小康的主题，传统文艺样式和时代相融合，突出了以人民为中心的创作导向。

11月25日召开的民俗文化传承论坛分为主旨发言和圆桌会议两个环节。上午的主旨发言环节，6位专家学者结合各自的研究领域，从理论、实践的不同角度就城市化背景下民俗文化的传承、发展与创新等议题展开研讨，探索推动民俗文化的保护与复兴的有效途径。大家认为，民俗文化并非点缀乡土的花朵，而是老百姓的生活方式、思维方式和精神生活的最高形式。本次论坛的主题是城市化背景下的民俗传承，很有现实意义，而这一主题放在广东研讨，很有指导意义。

中国民协在艺术节开幕一个月前即面向全国进行论坛征稿，收到论文50篇，本次论坛的主旨发言和征稿文集有以下特点：第一，论文紧扣主题，探讨在城市化的大背景下，如何保护、传承民俗文化，尤其是如何在打造地方文化品牌；发展、创造文化产业，逐步推进乡村振兴时如何合理、正确地利用民俗文化资源，守护好我们的精神家园。党的十九大报告中提出了乡村振兴战略，乡村振兴需要激发内在动力，需要培养内生活力，壮大和提升凝聚力创造力，而民俗文化所蕴含的精神文化蕴涵关乎历史记忆、文化认同和情感归属，有助于我们坚定文化自信，有助于恢复和重建乡愁记忆，有助于人们对乡村资源的再认识再发展，从而实现乡村振兴。第二，论坛的主旨发言和收到的论文顺应了城市化的大潮，直面当代社会生活的现实，立足于长期的扎实的田野作业和深入的理论思考，体现了“推动中华优秀传统文化创造性转化、创新性发展”的思想，许多观点以及各地的民俗实践很有建设性，给人启发。第三，表达对广东民协工作和广东民间文化研究队伍的敬意。中国民协有“学术立会”的传统，同样，广东也十分重视学术研究，拥有一支实力雄厚、人才济济的专家学者队伍，这正是本次论坛圆满成功的重要保证。

11月25日晚，“民间艺术展演下基层”惠民演出在中山市举行。代表近年来全国民间文艺最高水平的34支表演队伍深入中山市火炬开发区国际会展中心、东区街道全民健身广场、小榄镇永宁中心公园、黄圃镇黄圃国际会展中心、沙溪镇凤凰山公园5个镇街开展了涵盖精湛歌舞、民歌表演、舞龙舞狮、戏剧表演、器乐联奏等多种节目形式的惠民演出，与中山本土文艺家同台演出了60多个精品民俗文艺节目。每个会场都吸引了数千名观众。

第35届大众电影百花奖

大众电影百花奖是在周恩来同志的直接倡导和关怀下创立、经中央宣传部批准创办于1962年的全国性文艺评奖，也是我国电影界历史最悠久、影响最深远的一个奖项。该奖主要反映了广大观众对电影的评价和喜好，因而被称为中国电影的“观众奖”。从2019年起每年评选一次。2020年，全球暴发新冠肺炎疫情，世界电影面临前所未有的考验，在中国抗击疫情取得阶段性胜利的重要节点，全国影院相继复工复产的时刻进行百花奖的评选，不仅是半年多来我国疫情防控取得巨大成功的有力证明，更是电影人对广大影迷热切期盼的郑重回应，传递了电影人对光影艺术始终不变的执着追求。本届百花奖参评影片题材丰富，新作、佳作迭出，反映了两年来中国电影的水准。本届百花奖的评选也是对近两年中国电影的发展作的一次检阅和集结。

根据《大众电影百花奖章程》的相关规定，本届百花奖为2018年3月1日至2020年2月29日两年度内取得国家电影局颁发的《电影片公映许可证》、在全国院线上映且票房不低于1000万元人民币的189部候选影片中评选出最佳影片、优秀影片、最佳编剧、最佳导演、最佳男主角、最佳女主角、最佳男配角、最佳女配角、最佳新人，共计9个奖项。中国影协委托中国电影发行放映协会骨干影院经理共100人组成初选委员会，对符合参评条件的影片进行投票，经组委会确认产生本届百花奖10部候选影片。由101名观众组成的终评委员会在2020年中国金鸡百花电影节期间对这10部候选影片进行深度观摩和充分讨论，在颁奖典礼现场场投票表决评选出各奖项获奖者。

【获奖名单】

最佳影片：《我和我的祖国》

优秀影片：《我不是药神》

最佳编剧：饺子（电影《哪吒之魔童降世》）

最佳导演：郭帆（电影《流浪地球》）

最佳男主角：黄晓明（电影《烈火英雄》中饰演江立伟）

最佳女主角：周冬雨（电影《少年的你》中饰演陈念）

最佳男配角：王传君（电影《我不是药神》中饰演吕受益）

最佳女配角：袁泉（电影《中国机长》中饰演毕男）

最佳新人：易烊千玺（电影《少年的你》中饰演小北）

2020年中国金鸡百花电影节

中国金鸡百花电影节创办于1992年，是由中国文联和中国影协联合主办的每年一届、为期4天的国际性影展。是中国大陆历史最为悠久、影响和规模最大、最专业、最具权威性的电影评奖活动。在中国大陆各大城市轮流举行。同时也是中国唯一一个国家级的电影节，与长春电影节、上海电影节齐名，是中国大陆最专业的电影盛宴。

9月24日至26日，由中国文联、中国影协、郑州市人民政府主办的2020年中国金鸡百花电影节暨第35届大众电影百花奖系列活动在河南省郑州市举行。本届电影节举办了包括星空放映启动仪式、百花电影论坛、国产电影展映、香港电影展映、艺术家下基层、百花奖提名表彰仪式、百花奖颁奖典礼等多项主体活动。近千名电影界嘉宾、媒体记者及关注电影节的各界人士相聚郑州，共同见证中国电影界盛事。

9月24日举行的星空放映启动仪式，中国文联党组成员胡孝汉出席并致辞，河南省副省长何金平、王新伟，中国影协名誉主席李前宽、李雪健，中国影协分党组书记张宏等出席活动。胡孝汉、何金平与农村电影放映员代表娄源永共同按动“星空放映”按钮，101个露天放映场地共同启动，并放映电影《焦裕禄》。

电影节期间，为突出脱贫攻坚主题，放映了开幕影片《一点就到家》；开幕论坛聚焦“全面奔小康共筑电影梦”主题，谢飞、张丕民、尹力、任仲伦等电影人围绕主题畅谈现实主义的光辉与电影机遇；学术论坛聚焦中国电影的历史叙事与中国传统文化的时代传承，贾磊磊、侯光明等专家共同探讨传统文化之于中国电影和中国当下社会的深层含义；黄河文化电影专题展，集中展映了《黄土地》《黄河绝恋》《美丽的大脚》《百鸟朝风》等经典之作，通过影像与观众交流黄河文化之于不同时代的意义。

9月26日，为期3天的2020年中国金鸡百花电影节在河南郑州落下帷幕，101名观众评委以按表决器的方式当场投票，评选出第三十五届大众电影百花奖各大奖项。中国文联主席、中国作协主席铁凝，河南省委常委、郑州市委书记徐立毅为最佳影片《我和我的祖国》颁发奖杯和获奖证书。

第33届中国电影金鸡奖

中国电影金鸡奖是创立于1981年的中国电影“专家奖”。由中国文联、中国影协和厦门市政府共同主办。从2019年起每年评选一次。今年是中国电影金鸡奖恢复一年一评的开局之年。

11月25日至28日，第33届中国电影金鸡奖颁奖盛典在福建省厦门市举行。活动以推动中国电影高质量发展为宗旨，通过组织评奖、颁奖、影展、论坛、创投等系列专业活动，展示电影发展成果，探讨业界热点话题，促进跨领域深度合作。我国电影界领军人物、优秀代表以及来自教育界、金融界、科技界、新闻出版界等领域的专家齐聚一堂，共同为实现中国电影高质量发展贡献智慧和力量。

11月25日，第33届中国电影金鸡奖电影音乐会暨开幕式在厦门白鹭洲下沉式广场举行，音乐会以“大海的回响”为主题，彰显了鲜明的新时代特色。中国文联党组成员胡孝汉致辞并宣布开幕，福建省委副书记、省长王宁致辞，中国电影基金会理事长张丕民，中国影协主席陈道明和顾问童刚、明振江，中国影协分党组书记、驻会副主席张宏等出席开幕式。

11月28日，第33届中国电影金鸡奖颁奖典礼在厦门海峡大剧院举行，19个奖项最终获奖名单一一揭晓。中国文联党组书记、副主席李屹，福建省委书记于伟国，中国文联党组成员胡孝汉，中国电影基金会理事长张丕民，中国影协主席陈道明，中国影协分党组书记、驻会副主席张宏，国家电影局副局长李国奇、陆亮等出席并为老艺术家丁荫楠、赵焕章、金迪颁发“中国文联终身成就电影艺术家”荣誉。

活动期间还举行了脱贫攻坚主题影展暨八闽电影巡展、国产影展、国际影展、港澳台影展，展映影片199部561场次；9场涉及“2020电影现象”“电影人的传承与创新”“时代变革与电影机遇”等主题的电影论坛。

创投大会从已征集的1057个华语新作电影项目中最终评选出30个入围项目的创投大会；吸引40余家业界顶尖投资及基金机构负责人参会，管理基金规模超过1000亿元，大会发布《2020中国电影投融资报告》《2020强影之路》产业研究报告，现场签约厦门影视产业项目32个，总额近196亿元。

【获奖名单】

最佳故事片：《夺冠》

最佳中小成本故事片：《我的喜马拉雅》

最佳儿童片：《点点星光》

评委会特别奖：《我和我的祖国》

最佳纪录/科教片：《掬水月在手》

最佳美术片：《哪吒之魔童降世》

最佳戏曲片：《贞观盛事》

最佳编剧：张冀（《夺冠》[原创]）

最佳导演：王瑞（《白云之下》）

最佳男主角：黄晓明（《烈火英雄》中饰江立伟）

最佳女主角：周冬雨（《少年的你》中饰陈念）

最佳男配角：印小天（《烈火英雄》中饰魏雷）

最佳女配角：袁泉（《中国机长》中饰毕男）

最佳摄影：赵晓时（《夺冠》）

最佳美术：宋军、东智良、郭钟山（《解放•终局营救》）

最佳音乐：空缺

最佳录音：吴江（《只有芸知道》）

最佳剪辑：张一博（《少年的你》）

最佳导演处女作：申奥（《受益人》）

文艺志愿服务活动

综　述

2020年，文艺志愿服务中心深入贯彻落实党的十九大和十九届二中、三中、四中、五中全会精神，以及中国文联十届五次全委会精神，坚持以人民为中心的工作导向，团结引领广大文艺志愿者，围绕中心，服务大局，勇于创新，克服新冠肺炎疫情风险挑战，坚持以政治建设为统领，创建完善“文艺进万家　健康你我他”新时代文明实践文艺志愿服务项目，广泛开展网络文艺志愿服务、“送欢乐下基层”、“我们的中国梦”——文化进万家、“到人民中去”、文艺扶贫、文艺支教、文艺培训、学雷锋文艺志愿服务等活动项目，创设“时代风尚”文艺志愿服务宣传推选活动，不断加强文艺志愿服务体制机制和组织队伍建设，为决胜全面建成小康社会、决战脱贫攻坚作出了积极贡献。

【“我们的中国梦”——文化进万家活动】

在中宣部指导下，按照新时代文明实践文艺志愿服务项目模式，联合各全国文艺家协会、有关省级文联，策划组织近100支文艺志愿服务小分队广泛开展“我们的中国梦”文化进万家活动。

在广西柳州市三江侗族自治县林溪镇冠洞村，文艺志愿服务中心承办中宣部、中央文明办、文化和旅游部、国家广播电视总局、中国文联联合主办的元旦春节期间“我们的中国梦”——文化进万家活动启动仪式暨首场慰问演出，得到中宣部充分肯定，中央广播电视总台《焦点访谈》栏目进行了专题报道。

9月2日，由中国文联、四川省委宣传部主办，中国文艺志愿者协会、中国影协、四川省文联、凉山彝族自治州人民政府承办的“我们的中国梦”——文化进万家、心连心文化文艺小分队赴四川凉山开展学雷锋文艺志愿服务活动举行。队伍循着习近平总书记的足迹来到了昭觉县三岔河乡三河村开展慰问演出。而后，中国文联文艺志愿服务小分队又先后来到了凉山州布拖县木尔乡和金阳县热柯觉乡，进行两场慰问演出。

9月27日至30日，中宣部、中国文联文艺志愿服务队走进内蒙古科尔沁右翼中旗，开展“我们的中国梦”——文化进万家慰问演出、辅导培训等系列活动，线上线下结合，展现科右中旗打赢脱贫攻坚战致富奔小康的丰硕成果和当地人民奋发向上的精神风貌。

【“文艺进万家　健康你我他”网络文艺志愿服务行动】

1月29日，发起“弘扬志愿精神　勇担使命　共克时艰　为疫情防控贡献文艺志愿服务力量”倡议书。

2月4日，制定“文艺进万家　健康你我他”网络文艺志愿服务行动指南，并以文艺志愿者古丽米娜为例进行了图文示范介绍。同时，迅速邀请周迅、陈坤、黄渤、沈腾、林永健、佟丽娅等40余位影视演员、艺术家组建活动宣传推广团，积极加强活动宣传。

2月25日，与湖北省文联、方舱医院联合，开展“方舱直播时间”活动。组织范迪安、吴为山、樊建川、黄豆豆、何加林、张继、乌兰图雅等80余位文艺家参与“方舱直播时间”，覆盖武汉13家方舱医院，用音乐、曲艺、魔术、舞蹈、书法等丰富多彩的文艺活动为医患送去优秀精神食粮，帮助其进行心理调适和身心康复。新浪微博“方舱直播时间”相关话题阅读量超2200万，相关网络文艺志愿服务行动话题量超6000万。

3月5日，在第57个学雷锋活动日创新开展“以艺暖心　用爱相助”网络文艺志愿服务行动——“方舱直播时间”慰问“白衣战士”专场慰问演出活动，与方舱医院医患进行互动直播，用文艺的力量鼓舞士气，现场观看直播人数20余万，中央广播电视总台《文化十分》栏目进行了专题深度报道，《人民日报》、新华社专门发表专题报道和深度评论，在全社会引起了热烈反响。

5月16日，由中国文联、中国文艺志愿者协会主办，“让爱铭记——中国文艺志愿服务‘以艺“战”疫’数字博物馆”征集启动仪式直播活动通过多家网络平台精彩上线，把文献、实物、图片、视频及其背后感人的故事送上云端，反映以艺抗疫成效。“学习强国”、人民网、新华网、央视频、爱奇艺、新浪微博、今日头条、快手等16家平台在线呈现，一周内直播播放量近500万，话题阅读量720万，获得了广泛的社会关注。参与策划组织中国文联“坚信爱会赢”抗疫专题晚会，活动在全网直播，受到广泛好评。

7月17日下午，中国文联选派文艺志愿者送艺术到湖北基层社区，同步开展直播带货活动，助力湖北经济疫后重振。活动由中国文艺志愿者协会副主席何加林带队，曲艺表演艺术家张保和、歌手平安、湖北籍民族唱法歌唱演员龚爽和演员周锦堂共同参与了直播活动。

2020年，网络文艺志愿服务行动实现阅读（播放）量5亿次以上，其中抖音平台有2.6万个相关文艺类作品传播，公益课堂直播11845场，累计直播时长1.46万小时，6452.1万人观看学习。

【“送欢乐下基层”学雷锋文艺志愿服务活动】

将“送欢乐下基层”文艺志愿服务活动提升为“送欢乐下基层”学雷锋文艺志愿服务活动。创新运用网络形式，采取线上线下相结合的方式，着重提升活动覆盖面，全年统筹各全国文艺家协会、各级文联报送26个“送欢乐下基层”文艺志愿服务活动。

7月18日，克服疫情影响，采用线上线下、四地联动的方式，联合内蒙古自治区、河南省、湖北省文联，举办年度首场“送欢乐下基层”学雷锋文艺志愿服务活动启动仪式，得到广泛好评。通过“直播+精编”形式多次推广，成为疫情发生以来规模最大、覆盖面最广的下基层活动。

11月2日，“雄安•雄安”——中国文联学雷锋文艺志愿服务团走进雄安新区慰问演出活动由中国文联、中国文艺志愿者协会、河北省文联、河北雄安新区党工委主办，中国文联文艺志愿服务中心、河北省文艺志愿者协会、雄安新区宣传中心承办。

11月4日，中国文联学雷锋文艺志愿服务队“送欢乐下基层”慰问演出走进湖南湘西花垣县，还举办了2020学雷锋文艺志愿服务全民赛歌会，通过腾讯微视开展全国赛歌，弘扬新时代学雷锋志愿服务精神和中国抗疫精神。

11月16日，“共护一江水　同圆小康梦”——中国文联学雷锋文艺志愿服务团走进湖北十堰郧阳区，通过慰问演出的方式，宣传党的方针政策，讴歌水源地人民牺牲奉献精神和脱贫攻坚取得的重大成就，表达党和政府对水源地人民的深切关怀，为水源地决胜全面小康、决战脱贫攻坚注入强大的文化动力。中国文联文艺志愿服务中心主任、中国文艺志愿者协会副主席兼秘书长冀彦伟，省文联党组书记、常务副主席邓长青出席慰问活动。

11月17日，由中国文联、中国文艺志愿者协会、四川省委宣传部主办，中国文联文艺志愿服务中心、四川省文联，马边彝族自治县委县政府承办的“我们的中国梦”——文化进万家　中国文联文艺志愿服务队走进四川省马边彝族自治县开展慰问演出。

12月8日晚，2020年中国文联“文艺进万家、健康你我他”送欢乐下基层文艺志愿走进酒泉慰问演出在甘肃酒泉举行。

12月13日，在辽宁抚顺雷锋学院成立学雷锋文艺志愿服务先锋队，组织举办“学习雷锋好榜样”中国文联学雷锋文艺志愿服务团走进雷锋精神发祥地辽宁抚顺特别节目，并于12月18日在全网上线播出。特别节目在雷锋同志生前所在部队举办，由雷锋音频、雷锋存折、雷锋日记、雷锋奖章分别引领“信念的能量”“大爱的胸怀”“忘我的精神”“进取的锐气”四个篇章，以讲述、朗诵、采访等穿插学雷锋优秀文艺作品，以中国文联学雷锋文艺志愿服务团成员和部队官兵为表演主体，集政治性、人民性、教育性、艺术性为一体，堪称一次生动而接地气文艺党课，在雷锋同志出生的日子掀起全国学雷锋的热潮。

【新时代文明实践文艺志愿服务项目】

聚焦新时代文明实践中心建设，深化人民群众主角理念，突显人民群众主角作用，策划、实施各类文艺志愿服务项目。坚持“送文化、种文化、传精神”工作思路，坚持实施“国家、省、市、县、乡、村”六级联动，坚持“送下去、请

上来、进心里”实施思路。

6月，新时代文明实践文艺志愿服务项目模式手册报送中国文联党组审定。

8月至10月，深入北京、河北、内蒙古、河南等地调研。

10月30日，中国文联新时代文明实践文艺志愿服务项目扩大试点工作培训会在京召开。会议采取现场和视频方式召开。中国文联党组书记、副主席李屹出席会议并讲话。中央文明办三局主要负责同志，以及北京市文联党组书记、常务副主席陈宁，河北省文联党组书记、副主席解晓勇，内蒙古自治区文联党组书记冀晓青，山东省文联党组书记、副主席王世农，河南省文联党组书记、副主席王守国，中国摄协分党组书记、驻会副主席郑更生，中国杂协分党组书记唐延海，中国文联人事部主任郑希友、国内联络部主任谢力、理论研究室主任周由强，各全国文艺家协会、上述五省市省级、地市级、县级、乡镇、村等有关试点地区文联和有关单位相关负责人与新疆维吾尔自治区特邀代表近600人参加会议。

12月4日，在第35个“12•5国际志愿者日”到来之际，中国文联、中国文艺志愿者协会学雷锋文艺志愿服务队走进新时代文明实践试点地——沂蒙革命老区临沂市莒南县，开展文艺志愿服务活动。中国文联副主席、中国文艺志愿者协会主席冯巩，中国文联文艺志愿服务中心主任、中国文艺志愿者协会副主席兼秘书长冀彦伟，山东省文联党组书记、副主席王世农等出席活动。

12月12日，“文艺进万家　健康你我他”中国文联新时代文明实践学雷锋文艺志愿服务队赴河北保定涞源县开展新时代文明实践文艺志愿服务活动，涞源县白石山镇西庄铺村400余名基层群众观看演出。

12月13日，“文艺进万家　健康你我他”中国文联新时代文明实践学雷锋文艺志愿服务队走进北京市丰台区宛平党群服务中心开展慰问演出。

12月13日，“文艺进万家　健康你我他”中国文联新时代文明实践学雷锋文艺志愿服务队走进辽宁抚顺开展慰问演出，举办特别节目，以文艺志愿服务的形式弘扬和传承雷锋精神。

【“到人民中去”文艺志愿服务主题活动】

在5月23日第7个中国文艺志愿者服务日发出“争做时代风尚引领者、先行者、践行者”倡议，倡导广泛开展“到人民中去”文艺志愿服务活动。支持4家省级文联组建文艺志愿服务小分队开展“到人民中去”慰问演出活动。

同日，“文艺进万家　健康你我他”共唱抗疫主题歌曲接力传唱活动在中央民族大学拉开序幕。号召全国高校联合开展“文艺进万家　健康你我他”——到人民中去•中国文艺志愿者与全国高校共唱抗疫主题歌曲接力传唱活动。中央民族大学、中国人民大学、中国传媒大学等7所大学积极参与，广大师生、文艺志愿者以原创歌曲和《我和我的祖国》等激发抗疫热情。

【“圆梦工程”文艺培训志愿服务行动】

“圆梦工程——文艺培训志愿服务行动”开设“名家名师话美育”网络公开课，开展“名师美育课堂”网络培训，线上线下“结对子、种文化”，线下集中培训，名家名师进乡村学校少年宫交流，培训成果展演等活动，帮助贫困地区建立专业水平高、教学能力精、文化素养强的乡村学校少年宫艺术辅导员队伍。

7月至9月，共组织13位各全国文艺家协会主席面向贫困地区讲授美育公开课，课程观看量达3200余万人。组织129所高校的428名艺术教师和文艺志愿者与832个贫困县开展“结对子”线上培训活动，截至11月初，已经完成1700余课时，培训5万名乡村学校少年宫艺术辅导员，直接受益学生达200万名。9月至12月，联合各省级文联组织名师名家深入52个脱贫攻坚挂牌督战县以及31个贫困县，共83个县，根据需求对乡村学校少年宫艺术辅导员开展为期3天的集中培训和走进乡村学校少年宫活动。

8月1日，由各全国文艺家协会、中国文联文艺志愿服务中心联合实施的“名家名师话美育”网络公共课开讲，中国杂协主席边发吉、中国民协主席潘鲁生、中国摄协主席李舸、中国曲协副主席叮当参加活动。

【“大道康庄”中国文联2020年文艺扶贫原创歌曲演唱会】

10月15日，在第7个“10•17国家扶贫日”即将来临之际，由中国文联、中国音协、中国文艺志愿者协会主办，中国文联文艺志愿服务中心、中国文联音乐艺术中心承办的“‘大道康庄’中国文联2020年文艺扶贫原创歌曲演唱会”在北京二七剧场举办。中国文联党组书记、副主席李屹，中国文联党组成员、副主席李前光，中国文联党组成员胡孝汉、张雁彬等出席活动。围绕决胜脱贫攻坚创作的《丰收中国年》等5首原创音乐作品和三年来创作的音乐精品上演。

【“中国农民丰收节”系列庆祝活动】

9月22日至24日，先后在湖北利川、建始、长阳等多地开展“庆丰收 迎小康”慰问演出。活动过程中，通过腾讯平台对63个农产品进行推送。腾讯网全程组织3地6场直播活动，近1000万人次观看。中央电视台、湖北卫视和各地电视台在不同时段、从多个角度对此次活动进行了深度报道，《中国艺术报》《湖北日报》《湖北画报》等传统媒体对活动进行了跟踪报道，人民网、新华网、荆楚网等30余家新媒体平台第一时间向全网发布活动开展情况，扩大了“中国农民丰收节”的影响力，提升了广大农民的荣誉感、幸福感和获得感。

【“文艺志愿者保险计划”】

4月10日，中国文联、中国文艺志愿者协会和中国人寿保险股份有限公司共同研究制定并推出了“文艺志愿者保险计划”。

【创建“时代风尚”先进典型激励表彰】

在中国文联党组的指导下，在民政部的支持下，联合中央文明办三局，创建宣传推选学雷锋文艺志愿服务“时代风尚”先进典型激励表彰，设立“最美文艺志愿者”“最美文艺志愿服务组织”“最美文艺志愿服务项目”“最美文艺志愿服务社区（村）”“最美文艺志愿服务组织者”共计100个先进典型，并向全国各级文艺志愿服务组织广泛征集，倡导社会文明风尚，为文艺志愿服务激励表彰建设作出重要贡献，具有里程碑意义。

【中国文联领导会见学雷锋志愿服务“四个100”先进典型暨疫情防控最美志愿者代表】

9月14日，中国文联党组书记、副主席李屹，中国文联党组成员、副主席李前光，中国文联副主席、中国文艺志愿者协会主席冯巩在中国文艺家之家会见了由中国文联推荐并获2019年度学雷锋志愿服务“四个100”先进典型暨疫情防控最美志愿者代表张继、卞留念、周宇、杨发维、舒楠、古丽米娜·麦麦提以及最佳志愿服务组织代表和最佳志愿服务项目单位代表，并向他们颁发证书、奖牌。中国文联文艺志愿服务中心主任、中国文艺志愿者协会副主席冀彦伟，中国文联文艺志愿服务中心副主任李岩参加会见。

【文艺志愿服务宣传】

坚持“送文化、种文化、传精神”相结合，坚持发挥传统媒体和新媒体优势，推动各项业务活动与宣传工作深入融合。突出发挥网络直播带动参与的优势，将党和国家的关心、温暖送到千家万户。

截至12月20日，学雷锋文艺志愿服务系列活动采用文联系统四级联动宣传矩阵，有333家媒体平台参与宣传，发布2604条新闻信息，观看达2000万人次，《新闻直播间》、《朝闻天下》等新闻栏目5次播出。录制25位最美志愿者视频，在快手、腾讯微视平台收视点击达1500万次。

与“学习强国”达成战略合作，开设文艺志愿服务专栏。

在《光明日报》第4版发表文艺志愿服务中心主任冀彦伟的署名理论研究文章《文艺志愿服务展现新时代中国文艺新形象》。

在中国文联绿头简报发表《推动学雷锋志愿服务在全社会蔚然成风 中国文联全年广泛开展线上线下学雷锋文艺志愿服务反响热烈》。

获字节跳动颁发的“2020年政务抖音号优秀创造者奖”。全年全网各类阅读总量达11.7亿左右。

【文艺志愿服务信息化建设工作】

争取社会资源支持，创建中国文艺志愿服务智慧平台，开发网页端、小程序、微信服务号、APP等，开展平台使用培训，目前平台实名注册74712人，注册组织2356个，开展登记活动5686场，分配文艺志愿服务618921小时。

重点文艺工程

中华情•中国梦

“中华情•中国梦”中秋展演系列活动于2013年创办，已连续举办8年，共展出4000余幅书法美术作品，举办了7场惠民慰问演出，充分展示了中华民族灿烂文化，表达了海峡两岸暨港澳地区人民一脉相承、血脉相牵的浓浓同胞情，对于进一步密切海峡两岸联系、推动海峡两岸关系朝着良好方向发展，发挥了积极的作用。

9月24日，由中国文联、厦门市人民政府联合主办的2020年“生命至上”——“中华情・中国梦”中秋展演系列活动在厦门开幕。

中国文联副主席郭运德，福建省委常委、宣传部部长邢善萍以及谢力、国桂荣、马锋辉、杨发航、王来文等有关方面负责人，来自海峡两岸暨港澳地区的艺术家出席了相关活动。

本届活动包含美术书法作品展、书画笔会、“影像述说两岸情”摄影展等内容。美术书法作品展以“生命至上”为创作主题，共展出当代优秀书画作品597幅，其中美术作品214幅、书法作品383幅。书画家们用真情描绘、以笔墨书写，礼赞抗疫英雄、致敬最美逆行者，在丹青墨宝中传达爱国之情，于诗词画作中彰显为民之意，在生动的书画气韵中，谱写时代发展的动人诗篇，讴歌当代中国人民同心筑梦的生动实践。

展览分为“中华情・中国梦”七年活动概况展区、《以艺抗疫》书法长卷展区、大陆书画名家作品展区、台港澳侨书画名家作品展区等。其中，书法长卷展区展出大陆和台湾各30位书法家以“万众一心，战胜疫情”为内容创作的《以艺抗疫》书法长卷6幅，每幅长10米，由10位书法家创作，大陆和台湾书法家各创作3幅；大陆书画名家作品展区展出苏士澍、许江、徐里、马锋辉、刘金凯、张建会、陈奋武等全国书画名家围绕“生命至上”主题创作的书画作品322幅，包括厦门60多位书法家为庆祝厦门经济特区成立40周年创作的书法作品；台港澳侨书画名家作品展区展出台湾、香港、澳门等地区以及美国、法国、加拿大、意大利、阿根廷、新加坡、印度尼西亚、马来西亚、柬埔寨等国家的书画名家以“生命至上”为主题创作的作品275幅。

活动特邀海峡两岸百名书法家以《最美逆行者》为内容创作的书法作品302幅作品全部装裱装盒，在开幕式上由中国文联和福建省、厦门市、思明区有关领导和书画家代表赠予厦门援鄂医疗队302位队员，不仅体现了广大艺术家的爱心、情怀、责任和担当，也反映了艺术家和社会各界一起对援鄂医务人员“甘于奉献，大爱无疆”精神的敬意。

书画笔会上，艺术家们铺陈纸笔、共同创作，以真情描绘、用书画言志，反映了艺术家对“两岸一家亲”的高度认同。

文化名人、著名艺术家纪念活动

第四届(中国)潜江曹禺文化周

2020年是戏剧大师曹禺先生诞辰110周年，为更好地继承和发扬曹禺文化，更好地弘扬优秀文化的魅力与精神，11月7日至13日，中国文联与湖北省政府联合在曹禺先生的故乡——湖北潜江举办第四届(中国)潜江曹禺文化周，以进一步繁荣潜江文化文艺事业，提升潜江文化品位和城市形象，促进潜江“文化名市”建设。本届文化周由中国话剧理论与历史研究会、中央戏剧学院、北京人民艺术剧院、天津人民艺术剧院、上海戏剧学院等单位协办，以“经典曹禺、文化潜江”为主题，其间举行了第五届剧本创作交流会暨“曹禺剧本奖”获奖作者潜江行，曹禺国际学术研讨会，曹禺文化旅游城、曹禺戏剧国际交流中心揭牌暨戏剧小镇奠基仪式，《曹禺研究资料长编》及《曹禺文集》书籍首发式，《曹禺——我是潜江人》《原野情仇》《关系》《雷雨》《军歌》《太白雪》等剧目和大学生话剧展演等21场活动。中国文联党组成员胡孝汉，湖北省副省长肖菊华，省政府副秘书长卢军，省文化和旅游厅厅长雷文洁，省文联党组书记、常务副主席邓长青，以及吴祖云、龚定荣等有关方面负责人出席11月7日晚举行的开幕式。

11月13日晚，“牡丹争妍”——第四届中国(潜江)曹禺文化周闭幕式暨湖北戏剧“牡丹花”下基层文艺晚会在曹禺大剧院举行。

●曹禺简介

曹禺(1910.9.24～1996.12.13)，剧作家，戏剧教育家。历任中国文联常委委员、执行主席；中国剧协常务理事、副主席；中国作协理事、北京市文联主席；中央戏剧学院副院长、名誉院长；北京人民艺术剧院院长等职务。原名万家宝，字小石，小名添甲。汉族，祖籍湖北潜江，出生在天津一个没落的封建官僚家庭。1922年入读南开中学并参加南开新剧团。1933年毕业于清华大学外国语文系，1936年毕业于清华大学研究生院。曾在保定中学、复旦大学任教，1946年赴美讲学，后任上海文华影业公司编导，1949年后历任中央戏剧学院副院长、北京人民艺术剧院院长、北京市文联主席、中国文联主席、中国剧协主席、中国作协书记处书记。全国第五、第六届人大常委，全国第七届政协常委。1934年开始发表作品。1952年加入中国作协。代表作品有《雷雨》、《日出》、《北京人》、《原野》、《家》、《蜕变》、《桥》、《胆剑篇》、《王昭君》、《明朗的天》等。《明朗的天》、《王照君》、《日出》均获奖。1934年，曹禺的话剧处女作《雷雨》问世，在中国现代话剧史上具有极其重大的意义，被公认是中国现代话剧成熟的标志。

纪念张君秋先生诞辰100周年

张君秋先生是我国著名的京剧表演艺术家，京剧张派艺术的缔造者，一生致力于京剧艺术的传承和发展，在国内外享有很高声誉。他在汲取、继承京剧艺术各流派优长的基础上，融会贯通、创新发展，形成了别具一格、影响深远的“张派”表演艺术，创作演出了《望江亭》《西厢记》《状元媒》《秦香莲》《诗文会》《楚宫恨》《赵氏孤儿》等大批张派剧目以及京剧现代戏《芦荡火种》《年年有余》等，这些剧目深受观众喜爱并流传至今。他还演出了《刘兰芝》《起解•会审》《春秋配》《银屏公主》《大•探•二》《金•断•雷》等大量传统剧目。特色鲜明、脍炙人口。在声腔表演艺术上凭借自身优越的嗓音条件及“娇、媚、脆、水”的演唱特色以及声情并茂的演唱方式，逐渐形成

了张派声腔特有的华丽柔美、刚健清新的艺术风格。张君秋通过自身的艺术创造，使张派艺术成为新中国成立后京剧艺术的第一个新流派。

晚年时期怀着振兴京剧的高度责任感，将全部精力投入戏曲教育事业上，特别是在出任中国戏曲学院副院长之后，他不仅在学院建设上献计出力，更在培养艺术人才上不遗余力、鞠躬尽瘁。1994年，张君秋接受中央委托，担任“中国京剧音配像精粹”工程艺术总顾问，与京剧界众多名家一起，在近3年的时间里，完成了120部多个流派的“音配像”剧目，身体力行地进行传、帮、带，为京剧艺术的抢救、记录、传承、发展做出了不可磨灭的贡献，立下了不朽的功勋。

12月19日上午，中国文联与文化和旅游部、全国政协京昆室、北京市人民政府联合在人民大会堂新闻发布厅举办纪念张君秋先生诞辰100周年座谈会。全国政协副主席、全国政协京昆室主任卢展工，中宣部常务副部长、国家电影局局长王晓晖，文化和旅游部党组书记、部长胡和平，中国文联党组书记、副主席李屹，北京市委常委、宣传部部长杜飞进等出席。会议号召广大戏曲艺术工作者要深入学习贯彻习近平总书记重要讲话和重要指示批示精神，继承老一辈艺术工作者优良品质，努力深耕厚植、创作更多戏曲精品，坚定文化自信、坚持守正创新，深入实施戏曲振兴工程、扶持传统戏曲剧种传承发展，引领促进包括京剧在内的戏曲艺术焕发生机、蓬勃发展。

10月13日至18日，张派传人——北京京剧院领衔主演、一团团长王蓉蓉，国家一级演员王奕歌、董翠娜、张萍、赵秀君，优秀青年演员王茜、丁一鸣、郭珈仪、张睿桢、王泳智、侯美在长安大戏院演出了“张派”代表性剧目《状元媒》《诗文会》《彩楼记》《西厢记》《秦香莲》《望江亭》和“张派名家演唱会”。

11月16日，纪念张君秋先生诞辰100周年张派艺术研讨会在中国政协文史馆举行。文化部原副部长、中国艺术研究院名誉院长、全国政协京昆室副主任王文章，著名京剧表演艺术家、谭门第六代传人、全国政协京昆室副主任谭孝曾，全国政协办公厅联络局二级巡视员王春祥，北京市文化和旅游局二级巡视员马文，中国戏曲学院院长尹晓东，北京京剧院党委书记杨洪义、院长刘侗等出席会议；张君秋先生弟子、京剧名家吴吟秋、关静兰、王蓉蓉、薛亚萍，张君秋先生弟子、京剧教育家蔡英莲，张君秋先生外孙女、京剧名家王润菁，著名京胡演奏家燕守平，著名京剧表演艺术家马小曼，戏曲理论家、北京联合大学教授周传家，原中国记协党组书记翟惠生，戏曲理论家、《中国戏剧》原副主编安志强及张君秋先生子女张学治、张学浩、张学玲参加会议并先后发言，表达对大师的怀念。

11月16日至22日，“纪念张君秋先生诞辰100周年生平艺术展”在中国政协文史馆展出。展览共分“生平经历”“艺术成就”“桃李天下”三大板块，精选张君秋400余张有代表性的照片及其舞台演出戏服等珍贵实物，同时制作了以图片为主要呈现形式的短片《百年张君秋》，展示了张君秋的从艺经历、创立张派、教书育人以及传承弘扬京剧艺术的辉煌一生。

此外，北京京剧院特邀戏曲理论家、北京联合大学教授周传家，北京京剧院著名戏曲音乐家朱绍玉，戏曲理论家、《中国戏剧》原副主编安志强，著名京剧表演艺术家、谭门第六代传人、全国政协京昆室副主任谭孝曾，梅兰芳纪念馆原馆长秦华生，张君秋先生之子张学浩，张君秋先生弟子、京剧名家薛亚萍，张君秋先生弟子、京剧教育家蔡英莲，张君秋先生弟子、北京京剧院领衔主演、京剧名家王蓉蓉，北京京剧院国家一级演员、张派青衣王奕歌等张派艺术研究者与传承人联合撰写纪念文章，并集结刊登于2020年第12期《中国京剧》杂志。全方位、多层次地展现张派艺术的传承发展情况，共同缅怀先贤，总结经验。其中既包括张派艺术理论研究的最新成果，也收集了各张派传人多年以来在舞台表演方面的心得体会；既囊括了张派唱腔特色的继承与创新，也涵盖了北京京剧院本次张派经典剧目展演的全过程纪实，将张派艺术的传承发展上升到了理论高度，为广大研习张派艺术的人员提供了扎实可靠的文献资料。

●张君秋简介

张君秋(1920.10.14～1997.5.27)别名：家鸿，汉族，出生于北京。是著名京剧表演艺术家，与李世芳、毛世来、宋德珠并称为“四小名旦”。旦角张派创始人，原名滕家鸣，字玉隐，祖籍江苏丹徒。他自幼家贫，父滕联芳，随母张秀琴在各地客串演出。14岁拜李凌枫为师，专攻青衣。后又拜尚小云、梅兰芳为师。他学习前人不拘形似，追求神似，吸收诸派之长，融会贯通，终于形成自己独特的风格，成为京剧张派的创始人。张君秋的学生遍及全国各地，有近百名之多，其中有薛亚萍、李炳淑、杨春霞、杨淑蕊、王婉华、雷英、张静琳、王蓉蓉、赵秀君等。

他的唱腔兼容梅、尚、程、荀之腔，结合自己嗓音明亮、甜润、高中低音运用自如的优越条件，另辟蹊径。经过他的润色修饰，其唱腔有一种刚健清新的美感，形成他独特的艺术风格。他在《西厢记》中饰崔莺莺、《望江亭》中饰谭记儿、《赵氏孤儿》中饰庄姬、《状元媒》中饰柴郡主、《秦香莲》中饰秦香莲，这些角色的唱腔，均成为张派的艺术精品。

中国美协出版
林风眠、张乐平、蔡若虹、江丰、胡一川诞辰纪念文集

2020年是林风眠诞辰120周年，张乐平、蔡若虹、江丰、胡一川诞辰110周年。他们的一生从事美术创作、美术教育、美术研究、美术组织工作并创作出了许多精品力作，他们的艺术思想和精神品格在美术界有着广泛影响。为了缅怀五位先生，继承、弘扬、传播老一辈美术家的卓越贡献和人文精神，启迪和感召当代美术家在新时代承担起增强文化自信、推动文艺创新发展的重要使命，由中国文联纪念文化名人专项活动资助，五位先生纪念文集列入出版项目。

纪念吴印咸诞辰120周年

吴印咸，摄影家。江苏沭阳人。1941年加入中国共产党。1922年毕业于上海美术专科学校。1932年后任上海天一影片公司布景师。1935年后任电通、明星影片公司摄影师，参加拍摄影片《风云儿女》、《生死同心》、《马路天使》。1938年赴延安，任延安电影团摄影队队长，参加拍摄大型纪录片《延安与八路军》。后任延安电影团负责人。1946年后任东北电影制片厂处长、副厂长、厂长。1955年后任北京电影学院副院长兼摄影系主任，中国文联第四届委员，中国影协第一届常委、第三届理事，中国摄协第二至四届副主席。曾任影片《红旗谱》摄影，1962年获第一届电影百花奖最佳电影摄影奖。作品有《白求恩大夫》、《毛主席在“七大”作报告》、《牛浴图》，编著有《摄影艺术表现方法》、《人像摄影》等。

由中国摄协、江苏省文联、沭阳县人民政府主办，中国摄影出版社、沭阳县文化广电和旅游局、江苏省摄协承办第二届吴印咸摄影艺术双年展暨纪念吴印咸诞辰120周年活动以“时代·记忆 初心·奋斗”为主题，在沭阳县吴印咸故居和沭阳县美术馆设有“纪念吴印咸120周年摄影展”“晋察冀边区影像原作展”“为新中国而战”“1960s'沭阳记忆”“第27届全国摄影艺术展览精选展”“百名摄影家看沭阳摄影展”6个主题展览，从不同角度展现摄影艺术魅力。9月21日，开幕式在江苏沭阳县吴印咸故居举行。电影《青年吴印咸》、纪录片《国家记忆——摄影大师吴印咸》、舞剧《吴印咸》三部作品的导演、演员、编剧等主创人员与大家见面。中国文联党组成员、副主席李前光，中国摄协分党组书记郑更生，中国摄影出版社总编辑高扬等出席并向第二届吴印咸教育资助计划、短视频创作资助、摄影师资助计划获得者颁发纪念杯。吴印咸先生是从沭阳走出去的红色摄影大师。在长达70年的摄影生涯中对中国摄影艺术产生了深远影响，是新中国摄影事业的奠基人之一。吴印咸先生所留下的光影见证了中国革命的历史和现代社会的发展，他的名字与他的作品深深刻入人们的记忆和新中国影史。其中，《白求恩大夫》《挥手之间》《晓市》等重大题材照片及《风云儿女》《马路天使》等电影作品更是经典之作。活动期间还举办了纪念吴印咸诞辰120周年摄影艺术研讨会、吴印咸摄影艺术双年展专题讲座、舞剧《吴印咸》——纪念吴印咸诞辰120周年首演、中国高校影像教育联盟论坛等活动。

9月21日，由中国文联、中国摄协主办，中国文联国内联络部、中国摄协理论研究处、中国摄协摄影理论委员会、中国摄影出版社承办的“纪念吴印咸同志诞辰120周年”摄影艺术研讨会在江苏省沭阳县行政中心举行。大会旨在学习、继承

吴印咸热爱党、热爱祖国、献身摄影事业的崇高思想和专注于摄影教育研究的学术精神，激励广大摄影工作者不负时代召唤、不负人民期待，积极为摄影事业繁荣发展做出贡献。中国文联党组成员、副主席李前光，中国摄协分党组书记郑更生以及各高校摄影教育工作者(南京艺术学院院长刘伟冬、北京电影学院摄影学院院长宋靖)、摄影家(87岁高龄的摄影家晓庄)、吴印咸亲属代表、同事后人(摄影家沙飞的女儿王雁、导演许幸之的儿子许国庆)、吴印咸资助计划获得者等出席。与会专家学者围绕吴印咸的摄影成就、艺术品格、作品价值观，多维度展开讨论。纷纷表示要继续深化对摄影家及其作品的研究，继承和发扬吴印咸等老一辈摄影家的优良品德，坚持崇高的艺术理想和以人民为中心的创作导向，努力创作出更多更好的摄影精品，弘扬中国精神、凝聚中国力量、讲好中国故事。

●吴印咸简介

吴印咸(1900.9.21～1994.9.7)，原名吴荫诚，祖籍安徽省黄山市歙县沣溪西南村，出生于江苏省沭阳县，我国杰出的摄影艺术家、摄影教育家和电影摄影师，中国共产党和中国人民解放军摄影事业的开拓者，新中国摄影事业的奠基者。

1934年拍摄图片《田螺》获得瑞士摄影沙龙荣誉奖。

1935年在上海与许幸之联合举办个人第一次“绘画、摄影展”；同年拍摄剧情电影《风云儿女》为电影摄影处女作。

1938年在陕西中部的黄帝陵拍摄纪录片《延安与八路军》的第一个镜头。

1943年摄制完成纪录片《南泥湾》。

1945年在延安宝塔山下举办了第一期摄影训练班。

1949年任东北电影制片厂厂长。

1952年拍摄图片《喂鸟人》。

1955年任北京电影学院副院长兼摄影系主任。

1963年担任剧情电影《白求恩大夫》的总摄影师。

1970年担任国务院文化组成员、中央五七艺术大学副校长，主持电影系教学工作。

1982年担任剧情电影《骆驼祥子》的摄影指导。

1988年被写进英国剑桥国际传记中心的《世界名人录》；

1990年拍摄的组照《没有共产党就没有新中国》获得第16届全国摄影艺术展览“特别荣誉奖”。

纪念沈亚威诞辰100周年

为追思和缅怀著名军旅作曲家沈亚威精彩的音乐人生，致敬他为江苏和全国音乐事业所做的突出贡献，中国文联、中国音协、江苏省委宣传部、江苏省文联联合举办纪念沈亚威诞辰100周年系列活动。

12月18日晚，纪念沈亚威诞辰100周年作品音乐会在江苏大剧院音乐厅举行。音乐会由江苏著名指挥家常畅执棒，江苏省演艺集团交响乐团全程伴奏，演绎沈亚威先生的经典佳作。激励人心、昂扬向上的旋律，让观众品味、重温了沈亚威先生在音乐创作领域的才情与成就。沈亚威的儿子郭太阳参与了系列纪念活动，并在座谈会上分享了父亲沈亚威创作的点滴。他表示，艰苦的战争年代虽然已经过去，但老一辈艺术家那些富有生命力，歌颂祖国、歌颂党、歌颂人民、歌颂英雄的作品，至今仍然是弥足珍贵的精神财富。

12月19日，纪念沈亚威诞辰100周年座谈会在南京举行，音乐界的多位知名专家学者参加，共同回顾沈亚威先生的革命光辉历程，找寻和发现老一辈艺术家对待艺术的情怀与真情。正如江苏省文联副主席、省音协主席朱昌耀在致辞中所说，沈亚威先生善于捕捉生活中真实的情景和情绪，用音乐形象加以典型化，使作品富于生活气息和真情实感。

●沈亚威简介

沈亚威(1920～2002)，著名军旅作曲家，浙江吴兴南浔镇人。历任前线歌舞团团长、南京军区文化部部长、中国文联第四届委员、江苏省文联副主席、中国音协第四届副主席、中国音协江苏分会副主席。曾获三级独立自由勋章、三级解放勋章。2001年被中国文联和中国音协授予“中国音乐金钟奖”终身荣誉勋章。沈亚威长期在军队文化宣传岗位上工作，即使在硝烟弥漫的战场上、紧张急迫的行军中，都没有停止创作。由陈毅元帅作词的《决战之歌》，沈亚威利用一夜时间谱曲；另一代表作《捷报！捷报！》则是他在战场上背靠一棵大树，以背包当桌一挥而就的。此外，他参与了大型音乐舞蹈史诗《东方红》的创作。他谱曲的毛主席诗词《七律·人民解放军占领南京》已成为20世纪中国音乐的经典作品。他的代表作品有：《毛主席我们心中的太阳》《战士第二故乡》《行进在祖国大地》《乡愁》《我有一个小书库》《淮海战役组歌》、歌剧《打击侵略者》及歌舞《东海前哨之歌》为合作创作的成果。1964年，沈亚威获第三届中国人民解放军文艺会演优秀作品奖。作品集有《沈亚威歌曲选》。

纪念沙孟海诞辰120周年

2020年是沙孟海先生诞辰120周年，为传承并弘扬他的学术精神和艺术品格，11月28日至12月6日，中国文联与民盟中央、浙江省政府、中国书协在中国美术馆联合举办“碧血丹心——纪念沙孟海诞辰120周年书法篆刻艺术展暨文献展”。展览共分“翰墨千秋”“金石永寿”“积健为雄”“百年树人”四版块，全面展出沙孟海先生各个时期最具代表性的书法、篆刻作品以及文献、遗物300余件(组)，其中不乏首次面世的珍贵手稿，展示他在学术、艺术、教育和社会贡献等方面的成就，宣传他宝贵的艺术思想和崇高的艺术精神。全国人大常委会副委员长、民盟中央主席丁仲礼，中国文联党组书记、副主席李屹等有关单位领导、沙孟海先生亲属代表，全国书学界专家学者出席开幕式。

开幕式后举行“传承、跨越与典范——沙孟海诞辰120周年纪念会”，回望沙孟海先生的学术和艺术生涯，挖掘梳理他的时代意义和文化贡献。

当日下午举行的“全国‘书法学’学科建设与发展学术研讨会”则从“聚焦作为高等书法教育开拓者沙孟海”的视角出发，就弘扬沙孟海学术精神，推进新时代书法学术研究进行了研讨。来自全国各地近40位书法理论家和书法艺术家进行了3场研讨。

●沙孟海简介

沙孟海(1900～1992)，书法家、篆刻家。原名文若，字孟海，号石荒、沙村、决明，鄞县沙村人。出生于浙江鄞县(今浙江省宁波市鄞州区)。在语言文字、文史、考古、书法、篆刻等方面均深有研究。毕业于浙江省立第四师范学校。中国民主同盟盟员，曾任浙江大学中文系教授、浙江美术学院教授、西泠印社社长、西泠书画院院长、浙江省博物馆名誉馆长、中国书协副主席。其书法远宗汉魏，近取宋明，于钟繇、王羲之、欧阳询、颜真卿、苏轼、黄庭坚诸家用力最勤，且能化古融今，形成自己独特书风。兼擅篆、隶、行、草、楷诸书，所作榜书大字雄浑刚健、气势磅礴。北京大学教授陈玉龙曾评价：“纵观20世纪中国书坛，真正凭深厚书法功力胜出，达力可扛鼎境界者，要数康有为、于右任、李志敏、沙孟海等几人。”

Unity and guidance、liaison and coordination、
service management、self-discipline and rights protection

2021

团结引导 联络协调
服务管理 自律维权

组织联络工作

【2020组联工作在线调研座谈会】

为推动形成文联系统网格化、网络化(以下简称“双网化”)工作格局，在文联系统营造深入基层、深化改革、勇于创新的浓厚氛围，聚焦“做人的工作”核心职能，提升文联系统整体工作水平，进一步增强文联系统组织活力、向心力、吸引力和行业影响力，切实构建“全国文联一张网”、打造“全国文联一盘棋”。国内联络部会同网络文艺传播中心，向32个省级文联发布《地方文联推动形成文联系统网格化、网络化工作格局调查问卷》链接，采取网络直报方式，重点了解各地文联组织“双网化”工作开展情况、工作现状以及意见建议等。

11月4日及12月4日，通过中国文联网络文艺传播中心研发的视频会议系统，协调辽宁、黑龙江、江苏、浙江、山东、湖北、湖南、广西、贵州、云南、青海、宁夏、新疆、四川、河南、福建16个省级文联分两次召开2020组联工作在线调研座谈会。会上，13家单位负责同志围绕加强优秀文艺人才和文艺作品宣传推介、团结引导“文艺两新”、加强基层文联组织建设、推动文联深化改革、强化文联网络管理服务等选题分别作交流发言，介绍了各自做法和经验，提炼了很多规律性的认识，具有一定的示范和借鉴意义。在线调研座谈会是有效利用移动化社交网络和大数据技术提升文联组织凝聚力的新探索，搭建了线上交流研讨的平台，使大家通过网络能进行“面对面”的沟通交流。该会议是文联工作网格化网络化建设专题调研的重要组成部分，是深入学习贯彻习近平新时代中国特色社会主义思想，积极落实《中国文联深化改革方案》部署要求和全国文联“互联网+文艺”工作会议精神的具体体现，同时也是联系实际、延伸工作手臂，更好地团结引导和服务广大文艺工作者的手段和途径。既促进了组联工作水平进一步提高，也推动了打造“全国文联一张网”、构建“全国文联一盘棋”。

【团结引领“文艺两新”】

为大力扶持新文艺群体成长成才。一是组织开展“文艺两新”专题调研。对133名具有代表性的新文艺群体人士(涵盖艺术领域11大类、38小类)开展专题问卷调查；通过实地走访、座谈交流、收集经验材料等方式，广泛收集新文艺群体的基础数据、典型案例、工作经验、意见建议，深入了解“文艺两新”生存发展现状，起草报送《关于新文艺群体有关问题的调研报告》《关于当前新文艺群体情况的调研报告》。二是推动建立中国文联“文艺两新”代表人士信息库，协调建立“文艺两新”代表人士推荐机制，审核评估各协会推荐的218名候选人。三是持续推动各协会建立“青年艺术家之友”平台，增强联系服务的广泛性、有效性。指导各地文联开展创建实践创新基地活动，在采风创作、教育培训、展演展示等方面向“文艺两新”倾斜。四是推进联络协调，为“文艺两新”争取更多学习机会，推荐更多学员参加中央统战部自由职业代表人士理论研讨班。

【社团管理】

认真履行文联业务主管社会组织日常监管职责。及时梳理更新中国文联业务主管33个社会组织基本信息台账，结合调研、年检和日常联系情况开展分类评估，有针对性地加强日常工作监督。依据民政部社会组织管理局有关要求，加强对中国文联业务主管社会组织的年检登记、换届审批、领导变更、信访回复、重大事项审批等工作的监管。组织召开中国文联2020年加强和改进社会组织党的建设和业务管理工作会，制定印发《中国文联加强和改进社会组织党的建设和业务管理工作方案(试行)》等文件，编印《社会组织政策法规选编》，着力调整社会组织管理方式、改进监督机制，通过分工协作管理、健全规章制度、明确任务清单、强化责任落实等举措，积极探索、尝试实行分层管理、运行高效的社会组织管理工作新模式。

【改版扩版《文联工作通讯》】

根据中央巡视整改要求，为进一步转变工作作风，下沉工作重心，探索建立对基层文联工作的指导机制，推动文联工作向基层倾斜，服务向广大文艺工作者拓展，在2018年改版的基础上，对《文联简报》再次进行全新改版并更名为《文联工作通讯》。李屹书记对此作出批示指出："编发《文联工作通讯》是落实巡视整改任务、持续深化改革的重要举措，要精心策划、组稿、编辑，加强通讯员队伍建设，增强《通讯》的导向性、启发性。要避免重形式、轻内容的问题发生，要及时总结、科学调整，力求把《通讯》办成文联管理者的伴侣、广大文艺工作者的知音。"此次改版后，每期《通讯》的文字量由1万余字增加到3万余字，每期发行量由1500份增加至3500份，真正实现了全国2881个县级以上文联全覆盖。此外，优化调整了栏目设置和向中央有关单位的报送范围。同时严格执行《文联工作通讯》刊文三级审批制度。每篇稿件由各处干部审校，报处室负责同志、分管部领导审核，交综合处汇总后报部主要领导审阅。

以中国文联文艺工作者职业道德建设联席会议为依托，加强与中国文联网络文艺传播中心、中国文艺网的日常信息交流，对文艺界行业动态实时收集、分析和研判，积极开展对文艺领域错误思潮、言论、行为的斗争。梳理汇总中国文联和相关协会有效引导行业舆情和社会舆论的经验做法，编印《文联工作通讯》行风建设专刊。

起草"创新务实，持续推进'崇德尚艺、潜心耕耘，做有信仰、有情怀、有担当的新时代文艺工作者'主题实践活动"有关文件，通过《中国文联简报》《文联工作通讯》等渠道推广经验做法、加强工作研讨、强化示范引导、提升主题实践活动成效。

对外及对港澳台地区文化交流工作

【叶小钢出席联合国成立75周年线上艺术论坛】

9月19日，由中国文联主办，中国音协、清华大学全球共同发展研究院等单位共同承办的纪念联合国成立75周年线上艺术研讨会成功举办。中国文联副主席、中国音协主席叶小钢出席会议，并代表中国文联和中国音协向联合国成立75周年致贺。研讨会上发布了来自9个国家的11位舞蹈家共同参与录制的、纪念联合国成立75周年视频短片《身随心舞——我们都在同一个地球》。

【中国文联派员赴澳门参加陈志威书画展】

10月22日至24日，中国文联港澳台办公室副主任张锡海应邀访问澳门，参加中国文联澳门全委陈志威书画展，加强同澳门地区艺术家的联系。

【中国文联派员参加国际艺术理事会亚洲片会线上会议】

11月4日，应国际艺术理事会及文化机构联合会邀请，中国文联国际部副主任张锡海参加该机构组织的亚洲片会线上会议，同亚洲会员国韩国、越南、新加坡、马来西亚等国代表分享中国文艺界应对新冠肺炎疫情的经验和做法，展望疫情防控时期对外文化交流合作。

【2020濠江之春系列活动在澳门举办】

11月4日至7日，由澳门中华文化联谊会、上海市文联、河北省文联、中国文联港澳台办公室、中央人民政府驻澳门联络办公室宣传文化部共同主办的2020“濠江之春——澳门与内地艺术家大联欢”系列活动在澳门成功举办。本次“濠江之春”活动突出“魅力江南”“风情燕赵”等地方特色，注重区域文化互动，内容包括澳门与内地艺术家大联欢、上海市及长三角文艺演出、艺术家走进培正中学慰问演出、“大美河北·风情燕赵”摄影展等。

【中国文联香港会员总会在港成立】

11月18日，中国文学艺术界联合会香港会员总会成立典礼在香港文化中心举行。香港特区行政长官林郑月娥、香港中联办副主任卢新宁等出席活动。中国文联为香港会员总会的成立发来贺信。中国文联香港会员总会及各全国文艺家协会香港会员分会由香港文艺界人士发起创立。2020年，在中国文联和香港中联办的共同推动下，总会及14家分会分别在香港社团事务处依法注册成立。

下一步，中国文联将继续支持中国文联香港会员总会及各会员分会的工作，协助争取社会力量支持、打造中华文化传承发展中心、推动各全国文艺家协会开展对口交流，与中国文联香港会员一起将总会打造为凝聚文化业界的平台、弘扬中华文化的基地、对外文化传播的窗口。

理论研究

综　述

2020年是中国历史上极不平凡的一年，在以习近平同志为核心的党中央坚强领导下，抗击新冠肺炎疫情取得重大阶段性成果，全面建成小康社会取得伟大历史性成就，决胜脱贫攻坚取得决定性胜利。

这一年，中国文联理论研究室紧紧围绕学习贯彻习近平新时代中国特色社会主义思想和党的十九大以及十九届二中、三中、四中、五中全会精神，深入贯彻落实习近平总书记关于宣传思想工作的重要思想和关于群团工作、文化文艺工作重要论述以及全国宣传部部长会议精神，认真落实中国文联十届五次全委会工作部署，努力克服疫情不利影响，扎实推进巡视整改和以案促改，全力做好重要文稿起草，深入基层文联广泛开展调查研究，严格履行意识形态工作职责，积极协调做好文艺界"以艺战疫"等重大主题宣传报道，大力开展文艺理论建设，进一步增强"脚力、眼力、脑力、笔力"，充分发挥理论研究室作为文联党组参谋助手的作用，圆满完成各项工作任务。

【理论学习与思想武装】

中国文联理论研究室坚定不移加强政治建设，把学习习近平新时代中国特色社会主义思想作为首要政治任务，按照学懂弄通做实的要求，不断提高理论思维能力和思想政治水平。建立健全学习制度，制定学习计划，通过"周三学习汇""理论学习微论坛"、青年干部理论学习小组、全体党员会议、专题讲座等形式，充分运用"学习强国"平台、支部工作App、文联干部培训云平台等载体，形成多形式、分层次、全覆盖、线上线下互动的学习体系。编辑内部学习理论教材《习近平总书记关于文化文艺文联工作重要论述选编》《中国文联意识形态工作手册》。深入学习研讨党的十九届四中、五中全会精神，认真组织学习《习近平谈治国理政》第三卷以及中央经济工作会议精神、全国宣传部部长会议精神，专题学习习近平总书记在教育文化卫生体育领域专家代表座谈会上的重要讲话精神、习近平总书记给中国戏曲学院师生的回信等关于文艺工作的重要指示批示。

坚持读原著、学原文、悟原理，努力做到学深悟透基本要义和丰富内涵，推动理论学习往深里走、往心里走、往实里走，教育引导党员干部牢固树立"四个意识"，坚定"四个自信"，做到"两个维护"，不断提升推动文艺工作和文联工作的责任感、使命感和紧迫感。

【巡视整改和以案促改工作】

认真落实中央和文联党组巡视整改有关指示要求。成立理研室巡视整改工作领导小组，主动认领相关整改任务，结合实际精准制定整改措施，明确整改时间表路线图任务书，确保各项整改举措可执行可落实可检查，并按时完成整改任务。

及时传达学习巡视发现的机关党建突出问题整改工作方案。认真梳理机关党建突出问题，明确整改任务清单，紧密结合工作实际推进整改工作。对照中国文联意识形态专项巡视整改方案，积极认领整改任务，研究制定整改方案和整改措施，主动联系中国文联文艺评论中心、国内联络部，《中国艺术报》等相关单位和部门有力推进各项整改任务落实。

及时传达学习习近平总书记和中央领导同志关于"赵长青案"的重要批示精神，对照以案促改工作方案要求，全面分析梳理中国文联理论研究室在思想认识、制度建设、业务工作、监督管理等方面可能存在的廉政风险点，吸取教训、以案为鉴，及时堵塞漏洞，扎实推进以案促改工作。

重要会议及活动

【《2019中国艺术发展报告》出版云发布】

6月30日，中国文联理论研究室组织编写的《2019中国艺术发展报告》在京举行云发布仪式。中国文联党组成员、书记处书记董耀鹏出席发布仪式并为新书揭幕。各全国文艺家协会、中国文联机关各部门，中国文联网络文艺传播中心，中国文联文艺评论中心，中国文联出版社相关负责人，首都图书馆、中国人民大学图书馆、北京大学、中国传媒大学、北京师范大学、北京电影学院等单位代表参加会议。

【习近平总书记关于文艺工作的重要论述理论研讨会】

11月5日至7日，由中国文联、中国文艺评论家协会主办，中国文联理论研究室、中国文联文艺评论中心、中国艺术报社、中国文联网络文艺传播中心承办的习近平总书记关于文艺工作的重要论述理论研讨会在京召开。中国文联党组书记、副主席李屹出席研讨会并作主旨讲话。中国文联党组成员、书记处书记董耀鹏，中国文艺评论家协会主席夏潮，各全国文艺家协会、中国文联机关各部门、各直属单位负责人，以及来自文艺研究、创作、评论、传播等各个领域的百余名专家学者参加会议。会议期间，董学文、邓长青、张千一、王一川、葛学斌、王杰围绕习近平总书记关于文艺工作的重要论述的意义、以人民为中心的创作导向等作主旨发言。与会人员还分组围绕会议主题，结合文艺理论研究、文艺创作实践和文联工作实际开展深入学习研讨。协调光明日报对会议作了综合报道，文艺报、中国文化报、中国艺术报等作专版报道，在文艺界和理论界产生良好反响。

【中国文联第二期意识形态工作培训班】

12月16日至18日，中国文联第二期意识形态工作培训班在京举行。中国文联党组成员、书记处书记董耀鹏出席开班式并讲话。培训班深入学习贯彻习近平总书记关于意识形态工作的重要讲话精神和中央关于意识形态工作的重大决策部署，并研究安排2021年中国文联意识形态工作重点任务。培训班邀请中宣部、国家网信办、北京社会科学院研究所的专家学者就新形势下意识形态工作、舆情传播规律、研判处置舆情事件进行了专题讲座。各全国文艺家协会、文联机关各部门、各直属单位意识形态工作分管领导和舆情信息员、新闻宣传员、网络评论员、意识形态应急专员共80余人参加培训。

文稿起草及理论研究工作

【重要文稿起草工作】

文稿起草是中国文联理论研究室最重要的业务工作之一。一年来，中国文联理论研究室紧紧围绕学习贯彻习近平新时代中国特色社会主义思想和党的十九大以及十九届二中、三中、四中、五中全会精神这条主线，围绕党组中心工作，将深入学习贯彻习近平总书记关于文化文艺工作、群团工作重要论述的成果，以及对文艺工作、文联工作的调研、思考、探索融入文稿起草工作当中，圆满完成文联党组重要文稿材料近百余篇，其中包括文联全委会工作报告、巡视整改及以案促改工作相关重要材料以及推进重点文艺创作电视电话会议、中宣部部务会、习近平总书记关于文艺工作重要论述理论研讨会等重要会议党组领讲话代拟稿，此外还包括党组领导在黑龙江、安徽、江西、天津、江苏、浙江、湖南等省文联换届大会上的讲话代拟稿，协助中国剧协、中国音协、中国舞协、中国书协、中国杂协等5家协会完成换届大会上中央领导同志以及文联党组领导的讲话代拟稿修改工作等等，充分发挥了中国文联党组参谋助手的积极作用。努力改进文风，不断提升文稿水平，较好地完成了文字服务保障任务。

【《新时代文联工作概述》编写修订工作】

按照文联党组指示要求，启动《新时代文联工作概述》编写修订工作。在中国文联党组的关心指导和大力支持下，2月底，起草修订工作方案报党组领导审示，3月，完成编写提纲初稿，4月，组织召开座谈会征求有关部门单位领导意见，同时书面征求文联老领导、高校研究机构专家学者意见建议，6月，在汇总各方面意见的基础上修改确定编写提纲，7月，联系确定各章节编写分工并确定各编写组成员，7月中旬，各编写组启动编写工作。10月，各编写组提交初稿。

11月，中国文联党组领导主持召开《新时代文联工作概述》编写修订工作推进会。12月底，各章节编写组陆续提交编写修改稿。

课题研究及调查研究

【重大课题研究】

按照中宣部要求，组织浙江大学等4家高校及研究机构完成党的百年文艺工作史专项研究。完成2020年度中国文联部级课题，包括由北师大课题组负责的《文艺评奖传播力、引导力、影响力研究报告提纲》、由中央党校课题组负责的《媒介融合与艺术创新研究提纲》初稿修改。与中国音协、中国美协、中国曲协、中国舞协、中国书协联系，推进新文艺组织行业评价体系建设委托调研课题结项。与北京师范大学联系推进加强新时代美育建设委托调研课题结项。与吉林、上海、湖北、广东、陕西文联联系，推进新文艺组织和新文艺群体普查分析委托调研课题结项。

【调查研究工作】

起草《关于开展加强县级文联工作专题调研的实施方案》，开展“加强县级文联工作”专题调研，采取书面调研和实地专题调研相结合的方式，对全国31个省区市县级文联组织建设情况进行摸底调查，先后赴黑龙江、四川、江苏、山东、广东、宁夏等6个省区进行实地调研，召开4个片区座谈会和2个单独省份座谈会，就县级文联工作中存在的难点堵点痛点及加强县级文联工作意见初稿，广泛征求各地意见和建议，起草形成《关于加强县级文联工作专题调研报告》。积极做好调研成果征集和交流，在中国文联团体会员中广泛开展2019年度调研报告征集，共计征集各地各类调研报告40余篇，改版并编发《调研参考》3期，为相关决策提供了比较重要的参考。

意识形态工作

【意识形态工作责任制专项巡视整改】

制定《中国文联党组落实中央巡视意识形态工作责任制专项检查发现问题整改工作方案》（以下简称《方案》），并依据中宣部意见不断修改完善后，印发文联各部门各单位贯彻执行。成立中国文联意识形态工作专项巡视整改工作领导小组及办公室，两次召开专项巡视整改工作领导小组办公室会议，进一步研究部署意识形态工作责任制专项巡视整改落实见效。按照有关通知要求，从年初以来就重视收集各部门各单位意识形态工作责任制专项检查发现问题的整改落实情况，按时在5月底前向中宣部上报了《中国文联党组关于中央巡视意识形态工作责任制专项检查发现问题整改落实进展情况的报告》。

【推动意识形态责任制落实】

7月，制定印发《关于开展意识形态工作责任制落实情况专项检查的通知》，督促各全国文艺家协会、文联机关各部门、各直属单位重点针对意识形态专项巡视整改工作进展情况，积极开展意识形态工作自查、撰写自查报告、查找存在问题、认真进行整改。选取中国美协、中国舞协、中国杂协、国内联络部、国际联络部、文艺志愿服务中心、文艺研修院、文联出版社、中国艺术报社等9家单位进行实地检查，起草完成《中国文联意识形态工作督查情况报告》，对检查存在的问题进行一对一反馈，按要求在文联党组会议上作专题报告。认真学习贯彻中办印发的《党委（党组）意识形态责任制实施办法》，起草并印发《中国文联党组贯彻落实党委（党组）意识形态责任制实施办法的实施细则》。制定《中国文联意识形态工作考评办法（试行）》和《考评指标体系》，对各部门各单位意识形态工作进行年度考评，撰写考评报告报文联党组，作为年度评优的重要参考，进一步压紧压实意识形态工作责任制。

【扛起自身意识形态主体责任】

在积极承担文联意识形态工作综合协调和监督职能以外，认真抓好本部门的意识形态工作，严格落实意识形态主体责任，严防出现“灯下黑”现象。第一时间组织学习中央印发的意识形态工作相关文件，结合实际工作开展交流研讨。在监督检查各单位各部门意识形态工作的同时，开展自查自纠，及时补短板堵漏洞，切实做到守土有责、守土尽责。组织召开季度新闻通气会，加强与中央主要媒体的联系沟通，把好宣传导向关。在习近平总书记关于文艺工作的重要论述理论研

讨会筹备及举办过程中，注重对参会专家学者、入选论文、嘉宾发言、分组讨论、宣传报道等各环节各方面严格把关，牢牢把控意识形态正确导向。同时，对协会换届、文艺评奖等重要会议重大活动，指导相关协会和单位制定舆情预案，在活动全过程加强舆情监测，对出现的突发敏感舆情第一时间收集汇总、积极引导、妥善应对，确保意识形态安全可控。

宣传舆情工作

【重点工作和重大主题文艺活动宣传报道】

积极组织开展重点工作和重大主题文艺活动宣传报道，注重与新闻媒体的沟通协调，把握导向、创新形式、注重实效。为扩大文联工作影响力作出了积极贡献，主要参与并负责协调新闻媒体宣传报道中国文联的重大活动有：习近平总书记关于文艺工作的重要论述理论研讨会、中国文联十届五次全委会；“百花迎春”——中国文学艺术界大联欢；“崇德尚艺 做有信仰 有情怀 有担当的新时代文艺工作者巡回宣讲活动”；2020年“中华情·中国梦”中秋展演系列活动；第九届中国大学生电视节；到人民中去——2020年中国文艺志愿者服务日活动；第30届中国电视金鹰奖暨第13届中国电视金鹰节系列活动；“坚信爱会赢——‘中国医师节’致敬抗疫白衣战士”系列活动；“我们的中国梦”——文化进万家 中宣部、中国文联文艺志愿服务队走进内蒙古科右中旗等。

【以艺战“疫”宣传报道】

起草《中国文联关于进一步加强和引导抗击新冠肺炎疫情主题文艺创作的通知》，向各团体会员征集关于加强抗击疫情主题创作的有关情况。3月初，收集汇总各全国文艺家协会抗击疫情的主要工作情况，协调新华社、《光明日报》《人民政协报》等媒体撰写综述文章，有针对性地宣传报道，新华社、《光明日报》分别“以艺术振奋精神——文艺工作者投身战‘疫’”“作品飞上云端 真情落在心田——文艺战线创新服务模式积极抗击疫情”为题，大篇幅对文联所属各全国文艺家协会抗击疫情的亮点工作进行了宣传报道。协调新华社记者采写《文艺界战“疫”培根铸魂构筑强大精神之坝》稿件，以内参形式上报中央有关领导。

9月17日，有关中国文联以艺战“疫”情况稿件在《经济参考报》全文配图刊登，并在多平台多渠道传播，取得良好社会效果。起草编辑《全国文艺界积极投身疫情防控阻击战》《坚信爱会赢——文艺界“以艺战疫”5·23特别节目反响热烈》《镜头定格大爱 影像诠释担当——中国摄协“为天使造像”肖像摄影工程取得良好成效》《弘扬抗疫精神 唱响时代战歌——中国音协、中国评协共同举办“音乐的力量”抗疫主题音乐创作座谈会》等系列简报文章并上报。积极协调学习强国、网易、抖音等平台及文联所属媒体，大力宣传报道文艺界抗疫工作，营造了良好舆论氛围。

【舆情信息工作】

加强与有关协会的沟通合作，敢于发声亮剑，旗帜鲜明表明立场态度，及时应对处置了多起涉及疫情的文艺舆情事件。2020年，针对湖北抗疫文艺活动相关舆情、作家方方武汉日记舆情、“赵长青受贿案”舆情等，在收集汇总舆情信息新进展的同时深度研究、综合研判，及时形成书面材料并第一时间上报文联党组和上级有关部门。加强同中宣部文艺局、中宣部舆情局、国家网信办的沟通联系。加强舆情处内刊对中宣部及有关部委的报送，做到舆情处理机制规范化、常态化。全年共编发《中国文联简报》28期、《文艺动态》12期、《文艺舆情专报》8期、《网络舆情专报》300余条，为有关决策提供了重要参考。

党建及自身建设

【严格落实全面从严治党主体责任】

5月20日，举行中国文联理论研究室全面从严治党工作部署会，及时传达学习中央和国家机关党的工作暨纪检工作会议精神、中国文联2020年全面从严治党工作部署会精神，签订2020年落实全面从严治党主体责任书，并对全年党建工作作出部署，层层压紧压实责任。成立中国文联理论研究室党建工作领导小组，细化领导班子、主要负责人以及支部、支委的党建责任清单，严格落实“一岗双责”要求。制定强化政治机关意识工作方案，主要负责人主讲专题党课，组织开展“不忘初心、弘扬优良家风”专题辅导讲座以及“走进红色香山，重温赶考初心”主题党日活动。制定并认真落实年度党建工作规划和支部学习计划，确保党建工作的制度性和规范性。

【有效推进支部标准化规范化建设】

健全完善支部党建规章制度，牢固树立“抓好党建是最大的政绩”“党建工作人人抓”的理念，对照支部标准化规范化的有关要求积极推进支部建设。严格落实“三会一课”等制度，认真组织支部集中学习，全年共组织12期“周三学习汇”、3期“理论学习微论坛”。从班子成员到党员干部7人讲了党课，各处党员干部轮流起草支部简报，全年共完成28期支部简报，有效提升了支部学习的时效性、专题性和系统性，增强了党员干部的积极性。组织召开中国文联理论研究室巡视整改专题民主生活会和组织生活会，召开“厉行勤俭节约、反对餐饮浪费”专题组织生活会，开展年度党员民主测评。督促指导青年干部理论学习小组开展学习，主要负责人先后两次与年轻干部集体谈心谈话。督促党员干部利用“学习强国”平台和中国文联网络培训云平台进行在线理论学习。通过近一年的努力，中国文联理论研究室党支部标准化规范化建设取得明显进展，党支部的制度建设逐步完善，基础工作更加扎实，支部战斗堡垒作用和党员先锋模范作用逐渐凸显。

【强化廉洁自律和作风建设】

认真学习贯彻《中国文联系统各单位领导干部配偶、子女及其配偶经商办企业禁业范围》，如实准确报告个人事项。完善规章制度，规范工作流程，在涉及年度预算、重大项目、干部人事调整等“三重一大”方面，坚持民主决策、科学决策。带头严格按程序、按规定办事，提醒大家要清清白白做人、干干净净办事，确保各项工作健康有序开展。在中秋国庆元旦春节等重要节假日前召开支部专题会，加强反“四风”和廉洁过节教育，通过微信工作群发送廉政信息，及时监督提醒。组织警示教育，通报违法违纪相关案例，教育引导全室党员干部守底线、知敬畏。

【内部管理及团队建设】

统筹推进疫情防控和日常业务工作，着力加强内部管理和自身建设。认真学习贯彻中央和中国文联关于统筹做好疫情防控和日常工作的有关要求，严格贯彻落实中国文联疫情防控领导小组工作部署，坚持做好疫情防控日报告、零报告，坚持出差离京、组织会议、人员来访等审批报备，确保各项工作持续稳步推进。加强部门制度建设，制定《理论研究室领导班子工作规则》，定期召开主任办公会、室务会，重大事项集体决定。全年工作召开主任办公会21次，按要求及时向中国文联党组报送会议纪要。组织制定规章制度汇编、党建制度汇编，确保各项工作有章可循、有据可依。组织开展“最美办公室”“最美办公桌”评选活动，营造宽松活跃、积极向上的良好氛围。组织学习研讨《中国文联局级领导班子建设和优秀年轻干部培养选拔规划》，引导大家对照好干部标准，找准个人定位，全身心投入本职工作。领导班子先后分2次与各处负责人、年轻干部集体谈心谈话，充分调动党员干部职工干事创业、担当作为的主动性积极性。

权益保护

综　述

2020年，权益保护部在中国文联党组的坚强领导下，认真学习贯彻习近平新时代中国特色社会主义思想和党的十九大及十九届二中、三中、四中、五中全会精神，认真落实中央巡视整改任务，不断巩固和深化“不忘初心、牢记使命”主题教育成果，守牢意识形态阵地，切实履行自律维权职能，创新工作机制和手段，权益保护各项工作取得明显成效。

参与立法

2月，研究拟定全国两会维权提案。就帮扶文艺界“两新”渡过疫情难关、在著作权领域引入惩罚性赔偿制度等问题通过文艺界两会代表委员向两会提交文艺维权提案议案，反映文艺界诉求，推动加强知识产权和“两新”群体合法权益的保护。

就《中华人民共和国突发事件应对法（修订草案）》《中华人民共和国文物保护法（修订草案）》（征求意见稿）《中华人民共和国国旗法（修正草案）》《中华人民共和国国徽法（修正草案）》从文艺专业和版权保护等角度提供了反馈意见，为相关法律法规的完善发挥了作用。

6月至10月，针对与文艺工作者权利息息相关的《中华人民共和国著作权法修正案（草案）》，通过书面定向征求和网络公开征集等方式广泛征集文艺界意见，到各全国文艺家协会实地开展专题调研，先后两次向立法机关反馈文艺界的呼声，最终通过的修正案采纳了中国文联的相关建议。

普法宣传

4月，集中开展了“中国文联知识产权宣传周”活动，以“鼓励创作创新，营造清朗网络环境，建设绿色美好中国”为主题，采用制作宣传漫画、编发维权专版专刊、线上宣传交流等形式，引领和倡议各团体会员开展形式多样的宣传活动。协助和指导湖南省文联开展知识竞赛，对竞赛题目进行法律专业审改。对于提高文艺工作者知识产权法律意识和维权能力发挥了积极作用。

5月，为庆祝《视听表演北京条约》正式生效，特邀各艺术门类的艺术家代表和法律专家，畅谈条约生效对维护文艺工作者合法权益的积极影响，帮助业界了解条约生效对其权益保护的重要意义。

7至10月，开展学习宣传“民法典”活动。全国文联系统各单位积极行动，通过集中学习、张贴海报、媒体宣传、讲座座谈、送法律进社区等方式组织开展了形式多样、内容丰富、效果显著的学习宣传活动，在文艺界营造了尊法、学法、守法、用法的浓厚氛围，提高了文联系统干部职工依法履职的意识和能力。

12月，以“深入学习宣传习近平法治思想 大力弘扬宪法精神”为主题，组织开展中国文联2020年“宪法宣传周”活动。采用召开法律顾问工作会、张贴宪法宣传挂图、在微信公众号发送宪法学习宣传相关报道等方式，积极引导广大文艺工作者深入学习宣传宪法，以宪法精神凝心聚力。

全年，通过《中国艺术报》“维权行动”专版、文联权益保护专刊、中国文联权益保护和出版管理网络平台、文艺权益保护微信公众号等传统媒体和新媒体开展常态化普法宣传。全年共编印“维权行动”专版4期，文联权益保护专刊4期，网络平台发布信息68条，微信公众号推送信息68条。普法宣传的力度和效果进一步增强，为提高文艺工作者的维权意识和能力发挥了更加积极的作用。

推进法律顾问工作

12月，组织召开2020年中国文联系统法律顾问工作会，中国文联各全国文艺家协会、各直属单位法律顾问汇报了2020年履职情况和2021年的工作计划，交流了工作经验和体会。法律顾问制度的建立和完善，有利于防范和化解重大法律风险，切实发挥法律顾问在文联组织依法治会、依法管理、依法维权中的重要作用。

法律志愿服务

10月，赴陕西省文联以及渭南市文联开展文艺法律志愿服务暨维权调研活动。与文联组织负责人和艺术家代表座谈交流，听取他们对文艺维权工作的意见和建议，并赴部分新文艺组织走访基层一线文艺工作者，向文联组织和文艺工作者发放权益保护部制作的普法宣传资料60多套，为文艺工作者现场解答著作权合同纠纷、外观设计专利申请等维权问题，受到了文艺工作者的欢迎，取得了良好效果。

10月，联合中国剧协在北京面向戏剧工作者和新文艺群体代表开展文艺法律志愿服务活动，特邀法律专家举办了“走进戏剧与影视著作权”公益讲座沙龙，围绕“戏剧、影视作品的著作权保护和风险防范”进行专题讲座，与现场观众进行交流互动，回答戏剧工作者的法律问题，向戏剧工作者编印发放普法资料。活动在新文艺群体中产生了积极的反响，提高了文联组织在他们中间的影响力和凝聚力。

维权指导意见修订

6至12月，开展《中国文联关于进一步加强文艺维权工作的指导意见》修订工作，采取网络征集、书面调研和座谈调研等方式面向文联组织和文艺工作者展开了广泛深入的调研。在系统整理并吸纳相关意见建议的基础上，起草了《意见》修改稿初稿。

文艺维权服务

权益保护部通过提供专业法律服务，有效维护文艺组织和文艺工作者的合法权益。

1. 协助文联组织处理诉讼

4月，为中国文联办公厅做好浙江文艺大厦资产处置工作提供法律协助，参与专题研商会，提出法律建议，协助审改有关材料。7至12月，就中国电影出版社涉及的侵权诉讼案件，积极与中国影协、中国电影出版社沟通，全程进行指导，提出书面法律建议，二审胜诉，防止巨额国有资产损失。就中国视协遇到的两起诉讼纠纷多次参与案情研商，提出法律意见，跟进案件进展，为中国视协提供指导和协助，最终对方当事人撤诉。

2. 为文联组织提供法律专业服务

1月，会同法律顾问为中国文联人事部有关“中国文联网络培训云平台”的合作协议进行法律审核，协助防范法律风险。9月，为中国文联国际部审核制作中国文联宣传邮册的合同，提出多条法律意见，为其完善相关合同、维护自身利益、防范法律风险提供了有力保障。

3. 制止涉文联组织侵权行为

3月，成功制止了“中国文联在线”网站的侵权行为，使非法网站被关闭。9月，就中国文联网络文艺传播中心反映的涉中国文联的多起侵权行为线索，综合采取发布声明、举报、致函等多项维权措施，有效制止侵权行为。12月，就群众来信反映所谓“中国文艺家艺术研究院”在其网站侵犯中国文联及部分全国文艺家协会负责同志权利的情况进行调查，提出处理建议，该不法网站已被关闭。

4. 处理文艺工作者维权求助

8月，就某音乐家请求协助处理其著作权纠纷事宜，分别征求中国文联法律顾问和中国音协意见，认真研究后进行了答复，妥善处理相关问题。

一系列具体维权行动，有效制止和震慑了涉及文联组织和文艺工作者的侵权行为，帮助避免了名誉和经济损失，有力维护了文联组织和文艺工作者的合法权益。

出版业改革发展与管理

综 述

2020年，权保部（出版办）在中国文联党组的坚强领导下，深入学习贯彻落实习近平新时代中国特色社会主义思想和党的十九届二中、三中、四中、五中全会精神，贯彻落实全国宣传思想工作会议精神和中国文联党组要求，圆满完成中央巡视整改任务，大力加强出版领域意识形态阵地建设，推动出版改革和发展，以制度建设为抓手，强化出版管理与服务，促进编校质量提升，取得新成效。

出版改革与发展

【全民所有制企业公司制改革全面启动】

根据中央部署要求和文联党组领导指示精神，权保部（出版办）指导文联所属全民所有制企业积极稳妥推进公司制改革，对中国文联所属全民所有制企业进行了摸底和统计，制定了中国文联所属全民所有制企业公司制改制工作方案和实施方案。11月，组织召开中国文联所属全民所有制企业公司制改制工作推进会，中国文联党组成员张雁彬出席会议并讲话，就加快推进和按时完成中国文联所属全民所有制企业公司制改革任务进行了部署。

【组织召开2020年度中国文联出版工作会议】

9月27日，权保部（出版办）组织召开了2020年中国文联出版工作会议。中国文联所属出版单位及主办单位负责人近50人参加会议。中国文联党组成员张雁彬出席会议并讲话，就新形势下高质量做好文联出版管理工作，提质增效，服务人民，努力开创新时代文联事业新局面提出了明确要求。会上传达学习了中宣部2020年出版管理工作会议精神和关于出版管理方面的工作要求，通报了2019年以来中国文联出版管理工作和2020年中国文联“三审三校”制度落实大检查的有关情况，督促出版单位整改落实。

【开展2019年度社会效益评价考核工作】

根据中宣部关于图书和报刊出版单位社会效益评价考核办法，权保部（出版办）牵头组织对中国文联所属4家图书出版单位和29家报刊出版单位进行了2019年度社会效益评价考核。印发了《关于认真抓好中国文联出版改革与管理社会效益评价考核问题整改强化考核结果运用的通知》，强化考核结果运用并纳入“三审三校”制度落实情况大检查的内容，督促出版单位增强责任意识，不断提升管理水平。

【建立“扫黄打非”机构和工作机制】

为落实中央巡视整改任务和中国文联党组要求，权保部（出版办）牵头成立中国文联“扫黄打非”工作领导小组，印发了中国文联“扫黄打非”工作方案，指导中国文联所属出版单位建立健全“扫黄打非”工作的规章制度，组织开展了“扫黄打非”专题培训。

【开展中国文联2020年精品图书宣传推广活动】

2021年1月，为宣传展示中国文联年度出版成果，权保部（出版办）按照中国文联党组要求从中国文联所属4家出版单位精选出5种优秀图书和期刊，作为中国文学艺术界联合会2020年度精品图书向中国文联十届五次全委会委员和代表发放，受到普遍欢迎和好评。

出版管理与服务

【开展中国文联图书出版专题调研】

为认真落实中央巡视整改，12月24日，中国文联党组成员张雁彬对中国文联所属中国电影出版社有限公司、中国摄影出版传媒有限责任公司、中国书法出版传媒有限责任公司实地走访并进行调研，重点就做好出版主业、打造专业品牌、加强队伍建设、推动出版改革和媒体融合发展等方面与大家进行了深入交流，结合文联出版工作实际提出了具体工作要求。

张雁彬到中国摄影出版社、《中国摄影报》社等单位实地走访并与工作人员进行了现场交流。权保部（出版办）主要负责人、3家图书出版单位主办单位分管领导和图书出版单位主要负责人参加了调研座谈会。

【开展中央文化企业“挂靠”问题专项调研】

根据财政部有关通知要求，权保部（出版办）针对中国文联所属5家中央文化企业“挂靠”问题，认真开展专题调研和梳理排查工作。这项工作的开展对明确企业产权归属、防止发生经济纠纷具有重要意义。

【举办出版意识形态管理和出版改革与发展线上培训班】

11月至12月，在疫情防控常态化形势下，权保部（出版办）依托中国文联网络培训云平台组织举办了“加强中国文联出版意识形态工作专题培训班”和“中国文联系统出版管理与改革发展工作培训班”，对中国文联所属各出版主办单位分管领导、各出版单位负责人和全体编辑人员共700余人次进行了线上培训，实现出版管理人员和专业技术人员培训全覆盖。通过培训，增强了出版管理和专业技术人员落实意识形态责任的自觉性，进一步提升了全体出版从业人员政治素质、业务水平和选题策划能力。

【组织开展“三审三校”制度落实情况大检查】

为督促出版单位及其主办单位认真贯彻落实《中国文联关于贯彻落实〈关于加强和改进出版工作的意见〉的实施方案》，8月25日至9月2日，权保部（出版办）对中国文联所属图书和报刊出版单位的“三审三校”制度落实情况进行了实地检查，同时听取了主办单位和出版单位上半年意识形态管理方面的情况汇报，督促各主办单位和出版单位在“三审三校”过程中切实履行出版管理和领导职责以及意识形态管理责任。

【持续开展出版物内容质量抽查审读】

为进一步提高中国文联所属出版单位出版物整体质量，4月至9月，权保部（出版办）深入开展“质量管理2020”专项工作，在各图书出版单位自查的基础上，对各图书出版单位2019年以来出版的社科、文艺、少儿、教材、教辅和科普类图书进行了抽查审读。

加强对报刊出版物质量抽查审读，并将抽查审读结果纳入年度社会效益评价考核的重要内容。

组织出版主办单位开展出版物抽查审读工作，印发《关于认真履行主办单位职责加强对所属出版单位出版物抽查审读工作的通知》，督促主办单位认真履行对所属出版单位的领导和管理职责，对所属出版单位2019年度出版物进行抽查审读，督促出版单位进一步提高出版质量。

【开展“买卖书号”行为专项检查】

根据国家新闻出版署工作部署要求，11月上旬至12月，权保部（出版办）组织中国文联所属图书出版单位对2013年以来是否存在“买卖书号”问题进行自查自纠，对各出版单位是否存在“买卖书号”行为进行实地检查，并全程配合国家新闻出版署开展随机检查工作。

通过专项检查，权保部（出版办）监督和指导中国文联所属出版单位加强图书出版管理，规范工作流程。

【开展中国文联文艺出版报刊精品项目评审】

按照中国文联党组的部署要求，根据中国文学艺术基金会关于组织实施2020年度中国文联文艺出版报刊精品项目申报和评审工作的安排，组织专家对6个单位14个项目的申报材料进行了初审和复审，形成资助建议并报中国文联党组批准，对通过审核的项目予以资助。通过实施精品项目鼓励和支持中国文联所属出版单位创品牌、出好书。

【开展2020年度“晚霞文库”申报评选工作】

权保部（出版办）组织开展了2020年“晚霞文库”项目申报工作，并组织专家进行评审，为入选的3种图书提供资助。

【完成书号实名系统升级改造】

按照国家新闻出版署要求，权保部（出版办）组织中国文联所属4家图书出版单位负责书号实名申领系统管理的人员参加了书号实名申领系统升级改造工作线上培训，指导完成书号实名申领系统的调试工作并正式启用新系统，进一步规范了书号申领和审核工作。

【组织开展主题出版重点出版物申报工作】

根据中宣部工作部署，结合贯彻落实《中国文联关于加强和改进出版工作的意见实施方案》，3月10日，权保部（出版办）组织开展了主题出版重点出版物申报工作。中国摄影出版传媒有限责任公司申报的1种选题入选。

【开展2021年度国家出版基金资助项目申报工作】

7月底，按照国家出版基金规划管理办公室有关工作要求，权保部（出版办）组织中国文联所属出版单位开展了2021年度国家出版基金资助项目申报工作，推荐3家出版单位9个项目申报基金资助。中国文联出版社有限公司申报的《中国民族室内乐作品集成》项目获得国家出版基金资助。

【开展“十三五”国家重点出版物出版规划项目评估总结工作】

9月，按照中宣部工作部署，权保部（出版办）组织承担“十三五”国家重点出版物出版规划项目的中国文联出版社有限公司、中国电影出版社有限公司、中国摄影出版传媒有限责任公司开展了评估总结工作，对3家出版单位提交的评估总结材料进行了检查、审核和汇总，起草了总结报告并报送中宣部出版局。

【加强对中国文联所属期刊所办新媒体阵地建设的管理】

为落实中宣部出版局关于加强对期刊所办新媒体管理的有关要求，8月31日，权保部（出版办）结合中国文联出版工作实际，起草并印发了《关于加强中国文联所属期刊所办新媒体阵地建设管理的通知》，要求各出版单位及其主办单位强化对中国文联所属期刊所办新媒体阵地建设管理。

【督促中国文联所属报刊出版单位抓好报刊出版质量管理】

根据国家新闻出版署颁布实施的《报纸期刊质量管理规定》，权保部（出版办）印发了《关于加强报纸期刊出版质量管理的通知》，要求中国文联所属报刊出版单位认真抓好报刊出版质量管理，严格落实意识形态责任制和“三审三校”等管理要求，坚持用制度优化出版流程，保障出版质量。

【开展2019年中国文联系统新闻记者证换发工作】

根据国家新闻出版署换发新闻记者证通知精神，权保部（出版办）组织开展了2019年中国文联系统新闻记者证换发工作，审核通过6家报刊出版单位报送的58名新闻采编人员换发新闻记者证申报材料。5月，指导并协助6家报刊出版单位新闻采编人员完成新闻记者证换发工作。

党的建设工作

【加强政治机关建设】

强化党员干部政治机关意识。文联机关党委制定印发《中国文联关于开展强化政治机关意识教育工作方案》《中国文联关于开展“灯下黑”问题专项整治工作方案》《中国文联全面推进党支部标准化规范化建设工作方案》。文联机关党委所属各级党组织结合本单位本部门实际，分别制定相应“三个工作方案”并扎实推进各项工作任务落实。“七一”前后，文联党组书记、机关党委书记李屹同志围绕“强化政治机关意识、走好第一方阵”，为党员干部讲授专题党课，文联党组其他成员、各局级单位主要负责同志、各级党组织书记也在相应范围内给党员干部讲了专题党课；各党支部以座谈交流、诵读演讲、观看影视、参观见学等方式认真开展“不忘初心、弘扬优良家风”主题党日活动。为认真贯彻落实习近平总书记关于坚决制止餐饮浪费行为重要指示精神，文联机关党委协助文联党组制定《中国文联关于落实〈关于中央和国家机关带头贯彻落实习近平总书记重要指示精神坚决制止餐饮浪费行为的行动方案〉的实施办法》。各党支部分别组织召开“厉行勤俭节约、反对餐饮浪费”专题组织生活会，自查自纠存在问题，研究制定改进措施。文联机关党委协助文联党组起草《中国文联党组关于认真贯彻落实〈关于巩固深化“不忘初心、牢记使命”主题教育成果的意见〉的通知》，就文联的贯彻落实提出明确工作要求和具体贯彻措施。为切实解决“两张皮”问题，文联机关党委协助文联党组制定《关于破解“两张皮”问题　推动中国文联党建和业务工作深度融合的实施办法》并认真抓好落实。为认真抓好创建“让党中央放心、让人民群众满意的模范机关”工作，文联机关党委协助文联党组制定《中国文联创建模范机关先进单位和标兵单位评选表彰办法（试行）》。11月至12月，按照中央和国家机关统一部署，通过部门自评、推荐报送、评审审定等程序开展评选工作，经文联党组最终审定，评选中国曲协为创建模范机关标兵单位，评选中国影协、文联办公厅、文联文艺志愿服务中心为创建模范机关先进单位。中国曲协被中央和国家机关工委评选为中央和国家机关创建模范机关先进单位。

协助文联党组抓好巡视整改。根据党中央统一部署，2019年9月8日至11月25日，中央第六巡视组对中国文联党组开展了常规巡视。巡视意见反馈后，文联机关党委、纪委积极协助文联党组召开专题党组民主生活会、整改工作研究部署会等，及时统一思想、明确整改思路、成立整改机构，制定《中国文联党组巡视整改工作方案》及《整改工作台账》，对照巡视反馈意见指出的4个方面13个问题，细化为62个具体问题，制定221条整改措施。文联所属各单位（部门）也结合自身实际，分别制定了巡视整改方案。文联机关党委、纪委协助文联党组召开12次巡视整改工作研究部署会，2次巡视整改工作推进会，加强对所属单位（部门）巡视整改任务落实情况督促检查，按上级规定时限及时上报巡视整改进展情况。9月至10月，文联机关党委、纪委会同其他部门组成6个检查组，对文联所属27个单位落实《中国文联党组巡视整改工作方案》情况进行全面检查验收，对各单位整改不到位的问题列出清单，分别发出督促整改通知书，并限期完成整改，上报整改情况。截至年底，各项整改措施基本落实，存在问题得到有效整改。

认真整改巡视发现的机关党建突出问题。中央巡视后，为认真落实中央和国家机关工委《关于做好中央巡视发现的机关党建突出问题整改等有关工作的通知》要求，切实抓好党建方面存在突出问题的整改，结合2019年度党建工作考核，1至3月，文联机关党委、纪委组成3个检查考核组下沉到所属27个单位（部门）的113个基层党组织进行拉网式逐一全面排查，并综合中央巡视指出的问题，共梳理出8个方面36个党建突出问题。文联机关党委召开专题党委会议研究部署整改工作，制定《中国文联关于中央巡视发现的机关党建突出问题整改工作方案》，明确问题清单、责任领导、责任单位、整改措施、完成时限，制定整改措施120项，认真抓紧整改。6月和9月，文联机关党委及所属各级党组织分别组织了季度自查，并形成报告上报中央和国家机关工委；7月，召开整改工作推进会，交流整改经验，部署下步任务，督促整改落实；在各单位完成自查的基础上，文联机关党委派出3个检查组对9个单位（部门）进行了重点抽查。截至年底，整改措施全部落实，存在的突出问题得到有效解决。

配合做好疫情防控工作。新冠肺炎疫情暴发后，文联机关党委配合文联党组和相关部门做好疫情防控工作。1月31日，文联机关党委及时印发《关于基层党组织和党员干部坚决贯彻习近平总书记重要指示精神 在打赢疫情防控阻击战中充分发挥作用的通知》。文联机关党委支出党费198093元为文联干部职工购买口罩、消毒液等防护用品。2月，根据中组部统一部署，文联机关党委组织党员干部捐款支持疫情防控工作，共收到党员捐款538448.99元并上交中组部，党外干部群众捐款77870元并上交中国红十字会。

【深入学习贯彻习近平新时代中国特色社会主义思想】

学习贯彻党的十九届五中全会精神。党的十九届五中全会闭幕后，文联机关党委制定《中国文联学习贯彻党的十九届五中全会精神工作方案》，对机关党员干部的学习作出具体安排，并邀请中央党校专家作专题辅导报告。

做好文联党组理论学习中心组服务工作。文联机关党委协助文联党组认真落实《中国文联党组理论学习中心组学习实施细则》，制定2020年度学习计划。文联党组中心组共组织学习32次，其中专题研讨8次，专题辅导讲座1次。同时，文联机关党委把文联各局级单位中心组学习情况纳入年度党建工作考核内容，加强督促检查指导。

举办局处级干部和青年干部专题培训班。结合疫情防控实际情况，举办线上局处级干部和基层党组织书记学习贯彻党的十九届五中全会精神网络专题培训班，520余名同志参加此次培训；举办线上青年干部学习贯彻习近平新时代中国特色社会主义思想网络专题培训班，600余名40岁以下青年干部参加此次培训。

抓紧党员干部的日常学习教育。文联机关党委及所属各级党组织利用“三会一课”和党日活动，采取多种方式手段组织引导广大党员干部开展学习。根据疫情防控期间一些业务工作无法正常开展的特殊情况，会同人事部及时印发《关于在疫情防控期间组织干部职工学习的通知》，要求党员干部在此期间加强学习。部署开展党员干部“学习贯彻习近平新时代中国特色社会主义思想”成果汇报演讲比赛活动，27个单位推荐了34名选手参赛，最终评选出10名优秀选手。邀请中央和国家机关工委同志专题辅导讲授“支部工作”App的使用。全年共印发机关党建《学习参考》5期，简报13期。制定《中国文联关于实施青年理论学习提升工程的办法》并抓好落实，召开青年理论学习小组组长工作交流会，推进青年干部的理论学习。10月，文联机关党委组织党员干部赴中国人民革命军事博物馆参观“纪念中国人民志愿军抗美援朝出国作战70周年主题展览”。文联所属各单位（部门）党组织也分别组织党员干部赴国家博物馆、香山革命纪念馆、平西抗战纪念馆等红色教育基地开展了参观学习活动。

【加强基层党组织标准化规范化建设】

加强基层党的组织建设。文联机关党委制定印发《中国文联关于开展“灯下黑”问题专项整治工作方案》《中国文联全面推进党支部标准化规范化建设工作方案》并抓好落实。

召开文联党支部标准化规范化建设试点工作座谈会，指导推进试点工作。

召开落实文联2020年度机关党建工作推进会，指导督促推动党建任务落实落地。

结合自查和检查整改巡视中发现党建方面存在的突出问题，把基层党的组织建设作为重点内容进行认真自查和检查。

12月，召开中国共产党中国文联机关第五次代表大会，审议通过机关党委工作报告和机关纪委工作报告，选举产生新一届中国文联机关党委委员和纪委委员。文联各级基层党组织共有5个党总支、16个党支部按期换届。为进一步加强社会组织党建工作，文联机关党委和社会组织党总支联合对文联业务主管社会组织党组织开展调研，召开文联社会组织党建工作推进会。

组织年度党建工作考核。制定2019年度《局级领导班子党建工作考评指标体系》和《基层党组织党建工作考评指标体系》，部署2019年度党建工作考核工作，组成3个考核组深入各单位，通过听取汇报、访谈交流、查阅资料等方式，对29个直属党组织进行检查。在书面述职的基础上，文联机关党委召开现场述职评议会，9个党组织书记进行现场述职，与会人员结合书面述职和现场述职情况，对文联29个直属党组织书记进行现场测评。文联机关党委召开机关党委会议根据日常掌握情况、下沉检查情况、民主测评结果、书面和现场述职情况，按照“好、较好、一般、差”四个等次，确定10名党组织书记被评为“好”，19名党组织书记被评为“较好”。

4月，文联党组召开专题会议，文联机关党委书记李屹同志就2019年度机关党建工作情况向文联党组述职。文联所属各单位也认真组织实施党组织书记述职考核评议工作。

加强党建工作制度建设。文联机关党委先后制定《中国文联党支部标准化规范化建设细则》《关于破解“两张皮”问题推动中国文联党建和业务工作深度融合的实施办法》《中国文联创建模范机关先进单位和标兵单位评选表彰办法（试行）》《中国文联干部职工思想动态分析报告办法》《关于加强中国文联主管社会组织党建工作的实施办法》《中国文联关于实施青年理论学习提升工程的办法》《中国文联机关党委及机关党委书记、常务副书记、副书记、委员全面从严治党责任清单》等，为文联各级党组织开展党建工作有章可循、有规可依，不断加强标准化规范化建设，提升文联党建工作质量和水平奠定制度基础。

提升党务干部素质。举办1期“学习贯彻‘两个条例’加强基层党组织标准化规范化建设培训班”，99名文联基层党组织书记和党务干部参加培训。举办1期纪检干部网络培训班，62名文联纪检干部参加培训。全年，文联机关党委、纪委共选派15人参加中央纪委国家监委、中组部、中央和国家机关工委等举办的各类业务培训。

【充分发挥群团组织作用】

加强群团组织建设。文联机关工会积极筹备中国文联第五届机关工会全委会，机关团委积极筹备共青团中国文联机关第九次团员大会，为顺利选举出文联新一届工会和团委领导机构成员做好各项准备。文联所属各级工会和团组织也认真开展换届改选工作。

开展精神文明创建活动。文联各级党组织组织党员干部广泛开展机关群众性精神文明创建活动。文联文艺志愿服务中心、文联权益保护部被评为首都文明单位。中国影协工会主席粟晓利同志被评为中央和国家机关优秀工会工作者，中国民协冯丽同志被评为中央和国家机关三八红旗手。

丰富职工文体生活。文联工会在做好疫情防控的前提下尽可能地丰富干部职工文化生活，支持文联各文体俱乐部利用业余时间开展活动。文联机关团委组织开展线上“绽放战疫青春·坚定制度自信”理论学习分享交流活动；与中央党史研究院、中国邮政集团共同举办“铭记伟大胜利谱写时代华章”青年主题教育实践活动。为帮助青年干部解决婚恋问题，与农机院团委组织共同开展Y-Together活动。

开展送温暖和献爱心活动。文联机关党委支出党费7万元，文联工会支出会费3.8万元，对文联54名病困在职、离退休及挂职干部给予慰问补助。为帮助湖北人民挽回为阻断疫情蔓延造成的巨大损失，文联工会与扶贫办一起动员干部职工优先采购湖北农产品。同时，文联工会下拨34万元帮扶资金给各单位工会组织购买湖北和其他贫困地区农产品，各单位工会也购买了共计23万元的扶贫产品。文联妇工委组织女职工参加中央和国家机关“恒爱行动——百万家庭亲情一线牵”公益活动，积极为新疆少数民族家庭编织爱心毛衣等。

机关建设

人事工作

【中国文联党组成员、书记处书记、副主席调整】

中组部通知：胡孝汉同志任中国文联党组成员，提名为中国文联书记处书记人选。张雁彬同志任中国文联党组成员，提名为中国文联书记处书记人选。中央批准：提名胡孝汉同志为中国文联副主席候选人。增选董耀鹏同志为中国文联主席团委员。陈建文同志不再担任中国文联党组成员职务。

【中国剧协、中国杂协换届】

2020年12月14日至15日，中国戏剧家协会第九次全国代表大会在京召开，选举产生新一届领导机构：

主　席：濮存昕

驻会副主席：陈彦

副主席（按姓氏笔画排序）：于魁智（回族）、王勇、尹晓东、冯玉萍（女）、任鸣、李树建、杨凤一（女）、沈铁梅（女）、茅威涛（女）、孟广禄、柳萍（女）、韩再芬（女）、谢涛（女）

秘书长：崔伟

2020年12月14日至15日，中国杂技家协会第八次全国代表大会在京召开，选举产生新一届领导机构：

主　席：边发吉

驻会副主席：唐延海

副主席（按姓氏笔画排序）：邓宝金（女）、付继恩、安宁、李宁（回族）、吴正丹（女）、阿迪力·吾休尔（维吾尔族）、赵双午（女）、俞亦纲、梅月洲、童荣华、薛金升

秘书长：肖世革

【班子调整配备和干部选拔任用】

各协会班子成员、局级干部（含按局级对待），文联机关局级干部，各直属单位班子成员，各艺术中心主任（常务副主任）调整名单：

杨发航任中国曲协分党组书记，董耀鹏不再兼任中国曲协分党组书记职务

调法治日报社美术摄影部主任居杨到中国摄协提拔任分党组成员、二级巡视员

李昕任中国书协分党组书记，陈洪武不再担任中国书协分党组书记职务

中国文联机关服务中心主任唐延海调任中国杂协分党组书记，兼任中国文联杂技艺术中心主任

谢力任中国文联国内联络部主任

李琦任中国文联国际联络部副主任

周由强任中国文联理论研究室主任

郭希敏任中国文联机关服务中心主任

李岩任中国文联文艺志愿服务中心副主任

吴艳华任中国文联文艺志愿服务中心副主任

陈光宇任中国文联文艺研修院副院长

徐粤春任中国文联文艺评论中心主任

尹兴任中国文联出版社有限公司董事长、总经理，同时担任公司法定代表人、党总支书记（按副局级对待）

朱虹子任中国电影出版社有限公司董事长、董事、总经理（法定代表人、党总支书记，按正局级对待）

厉夫波任中国文联摄影艺术中心常务副主任（四级职员）

中国剧协分党组成员、秘书长崔伟职级晋升为一级巡视员

中国美协分党组成员、秘书长马锋辉职级晋升为一级巡视员

中国杂协分党组副书记、秘书长肖世革职级晋升为一级巡视员

中国视协分党组成员、副秘书长范宗钗职级晋升为一级巡视员

中国文联人事部副主任张晓辉职级晋升为一级巡视员

中国文联机关党委副书记、纪委书记汤鸿卫职级晋升为一级巡视员

中国文联机关党委办公室一级调研员杨茹职级晋升为二级巡视员

廖恳不再担任中国视协分党组书记职务

王江华不再担任中国电影出版社有限公司董事长、董事及公司法定代表人、党总支书记，保留副总编辑（按副局级对待）职务

中国杂协分党组书记、中国文联杂技艺术中心主任王仁刚到龄免职退休

中国文联国内联络部主任刘尚军到龄免职退休

中国影协分党组成员、一级巡视员饶曙光到龄免职退休

中国音协分党组成员、副秘书长、一级巡视员王建国到龄免职退休

中国民协分党组成员、副秘书长周燕屏到龄免职退休

中国文联文艺志愿服务中心副主任邵志军到龄免职退休

【干部挂职锻炼】

接收厦门市委宣传部1名处级干部到中国影协挂职锻炼。选派1名机关副局级干部在北京市挂职锻炼，1名直属单位副局级干部到西部地区、老工业基地和革命老区挂职锻炼，1名机关处级干部到新疆维吾尔自治区文联挂职锻炼。选派机关与各协会、直属单位共23名干部交流挂职。

【制度建设】

研究修订《中国文联机关局处级领导干部选拔任用工作实施办法》《中国文联局级领导班子建设和优秀年轻干部培养选拔规划》《中国文联系统事业单位公开招聘工作暂行办法》《中国文联职称评审管理暂行办法》《中国文联因私出国（境）管理暂行办法》《中国文联系统国有独资公司领导人员选拔任用工作暂行办法》等制度规定，初步构建科学管用的长效工作机制。

【机构、编制管理】

贯彻落实深化改革要求，向中编办上报《中国文联党组关于修订中国文联机关“三定”方案的请示》，调整的具体内容包括主要职责、内设机构职能的优化调整，明确所属全国文艺家协会职能以及精简下沉机关人员编制。批复调整2个二级内设机构，将人事部干部处的干部监督职能和1名编制划转至人事部综合处，并在综合处加挂“干部监督处”牌子；批复同意中国文联机关服务中心办公室加挂“党务办公室”牌子。根据公务员职务与职级并行有关规定，完成各协会一至四级调研员职级职数备案。

【工资管理】

完成行政统发工资审核、汇总、上报，工资调整涉及768人次。按照干部管理权限，完成工资批复和机关事业单位工资统计。完成2名中管干部工资转入、1名中管干部工资转出。进一步明确文联企业工资分配制度改革范围，并向人社部报送《中央企业工资分配制度改革实施情况表》和有关说明。完成文联出版社有限公司2019年度企业负责人薪酬、2019年度工资总额执行及2020年度工资总额预算情况备案。完成中国影协所属2家、中国摄协所属4家企业2019年度企业负责人薪酬情况、工资总额执行情况以及2020年度工资总额预算情况备案，并下达以上6家企业负责人绩效年薪调节系数。推进中国曲协、中国民协、中国视协、中国美协、中国书协、机关服务中心、网络文艺传播中心所属企业薪酬制度修改完善。

【养老保险】

调整文联机关、11家全国文艺家协会及17家事业单位机关事业单位人员养老保险缴费工资基数。完成文联系统各单位基本养老保险征缴发放和机关事业单位653名退休人员基本养老金待遇调整。全年办理文联机关本级新参保、转移接续、待遇核定、年度工资申报22名，审核协会正处级以上、事业单位领导班子成员共9人的退休待遇申请。

【公务员管理】

完成2020年度12个职位机关工作人员面试和录用工作。组织实施2021年度11个职位录用机关工作人员的计划申报和网上资格审核工作。办理12名2019年度录用机关工作人员进京落户。完成参公人员登记备案25人，公务员破格调任审批1人。

【教育培训】

建成启用中国文联网络培训云平台。完成网络培训班次83个，培训学员3.25万余人次。完成线下培训班21期，培训学员1350余人次。召开“中国文联网络培训工作推进会”。做好中组部干部调训和司局级干部专题研修，选派6名局处级干

部参加中央党校（国家行政学院）及三大干部学院培训，选派6名局级干部参加中央和国家机关司局级专题研修。

【人才工作】

组织开展第五届全国中青年德艺双馨文艺工作者评选。做好宣传文化系统抗击新冠肺炎疫情先进集体和先进个人推选及表彰，中国摄协赴湖北抗击疫情摄影小分队被评为抗疫先进集体，陈黎明、曹旭、牟丹、郭青剑、赵梦燃被评为抗疫先进个人。朱培尔被评为享受政府特殊津贴专家。启动“新时代中国文艺人才发展研究”课题。

【职称评审】

出台《中国文联职称评审管理暂行办法》，对文联出版专业高级职务评审条件进行相应调整，进一步规范评审工作标准和流程。召开中国文联出版专业高级职务任职资格评审会议，15名申报人员获得出版专业高级职务任职资格。通过编审任职资格6人，分别是：纵华跃、苗卉、刘爱国、陈奇军、晋永权、周劲松；通过副编审任职资格9人，分别是：莫惊涛、郑少华、彭流萤、卢红丹、曹锎、徐静、刘若然、杨超、张凯默。

【事业单位人事工作】

中国文联系统9家事业单位面向社会公开招聘应届高校毕业生，共计2372人报名，1329人通过资格审查，375人参加笔试，68人参加面试，录用应届高校毕业生15人，其中，本科学历占33%、研究生学历占67%。

纪委工作

【自觉落实“两个维护”】

协助召开全面从严治党工作部署会，传达学习习近平总书记在十九届中央纪委四次全会上的重要讲话精神，部署全面从严工作重点。认真落实疫情防控工作中相关纪律要求，按照驻中宣部纪检监察组通知精神，提醒监督相关部门严格做好疫情防控工作中表彰、提拔、补贴发放等工作，为落实党中央关于疫情防控工作的决策部署提供纪律保障。按照《关于贯彻落实习近平总书记重要批示精神 加强监督执纪坚决制止餐饮浪费行为的工作意见》要求，把监督节约粮食、坚决制止餐饮浪费作为一项重要任务，约谈机关服务中心有关负责人，督促加强对机关食堂各个餐饮环节的监督管理。

【监督推进巡视整改工作】

认真履行监督推进巡视整改落实工作的政治责任。制定巡视整改工作分工建议，汇总起草《中国文联党组巡视整改工作方案》，协助组织召开巡视整改工作领导小组会议，统筹推进巡视整改工作。督促各单位各部门领导班子制定本单位整改方案，召开巡视整改专题民主生活会，压实巡视整改主体责任。建立整改情况定期报告机制，督促各项整改任务牵头单位按月报送整改工作进展和成效，汇总后上报驻中宣部纪检监察组。向中央巡视办报告巡视整改进展情况，并按规定在党内和社会进行公开。9月至10月，按照党组部署组织开展推进巡视整改落实专项督查，派出6个检查组对文联所属27家单位和部门推进巡视整改落实情况进行全面检查，就督查发现的128项问题向各单位各部门进行一对一反馈，并责成限时整改，推进巡视整改更严更实。

【协助中国文联党组开展以案促改工作】

认真学习习近平总书记“8·29”重要批示精神和中央领导同志批示要求，坚决落实中央纪委国家监委和文联党组关于推进以案促改工作的部署要求，深刻吸取赵长青严重违纪违法案件教训，剖析反思问题根源，推动整改落实。协助文联党组安排部署以案促改工作，制定《中国文联党组贯彻落实习近平总书记重要批示精神推进以案促改工作方案》。督促各党支部广泛开展“守初心、知敬畏、明底线”主题党日活动，引导党员干部自觉主动接受监督，严格遵守纪律规矩。召开文联警示教育大会，通报赵长青严重违纪违法案件剖析材料，部署以案促改重点工作。紧盯重点任务，督促中国书协召开专题民主生活会、警示教育大会，利用书协换届落实整改措施，切实加强政治生态建设。督促相关职能部门聚焦廉政风险强化建章立制。将以案促改工作纳入年终党建考核和推进巡视整改落实专项督查，督促各单位各部门切实加强整改。

【巩固作风建设】

紧盯元旦、春节、五一、端午、中秋、国庆等重要节点，采取下发通知、廉政短信微信提醒，以及部署全面自查、重点抽查等方式，督促广大党员干部严格落实中央八项规定精神。转发中央和国家机关纪检监察工委关于违反中央八项规定精神典型案例通报，用好反面教材，发挥警示教育作用，严防“四风”反弹。会同有关部门对文联所属各全国文艺家协会、各直属事业单位发放津补贴工作开展专项检查，有效整治了违规发放津贴补贴问题易发多发的问题。

【开展内部巡视工作】

协助文联党组认真研究部署、精心组织开展第一轮内部巡视。严格落实政治巡视要求，制定巡视工作方案，编印《中国文联巡视工作手册》。从各单位抽调22人组成2个巡视组，根据巡视组成员普遍缺乏巡视工作经验的实际情况，认真设计课程，细致开展培训。召开巡视动员部署会，宣布第一轮巡视组组长授权任职及任务分工的决定，明确巡视工作要求。采取1拖2的形式，对中国民协、中国摄协、网络文艺传播中心、文艺评论中心4家单位开展巡视。巡视组通过广泛开展个别谈话、认真受理群众来信来访，调阅有关文件资料等方式，深入了解情况，在1个月时间内顺利完成巡视任务，共发现110余项问题，发挥了巡视政治监督作用，为实现巡视全覆盖开好头、起好步。

【完善制度建设】

修订《中国文联党组贯彻落实〈中国共产党问责条例〉实施办法（试行）》，进一步健全完善问责的原则、内容、程序和方式，提高问责工作的政治性、精准性、实效性。修订《中国文学艺术界联合会巡视工作实施办法》，在机构和人员、巡视范围和内容、工作方式和权限、工作程序、纪律与责任等方面对中国文联巡视工作作出了更加细致的规定，提出对各协会分党组和各直属单位领导班子实现巡视全覆盖的明确要求。制定《中国文联机关纪委信访举报和问题线索管理办法（试行）》，进一步提高信访举报和问题线索管理工作的规范化、制度化、科学化水平。

【严格监督执纪】

参与监督第十一届中国曲艺牡丹奖、第十三届中国摄影金像奖评审，中国剧协、中国杂协换届以及中国美协、中国音协会员入会评审等工作，把纪律要求贯穿始终。共审核回复干部党风廉政意见136人次，建议暂缓选拔任用2人，严防带病提拔。共接收信访举报96件，运用四类处置方式处置问题线索34件，其中初核23件、谈话函询8件，直接予以了结3件。对巡视移交的问题线索单独建立台账，先后收到驻中宣部纪检监察组转来巡视移交40件问题线索，除去14件重复件，为26件问题线索，做到集中管理，定期跟踪督办。共给予2人开除党籍处分，做好执纪审查“后半篇”文章，释放越往后执纪越严的强烈信号。

离退休干部工作

【综 述】

2020年，离退休干部局在文联党组的正确领导下，认真贯彻党的十九大和十九届历次全会精神，深入贯彻落实习近平总书记关于老干部工作的一系列重要论述和党中央关于离退休干部工作的决策部署，不断深化老干部思想政治建设，着力丰富老干部精神文化生活，努力提升老干部服务管理水平，积极引导老干部为党和人民事业、为繁荣社会主义文艺事业增添正能量。

【老干部思想政治和党组织建设工作】

1. 组织文联系统老干部集体收看中组部老干部局“离退休干部工作”微信公众号举办的“全国离退休干部网上专题报告会”4场。

2. 为文联机关离退休干部党支部配发《习近平谈治国理政（第三卷）》、十九届五中全会学习辅导材料及《党支部书记实用手册》等学习资料书籍，丰富老党员学习内容。

3. 积极建设“桑榆天地”微信公众号，向老同志及时传达中央的新精神新要求，传播正能量，传递养老新政策新趋势，全年为老同志们提供了150余篇有价值的阅读文章。

4. 提升《桑榆天地》杂志办刊质量，刊登文联老同志的文字稿件100余篇、各种文艺作品稿件近180件，刊登文字近20万字。充分展现了文联广大老同志认真贯彻落实党中央的部署要求，坚持“离岗理想不放松、退休信念不动摇”的优良政治品质。

【做好新冠肺炎疫情防控工作，确保离退休干部身心健康安全】

1. 疫情防控期间发布《致中国文联离退休老

同志的一封信》，号召广大老同志以实际行动增强“四个意识”、坚定“四个自信”、做到“两个维护”，助力打赢疫情防控阻击战。

2. 离退休干部局在职同志通过电话、微信、短信等多种形式分别联系机关150余名老同志，引导老同志做好疫情防控。为文联系统1000多位离退休干部每人配发30个口罩。

3. 在文联全体离退休老同志中开展了“众志成城抗击疫情”主题征文活动，共收到文联老同志投稿的各类作品近100件，经编辑整理，及时通过《桑榆天地》杂志专栏和微信公众号予以刊发推送。

4. 组织文联系统老党员自愿捐款支持新冠肺炎疫情防控工作，400多位老同志自愿捐款捐物达56万余元，人均捐款近千元。其中，文联机关退休干部张飙捐款2万元；文联机关离休干部杨澧、赵兰英，退休干部邓兴器分别捐款1万元。中国艺术报2020年4月3日以《中国文联离退休老同志助力疫情防控》为题进行了报道。

【提升服务水平，为老干部办实事、解难题】

1. 改进医药费报销方式，当月报销医药费月底打入老干部工资卡中，保证老干部及时、便利收到医药费。全年共代收报医药费100余人次，累计费用76万余元。

2. 组织153名离退休干部到306医院、慈铭体检中心分别进行身体检查。配合办公厅做好文联荣委、退休部级干部体检服务工作。

3. 组织4位部级退休干部及家属到北戴河中直疗养院疗养。

4. 首次在中秋国庆节点，为老同志选购慰问品，以快递的方式送到每一位老同志手中。重阳节期间为80岁以上老人精心挑选重阳礼物。“十一”期间为文联系统每名离休干部发放了500元慰问品。

5. 为中国文联16名参加过抗美援朝出国作的战的老同志申报了“中国人民志愿军抗美援朝出国作战70周年”纪念章并组织开展慰问活动。

6. 为1名老干部发放夕阳红救助金6000元，为38名老艺术家申请救助金38万元，为1名行动不便的老同志申报慈爱家康复护理40次。

7. 做好中国文联第一位省部级退休干部高运甲同志的丧葬抚恤工作。

【创新活动形式，为老干部精神文化生活注入活力】

1. 2020年元旦，顺利完成1026名中国文联老同志春节送温暖慰问活动，精准落实到位。

2. 举办2020年文联机关老同志新春团拜会和文艺演出，近100名老干部参加了活动。中国文联党组全体成员出席团拜会看望老同志并一起观看了文艺演出。

3. 9月，开办中国文联老年艺术大学线上教学，共开设书法、美术、摄影、声乐、舞蹈等5门课程，注册学员203人。

【老年活动中心建设】

疫情防控期间，做好老干部的疫情防控工作和老年大学的日常维护和管理。

【部门自身建设】

1. 认真做好党支部标准化规范建设试点工作，探索了提升党课质量的有效办法。扎实做好理论学习、党性教育、三会一课、主题党日活动的落实，开展“不忘初心、弘扬优良家风”网上党课；邀请89岁高龄抗美援朝老同志尚进为支部党员讲党课。

2. 组织参观学习活动，全体党员到平谷冀东抗日根据地旧址和焦庄户地道战遗址开展“铭记初心，坚定信念”体验式党课。

3. 加强制度建设，研究制定了《老部长后事办理流程及分工表》为老干部治丧工作提供规范和指导；对离退休干部局工作进行全面梳理完善汇编成册。

后勤服务保障

【综　述】

2020年，机关服务中心坚持以习近平新时代中国特色社会主义思想为统领，深入学习领会党的十九大和十九届二中、三中、四中、五中全会精神，坚决贯彻落实习近平总书记关于疫情防控工作的重要指示精神和党中央决策部署，切实强化责任担当，履行全面从严治党主体责任，创新思路方式，强化服务管理，高质量抓好各项事务管理，高效能保障机关安全有序运行，努力推动文联系统后勤服务保障各项工作再上新台阶。

【疫情防控】

全面落实疫情防控责任和防控措施，确保疫情防控全覆盖无死角。机关服务中心认真贯彻落实中国文联疫情防控领导小组会议精神，研究部署各办公区、宿舍区防控工作。集中编制《中国文联机关服务中心新型冠状病毒感染肺炎疫情防控工作方案》《中国文联职工食堂供餐应急方案》《中国文联机关服务中心关于加强保洁、保安、食堂、文印、维修维护等后勤物业工作人员防控新冠肺炎疫情的工作方案》等疫情防控预案。做好疫情全面排查工作，加强公共区域防疫，确保各办公区、宿舍区运行的绝对安全。加强人员和车辆安全管理，严密监控来访人员及车辆，做好登记管控。加强车辆和驾驶员的值班值守工作，保持车辆的安全运行状态，做到疫情防控有需要时派得出、能保障，全力解决好疫情防控用车需要。强化卫生保洁力度，对办公楼大厅、电梯轿厢、楼梯、楼道、卫生间、会议室、车辆等重点部位做好消毒工作，确保工作环境整洁健康。强化食品安全工作，适时调整职工用餐方式，做好餐厅食材采购环节消杀防疫，严格落实职工餐厅每日定点消毒检查要求，实现食品安全全年零事故。积极向中直机关爱卫会办公室、北京市朝阳区奥运村街道等部门申请调拨消毒液、口罩、体温计等防疫器材。通过微信工作群向干部职工宣传疫情防护知识及各级疫情防控工作举措，宣讲疫情防控的典型事迹，传递党和政府打赢疫情防控攻坚战的信心和决心，发挥正面舆论引导作用。

【会议及文艺活动的服务保障工作】

围绕文联党组和各全国文艺家协会、机关各部门、各直属单位重点工作，认真做好各类大型文艺活动的会议、接待、安保、医疗、交通等服务保障工作。中国文艺家之家会议室接待各类日常性工作会议活动500余场次，使用数量同比增长49.3%，在学习宣传贯彻习近平新时代中国特色社会主义思想，党的十九届四中、五中全会精神相关会议活动，中国文联全面从严治党工作部署会议、中国共产党中国文联机关第五次代表大会、国庆升旗仪式、中国文联十届五次全委会以及全国文艺界“崇德尚艺、潜心耕耘，做有信仰、有情怀、有担当的新时代文艺工作者”座谈会等相关会议及活动顺利举行方面提供有力保障。加强和国内联络部、中国文学艺术基金会以及各团体会员单位的沟通协调，全年承接“大美民间——中国民间文艺家协会70华诞”“晴朗的天空——青藏高原各族人民的新生活”主题摄影展、“《中国艺术报》创刊25周年名家邀请展”等各类展览，充分发挥了中国文艺家之家展览馆展示文艺成果、联络服务艺术家、服务基层群众等方面的积极作用。

【艺术家的联络服务工作】

会同中国影协、中国美协、中国音协、国内联络部，为田华、邵大箴、傅庚辰三位老艺术家举行艺术成就展。展览以“崇德尚艺　潜心耕耘”为主题，分为“艺术风采”和“生活撷影”两个版块，以321幅珍贵的历史图片和画面、211件代表性实物以及4部专题宣传片对老艺术家的艺术生涯进行全面系统的梳理回顾，宣传展示三位老艺术家在影视、美术、音乐领域的卓越艺术成就和崇德尚艺、明德修身的艺术品格。充分发挥中国文艺家之家多功能服务优势，坚持为中国文联荣誉委员等老艺术家提供观影、就餐、理发等温馨服务，协调组织来京参加“两会”的文联荣誉委员与主席团成员参加专项体检，把文联党组对老艺术家们的关心落到实处。

【机关日常服务保障工作】

扎实做好职工餐厅用餐服务工作。疫情防控期间，督促餐饮公司用心制作少油少盐菜品，按需采购新鲜食材，合理搭配，保证饭菜质量。各办公区按时收发交换文件、报刊、信函等160万件，中国文艺家之家接待来客来访人员4500余人次。积极配合国际联络部，承担中国文联外事委托服务保障工作，为文联系统各单位办理赴澳签注12人次，办理港澳通行证8本，清点了文联系统所有外交护照、公务护照、因公普通护照、港澳通行证。梳理了2010年至2019年的外事资料，共计82册，9.8万份。认真做好户籍管理工作，全年为文联干部职工办理户籍相关业务15人次。为文联干部职工办理车证、一卡通、临时出入证200余张。扎实做好文联系统干部职工健康体检、医疗保健、卫生防疫等工作，全年共接诊出诊3280余人次，协调完成军转干部接收安置、新招录人员及在职和离退休干部职工体检470余人次。稳定司机队伍，提高服务水平，严控公务用车出车情况，圆满完成部级领导用车、老干部服务用车、机要用车、应急公务用车的交通保障任务，安全行驶35万余公里，无重大交通责任事故。组织文联系统开展第二十三届“母亲节暨幸福工程救助贫困母亲活动日”捐款活动，共募集捐款80231元。

【物业管理服务保障工作】

加强对中国文艺家之家、安苑北里22号、农展馆南里10号等办公区和北三环中路10号院等宿舍区供暖、供水、供电、消防、中控、高压、低压运行系统和空调、电梯等重点设施设备的日常运行保障和维护保养，坚持做好消电检测、夏季防汛、冬季供暖、环境美化、疫情防控、卫生保洁、节能管理、避雷防护、停车场管理、人防空间管理、属地综合治理等工作。落实安全检查和值班值守制度，重大节日和重要敏感时期前后都要对各办公区和宿舍区进行安全检查，夜间和周末节假日均安排中心领导轮流带班、干部职工轮流值班。强化消防安全意识，组织消防演练和消防安全知识宣讲，并对发现的问题认真进行总结整改，及时消除安全隐患。供冷、供暖期间，定点巡查跑冒滴漏情况，重点排查设备间、机房、库房情况，发现问题立即解决，消除安全隐患。加强人防工程管理，确保地下空间安全使用。宿舍区加强秩序管理，组织老旧小区综合整治收尾，生活居住环境持续美化。保证各办公区和宿舍区安全、有序、稳定，为各办公区驻楼单位日常办公及各宿舍区居民住户日常生活提供有力的保障和服务。

【设备设施改造升级工作】

积极做好中国文艺家之家院区绿化工作，有效改善文艺家之家的庭院绿化环境。加大对各类硬件设施和基础设施的维修改造，进一步完善既有办公条件下的后勤保障功能，更好地满足日益增长的使用需求。按照文联党组领导指示，在中国文艺家之家B座北侧重新修建了电动车棚和自行车棚，有效解决了文联干部职工自行车停车难、充电难的问题；根据文联人事部关于建立考勤系统的有关要求，完成院区门禁系统升级改造和施工改造等工作，增加考勤功能；利用国庆假期对中国文艺家之家大楼西侧墙面楼宇照明进行升级改造；完成中国文艺家之家净水机、开水器的更换升级工作，有效解决干部职工“打水难”问题；完成中国文艺家之家A座15层、16层楼道地毯的更新工作，并在楼道两侧窗户上加装防紫外线窗帘，为党组领导提供良好的办公环境。另外，在国管局的支持下，更换中国文艺家之家年久失修的空调管道并提高自动化智能化水平，中国文艺家之家办公楼空调管道改造是2020年最大也是持续时间最长的改造项目。目前，除A座8层及党组餐厅，所有空调管道均已改造完毕。经过一系列小中大修项目的实施，极大地推动提升文联系统各办公区整体服务保障能力，为文联系统各单位举办会议活动、开展文艺创作交流等提供便利的条件和更加舒适的环境。

【房管协调服务保障工作】

按照国管局有关规定以及文联党组领导的批示精神，协调组织文联系统21家单位开展办公用房核准工作，对各单位办公用房情况进行现场核查，绘制中国文艺家之家办公区平面图。积极为文联干部职工争取新的房源，组织文联系统行政编制单位开展职工住房摸底调查工作，做好下一期职工住宅配售配租申请准备工作。进一步做好文联系统职工住房档案归集、整理、填报、装订等工作。积极解决好历史遗留问题，做好正辰小区住房产权证发放以及相关后续工作。按照国管局相关要求做好中国文联单身公寓清理腾退工作，并积极寻求解决职工住房困难办法，继续与国管局房地司协调，争取配租房源。按规定要求组织购买新房职工办理实测面积与购房面积差额房价款交纳、签订补充协议、提交产权证登记材料等手续；组织购买腾退旧房职工办理买卖协议签订、交纳房款、住房移交、产权证办理等手续，切实推进产权证办理有关工作；审核完成2021年中国文联系统住房制度改革支出预算。按照办公厅计财处的资金分配计划，积极与国管局住房资金管理中心联系，协调为机关服务中心、中国曲艺家协会申请售房款发放补贴资金53.80万元，切实减轻干部职工购房、住房压力。

【党建工作】

机关服务中心始终把党的政治建设摆在首位，深入学习贯彻习近平新时代中国特色社会主义思想，增强“四个意识”、坚定“四个自信”、做到“两个维护”，认真落实全面从严治党的各项要求，把党建考评要求细化到日常每一项工作中，切实履行党建工作主体责任，切实提高政治站位。积极选派党员干部参加各类党建工作培训，开展“不忘初心，弘扬优良家风”主题党日活动。认真落实文联从严治党工作部署会议精神，开展强化政治机关意识教育、开展“灯下黑”问题专项整治、全面推进党支部标准化规范化建设等党建重点工作。以“三会一课”和理论学习中心组扩大会为载体，教育引导党员干部做“四讲四有”的合格党员，持续落实中央八项规定精神，坚持纠正“四风”不放松。严肃党内政治生活，严格落实民主生活会，扎实推动组织生活会，坚持党建工作、业务工作同评价同考核。积极发挥群团组织作用，工会、共青团、青联、妇工委组织积极发挥自身优势开展有益工作，工会、妇工委对困难、生病职工及时送温暖，切实增强了中心的凝聚力和向心力，为各项工作的开展营造了良好的氛围。

【人才队伍建设】

组织中心各处室干部职工加强专题业务学习，积极参加信息化办公、资产管理、政府采购、财务管理、房管政策、节能减排、食品药品卫生管理、人防工程管理各类业务技能培训。采取“走出去、请进来”等灵活多样的方式，通过授课、小组讨论、座谈、参观学习等多种方式，先后开展了职业道德与礼仪、交通安全与法规、心理健康等4场公开课，水电气暖、消防、中控等专业技能培训12场，外出调研学习4次，培训人员达200余人次。此外，完成6名干部职工试用期满转正手续；完成3名干部的职务续聘工作；完成4名应届高校毕业生招聘工作；认真落实双向交流挂职工作，逐步建立了一支专业结构比较合理、整体素质基本适应的人才队伍，为中心事业发展提供了坚实人才支撑，进一步提高了后勤服务保障水平和能力。

文艺研修

综　述

2020年，文艺研修院开展了文联协会工作、文艺领军人才、中青年文艺人才、基层文艺骨干、少数民族文艺骨干、新文艺群体以及定制委培7大类研修培训项目共计11个，班次包括全国中青年文艺领军人才高级研修班1期、全国中青年文艺人才高级研修班1期、全国少数民族地区文艺骨干研修班2期、全国新文艺群体造型艺术人才“艺术创作与四力”网络培训班1期、全国市县级文联负责人研修班1期、全国市县文联文艺骨干网络培训班1期、定制委培班1期、中国文联视觉艺术策展人高级研修班1期、中国文联局处级干部和基层党组织书记学习贯彻党的十九届四中全会精神网络专题培训班1期、中国文联年轻干部（初任）线上培训班1期。培训学员1301人次，比去年增加285人次，同比增长28.1%；累计培训天数149天；培训人数为38001人，比去年增加了28966人，同比增长321%。开展“2020携手铸梦”，资助扶持5个艺术领域20个申报项目。配合中国文联人事部举办“全国文联系统干部增强‘四力’网络培训班”，组织全国文联系统省市县三级近万名文艺干部报名参训。此外，围绕保障服务研修培训主业，文艺研修院还开展了一系列科研、调研、“云直播授课教室”建设、新媒体平台建设、师资库建设、制度流程建设、基地建设等项目。

文联系统干部培训

8月24日至28日，中国文联年轻干部（初任）线上培训班举办。培训班学员共计45人，学员来自各全国文艺家协会、文联机关各部门、各直属单位新入职人员。

培训班“思想理论教育”“文联基本情况”“党风廉政教育”“机关工作常识”“艺术课堂”“压力与情绪管理”六个学习模块，采用直播+录播授课形式进行授课。此外培训班还专门设计了选修课程、在线自习室，进行分组“云讨论”，开展小组新闻报道竞赛，围绕“讲抗疫故事，抒敬岗爱业、爱国情怀”进行在线微演讲。

中国文联年轻干部（初任）线上培训班是在疫情防控常态化形势下，中国文联第一次以三维虚拟直播形式开展的研修培训活动。培训内容对文联系统新进工作人员学习掌握文联基本工作知识，促进参训干部的专业素质提高具有工作实绩。

文联协会工作培训

8月24日至9月4日，全国市县文联文艺骨干（美术、摄影、书法）网络培训班在线上举办。学员共计196人，由全国50个市县文联推荐，均是在美术、摄影、书法领域有一定创作水准，并在当地取得杰出成绩的基层中青年文艺骨干，按创作领域分类，美术70人、摄影59人、书法67人。

这是中国文联文艺研修院首次面向全国文联系统市县文艺骨干进行的专业艺术领域培训，首次采用网络培训云平台在线学习＋线上视频直播的方式开展教学活动。网络培训班包括“理论学习”“文化通识”“专业授课及作品点评”三个课程模块。在培训第一周，学员在中国文联网络培训云平台完成了4门在线课程学习，并进行读原著学原文悟原理活动，撰写了不少于1000字的学习心得。在直播教学阶段，学员接受了文化通识教育，并按照美术、摄影、书法三个领域分成3个组，由9位专业导师负责本领域学员的作品点评、创作答疑及辅导。

10月15日至23日，中国文联第19期全国市县级文联负责人研修班在安徽省宣城市泾县举办。

学员共计55人，来自全国各省区市和新疆生产建设兵团，其中包括汉族、蒙古族、黎族、藏族、维吾尔族、壮族、土家族个民族。课程围绕“深化文联改革、推进创新发展”主题和新时代文联职能定位，设置“思想政治理论”“文联协会改革”“文艺素养”“履职尽责能力提升”四个模块，开展专题讲座、互动教学、案例教学、现场教学、策展实践等集中式学习培训。

文联协会工作培训的指导思想：深入贯彻落实习近平新时代中国特色社会主义思想，特别是关于“新形势下，文联、作协要深化改革，工作向基层倾斜，服务向最广大文艺工作者拓展”的重要指示，全面落实落实中国文联党组关于“中国文联主办的市县级文联负责人研修班要把推动文联组织深化改革作为培训研修的重要内容”工作部署。

文联协会工作培训的主要特点：截至2020年12月，全国市县级文联负责人研修班自2012年举办第一期以来，已先后在北京、沈阳、贵州、南宁、成都、合肥、太原、长沙、扬州、海口、重庆、宁波、南昌、南京、宣城等城市累计举办20期，培训学员1500余人次。9年间，全国市县级文联负责人研修班结合新的文艺政策、基层文联工作者培训需求以及总结历次培训经验，迈出了三大步：一、培训规模从每年1至2期扩大至每年3至4期（含铸梦计划项目）；二、从2016年起开启地方文联的委托培训工作；三、推进市县班研修后续工作，推动市县班与中青年文艺人才高级研修班等其他班次之间的交流。

文艺领军人才研修

11月9日至13日，首期全国中青年文艺领军人才高级研修班第二阶段研修活动在陕西省西安市举行。学员共计37人，来自全国22个省区市，涵盖文学、戏剧、电影、音乐、美术、曲艺、舞蹈、民间文艺、书法、杂技、电视、文艺评论等12个艺术门类。课程设置包括：结合“中国文联全国中青年文艺领军人才重点扶持项目”的推进实施，邀请舞台艺术、造型艺术、叙事艺术领域的全国知名专家围绕学员项目开展辅导和创作交流。同时，邀请陕西文化艺术名家为学员作专题讲座，组织学员赴陕西历史博物馆和本期学员所在的西安易俗社、西安青曲社、陕西省文化产业（影视）投资有限公司、汪天稳皮影艺术馆等地开展剧目观摩、艺术交流等现场教学活动。

全国中青年文艺领军人才高级研修班第二阶段培训目标：通过开展集中专家辅导和研修交流，组织学员深入学习习近平总书记关于文艺工作的重要论述，依托陕西厚重的历史文化传统、红色文艺资源以及丰富的民间文化艺术资源，引导学员牢固坚持以人民为中心的创作导向，践行深入生活、扎根人民的创作思想，促进艺术交流，激发创作热情，增强文艺创作的使命感和担当意识。

中青年文艺人才研修

10月11日至25日，中国文联第15期全国中青年文艺人才高级研修班在京举办。学员共计34人，来自全国31个省区市，其中男性22人，女性12人，平均年龄43岁，包括汉族、侗族、壮族、土家族、藏族、回族等6个民族。按创作领域分类，音乐4人、书法4人、文学3人、戏剧3人、曲艺3人、舞蹈3人、民间文艺3人、摄影3人、文艺评论3人、美术2人、杂技2人、电视艺术1人。从学员工作单位来看，新文艺群体10人、文艺院团9人、文艺院校6人、文联系统4人、其他文化事业单位4人、部队1人。课程设置包括：线上培训的“习近平新时代中国特色社会主义思想与国情时政”模块、线下培训的“中华优秀传统文化与中华美学精神”和“艺术跨界融合案例教学”模块三个课程模块。

中青年文艺人才研修系列培训班的主要培训目标：一、引导学员加强对习近平新时代中国特色社会主义思想，特别是习近平关于文艺工作的重要论述的学习；二、帮助学员提升人文素养，加强通识教育，引导学员提升文艺创作能力和创新能力；三、加强跨界融合，促进学员之间的交流与合作。

中青年文艺人才研修系列培训班的主要特点：“跨界融合”。主要培训理念是“一条主线、六大理念”，紧紧围绕中国文联党组中心工作，把马克思主义文艺观（及其中国化的最新成果即习近平总书记关于文艺工作的重要论述）、社会主义核心价值观和以人民为中心的创作观贯彻于教学始终，坚持贯彻“按需施教、科研引领、跨界融合、名师导引、延伸服务、以人为本”六大培训理念。

新文艺群体研修

8月31日至9月1日中国文联全国新文艺群体造型艺术优秀人才网络培训班在线上举办。

新文艺群体网络培训班学员共计121人，其中男性101人，女性20人，平均年龄37岁，来自全国26个省区市及新疆生产建设兵团，包括汉、壮、满、回、蒙古、侗、布依等7个民族。中共党员25人，民主党派及无党派民主人士19人，群众77人。按创作领域分类，美术34人，书法37人，摄影30人，民间文艺20人。学员均获得过省级或相当于此级别的文艺奖项。截至2020年9月，新文艺群体培训班已举办四期，累计培训学员176人。

新文艺群体网络培训班课程包括：“理论学习”“文化通识”“专业辅导与交流”三个课程模块。

新文艺群体培训的指导思想：贯彻落实习近平总书记关于文艺工作的重要论述和党中央的决策部署，加强对新文艺组织、新文艺群体的联络沟通与研修培训，面向全国新文艺群体举办拔尖人才高级研修班，引导新文艺群体学员深入学习中央关于文艺发展、文艺创作的指导精神，学习感悟中华优秀传统文化与中国精神，开阔视野胸襟、明确创作方向、坚定文化自信、坚守艺术理想、追求德艺双馨，努力创作出更多文艺精品。

新文艺群体网络培训班的主要培训目标：一、引导新文艺群体学员深入学习习近平新时代中国特色社会主义思想，尤其是习近平总书记关于文艺工作的重要论述；二、帮助学员提升“四力”，引导学员把握艺术创作规律、提高创作水平；三、引导学员树立艺术创作的良好心态和德行追求；四、促进学员之间的交流与合作。

新文艺群体网络培训班的主要特点：一、跨界融合，统分结合，机动灵活。二、环环相扣，层层深入。每个环节都有针对的目标、想解决的问题。三、减少讲授，加强交流。传统的课堂以导师单向讲授为主，对话和交流较少。本次网络培训班其中一个突破是专业辅导、研讨、座谈这类对话交流的课程占到直播教学阶段的一半以上。

少数民族文艺人才研修

9月14日至26日，中国文联第10期全国少数民族地区文艺骨干（舞台艺术）研修班在京举行。其中9月14日至18日为线上学习阶段；9月19日至26日为线下学习阶段。

9月14日至24日，中国文联第11期全国少数民族地区文艺骨干研修班在西藏拉萨举行。其中9月14日至16日为线上学习阶段；9月18日至24日为线下学习阶段。

第十期学员共计32人，其中：男性19人、女性13人，平均年龄39岁；蒙古族、藏族、苗族、彝族、壮族、侗族、瑶族、白族、土家族、畲族、达斡尔族等11个少数民族学员18人，占总人数的56%；中共党员14人，无党派民主人士及民主党派共2人；按创作领域分类，音乐9人、舞蹈9人、戏剧7人、曲艺5人、杂技2人；按学员工作单位划分，文艺院团16人，文联系统、文化馆、群众艺术馆等9人，学校6人，自由职业1人。

第十一期学员共计38人，由四川省文联、云南省文联、西藏自治区文联、甘肃省文联、青海省文联推荐，均是在美术、民间文艺、摄影、书法等造型艺术领域内达到一定水准的文艺骨干。按创作领域分类，美术12人，民间文艺9人，摄影10人，书法7人。

第十期、第十一期课程设置包括：由“习近平新时代中国特色社会主义思想学习”“少数民族文艺融合创新”“专业创作辅导提升”三个模块。

少数民族文艺人才研修班主要培训目标：一、深入学习贯彻习近平新时代中国特色社会主义思想和党的十九大精神，团结引导少数民族地区文艺工作者增强中华民族共同体意识；二、在跨界的基础上开展专业研修，提高少数民族地区文艺工作者的理论素养和专业创作能力，促进各民族文化艺术融合发展；三、通过“铸梦计划”“携手铸梦工程”等研修培训后续延伸服务，为少数民族地区文艺人才提供发展空间和展示平台，出精品、出人才，推动少数民族文艺繁荣发展。

少数民族文艺人才研修班主要特点：自2015年启动“全国少数民族地区文艺骨干培养工程”以来，以“增强中华民族共同体意识，促进民族文化艺术融合发展”为研修主题，先后面向全国少数民族地区共举办九期文艺骨干研修班，培训少数民族地区文艺骨干343人，涵盖了舞台艺术、视觉艺术、叙事艺术等多个大艺术门类。在培训结束后，研修院还将少数民族地区人才纳入“铸梦计划”“携手铸梦工程”等延伸服务范围，并给予一定倾斜，积极推动成果孵化、落地，扶持少数民族地区人才成长，推动出精品、出人才。

策展人才研修

10月13日至24日，中国文联第4期视觉艺术策展人高级研修班在京举行。学员来自全国27个省区市，其中男性19名，女性13名，平均年龄39岁。按艺术领域分类，美术18人，书法5人，摄影4人，民间文艺3人，文艺管理领域2人。按工作单位分类，新文艺群体6人，美术馆8人，高校5人，文联系统13人。

策展人高研班培训主题为“网络时代的策展”，课程设置包含思想政治模块、策展理论模块、策展实践模块和自主教学共4部分，围绕策展理论、展览策划实操、策展的时代定位、策展与跨界融合、策展与媒体和技术等内容，通过线上理论授课和案例分析等课堂交流，线下参观展览、现场教学、学员论坛等互动式教学开展。

委托培训活动

10月31日至11月9日，受苏州吴中文联委托，由中国文联文艺研修院承办的第3期苏州吴中高层次文艺人才研修班在京举行。

研修班学员共计40人，全部为来自苏州市吴中区的文学、书法、美术、摄影、音乐、舞蹈、曲艺、民间文艺等领域的文艺工作者。

自2018年起，研修院先后为吴中区开设三期高研班，每期十天。培训期间，研修院提供高端的师资力量和丰富多样的课程，单霁翔等一大批顶级专家学者分别围绕美术、摄影、非遗、剧本创作等门类为学员作了生动的讲解；组织学员到故宫博物院、中国文联发展史展厅、北京戏曲艺术职业学院、中国国家博物馆、中国美术馆等单位现场教学，开展了专业辅导、分组讨论、论坛交流等活动。

委托培训班助力吴中文艺人才在深入学习习近平总书记关于文艺工作重要论述的同时分享全国顶级文艺教学资源，拓宽了视野、转变了观念，文艺作品题材、表现手法不断出新，精品力作不断涌现。

三年里，在各级各类评奖不断压缩的情况下，吴中文艺家依然摘下了中国曲艺牡丹奖（张建珍）、中国民间文艺山花奖（钟秀琴）、中国摄影金像奖（朱汉举）等重要奖项；作为培训成果，学员晋京作品汇报展、苏作文创峰会主会场两场特展被《人民日报》《中国艺术报》、新华社客户端、学习强国平台、光明日报客户端等媒体争相报道；文学、书法、美术、摄影、音乐、舞蹈、曲艺、民间文艺等不同文艺门类也实现了齐头并进、协调发展的喜人态势。吴中先后获颁中国“文学之乡”（中国作协中华文学基金会颁牌）、“中国民间文艺之乡”（中国民协颁牌）等；首届“东吴文学奖”评选、吴中少年文学院挂牌等活动受到各界关注；作品在省级以上报刊发表或入选重大展览的数量明显增加；学员蒯惠中、陆小琴均在江苏省美术馆举办作品展。

培训延伸研修成果转化活动

9月4日，“2020携手铸梦”项目资助协议签订仪式暨专家辅导会议在北京举行。

书法、美术、音乐、曲艺、民间艺术等5个创作领域的15位专家对2020年入选的20个项目进行了首次专家辅导。

为深入贯彻党的十九大精神，落实中国文联深化改革要求，做好培训延伸服务，扶持优秀文艺创作，结合广大校友的实际需求，在中国文学

艺术基金会支持下，中国文联文艺研修院面向研修院校友开展“携手铸梦工程”，针对具体创作项目开展资助扶持工作。“携手铸梦工程”以具体扶持、协助及专家辅导等方式为主，配合一定的启动资金支持，充分发挥研修培训的平台优势，为每个入选项目配备3名以上相关领域的导师、校友和制作机构代表组成的专家智囊库，协同对项目进行咨询、打磨、实施、推介，同时支持校友继续申报国家其他有关资助和培养计划，推荐优秀作品参加中国文联和各全国文艺家协会的相关评奖及展览展演。

截至2020年12月31日，大部分受资助项目已完成。

新媒体学习平台工作

截至2020年12月31日，“中国文联文艺研修院”微信公众号发稿373篇，总阅读次数为29.2万次，转发量1.9万次，上线以来累计推送文章4472篇，总关注人数17914人。“全国市县文联”微信公众号2020年累计发稿235篇，上线以来累计推送文章786篇，总关注人数达到4922人。

主要工作举措包括：一、在科学拓宽渠道，延伸培训手臂方面，通过教务管理系统，已累计完成42个培训班的报名工作，在线报名人数达到9872人，系统运行顺畅，操作简单快捷；收录校友档案8214条，收录导师和课程档案315条；可对培训信息进行详细分类，通过姓名、班级、专业领域、地区、培训期数等条件对数据进行检索、筛选和导出。系统重点围绕教学培训工作，提供更有力的、有效的、务实的、便捷的互联网线上支撑和服务，进一步提升研修院工作网络化、智能化、效能化水平，助力培训研修的科学管理。根据学员体验反馈，将官方网站栏目及布局进行优化调整，完善在线报名、研修专题、师资科研、网络课堂、铸梦活动、服务校友等版块功能，增强实用性和体验度；拓展宣传渠道，注册研修院今日头条号和抖音号。二、在筑牢意识形态，加强内容建设方面，提出人人都是信息员的工作理念，实行四级审核制度，人人参与、同抓共管，确保舆论导向、来源渠道、稿件内容等符合宣传和意识形态工作各项规定。每月召开信息工作会议，通过学习政策和采编知识、分析数据、梳理问题，把握规律、总结经验。2020年，未发生一起重大的网络舆情事件。坚持弘扬主旋律，传播正能量。进行主题征稿，如“凝心聚力 共克时艰”等，并充分挖掘培训资源和校友资源，编发培训新闻、艺苑求索、云上艺绽、创作感悟、文艺惠民、校友动态、市县动态、微课堂等栏目文章，保证内容充实，提高传播质量，推动平台关注度和影响力的提升。三、在多措并举有效护航，确保平台有序进行方面：为保障信息工作规范化运行，制定和修订了《宣传报道工作规则及流程》《新媒体管理办法》等，通过管理的科学规范，保证了网络信息工作的安全可靠和稳定高效。积极参加网络安全检测，加大安防力度，每月对官方网站、服务器和各系统后台进行安全检测和相关数据备份工作，整理纸质报告进行存档备查，发现问题及时整改测试漏洞。2020年，研修院网络平台运行期间无重大系统故障和安全事故发生，总体访问良好。

基金会工作

综　述

2020年是全面建成小康社会和“十三五”规划收官之年。面对百年未有之大变局，站在“两个一百年”奋斗目标的历史交汇点上，中国文学艺术基金会【以下简称：基金会】坚持以习近平新时代中国特色社会主义为指导，紧紧围绕党和国家工作大局，按照中国文联党组的要求积极谋划各项工作，把中国文联党组对基金会的要求贯彻到各项工作中。基金会全体干部职工在思想上、政治上、行动上同以习近平同志为核心的党中央保持高度一致，自觉增强“四个意识”，坚定“四个自信”，做到“两个维护”，全面学习贯彻落实党的十九届四中、五中全会精神，坚定文化自信，大力弘扬和践行社会主义核心价值观。

一年来，基金会充分发挥中国文学艺术发展专项基金在推动文艺精品创作，培育优秀文艺人才方面的作用，突出以人民为中心的创作导向，突出抗疫、脱贫攻坚主题，推动创作，推出精品、推出人才；充分调动社会专项基金参与社会主义文艺事业的积极性，不断孵化和调动更多社会资金参与社会公益性文化建设，与时代同呼吸、共命运。

面对严峻的疫情防控形势和国际形势的重大变化，基金会始终努力按照中国文联各项部署和理事会的要求，坚持稳中求进、稳中向好的工作总基调，统筹推进强党建、稳主业、防风险各项工作，持之以恒做好疫情防控，适应疫情防控期间工作新节奏，创新调整工作方法。

一年来，中国文学艺术发展专项基金资助工作更加科学、依规、有序，重点项目推进有力有序，社会募集资金稳中有升，日常工作开展有序，公益组织能力建设得到有效提升，公益组织社会责任得到进一步彰显，全体干部职工用心用力用情做好基金会管理发展和防控疫情各项工作，较好地完成了各项任务。

思想建设

认真贯彻新时代党建要求，以思想建设为基本阵地，积极开展多形式学习教育；认真梳理问题积极整改，抓责任、抓落实，扎实推进党建工作出成效。

基金会领导班子高度重视党建工作，一年来，基金会党建工作在中国文联党组和党委领导下，认真贯彻落实《中国文联贯彻落实中共中央<关于加强和改进中央和国家机关党的建设的意见>实施方案》，及时将中国文联全面从严治党大会和机关党的工作会议精神传达到基金会全体干部职工。先后制定了《中国文学艺术基金会领导班子学习制度》《中国文学艺术基金会领导班子学习计划》《中国文学艺术基金会理论学习中心组年度学习计划》《中国文学艺术基金会青年学习小组年度学习计划》《中国文学艺术基金会全面从严治党和党建工作2020年主要任务安排》等多项制度，进一步推进党建制度化规范化水平，基本实现了党建带群建、党建引领业务工作的开展。

（一）多措并举，加强党风廉政建设，严控廉政风险，推进基金会全面从严治党和廉政履职工作

基金会不断深化党风廉政建设及作风建设，加大对干部职工的纪律和警示教育的党性锤炼。在工作中把握重点、突出特点、解决难点。持续强化对工作中的重要领域和关键环节，特别是“四风”问题和中央“八项规定”的执行情况，强化廉政风险防控，突出强化人、钱、物的规范化管理，有效推动党风廉政建设的长效化、制度化。实现任务到位、责任到岗、督查到人，确保基金会工作部署掷地有声，任务落实及时高效，推进

基金会全面从严治党和廉政履职工作。

3月30日，基金会召开民主生活会，班子成员副理事长兼秘书长向云驹、常务副秘书长郭希敏，副秘书长雷彤、牛彤作个人对照检查，对照党章找差距，找初心，找不足，围绕担当意识、责任意识等问题开展批评与自我批评，相互提出意见和建议，让“红红脸、出出汗”成为常态，民主生活会开出实实在在的“辣”味。4月14日，召开了组织生活会，党员间相互开展批评和自我批评并民主评议党员，对如何发挥党支部战斗堡垒作用，青年党员如何发挥党员先锋模范作用进行了深入交流、探讨。会上通过了2019年度基金会党支部工作报告。

5月26日，副理事长兼秘书长向云驹主持召开支部扩大会议，传达《中国文联2020年全面从严治党部署会》精神和要求，学习《党委（党组）落实全面从严治党主体责任规定》。秘书长与常务副秘书长、副秘书长和各部门负责人签订了《中国文学艺术基金会落实全面从严治党廉政履职建设责任书》，实现压力层层传导，任务明确到位、责任督查到人，确保基金会工作部署掷地有声，任务落实及时高效，推进基金会全面从严治党和廉政履职工作，切实履行好“一岗双责”，不折不扣贯彻落实好党中央决策部署。

（二）里外同步，持之以恒抓好巡视整改工作

按照中国文联要求，根据上年度“回头看”整改，认真梳理分析《中央第六巡视组关于巡视中国文学艺术界联合会党组的反馈意见》指出的主要问题和意见建议，剖析反思问题根源，研究提出改进措施，对四项21个整改具体问题制定巡视整改方案，紧盯时间表路线图，保证基金会巡视整改工作落实到位、整改到位。

中国文学艺术发展专项基金在繁荣文艺创作，服务文联发展中发挥着重要作用，在巡视整改和审计过程中存在年度预算申报不严和结余资金拨付缓慢两个方面问题。领导班子成员迅速同相关项目实施单位进行沟通，常务副秘书长郭希敏协调文联办公厅、计财部等单位以视频会议方式对国家艺术基金进行了调研，形成调研报告和整改意见，先后三次将整改落实情况上报到文联相关部门。

10月10日，中国文联办公厅主任邓光辉带领中国文联巡视整改第一检查组对基金会进行了检查调研，基金会党支部梳理了巡视整改方案台账，“不忘初心、牢记使命”主题教育专项整治方案、落实台账，中央巡视发现的机关党建突出问题整改情况工作方案，中直工委党的政治建设重点督查情况整改台账和党支部活动记录、工作规章制度等相关材料供检查组查阅。检查组还分别同会领导班子和各部门负责人进行了谈话，就有关情况听取意见建议。

（三）上下一心，紧跟中央步伐，丰富支部生活和青年理论学习，铸造思想阵地坚强堡垒

基金会紧紧围绕文联中心工作，把全面增强“四个意识”坚定“四个自信”做到“两个维护”放到首位。持续抓好“不忘初心、牢记使命”主题教育成果转化和“两学一做”学习教育活动，“三会一课”、民主生活会、组织生活会、民主评议党员等常规性工作得到全面落实，基金会党建工作做细、做实、做出成效，党支部规范化水平得到提升。

青年理论学习小组是基金会青年读书学习组织。青年理论学习小组牢牢把握意识形态阵地。每一名党员干部都是一面旗帜。疫情面前，更应坚定信心跟党走，战胜疫情对工作、生活的影响。在疫情防控期间，利用“互联网+”形式共开展了31次线上学习活动，学习文章120多篇，重点集体学习习近平总书记《在文艺工作座谈会上的讲话》、习近平总书记关于疫情防控工作的重要讲话、《人民日报》评论员文章、《求是》杂志重点文章，以及科学抗疫知识，文艺和经济动态，阅读党史著作《苦难辉煌》，撰写读书心得。根据文联要求购买了学习用书《习近平谈治国理政第三卷》和《中国制度面对面》，为广大党员干部的学习提供引导和便利。开展《习近平谈治国理政第三卷》系列专题学习，开辟“两学一做”宣传墙报，每周更新，张贴“两报一刊”中的重要文章和主题教育取得突出成效的典型事例、先进经验与做法，做到入脑入心，见贤思齐。组织全体职工参观“纪念中国人民志愿军抗美援朝出国作战70周年主题展览”。利用好“学习强国平台”、中央和国家机关工委“支部工作”App和中国文艺网党建网络平台等参加线上学习，牢牢把握思想阵地，不断提升全体干部理论素养。

组织建设

【增强政治引领，抓好自身建设，不断提升服务文艺事业能力水平】

（一）中国文学艺术基金会召开第五届理事会第六次会议

中国文学艺术基金会第五届理事会第六次会议原计划于2020年6月召开，因受疫情影响，经咨询民政部相关部门和秘书长办公会议研究，于2020年8月5日以通讯方式召开。

会议审议通过了《中国文学艺术基金会第五届理事会第六次会议工作报告》事项，通报了中国文学艺术基金会参加民政部等级评定的情况。会议共26位理事3位监事签署同意了《中国文学艺术基金会第五届理事会第六次会议纪要》并寄回。

（二）中国文学艺术基金会召开第五届理事会第七次会议

2020年12月21日，中国文学艺术基金会召开第五届理事会第七次会议。全国人大常委、中国文联副主席、中国文学艺术基金会理事长左中一主持会议并讲话。中国文学艺术基金会副理事长兼秘书长向云驹作工作报告。会议审议通过了《中国文学艺术基金会五届七次理事会工作报告》《中国文学艺术基金会2020年度财务报告》《中国文学艺术基金会五届理事会理事变更、增补理事名单；研究通过《郭希敏同志不再担任中国文学艺术基金会常务副秘书长议案》；签署通过《中国文学艺术基金会第五届第七次理事会会议纪要》。中国文联党组成员董耀鹏，副理事长冯双白、姜昆、高西西、向云驹及理事张宏、徐里、郭希敏、陈洪武、罗斌、陈彦、刘岩、邱运华、韩新安、郑更生、黄晓明、陈建、廖恳、吴志良共20人出席会议（含代表），监事鲁航、汤鸿卫、刘一多3人参加会议，新理事李昕、唐延海、侯仰军、陶勤、杨发航、张天文，范宗钗、柳斌、雷彤、牛彤共10人列席会议；中国文联人事部副主任张晓辉参加会议。

（三）健全机构设置，完善部室负责人选配

依据《中国文学艺术基金会章程》和《干部选拔任用工作条例》有关规定，根据基金会工作发展的需要，结合现有基金会机构设置情况和工作人员的实际，充分发扬民主，认真接受群众监督，通过秘书长办公会议提议、组织考察、民主谈话及个人情况调查、公示等环节。经基金会秘书长办公会议通过，魏江同志担任办公室主任兼宣传部主任，唐鹤鸣同志担任社会专项基金部副主任，以及两名青年党员同志调整工作部门。基金会内部部室人员调整优化，使得内部分工更加科学明确，对充分发掘人才潜能，调动全体员工的工作积极性起到了重要作用，对提高服务意识也起到了强化作用。

【以民政部、财政部对基金会开展的评估评价工作为抓手，加强内部建设，夯实基础，促进发展】

（一）以饱满的热情迎接民政部评估工作

自2019年下半年开始，基金会多次组织培训，按照民政部的要求，全方位开展迎接评估的准备工作，并以此为契机，查漏补缺，对日常工作进行全面体检。2020年上半年，面对疫情，一方面克服困难坚持日常工作，一方面积极做好准备迎接评估，对2016年以来的各项工作进行了整理，对财务账目管理、财政资助项目管理、社会公益活动等方面进行梳理完善。

社会基金部对2016年以来的近270个资助项目进行梳理，建立了项目清册，完善了项目资料，重新撰写、修订了《中国文学艺术基金会专项基金管理办法》等多个制度及制式文件，梳理完善了40余支专项基金的项目资料；基金财务部进行了财务制度更新，梳理了近五年来的所有账目、财务报表、报告总结以及财务税务资料；办公室梳理各项制度、汇总大量评估文字材料，并编撰成300余页的《中国文学艺术基金会制度汇编》《评估材料汇编》（上下册）《2017-2019年度工作报告》等材料，同时还新安装了基金会logo牌、指示牌、防盗门，优化了办公布局，进行了一系列环境改造，对基金会的工作环境进行了精心的布置。

9月18日，民政部派评估小组对基金会五年来的工作进行了全面的考察，由中国社会组织促进会副会长张树中同志带领的9名专家组成的评估组按照评估标准，从基础条件、内部治理、工作绩效和社会评价4个方面进行实地考察和综合评价。评估结束后，民政部评估专家组对基金会整体工

作给予了高度的评价，一致认为基金会管理制度健全，管理基础厚实，项目管理规范科学、财务管理账目清晰。

同时，也对基金会工作中存在的不足提出建议，领导班子高度重视民政部社会组织评估专家意见，副理事长兼秘书长向云驹要求各部门列出整改清单，制定整改措施、限定整改完成时间、明确整改责任人，严格按照清单，逐一整改、逐一销账，把评估专家意见作为促进基金会各项工作发展的良方良药，使基金会能始终保持内部治理严谨、公益项目管理有方、社会形象始终良好、社会影响力逐步扩大的良好局面，更好服务文联事业发展，更好地为新时代社会主义文艺事业和文联事业发展贡献力量。

（二）积极配合办公厅做好财政资金评审及“十四五”资金申请工作，接受财政部评估中心专项评估

中国文联党组高度重视“十四五”中国文学艺术发展专项基金的申请工作，为了做好申请工作，自2020年4月开始，基金会全面总结“十三五”期间专项基金项目工作的经验和成绩，统计近5年来各资助类别项目工作数据，汇总报文联办公厅，6月底前配合办公厅完成了向财政部申请“十四五”期间中国文学艺术发展专项基金申报文件起草和宣传册制作工作。申报工作得到中国文联党组的高度重视，数易其稿、反复修改，力争做好申请“十四五”专项基金工作。

7月7日，基金会有关负责人和办公厅有关负责人赴财政部第一次就中国文学艺术发展专项基金继续申请中央财政支持进行研讨。

9月21日，报送评审文件，财政部评审中心开始了评估工作。

9月25日，基金会有关负责人第二次和办公厅有关负责人陪同中国文联党组成员、副主席李前光向财政部就“十四五”期间资金申请问题进行了会谈，并对“十三五”期间专项基金相关工作进行了详细汇报。

10月12日至17日，财政部评审中心来基金会实地考察，针对专项基金的使用情况、效果等进行必要的评估，基金会积极准备资料清单文件提交，配合各类问询答疑，完成了现场评估工作，受到了评估专家的一致好评。

（三）保持定力真抓实干，内部管理建设得到锻炼提升

一是以自身队伍建设为动力，竞争上岗展现活力。根据工作发展的需要，结合现有基金会机构设置情况和工作人员的实际，进行了两项内部人事结构的调整，进一步完善基金会干部队伍梯队建设，充分发掘调动干部肯干事、想干事工作热情，为基金会健康、科学、规范化发展奠定基础。

二是加强干部职工专业领域学习，做熟悉理论的“政策通”。疫情防控期间，全体干部职工利用网络学习相关法规、专业理论文章等共70多篇，集体学习《慈善法》及相关辅导解读文章，学习了项目管理、项目设计、捐赠方维护、公益筹款等相关业务文章。并开展了两次线上视频系列课程的直播培训。由中国基金会发展论坛和北京致诚社会组织矛盾调处与研究中心共同推出的疫情防控期间基金会合规抗疫的公益课程，自2月18日起至2月23日，通过直播课的方式开展，涉及36个法律问题。4月2日至4月20日，组织集体学习由国际公益学院推出的《公益慈善筹款基础通识》系列课程，涉及公益筹款的方方面面。通过集体培训学习，提高队伍专业化水平，为基金会可持续发展储备专业人才。

三是重点整顿，规章制度不断完善。为进一步加强基金会内部日常行政管理工作，进一步理顺了公文系统，规范公文流转、公文批办，公文存档的一整套体系流程，彻底解决了工作流转过程中偶有发生的卡顿现象。同时加强了办公用品集中采购和集中发放管理，进一步强化管理，开源节流，杜绝铺张浪费。

四是做好“互联网+”信息化工作，信息化水平迈上新台阶。基金会始终坚持和努力按照中国文联“互联网+文联”“互联网+文艺”的总体部署，紧紧围绕新形势下的文联文艺工作，整体推进基金会信息化建设。1.更换了原先的网络电话系统，启用新的固定电话系统，解决了原办公电话故障率高、不稳定等现象，有力保障和满足了办公的正常需求。2.在疫情防控期间，协调中信银行、中国文联网络文艺传播中心、岳成律师事务所等单位，于2020年4月，开通基金会官方网站捐赠平台，实现了捐赠方通过微信、支付宝等

工具扫码捐赠的全新模式，有效拓展了基金会在“互联网+”大背景下的募捐新途径。

资助项目和公益活动

【围绕国家重大战略，牢牢把握政治方向，发挥公益组织作用，做好重大题材重点工作的资助扶持，推进文艺扶贫扎实深入开展，助力脱贫攻坚】

1.基金会与《中国艺术报》共同推出“决胜全面小康 决战脱贫攻坚 文艺界在行动”专栏。本栏目以习近平总书记的足迹为主线，精选文艺界精准扶贫案例，通过精彩新闻报道、人物专访、评论员文章等形式，捕捉、记录和展现文艺界脱贫攻坚现场的先进典型、生动细节和昂扬精神，以鲜活的扶贫实践生动阐释扶贫的“中国故事”。2020年9月1日起至12月31日每周刊发2期专栏。

2.资助甘肃陇南市武都区贫困学生。为贯彻落实中央打赢脱贫攻坚战的重大决策部署，保障武都区建档立卡贫困户学生顺利完成学业，根据文联领导批示，经与武都区教育局沟通，自2018年起连续5年对武都区75名高三贫困学生进行资助。资金由基金会拨付，由武都区教育局负责管理、发放，按照每人每年2000元的标准进行资助，每年15万元，共计资助金额75万元。2020年资助款15万元整已完成拨付。

3.资助建设陇南武都区“美育圆梦”艺术教室。根据2020年中国文联定点扶贫工作的总体设想和目标任务要求，基金会资助80万元支持当地6个乡镇建设6间“美育圆梦”艺术教室，分为乐器采购和装修两部分，建成以后，组建教师团队12人，惠及3000名学生，为孩子们提供更加系统、专业的教学操作，丰富留守儿童的课余生活。

4.资助脱贫攻坚回顾展、题写制作匾额和文艺扶贫三下乡活动。根据2020年中国文联定点扶贫工作的总体设想和目标任务要求，基金会资助60万元支持武都区文联开展脱贫攻坚美术、书法、摄影回顾展、题写制作匾额和文艺扶贫三下乡活动。紧紧围绕武都区“三大特困片区”和两个藏族乡开展文艺扶贫三下乡活动，特别是在剩余的9个贫困村集中开展扶智、扶志工作，努力改善群众精神面貌。

5.继续做好资助贵州、青海、宁夏三省区贫困学生工作。2014年，冯远同志及夫人水静汶同志向中国文学艺术基金会捐赠200万元人民币，用于资助贵州、青海、宁夏三省区家庭经济条件困难、品学兼优的中小学生。截至2019年，共资助107.91万元。2020年，继续对三省区90名贫困学生共资助22.5万元。

6.成功主办“中国梦2020艺术草原全国美术作品展”。基金会与内蒙古自治区文化和旅游厅、呼和浩特市人民政府等单位共同主办的“中国梦2020艺术草原全国美术作品展”巡展于2020年9月10日在乌兰察布市美术馆举办，展出内蒙古时代书画院组织的一批美术名家“深入生活、扎根人民”，深入牧区写生采风，创作的优秀美术作品，生动展示了内蒙古自治区脱贫攻坚取得的重大成果。

7.中国文学艺术发展专项基金资助脱贫攻坚题材项目。基金会中国文学艺术发展专项基金资助脱贫攻坚题材项目3个，分别是中国曲协新时代曲艺星火扶贫工程成果巡礼展演、中国剧协2020年脱贫攻坚主题戏剧作品晋京展演和中国书协“中国力量”——全国扶贫书法大展。涉及艺术门类包括曲艺、戏剧和书法。

8.开展“助力脱贫攻坚 关爱西部儿童·帮助贫困地区孩子远离意外伤害暨捐赠活动”。为帮助西部贫困地区孩子远离意外伤害，姜昆艺术公益基金联合中共甘肃省委军民融合发展委员会办公室、农工党甘肃省经济基层委员会、兰州市城关区曙光公益服务中心、甘肃省丝绸之路协会共同开展“助力脱贫攻坚 关爱西部儿童·帮助贫困地区孩子远离意外伤害暨捐赠活动”，活动向贫困地区孩子捐赠1000册漫画图书《姜昆老师告诉你——意外伤害如何防》，取得广泛关注，社会反响良好。

【中国文学艺术发展专项基金项目管理有序推进，制度建设不断完善，工作执行力不断提升，项目管理质量有了新突破】

（一）强力推进项目管理，保障资助项目正常运转。

今年突发的新冠肺炎疫情严重影响了基金会项目管理工作，为保障安全，尽量采取线上办公、语音会议，网络电话、邮件等方式进行沟通，确保停工不停产，及时与各项目第一责任单位沟通，配合国内部做好2020年中国文学艺术发展专项基金（以下简称“专项基金”）申报工作，推进各资助类别项目工作进度，远程监督项目进展实施情况。

经报中国文联党组审批，2020年专项基金项目六大类11个方向具体资助金额如下：

1.文艺精品创作1030万元，包括：“中国精神·中国梦”主题文艺创作工程项目170万元，“青年文艺创作扶持计划”项目860万元。

2.“深入生活、扎根人民”主题实践活动项目150万元。

3.重大主题文艺活动项目1088万元。

4.文艺评奖项目1133万元，包括：文艺评奖资金及终身成就艺术家表彰项目929万元；优秀文艺工作者宣传推介项目120万元；文艺评奖成果宣传推介经费84万元。

5.文艺评论工程项目300万元；包括：第5届“啄木鸟杯”中国文艺评论年度推优活动77万元；“西湖论坛”及文艺评论研讨会84万元；中国文艺评论新媒体阵地建设139万元。

6.文艺人才培训(培养)项目815万元。

7.文艺志愿服务项目450万元。包括：“送欢乐下基层”文艺志愿服务410万元；中国文艺志愿服务“以艺抗疫”数字博物馆40万元。

8.新媒体建设项目400万元。包括：在线视频会议系统建设项目152万元；优质文艺资源多媒体影音网络应用传播推广项目98万元；扶持西部地区“互联网+文联”建设工作第二期建设项目150万元。

9.出版成果项目资助金额为400万元。

10.联系服务艺术家项目资助金额为580万元。

11.2020年财政配比资金分配额度为900万元。

（二）科学管理，调动各方力量，细化职责，加强监管流程。

总结“十三五”工作经验，基金会在中国文学艺术发展专项基金管理中着重做了以下工作：1.优化流程：进一步优化各类别项目管理流程，让管理链条渗入管理方与项目执行方，保障项目顺利实施；2.风险防控：切实建立起防范化解重大风险的工作机制，预警机制和应急机制；3.规范操作：不断健全专项基金管理制度，进一步规范专项基金操作流程，主动出手，协调推进提升项目单位执行规范化、正规化、专业化水平；4.职责明确：项目分类别落实责任到人，实行项目全程监管，专人负责；5.绩效评价：项目结项后即开展绩效评价工作，依据财政部要求标准对每个完结项目进行绩效打分；6.第三方介入：今后将加大专业力量介入管理程序，按项目门类特点，细分项目类别，通过邀请行业专家、艺术专家、财务专家、法律专家等参与到专项基金管理流程中来，规避回避项目管理人为因素，使项目管理更加科学、有效。

（三）坚持加强互动交流学习，当好精通业务“活字典”。

5月8日，基金会联合办公厅与国家艺术基金进行了视频调研，双方负责人分别介绍了各自基金基本情况及项目中遇到的难点问题，双方就中央预算申报管理、项目申报要求及资质要求、项目监管方式、专家评审流程、项目延期、项目违约，处罚、变更项目、绩效评估和运用等项目管理中的疑难问题进行了经验交流和经典案例分享。

【新时代社会基金工作迎来新局面，厚积薄发，砥砺前行，坚持为时代为人民推出文艺精品，资助优秀公益文化活动】

近年来，经济形势下行压力对基金会社会募捐产生了很大的影响。2020年初，基金会迅速召开领导班子会议，研究新形势下基金会募捐新情况、新问题，做好2020年募集资金工作的总体规划布局，今年基金会社会募集资金砥砺前行，力争新突破，取得了逆势上扬的成绩。

2020年新设立了三个专项基金：一是设立2022冬奥会冰雪文化专项基金；二是设立了中国文学艺术基金会主旋律影视专项基金；三是设立了中国文学艺术基金会红色文化专项基金。特别是冰雪文化基金，在经历了两年的联系磋商后经中国文联、冬奥组委批准由北京2022冬奥组委文化活动部、北京文投控股和中国文学艺术基金会三方合作成立。4月30日，克服疫情影响，在北京奥组委办公地举行了启动仪式，标志着冰雪文化专项基金正式启动运行，该基金是文艺冬奥的首个国家级平台，是文艺界助力全民冬奥的新模式。

这些专项基金服务国家重点工程，服务文联工作大局，聚合广大文艺工作者，特别是团结新文艺群体，为繁荣文艺工作起到了积极的促进作用。

（一）助力文艺冬奥活动，传播优秀传统文化，展示文化自信

基金会成立冰雪文化专项基金后，在北京冬奥组委大力支持下，与多方联动，开展了一系列迎接冬奥会的文化活动。

1. 主办“百城冬奥文化推广计划冰雪系列公益活动”。由基金会与文投控股股份有限公司主办，冰雪文化专项基金等承办，通过城市接力形式，每场活动邀请15位当代中国画坛优秀美术家，参与"百城冬奥文化推广计划"，围绕冬奥题材进行采风、创作、展览，传播奥运精神，凝聚中国精神，宣传北京冬奥会文化理念，传播中国优秀传统文化，展示文化自信，使人民群众获得更深刻、更美好的奥运文化体验。活动已于2020年9月15日、10月19日在安徽马鞍山市会展中心、成都四川美术馆分别举办，共展出近百幅美术作品，受到了当地群众的广泛好评，还将在广州、深圳、上海、大连、西安、郑州等地陆续开展，为北京2022年冬奥会文化活动助力。

2. 主办北京冬奥冰雪题材系列三维动画片《2022去北京》项目。该动画系列片以北京冬奥会吉祥物冰墩墩和冬残奥会吉祥物雪容融为主角，以生动美好亲和的形象演绎北京冬奥会精彩故事，展现中国优秀传统文化，传递开放共享理念，全面提升国民冰雪运动热情。2022年北京广播电视台、各大网络平台将同步播出。

（二）弘扬时代精神，抓好主题宣传，打造新时代精神丰碑

1. 拍摄《我们记得您》微电视纪录片第三辑/科技篇，讲好中国故事，弘扬民族精神。为贯彻落实习近平总书记指示精神，团结引领广大少年儿童“听党的话，跟党走”，“从小学习做人、从小学习立志、从小学习创造”“为实现中华民族伟大复兴的中国梦时刻准备着”，基金会影视纪录片基金、五老基金、中国关心下一代工作委员会联络部和北京中广艺来文化传播有限公司正在拍摄《我们记得您》微电视纪录片第三辑/科技篇，大力弘扬以爱国主义为核心的伟大民族精神。

2. 坚持资助精品，助力《百年巨匠》系列项目打造新时代文艺精品工程。《百年巨匠》是基金会连续三年资助的重点项目，并已连续两年立项中宣部、国务院新闻办组织实施的“纪录中国”传播工程，被列为国家新闻出版广电总局2018年纪录片重点项目，是中央电视台重大主题主线宣传暨重点选题项目。2020年4月13日播出中宣部“纪录中国”传播工程暨《百年巨匠》国际版第一季(英文版)，“学习强国”平台也播出了《百年巨匠年轻时》《走进行进中国的百年巨匠》等短视频。

今年下半年以来，继续拍摄制作《百年巨匠·紫砂篇/砂场》微纪录片，作为《百年巨匠》第二季《百年巨匠·非遗篇》的开篇之作，是《百年巨匠》致敬匠心匠艺，传承发展中华优秀传统文化的篇章之一。

（三）始终坚持以人民为中心，关注人民、关注生活，与时代同频共振

1. 资助拍摄电影《此生有约》。为响应习近平总书记在文艺工作座谈会上“到人民中去”的号召，创作出“有道德、有筋骨、有温度”的优秀作品，今年6月，由基金会资助的电影《此生有约》完成立项进入开机拍摄阶段，努力宣传好“时代楷模”张玉滚爱岗敬业、不畏艰辛、创业担当的奉献精神，讲好新时代脱贫攻坚的生动故事，以艺术的方式弘扬社会主义核心价值观，为全面建成小康社会凝心聚力。

2. 资助电视剧《东四牌楼东》。该电视剧主要讲述了1909年出生于京城破落王公贝勒家的哈岚，无意中得到一部记载皇陵宝藏的密疏，由此人生发生巨变，并在国仇家恨中成长的故事。该剧2018年3月开始筹备，2018年8月正式进入拍摄阶段，2020年2月24日在辽宁卫视经济频道播出并获得一致好评。

3. 支持拍摄电影《追梦方舟》。该片由基金会追梦基金组织拍摄，旨在深入贯彻落实习近平新时代中国特色社会主义思想，积极践行习总书记“讲好中国故事”“坚定‘四个自信’”“构建人类命运共同体”“传承、弘扬中国优秀传统文化”等一系列重要指示精神，是中国第一部原创大型科幻灾难电影。已被河南省委宣传部列为2020年度文化宣传“八大工程”中唯一电影项目，并已获得国家电影拍摄许可证。

（四）社会专项基金公益文化活动丰富多彩，主题鲜明

1. 资助举办多项校园、少儿活动。

（1）主办“魅力校园”第二十届全国校园春节大联欢活动。

（2）承办并资助“美育圆梦·音为爱乐无限”助学公益校园巡演（昆明站）活动首场演出活动暨启动仪式。

（3）资助“美育圆梦·音为爱乐无限”系列公益行动暨防疫健康包进校园启动仪式。

（4）主办并资助第七届《天使的微笑》儿童慈善摄影展。

（5）资助“时代记忆杯”天津市首届少数民族大学生文创产品创意设计大赛项目。

（6）开展宣传安全知识和传统礼节礼仪活动。

2.资助艺术教育培养项目。

（1）资助“舞蹈行业素质教育基础训练标准”公益课堂项目。

（2）资助“登攀计划”中国电视新文艺群体英才培养项目

3.资助举办多项书画活动。

（1）资助“庆祝中华人民共和国成立71周年暨迎接建党百年长卷巨作展”项目。通过长征、长江、长城等多种题材的百米长卷巨作的展示，大力弘扬红色文化、民族民俗文化、非遗文化等中国优秀传统文化，提升爱国情怀，传承时代精神。同时，百米长卷的集中展示也寓意致敬百年，为建党百年持续发声不断助力，凝聚奋进力量。

（2）资助“以美扶志·山乡巨变”石墨烯书法、美术作品展及研讨会。

4.资助影视拍摄项目。

（1）资助动画片《小龙娃梦游记》及微视频制作。

5.资助举办多项公益活动。

（1）主办了“九九重阳 快乐生活——老艺术家联谊晚会”活动。

（2）“魅力江南”——上海市及长三角文艺家走进澳门慰问演出。

（3）资助“文化惠民·礼赞祖国”助力脱贫攻坚庆祝新中国成立71周年系列演出活动。

在中国文联党组的领导下，基金会全体干部职工赶考之心从未改变，赶考之志从未动摇，赶考之行从未停歇，凝心聚力为基金会发展筑牢根基，为基金会发展壮大持续注入动能，以实际行动践行基金会人的初心和使命。

中国文联出版社

综　述

2020年，中国文联出版社（简称“文联社”）深入学习贯彻落实习近平新时代中国特色社会主义思想和党的十九大及十九届五中全会精神，在中国文联党组的正确领导和深切关怀下，锐意改革，筹谋发展，紧密围绕脱贫攻坚和建党100周年，为弘扬社会主义核心价值观、引领社会新风尚打造精品出版物，为谋局“十四五”、打造知名文化品牌筑好基、开好篇。

一年来，文联社坚持深化改革，创新创造发展。在打好抗疫保卫战，确保职工安全的前提下，全面恢复生产；不断完善制度建设，确保导向安全，提升出版物质量；加强队伍建设，激发思想活力，积蓄发展力量；不断探索经营管理理念，拓展经营思路，开启新发展。文联社牢固树立以出版服务中国文联中心工作服务党的宣传文化工作、服务国家文化事业的大局意识，务实稳进、扎实作风、开阔视野、加快探索，不断开创新局面。

思想建设与组织建设

【深入学习贯彻习近平新时代中国特色社会主义思想和党的十九届五中全会精神】

深刻认识党的十九届五中全会精神实质和重大意义，深刻领会习近平总书记重要讲话精神和《中共中央关于制定国民经济和社会发展第十四个五年规划和二〇三五年远景目标的建议》，重点学习关于建设社会主义文化强国的重要部署，用全会精神统一思想和行动。领导班子切实发挥表率和头雁作用，加强组织领导，党总支、理论学习中心组、各党支部和青年理论学习小组召开专题学习会议，全面系统地学好、吃透十九届五中全会精神实质和核心要义。为深入学习贯彻习近平新时代中国特色社会主义思想，8月25日，举办了青年干部职工“学习习近平新时代中国特色社会主义思想”主题演讲比赛，以活动展成果、强使命、促团结，极大地激发广大青年干部职工的责任感和使命担当。

【切实履行巡视整改主体责任，扎实推进巡视整改各项工作落实】

领导班子和党总支先后召开14次会议研究部署相关工作，及时传达中国文联党组关于巡视整改工作各项指示要求，对照中央巡视组指出问题，逐条梳理，研究审定整改方案，制定工作台账，以巡视整改为契机，直面问题，自我改革。以全面从严治党的政治高度，落实党建主体责任，从提升思想建设、组织建设入手，将巡视整改转化为工作实际，推进文联社业务发展和行业建设，孕生出版项目，以出版落实整改，以出版服务中国文联大局。

【严格落实意识形态工作责任制，全面加强意识形态工作】

高度重视意识形态管理工作，成立意识形态工作领导小组。制定《中国文联出版社意识形态专项整改工作方案》，建立工作台账，明确整改时限，强化领导责任；修订《中国文联出版社意识形态责任制管理办法》，修订并签订《意识形态责任书》，明确主体责任、完善工作机制、理清责任清单、明确处置责任，把内容导向问题作为“三审三校”的“必答项”，明确对选题立项论证、“三审三校”、重大选题备案等环节的内容导向说明要求。通过强化制度建设，扎紧意识形态阵地制度笼子，立规矩、明底线，保安全。4月底，召开《乌镇》警示教育大会，班子作了题为《关于〈乌镇〉的反思和警示》的报告，对《乌镇》暴露出的文联社意识形态阵地意识薄弱，内容建设能力不足，制度管理不严等问题进行认真反思。既深植了坚守底线、不碰红线的敬畏意识，也引发了对出版社出版方向变革的反思。

【以党支部换届为抓手，提升“三会一课”质量，增加组织凝聚力和活力】

2020年7月，顺利完成了超期服役达6年之久的党支部换届工作。将原有两个在职党支部（编辑党支部和行政党支部）调整为三个党支部，三个支部编辑和行政人员混编，重新组合。新一届党支部班子共9人，6人为新当选，6人为“80后”，脱颖而出的新生力量给基层党组织带来了新气象。举办“文联社党支部干部党建专题培训班”，旨在解决“三会一课”质量问题，精心“做好人的工作”。党总支书记以“为把文联社建设成受人尊重的知名文化品牌”为题讲专题党课，从出版社的现状和问题、方向和措施、目标和远景三个方面深入剖析，为出版社发展方向凝聚了共识。支部换届是出版社做实基层党建的有效抓手，有效提升了组织活力和凝聚力。

【推进企业法人治理结构建设，完善领导机制】

在中国文联党组的正确领导和大力支持下，10月，任命尹兴为党总支书记、董事长，聘任为总经理，强健了领导班子力量，为文联社发展提供坚实保障。

重点工作

【打好抗击新冠肺炎疫情保卫战】

自新冠肺炎疫情发生以来，文联社高度重视，严格部署，全力以赴做好各项抗击新冠肺炎疫情工作。第一时间积极筹措防疫物资，2020年春节期间即筹集大量口罩、洗手液、消毒液、医用酒精，为确保节后复工安全做好充分准备和全面保障。发布《文联社防控疫情的准备工作和注意事项》，实行系统全员管控。正常发放工资，保障职工利益。贴心的保障增加了大家的安全感。疫情防控期间组织捐款，助力抗疫，共筹集善款31561元，多名党员干部职工下沉社区志愿服务，彰显党员干部先锋模范作用。

【稳步推进第二批《中国民间文学大系》编撰出版工作】

2019年完成第一批示范卷12本出版，出版社形成了一套科学的工作机制。编辑提前介入编写工作，2020年编辑全年赴各地参加编写工作会23人次，宣讲组稿学术规范。派编辑常年驻民协工作，深度参与《大系》工作。优化《〈中国民间文学大系〉编辑管理办法》和《〈中国民间文学大系〉费用管理办法》，形成人人为《大系》、以编辑《大系》为荣的氛围。2020年共收到《史诗·青海卷·格萨尔分卷（一）》《史诗·青海卷·格萨尔分卷（二）》《小戏·河北卷》《说唱·山东卷》《史诗·云南卷》《神话·河南卷（一）》《神话·河南卷（二）》《谜语·河南卷（二）》《长诗·湖北卷·咸宁长歌分卷》《故事·河北卷》《歌谣·江西卷》11个卷本稿件，全部进入编辑加工环节，其中8部进入校对质检环节。

【《中国民间文学大系》审稿会】

10月10日，在黑龙江省齐齐哈尔市富裕县召开《中国民间文学大系·黑龙江卷》（小戏、故事）专家审稿会。

11月21日，在浙江海盐召开华东六省一市《中国民间文学大系》编纂工作座谈会、《中国民间文学大系》浙江编纂工作推进会集审稿会。

11月30日，在陕西西安举办了《中国民间文学大系·陕西卷》推进工作会暨审稿会。

12月10日，在山东潍坊召开《中国民间文学大系·故事·山东卷》编纂工作推进会。

12月17日，在甘肃兰州召开《中国民间文学大系·甘肃卷》编纂工作推进会暨审稿会。相关责任编辑赴各地参加会议，出版程序提前介入，把关卷本内容质量，及时解决编纂过程中存在的问题与困惑，为加速推进下一阶段工作奠定了坚实的基础。

【《中国民间文学大系》编撰出版工作协调会】

3月20日，在“编书”“防疫”两不误的号召下，《中国民间文学大系》《中国民间工艺集成》“两大工程”编纂工作视频推进会顺利召开。

9月21日，《大系》编纂出版工作委员会2020年第一次协调会在京召开。

12月28日，“两大工程”工作推进会——《大系》编纂出版工作委员会工作会议暨《集成》编辑出版工作会在京召开。文联社相关责任编辑和《大系》工作人员参加会议，进一步探索、完善了《大系》的工作机制，为今后大系出版工程的顺利进行和有效开展提供了经验和保障。

【"社会主义核心价值观"2021年新春祥瑞包】

精心制作"社会主义核心价值观"2021年新春祥瑞包，包含日历、挂历、对联、"福"字、红包、窗花、吉语贴7个品类47种产品。

在2020年新春祥瑞包制作的基础上，继续邀请书法名家撰写2021年新春祥瑞包中的福字和春联作品，打造一本可以收藏的民艺日历、一部中国民间文学、中国民间艺术品集。

【精心组织选题论证会】

成立选题论证委员会，优化和健全选题论证制度。全年召开选题论证会12次，通过选题174种，对违反相关出版法规要求、格调品位不高的图书一律不予立项，从源头上确保政治导向安全。严格把控合作出版数量和质量，悉心培育本版书，本版书出版逐步呈现出多个亮点。邀请出版界专家开展讲座和指导，丰富视野、拓宽思路。通过规范选题策划激发编辑创造力和创新能力，引领全社形成做好书、做精品书的浓郁氛围，为打造优质内容、实现单品种突围打下良好基础。

【《中国艺术发展报告》云发布】

6月30日，由中国文联组织编写的《2019中国艺术发展报告》在中国文艺家之家举行云发布仪式，这是文联社编撰出版《中国艺术发展报告》的第八个年头。中国文联党组成员、书记处书记董耀鹏出席发布仪式并为新书揭幕。各全国文艺家协会、中国文联机关各部门、中国文联网络文艺传播中心、中国文联文艺评论中心、中国文联出版社相关负责人，首都图书馆、中国人民大学图书馆、北京大学、中国传媒大学、北京师范大学、北京电影学院等单位代表参加会议。《中国艺术发展报告》致力于把脉2019年度中国艺术发展动向，积极盘点中国艺术年度成果，透视艺术现象、探究热点问题，有助于凝聚共识、坚定信心、积蓄能量，为全国文艺战线以艺战"疫"增添新动力。

【《葱茏十年》系列新书分享会暨签售活动】

《葱茏十年》以上世纪90年代军事题材戏剧创作与演出为对象，作者作为亲历者，以个人独特的视角，通过纪实描述、史论结合等多种方式与手段，对当时的创作与演出进行回顾，生动展现了活跃在当时剧坛的军队戏剧艺术家形象。

9月19日，《葱茏十年》新书发布仪式在京举行。11月，在三联韬奋书店三里屯店及北京图书大厦开展了新书读者见面会暨签售活动，现场读者与作者、嘉宾积极互动，图书销售一空，反响热烈。

【"十三五"国家重点规划项目】

"十三五"国家重点图书出版规划项目《国乐华章——中国民族交响乐优秀作品集》（10卷）和《中国民族室内乐作品集成》（5卷）于2020年12月出版。"十三五"国家重点音像出版规划项目《听见中国听见你》（CD）于2020年12月出版。

【中国文联文艺出版报刊精品工程】

《中国田园牧歌》《中国新时期中短篇小说精粹（1980-1989）》（10种）《中国历代美学文库（第二期）》（3卷5册）《新文学百年书香经典（三期）》（4种）四个项目被列入"中国文联文艺出版报刊精品工程"并获资金支持。

【入选2020年农家书屋重点出版物推荐书目】

《一切如你》《冯骥才精选集》入选2020年农家书屋重点出版物推荐书目

【微信小程序上线】

文联社开通了"中国文联出版社"小程序，拓展流量入口、增加曝光度、吸引潜在用户、降低网销成本，根据自身特点自定义图书商城，实现微信多平台的推广，从而更好的满足用户的购物需求。同时也提升用户对该平台的认知度及对文联社品牌的信任度，对打造文联社品牌有更好的帮助。

【加强法务管理，更好地维护出版社权益】

为更好地处理出版社的法律事务，更换了法律顾问团队。选择了多次考察和试用的更擅长知识产权纠纷、合同纠纷的百瑞律师事务所，与其签订了常年法律顾问合同。全年出版社参与法律诉讼3起，仲裁1起，涉及版权纠纷及合同纠纷等问题。在处理与天闻公司纠纷的仲裁过程中，文联社积极应对，成功扭转败局，挽回了经济损失，最大限度维护了国家项目资金的安全。

【用透国家资源，盘活存量资源，为多元发展布局】

在中国文联办公厅的指导下，积极研究财政部关于中央文化企业国有资本经营预算的相关政策和每年扶持方向，2020年以"建设知名文化品牌"为方向，积极沟通，获得国资预算600万元，累计三年共获得2500万元，为出版社发展提供了强劲的支撑。文联社注册资本由1983年的300万元变更为2800万元，为出版社业务拓展提供了助力。在出版办的指导下，《中国文艺家》杂志社和《美丽中国》杂志社顺利完成年度核验，《中国文艺家》杂志社的历史遗留问题顺利解决。激活文联社全资子公司北京清文苑文化艺术有限责任公司，公司将承担出版社内部数字化改造和融媒体发展任务，将原有电影项目由公司运作，力争走出一条“小投入、主旋律”影视制作之路。非出版业务将逐步由公司承担，把公司做大做实，最终为出版主业赋能。

中国艺术报社

综　述

2020年全球遭遇新冠肺炎疫情，无论是在抗击新冠肺炎疫情防控期间，还是在疫情防控常态化背景下，中国艺术报社始终深入贯彻习近平新时代中国特色社会主义思想和党的十九大及十九届二中、三中、四中、五中全会精神，紧密围绕抗击新冠肺炎疫情和决战脱贫攻坚、决胜全面小康等重大事件，牢牢把握中国文联巡视整改的各项要求，坚持以人民为中心的工作导向，唱响主旋律、打好主动仗，各项工作取得了新的收获和新的进展。

坚持以新思想强化理论武装

【深入学习习近平新时代中国特色社会主义思想、党的十九大和十九届五中全会精神，及时报道习近平总书记关于疫情防控、关于“十四五”规划等一系列重要讲话、重要论述精神】

中国艺术报社始终坚持以习近平新时代中国特色社会主义思想统领各项工作，通过召开党员大会、领导班子专题学习、理论学习中心组专题学习、青年理论学习小组专题学习、听取党课等形式深入学习习近平新时代中国特色社会主义思想、党的十九大和十九届五中全会精神，及时报道习近平总书记关于疫情防控、关于“十四五”规划等一系列重要讲话、重要论述精神，及时报道中国文联党组、中国文联各团体会员和全国文艺界深入学习贯彻习近平新时代中国特色社会主义思想特别是关于文艺工作的重要论述、奋力推进文联组织深化改革的有关情况，充分展示了文联组织、文艺界以新思想指导文艺实践和文联工作取得的实效，收到了良好效果，产生了广泛影响。

【贯彻落实意识形态工作责任制，守牢意识形态阵地，切实做到守土有责、守土负责、守土尽责】

认真学习贯彻习近平总书记关于意识形态工作的重要论述，充分认识其重大意义和深刻内涵，并在报社工作中进行常态化贯彻落实。报社班子高度重视意识形态工作，召开专题会议学习《党委（党组）意识形态工作责任制实施办法》，进一步明确意识形态工作责任制的主要精神、工作要求，结合《中国艺术报社落实〈中国文联党组落实意识形态工作专项巡视整改工作分工方案〉》，对报社意识形态工作进行安排部署，将意识形态工作责任制落到实处。

通过班子会、中心组会、编前会等方式，学习贯彻落实《中国共产党宣传工作条例》，特别是习近平总书记关于新闻舆论工作的重要论述，报社新闻业务工作始终保持正确政治方向和舆论导向。

将“三审三校”制度作为新闻生产的关键性制度之一来实施，从制度上避免产生意识形态安全隐患，从“三审三校”的每一个环节来强化意识形态管控，每一个环节都要求切实负起意识形态工作责任。

在推进新媒体发展过程中始终坚持正确政治方向和舆论导向，不片面追求点击量、浏览量，在选题策划、内容采集、多平台分发、互动管理等各个环节，都将意识形态安全进行前置考量，特别是因抗击疫情需要组建新媒体团队的过程中，加强对团队成员的教育，筑牢思想防线。

一年来，报社上下严格遵守党的意识形态工作要求，报社内没有出现任何意识形态方面的问

题，确保了意识形态安全。

围绕中心、服务大局，展开重点宣传工作

【围绕党的十九届五中全会展开宣传报道】

10月30日，《中国艺术报》第一时间刊发了党的十九届五中全会在京举行的新闻通稿，又及时刊发了习近平总书记《关于〈中共中央关于制定国民经济和社会发展第十四个五年规划和二〇三五年远景目标的建议〉的说明》等党的十九届五中全会的新华社稿件。

在“学习贯彻党的十九届五中全会精神”栏目及时刊发了《中国文联召开党组扩大会议传达学习党的十九届五中全会精神》《文艺界认真学习党的十九届五中全会精神》《守正创新、开拓进取，为推动文艺高质量发展而奋斗》等新闻稿件，集中反映了中国文联、各全国文艺家协会、各省市区文联学习贯彻党的十九届五中全会的情况。

11月2日，在头版开辟“学习贯彻党的十九届五中全会精神”专栏，刊发了中央党校教授范玉刚文章《在满足人民文化需求中增强人民的精神力量——深入学习领会党的十九届五中全会精神》。之后专栏又相继刊发了黄会林等艺术家、理论家的《坚定文化自信 奏响文化强国的盛世壮歌》《以影视民族化树立和彰显文化自信》等学习体会文章，将文艺界的学习贯彻引向深入。

【围绕习近平总书记致中国文联中国作协成立70周年贺信一周年展开宣传报道】

7月17日，在头版刊发了社论《守正创新 砥砺前行——写在习近平总书记向中国文联中国作协成立70周年致贺信一周年之际》，中国艺术报微信公众号、中国艺术报客户端等新媒体转发了本报社论、《光明日报》和新华社相关综述文章。

【围绕学习贯彻习近平总书记在教育文化卫生体育领域专家代表座谈会上的重要讲话展开宣传报道】

9月23日，头版刊发了新华社通稿《习近平主持召开教育文化卫生体育领域专家代表座谈会强调全面推进教育文化卫生体育事业发展 不断增强人民群众获得感幸福感安全感》和习近平总书记《在教育文化卫生体育领域专家代表座谈会上的讲话》全文，之后相继刊发了《自信担当，凝聚力量，为文艺繁荣发展作出新的更大贡献》等2篇采写通讯稿件，展现了广大文艺工作者认真学习习近平总书记在教育文化卫生体育领域专家代表座谈会上重要讲话精神的情况。

在文艺评论版面连续刊发了《中国特色社会主义文化理论的新篇章》《守正创新，铸就中华文化新辉煌》《以中华美学精神，助力培养化育时代新人》等董学文、曾镇南、冯双白、潘鲁生、吴为山等著名理论家和艺术家的学习体会文章。

【围绕习近平总书记主持召开文艺工作座谈会并发表重要讲话六周年开辟专栏】

与中国文艺评论家协会、中国文联理论研究室、中国文联文艺评论中心联合推出“深入学习习近平总书记关于文艺工作重要论述笔谈”专栏，陆续刊发了浙江省文联党组书记陈瑶、吉林省文联党组书记陈耀辉等的理论学习文章。

【出版《中国艺术报2020年终特刊》】

在2020年年底，以12个版的大体量推出《2020年终特刊之以艺战“疫”》主题盘点特刊，以16个版的大体量推出《2020年终特刊之决胜全面小康，决战脱贫攻坚》主题盘点特刊，对2020年文艺界以艺抗疫、助力脱贫攻坚的实践进行了全面回顾总结。

围绕“决战脱贫攻坚”展开主题宣传报道

【与中国文学艺术基金会合作“决胜全面小康，决战脱贫攻坚，文艺界在行动”专栏】

和中国文学艺术基金会合作了“决胜全面小康，决战脱贫攻坚，文艺界在行动”专栏，聚焦各级文联组织精准扶贫实践，陆续刊发了《用文艺的力量助力脱贫攻坚——广西桂林市文联开展“决胜全面小康 决战脱贫攻坚”文艺采风创作活动》《用音乐讲述凉山跨越时代的脱贫故事——记国内优秀青年词曲作家采风创作凉山行》《聚焦“精准扶贫”首倡地，讲好“我们的新湖南”故事》《脱贫攻坚主题电视剧：如何书写脱贫攻坚的中国经验？》等众多新闻通讯稿件。

【与中国文学艺术基金会合作“决胜全面小康，决战脱贫攻坚，文艺界在行动”专版】

和中国文学艺术基金会合作了“决胜全面小康，决战脱贫攻坚，文艺界在行动”专题版面，刊发了展现湖南文艺界、湖北文艺界、中国视协、中国文艺志愿服务中心等单位以文艺助力精准扶贫的丰硕成果。

【主办“见证·前行——广西环江毛南族实现整族脱贫摄影展”】

在中国摄协指导下，与广西文联、中共环江毛南族自治县委员会、环江毛南族自治县人民政府、广西摄协在中国文艺家之家展览馆主办了“见证·前行——广西环江毛南族实现整族脱贫摄影展”。

围绕疫情防控展开重点宣传

【全景式全方位记录了中国文联、各全国文艺家协会、全国各地各级文联以艺战“疫”的生动实践，为疫情防控阻击战取得重大阶段性胜利营造了良好氛围】

新冠肺炎疫情发生后，《中国艺术报》在第一时间果断将报道重点转移到疫情防控上来，以充分发挥报纸新媒体平台的作用，展现文艺在疫情防控中的独特功能。《中国艺术报》新媒体报道确立了“战‘疫’”主题，围绕这个主题展开系列、深度报道。自1月29日推出第一条微信稿件《战“疫”，美术家在行动丨作品集》以来，陆续推出《战“疫”，曲艺界在行动丨作品集》《战“疫”，美术家在行动丨作品集》《战“疫”，音乐人在行动丨作品集》《战“疫”，书法家在行动丨作品集》《战“疫”，民间文艺家在行动丨作品集》《战“疫”，摄影人在行动丨作品集》等等系列新媒体报道。这些“战‘疫’”系列新媒体报道，每一条稿件都采取专题集纳的方式，全方位、大规模展现全国文联系统和文艺界充分发挥自身优势，围绕打赢疫情防控阻击战组织主题创作的成果，受到广泛关注，产生持续影响。

在重点依托新媒体发布抗疫主题作品、展现创作者风貌的同时，报社精心提升纸质版《中国艺术报》的质量。为了符合疫情防控需要，同时也切实担负起文艺宣传阵地的职责。疫情发生后，报纸减至每期四版。以抗疫特刊形式报道中国文联党组、全国文联系统和广大文艺界以艺战“疫”的动态，大力关注抗疫文艺创作和在此类创作中取得显著成果的艺术家，集中推介优秀抗疫美术、书法、摄影等作品，设计刊登抗疫公益广告。抗疫特刊一直出版到4月初，成为各类媒体中战“疫”报道的一大亮点。

【疫情防控常态化之后，密切关注文艺行业复工复产，并展开深入宣传报道】

在疫情防控常态化之后，创新方式，充分发挥跑口记者的能动性，密切关注各文艺门类疫情防控常态化背景下复工复产的情况。陆续刊发了《全国影院7月20日起有序恢复开放营业——电影回来了，它经历了磨难但依然美好》等数十篇新闻通讯稿件。第一时间刊载了新华社通稿《文艺界战“疫”：培根铸魂构筑强大精神之坝》，组派记者采访刊发了《“敬你们，敬平凡又伟大的你们！”中国文联、中国视协组织文艺工作者赴武汉开展“坚信爱会赢——‘中国医师节’致敬抗疫白衣战士”系列活动》《中国摄协赴湖北抗击疫情摄影小分队抗疫事迹报告会在京举办》等新闻稿件，全力报道了中国文联在疫情防控常态化背景下组织的文艺抗疫活动。

重点工作

【报社融媒体建设进一步推进】

按照中央有关精神，《中国艺术报》因时制宜、因地制宜，积极主动应对媒体融合发展的趋势，切实推动《中国艺术报》的深度融合发展。在2020年，进一步积极借助有影响力的新媒体平台，搭建起《中国艺术报》微博、微信公众号、客户端、头条号、强国号、抖音号、西瓜号、央视频号等新媒体矩阵。《中国艺术报》主持的2020“百花迎春”微博话题浏览量进一步创新高，《中国艺术报》微博和《中国艺术报》微信公众号和客户端的“百花迎春”主题宣传也产生了巨大传播力和影响力。此外，积极开拓新的受众群体和用户群体，向新文艺群体文艺工作者赠送报纸

3000份；积极向学习强国平台，光明网、新华网等网站推送《中国艺术报》优质内容。

【与新华网等单位合作开展“京东文学盛典”】

与京东集团、新华网、北京卫视联合主办主题为“以热爱，领阅不凡世界”的“京东文学盛典”，邀请阿来、格非、苏童、麦家、徐则臣等文坛名家和广大读者一起推荐好书。

【举办庆祝《中国艺术报》创刊25周年艺术名家作品邀请展】

10月26日至30日，主办“庆祝《中国艺术报》创刊25周年艺术名家作品邀请展”在中国文艺家之家展览馆举行。此次展览共有160余位书画家和紫砂陶瓷艺术家应邀参展，共展出书画作品136件、紫砂陶瓷作品229件。书画与紫砂陶瓷对话，营造出别样的艺术世界，表达了艺术家们对《中国艺术报》的良好祝愿，抒发了当代中国人追求美好生活的时代心声。

【开展“大巴山文艺推优工程”】

与四川省巴中市委宣传部联合主办“大巴山文艺推优工程”。“大巴山文艺推优工程”旨在深入挖掘巴国故地优秀历史文化资源和精神内涵，进一步推动泛巴区域文化交流和发展，打造泛巴区域文化品牌，扶持创作一批具有中国气派、巴文化特色和巴人风骨的精品力作。

【主办“正本清源 守正创新”苏州吴中高层次文艺人才研修班学员晋京作品汇报展】

11月2日至6日，中国艺术报社和中国民协、中国文联文艺研修院主办的“正本清源 守正创新”苏州吴中高层次文艺人才研修班学员晋京作品汇报展在中国文艺家之家展览馆举行。现场展出了吴中区高层次文艺人才研修班学员的优秀作品。这些作品以民间文艺为主，涵盖苏绣、核雕、玉雕、明式家具、红木雕刻等多个艺术领域。

【编辑出版《艺术交流》杂志】

完成《艺术交流》杂志主办单位的变更工作，《艺术交流》杂志改由中国艺术报社主办，全年出版四期。

【中国文联年鉴编撰工作】

完成了中国文联年鉴（2019）的编撰出版工作，中国文联年鉴（2020）已经完成编撰工作，即将出版发行。

获得荣誉和队伍建设

【获得田汉戏剧奖等奖项】

在2020年度，记者郑荣健写作的《史诗叙事与青春特质——评舞剧〈永不消逝的电波〉》获得田汉戏剧奖评论类一等奖。

王琼采写、记者怡梦编辑的《邓宝金：干杂技这行儿，就不能叫苦》被评选为2019年度全国报纸副刊年度佳作（三等）。

【积极参与中国文联等组织的各类培训】

在2020年，报社组织全体人员分别参加了《中国文联局处级干部和基层党组织书记学习贯彻党的十九届四中全会精神培训班》《中国文联干部职工增强“四力”网络专题班》《中国文联系统出版管理和改革发展培训班》《加强中国文联出版意识形态工作专题培训班》，进一步强化了理论武装。在日常工作中，注重思想引导和业务培训，充分发挥部门负责人的示范作用和传帮带作用，充分运用每周三次编前会突出进行政治教育和业务培训。通过一系列举措，切实提升了队伍整体素质。

中国戏剧家协会

1	2
3	4
5	
6	

1. 12 月，中国戏剧家协会第九次全国代表大会召开。
2. 图为中国戏剧家协会第九届理事合影。
3. 9 月，中国剧协第八届理事会第五次会议暨 2020 年中国剧协工作会议召开。
4. 中国文联、中国剧协梅花奖艺术团“送欢乐下基层”慰问演出走进吉林省长白山朝鲜族自治县。
5. 11 月，首届粤港澳大湾区中国戏曲文化节演出结束后，中国剧协分党组书记、驻会副主席陈彦与演员合影。
6. 12 月，中国文联主席、中国作协主席铁凝，中国文联党组书记、副主席李屹，中国文联党组成员张雁彬与中国剧协第八届、第九届主席团成员合影。

中国戏剧家协会

	7
8	9
10	11
12	

7. 11 月，纪念曹禺先生诞辰 110 周年暨第四届中国（潜江）曹禺文化周活动之戏剧创作高峰论坛举办。
8. 10 月，中国剧协 2020 年重点题材改稿会在海口举办。
12 月，中国剧协第十届小戏小品编导演研修班学员在进行表
9. 演训练。
10. 11 月，武汉人民艺术剧院原创抗疫话剧《逆行》上演。
11. 10 月，全国脱贫攻坚题材优秀舞台艺术剧目展演活动在京举
12. 办。图为剧目豫剧《重渡沟》剧照。
12 月，中国文联党组书记、副主席李屹，中国剧协分党组书记、驻会副主席陈彦为中国剧协名誉主席和出席中国剧协第九次全国代表大会闭幕式的中国剧协顾问颁发荣誉证书、聘书。

中国电影家协会

1. 9月26日，中国文联主席、中国作协主席铁凝出席2020年中国金鸡百花电影节暨第35届大众电影百花奖颁奖典礼并为最佳影片《我和我的祖国》颁奖。
2. 11月28日，中国文联党组书记、副主席李屹出席第33届中国电影金鸡奖颁奖典礼并颁发中国文联终身成就电影艺术家荣誉。
3. 9月24日，中国文联党组成员胡孝汉出席2020年中国金鸡百花电影节并启动"星空放映"
4. 11月24日，第33届中国电影金鸡奖·脱贫攻坚主题影展暨八闽电影巡展启动。
5. 5月29日，中国影协第十届主席团第三次会议召开。

中国电影家协会

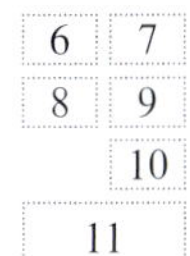

6	7
8	9
	10
11	

6. 10 月 27 日，第十五届华语青年电影周闭幕。
7. 11 月 26 日，电影界行风建设调研座谈会召开。
8. 11 月 27 日，电影界学习贯彻十九届五中全会精神座谈会召开。
9. 12 月，全国影协秘书长管理干部培训班举办。
10. 12 月 23 日，中国电影金鸡奖完善评奖标准体系专家研讨会召开。
11. 12 月 29 日，电影界职业道德建设委员会成立。

中国音乐家协会

1	2
3	4
5	
6	

1. 1月4日,"我们的中国梦 文化进万家"——"向人民汇报"中国音协新兴音乐群体轻骑兵走进山东兰陵慰问演出。
2. 7月25日至31日,中国省协第六期全国优秀青年词曲作家高级研修班在福建漳州举办。
3. 8月18日,中国音协行风建设委员会第二次会议在成都举行。
4. 8月19日,"向人民汇报——中国音协'金钟之星'艺术团送欢乐下基层慰问演出"在四川成都举行。
5. 8月21日,2020年全国音协工作会议在四川成都召开。
6. 8月18至20日,中国音协第八届理事会第三次会议在四川成都召开。

中国音乐家协会

	7
8	9
10	11
12	

7. 9月27日，2020金钟之星“一带一路”民族音乐会在兰州音乐厅举办。
8. 9月29日，“音乐的力量”——抗疫主题音乐创作座谈会在京举办。
9. 10月20日，“记录时代的乐音——庆祝《人民音乐》创刊70周年座谈会”在京举行。
10. 10月23日，大型原创交响合唱《奋进新时代》在成都开启全国巡演。
11. 12月23日，大型主题音乐会《小康之歌》在国家大剧院歌剧厅上演。
12. 9月22日，“向人民汇报”——中国音协新兴音乐群体轻骑兵演出深入贵州黎平。

中国美术家协会

1	2
3	4
5	

1. "中国美协油画、插图装帧、中国画艺术委员会换届大会暨国家重大题材美术创作艺术委员会成立大会"中国文联党组书记、副主席李屹向中国美协分党组书记、驻会副主席徐里颁发聘书。
2. 中国文联党组书记、副主席李屹，中国美协主席范迪安，中国美协分党组书记、驻会副主席徐里，中国美协分党组副书记陶勤集体参观"中国美术世界行暨海外研修工程成果汇报展"。
3. 中国文联党组书记、副主席李屹，甘肃省副省长何伟，中国美协分党组成员、秘书长马锋辉等领导看望甘肃陇南美术培训班师生。
4. 中国美协主席范迪安，中国美协分党组成员、秘书长马锋辉向湖南省花垣县和十八洞村赠送美术书籍。
5. 《战"疫"中国：全国美术作品选》出版座谈会暨向抗疫英雄赠书、赠画仪式领导嘉宾合影。

中国美术家协会

6. 中国美协油画、插图装帧、中国画艺术委员会换届大会暨国家重大题材美术创作艺术委员会成立大会现场。
7. 中国文联副主席、中国美协副主席许江，中国美协分党组成员、秘书长马锋辉参观“决胜全面小康——全国农民画美术作品展”。
8. “全国美术高峰论坛·重庆活动”现场。
9. 第九届北京国际美术双年展第一次策委会合影。

第九届中国北京国际美术双年展第一次策委会
The First Session of the Curatorial Committee of the 9th Beijing International Art Biennale, China

中国曲艺家协会

1. 2月21日，中国曲协八届六次主席团暨2020年全国曲协专题视频会议在京召开。
2. 4月28日，中国曲协应邀出席《视听表演北京条约》宣传庆祝活动。
3. 8月13日，疫情防控常态化前提下的曲协工作研讨会在山西长治召开。
4. 9月4日晚，以艺战"疫"新创抗击疫情优秀曲艺节目汇报演出在江苏苏州举办。图为盛小云等表演苏州弹词《出征》。
5. 9月29日至30日，第十届中国曲艺节在河南平顶山举办。图为曲艺节节旗交接仪式。
6. 8月25日，第七届全国道德模范的汇基层巡演启动仪式暨首场演出在北京民族剧院举行。

1	2
3	4
	5
6	

中国曲艺家协会

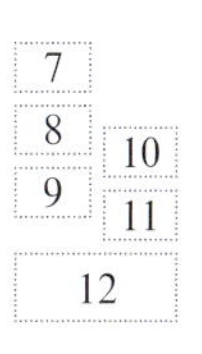

7. 10月25日至30日，首期全国基层（市县）曲协组织负责人培训班在四川成都中国曲协曲艺研修院举办。
8. 11月4日至6日，由中国文联、中国曲协共同主办的“新时代曲艺星火扶贫工程成果巡礼展演”在北京二七剧场举行。
9. 11月26日，第六届全国高等院校曲艺教育峰会在浙江音乐学院召开。
10. 12月1日至3日，第八届全国相声小品优秀节目展演在北京民族宫举办。图为金霏、陈曦表演相声《家长啊家长》。
11. 12月8日，中国曲协、中国舞协、中国民协联合主题党日活动举办，来自福建三明的红色故事宣讲团开展宣讲活动。
12. 10月15日，姑苏牡丹颂——“曲赞全面小康艺为人民大众”第十一届中国曲艺牡丹奖颁奖仪式在江苏苏州举办。

中国舞蹈家协会

1. 中国舞协第十届理事会第四次（扩大）会议举办。
2. 1月20日，维也纳文学与艺术峰会举办。
3. 8月11日，2020年全国少儿舞蹈发展论坛于徐州举办。
4. “全国中小学舞蹈教师培优计划”2020年上海站培训结业展示。
5. 10月30日，在江西瑞金红军广场上演舞蹈《战后重逢》。
6. 9月26日，2020中国舞蹈高峰论坛暨中国舞蹈“荷花奖”舞剧论坛在上海举行。

中国舞蹈家协会

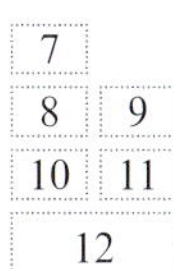

7. 2020 中国舞协环境舞蹈展演大理舞蹈季现场。
8. 中国舞协《中国舞蹈考级教材》少儿舞蹈课堂现场。
9. 第十二届中国舞蹈“荷花奖”古典舞评奖获奖作品《大河三彩》剧照。
10. 第十二届中国舞蹈“荷花奖”舞剧评奖获奖作品《努力餐》剧照。
11. 舞聚云端网络直播节目海报。
12. 9 月 19 日，“2020 首钢园环境舞蹈展演”开幕式在北京首钢园举行。

中国民间文艺家协会

1. 中国文联党组书记、副主席李屹，中国文联党组成员张雁彬，中国文联副主席、中国民协主席潘鲁生，中国民协顾问白庚胜、罗杨启动“大美民间——中国民协70华诞展览”开幕式。
2. 中国文联党组成员、书记处书记张雁彬参观“最美小康路——中国西部民间工艺主题创作汇报展”。
3. 在“最美小康路——中国西部民间工艺主题创作汇报展”上，中国文联副主席、中国民协主席潘鲁生接受中央广播电视总台记者专访。
4. 中国民间文学大系编纂出版工作委员会工作会议暨中国民间工艺集成编辑出版工作会在北京召开。
5. 中国民协会客厅第一期暨2020年新入会会员培训班网络直播教学班在京举办。
6. 第十二届中国民间艺术节在广东省中山市举办。

中国民间文艺家协会

7	8
9	10
11	
12	

7. 中国民间文学大系出版工程“俗语卷”编纂工作会暨《俗语，山东卷》审稿会在山东青岛市举办。
8. “我们的节日。贵德六月会”上的“两神相会”仪式。
9. 2020·中国北方民歌那达慕暨北方民歌生态保护与传习座谈会在内蒙古举行。
10. 传统“二人台”与民间“二人转”传承与发展交流展演活动在黑龙江省富裕县举办。
11. 第七届中国·徐州文化博览会暨中国(徐州)汉文化旅游节开幕式。
12. 中国文联、中国民协文艺志愿服务团走进四川达州宣汉。

中国摄影家协会

1
2
3
4

1. 10月16日，“晴朗的天空”——青藏高原各族人民的新生活主题摄影展览在中国文艺家之家展览馆开幕。
2. 11月12日，中国摄协、中国文联权益保护部、中国摄影著作权协会联合在京组织召开“通过修改《著作权法》决定座谈会”。
3. 第十三届中国摄影金像奖评委会现场。
4. 12月20日，第十三届中国摄影艺术节在河南三门峡开幕。

5. 2020 年全国摄影工作视频会议主会场现场。
6. 2 月 20 日，中国摄协派出赴湖北抗击疫情摄影小分队，逆行武汉。该图为用 5 千余张抗疫医务人员肖像拼出的“抗疫天使”形象。
7. 中国摄协赴湖北抗击疫情摄影小分队成员：李舸、刘宇、柴选、曹旭、陈黎明（从左至右）。
8. 9 月 21 日，第二届吴印咸摄影艺术双年展暨纪念吴印咸诞辰 120 周年活动在江苏沭阳开幕。

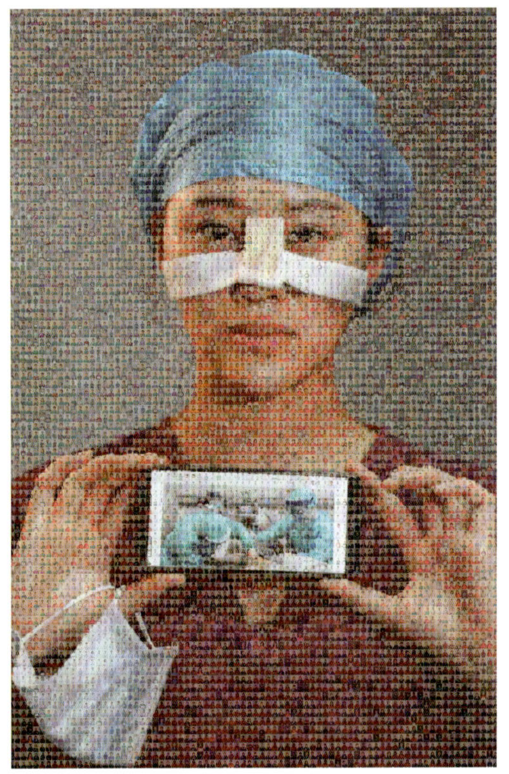

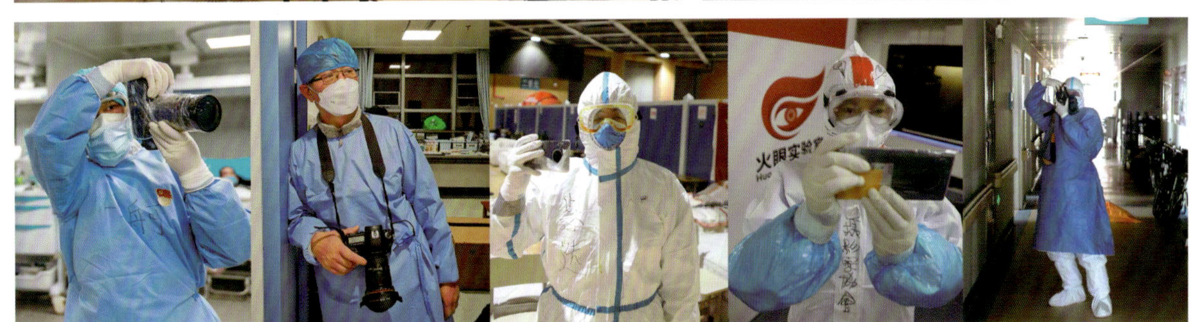

中国书法家协会

1. 中国文联党组书记、副主席李屹参加中国书协“不忘初心，弘扬优良家风”主题党日活动。
2. “深入生活，扎根人民”——第四届“文质兼美”优秀基层书法家创作活动作品成果展开幕。
3. “天道酬勤 力耕不欺——张海八十初度新作展”开幕。
4. “碧血丹心：纪念沙孟海延辰120周年系列活动”现场。
5. “中国力量——全国扶贫书法大展”开幕式现场。
6. 中国文联党组领导在“中国力量——全国扶贫书法大展”开幕式现场。

1	2
3	4
	5
6	

7	8
9	10
11	
12	

7. 中国书协调研组到山东省开展调研。
8. 中国书协陇南支教全体队员合影。
9. 中国书协 2020 送万“福”走进辽河油田。
10. 中国书协赴陇南支教小分队队员教学现场。
11. 2020“春艺盎然”春节文艺嘉年华系列第三届上海春联大会暨上海百位书法名家现场书写春联迎新活动在上海市金山区举办。
12. 中国文联党组书记、副主席李屹看望支教教师和学生。

中国杂技家协会

1	2
3	4
5	
6	

1. 中国杂协第八次全国代表大会在京胜利召开。
2. 中国杂协举办全国文联系统首家培训工作研讨会。
3. 第三届中国杂技理论高级研修班合影。
4. 上海国际杂技教育论坛是国际杂技教育界进行理论研讨、信息交流、成果展示、项目合作的高层深度对话平台。
5. 粤港澳大湾区杂技艺术周致力于打造为具有深圳特色的区域性权威艺术活动。
6. 中国杂协第八次全国代表大会实现平稳、顺利、成功、圆满换届。

中国杂技家协会

7. 中国杂协代表团在西班牙同中国参赛团体合影。
8. 中国杂协代表团赴摩纳哥蒙特卡洛出席世界马戏联盟年会。
9. 中国杂协在美国拉斯维加斯和洛杉矶举办3场“金菊飘香，中国之夜”中国魔术专场演出。
10. 中国杂协文艺志愿服务团小分队走进校园开展魔术支教活动。
11. 中国杂协举办三期网络专题培训班，学员们积极在线学习。
12. 中国杂协赴浙江东阳开展“送欢乐、下基层”大型慰问演出活动。

中国电视艺术家协会

1. 1月10日，2019中国电视剧创作研讨会在京召开。
2. 5月23日，中国视协举办《坚信爱会赢——文艺界“以艺战疫”5.23特别节目》。
3. 7月31日，脱贫攻坚主题电视剧创作研讨会在京召开。
4. 8月18日，坚信爱会赢——“中国医师节”致敬抗疫白衣战士系列活动在湖北武汉举办。
5. 9月23日至27日，电视文艺乌兰牧骑慰问活动暨2021年度春晚及电视文艺晚会座谈会在内蒙古呼伦贝尔举办。
6. 11月20日至21日，第六届“世界电视日”中国电视大会在京举办。

中国电视艺术家协会

7. 10月18日，第30届中国电视金鹰奖暨第13届中国金鹰电视艺术节颁奖晚会在长沙举办。
8. 10月26日至29日，第十三届中国旅游电视周系列活动在江苏扬州举办。
9. 11月25日至28日，中国视协2020年“纪录小康工程”基层电视工作者专题业务培训在福建莆田举办。
10. 11月18日至22日，中国视协2020年现实题材电视剧精品创作中青年骨干人才培训在安徽滁州举办。
11. 11月26日、“红色沃土·新征程”中国文联、中国视协文艺志愿服务团“送欢乐·下基层”慰问演出在广西全州举行。
12. 11月6日至9日，第八届亚洲微电影艺术节系列活动在云南临沧举办。

中国文艺评论家协会

1. 8月16日至19日，全国文艺评论工作会暨中国文艺评论家协会第二次全国代表大会在京召开。
2. 11月5日，习近平总书记关于文艺工作重要论述理论研讨会召开。
3. 10月15日至17日，2020苏州论坛开幕式现场。
4. 8月16日至19日，中国评协第二次全国代表大会现场。

中国文艺评论家协会

5. 11月27日至29日，第六届中国青年文艺评论家"西湖论坛"现场。
6. 11月12日至15日，中国抗疫文艺创作的家国叙事和传播策略座谈会现场。
7. 9月29日，"音乐的力量"——主题苦乐创作座谈会现场。
8. 10月24月，"媒介视域下的艺术变迁"学术研讨会暨2020中国艺术学理论学会年会举办。
9. 11月24日，"优秀网络文艺评论的评价标准"研讨会暨中国文艺评论网第三期新版上线仪式。
10. 9月20日，中国文艺评论家协会赴四川省凉山州美姑县开展中宣部、中国文联"我们的中国梦"——文化进万家文艺志愿服务活动。

China Federation of Literary and Art Circles Group Members (Ⅰ)

2021

中国文联各团体会员（一）

中国戏剧家协会

综　述

2020年，在中国文联党组的坚强领导下，中国剧协分党组坚持以习近平新时代中国特色社会主义思想为指导，深入贯彻党的十九大和十九届二中、三中、四中、五中全会精神，坚持以人民为中心的工作导向，不断探索创新，促使各项工作取得新进展、新成就。

重要活动

【抗疫、防疫期间组织广大戏剧艺术工作者积极开展抗疫活动】

自新冠病毒疫情发生以来，中国剧协严格执行党和国家关于抗疫工作的重要决议和工作部署，按照中国文联关于抗疫、防疫期间开展文艺工作的要求，努力倡导和调动戏剧界协力同心、共克时艰的共识，积极思考特殊时期下戏剧艺术工作的新思路、新方式。中国剧协分党组对此认真研究、周密部署、有力推动，以高度的责任感和政治意识积极履行协会工作职能，调动和组织广大戏剧艺术工作者以丰富多样的形式发挥戏剧艺术贴近生活、扎根群众的独有魅力，为抗疫工作贡献力量。

充分利用网络平台，组织“以艺抗疫”等宣传活动。抗疫、防疫期间，为确保协会各项工作的正常推进，中国剧协积极转变工作思路，打破传统工作模式，充分利用网络平台开展日常工作。在第一时间于官方网站上发出倡议书《同舟共济，为打赢疫情防控攻坚战贡献戏剧力量》，要求各地戏剧工作者认真遵守国家防疫各项规定，停止演出，全力投入各地抗疫工作中；同时积极组织“以艺抗疫”等宣传活动。协会充分发挥新媒体平台作用，组织发表200余名戏剧家的发声视频以及致敬一线医护工作者视频等。组织发表31个省区市抗疫作品专辑及多个民间职业剧团抗疫作品特辑，涵盖小戏、小品、戏歌、朗诵等作品1000余个，不少作品被学习强国、中国文艺网、人民网、光明网等媒体转载，得到广泛好评。

加强精品扶持，引导参与抗疫作品创作。抗疫、防疫期间，中国剧协积极联络协会主席团成员、全国著名戏剧家以及各团体会员，充分发挥中国剧协民间职业剧团工作委员会、朗诵专业委员会的作用，号召、鼓励全国戏剧工作者在积极配合疫情防控的同时，有效发挥戏剧工作宣传引导、培根铸魂的作用，潜心创作优秀戏剧作品，为抗击疫情献出戏剧人的真心和炬火。全国不少基层戏剧院团认真配合当地政府部门，用通俗易懂的戏剧演唱形式积极开展疫情防控宣传和知识普及，为宣传引导科学战“役”作出积极贡献；同时戏剧创作者们克服困难，通过创作话剧、戏曲、戏歌、诗歌、小戏小品、戏曲微电影等多种形式，记录和讴歌抗击疫情一线各行各业工作者的大爱情操与英勇事迹。协会还向各团体会员广泛征集各地以抗击疫情为主题计划开展的戏剧创作作品近150个，并结合地域特点、剧种、作品形式等实际情况，经过综合考量，筛选出35个戏剧作品创作计划，纳入重点关注和扶持内容。

积极参与丰富多彩的文艺志愿活动。中国剧协在抗疫、防疫期间特邀张建峰、傅希如、陈小朵、杜欢等优秀京剧、歌剧演员，以及优秀青年朗诵艺术工作者何恺鹏作为志愿者，积极参与由中国文联文艺志愿服务中心开展的“中国文联文化进万家网络课堂文艺志愿服务培训活动”，通过融媒体平台，向社会大众进行文艺培训网络化服务。

国际交流，共同抗疫。国际剧协、日本中国文化交流协会向中国政府及中国人民致慰问函，中国剧协在第一时间向来函方回函，感谢来自国际戏剧大家庭的牵挂与祝福，并向国际友人传达了中国人民取得抗疫胜利的信心与决心。中国剧协还在官网上发布了格鲁吉亚首都第比利斯市市长塞尔基·格瓦亚兰兹先生为中国加油的视频。

【中国剧协第九次全国代表大会在京召开】

12月12日至16日，中国剧协第九次全国代表大会在京召开，344名来自全国戏剧界的代表参加大会。这是全国戏剧界的一件盛事，也是文艺界的一件大事。中共中央政治局委员、中宣部部长黄坤明同志，中宣部副部长王晓晖同志，中国文联主席铁凝同志，中国文联党组书记、副主席李屹同志，文化和旅游部党组书记、部长胡和平同志，中国文联党组成员胡孝汉同志，中国文联党组成员、书记处书记董耀鹏同志出席了开幕式。开幕式由中国文联党组成员张雁彬主持。中国剧协主席濮存昕致开幕词。

中国剧协分党组书记、驻会副主席陈彦同志作了《勇担使命 守正创新 迈上新时代中国戏剧事业新征程》的工作报告。工作报告从八个方面回顾并总结了中国剧协过去五年的工作；用“四个坚持”明确了处于百年未有之大变局中，应该怎样清醒地看待戏剧界面临的各种问题、机遇和挑战；从六个方面提出了未来五年的工作设想。中国剧协秘书长崔伟同志受中国剧协第九次全国代表大会筹备工作领导小组委托，就《中国戏剧家协会章程》的有关修改情况作了说明。

12月15日，中国剧协第九次全国代表大会在中央领导的亲切关怀下，在中宣部、中国文联的有力指导下，经过全体代表的共同努力，顺利完成了各项议程，胜利闭幕。中国文联党组书记、副主席、书记处书记李屹出席了闭幕式。中国剧协分党组书记、驻会副主席陈彦同志宣读了中国剧协第九届主席、副主席名单：濮存昕为中国剧协第九届主席；于魁智、王勇、尹晓东、冯玉萍、任鸣、李树建、杨凤一、沈铁梅、陈彦、茅威涛、孟广禄、柳萍、韩再芬、谢涛为副主席。任命崔伟为中国剧协第九届秘书长，推举尚长荣为中国剧协第九届名誉主席，聘请王晓鹰等19人为顾问。李屹同志、陈彦同志为名誉主席和出席闭幕式的中国剧协顾问颁发荣誉证书、聘书。全体与会代表及工作人员勠力同心、团结协作，大会取得圆满成功。

【中国剧协第八届理事会第五次会议暨2020年工作会议在昆明召开】

9月1日至3日，中国剧协第八届理事会第五次会议暨2020年工作会在云南省昆明市召开。这次会议是全国戏剧界深入学习贯彻习近平总书记关于文艺、文联工作的系列重要讲话批示指示精神，落实中国文联、中宣部近期重要部署，筹备迎接中国剧协第九次全国代表大会而召开的一次凝聚共识、共商发展的重要会议。

中国文联副主席、中国剧协主席濮存昕，中国剧协分党组书记、驻会副主席陈彦，中国文联人事部主任郑希友，中宣部干部局副局长陈晓琳，中国剧协副主席王晓鹰、冯玉萍、李树建、杨凤一、沈铁梅、罗怀臻、季国平、孟冰、孟广禄、柳萍、韩再芬，中国剧协分党组副书记顾立群，中国剧协分党组成员、秘书长崔伟出席会议。来自全国各地的中国剧协理事、各团体会员负责人等130余人参会。

濮存昕在致辞中充分表达了全国戏剧界在疫情防控常态化背景下重整行装、再次出征的喜悦与干劲。他勉励全国戏剧工作者坚持独特的艺术表达、拒绝平庸，以精益求精的艺术态度创作出更多经典传世之作。他号召戏剧工作者坚持以人民为中心的工作导向，在为人民大众服务中体现自身艺术价值。他鼓励大家对剧协未来的发展贡献智慧、多提宝贵意见建议，为今后协会工作取得更大的发展进步贡献力量。

陈彦受第八届主席团委托，在会上作了题为《凝心聚力 共克时艰 推动戏剧事业和剧协工作迈上新台阶》的工作报告。报告以习近平新时代中国特色社会主义思想为遵循，回顾总结了中国剧协在2019年及2020年抗疫、防疫期间的工作，规划部署了今后一个时期协会的工作重点。报告结合当下戏剧发展现状，深刻分析了当前形势，对如何推动戏剧行业复苏并取得新发展进行了务实深刻的思考。陈彦希望戏剧界要坚定信心、相互扶持，在疫情时有反复的困境中找准定位，图存图强；要善于运用网络新媒体创新传播形式，同时也要守住戏剧作为舞台艺术的“根”与“魂”；要加强定力修为，立足戏剧本质精神，抓好精品创作。

会议期间，理事们围绕工作报告及今后五年

协会工作发展规划等议题进行了分组讨论。与会者对陈彦所作的工作报告给予了高度评价，认为报告主题鲜明、导向明确、针对性强、言简意赅，分析形势准确到位，起到了坚定信心、鼓舞士气的作用，具有很强的指导性和可操作性。与会代表还本着对戏剧事业和剧协工作高度负责的态度提出了许多有建设性的宝贵建议。

在理事会召开之前，中国剧协还召开了第八届主席团第六次会议，通过了成立中国剧协朗诵专业委员会的决定，审议通过了新修订的《中国剧协会员工作条例》及《中国戏剧工作者行为守则》《中国戏剧工作者行为守则实施办法》等文件。在理事会上，郑希友作了《关于民主推荐中国剧协新一届领导机构的说明》，为中国剧协第九次全国代表大会换届工作做了组织筹备。会议期间，理事们观摩了云南的地方戏演出，中国剧协还组织调研组深入基层，对滇剧、花灯剧及昆明庭院戏剧的发展现状进行考察调研。

【“文艺进万家　健康你我他”——中国文联、中国剧协梅花奖艺术团“送欢乐　下基层”慰问演出走进吉林】

9月23日至24日，“文艺进万家　健康你我他”——中国文联、中国剧协梅花奖艺术团“送欢乐　下基层”慰问演出，来到祖国东北吉林省，为临江市、长白朝鲜族自治县百姓、戏迷票友、少数民族同胞分别献上戏剧艺术的视听盛宴。两场演出中，梅花奖获得者蔡浙飞、齐爱云、汪荃珍、于兰、武利平等先后登台，为当地观众带去了党和政府的关怀与温暖，送去广大文艺工作者的牵挂与祝福，受到了当地群众的热烈欢迎。

本次梅花奖艺术团“送欢乐　下基层”吉林临江、长白行慰问演出是今年疫情发生以来的首次出征。抗疫、防疫期间，广大戏剧工作者怀揣着对祖国人民的惦记和挂念，履行着作为文化使者的神圣使命，大家通过网络等各种形式积极发声，为奋战在抗疫一线的医护人员和疫区的居民加油鼓劲。在得知本次慰问演出的消息后，众多戏剧艺术家踊跃参与。本次慰问演出受到央视新闻频道、央视戏曲频道、光明网、学习强国、《中国艺术报》和中国文艺网等各大媒体高度关注，并且是首次尝试用手机直播的方式在中国文艺网平台对演出进行了全程直播，获得了15万余次的网络点击率，产生了良好而广泛的社会影响。

【梅花奖数字电影工程】

经严格申报、选拔，2020年遴选了《邯郸记》《大将军韩信》《阿搭嫂》3部作品进行扶持拍摄。协会进一步建章立制、改进组织架构、完善监管体系、保证艺术质量，积极推动影片筹备、拍摄、制作工作顺利开展。

【组织《建党百年百部剧作典藏》剧作遴选工作】

为庆祝2021年建党100周年，中国剧协组织开展《建党百年百部剧作典藏》出版工程。全书十卷，从中国戏剧文学成就的角度，见证百年历程中中国共产党领导文化实践的历史。经前期论证、专家研讨，剧作遴选工作已基本完成。

艺术节与剧目展演

【举办全国脱贫攻坚题材舞台艺术优秀剧目展演】

为集中展示全国艺术院团助力脱贫攻坚的良好风貌，用优秀创作成果丰富人民群众的精神文化生活，为决胜全面小康、决战脱贫攻坚营造浓厚的社会氛围，由中共中央宣传部、文化和旅游部、中国文联、国务院扶贫开发领导小组办公室共同主办的全国脱贫攻坚题材舞台艺术优秀剧目展演于10月17日在京开幕。

本次展演历时两个月，聚焦决战脱贫攻坚、全面建成小康社会主题，用文艺的形式宣传、展示脱贫攻坚取得的重大成就以及人民群众的幸福生活。参演的67部舞台艺术作品涵盖戏曲、话剧、歌剧、舞剧、音乐会等多种舞台艺术形式，具有较高思想性、艺术性。其中，既有民族歌剧《扶贫路上》、歌舞剧《大地颂歌》、儿童剧《萤火虫姐弟历险记》、越剧《山海情深》等新创作品，也有民族歌剧《马向阳下乡记》、话剧《闽宁镇移民之歌》、评剧《藏地彩虹》等经过观众检验的精品佳作。参演单位既有国家级和国有院团，也有基层院团及民营院团。

本次展演活动坚持公益惠民原则，以线下剧场演出和线上网络直播、展播相结合的形式开展，以期更广泛、便捷地服务广大观众。其中，彩调剧《新刘三姐》、话剧《塞罕长歌》、歌舞剧《大地颂歌》等12部作品在北京集中演出23场，其余55部剧目在当地剧场展演。同时，在文化和旅游部、国务院扶贫开发领导小组办公室、中国剧协官方网站和“学习强国”平台进行线上演出。

【举办第九届长江流域戏剧艺术节暨第二届小剧场艺术季】

10月31日，第九届长江流域戏剧艺术节在江苏省张家港市锡剧艺术中心剧场开幕。该活动由中国剧协、张家港市人民政府联合主办，由江苏省剧协、中共张家港市委宣传部、张家港市文化广电新闻出版局共同承办，由沿江各省区市剧协共同协办。

长江流域戏剧艺术节是“2020中国（张家港）长江文化艺术节暨金秋经贸周”的特色活动之一。每两年举办一届，是长江文化艺术节的核心品牌活动，已经成为长江流域戏剧文化交流的重要平台。本届戏剧艺术节全力拓宽办节思路和视野，与小剧场艺术季相结合，大戏和小剧场交错展演，川剧、黄梅戏、滑稽戏、锡剧、话剧等剧种交相辉映，让广大市民在家门口就能尽享戏剧艺术的盛宴。本届艺术节包括9场大戏和9场小剧场演出，演出数量为历届最多。

【举办第二届中国（金华）李渔戏剧汇】

11月7日，由中国剧协、浙江省文化和旅游厅、金华市人民政府共同主办的第二届中国（金华）李渔戏剧汇活动开幕。

中国（金华）李渔戏剧汇以“戏剧的盛会，百姓的节日”为宗旨，以“戏聚金华，金华有戏”为主题，通过论坛、展演、展览、赛事，传承和弘扬中华优秀传统文化，推动和促进文化艺术的大发展、大繁荣。第二届中国（金华）李渔戏剧汇举办时间为11月7日至20日，主会场在金华市区，兰溪市设分会场。主要活动包括“戏曲与IP”高峰论坛、“戏聚金华”全国优秀戏剧剧目展演、第三届“婺星争辉”婺剧青年演员挑战赛、“当下文化视野中的婺剧发展与实践”学术研讨会、《中国戏剧年鉴》理事扩大会、“品戏读城”首届中国（金华）戏曲短视频大赛、“婺戏·人生”戏画脸谱作品展等。金华是国家历史文化名城，素有“历史文化之邦、名人荟萃之地、文风鼎盛之城”的美誉，是戏剧大师李渔的诞生地，也是国家非物质文化遗产——婺剧的发祥地。第二届中国（金华）李渔戏剧汇的举办，让来自全国各地的名团、名剧、名角再次齐聚金华、共话发展，使古老的婺剧焕发出新的活力。

【举办纪念曹禺先生诞辰110周年暨第四届中国（潜江）曹禺文化周活动】

11月7日，曹禺故里群贤毕至，第四届中国（潜江）曹禺文化周开幕。本届曹禺文化周由中国文联、湖北省人民政府主办，中国剧协、湖北省文化和旅游厅、湖北省文联、天津市文联、潜江市人民政府承办，中国话剧理论与历史研究会、中央戏剧学院、北京人民艺术剧院、天津人民艺术剧院、上海戏剧学院等单位协办。文化周以“经典曹禺、文化潜江”为主题，举办文化类、演出类活动21场。中国剧协承办了曹禺文化周开幕式暨中国剧协梅花奖艺术团曹禺故里行文艺演出、第五届曹禺剧本创作交流会暨曹禺剧本奖获奖作者潜江行等活动。

【举办2020年中国小剧场戏曲展演】

12月9日至15日，由中国剧协、上海戏曲艺术中心、中共上海市黄浦区委宣传部、文汇报社共同主办的“2020年中国小剧场戏曲展演”在上海长江剧场举办。本次展演活动共收到申报剧目68部，涉及25个剧种，经专家评审，来自京剧、昆剧、越剧、滇剧、绍剧、评剧、婺剧、川剧、高甲戏、黄梅戏等10个剧种的12部小剧场戏曲作品脱颖而出，在长江剧场红匣子、黑匣子轮番登场。展演后还举办了专题研讨会，专家学者与院团主创共同探讨小剧场戏曲的现状及发展潜力。

2015年创办的上海小剧场戏曲节不断吐故纳新，已逐步发展成为青年戏曲创作表演人才的孵化基地之一，培育了大批青年观众。活动着力于促进小剧场戏曲在“吸收”传统文化精华的基础上，“呼出”新想法、新形式、新理念，而这正是戏曲艺术传承发展、生生不息的原动力。过去5届共收到近40个剧种231部申报剧目，已经上演了44台有思想、有温度、有情怀的小剧场戏曲作品，一批优秀的青年戏曲人才通过这个平台获得观众和专家的青睐和好评。2020年，由上海小剧场戏曲节发展而来的“中国（上海）小剧场戏曲展演”正式更名为“中国小剧场戏曲展演”，中国剧协成为主办单位之一，为扩大活动品牌的知名度和影

响力，提升其学术性和艺术水准，树立行业标杆等起到了稳舵领航的作用。

【梅花蓓蕾向阳开——第24届中国少儿戏曲小梅花荟萃线上展演活动】

第24届“中国少儿戏曲小梅花荟萃”活动由中国剧协、上海市金山区人民政府、张家港市人民政府主办，中国文联戏剧艺术中心、上海市金山区教育局、张家港市文体广电和旅游局承办，全国各省市戏剧家协会协办。

在本届“中国少儿戏曲小梅花荟萃”活动中，“小梅花”们的参与热情格外高涨，但因新冠肺炎疫情的影响，精彩的表演无法在剧场上演。组委会面对新情况、新形式、新挑战，充分发挥互联网多媒体的特点和优势，全程线上进行，参与选手按要求录制演出视频，由专家进行网上审核。来自北京、上海、天津、河北、山西、辽宁、江苏、浙江、安徽、山东、河南、广东、四川、贵州、云南、青海等地及小梅花各培训基地共36家单位报送的312个节目（其中个人节目243个、集体节目69个）入围。经过严格、公正的审核，最终对个人节目择优授予了“小梅花”称号，对集体节目择优授予了“传承类”“联唱类”“编排类”“原创类”“创新类”“器乐类”小梅花集体节目称号。

本届活动各级单位克服疫情困难，不仅顺利进行，还创造了全新的展演模式和传播方式；不仅满足了小戏迷展示自我的愿望，还产生了比往届更为深远的社会影响，为进一步助力新时代戏曲人才的培养贡献了力量。“梅花蓓蕾向阳开”——第24届中国少儿戏曲小梅花荟萃线上展演于11月在中国剧协微信公众号、光明网、央视频、中国文艺网、歌华年华和上海市金山区、张家港市有关微信公众号等新媒体平台上播出，展现了少年儿童的戏曲风采，取得广泛社会影响。

创作与研究

【积极开展调研工作】

中国剧协高度重视调研研讨工作。上半年，为进一步了解疫情影响下基层组织和基层院团状况，认真开展了“转变作风，重心下沉，紧紧依靠广大文艺工作者，切实增强剧协组织政治性先进性群众性”线上调研研讨活动，向各类院团及各团体会员、基层剧协广泛发放问卷、开展书面访谈，回收问卷190份，经认真分析形成专题报告。为深入了解疫情对各类戏剧院团尤其是基层及民间职业剧团的影响，还开展了“疫情影响下全国戏剧院团情况调研”，回收398个剧团的网络问卷，为抗疫、防疫期间的戏剧工作提供有力的数据支撑。下半年到杭州萧山、桐乡乌镇、南京等地考察调研基层院团、民间戏剧机构经营、创作、发展状况，深入了解他们的诉求，在展演、培训等各项工作中加大对其关注扶持力度。

【组织召开“纪念徽班进京230周年座谈会”】

11月11日，由安徽省委宣传部、中国剧协、安徽省文化和旅游厅、安徽省文联、安徽演艺集团主办的“纪念徽班进京230周年座谈会”在京举行。

座谈会上，来自全国京剧、徽剧等剧种的专家、学者围绕“徽班进京的历史渊源”“徽班对戏曲发展的贡献及启示”“京剧和徽剧的传承发展”等议题展开讨论。与会专家认为，探讨徽班进京的当代价值，对戏曲艺术的守正创新具有重要意义。海纳百川、兼收并蓄、勇于创新是其留下的优秀传统，值得继承发扬。与会专家建议，要进一步挖掘戏曲的民族品格和美学风格，统筹推进人才队伍建设，注重一专多能、多才多艺的优秀戏曲人才培养。未来既要实现优秀传统剧目的高水平传承，也要注重新创剧目的成活率，进一步推动中华优秀传统文化创造性转化、创新性发展。

【“第二届新时代戏曲电影发展论坛”在广州举办】

11月21日至23日，由中国剧协、广东省文联、广东省戏剧家协会、广东省电影家协会联合主办的第二届新时代戏曲电影发展论坛在广州增城1978电影小镇举行。国内众多资深戏剧人、电影人、相关行业专家与会。

论坛期间，通过举办戏曲电影作品展演、主题论坛沙龙、盛典晚会等形式多样的活动，聚焦戏曲电影艺术内涵、发展现状、传播途径等话题，探讨戏曲电影在新时代“创造性转化、创新性发展”要求下的艺术探索和实践。此次论坛展映了粤剧《花月影》、锡剧《三三》、眉户剧《父亲啊父亲》、汉剧《白门柳》4部不同剧种不同题材的戏曲电影。

在11月22日下午举行的论坛上，中国剧协分党组成员、秘书长崔伟，广东省文联党组书记、专职副主席王晓，中国电影集团创始人、原董事长杨步亭分别致辞；中国电影评论学会会长、中国文联电影艺术中心原主任、电影理论家饶曙光，中国艺术研究院电影电视所所长丁亚平等戏曲电影领域研究者、一线创作者及发行从业人员逐一发言，就"戏曲电影发展的现状、成绩和面临的主要问题""戏曲电影本体研究及发展路径""党委政府在戏曲电影发展中的作用""电影制片厂和院线在戏曲电影创作和传播中的位置和作用"等话题进行探讨和交流，共同为推动戏曲电影在新时代下守正创新出谋划策。

晚会现场还特别设置了戏曲电影推荐环节，戏曲名家现场再现了电影精彩片段，让观众不仅领略了戏曲艺术的银幕风采，更感受了戏曲艺术的舞台魅力。

【民间职业剧团工作委员会认真开展相关调研、宣传、帮扶等工作】

2020年因疫情影响，民间职业剧团受损较为严重，在中国剧协开展的全国戏剧院团情况调研中，398个剧团受访，其中246个为民营剧团。

抗疫、防疫期间民间职业剧团工作委员会认真征集、宣传民间职业剧团抗疫作品、事迹，起到团结引导、鼓舞人心的作用。举办民间职业剧团优秀剧目线上展演，选拔了17部反映现实、贴近生活的新创佳作进行网络展播，发挥了示范引领作用。

人才培养

【举办中国剧协青年戏剧工作者网络专题培训班】

8月至9月，在中国文联网络云平台举办中国剧协青年戏剧工作者网络专题培训班。包含各地基层院团、新文艺群体青年戏剧工作者及中国剧协青年干部在内的715名学员报名参加学习。培训班从青年戏剧工作者的实际需求和网络培训特点出发，在课程设置、教学手段上开拓创新，培训内容分为"必修课"和"选修课"，提高了培训工作的普及性。

【举办中国剧协第十届小戏小品编导演研修班】

受疫情影响，中国剧协第十届小戏小品编导研修班编剧课程部分于9月至10月采取线上授课的方式先期举办。共有来自全国各地群众文化馆、基层院团、高校、新文艺群体的小戏小品编剧人才675人报名参加学习，收到新创作品400余部，从中优选了小戏28部、小品27部进行打磨提升。本次培训创新形式，以在线直播的方式进行课程点评与指导。导、表演课程部分于12月在江苏省张家港市继续举办。来自全国的40名编、导、演人才参加培训。本次研修班对编剧班优选的剧本进行了"量体裁衣"，对应人物角色选拔出合适的导演、演员进入12月的线下培训。培训融汇理论与实践，为学员搭建多层次创作交流学习平台，结业演出中共有8个作品被搬上舞台。

【中国剧协2020年重点题材改稿会暨2020年大湾区中青年创作人才高级研修班举办】

10月26日至30日，由中国剧协、海南省文联共同主办的中国剧协2020年重点题材改稿会暨2020年大湾区中青年创作人才高级研修班在海南省海口市举办。本次活动是中国剧协首次尝试改稿会与培训班相结合、戏剧作品打磨提升与创作人才培养相结合的全新模式。

本次改稿会，中国剧协从全国范围内选拔了12部抗击新冠肺炎疫情、脱贫攻坚奔小康和庆祝建党百年等题材的代表性新创剧目，并邀请十余位戏剧界知名专家予以一一评点指导，与剧本主创进行面对面深入交流，提出修改打磨的具体意见。与此同时，来自海南省及广东广州、深圳、惠州、江门等地约40位中青年戏剧创作人员旁听改稿会，改稿会和高级研修班以案例实例性教学的形式，极具针对性地帮助和扶持戏剧创作，开阔创作思路、激发灵感，从而达到提升自我，增进创作的良好效果。

改稿会期间，专家学者针对《大地颂歌》《母亲》《三湾，那一夜》《扶贫路上》等12部作品涉及歌舞剧、京剧、淮剧、歌剧、话剧、秦腔、评剧、锡剧，以"观众中途离场就是创作者的问题"等高标准、严要求进行了深入点评。学员们认真倾听专家们对剧目提出的修改加工意见，并踊跃发言，表达自己在研读剧本之后的切身体会、疑惑与见解，也为剧目提升增添了更为多元、丰富的思路。

【举办中国剧协2020年中青年戏剧骨干网络专题培训班】

10月至11月，中国剧协2020年中青年戏剧骨干网络专题培训班举办。本次培训班面向全国范围内中青年戏剧编剧、导演、表演、舞美、音乐，戏剧理论、评论工作者等业务骨干，邀请知名专家学者围绕学习领会习近平总书记关于文艺工作的重要论述，戏剧理论与创作、表演实践、经典作品赏析等内容录制课程。参训学员约800人。

【举办中国剧协2018—2020年新入会会员网络培训班】

11月至12月，中国剧协2018—2020年新入会会员网络培训班举办。参训学员达662人。本次培训班课程精心设计，包括政治理论和戏剧理论、通识课程，并专门录制著作权法律普及课程，发挥线上覆盖面广的优势，积累会员培训经验。

对外及对港澳台文化交流

【首届粤港澳大湾区中国戏曲文化节在澳门举办】

11月5日，由中国剧协、粤港澳大湾区中华戏曲协会、香港大公文汇传媒集团联合主办的首届粤港澳大湾区中国戏曲文化节在澳门开幕。

澳门特别行政区行政长官代表、澳门社会文化司司长欧阳瑜，外交部驻澳门特派员公署署理特派员王冬，澳门特别行政区立法会主席高开贤，中国剧协分党组书记、驻会副主席陈彦，中国文联副主席、中国剧协副主席孟广禄以及中央人民政府驻澳门特别行政区联络办公室经济部、澳门特别行政区立法会、澳门特别行政区政府文化局、香港艺术发展局、粤港澳大湾区中华戏曲协会等单位机构的相关负责人、港澳各界代表和戏曲表演艺术家代表出席开幕式。

开幕式上，陈彦和粤港澳大湾区中华戏曲协会主席蔡安安，澳门特别行政区立法会议员、中国银行澳门分行副行长叶兆佳，香港艺术发展局主席、金沙中国有限公司总裁王英伟，澳门广播电视股份有限公司执行委员会主席罗崇雯为天津市青年京剧团、上海昆剧团、河南豫剧院、广州粤剧院、珠海演艺集团5个来自内地的戏曲院团代表授牌，欢迎戏曲艺术走进澳门。蔡安安、陈彦、王英伟先后致辞。

陈彦在致辞中代表中国剧协向中国戏曲文化节表示祝贺。他说，国人每每来到澳门，都不断被一个崭新的澳门刷新着记忆，这片土地虽然不大，但在国人心中分量很重，大家热爱这片土地和这片土地上的人。这里既有丰厚的中华优秀传统文化积淀，又有对西方文化深度的接纳与融合，还有澳门自身的独特创造，形成了独一无二的文化景观。中国戏曲文化节在这里开启，具有特殊的文化意义。文化的本质是不断累积、传承，并对现实进行创新、再造，中国戏曲作为中华传统文化的瑰宝，正是遵循着这一规律与时同新的，中华戏曲将永远眷顾、拥抱亲爱的澳门，澳门文化明天的风景将会更加美好。

5日晚，在威尼斯人剧场，粤剧表演艺术家欧凯明、昆剧表演艺术家吴双、豫剧表演艺术家李树建、京剧表演艺术家孟广禄等先后为澳门同胞献上粤剧《山乡风云》《斩经堂》、昆剧《刀会》、豫剧《程婴救孤》、京剧《赤桑镇》等代表剧目中的经典折子戏。

持续至11月9日的中国戏曲文化节还包括戏剧家走进澳门大学进行讲座交流，京剧《秦香莲》、昆剧《牡丹亭》、豫剧《清风亭上》、粤剧《搜书院》演出等活动。四百多名戏剧家和演员参加了交流演出。

【2020国际剧协线上世界代表大会召开】

12月10日至15日，在全球抗击疫情常态化背景下，为加强这一特殊时期国际剧协各会员国中心及各专业委员会之间的交流与沟通，促进全球戏剧人的团结互助，国际剧协召开了线上世界代表大会。

国际剧协（*International Theatre Institute*）由联合国教科文组织于1948年在捷克首都布拉格发起成立，其宗旨是加强戏剧的国际交流与合作，协助实现联合国教科文组织的总体目标，通过戏剧维护世界和平，增进各国人民间的友谊与相互了解。目前拥有120多个会员中心及合作单位，是表演艺术领域最大的国际专业性文化组织。2015年国际剧协总秘书处由巴黎联合国教科文组织总部迁至中国上海。中国剧协于1981年正式加入国际剧协，成为国际剧协中国中心，2014年成为国际剧协副主席国。

国际剧协世界代表大会是国际剧协最高权力机构，讨论并决定所有与其相关的重大事务。2017年在西班牙召开了第35届国际剧协世界代表大会。受新冠肺炎疫情影响，原计划于2021年2月在阿联酋召开的第36届国际剧协世界代表大会延期至2022年2月举办。

此次线上大会关注表演艺术的核心价值。大会主题为“你我共同行动，助力表演艺术”。为期6天的会议共计700人次出席，国际剧协的86个会员国中心、15个委员会以及20个表演艺术合作组织在会上通过播放录制视频或视频连线口述的形式，介绍了机构近年来的工作成果，各会员国中心代表也进行了积极的沟通和交流。

国际剧协邀请8位全球知名艺术家作开幕式主旨发言。联合国教科文组织文化副总干事埃内斯托·奥托内、中国剧协主席濮存昕、俄罗斯戏剧导演安纳托利瓦·西里耶夫（2016世界戏剧日致辞人）、古巴戏剧导演卡洛斯·塞尔德兰（2019世界戏剧日致辞人）、科特迪瓦艺术家维尔薇尔·莱京·格内波（2018世界戏剧日致辞人）、美国演员及剧作家妮科尔·索尔特、刚果民主共和国非洲文化政策观察站执行主任鲁维西·姆布亚姆巴、埃及舞蹈艺术家卡莉玛·曼苏尔（2019国际舞蹈日献辞人）发表了演讲。

中国剧协分党组书记、驻会副主席陈彦作为国际剧协中国中心主席，应邀以视频的方式出席了国际剧协线上世界代表大会，表达了中国中心与国际剧协及各会员国中心同舟共济、共克时艰的决心。

此次大会得到了全球戏剧人的盛赞，在全球疫情依然严峻的现状下，虽然戏剧行业遭受重创，但是面对困境，大家达成共识：全球戏剧人更需要携手同心，思考如何重塑和重启戏剧艺术的未来，共同努力创造戏剧发展繁荣的新时代。

党建及意识形态工作

【加强党建工作组织领导，加强支部标准化规范化建设】

成立中国剧协党建工作领导小组和办公室，研究制定《中国剧协落实党建工作责任制实施细则》《中国剧协党的建设工作领导小组2020年工作要点》，梳理汇总《中国剧协制度汇编》《中国剧协党建制度汇编》，并认真组织实施。

抗疫、防疫期间充分发挥党员先锋模范作用。根据文联通知精神，制定了《中国剧协各支部和党员干部坚决贯彻习近平总书记重要指示精神在打赢疫情防控阻击战中充分发挥作用的通知》，要求全体党员带头做好防疫工作。积极组织党员干部开展抗击疫情自愿捐款活动，共计捐款25000元。制定下发《关于做好抗疫、防疫期间学习强国学习的通知》，督促大家加强政治学习、业务学习。

认真开展“四强”党支部建设。聚焦“政治功能强”。不断加强政治机关意识教育，切实抓好各支部政治理论学习，坚持每月汇编下发党建知识学习卡；聚焦“支部班子强”。强化支部班子的党建工作责任，把“抓好党建就是最大政绩”要求落在实处，坚持党建工作与业务工作同谋划、同部署、同推进、同考核。坚持选优配强各支部书记、委员，注重选拔政治强、业务精、作风好的年轻干部担任支委，加强培训锻炼，不断提升政治理论素养和党建工作能力；聚焦“党员队伍强”。坚持做细思想政治工作，结合各支部换届摸清党建底数。加强对党员的经常性教育，定期开展谈心谈话，及时掌握党员思想动态；聚焦“发挥作用强”。注重发挥党建工作领导小组作用，强化对党支部党建工作的督促检查指导，推动各支部党建水平全面提升。坚持围绕中心、服务大局，在中国剧协第九次全国代表大会等重要工作中充分发挥党员的先锋模范作用，努力推动党建工作的思想政治优势、组织动员优势转化为业务工作优势。

加强支部标准化规范化建设。健全完善党建工作制度，制定《中国剧协党支部标准化规范化建设细则》，规范各支部运行机制。修订完善《中共中国剧协机关党委支部学习制度》《中共中国剧协机关党委支部组织生活制度》，认真推进“三会一课”规范化、制度化建设。各支部严格按照程序组织召开支部书记述职和评议工作会、巡视整改专题组织生活会，深入学习《中国共产党党和国家基层组织工作条例》并撰写学习心得。2020年各支部顺利完成换届工作。

【贯彻落实意识形态工作责任制，严把意识形态关】

切实加强组织领导，落实整改责任。协会分党组把意识形态工作作为党的政治建设的重要内容，与党建工作、干部人事工作和业务工作一道，同研究同部署同检查同推进。按照中国文联统一部署和要求，研究出台《中国剧协分党组落实中央巡视意识形态工作责任制专项检查发现问题整改工作分工方案》，加紧整改落实。认真贯彻落实中央意识形态工作重大部署，全年召开2次分党组会议专题研究意识形态工作，理论学习中心组召开1次专题学习研讨会。认真进行意识形态工作自查并上交报告。

及时学习贯彻上级部署，建立健全制度细则。分党组及时学习传达《党委（党组）意识形态工作责任制实施办法》《关于当前意识形态领域情况的通报》等中央关于意识形态工作的部署要求，贯彻落实《中国文联意识形态工作应急处置预案》《中国文联新闻宣传工作管理办法》《中国文联新媒体管理办法》《中国文联加强网络评论队伍建设实施意见》等制度细则。协会也进一步修订完善了有关意识形态工作的制度细则，修订《中国剧协分党组贯彻落实〈党委（党组）意识形态工作责任制实施办法〉实施细则》，梳理细化了刊物三审三校发稿流程，并在实际工作中遵照执行，使杂志编辑工作有规可循，保障了编校质量的进一步提高。同时，协会分党组也高度重视网络信息化管理工作，成立中国剧协网络信息管理小组，并修订完善了《中国剧协网络新媒体信息发布实施管理规定》，对协会网站、微信公众号等进行规范管理。该《规定》还将协会微信工作群也纳入管理范畴，要求各微信工作群实行责任制，设专人负责。密切关注网络舆情信息，及时上报处理。

加强意识形态阵地管理，严把宣传导向。分党组认真贯彻落实文联党组《关于进一步加强对论坛、讲坛、讲座、年会、报告会、研讨会等阵地管理的实施办法》，切实把意识形态工作的要求贯穿协会评奖办节、志愿服务、研修培训等各项工作始终。充分发挥所属刊物以及网站、微信公众号、中国剧协App等新媒体平台作用，及时传达与宣传中央文艺政策，聚焦优秀作品和协会相关重点工作等，弘扬主旋律、凝聚正能量。

中国电影家协会

综　述

2020年，在中国文联党组的坚强领导下，中国影协（以下简称“中国影协”）坚持以习近平新时代中国特色社会主义思想为指导，深入学习贯彻党的十九大和十九届二中、三中、四中、五中全会精神，全面贯彻落实习近平总书记关于宣传思想工作的重要思想和关于文化文艺工作的重要论述，尤其是习近平总书记对推进电影事业发展作出的重要指示批示精神，不断增强“四个意识”、坚定“四个自信”、做到“两个维护”，发展繁荣党的电影事业。坚持为时代抒怀，把主旋律做成最强音，紧紧围绕疫情防控阻击战、脱贫攻坚战，开展电影节等主题电影文化活动，传播主流价值、引领社会风尚；加强改进电影评奖评论，重质量、重内涵，支持重点影片创作，加大创作扶持，直接参与创作实践。坚持为人民创作，以正能量激发精气神，开展“我们的中国梦”文艺志愿服务和“到人民中去——电影艺术家下基层”活动，推动以人民为中心的创作导向往深里走，满足人民群众对美好生活的向往。坚持为发展聚力，让好形象立起新标杆，组织开展电影人才培训，密切联系新老艺术家，提高影协自身履职能力和形象，夯实社会主义核心价值观和德艺双馨标杆下的电影工作者队伍建设，为推动中国电影高质量发展作出应有贡献。

【会议与活动】

【第34届大众电影百花奖优秀影片展映活动在西安举办】

1月13日，由中国影协等主办的第34届大众电影百花奖优秀影片展映活动在陕西西安举办。影展精选《红海行动》《战狼2》等9部入围第34届大众电影百花奖的优秀影片进行展映。

【中国影协开展新春慰问活动】

1月14日、20日和21日，中国影协分党组成员分别走访慰问中国影协原分党组书记、常务副主席李国民，原书记处书记孟犁野，原书记处书记罗艺军，中国电影出版社原副总编辑徐虹，简要介绍协会自身建设、电影评奖等方面工作情况，并送去新春祝福。

【中国影协组织电影工作者以艺抗疫】

春节期间，中国影协在疫情防控关键阶段，组织成龙、吴京、黄晓明、沈腾等电影界代表参与抗疫歌曲《坚信爱会赢》录制，以及《我，向人民报到》诗朗诵MV录制，组织策划“大爱无疆”抗疫短视频主题征集活动，以实际行动声援抗疫一线，鼓舞全国人民抗击疫情。

【电影行业应对疫情影响专题网络会议成功召开】

3月26日，中国影协组织召开“电影行业应对疫情影响”专题网络会议。中国影协分党组副书记、秘书长闫少非，副主席尹鸿、于冬，电影界代表饶曙光、陆绍阳、胡智锋、赵海城等出席。与会嘉宾围绕疫情影响、行业自救、政策扶持、后疫情时期电影发展等话题各抒己见、群策群力，充分展现电影界团结一心、共渡难关的坚定信心，表达应对疫情冲击、谋划未来发展的深度思考和真知灼见。

【中国影协第十届主席团第三次会议在苏州召开】

中国影协第十届主席团第三次会议于5月29日在江苏省苏州市召开，中国影协主席陈道明，中国影协分党组书记、驻会副主席张宏，副主席于冬、尹力、尹鸿、任仲伦、苏小卫、吴京、张涵予、喇培康出席会议。中国影协分党组副书记、秘书长闫少非、副秘书长毕文宇列席会议。会议由陈道明主持。会上，主席团成员认真学习习近平总书记有关重要讲话精神，并围绕如何贯彻落实习近平总书记重要讲话精神进一步做好影协工作

进行交流。会议还研究了中国影协2020年工作思路，中国文联终身成就电影艺术家人选、中国电影金鸡奖章程、评奖细则以及大众电影百花奖章程修订等相关事项。

【第十届北京国际电影节“探寻电影之美高峰论坛”在京举办】

8月26日，由中国影协和中国电影博物馆联合举办的第十届北京国际电影节“探寻电影之美高峰论坛”在京举办。中国影协分党组书记、驻会副主席张宏出席论坛并致辞。论坛邀请了于冬、姚晨、冯伟、郑智浩等出席，共同讨论“当下电影面临的机遇与挑战”等话题。

【第十五届华语青年电影周在武汉举办】

第十五届华语青年电影周于10月24日至10月27日在武汉举办。本届电影周包括开幕式暨开幕影片放映、青年展映、闭幕式暨年度新锐荣誉推选等环节。电影周共放映长短影片30部，并首次尝试以线上映后交流的方式与观众互动，反响热烈。除常规放映之外，特别在江滩组织“心灵暖阳”户外特别展映单元，力求以温暖影像反哺江城。

【“第11届‘中国影协杯’年度优秀电影剧作推选活动”在京举办】

11月，由中国影协等单位主办的“第11届‘中国影协杯’年度优秀电影剧作推选活动”在京举办，经过闫少非、曹寅、张思涛、章柏青等委员的推选，《哪吒之魔童降世》《少年的你》《地久天长》等10部电影剧作获第十一届“‘中国影协杯’年度十佳电影剧作”称号。

【第二届网络电影周在成都举办】

由中国影协、成都市人民政府、中国青年报社主办的第二届中国网络电影周于11月11日至13日在四川成都举办，中国影协分党组书记、驻会副主席张宏出席并致辞。活动期间举办了启动仪式、网络电影新片展映、中国网络电影创新发展高峰论坛、中国网络电影周之夜、致敬英雄公益放映活动、年度盛典暨闭幕式等活动。

【中国电影金鸡奖·脱贫攻坚主题影展暨八闽巡展在闽启动】

由中国文联、福建省委宣传部、中国影协等单位共同主办的第33届中国电影金鸡奖·脱贫攻坚主题影展暨八闽电影巡展于11月24日在福建厦门启动，福建九市区现场连线，共同开启主题影展活动。活动以“全面奋进　逐梦小康”为主题，展映了《我和我的家乡》《一点就到家》《秀美人生》《十八洞村》等11部脱贫攻坚题材影片，在福建全省21所影院、6所高校、20个乡村放映366场。

【电影界行风建设调研座谈会在厦门召开】

11月26日，电影界行风建设调研座谈会在福建厦门召开，中国文联党组成员胡孝汉，中国影协分党组书记、驻会副主席张宏，中国影协分党组副书记、秘书长闫少非，中国影协分党组成员、副秘书长孙崇磊等出席座谈会。卢奇、路海波、胡智锋等嘉宾围绕电影界行风和职业道德领域存在的问题、经验、对策措施等进行研讨交流。

【电影界学习贯彻党的十九届五中全会精神座谈会在厦门召开】

11月27日，第33届中国电影金鸡奖颁奖盛典系列活动在福建厦门举办期间，中国影协召开电影界学习贯彻党的十九届五中全会精神座谈会，组织出席金鸡奖活动的电影界代表专题学习党的十九届五中全会精神，并交流学习体会。中国文联党组成员胡孝汉，中国影协名誉主席李前宽，中国影协主席陈道明，中国影协分党组书记、驻会副主席张宏，中国影协副秘书长毕文宇出席会议，田华、丁荫楠、张光北、刘劲、颜丹晨等电影界代表参加会议。会议由张宏主持。会上，大家集体学习了《中国共产党第十九届中央委员会第五次全体会议公报》和《中共中央关于制定国民经济和社会发展第十四个五年规划和二〇三五年远景目标的建议》，重温了习近平总书记关于推进电影事业发展的重要指示精神。与会电影界代表围绕中国电影高质量发展等展开交流，并对中国影协围绕“做人的工作”核心任务，切实加强对广大电影工作者特别是新文艺组织和新文艺群体团结引领提出具体意见建议。

【第十一届中国电影科技论坛成功举办】

12月20日，第十一届中国电影科技论坛在北京与上海两地、线上和线下同步召开。中国影协分党组书记、驻会副主席张宏出席论坛并致辞。本届论坛以“中国电影新基建”为主题，邀请业内资深专家学者就“高新技术引领电影科技强国宏伟目标实现”等议题进行深入交流，探讨未来中国电影产业建制发展趋向，助推中国由电影大国向电影强国的转型升级。

【中国电影金鸡奖完善评奖标准体系专家研讨会在京召开】

12月23日，中国电影金鸡奖完善评奖标准体系专家研讨会在京召开。中国文联国内联络部主任、中国文联网络文艺传播中心主任谢力，中国影协分党组书记、驻会副主席张宏，中国影协副主席尹力和第32届、第33届金鸡奖评委会评委明振江、刘建中、张思涛、李少红、刘恒等近40位专家，中国影协分党组副书记、秘书长闫少非，中国影协分党组成员、副秘书长孙崇磊，副秘书长毕文宇、杨烨等出席，会议由张宏同志主持。会议围绕如何运用习近平新时代中国特色社会主义思想指导制定评奖评价标准体系，进一步推动金鸡奖和百花奖改革发展展开讨论。

【电影界职业道德建设委员会在京成立】

12月29日，中国影协在京成立电影界职业道德建设委员会。中国文联党组成员胡孝汉，中国文联荣委、中国影协顾问丁荫楠，中国文联国内联络部、中国文联网络文艺传播中心主任谢力，中国影协分党组书记、驻会副主席张宏，中国影协副主席喇培康，中宣部电影局、中国影协等有关负责人及电影界代表出席成立大会。成立大会上，张宏宣读了委员会组织机构名单，胡孝汉为委员颁发了聘书，委员签署了履职承诺书，审讨论并审议通过了《电影界职业道德委员会章程》。

【电影界行风建设调研座谈会在京召开】

12月29日，电影界行风建设调研座谈会在京召开。中国文联党组成员胡孝汉，中国影协分党组书记、驻会副主席张宏，分党组副书记、秘书长闫少非等参加座谈会。丁荫楠、喇培康、刘劲等嘉宾围绕行风建设存在的突出问题、成果及经验、对策等进行研讨交流。

电影节与评奖

【2020年中国金鸡百花电影节在河南郑州举办】

9月24日至26日，由中国文联、中国影协、郑州市人民政府主办的2020年中国金鸡百花电影节暨第35届大众电影百花奖在河南省郑州市举行。本届电影节举办了包括星空放映启动仪式、百花电影论坛、国产电影展映、香港电影展映、艺术家下基层、百花奖提名表彰仪式、百花奖颁奖典礼等多项主体活动。

9月24日，举行星空放映启动仪式，中国文联党组成员胡孝汉出席并致辞，河南省副省长何金平，河南省副省长、郑州市市长王新伟，中国影协名誉主席李前宽、李雪健，中国影协分党组书记、驻会副主席张宏以及中国影协、河南省、郑州市相关负责人出席活动。胡孝汉、何金平与农村电影放映员代表娄源永共同按动“星空放映”按钮，101个露天放映场地共同启动，并放映电影《焦裕禄》。

电影节期间，为突出脱贫攻坚主题，放映了开幕影片《一点就到家》；开幕论坛聚焦“全面奔小康　共筑电影梦”主题，谢飞、张丕民、尹力、任仲伦等电影人围绕主题畅谈现实主义的光辉与电影机遇；学术论坛聚焦中国电影的历史叙事与中国传统文化的时代传承，贾磊磊、侯光明等专家共同探讨传统文化之于中国电影和中国当下社会的深层含义；黄河文化电影专题展集中展映了《黄土地》《黄河绝恋》《美丽的大脚》《百鸟朝凤》等经典之作，通过影像与观众交流黄河文化之于不同时代的意义。

9月26日，为期3天的2020年中国金鸡百花电影节在河南郑州落下帷幕，101名观众评委以按表决器的方式当场投票，评选出第三十五届大众电影百花奖各大奖项。中国文联主席、中国作协主席铁凝，河南省委常委、郑州市委书记徐立毅为最佳影片《我和我的祖国》颁发奖杯和获奖证书。

附第35届大众电影百花奖获奖名单：

最佳影片《我和我的祖国》

优秀影片《我不是药神》

最佳编剧　饺子《哪吒之魔童降世》

最佳导演　郭帆《流浪地球》

最佳男主角　黄晓明《烈火英雄》

最佳女主角　周冬雨《少年的你》

最佳男配角　王传君《我不是药神》

最佳女配角　袁泉《中国机长》

最佳新人　易烊千玺《少年的你》

【第33届中国电影金鸡奖颁奖盛典系列活动在福建厦门举办】

11月25日至11月28日，由中国文联、中国影协、厦门市人民政府主办的第33届中国电影金鸡奖颁奖盛典系列活动在福建省厦门市举办。本届金鸡奖活动认真贯彻落实习近平总书记关于推进中国电影事业发展的重要指示精神，严格按照中共中央政治局委员、中宣部部长黄坤明在第28届中国金鸡百花电影节开幕式上的讲话要求，以推动中国电影高质量发展为宗旨，通过组织评奖、颁奖、影展、论坛、创投等系列专业活动展示电影发展成果，探讨业界热点话题，促进跨领域深度合作。活动期间，我国电影界领军人物、优秀代表，以及来自教育界、金融界、科技界、新闻出版界等领域的专家齐聚一堂，共同为实现中国电影高质量发展贡献智慧和力量。

11月25日，第33届中国电影金鸡奖电影音乐会暨开幕式在厦门白鹭洲下沉式广场举行，音乐会以“大海的回响”为主题，彰显了鲜明的新时代特色。中国文联党组成员胡孝汉致辞并宣布开幕，福建省委副书记、省长王宁致辞，中国影协主席陈道明，中国影协分党组书记、驻会副主席张宏以及福建省厦门市、中国电影基金会等有关单位负责人出席开幕式。

活动期间，举办了脱贫攻坚主题影展暨八闽电影巡展、国产影展、国际影展、港澳台影展，展映影片199部561场次；举办9场电影论坛，涉及“2020电影现象”“电影人的传承与创新”“时代变革与电影机遇”等主题；创投大会共征集华语新作电影项目1057个，最终评选出入围项目30个；中国电影投资大会吸引40余家业界顶尖投资及基金机构负责人参会，管理基金规模超过1000亿。大会发布《2020中国电影投融资报告》《2020强影之路》产业研究报告，现场签约厦门影视产业项目32个，总额近196亿元。

11月28日，第33届中国电影金鸡奖颁奖典礼在厦门海峡大剧院举行，19个奖项最终获奖名单一一揭晓，为期4天的金鸡奖颁奖盛典系列活动圆满结束。中国文联党组书记、副主席李屹，福建省委书记于伟国，中国文联党组成员胡孝汉，中国电影基金会理事长张丕民，中国影协主席陈道明，中国影协分党组书记、驻会副主席张宏，国家电影局，福建省厦门市等相关负责人出席活动。李屹、于伟国共同为老艺术家丁荫楠、赵焕章、金迪颁发“中国文联终身成就电影艺术家”荣誉。

附第33届中国电影金鸡奖获奖名单：

最佳故事片《夺冠》

评委会特别奖《我和我的祖国》

最佳中小成本故事片《我的喜马拉雅》

最佳儿童片《点点星光》

最佳戏曲片《贞观盛世》

最佳纪录/科教片《掬水月在手》

最佳美术片《哪吒之魔童降世》

最佳编剧 张冀《夺冠》（原创）

最佳导演 王瑞《白云之下》

最佳导演处女作 申奥《受益人》

最佳男主角 黄晓明《烈火英雄》

最佳女主角 周冬雨《少年的你》

最佳男配角 印小天《烈火英雄》

最佳女配角 袁泉《中国机长》

最佳摄影 赵晓时《夺冠》

最佳录音 吴江《只有芸知道》

最佳美术 宋军、东智良、郭钟山《解放·终局营救》

最佳音乐 空缺

最佳剪辑 张一博《少年的你》

慰问演出与志愿服务

【“到人民中去——电影艺术家下基层”活动在河南三门峡卢氏县举行】

8月29日，“到人民中去——电影艺术家下基层”首场活动在河南郑州结对帮扶的三门峡卢氏县举行，由臧金生、赵越、佟凡、苗阜等艺术家组成的小分队通过直播向全球观众推介当地的民俗、美景、特产等，助力卢氏县脱贫攻坚取得全面胜利。

【“我们的中国梦·文化进万家、心连心”活动在四川凉山彝族自治州举办】

9月1日，由中国文联、四川省委宣传部主办，中国文艺志愿者协会、中国影协等单位承办的“我们的中国梦·文化进万家、心连心”活动在凉山彝族自治州越西县成功举办。中国文联文艺志愿服务中心主任冀彦伟，以及中国文联电影艺术中心、越西县有关方面负责人参加活动。本次活动形式多样、内容丰富，为凉山州的脱贫攻坚工作贡献文艺界的力量。

【“到人民中去——电影艺术家下基层”活动走进圆方集团】

9月26日，2020年中国金鸡百花电影节“到人民中去——电影艺术家下基层”活动举行，电影界代表祝希娟、翟俊杰、刘昊然、冯文娟、印小天等来到河南郑州圆方集团，重温习近平总书记给郑州圆方集团全体职工的回信，交流抗疫故事和抗疫精神。

【“到人民中去——电影艺术家下基层”活动走进兰考】

9月26日，2020年中国金鸡百花电影节“到人民中去——电影艺术家下基层”活动举行，黄晓明、卢奇、赵进、吴军等电影艺术家代表来到河南兰考，走进“中国民族乐器村”徐场村，传承焦裕禄精神，共谱焦桐之音。

创作与研究

【《急先锋》研讨会在京举行】

1月13日，由中国影协指导的电影《急先锋》研讨会在京举行。李准、尹鸿、饶曙光、王一川等多专家学者以及影片导演唐季礼与会，就该电影的类型提升、叙事框架、文化内涵、国际影响等议题进行深入探讨，并围绕中国动作类型片如何在国际化空间中讲好中国故事展开研讨。

【发布《疫情影响下的电影产业对策研究（一）观众观影意愿调研报告》】

4月13日，由中国影协分党组副书记、秘书长闫少非策划，产业研究处组织编写的《疫情影响下的电影行业发展对策研究（一）观众观影意愿调研报告》正式发布，该报告全面分析了疫情影响下观众观影期待。

【发布《疫情影响下的电影产业对策研究（二）电影院生存状况调研报告》】

4月22日，由中国影协分党组副书记、秘书长闫少非策划，产业研究处组织编写的《疫情影响下的电影产业对策研究（二）电影院生存状况调研报告》正式发布。该报告共调研了187家城市影院样本数据，针对受损状况、应对措施和发展建议进行详细论述，对国家电影局推出纾困政策提供有效建议。同时，撰写《关于新冠肺炎疫情影响下电影放映市场生存发展的思考与建议》（内参报告），报送国家电影局有关部门参考。

【指导创作电影《六十九》】

5月，由中国文联电影艺术中心指导的电影《六十九》完成拍摄，并于11月获得第33届中国电影金鸡奖新影像·手机影片竞赛“新影像荣誉”。该影片全程使用华为手机拍摄，体现出我国疫情防控态势好转之后，影视行业复工复产良好形势。

【《2020中国电影产业研究报告》《2020中国电影艺术报告》出版发行】

6月6日，《2020中国电影产业研究报告》《2020中国电影产业研究报告（国际版）》《2020中国电影艺术报告》正式出版发行。

【抗疫题材影片《没有一个春天不会来临》召开剧本论证会】

6月8日，抗疫题材影片《没有一个春天不会来临》召开剧本论证会。该片是由中国影协分党组书记、驻会副主席张宏策划，5位青年导演共同执导的讲述在疫情背景下普通百姓团结一致、智胜疫情的感人故事。专家评审共同听取了5个短片剧本编剧阐述，并给予评议意见。专家评审对剧本的题材策划、类型选择、创意方向给予高度评价，并就进一步提升剧本质量提出中肯建议。

【《中国电影科技论坛文集2018》出版】

6月，《中国电影科技论坛文集2018》出版发行。该书以探讨5G、大数据、人工智能、云计算等新科技与中国电影的发展及应用为主题，将中国电影工业化体系建设与类型片创作相结合，探讨中国电影工业发展新趋势。

【纪录电影《县委书记谷文昌》开机】

7月27日，由宣传部、中国文联专项支持，中国文联电影艺术中心出品的庆祝中国共产党成立100周年献礼纪录电影《县委书记谷文昌》在福建省东山县举行开机仪式。

中国文联电影艺术中心常务副主任宋智勤，影片制片人张弛、执行制片人田园和导演王一岩出席活动。该影片旨在弘扬谷文昌精神，全面生动展示谷文昌同志的先进事迹，深入挖掘谷文昌

精神的当代价值，努力再现"四有"书记谷文昌真实生动、催人奋进的人生历程。

【《我和我的家乡》观摩研讨会在京举行】

10月11日，中国影协、中国文艺评论家协会在京共同举办电影《我和我的家乡》作品研讨会。中国影协分党组书记、驻会副主席张宏出席会议并作总结讲话。会议围绕"小康大片的新景观"主题，从创作和评论角度探讨这部电影成功的奥秘和借鉴意义，进一步促进交流、凝聚共识、启迪思想。

【《半条棉被》研讨会在京举行】

12月2日，由中国影协、湖南省委宣传部、湖南广播影视集团有限公司主办的电影《半条棉被》研讨会在京举行。专家学者及主创人员就电影的故事原型、电影语言和叙事创新以及红色题材创作等问题进行深入交流与探讨。

【《没有过不去的年》研讨会在京举行】

12月10日，由中国影协、华夏电影发行有限责任公司举办的电影《没有过不去的年》研讨会在京举行。与会专家学者就电影的叙事范式、视听语言与艺术风格等进行深入交流与探讨，认为影片是富有社会责任感的电影人对当下进行深度思考的现实主义力作。

【"影载中华情·圆梦新丝路"2020国际优秀影片观摩与学术研讨活动举办】

12月27日，"影载中华情·圆梦新丝路"2020国际优秀影片观摩与学术研讨活动云上举办，中国文联电影艺术中心常务副主任宋智勤在线出席。来自全国各大高校和电影机构的专家学者围绕5部罗马尼亚影片在线展开热烈讨论。与会专家一致认为，此次展映作品涉及罗马尼亚国家各个方面，通过宗教、民族、艺术、哲学以及社会生活等诸多细节折射出不同时空之下罗马尼亚社会发展的情状，进一步拓展了国际电影研究的新空间。

【教育与培训】

【2020年中国影协专委会骨干培训班在京举办】

1月8日至10日，中国影协专委会骨干培训班在京举办，中国影协分党组书记、驻会副主席张宏出席并授课，来自中国影协25个专业工作委员会的50名骨干代表参加培训。

【金鸡青年导演训练营成功举办】

"金鸡青年导演训练营"于2020年6月开始，通过征集短片、初选、复评和终评选出十强，开展小班精品营，针对青年导演的案头工作能力、资方接洽能力进行专项训练。该项训练邀请宁浩、杨城、饶晓志、郁笑沣、吴冠平等资深创制人担任导师，进行创意脚本阶段的创作指导和导演开拍前的案头能力训练。同时邀请爱奇艺、优酷、腾讯等平台作为市场评估方，锻炼医生导演接洽资方能力。"金鸡青年导演训练营"于11月24日至27在福建厦门正式开营。

【中国影协新文艺群体视听基础班开班】

中国影协新文艺群体视听基础班于11月22日至27日在"现在电影"App上线。培训班邀请编剧韩佳彤、王纲，导演张次禹，美术师周岩，声音指导王珏等，从电影编剧、导演、画面、声音等角度系统讲授视听语言知识和视听创作规律，帮助学员提升专业能力、养成思维习惯，提升审美品位和创作段位。本班次共培训学员约1000人。

【全国影协秘书长管理干部培训班在合肥举办】

12月7日至11日，由中国影协主办、安徽影协承办的全国影协秘书长管理干部培训班在安徽省合肥市举办。培训班通过专家讲授、座谈研讨、经验交流等形式，围绕学习贯彻习近平新时代中国特色社会主义思想和党的十九届五中全会精神这一主线，着力研讨新时代新形势下，我国电影发展中的机遇和挑战；积极探索协会在会员及新文艺群体团结引导、联络协调、服务管理、自律维权以及教育培训、活动组织等方面的措施和方法，努力打造全国影协"一盘棋"的良好局面。

【中国影协新文艺群体拓展提高班开班】

中国影协新文艺群体拓展提高班——全媒体传播与短视频创作于12月14日至18日在"现在电影"App上线。培训班邀请中国艺术研究院电影电视研究所教授支菲娜、著名编剧束焕、人类学研究专家朱靖江、乐正传媒副总裁彭侃等专家，针对新媒体环境下的短视频创作，从政策监管、文化传播、产业市场和创作发展等方面帮助学员拓展知识边界、探索新发展模式，为新文艺创作积蓄力量。本班次共培训学员约800人。

【中国网络电影编剧培训班暨首届短视频公益特训营在沧州开幕】

12月15日，由中国文联电影艺术中心等单位联合主办的“中国网络电影编剧培训班暨首届短视频公益特训营”开幕式在河北沧州举办。培训班为期6天，通过邀请影视界权威专家、资深学者授课，鼓励学员创作更优质的网络影视作品。

【中国影协影视知识产权专题班开班】

中国影协影视知识产权专题班——IP授权与衍生运营于12月19日至23日在“现在电影”App上线。培训班邀请北京电影学院中国电影衍生产业研究院院长尼跃红、中国版权保护中心法律部主任那玲、中影股份营销公司副总经理朱海荣、中国版权保护中心专家库张杰等专家，针对疫情影响下电影突破票房依赖，向上向下延伸衍生价值链进行专题讲授，帮助学员拓展知识边界、探索新发展模式，为新时代抒写积蓄能量。本班次共培训学员约500人。

【中国影协青年电影制片人投资与市场专项培训班开班】

中国影协青年电影制片人投资与市场专项培训班于2020年12月29日至2021年1月15日在中国文联云平台开展。培训班邀请中国传媒大学副教授彭健、中国影协产业研究中心聘任市场专家刘嘉、清华大学新闻与传播学院副教授司若等业内专家，围绕电影投资与市场核心问题，从电影投融资、电影发行、网络电影发展等方面进行专题讲授，同时还精选大众电影百花奖论坛视频资料，把脉疫情影响下的电影创作，对电影投资与市场发展方向提出见解。本班次共培训学员约370人。

【中国影协新文艺群体尖子班开班】

中国影协新文艺群体尖子班——青年导演必备全门类大课于2020年12月29日至2021年1月15日在中国文联云平台开展。培训班邀请清华大学新闻与传播学院教授尹鸿、中央戏剧学院电影电视系教授路海波、著名电影录音师陶经、第33届金鸡奖评委全荣哲、著名摄影师邵丹等业内专家，从电影价值观表达、电影编剧、声音、美术、视效等方面，直击电影创作核心问题，帮助学员全面提升创作格局和专业水准。本班次共培训学员约430人。

对外及对港澳台文化交流

【2020新春电影招待会在京举办】

1月10日，由中国影协主办的“2020新春电影招待会”在京举行。文莱驻华大使夫妇、中国—东盟中心秘书长、巴基斯坦驻华公使、韩国驻华公使衔参赞，以及加拿大、瑞士、印度、比利时、丹麦等15个国家的驻华文化官员，美国电影协会、德国电影协会、美国华纳、环球影业、万达影业、博纳影业等多家中外电影机构和公司代表出席了本次活动。活动还特别邀请了中国文联国际部、中宣部电影卫星频道节目制作中心、中影集团、中影股份、中国电影博物馆等国内电影机构的负责人出席活动。

【中国影协向塔林黑夜国际电影节选送优秀国产影片】

受爱沙尼亚塔林黑夜国际电影节邀请，中国影协于6月至7月面向全国各省市影协征集青年导演首部剧情片作品近20部，其中包括曾获金鸡奖提名的部分优秀国产新片。经遴选，于8月中旬向该电影节选送了3部符合条件的青年导演作品。

【第一届海峡两岸青年短片季活动在厦门举办】

9月至11月，第一届海峡两岸青年短片季在福建厦门举办，活动共征集到529部作品。经过三轮评审，选出10部短片，在第33届中国电影金鸡奖港澳台影展中进行推介展映。入围10强选手参加了于11月24日至28日在厦门举办的“金鸡青年导演训练营”。金鸡青年导演训练营计划孵化出5部两岸青年共同创作的电影短片。

机关建设

【杨禹为影协党员干部作党的十九届四中全会精神专题讲座】

1月10日，中国改革报社副社长、央视特约评论员杨禹为中国影协全体党员干部作了题为《开辟“中国之治”新境界——准确把握党的十九届四中全会的精神内涵》的专题讲座。杨禹讲道，要站在习近平新时代中国特色社会主义思想全局、改革开放40周年、新中国成立70周年历史节点，

铭记“不忘初心、牢记使命”的终身课题，全面深化改革的理论纵深、实践纵深，运用“四个维度”学习党的十九届四中全会精神。

【中国影协组织抗击新冠肺炎疫情捐款】

中国影协积极响应党中央号召，积极落实文联机关党委的要求，认真组织全体党员干部开展抗击新冠肺炎疫情捐款。截至2020年3月2日，中国影协党员干部职工捐款人数214人，共捐款80656元。其中党员155人，捐款68446元；非党员59人，捐款12210元。捐款1000元以上的共17人，其中党员14人，非党员3人，秦裕权、周建萍、钟敬又三名离退休党员干部各捐款1万元，体现了老党员的觉悟高远、爱心厚重。

【中国影协开展巡视整改相关工作】

3月25日，中国影协召开巡视整改和意识形态专项整改动员部署会。会议由中国影协分党组书记、驻会副主席张宏主持，分党组副书记、秘书长、机关党委书记闫少非，分党组成员、副秘书长孙崇磊，副秘书长毕文宇以及协会机关各处室、各直属单位负责人参加会议。会议宣读了《中国影协分党组巡视整改工作方案》和《中国影协分党组落实意识形态工作专项巡视整改工作分工方案》。参会各单位、各部门负责人分别就整改措施的落实提出意见建议，协会分党组对巡视整改落实工作提出具体要求。

11月9日，中国影协召开巡视整改推进工作专题会。会议首先传达了《中国文联党组巡视工作动员部署会》精神，随后各相关部门负责人分别就巡视整改推进落实情况进行了汇报，张宏对巡视整改推进落实工作提出具体要求。

截至到2020年12月底，除影协机关党委换届工作因受新冠肺炎疫情防控工作影响，经请示上级延期举行以外，巡视整改方案中的151项整改措施有150项已落实完成，整改完成率达99.3%。

【中国影协青联开展“绽放战疫青春·坚定制度自信”主题宣传教育实践活动】

按照党建工作、影协工作实际，中国影协青联与影协“青年理论学习小组”联合以“学习—分享—实践”三个模块开展“绽放战疫青春·坚定制度自信”主题宣传教育实践活动。中国影协青联采取线上学习方式，以“影协青联”微信群及“青年理论学习小组”为纽带，深入学习领会习近平总书记关于统筹推进新冠肺炎疫情防控和经济社会发展工作的系列重要讲话和重要指示精神，特别是习近平总书记给北京大学援鄂医疗队全体“90后”党员的回信精神，以及习近平总书记寄语新时代青年的重要指示精神。

5月5日，中国影协青联在线开展学习分享会，三十余名青年干部参加。会上，青联委员再次带领大家学习了习近平总书记关于疫情防控重要讲话及寄语新时代青年的重要指示精神。青年干部们积极讨论和交流，分享抗疫、防疫期间感受，表达对抗疫英雄的赞美以及对自身工作的思考。

【中国影协召开2020年度全面从严治党暨全年工作动员部署会】

5月22日，中国影协分党组，中国影协机关全体干部，中国文联电影艺术中心全体干部，中国电影出版社有限公司、《大众电影》杂志社、金鸡百花影城领导班子成员共同召开了中国影协2020年全面从严治党工作部署会。分党组与各部门、各单位主要负责同志签署了落实全面从严治党主体责任书，传达了习近平总书记在十九届中央纪委四次全会的重要讲话精神，并对2020年中国影协全年工作进行动员，部署2020年中国影协全面从严治党工作。

【中国影协成立党建工作领导小组】

6月5日，中国影协成立党建工作领导小组及其办公室，并组织召开了领导小组2020年第一次会议。会议由中国影协分党组书记、驻会副主席张宏主持，分党组副书记、秘书长、机关党委书记闫少非，副秘书长毕文宇以及影协党建工作领导小组及办公室成员、影协机关党委委员参加会议。张宏对协会党建工作提出四点要求：一是要提高政治站位，严守政治规矩；二是要把党建工作放在重要位置来抓，确保党建工作有序开展、落到实处；三是要把党建工作与业务工作相结合，创新工作方法，避免出现党建和业务“两张皮”现象；四是要紧盯纪律底线，严守中央八项规定，做到“警钟长鸣”。

【组织“不忘初心、弘扬优良家风”主题党日活动】

7月，中国影协机关党委组织各支部开展“不忘初心，弘扬优良家风”主题党日活动。其中，机关第三支部别具一格的线上活动“不忘初心、弘扬优良家风”主题书画摄影展获得一致好评。

【组织青年干部学习习近平新时代中国特色社会主义思想演讲比赛】

8月14日，中国影协青年理论学习小组举行了一场别开生面的青年干部职工演讲比赛。演讲比赛的主题是学习习近平新时代中国特色社会主义思想，影协青年干部职工紧密联系思想和工作实际，畅谈学习收获和体会，抒发励志成才、干事创业的责任担当。

【张宏为全体党员讲授专题党课】

11月4日，中国影协分党组书记、驻会副主席张宏为全体党员讲授题为《在新时代改革开放浪潮中勇担使命》的专题党课，从深圳特区的建设历史开始，深入浅出地讲解了改革开放的重要意义，积极引导影协干部职工认真完成本职工作，在新时代改革开放的浪潮中勇担重担。

【中国影协顾问明振江为影协全体党员讲授专题党课】

12月16日，中国影协顾问，中国电影制片人协会理事长明振江为影协全体党员讲了《深入学习贯彻党的十九届五中全会精神　为推动中国电影高质量发展而奋斗》的专题党课。明振江围绕“一个主题、两个大局、三新特征、四个重要”，联系电影实际，深入浅出地解读了党的十九届五中全会公报中针对繁荣发展文化事业和文化产业，提高文化软实力方面的内容，具有很强的针对性和指导性。中国影协分党组书记、驻会副主席张宏主持党课。

直属单位

【中国电影出版社有限公司】

2020年，在中国文联、中国影协的坚强领导下，面对新冠肺炎疫情对公司主营业务造成的冲击，公司一手抓党建，一手抓经营，维护了运营基本稳定。9月，以朱虹子为董事长、总经理的新一届董事会和领导班子组织编制《中国电影出版社有限公司战略发展规划纲要（2021-2025）》，明确公司面向未来的四大业务板块：电影图书出版板块，中国电影传播评价体系建设板块，中国电影金鸡奖品牌运营业务板块，影视投融资及服务板块。

公司出版物政治导向和价值取向鲜明，格调雅致、质量上乘。完成了中国电影金鸡奖和大众电影百花奖的献礼图书《郑州与中国电影》《电影音乐创作实践——当代电影配乐家访谈录》出版；文联出版精品工程“高等教育电影专业系列教材”、责任编辑“一人一部精品书”计划进展顺利；“电影年度报告”系列图书如期出版。推出了《中国电影传播史》《电影摄影师应用手册》《互联网+电影》《演员如何塑造角色》“科幻电影创意研究系列”等一系列具有双效益的图书；另外，4种图书《中国网络影视发展报告（2019）》《亚洲新电影之现代性研究》《湖北纪录片研究》《中国电影史学史研究纲要》获得省部级奖项。

公司与厦门文广集团签署了中国电影金鸡奖品牌运营合作协议，共同开展第33届中国电影金鸡奖品牌运营；举办金鸡奖系列活动“环球银幕之窗”；完成“我和我的祖国”短视频征集成果汇报活动、《我是警察》系列电影的联合开发、新中国成立70周年优秀电影剧本创作活动；启动“使命100”百部主旋律作品创作计划；完成了《没有一个春天不会来临》电影项目的立项和前期开发，与相关电影机构推进后续的全面合作。

2020年，公司与润木财富管理集团、北京华科系统工程研究所关于股东损害公司债权人利益责任纠纷一案，在6月一审败诉的不利情况下，公司新任领导班子在中国文联的党组坚强领导下，在中国影协分党组和中国文联权保部的具体指导下，延聘新的律师团队制定高超诉讼策略，争取全国政协委员启动司法民主监督，通过大量艰苦细致工作，于12月底取得了终审胜诉。“润木案”的胜诉，维护了中国文联、中国影协的形象，涉案1.2亿国有资产得到保护，守护公司稳定和发展基础；该案击破职业债权人“以诉博利”的盈利模式，对保护国有资产免受流失损害，维护社会经济秩序，促进我国司法实践上具有范例意义和价值。

2020年，《环球银幕》杂志按期出刊，保持了电影杂志的领先地位；中国电影出版社印刷厂恢复生产，业务好转。

【中国文联电影艺术中心】

2020年，中国文联电影艺术中心（以下简称“中心”）在中国影协的领导带领下，围绕中心、服务大局，认真履职尽责、强化改革，团结凝聚

电影界，引领广大电影工作者为推动电影高质量发展作出积极贡献。

第一，坚持以政治建设为统领，用党的创新理论武装头脑、指导实践。认真落实习近平总书记关于文艺工作重要论述和推进电影事业发展重要指示精神，及时传达上级文件和会议精神，组织党员干部理论学习，把巡视整改与做好疫情防控、日常工作紧密统一起来，牢固树立“四个意识”、坚定“四个自信”、做到“两个维护”。

第二，紧扣党和国家中心工作，在重要时间节点广泛扎实开展主题文艺实践活动，传播主流价值。紧紧围绕脱贫攻坚等重要时间节点，开展一系列主题电影文化活动和主题文艺实践活动，全面贯彻落实党的文艺理论路线方针政策，传播主流价值、引领社会风尚。围绕打赢疫情阻击战，通过多种方式以艺战“疫”。

第三，团结引领培养广大中青年电影工作者，为繁荣中国电影事业培育新生力量。中心重视电影人才队伍建设，创新探索方式，团结引导中青年电影工作者，发挥专业优长，成为繁荣电影事业的新生力量。

第四，发挥“桥梁和纽带”的作用，不断提升电影文艺志愿服务的质量和水平。中心通过下基层、进社区演出等方式，发挥自身专业优势，宣传新思想、传播新理念，丰富基层社区精神文化生活，不断提升电影文艺志愿服务质量和水平。

第五，延伸工作手臂、延展工作覆盖，进一步团结凝聚电影界新文艺组织和新文艺群体。中心编制了专委会领导机构调整方案，并计划于年底前完成影协专委会全面调整；完成中国影协产业投资与促进工作委员会补选工作。

第六，做精做优推优推介、学术交流、研讨评论等特色，着力提升品牌引导力和影响力。中心组织承担中国金鸡百花电影节论坛等相关活动，召开电影研讨会近20次，充分发挥电影评论对创作导向的引导力；《电影艺术》《世界电影》杂志在引领学术动向、带领学术发展方面搭建良好平台。

【大众电影杂志社】

落实意识形态责任制方面，杂志社组织干部职工参加中国文联、中国影协组织的所有线上培训活动，完成了中国影协巡视整改工作台账和意识形态整改工作台账中涉及杂志社工作内容的逐月进度报告，以及北京地区期刊出版单位2019年度社会效益评价考核工作、中国影协期刊编校质量检查工作、中国文联“2020年‘三审三校’制度大检查”等工作。

编辑工作方面，杂志社坚持以中国电影报道为主、突出主旋律电影报道的版面框架，相继刊发以“纪念中国人民志愿军抗美援朝出国作战70周年”“抗击疫情”“脱贫攻坚”，以及“第35届大众电影百花奖”“第33届中国电影金鸡奖”等为主题的10多个大型专题报道，全年发稿将近100万字，照片1800余幅，影片和电视剧报道100余部，热门电影人物报道40余篇，重要电影事件专题报道50余个。

经营工作方面，2020年杂志发行33万余册，同比增长2%，平均约2.65万册/期。此外，杂志社主办“《大众电影》创刊70周年红色经典电影图片展”活动，并承办中国影协主办的“服务基层，赠刊惠民”活动（赠刊11.454万余册）等项目。

【北京电影家俱乐部】

政治理论学习和党建队伍建设方面，俱乐部按照中国影协分党组要求，加强政治理论学习，将支部建设工作放在首位，提高职工政治思想水平；利用影城平台做好意识形态宣传，推动主题宣传教育常态化、制度化；设定主旋律影片排片总体目标，积极策划组织爱国主义影片《我和我的家乡》《金刚川》等观影活动，观影人次占比42.4%，取得了社会效益和经济效益相统一。

经营性工作方面，2020年俱乐部实现营业收入818.87万元，其中8月至12月完成票房 427万元，放映影片132部，放映场次5340场，观影人数10.12万余人次；获得国家电影局和北京市专资奖励18.75万元。

安全服务保障方面，俱乐部严格执行北京市公共场所防疫规定，积极采购储备防疫物资，开展多期消防安全知识、防疫知识培训，确保全年安全经营零事故。同时为中国影协及下属单位提供会议、培训保障服务共66场，学术研讨会、审片放映服务17场，并负责横幅、桌签及相关物品采购服务工作；并配合评奖部完成金鸡奖初选158部影片拷录、试播、放映服务工作；协助完成百花奖、金鸡奖国产新片嘉宾接待，协助机关后勤服务保障及对外社会公共关系维护等工作。

中国音乐家协会

综　述

2020年，在中宣部有力指导下，在中国文联党组正确领导下，中国音协深入学习贯彻习近平新时代中国特色社会主义思想和党的十九届二中、三中、四中、五中全会精神，认真贯彻落实全国宣传部部长会议和中国文联十届五次全委会各项决策部署，积极转变工作思路、创新工作方法、拓展工作渠道，紧紧围绕党和国家工作大局，团结带领全国音协系统、动员引导广大音乐工作者，勇担使命、积极作为，为繁荣新时代音乐事业，满足人民群众美好生活新期待作出应有贡献。

会议与活动

【音乐战“疫”】

自疫情暴发以来，中国音协按照李屹书记“精准、得体、对路、实效”的工作原则，积极引导广大音乐工作者以强烈的使命担当、炽热的家国情怀，自觉投身战“疫”主题音乐创作和宣传展示活动。疫情暴发第一时间，中国音协即通过微信公众号和官方网站向社会发布《致广大音乐工作者的一封信》，倡议音乐工作者积极响应党中央防控要求，充分利用新媒体网络平台，开展抗疫歌曲创作展示活动，发挥音乐艺术强信心、暖人心、聚民心的独特作用，营造风雨同心、共克时艰的舆论氛围。大年初一，习近平总书记主持召开中央政治局常委会议，对疫情防控工作作出最新指示。协会领导班子迅速转入“战时状态”，当晚即召开视频会议，研究讨论成立网络评选专家组，对抗疫歌曲进行线上甄选、推广。24小时工作制成了整个春节假期期间班子成员及相关处室同志的标准状态，抗疫斗争的另一个战场在音乐界打响。在音协的组织号召下，音乐战“疫”的成绩斐然——全国音乐工作者积极发挥专业特长，克服困难，倾情创作了以《坚信爱会赢》《大爱苍生》《武汉伢》等为代表的抗疫公益歌曲2万多首；联合中宣部“学习强国”学习平台打造了《全国优秀战“疫”公益歌曲展播系列》，分6批次共推出优秀抗疫歌曲316首；联合中国文艺网打造“抗疫路上，为你而歌——全国优秀战‘疫’歌曲展播专题”推出优秀抗疫歌曲104首；协会微信公众号分37个批次推广优秀歌曲111首；精选15首优秀抗疫主题原创歌曲推出《抗疫战歌——全国抗击疫情公益歌曲选》音像专辑，并获得中国版权协会2020年度中国版权最佳内容创作奖。抗疫、防疫期间，中国音协音乐治疗学会以“音乐自我照顾”“音乐减压小程序”等技术，对患者、隔离人员及其家属进行远程心理疏导，为武汉方舱医院和一线医院提供音乐减压方案。中国音协新兴音乐教育工作委员会委员单位，推出“全国公益课”，为逆行奋战在一线的白衣勇士及其直系子女免费提供一整年音乐教育课程。中国音协所属其他专业学会也积极组织本领域艺术家开展了“云课堂”线上音乐教学、“国交经典曲目欣赏”“大师在你身边”等一系列线上音乐活动，在坚决打赢疫情防控阻击战中彰显出音乐的力量与温度。

【中国音协八届三次理事会】

8月18日至20日，中国音协第八届理事会第三次会议在成都召开。这次会议是全国音乐界深入学习贯彻习近平新时代中国特色社会主义思想和党的十九大精神的一次重要实践，旨在进一步团结动员广大音乐家和音乐工作者，为迎接中国音协第九次全国代表大会，推动音乐事业繁荣发展统一思想、凝聚共识。

中国文联党组成员、副主席李前光在理事会开幕式上讲话。中国文联副主席、中国音协主席叶小钢主持大会开幕式。会上，中国音协分党组书记、驻会副主席韩新安宣布了《关于召开中国音协第九次全国代表大会的决议》。中国文联人事部主任郑希友作了《关于民主推荐中国音协新一届领导机构人选的说明》。中国音协分党组成员、副秘书长王宏作了修改《中国音协章程》的说明。中国音协分党组成员、副秘书长张天文作了《中国音协第九次全国代表大会工作报告(讨论稿)》起草情况说明。会议期间，与会代表围绕本次会议《中国音协章程修改草案（讨论稿)》《中国音协第九次全国代表大会工作报告(讨论稿)》进行了分组讨论。会议还通报了中国音协八届八次主席团会议通过的有关事项。

【2020年全国音协工作会】

8月21日，中国音协在四川成都召开2020全国音协工作会议，总结中国音协2019年以来的主要工作，重点部署下一阶段工作。中国文联副主席、中国音协主席叶小钢出席会议并讲话。会上，中国音协分党组书记、驻会副主席韩新安通报了2019年以来中国音协主要工作和2020年重点工作安排，并对会议作了总结。中国音协分党组成员、副秘书长王宏，中国音协分党组成员、副秘书长张天文，中国音协副秘书长、中国文联音乐艺术中心主任熊纬在会上就各自分管工作与参会代表进行了讨论交流。会议紧紧围绕党和国家工作大局，立足新时代音乐事业和音乐工作实际，突出中国音协的政治定位、核心任务和中心工作，共同擘画下一步工作，达到了统一思想、增进共识，加强团结、凝聚力量，互学互鉴、共同提高的目的。

【中国音协行风建设委员会第二次会议】

8月18日，中国音协行风建设委员会第二次会议在成都举行。中国音协行风建设委员会主任叶小钢，副主任韩新安、关牧村，委员于海、王付林、王宏、王建国、关峡、何沐阳、宋飞、赵塔里木、戚建波、熊纬等出席会议。会议认为，引导社会舆论，加强舆情监测分析研判，密切关注音乐界热点事件、敏感问题，完善行业自律与媒体监督联动机制，这是中国音协行风建设委员会成立以来的一项重要工作，要牢牢抓住行风建设突破口和切入点，切实加强音乐工作者职业道德建设。会议审议通过了《中国音协处置违法失德事件工作预案》。

【“音乐的力量”——抗疫主题音乐创作座谈会】

为深入学习贯彻习近平总书记在全国抗击新冠肺炎疫情表彰大会上的重要讲话精神，由中国音协、中国文艺评论家协会共同主办的“音乐的力量”——抗疫主题音乐创作座谈会暨优秀抗疫公益歌曲荣誉证书颁发仪式，9月29日在中国文艺家之家举办。叶小钢、韩新安、徐粤春、舒楠、谭旋、王晓岭、李诗原、景作人、王一川、向云驹、康伟等词曲作家、专家学者在发言中对广大音乐工作者在这一特殊历史时期展现出来的强烈使命担当与优秀成果给予了充分肯定，并从不同角度总结分析了此次抗疫主题音乐创作的规律性认识和理论性思考，对如何进一步强化后疫情时代主题音乐创作的导向引领和质量提升，提出了很多有益建议。为颂扬和鼓励音乐工作者在抗疫期间的自觉担当与优秀成果，强化主题音乐创作的导向引领与价值追求，中宣部宣传舆情研究中心与中国音协对入选中宣部“学习强国”学习平台《全国优秀“战役”公益歌曲展播系列》的316首优秀抗疫公益歌曲作者授予荣誉证书。会上，叶小钢和韩新安共同为王晓岭、戚建波、舒楠、宋青松、谭旋、陈维东等6位词曲作家代表颁发了荣誉证书。

【《人民音乐》创刊70周年座谈会】

10月20日，由中国音协主办的“记录时代的乐音——庆祝《人民音乐》创刊70周年座谈会”在中国文艺家之家举行。中国文联党组成员、副主席李前光，中国文联副主席、中国音协主席叶小钢，中国音协分党组书记、驻会副主席韩新安等领导和国内音乐界、出版界嘉宾80余人出席座谈会。

《人民音乐》作为新中国创刊最早的音乐期刊，一直秉承党的“二为”方向和“双百”方针，全方位关照音乐创作、音乐表演、音乐教育、音乐研究、音乐传播以及社会音乐生活各个领域，紧密围绕中国音乐中的古今关系、中西关系、雅俗关系探讨音乐发展方向，记录音乐生活，开展音乐批评，传递音乐信息，已成为研究新中国音乐发展的重要文献和史料。据中国知网统计，截至今年9月，《人民音乐》出版690期，文献量达18420篇，总下载次数2248686次，总被引次数45565次，被国内外众多音乐院校和图书馆收藏，在音乐界产生了广泛而深远的影响。

【纪念沈亚威诞辰百年系列活动】

12月18日、19日，由中国文联、中国音协、江苏省委宣传部、江苏省文联共同主办，江苏省音协、江苏省演艺集团承办的纪念沈亚威诞辰100周年作品音乐会及座谈会在南京举行。本次活动旨在以沈亚威的生平为主线，以其创作的音乐作品为主要内容，带领大家一同重温经典创作，感悟老一辈音乐家的精神风范，进一步激励音乐工作者坚守艺术理想，追求德艺双馨，推动音乐事业发展再上新台阶。中国文联党组成员、副主席李前光向座谈会发来书面讲话。中国音协分党组书记、驻会副主席韩新安在座谈会上讲话。中国音协副主席印青提交了书面发言。座谈会上，朱昌耀、程桂兰、杜小甦、徐元勇、王建元、朱新华、陶思耀、葛逊、常畅、孙振华、孙宁玲、章世和等先后发言，追思和缅怀沈亚威先生精彩的音乐人生，致敬他为江苏和全国音乐事业的贡献。

【“金钟之星”艺术团赴成都、五峰、宜昌慰问演出】

8月19日，“向人民汇报——中国音协‘金钟之星’艺术团送欢乐下基层慰问演出”在成都市城市音乐厅举行。吕继宏、王宏伟、么红、李丹阳、李进军、乌兰图雅、王二妮、周澎等著名艺术家，携手成都本地优秀文艺代表、表演团队，带来包括声乐独唱、舞蹈、清音、口技等元素的文艺节目，在为成都群众送上美好祝福的同时，特邀医护人员代表、公安干警代表、消防救援人员代表现场观看，向抗击疫情、抢险救灾的逆行者们致敬。当日正值第三个中国医师节，此次演出更是向全国的医务工作者表达节日祝福。

10月21日，中国音协“金钟之星”艺术团“送欢乐下基层”慰问演出活动走进湖北省宜昌市五峰土家族自治县，为疫后重振和全面建设小康社会凝聚文化力量。李丹阳、刘和刚、陈思思、呼斯楞等一批获中国音乐最高奖金钟奖的艺术家走上舞台，为土家族群众倾情奉献系列精彩节目。演出现场，《青藏高原》《红旗飘飘》《请到草原来》《鸿雁》《父亲》《山丹丹花开红艳艳》等脍炙人口的经典歌曲，歌伴舞《父亲的草原母亲的河》《美好新时代》、口技表演《欢庆锣鼓》《大阅兵》、杂技表演《肩上芭蕾——九儿》等精彩演出，赢得了观众经久不息的掌声。10月22日，“金钟之星”艺术团分两支小分队，毛一涵、高保利、李进军、呼斯楞、李丹阳、郑咏等艺术家和湖北省土家族（五峰）歌舞剧团的艺术家赴五峰县长乐坪镇百年关村，以精彩的节目、近距离的表现形式，为山区群众送上高质量的视听盛宴。刘和刚、王泽南、董蕾蕾、李梦楠、龙云侠等艺术家与湖北优秀的艺术家，为宜昌市伍家岗区市民群众送上了一场丰富多彩的演出活动。

【甘肃武都进行扶贫支教工作】

为深入贯彻落实习近平新时代中国特色社会主义思想和党的十九大精神，全面打赢脱贫攻坚战、全面建成小康社会。根据中国文联整体部署，中国音协于9月13日至26日在甘肃省陇南市武都区开展艺术培训活动。为确保本次文一直叫工作质量，中国音协积极发挥高校联盟资源优势，对支教师资团队进行前期调研考察，邀请西北民族大学音乐学院师生前往武都进行支教工作。中国音协与西北民族大学携手挑选了涉及声乐、器乐、音乐基础理论三个专业，男声、女声、古筝、笛子、琵琶、钢琴、乐理、试唱练耳八个细分项目，涵盖教授、副教授、讲师、研究生四个教学、年龄梯队，由甘肃省音协副主席、西北民族大学音乐学院院长赛音带队，共计11人的优秀支教团队。

【大型原创交响合唱《奋进新时代》巡演】

10月23日晚，大型原创交响合唱《奋进新时代》在第26届“蓉城之秋”成都国际音乐季上演，开启全国巡演第一站。四川省人民政府副省长罗强，中国音协分党组书记、驻会副主席韩新安，四川省文联党组书记、常务副主席平志英，成都市委常委、宣传部部长田蓉，中国音协副主席印青，中国音协副秘书长、中国文联音乐艺术中心主任熊纬等出席观看音乐会。大型原创交响合唱《奋进新时代》由“序”、四个乐章和“尾声”六部分组成，共12首作品贯穿其中，通过独唱、重唱、合唱和单乐章交响曲等形式演绎，饱含抒情、抒怀、赞美、自豪、激励、奋进的情愫，既有大气磅礴，又有高山流水，既有振聋发聩，又有涓涓细流，急缓有致，动静相谐，张弛有度，相映生辉，以丰富的音乐语言生动表达了中国人民置身于新时代的幸福感和使命感。音乐会由中国音协副主席、著名指挥家张国勇执棒，贵阳交响乐团、成都交响乐团演奏。王宏伟、王丽达、杨小

勇、徐森、陈淼、王传亮、龚爽、周晓琳、薛皓垠、彝彩妹妹组合等参加演出。

【《小康之歌》大型主题音乐会】

在新时代脱贫攻坚目标任务如期完成，全面建成小康社会胜利在望，中华民族伟大复兴向前迈出新的一大步的重要历史时刻，由中国文联、中国音协主办的大型主题音乐会《小康之歌》12月23日在国家大剧院歌剧厅隆重上演。音乐会以讴歌党的领导，热情礼赞新时代的中国精神，激情唱响新时代的自强之歌、奋斗之歌，真情表达全面脱贫带给人民群众的幸福感、获得感为宗旨。由序曲《神州欢歌》、第一乐章《时代欢歌》、第二乐章《奋斗欢歌》、第三乐章《复兴欢歌》、尾声《领航新时代》5个部分组成。演出曲目新老结合、以新为主，紧紧围绕“小康之歌”设定，多题材、多层次、多意涵、多形态地将“小康之歌”演绎得有意、有形、有情。其间加入三段章回序曲并配以诗歌朗诵，将各乐章所要体现的主题与内容通过朗诵给予传达。音乐会由著名指挥家夏小汤执棒，中国电影乐团担任现场伴奏，北京音协合唱团、天使童声合唱团担任现场合唱，由春妮、刚强担任主持。吕继宏、张也、王宏伟、黄华丽、龚爽、陈小涛、王传亮、乌兰图雅、黑鸭子组合、王二妮、于海洋、金波、韩蓬、王铁刚、周晓琳、陈小朵、徐晶晶、赵越、伊丽媛、孔庆学、郝苗、徐森、刘小幻、袁双洋、张映龙、马丹薇、刘洋真理、华阴老腔张军民艺术团等现场参演艺术家，与外景原生态歌者和民众有机融合，让幸福的歌声放送在云端、落地到现场。为更好地展现新时代风貌，体现全面脱贫带给人民群众的幸福感、获得感，音乐会以现场演唱与融媒体互动、联动为特色，以国家大剧院为“点”，网络为“线”，外景为“面”，通过融媒体，从国家大剧院的舞台拓展至云端，来自东南西北、老少边穷地区脱贫后的人民群众，在自己的家乡参与到演出中，和艺术家们共同唱响新时代的欢歌。

【“飘扬的旗帜”——中国音协新兴音乐群体轻骑兵“七一”云上演唱会】

为庆祝中国共产党成立99周年，由中国音协主办的“飘扬的旗帜”——中国音协新兴音乐群体轻骑兵“七一”云上演唱会7月1日成功举办。本次演唱会聚焦初心使命，讲好党的故事，体现不同历史时期中国共产党人的理想信念，展现新时代全国人民为实现中华民族伟大复兴中国梦不懈奋斗的精神面貌。演唱会以上海、井冈山、延安等红色革命圣地为“点”，以党的光辉历史进程为“线”，以实景外拍、异地连线、云端呈现为“面”，通过歌唱家王宏伟、演奏家宋飞以及乌兰图雅、平安等新兴音乐群体优秀代表的倾情演出，为党的生日献上了一份贺礼。踏着歌曲《追寻》的节奏，在青年歌手平安的歌声中，观众们一起回望1921年的上海和嘉兴，追寻那一次伟大的诞生。“几回回梦里回延安，双手搂定宝塔山”，青年歌手于海洋在延河边深情的演唱令人感动。在首都北京，青年歌手王晰演唱的歌曲《亲爱的中国，我的爱》，让人豪情满怀。演唱会的一大亮点是“名家新曲荟萃”。歌唱家王宏伟演唱的歌曲《一个都不能少》具有浓郁的陕北风格，描绘了脱贫攻坚战取得决定性进展的生动画卷。青年歌唱家龚爽带来的歌曲《相约旗帜下》，使我们深感使命光荣。中国音协爱乐男声合唱团、中央音乐学院合唱团、北京音协合唱团倾情演唱的混声合唱《祖国的道路》，表现了中国人民从“站起来”“富起来”到“强起来”的自豪感。

【金钟之星“一带一路”民族音乐会】

9月27日，由中国音协，甘肃省委宣传部、省文化和旅游厅、省文联主办的中国音协2020金钟之星“一带一路”民族音乐会在兰州音乐厅举办。本次音乐会旨在唱响“一带一路”，助力决战脱贫攻坚、决胜全面建成小康社会，由中国音协副主席、著名指挥家张国勇执棒，兰州交响乐团首先奏响管弦乐序曲《红旗颂》。青年古筝演奏家宋心馨带来了古筝与乐队的《云裳诉》；回族青年男高音歌唱家马小明演唱了《草原上升起不落的太阳》和青海花儿《雪白的鸽子》；著名笛子演奏家、教育家戴亚带来了笛子与乐队《秦川情》；青年男高音歌唱家王泽南带来歌曲《两地曲》《我的太阳》；著名琵琶演奏家、教育家吴玉霞带来琵琶与乐队《欢乐的日子》。来自甘肃的著名男高音歌唱家吕继宏演唱了歌曲《咱老百姓》《歌唱二小放牛郎》；著名二胡演奏家、教育家于红梅演奏了二胡与乐队版的《卧虎藏龙》；著名抒情花腔女高音歌唱家迪里拜尔深情演唱歌曲《乘着歌声的翅膀》《七月的草原》。音乐会在迪里拜尔、王泽南与西北师范大学音乐学院合唱团共同演唱的《我爱你，中国》中落下帷幕。

【中国音协新兴音乐群体轻骑兵深入山东兰陵、贵州黎平、吉林四平开展慰问演出】

1月4日，由中国音协、山东省文联主办的“我们的中国梦”文化进万家——“向人民汇报”中国音协新兴音乐群体轻骑兵走进兰陵专场演唱会在兰陵县文化中心大剧院举行。演出在热闹欢快的歌舞表演《春海》中拉开序幕，青年歌手刘琨、毛俊、于海洋、沈凌云、张可可、皓天、王雯、扎西尼玛、赵越等分别演唱了《向往》《幸福中国一起走》《节日快乐》《天下乡亲》《中国歌最美》《门前有条幸福路》《祖国万岁》《次真拉姆》《新的天地》等歌曲，独唱、对唱、歌伴舞多种形式轮番上阵，节目精彩纷呈。青年唢呐表演艺术家张可可一首经典曲目《百鸟朝凤》尽显唢呐独特的艺术魅力。

9月22日是我国第三个“农民丰收节”，中国音协新兴音乐群体轻骑兵的音乐工作者们将歌声带到了贵州黎平，与农民群众们一起，共庆丰收、分享喜悦。演出在开场的侗族大歌舞《铭记党恩永不忘》中拉开序幕。富有民族特色的武术表演《瑶族武术》、芦笙舞《庆丰收》充分体现出新时代少数民族群众的幸福生活。皓天、徐晶晶、于海洋、王紫菲、虞越、赵越、曹雪、更却才仁、闫国威、阿幼朵等新兴音乐群体音乐家，与黎平县的文艺工作者一起，共同献上了精彩纷呈的演出。12月25日，由中国协、吉林省文联、四平市委市政府主办的“向人民汇报”中国音协新兴音乐群体轻骑兵走进四平文艺演出在四平会堂启幕。本次演出以迎接中国共产党成立100周年“向人民汇报”为主题，积极开展“我们的中国梦”——文化进万家活动，动员和组织新兴音乐群体优秀代表，扎根基层、服务群众，进一步适应新时代群众多样化、个性化的精神文化需求，呼应百姓期盼。通过丰富多彩、形式多样的音乐节目，激发广大干部群众抗击疫情、脱贫攻坚、决胜小康的雄心、信心和决心，凝聚团结进取、奋发图强的强大精神力量。演出在歌舞节目《山笑水笑人欢笑》拉开帷幕，青年歌手皓天、张帅、于海洋、魏伽妮、王志昕、祝家家、乌兰图雅、曹雪等，分别带来了《好兄弟》《牧羊曲》《我和我的祖国》《咱老百姓》和《梦想有一天》《幸福鸟》《山路十八弯》《疼爱妈妈》《为你祝福》《彩虹》《等待》《沃土》《站在草原望北京》《我爱你中国》等精彩节目，著名二人转表演艺术家闫淑平、佟长江带来的东北二人转表演《家在东北》《西厢》《过河》，青年演奏家张可可的唢呐独奏《百鸟朝凤》，表达了美好吉祥的祝福。

创作与研究

【“心中的歌”——庆祝中国共产党成立100周年全国优秀歌词征集活动】

为庆祝中国共产党成立100周年，坚持以人民为中心的创作导向，大力繁荣音乐创作，围绕中国共产党的远大理想、崇高追求和伟大成就，聚焦进行伟大斗争、建设伟大工程、推进伟大事业、实现伟大梦想的新时代风采，充分表达各族人民对中国共产党的感激与热爱，全面展现中国共产党带领各族人民同心同德、砥砺前行所取得的辉煌成就，推出一批讴歌党、讴歌祖国、讴歌人民、讴歌英雄的精品力作，进一步激发全国各族人民特别是广大青少年的历史责任感和奋斗精神，中国文联、共青团中央、中国音协共同主办“心中的歌”——庆祝中国共产党成立100周年全国优秀歌词征集活动。活动于7月1日全网上线启动，得到了全国广大音乐工作者和歌词爱好者的积极响应，纷纷踊跃投稿参加，创作热情高涨。共收到来自全国各地线上投稿作品3400余首，创下迄今为止全国歌词类主题征集活动参与人数最多的纪录。通过多轮专家遴选确定的100首入选优秀歌词作品，目前正以“百人百首·全民诵读”的宣传形式，邀请“全国德艺双馨文艺工作者”“中国青年五四奖章”获得者等各界代表人士，进行融媒体全网线上展示，同时向全国作曲家进行推介谱曲。

【北京2022年冬奥会和冬残奥会第一届音乐作品征集活动】

7月13日，由北京冬奥组委、中国文联主办，北京冬奥组委文化活动部、中国音协、北京广播电视台、北京文投控股股份有限公司承办的北京2022年冬奥会和冬残奥会第一届冬奥优秀音乐作品正式发布。发布活动以“用歌声传递奥林匹克

力量”为主题，以电视节目结合云发布、云颁奖、云合唱的形式，推出10首优秀歌曲和20首优秀歌词，同时启动了第二届冬奥音乐作品的征集。本届征集活动共收到1137件应征作品。征集结束后，评审工作也随即展开，征集办公室工作人员克服新冠肺炎疫情带来的困难，坚守岗位认真负责，经过评审委员会专家的多轮评选、研讨，最终10首优秀歌曲和20首优秀歌词脱颖而出。

【中国音协“深入生活、扎根人民”采风团赴新疆采风】

为深入贯彻落实习近平新时代中国特色社会主义思想和党的十九大精神，隆重庆祝中国共产党建立100周年，坚持以人民为中心的创作导向，展现少数民族地区新发展、新面貌，歌颂党领导下各族人民“脱贫攻坚奔小康”的奋斗精神和团结和睦的景象，根据中宣部、中国文联的指示精神和工作部署，9月25日至10月5日，中国音协组织李昕、杨启舫、杨一博、孟文豪、刘新圈、杨玉鹏、袁帅、陈子文、吴棭等国内知名老中青三代词曲作家，赴新疆进行了为期11天的“深入生活　扎根人民”采风创作活动。采风团出发当天，正值第三次中央新疆工作座谈会在京召开。习近平总书记在会上提出的“依法治疆、团结稳疆、文化润疆、富民兴疆、长期建疆”的20字中央治疆方略，令采风团成员深受鼓舞。大家纷纷表示一定不负使命，为“文化润疆”作出积极贡献。采风团来到原新疆生产建设兵团总部所在地——“军垦新城”石河子市，参观了军垦博物馆和周恩来总理纪念碑，并看望了共和国“最美奋斗者”称号获得者、军垦第一代女拖拉机手金茂芳；考察了阿勒泰地区布尔津县的农业旅游发展成果和富蕴县可可托海功勋矿坑，并看望了青河县塔克什肯边防连的官兵，送上节日问候。采风团专程探访了中哈边境被誉为“西北民兵第一夫妻哨”的军武哨所，与驻守边疆30余年的马军武、张正美夫妻共同举行了俭朴但庄严神圣的升旗仪式，为祖国庆生。

【中国音协新兴音乐群体词曲作家宜昌采风创作】

为深入学习贯彻落实习近平总书记关于文艺工作的重要论述和在深入推动长江经济带发展座谈会上的重要讲话精神，11月7日至11日，中国音协组织近30位新兴音乐群体词曲作家组成“长江主题”创作团队，赴湖北宜昌长江沿岸进行实地采风，推出一批优秀“长江主题”原创歌曲，以展演的方式集中呈现，将传统媒体和新媒体展播、文艺活动展演等丰富多彩的形式紧密连接，向中国共产党成立100周年献礼。采风团先后走访了宜昌许家冲、三峡人家、三峡大坝、屈原故里、清江画廊、武落钟离山、土家族民俗文化村、宜昌柏斯音乐集团等地，观看屈原故里民俗表演、光影秀等演出，聆听具有峡江特色特点的民间音乐，感受到宜昌在长江大保护和产业转型上日新月异的变化。在采风过程中，“巴楚古音的活化石”三音歌、湖北境内的“纳西古乐”——南曲等当地宝贵音乐遗产让参加采风的艺术家们赞不绝口。手握“溜子”，脚踩踏板，体验手工纺纱织布，艺术家们与当地群众亲切交谈，听他们讲述了脱贫致富后对美好生活的喜悦之情。在采风创作座谈会上，音乐家们纷纷表达了对采风经历的深刻感触和备受鼓舞的心情。

【“听见中国听见你”2019年度优秀歌曲推选】

2019年度“听见中国听见你”评审工作从2020年1月18日起至4月27日，经过五轮、近百位评委的严格把关。20首优秀原创歌曲从 400 多首作品（按分配名额报送）中脱颖而出。本年度评选采取网页投票、视频会议等方式全程网络进行。在严控评审程序合法合规，严管评审纪律公平公正的基础上，尽可能扩大了评审团构成。评委既有来自中国音协主席团和音乐创作委员会的名家，也有全国各省(直辖市)音协、新疆兵团音协、产行业文联音协的代表；既有音乐界新文艺群体的优秀音乐人，也有来自各主流媒体的领导和资深记者。

教育培训

【第六期全国优秀青年词曲作者家高级研修班】

在全国疫情防控取得重大战略成果之际，由中国音协、福建省文联、漳州市委宣传部共同主办，福建省音协、漳州市文联、市音协承办的第六期全国优秀青年词曲作家高级研修班，7月25日至31日在福建省漳州市成功举办。来自全国33个省市区、产业文联音协推荐遴选出的47名优秀青年词曲作家参加培训。中国音协分党组书记、驻会副主席韩新安出席开班仪式并讲话。高研班把政治学习作为首要任务，课程设置紧扣学习贯彻习近平新时代中国特色社会主义思想和党的十九大精神这一主线，把政治理论学习和业务培训有机结合，推动学员们努力增强“四个意识”、坚定“四个自信”、做到“两个维护”。在为期七天的培训时间里，集中的课堂授课、举办习作赏析会、组织实地采风构成高研班课程设计与实施的“三大版块”。周荫昌、戚建波、任卫新、杨启舫、何沐阳等著名专家学者受邀为学员授课。

【《全国基层音协组织负责人提升“四力”培训班》】

为深入贯彻落实习近平总书记关于加强宣传思想战线队伍建设的重要论述，增强全国音协干部“脚力、眼力、脑力、笔力”，为我国音乐事业打造一支有信仰，有情怀、有担当的干部队伍，6月8日至30日，中国音协基层音协负责人增强视力网络专题培训班在中国文联网络培训云平台成功举办，全国各地省级音协共组织了590名学员参加了培训。本次培训班课程主要有“习近平总书记关于文化建设的重要论述”“习近平新时代中国特色社会主义思想概论”“增强四力，打造过硬宣传思想工作队伍”等重要内容。

【第二期全国优秀中青年音乐评论人才（含少数民族）网络培训班】

根据中国音协2020年培训工作部署，“当代音乐评论人才培训工程”——第二期全国优秀音乐评论人才（含少数民族）网络培训班于11月16日至12月9日，通过中国文联网络培训云平台举办。本期培训班共收到35个中国音协团体会员推荐的学员265名（含12个少数民族、学员36人）。培训班旨在通过扎实深入的教育培训，使中青年音乐评论工作者牢牢把握正确的文艺评论方向，提升职业精神和思想境界，保持昂扬向上的精神状态，繁荣文艺创作，发挥音乐评论提高审美、引领风尚的重要作用，为推动音乐评论事业蓬勃发展作出新的贡献。培训班除安排《文化精神与民族复兴——习近平文艺工作座谈会讲话精神学习》《中国“当代”文化的基本格局和趋势》《学习领会习近平新时代中国特色社会主义文化思想（上）》《学习领会习近平新时代中国特色社会主义文化思想（下）》《习近平总书记关于文化建设的重要论述》《音乐的形式与情感表达》《走进音乐的世界》《怎样与音乐交朋友》《时代之歌》等9门网络课程外，还邀请上海音乐学院音乐学系教授孙国忠，以在线授课的方式为学员作了题为《“音乐论说”场域中的音乐评论》的专题讲座。

音乐交流

2020年，中国音协大力践行人类命运共同体理念，积极稳妥、深耕细作，创新内容形式，推进对外和对港澳台民间音乐交流。抗疫、防疫期间，向国际音理会、国际青年音乐联盟、日本中国文化交流协会、韩国音乐协会、印度音乐家联合会等国际友好合作方致函慰问，并遴选分享中国音乐界优秀抗疫音乐作品，鼓舞国际友人战疫斗志和信心。加强与港澳台会员、理事联络交流，认真推选九次音代会港澳台地区代表理事。与清华大学全球共同发展研究院等单位共同承办了纪念联合国成立75周年线上艺术研讨会，邀请韩国、俄罗斯、埃及、匈牙利等国驻华文化官员参与2020金钟之星“一带一路”民族音乐会。

机关建设

【党建工作】

2020年，中国音协以党的政治建设为统领，以创建模范政治机关为目标，坚持党建和业务工作同谋划、同部署、同落实、同检查，推动党员干部进一步提高政治站位、增强综合素质、转变工作作风，党组织标准化规范化水平日益提高，党员的党员意识、党性观念更加坚定，协会自身建设的科学化制度化规范化水平得到有力提升。分党组经常性对标《关于新形势下党内政治生活的若干准则》《中国共产党重大事项请示报告条例》《中共中央政治局关于加强和维护党中央集中统一领导的若干规定》等党内法规和规范性文件，带头严守政治纪律和政治规矩。修订完善《中国音协分党组工作规则（试行）》《中国共产党

中国音协总支部委员会工作规则（试行）》等规章制度，落实《中央和国家机关工委关于创建“让党中央放心、让人民群众满意的模范机关”的意见》，结合部门职责，聚焦解决突出问题，细化创建举措，把创建模范机关融入协会中心工作。以落实“三会一课”制度为抓手，将党的组织工作制度进行逐一梳理、形成清单，将常态化工作与阶段性工作在全年计划中合理布局，确保各项制度严格贯彻落实。围绕提升把握“两个大局”能力和治理能力，组织支部书记、党员等不同层级人员参与线上线下培训班4次，加强思想淬炼、政治历练、实践锻炼、专业训练。在支部中成立党小组，研究并指导党小组开展工作、组织集中学习。落实以案促改要求，着力规范优化会员入会、音乐评奖、作品发表等方面规章制度，切实堵塞制度机制漏洞，扎实开展纪律教育和警示教育，引导党员干部严守底线、不越红线，有效防范廉政风险。

【巡视整改】

中国音协把抓好巡视整改作为一项重大政治任务，着力在深刻领会中央和文联党组巡视整改有关指示要求上下功夫，在严肃认真对标对表逐条认领问题上下功夫，在集体分析问题制定措施上下功夫，在整合力量科学布局上下功夫，切实筑牢基础，推动落实。成立了由我担任组长，其他分党组成员为副组长的巡视整改工作领导小组，负责研究审定整改方案，督查整改落实工作，及时研究解决整改中存在的问题。巡视整改工作开始以来，先后召开分党组、巡视整改领导小组（扩大）会议8次、专题研究工作会议2次，中心组集体学习研讨2次，确保整改落实工作始终按照正确的方向稳步推进。分党组坚持问题导向，从严从实从细制定整改措施，5月中旬召开专题会议，逐一听取各处室整改任务情况汇报，详细了解分党组成员、各处室负责人对整改任务的认领情况，认真梳理主责项、配合项，重点难点、完成时限等。各处室按照分党组和领导小组要求，针对每项整改任务措施，进一步制定详细的工作表和路线图，经报分党组和领导小组后，分工分管领导逐条审议，再集体研究，制定《中国音协分党组巡视整改工作方案》和《中国音协分党组落实意识形态工作专项巡视整改实施方案》，并分别建立工作台账。截至目前，巡视整改35项任务92条整改措施，除“崇德尚艺、潜心耕耘，做有信仰有情怀有担当的新时代文艺工作者”主题实践活动和第五届中青年德艺双馨文艺工作者评选表彰工作2项任务需文联统一部署推进外，其他均已按时限完成。意识形态专项整改25项任务77条整改措施，除“网络信息处人员招聘”受疫情影响未能顺利完成外，其他均已基本完成。

【意识形态工作】

2020年，中国音协深入学习贯彻习近平总书记关于意识形态工作系列重要讲话精神，严格贯彻落实中央和文联党组关于意识形态工作各项部署要求，把意识形态工作作为党的建设和班子建设的重要内容，建立完善意识形态工作长效机制，牢牢掌握意识形态工作的领导权和主动权。健全工作机制，严格制度执行，汇总编制了《中国音协意识形态工作规章制度汇编》，切实加强对音乐活动、评论评奖、报刊出版等意识形态阵地的规范化管理，确保正确舆论导向和良好社会反响。把守好阵地作为做好意识形态工作的重点，不断完善和规范五刊一报、官网、微信公众号的信息发布的编发审核制度，确保各个技术环节的规范操作。举办《人民音乐》创刊70周年座谈会，回顾成就、总结经验，进一步明确出版导向和价值取向，适应新任务新要求，更好履行使命责任。及时搜集研判各类重大音乐舆情信息，对业界出现的失德失范行为，通过所属报刊、网站等各种渠道及时发声，旗帜鲜明地表明立场和态度。加强意识形态工作队伍和出版管理人员的学习培训和自身建设，进一步提高出版管理和业务水平。组织协会意识形态工作分管领导、研究部门负责人、新闻宣传联络员、舆情信息员、意识形态工作员、网络评论员联系人、出版人员等参加中国文联举办的意识形态工作培训班、出版意识形态工作专题培训班、出版管理与改革发展培训班。

【刊物出版】

2020年，中国音协进一步完善和规范《人民音乐》《词刊》《歌曲》《儿童音乐》《音乐创作》《中国音乐专刊》等刊物稿件的编发审核制度，不定期组织刊物负责人召开专题会议，学习传达中央关于加强意识形态工作的指示精神。确保各个技术环节的规范操作，杜绝事故隐患。各刊物在人员少、专业强、要求高、责任大的状况下，围绕党和国家工作大局以及协会重点工作，刊发了一批有思想、有导向、有引领的音乐作品和理论文章，开设了一系列主题突出、特点鲜明的专栏，为宣传展示音乐创作和音乐研究成果、强化思想导向引领，发挥了积极作用。

【规范管理专业学会】

对存在诸如组织机构不健全、长期不开展活动、基本丧失学会功能等问题的12个专业学会，予以不再登记处理，并通过官微、官网向社会公告。根据专业类别和学科划分，稳步推进将8个专业学会合并成2个的筹备工作。积极推进交响乐团、社会音乐教育、琵琶、电子键盘等4个行业标准和行业规范的建设工作。

【会员发展】

完善工作机制，提升会员管理服务水平，制定、修订《中国音协会员发展工作评审委员会及工作人员管理办法（试行）》等7项规范性文件。加强会员管理服务，会员审批工作由每年一次调整为两次，并拓宽申报渠道，注重向青年音乐人才、一线创作人才、新兴音乐群体倾斜。强化思想政治引领，新会员入会前须接受专题培训并结业。按照以案促改要求，参与会员审批工作的相关领导和工作人员均签署了廉政风险承诺书，新会员审批结果在中国音协官网上进行了公示。2020年共发展新会员707人，平均年龄44.3岁，55岁以下占92%，新兴音乐群体88人，占比12.45%。

【音乐考级】

坚持把凸显社会效益作为社会音乐考级的立足点和出发点，主动适应疫情防控要求，站在考生的角度充分考虑不利因素，想方设法为应考提供便利。在全国范围内开展线上考级，加强考官资格审核、规范考级运行、强化监督管理，推进年度考级工作有序开展。

中国美术家协会

综 述

2020年，中国美协在中宣部和中国文联的坚强领导下，认真学习贯彻习近平新时代中国特色社会主义思想和党的十九大及十九届二中、三中、四中、五中全会精神，贯彻落实习近平总书记关于群团工作、文艺工作、文联工作的重要论述和指示批示精神，围绕中心、服务大局，坚持创造性转化、创新性发展，自觉承担举旗帜、聚民心、育新人、兴文化、展形象的使命任务，围绕国家大政方针，结合协会工作实际，内抓管理、外树形象，认真履行团结引导、联络协调、服务管理、自律维权职能，严格按照中央和北京市有关要求，认真落实中国文联疫情防控要求，抓好疫情防控工作的同时，圆满地完成了2020年各项工作任务。

会议与活动

【不忘初心 继续前进——庆祝中国共产党成立100周年大型美术创作工程】

1月15日，不忘初心 继续前进——庆祝中国共产党成立100周年大型美术创作工程（以下简称“工程”）选题工作会在京召开。会议主要就204个选题，210件作品展开讨论。会后，工程办梳理并归类所有选题，上报中宣部。

5月14日，“工程”作品审稿工作会在京召开。会议对“工程”的209个选题、217件作品进行逐一审看指导。

6月9日起，工程办组织专家组赴在京美术家工作室进行作品创作的现场观摩指导，共观摩北京作品67件。

7月21日，中国美协分党组书记、驻会副主席徐里赴中宣部就“工程”相关情况作总结汇报。中共中央政治局委员、中央书记处书记、中宣部部长黄坤明同志出席会议并作重要指示。

8月17日至9月27日，工程办组织专家组赴京外（浙江杭州、上海、江苏南京、陕西西安、重庆、广东广州、辽宁沈阳）美术家工作室进行作品创作的现场观摩指导，共观摩京外作品98件。

【弘扬伟大抗疫精神，致敬中华英雄儿女《战“疫”中国：全国美术作品选》出版座谈会暨向抗疫英雄赠书、赠画仪式】

9月9日，中国美协在中国文联四层报告厅举行“弘扬伟大抗疫精神，致敬中华英雄儿女”——《战“疫”中国：全国美术作品选》出版座谈会暨向抗疫英雄赠书、赠画仪式。北京大学医学部副主任肖渊，北大医学国家援鄂抗疫医疗队队员李佩涛、王奔、陈琦，北医三院赴新发地抗疫医疗队队员张鹤立、王佳琦，北医三院党院办副主任、医院服务管理办主任周蕾，北京大学医学部主任办党办副主任曹菁等抗疫医务工作者代表；十三届全国政协文化文史和学习委员会副主任、中国版权协会理事长阎晓宏，中国曲协主席姜昆，中国美协分党组书记、驻会副主席徐里，人民出版社党委副书记、总编辑辛广伟，中国美协分党组副书记陶勤，雅昌文化集团董事长万捷，国家卫健委宣传司代表沈闰洲，中国美协副秘书长（挂职）汪帅红等领导和嘉宾；徐鹏飞、黄华三、孙立新、王利军、陈琳、王一帆、李鹤等美术家代表，中国美协全体干部职工，人民出版社部分工作人员，以及在京新闻媒体记者参加座谈会，座谈会由中国美协分党组成员、秘书长马锋辉主持。

【专业艺术委员会换届】

11月3日，“中国美协油画、插图装帧、中国画艺术委员会换届大会暨国家重大题材美术创作艺术委员会成立大会”在京召开。会议组建了第五届油画艺术委员会、第四届插图装帧艺术委员会、第五届中国画艺术委员会和首届国家重大题材美术创作艺术委员会，并聘任委员。中国文联党组书记、副主席、书记处书记李屹，中国美协名誉主席靳尚谊，中国文联副主席、中国美协名誉主席冯远，中国美协主席范迪安，中国美协分党组书记、驻会副主席徐里，中国美协副主席李翔、李象群、庞茂琨，中国美协分党组副书记陶勤，中国美协分党组成员、秘书长马锋辉，中国文联美术艺术中心副主任李伟等出席会议。

【中国文联、中国美协“送欢乐下基层”活动】

“我们的中国梦——文化进万家”中国美协文艺志愿服务小分队“送欢乐 下基层”赴湖南省湘西土家族苗族自治州花垣县慰问活动

1月4日至1月7日，根据中宣部和中国文联有关部署，中国美协文艺志愿服务小分队“送欢乐下基层”赴湖南省湘西土家族苗族自治区花垣县开展慰问活动。1月6日，启动仪式在花垣县十八洞村举行，中国美协主席、中央美术学院院长范迪安，湖南省美协副主席、湖南省美术馆馆长魏怀亮，花垣县委书记罗明分别致辞。范迪安、中国美协分党组成员、秘书长马锋辉向花垣县捐赠了美术家们合作美术作品，花垣县委县政府向中国美协赠予锦旗。石峰、旷小津、王金石、梁明、周一新、陈鹏、王利军等嘉宾和美术家参加了此次活动。启动仪式由湖南省美协副主席兼秘书长石纲主持。慰问团为当地群众书写春联和“福”字，参观“‘精准扶贫’首倡地——十八洞村精准扶贫之路”展示厅，观看“十八洞村脱贫记”电视片。

中国美协文艺志愿服务团赴首都机场公安局开展“送欢乐 下基层”慰问活动

1月10日是“110”宣传日，中国美协“送欢乐 下基层”文艺志愿服务小分队赴首都机场公安局开展慰问活动，向一线民警送去新春祝福。此次活动由中国美协分党组成员、秘书长马锋辉带队，中国文联机关服务中心副主任魏华，中国文联美术艺术中心副主任李伟，首都机场公安局党委委员、副局长王占友，首都机场公安局党委委员、副巡视员孙茹芳，首都机场公安局党委委员、政治部主任陈学军，美术家何加林、刘罡、石峰、陈辉、王界山等40余人参加此次慰问活动。启动仪式上，马锋辉代表中国美协接受首都机场公安局赠送的锦旗。美术家们将创作的三幅山水画、两幅花鸟画、一幅人物画赠送公安民警，还现场为公安民警书写对联、“福”字。

“我们的中国梦——文艺进万家”中国美协文艺志愿服务小分队“送欢乐 下基层”赴云南曲靖市会泽县慰问活动

1月13日至16日，“我们的中国梦——文化进万家”中国美协文艺志愿服务小分队“送欢乐 下基层”赴云南省曲靖市会泽县开展慰问活动。1月14日，慰问团来到会泽县大桥李家湾村，为当地村民写春联、送“福”字。1月15日，活动启动仪式在会泽县实验中学举行，潘利华、罗江、李琦、杜松儒分别致辞；杜松儒代表中国美协向会泽县文联捐赠了美术书籍，会泽县委、县政府向中国美协赠予锦旗；启动仪式由李春华主持。高兴文、李晴、陈琳、邓建强、李岗、石君一等美术家参加此次活动。启动仪式结束后，美术家们在当地进行义务笔会。

“文艺进万家 健康你我他”中国美协“送欢乐 下基层”赴山东省威海市慰问活动

10月21日至24日，“文艺进万家 健康你我他”中国美协“送欢乐 下基层”慰问活动在山东省威海市举办。文艺志愿服务团由杜松儒带队，何加林、张宜、石峰、旷小津、茹峰、李呈修等美术家参加了此次活动。10月22日，启动仪式在威海刘公岛举行。10月23日，慰问团一行来到威海华夏城采风写生。

“文艺进万家 健康你我他”中国美协“送欢乐 下基层”赴重庆市巫山县慰问活动

11月13日至17日，“文艺进万家 健康你我他”中国美协“送欢乐 下基层”慰问活动在重庆市巫山县举办。此次慰问团由中国美协主席、中央美术学院院长范迪安带队，重庆市委宣传部常务副部长薛竹，中国美协副主席、四川美术学院院长庞茂琨，梁时民、谌宏微等美术家们参加了此次活动。11月14日，活动启动仪式在重庆市巫山县双龙镇安静村举行。重庆市文联党组书记、副主席陈若愚主持启动仪式。范迪安、薛竹、庞茂琨等向巫山县双龙镇安静村捐赠了美术书籍。巫山县委向中国文联美术艺术中心活动管理处赠送锦旗。美术家们书写楹联、写福字，走进双龙镇安静村、白坪村，曲尺乡柑园村、哨路村，抱龙镇青石村等地开展慰问和采风活动。

【中国文联、中国美协文艺培训志愿服务项目——美术培训班】

中国文联、中国美协文艺培训志愿服务项目——河北美术培训班

9月3日至6日，中国文联、中国美协文艺志愿服务团前往河北进行文艺培训志愿服务项目。由杜松儒带队，祁海峰、刘罡、李冬、段铁、陈华担任授课老师对河北美术工作者进行美术培训。9月4日，培训班在河北省邯郸京娘湖举行开班仪式，杜松儒及河北武安市委常委、宣传部部长曹素芝，邯郸市委宣传部常务副部长潘璐等出席开班仪式并讲话，开班仪式由祁海峰主持。开班仪式后，画家及河北美术工作者前往京娘湖、七步沟等地现场进行写生培训并召开创作交流会。9月5日，培训班前往西柏坡纪念馆等地学习，继续进行现场写生培训。

中国文联、中国美协文艺培训志愿服务项目——甘肃陇南美术培训班

9月14日至18日，中国美协根据中国文联文艺志愿服务的统一部署，结合陇南市武都区艺术教育的实际情况，邀请中央美术学院、西北民族大学美术学院的优秀青年教师前往陇南武都对实验中学、两水中学、八一中学、洛塘中学艺术专业学生开展艺术教育培训。16日，中国文联党组书记、副主席李屹带领对口帮扶工作组，甘肃省副省长何伟，中国文联办公厅主任邓光辉，中国美协分党组成员、秘书长马锋辉等领导来到陇南实验中学，出席中国文联艺术培训开班仪式，看望美术专业课的师生们。

“美育圆梦·用爱相伴”2020中国文联、中国美协文艺培训志愿服务项目（中级）云南大理美术培训班

12月15日至24日，由中国文联、中国美协、中国文艺志愿者协会主办，中国文联美术艺术中心、云南省美协、大理州文联、大理州美协、中共剑川县委宣传部、剑川县文联承办的“美育圆梦·用爱相伴”2020中国文联、中国美协文艺培训志愿服务项目（中级）云南大理美术培训班在云南大理举办。本次培训为期10天，开设中国画和油画课程，由何加林、贾广健、袁武、孙立新、林容生组成教师队伍，为251位学员授课。

【中国美协2018年度新入会会员网络培训班】

2020年，中国美协举办2018年度新入会会员网络培训班，本次网络培训是根据新冠肺炎疫情影响作出的实时调整，把培训班从以往的线下学习转换成了线上网络学习。在响应国家抗疫号召的前提下，科学有序地完成了相关培训计划，满足了学员学习需求。培训采取的是网络自主学习，总共分为六期，培训总人数1207人。培训课程主要以视频授课为主，分为必修课和选修课。同时，在整个培训课程中设置了结业考试环节。

展览与评奖

【第十三届全国美术作品展览进京作品、第三届中国美术奖作品巡展】

1月20日，由文旅部、中国文联、中国美协共同主办的“第十三届全国美术作品展览进京作品、第三届中国美术奖作品巡展”在上海中华艺术宫开幕，获得本届中国美术奖金、银、铜奖的513件作品精彩亮相。中国文联副主席、中央文史研究馆副馆长、中国美协名誉主席冯远，文旅部艺术司副司长周汉萍，中国美协分党组成员、秘书长马锋辉，文旅部艺术司美术处处长刘冬妍等主办方领导和嘉宾；上海市委常委、宣传部部长周慧琳，上海市文化旅游局党组书记、局长于秀芬，中国文联副主席、上海市文联主席奚美娟，上海市文联党组书记、专职副主席尤存，上海市文化旅游局党组副书记、副局长杭春芳，上海市文联专职副主席韩陈青，上海市重大文艺创作领导小组副组长吴孝明，上海市文联副主席、市美协主席郑辛遥等上海方面的领导和嘉宾出席开幕式，此外，上海市委宣传部、文化旅游局、文联、美协、美术院校的代表也出席了开幕式。于秀芬和马锋辉分别致辞，开幕式由中华艺术宫(上海美术馆)执行馆长沈捷主持。

6月6日，由文旅部、中国文联、中国美协主办，湖南省文联、湖南省美协、湖南美术馆承办的“第十三届全国美术作品展览进京作品、第三届中国美术奖作品（湖南）巡展”开幕式在湖南美术馆举行。湖南省委常委、宣传部部长张宏森出席并宣布展览开幕。湖南省文联主席鄢福初，

中国美协分党组成员、秘书长马锋辉，艺术家代表卢雨等分别在开幕式上致辞。省委宣传部常务副部长蒋祖烜，省文联党组成员、副主席唐贵平、邓清柯、张纯，省文联二级巡视员、湖南美术馆馆长魏怀亮，省文联副主席、省画院原院长刘云，省文联副主席、省美协主席朱训德等领导及来自全省各地的艺术家及观众300多人参加开幕式。开幕式由湖南省文联党组书记、副主席、秘书长夏义生主持。

8月8日至9月23日，“第十三届全国美术作品展览进京作品暨第三届中国美术奖作品（淮安）巡展”在淮安市美术馆举办，展出作品221件。

10月1日至28日，“第十三届全国美术作品展览进京作品暨第三届中国美术奖作品（内蒙古）巡展”在内蒙古美术馆举办，展出作品221件。

11月5日至30日，“第十三届全国美术作品展览进京作品暨第三届中国美术奖作品（盘锦）巡展”在辽河美术馆举办，展出作品221件。

【众志成城——抗疫主题美术作品展】

8月1日，由中国国家博物馆、中国美协、中国书协共同主办的“众志成城——抗疫主题美术作品展”在中国国家博物馆开幕。展览包括3个单元：“抗疫·美术家在行动”“抗疫·书法家在行动”“抗疫·全国群众在行动”。抗疫工作开展以来，中国美协按照党中央部署，向中国美术界发出倡议，号召全体美术工作者拿起手中的画笔，以笔作枪，和全国人民一起共战疫情，用美术作品凝聚起人民群众抗击疫情的强大精神力量。倡议书发布以来，共收到来自全国各地不同形式的美术作品共计75147件，评选出96件（套）中国画、油画、版画、雕塑、水彩画、宣传画、连环画等作品参加此次展览。

【决胜全面小康——第二届全国农民画作品展】

9月22日，正值第三个“中国农民丰收节”之际，由中国美协、浙江省文联、杭州市富阳区人民政府主办，浙江省美协、富阳区委宣传部、富阳区文联承办的“决胜全面小康”第二届全国农民画作品展在浙江省杭州市富阳区公望美术馆隆重开幕。展览共收到送评作品4000余幅，最终评出参展作品299件。央视新闻客户端进行了直播报道。许江、马锋辉、骆献跃等从绘画艺术角度进行点评。现场还布置了衍生品展台，本次画展入选作品云上展在中央广播电视总台“央视频”App同步开展。

【全面建成小康社会暨第二届“香凝如故”全国美术作品展】

11月26日，由民革中央、中国美协共同主办，中国文联美术艺术中心、民革中央画院、民革中央企业家联谊会、中山博爱基金会承办的全面建成小康社会暨第二届“香凝如故”全国美术作品展在中国美术馆开幕。全国人大常委会副委员长、民革中央主席万鄂湘出席并宣布开幕。全国政协副主席、民革中央常务副主席郑建邦出席并讲话。民革中央副主席兼秘书长李惠东主持开幕式。中国美协主席、中央美术学院院长范迪安出席并致辞。全国政协副秘书长、民革中央副主席刘家强，民革中央副主席张伯军，农工党中央副主席兼秘书长曲凤宏，致公党中央副主席吕彩霞，中国文联党组成员张雁彬，民革中央原副主席朱培康、傅惠民，中国美协副主席、中国美术馆馆长吴为山出席开幕式并参观展览。本次展览共收到近9000件投稿作品，遴选出中国画入选作品140件（含入会资格作品31件）、油画入选作品48件（含入会资格作品22件）。此次展出的作品还包括从中国美术馆借展的何香凝先生等民革前贤真迹及特邀作品。此次展览在中国美术馆和上方美术馆同步展出，展览将持续到12月6日。

【常规展览】

1. 第三届“邮驿路 运河情”全国美术作品展（中国画）
2. 第二届“乡风墨韵”全国中国画作品展
3. 聚焦脱贫攻坚 讴歌全面小康——江山如此多娇·新余傅抱石全国中国画作品展
4. 品真格物——第二届全国青年工笔画作品展
5. 第五届“八荒通神”——哈尔滨美术双年展（中国画）
6. 第十届“民族百花奖”——中国各民族美术作品展（中国画、油画、版画）
7. 第十一届全国工笔画作品展
8. 同源——第二届中国画作品展
9. 第四届“朝圣敦煌”全国美术作品展
10. 运河画脉 南田风骨——2020恽南田艺术双年展

11. 百年梦圆——2020·中国百家金陵画展（油画）

12. 第十一届中国西部大地情中国画、油画作品展

13. 首届“时代中国”全国美术作品展

14. 诗意江南——全国工笔画作品展

15. 第二届公望富春·中国山水画作品展

16. “伯年国艺”全国山水画作品展

17. “写意·苏州”（花鸟篇）中国画双年展

18. 第二届“湖南·中国画双年展”

19. “第九届全国（大芬）中青年油画展”

20. 2020“万年浦江”全国中国画（手卷）作品展

21. 新时代、新气象、新表达——全国新文艺群体美术作品展

22. 第二届全国少儿美术作品展

创作与研究

【第九届中国北京国际美术双年展第一次策委会】

9月15日，第九届中国北京国际美术双年展第一次策委会在中国文联报告厅召开。中国美协主席、北京国际美术双年展总策划范迪安，中国美协副主席、北京国际美术双年展总策划李象群，北京国际美术双年展顾问、中央美术学院教授邵大箴，以及策划委员丁宁、马书林、王宏剑、王端廷、王镛、牛克诚、卢禹舜、代大权、包林、刘曦林、安远远、孙立新、孙韬、李庚、李洋、尚辉、郑工、胡伟、薛永年等在京的双年展策委会成员出席会议。中国美协分党组副书记陶勤主持会议。中国美协主席、展览总策划范迪安在策委会上致辞，陶勤对第八届北京双年展进行小结，并介绍目前第九届双年展的规划实施情况。

【内蒙古美术创作“双万工程”《万马奔腾图》《万里绿色长城图》草图研讨会】

9月20日，内蒙古美术创作“双万工程”草图研讨会在扬州市举行。全国政协委员、中国美协分党组书记、驻会副主席徐里，中国美协理事、中国文联美术艺术中心活动管理处处长杜松儒，美术家孙志钧、何加林、茹峰、旷小津、安玉民等出席研讨会。内蒙古文联党组成员、副主席艺如乐图，内蒙古美协副主席、呼和浩特市职业学院副院长易晶，内蒙古美协副秘书长于江、副秘书长额尔敦吐，内蒙古文艺评论家协会副秘书长王宏伟，呼和浩特书画院院长左大宁参加观摩研讨。会议由杜松儒主持。

【决胜全面小康——全国农民画研讨会】

9月21日，由中国美协、浙江省文联、中共衢州市委宣传部主办，浙江省美协、衢州市柯城区人民政府承办的“决胜全面小康——全国农民画研讨会”在浙江衢州市柯城区沟溪乡中国（余东）乡村美术馆举行。中国美协分党组成员、秘书长马锋辉出席研讨会并发言。中国美协理论委员会主任、《美术》杂志社社长兼主编尚辉，国家非物质文化遗产专家委员会委员、中国艺术研究院研究员、博士生导师孙建君，中国艺术研究院研究员郑工，中国美术学院教授、文化遗产保护研究中心主任郑巨欣，中国美院教授、潘天寿纪念馆馆长陈永怡，浙江画院一级美术师罗剑华等专家学者，围绕“决胜全面小康”主题，结合中国农民画现状，探讨农民画创作方向。

【第三届“全国美术高峰论坛”】

10月28日至10月30日，由中国美协、重庆市文联、四川美术学院主办，中国美协理论艺委会、重庆市美协承办，重庆市文艺评论家协会、四川美术学院艺术人文学院、重庆市美协策展与理论艺委会协办第三届“全国美术高峰论坛”在重庆举办。中国文联副主席、中国美协名誉主席冯远，中共重庆市委宣传部副部长张洪斌，中国美协主席、中央美院院长范迪安，中国美协分党组书记、驻会副主席徐里，重庆市文联党组书记、副主席陈若愚，中国美协副主席、四川美术学院院长庞茂琨，广州美术学院党委书记谢昌晶，山东艺术学院院长王力克，云南艺术学院院长郭浩，中国美协理论委员会主任、《美术》杂志社社长兼主编尚辉等领导嘉宾出席了开幕式。陈若愚、范迪安、尚辉、张洪斌先后致辞，举行了论坛主办城市交接仪式。开幕式由四川美术学院党委书记唐青阳主持。牛克成、张晓凌、黄宗贤、郑工、赵农、李豫闽、于洋、孟繁玮、屈波等国内著名美术理论家、评论家围绕论坛主题发表演讲并组织展开研讨。

【博鳌亚洲论坛文化氛围建设创作采风写生活动】

11月24日，由海南省委宣传部、海南省文联主办，海南省美协承办的博鳌亚洲论坛文化氛围建设创作采风写生启动仪式在海南省博物馆举行。为推动博鳌亚洲论坛文化建设，营造博鳌亚洲论坛2021年年会文化氛围，邀请知名美术家到海南采风，为博鳌亚洲论坛重要活动场所精心创作一批书画作品，并以此弘扬中华传统书画艺术，彰显中国改革开放、海南经济特区和自由贸易港的伟大成就。创作采风分为两组，美术家们分别到海南省东线和西线各市县进行写生并创作，用手中的画笔表现海南之美。

对外及对港澳台文化交流

【中国北京国际美术双年展第八届收藏作品巡展】

8月6日，由中国美协、宜兴市人民政府共同主办的“中国北京国际美术双年展第八届收藏作品展宜兴巡展”在宜兴市美术馆开幕。中国美协分党组副书记陶勤出席展览开幕仪式并致辞。宜兴市人大常委会副主任赵菊明、宜兴市文体广电和旅游局局长许夕华、宜兴市文体广电和旅游局党委书记夏建伟以及宜兴市文联、美协等宜兴相关领导、负责人出席开幕式。本次展出的130余件作品，来自五大洲44个国家，全部出自第八届北京双年展的捐赠藏品。该展览展出至8月30日，展览期间，共迎来观众6万余人次，并开展了公共讲座、抖音大赛等形式多样的与展览配套的公教活动。

9月8日，由中国美协、盘锦市兴隆台区人民政府共同主办，中国文联美术艺术中心、辽宁省美协、盘锦市兴隆台区文化旅游和广播电视局承办的“中国北京国际美术双年展第八届收藏作品展盘锦巡展”在盘锦市辽河美术馆开幕。中国美协分党组副书记陶勤，辽宁省美协主席王易霓，中共盘锦市委常委、宣传部部长姜冰等相关领导、负责人以及当地艺术家代表出席开幕式。该展览展出至10月8日。

【中国美术世界行暨海外研修工程成果汇报展】

9月24日至10月4日，由中国美协主办的“中国美术世界行暨海外研修工程成果汇报展”在北京炎黄艺术馆举办。中国文联党组书记、副主席、书记处书记李屹，中国文联党组成员张雁彬，中国外文出版发行事业局副局长方正辉，中国和平发展基金会秘书长徐建国，中国美协主席、中央美院院长范迪安，中国美协分党组书记、驻会副主席徐里，中国美术馆馆长、中国美协副主席吴为山等领导，以及亚美尼亚驻华大使、塔吉克斯坦驻华大使及白俄罗斯、厄瓜多尔、俄罗斯等国驻华外交使节，香港美术家代表、友好单位和企业界、在京新闻媒体等中外嘉宾出席开幕式。中国美协分党组副书记陶勤主持开幕式。展览分五大板块展出130件中外美术作品，梳理回顾十余年来中国美协实施“中国美术世界行”“中国中青年美术家海外研修工程”等对外美术交流品牌项目的现实成果。开幕式后举行了“中国美术世界行汇报展研讨会暨海外研修成果汇报会”。“云展览”“3D数字动画展厅”等新媒体艺术形式在此次活动中发挥了重要作用。展览期间，中国美协还设立了国际交流艺术讲堂，每日邀请青年美术家在展厅进行学术讲座，与观众互动交流。

【共同的家园——“一带一路”国家美术作品展】

11月2日，由中国美协、中华艺术宫（上海美术馆）主办的共同的家园——“一带一路”国家美术作品展在上海中华艺术宫开幕。中国文联副主席、中国美协名誉主席、中央文史研究馆副馆长、中华艺术宫顾问冯远，上海市副市长陈通，中国美协分党组副书记陶勤，原中国美术馆副馆长、中华艺术宫学术委员会主任马书林，上海市委宣传部副部长高韵斐，上海市文化旅游局党组副书记、副局长杭春芳，上海市文联党组副书记、专职副主席韩陈青等领导出席开幕式，此外，老挝、斐济、斯洛伐克、乌拉圭、古巴、波兰、意大利、乌克兰、匈牙利、阿联酋等国家驻上海总领事馆代表，以及上海各艺术专业机构、美术馆、美术院校等负责人和长三角美术馆等嘉宾出席开幕式。本次展览共展出作品200余件，外国作品有140余件，其中94件来自中国美协收藏的历届北京国际美术双年展捐赠作品。

【第二届深圳大芬国际油画双年展】

12月10日，由中国美协、中共深圳市委宣传部、深圳市文联、中共深圳市龙岗区委、龙岗区

人民政府等单位共同举办的第二届深圳大芬国际油画双年展在深圳大芬美术馆开幕，原文化部副部长赵少华，中国美协分党组副书记陶勤，广东省文联副主席、深圳市文联党组书记、主席李瑞琦，广东省美协驻会副主席、秘书长王永，广东省美协副主席、深圳市文联党组成员、巡视员梁宇，深圳市政协文化文史和学习委员会主任柳光敏，中华文化促进会副主席、文化产业（中国）协作体执行主席王永章，龙岗区人大常委会党组书记、主任吴书坤，中国画学会副会长董小明，以及中国美协、深圳市委、深圳市文旅局等各相关单位领导、负责人出席。此次展览共收到来自66个国家及地区的投稿共4475件。经过初评复评，来自包含中国在内的五大洲61个国家的268件作品入选，其中中国作品191件、国际作品77件。

专业艺术委员会工作

【版画艺术委员会】

9月12日，由西安美术学院、中国美协版画艺委会等主办的“回漪·展觀——西安美术学院版画60年文献展”开幕式暨研讨会在西安美术馆开幕。展览梳理了西安美术学院自1960年建版画系以来的发展历程。

11月6日，由中国美协版画艺委会、内蒙古文联、内蒙古师范大学主办，内蒙古美协、中国版画博物馆等承办的“相约草原丝路·共建美好家园——2020内蒙古‘一带一路’版画作品展”在内蒙古美术馆开幕。展览展出国内外作品263件，展览同期举办了专题讲座。中国美协分党组副书记陶勤，中国美协版画艺委会名誉主任广军、姜陆，主任苏新平等出席开幕式。

【壁画艺术委员会】

10月17日，由中国美协、中央美术学院主办，中国美协壁画艺委会等承办的“镶嵌中国——马赛克艺术邀请展·北京”在中央美术学院美术馆开幕，这是继2017年10月在广州美术学院展出后，全国巡展的收官展。中国文联副主席、中国美协名誉主席冯远，中国美协主席范迪安，中国美协分党组书记、驻会副主席徐里，中国美协副主席何家英，中国美协建筑艺委会主任吕品晶，中国美协壁画艺委会主任王颖生等出席开幕式。

11月10日，由中国美协壁画艺员会、中国美术学院、浙江省美协、浙江美术馆、山西省高平市人民政府、新疆维吾尔自治区龟兹研究院主办的第五届“一带一路”壁画论坛暨绝学之路·中国壁画艺术展在浙江美术馆开幕。中国文联副主席、中国美协副主席许江，中国美协壁画艺委会主任王颖生，中国美协综合材料绘画与美术作品保存修复艺委会主任胡伟，以及中共浙江省委宣传部、省文联、省文联、省政协和各主办单位领导，来自全国各高校、博物馆、研究院等相关机构的嘉宾参加了开幕式。壁画艺委会同期召开了2020年度工作会议。

【插图装帧艺术委员会】

11月20日至11月22日，由中国美协插图装帧艺委会主办，广州美术学院绘画艺术学院版画系承办的“君匋”第二届全国书籍装帧艺术展工作坊在广州美术学院书籍艺术装帧工作室举行，通过专题讲座、党史回顾、参观考察等方式对作者进行理论和实践层面相结合的指导培训。

【连环画艺术委员会】

9月29日至9月30日，“新时期连环画的使命与担当”系列学术活动在鲁迅美术学院大连校区举办。活动召开学术探讨会，活动期间，由中国美协主办，中国美协连环画艺委会等承办的“学习用典·中国优秀经典故事全国连环画作品展”举办了巡展。中国美协分党组书记、驻会副主席徐里发来贺信，中国美协连环画艺委会主任李晨等出席开幕式。

此外，连环画艺委会还在甘肃兰州、青海西宁、安徽合肥、河南周口举办了“‘光辉历程 红色经典——庆祝新中国成立70周年’第六届全国架上连环画展”巡展。在天津滨海举办了“学习用典——中国优秀经典故事全国连环画作品展”巡展。

【漫画艺术委员会】

11月8日，由中国美协、嘉兴市人民政府主办，中国美协漫画艺委会等承办的“中国·嘉兴国际漫画双年展”在北京举办巡展。此次展览被列入文旅部“2020年全国美术馆馆藏精品展出季活动目录”，旨在进一步促进美术藏品资源共享、惠及大众。第九届中国文联副主席杨承志，中国美协漫画艺委会名誉主任徐鹏飞等出席开幕式。

11月17日，由中国美协、桐乡市人民政府主办，中国美协漫画艺委会、中共桐乡市委宣传部、桐乡市文化和广电旅游体育局承办的“子恺杯”第十三届中国漫画大展在浙江桐乡开幕。本次展览围绕抗击“新冠疫情”和“青山绿水就是金山银山”生态文明建设的主题创作，共展出入选作品245件。中国美协漫画艺委会名誉主任徐鹏飞，主任陈黎青等出席开幕式。

【少儿美术艺术委员会】

8月15日，由中国美协少儿美术艺委会、景德镇市教育局主办，中国美协策展委员会指导，陶溪川美术馆承办的“Come From·治愈园游会”2020年全国少儿艺术活动在景德镇开幕。展览针对新冠疫情，以“治愈”为主题，发挥儿童的想象力，用艺术创作为经历创伤之后的人们生活带来慰藉。展览期间还举行了美育治愈论坛、儿童市集、儿童互动打卡体验、儿童艺术工作坊、儿童影像剧场等一系列围绕儿童美育、亲子教育的艺术活动。

12月25日至27日，由中国美协少儿美术艺委会、深圳大学师范学院等主办，中国美协版画艺委会、美术教育委员会学术支持的第三届“东西南北中—中国少儿版画教育联会作品展暨少儿版画教学培训交流研讨会”在中山美术馆举办。中国美协版画艺委会名誉主任广军等出席开幕式。

【美术理论委员会】

11月13日，由中国美协美术理论委员会、中国美协《美术》杂志社、中共甘肃省委宣传部、甘肃省文联、西北师范大学主办，西北师范大学美术学院、敦煌学院承办的中国当代美术理论建设系列专题之“敦煌艺术与20世纪中国美术研讨会”在西北师范大学召开。中国美协美术理论委员会主任尚辉等出席会议。

11月27日，由中国美协主办，中国美协美术理论委员会、上海大学上海美术学院承办的“新时代中国美术理论建设系列：第二届青年美术论坛”在上海美术学院举行。本届论坛共推荐入选论文66篇。中国文联副主席、中国美协名誉主席冯远与中国美协副主席、上海美术学院院长曾成钢发来联名贺信。中国文艺评论家协会主席夏潮，中国美协美术理论委员会主任尚辉等出席论坛。

【水彩画艺术委员会】

11月26日，由中国美协、深圳市文联、罗湖区人民政府主办，中国文联美术艺术中心、中国美协水彩画艺委会、中共深圳市罗湖区委宣传部、罗湖区文化广电旅游体育局承办的“第二届深圳国际水彩画双年展”在深圳罗湖美术馆开幕。中国美协分党组副书记陶勤，深圳市人民政府副市长吴以环等出席开幕式。展览展出198件国内外入选作品，用实际行动向世界展现了中国改革开放巨大成就和中华文化自信。

12月19日，由中国美协、安徽省文联主办，中国文联美术艺术中心、中国美协水彩画艺委会、安徽省美协、安徽省水彩画学会承办的“第三届全国小幅水彩画展”在安徽合肥开幕。安徽省人民政府副省长王翠凤，中国美协分党组成员、秘书长马锋辉，中国美协水彩画艺委会主任陈坚等出席开幕式。展览展出入选作品298件。

【雕塑艺术委员会】

8月8日，由中央美术学院、中国美协雕塑艺委会、中国美协少儿美术艺委会、大同市人民政府主办的“2020第三届中国青少年雕塑大展”在中国雕塑博物馆开幕。展览共展出475件/组入选作品，包括传统架上雕塑作品，空间、环境、材料作品，装置性作品，数码3D造型等多种类型。展览同期召开了以“中国青少年雕塑大展及青少年雕塑教育思考”为题的学术研讨会。

【陶瓷艺术委员会】

12月12日，中国美协陶瓷艺委会在四川美术学院召开了2020年度工作会议。会议对中国共产党第十九届中央委员会第五次全体会议精神进行了集中学习，总结了陶瓷艺委会2020年的工作，对2021年计划进行了部署，与会委员从展览规划、理论梳理、教学方向、人才队伍建设、跨界结合、学院与社会、杂志编辑等多个角度，分别为中国陶艺事业的推动与发展建言献策。中国美协陶瓷艺委会主任白明及委员出席会议。

【漆画艺术委员会】

10月17日，由中国美协漆画艺委会主办的“福建省沈绍安漆艺博物馆开馆暨中国美协漆画艺委会委员作品展”在福建沈绍安漆艺博物馆开幕。中国美协漆画艺委会主任陈金华等出席开幕式。

11月21日，由中国美协漆画艺委会、广西美

协、桂林理工大学主办，广西美协漆画艺委会、桂林理工大学艺术学院承办的“2020全国漆画作品邀请展”在桂林美术馆开幕。展览同期举办了“第二届广西漆画作品展”和“意识向度——当代漆画精神标识的内涵与外延”学术研讨会。中国美协漆画艺委会主任陈金华等出席开幕式。

【环境设计艺术委员会】

9月26日，由中国美协环境设计艺委会、辽宁省美协、鲁迅美术学院主办2020“心境空间 构筑和谐”中国空间艺术构造大展在鲁迅美术学院举办。中国美协分党组书记、驻会副主席徐里，中国美协副主席、鲁迅美术学院院长李象群，中国美协环境设计艺委会主任苏丹等出席开幕式。

10月24日，由中国美协主办，中国美协环境设计艺委会、太原理工大学艺术学院承办，山西省平遥县政府、山西粤投股份有限公司协办的“为中国而设计”第九届全国环境艺术设计大展暨学术论坛在平遥古城开幕。中国美协分党组书记、驻会副主席徐里发来贺信，中国美协环境设计艺委会主任苏丹等出席开幕式。展览共展出187件作品，另有35篇论文入选论坛，8位专家进行主题演讲。

【工业设计艺术委员会】

12月19日，由中国美协工业设计艺委会主办，清华大学美术学院承办的“中国美协工业设计艺委会2020年度工作会议”在海南海口召开。会议以“设计创新与海南自贸港发展”为主题开展研讨，积极探讨如何借力文旅融合，推动设计创新和产业发展，建立新时代的创新人才培养模式，为设计与文旅产业的互动发展搭建交流平台。中国美协副主席、中国美协工业设计艺委会主任鲁晓波及委员出席会议。

【平面设计艺术委员会】

12月26日，由中国美协、吉林艺术学院主办，中国美协平面设计艺委会、吉林艺术学院设计学院承办，吉林省美协、吉林艺术学院美术馆协办的“首届全国平面设计大展”在吉林长春开幕。中国美协平面设计艺委会主任何洁等出席开幕式。展览旨在通过具有中国优秀文化基因、鲜明时代特色、引领人们生活品质的作品，发挥平面设计在国家视觉形象传播、品牌形象推广、文化内涵彰显、时代精神营造等方面的引领作用，同时发挥设计创新驱动力。

【动漫艺术委员会】

10月31日，由中国美协动漫艺委会主办，上海大学上海电影学院承办的“中国美协动漫艺委会年会暨5G时代中国动漫传承与发展路径研讨会”在上海电影学院召开。中国美协动漫艺委会名誉主任常光希，主任孙立军等出席会议。会议从艺术创作、专业教育、动画制作、动画产业等方面深刻讨论了5G时代为中国动漫带来的机遇与挑战，为新时代中国动漫民族化和本土化创作提供了思路，同时确定了“第二届全国动漫美术作品展”的相关事宜，落实和完善了展览筹划阶段的工作。

【服装设计艺术委员会】

10月17日，由中国美协服装设计艺委会、教育部高等学校设计学类专业教学指导委员会、中国服装设计师协会主办的“第三届中国时装画大展”在西安美术学院美术馆开幕。本届展览以“时尚有我 共克时艰”为主题，展出入选作品175件（组）。展览同期举行您了学术研讨会。中国美协服装设计艺委会主任吴洪等出席开幕式。11月20日，该展览在广西南宁举办巡展。

12月30日，中国美协服装设计艺委会在云南昆明召开了2020年度工作会议。会议学习了中共十九届五中全会精神、“十四五”规划及发展目标，针对新时代文化事业和产业繁荣发展的条件和要求，探讨了服装产业和服装设计教育发展趋势和服装艺委会肩负的责任。中国美协服装设计艺委会主任吴洪等出席开幕式。

【综合材料绘画与美术作品保存修复艺术委员会】

12月28日，由中国美协、浙江省文联、中共宁波市委宣传部，中国美协综合材料绘画与美术作品保存修复艺委会、浙江省美协、宁波市文联等承办的“第三届全国宁波综合材料绘画双年展”在宁波美术馆开幕。展览鼓励广大艺术家以弘扬中华文化为己任，反映伟大时代的文化特征和精神风貌，在创作中不断创新，推出更多个性鲜明、形式独特的精品力作，为繁荣当代美术贡献力量。中国美协综合材料绘画与美术作品保存修复艺委会主任胡伟等出席开幕式。展览同期还举办了“中国美协综合材料绘画与美术作品保存修复艺委会成立十周年学术研究展”。

【实验艺术委员会】

12月5日，中国美协实验艺委会原计划于四川美术学院召开的2020年度工作会议，由于受新冠肺炎疫情影响，改为线上召开。中国美协实验艺委会主任谭平及委员通过视频方式，总结了2020年度工作，并就2021年计划进行了研究商议。

【建筑艺术委员会】

10月26日，由中国美协建筑艺委会主办的“后疫情时代建筑创作研讨会”在四川美术学院召开。会议期间，与会专家参观考察了传统古道黄桷垭老街修复改建项目，结合已落地项目的使用对城市“韧性”建设的问题展开深入讨论。

【民族美术艺术委员会】

11月23日，由中国美协、中共甘肃省委宣传部、甘肃省文化和旅游厅、甘肃省文联主办，中国美协民族美术艺委会、甘肃省美协、中共兰州市委宣传部等承办的“第四届中国民族美术双年展”在甘肃兰州开幕，中国美协分党组书记、驻会副主席徐里发来贺信，中国美协副秘书长汪帅红（挂职），中国美协民族美术艺委会主任殷会利等出席开幕式。本次展览展出入选作品261件。民族美术艺委会同期召开了2020年度工作会议。

12月12日，由中国美协民族美术艺委会、中国艺术研究院油画院、广西美协主办，广西油画学会等承办的“北回归线油画群体作品展2020”在中国艺术研究院油画院博物馆开幕，中国美协分党组书记、驻会副主席徐里，中国美协油画艺委会主任杨飞云，中国美协民族美术艺委会主任殷会利，中国美协美术理论委员会主任尚辉等出席开幕式。展览展出了广西地区油画群体的108件作品。

【美术教育委员会】

12月18日，由中国美协美术教育委员会主办的“面向未来的美育之路”高端论坛在京召开。中国美协美术教育委员会主任高洪等出席会议。美术教育委员会同期召开了2020年工作会议。大会通过了《美育行动宣言》并面向全社会发布，从美育共识、基本遵循、行动计划三个层面，倡导建立全国美育互动互通互联机制，为面向未来的美育之路铺垫智力支持和行动指引。

【策展委员会】

11月3日，由中国美协策展委员会、湖南美术馆主办，中华世纪坛艺术馆、湖南省美协、湖南省画院、湖南师范大学美术学院协办的第三届“策展在中国”论坛暨2020年中国美协策展委员会年会在湖南美术馆开幕。中国美协主席、策展委员会主任范迪安等出席论坛。论坛同期举办了“意象中国——当代油画邀请展”“流动的边界——全球在地的中国当代艺术展”。

12月5日，由中国美协策展委员会、深圳市关山月美术馆主办的“在路上——2020中国青年艺术家作品提名展暨青年批评家论坛”在关山月美术馆举办。

中国曲艺家协会

综　述

2020年是新中国历史上极不平凡的一年，是决胜全面建成小康社会，决战脱贫攻坚的收官之年，是实现第一个百年奋斗目标的关键之年，同时也是抗击新冠肺炎疫情斗争取得重大战略成果的一年。一年来，在中宣部和中国文联的坚强领导和有力指导下，中国曲协深入学习贯彻习近平新时代中国特色社会主义思想和党的十九大及十九届二中、三中、四中、五中全会精神，深入贯彻落实习近平总书记关于文艺工作和文联工作系列重要论述、指示批示精神和党中央决策部署，克服新冠肺炎疫情带来的不利影响，统筹推进疫情防控和曲协工作发展，团结带领广大曲艺工作者，推动曲艺事业和曲协工作取得新的进展。

会议与活动

【八届六次主席团视频会议】

2月21日，中国曲协第八届主席团第六次会议以视频形式在京召开。中国曲协主席姜昆主持会议。中国曲协分党组书记、驻会副主席董耀鹏，副主席乌力吉图、冯巩、闫淑平、吴文科、张旭东、范军、种玉杰、翁仁康、盛小云、籍薇在线出席会议，分党组成员、副秘书长黄群，中国文联曲艺艺术中心主任项云，以及曲协机关各部门、曲艺中心各部门、曲艺杂志社负责同志在线列席会议。腾讯会议App为会议提供技术支持，曲艺App对会议进行直播，中国艺术报、曲艺杂志融媒进行了报道。

【2020年全国曲协专题视频会议】

2月21日，2020年全国曲协专题视频会议在京召开。中国文联党组成员、书记处书记，中国曲协分党组书记、驻会副主席董耀鹏；中国曲协主席姜昆和中国曲协分党组成员、中国文联曲艺艺术中心主任出席会议。中国曲协主席团成员、各艺委会负责人、各团体会员负责人、中国曲艺名城代表、“牡丹绽放曲艺英才培育行动”第二批入选者以及中国曲协机关、中国文联曲艺艺术中心、《曲艺》杂志社负责同志等各方面代表90余人通过网络视频的形式参加了会议。董耀鹏、姜昆讲话，中国曲协分党组副书记、秘书长曲华江作题为《聚焦主责主业、守正创新有为，努力书写曲协工作和曲艺事业新篇章》的工作报告。

【第十一届中国曲艺牡丹奖系列活动】

受新冠肺炎疫情影响，中国曲协于1月21日印发了线上线下相结合申报第十一届中国曲艺牡丹奖参评材料的通知，率先启动“互联网+文艺评奖”在线申评系统。4月10日报名截至，共收到包括中国曲协团体会员单位、专业委员会、中国曲协澳门曲艺家联谊会、中国曲协香港会员联谊会及中直文艺院团、地方群艺馆等在内的48家单位报送的参评节目430个，涵盖116个南北曲种，参评作者174人，参评演员394人。

4月26日至5月9日组织初评，采取外地评委分头审看与北京本地评委集中审看相互结合、现场评议和视频连线讨论同步进行的方式，筛选出186个节目入围分赛区。5月30日至6月1日，第十一届中国曲艺牡丹奖全国曲艺大赛（苏州赛区）举办；6月22日至24日，第十一届中国曲艺牡丹奖全国曲艺大赛（余杭赛区）举办；7月26日至7月30日，第十一届中国曲艺牡丹奖（合肥赛区）举办；8月10日至8月13日，第十一届中国曲艺牡丹奖全国曲艺大赛（长治赛区）举办。为确保分赛区顺利举办，中国曲协采取要求所有参赛演员和工作人员全部接受核酸检测及体温监测、签订防疫承诺书、专设相应食宿交通演出走台规则、召开网络视频预备会和抽签仪式、比赛现场不设观众席等综合保障措施，全力确保赛事安全。最终，中篇苏州弹词《军嫂》、杭州摊簧《淑英救弟》、曲艺小品《家和月圆》、二人转《双菊花》、长子鼓书《闹红火》获节目奖；评书《一次心灵的对话》、中篇苏州评弹《钱学森》、评书《为民服务》、相声《乡音乡情》获文学奖；张怡、黄震良、张建珍、肖向丽、李菁、熊竹英获表演奖；金一戈、王灏玮、卢鑫、罗捷、董建春获新人奖。同时，经中国文联研究决定，授予苏统谋、刘兰芳、邢晏春“中国文联终身成就曲艺艺术家”荣誉称号。

10月15日，中国文联、中国曲协、中共江苏省委宣传部、江苏省文联共同在江苏苏州举办姑苏牡丹颂——“曲赞全面小康 艺为人民大众”第十一届中国曲艺牡丹奖颁奖仪式暨第二届中国苏州江南文化艺术·国际旅游节汇报演出。中国文联主席、中国作协主席铁凝，中国文联党组成员、书记处书记董耀鹏，中国曲协主席姜昆，江苏省委副书记任振鹤，江苏省委常委、苏州市委书记许昆林，中国曲协主席团全体成员以及中国文联、中国曲协、江苏省、苏州市有关领导和嘉宾出席活动。颁奖环节，苏州援鄂医疗队医护人员代表以及抗疫、防疫期间坚守岗位的快递小哥为牡丹奖获得者颁奖，铁凝、任振鹤为3位中国文联终身成就曲艺艺术家颁发奖杯。艺术家先后带来情景诗朗诵《情满五色土》、相声《中国歌曲漫谈》、说唱串场《雨巷》、苏州评弹说唱《幸福苏州人》、相声《我爱诗词3》、歌曲《不忘初心》等节目。据统计，颁奖仪式和演出网络直播收看量达到322万人次，中央广播电视总台《新闻联播》进行报道。

颁奖系列活动除颁奖仪式外，还包括“以艺战‘疫’”新创抗击疫情优秀曲艺节目汇报演出、“非遗古韵”长三角非遗曲种优秀节目展演、“曲苑名城”中国曲艺名城优秀曲艺节目展演、“乡音乡韵”中国曲艺之乡优秀曲艺节目展演、“南北说唱”苏州获奖节目展演、“江南韵律”江苏省牡丹奖得主专场演出、“姑苏雅韵”苏州评弹经典节目专场演出、“坚持创造性转化和创新性发展”——中华曲艺传承与发展研讨会、“牡丹绽放”第二批培英行动汇报演出、第三批培英行动启动仪式、“江苏文艺·曲艺名家”李金斗走进苏州大学、第十一届中国曲艺牡丹奖获奖曲目惠民演出、曲艺名家新秀“送欢笑到基层”专场演出、“域外说唱”国际说唱艺术联盟交流展演。

【深化改革基层试点工作视频座谈会】

6月30日上午，中国曲协深化改革基层试点工作视频座谈会在京召开。董耀鹏出席并讲话，曲华江、黄群、项云及深化改革办公室成员出席现场会议。中国曲协深化改革领导小组成员、各团体会员驻会负责人、深化改革基层试点单位负责人及上级主管部门代表等60余人通过网络视频的方式参加了线上会议。会议由黄群主持。

【疫情防控常态化前提下的曲协工作研讨会】

8月13日，疫情防控常态化前提下的曲协工作研讨会在长治召开。董耀鹏，中国曲协副主席、四川省文联副主席、四川省曲协主席张旭东，中国曲分党组成员、副秘书长黄群、中国文联曲艺艺术中心主任项云，中共长治市委常委、宣传部部长孙刘琳等出席会议。会议由项云主持，孙刘琳致辞，黄群作题为《科学防控 精准施策 推动曲协工作高质量发展》的工作通报，宋枭楠、吴新伯、何菊芳、柴京海、尚文波、孙建忠等先后进行了交流发言。

【曲艺助力乡村振兴】

9月9日至11日，由中国曲协、中共宿迁市委宣传部主办，《曲艺》杂志社、宿迁市宿城区人民政府共同承办的“曲艺助力乡村振兴暨宿迁市宿城区特色曲艺作品提升行动”在江苏省宿迁市宿城区举办。刘旭东、余宁、芦明、孙志兵以及有关单位的媒体记者、艺术家代表等共同出席活动。9月9日晚，惠民演出在宿城区会展中心举办。9月10日，提升行动座谈会举办，与会专家就曲艺在乡村建设中的功能、价值、路径进行交流。

11月26日至29日，“曲艺助力乡村振兴”活动走进浙江台州路桥区。董耀鹏、黄群、芦明，浙江省文联副主席张均林等有关领导与嘉宾参加活动。中国曲协举办历史上第一次直播推介，牛群、大兵为当地农副产品作推广。11月28日，“曲艺助力乡村振兴”中国曲协文艺志愿服务团走进浙江台州惠民演出在路桥区举办。

12月28日至31日，“曲艺助力乡村振兴”——乡村曲艺工作者“一对一”培训提升行动在云南省大理州剑川县举办。郭晓梅、何建芳、杨婷、师亚峰、孙铭泽、冀勇、李菊以及来自剑川县的50余名优秀乡村曲艺工作者参加活动。

【八届七次主席团会议】

10月15日，中国曲协第八届主席团第七次会议在苏州召开。姜昆主持会议。董耀鹏、乌力吉图、闫淑平、吴文科、张旭东、范军、种玉杰、翁仁康、盛小云、籍薇出席会议，黄群及曲协机关各部门、曲艺中心各部门、《曲艺》杂志社负责同志列席会议。

【《曲艺》杂志社2020年通联工作会议】

10月31日下午，《曲艺》杂志社2020年通联工作会议在江苏涟水召开。中国曲协分党组书记杨发航、黄群、芦明、孙志兵、张益民等领导与来自天津、上海、河北、黑龙江、吉林等21个省（市、区）的70多家通联工作单位代表参加会议。

【曲艺文化惠民活动】

9月28日，上海市嘉定区南翔镇中国曲艺之乡授牌仪式暨中国曲艺牡丹奖艺术团“送欢笑”专场演出在上海市南翔镇文化体育服务中心举办。曲华江授牌，嘉定区文化和旅游局党委书记、局长沈峰致辞。杨菲、吴新伯、闫淑平、佟长江、王汝刚、陶德兴、袁小良等登台表演。

11月14日，中国曲协组织牡丹奖艺术团走进山东省菏泽市郓城县。董耀鹏、杨发航、冯巩、闫淑平、黄群，山东省文联党组成员、副主席王映海，中共菏泽市委副书记、市长陈平，中共菏泽市委常委、宣传部部长陈强等出席活动。演出由鞠萍和牛群主持，高洪胜、唐爱国、王瑾、张勇、卢鑫、玉浩、闫淑平、佟长江等名家新秀参与表演。

11月21日至22日，陕北说书馆开馆仪式和中国曲协“送欢笑、到基层”惠民演出在陕西延安举办。董耀鹏、杨发航，陕西省文联党组书记、常务副主席吴丰宽以及陕西省文化和旅游厅、省曲协，延安市委、市政府等部门领导出席有关活动。延安市曲艺馆以及李金斗、盛小云、郑健、陈寒柏、王敏、闫光明、赵海燕、纪鸣亮等参与表演。

12月5日，中国曲协文艺志愿服务团“送欢笑”走进山西长治惠民演出在长治市潞州剧院举行。董耀鹏、马小平、芦明，山西省文联党组书记、主席郭健，山西省文联党组成员、副主席王招宇出席活动。冯巩、杨菲、韩延文、杨锦龙、张珲、宋京、王富贵、宋丽丽、陶莺芸、冯欣蕊、刘引红等艺术家登台演出。

12月5日至6日，中国曲协文艺志愿服务团“送欢笑”走进合肥乡镇社区系列惠民演出在安徽省合肥市举办。闫淑平和赵炎带领李慧桥、佟长江、张钢、逗笑、逗乐、郭阳、郭亮、金霖、李雪、方露、韩景轩等中青年艺术家深入合肥市肥西县官亭镇、巢湖市居巢区凤凰山街道东塘社区、包河区大圩镇金葡萄社区等基层乡镇社区演出。

12月17日至18日，曲艺名家“送欢笑”走进浙江温州专场演出分别在温州市鹿城区和瑞安市举办。苗阜、马凯强、刘斯炜、陈小宝、董其峰、翁仁康、陈寒柏、王敏、闫淑平、佟长江、巩汉林、金珠等登台演出。

12月22日，中国曲协赴河南省平顶山市鲁山县组织“送欢笑、到基层”慰问活动。姜昆、杨发航、黄群，河南省文联党组书记、副主席王守国，中国曲协副主席、河南省文联副主席、河南省曲协主席范军，平顶山市委书记周斌等领导嘉宾与近2000名观众一起观看了演出。平顶山获颁“中国曲艺名城”称号。姜昆、戴志诚、韩延文、徐涛、郭威、师亚峰、罗晓静、马业垒、范军、明男男、张春丰、王超、白军选等带来演出。

12月25日，中国曲协文艺志愿服务团惠民演出走进江苏省扬州市邗江区。中国曲协副主席、江苏省文联副主席、江苏省曲协主席盛小云出席活动并为邗江区授予“中国曲艺之乡”牌匾。赵松艳、李逍遥、沈仇雅、陈芊飞、陈祝武、姜庆玲、陈靓、潘前卫、黄震良、陶莺芸、马小平、弓瑞、魏一等参加演出。

曲艺展演

【第十五届马街书会优秀曲艺节目网络展播】

3月15日至20日，第十五届马街书会优秀曲艺节目网络展播通过曲艺杂志融媒、中国文艺网连续推出，共有来自13个省区市的24个节目入围本次展演，涉及20个曲种。种玉杰、范军、王敏、吴新伯、罗晓静5位专家对入选节目进行点评。

【第九届全国少儿曲艺展演】

8月6日至8日，由中国曲协、江苏省文联、张家港市人民政府共同主办的第九届全国少儿曲艺展演在江苏省张家港市举办。本次展演首次采用“线上”展演与现场展演相结合的方式。来自全国各地的35个优秀少儿曲艺节目在张家港同台献艺，近60万人次观众通过网络直播观看演出。因为人数较多、路途遥远、处于疫情中高风险地区无法参加现场展演的27个节目，统一在中央广播电视总台少儿频道《大手牵小手》栏目、曲艺杂志融媒进行线上展播。

【第七届全国道德模范故事汇基层巡演】

8月25日晚，由中央文明办、中国文联主办，中国曲协、首都文明办承办的第七届全国道德模范故事汇基层巡演启动仪式暨首场演出在北京民族剧院举行。中国文联党组书记、副主席李屹，中宣部副部长傅华，姜昆，中央文明办二局局长薛松岩，道德模范代表其美多吉等与来自首都的300多位各界代表现场观看了演出。首场演出以评书、相声、谐剧、二人转、京韵大鼓、山东快书、湖北大鼓等南北曲种共同呈现，姜昆、瞿弦和、温玉娟、于紫菲、徐宁、叮当、王磊、吴丹、苗阜、王声等名家新秀带来朗诵《向全国道德模范致敬》、湖北大鼓《买药记》、谐剧《找到你》、相声《最美逆行者》等节目。

9月19日至27日，第七届全国道德模范故事汇第一轮基层巡演，先后在甘肃省庆阳市和武威市、四川省宜宾市和眉山市、广西壮族自治区桂林市和梧州市举办。中央文明办二局副局长张继青，广西壮族自治区党委宣传部常务副部长孙大光等领导嘉宾与各地道德模范、抗疫一线医务工作者、公安干警、街道社区干部、志愿者、企事业单位和大中院校学生代表等7000多人现场观看了演出。刘兰芳、翁仁康、叮当、杨鲁平带领着青年艺术家王文水、宋丹红、徐宁、王磊、吴丹、魏小燕、张阿娣等，带来评书《大孝惟忠》、湖北大鼓《买药记》、群口评书《我爱祖国的蓝天》、绍兴莲花落《让我来》、数来宝《唱唱北疆守边人》等节目。

10月21日至29日，第七届全国道德模范故事汇第二轮基层巡演，先后在黑龙江省黑河市和大庆市、吉林省长春市和吉林市、内蒙古自治区兴安盟科右中旗和鄂尔多斯市举办。闫淑平、叮当、杨鲁平、佟长江、宋丹红、王文水、徐宁、魏小燕、王磊、吴丹、李贞、张楚君、吴雨桐、姜赟琦、梁小爽先后表演了评书《大孝惟忠》、绍兴莲花落《“让我来”》、二人转《青春之歌》、谐剧《找到你》、群口评书《我爱祖国的蓝天》、快板书《唱唱北疆守边人》、湖北大鼓《买药记》等节目。

11月20日至28日，第七届全国道德模范故事汇第三轮基层巡演，先后在安徽省淮北市和蚌埠市、广东省广州市和深圳市、湖南省湘潭市和长沙市举办。各地道德模范代表以及抗疫一线医务工作者、公安干警、街道社区干部、志愿者、企事业单位和大中院校学生代表等共计5000多人现场观看了现场演出。本轮巡演由刘兰芳、翁仁康、闫淑平、种玉杰、张旭东、杨鲁平等曲艺名家领衔，佟长江、宋丹红、王文水、徐宁、师亚峰、王磊、魏小燕、唐柯、吴丹、李贞、张楚君、吴雨桐、姜赟琦等中青年曲艺家共同参与。

12月15日至24日，第七届全国道德模范故事汇小分队基层巡演先后在河北省张家口市和辽宁省铁岭市下辖的新时代文明实践所（站）举办，为当地基层干部群众呈现了20场演出。徐宁、师亚峰、李智东、付思瑞、朱会强、宋攀攀、刘靓靓等带来湖北大鼓《买药记》、山东快书《约谈》、相声《欢声笑语送模范》、山东琴书《振超传艺》、四川清音《信义夫妻》等节目。

【第十届中国曲艺节】

9月29日至30日，由中国文联、中国曲协、平顶山市人民政府共同主办，河南曲协、中共平顶山市委宣传部、平顶山市文联承办的第十届中国曲艺节在河南省平顶山市举办。中国文联党组成员、书记处书记董耀鹏，河南省人大常委会副主任王保存，河南省政协副主席张亚忠，河南省委宣传部副部长曾德亚以及姜昆、闫淑平、种玉杰、范军、黄群等领导嘉宾与近5000名社会各界代表和基层群众观看了曲艺节现场演出。9月29日晚，主题为“曲艺风 黄河情”的开幕式演出在平顶山市文化艺术中心举办。张泽群和庞晓戈联袂主持。中国曲协、河南省和平顶山市领导首先上台共同启动第十届中国曲艺节。苗阜、王声、陆锦花、范军、刘朝、高洪胜、种玉杰、李菁、奇志、张伟、刘全和、刘全利、杨鲁平、张楚君、俞沙倩、张阿娣、吴雨桐、逗笑、逗乐、杨蔓、杨婷、杨苗、杨倩、田连元先后登台。9月30日下午，“美丽乡村唱起来”第十届中国曲艺节河南省优秀曲

艺节目专场演出在平顶山市宝丰县人民广场举办，演出由河南卫视《梨园春·美丽乡村唱起来》节目组特别制作。9月30日晚，主题为“决战脱贫奔小康　曲艺牡丹吐芬芳”的闭幕演出在平顶山文化艺术中心举办。王筱磊和段华共同主持。高晓攀、尤宪超、师亚峰、梁栋、段菁菁、张飒、闫淑平、佟长江、大兵、赵卫国、黄荣、白军选、李金斗、刘颖以及来自河南曲艺团和四川的曲艺新秀先后登台。演出现场还举办了交接中国曲艺节节旗仪式，董耀鹏将节旗递交到第十一届中国曲艺节举办地四川省乐山市代表于丽手中。

【新时代曲艺星火扶贫工程成果巡礼展演】

11月4日至6日，由中国文联、中国曲协共同主办的“新时代曲艺星火扶贫工程成果巡礼展演”在北京二七剧场举行。中国文联党组成员、书记处书记董耀鹏，中国作协副主席陈建功，全国扶贫宣传教育中心副主任接萍、骆艾荣，中国曲协分党组书记杨发航，中国文联有关部室负责同志，中共长治市委副书记、政法委书记唐立浩，中共长治市委常委、宣传部部长孙刘琳，中共巴中市委常委、宣传部部长袁闻聪，巴中市副市长邱成平，巴中市政协副主席秦渊等分别出席。11月4日，“星火圆梦——优秀节目专场”拉开了整个展演的序幕，艺术家带来曲艺串演《奔跑吧追梦人》、诗朗诵《那一片星火》、鄱阳大鼓《十一槌》、二人转《青春之歌》等节目。11月5日，“巴山欢歌——四川巴中专场”接续上演了四川清音《摘枇杷》、四川盘子《巴山新居我的家》、四川扬琴《黄荆树》等节目。11月6日，“大美长治——山西长治专场”先后展示潞安大鼓《我家不是贫困户》、武乡琴书《扶贫队长张宏才》等节目。

【第三届“通州杯”全国曲艺小剧场新作展演】

11月9日至10日，由中国曲协、江苏省文联主办，中国文联曲艺艺术中心、全国曲艺小剧场艺术指导委员会、全国曲艺表演场所协作发展联盟等承办的第三届“通州杯”全国曲艺小剧场新作展演在江苏省南通市通州区文博中心剧场举行。杨发航、盛小云、马小平、刘洪沂、柴京海、吴元新、孙志兵等参加活动。展演由高晓攀、姜莉莉主持，来自北京大逗相声、嘻哈包袱铺，上海笑乐汇、湖北笑襄馆、石家庄洪顺曲艺社等曲艺小剧场、文化公司以及北京曲艺团、济南曲艺团、煤矿文工团、武汉说唱团、河南歌舞演艺集团等文艺院团的中青年演员在展演中同台竞技、交流切磋。

【第二届“嘉定法宝杯”讲好中国法治故事全国曲艺展演】

11月11日至13日，由司法部普法与依法治理局指导，中国曲协、上海市司法局、上海市法宣办、上海市文联、上海市嘉定区人民政府联合主办的第二届“嘉定法宝杯”讲好中国法治故事全国曲艺展演活动在上海市嘉定区举办。籍薇、王汝刚、芦明、宋烈、吴新伯等出席展演活动。本次展演结合“互联网+”全程网络直播，展示了长子鼓书《小区王二胖》、小品《过招》、粤曲《偷梁换柱》、徐州琴书《瞧这一家子》等节目。

【第八届全国相声小品优秀节目展演】

12月1日至3日，由中国文联、中国曲协共同主办的第八届全国相声小品优秀节目展演在北京民族宫大剧院举办。铁凝、李屹、赵实、李前光、胡孝汉、董耀鹏、左中一、刘兰芳、姜昆、杨发航、吴文科、种玉杰、曲华江、黄群等与首都观众近2000人现场观看了精彩的演出。在本次展演的3场演出中，来自北京、天津、辽宁、黑龙江等地的近70位曲艺工作者为首都观众奉献了相声《我爱诗词》、小品《靠自己》、四川清音《小姑出嫁》、独脚戏《美丽中华我的家》等24个节目。冯巩、王佩元、苗阜、高晓攀、金霏、陈曦、陈印泉等参与演出。

创作与培训

【中国曲协各类教育培训班】

5月18日至29日，中国曲协会同中国文联人事部举办第二期全国曲艺小品创作表演编导网络专题培训班。胡鞍钢、姜昆、张旭东、崔凯、武宾授课，崔凯、王宏坤、尹琪、刘岚就小品创作进行在线交流和过稿辅导。

6月20日至30日，中国曲协第二期曲艺专家名家精品创作网络研修班在京举办。此次研修班面向西部地区曲艺创演人才，祁述裕、朱康有、张旭东、康尔、杨鲁平授课，李立山、胡磊蕾、柴京云和崔琦等4 位曲艺名家对作品打磨辅导。

6月22日至7月22日，2019年中国曲协新发展会员网络培训专题班在中国文联文艺培训网络云平台举办，来自全国33个省区市及产（行）业曲协的305名新发展会员参加了培训。姜昆、崔凯、康尔、杨鲁平、王宏坤、李志勇、高宏存、李道相、于殿利授课。

8月3日至10日，第二期全国文艺“两新”人员曲艺创作网络培训专题班在中国文联文艺培训网络云平台举办，来自北京、河北、内蒙古、辽宁、江苏、浙江、湖南、广东、广西、四川等19个省区市的50余名“两新”曲艺群体中的优秀创作和表演人才参加了此次培训。王蒙、刘润为、姜昆、崔凯、康尔、杨鲁平、王宏坤授课。

8月14日至19日，首期中国曲艺对外文化交流合作研讨班在四川成都中国曲协曲艺研修院举办，这是2020年度中国曲协首个线下培训班。来自北京、上海、重庆、江苏、浙江、福建、广东、广西、海南等省市曲协和相关省市曲艺院团的对外交流工作负责人、艺术家等29人参加了本期研讨班。曲华江主持开班式。姜昆、郑晓幸、董占顺、金苗、钟新、管宁进行专题授课。

9月29日至10月12日，第二期全国基层曲艺工作者网络培训班在中国文联文艺培训网络云平台举办，来自北京、河北、内蒙古、山西等23个省区市的80余名基层曲艺工作者参加了培训。王蒙、刘润为、祁述裕、姜昆、康尔、杨鲁平授课。

10月20日至30日，中国曲协第二期东北地区二人转创演经营人才网络培训班通过网络平台举办。来自辽、吉、黑三省的58名二人转创演经营人员参加了本期培训。崔凯、赵海燕、王蒙、胡鞍钢、向云驹、姜昆、康尔授课。

10月25日至30日，首期全国基层（市县）曲协组织负责人培训班在四川成都中国曲协曲艺研修院举办。来自四川、重庆、陕西、山西、湖北、广东、江苏、浙江等地的50余名基层曲协组织负责人参加此次培训，杨发航、曲华江、李兵、李蓉出席开班式，杨发航作专题讲座，郑晓幸、秦渊、艾莲、尚文波授课。

10月31日至11月1日，全国曲艺之乡曲艺名城工作推进会暨第2期中国曲艺之乡（名城）管理服务干部培训班在江苏涟水举办。董耀鹏、杨发航、黄群、刘旭东等出席。杨发航以《做新时代有信仰、有情怀、有担当的曲艺工作者》为题为参加会议的代表作培训，李忠影、范大宇授课。

11月12日至12月2日，第二期中国曲艺牡丹奖得主高级研修班在中国文联文艺培训网络云平台举办，43位牡丹奖得主参加本次培训。本次研修班学员来自北京、天津、上海、福建等全国17个省（自治区、直辖市），王蒙、姜昆、崔凯、杨鲁平、王晓鹰授课。

11月16日，第三期边远地区曲艺工作者网络培训班结束。培训班依托中国文联网络培训云平台进行。来自西藏、青海、新疆等15个省（区）的80名基层曲艺工作者参加培训。胡建淼、陈来、董关鹏、姜昆、杨鲁平、武宾、王立平授课。

11月25日至12月9日，第三期曲艺网络编辑创作推广人才线上培训班举办。此次线上培训班历时15天，共安排线上视频公共课程8节、直播3场。来自全国21个省区市的50名曲艺网络编辑人员参加了此次培训。姜昆、尹鸿、董关鹏、崔凯、詹新惠、彭宽授课。

11月30日至12月8日，首期中国曲协会员先进典型代表人物网络培训班在中国文联文艺培训网络云平台举办，来自全国34个团体会员的约100名代表参加培训。本次培训学制9天，安排7门课程、11个学时。周文彰、周熙明、王蒙、姜昆、楼宇烈围绕曲艺创作和传统文化精神等主题对学员进行专业辅导。

12月1日至15日，第二期全国相声从业人员网络培训班举办。全国19个省、区、市的64名相声从业人员参加培训。本次培训围绕学习习近平总书记关于文艺工作的重要论述、曲艺类的通识性知识，共开设11门课程。陈来、高宏存、刘东超、姜昆等授课。

12月1日至15日，第五期边疆民族地区（广西）曲艺工作者网络培训班依托中国文联网络培训云平台举办。本期培训班为学员开设13门课程，84名学员参加了培训。周熙明、高宏存、陈来、张国祚、姜昆、杨鲁平、康尔、崔凯授课。

12月4日至12月8日，第四期全国曲艺自由职业者优秀人才培训班在江苏省南通市举办。此次培训班为期5天，来自全国15个省区市的50名曲艺自由职业者参加了此次培训。杨发航、刘旭东、康尔、刘小军、齐宝鑫、孙晨、胡磊蕾授课。

12月14日至19日，第十二期全国曲艺创作高级研修班在河北省张家口市举办。董耀鹏、杨发航、黄群等出席。来自全国各地、活跃在曲艺创作一线的优秀代表和知名曲艺作家80余人参加了此次培训。袁辉、张会军、吴新伯、马云路授课，柴京云、孙晨、秦渊、崔立君担任驻班老师。

【中国曲协举办第二届“世界知识产权日·曲艺版权宣传周”】

4月20日至26日，中国曲协以“为曲艺绿色未来而创新”为主题，线上启动为期一周的第二届“世界知识产权日·曲艺版权宣传周”活动，策划曲艺版权宣传周海报，编辑制作宣传公益短视频，加大网络环境下版权保护宣传力度。各团体会员的积极响应，根据自身实际，开展了形式多样的宣传活动。

【第三批牡丹绽放——曲艺英才培育行动】

10月16日，“第三批牡丹绽放——曲艺英才培育行动”启动仪式在江苏苏州举行。董耀鹏、翁仁康、黄群、刘旭东、王永平、李金斗、杨芳以及中国曲协部分专业艺术委员会代表，部分省曲协负责同志，第十一届中国曲艺牡丹奖获奖代表，前两批培英行动入选者代表和第三批培英行动全体入选者等70余人参加启动仪式。黄群主持启动仪式。启动仪式上对第二批培英行动成果进行了全面总结，苗阜、刘靓靓、孙铭泽作为前两批培英行动入选者代表作了重点发言。通过广泛听取意见、认真研究和充分酝酿，第三批培英行动遴选了罗晓静、杨雪莉、杨锦龙、陶莺芸、康康、徐宁、施金裕、李丁、揭熙、袁国虎作为新一批培育对象。10月16日晚，“牡丹绽放”第二批曲艺英才培育行动成果汇报演出在苏州市公共文化中心剧院举行。

【中国曲协会员携手筑梦计划暨“深入生活、扎根人民”主题实践】

10月26日至30日，由中国曲协、重庆市万州区人民政府主办，重庆市曲协、重庆市三峡曲艺保护传承中心承办的中国曲协会员携手筑梦计划暨“深入生活、扎根人民”主题实践活动走进重庆万州。曲华江、闫淑平、张旭东、杨鲁平、巩汉林、应宁，以及来自北京、天津、黑龙江、广东、安徽等省市曲协副主席、秘书长，牡丹奖获得者及重庆当地的中国曲协会员和基层曲艺工作者等30余人参加本次活动。

【学习贯彻党的十九届五中全会精神推动建党100周年主题创作座谈会】

12月15日，中国曲协在河北张家口召开座谈会，听取老中青三代曲艺工作者对建党百年主题创作的思考、计划和建议。北京大学马克思主义学院副院长、教授程美东，中国曲协快板艺术委员会副主任兼秘书长柴京云，第十二期全国曲艺创作高级研修班学员代表成杨、李小英等60余人参加会议。杨发航主持会议。夏重梁、姚俐玲、刘岚、崔立君、李小英、王先富、王宏坤、孙晨、张萌杰、成杨、沈姿颖、柴京云、刘岚、刘钊、刘芊君、杨锦龙、康康、陶莺芸、程美东、秦渊发言。

学术与研究

【《视听表演北京条约》生效宣传】

4月28日，黄群代表中国曲协应邀出席由北京市委宣传部（北京市版权局）主办、首都版权协会承办的《视听表演北京条约》依约正式生效的系列宣传庆祝活动。《视听表演北京条约》是一项旨在保护表演者权利的国际版权条约，是新中国成立以来第一个在我国缔结、以我国城市命名的国际知识产权条约。

【新曲艺组织行业评价体系建设课题调研】

6月9日至12日，“新曲艺组织行业评价体系建设”课题调研组前往天津、西安、上海三地，实地走访了天津谦祥益文化传播有限公司(谦祥益)、西岸剧场有限公司（西岸相声剧场）等多家曲艺文化公司，与相关负责人就经营状况、管理方式、人才队伍、创作演出等与课题有关的问题进行了座谈交流。项云、马小平、宋洪发等参加了调研。李晓春、吴新伯、章燕、徐开麟、计一彪等参加了相关座谈会。

【2019年中国曲艺艺术发展报告正式发布】

6月30日，《2019年中国艺术发展报告》云发布仪式在京举行。董耀鹏出席发布仪式并为新书揭幕。报告包括总论和戏剧、电影、音乐、美术、曲艺、舞蹈、民间文艺、摄像、书法、杂技、电视、文艺评论、网络文艺13个篇章和大事记，展现了我国年度各艺术门类发展的整体风貌。《2019年中国艺术发展报告·曲艺篇》（以下简称《报告》）由中国文联曲艺艺术中心牵头，约请了南开大学汉语言文化学院教授鲍震培、聊城大学音乐与舞蹈学院副教授贾振鑫等担任主要撰稿人，并吸纳了中国曲协有关专业艺术委员会、相关省市曲协、中国曲协创作研究处、《曲艺》杂志社等各方意见，形成了年度曲艺发展的全景概览。

【中国文联权保部到中国曲协开展调研座谈】

8月27日上午，中国文联权保部副主任王国骞带队，就《关于进一步加强文艺维权工作的意见》修订工作到中国曲协开展调研座谈。座谈会由黄群主持。中国曲协组织郭迎欢、甄齐、李寅飞、张伟等曲艺界代表参加座谈。

【中华曲艺传承与发展研讨会】

10月16日，“坚持创造性转化和创新性发展”中华曲艺传承与发展研讨会在苏州评弹学校举办。吴文科、盛小云、曲华江、朱培华、孙志兵、孙惕、王善春及苏州评弹学校师生代表参加研讨。徐春宏主持会议。曲华江、苗阜、康尔、潘讯、孙光圻、王红箫、王大胜、王瑾、吴新伯、计一彪、王兴昀、傅谨、谈欣、于雅琳发言。

【海峡两岸曲艺欢乐汇十周年回顾与展望研讨会】

11月25日，由中国文联、中国曲协、福建省文联共同主办，中国文联曲艺艺术中心、福建省曲协、台北艺术家文教推广基金会等承办的“守望相助携手前行”海峡两岸曲艺欢乐汇十周年回顾与展望研讨会在福建永安举办。姜昆、杨发航、李京文、林瑞发以及来自中国曲协、福建省文联、福建省曲协、三明和永安市有关单位的领导与嘉宾共120余人参加了研讨会。会议由曲华江主持。吴新伯、应宁、陈黎贞、吴慧颖、种玉杰、姜昆、李京文、杨发航作现场发言，受疫情影响，台湾专家和艺术家郭美女、郭孟雍、朱德刚、许能丽、叶怡均、郭忆如等在台湾分会场以视频的形式参与了交流。

【第六届全国高等院校曲艺教育峰会】

11月26日，由中国曲协、浙江省文联主办，浙江音乐学院、浙江省曲协承办，高等教育出版社协办的第六届全国高等院校曲艺教育峰会在浙江音乐学院举行。中国文联党组成员、书记处书记董耀鹏，中国文联荣誉委员、国务院学位委员会第七届艺术学学科评议组召集人仲呈祥，翁仁康，黄群以及中国曲协部分专业艺术委员会代表、首批全国高等院校曲艺本科系列教材编写者代表、部分开设曲艺教育的艺术院校代表、部分曲艺院团和曲艺小剧场代表、从事曲艺研究的专家学者等60余人出席会议。峰会以“新时代曲艺学科建设突破之路：曲艺本科教材传播、使用和推广”为主题，回顾首批全国高等院校曲艺本科系列教材编写历程，为加快设立中国特色曲艺学科集聚力量。胡建新、翁仁康、黄群、陈晓光、仲呈祥、董耀鹏发言。中国曲协向浙江音乐学院、四川师范大学、苏州评弹学校、扬州市曲艺团、重庆逗乐坊小剧场赠送了首批全套系列教材。会上还发出了《关于大力推广使用首批全国高等院校本科系列教材的倡议书》。

【2020曲艺创作推进与权益保护圆桌会议】

11月30日上午，2020曲艺创作推进与权益保护圆桌会议在中国文艺家之家举行。杨发航、王国骞、许炜以及曲艺家代表及媒体界、法律界相关人士参加会议。会议由黄群主持。杨发航、王国骞、许炜、种玉杰、李伟建、杨菲、张怡、来小鹏、宣宏量、刘犇、郑伟发言。

对外及对港澳台文化交流

【首期中华曲艺云欣赏栏目】

6月上旬至9月上旬，首期中华曲艺云欣赏栏目陆续登陆法国巴黎、德国柏林、以色列特拉维夫和缅甸仰光中国文化中心及国际说唱艺术联盟的官方网站、官方社交媒体账号。首期共推出了四川清音、苏州弹词等10个曲种和节目。

【“曲唱和美——单弦与长呗的对话”线上视频交流活动】

11月18日，中国曲协和日本中国文化交流协会共同举办“曲唱和美——单弦与长呗的对话”线上视频交流活动。中日艺术家分别在北京曲协、日中文化交流协会和东京西德寺三个分会场云端相聚。这是新冠肺炎疫情防控常态化下，中国曲协参加的首场中外曲艺线上视频交流活动。

【第十届海峡两岸曲艺欢乐汇】

11月23日至26日，由中国曲协、福建省文联

共同主办，中国文联曲艺中心、福建省曲协、《曲艺》杂志社、台北艺术家文教推广基金会、三明市文联、中共永安市委宣传部承办，永安市文联和市文体旅游局协办的第十届海峡两岸曲艺欢乐汇在福建省永安市举办。本届欢乐汇以“守望相助 携手前行”为主题，集展览、演出、讲座、采风、研讨等活动于一体，在两天时间内集中展现了“欢乐汇”品牌十年来的发展成果。在本届欢乐汇的展演和研讨两个重点环节，台湾曲艺家和专家学者以录制演出和发言视频的方式参与了相关活动，姜昆、种玉杰、戴志诚、李菁、贾旭明、李世儒、于连贵、秦永超、应宁、郑力文、张春丰、王超等与来自中国台湾的叶怡均、朱德刚、庄宥腾、花莲阿勒飞斯阿美族乐舞团一同为观众奉上两岸曲艺盛宴。

【第二届国际说唱艺术研讨会（中国分会场）】

12月5日，由国际说唱艺术联盟主办，中国曲协承办的第二届国际说唱艺术研讨会（中国分会场）在浙江省杭州市举办。本届研讨会以线上线下结合的方式进行，吸引来自德国、法国、韩国、挪威、日本、卢森堡、新加坡、意大利、巴拿马、新西兰等15个国家的53位艺术家、专家学者与会，16位传统说唱艺术家和专家学者围绕“说唱艺术的特色与实践”作主题发言。姜昆致辞，戴梦平（Pierre Demont）、兰亭（Salvagniac Valentine）、瞿见、倪克（Niklas Donath）、易德波（Vibeke Bordahl）、林家华平、韩劳达、Lyn Lee Cai Xia（李采遐）、苏维胜、王汝刚、翁仁康、闫淑平、高洪胜、嶋美穗子、北川健太郎、安淑善等发言。

【第四届中华曲艺港澳情展演系列活动】

12月8日至12日，由中央人民政府驻澳门特别行政区联络办公室宣传文化部指导，中国曲协主办，中国戏剧曲艺家（澳门）联谊会协办的第四届中华曲艺港澳情展演系列活动在澳门举办。系列活动包含专题讲座、展演、曲艺进校园等内容。12月9日，姜昆在澳门大学作《中国的曲艺》专题讲座，12月10日晚，第四届中华曲艺港澳情专场展演在澳门永乐戏院举办，驻澳门中联办副主任严植婵，澳门宣传文化部副主任刘伟、澳门文化局活动处郑继明等出席并观看了演出。12月11日，中国曲协走进澳门联国学校开展“曲艺进校园”交流活动，快板、粤曲、二人转、单弦、古筝弹奏等令现场近300名师生目不暇接，大饱眼福。

内部建设

【中国曲协党建党务工作】

1月16日上午，中国曲协机关在职党支部召开党员大会，传达学习习近平总书记重要讲话、中央和中国文联党组重要文件精神，召开专题组织生活会，开展民主评议党员。中国曲协3个青年学习小组一并参加本次支部大会学习。黄群同志出席会议。

2月27日，中国曲协机关在职党支部创新“三会一课”方式，利用微信群组织全体党员干部开展线上集体学习研讨，认真学习落实习近平总书记关于防疫工作的重要精神，切实贯彻党中央关于防疫工作的部署要求，充分发挥党支部战斗堡垒和党员先锋模范作用，积极主动履职，有效发挥作用，统筹推进各项工作有序开展。

3月25日上午，中国曲协召开协会分党组巡视整改专题民主生活会。董耀鹏、曲华江、黄群参加会议，中国文联机关党委常务副书记刘国强出席指导，项云、刘冰、刘志龙、段漉希、宋洪发列席会议。会议由董耀鹏主持。

3月26日上午，中国曲协机关在职党支部召开巡视整改专题组织生活会。会议以现场会议+视频会议的形式召开。曲华江、黄群同志以普通党员身份与曲协机关全体在职党员一同参加会议。会议由刘志龙主持。

4月23日上午，中国曲协在职党支部通过线上线下灵活参会方式，开展主题党日活动，曲华江、黄群及曲协机关全体在职党员、3个青年学习小组成员一同参加活动，刘志龙主持会议。

5月21日，中国曲协在职党支部以党小组会议形式组织开展主题党日活动，集中学习研讨习近平总书记重要讲话精神，学习贯彻中国文联新近下发的有关党建工作的文件和工作方案。曲华江、黄群参加集中学习研讨，会议由各党小组组长主持。

6月18日下午，中国曲协机关在职党支部以视频会议形式开展主题党日活动，集中学习《习近平谈治国理政（第二卷）》中有关家庭、家教和家风的章节，传达学习了《中央和国家机关党员工作时间之外政治言行若干规定（试行）》《中国文联党支部标准化规范化建设细则》等，并请刘冰作题为“如何在工作中贯彻落实‘五大发展’理念，创新工作方式方法以适应新形势新任务新要求”的党课。曲华江、黄群参加在线学习。

6月28日上午，中国文联曲艺艺术中心党支部召开党员大会，传达学习习近平总书记重要讲话精神和中央、中国文联等有关文件精神，举办党员学习沙龙，并开展了“不忘初心、弘扬优良家风”主题党日活动。项云主持会议。

7月23日下午，中国曲协召开机关在职党支部党员大会暨青年学习小组学习，集中学习习近平总书记关于文艺工作、群团工作的重要论述，传达党中央和中国文联关于党委（党组）落实全面从严治党主体责任等重要文件精神，部署“支部工作”App安装使用有关工作，随后党小组开展月度学习讨论。会议由王珺主持，青年学习小组成员以网络视频形式参会。

9月17日上午，中国曲协机关在职党支部召开“厉行勤俭节约、反对餐饮浪费”专题组织生活会和“学法知法守法”主题党日活动。刘志龙主持会议，全体机关在职党员参加会议，协会3个青年学习小组成员通过线上形式参加学习。

10月21日上午，中国文联曲艺艺术中心党支部召开党员大会，集中学习习近平总书记重要讲话精神和《习近平谈治国理政》第三卷有关内容，并举办党员学习沙龙。中国文联曲艺艺术中心全体党员、入党积极分子和部分群众参加会议。

10月29日上午，中国曲协召开机关在职党支部党员大会暨青年学习小组学习，集中学习习近平总书记在纪念中国人民志愿军抗美援朝出国作战70周年大会上的讲话、习近平总书记给中国戏曲学院师生的回信等，部署新修订的《中国曲协工作手册》贯彻落实事项，通报入党积极分子培养情况，随后党小组开展月度学习讨论。会议由王珺主持。

11月19日上午，中国曲协召开机关在职党支部党员大会，集中传达学习《中国共产党第十九届中央委员会第五次全体会议公报》《中共中央关于制定国民经济和社会发展第十四个五年规划和二〇三五年远景目标的建议》《关于〈中共中央关于制定国民经济和社会发展第十四个五年规划和二〇三五年远景目标的建议〉的说明》等重要文件精神，通报中国曲协《学习贯彻党的十九届五中全会精神实施方案》主要内容，通过中国文联网络培训云平台以线上视频的形式学习《党的十九届五中全会精神解读》。会议由刘志龙主持。

11月25日上午，中国文联曲艺艺术中心党支部召开全体党员大会，集中传达学习了《中国共产党第十九届中央委员会第五次全体会议公报》《中共中央关于制定国民经济和社会发展第十四个五年规划和二〇三五年远景目标的建议》等有关文件和讲话，通报中国曲协《学习贯彻党的十九届五中全会精神实施方案》主要内容，并集体开展了第四季度党课学习。会议由段漉希主持。

12月8日下午，中国曲协、中国舞协、中国民协联合主题党日活动在中国文艺家之家报告厅举办，来自福建三明、永安的红色故事宣讲团开展宣讲活动。董耀鹏、杨发航、罗斌、邱运华及三个协会的领导班子成员出席宣讲会。宣讲会由刘志龙主持，三个协会在京100余名党员干部参加活动。

12月31日上午，中国曲协召开机关在职党支部党员大会，集中传达习近平总书记在中央政治局民主生活会上的讲话精神，传达学习中央经济工作会议和中国文联警示教育大会精神，通报中央和国家机关工委典型案例相关情况，传达学习中国文联党组《关于严格落实中央八项规定精神确保2021年元旦、春节期间风清气正的通知》等文件精神，通报最美党务记录本评议结果。会议由刘志龙主持。

【分党组理论学习中心组学习】

3月12日，中国曲协召开分党组理论学习中心组会议，传达学习习近平总书记在中央政治局常委会审议2019年中央第四轮巡视情况报告时的重要讲话精神，传达学习习近平总书记在“不忘初心、牢记使命”主题教育总结大会上的重要讲话，学习贯彻《中共中央关于加强党的政治建设的意见》，传达中国文联党组《关于印发中央第六巡视组巡视中国文联党组情况反馈会议文件的通知》以及《中国文联党组巡视整改工作方案（征求意见稿）》，围绕不忘初心、牢记使命，抓好巡视整改进行专题研讨。会议由曲华江同志主持。

3月13日，中国曲协召开2020年第四次分党组会议暨第二次分党组理论学习中心组会议，传达学习中央经济工作会议、全国宣传部长会议、全国统战部长会议精神，学习贯彻中国文联《关于印发〈中国文联2020年开展调研工作方案〉的通知》和中国文联人事部《关于做好2020年中国文联系统领导干部报告个人有关事项工作的通知》精神。会议由董耀鹏主持。

4月10日，中国曲协召开分党组理论学习中心组2020年第三次（扩大）会议，传达学习中办印发的《党委（党组）落实全面从严治党主体责任规定》（以下简称《规定》），学习党中央对"不忘初心、牢记使命"主题教育开展情况进行全面总结的有关文件。协会分党组理论学习中心组成员和处以上干部参加，董耀鹏同志主持会议。

4月22日，中国曲协召开分党组理论学习中心组2020年第四次（扩大）会议，传达学习《中国文联巡视工作实施办法》和《中国文联机关纪委信访举报和问题线索管理办法（试行）》。协会分党组理论学习中心组成员和各部门负责人参加，董耀鹏同志主持会议。

5月18日，中国曲协召开分党组理论学习中心组2020年第五次（扩大）会议，传达学习李屹同志在《中央办公厅关于持续解决困扰基层的形式主义问题为决胜全面建成小康社会提供坚强作风保证的通知》上作出的重要批示精神，学习贯彻中国文联党组关于印发《中国文联党组贯彻落实〈中国共产党问责条例〉实施办法（试行）》的通知和中国文联国内部《关于印发2019年会员工作报告、专委会工作报告、主席团成员理事会理事履职工作报告和文艺之乡文艺创作基地报告的通知》精神。董耀鹏同志主持会议。

5月28 日上午，中国曲协召开分党组理论学习中心组会议，传达学习2020 年全国两会精神，学习贯彻《中国文联党支部标准化规范化建设细则》。协会分党组理论学习中心组成员和各部门负责人参加，董耀鹏同志主持会议。

5月28 日下午，中国曲协召开分党组理论学习中心组2020年第七次（扩大）会议，传达学习丁薛祥同志在中央和国家机关党的工作暨纪检工作会议上的讲话和李屹同志、贾育林同志在中国文联2020 年全面从严治党工作部署会议上的讲话，学习贯彻中国文联机关党委《关于印发〈中国文联关于中央巡视发现的机关党建突出问题整改工作方案〉的通知》，研究讨论中国曲协全面从严治党和党风廉政建设工作。协会分党组理论中心组成员及其秘书组成员、各部门单位负责人、全体专兼职党务干部参加学习。会议由董耀鹏主持。

7月3日下午，中国曲协召开分党组理论学习中心组（扩大）会议，传达学习中共中央国务院印发的《关于新时代加快完善社会主义市场经济体制的意见》，传达学习《中国文联党组贯彻落实＜党委（党组）落实全面从严治党主体责任规定＞的实施办法》并审议《中国曲协分党组贯彻＜党委（党组）落实全面从严治党主体责任规定＞实施细则》，传达中国文联人事部《关于规范中国文联系统干部挂职工作有关问题的通知》和《中国文联领导干部个人有关事项报告专项整治工作方案》。协会分党组理论学习中心组成员和处以上干部参加学习。董耀鹏同志主持会议。

9月14日上午，中国曲协召开分党组理论学习中心组（扩大）会议，传达学习习近平总书记在经济社会领域专家座谈会上的重要讲话，传达学习习近平总书记在纪念中国人民抗日战争暨世界反法西斯战争胜利75周年座谈会上的重要讲话，传达学习习近平总书记在科学家座谈会上的重要讲话，传达学习习近平总书记在全国抗击新冠肺炎疫情表彰大会上的重要讲话，传达学习中宣部、中组部关于认真组织学习《习近平谈治国理政》第三卷的通知和王沪宁同志在《习近平谈治国理政》第三卷出版座谈会上的讲话。董耀鹏主持会议，协会分党组理论学习中心组成员和处级以上干部参加学习。

9月24日下午，中国曲协召开分党组理论学习中心组2020年第十四次（扩大）会议，传达学习习近平总书记在教育文化卫生体育领域专家代表座谈会上的重要讲话，专题学习研讨《习近平谈治国理政》第三卷。董耀鹏主持会议，协会分党组理论学习中心组成员和处级以上干部参加学习，部分局处级干部作重点发言。

10月12日，中国曲协召开2020年第十五次分党组理论学习中心组会议，传达学习习近平总书记在专家学者座谈会上的重要讲话，传达学习陈希同志在深入学习贯彻习近平总书记重要讲话精神贯彻落实新时代党的组织路线电视电话会议上的讲话。协会分党组理论学习中心组成员和处以上干部参加。会议由董耀鹏主持。

10月22日上午，中国曲协召开分党组理论学习中心组（扩大）会议，传达学习李屹同志在中国曲协全体干部职工会议上的重要讲话，传达学习中国文联党组《关于印发〈中国文联党组以案促改主体责任工作方案〉的通知》，传达学习中央宣传部党委中心组学习参考2020年第4期（总第52期）重要内容。杨发航主持会议。协会分党组理论学习中心组成员和各部门、各单位负责人参加学习。

11月6日上午，中国曲协召开分党组理论学习中心组（扩大）会议，传达学习了习近平总书记在党的十九届五中全会上所作报告和重要讲话精神，学习贯彻了《中共中央关于制定国民经济和社会发展第十四个五年规划和二〇三五年远景目标的建议》《中国共产党第十九届中央委员会第五次全体会议公报》，传达学习了黄坤明同志在学习宣传贯彻党的十九届五中全会精神电视电话会议上的讲话精神。杨发航主持会议。协会分党组理论学习中心组成员和各部门、各单位负责人及处级干部参加了学习。

12月25日，中国曲协召开分党组理论学习中心组（扩大）会议，传达学习党的十九届五中全会精神和中央和国家机关工委警示教育会精神。协会分党组书记杨发航主持会议。协会分党组理论学习中心组成员、各部门负责人及副处以上人员参加学习。

【中国曲协各专项领导小组会议】

4月16日，中国曲协召开巡视整改工作领导小组会议，传达学习李屹同志对中国曲协分党组制定的3个巡视整改工作方案作出的重要批示，传达学习《中国文联党组巡视整改工作方案》，对切实抓紧抓实抓细协会巡视整改工作提出要求。协会巡视整改工作领导小组及其办公室成员参加会议。会议由董耀鹏同志主持。

4月23日上午，中国曲协召开舆情信息员、舆情联络员、宣传联络员、网络评论员联席会议，并套开青年学习小组会议。徐粤春、黄群以及来自曲协机关、曲艺中心、《曲艺》杂志社的舆情信息员、舆情联络员、宣传联络员、网络评论员以及青年学习小组成员共22人参会。会议由创作研究处处长张鑫主持。

6月4日下午，中国曲协召开深化改革领导小组会议，通报《中国曲协开展深化改革基层试点工作实施方案》，研究部署基层试点工作，进一步明确深化改革向纵深推进的思路、重点任务和路径，确保各项改革举措落地见效。董耀鹏主持会议并讲话。曲华江、黄群、项云，以及中国曲协深化改革领导小组及其办公室成员等参加会议。

7月9日下午，中国曲协普法工作领导小组召开2020 年第一次会议。普法工作领导小组组长黄群主持会议，普法工作领导小组及办公室全体成员参加会议。会议学习了习近平总书记在中央全面依法治国委员会第三次会议上的重要讲话、习近平总书记在中央政治局第二十次集体学习时的重要讲话以及关于《中华人民共和国香港特别行政区维护国家安全法》的说明和全国人民代表大会常务委员会《关于全面禁止非法野生动物交易、革除滥食野生动物陋习、切实保障人民群众生命健康安全的决定》，并对协会下一步普法宣传教育工作作出安排部署。

11月20日上午，中国曲协召开意识形态工作领导小组2020年第一次会议。会议由杨发航主持。会议传达了有关意识形态的重要文件；通报了有关意识形态的相关情况；研究分析了近期曲艺界舆情状况；听取了各部门意识形态工作开展的工作汇报，并对2021年意识形态工作进行了研究部署。

12月15日下午，中国曲协召开离退休干部工作领导小组会议，总结2020年离退休干部工作，研究新冠肺炎疫情影响下老干部服务管理工作中的重点难点问题，部署疫情防控常态化下的2021年老干部服务管理工作任务。协会离退休干部工作领导小组及其办公室成员参加。会议由曲华江主持。

【中国曲协工会工作】

4月27日，中国曲协工会健步走活动小组在奥林匹克森林公园举办半程马拉松健康跑。董耀鹏同志与健步走活动小组成员共计15人参加活动。

5月18日至22 日，中国曲协工会组织开展爱国卫生运动周活动。本次活动以“防疫有我 爱卫同行”为主题，旨在发动曲协干部职工积极参与

爱国卫生运动，倡导文明健康、绿色环保的生活方式，推动曲协工作人员养成讲究卫生、健康生活的良好习惯。

【中国曲协主题团日活动】

4月29日，中国曲协组织广大团员及协会年轻干部学习习近平新时代中国特色社会主义思想理论小组召开会议，传达学习《习近平总书记给北京大学援鄂医疗队全体“90后”党员的回信》《第24届“中国青年五四奖章”评选和2020年“全国向上向善好青年”评选结果》和中办印发的《关于持续解决困扰基层的形式主义问题为决胜全面建成小康社会提供坚强作风保证的通知》《丁薛祥在中央和国家机关党的工作暨纪检工作会议上的讲话》及《中国文联关于“五一”、端午期间持之以恒纠正“四风”严格落实中央八项规定精神的通知》等重要文件精神，并以“绽放战役青春 坚定制度自信”为主题进行交流研讨。曲协机关、曲艺中心、《曲艺》杂志社广大团员及协会3个青年学习小组成员参加会议。会议由曲华江主持。

【2019年度工作总结表彰会】

5月20日下午，中国曲协在中国文艺家之家四楼报告厅召开2019 年度工作总结表彰会。会上宣读了《关于表彰2019 年度中国曲协先进部门和个人的决定》和《关于表彰2019 年度最美办公室、最佳兴趣小组、最美办公桌和工会积极分子的决定》，协会领导为年度考核受表彰部门及个人颁发荣誉证书、为工会受表彰部门和个人颁发锦旗和奖品。董耀鹏、曲华江、黄群、项云及曲协机关、曲艺中心、《曲艺》杂志社全体干部职工参加。会议由曲华江主持。

中国舞蹈家协会

综　述

2020年是一个特殊的年份，是不平凡的一年，年初突如其来的新冠肺炎疫情，打破了协会工作的常规节奏，上半年，中国舞协在中宣部有力指导和中国文联的正确领导下积极围绕“抗疫”展开工作；下半年，工作步调趋稳，各项工作平稳推进，如期完成全年确定的各项工作任务。整体而言，2020年中国舞协始终坚持以习近平新时代中国特色社会主义思想为统领，深入学习贯彻党的十九大和十九届二中、三中、四中、五中全会精神，在中宣部和中国文联党组的正确指导下，紧紧围绕党和国家工作大局，改革创新，锐意进取，乘势而上开启舞蹈事业振兴和高质量发展新征程。

会议与活动

【“我们的中国梦”——文化进万家走进云南送温暖 】

1月2日至6日，中国文联、中国舞协文艺志愿服务小分队带领陆军政治工作部文工团、云南省歌舞剧院、云南艺术学院、贵阳市群众艺术馆等单位的艺术家们，分别奔赴普洱市江城哈尼族彝族自治县和红河哈尼族彝族自治州红河县两地，为当地的父老乡亲进行歌舞表演。此次演出内容丰富多彩，其中既有双人舞《跟着你到天边》、独舞《坎刀布》《长调》《聂耳》，江城和红河当地的文艺团体也带来了民族特色浓郁的精彩节目，如群舞《织·秀》《家园》等。

【《关于进一步加强和引导抗击新冠肺炎疫情主题舞蹈创作的通知》】

2月12日，中国舞协发布相关通知，特别针对抗疫、防疫期间的舞蹈创作提出了具体要求，明确指出应充分发挥新媒体网络平台的传播优势，着力打造适合网络传播的优秀作品。为此，全国舞蹈文艺工作者积极投身于抗击疫情主题创作中，掀起了一股以舞战“疫”的创作热潮。

【常态化疫情防控期开展文艺创作的倡议】

中国舞协在官方微信平台发出倡议，在常态化抗疫、防疫期间，各团体会员单位、二级委员会、全体会员建议从三个方面开展文艺创作：讲好中国抗疫故事、重点做好决胜全面建成小康社会和扶贫攻坚主题创作以及筹备推进建党100周年创作项目。

【“慕课”平台计划】

2月10日，经12小时的开发测试，中国舞协正式上线舞协“慕课”平台。所谓慕课（MOOC），即大规模的开放的在线课程，足不出户便可以让分布于全国各地的专业舞者和正宅在家中的爱好者联系起来。本次计划以“精彩舞蹈公益课堂在家上”为理念，搭建“舞蹈网络公益课堂”板块，以兴趣为导向，专业性和科学性并行，邀请名家录制，提供线上免费精品舞蹈课程，涵盖编创、教学、理论评论等多个领域。平台目前已具备点播、直播及互动功能，学习内容还在持续更新中，视频点击量已超过2800万人次。

【“我想对你说”公益活动】

积极响应中宣部号召，开展“我想对你说”公益活动，中国舞协主席团率先录制“我想对你说”公益视频向全国医务工作者表达感激之情。其中，中国舞协主席冯双白，中国舞协分党组书记、驻会副主席罗斌的抗疫发言视频转发点击量达到20万次。在中国舞协的号召下，中国舞协舞蹈志愿者工作委员会、顶尖舞者公益项目、各省市自治区直辖市舞协以及新文艺群体纷纷组织“我想对你说”公益活动，向战斗在全国防疫一线的医务工作者表示深深的谢意和敬意，在中国舞协的带领下中青年舞蹈家们也积极响应号召纷纷录制视频参与抖音话题“我想对你说”，此话题全网总播放量为38.5亿次。

【以舞抗疫】

截至3月9日，中国舞协官方微信在抗疫、防疫期间35天共推送自制以及来自全国各地精选的抗疫视频126条，阅读量37.5万，平均每天推送3.6条抗疫视频。官方抖音在抗疫、防疫期间抗疫视频分享、跟拍点击数量为191万次。同时，中国舞协参与了抖音话题“坚信爱会赢”，此话题总播放量为39.7亿次。新文艺群体及中青年舞蹈家们也积极响应号召发起战疫舞蹈爱心传递发起“平凡天使”抖音话题，不完全统计全网播放量约为3781.8万。中国舞协街舞委员会开展线上抗击疫情街舞、线上街舞加油助力、线上公益街舞教学962次。共计188274人次参与，各类线上活动影响力近4000万人次。其中，由共青团中央社会联络部、中国舞协共同指导，中国舞协街舞委员会支持，CHUC全国街舞联盟主承办的“我的防疫日记”线上主题活动持续进行中，活动旨在通过身居武汉及湖北其他地区的舞者，以个人形式带头居家发起，进而带动全网舞者共同参与其中。自活动开启以来，全国上千名舞者积极参与，编创了“洗手舞”“战疫舞”等舞蹈段落。与此同时，中国舞协街舞委员会推出“中国街舞艺术教育线上公开课”，推广和传播街舞文化。中国舞协少儿舞蹈委员会组织全国少儿舞蹈工作者创作抗疫防疫作品，共计30余部。同时，少儿舞蹈委员会与中国文联网络文艺传播中心合作直播，在微信公众号发布少儿舞蹈直播公益课堂——“舞播课”，邀请国内优秀少儿舞蹈教师、编导进行线上授课。中国舞协舞蹈志愿者工作委员会发起并组织舞蹈/动作治疗心理咨询师公益团体共同策划“舞动身心——公益中国”网络系列课程。

【线上舞蹈志愿服务】

3至4月，倡议发起青年编导舞者以自己的力量，通过录制舞蹈视频为大众带来一系列公益舞蹈课程，近2个月的时间胡沈员、刘迦、谢欣、等13位青年舞者带来的公益“微课堂”网络浏览量达近200w，这个系列课程得到了很多高校师生的认可，收到了许多学生的回课视频，形成了教与学的良好互动，也成为北师大、山东艺术学院、西南民族大学、广西艺术学院等高校抗疫、防疫期间“停课不停学”网上教学的有效补充内容。与此同时，与腾讯视频合作将“培青”历年来优秀舞蹈作品片段以“云剧场”的形式向大众公益放映，公益展播6场，共计放映19部舞蹈作品片段，直播当天浏览量共计12万人次。首次直播后，收到武汉琴台大剧院、梅溪湖国际文化艺术中心大剧院、中演院线、天桥艺术中心等剧院的合作邀请，共合作推出6期“培青”作品公益展播。

5至7月，持续与北京、上海、四川、广东、山西、陕西等国内各主要剧院、艺术机构合作，开展线上普及性讲座、舞蹈作品导赏、线上演出展播等系列活动，以满足各地基层舞蹈爱好者多样化、多层次、多方面的精神文化需求。

【“舞聚云端”网络访谈直播】

“舞聚云端”网络访谈直播自5月4日起开播，以每周一期或两周一期及专题的形式，邀请了150余位嘉宾，共完成了24期节目，直播时长累计达到50多个小时，在一直播、微博、哔哩哔哩、快手、中国文艺网等平台上播放，累积观看人次逾180万。继第一个月结合抗疫、防疫期间舞蹈行业内的志愿服务活动、教培机构现状、舞蹈演出市场及新文艺群体舞蹈团生存现状和特殊时期的舞蹈高校教学、艺考问题，分别组织了四期节目，6月份，选题更加着重于行业热点和经典推送，相继邀请了参加全国两会的舞蹈界人大代表和政协委员，舞剧《永不消逝的电波》的主创团队，选秀节目走出的人气舞者及导师、节目导演，走在舞蹈与科技结合前沿的实验创作者，从两会提案到经典剧目、前沿制作的编创历程，从关注舞蹈偶像明星的艰辛不易到回顾地方舞协的发展历史。

【考级工作调研会】

5月27日，中国舞协举行了考级工作调研会，全国7各省市（广东、安徽、河南、浙江、河北、内蒙古、天津）7位考级负责人参会，并对各地区开展考级工作以来，考级工作中成绩、亮点、工作模式，以及存在的问题和困难进行阐述，协会及中心领导积极听取了代表的意见及建议，并且要求落实在整改工作中。

【中国舞蹈考级】

“中国舞蹈考级”第四版教材面世以来，每年学生考级体量最高时达到400多万人次，约占全国考级份额的1/4。本年度修订了中国舞协《中国舞蹈等级考试管理办法》《中国舞蹈等级考试简章》《中国舞协社会舞蹈教育委员会星级培训单位管理办法》，截至到11月份，“中国舞蹈考级”活动学生考级达300万人次。

【2020年度全国舞协工作会】

6月16日，2020年度全国舞协工作会(网络会议)在京召开。中国文联党组成员、书记处书记董耀鹏，中国舞协主席冯双白，中国舞协分党组书记、驻会副主席罗斌，中国舞协分党组成员、副秘书长夏小虎，中国舞协分党组成员、副秘书长柳斌，中国文联舞蹈艺术中心常务副主任张萍出席北京主会场，来自全国各团体会员单位、各单列市舞协负责人及相关人员共40余人参加了本次网络工作会。

【2020年新农村少儿舞蹈美育工程调研——四川宜宾】

7月24日，中国舞协主席冯双白带领调研小组一行来四川宜宾高县考察和调研“新农村少儿舞蹈美育工程”文化扶贫乡村振兴工作。调研组赴高县罗场镇天堂村党群服务中心，调研考察了该村文化扶贫工作，听取相关负责人关于该村公共文化基础设施建设等汇报，并观摩了当地的舞蹈假期课堂，并同时走访了天堂村脱贫户。

【中国舞协第十届四次理事会】

9月6日至8日，中国舞协第十届四次理事会在京召开。中国文联党组成员、书记处书记董耀鹏，中宣部干部局副局长陈晓琳，中国文联人事部主任郑希友，中国舞协主席冯双白等主席团成员，中国舞协领导班子成员，中国舞协第十届理事会理事，中国舞协有关团体会员负责人，特邀代表等百余人出席会议。本次理事会是中国舞协十届理事会履职五年来的最后一次会议，也是中国舞协第十一次全国代表大会召开之前的一次重要会议。

【青年舞蹈人才培育计划•江西站】

8月16日至29日，由中国舞协、江西省文联主办，中国文联舞蹈艺术中心、江西省舞协承办，南昌大学艺术与设计学院协办的“青年舞蹈人才培育计划•江西站”暨首届“江西省青年舞蹈创编人才高级研修班”在南昌大学举办。“江西培青”作为中国舞协“青年舞蹈人才培育计划”的一个板块，贯穿了以培养、扶持青年舞蹈人才为核心的要求，首开全国培青计划“深入基层、订制培养”的全新模式，是江西省文联实施“人才提升工程”重要举措，是江西省加强舞蹈创作人才队伍建设的重要内容，更是促进江西省舞蹈创作人才成长进步的现实需要。历经一年的酝酿策划，中国舞协从江西省遴选出了30名青年才俊作为第一阶段培养对象，邀请了冯双白、田露、帅晓军、肖向荣、张云峰、谢飞等业内专家及编导亲临江西授课，先后开展了讲座、工作坊、名家对谈以及研修成果汇报。

【全国中小学舞蹈教师培优计划首批试点培训】

9月，由中国舞协、教育部体育卫生与艺术教育司联合主办，中国文联人事部、中国文学艺术基金会提供支持的“全国中小学舞蹈教师培优计划”正式启动。“培优计划”每年面向3至4个省区市，拟用5～10年时间，逐步实现对全国中小学舞蹈教师专业培训全覆盖。

自“培优计划”启动以来，中国舞协坚持把舞蹈美育作为工作着力点，坚持面向基层、重心下移，优先向中西部地区倾斜，通过与教育部及各地舞协、教育主管部门、中小学的密切配合，先后完成上海、甘肃、陕西三站试点培训工作，有效提升了当地中小学舞蹈教学师资水平和中小学生舞蹈艺术素养。新华社、人民网、学习强国、央视新闻直播间、中国文艺网、中国艺术报等媒体进行了专题报道，其中新华社报道浏览量累计达150万人次。“上下联动、同向同行”的舞蹈育人新机制初步建立。

【“送欢乐 下基层”走进江西瑞金】

10月3日，中国文联、中国舞协文艺志愿服务团“送欢乐 下基层”走进江西瑞金慰问演出活动在江西省瑞金市叶坪革命旧址群红军广场举行。来自中国歌剧舞剧院的国家一级演员山翀、中央民族大学舞蹈学院青年舞蹈家李美静、北京舞蹈学院青年舞团一级演员汪子涵等20余名艺术家纷纷登台，通过舞蹈、舞剧、歌曲、口技等多种艺术形式，为现场群众献上精彩的文艺节目。

【“2020顶尖舞者巡回课堂（成都站）”】

11月1日至4日，由 中国舞协主办，中国文联舞蹈艺术中心、中国舞协街舞委员会承办，四川省舞协、四川大学艺术学院、四川音乐学院、CHUC四川联盟协办的“2020顶尖舞者巡回课

堂（成都站）”在四川大学艺术学院举办。公益课堂一直是项目中的重点环节，本次成都站公益课堂由导师杨凯、许桦等国内街舞界顶尖舞者，以现场指导、点评、示范表演、互动等形式向来自全国各地的45名街舞爱好者，传授最先进的舞蹈表演和训练经验，如Toprock、Footwork、Powermove、Flip，这些街舞要素。走上街头的街舞冠军、顶尖舞者与舞蹈爱好者们展开了一场街舞对话与交流。

【中国舞协“舞蹈尖子科学实验班公益培养计划”】

中国舞协在东莞南方舞蹈学校成立了舞蹈素质教育教学研发基地，双方合作研发了《舞蹈素质教育基础训练标准教材》（试行），目前实施创建了“舞蹈尖子人才公益科学实验班”，面向全国招收少年舞蹈尖子人才。

【青年舞蹈人才培育计划创作教学实践基地暨“创意 新知 传承‘阳光课堂’”】

“创意 新知 传承‘阳光课堂’”由中国舞协与北京师范大学合作推出，该课堂启动仪式于12月09日在北京师范大学北国剧场举行。北京师范大学艺术与传媒学院作为中国舞协品牌项目“培青计划”首个高校创作教学实践基地，于2020年年初顺利落成。双方秉承“优势互补、资源共享、互惠互利、共同发展”的原则，充分发挥各自人才师资力量、行业资源优势，大力推动舞蹈创作、培养青年舞蹈力量、提升创作队伍建设，实现产学研深度融合。将“培青计划”优秀编导、作品引入高校课堂教学，以培养舞蹈行业多元创新的高素质青年人才为目标，提升学生的创新能力与教学组织能力。培养专业能力的同时，更加注重培养青年艺术家与学生们的社会责任感和志愿服务精神，组织他们作为志愿者定期下到社区、学校、边远山区等基层地区，既帮助基层从业者提升专业技能，同时也让创新精神浸润基层大地。

【“深入生活、扎根人民”新疆、宁夏地区作品创作会】

根据中国文联党组“深入生活、扎根人民”主题实践活动的工作部署，中国舞协拟于2021年赴新疆维吾尔自治区、宁夏回族自治区开展“深入生活、扎根人民”采风创作活动。为确保“深扎”项目顺利开展，12月21日上午在京召开“深入生活、扎根人民”新疆、宁夏地区作品创作会，先行组织国内舞蹈界知名专家、编导进行作品构思等方面的研究讨论。会议由中国舞协分党成员、副秘书长夏小虎主持，中国舞协分党组书记、驻会副主席罗斌，中国文联国内联络部主任谢力，中国舞协分党组成员、副秘书长柳斌，中国文联舞蹈艺术中心常务副主任、《舞蹈》杂志执行副主编张萍，舞蹈家王玫、田露，王舸等领导专家出席会议。

【开设舞蹈培训班】

着力发挥线上培训特点，全年举办各类舞蹈培训班11期，受训学员6329人次，同时举办线下培训班4期，受训学员195人次，譬如12月10日——17日中国舞协新入会会员骨干（网络）培训，11月26日至12月14日新文艺群体及新文艺组织人才培训（国标），11月26日至12月10日新文艺群体及新文艺组织人才培训（街舞），11月23日至127日中国舞协网络管理、评论人才培训班，11月24日至26日舞蹈宣传与出版人才网络培训班，12月19日至27日的顶尖舞蹈教室特训班，12月23日至25日的第三届中国舞蹈维权培训班，12月28日至30日第三届中国舞蹈理论评论人才培训班等。

【中国舞蹈理论评论人才培训班（中西部地区）】

12月28日至30日，中国舞协举办2020全国中青年舞蹈理论评论人才培训班。本次培训为线上形式，学员们齐聚直播间，在“云”班级中开启为期三天的深度研讨交流。本次培训以“文本与形象塑造”为主题，引入当代剧本创作前沿问题研究内容，邀请了舞蹈界、影视界知名专家从主体到角色设计，再到叙事结构，逐层进行分析讨论并与学员开展交流与实践，这有利于快速提升团队的思考和思维状态，能够刺激舞者和编导形成良好的互动与关联。同时，促进业界理论与实践平衡的良性发展。为挖掘和发挥文化在脱贫攻坚中的重要作用，壮大中西部地区舞蹈事业的专业力量，此次理论评论人才培训班首次以“区域”进行招生，针对中西部地区舞蹈从业者开展专项性人才培养。报名人数达千人，最终择优录取55人参加了本次培训。

艺术节与评奖

【2020中国街舞盛典】

2月16日，由中国舞协、文化和旅游部公共服务司指导，重庆市文化和旅游发展委员会、中国舞协街舞委员会、重庆市江北区人民政府、共青团重庆市委、微博主办，江北区文化和旅游发展委员会、重庆演出公司、CHUC全国街舞联盟承办的2020中国街舞盛典在重庆落幕。中国街舞盛典自2019年首次举办以来，得到社会各界广泛关注。截至目前，中国街舞盛典微博累计阅读量11.5亿，累计互动量521万，累计原创视频播放量1.7亿，累计直播观看量354万。

【“‘5.15’一起舞”群众舞蹈网络展演】

5月15日15时15分，中国文联、中国舞协共同主办的“‘5.15’一起舞”群众舞蹈网络展演活动正式上线。作为第八届中国舞蹈节的预热项目，此次活动强调以群众为中心，让群众当主角，积极同群众进行面对面、心贴心的零距离接触，增进对群众的真挚感情。活动自通知发出后，全国会员、各中国舞协团体会员单位、各中国舞协二级委员以及广大新文艺群体、民间舞蹈机构、舞蹈从业者和舞蹈爱好者纷纷在微博上传视频，并参与5·15一起舞#话题互动，聆听直播访谈，话题点击量达735万次，直播收视率达58.9万人次。

【第十二届中国舞蹈“荷花奖”古典舞评奖第二次作品创作引导交流会】

7月30日至8月1日在京召开了第十二届中国舞蹈“荷花奖”古典舞评奖第二次作品创作引导交流会。本次古典舞评奖的初评共有来自全国22个省、自治区、直辖市的中国舞协团体会员单位和6个中直院团以及2个新文艺群体共174个作品报名参加，经评审委员会评选，共评选出17个作品入围终评，本次交流会邀请了这17个入围作品的主创人员前来参会。在分组交流环节，共份两组对16个作品主创人员进行一对一的交流辅导，专家对每个作品视频进行二次观看，与编导深度交流，对作品进行逐个分析、探讨，并给出相应的修改建议。

【2020中国舞协环境舞蹈展·大理舞蹈季】

9月5日至国庆黄金周，为期40天的舞蹈季期间，包括舞梦人生“不跳舞干嘛”、舞蹈会客厅风云际会、大理舞蹈艺术“云”剧场、环海巡游嘉年华、共舞“红色信仰”、音乐会等内容。本次活动由中国舞协、中共大理州委、大理州人民政府主办，中国文联舞蹈艺术中心、中共大理州委宣传部、大理州文化和旅游局、云南杨丽萍文化传播股份有限公司、大理古城华侨城投资开发有限公司承办，旨在将高端艺术与民族民间艺术相结合，精英与大众参与相结合，短期活动与后续延展相结合，诠释“任何地方皆可起舞”“在环境中起舞，环境就是舞蹈”这一主题。本次活动拍摄了10余部舞蹈作品，把舞蹈与环境相结合，通过镜头语言再现舞蹈经典作品的别样韵味，在网络广泛传播，组织10余场访谈直播，与一线编导演员就舞蹈创作的探索进行对话。此外，大理舞蹈季的所有视频和图片在剧院、展厅通过展映、展览、画册的形式向公众开放展出。

【第十二届中国舞蹈“荷花奖”舞剧评奖】

2020年9月16日至28日，由中国文联、中共上海市委宣传部、中国舞协主办，上海市文化和旅游局、上海市长宁区人民政府、上海市舞协、上海国际舞蹈中心发展基金会、上海文广演艺（集团）有限公司共同承办的“舞动长宁——第十二届中国舞蹈‘荷花奖’”舞剧评奖活动在上海国际舞蹈中心大剧场举办。在初审报送的29部作品中，本届“荷花奖”舞剧评奖共有来自7个地区的8家院团的8部作品冲出重围，最终有5部作品获得“荷花奖”舞剧奖（排名不分先后）：内蒙古民族艺术剧院的《骑兵》、扬州市歌舞剧院有限公司的《朱自清》、安徽省花鼓灯歌舞剧院有限责任公司的《石榴花开》、吉林市歌舞团文化传媒股份有限公司的《红旗》、成都艺术剧院有限责任公司的《努力餐》。从此次参评舞剧的题材来看，中华传统文化、经典历史题材兼而有之，家国情怀、民族气节、社会风貌的描绘见解独到，从聚焦现实生活的主题出发，讴歌烈士英雄的人生历程，多线叙事的艺术表达，鲜活人物的人性挖掘，独特立意的审美视角，用作品讲述着一群新时代青年们的责任与担当。

【2020中国舞协首钢园环境舞蹈展演】

9月19日至22日，“2020中国舞协首钢园环境舞蹈展演”在百年首钢园区举行。本次活动由中国文联、首钢集团、中国舞协主办，中国文联舞

蹈艺术中心、首钢园共同承办，并在中国舞协微信服务号“舞蹈PLUS”、中国舞协官方微博等平台对公众同步进行线上直播。展演活动的全部作品集中在首钢园区的群明湖、秀池和三高炉区域内进行。受今年新冠肺炎疫情的影响，本次活动采用了委约创作和邀约演出相结合的形式，中央民族大学舞蹈学院、中国交响乐团、北京舞蹈学院、北京歌剧舞剧院、北方昆曲剧院、江西省舞协、中国舞协街舞委员会、东北师范大学音乐系舞蹈团等单位参与了此次演出。作品更多地融合了环境、舞蹈、装置、科技元素，艺术表现形式的外延逐步延伸，舞蹈艺术的表意空间进一步扩展。

【培青计划】

9月23至27日，在上海国际舞蹈中心进行了“培青计划”展示作品《四季》《无形体》《暮歌》《猫》和委约作品《你当像鸟　飞往你的山》《冷墙》的4场演出；10月30日“培青计划”委约作品《我们谈论的是未来》在北京798玫瑰之名艺术中心进行了演出；11月27日至28日“培青计划”驻地艺术家颜荷作品《Ta还在我身旁》在国家大剧院将进行2场演出；12月中旬“培青计划”委约作品《迁徙》在北京黑糖盒子进行演出。

【第十二届中国舞蹈“荷花奖”古典舞评奖】

10月14日至17日，第十二届中国舞蹈“荷花奖”古典舞评奖活动于河南洛阳举行。本次活动由中国文联、中国舞协、中共河南省委宣传部主办，中国文联舞蹈艺术中心、河南省文联、洛阳市人民政府、中共洛阳市委宣传部承办，洛阳市文联、洛阳市文化广电和旅游局、洛阳市舞协、洛阳歌剧院协办的。16部中国古典舞作品，经评审团现场打分，最终，《大河三彩》《雨花石的等待》《西施别越》排名前三位。

理论研究

【2020年全国少儿舞蹈发展论坛】

8月11日，由中国舞协、江苏省文联、中共徐州市委宣传部主办，中国文联舞蹈艺术中心、中国舞协少儿舞蹈委员会、江苏省舞协、徐州市文联承办，徐州市舞协协办的“2020年全国少儿舞蹈发展论坛”于在江苏徐州举办。此次论坛以“少儿舞蹈教育与创作问题的反思与前瞻”为主题展开，旨在深入分析当下少儿舞蹈教育与创作领域存在的主要问题，探讨少儿舞蹈教育与创作今后的发展走向。此次论坛会集了当下颇具影响力、权威性的资深舞蹈学者、创作者，全国各地一线的少儿舞蹈工作者代表也会积极参与其中。相信通过此次论坛，中国舞协作为主办方可以从多视角、全方位洞悉中国少儿舞蹈教育与创作存在的问题，能够从各方专家学者的建言献策中探寻出中国少儿舞蹈的未来走向，为少儿舞蹈艺术健康发展发挥“风向标”作用。

【2020中国舞蹈高峰论坛暨中国舞蹈“荷花奖”舞剧论坛】

9月26日，由中国舞协主办，中国舞协理论评论委员会、上海市舞协、上海国际舞蹈中心发展基金会、上海文广演艺（集团）有限公司承办的2020中国舞蹈高峰论坛暨中国舞蹈“荷花奖”舞剧论坛于上海歌舞团会议室举行。论坛以“面向与转向：中国舞剧创作观念、道路与问题探究”为主题，冯双白、罗斌、赵明、周由强、张萍、于平、陈飞华、许锐、周莉亚等学者、嘉宾与会专家学者们各抒己见，力求焦点关注与追根溯源得兼，破解当前舞剧发展中遇到的难题与困惑。其讨论内容涉及四类，即“局部与整体：舞剧叙事逻辑背后的体系化构建”“自我与他者：创作者与院团的角色定位”“问题与反思：中国舞剧发展面临的问题及世界意义”“面向与转向：寻找中国舞剧讲好中国故事的理论支撑点”。

【《新文艺组织评价体系建设调研报告》】

与中国文联理论研究室签订调研合作协议，作为课题委托合作单位，共同开展新文艺组织行业评价体系建设调研课题研究，自19年11月19日开始在广东广州举办街舞调研会，近半年时间内，采取问卷调查、实地走访、召开座谈会三相结合为主的调查方式，辅以查阅、整合网络及相关文献资料的数据，以街舞为观察样本，提交《新文艺组织评价体系建设调研报告》。

【中国舞蹈“荷花奖”古典舞研讨会】

10月16日上午，中国舞蹈“荷花奖”古典舞研讨会在洛阳召开。本次研讨会以“中国古典舞的过去、现在和未来”为命题而展开研讨，是对于中国古典舞之是什么、从哪里来、到哪里去的哲学发问，亦是作为古典舞的教学者、创作者、理论研究者都必须不断直面、回应和丰满思考与回答的原命题。研讨会由罗斌书记主持，张云峰、唐文娟、茅慧、韩谨、孔德辛、胡岩、高成明分别以《当下与古典舞者是否还能进行到底？》《浅谈中国古典舞教学体系的当代价值》《对中国古典舞创作的一点思考》《中国古典舞风范的时代命题之寻解》《中国古典舞的守正与创新》《中国古典舞发展的浮光掠影……》为题，各抒己见了自身对于命题的回应，从创作、教学、理论研究不同角度出发的各自站位与思考不仅丰富着本次研讨会的讨论维度，其思辨与探索思考亦将本次研讨会的研讨不断推向纵深。

【2020舞蹈高等教育学科建设论坛暨长三角舞蹈教育发展论坛】

10月31日，“2020舞蹈高等教育学科建设论坛暨长三角舞蹈教育发展论坛”在上海国际舞蹈中心召开，本次论坛由中国舞协、上海戏剧学院、上海国际舞蹈中心发展基金会主办。

来自中国艺术研究院、中国舞协、中国艺术职业教育学会、上海戏剧学院、北京舞蹈学院、中央民族大学、南京艺术学院、浙江音乐学院等二十余所专业科研机构及高校的专家学者和教师代表出席了本次论坛。

论坛围绕“回顾与总结”这一关键词展开讨论，旨在对“十三五”期间中国舞蹈高等教育学科建设的经验进行梳理，为夯实舞蹈学科建设的方式与路径，创建具有中国特色的舞蹈学科，助力中国舞蹈高等教育在“十四五”期间取得高质量发展献言献策。论坛分为一场主论坛和七场分论坛，分论坛分为中国古典舞、中国民族民间舞、芭蕾舞、舞蹈编导、国际标准舞、舞蹈音乐6个学科专场进行，重点突出学科共性问题的梳理与讨论以及学科建设视域下的专业内涵问题研讨，结合案例展示与分析、自由发言、主题讨论等方式具体展开。

【BDA舞蹈论坛(2020)】

11月1日至3日，由北京舞蹈学院和中国舞协联合举办的BDA舞蹈论坛(2020)通过线上、线下相结合的方式进行，围绕“舞蹈在构建人类命运共同体中发挥的作用”“疫情下的舞者身体表达”“舞蹈的未来和共同发展”“舞蹈教育的反思与前瞻”“舞蹈如何发挥治疗与康复功能”等十个议题，开设青年舞蹈艺术家、演艺制作人、中东欧舞蹈家、中职舞蹈教育、舞蹈编创、博士及研究生等18个分论坛进行深入探讨。

【“鸿雁高飞 精神永存——贾作光舞蹈艺术高峰论坛”】

11月10日，由中国舞协、内蒙古自治区党委宣传部、内蒙古自治区文联主办，中国舞协理论评论委员会、内蒙古舞协、内蒙古民族艺术剧院承办的“鸿雁高飞 精神永存——贾作光舞蹈艺术高峰论坛”于内蒙古自治区呼和浩特市举办。此次论坛由三项内容组成，

10日上午，举行了贾作光先生雕像揭幕仪式。

10日下午，“鸿雁高飞 精神永存——贾作光舞蹈艺术高峰论坛”在内蒙古饭店举行。论坛由中国舞协分党组书记、驻会副主席罗斌主持，内蒙古自治区文联党组书记冀晓青致辞，著名舞蹈艺术家、国家一级演员斯琴塔日哈，北京舞蹈学院教授潘志涛，内蒙古艺术研究所研究员王景志，中国舞协副主席、内蒙古舞协主席赵林平，中央民族大学教授马跃，中国艺术研究院舞蹈研究所研究员江东进行了主题发言。现场各地学者、专家齐聚，吸引了诸多舞蹈表演者及高校学生前来观摩学习。会议发言主要围绕以下几方面展开：一是回忆贾作光先生的往事；二是关注贾作光先生的创作；三是探讨贾作光先生对中国舞蹈的深远影响。

【2020中国舞蹈评论年度推优】

中国舞协共收到本年度在国家正式出版物上发表的文章报名参评125篇（自荐、组织推荐），“防疫抗疫”成为这一整年艺术实践绕不开的主题，当个体际遇与时代大事紧密关联，当情怀映照进现实，新媒体环境下舞蹈的生态整合、创作观念的更新、人才的更迭均构成了舞蹈评论或深或浅的肌理，从本次舞蹈评论入选文章便可初见端倪。经过初评、终评，12月30日，本次入选优秀文章名单如下（按作者姓氏笔画排序）：

《三见“深扎”》——王玫

《身在追问 心已飘香——从北京现代舞团〈问香〉看本土现代舞多元化的探索》——刘青飞

《传统即镜子，民间无定式——写在“深扎”5周年纪念演出后的思考》——刘晓真

《打造一张“网络圆桌”，探索舞蹈公共话语的意义空间——观“舞聚云端”舞蹈访谈节目有感》——乔燕冰

《虚空、缓慢与飘浮——记山海塾之〈缓缓飘落之中——帷幕〉》——张玉玲

对外及对港澳台文化交流

【2020年维也纳中国国标舞新年音乐舞会】

1月19日至23日，应奥地利中国友好协会邀请，以罗斌为团长的代表团一行2人赴奥地利参加由中国舞协、中国国际标准舞总会、奥地利中国友好协会在奥地利维也纳霍夫堡皇宫举办的“2020年维也纳中国国标舞新年音乐舞会”及相关交流活动。这是中国舞协第三次参与主办该项交流活动。

【《舞目》】

加强对外宣传材料的收集整理汇编，编辑出版双语刊物《舞目》，

旨在定期对当下国内优秀舞蹈作品、舞者、编导资料进行收集、梳理、集中、译介。

【参与“青少年舞蹈与影像”】

应联合国教科文组织合作机构国际舞蹈理事会（CID）和国际电影、电视和视听传播理事会（ICFT）邀请，向其主办的“青少年舞蹈与影像”项目推荐了3部舞蹈影像作品参与评选及展映。

党建工作

【政治机关意识教育】

罗斌同志为全体党员干部讲授专题党课，并采取组织党员干部集中学习研讨、赴中华家风馆开展“弘扬优良家风”主题党日活动等方式，引导协会同志牢固树立政治机关意识。着力推进各党支部标准化规范化建设，对照《中国文联党支部标准化规范化建设细则》《中国文联基层党组织建设质量提升三年行动计划（2019—2021年）》，对标“四强”党支部建设标准，认真查找支部建设中存在的短板弱项，列出未达标的事项和问题清单，逐项整改规范。

7月中旬，舞协党总支组织党员干部赴中华家风馆开展“弘扬优良家风”主题党日活动，10月中国舞协文艺志愿服务团在江西瑞金开展“铭记历史，不忘初心”党员主题活动。

11月，党总支召开专题学习研讨交流会，就进一步加强舞协干部队伍建设、全力做好第十一次舞代会进行研讨交流。

【巡视整改落实】

成立中国舞协巡视整改工作领导小组及办公室，制定巡视整改方案和工作台账，分门别类梳理出35项整改内容，共计134条整改措施，每月形成自查报告。截至目前，按期完成了31项整改内容（含长期整改内容17项）和129条整改措施（含长期整改措施67条），事项完成率和措施完成率分别为88.57%和96.27%。

【落实意识形态工作责任制】

结合工作实际，制定《中国舞协意识形态整改方案》《中国舞协意识形态工作应急处置预案》等6项工作制度，制定年度意识形态工作计划，并按照时间节点抓好落实。

【舆论阵地建设】

内容建设与平台建设同步推进，落实“三审三校”制度，加大网上舞协建设力度，有效提升中国舞协官方网站访问量，借助抖音、快手、央视频等短视频平台推广协会拳头项目，打造互动新模式。由中国舞协主管、主办的14个微信公众号全年发布信息1300余条。

【中国曲协、中国舞协、中国民协联合举办主题党日活动】

12月8日下午，突出“红色基因教育”特色，聚焦革命历史故事，中国曲协、中国舞协、中国民协联合举办主题党日活动，邀请福建省三明市和永安市联合宣讲团在文艺家之家四楼报告厅开展“风展红旗如画”红色三明故事宣讲和“魅力永安”故事宣讲。

在近两个小时的时间里，3个协会在京全体党员群众在宣讲员的娓娓道来中，在《三明：风展红旗如画的原中央苏区》《曾家一门三烈士》等故事的情节中，听到了历史源头初心跳动的声音，感受到了中国共产党员“虽千万人而吾往矣”的强韧精神和中国共产党不畏艰辛、砥砺前行的伟大力量。

机关建设

【会员管理】

修订完善《中国舞协会员工作条例》《中国舞协会员发展管理细则》等文件，主动吸收民间和个体舞蹈从业者，会员网络管理系统全面升级，调整《会员管理办法》，加快推进会员管理平台建设，继续对前期进行的中国舞协会员建档归案、摸底工作进行验收；加大对各省区市舞协等会员推荐机构、有推荐权的主席团成员等个人的规范引导；对失联人员的反馈信息进行核实和补充。逐步探索实施分级分层动态管理，在各团体会员单位建立联络点，建立会员群体常态化管理和各项活动有机结合的工作机制。全年新入会会员172人，会员总计9302人，中青年舞蹈从业者比例明显上升，会员数量逐年增长趋势相对稳定。

【加强舞蹈界职业道德建设和行风建设】

明确舞蹈界职业道德建设和行风建设的工作着眼点、切入点，进一步完善相关章程和履职办法，出台《关于应对舞蹈界违法失德事件工作预案》。

【文艺之乡】

对“文艺之乡”“文艺创作基地”的发展和管理继续加强，除了引导和协助已有“文艺之乡”“文艺创作基地”加强规划并更好地开展相关文艺活动外，新增“大理民族舞蹈艺术创作基地”并已完成授牌活动。

直属单位及专业委员会

【《舞蹈》】

全年审稿230万字，编辑出版文字量为每月10余万字，全年逾计88万字，会集中国舞蹈界学术专家力量，对中国舞蹈进行全景式的总览与分析。作为行业协会旗下的舞蹈专业期刊，通过策划舞蹈及相关艺术领域的重大选题与访谈，进行现象或现状分析，通过强调重大选题的文化影响力，寻找独特、立体和多面的视角，挖掘选题的文化内涵及学术深度。其中针对舞蹈创作、舞蹈批评、教育、赛事活动、学术研究等不同向度设计选题内容，从而对中国舞蹈进行全景式的总览与分析正是其行业责任和专业性的体现。如以“全民抗疫”为题展开对“停课不停学”现象的充分思考，以纪念“五四”青年节为节点探讨“新文化”与“新舞蹈”内在理性逻辑，以此发表了《停课不停学的挑战与机遇》《重返“五四”：“新文化”与“新舞蹈”》等现象类解析文章。

【中国舞协街舞委员会】

全国联盟及联盟单位共指导、组织大型赛事200余场，在指导赛事合法合规、规范赛事运营流程、保障嘉宾选手安全等方面，均做出了努力。委员会管辖之下的街舞赛事越发规范，积极正面的社会影响不断扩大，对整个街舞生态的良性发展具有重要的意义。其中WDG国际街舞大赛、DMC国际街舞大赛、炸舞阵线、BDS世界青少年街舞大赛等赛事已经成为全国甚至国际知名的街舞赛事品牌，吸引了海外各国街舞艺术家前来比赛交流，显著提高了中国流行文化的国际影响力。

【中小学舞蹈教育委员会】

自2月18日到8月26日开设“战‘疫’——美育中国·中舞联盟公益大讲堂”线上直播课，“公益大讲堂”在线上开播了11季共110堂舞蹈美育公开课，就舞蹈理论研究、教育教学以及编、创、演、导、训等方面举办讲座。为了使“公益大讲堂”更具专业指导性，在专委会的指导下，“公益大讲堂”又先后推出了“舞蹈编导互动课程”“舞蹈表演互动课程”各10堂。前者邀请陈维亚、曹尔瑞、李梅、赵士军4位舞蹈编导从儿童舞蹈编导的各个方面，分领域、分专题、分步骤、深层次地向一线舞蹈教师传授儿童舞蹈的创编实战技巧。后者则邀请刘福洋、骆文博、郝若琦、李德戈景、胡沈员、宋洁、曾明、赵磊、敖定雯9位优秀青年舞者先后主讲，他们在民族民间舞、古典舞、现代舞的表演、基训等方面，为众多一线舞蹈教育工作者带来了更具实操性的专业指导。

中国民间文艺家协会

综　述

2020年，中国民协贯彻落实中国文联党组的各项工作部署，学习贯彻习近平新时代中国特色社会主义思想和党的十九届五中全会精神，深刻领会习近平总书记重要指示批示精神，不断加强党的政治建设，压紧压实意识形态工作责任制，把握文艺工作规律和特点，适应疫情防控常态化新要求，创新性开展业务工作。中国民协在深化民间文艺体制改革、强化会员服务、深化评奖制度改革、组织民间文艺节会活动、会员培训、中青年民间艺术人才培养、民间文艺展览展示展演与学术交流、中国民间文艺山花奖评奖、“我们的节日”系列活动、“送欢乐、下基层”活动、民间文艺权益保护、传统村落保护与研究、民间文艺对外交流、加强新文艺群体管理、专业委员会建设、民间文艺之乡建设、文艺志愿服务、机关党建、下属单位管理，以及推进实施中国民间文学大系出版工程、中国民间工艺传承传播工程与《中国唐卡文化档案》《中国唐卡艺人口述史》《中国民间剪纸集成》等重大文化项目实施等方面做出积极努力并取得一系列丰硕成果。

会议与活动

【中国民间文学大系出版工程学术研讨系列活动】

1月11日至13日，大系出版工程“俗语卷”编纂工作会暨《俗语·山东卷》审稿会在山东青岛召开，涉及俗语卷编纂的各分卷编委会和省民协均派工作人员参会。3月20日，中国民协采取了视频连线的方式召开工作推进会，对2020年的工作进行了规划安排，就推进“两大工程”作了部署。5月11日，大系出版工程编纂出版工作委员会办公室2020年第一次会议在中国民协召开。本次会议调整了办公室各成员的职责分工，从推进数据库的资料征集和传播利用、社会宣传推广活动、媒体宣传、编纂出版进度四个方面部署了下一阶段重点工作。6月15日，《中国民间文学大系》天津卷编纂工作推进会在天津召开。中国民协分党组书记、驻会副主席邱运华与天津市文联和天津市民协领导、故事卷编委会主要成员进行了交流。6月4日，大系出版工程编纂出版工作委员会办公室2020年召开了第二次会议。邱运华传达了6月3日中宣部部际协调会会议精神，研究解决现阶段的突出问题：一是编纂出版过程的基本环节不能少，要抓重点、攻难点、加快进度；二是要充分重视地方民协的力量，做好各地民协的工作；三是关于省级民协和编委会的会议工作；四是关于社会宣传工作。9月21日，大系出版工程编纂出版工作委员会召开2020年第一次协调会，从队伍建设、工作程序、《大系》书库编纂、基础资料数据库建设、社会宣传推广系列活动、经费申报及使用等方面沟通了实施大系出版工程的整体情况以及大系出版工程的编辑出版工作情况。11月20日至21日，第二届“千年古县·干宝遗风”新时代中国民间文学学术研讨会、华东六省一市《中国民间文学大系》编纂工作座谈会陆续在浙江省嘉兴市海盐县召开。12月29日，中国民间文学大系编纂出版工作委员会工作会议暨中国民间工艺集成编辑出版工作会在北京举办。

【中国民间文学大系出版工程社会宣传推广活动】

8月26日至30日，中国北方民歌那达慕暨北方民歌生态保护与传习座谈会在内蒙古自治区呼伦贝尔市陈巴尔虎旗举办，有来自内蒙古、甘肃、青海、宁夏、陕西、山西、河北、河南、山东、黑龙江、吉林11个省区市66位民间歌手参加。此次活动以真实生产生活环境为展演场所，展现民间文化的真实表达。全程采取线上直播、云视频等多媒体传播手段，在央视“文明密码”的新媒体节目《文明印迹》快手直播平台播出，8月27日直播超40万人次观看，同时在线超4800人次。9月15日至17日，在浙江省宁波市象山县举办“渔你相逢——中国民协走进象山北纬30度最美海岸线”系列活动，其间召开“渔村故事与民间信仰”主题论坛。9月23日至28日、10月9日至14日，在甘肃省组织“‘河西宝卷’民间说唱田野调查”，既为大系出版工程“说唱卷”的编纂和数据库建设积累丰富的文本资料，也是新中国成立后首次对“河西宝卷”的传承现状、文化生态进行全方位、大规模调研。10月8日至11日，在黑龙江省齐齐哈尔市富裕县组织了传统“二人台”与民间“二人转”小戏研究与交流展演活动。

【会员思想政治培训】

2020年，中国民协针对新入会会员、“两新”人员组织举办了两期思想政治线上网络培训班，培训会员350人，录制完成视频课件30余节。培训工作得到了地方民协、广大会员的大力支持，各级会员广泛参与，积极互动，利用线上平台的学习资源，学习贯彻习近平新时代中国特色社会主义思想、马克思主义文艺观、社会主义核心价值观和文艺工作者职业道德观等内容。同时，思想政治培训结合中国民协会员处“会员日”及“会客厅”活动，开展网络直播和线上讨论，丰富了线上培训的参与方式，为增强民间文艺家们的政治意识和理论水平助力。

【“我们的节日”系列活动】

2020年，中国民协不断规范“我们的节日”活动管理，试行活动前申报审批、活动过程实施并及时宣传、加强活动效果绩效评估。制定《“我们的节日”活动反馈总结》模板，并要求承办方及时反馈活动相关信息。注重活动宣传推介，在抗疫、防疫期间，创新实施手段，利用网络直播、融媒体全面宣传报道、央视新媒体直播、举办线上活动等方式拓宽宣传渠道。其中联合网络信息处依托中国文艺网进行的“我们的节日”系列活动直播3次，在中国艺术报做5个专版，在中国民协微信公众号上发送了活动图文报道。

中国民协充分结合七大传统节日，在各地开展了一系列节日文化活动。

1月17日至2月11日，在河南省开封市朱仙镇举办“我们的节日——2020开封·朱仙镇年文化节”。

1月17日至2月8日，在四川省阆中市举办“我们的节日——2020落下闳春节文化博览会”活动。

3月29日，在河南省西平县举办庚子年嫘祖故里网络拜祖大典。

4月1日至10日，在河南省开封市举办“我们的节日——2020中国（开封）清明文化节”。

5月1日至6月15日，在河南省济源市举办2020中国（济源）愚公文化节。

6月25日至26日，在河南省鲁山县举办“我们的节日——2020中国（鲁山）端午节”文化活动。

8月25日，在江苏省高邮市三垛镇举办第九届“秦观故里话七夕”艺术节。

8月25日，在河南鲁山举办“我们的节日——中国（鲁山）七夕节”。

8月23日至25日，在江西新余举办“我们的节日——中国（新余）七夕民俗文化研讨暨展演活动”。

8月10日至14日，在青海省海南州举办“我们的节日——贵德六月会”调研采风活动。

9月22日至27日，在辽宁葫芦岛举办“我们的节日——丰收节2020中国（葫芦岛）葫芦文化节”。

10月21日至23日，在宁夏吴忠市盐池县举办“我们的节日——中国（宁夏盐池）重阳节暨我们的节日·传承与发展研讨会”系列活动。

10月23日至24日，在河南省鲁山县举办“中国墨子文化之乡——墨子诞辰2500周年系列民俗活动”。

10月25日，在陕西省平利县举办“我们的节日——中国（平利）重阳民俗文化艺术节”。

10月22日至24日，在河南省荥阳市举办“我们的节日——重阳与嫘祖文化多样表达的中国传统文化元素论坛”。

10月23日，在河南省上蔡县举办“我们的节日——2020中国·上蔡重阳节主题系列活动”。

11月6日至7日，在河南省鹿邑县举办话说老子民间故事研讨会。

11月6日，在广东省深圳市举办“2020深圳民间文化周暨深圳市第十四届客家文化节”。

11月26日至29日，在广西贺州举办“我们的节日——2020八桂民俗盛典· 瑶族盘王节暨瑶族

民俗文化传承与发展研讨会活动”。

【“最美小康路——中国西部民间工艺主题创作汇报展”系列活动】

10月28日至30日，由中国民协、陕西省文联主办“最美小康路——中国西部民间工艺主题创作汇报展”主题展览、“民艺+扶贫”“民艺+产业”西部论坛、第十五届中国民间文艺山花奖·优秀民间工艺美术作品初评活动在陕西西安举办。此次活动旨在深入贯彻落实习近平总书记重要指示精神，深度融入共建“一带一路”大格局，立足文艺助推扶贫，讴歌小康路上所取得的辉煌成就，展示西部12省民间文艺的最新发展成果。本次展览共收到 12 省自治区直辖市和新疆生产建设兵团民协推荐作品278 件。本次活动在央视新闻客户端做了现场直播，这是中国民协首次在央视完成的新媒体直播，在线观看人数近两万。活动新闻还在央视新闻直播间播报，陕西文艺无线陕西等新媒体也同时进行了直播宣传。

【来自剪纸界的爱和信心——中国民协抗疫主题剪纸作品特展】

2020年，中国民协主办了两期“来自剪纸界的爱和信心——中国民协抗疫主题剪纸作品特展”，从全国1000多幅来稿中评选出301幅在中国民协微信公众号展示。中国民协剪纸研究中心发起的以抗疫防疫为主题的剪纸艺术作品网络展，用老百姓喜爱的民间艺术形式，表现抗疫防疫一线白衣天使的英雄壮举，表达全国人民对抗疫防疫的关切和决心，得到全国民间文艺家的热烈响应。

【大美民间——中国民协七十华诞展览】

为庆祝中国民协成立70周年，深刻反映党领导广大民间文艺工作者在传承、保护、弘扬中华优秀传统文化方面的奋斗实践，中国民协于12月8日至12日在中国文联文艺家之家展厅举办“大美民间——中国民协七十华诞展览”。展览以图文资料、实物展品全面回顾总结了中国民协走过的70年发展历程。同时编撰出版《中国民协七十学术史》《中国民协七十年发展史》两部重大文献学术著作。

【专业培训】

10月26日至30日，中国民歌表演艺术中青年人才高级研修班在重庆市长寿区举办。来自全国17个省市自治区5个民族的50余名民歌表演者、创作者和研究者，参加本次活动。11月29日至12月5日，在陕西省西安举行“中国内画技艺中青年人才高级研修班”，55位内画领域的工艺家、传承人参加。在疫情防控常态化情况下，“漆彩神韵”中国漆艺网络培训专题班录制制作线上培训授课影像。

【送欢乐、下基层】

1月3日至4日，中国民协文艺志愿服务小分队走进安徽省安庆市望江县，以文艺演出和专家讲座的形式，开展了“我们的中国梦”——文化进万家文艺志愿服务活动。1月9日至10日，赴江苏省镇江市丹徒区，开展“我们的中国梦”文化进万家、文化科技卫生“三下乡”走进江苏镇江丹徒区慰问活动。1月9日，“文化进万家——2020年新春百部电影进乡村助力脱贫攻坚主题放映启动仪式”活动在福建福鼎市磻溪镇赤溪村举行。9月23日，在“中国农民丰收节”期间，中国文联、中国民协文艺志愿服务团在四川宣汉县文旅扶贫示范区巴山大峡谷举办“送欢乐、下基层”慰问演出暨“中国巴文化之乡”授牌仪式。12月12日到14日，走进内蒙古自治区巴彦淖尔市乌拉特中旗进行慰问演出。

艺术节与评奖

【山花奖系列评奖活动】

1月10日至2月8日在广东省梅州市举办“我们的节日——2020中国花灯文化节暨第十五届中国民间文艺山花奖·优秀民间工艺美术类（花灯）初评活动”。9月28日至30日在江苏省徐州市开展“第十五届山花奖·优秀民间工艺美术作品初评活动”。10月28日至11月1日在陕西省西安市开展“第十五届山花奖·优秀民间工艺美术作品初评活动”。11月23日至26日在广东省中山市小榄镇举办“第十五届中国民间文艺山花奖·优秀民间艺术表演作品（民间广场歌舞、民歌）初评活动”。

【第十二届中国民间艺术节】

1月14日，“2020中国（兴宁）花灯文化节”在广东省兴宁市隆重举行，邀请来自全国的43支民间花灯代表队参展。9月20日，以“激情冬奥剪彩冰雪”为主题的第八届中国（蔚县）剪纸艺术节启动。活动包括“激情冬奥 剪彩冰雪”优秀剪纸艺术作品征集、评选和推优发布，“剪纸盼奥运”走访活动，“剪纸迎奥运”体验活动和“剪纸看奥运”等。11月22日至12月13日，第十二届中国民间艺术节在广东省中山市举办，活动包括开幕式，中国民间广场歌舞、民歌展演暨第十五届中国民间文艺山花奖·优秀民间艺术表演作品初评活动，“城市化背景下的民俗文化传承”论坛，民间表演进社区等内容。来自24个省市自治区的34支民间文艺表演队伍、全国各地的知名专家学者和民间文艺工作者会聚中山市小榄镇，为当地群众送上了一场场视听盛宴，也为当地的民间文艺事业发展建言献策。同期举办的小榄菊花会与艺术节相得益彰，共同营造了盛大隆重、和谐浪漫的节日氛围。

本届艺术节总体受众人数约828100人，其中“民间艺术展演下基层”5场惠民演出观众约11800人。来自24个省市自治区的演员约1700人（其中各地演员约800人，下基层演出中山演员约900人），演出场次8场，涵盖藏族、蒙古族、回族、苗族、瑶族、哈萨克族、土家族、黎族、畲族、达斡尔族等17个少数民族，民族风情浓郁，地域特色鲜明。

在宣传推广方面，本届艺术节在传统的电视媒体、纸媒宣传的同时采用网络直播、融媒体传播等互联网+宣传模式，全面扩大了活动的影响力。依托抖音直播间、央视频直播间、南方+直播间、中山日报直播间、风直播等平台完成的直播，观看人数达810000人。本届艺术节相关新闻在央视《晚间新闻》《新闻直播间》栏目播出，在“学习强国”学习平台做3条推广，在《中国艺术报》《南方日报》《广州日报》、中国新闻网、文旅中国、国际在线等纸媒和网媒上发布消息和评论文章，并在《中国艺术报》做了专版，由中国民协微信公众号连续10天发布推送。

【民间艺术交流平台及博览会】

5月，“阳光路上——浦东曹路杯”故事征文讲演系列活动在上海市举办。6月在江苏省南京市举办“大美民间 小康颂歌——第二届中国（南京）农民画优秀作品双年展”。8月11日至12日在青海省海南州共和县举办首届中国五省藏区“勒雪”电视展演活动。8月18日至30日在深圳市南山区举办“改革创新再出发——庆祝深圳经济特区建立40周年优秀剪纸作品展”，中国民协担任指导单位。9月20日，第二届中国（沈阳）旗袍文化节在辽宁省沈阳市举办。11月6日在广东省深圳市举办“2020深圳民间文化周暨深圳市第十四届客家文化节”。

9月29日，第七届中国·徐州文化博览会暨中国·徐州民间工艺博览会在徐州国际会展中心举办。以“国潮汉风起，盛世文博汇”为主题，共设“汉源徐州”主题展区、第十五届“山花奖”初评作品展区、“汉博杯”工艺美术创意设计大赛展区、非遗传承与创新展区、徐州籍玉雕大师返乡展区、淮海文博园组团展区、工艺美术综合展区、休闲互动体验区8个展区，吸引了众多国家级、省级工艺美术大师以及民间艺人、青年创客前来参展。11 月 7 日，“唱响黄河文化 讲好老子故事——全国老子民间故事研讨会”在河南省周口市鹿邑县老子学院举行。

【中国民间文艺之乡调查认定与命名工作】

2020年，重新修订了《中国民间文艺之乡和中国民间文艺研究传承基地（中心）管理条例》，使之更符合中央有关文件及八项规定等要求。先后于6月和9月两次对全国各省市自治区和新疆生产建设兵团所管辖的“中国民间文艺之乡”及其“中国民间文艺研究（传承）基地（中心）”分别进行了摸清底数、规范管理工作。2020年，实地考察、认定、命名的各类民间文艺之乡15个。

创作与研究

【中国民间文学大系出版工程】

2020年，共部署了197卷编纂任务。具体为：河北16卷（其中谜语与京津合编1卷）、河南17卷、宁夏2卷、西藏1卷、黑龙江9卷、辽宁9卷、新疆生产建设兵团4卷、四川7卷、山东9卷、山西6卷、湖南7卷、吉林2卷、内蒙古8卷、中国文联出版社（理论卷）2卷、青海5卷（其中神话与西藏合1卷）、云南9卷、福建5卷、海南2卷、重庆3卷、广东3卷、江苏6卷、新疆14卷、湖北8卷、陕西15卷、安徽1卷、江西3卷、上海1卷、贵州2卷、广西7卷、天津1卷、浙江3卷、甘肃6卷（其中神话与宁夏合1卷）、北京4卷。

【中国民间工艺传承传播工程】

3月20日，《大系》《集成》编纂工作视频推进会召开。12月29日，中国民间文学大系编纂出版工作委员会工作会议暨中国民间工艺集成编辑出版工作会在北京举办。首批示范卷《山东卷》《广东卷》《江苏卷》《福建卷》《湖南卷》《四川卷》《河南卷》已完成初稿，并顺利通过专家组一审进入修改、调整阶段，力争2021年出版。

【中国民间文学大系基础数据库建设】

对二期数据库资料进行文字识别并完成扫尾工作，开始三期数据库建设，研究建立数据库应用平台。5月、6月，大系出版工程领导小组办公室先后印发《关于采录民间宝卷、皮影剧本文本资料数据的通知》《关于启动民间皮影剧本资料数据化工作的通知》《关于采录〈大系〉急需文本资料数据的通知》《关于大系出版工程基础资料数据库数据资料使用情况的说明》。根据上述通知，已收到部分文本资料作为第三期数据库内容。

【中国传统村落保护与发展高峰论坛】

11月9日至12日，中国（四川甘孜乡城）传统村落保护与发展高峰论坛在四川省甘孜藏族自治州乡城县举行。本次论坛探讨了新形势下传统村落保护与发展的新课题、新方法，探索文旅融合、乡村振兴的新途径。论坛组织与会专家和代表实地调研乡城县在传统村落保护领域的探索和经验，围绕建立健全传统村落保护的科学体系、保护和培养传统村落非遗传承人等专题进行深入交流。12月15日至17日，传统村落保护与发展论坛在江西省婺源县举行。论坛以“以文促旅、以旅兴文、文旅融合、乡村振兴”为主题，深入探讨新形势下传统村落保护与发展新课题、新方法，探索文旅融合、乡村振兴新途径。

【《中国唐卡文化档案》项目】

8月上旬，中国唐卡文化档案项目组在青海省贵德县举办“2020年《中国唐卡文化档案》项目工作推进会”。会上讨论了该书系在编撰过程中的问题。8月中下旬，对甘肃河西地区的唐卡文化图像传承、保护、发展情况进行了实地调研。11月，出版《中国唐卡文化档案·甘南卷》。

【《中国唐卡艺人口述史》项目】

2020年，《热贡唐卡传承人更登达吉口述史》已完成审稿提交出版社。《玉树唐卡传承人口述史》完成一审。《艾措堆康萨家族唐卡传承人口述史》提交已经完成三审。《热贡唐卡艺人口述史》已完成三审。《甘孜唐卡传承人口述史》进行专家二次审读。积极推进《昌都嘎玛嘎赤画派传承人口述史》《勉冲平康家族唐卡传人口述史》《甘南唐卡艺人口述史》《西藏丹巴绕旦唐卡绘画世家传承口述史》《四川阿坝州嘉绒地区唐卡画僧传承口述史》《西藏勉萨画派传承人罗布斯达口述史》六个卷本文本资料的补充撰写。

【《中国民间剪纸集成》项目】

按计划推进《阿坝藏羌卷》《胶东卷》《辽宁阜蒙卷》《鄂州卷》《山西戏曲剪纸卷》《包头卷》《扬州卷》《潮汕卷》《佛山卷》编纂工作。《关中卷》正式出版。

【青年创作扶持项目】

2020年，“《画说党史　百年辉煌》建党100周年木版新年画”于年底完成结项；由中国文学艺术基金会资助的青年文艺创作扶持项目成果《非物质文化遗产亲历者口述史——刘锡诚口述史》出版。

【《中芬三江民间文学联合考察文献汇编》出版】

12月25日，中国民协在京召开了《中芬三江民间文学联合考察文献汇编》暨“民间文艺田野调查的历史与方法”研讨会。1986年，在联合国教科文组织的支持下，中国民间文学研究会（中国民协前身）与芬兰民间文艺界在广西三江地区联合开展了为期一个月的民间文艺考察，这是新中国成立以来规模最大的一次中外民间文化交流活动，也是中国第一次与外国联合举办民间文艺考察活动。此次考察取得的丰硕成果，包括大量一手田野考察资料和论文，因各种原因一直未能面世。2020年，在多方努力下，《中芬三江民间文学联合考察文献汇编》作为中国民协成立70周年献礼书目，在时隔34年后得以出版。

机关建设

【机关党建工作】

中国民协分党组认真研究制定了《中国民协落实党建工作责任制实施措施》，把党建工作落到实处，指出内容要实，形式要实，结合实际要实，明确党建工作第一责任人是分党组书记，协会党建工作是全体干部的职责，运用党建成果指导业务工作，强调民协全部工作的政治性，强调意识形态工作领导权，增强文化自觉和文化自信，落实到重大工程、重点项目和常规工作中，作为指导思想不动摇。2月修订了《中国民协全面推进党支部标准化规范化建设实施意见》《中国民协分党组理论学习中心组学习制度》《中国民协学习制度》《中国民协机关支部、艺术中心支部组织生活制度》《中国民协机关支部、艺术中心支部学习制度》。中心组集中学习了习近平总书记对新型冠状病毒感染肺炎防控工作作出的重要指示精神、在“不忘初心、牢记使命”主题教育总结大会上的讲话，重温了习近平总书记在文艺工作座谈会上的讲话精神、习近平总书记对群团改革工作作出的重要指示、在中央政治局第二十一次集体学习时的重要讲话，以及关于深入学习党史、新中国史、改革开放史、社会主义发展史的重要指示精神、在中央和国家机关党的建设工作会议上的重要讲话精神等多次重要讲话，并组织研讨活动，畅谈学习体会。

分党组理论学习中心组全年召开学习研讨会15次、中国民协两个在职党支部全年召开9次会议、中国民协两个党小组全年召开12次学习会、中国民协青年理论小组全年召开12次学习会。三次修订补充了《分党组理论学习中心组专题研讨计划》，及时跟进学习习总书记重要讲话精神和中央重要文件，分党组理论学习中心组带头学，各处室、各党支部严格按照分党组制定的规划开展学习研讨，建立学习台账考勤等，出勤率达到了94%。每次学习每个成员都撰写了学习心得，并将学习心得张贴在学习园地中。按照中国文联党组安排，建立干部轮流培训制度，积极参加各类专题培训班。2020年组织相关干部参加了中国文联人事业务网络专题班、中国文联干部职工增强“四力”网络专题班、学习贯彻党的十九届四中全会精神网络专题培训班、中国文联纪检干部网络培训班。

【意识形态工作】

中国民协严格贯彻落实习近平总书记和党中央关于意识形态工作的重大决策部署，切实提高政治站位，增强抓好意识形态工作的思想自觉和行动自觉。积极进行自查整改，着力解决民协分党组落实意识形态工作责任制方面存在的突出问题，严格执行《关于进一步加强对论坛、讲坛、讲座、年会、报告会、研讨会等阵地管理的实施办法》《中国民协新媒体管理办法》《中国民协新闻宣传工作管理办法》《中国民协意识形态工作应急预案》等制度文件，切实把意识形态工作的要求贯穿到协会的工作始终。压紧压实意识形态工作主体责任和监督责任，牢牢把握民协意识形态工作领导权主导权，不断巩固马克思主义在文艺领域的指导地位，巩固民间文艺界团结奋斗的共同思想基础，扎实推进协会意识形态工作责任制的落实。评奖办节是协会管理的一个重要工作，也是意识形态和各方面利益角逐的战场。针对中国民间文艺山花奖评奖、“我们的节日”系列活动、中国民协主办和指导的其他大型活动，严格遵守中国文联和中国民协的相关制度，从制度上保证评奖办节有章可循，有据可依，并不断规范工作流程。在活动的审批程序上，坚持一事一报，严把批复关。加强活动举办期间的组织领导，对活动的政治导向、组织工作、价值观念和新闻宣传等严格把关，确保后续监管到位。针对评奖办节工作中仍然存在的一些风险点，加强管理，细化措施，强化引导，从根本上堵塞漏洞，使评奖办节办出水平，办出高度，办出广泛影响力。

【深化评奖制度改革】

为发挥评奖办展办节引领示范作用，制定《中国民间文艺山花奖评审委员会评委纪律》《中国民间文艺山花奖评奖规范操作流程》《中国民间文艺山花奖专家评委库管理办法》《中国民间文艺山花奖参评人（单位）承诺书》《中国民间文艺山花奖工作人员责任书》，完善了中国民间文艺山花奖各子项评奖细则，《中国民间文艺山花奖评奖章程》《中国民间文艺山花奖评审委员会共同声明》，上报《关于启动第十五届中国民间文艺山花奖评奖活动的请示》《第十五届中国民间文艺山花奖组织机构名单》《中国民协2020年山花奖评奖工作安排及经费预算》。依据《中国文联全国性文艺评奖工作标准化流程图》，制定山花奖的标准化工作流程并严格执行。主要措

施包括召开评审工作预备会，组织评委结合参评作品状况进行充分研讨，发挥好分党组主要负责同志、评委会主任和协会主席团的主导作用，明确导向，统一思想，规范细化评奖标准和模式。充实完善评委库，着力推进评委库数据化，落实评委抽选制，组织好评奖组委会、评委会、监委会等机构，完善相关工作举措和办法，各司其职，相互配合，加强监督，形成推动评奖工作的整体合力，并探索建立常态化成果转化机制。

【做好会员基础情况统计和入会工作】

重新整理了会员的电子档案，完成了会员库基础数据统计，实现了会员底数清（至12月底，会员总计13000人）。严格执行入会标准，2020年全年吸收966名民间文艺工作者加入协会，为协会注入新鲜血液。

【创新开展民协会客厅工作】

为进一步宣传中国民间文艺工作，加强与会员联系，逐步建立多元化培训平台而开展的一项创新工作，协会创新开展民协会客厅活动。建立由协会领导、地方文联、知名专家学者、民间文艺家等多方代表参与的互动空间，通过多元化的直播平台以及地方的参与，拓展了协会联络服务会员的渠道，并借此扩大中国民间文艺在社会上的影响力。协会先后在中国民协驻地、黑龙江省哈尔滨市，围绕“协会成立七十周年”和“地域传统文化传承与发展”主题，举办了两次中国民协会客厅活动，邀请两位协会领导、1名地方文联领导、7名专家学者、1位民间艺术传承人参加了会客厅，并借助中国艺术报、中国民协公众号、抖音等平台进行了线上直播，广泛宣传中国民间文艺事业发展和各级民协的工作，参与收看人数达万人以上，活动互动话题留言达到3000条。

【开展法治宣传，维护民间文艺工作者合法权益】

在4月26日“世界知识产权日”到来之际，编撰《世界知识产权日》宣传专刊。从版权的价值层次到民间文学、民间工艺领域典型的权益保护案例分析，到网络大数据时代的非遗艺术品电子交易中涉及的知识产权问题等，以点带面、由表及里，通过学术论文、以案说法等形式开展在线宣传。完成《民间文艺权益保护知识手册之法律法规文件选编》的编辑、校对工作。手册收录民间文艺权益保护领域最新出台的相关法律，行政法规及法规性文件，行政规章及规范性、政策性文件，司法解释，重要国际公约等合计110篇，60余万字。

【网络信息化建设】

在严格把控政治导向的前提下，努力拓宽协会网络工作平台，借助协会官方网站、微信公众号平台、“今日头条”“腾讯视频”“抖音”等官方账号进行民间文艺宣传报道，推进实践“互联网+民间文艺”。自疫情暴发以来，积极策划组织全国各省市自治区民协，围绕抗击新冠病毒主题创作活动，用丰富多彩民间文艺形式，讲好中国新故事、好故事、美故事，弘扬中华民族坚忍不拔的精神，传达新时代社会主义核心价值观。2月初，由中国文联发起的致敬战斗在抗疫一线医护人员的“我想对你说”短视频活动。中国民协邀请了主席团成员、民间文艺家、民间文艺工作者等19位人士参与此次活动，总点击量20万人次。在5月23日第七个中国文艺志愿者服务日期间，向各地民协、各专业委员会征集围绕“脱贫攻坚”“抗击疫情”的有关文艺作品、辅导培训、展览展示、文艺支教、网络互动等视频内容。根据疫情防控要求和规定，积极开展“文艺进万家 健康你我他”文艺志愿服务主题线上活动，利用微信平台，开展了为期一周的“文艺志愿服务主题活动网络展播”活动。

直属单位

【《民间文学》杂志】

自2019年10月开始，《民间文学》杂志社内部试行“六审三校制度执行细则”，全流程加强意识形态审核工作，持续深化对稿件内容的导向、质量和社会效益的综合评价。强化对杂志社编辑队伍的思想理论知识培训，建立日常学习制度，并积极推进编辑人员学习培训、考取相关职业证书的工作，切实提升编辑队伍的业务水平。完成整改落实工作并形成相关报告。完成“三审三校”相关检查整改落实工作并形成相关报告。完成全年出版工作任务落实工作并形成相关报告。在疫情防控常态化下，举办的活动有：2020中国故事节·抗疫故事会，生动展现抗击新冠肺炎疫情的中国行动，讲述中国人民抗击疫情的感人故事。自7月在广东省深圳市启动以来，组委会共征得故事作品1023篇，经初审、复审、终审三轮审读，推荐出第一批“中国好故事”2篇，第二批“中国好故事”5篇，第三批“中国好故事”8篇。成功举办了中国民间笑话村线上专家评审论证会。7月24日，中国民协故事委员会成功举办中国民间笑话村线上专家评审论证会，会议首次采用“1+1”的线上评审方式，设立北京主会场和邯郸分会场，其他人员由分散在各个地区的40余个会议点分别上线参会。

【《民间文化论坛》《民艺》杂志】

严格落实意识形态管理和深改措施，按照期刊计划，有序完成了全年出刊任务。

中国摄影家协会

综　述

2020年是全面建成小康社会和“十三五”规划的收官之年，也是脱贫攻坚决战决胜之年。同时，突如其来的新冠肺炎疫情，让这一年全社会方方面面的工作生活都与以往呈现出很大的差别。毋庸讳言，疫情和随疫情带来的大规模隔离停摆，给摄影世界正常的运行带来了严重冲击，也催生了摄一些新的特色。在这样特殊的一年里，中国摄协团结引领广大摄影工作者围绕中心、服务大局，繁荣创作、服务人民，守正创新、锐意进取，为繁荣发展社会主义摄影事业作出了新努力新贡献。

抗击疫情

2020年初，突如其来的新冠肺炎疫情，席卷中国大江南北，牵动着亿万国人的心。在这场疫情防控阻击战中，在中国摄协的团结引领之下，广大摄影人勇于奉献，做出了属于自己的一份贡献。

1月26日，中国摄协面向摄影界发出《为打赢疫情防控阻击战贡献摄影人的力量》的倡议书。2月14日，中国摄协推出《来自“疫”线的摄影纪实》摄影展览，这是国内最早推出的以抗击疫情为主题的摄影展览之一，20余幅作品讲述抗击疫情的先进事迹和感人故事，鼓舞广大人民群众抗击疫情的信心

2月20日，中国摄协派出赴湖北抗疫摄影小分队，逆行武汉，执行“为天使造像”任务。在短短66天时间里，小分队完成了为全国驰援湖北的4.2万余名医疗队员拍摄肖像的任务，成就了一项中国摄影史上首创、世界摄影史上罕见的大型肖像摄影工程，为中国战“疫”留下宝贵影像档案，不仅彰显了影像力量，更体现了摄影人的责任和担当。小分队的工作，受到中共中央政治局委员、国务院副总理、中央指导组组长孙春兰，中宣部新闻局、国家卫健委宣传司领导的高度肯定。

围绕小分队的报道，中国摄协媒体累计发稿1000余篇，阅读量达上千万。4月18日，以小分队工作为主题，由中央赴湖北指导组宣传组指导策划、湖北广播电视台纪录片部摄制出品的纪录片《见证》在湖北卫视频道面向全国首播，并通过全网推送，得到全国观众的热烈反响。这部纪录片以小分队日常拍摄工作为主线，透过摄影师的镜头定格白衣执甲、逆行出征的医护人员，以独特视角解读了抗击疫情的武汉保卫战、湖北保卫战。中宣部授予中国摄协赴湖北抗击疫情小分队为“全国宣传文化系统抗击新冠肺炎疫情先进集体”，中国摄协授予湖北省摄协、河南省摄协为“抗击新冠肺炎疫情先进团体会员单位”；授予127名同志为“抗击新冠肺炎疫情先进摄影工作者”。

与之相呼应，全国各地也开展了一系列以抗击疫情为主题的摄影创作和展示的实践。4月初，厦门举办“抗疫行”线上专题影展。4月17日，“疫情下的城市和人们”公益影展在成都开展，主办方通过摄影展，让社会各界人士看到抗疫、防疫期间的真实与细微，并鼓舞人们重拾信心与希望。4月26日，“窗口2020——疫情时期图像档案展”在清华艺博三层展厅开幕，展览面向公众征集了5000余件抗疫、防疫期间拍摄的各种与“窗口”有关的影像，得到了社会各界人士的热烈反响。4月30日，《百名摄影师聚焦COVID—19》画册于正式线上首发，旨在讲好中国抗疫故事，展示全国人民万众一心、共克时艰的精神风貌。5月8日，“战‘疫’2020——浙江抗击新冠肺炎影像展开幕式暨图书首发式”在杭州举行。展出了300多幅记录浙江人民抗击新冠肺炎的纪实图片以及一些视频作品。5月12日，安徽蚌埠举办“抗疫英雄回家”摄影展，记录援鄂医疗队

凯旋的难忘时刻。6月10日，快门无声系列公益活动“无声记·疫——新冠疫情线上摄影展”开展。7月5日，“为英雄塑像 为时代明德——肺腑之言·抗疫影像志公益摄影作品展”在安徽众藏文化艺术馆开幕。展出公益摄影家程序在近半年时间里在多个城市抗击疫情一线拍摄的99幅摄影佳作。10月10日，《面对——钱捍抗疫生活影像日记》收藏展在泰山体育博物馆举行开幕式。展出的100幅照片被泰山体育博物馆永久收藏，成为该馆“拒绝遗忘、防疫不懈、全民健身、健康中国”的新内容。10月15日，“人民至上 生命至上”抗击新冠肺炎疫情专题展览开幕式在湖北武汉举行。中共中央政治局委员、中宣部部长黄坤明出席开幕式并致辞。展览回顾抗疫斗争伟大实践，弘扬伟大抗疫精神，激发团结奋进力量。

主题摄影活动

2020年，围绕国家中心工作，中国摄协和各级摄影组织，开展了一系列有特色有水平的主题摄影活动，在社会各界引起了良好反响。

2020年是脱贫攻坚决胜之年。9月5日，《我们过上了好日子——精准扶贫在阜平主题摄影展》在革命老区阜平县开幕。本次展览是河北省摄影家协会组织实施的《精准扶贫在阜平》大型纪实摄影项目的成果展现，展览共展出30个摄影专题，638幅图片。9月17日，字节跳动公益“感光计划”联合《大众摄影》招募千名公益创作者——“寻找追光人”。活动将招募1000名抖音、今日头条公益创作者，用图片/视频讲述公益故事，助力募集善款，帮助困境家庭。9月21日至25日，“见证·前行——广西环江毛南族实现整族脱贫摄影展”在中国文艺家之家展览馆举行。本次展览由“奔小康”“谋幸福”“致富路”“换新颜”“峦到奈（毛南语中指‘打卡’的地方）”5部分组成。10月17日，“女摄影人眼中的脱贫故事”摄影展“听她的故事”分享会在中国妇女儿童博物馆举办。活动邀请展览图片中的主人公和女摄影人代表亲临展览现场，分享脱贫攻坚的感人瞬间和自己的扶贫故事。10月17日，“2020影像见证脱贫攻坚主题公益摄影展”在北京市玉渊潭公园展出。展览以影像形式真实记录了贵州省“脱贫攻坚”这一伟大历史事件，用影像展示贵州人民“打赢脱贫攻坚战”的时代华章。12月6日，“大决战——河南省脱贫攻坚优秀摄影作品展”在河南省美术馆开幕。展览以河南省脱贫攻坚重大专项工作为核心，融合文字、图片、音频、视频等多媒体传播方式，全方位、多角度呈现河南省在决战、决胜脱贫攻坚过程中涌现出的先进人物、典型故事以及全省取得的辉煌成就。

深入基层、扎根人民和文艺志愿活动也是2020年摄影活动的亮点。中国摄协继续深入开展“深入生活、扎根人民”主题摄影采风创作活动。组织摄影家分别奔赴西藏和四川、云南、甘肃、青海等地开展“深入生活、扎根人民”采风创作活动。结合采风成果和征集作品，举办“晴朗的天空”——青藏高原各族人民的新生活主题摄影展览，以纪实切入，艺术表达的呈现方式，从四个部分形象化地展现了青藏高原各族人民的新生活，展现西藏和四川、云南、甘肃、青海决胜全面小康、决战脱贫攻坚取得的历史性成就。组织摄影家赴新疆开展采风创作活动。同时，扎实开展文艺志愿服务活动。2020年“我们的中国梦”——文化进万家活动启动以来，中国文联、中国摄协文艺志愿服务小分队分别于1月3日至6日，1月10日至13日，1月16日至19日赶赴甘肃秦安、麦积山，河南淅川，宁夏海原、彭阳开展慰问活动。开展了公益展览、公益讲座、点赞光荣、拍摄全家福、结对子采风创作、赠送摄影作品集等一系列丰富多彩的摄影志愿服务活动。

重要节展

虽然受到疫情的影响，2020年仍然有大量摄影专业活动如期举办，在繁荣摄影创作的同时，也为广大人民群众提供了一道道丰富的视觉大餐。

中国摄影金像奖、中国摄影艺术节是2020年中国摄影界的另一大焦点事件。2020年完成的第十三届中国摄影金像奖评选，首次实行手机全程上交，是金像奖创办31年以来评选纪律最为严格的一届。评选严把导向关、价值关、专业关，坚持公平公正。12月20日，第十三届中国摄影艺术

节在河南三门峡开幕，第十三届中国摄影金像奖同期隆重揭晓。开幕式上，备受摄影界关注的第十三届中国摄影金像奖隆重揭晓并颁出了纪实类、艺术类、商业类三大类别奖项，并向魏德忠、佟树珩两位德高望重的摄影家颁发了“中国文联终身成就摄影家”荣誉证书和奖杯。本届艺术节以“战疫脱贫润初心 培根铸魂谱金像”为主题，举办了多种形式、不同规模的影展，包括主题展、致敬展、品牌展、专题展、特色展等，共计1100多位摄影家的4000多幅作品与大家见面。本届金像奖获奖者作品展作为艺术节的品牌展亮相。此外，还举办了“金像直播间”“金像面对面”等学术交流活动。

此外，仍有一些重要的艺术节展活动克服疫情种种压力，如期举行。

9月19日，2020第20届平遥国际摄影大展在山西平遥举行开展仪式。本届大展围绕“美好生活·守望相助”的主题，设置展览、交易、评选三大板块，吸引了俄罗斯、德国等17个国家和国内27个省市自治区以及75所摄影院校的2400多名摄影师踊跃报名参展，共展出1万多幅作品。

9月21日，第二届吴印咸摄影艺术双年展暨纪念吴印咸诞辰120周年活动在江苏沭阳开幕，本届双年展以“时代·记忆 初心·奋斗”为主题，“纪念吴印咸120周年摄影展”“晋察冀边区影像原作展”“为新中国而战”“1960s'沭阳记忆”“第27届全国摄影艺术展览精选展”“百名摄影家看沭阳摄影展”等六大主题展览，让参观者在影像中感受革命历史。

9月27日，“北京国际摄影周2020”在中华世纪坛正式拉开帷幕，确立“影像：穿越现实”的主题，以“抗疫·脱贫”“一带一路”为主，围绕抗疫合力、脱贫攻坚、乡村振兴、城市推介、文化交流与文明互鉴等方面，打造面向人民大众与专业摄影人的摄影文化平台。

11月27日，2020集美·阿尔勒国际摄影季福建厦门开幕。本届集美·阿尔勒将会展出26场展览，八大展览单元，包括来自法国、比利时、新加坡、立陶宛、美国、日本，以及中国大陆等地共87位艺术家的作品。

11月29日，“世界的开平”——摄影旅游自媒体峰会暨第二届沙飞摄影周在开平市拉开帷幕。本次活动分为三大板块、三大展区、七大展览，共展出了千余幅摄影作品。

2020年，中国摄协各团体会员也没有停下忙碌的脚步，多个团体会员举办自己的届别展，推出优秀人才和优秀作品。由于疫情的影响，这些展览都被压缩在2020年最后几个月举办，在年底形成了绚烂的风景。

8月15日，四川省第17届摄影艺术展在四川美术馆开展。此次展出的199幅作品，涉及抗击疫情、脱贫攻坚、援藏援彝、长江禁渔等题材，展现了作者用镜头表达个人的时代体悟，用脚步丈量广阔热土，以影像记录壮丽的时代画卷。

9月29日，第十三届中国西南六省区市摄影联展暨安顺首届社区艺术周举办。联展以“同心共筑 幸福家园”为主题，展出120幅反映西南各地脱贫攻坚的生动场景和感人故事的摄影作品，以及千余幅安顺摄影人的作品。

11月中旬，浙江省第十八届摄影艺术展暨2020浙江省摄影艺术周在丽水举行，本届浙江省摄影艺术展览共收到1777位参赛作者来稿计7532件作品，最终共评出入展作品299件。

11月21日，第二十五届河北省摄影艺术展在保定市竞秀区大激店村开幕。此次展览共展出139件入展作品，作品内容紧贴现实，涵盖抗疫、扶贫、规划建设雄安新区、筹办北京冬奥会、文化传承等题材，入展作品作为影像文献被河北省档案馆永久收藏。

11月27日，第27届福建省摄影展在南平举行。共展出298件作品，主题鲜明、内容丰富，涵盖了福建文化、经济发展、城市风貌、脱贫攻坚、文化教育、群众生活等诸多方面。

12月11日，江西省第25届摄影作品展在鹰潭市开幕。展览共评出金、银、铜奖及优秀奖120件，入选作品240件。表现了江西秀美的自然风光和醇美的人文风情，生动反映了江西的改革发展进程、脱贫攻坚伟业、防疫抗疫感人故事以及人民群众对美好生活的向往。

12月11日，安徽省第二十一届摄影艺术展览在合肥·久留米友好美术馆开幕。展出作品既有对美好安徽建设的镜头诠释，又有对摄影技艺多元化发展的艺术呈现，主题突出、内容丰富、风格多样，具有鲜明的时代性、创新性和艺术性。

12月12日，第19届辽宁省摄影艺术展在辽宁美术馆开幕。本届省展以“聚焦新时代 奋进新征程”为主题，评选出入展作品200件。展出作品展示了辽宁省摄影的整体水平和最新成果，展现辽宁振兴发展、抗击疫情、脱贫攻坚等重点工作和全面建成小康社会的伟大历史进程。

12月25日，第十九届天津市摄影艺术展在东丽美术馆开展，共展示170幅（组）优秀影像作品，既有天津改革发展的时代记录，也有生动反映天津脱贫攻坚伟业、防疫抗疫感人故事，以及人民群众对美好生活的向往，彰显了天津市广大摄影人的社会责任感和历史使命感。

12月25日，第八届云南摄影艺术展在昆明开幕，202副参展作品记录了云南巨变。从产业扶贫到异地安置，从流韵城市到乡愁故土，从高黎贡山到独龙江畔，从泛亚铁路到出滇高铁，从外出务工到回乡创业，摄影家们记录了云南跨越发展的时代巨变，也记录了七彩云南的金山银山。

摄影文化发展成果

这一年里值得记录的摄影展示活动还包括了：

1月4日，首届中国（铜陵）长江摄影季在安徽省铜陵市皖江环球港开幕，以长江为主题的数十个摄影主题展、个展和联展整体亮相。

1月10日，“我家最美一瞬间”全国少年儿童摄作品影展在中国妇女儿童博物馆举办，真切反映当代家庭和谐之美，体现孩子们内心对生活、对社会的自然感知和关注。

1月11日，第二届中国·吉林市国际冰雪摄影大展在吉林拉开帷幕，七大展览千余幅摄影作品，带来一场冰雪影像的饕餮盛宴。

1月14日，《瑶：一个有社会学意义的影像专题展》在京展出。梁厚祥专著《瑶传：关于连南瑶寨的影像笔记》同期出版发行。

7月20日，中华之美“丝路明珠金张掖”摄影作品（北京）展在北京景山公园展出，展示张掖的厚重与深邃，丝绸之路上这座明珠城市多样的景致与别样的风情。

8月8日，《夜南扉》摄影展亮相无锡清明桥古运河景区南长街。这是12位青年艺术家各自演绎的影像新作。

8月29日，回望·富春山居——叶文龙摄影作品展在北京中华世纪坛开幕。

9月12日，阜平·中国风景摄影大展暨“追梦太行，寻味阜平”全国摄影大展在河北省阜平县晋察冀边区革命纪念馆开幕。展览全面反映了阜平的自然风光、历史文化以及经济社会发展成就和脱贫攻坚的成果等。

9月19日《深圳记忆——著名摄影家朱宪民携深圳影友纪实摄影作品展》在深圳市举办。展示深圳各行各业所取得的辉煌成就，回望和追忆深圳经济特区四十年的历史。

9月27日，多彩贵州·第十三届中国原生态国际摄影大展在黔东南州镇远县举办，大展以“共同的世界——以山为语”为主题，展出2500余幅摄影作品。

10月17日，“黄河入海 我们回家”——2020黄河口（东营）摄影大展在黄河口生态旅游区亮相。展览会集了不同时期以黄河为主题的优秀摄影家的代表作品，梳理了黄河题材在中国摄影发展史中的独特影响。

10月18日，“点亮”——100名企业家摄影艺术作品展暨新书首发式在深圳雅昌艺术中心隆重举行，展示65位作者的摄影艺术风采，多维度立体地呈现企业家的跨界艺术之旅。

10月28日，为纪念中国人民志愿军抗美援朝出国作战70周年，“致敬最可爱的人——中国人民志愿军老战士主题影像展”在中国人民革命军事博物馆开展。展览展出的70幅志愿军老战士肖像照，是200多名新华社记者行程数万公里在全国寻访拍摄的。

11月14日，2020第十五届中国黄山（黟县）乡村摄影大展开幕。本次大展以“保护、传承、发展”为主题，大展分为影展、研学交流、文旅活动3大版块，3000余幅作品在黟县古城、西递、宏村、秀里等景区展出，同时还开辟了线上观展渠道。

11月16日至22日，“中国•张家界”首届世界遗产摄影大展在世界自然遗产地——张家界市举行，展示世界遗产保护成果，诠释经济社会发展成就，进一步推进国际交流合作。

12月1日，《双城记——成都·重庆当代影像展》在成都当代影像馆开幕。通过独特的艺术展

现形式，引发两地文化的碰撞与交流，进一步促进成渝两地的融合与发展。

2020年，由于疫情的影响，仍然有一些活动，如2020年影像上海艺术博览会、2021年北京图书订货会以及海外的阿尔勒摄影节等，被迫取消举办。在此情况下，网络在摄影事业中也发挥了越来越重要的作用。

4月27日，中国摄协以视频方式召开全国摄影工作会议，这在全国摄影工作会的历史上尚属首次。

3月7日，由X—SPACE富士影像共享空间与图虫OpenSee联合举办了“世界命题”线上展览。

3月25日，由人民网主办，视觉中国独家战略合作的“人民视觉网”正式上线。新上线的人民视觉网，聚合了海量高品质新闻图片、漫画图表和视频素材，是集视觉内容聚合分发及交易管理运营为一体的视觉内容在线智能服务平台。

6月29日，“疫·镜——国际抗疫影像纪实”“云”摄影展在中国北京启动，此次云展览适应新媒体新技术发展，向全球观众提供多语种、多终端观展体验，是全球首次以抗击新冠肺炎疫情为主题的同类大型展览。此外，连续举办多年的“连州国际摄影年展”也选择了在线举办。“我和我的祖国”——摄影、短视频优秀作品巡展。“5G+万物互联”——全国优秀融媒体作品展评等活动。也给人留下了深刻的印象。

学术教育

疫情影响的绝不仅仅是实体线下摄影活动，同样影响到了摄影学术、出版、教育各个领域的发展。但2020年，中国摄影人在重重不利因素之下，依然努力奋斗，在力所能及的范围内促进这些领域的工作有所发展。

8月20日，中国摄协理论评论工作座谈会在北京举办。围绕“如何增强摄影理论评论战斗力、说服力和引导力，充分发挥褒优贬劣、激浊扬清功能”这一主题，十位摄影界的专家、学者、媒体人展开研讨交流。

9月21日，“纪念吴印咸诞辰120周年”摄影艺术研讨会在江苏省沭阳县行政中心举办，旨在学习、传承吴印咸热爱党、热爱祖国、献身摄影事业的崇高思想和专注于摄影教育研究的学术精神，激励广大摄影工作者不负时代召唤、不负人民期待，积极为摄影事业繁荣发展做出贡献。

11月，中国美术学院艺术人文学院在杭州主办的“摄影、图像及其历史——第四届‘城市文化与视觉生产’学术论坛”，第十三届中国摄影艺术节期间，中国摄协还组织了“金像面对面”“金像直播间”等学术活动。

出版方面，2020年中国图书零售市场码洋规模首次出现负增长，同比下降了5.08%，新书品种规模达17万种，较2019年同比下降了近12%。其中摄影类图书负增长明显，2020年摄影书地面店销售同比下降57.1%、线上同比上升4.07%。特别是摄影史论类图书出版明显回落。

8月12日，《中国摄影》杂志社与影上书房以新的方式宣告第五届中国摄影图书榜正式启动。“中国摄影图书榜2020夏季读书会”也同期启幕，不仅邀请摄影书研究和设计专家开启4场线上免费公开课，而且邀请了第四届中国摄影图书入榜图书作者、设计师和编辑对10本入榜摄影图书进行导读。但需要警惕的是，本届入选图书中专家意见和读者反馈仍然存在较为严重的两极分化。多数入选图书市场反应惨淡。摄影学术要脱离“自体循环”，真正能够和摄影人创作相结合，仍然任重道远。

2020年，又有一些重要的老摄影家离开了我们。6月3日，中国文联终身成就摄影家获得者牛畏予在北京逝世，享年93岁。9月16日，中国文联荣誉委员、中国摄协顾问袁毅平在北京逝世。每一位老摄影家的离去，都会留下历史的空白，这也使得挖掘整理摄影史的工作变得越来越重要。2020年，《口述影像历史——与共和国同行（1949—1978）》（三卷本），由中国摄影出版传媒有限责任公司（中国摄影出版社）出版发行。作为“口述影像历史”项目的第二期工程，《口述影像历史——与共和国同行（1949—1978）》（三卷本）结合影像资料，通过60位年龄在80岁以上的老一辈摄影师本人的口述整理和采访，将口述、访谈与文献资料互为对照，使历史更鲜活地呈现在人们面前。

10月11日，《捧起希望：解海龙自述》新书发布。这是解海龙目前唯一一本较为完备的自传性著作，以解海龙五十年来的摄影生涯为核心叙事线索，讲述了他从业余摄影爱好者，成长为中国著名摄影家的人生历程。《大众摄影》杂志现主编、摄影史研究学者晋永权的《佚名照——20世纪下半叶中国人的日常生活图像》（活字文化策划，上海人民出版社出版），透过20世纪下半叶日常生活照片的影像类型丰富、多元，甚至出格，呈现出这一时期中国人生活的表与里、现象与本质。

2020年中国摄影出版社出版了多本书名包含“好照片”字眼的图书，如《解码好照片》《卖出好照片》《好照片的愉悦》等，说明大众对此问题的关注。此外，浙江摄影出版社出版的巫鸿《中国当代摄影四十年》，孙明经、孙建三《中国百年影像档案：1939茶马贾道》以及该社畅销十余年的“北京电影学院摄影专业系列教材”的全面修订版；北京美术摄影出版社出版的《五十位大师论摄影》《古典相机撷英》；人民邮电出版社出版的新版《为什么是艺术摄影》《时代与方位：中国当代纪实摄影家作品展》；后浪策划，北京联合出版公司引进出版的《中国·1980》；上海文化出版社出版王海宝的《中国摄影先驱:从晚清至1978》；中国摄影出版社的《影像见证中国：中外摄影对着拍》《影像中国·20世纪中国摄影名家：石少华》《中国匠人：河洛手艺人图文录（一）》等。

在摄影教育方面，由于疫情影响，传统的摄影培训几乎完全停摆。

3月，沈阳市摄协开展“沈阳摄影云课堂”培训活动，通过微信群课录制、短视频、音频、直播等方式，根据不同网络平台的特点和阅读属性，实现多媒体教学、多渠道传播，让广大摄影爱好者和市民再现学习摄影艺术知识。此后，被形式倒逼，越来越多的摄影教育走入线上。中国摄协旗下的《中国摄影》《中国摄影报》、北京摄影函授学院等纷纷开展网络培训课程。中国摄协主办的公益摄影培训，在线上线下组织多个培训班，培训摄影人员约1800人。

12月5日，以“新传播媒介下的摄影教育”为主题的2020中国摄影教育论坛在京召开，论坛除主论坛外，设有高校摄影教育、社会（职业）摄影教育、青少年摄影教育三个分论坛，邀请相应主题的专家学者和教育工作者出席发言。论坛就相关方面的成绩、存在的问题和发展潜力并工作方法进行了有针对性的探讨，

权益保障

2020年，一系列重要法律法规出台，并将于2021年陆续生效。其中一些重要内容将对摄影人在法律层面的权力义务产生深远影响。总体而言，摄影人权益将得到更加有力的维护。但另一方面，对摄影创作的严谨性也提出了更高的要求。

1月6日，全国知识产权局局长会议在京召开。会议提出，要高标准落实由中共中央办公厅、国务院办公厅于2019年11月印发的《关于强化知识产权保护的意见》（以下简称《意见》），加快构建大保护工作格局，健全执法保护业务指导体系，加强保护能力建设，做好地理标志和官方标志的保护工作。

4月20日至26日，中国摄协开展了以“为摄影绿色未来而创新”为主题的“中国摄协知识产权宣传周”活动，积极响应“4·26”第20个世界知识产权日“为绿色未来而创新”的宣传主旨，着眼净化摄影版权生态，创造摄影绿色未来。

5月28日，全国人大表决通过了《中华人民共和国民法典》。新的《民法典》加大了自然人人格权的保护力度。在肖像权方面，未经肖像权人许可而制作和使用肖像，无论是否用于商业目的，都将被视为违法行为。对于许多习惯于“偷拍”的摄影人而言，如何在遵守法律的前提下延续创作，无疑是亟待解决的问题。

11月11日，国家主席习近平签署第六十二号主席令，《全国人民代表大会常务委员会关于修改〈中华人民共和国著作权法〉的决定》已由中华人民共和国第十三届全国人民代表大会常务委员会第二十三次会议通过，现予公布，自2021年6月1日起施行。修改后的《著作权法》，为摄影创作者维护自身合法权益进一步“撑腰”，摄影人有三项特别收获：一是摄影版权保护期被更改为“作者终生及其死亡后五十年”，摄影作品“二等公民”的法律地位由此彻底改变；二是“摄影作品原件”与“美术作品原件”一并写入法律条文，这是一

项划时代的进步，为摄影艺术品的流通和收藏提供了法律支撑；三是把新闻照片不再视为“时事新闻”，将受到法律保护，解除了新闻摄影记者对作品版权保护的担忧。

11月12日，中国摄协、中国文联权益保护部、中国摄影著作权协会联合在京组织召开“通过修改《著作权法》决定座谈会”。

对外交流

2020年由于疫情防控的特殊性，摄影对外交流产生了许多困难。中国摄协积极采用线上方式与国际和港澳台地区的摄影组织及摄影家保持密切联系，并以出版物的形式创造交流机会，更好推动中国文化“走出去”走深走实。启动中国第18届国际摄影艺术展览征稿。本届展览设有三个单元，分别为“我和你”主题单元、无主题纪实类单元和无主题艺术类单元。其中，“我和你”主题单元的设置紧扣时代脉搏，旨在呼吁世界人民团结一心，消除民族和文化的隔阂，共同构建人类命运共同体。出版画册书籍，向世界推介中国摄影。出版中英双语画册《“一带一路之丝路筑梦”摄影季作品集》，该作品集是对2019年“一带一路之丝路筑梦”摄影季展览作品的收录。正在进行《中外摄影对着拍》（英文版）画册的翻译工作。完成《第三届国际摄影研讨会论文集》材料收集、翻译、审核等工作。

7月15日，《世界遗产在中国》摄影展在东京开幕。展出了张桐胜、王达军、田捷砚、刘世昭、周剑生、谭明、冯学敏等20余位中国摄影家拍摄的100幅图片。

10月22日，首届海峡两岸影像文化周在浙江杭州开幕，集中展出了两岸摄影家的300余幅影像作品，包括了台胞台企积极参与大陆抗疫、台企社会责任和台胞献爱心等是材的温馨画面，摄影家段岳衡的原作，36位两岸摄影人的279幅精品力作。

11月10日至29日，第四届深圳国际摄影大展在深圳市当代艺术与城市规划馆主会场精彩亮相，本届大展分为“征稿主题展”“专题邀请展”“手机摄影展”“摄影企业展”“分会场平行展”“主题学术研讨会”六大版块，荟萃近3000件摄影作品，为经济特区40岁生日献上光影璀璨的艺术厚礼。此外，中国摄协继续保持与港、澳、台地区的摄影组织及摄影家的密切联系和交流。积极吸收港、澳、台地区摄影家入会。

队伍建设

2020年，中国摄协打造自身队伍，加强行业建设，在摄影界的行业主导地位进一步提升。

中国摄协加强会员服务与管理。完成2018年度批次新会员发展工作，启动2019年度批次入会申报受理。组建评委库，制定并实施《中国摄协入会评审规则》。修订入会细则，积极吸纳优秀的新摄影工作者、青年摄影工作者入会，并向基层、边远地区倾斜。推进会员数据库更新和艺术档案库完善工作，目前已有过半数会员进行信息更新。充分发挥主席团、理事会、专委会作用。完善主席团成员、理事会理事履职管理，制定《中国摄协主席团成员、理事会理事履职考核管理办法（暂行）》。重新评估“中国摄影之乡”、中国摄影创作基地创建工作。进一步发挥专委会团结凝聚摄影工作者、繁荣摄影事业、推动行业建设的重要作用，启动专委会委员网络培训工作，各专业委员会先后召开年度工作会议。深入推进“互联网+协会”建设。逐步完善“会员工作平台”。推进会员App移动终端建设，完善网络征稿平台，部分征稿平台实现手机一键投稿，完善网上评选系统功能。加强摄影界行风建设。充分发挥职业道德建设委员会作用。在2020全国摄影工作会期间，对14家团体会员单位进行通报表扬，发挥示范表率作用。同时，中国摄协加强自身建设，不断提升履职能力和自身素质。健全履职工作制度，修订《中国摄协规章制度汇编》，制定《中国摄协档案工作管理规定》等。加强干部队伍建设，坚持好干部标准。认真做好个人有关事项报告、人才选拔、出版专业高级职称评审等工作。加强对干部的教育培训，打造思想素质和业务水平并重，坚强有力的工作团队。

中国书法家协会

综　述

2020年是决胜全面建成小康社会、决战脱贫攻坚之年，也是“十三五”规划收官之年。在中宣部、中国文联的坚强领导下，中国书协深入学习贯彻习近平新时代中国特色社会主义思想和党的十九大及十九届四中、五中全会精神，坚定文化自信、把握时代脉搏、聆听时代声音，以党建工作为引领，以深化改革为动力，把严格贯彻落实习近平总书记“8.29”重要批示精神和中央领导重要批示要求作为协会工作的头等大事，扎实抓好以案促改专项整改，认真筹备召开中国书协第八次全国代表大会，统筹推进新冠疫情防控和书法事业发展各项任务，胸怀大局、情系人民，正本清源、守正求新，不断开创新时代中国书法事业新局面。

会议与活动

【中国书协第七届主席团第十一次会议在京召开】

1月9日，中国书协第七届主席团第十一次会议在京召开。第七届主席团成员苏士澍、陈振濂、王丹、毛国典、包俊宜、刘金凯、刘洪彪、孙晓云、吴东民、何奇耶徒、宋华平、张建会、陈洪武、顾亚龙参加会议。中国书协机关、中国文联书法艺术中心、中国书法出版传媒有限责任公司相关负责人以及中国书协机关各处室负责人列席会议。会议传达学习了《中国共产党第十九届中央委员会第四次全体会议公报》、全国宣传部长会议主要精神、中国文联《全委会工作报告》；审议通过了《中国书协2019年度工作总结》和《2020年度工作要点》；研究讨论了第七届中国书法“兰亭奖”相关工作。

【中国书协第七届理事会第四次会议在京举行】

8月27日至28日，中国书协第七届理事会第四次会议在北京胜利饭店举行。中国文联党组书记、副主席李屹，中国书协主席苏士澍，中宣部干部局副局长陈晓琳，中国文联人事部主任郑希友，中国书协主席团成员，中国书协理事，中国书协各直属单位、各部门负责人共160余人出席会议。

李屹、苏士澍作讲话，中国书协分党组书记、驻会副主席陈洪武作《中国书协第七届理事会第四次会议工作报告》。会议专门安排议程，通报了赵长青受贿一案，并以此为反面典型，深入开展警示教育。会议还安排了分组讨论和会议交流。中国书协分党组副书记、秘书长郑晓华作小结讲话。

8月26日晚，中国书协举行了第七届主席团第十二次会议。会议决定拟定于2020年年底前召开中国书协第八次全国代表大会。

【李屹同志参加中国书协机关党支部“不忘初心，弘扬优良家风”主题党日活动】

为巩固深化“不忘初心，牢记使命”主题教育成果，贯彻落实习近平总书记关于“注重家庭，注重家教，注重家风”的重要指示精神，7月2日，中国书协机关党支部开展了“不忘初心，弘扬优良家风”主题党日活动。中国文联党组书记、副主席李屹，中国文联机关党委常务副书记刘国强以普通党员身份参加活动并讲话。

【中国书协参与中国文联网络培训工作推进会并介绍经验】

8月28日，中国文联网络培训工作推进会在中国文艺家之家举行。中国文联党组书记、副主席李屹出席会议并讲话。中国书协、中国曲协、中国文联文艺志愿服务中心分别介绍了2020年以来网络培训工作开展情况。会议采取线上、线下同步进行的方式，各全国文艺家协会、中国文联机关各部门、各直属单位主要负责同志，部分单位分管培训工作领导，各单位负责培训工作的干部

共50余人参加现场会议。

【中国书协分党组传达学习十九届五中全会精神】

11月5日，中国书协分党组召开专题会议传达学习贯彻党的十九届五中全会精神。会议传达了习近平总书记在党的十九届五中全会上的重要讲话精神和《中共中央关于制定国民经济和社会发展第十四个五年规划和二〇三五年远景目标的建议》等文件精神，为落实全会提出的目标和任务凝聚起奋进的力量。中国书协分党组书记李昕主持会议。

【中国书协各专业委员会会议】

12月4日，中国书协篆书委员会2020年工作会议在河北石家庄举行。

【2020年“同心同书——祖国新春好”送万福进万家志愿服务公益活动走进洪雅县中山镇前锋村】

1月8日，由四川省书协、洪雅县委县政府、眉山市文联共同主办的“同心同书祖国新春好”四川省书协2020年书法家送万福进万家志愿服务公益活动，走进中国有机茶第一村洪雅县中山镇前锋村，为基层群众赠送“福”字和春联，为他们送上欢乐和新春祝福。

【“我们的中国梦”——文化进万家暨“同心同书·祖国新春好”首都书法家送万福进万家志愿服务公益活动在怀柔区琉璃庙镇双文铺村举行】

1月11日，由北京市文联、北京书协主办的“我们的中国梦”——文化进万家暨“同心同书·祖国新春好”首都书法家送万福进万家志愿服务公益活动在怀柔区琉璃庙镇双文铺村举行。本次活动，书法家共写下600余副春联、800余个“福”字，寄托了对家和人兴、幸福安康的期望。

【第三届上海春联大会——上海百位书法名家现场书写春联迎新年活动】

1月12日，2020“春艺盎然”春节文艺嘉年华系列第三届上海春联大会暨上海百位书法名家现场书写春联迎新活动在金山区渔村渔家湾举办。本届大会延续了前两届的主基调，将春联文化与书法文化有机融合，融合了征联、学联、写联、送联以及多台演出节目，深入阐释春联的文化内涵以及书法艺术之美。活动得到了海内外楹联界的热烈响应，共收到2200多位作者近6000副作品，作者年龄最大的90岁，年龄最小的7岁，最终入选96副春联入选。活动现场，上海百名书法家身着唐装为金山区百位小学生书法爱好者一对一示范，书写春联300余对、写福字500余个，将活动推向了高潮。百名书法家还提前为观众准备了800对春联，全场洋溢浓郁的书法春联文化和新春佳节的喜庆气氛。上海市书协主席丁申阳、上海市书协副主席张伟生、宣家鑫、徐庆华、晁玉奎、潘善助、张索、田文惠、张卫东等30位书法家将现场书写的春联卷轴赠送给了金山区优秀村干部、村民、渔民、艺术家、劳动模范、著名企业家等各界人士代表。

【“我们的中国梦文化进万家·同心同书祖国新春好”——江苏省书法家协会送万福进万家活动在全省各地陆续开展】

2019年12月23日，由江苏省书协、徐工集团主办的“我们的中国梦文化进万家”系列活动之一“同心同书·祖国新春好”江苏省书协送万福进万家活动在徐工集团举行。1月10日，江苏省书协送万福进万家活动暨江苏书法学习体验馆揭牌仪式在南京江宁街道牌坊村新时代文明实践点黄龙岘举行。1月10日，江苏省千名书法家送万福进万家活动在铁路南京南站启动。

【中国书协“文艺进万家 健康你我他”——到人民中去文艺志愿服务活动】

5月21日至6月5日，中国书协组织书法家开展了中国书协“文艺进万家 健康你我他”——到人民中去文艺志愿服务活动，中国书协各团体会员积极响应。共举办线上线下活动百余场，创作和捐赠书法作品数千幅，直接间接服务群众数万人。

【“天道酬勤 力耕不欺——张海八十初度新作展”在河南郑州开幕】

8月30日，由中国文联、全国政协书画室、中国书协、河南省委宣传部、河南省文联、郑州大学主办的“天道酬勤 力耕不欺——张海八十初度新作展”在河南省美术馆开幕。开幕式上，中国书协副主席刘洪彪宣读了中国文联的贺信，中国书协分党组书记、驻会副主席陈洪武，河南省文联党组书记、副主席王守国分别讲话，张海先生致答谢词。

本次展出的80余件作品，内容丰富，书体齐全，既有鸿篇巨制，又有精致手札，反映了张海先生四年来艺术创作的新风貌、新成就、新境界。

【“深入生活，扎根人民”——第四届“文质兼美”优秀基层书法家创作活动作品成果展开幕】

9月1日上午，由中国文联、中国书协、北京市文联共同主办 ，中国文联书法艺术中心、北京书协承办的“深入生活，扎根人民”——第四届“文质兼美”优秀基层书法家创作活动作品成果展在中华世纪坛艺术馆西展厅开幕。

本次活动旨在通过系列活动着意发现、选拔和扶持一批优秀基层书法人才，倡导以高尚的职业操守、良好的社会形象、文质兼美的优秀书法作品，书写中国精神，凝聚正能量；激励广大书法工作者用手中的笔，书写历史、书写时代，自觉承担起“举旗帜、聚民心、育新人、兴文化、展形象”的使命任务。中国书协主席苏士澍，中国文联国内部主任刘尚军，中国文学艺术基金会常务副秘书长郭希敏，中国书协分党组副书记、秘书长郑晓华，北京市文联党组成员、副主席杜德久，北京书协秘书长郭孟祥，以及参展书家代表、媒体记者、书法爱好者100余人参加开幕式。

【中国文联书法家协会赴甘肃陇南扶贫支教小分队圆满完成书法培训工作】

9月13日—26日，中国文联艺术培训班在甘肃陇南武都区顺利举办。中国文联党组书记、副主席李屹带领对口帮扶工作组在武都区调研，出席了培训班开班式，并看望了培训支教的师生。中国书协派出的陇南武都扶贫支教小分队，承担并圆满完成本次“中国文联艺术培训班”的书法艺考专业培训工作。

【“翰墨薪传·中国书协2020全国基层书法教师网络公益培训系列讲座”微视直播圆满结束】

10月16日至25日，中国书协和中国文艺志愿者协会联合推出的“翰墨薪传·中国书协2020全国基层书法教师网络公益培训系列讲座”，在腾讯微视首次直播获得圆满成功。讲座共分10讲，课程面向基层书法教师专门设计，内容包括：书法教育与中华文化传承、书法教师的职业素养、书法创作有关常识、各书体教学以及硬笔书法教学等。潘善助、叶培贵、吴占良、吴振锋、韦斯琴、徐海、丁谦、徐正濂、陈大中、徐利明等担任主讲教学任务。

此次公益讲座由中国书协书法考级中心承办，首次采用网络直播的方式面向全国基层书法教师，是服务基层广大书法教育工作者和书法爱好者的新尝试。

【“中国力量——全国扶贫书法大展”在京开幕】

11月1日，由中国文联、中国书协主办的“中国力量——全国扶贫书法大展”在北京中华世纪坛开幕。中国文联主席、中国作协主席铁凝，中国文联党组书记、副主席李屹，中国书协主席苏士澍，中国文联党组成员张雁彬，中国书协副主席刘洪彪、张建会，全国各文艺家协会和中国文联机关各部门、各直属单位负责人，在京书法家和书法工作者代表，来自扶贫一线的工作者、参展书家代表，以及媒体记者等参加了开幕式。开幕式由中国书协分党组书记、驻会副主席陈洪武主持。

展览共分三个篇章，第一篇章“人民至上”，第二篇章“扶贫书赞”，第三篇章“九州同春”。本次展览致力于构建重大主题书法展览的新模式，筹备历时7个月，汇聚50余位策展团队成员、50余位专家学者、162位书坛一线骨干书家、66位书坛大家名家、40家团体会员单位，聚焦扶贫一线，228位参展书家零稿酬创作，50余位专家学者零报酬审读。

中国书协分党组副书记、秘书长郑晓华，中国书协分党组成员、副秘书长潘文海、张潇羽，中国文联书法艺术中心主任王彦，北京书协秘书长郭孟祥，西泠印社副社长李刚田，中国书协理事叶培贵、朱培尔、刘俊京、李有来、杨广馨、张继、孟繁禧等出席开幕式。

展览由中国文学艺术基金会中国文学艺术发展专项基金资助，于11月1日至8日在北京中华世纪坛举办。

【“碧血丹心：纪念沙孟海诞辰120周年系列活动”在北京举行】

11月28日，由中国文联、民盟中央、浙江省人民政府、中国书协联合主办的“碧血丹心：纪念沙孟海诞辰120周年系列活动”在中国美术馆开幕。全国人大常委会副委员长、民盟中央主席丁仲礼，中国文联党组书记、副主席李屹，民盟中央专职副主席、中国文联副主席张平，浙江省副省长成岳冲，宁波市委副书记、市长裘东耀，中

国书协主席苏士澍，中国文联、中国书协、浙江省和宁波市有关单位领导，沙孟海先生亲属代表，全国书法界专家学者，在京书法高校负责人以及媒体记者300余人参加了开幕式。此次系列活动共有三个版块："沙孟海书法篆刻艺术大展暨学术文献展""传承、跨越与典范——沙孟海诞辰120周年纪念会""全国'书法学'学科建设与发展学术研讨会"。

【中国书协开展会员审查工作】

11月12日，根据《中国书协章程》第三章第二十二条的规定，经中国书协秘书长办公会议研究，并报主席团同意，决定开除云光中（会员证号7931）、郭志鸿（会员证号8588）中国书协会籍。

12月23日，根据《中国书协章程》第三章第二十二条的规定，经中国书协秘书长办公会议研究，并报主席团同意，决定开除赵长青（会员证号5597）中国书协会籍。

【中国书协调研组在山东、江苏、辽宁、四川、浙江等地开展调研】

按照中国书协分党组统一部署安排，11月18日至30日，中国书协调研组分赴山东、江苏、辽宁、四川、浙江等地调研。调研旨在了解地方书协工作开展情况、书法工作者职业道德建设和推动书法业界行风建设情况，听取基层一线书法工作者对中国书协工作和《中国书协第八次全国代表大会工作报告》的意见和建议。

11月18日至19日，中国书协分党组书记李昕，分党组成员、副秘书长潘文海到青岛市全国第五届正体书法作品展评审现场、山东省书协新时代文明实践文艺志愿服务基地——济南市历城区相公庄村相公墨汁生产车间、相公庄美术馆调研。

11月18日，中国书协分党组副书记、秘书长郑晓华，中国书协分党组成员、副秘书长张潇羽到江苏省书协调研。

11月24日，中国书协分党组成员、副秘书长潘文海到辽宁省书协调研。

11月28日，中国书法出版传媒董事长、总经理，书法出版社社长李有来到浙江省桐庐县文联调研。

11月30日，中国文联书法艺术中心主任王彦到四川省书协调研。

【中国书协第八次全国代表大会筹备工作】

在中宣部、中国文联的指导下，中国书协成立筹备工作领导小组，统筹推进中国书协第八次全国代表大会筹备工作。2020年上半年即着手《工作报告》起草和《章程》修改工作。11月中旬，中国书协分别前往山东、江苏、辽宁等团体会员单位进行调研，并邀请有关专家在京召开座谈会。

艺术节与评奖

【表彰2020年开展"同心同书·祖国新春好——书法家送万福进万家"公益活动先进集体和先进个人】

为深入贯彻落实习近平新时代中国特色社会主义思想和党的十九大精神，根据中宣部、中国文联的工作部署和要求，结合中国书协及各团体会员单位"送欢乐、下基层"志愿服务工作安排，2019年12月，中国书协通知要求各团体会员在2020年"元旦、春节"两节期间，开展"同心同书·祖国新春好"——书法家送万福进万家公益活动。各团体会员积极响应，组织广大书法家深入基层，到农村、厂矿、军营、边防、社区及老少边穷地区，面向基层广大人民群众，写春联、送"福"字，为两节营造了喜庆祥和、健康积极的欢乐氛围，传递了党对基层人民群众的关怀和问候。在活动中，涌现出一批组织有力、表现突出的先进集体和先进个人。经各团体会员推荐，由中国书协审核批准，决定对北京市朝阳区书协等110个单位，黄添喜等84名个人，进行表彰。

【中国书协重新核定2018年度入会人员名单】

1月22日，中国书协公布了《2018年度批准入会348人名单》，后接到举报，有一稿多投等违规情况。经专家评审，并报6月10日中国书协秘书长办公会议对2018年度入会人员名单进行了重新审核，确定346人为2018年度入会人员名单。其中，书法创作类297人，书法理论类34人，书法教育类12人，书法组织类3人。

【"防控疫情·万众一心"主题书法网络展】

2月1日至13日，根据中国书协的统一部署，中国书法出版传媒有限责任公司会同中国书法出版社、《中国书法报》社、《中国书法》杂志社共同组织举办了“防控疫情·万众一心”主题书法网络展，邀请全国部分书法名家进行专题创作，通过网络展出，凝心聚力，鼓舞斗志，为疫情防疫阻击战贡献力量。此次网络展共分七期进行，用文艺的方式加强疫情防控的正面宣传、鼓舞群众斗志、凝聚强大正能量。

【“得意之作”当代篆书名家作品苏州邀请展暨“守正创新”当代篆书发展苏州大讲堂开幕】

9月8日，由中国书协篆书委员会、苏州市文联共同主办，苏州市书协、苏州市尹山湖美术馆承办的“得意之作”当代篆书名家作品苏州邀请展暨“守正创新”当代篆书发展苏州大讲堂在苏州市尹山湖美术馆开幕。开幕式由苏州文联党组成员、副主席倪彦主持。

“得意之作”书法展是苏州市书协独立倡导的一次创意性品牌活动，旨在加强对当代书法展览文化的学术思考，倡导“放开视野，立定脚跟，少跟风，多思考；少浮躁，多探索；轻名利，重学养”的书学风气。展览共展出64件精品力作，受邀的28位参展艺术家，均为当今全国书坛篆书创作领域的翘楚。

【篆写燕赵·中国书协第七届篆书委员会委员作品展】

12月4日，中国书协篆书委员会2020年工作会议在河北石家庄举行，并同期举办“篆写燕赵·中国书协第七届篆书委员会委员作品展”。

【个人展览】

6月20日，由中国书协、中共浙江省委宣传部、上海市文化和旅游局、浙江省文化和旅游厅、上海市文联、浙江省文联主办的“大块文章——鲍贤伦书法展”在中华艺术宫开幕。

8月14日，由国家图书馆和中国书协共同主办的“追梦水云间——白煦的水墨书暨白煦书法作品捐赠展”捐赠仪式在国家图书馆举行。

8月30日，由中国文联、全国政协书画室、中国书协、河南省委宣传部、河南省文联、郑州大学主办的“天道酬勤 力耕不欺——张海八十初度新作展”在郑州市河南省美术馆隆重开幕。

11月18日，由中国书协、温州市文联、中共龙港市委宣传统战部、荣宝斋展览部共同主办的“淘淬襟怀·谢云书画展”在荣宝斋举办。

创作与研究

【习近平总书记关于文艺工作的重要论述理论研讨会论文征集】

为深入学习贯彻习近平总书记关于文艺工作的重要论述，加强新时代马克思主义文艺理论建设，落实中国文联巡视整改工作要求，指导推动文艺事业和文联工作创新发展，根据中国文联的工作要求和部署，5月25日，中国书协发布征稿启事，截至到8月10日，共收到来搞260篇，择优在《中国书法报》及相关网站进行了刊登。

【“国学修养与书法•当代中青年书法创作与理论研究骨干网络高研班”在京举办】

6月22日至24日，由中国书协主办的“国学修养与书法•当代中青年书法创作与理论研究骨干网络高研班”在京举办，来自全国各省份的131名学员参加了本次培训。培训的主题是：深入贯彻落实习近平总书记关于文艺工作系列重要讲话精神，围绕主题创作实践，深化创作认识，提升创作实力。参加培训的学员，均为中国书协“国学与书法”专题培训班的优秀青年创作骨干，包括一批来自基层一线的新文艺群体青年书法家和基层优秀书法工作者。

【“2020年中国书协第七届专业委员会工作网络培训班”在京举办】

6月29日至7月1日，由中国书协主办的“2020年中国书协第七届专业委员会工作网络培训班”在线上举办，来自中国书协13个专业委员会的200余名委员参加培训。培训结束后，学员围绕贯彻落实习近平总书记“以人民为中心”的重要指示精神撰写论文，并举行以“抗疫”“扶贫”为主题的自作诗文书法网络展览。

【“中国书协2020新闻宣传工作网络研讨班”在京举办】

7月22日，由中国书协主办的“中国书协2020新闻宣传工作网络研讨班”在线上开班，130余名来自全国各地的书法报刊、网络媒体编辑记者以及部分团体会员单位新闻宣传工作者参加了本次活动。

7月22日至23日，线上直播课程通过文艺云·在线视频会议培训系统举行。录播课环节，学员收看了中国文联网络培训云平台上的有关课

程。中国书协分党组副书记、秘书长郑晓华，中国书协网络信息处、中国文联网络文艺传播中心有关人员全程参加了活动。

【中国书协开展“2020年全国基层书法骨干网络培训班”线上培训】

7月29日至31日，“中国书协2020年全国基层书法骨干网络培训班”线上开班，约800名来自天津、四川两地的基层书法骨干参加了培训。本次培训全部采用线上直播形式，通过文艺云·在线视频会议培训系统和腾讯会议系统相结合的方式授课，较以往同类培训的学员覆盖面进一步扩大，有效延展了服务手臂。中国书协分党组副书记、秘书长郑晓华，分党组成员、副秘书长张潇羽全程参加了培训。

对外及对港澳台文化交流

【第31届中日友好自作诗书交流展（东京展）在东京举办】

11月16日至19日，由中国书协、日中友好自咏诗书交流会主办的“第31届中日友好自作诗书交流展”在日本东京艺术剧场展览场成功举办。

【第四届香港青少年书法大奖赛评审工作圆满结束】

11月18日，由中国文联担任指导单位，中国书协和香港大公文汇传媒集团联合主办的“第四届香港青少年书法大奖赛”在东莞顺利完成评审工作。

机关建设

【中国书协机关党支部“不忘初心，弘扬优良家风”主题党日活动】

为巩固深化“不忘初心，牢记使命”主题教育成果，贯彻落实习近平总书记关于“注重家庭，注重家教，注重家风”的重要指示精神，7月2日，中国书协机关党支部开展了“不忘初心，弘扬优良家风”主题党日活动。中国文联党组书记、副主席李屹，中国文联机关党委常务副书记刘国强以普通党员身份参加活动并讲话。

【中国书协分党组传达学习十九届五中全会精神】

11月5日，中国书协分党组召开专题会议传达学习贯彻党的十九届五中全会精神。会议传达了习近平总书记在党的十九届五中全会上的重要讲话精神和《中共中央关于制定国民经济和社会发展第十四个五年规划和二〇三五年远景目标的建议》等文件精神。中国书协分党组书记李昕主持会议并讲话。

直属单位

【“全国第一届青少年书法作品展”在山东临沂开幕】

9月3日，由中国书法出版传媒有限责任公司、临沂市人民政府主办，山东省书协、中共临沂市委宣传部、共青团临沂市委员会、临沂市文联承办的“全国第一届青少年书法作品展”在山东省临沂市文化中心开幕。

【2020“书圣故里·中国临沂”中国书法临书大会开幕】

9月4日，由中国书法出版传媒有限责任公司、临沂市人民政府主办，山东省书协、临沂市文化和旅游局承办的2020“书圣故里·中国临沂”中国书法临书大会在临沂市美术馆开幕。

【2019“中国书法·年展”在洛阳新安开幕】

9月26日上午，由中国书协支持，中国书法出版传媒有限责任公司、河南省文联主办，书法出版社、《中国书法报》社、《中国书法》杂志社共同主办，新安县人民政府、千唐志斋博物馆、中国书法出版传媒大型活动部承办的2019“中国书法·年展”在洛阳市新安县职教中心开幕。

【“黄河明珠——龙门石窟国际书法名家邀请展”暨“千年绝响——龙门书风学术讨论会”在洛阳开幕】

10月13日，由中国书法出版传媒有限责任公司、河南省文化和旅游厅、河南省文联、洛阳市人民政府主办，书法出版社、《中国书法报》社、《中国书法》杂志社、龙门石窟世界文化遗产园区管理委员会、河南省书协、洛阳市文联承办的“黄河明珠——龙门石窟国际书法名家邀请展”

暨“千年绝响——龙门书风学术讨论会”在洛阳市开幕。

【“墨韵中广文博·翡翠五指山城”全国书法名家邀请展在五指山市开幕】

11月8日上午，由中国书法出版传媒有限责任公司、海南省书协、中共五指山市委宣传部主办，海南省中广文博文化投资管理有限公司、书法出版社有限公司、海南省民族博物馆承办的“墨韵中广文博·翡翠五指山城”全国书法名家邀请展在海南五指山市开幕。

中国杂技家协会

综　述

2020年是极不平凡的一年，是全面建成小康社会和“十三五”规划收官之年，是脱贫攻坚的决战之年，也是杂技事业抢抓历史机遇，持续推进协会深化改革、实现跨越式发展的重要一年。

年初，面对突如其来的新冠肺炎疫情，习近平总书记亲自指挥、亲自部署，党中央统揽全局、运筹帷幄，全国人民众志成城、同心抗疫，取得了抗击疫情的重大战略成果。在这场大战大考中，中国杂协第一时间成立了中国杂协新冠肺炎疫情防控工作领导小组，引领广大杂技工作者自觉提高政治站位，履行社会责任，积极参与助力抗击新冠肺炎疫情的主题文艺创作，主动“逆行”下沉抗疫一线等，尽其所能、担当作为，用实际行动为文艺界“以艺战疫”作出了积极贡献。

当前，疫情防控取得重大战略成果，但疫情仍在全球蔓延，我国一些地区也出现局部小规模疫情，形势依然复杂严峻。中国杂协以习近平新时代中国特色社会主义思想为指导，认真落实党中央的决策部署，按照中国文联的有关要求，始终保持“稳”的定力，毫不放松抓好常态化疫情防控和各类风险防控；始终保持“进”的锐气，以创新精神圆满完成年初确定的学习培训、评奖办节、文艺志愿服务、对外交流、成果展示、理论研讨、出版宣传和权益保护等各项工作任务；始终保持“好”的作风，在真抓实干中不断开创杂技事业和杂协工作发展新局面。

重要会议活动

【坚持用党的创新理论教育引领杂技工作者】

中国杂协始终把举旗帜、把方向，团结引领杂技艺术家听党话、跟党走作为重要职责。2020年，协会按照中国文联的统一部署，结合抗疫、防疫期间工作实际，采取线上培训为主、线下培训为辅的培训模式，先后举办中等职业学校杂技与魔术表演专业杂技专业课教学指导意见培训班、全国杂技剧目创作研修班、第三届中国杂技理论高级研修班、全国新文艺群体魔术人才高研班。共培训学员940人，其中新文艺群体778人，占比约83%；党的政治理论课程17节，超过总培训课程的30%以上。突出把学习党的十九届五中全会精神、习近平总书记关于文艺工作的重要论述和最新指示批示等作为培训主题和重点，进一步提升培训的政治性、系统性、针对性和实效性，为建设一支政治过硬、业务过硬、作风过硬，在思想上政治上行动上同以习近平同志为核心的党中央保持高度一致的杂技工作者队伍，推动中国杂技艺术的繁荣发展打牢了思想根基。

【举办中国杂协第八次全国代表大会】

举办好中国杂协第八次全国代表大会是2020年杂协工作的重中之重，中央关心、文联重视、业界关注。协会努力克服疫情带来的不利影响，全力以赴做好第八次杂代会相关工作。成立第八次全国代表大会筹备工作领导小组以及大会党的领导小组、临时党支部和秘书处。12月13日至15日，中国杂协第八次全国代表大会在北京胜利召开。与会代表与党同心同德，从有利于杂技界团结稳定和杂技事业繁荣发展的大局出发，高标准、高质量、高效率地完成审议中国杂协第七届理事会工作报告、修改《中国杂技家协会章程》、选举产生中国杂协新一届理事会及主席团等各项工作。中国杂协平稳、顺利、成功、圆满换届，赢得中央和社会各界高度好评。

【举办“脱贫奔小康，文艺为人民——全国优秀杂技、魔术节目网络展演活动”】

根据当前疫情常态化防控形势要求，中国杂协把网络演出作为一种重要形式，推动促进杂技艺术创新发展和推动全国各杂技院团出新作、出精品。10月19日至29日，在新中国成立71周年之际，由中国杂协主办、中国文联杂技艺术中心承办的“脱贫奔小康，文艺为人民——全国优秀杂技、魔术节目网络展演活动”，邀请中国杂技团、武汉杂技团、济南市杂技团等协办单位的11台精彩纷呈的杂技、魔术晚会，在“中国杂技”公众号、央视频、腾讯视频、抖音、快手等网络平台线上播出，在线观看达260万人次。

【举办2020北京国际魔术交流大会】

10月22日至25日，以“文旅消费新动能，公益惠民新场景”为主题的2020北京国际魔术交流大会在北京昌平举办。本届魔术大会由中国杂协、北京市文化和旅游局、北京市文联等主办，开展了“金长城杯”魔术直播大赛、开幕式暨非遗魔术大师魔幻秀、“北京之光”近景魔术大师秀、“云端”系列国际魔术交流活动以及第七届金长城杯国际小魔星争霸赛等11项活动。

【指导第五届安徽省民间杂技艺术节】

为维护杂技生态多样性，保持地方和民族特色，使传统杂技艺术焕发新的生机，11月16日，由中国杂协指导，安徽省文化和旅游厅、阜阳市人民政府主办的第五届安徽省民间杂技艺术节在阜阳市临泉县开幕。杂技节以“杂技盛会迎客天下”为主题，主要包括杂技展演、魔术名家支教、中国杂技图片展、杂技惠民公益演出、安徽省非遗民俗文化系列展演展示、中原旅游目的地、临泉旅游推介会等活动内容。

【举办首届粤港澳大湾区杂技艺术周】

为加强深圳杂技界与湾区兄弟城市交流互鉴，共同促进大湾区的文化融通和艺术繁荣，由中国杂协、广东省文联等主办的首届粤港澳大湾区杂技艺术周于11月20日在深圳开幕。活动包括开幕式暨粤港澳大湾区首场精品杂技综合晚会、粤港澳杂技节目（剧目）交流赛、嘉宾杂技艺术论坛、中国杂技成果70年回眸展、国际杂技魔术道具展销会、精品杂技进基层、杂技艺术科普学堂、颁奖晚会暨获奖精品杂技专场表演等8项内容，并努力打造为具有深圳特色的区域性权威艺术活动。

【举办第五届北京大学生魔术交流大会】

大学生魔术爱好者是繁荣发展中国魔术事业的有生力量。为搭建广大魔术工作者和北京大学生魔术爱好者的交流学习展示平台，引领魔术艺术发展创新，由中国杂协、北京市文联主办，北京杂协承办的北京大学生魔术交流大会于10月底至11月底在北京举行。大会通过线上活动和线下活动两种形式，有力地宣传、推广、提升了中国魔术艺术。线上活动分为网络创意魔术大赛、8小时魔术分享会、国际魔术师线上讲座、短视频背景下的魔术艺术发展趋势等，线下活动分为新世纪魔术优秀作品展演、第十一届新星杯魔术大赛、杂技70年系列研讨会等。大会收官之作“传承与溯源——优秀魔术节目展演”在北京戏剧院成功举办。

【举办第五届上海国际杂技教育论坛】

为促进国际杂技教育界全方位、多领域、高层次的交流与合作，助力破解我国杂技教育现状中的难点、焦点问题，由中国杂协、上海市文联共同主办的第五届上海国际杂技教育论坛于12月18日至20日在上海成功举办。论坛以“职业化语境下杂技教育的科学化训练、杂技演员综合艺术素养的培养与提升，以及杂技演员职业观与立德树人的要求”等为主题，为国际杂技教育界搭建了理论研讨、信息交流、成果展示、项目合作的高层深度对话平台。

【举办三期网络专题培训班】

2020年，中国杂协在新冠肺炎疫情防控常态化情况下，积极探索全媒体条件下开展杂技培训工作的新路径，先后成功举办中等职业学校杂技与魔术表演专业杂技专业课教学指导意见培训班、全国新文艺群体魔术人才高研班、全国杂技剧目创作研修班等3期网络专题培训。边发吉、俞亦纲、张红、李恩杰、董争臻、刘正荣、高宏存、张雷、徐凤美、孙盛雅、李宁、张昱、李春燕等专家、学者向来自杂技界的940名学员进行了网络授课。网络培训方式灵活、优势明显，学员可以根据实际情况，选择适合自己的学习方式和时间进行自主远程学习，并在线交流学习体会和教学心得，真正实现了线上线下，教与学互动、学与教相融的培训目的，取得了良好的培训效果。

【举办第三届中国杂技理论高级研修班】

为切实加强和改进杂技理论阵地建设，着力培养杂技理论研究和文艺评论人才，由中国杂协、中国文学艺术基金会、黑龙江省文联主办，中国

文联杂技艺术中心、黑龙江省杂协、黑龙江省杂技团承办的第三届中国杂技理论高级研修班于10月12日至16日在黑龙江省哈尔滨市成功举办。中国杂协主席团、分党组等有关领导出席开班式、结业式。本次研修共设专家授课6次，边发吉、孙力力、尹力、高伟、李韵等专家、学者向来自全国26个省（自治区、直辖市）的35名学员授课。此外，还安排现场教学调研1次、观摩演出3次、文化采风3次、理论研讨交流1次、学员交流研讨1次。教学注重理论联系实际，加大演出观摩比例，教学相长，产生了很好的教学效果。

【举办中国杂协培训工作研讨会】

努力推动面向杂技界的培训研修常态化制度化科学化，是中国杂协贯彻落实中央和中国文联要求，顺应杂技界迫切需求的重点工作。12月25日，中国杂协于北京举办了全国文联系统首家培训工作研讨会，中国杂协主席团、分党组，中国文联人事部培训处领导及授课专家、学员代表近50人参与研讨。与会代表充分总结并肯定2020年中国杂协培训工作的理念、思路和经验，就进一步探索新的培训方向和形式，优化和丰富师资队伍，提升培训工作的系统性、持续性、针对性和广泛性，加强杂技理论和杂技教育人才队伍建设等方面发表了意见与建议。

【广泛开展“送欢乐、下基层”“精品杂技下基层”等文艺志愿主题服务活动】

中国杂协先后精心策划和组织了赴浙江东阳（10月17日）、河南鲁山（11月26日），以及北京朝阳（12月5日至6日）、东城（12月20日）等地开展“送欢乐、下基层”大型慰问演出，以及魔术支教、助力扶贫等系列活动。还积极配合中国文联，选派优秀杂技魔术节目参加赴全国各地开展的中国文艺志愿者深入基层服务采风活动。广大杂技工作者通过“送欢乐、下基层”等文艺志愿主题服务活动，深入实际、深入生活、深入基层，从火热的群众生活中捕捉灵感、汲取营养、锤炼艺术，自觉地把对人民群众的真挚感情转化为繁荣文艺、服务人民的巨大动力，从而创作出更多思想性、艺术性、观赏性相统一的精品力作，把更多、更好的精神食粮奉献给人民、回报给社会。

【创新性地开展网络文艺志愿主题服务活动】

2020年，中国杂协始终筑牢常态化疫情防控防线，以文艺助力决胜脱贫攻坚、全面建成小康社会，创新性地以网络展播形式，先后开展“‘文艺进万家 健康你我他’——到人民中去”“脱贫奔小康，文艺为人民——全国优秀杂技、魔术节目网络展演”等网络文艺志愿服务主题活动。通过线上线下合力开展文艺志愿服务活动，中国杂协把在国内外重大杂技赛场获奖的精品杂技节目送到基层，让人民群众共享杂技创新创作成果，受到广大群众的热烈欢迎和广泛赞誉。

【“以艺战疫”展现责任担当】

在抗击新冠肺炎疫情防控阻击战中，中国杂协第一时间向杂技界发出征集“打赢疫情狙击战 汇聚文艺正能量”文艺作品以及“我想对你说——爱心传递活动”的通知，全国广大杂技艺术工作者积极响应，倾情投入抗击疫情的主题文艺创作，短时间内创作了300余件“战‘疫’必胜信念”“宣传疫情防控知识”“反映奋战在疫情防控一线工作者的感人事迹”等题材的优秀杂技艺术作品，用艺术暖心强志，凸显了杂技工作者的社会责任和价值追求。

对外文化交流

【扩大交流，增强合作】

1月16日至20日，中国杂协代表团赴摩纳哥蒙特卡洛出席世界马戏联盟年会，并同世界魔术联盟副主席、法国魔术师协会前主席彼得•丁先生等马戏组织机构负责人进行会谈；1月19日至25日，中国杂协组派艺术团赴美国，在拉斯维加斯和洛杉矶举办了3场“金菊飘香，中国之夜”中国魔术专场演出，被列入中国文化和旅游部“欢乐春节”系列活动；2月17日至21日，中国杂协代表团赴西班牙出席赫罗纳“金象”国际马戏节，并为古巴双人晃管技巧节目颁授中国杂协“长城杯”特别奖。

【选派节目征战国际重大赛场】

选派安徽省杂技团节目《徽风皖韵——顶板凳》参加第9届西班牙赫罗纳“金象”国际马戏节，荣获银象奖；推选杂技节目视频参加由澳大利亚国际马戏节组委会主办的“第一届国际网络马戏节”，并向俄罗斯“英雄”马戏团大飞人节目颁授“长城杯”特别奖。

【携手国际马戏界共同抗疫】

3月，随着我国疫情防控向好态势进一步巩固，以及国际疫情的持续蔓延，协会向国际马戏组织、魔术组织邮寄个人防护用品，传递了来自中国杂技界的关爱与温暖。

理论研讨和调查研究

【加强调查研究和文艺舆情工作】

中国杂协领导赴上海、重庆、陕西西安、黑龙江哈尔滨、浙江杭州、山东蓬莱、安徽临泉等地进行专题实地调研，实地走访杂技院团、学校和团体会员单位、新文艺群体组织等，先后在上海、北京等地组织召开中国杂协第八次全国代表大会工作报告征求意见会等。推荐青年杂技评论家尹力当选中国文艺评论家协会第二届副主席。推荐杂技界专家参加习近平总书记关于文艺工作的重要论述理论研讨会。

【推动刊物出版和网络化信息服务】

完成《2020中国艺术发展报告•杂技卷》《中国文联年鉴（2020）•杂技卷》的撰写工作；编译出版《国际马戏专业术语中英文对照手册》，编译《世界马戏史话》《美国马戏（1870s-1950s）》；《杂技与魔术》杂志全年出刊6期，发稿约50万字，照片650余幅；组稿《中国杂技文丛》（十卷本）；编辑出版《新中国杂技七十年成就展画册》；协会官方网站“中国杂技网”全年发布文章近500篇，官方公众号“中国杂技”共剪辑整理700余部视频节目内容，编辑文字内容约16万字，发稿总量近900篇，是2019年全年发稿数量的2倍，累计文章浏览量近24万次。完成中国杂协App应用客户端的开发和“中国杂技网”的升级改版。

队伍建设

【严格落实分党组领导责任制】

中国杂协分党组4次专题研究党建工作，制定理论中心组学习计划。2020年开展中心组学习13次，其中进行研讨学习4次。分党组书记与班子成员、各处室负责人签订全面从严治党责任书，党员干部签订廉洁自律承诺书，层层落实党建工作责任制，领导班子成员严格履行“一岗双责”。

【巡视整改成效显著】

研究制定《中国杂协分党组巡视整改工作方案》，明确巡视整改任务17项，以台账形式全面整改，逐一销账。截至目前，已完成整改任务14项，整改中的问题3项，均按照整改时限有序推进。积极开展“灯下黑”问题专项整治，制定《中国杂协关于开展“灯下黑”问题专项整治的工作方案》，查找存在问题9项，已全部完成问题整改。

【强化党员干部学习教育】

研究制定《中国杂协党员干部学习教育计划》，落实“两学一做”常态化制度化，创新形式开展“三会一课”。通过中国文联网络培训云平台、“学习强国”App、“支部工作”App、微信交流群、微信公众号等平台等丰富学习资源，督促党员干部坚持每日主动学习。2020年共组织支部集体学习13次，开展“不忘初心，弘扬优良家风”恳谈会、“厉行勤俭节约，反对餐饮浪费”组织生活会2次专题活动，开展青年干部理论学习小组集体学习12次，党课6次。

【全面推进党支部标准化规范化建设】

制定《中国杂协推进党支部标准化规范化建设实施方案》，加强党务干部培训，进一步规范支部委员会建设，制定责任清单，梳理工作任务，明确党支部工作职责。每月召开1次支委会。顺利完成离退休党支部换届工作。严格做好党费收缴工作。严格落实党员组织关系转接相关手续，及时转接组织关系。努力建设政治功能强、支部班子强、党员队伍强、作用发挥强的“四强”党支部。

【推进党风廉政建设】

严格落实《关于新形势下党内政治生活若干准则》，完善《中国杂协党风廉政风险点及防控措施》《中国杂协贯彻落实中央八项规定实施细则的实施办法》，在组织培训、会议、活动中，深入开展警示教育，严查严防可能存在的党风廉政风险问题，完善和规范工作流程。

【扎实维护意识形态安全】

中国杂协制定《中国杂协分党组关于做好新形势下意识形态工作的实施办法》，定期召开会议分析研究当前意识形态工作形势，明确各部门工作责任，落实落细意识形态工作责任制。加强中国杂协官方网站、“中国杂技”微信公众号、《杂技与魔术》杂志的舆论宣传阵地建设，制定中国杂协《网站及微信公众号关于意识形态管理工作的规定》，严格落实“三审三校”制度，确保每篇稿件不出意识形态问题。官网、微信公众号发布党建工作信息均超过2019年全年发布总量，进一步提升协会落实重大宣传教育任务和引导杂技界舆论的政治能力和水平。

【切实做好保密工作】

专题传达学习全国保密工作会议精神和中国文联保密工作会议精神，要求全体党员干部自觉增强保密法制观念，时刻遵守保密规章制度。重点加强对涉密人员、涉密载体、涉密网络和计算机的管理。开展经常性保密检查，及时查找不足，堵塞漏洞，协会党员干部保密意识和责任感不断提升。

【完善内部管理机制】

中国杂协修订完善《中国杂技家协会规章制度》《中国杂技家协会主席团成员、理事会理事、专业委员会成员履职工作规则》《中国杂技家协会个人会员管理服务办法》等规范性制度；修订完善《中国杂技金菊奖章程》《杂技节目、魔术节目、滑稽节目评奖细则》《金菊奖评奖操作规范流程》等金菊奖评奖相关制度和规范性文件。

在全国文联系统中首家建立干部档案管理数字化系统。认真研究把握老干部的身心特点和需求变化，搞好精细化精准化服务，老干部工作进一步提质增效。

【巩固和发展全国杂技“一盘棋”的良好局面】

中国杂协积极协调杂技艺术家参与中国文联“百花迎春”大联欢活动、“我们的中国梦——文化进万家”主题活动、“文艺界巡回宣讲”项目、“名家名师话美育”网络公共课等圆梦工程系列活动；继续开展杂技艺术家“口述史”拍摄制作项目；推荐中国文联第五届全国中青年德艺双馨文艺工作者人选；推荐学雷锋文艺志愿服务“时代风尚”先进典型人选；推荐中国文联第十五期全国中青年文艺人才高级研修班学员；联络河南濮阳市杂技学校，协助世界马戏联盟完成“关于马戏院校应对疫情所采取的措施”的市场调研；认真梳理杂技业态，特别是加大对新文艺群体及民营杂技院团的摸底力度，建立中国杂协新文艺群体代表人员库；制定完成《杂技从业者行业标准》，并选择部分省份进行试点；着力建立青年杂技理论工作者扶持机制，在课题申请、培训研修、项目资助、观摩调研等方面提供切实帮助；支持李宁魔术艺术学院开展首家获得国家全日制本科学历认证的魔术专业教育，支持上海市马戏学校开设规范化和学制化的魔术专业中专班；指导浙江省杂协第四次会员代表大会、临泉县杂协第一次会员代表大会、杭州市杂协第一次会员代表大会工作，支持河南省周口杂技文化产业园项目，支持上海“魔炫长三角——金手杖奖魔术展演暨研讨会”、西安战士战旗杂技团杂技剧《星光灿烂之如梦长安》、济南市杂技团杂技剧《泉城记忆》、江苏省杂技团杂技报告剧《芦苇青青菜花黄》、第五届安徽省民间杂技艺术节、江苏省射阳县杂技团杂技晚会《沙秀》等节赛和创作活动。

中国电视艺术家协会

综　述

2020年，中国视协深入学习贯彻党的十九大和十九届二中、三中、四中、五中全会精神，贯彻落实习近平总书记关于文艺工作的重要论述和党的文艺方针政策，坚持以人民为中心的工作导向，积极履行“团结引导、联络协调、服务管理、自律维权”职能。在中国文联党组的坚强领导下，树牢“四个意识”，坚定“四个自信”，做到“两个维护”，深入推进机关党建和业务工作深度融合；充分发挥电视和网络视听行业优势，积极应对突如其来的新冠肺炎疫情，紧扣脱贫攻坚和全面小康中心大局开展各项工作。围绕“做人的工作”这一核心任务，创新工作方式、延伸工作手臂、切实履行各项职能，凝聚引领广大电视艺术工作者为新时代社会主义电视艺术事业的繁荣发展努力奋斗，为建设社会主义文化强国作出应有贡献。

会议与活动

【文艺界抗击疫情主题MV《坚信爱会赢》】

1月26日，在中国文联党组领导指导和支持下，中国视协分党组领导动员相关同志联络、协调、统筹中国影协、中国音协等单位共同组织创作、录制并发布了由梁芒、舒楠词曲和成龙、吴京、陈建斌、沈腾、海霞、雷佳、谭维维、王力宏、杨培安等18位影视文艺工作者、音乐工作者共同演唱的文艺界抗击疫情主题MV《坚信爱会赢》，同步邀请诗人蒋巍创作、录制配乐诗朗诵MV《我，向人民报到！》。

【“坚信爱会赢”——客厅朗读大会活动】

3月初起，由中国视协与浙江广播电视集团主办，中国视协新媒体委员会承办，联合全国广播电视百城百台主持人、朗诵艺术家等共同发起《坚信爱会赢——客厅朗读大会》大型公益朗读视频接力活动。葛兰、雅坤、虹云、敬一丹、冯远征、任鲁豫、徐涛、华少、竹音、田桐、方舟、周炜等百余位影视演员、主持人参加活动，通过朗诵接力的方式，创作并朗诵一批集中反映全国人民抗疫成就、讲述抗疫一线感人事迹，展现中国人民团结一心、同舟共济精神风貌的诗歌、散文作品。

【中国视协发布《关于征集重点现实题材电视剧剧本的公告》】

4月1日，中国视协在中国视协官网、微信公众号及中国文艺网发布了《关于征集重点现实题材电视剧剧本的公告》，继续面向全社会征集重点现实题材电视剧剧本。

【中国视协举办“新媒体创新”网络专题培训班（第一期）】

5月6日至6月15日，中国视协举办“新媒体创新”网络专题培训班（第一期），55名来自中国视协各专业委员会负责人、驻会工作人员参与培训。培训选用了国家行政学院教授许耀桐、中国人民大学公共管理学院教授刘鹏讲授的《开创“中国之治”新境界的宣言书——党的十九届四中全会〈决定〉解读》《国家治理现代化的中国道路与探索》，以及经中国传媒大学广告学院授权的由快手高级副总裁徐欣、星站TV创始人朱峰、阿基米德传媒执行总裁王海滨、阿里巴巴文化娱乐集团优酷事业部副总裁郑蔚、芒果TV总裁助理方菲五位老师讲授的“新媒体创业与创新”主题课程。

【中国视协召开2020年工作视频会议】

5月14日，中国视协召开2020年工作视频会议，中国视协各团体会员、各专业委员会相关负责人以及中国视协全体干部等120余人在线出席会议。会议通报了2019年工作、部署2020年工作，公布了专业委员会2019年工作考核结果，电视文艺委员会等8个专委会被评为优秀，对艺术评论专

业委员会等11个专委会通报表扬。

【中国视协举办《坚信爱会赢——文艺界“以艺战疫”5·23特别节目》】

5月23日，由中国文联主办，中国视协、中国文艺志愿者协会、湖北省文联、湖北广播电视台、江苏省广播电视总台、北京广播电视台承办的《坚信爱会赢——文艺界“以艺战疫”5·23特别节目》在江苏卫视、湖北卫视、北京卫视等七家卫视及多家多媒体平台同时播出。

【中国视协重点现实题材电视剧剧本创作协调小组工作会议在京召开】

5月26日，中国视协作为牵头单位组织召开重点现实题材电视剧剧本创作协调小组工作会议，中宣部文艺局、国家广播电视总局电视剧司、中央广播电视总台和中国视协相关领导出席会议。围绕全面建成小康社会、脱贫攻坚、建党100周年等重大主题和时间节点，就2020至2021年剧本创作扶持工作的具体开展进行深入讨论，进一步完善协调小组各相关单位日常联系机制，推动重点现实题材电视剧剧本创作项目取得实效。

【中国视协举办“新媒体创新”网络专题培训班（第二期）】

7月16日至8月10日，中国视协举办“新媒体创新”网络专题培训班（第二期），157名新文艺组织和新文艺群体代表参与培训。本次培训班除政治理论课外，选取了经中国传媒大学广告学院授权的由西瓜视频总裁张楠、紫牛基金创始合伙人、少年得到董事长张泉灵，洋葱集团联合创始人聂阳德，澎湃新闻互动新闻中心总监张凌，米未联合创始人、首席运营官牟頔五位老师讲授的“新媒体创业与创新”主题课程。

【坚信爱会赢——“中国医师节”致敬抗疫白衣战士系列活动在湖北武汉举办】

8月18日，由中国文联、中共湖北省委宣传部、中国视协主办的“坚信爱会赢——‘中国医师节’致敬抗疫白衣战士”系列活动在湖北省武汉市举办。中国文联副主席、中国视协主席胡占凡，中国视协分党组书记、驻会副主席廖恳，中国视协分党组成员、副秘书长高健，中国文学艺术基金会常务副秘书长郭希敏，中共湖北省委宣传部常务副部长邓务贵，湖北省文联党组书记、常务副主席邓长青，湖北广播电视局副局长胡伟等共同出席本次活动。

【中国视协举办基层电视艺术工作者网络培训班（第一期）】

8月24日至9月15日，中国视协举办基层电视艺术工作者网络培训班（第一期），399名2020年审批入会的新会员参与课程培训。培训课程选取了“全国文艺家协会新入会会员网络培训”“中国文联干部职工增强‘四力’网络专题”的部分内容。此外，邀请央视市场研究执行董事、总经理，媒体融合研究院执行院长，中国视协媒体融合推进委员会副会长兼秘书长徐立军，中国视协编剧专业委员会会长王海平以《中国媒体融合的现状、问题及效果评估》《艺术创作中的人民视角》为主题录制了视频课程。

【《中国文联关于进一步加强文艺维权工作的意见》修订工作专题调研会在京召开】

8月25日，《中国文联关于进一步加强文艺维权工作的意见》修订工作专题调研会在京召开，中国视协分党组成员、副秘书长范宗钗，中国文联权益保护部副主任王国骞等有关负责同志，王海平、杨乘虎、谢鹏、郑小强、邢程、钱洁、王力可等电视界编剧、导演、演员、学者及法律顾问参加会议。

【中国视协在四川阿坝创建“影视小屋”】

9月22日，全国第46所“影视小屋”落户四川省阿坝州壤塘县壤塘觉囊唐卡传习所，中国视协、四川省视协向觉囊唐卡传习所捐赠了摄影设备及一百多部电视艺术启蒙书籍、光碟等物品。“影视小屋”授牌仪式后，著名纪录片导演王海兵、成都文理学院传媒学院教授王永刚、四川省视协新媒体专委会副主任刘玉龙、四川电视台纪录片中心导演何喻洁等为传习所的孩子们授课。

【中国视协举办基层电视艺术工作者网络培训班（第二期）】

10月14日至11月2日，中国视协举办基层电视艺术工作者网络培训班（第二期），59名基层电视台工作人员及民营影视制作公司从业人员参与培训。课程包括政治理论知识、“新媒体创新”主题部分课程，并邀请中国传媒大学播音与主持艺术学院副教授宋晓阳，中国传媒大学电视学院教授田维钢以《视频时代的新闻报道》《新时期纪实电视节目的选题策略》为主题录制了视频课程。

【第十三届中国旅游电视周系列活动在扬州举办】

10月26日至29日，由中国视协和扬州市人民政府主办，扬州广播电视传媒集团（总台）承办的第十三届中国旅游电视周暨第二届中国大运河文化国际电视周系列活动在扬州举行。中国文联副主席、中国视协主席胡占凡，中国视协分党组成员、副秘书长高健，中国视协二级巡视员冯怀中，中共扬州市委副书记、扬州市人民政府市长张宝娟等领导出席了系列活动。本届旅游电视周的主题是“美食与旅游”和“小康路上风景美”，举办了“凝心聚力新时代·同心奋斗江都人”中国视协文艺志愿服务团送欢乐下基层演出、第十三届中国旅游电视周高峰论坛暨优秀作品表彰等活动。

【第十四届小康电视节目工程优秀作品推选活动在江西井冈山召开】

11月2日至5日，第十四届小康电视节目工程优秀作品推选活动在江西省井冈山市召开。中国文联副主席、中国视协主席胡占凡，中国视协名誉主席赵化勇，中国视协副主席张显，中国视协分党组成员、副秘书长高健，中国视协二级巡视员冯怀中，全国部分省、自治区、直辖市电视艺术家协会负责同志，以及来自有关高校和电视制作单位的资深专家学者所组成的评审团共同出席了此次活动。

【2020年“金熊猫”国际传播高峰论坛在四川成都举办】

11月11日，由国家广播电视总局、中央广播电视总台指导，中国视协、四川省委宣传部、四川省广播电视局、四川广播电视台主办的2020年“金熊猫”国际传播高峰论坛在成都开幕。论坛开幕式上，四川省委常委、宣传部部长甘霖，中国文联副主席、中国视协主席胡占凡，中央广播电视总台编务会成员、亚洲—太平洋广播联盟副主席孙玉胜，亚洲—太平洋广播联盟秘书长贾瓦德先后以现场或远程视频方式致辞，国家广播电视总局副局长孟冬发表主题演讲，四川省副省长罗强主持开幕式。中国视协分党组成员、副秘书长高健等领导出席论坛。本届论坛以“中国故事·国际传播”为主题，包含1场主论坛和4场分论坛（纪录片、电视剧、电影、新媒体）。

【中国视协2020年现实题材电视剧精品创作中青年骨干人才培训在安徽滁州举办】

11月18日至22日，由中国视协、安徽省文联主办，安徽省影视艺术家协会承办，上海视协、江苏省视协、浙江省视协协办，中国文学艺术基金会资助的“中国视协2020年现实题材电视剧精品创作中青年骨干人才培训”在安徽省滁州市举办。中国视协名誉主席赵化勇，安徽省文联党组成员、书记处书记吕卉等领导出席开班仪式。来自安徽、上海、江苏、浙江等地区电视台及影视制作机构的约80位电视骨干人才参加了此次培训。

【中国视协举办基层电视艺术工作者网络培训班（第三期）】

11月18日至12月4日，中国视协举办基层电视艺术工作者网络培训班（第三期），280名基层电视台工作人员及民营影视制作公司从业人员参与培训。培训课程包括政治理论知识、往期网络培训部分课程，并邀请中国传媒大学电视与新闻学院教授、博士生导师张雅欣，中国视协法律顾问、天泽娱乐法创始人郑小强以《人民是纪录片人创作的源泉》《影视项目运作风险防范与权益实现》为主题录制了视频课程。

【中国视协2020年“纪录小康工程”基层电视工作者专题业务培训在福建莆田举办】

11月25日至28日，由中国视协主办，福建省视协、莆田市广播电视台承办，中国文学艺术基金会资助的“中国视协2020年‘纪录小康工程’基层电视工作者专题业务培训”在福建省莆田市举办。全国政协委员、中国视协副主席张显，福建省文联党组成员、秘书长邱守杰，莆田市委常委、宣传部部长吴桂芳等领导出席了开班仪式，来自全国基层影视机构从业人员120余人参加了本次培训。

【“红色沃土·新征程”中国文联、中国视协文艺志愿服务团“送欢乐·下基层”慰问演出在广西全州举行】

11月26日，由中国文联、中国视协、广西壮族自治区文联主办的“红色沃土·新征程”中国文联、中国视协文艺志愿服务团“送欢乐·下基层”慰问演出在广西壮族自治区全州举行。中央广播电视总台主持人张蕾，国家一级演员、中国戏剧“梅花奖”获得者于兰，中国舞蹈“荷花奖”

舞剧奖获得者赵磊，青年歌唱家、全国“最美志愿者”先进代表乌兰图雅，“文华奖”优秀表演奖获得者李童，吴桥杂技艺术节银狮奖获得者历锦艳，女高音歌唱家罗宁娜和男中音歌唱家霍勇等艺术家参加了此次演出。

【中国视协举办基层电视艺术工作者网络培训班（第四期）】

12月3日至31日，中国视协举办基层电视艺术工作者网络培训班（第四期），200余名新文艺组织和新文艺群体代表参与培训。培训课程包括政治理论知识、往期网络培训部分课程，并邀请中国视协主持人专业委员会主任敬一丹，中央戏剧学院党委副书记、院长郝戎以《从扶贫到脱贫：30年反贫困报道纵横谈》《戏剧影视艺术创作漫谈》为主题录制了视频课程。

【中国视协在甘肃定西创建“影视小屋”】

12月15日，由中国视协、甘肃省文联和甘肃省视协主办的全国第47所“影视小屋”授牌仪式在定西中医药科技中专学校举行，甘肃省视协专职副主席杨晓芳，甘肃省视协秘书长安柠，定西市文联党组书记、主席王永斌等相关单位负责同志出席并参加“影视小屋”授牌仪式。

【中国视协举办基层电视艺术工作者网络培训班（第五期）】

12月16日至31日，中国视协举办基层电视艺术工作者网络培训班（第五期），80余名中国视协各团体会员单位驻会负责人及工作人员参与培训。培训课程包括政治理论知识、往期网络培训部分课程，并邀请北京电影学院党委副书记、副校长胡智锋，北京师范大学艺术与传媒学院院长助理、教授杨乘虎以《脚踏实地搞创作，增强“四力”谱新篇》《互联网短视频发展的潮流与趋势》为主题录制了视频课程。

【电视界职业道德建设委员会成立大会在京举办】

12月18日，电视界职业道德建设委员会成立大会在京举办。

中国文联党组成员胡孝汉，中国文联副主席、中国视协主席胡占凡，中宣部文艺局副局长彭云，中国文联国内联络部主任谢力，国家广电总局电视剧司副司长杨铮，以及中国视协主席团成员卜宇、王丽萍、胡玫等领导与电视界代表出席，中国视协分党组成员、副秘书长范宗钗主持会议。

会议宣读了组织机构名单及《履职承诺书》，胡孝汉、胡占凡、彭云、谢力、杨铮分批次向全体委员颁发了聘书。胡玫、郝金明、丁柳元、林永健（张凯丽代读）分别发言，畅谈对于职业道德和行业行风建设的理解，并提出了相关意见建议。

【电视界行业行风及职业道德建设专题调研会在京召开】

12月18日，中国视协组织召开电视界行业行风和职业道德建设专题调研会。中国文联党组成员胡孝汉，中国视协分党组成员、副秘书长范宗钗，中国文联国内联络部职业道德建设办公室副主任林德源出席，丁柳元、尤小刚、刘江、张凯丽、侯鸿亮、徐春妮、梁振华、郑小强等行业代表分别发言，分析了电视行业行风和职业道德建设现状及存在的突出问题，并就促进影视行业行风和职业道德建设提出对策建议。

【中国视协在甘肃崇信创建“影视小屋”】

12月22日，中国视协全国第48所“影视小屋”在甘肃省崇信县木林乡木林中学创建并举行授牌仪式，甘肃省视协专职副主席杨晓芳，秘书长安柠，平凉市文联党组副书记、主席李世恩等相关单位负责同志出席并参加“影视小屋”授牌仪式。

【红色文化讲演节目《闪亮的坐标》在京开启录制】

12月27日，由中国视协和江西省委宣传部共同出品，中国视协演员工作委员会和江西广播电视台联合承办的红色文化讲演节目《闪亮的坐标》在北京开启录制。著名演员高曙光、宋春丽、王劲松、童蕾、宋佳伦、范明、黄梦莹、杨童舒、张峻宁、张晞临、徐囡楠等作为第一批讲演人陆续参与录制工作，为观众讲述“党员英雄们”的故事。

艺术节与评奖

【第30届中国电视金鹰奖参评作品资格审查会议在京召开】

7月8日，金鹰奖组委会会同各申报受理单位代表在北京怀柔召开会议，对报送的543部各类作品进行审查，最终确认具备参评资格的作品529

部，其中电视剧159部、电视纪录片181部、电视综艺节目130部、电视动画片59部。

【第30届中国电视金鹰奖宣传片发布】

7月18日，第30届中国电视金鹰奖宣传片在中国文艺网、新华社客户端、爱奇艺、优酷、腾讯视频、芒果TV、哔哩哔哩、抖音、微博、新浪娱乐、今日头条、西瓜视频、喜马拉雅等网络平台上线首发并在各大卫视播出，同步启动观众投票。中国视协邀请了10位金鹰奖获得者录制宣传片《灼灼其华》，以及12位青年演员录制青春版宣传片《风华正茂》。

【第30届中国电视金鹰奖参评作品展播】

7月18日，第30届金鹰奖颁奖晚会结束，中国视协委托中国文艺网架设展播平台，广大观众可注册登录后免费观看此届申报参评的电视剧作品，并参与金鹰奖网络投票。

【第30届中国电视金鹰奖初评会议在浙江建德召开】

8月24日至29日，第30届中国电视金鹰奖初评工作会议在浙江建德召开，参评作品评审工作分四个类别先后进行。初评会议投票结果与观众和中国视协会员第一轮网上投票结果，共同产生了第一轮入围作品名单。

【第30届中国电视金鹰奖终评会议在福建厦门召开】

9月13日至15日，第30届中国电视金鹰奖终评工作会议在福建厦门召开，终评评审工作分四个类别先后进行。终评会议投票结果与此前结束的观众和中国视协会员第二轮网上投票结果，共同产生了各奖项提名名单。

【第30届中国电视金鹰奖提名发布活动在福建厦门举办】

9月15日，由中国文联、中国视协主办，中共厦门市委宣传部、厦门市文联承办，福建省广播影视集团、厦门广播电视集团协办的第30届中国电视金鹰奖提名发布会在厦门举办。发布会上，中国视协分党组书记、驻会副主席廖恳介绍了本届金鹰奖参评和评审情况，评委代表发布了各类别作品奖奖项及电视剧单项奖的提名名单，中国文联副主席、中国视协主席胡占凡宣布了评委会特别推荐作品名单。厦门市委宣传部部长李耀跃，中国视协分党组成员、副秘书长范宗钗、高健等出席活动。现场启动了第三轮网络投票，即观众喜爱的男女演员网络投票。东南卫视、厦门卫视和央视频、中国文艺网、艺术报、爱奇艺、优酷、芒果TV、腾讯视频、西瓜视频、B站、微博、抖音、今日头条、咪咕视频、看厦门App等媒体同步直播提名发布会。电视剧《爱国者》、电视纪录片《城门几丈高》、电视综艺节目《二零一九最美的夜Bilibili晚会》等作品及演员陈宝国、蒋雯丽等入围提名名单。

【第九届中国大学生电视节在四川成都举办】

9月17日至19日，由中国文联、中国视协、中国传媒大学联合主办，成都市人民政府承办，中国教育电视台特别协办的第九届中国大学生电视节在四川省成都市都江堰市举办。活动包括“大学生精品赏析”“大学生原创作品展映”“艺术家进校园”“主题论坛”“闭幕式盛典”等主体内容，来自全国各省、市、自治区近200所高等院校的数千名大学生，通过线上线下多种形式参与了电视节的各项活动。

【第13届中国金鹰电视艺术节开幕式在湖南长沙举办】

10月16日，第13届中国金鹰电视艺术节开幕式在长沙启幕。中国文联党组成员胡孝汉，中国文联副主席、中国视协主席胡占凡，湖南省常委、宣传部部长张宏森，湖南省人民政府副省长谢卫江以及中国视协分党组书记、驻会副主席廖恳，中国视协分党组成员、副秘书长范宗钗、高健等领导出席开幕式。本届金鹰节开幕式文艺晚会以“金鹰三十正当潮”为主题，节庆期间还举办了“金鹰论坛”“提名荣誉盛典”“颁奖晚会”等多项主体活动。

【“翱翔——30届·30人”系列短片发布】

10月16日，由中国文联、中国视协联合中国教育电视台、北京广播电视台、江苏省广播电视总台、浙江广播电视集团、上海广播电视台、东南卫视、爱奇艺、优酷、芒果TV、字节跳动共同拍摄的“翱翔——中国电视金鹰奖30 届·30 人”系列短片在第 13 届中国金鹰电视艺术节开幕式当天正式发布并联合播出。该片邀请了鲍国安、陈数、陈宝国、陈建斌、邓在军、侯鸿亮、康洪雷、李三林、李幼斌、林永健、刘佳、刘江、刘劲、刘涛、刘和平、刘效礼、梅婷、倪萍、濮存

昕、孙俪、唐国强、佟大为、佟丽娅、王朝柱、王馥荔、王志飞、颜丙燕、张丰毅、张国立、张凯丽等30位中国电视金鹰奖获得者，讲述自己与电视的故事。该系列共30集，每集约10分钟。

【第30届中国电视金鹰奖颁奖晚会在湖南长沙举办】

10月18日，第30届中国电视金鹰奖暨第13届中国金鹰电视艺术节颁奖晚会在长沙举办，由湖南卫视和芒果TV同步直播。中国文联党组书记、副主席李屹，湖南省委书记、省人大常委会主任杜家毫等领导出席活动。晚会揭晓了本届金鹰奖全部421个获奖作品及单项奖名单，并表彰了两部评委会特别推荐作品。

【“中国文联终身成就电视艺术家荣誉称号”在湖南长沙颁授】

10月18日，第30届中国电视金鹰奖颁奖晚会现场，为陈铎、李保田、刘效礼三名老艺术家举行了荣誉颁授仪式。“中国文联终身成就电视艺术家荣誉称号”前身为“中国电视艺术终身成就奖”，本届为第三次颁授，已有十名老电视艺术工作者获此殊荣。

【第八届亚洲微电影艺术节系列活动在云南临沧举办】

11月6日至9日，由中国视协、中央新影集团、中共云南省委宣传部、云南省文化和旅游厅、云南省广播电视局、临沧市人民政府联合主办的第八届亚洲微电影艺术节系列活动在云南省临沧市举办。中国文联副主席、中国视协主席胡占凡，中央新影集团党委书记、董事长姜海清，中国视协分党组成员、副秘书长高健，中央新影集团副总经理郭本敏，云南省委宣传部二级巡视员刘赛龙，中共临沧市委书记杨浩东等主办方领导与嘉宾代表，多个国家大使馆负责人以及来自法国、俄罗斯、美国、伊朗、墨西哥等多个国家的嘉宾和数百位影视文艺工作者共同参加了系列活动。本届亚微节以“亚洲风、中国梦、临沧情”为主题，包括开幕式暨群众文艺演出、荣誉盛典、高峰论坛、文艺志愿服务队演出、非物质文化遗产展等活动。

【第六届“世界电视日”中国电视大会在京举办】

11月20日至21日，以“视界触手可及”为主题的第六届“世界电视日”中国电视大会在北京举办。此次大会由国家广播电视总局、中国文联、北京市政府指导，中国视协与北京市广播电视局联合主办，央视市场研究、中国广视索福瑞媒介研究、BIRTV组委会、北京广播电视台、歌华传媒集团、中国视协全媒体公益委员会协办，中国视协媒体融合推进委员会、中广互联共同承办。国家广播电视总局党组成员、副局长孟冬，中国文联党组成员胡孝汉，北京市政协副主席牛青山出席主旨峰会并致辞。北京市广播电视局局长杨烁，中国视协分党组成员、副秘书长范宗钗，中国视协媒体融合推进委员会主任程宏等主承办方领导出席会议。欧洲广播联盟（EBU）、印度尼西亚共和国大使馆向大会开幕发来致辞视频。本次会议举办了一场主旨峰会、十场专题峰会。内容涵盖5G大屏产业、跨界融合创新、视听人工智能、广电+数字城市等广电行业热点，会聚近五百位一线专家、学者、企业代表，共同探讨电视行业的现状与未来。

创作与研究

【电视剧《大明风华》专家研讨会在京召开】

1月7日，中国视协在京召开电视剧《大明风华》专家研讨会。研讨会由中国视协分党组成员、副秘书长范宗钗主持。李准、仲呈祥、李京盛、王一川、刘玉琴、李春利、高小立等专家出席研讨会。《大明风华》出品人、总制片人姚昱竹，《大明风华》编剧、导演张挺，湖南广播电视台副台长朱皓峰，阿里文娱优酷总编辑张丽娜分别作为《大明风华》的制作方代表和出品方代表介绍了该剧的拍摄和播出情况。

【2019中国电视剧创作研讨会在京召开】

1月10日，由中国视协主办，中国文联电视艺术中心、中国视协电视剧（网剧）制作播出合作促进委员会承办的2019中国电视剧创作研讨会在京召开。

中国文联副主席、中国视协主席胡占凡，中国视协分党组书记、驻会副主席廖恳，中国视协分党组成员、副秘书长范宗钗，中国文联理论研究室副主任徐粤春、董涛，中宣部文艺局电视处副处长姜超等出席会议。研讨会以回顾2019年电视剧创作，结合2019年新中国成立70周年，2020年全面实现小康社会、2021年党的百年华诞座谈现实主义题材电视剧创作为主题，邀请了业界资深的电视文艺评论专家、知名电视剧编剧、导演、演员、影视制作公司负责人及播出平台负责人参与研讨。

【电视剧《太阳照耀独龙江》剧本大纲论证会在京召开】

6月12日，中国视协在京组织召开电视剧《太阳照耀独龙江》剧本大纲论证会。

中国文联副主席、中国视协主席胡占凡及中共云南省委宣传部常务副部长罗杰，中国科技出版传媒集团党委书记、董事长陈鹏，中国科技出版传媒集团影视中心艺术总监、电视剧《太阳照耀独龙江》总制作人陈彬，电视剧《太阳照耀独龙江》导演杜军等主创单位代表出席会议，仲呈祥、范咏戈、闫东、邢戈、戴清等专家学者围绕剧本大纲创作进行论证，会议由中国视协分党组成员、副秘书长范宗钗主持。

【电视剧《局中人》专家研讨会在京召开】

7月23日，由中国视协主办，《当代电视》杂志社、中国视协影视机构委员会承办的谍战题材电视剧《局中人》专家研讨会在京召开。

中国文联副主席、中国视协主席胡占凡，江苏省广播电视局副局长、江苏省视协副主席尹晓平等领导和来自各大机构、院校的专家学者，电视剧《局中人》的出品方、制作方、宣传方及观众代表出席研讨会。会议由中国视协分党组成员、副秘书长范宗钗主持。李准、仲呈祥、康伟、张子扬、张德祥、王伟国、武亚军、吴曼芳、高小立、蒲剑、戴清、邓凯等知名专家学者参加了研讨。

【脱贫攻坚主题电视剧创作研讨会在京召开】

7月31日，由重点现实题材电视剧剧本创作协调小组、中国视协主办的脱贫攻坚主题电视剧创作研讨会在京召开。协调小组组长、中国视协主席胡占凡等协调小组成员单位有关负责同志，中宣部文艺局、全国扶贫宣传教育中心等单位有关负责同志和知名专家学者、电视剧主创代表共同出席会议。与会人员围绕近两年脱贫攻坚主题电视剧创作的经验成绩、问题不足以及相应的对策建议进行了深入研讨。会议由协调小组常务副组长兼办公室主任，中国视协分党组书记、驻会副主席廖悬主持。

【电视剧《太行之脊》专家研讨会在京召开】

9月9日，由中国视协主办的电视剧《太行之脊》专家研讨会在京召开。中国视协名誉主席赵化勇，广东广播电视台党委书记、台长蔡伏青，中宣部文艺局、中央广播电视总台影视剧纪录片中心有关负责同志，广东广播电视台、广东南方广播影视传媒集团有限公司、广东南方新媒体股份有限公司、中共深圳市委宣传部等出品方代表，以及专家学者出席了本次研讨会。会议由中国视协分党组成员、副秘书长范宗钗主持。

【《大理三月好风光》剧本论证会在京召开】

9月24日，由重点现实题材电视剧剧本创作协调小组、中国视协主办的电视剧《大理三月好风光》剧本论证会在京召开。重点现实题材电视剧剧本创作协调小组组长，中国文联副主席、中国视协主席胡占凡，中宣部文艺局、国家民委文化宣传司、中央广播电视总台影视剧纪录片中心有关负责同志，中共云南省委宣传部、华侨城·云南文化产业投资控股集团有限公司、中国国际电视总公司等出品方、主创代表，以及仲呈祥、王伟国、陈先义、高晓虹、艾克拜尔·米吉提、武翠英、张明智等专家学者围绕剧本创作进行论证。会议由中国视协分党组成员、副秘书长范宗钗主持。

【电视剧《金色索玛花》专家研讨会在京召开】

12月24日，由中国视协主办的电视剧《金色索玛花》专家研讨会在京召开。中国文联党组成员胡孝汉出席会议并作研讨小结，中宣部文艺局有关负责同志、中央广播电视总台影视剧纪录片中心、四川凉山州人民政府等出品方、主创方代表和影视业界专家学者出席研讨会，研讨会由中国视协分党组成员、副秘书长范宗钗主持。会上，中央广播电视总台影视剧纪录片中心党委副书记夏晓辉、中共凉山州人民政府副州长肖春、该剧导演欧阳奋强等出品方、主创方代表首先介绍了该剧策划、创作和播出等相关情况。仲呈祥、范咏戈、李跃森、丁亚平、李春利、高小立、戴清等业界知名专家学者参加了研讨。

对外及对港澳台文化交流

【第九届海峡两岸电视艺术节在福建举办】

11月20日至25日，第九届海峡两岸电视艺术节在福建福州和平潭综合实验区举办。本届艺术节由中国视协、台湾中华广播电视节目制作商业同业公会、福建省文联、福建省广播影视集团、平潭综合实验区党工委管委会共同主办。福建省副省长郭宁宁，中国文联党组成员胡孝汉，第九届中国文联副主席、书记处书记杨承志，全国政协委员、中国视协副主席张显，中国文联港澳台办公室主任董占顺，中国视协分党组成员、副秘书长范宗钗，国台办新闻局二级巡视员刘晓辉，中国视协二级巡视员冯怀中，福建省文联党组书记、副主席王秋梅，福建省广播影视集团党组书记、董事长曾祥辉等出席了活动。此次艺术节在多场活动中采用“云连线”（视频）“云比赛”（视频）的形式，先后开展了“情深意长——第六届海峡两岸影视名家书画展”“海峡两岸电视论坛”“声耀平潭·第十二届海峡两岸电视主持新人大赛”等活动。

机关建设

【中国视协召开2020全面从严治党和加强党的建设工作部署会议】

7月28日，按照中国文联2020年全面从严治党工作部署会议精神，中国视协召开2020全面从严治党和加强党的建设工作部署会议。协会分党组、各部门主要负责人、党总支、党支部各委员和其他党员共30余人参加。中国视协分党组书记、驻会副主席廖恳作动员讲话，对2020年中国视协全面从严治党和党的建设工作作出部署。中国视协分党组成员、副秘书长范宗钗传达了习近平总书记在十九届中央纪委四次全会上的重要讲话精神和文联党组书记李屹在中国文联全面从严治党工作部署会议上的讲话。会议由中国视协分党组成员、副秘书长高健主持。

【中国视协机关支部组织召开全体党员大会】

12月28日，中国视协机关支部组织召开全体党员大会，交流学习党的十九届五中全会精神的心得体会，传达学习中国文联机关第五次党代会工作报告，听取分党组成员、副秘书长高健讲授专题党课。中国文联党组成员胡孝汉参加会议交流，并对视协干部职工提出“六个进一步”的期望和要求。中国视协分党组成员、副秘书长范宗钗主持会议。

直属单位

【“弘扬伟大民族精神，夺取战疫全面胜利”动漫作品征集活动】

2月14日，中国视协卡通艺术委员会与武汉动漫协会合作，面向海内外各界人士发起“弘扬伟大民族精神，夺取战疫全面胜利”主题动漫作品征集活动。此次活动除有湖北武汉本地动漫创作者的参与外，来自北京、上海、河北、山西、辽宁、吉林、黑龙江、江苏、浙江、安徽、江西、山东、河南、湖南、广东、海南、四川、贵州、云南、陕西等省市自治区及香港、澳门特别行政区的全国各地动漫爱好者也参与其中。

【战“疫”迎春——致敬最美逆行者书画作品云端展览】

3月，中国视协艺术家诗书画学会举办了战“疫”迎春——致敬最美逆行者书画作品云端展览。近百位艺术家以及全国3000多位艺术工作者参与活动，参展作品万余幅。今日头条、搜狐网、凤凰网、百度百家、天天快报、中国国际艺术网、雅昌艺术网、艺术财经杂志等十余家媒体进行了线上巡展。

【创世纪群星公益表演大课堂】

3月22日，中国视协国际交流委员会支持会员单位为武汉高中生开办线上公益艺术课。该活动主要面向湖北籍影视艺术表演的特长生及湖北籍所有影视艺术爱好者，以组织部分影视艺术家线上讲课的方式丰富武汉高中生的学习内容，共计30天，30课时。

【中国视协企业电视分会党建工作会议在江苏扬州召开】

8月18日至20日，中国视协企业电视分会党建工作会议在江苏扬州召开。中国视协二级巡视员、党总支副书记冯怀中，企业分会有关领导以及部分会员单位党组织负责同志五十多人出席会议。会议内容包括学习习近平总书记的重要文章《中国共产党领导是中国特色社会主义最本质的特征》，传达中国视协党建工作会议精神，交流企业电视党建工作经验，参观扬州平山堂廉政教育基地，研讨策划建党100周年电视文艺系列活动方案等。

【《2019中国电视媒体融合发展报告》正式发布】

9月9日，由中国视协媒体融合推进委员会和中国电影电视技术学会联合出品的《2019中国电视媒体融合发展报告》正式发布。报告整体框架包括政策篇、宏观市场环境篇、大视频市场重大事件篇、实践篇及县级融媒体中心发展篇，并总结了媒体融合发展过程中的相关经验、启示和建议。

【电视文艺乌兰牧骑慰问活动暨2021年度春晚及电视文艺晚会座谈会在内蒙古呼伦贝尔举办】

9月23日至27日，由中国视协主办，中国视协电视文艺委员会、内蒙古广播电视台、内蒙古视协承办的“电视文艺乌兰牧骑慰问活动暨2021年度春晚及电视文艺晚会座谈会”在内蒙古自治区呼伦贝尔市举办。中国视协电视文艺委员会主任赵多佳，内蒙古广播电视台党委委员、副总编辑朝鲁巴特尔，内蒙古电视艺术家协会副主席、秘书长杜梅以及来自全国各省区市的电视文艺工作者共同参加了本次活动。

【电视微纪录片《为时代画像》策划会在河北举办】

10月14日，由中国视协行业电视委员会、河北省总工会、河北省文联、中国教育电视台、中国职工音像出版社联合发起的献礼建党百年百集电视微纪录片《为时代画像》策划会，在河北省京能集团北戴河劳模博物园举办。中国视协分党组成员、副秘书长范宗钗，河北省文联党组书记、副主席解晓勇，中国教育电视台副台长陈宏等领导与40余名专家学者参会。

【中国视协双新委员会第一次会议在湖南长沙举行】

10月18日，中国视协新文艺组织和新文艺群体工作委员会第一次工作会议在湖南长沙举行。会上公布了首批中国视协“双新”委员会委员名单，包括电视行业各领域新文艺群体个人21人，新文艺组织26家。会上，中国视协还联合正午阳光、新丽传媒、腾讯视频、爱奇艺、优酷等诸多影视出品机构，推出“登攀计划”中国电视新文艺群体英才培养项目。

【2020金南狮网络视听盛典在广东佛山举办】

11月28日至29日，由佛山市人民政府、广东广播电视台及中国视协电视剧（网剧）制作播出合作促进委员会联合主办的2020金南狮网络视听盛典在广东佛山举办。中国视协分党组成员、副秘书长范宗钗，广东广播电视台党委书记、台长蔡伏青等领导出席本次活动。本次盛典包括年度作品推优、行业交流会等活动。

【第七届中国电视好演员推选系列活动在四川成都举办】

11月29日至30日，由中国视协指导，中国视协演员工作委员会、成都市影视家协会共同主办的第七届中国电视好演员推选系列活动在成都举办。中国文联副主席、中国视协主席胡占凡，中国视协分党组成员、副秘书长高健，中国视协二级巡视员冯怀中，中国视协演员工作委员会会长陈宝国等与国内众多知名演员出席了本次活动。

【中国视协广告艺术委员会换届工作会议在京召开】

12月5日，中国视协广告艺术委员会换届工作会议在京召开，中国文联副主席、中国视协主席胡占凡，中国视协分党组成员、副秘书长范宗钗，中央电视台原副总编辑程宏，中国传媒大学广告学院教授、国家广告研究院副院长何海明以及来自广告领域的企业、媒体和高校专家代表们出席，聘任何海明为新一届委员会主任。工作会议后召开了以“智能传播时代广告业新生态的机会与挑战”为主题的学术研讨会。

【第26届中国纪录片学术盛典暨第13届深圳青年影像节在广东深圳举行】

12月10日至13日，由中国视协、中共深圳市委宣传部、深圳市文联主办，中国视协电视纪录片学术委员会、深圳市影视家协会承办的第26届中国纪录片学术盛典暨第13届深圳青年影像节在广东深圳举行。

会议以“责任担当、守正创新”为主题，主

要包括“第26届中国纪录片学术盛典”“纪录片讲故事· 2020”学术论坛等环节。中国文联副主席、中国视协主席胡占凡，中国视协分党组成员、副秘书长范宗钗以及深圳市政协副主席、民进深圳市委会主委陈倩雯，广东省文联副主席、深圳市文联党组书记、主席李瑞琦，以及中国视协电视纪录片学术委员会会长高峰等领导嘉宾出席活动。

【见证伟大的抗疫精神——中国同心战疫纪实影像主题活动在广东中山举办】

12月13日至15日，由中国视协、国家卫健委宣传司、中国国家图书馆指导，中国视协电视纪录片学术委员会、中共中山市委宣传部、中国人口宣传教育中心主办，中山市卫生健康局、中山广播电视台联合承办的见证伟大的抗疫精神——中国同心战疫纪实影像主题活动在广东中山市举行。

本次活动主要包括“见证伟大的抗疫精神——中国同心战疫纪实影像公益晚会”“公共突发事件下的影像纪录学术论坛”等内容。中国文联副主席、中国视协主席胡占凡，中国视协副主席张显，中央广播电视总台创新发展研究中心召集人杨华，中国人口宣传教育中心主任姚宏文，国家图书馆副馆长汪东波，中山市人民政府副市长徐小莉，中国视协电视纪录片学术委员会常务副会长祖光等领导以及有关专家、学者、抗疫一线医护人员、优秀纪录片团队等近140人出席活动。

【荔枝大讲堂（网络专题）活动在京举办】

12月15日至16日，由中国视协新媒体委员会、江苏省广播电视总台（集团）、幸福蓝海影视文化集团股份有限公司联合举办的首届荔枝大讲堂（网络专题）在北京举办。中国视协名誉主席、中国视协新媒体委员会名誉会长赵化勇，江苏广播电视总台（集团）副台长蒋小平，中国视协新媒体委员会有关负责人与来自投资制作、宣传发行、播出平台等不同领域的近百名业内代表参与活动。中国视协新媒体委员会常务理事、幸福蓝海影视文化集团北京公司总经理孟庆丰以及中央广播电视总台、爱奇艺、腾讯、哔哩哔哩、五元文化、清华大学、中国传媒大学等媒体机构嘉宾代表结合自身工作经验，向在场的从业人士分享了长剧集、短视频如何“应时而变、破圈而生”。

【“登攀计划”中国电视新文艺群体英才培养项目第一期学员名单发布】

12月29日，“登攀计划”中国电视新文艺群体英才培养项目经专家评审会现场评定及项目组复审后，对外公示第一期40名学员入选名单。该项目旨在培养一批熟悉和精通影视工业化流程，了解影视市场规则的新制片人、新编剧、新导演等新文艺群体拔尖人才，产出一批在国内甚至国际上有影响力的头部电视作品，用世界通行的影视语言讲述“中国文明故事”。“登攀计划”首期项目聚焦于电视剧集（含网剧）开发，后续将拓展至微综艺节目等。

中国文艺评论家协会

综　述

2020年是决胜全面建成小康社会、决战脱贫攻坚之年，是“十三五”规划收官之年，也是应对新冠肺炎疫情大考的特殊之年。这一年，中国文艺评论家协会、中国文联文艺评论中心深入学习贯彻习近平新时代中国特色社会主义思想和党的十九大及十九届二中、三中、四中、五中全会精神，贯彻落实习近平总书记关于群团工作、文艺工作、文联工作重要论述和指示批示，特别是贯彻落实习近平总书记关于文艺评论工作的最新重要指示批示精神，牢牢把握文联“做人的工作”核心任务，高质量推进“文艺评论工程”，围绕国家大局，坚持正确导向，聚焦文艺现象，开展专题研讨，以评为旗，以论辩理，敢于实事求是、表明态度、亮明立场，充分发挥“团结引导、联络协调、服务管理、自律维权”“引导创作、推出精品、提高审美、引领风尚”的职责职能，较好地完成了各项工作任务，为推动全国文艺评论事业繁荣发展作出了积极贡献。

中国文联文艺评论中心承担中国文艺评论家协会（以下简称“中国评协”）实体工作，是中国文联推动文艺评论事业发展的专门机构，是党和政府联系文艺评论界的桥梁和纽带。

重要会议及活动

【全国文艺评论工作会暨中国文艺评论家协会第二次全国代表大会】

8月16日至19日，全国文艺评论工作会暨中国文艺评论家协会第二次全国代表大会在京召开。中国文联主席、中国作协主席铁凝出席开幕式。中国文联党组书记、副主席李屹出席开幕式并讲话，充分肯定中国评协成立以来所取得的显著成绩，深刻论述了新时代加强和改进文艺评论工作的重要意义，对下一阶段文艺评论工作和评协工作提出了明确要求。中国文联党组成员、书记处书记董耀鹏和中宣部文艺局副局长彭云，民政部社会组织管理局二级巡视员张贞德，各全国文艺家协会和中国文联机关各部门、各直属单位负责同志出席开幕式。中央国家机关、全国各省区市和新疆生产建设兵团、各副省级市和部分基层的文艺评论工作者代表、特邀嘉宾以及新闻媒体记者共280人参加开幕式。受中国评协第一届主席仲呈祥委托，中国文联主席团委员、中国评协第一届副主席王一川代读开幕词。开幕式由评协第一届副主席向云驹主持。

会议审议通过了第一届理事会工作报告，修订了《中国文艺评论家协会章程》，审议并通过《中国文艺评论家协会个人会员服务管理办法》《中国文艺评论家协会团体会员服务管理办法》。大会选举产生中国文艺评论家协会第二届领导机构。选举产生由160人组成的中国文艺评论家协会第二届理事会。中国文艺评论家协会第二届理事会第一次会议选举产生了中国文艺评论家协会第二届主席、副主席。夏潮当选主席，王一川、尹力、尹鸿、叶青、叶培贵、向云驹、李明泉、李树峰、汪涌豪、张德祥、茅慧、周海宏、董耀鹏、傅道彬和傅谨15人当选副主席。于平、王丹彦、朱以撒、刘和平、范迪安、罗怀臻、孟繁华、高建平、崔凯、蒋述卓和路侃11人被聘请为中国评协第二届顾问。周由强、袁正领被聘任为中国评协第二届副秘书长。中国文联党组书记、副主席李屹，中国文联党组成员、书记处书记董耀鹏，中国文联副主席陈振濂，新当选的中国评协第二届主席、副主席，新聘请的中国评协第二届顾问，以及全体大会代表出席闭幕式。新当选主席夏潮致闭幕词。闭幕式由中国评协副主席叶青主持。

【习近平总书记关于文艺工作的重要论述理论研讨会】

11月5日至6日，由中国文联、中国评协联合主办的习近平总书记关于文艺工作的重要论述理论研讨会在京召开。中国文联党组书记、副主席李屹指出，习近平总书记关于文艺工作的重要论述开创了中国特色社会主义文艺理论新境界，是马克思主义文艺理论中国化的最新成果，科学阐明了新时代文艺前进的道路方向，系统擘画了新时代文艺事业的美好蓝图，是做好新时代文艺工作最权威的教科书。近百位专家学者深入学习贯彻习近平总书记关于文艺工作的重要论述，加强新时代马克思主义文艺理论建设，研讨推动文艺事业和文联工作创新发展。除了分组研讨交流，北京大学教授董学文，湖北省文联党组书记、常务副主席邓长青，中国音协副主席、原总政歌舞团团长、一级作曲家张千一，中国文联主席团委员、中国评协副主席、北京师范大学文艺学中心主任、教授王一川，中共浙江省委宣传部副部长、省电影局局长葛学斌，浙江大学人文学部副主任、教授王杰还分别以《充分认识习近平总书记关于文艺工作的重要论述的重大意义》《坚持以人民为中心，以精品服务人民——湖北省文联“以人民为中心创作导向”的实践与体会》《人民的需要，就是我创作的动力——以人民为中心创作导向的实践与体悟》《当代中国文艺评论三题》《试论以人民为中心的艺术追求和创作实践》《阐发文艺繁荣发展的中国经验——重读习近平总书记在文艺工作座谈会上的讲话》为题进行发言。相关学理阐释论文和各艺术门类关于文艺实践经验的总结性文章，经专家评审后，在《中国艺术报》《中国文艺评论》和中国文艺网以专栏、增刊、专题形式刊发。

研讨会期间，中国评协召开了第二届主席团第一次会议，学习贯彻党的十九届五中全会精神，研究谋划进一步加强和改进文艺评论工作的思路和措施。会议认为，以习近平同志为核心的党中央高度重视文艺评论工作，对做好新时代文艺评论工作寄予厚望，文艺评论工作者深感使命光荣、责任重大，文艺评论事业迎来了宝贵的发展机遇。面对网络和新媒体，应当创新评论的笔法、形式和传播渠道，架设创作和观众之间的桥梁，充当理论与大众之间的媒介，打破圈层传播壁垒，进一步发挥文艺评论引导创作、推出精品、提高审美、引领风尚的重要作用。

【庆祝建党100周年电视剧本《太阳出来了》研讨会】

7月10日，由中国评协主办的庆祝建党100周年电视剧本《太阳出来了》研讨会在北京举行。中国文联党组成员、书记处书记董耀鹏，中共天津市委常委、宣传部部长陈浙闽，中国评协名誉主席李准，主席仲呈祥，中国文联副主席、全国人大常务委员会委员左中一，中国评协副主席、全国政协委员夏潮，中国人民解放军海军原副政委、中将王兆海，《解放军报》文艺部原主任陈先义，中国评协副主席、中国文学艺术基金会秘书长向云驹，中国评协副主席张德祥，中国文联网络文艺传播中心主任谢力，天津市委宣传部副部长杨君毅，中国文联文艺评论中心副主任、中国评协副秘书长周由强等参加了会议。会议由仲呈祥主持。45集电视剧《太阳出来了》是为庆祝中国共产党建党100周年而创作的重头大戏，在同类题材的创作里，兼具精神内涵、文化内涵和艺术价值。

【学习贯彻习近平新时代中国特色社会主义思想专题培训班】

为深入学习贯彻习近平新时代中国特色社会主义思想和党的十九大精神，加强文艺评论人才队伍建设，在中国文联人事部的指导下，中国评协于7月20日至8月20日举办“学习贯彻习近平新时代中国特色社会主义思想网络专题培训班”，组织协会2018、2019年度新入会会员353人参与培训。为积极防控新冠肺炎疫情，本次培训注重利用现代信息手段，依托中国文联网络培训云平台进行，采取必修与选修、大课与微课、听课与自学、在线考试与成果撰写相结合的模式，突出文艺评论引领力引导力，提升培训针对性有效性，增强网络时代文艺评论传播力影响力，取得了增强协会凝聚力向心力、提升文艺评论责任感使命感、促进文艺评论科学性专业性的积极成效。协会甄选69篇学员撰写的学习体会，以使命担当篇、文化自信篇、评价体系篇、评论实践篇的体例汇编成册，并精选10篇学习体会文章在中国文艺评论网和“中国文艺评论”微信公号推出，充分推介学习成果、促进业界交流、加强行业建设。

【2020“在新时代的现场”当代文艺评论苏州论坛】

10月15日至17日，由中国评协、江苏省文联、苏州市委宣传部主办，江苏省评协、苏州市文联、苏州大学艺术学院、苏州市吴中区委宣传部承办的2020“在新时代的现场”当代文艺评论苏州论坛在苏州举行。中国文联党组成员、书记处书记、中国评协副主席董耀鹏，中国评协主席夏潮，江苏省文联党组书记、常务副主席水家跃，苏州市委常委、宣传部部长金洁，中国文联文艺评论中心主任徐粤春，中国文联理论研究室主任、中国评协副秘书长周由强以及来自全国的100余位专家学者出席开幕式。徐粤春主持开幕式。论坛围绕艺术的当代表达，阐发时代精神的美学追求，强化“有时代感”的艺术评论，推动美术、书法、昆剧等传统艺术与城市公共艺术的融合发展。当代文艺评论苏州论坛是中国文艺评论（苏州）基地的品牌活动。自2018年起，每两年举办一届，取得了良好的社会影响。

【中国艺术学理论学会2020年年会暨“媒介视域下的艺术变迁”学术研讨会】

10月24日至25日，由中国艺术学理论学会和中国评协主办，中国传媒大学艺术研究院、中国文联文艺评论中心承办的中国艺术学理论学会2020年年会暨“媒介视域下的艺术变迁”学术研讨会在北京举行。来自全国各地的艺术学界专家、学者300余人参加了会议。会议以习近平总书记关于文艺工作的重要论述为指导，主旨议题是“媒介视域下的艺术变迁”，分组议题有“媒介变革与艺术历史的演进”“媒介变革对艺术观念的影响”“媒介变革与艺术创作和批评”“媒介变革与艺术传播和消费”。中国艺术学理论学会年会已连续举办多届，成为艺术学理论建设的重要品牌。近年来，中国评协作为主办单位一直积极参与相关工作。年会本身也体现了中国评协与艺术学理论界同仁共同努力所取得的成果。

【中国文艺评论相关文集】

中国文联文艺评论中心、中国评协组织人民出版社和浙江人民出版社编撰出版《啄木声声——第四届“啄木鸟杯”中国文艺评论年度优秀论文集》《青年文艺与国家形象——第五届“西湖论坛”文集》等，编辑《回望“西湖论坛”现场——“西湖论坛”资料汇编》，不断扩大文艺评论影响力。

艺评战“疫”

新冠肺炎疫情来袭，中国评协与全国各地评协迅速打响疫情防控的人民战争，积极撰写文艺评论文章、举办抗“疫”主题研讨会，主动发挥思想敏锐、科学理性的专业优势，注重发挥文艺评论“褒优贬劣、激浊扬清”作用。12月28日，中国文联文艺评论中心撰写的综述《文艺评论：与创作密切合奏铿锵有力的抗疫乐章》在《中国艺术报》刊发。

【中国评协“艺评战疫”】

及时发出倡议，第一时间发出《坚定信心 以身作则 勇于担当——中国文艺评论家协会倡议书》，组织引导广大文艺评论家和文艺评论工作者，迅速撰写时效性、针对性、引导性强的文艺评论文章。各省区市评协迅速响应倡议，全国评协一盘棋效应得到充分显现。及时组织时评，1月30日首发中国文艺评论新媒体征稿通知，积极策划组织“艺评战‘疫’，文艺评论家在行动”网络文艺评论专题征稿活动，在60天内吸引带动各地文艺评论家、文艺评论工作者原创评论来稿约700篇。同期选载重点报刊网站优质文艺评论文章300篇。其中仲呈祥、王一川、陈振濂等部分主席团成员、理事以及文艺评论家代表50余篇在《人民日报》《光明日报》《中国文化报》《中国艺术报》《文艺报》以及各省市区党委机关报上刊发，形成了较大的主流评论声势。按照中宣部要求和中国文联统一部署，及时组织文艺评论家参加“我想对你说”爱心传递活动，2月至3月共组织32位文艺评论家通过抖音、快手平台发布主题视频34条，撰写《谱写众志成城的大爱之声——中国评协开展“我想对你说”爱心传递活动》一文，推出《用心创作 鼓舞斗志——中国评协会员用实际行动抗疫》专题报道，通过中国文艺评论网和“中国文艺评论”微信公号集中展示文艺评论家们为抗疫创作的艺术作品。根据中国文联国内联络部和文艺志愿服务中心统筹安排，邀请评论家、艺术家参与“文艺进万家、健康你我他”活动、“坚

信爱会赢”文艺界以艺抗疫5·23特别节目、“以艺战疫”数字博物馆征集活动、网上文艺志愿服务公益大课堂，为坚决打赢疫情防控阻击战贡献评论界的力量。

【“音乐的力量”——抗疫主题音乐创作座谈会暨优秀抗疫公益歌曲荣誉证书颁发仪式】

9月29日，由中国音协、中国评协共同主办的“音乐的力量”抗疫主题音乐创作座谈会暨优秀抗疫公益歌曲荣誉证书颁发仪式在北京举办。中国文联副主席、中国音协主席叶小钢，中国音协分党组书记、驻会副主席韩新安，中国文联文艺评论中心主任徐粤春，中国音协分党组成员、副秘书长王宏出席会议。会议由中国音协分党组成员、副秘书长张天文主持。与会评论家和音乐家一致认为，在全国抗疫斗争取得重大战略成果的关键时刻，召开抗疫主题音乐创作研讨会十分及时、很有必要，对于进一步总结主题音乐的创作经验和创作规律具有积极意义。座谈会深入研讨抗疫主题音乐的功能作用、美学特质、传播特征，同时也指出空泛悬浮、缺乏创新等存在问题，探索主题音乐创作提升质量的重要路径。中宣部宣传舆情研究中心与中国音协对入选中宣部“学习强国”学习平台《全国优秀战“疫”公益歌曲展播系列》的316首优秀抗疫公益歌曲作者授予荣誉证书。韩新安和徐粤春共同为抗疫公益歌曲《中国一定强》词作者王晓岭等6位词曲作家代表颁发了荣誉证书。会后，在《中国文艺评论》杂志刊发多篇与会者的评论文章。

【“中国抗疫文艺创作的家国叙事和传播策略”座谈会】

11月12日至15日，由中国文联指导，中国文联文艺评论中心、湖北省文联、三峡大学联合主办，湖北省评协、宜昌市文联和三峡大学文学与传媒学院共同承办的“中国抗疫文艺创作的家国叙事和传播策略”座谈会在湖北宜昌举行。中国文联文艺评论中心主任徐粤春，湖北省文联主席刘醒龙，湖北省文联党组成员、副主席肖伟池，宜昌市委常委、宣传部部长王国斌，三峡大学校长何伟军等和来自全国各地的30余位文艺评论工作者、抗疫作品主创人员出席座谈会。开幕式由湖北省文联二级巡视员、湖北省评协副主席李建华主持。专家学者观看了中国文艺家以“艺”抗疫宣传片，围绕抗疫文艺创作的思想主题、叙事方式、审美内涵等展开深度交流，挖掘抗疫文艺蕴含的家国情怀，以及从家出发、以国为核、家国同构、家国一体的创作逻辑，深刻揭示抗疫文艺的创作规律。会后，在《中国文艺评论》杂志刊发多篇与会者的评论文章。

【第六届中国青年文艺评论家“西湖论坛”】

11月27日至29日，由中国评协、中国文联文艺评论中心、浙江省文联主办的第六届中国青年文艺评论家“西湖论坛”在浙江海宁举办。论坛以“非常时期文艺的价值与力量”为主题，中国文联党组成员、书记处书记、中国评协副主席董耀鹏出席开幕式并作主旨讲话，指出非常时期文艺创作和实践体现出使命担当、精神力量、娱乐认知教育功能和网络新模式新平台这4个鲜明特点，强调继续发挥文艺评论的灯火、利器、镜子、良药作用。中国文联文艺评论中心主任徐粤春，中国文联理论研究室主任、中国评协副秘书长周由强，浙江省委宣传部副部长、省电影局局长葛学斌，浙江省文联党组书记、副主席、书记处常务书记陈瑶，以及吕伟刚、祝亚伟、彭宽、朱建军等有关负责人和路侃、朱以撒、张德祥、李树峰、陈履生、尹力等业内专家学者与青年文艺评论家近百人参加了活动，结合各艺术门类在非常时期创作与传播中出现的新现象与新问题，围绕“文化自信、中国力量、网络媒介、行业发展”等话题展开了深入研讨。

“脱贫攻坚”文艺评论

中国评协、中国文联文艺评论中心积极发挥组织联络优势，开展重点评论、志愿服务、开设专栏等工作，广泛凝聚力量，创新工作方法，助力脱贫攻坚决战决胜。12月30日，中国评协撰写的综述《文艺扶贫春风化雨　评论聚力启智育心——中国文艺评论家协会文艺扶贫结硕果》在《中国艺术报》刊发。

【电影《我和我的家乡》作品研讨会】

10月11日，由中国评协、中国影协共同主办的电影《我和我的家乡》作品研讨会在北京举行。中国文联文艺评论中心主任徐粤春主持，张苗、王君、尹琪、王一川、胡智锋、丁亚平、戴清、邓凯、李星文等影片主创和评论家研讨，中国影协分党组书记、驻会副主席张宏总结讲话。会议围绕“小康大片的新景观”这一主题，从创作和评论的不同角度，探讨了电影艺术创新、类型突破等成功奥秘和借鉴意义，同时也指出了影片有待完善的空间，推进主旋律影片创作研究新模式。徐粤春认为，两个协会选取这一典型性作品展开研讨，从个案作品探讨一般规律，起到以小见大、见微知著的效果。中国评协还将继续与各艺术门类全国文艺家协会合作，针对重要的文艺作品、文艺现象开展重点的文艺评论。

【大型史诗歌舞剧《大地颂歌》研讨会】

11月6日，在2013年11月3日习近平总书记到湖南湘西十八洞村考察时首次提出“精准扶贫”重要理念七周年、举国上下即将实现全面建成小康社会目标之际，大型史诗歌舞剧《大地颂歌》在国家大剧院举办进京首场演出。11月7日，由中国评协及湖南省委宣传部、省文联、省演艺集团主办的大型史诗歌舞剧《大地颂歌》研讨会在京召开。《大地颂歌》以艺术的方式全景描绘了十八洞村脱贫攻坚的时代史诗，作为全国脱贫攻坚题材的优秀舞台艺术剧目，入选“庆祝中国共产党成立100周年舞台艺术精品创作工程”重点扶持作品名单。中国评协主席夏潮指出，《大地颂歌》是文艺战线贯彻落实习近平总书记关于文艺工作的重要论述，向人民、向时代交出的一份优秀答卷，是向建党100周年的深情献礼。中共湖南省委常委、宣传部部长张宏森表示，作为习近平总书记精准扶贫重要理念的首倡之地，广大干部群众有首倡之为，宣传文艺工作者应该有首倡之声，不在脱贫攻坚大的时代背景中失语、缺席。中国文联文艺评论中心主任徐粤春表示，《大地颂歌》展现了扶贫英雄的伟大精神境界和人格魅力，既能够满足人民的文化需求，又能够增强人民的精神力量。中国文联主席团委员、中国舞协主席冯双白，中国评协顾问、中国剧协副主席罗怀臻，中国评协副主席、中国文学艺术基金会副理事长兼秘书长向云驹等专家从纪实性、史诗化、抒情性与现实主义品格等视角深入研讨。人民日报、新华社、中央电视台、《中国艺术报》和湖南卫视等媒体均进行专题报道，产生较大社会影响。

【中国文艺评论新媒体开设“脱贫攻坚”艺评专栏】

4月，中国文艺评论新媒体开设“脱贫攻坚”艺评专栏，持续选载评论文章约100篇，多角度评析新近上映的扶贫题材影视、戏剧、文学、广播作品如《乡村第一书记》《重渡沟》《一个都不能少》《最美的乡村》《花繁叶茂》等，评述“全国脱贫攻坚题材优秀舞台艺术剧目展演”，展现各地文联助力脱贫攻坚的生动实践，思考扶贫题材创作、直播带货、网络非遗现象等。从文艺角度感受脱贫攻坚的伟大实践，了解脱贫攻坚的文艺创作，分享相关文艺评论成果，把“文艺扶贫”与“文艺为人民”结合起来，凝聚决战决胜脱贫攻坚和全面建成小康社会的磅礴力量。

【“美育圆梦·用爱相伴”文艺培训志愿服务贵州省榕江县文艺结对帮扶项目】

中国评协与中国文联文艺志愿服务中心、贵州省文联共同承办“美育圆梦·用爱相伴”文艺培训志愿服务贵州省榕江县文艺结对帮扶项目。中国评协与榕江县第三高级中学开展为期半年的结对帮扶工作，包括启动环节、常态培训、年末结项，采取“面对面”与“屏对屏”“送进去”与“请出来”“培训教育”与“成果展演”相结合的方式，启动环节专家志愿者团队赴榕江辅导展演，借助中国文联文艺云平台开展线上培训。9月11日“美育圆梦·用爱相伴”结对帮扶榕江县音乐辅导讲座暨座谈交流会在榕江县第三高级中学举办。通过该项目，贵州黔东南苗族侗族自治州榕江三中的孩子们不仅与中国评协组建的志愿者团队面对面交流，还通过中国评协资源平台，与来自中央音乐学院、上海音乐学院、中国音乐学院、中央民族大学、中央戏剧学院、广州星海音乐学院、广东外语外贸大学艺术学院的8位音乐专家名师连线，接受为期一学期共计8场线上音乐培训辅导。该校还获得中国评协理事、“美育圆梦·用爱相伴”文艺培训志愿服务贵州省榕江县文艺结对帮扶项目专家组组长，中央音乐学院声歌系教授、博士生导师孙媛媛捐赠的10台电子琴。

【“我们的中国梦”——文化进万家、心连心文化文艺小分队四川美姑文艺志愿服务活动】

9月20日，中宣部、中国文联“我们的中国梦”——文化进万家、心连心文化文艺小分队到四

川省凉山彝族自治州美姑县开展文艺志愿服务活动。此次活动由中国文联、中共四川省委宣传部主办，中国文艺志愿者协会、中国评协、四川省文联、凉山州人民政府、中共凉山州委宣传部承办。活动既注重邀请各门类的优秀艺术家，也注重发挥主席团、理事、会员才能，通过统筹设计，小分队为当地三所学校带去了题写校名的书法作品、国画作品、魔术节目、自创通俗歌曲、民族舞蹈、高音演唱，以及具有四川地域艺术特色的川剧变脸、散打评书、民乐演奏、扶贫歌曲二重唱等，鼓舞和激励了奋战在一线的干部群众打赢脱贫攻坚收官之战的信心和决心。中国评协副主席、中国书协理事、首都师范大学教授叶培贵为当地多所中学赠送题字作品及书法题字的校名。

在中国评协、中国文联文艺评论中心带动下，新疆、重庆等地评协也积极开展文艺评论家脱贫攻坚创作采风、培训征稿等活动。如新疆评协组织文艺小分队赴莎车县开展“中国农民丰收节”千人培训活动，重庆巴南区评协开展“文艺鉴赏知识脱贫”暨创作采风活动。

协会组织建设

为形成全国评协一盘棋的组织布局，不断加强同各团体会员的沟通联系，带动、依托团体会员力量加强全国文艺评论的整体实力，中国评协加强协会制度建设，修改《主席团成员、理事会理事履职工作规则》《会员工作条例》《入会细则》《入会工作流程规范》等制度，制定《个人会员退出管理办法》《团体会员服务管理办法》等制度，促进协会工作有序开展。组织开展2020年会员申报工作。对209名申报者资料进行审核，经过初审、复审环节，将拟吸纳的135名新会员名单在中国文艺评论网和“中国文艺评论”微信公号进行了公示。推动协会建设个人会员网上艺术资料库，对失联、去世、退会、移民会员、党员会员重新核查确认，完善会员信息，摸清会员底数，全面实现个人会员资料数字化处理、信息化管理、网络化使用。统计汇总协会近5年开除会员理事、暂停会籍、开展批评教育情况，办理首批香港地区会员入会手续和香港地区代表、理事提名工作。推荐中国评协优秀会员参加中国文联首届领军文艺人才研修班、全国中青年文艺人才高级研修班，推荐优秀评论家申报全国中青年德艺双馨文艺工作者和中国文联青年文艺创作扶持计划项目，为文艺评论人才的成长铺路搭桥。

5月，组织召开中国评协“转变作风，重心下沉，紧紧依靠广大文艺工作者，切实增强评协组织政治性先进性群众性”视频会议，各团体会员及副省级评协负责人参会。寻求破解实招，形成专题研讨报告，并在中国文联组织召开的专题研讨会上作为代表单位之一发言，介绍经验。指导川渝两地举办“第三届川渝文化合作论坛”；向甘肃评协、江苏评协、浙江评协、深圳评协、烟台评协会员代表大会致贺信；指导督促并办理资助西藏评协成立事宜。

《中国文艺评论》杂志

《中国文艺评论》是中国文联主管，中国文联文艺评论中心、中国评协主办的学术月刊。2020年全年出刊12期，编发文章219篇约200万字。积极捕捉热点话题，推出“学习习近平总书记关于文艺工作的重要论述笔谈”“新文艺现象及批评研究”“时代精神与艺术表达”“战‘疫’文艺”“典型人物与文艺创作”“传统艺术精神与当代呈现”“弘扬和传承中华美育精神”“脱贫攻坚主题文艺创作评析”“文艺家、文艺评论家研究”等专题专栏，并摘登“音乐的力量”抗疫主题音乐创作座谈会、电影《我和我的家乡》作品研讨会成果，做到月月有热点、期期有深度，增强批评意识和批评精神。深度打造“名家专访”“特别关注”“作品评析”等示范性引导性强的品牌栏目，组织刊发刘斯奋、文洁若等12位知名老艺术家、文艺理论评论家专访，不断扩大学界业界影响力。

14篇文章被《人大复印报刊资料》《新华文摘》等刊物转载，2篇文章获第五届“啄木鸟杯”中国文艺评论年度推优优秀文章，1篇文章获第八届“上音院社杯”音乐评论“学会奖”一等奖，1篇文章获第六届飞天电视剧论文评选优秀电视剧论文三等奖。2020年，杂志进入RCCSE评价系统A（核心期刊）序列，在《中国学术期刊影响因子年报》艺术类期刊中排名升至第28位。与中国知网签订《CAJ—N网络首发学术期刊合作出版协议书》，推进杂志电子化建设，配合做好杂志文章的网络传播。申报中国文学艺术发展专项基金文艺出版报刊精品工程资助项目资金，启动出版《〈中国文艺评论〉精选集》。首次承担由中国文联、中国评协主办的习近平总书记关于文艺工作的重要论述理论研讨会的文集编印工作，从征集到的140多篇会议论文中择优选出60篇，结集出版《中国文艺评论》《中国文艺评论（2020年增刊）》。首次刊发外籍作者文章，杂志国际影响力进一步扩大，社会效益更加彰显。

《中国文艺评论》编辑部参与由中国文联组织开展的"党的文艺工作史"专项课题研究，承担"抗日战争时期与解放战争时期"的材料撰写工作；参加由中国文联理论研究室牵头组织的《新时代文联工作概述》编写工作，负责撰写该书第二章"文联组织的创建和发展"。完成中国文联出版办交办的各项任务，完成杂志《编辑和审校资质专项自查报告》《以"三审三校"为主要内容的自查自纠整改方案》《2020年上半年意识形态管理情况报告》《出版工作任务落实情况报告》《社会效益评价考核问题整改报告》《抽查审读情况报告》等汇报材料。

网络文艺评论与媒体融合发展

融媒体时代的文艺评论建设进一步加强，主力军全面挺进主阵地，互联互通，激发活力。中国文联文艺评论中心、中国评协持续主办中国文艺评论网、"中国文艺评论"微信公号，全年选发2300篇评论文章和2700条微评留言，吸引300万网民的500万次访问量。其中，中国文艺评论网阅读量过千文章258篇，《中国文联党组书记李屹在中国评协第二次全国代表大会上的讲话》《中国评协发展足迹（2019年）》等阅读量过万文章62篇。网站3.0版上线，迅速体现评协换届新貌，新设网络文艺评论优选汇、舆情数据和音视频库等专题，开设"文艺评论行风建设与行业自律举报"专页并突出推荐，强化批评品质。"中国文艺评论"微信公号2020年6月以来单篇阅读量从1000跃升到2000人次以上，关于第二届网络文艺评论优选汇的投票篇阅读量13万+。网站和公号坚持有统有分，核心用户画像不同，均有效团结了近10万文艺评论用户。

继续巩固扩大与中央主流媒体特别是文艺评论版面、频道、频率、栏目以及相关网络媒体的合作联动机制，与《人民日报》《光明日报》《中国艺术报》中国文艺网和央视剧评、广电智库及各地评协公号等约50家新媒体密切联动，推动形成文艺评论传播合力。《人民日报》专题策划"创造性转化创新性发展纵横谈"，中国文艺评论网开设专栏，加强报网联动，选载约50篇评论文章，思考促进对中华优秀传统文化、世界优秀文化成果进行创造性转化和创新性发展。

切实加强网络意识形态工作。汇编印制《网络信息法律法规与专项治理资料汇编》《网络信息与词汇用语规范要求》等，修订完善《中国文艺评论新媒体运营管理制度》《中国文艺评论新媒体稿酬标准及发放管理办法》，制定实施《中国文艺评论新媒体法律顾问制度建设及维权工作暂行办法》，完成网络综合治理体系、网络意识形态工作、网络文艺评论队伍建设等汇报材料。

政治引领与机关建设

文艺评论中心党支部现有党员16人（其中局级1人、处级4人、40岁以下11人），在中心职工22人中占比73%。青年理论学习小组18人，在党支部领导下开展工作。2020年，在中国文联党组的有力领导和机关党委的具体指导下，文艺评论中心坚持以学思想、悟思想、用思想为主线，以加强改进新时代文艺评论工作为己任，以扎实推进党支部标准化规范化建设试点工作为抓手，注重点上抓创新、面上求突破、根上建机制，团结带领文艺评论中心全体党员干部奋发进取、扎实工作，同心同德、同向同行，努力开创党建工作新局面。

【认真学习贯彻中央对文艺评论工作的决策部署】

自2020年9月以来，习近平总书记和其他中央领导同志多次对文艺评论工作专门作出重要指示批示，中国文联党组领导对文联贯彻落实习近平

总书记要求多次提出具体意见。在中国文联党组领导指导下，文艺评论中心领导班子按照文联党组要求，一是抓好传达学习，在及时组织中心组成员、全体党员干部先学深学研学的同时，及时组织中国评协主席团成员认真学习领会精神实质，吃透精髓要义，研究贯彻落实具体路径；二是抓好调查研究，根据文件涉密性质，及时召开东北片、华东片、华南片座谈会，听取部分地方评协意见建议，研究谋划加强改进文艺评论工作的思路举措；三是抓好方案制定，代党组起草了《中国文联关于加强文艺评论工作的具体落实举措和意见建议》报中宣部文艺局，得到中宣部文艺局的充分肯定，许多意见建议被吸收进中宣部的有关方案；代党组起草了《中国文联加强新时代文艺评论工作实施方案》，中宣部文艺局反馈，文联的方案措施有力，比其他部门的更实。

【提升党建工作科学化规范化制度化水平】

一是压实党支部主体责任。成立党建工作领导小组，制定执行《落实党建工作责任制实施办法》《党建年度工作计划》等8个方案制度，夯实党建基础。100%完成党支部标准化规范化建设试点工作任务。党支部全年召开支委会13次，党员大会12次，召开巡视整改和厉行勤俭节约、反对餐饮浪费专题组织生活会2次，培养接收入党积极分子2名。中心领导班子成员带头开展专题党课3次，策划“红色七月”主题党建月系列活动4次，赴猫眼娱乐公司考察调研，深化对“十四五”时期繁荣发展文化事业和文化产业的认识。汇编《初心与本色——我是党员我先上》《敬业与担当——我是党员我奉献》专题思想汇报2册。积极开展党建带团建活动，带动中心全体干部共同签署“反对餐饮浪费”承诺书，制作《厉行勤俭节约 反对餐饮浪费：文艺评论中心在行动》网络视频，以实际行动引领“厉行勤俭节约”新风尚。二是压实意识形态工作主体责任。组织学习并严格执行《党委（党组）意识形态工作责任制实施办法》，强化《中国文艺评论》月刊和中国文艺评论新媒体的意识形态工作，建立健全十余项制度。中国文艺评论网首次开设“文艺评论行风建设与行业自律举报”专页，为文艺评论舆情主动监测分析拓宽渠道。专项整治对外互联网群组，从30个精简为9个。全年专题研究部署意识形态工作2次，向党组领导报告意识形态工作情况2次。三是压实全面从严治党主体责任。逐级签订《全面从严治党责任书》，把从严管党治党要求传导到全体党员干部。通过开展“以案促改”、讲廉政党课、观看警示教育片等多种形式，教育引导全体职工树牢廉洁意识、自律意识。坚决杜绝“闯关”“过关”思想，加强对会员入会、推优评审等重点领域、重点环节廉政风险点的日常动态监控，逐步构建起以岗位为点、程序为线、制度为面的党风廉政防护网。

【努力培养高素质专业化能战斗的干部队伍】

一是注重理论学习。充分发挥理论学习中心组领学促学作用和青年理论学习小组平台载体作用，全年开展中心组集体学习10次，每名同志围绕不同主题作重点发言7次，配发理论辅导读物8部；青年理论学习小组开展党的文艺创新理论专题性研究活动5次，撰写月度心得体会147篇并择优汇编成册。

二是注重破解难题。按照“不忘初心、牢记使命”主题教育检视问题的整改要求，针对中心干部待遇过低、严重影响队伍稳定的突出问题，领导班子带头出思路、想办法、抓推进，解决了在编干部公费医疗待遇问题，解除了干部医疗后顾之忧。

三是注重锤炼干部。将兼职党务工作经历纳入干部履历，有计划地安排党员干部参与党务工作，对工作业绩突出的党员干部优先提拔使用，鼓励支持干部赴中央巡视组借调锻炼、参加各类进修培训和报考博士学位。首创“艺见”发声平台，有意识培养干部职工主动策划选题、组稿撰稿和与文艺评论大家名家打交道、交朋友的能力。前两期权威评论电视剧《雷霆战将》被停播下架现象和文艺领域存在的圈层化现象，取得良好效果。

一年来，中央和国家机关工委第十一调研组、文联党组第五检查组和第一巡视组先后到中心开展专题督查检查，中国文联党组成员、书记处书记董耀鹏书记也到中心开展“走基层、进支部”帮建座谈，都对中心党建和业务工作给予了充分肯定，并提出希望和要求，为中心理清思路、鼓足干劲、发扬优势、补齐短板，推动各项工作提质增效起到了重要的把关定向促进作用。上一年度述职评议考核指出的“党员‘学习强国’平均积分较低、会议记录不规范”2个具体问题，已全部整改到位；中心制定的1个管总巡视整改方案和“灯下黑”问题专项整改方案中50项具体整改措施已基本完成并将长期坚持。

【第五届“啄木鸟杯”中国文艺评论年度推优暨第二届网络文艺评论优选汇云发布典礼】

为贯彻落实习近平总书记关于文艺工作的重要论述和关于文艺评论的重要指示批示，按照中央《关于全国性文艺评奖制度改革的意见》和关于“做好文艺评论工作激励”的要求，2020年举行第五届“啄木鸟杯”中国文艺评论年度推优、第二届网络文艺评论优选汇。

6月9日，第五届“啄木鸟杯”中国文艺评论年度推优启动，以有关单位推荐为主，同时开通自荐通道。经过一个多月网上和线下同步申报，共报送作品309份，其中著作50部、文章259篇。设立舞台艺术、视听艺术、造型艺术、艺术学理论、文学5个评选组，完成初评、审核、复评、终评。本着注重导向、追求质量、宁缺毋滥的原则，按照推优章程和实施细则规定，最终评选出26件优秀作品，其中著作4部、文章22篇。“啄木鸟杯”中国文艺评论年度推优活动涵盖文学、戏剧、电影、音乐、美术、曲艺、舞蹈、民间文艺、摄影、书法、杂技、电视共12个艺术门类，旨在按照中央关于加强文艺评论工作的指导精神，推出优秀文艺评论作品，激励优秀文艺评论工作者，推进全国文艺评论的创新和繁荣，促进文艺事业健康发展。活动每年举办一次，自2016年起共成功举办五届。

经报中宣部和中国文联批准，中国评协、中国文联文艺评论中心的网络文艺评论优选汇旨在切实贯彻中央关于加强和改进网络文艺评论工作、加快建立网络综合治理体系等明确要求，倡导批评精神，有效团结凝聚壮大网络文艺评论队伍，推动构建良好网络文艺生态，每两年举办一届。10月22日，协会、评论中心联合中国文联网络文艺传播中心举办第二届网络文艺评论优选汇启动仪式暨“新时代网络文艺评论的凝聚力影响力”研讨会，开启网络申报。11月24日，举办“优秀网络文艺评论的评价标准”研讨会暨中国文艺评论网第三期新版上线仪式。紧扣“因网而生，向美而评”的主题，40天收到700多篇文章，作者硕博学历占比57%，平均年龄32岁。中国评协组织初评复评、文章查重、网络票选和终评，推选出30篇评论文章和2个优秀组织，经公示和报中国文联后公布。

第五届“啄木鸟杯”中国文艺评论年度推优、第二届网络文艺评论优选汇受到社会各界热切关注，40余家媒体进行跟踪报道，网络阅读量约120万，取得较好的影响力。其中“学习强国”学习平台、“文旅中国”客户端相关报道阅读量均达22万+，“第二届网络文艺评论优选汇”微博话题阅读量40万。

北京市文学艺术界联合会

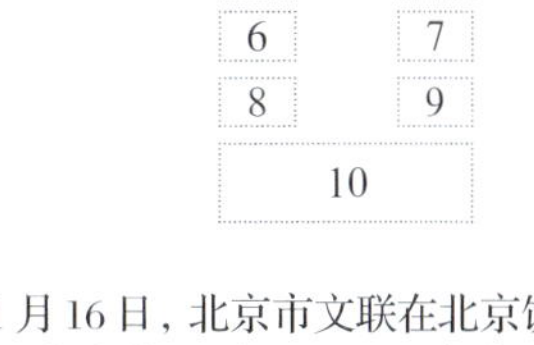

1	2	3
4		5
6		7
8		9
10		

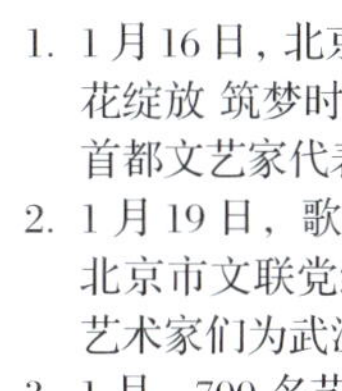

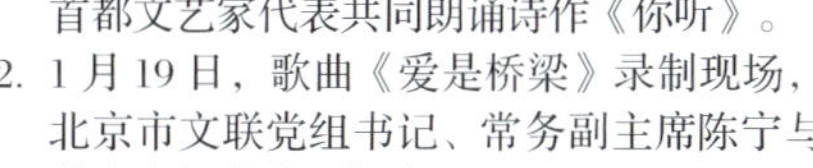

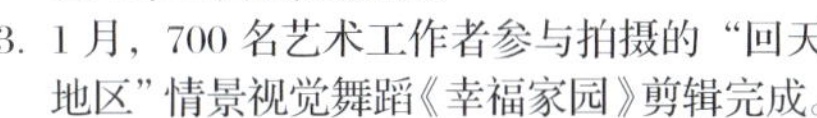

1. 1月16日，北京市文联在北京饭店举徒“百花绽放 筑梦时代”2020春节联谊会。图为首都文艺家代表共同朗诵诗作《你听》。
2. 1月19日，歌曲《爱是桥梁》录制现场，北京市文联党组书记、常务副主席陈宁与艺术家们为武汉加油。
3. 1月，700名艺术工作者参与拍摄的“回天地区”情景视觉舞蹈《幸福家园》剪辑完成。
4. 5月17日，北京市文联向王辰院士赠送国画《不负苍生》手卷。
5. 8月28日晚，“和你在一起”庆祝北京市文联成立70周年晚会在国家大剧院隆重举行。人民艺术家王蒙先生与小提琴家吕思清出演情景讲述《青春之歌》。
6. 8月29日，北京市文联成立70周年高峰论坛现场。
7. 9月18日，在拉萨开展“到人民中去”文艺志愿服务活动。
8. 9月30日，海外汉学家参加“北京作家日”活动，体验中国传统手工制作。
9. 9月30日晚，2020北京(台湖)影偶艺术周剧目《民族大联欢》在北京通州区台湖公园演出。
10. 7月31日，北京市文联九届理事会第二次会议在国家会议中心召开。

天津市文学艺术界联合会

1. 1 月 16 日至 17 日，中国文联、天津市文联文艺志愿服务小分队走进天津市宝坻区牛家牌镇赵家湾村，开展为期两天的 2020 年“我们的中国梦”——文化进万家活动。图为书法家现场为村民书写福字春联。
2. 剪纸艺术讲座现场。
3. 2020 年“我们的中国梦”——文化进万家活动中，摄影家正在为村民进行手机摄影技巧培训讲座。
4. 2020 年“我们的中国梦”——文化进万家活动中，舞蹈家为村里的舞蹈队进行现场教学。
5. 9 月 30 日，2020 天津相声节隆重开幕。图为开幕式演出现场。
6. 9 月 30 日，全国第一个相声文化主题地铁站——天津西北角地铁站举行揭幕仪式。
7. 11 月 18 日，天津市文学艺术界联合会第五次代表大会在天津礼堂召开。
8. 1 月 16 日至 17 日，中国文联、天津市文联文艺志愿服务小分队走进天津市宝坻区牛家牌镇赵家湾村，开展为期两天的 2020 年“我们的中国梦”——文化进万家活动，图为演出现场。

河北省文学艺术界联合会

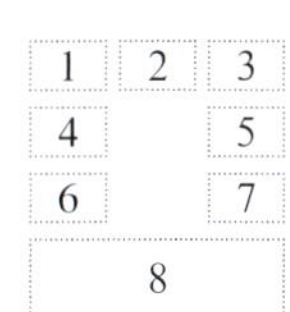

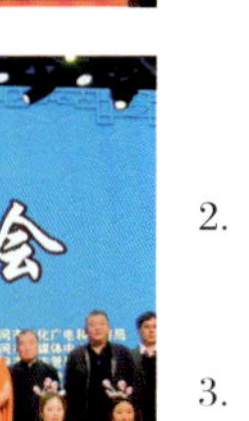

1. 7月15日至17日，河北省文联主办"决胜全面小康、决战脱贫攻坚"主题创研暨文艺精品文艺人才宣传推介培训班。河北省文联党组书记、副主席解晓勇出席开班仪式并授课。
2. 8月18日至21日，"夯实基层文联基础、服务新时代文明实践中心建设"培训班在石家庄举办。
3. 9月12日，中国摄影家协会、河北省文联、《中国摄影》杂志社、中国摄协摄影理论委员会、河北省摄协、阜平县人民政府等共同组织的"阜平·中国风景摄影大展"在阜平县晋察冀边区革命纪念馆举行。
4. 9月20日，由北京冬奥组委文化活动部指导，中国民协、河北省文联等单位联合主办的"激情冬奥 剪彩冰雪"优秀剪纸艺术作品征集活动暨第八届剪纸艺术节在北京八达岭长城启动。
5. 10月20日，由河北省文联、河北省戏剧家协会等主办的全省现代题材戏剧创作经验交流会在廊坊召开。图为"河北省精品剧目创作中心"揭牌仪式及表彰"共克时艰 抗击疫情"戏剧作品征集活动的先进个人和团体。
6. 11月6日至8日，中国艺术研究院曲艺研究所、河北省曲艺家协会等联合主办的第七届河间西河大鼓书会在河间市举行。
7. 12月14日，河北省委宣传部指导，省文联主办，省美术家协会、省摄影家协会承办的"决胜全面小康、决战脱贫攻坚"主题文艺创作美术、摄影作品展在石家庄市美术馆举办。
8. 1月20日，"我们的中国梦"——文化进万家新春送"福"活动走进省法院。书法家现场书写春联、福字。

山西省文学艺术界联合会

1. 1 月，山西省剧协“我们的中国梦”——文化进万家大同行活动现场。
2. 5 月 27 日，“为战疫铸魂向英雄致敬”大型书法创作（公益）赠献活动仪式现场。
3. 9 月 25 日，第五届“山西杂技金菊奖·空竹大赛”颁奖。
4. 9 月，晋湘蒙三省区曲协文艺志愿者采风交流座谈会举办。
5. 10 月 16 日，“我和我的祖国”山西省电影工作者进社区主题活动暨“山西电影之声”会员原创优秀微电影展播作品和山西省电影家协会会员抗击疫情优秀文艺作品表彰活动举办。
6. 11 月 2 日，“脱贫攻坚 奋进小康”山西省美术摄影展举办。
7. 11 月 27 日，山西省第九届群众书法篆刻作品展开幕式现场。
8. 10 月 23 日，山西省文学艺术界联合会九届二次全委（扩大）会议召开。

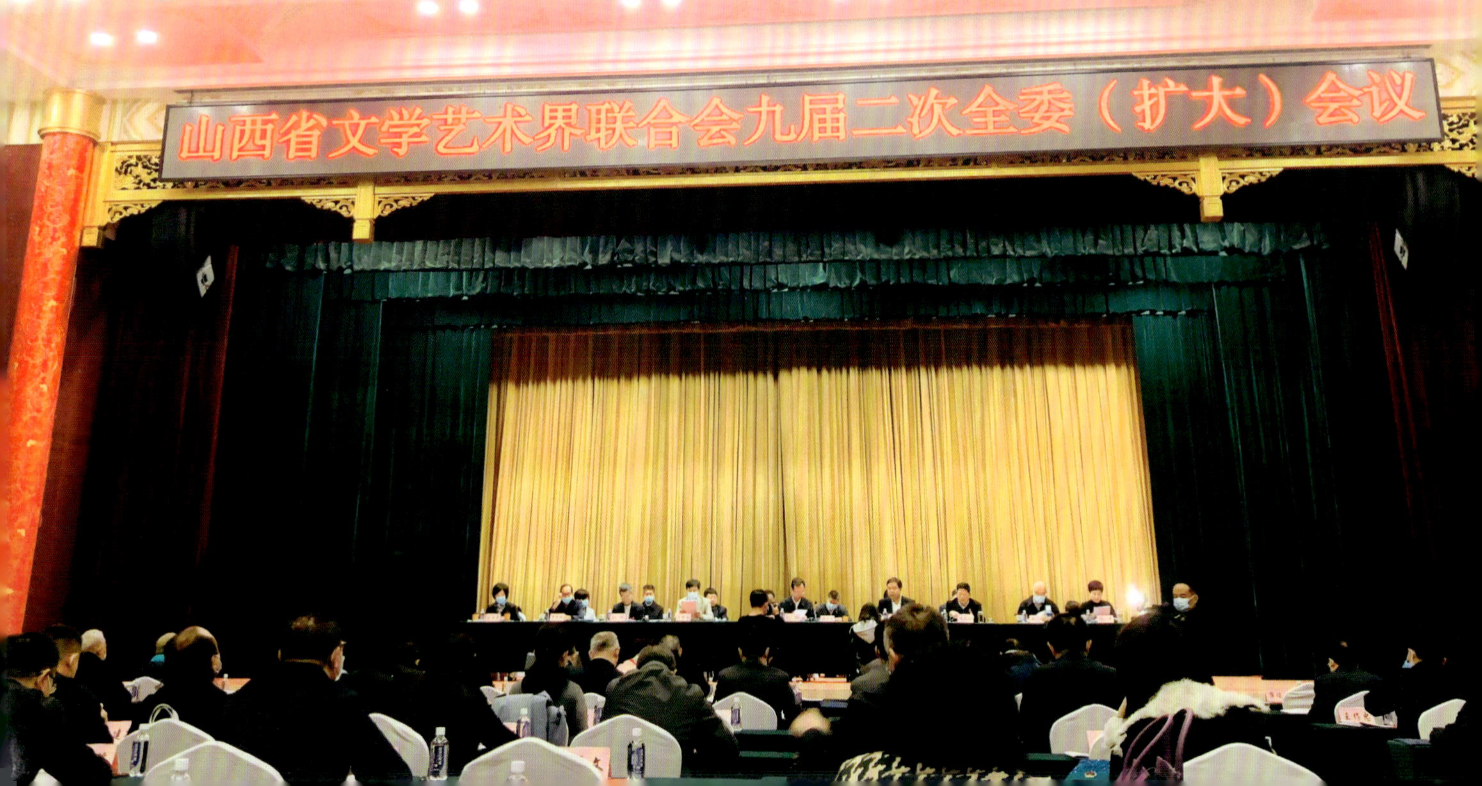

内蒙古自治区文学艺术界联合会

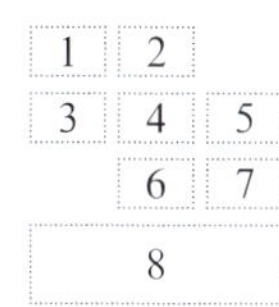

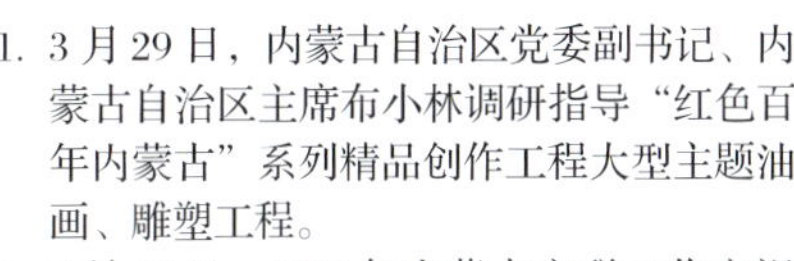

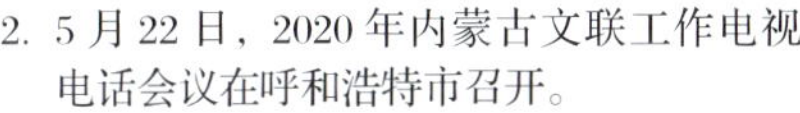

1. 3月29日，内蒙古自治区党委副书记、内蒙古自治区主席布小林调研指导“红色百年内蒙古”系列精品创作工程大型主题油画、雕塑工程。
2. 5月22日，2020年内蒙古文联工作电视电话会议在呼和浩特市召开。
3. 7月18日，“文艺进万家、健康你我他”——2020年中国文联“送欢乐、下基层”学雷锋文艺志愿服务（内蒙古站）活动在乌兰毛都苏木举行。
4. 8月21日，全国网络文学工作会议暨第六届中国网络文学论坛在赤峰市开幕。
5. 8月31日，2020年中国少数民族文学论坛在阿尔山市开幕。
6. 11月10日，“鸿雁高飞 精神永存——贾作光舞蹈艺术高峰论坛”系列活动在呼和浩特市举办。
7. 11月21日，内蒙古文艺界学习习近平总书记文艺工作重要论述理论研讨会在呼和浩特市召开。
8. 1月20日，春暖草原百花开——内蒙古自治区文学艺术界2020年迎春联谊会在呼和浩特市举行。

辽宁省文学艺术界联合会

1	2	
3	4	5
	6	7
	8	

1. 11月11日，召开辽宁省文联党组理论学习中心组学习（扩大）会议传达十九届五中全会精神。
2. 9月28日、29日，举办2020年全省文艺骨干培训班。
3. 10月23日，举办全省文联系统深化改革推进会暨基层文联建设工作会议。
4. 11月4日至8日，举办“辽疆一家亲”文艺志愿服务演出。
5. 11月18日，举办“奋进小康路 开启新征程”名家作品邀请展。
6. 11月24日，举办2020·辽宁文艺论坛。
7. 12月16日，举办党的十九届五中全会精神基层宣讲活动。
8. 元旦春节期间，举办“我们的中国梦”——文化进万家活动。

吉林省文学艺术界联合会

1	2	3
4	6	7
5		8
	9	

1. 7 月至 9 月，全国美术名家赴长白山采风写生活动举办。
2. 7 月 22 日，吉林省摄影家协会公益大讲堂第四期走进吉林市艺术中心。
3. 7 月 27 日，“奋飞新时代·青春献北疆”庆祝建军 93 周年文艺演出暨吉林省文联“文艺进军营”活动启动仪式文艺演出举办。
4. 8 月 13 日，“我们的中国梦”——文化进万家系列活动之吉林省音协新兴音乐群体轻骑兵走进抚松演出活动举办。
5. 9 月 19 日，“聚力脱贫攻坚·决胜全面小康”吉林省美术写生作品展开幕。
6. “永远在一起”吉林省音乐家协会抗疫原创歌曲网络直播公益演唱会宣传海报。
7. 9 月 26 日，在长春市南关区明珠街道举行“决胜小康 幸福吉林”吉林省文联惠民系列活动文艺演出。
8. 10 月 21 日，在和龙市金达莱论坛中心举行“最美的歌 献给祖国”吉林省少数民族艺术家文化惠民演出活动。
9. 11 月 10 日至 12 日，全省文联系统工作会议暨文艺志愿服务工作现场会议在抚松县召开。

黑龙江省文学艺术界联合会

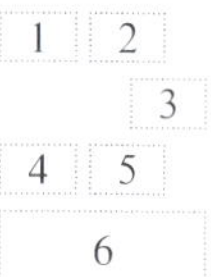

1. 1月7日，黑龙江省文联第七次代表大会召开。
2. 1月15日至17日，“我们的中国梦”——文化进万家黑龙江省文联文艺志愿服务小分队新春送欢乐下基层。
3. 3月2日，黑龙江省文联党组书记杨殿军下沉到抚安社区，督导检查参与疫情防控工作情况。
4. 8月20日，黑龙江省文联主席韩会峰一行赴迎春镇新华村调研座谈、捐赠图书。
5. 10月16日，黑龙江省文联主席韩会峰在“臻艺”开馆首展“抗疫路上文艺同行”——黑龙江省文艺界抗疫主题摄影作品展上致辞。
6. 黑龙江省文联第七届主席团第一次会议召开。

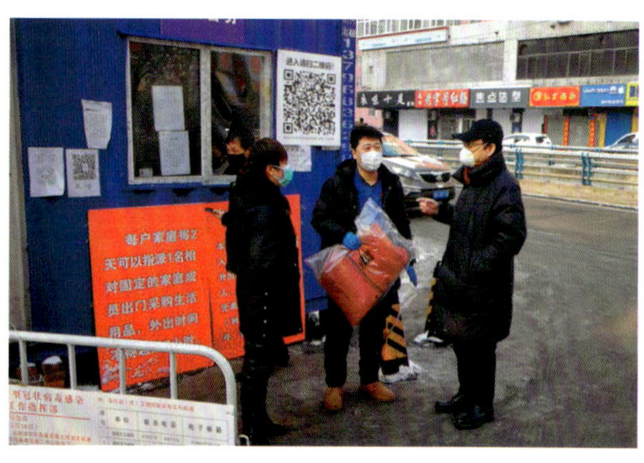

黑龙江省文学艺术界联合会第七届主席团第一次会议

上海市文学艺术界联合会

1. “召唤”——上海市抗击新冠肺炎疫情美术、摄影主题展举办。
2. 2020 上海国际摄影节暨第 15 届上海摄影艺术展览举办。
3. “傅雷杯”全国文艺评论征文大赛颁奖典礼现场。
4. 上海市第十一届书法篆刻大展开幕现场。
5. 一年好景橙黄——重阳民俗收藏体验展现场。
6. 第 30 届上海白玉兰戏剧表演艺术奖颁奖晚会现场。
7. 初心·使命·新时代——庆祝上海市文学艺术界联合会成立 70 周年座谈会现场。

江苏省文学艺术界联合会

1. 4月16日，在第13批江苏援湖北医疗队全部平安凯旋之际，“致敬江苏援鄂白衣勇士”书画赠送仪式在江苏省现代美术馆举行。
2. 6月29日至7月4日，江苏文艺“名师带徒”计划戏剧曲艺音乐舞蹈展演周举办。
3. 10月14日至27日，“2020中国江苏二胡之乡民族音乐盛典”在南京举行。图为开幕式现场。
4. 10月15日晚，姑苏牡丹颂——“曲赞全面小康 艺为人民大众”第十一届中国曲艺牡丹奖颁奖仪式暨第二届中国苏州江南文化艺术·国际旅游节汇报演出在苏州举行。
5. 10月25日，由南京艺术学院舞蹈学院表演的作品《雨花石的等待》获第十二届中国舞蹈“荷花奖”古典舞奖。
6. 11月17日，“2020·中国百家金陵画展（油画）”开幕。

7. 11月19日，“百年江苏”大型美术精品创作工程在南京举行启动仪式。
8. 12月29日至30日，江苏省文联第十次代表大会省作协第九次代表大会在南京举行。
9. 9月30日，“小康大美——第二届中国（南京）农民画优秀作品双年展”在南京举行。

浙江省文学艺术界联合会

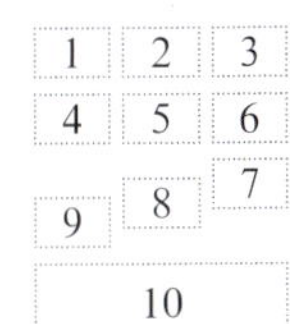

1. 6月12日至14日，2020年度第一期浙江省文联直属文艺家协会会员学习习近平新时代中国特色社会主义思想培训班在杭州举办。
2. 7月1日，"时代答卷"浙江抗疫文艺创作特展在浙江省文化会堂(浙江展览馆)开幕。
3. 8月24日，第五届中国书坛兰亭书法双年展·行草42家作品展、兰亭雅集42人作品展的展览现场。
4. 9月10日，浙江省"文艺名家孵化计划"签约仪式暨名家学院秋季公开课启动仪式举行。
5. 9月30日，"浙里小康——浙江书法篆刻征评系列大展"开幕。
6. 10月10日至18日，浙江省美协组织15位美术家赴新疆阿克苏地区开展"美丽阿克苏"美术创作采风活动。
7. 11月20日，浙江省文艺两新发展促进会成立大会暨第一次会员大会在杭州召开。
8. 11月30日，第二届"浙江曲艺奖"颁奖晚会在杭州剧院举行。
9. 12月29日至30日，浙江省文学艺术界联合会第九次代表大会在杭召开。
10. 浙江省文联第九届主席团书记处合影。

安徽省文学艺术界联合会

1. 安徽省文联第七次代表大会召开。
2. 向安徽援鄂抗疫医务工作者赠送书画。
3. 2020 年“全国知名文艺评论家看安徽”改稿会举办。
4. 纪念徽班进京 230 周年座谈会举办。
5. 长三角文学发展联盟大运河文化主题创作实践活动启动。
6. 长三角文艺发展联盟 2020 年度“艺·江南”系列主题活动启幕。
7. 小品《家和月圆》现场演出剧照。
8. 舞剧《石榴花开》剧照。
9. 杂技《徽风皖韵·顶板凳》剧照。
10. “‘艺’路同心——致敬最可爱的人”文艺志愿服务小分队走进庐江县，慰问参加巢湖保卫战抗洪一线的部队官兵。

福建省文学艺术界联合会

1. 11月23日，福建省文联七届六次全委会在福州召开。
2. 1月10日春运首日，"我们的中国梦"文化进万家——福州火车站春运专场文艺惠民演出在福州火车站南广场举行。
3. 5月19日，福建省文联召开2020年度全面从严治党工作会议。
4. 11月1日，由《中国美术报》、福建省文联、福建师范大学主办的"名家进校园——冯远走进福建师范大学"暨国家重大题材主题性美术创作成果展在福建师范大学成功举办。
5. 11月15日至19日，第三届华人音乐创作笔会在福州举办。
6. 11月23日至26日，第十届海峡两岸曲艺欢乐汇在永安举办。
7. 11月25日至27日，"纪录小康工程"专题培训班在莆田举行。
8. 12月19日，"舞动新时代——福建省优秀舞蹈展演"活动在福州举办。
9. 11月20日至25日，第九届海峡两岸电视艺术节在福建举办。

江西省文学艺术界联合会

1. 6月20日，第二届“赣鄱情”江西名家慈善美术书法作品展暨慈善捐赠仪式在江西南昌举行。
2. 8月，启动“江西文艺·名家讲堂”，全年先后举办12场文艺类专题讲座。
3. 8月4日，江西省文联召开建党100周年主题美术书法创作展览策划会。
4. 8月21日，中国文联党组书记、副主席李屹赴江西景德镇调研，并组织召开新文艺组织和新文艺群体调研座谈会。
5. 8月27日，在江西新余2020中国（新余）七夕民俗文化研讨暨展演活动。
6. 9月22至24日，江西省文联所属文艺家协会主席团成员及驻会负责人高级研修班在方志敏干部学院举行。
7. 12月24日，江西省曲艺家协会第六次代表大会在江西南昌召开。
8. “走进我们的小康”——江西省脱贫攻坚主题美术书法摄影农民画创作展在江西南昌举行。
9. 2020年，江西省文联组织728名文艺家赴江西78个县（市、区）221个新时代文明实践中心（所、站）开展“万名文艺家下基层”活动。
10. 8月19至21日，江西省文学艺术界联合会第九次代表大会在江西南昌召开。

山东省文学艺术界联合会

1. 1月15日至16日，中国文联、中国文艺志愿者协会、中共山东省委宣传部（省文明办）、山东省文联在济南市莱芜区联合召开山东省新时代文明实践文艺志愿服务工作推进会。
2. 9月12日，由山东省文联、省扶贫办、人民网山东频道、新华网山东频道主办，省摄影协等单位承办的“决胜2020——脱贫攻坚看山东”摄影展于第十三届山东国际大众艺术节开幕式期间在菏泽市牡丹广场举办。
3. 9月27日晚，大型交响声乐套曲《大运河》在国家5A级景区台儿庄古城魅力呈现。
4. 11月3日，全国首部战疫题材舞蹈诗《逆行》在山东省会大剧院举行公演。
5. 11月25日，山东省新时代文明实践文艺志愿服务队戏剧分队在菏泽市定陶区开展的第三届农民戏剧展演月活动现场。
6. 12月31日晚，2021山东新年文艺晚会歌舞专场在山东省会大剧院开演，全体演员同现场观众手挥党旗、国旗，共同唱响在20世纪40年代初诞生在沂蒙老区的歌曲《跟着共产党走》。
7. 由山东省文联等单位主办的“众志成城的力量——山东省抗疫歌曲网络音乐会”于5月12日集中亮相各大网络媒体平台与大家见面。
8. 12月4日，“文艺进万家健康你我他”中国文联新时代文明实践学雷锋文艺志愿服务队走进临沂莒南慰问演出活动在莒南县五洲广场隆重举行。

河南省文学艺术界联合会

1. “中原风·黄河魂——河南省美术作品展”在北京中国美术馆举行。
2. 纪念河南省书协成立四十周年系列活动“中原书法作品展”在郑州举行。
3. 第七届“河南曲艺牡丹奖”全省曲艺大赛举行。
4. “大决战——河南省脱贫攻坚优秀摄影作品展”在河南省美术馆开幕。
5. 周口市杂技文化产业园开园。
6. “讲好黄河故事——著名作家看河南”黄河文化专题采访创作活动先后走进郑州、焦作、洛阳和三门峡等地。
7. 河南摄影小分队赴武汉宣传报道疫情防控工作。
8. 河南省民间文艺家协会启动《中华黄河文化大系·黄河故事全集（河南卷）》编纂工作。
9. 河南省影视家文艺小分队来到开封开展“我们的中国梦”——河南省文化进万家活动。
10. “我们的中国梦 文化进万家”河南省戏曲名家走进宁陵慰问演出。

湖北省文学艺术界联合会

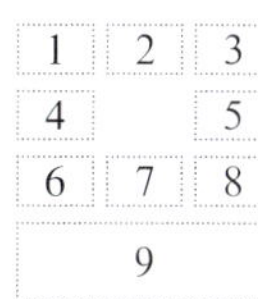

1. 1月2日，2020年湖北省文联“廉洁教育新春行”文艺巡演启动。
2. 1月4日，“我们的中国梦”文化进万家暨湖北省文联荆楚“红色文艺轻骑兵”活动在十堰启动。
3. 5月23日，“坚信爱会赢”——文艺界“以艺战疫”5.23特别节目成功举办。图为武汉黄鹤楼演出分会场。
4. 7月11日，湖北省“文艺助农奔小康”启动式在潜江市曹禺大剧院举行。
5. 7月18日，文艺进万家 健康你我他——2020年中国文联“送欢乐下基层”学雷锋文艺志愿服务活动启动。
6. 9月22日至24日，中国文联2020年“中国农民丰收节”系列庆祝活动在湖北利川、建始、长阳等多地展开。
7. 12月8日，湖北省新时代文明实践文艺志愿服务项目试点工作推进会在武汉召开。
8. 12月28日，湖北省文联“圆梦小康”湖北文艺界助力脱贫攻坚文艺展演举行。
9. 9月29日，纪念湖北省文联成立70周年座谈会举行。

湖南省文学艺术界联合会

1	2	
3	4	5
	6	7
	8	

1. 1 月 13 日，湖湘千名书家送万福书万联进万家活动走进溆浦县。
2. 9 月 15 日，“湖南著名美术家推介工程·陈白一艺术展”在湖南美术馆开幕。
3. 10 月 22 日，“梦圆 2020”脱贫攻坚主题文艺创作颁奖活动举行。
4. 12 月 11 日，“决胜脱贫在今朝·丹青共筑中国梦”湖南省美术作品展览开幕。
5. 湖南省文学艺术界联合会第十次代表大会现场。
6. 大型交响叙事组歌《苗寨的故事》演出剧照。
7. 大型史诗歌舞剧《大地颂歌》演出剧照。
8. 12 月 29 日，湖南省文学艺术联合会第十次代表大会在长沙开幕。

广东省文学艺术界联合会

1	2
3 4	5
6 7	
8	

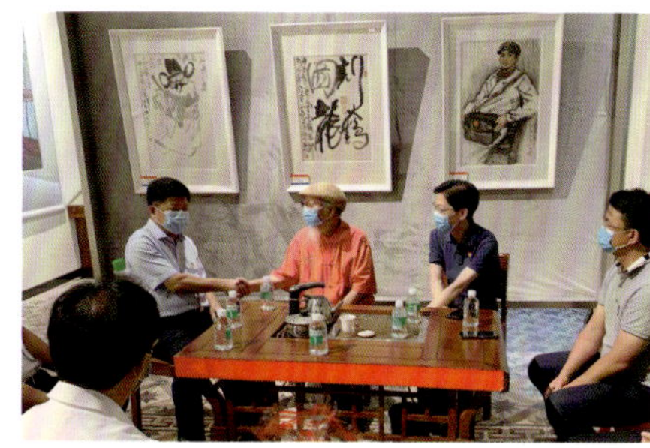

1. 6月29日，吴华钦率调研组在云浮进行乡村文化振兴调研、与当地艺术家座谈。
2. 6月30日，王晓在对口帮扶点揭西县五经富镇联和村为全村党员干部上题为"学习贯彻习近平新时代中国特色社会主义思想为广东实现'四个走在全国前列'贡献力量"的党课。
3. 8月28日，"2020新时代全媒体影像创作前沿论坛"专家远程线上发言。
4. 9月25日，"大美'双区'——广东省庆祝经济特区建立40周年美术作品展"在广州开幕。
5. 11月19日，广东省音乐家协会组织创作的大型原创情景交响组歌《这就是我们》在佛山首演。
6. 11月26日，广东省文学艺术界联合会成立七十周年座谈会举办，老艺术家获颁荣誉证书。
7. 12月6日，广东省青年文艺骨干培训班到潮州广济桥进行现场教学和观摩考察。
8. 7月15日，"同舟共济　艺起战疫——广东省抗击疫情主题书法作品展"开幕式上，向广东省妇幼保健院援鄂医护人员赠送书法作品。

广西壮族自治区文学艺术界联合会

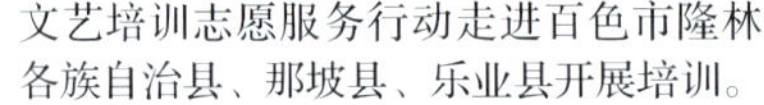

1. 11月25日，广西文联举办学习贯彻党的十九届五中全会精神暨提升"四力"业务工作分享会。
2. 9月25日，第十二届全国少数民族文学创作骏马奖颁奖典礼在北京举行，广西3部作品获奖。
3. 4月28日，广西影视艺术家协会组建大会在南宁举行。
4. 6月30日至7月1日，中国杂技家协会、广西文联在南宁联合主办"追寻中国梦精彩南国风"——第六届南方六省(区)青年魔术新秀展演。
5. 6月27日，文学桂军"出名家出名作"项目——作家读者见面会在南宁漓江书院举行。
6. 11月10日，到人民中去——广西文联"千村万户文艺惠民工程"柳州市文艺村文艺户展演活动在融水苗族自治县举行。
7. 11月21日至25日，2020年"圆梦工程"文艺培训志愿服务行动走进百色市隆林各族自治县、那坡县、乐业县开展培训。
8. 11月28日至30日，"魅力天峨·梦圆小康"桂黔滇湘三省一区山歌擂台赛在河池市天峨县举行。
9. 9月29日，由广西壮族自治区人民政府主办、广西文联参与承办的"决胜全面小康决战脱贫攻坚"2020广西艺术作品展览在广西美术馆开幕。

海南省文学艺术界联合会

1. 海南省文联直属文艺家协会换届动员大会举办。
2. 历史文化重大题材美术创作工程作品展现场。
3. 海南省文联、省美协抗击疫情捐赠仪式现场。
4. “盛世中国情满中秋”2020年贺中秋庆国庆文艺惠民演出现场。
5. 海南自由贸易港政策文艺宣讲巡回演出现场。
6. “我们的中国梦”文艺进万家海南省文联文艺志愿服务小分队慰问活动举办。
7. 《匠韵琼艺》首发式暨海南文化传承与发展高端论坛举办。
8. 《海南岛传》首发式座谈会举办。
9. 中国画名家三亚交流展现场。

重庆市文学艺术界联合会

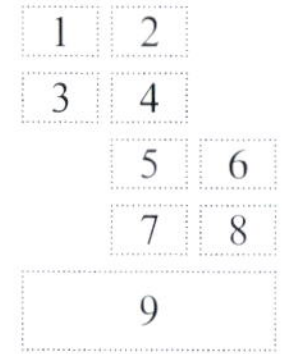

1. 5月14日，川渝两地签订文艺先行战略合作框架协议。
2. 7月23日，中共重庆市文联社会组织第二次党员大会召开。
3. 9月13日，重庆市第九期中青年文艺骨干研修班开班。
4. 10月17日，中国·重庆大足第二届川剧文化艺术节开幕。

5. 10月30日，第七届重庆青年电影展开幕。
6. 10月至12月，第七届重庆市大学生戏剧演出季在重庆高校里掀起热潮。
7. 11月6日，著名书法家刘恒先生书法创作讲座举行。
8. 12月27日，2020成渝地区大学生播音主持大赛暨重庆市第六届大学生播音主持电视大赛总决赛现场。
9. 1月10日，“我们的中国梦”——文化进万家活动在重庆市北碚区开展。

四川省文学艺术界联合会

1. 1月17日，2020我们的中国梦 文化进万家——四川省文联新春慰问活动走进理县佳山村。
2. 4月23日，加强川渝两地文联全方位合作、助推成渝地区双城经济圈建设座谈会在成都召开。
3. 8月，中国曲协曲艺研修院成立挂牌仪式举行。
4. 8月，国学修养与书法·四川省书法家协会第二期青年书法创作骨干研习班在成都举行。
5. 8月27日，“同饮一江水 共护长江源”——川渝主播环保公益行在行动走进长江源。
6. 11月29日，四川省文艺志愿者协会第一次全省代表大会召开。
7. 12月18日，四川省脱贫攻坚主题摄影展在西昌举行。
8. 10月，四川省文联庆祝建党一百周年“天府天工——四川工业题材美术创作工程”采风写生活动举行。

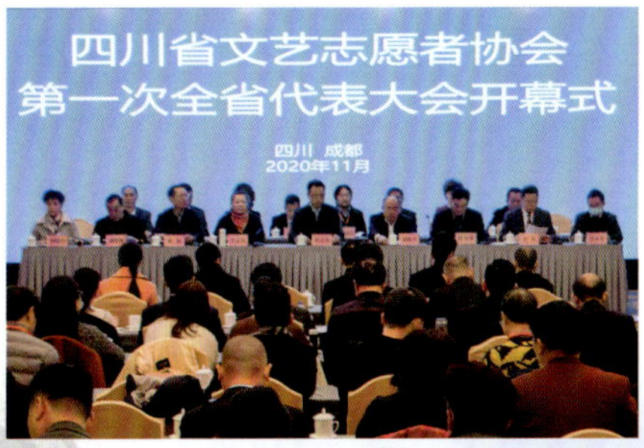

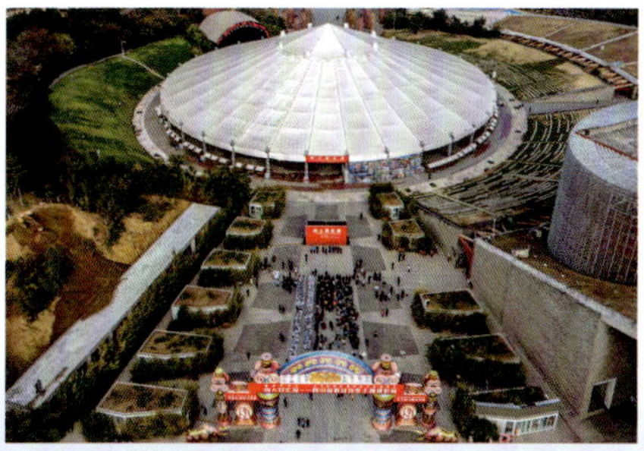

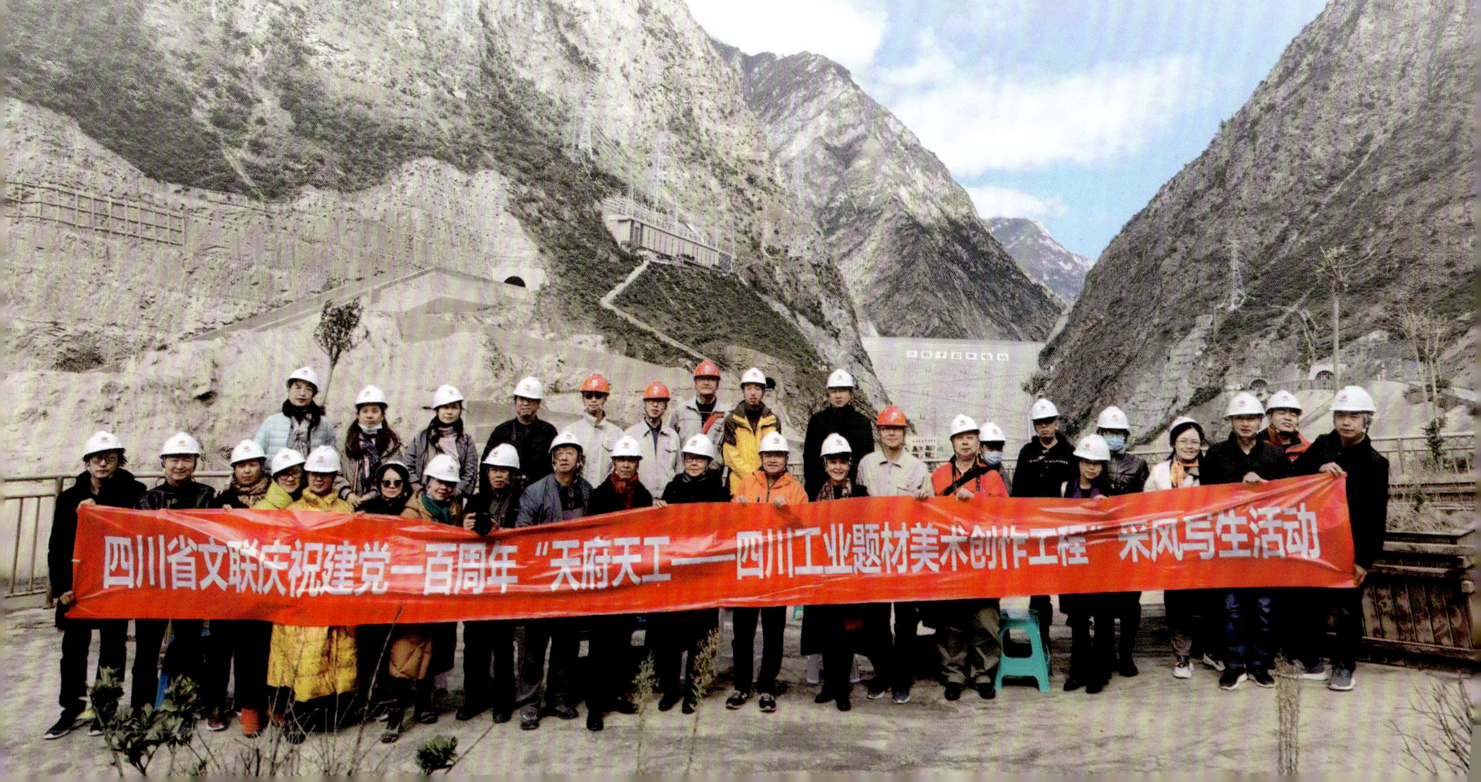

贵州省文学艺术界联合会

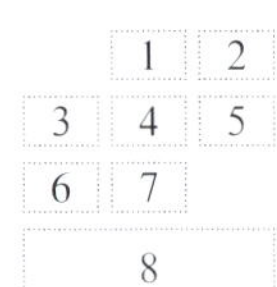

1. 贵州省文联主席、省作协主席欧阳黔森赴基层调研考察脱贫攻坚情况。
2. 贵州省文联党组书记、副主席兰义彤赴基层调研考察脱贫攻坚情况。
3. 电视剧《花繁叶茂》荣获中美电视节"中华文化传播力奖"。
4. 电视剧《伟大的转折》获中国广播影视大奖第32届电视剧"飞天奖"。
5. 电视剧《伟大的转折》获第30届中国电视金鹰奖电视剧作品奖提名。
6. 电视剧《花繁叶茂》剧照。
7. 贵州"战疫"公益歌曲专辑《生命之重》。
8. 2020年"我们的中国梦"——文化进万家·多彩贵州百姓大舞台贵州省文联文艺志愿服务小分队"送欢乐·下基层"系列活动。

云南省文学艺术界联合会

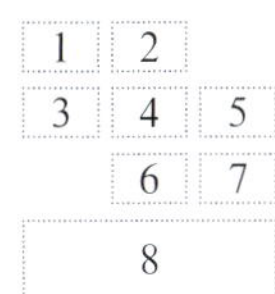

1. 7 月 29 日，第八届云南文学艺术奖颁奖晚会在昆明举行。
2. 11 月 3 日，全国大学生第七届野草文学奖邀请赛颁奖典礼在昭通学院举行。
3. 11 月 14 日，云南省文联文艺志愿服务团赴昭通市镇雄县开展“我们的中国梦 · 文艺助脱贫”慰问演出。
4. 11 月 20 日，中国文联“崇德尚艺 做有信仰 有情怀 有担当的新时代文艺工作者巡回宣讲”活动在昆明进行。
5. 10 月 25 日，全省基层文联工作座谈会在曲靖罗平召开。
6. 12 月 18 日，云南省圆梦工程文艺培训志愿服务行动在保山市昌宁县开展线下培训。
7. 12 月 26 日，云南省文艺志愿服务团赴滇中引水工程一线开展慰问活动。
8. 12 月 14 日，云南省美术家协会、舞蹈家协会、文艺评论家协会会员代表大会在昆明召开。

西藏自治区文学艺术界联合会

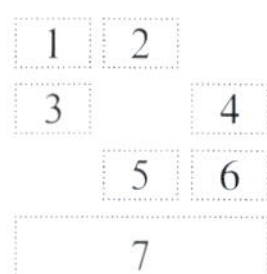

1. 7 月 23 日，中国作家协会以“我们向着小康走”为主题的系列采风活动在西藏拉开帷幕。
2. 8 月 21 日，“第十三届西藏珠穆朗玛摄影大展——西藏自治区脱贫攻坚专题展”在拉萨开幕。
3. 9 月 19 日，第六届《西藏文学》走进高校“掘文杯”征文大赛暨颁奖典礼在西藏藏医药大学举行。
4. 8 月 11 日，上海文艺家采风团在西藏自治区文联开展座谈交流活动。
5. 5 月 16 日，在昌都市召开了“深入生活 扎根人民”文学学创作座谈会。图为河南省文联、贵州省文联、吉林省作协、西藏自治区文联有关领导、文学家与昌都市文联领导和工作人员合影。
6. 5 月 14 日，西藏自治区政协副主席、西藏自治区文联主席扎西达娃率文联有关部门和协会负责人在西藏兄弟文化有限公司调研“两新组织”开展情况。
7. 10 月 26 日，“我们的中国梦”文化进万家慰问演出活动在拉萨市达孜区五保集中供养服务中心举行。

陕西省文学艺术界联合会

1. 陕西省文联党组书记、常务副主席吴丰宽在陕西文艺大奖颁奖典礼上致辞。
2. 陕西省文联党组书记、常务副主席吴丰宽，省文联党组成员、专职副主席禹剑峰、陈谦、蔺雨与参展百青人才合影。
3. 艺术家在平利县茶园采风。
4. 清风拂面——陕西百青人才汇报展演现场。
5. 岚皋县慰问演出现场。
6. 文艺进万家“健康你我他”文艺演出现场。
7. 著名歌唱家安金玉、米东风合唱《把一切献给党》。
8. 为镇安县群众赠送新春祥瑞包。

甘肃省文学艺术界联合会

1. 甘肃省作家协会、戏剧家协会、民间文艺家协会、摄影家协会会员代表大会开幕式现场。
2. 甘肃省委常委、宣传部部长王嘉毅在省文联调研。
3. 为时代楷模立像——八步沙“六老汉”三代人专题美术作品展（北京展）举办。
4. “脱贫攻坚·圆梦小康”甘肃摄影大展举办。
5. 《中国民间文学大系·甘肃卷》编纂工作推进会暨审稿会举办。
6. 甘肃文艺论坛·疫情后时代文艺创作传播对策研讨会举办。
7. 经典碰撞时空对话——舞剧《丝路花雨》《大梦敦煌》13 位主演与观众见面。
8. 美好生活基层行——著名作家编辑走进甘肃。

青海省文学艺术界联合会

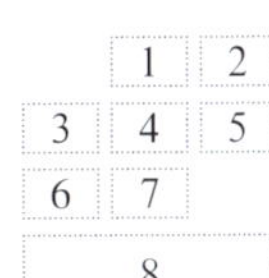

1. “我们的中国梦”文化进万家中国文联、青海省文联文艺志愿服务小分队“送福送春联”活动走进贵德县活动现场。
2. “百幅肖像进百家”活动走进互助县塘川镇总寨村。
3. “到人民中去”青海省文联“致敬最美逆行者”文艺志愿服务活动举办。
4. 青海省作协组织作家赴黄南州同仁市开展“深入生活、扎根人民”主题实践采访活动。
5. 第二届青海省《格萨尔》研究成果颁奖现场。
6. 青海省文联开展基层文艺骨干培训活动。图为学员展示书画作品。
7. 青海省舞协“深入生活、扎根人民”主题实践活动现场。
8. 在第七个全国文艺志愿者日之际，青海省文联文艺志愿者赴海东市互助县东沟乡开展文艺志愿服务活动。

宁夏回族自治区文学艺术界联合会

1. 宁夏文联学习习近平总书记视察宁夏重要讲话精神党员干部培训班举办。
2. 中国文联副主席、中国民协主席潘鲁生一行来宁调研，视察宁夏文联、宁夏民协办公场所。
3. 宁夏区直机关工委常务副书记陈刚一行到宁夏文联调研机关党建情况。图为陈刚一行参观文联展陈室。
4. 宁夏文联八届主席团委员参观文联展陈室。
5. 宁夏文联八届主席团第三次（扩大）会议在银川召开。
6. “美丽新宁夏·脱贫攻坚全面建成小康社会美术摄影主题作品展”开幕。
7. 宁夏首届曲艺小品大赛颁奖现场。
8. 宁夏音协在同心县河西镇杨河套子村举办文艺演出。
9. 宁夏民协文艺志愿者冯刚为群众制作“平安鼠”面塑作品。
10. 宁夏文艺志愿者书赠“福”字新春对联，成为文化科技卫生“三下乡”集中示范中一道靓丽风景。

新疆维吾尔自治区文学艺术界联合会

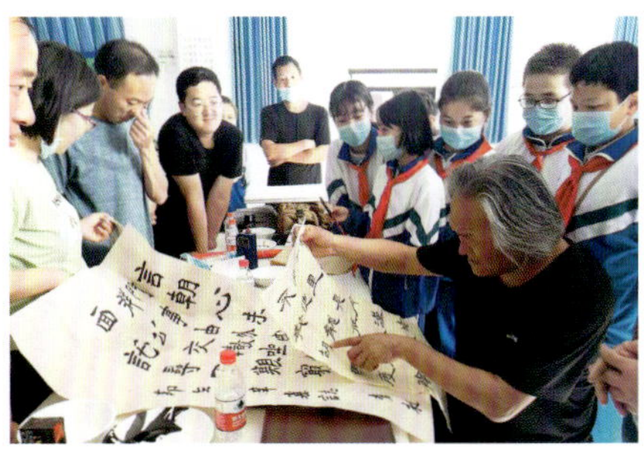

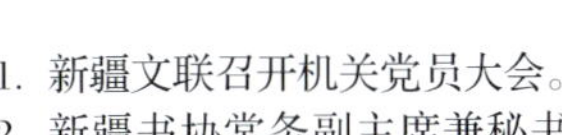

1. 新疆文联召开机关党员大会。
2. 新疆书协常务副主席兼秘书长李志顺在文艺志愿服务活动中教授麦盖提县中小学学生书法。
3. 第九期新疆作家班在湖南毛泽东文学院开班。
4. 新疆书协"文艺进万家 健康你我他"——到人民中去文艺志愿服务主题活动举办。
5. 哈巴河杯·第六届西部文学奖颁奖典礼举办。
6. "我们的中国梦·文化进万家"新疆文联文艺小分队走进福海县福海镇建北路社区。
7. 新疆文联 2019 年度工作总结暨文艺工作者迎新春民族团结联谊会举办。
8. "我们的中国梦·文化进万家"新疆文联文艺小分队走进阿勒泰。
9. 在新疆文联 2019 年度工作总结暨文艺工作者迎新春民族团结联谊会上，中国文联副主席、中国舞协副主席、新疆文联副主席、新疆舞协主席迪丽娜尔·阿布拉等艺术家登台献艺。

新疆生产建设兵团文学艺术界联合会

1. 兵团文联党组成员、副主席李斌为基层职工书写春联，送上新春祝福。
2. 兵团书协副主席孙朝军与全国道德模范马军武共同贴春联。
3. “我们的中国梦·文化进万家”走进兵团第十师。
4. 兵团音乐家协会第七次代表大会全体代表合影。
5. 兵团摄影家协会第七次代表大会全体代表合影。
6. 参加“我们的中国梦·文化进万家”的文艺家们与马军武哨所官兵合影留念。

中国石油文联

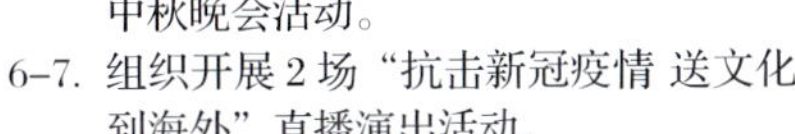

1–2. 海外员工收看云直播慰问节目。
3. 邀请名家为广大文艺爱好者进行培训。
4. 倡议文艺工作者助力战“疫”开展创作。
5. 组织开展《千江有水千江月》云直播中秋晚会活动。
6–7. 组织开展 2 场“抗击新冠疫情 送文化到海外”直播演出活动。
8. 塔里木油田油气产量突破 3000 万吨慰问演出活动。
9. “助力西南油气田上产三百亿”中国石油首届大字书法艺术展举办。

中国石化文联

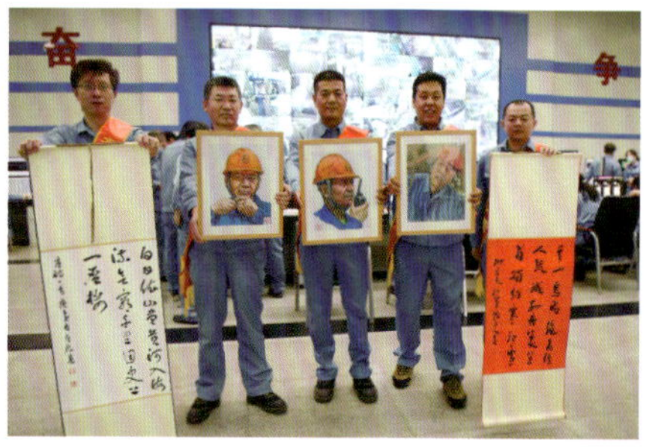

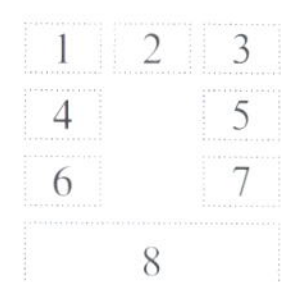

1. 1月，福建炼化书协开展迎新春送春联活动。

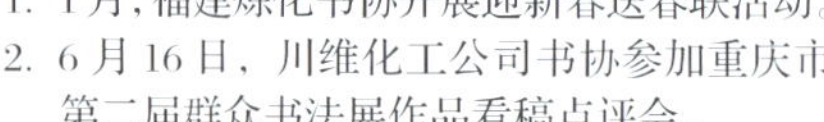

2. 6月16日，川维化工公司书协参加重庆市第二届群众书法展作品看稿点评会。

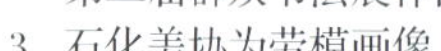

3. 石化美协为劳模画像。
4. 石化摄协为战“疫”英雄造像。
5. 石化作协获中国作协“深入生活、扎根人民”主题实践先进集体和个人表彰。
6. 中国石化朝阳文艺志愿服务举办在线演出。
7. 中国石化2020年新春团拜会举办。
8. 9月26日，胜利油田书协开展“聚集一线迎国庆送文化下基层”走进纯梁采油厂活动。

中国煤矿文联

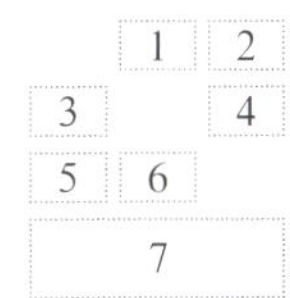

1. 1月19日至20日，"同心同书·祖国新春好"中国煤矿书法家送万福进万家文艺志愿服务活动小分队走进山东裕隆矿业集团。
2. 中国煤矿文联通过网站、微信公众号、杂志等组织开展系列抗击新冠肺炎疫情主题文艺活动。
3. 8月16日至19日，在吕梁市石楼县开展2020年"我们的中国梦"——文化进万家活动。
4. 8月20日至22日，在吕梁市临县开展2020年"我们的中国梦"——文化进万家活动。
5. 11月25日至28日，全国煤矿曲艺创作研修班在山东能源龙矿集团举办。
6. 12月8日，"同心同行"煤矿职工文艺演出助力"2021年度全国煤其炭交易会暨中国太原煤炭交易大会"开幕。
7. 9月9日，中国煤矿文联第五届理事会第三次会议在天津召开。

中国电力文协

1	
2 3	
4 5	
6 7	
8

1. 1月8日，中国电力书法家协会召开五届三次主席团工作会议。
2. 1月11日，中国电力文协小分队走进云南省红河县宝华镇为当地群众写福字、送春联。
3. 8月19日至22日，在浙江嘉兴举办“庆祝中国共产党成立99周年暨全国电力行业第二届集邮展览”。
4. 9月2日，中国电力文协送文化进校园走进魏店供电所。
5. 9月2日，中国电力文协送文化走进秦安县魏店小学，赠送学习用品，举办书法、音乐等公益讲座。
6. 10月16日，中国电力美术家协会主席团工作会议在北京召开。
7. 12月22日至25日，全国电力职工摄影大展暨全国电力行业“抗疫保电”“脱贫攻坚”摄影作品展在北京举办。图为开幕式现场。
8. 1月19日，中国电力书协走进国网新源公司开展“新春送福”活动。

中国水利文协

1	2	
3	4	5
6	7	8
9		

1. 《使命 · 担当》——第二届全国七大产行业摄影联展在西安开幕。
2–5. 中国水利文协 2020 年度全国水利系统摄影创作培训班在西安举办。
6. 中国水利文协赴邯郸市水利局开展“宪法宣传周”水利文化艺术走基层主题活动。
7. 中国水利文协组织专家赴山东省沈堤口村开展“水利文化艺术走基层进乡村送文化活动”。
8. 2020 年春节前夕，赴广西壮族自治区河池市开展“全国水利系统艺术家走基层送文化活动”。
9. 2020 年春节前夕，赴山东省潍坊市开展“全国水利系统艺术大家走基层送文化活动”。

全国公安文联

1 | 2 3 | 4 5 | 6 7 | 8

1–4. 1 月 5 日至 10 日，中国文联、全国公安文联文艺志愿服务小分队先后到云南省昆明市东川区、广东省佛山市顺德区、福建省福州市闽侯县等地和基层公安机关开展“我们的中国梦”——文化进万家慰问活动。

5. 1 月 15 日至 16 日，全国公安文联书画小分队赴广西开展“新春送万福书画进警营”慰问活动。

6. 11 月 2 日至 10 日，全国公安文联和中国作协鲁迅文学院在中国人民公安大学举办鲁迅文学院公安作家文学创作培训班。

7. 12 月 4 日，全国公安文联主席王俭在广东出席全国公安文联摄影研讨创作活动并讲话。

8. 1 月 10 日，由中宣部和公安部主办，中央广播电视总台承办的“奋进新时代平安大地春”——2020 年中央广播电视总台“心连心”艺术团赴公安机关新春慰问演出在中国人民公安大学警体综合训练馆举行，并于春节期间在中央电视台播出。

中国人民银行文联

1. 9 月 14 日，中国人民银行工会常务副主任田文雄在郑州培训学院调研文联工作。
2. 10 月 14 日，人民银行文联文艺志愿者在四川甘孜州偏桥村举办“万里送上全家福 文化下乡暖民心”活动。
3. 10 月 21 日，人民银行文联文艺志愿者在海南海口石山镇美富村举办“欢歌新时代 跃舞新征程”慰问演出。
4. 10 月 21 日，在海南海口召开人民银行文联音舞协会理事（扩大）会议。
5. 10 月 22 日，人民银行文联音舞协会在海南海口大致坡镇进行琼剧采风交流。
6. 10 月 29 日，在广州召开“丹青抒锦绣淡墨绘新篇”送文化下基层艺术创作活动。
7. 11 月 12 日，人民银行文联摄影协会在长沙举办摄影作品交流活动。
8. 12 月 10 日，人民银行文联文艺志愿者小分队在贵州黔西南州望谟县举办“我们的中国梦 文化进万家”慰问演出。
9. 10 月 14 日，人民银行文联文艺志愿者在四川甘孜州偏桥村举办“万里送上全家福 文化下乡暖民心”活动

中国金融文联

1. 众志成城抗击疫情主题展览举办。
2. 金融文联送欢乐下基层现场。
3. 金融文联送文化下基层现场。
4. 金融文化扶贫活动现场。
5. 2020 首届中国艺术品鉴藏与金融高峰论坛现场。
6. 全国金融系统慈善拍卖书画作品集。
7. 金融文联协会刊物。
8. 金融文联送万福进万家现场。

China Federation of Literary and
Art Circles Group Members (Ⅱ)

2021

中国文联各团体会员（二）

北京市文联

综　述

2020年，北京市文联坚持以习近平新时代中国特色社会主义思想为引领，全面落实中央和市委相关工作部署，积极适应疫情防控常态化要求，坚持工作目标不变、力度不减，确保疫情防控和文艺工作两手抓、两不误，推动各项工作取得新进展新成效。

会议与活动

【文艺惠民活动】

元旦春节其间，北京市文联组织10个艺术门类的近千人（次）首都艺术家深入基层，足迹遍布北京16个区（街道、乡镇）及河北省雄安新区、深州市等，开展了60余场“我们的中国梦”——文化进万家活动。共书写16000余副春联、26000多个“福”字，赠送公益慈善书法作品1400余幅、绘画作品856幅，制作赠送窗花、剪纸、木版年画、糖人等民间艺术作品5500余件。丰富了传统节日的“年味”“民味”“文化味”。

【北京文艺评论家协会成立暨揭牌仪式】

1月10日，北京文艺评论家协会成立暨揭牌仪式在北京市文联举行。北京文艺评论家协会正式成为北京市文联所属第13个文艺家协会。北京市文联党组成员以及首都文艺评论家代表40余人出席活动。北京市文联将以协会的成立为契机，进一步团结凝聚首都广大文艺家和文艺工作者，共同打造有责任、有情怀、有态度、有锋芒的北京文艺评论方阵，全面推动首都文艺事业的繁荣兴盛。

【新春联谊会】

1月16日下午，北京市文联在北京饭店举行“百花绽放　筑梦时代”2020新春联谊会。这是首都文艺界凝心聚力、展示形象、汇报成果、总结工作的一次文化盛会，600余名来自各艺术门类的文艺工作者代表欢聚一堂，共迎新春，共叙友情，共享成就，共话未来，送上了一场精彩的演出，也带来了节日的祝福。

【以艺战疫】

1月28日，北京市文联成立疫情防控专项工作领导小组，向首都文艺界发出抗疫主题创作通知，2月5日发出《近期创作指南》对创作提出明确的指导性意见，2月7日发出《来自武汉的邀约》，号召首都文艺家录制短视频声援湖北武汉。

3个月时间共收到12个艺术门类多种艺术形式的作品10199件。6天185条短视频发往湖北，107位文艺工作者的112条视频在湖北的卫视及多媒体播出。开展“以艺抗疫”北京书协慈善义拍活动，共拍得善款43.8万元，所有善款将全额捐赠国家指定慈善机构用于抗击新冠肺炎。北京文学刊发《钟南山逆行的72小时》《城市猎毒者》等多篇文学作品。其中歌曲《爱是桥梁》在各个平台点播量突破五千万次，入选《中国音乐歌曲排行榜》新歌推荐。《爱是桥梁》MV点击量达1000万。“爱是桥梁·同心同愿”百团同唱一首歌演唱视频点击量突破百万次。国画长卷《不负苍生》成为现象级作品，在北京美协公众号发布10天阅读量突破100万，央视网和“学习强国”平台也专门报道。《同心共济勇克时艰——首都美术家“以艺战艺”专题片》点击量达80余万次。

【筹备文联成立70年系列活动】

2020年5月28日是北京市文联成立七十周年，为回望初心，更好地团结凝聚，在小康之年让百姓有文化获得感，决定开展系列活动。2月17日，北京市文联70周年系列庆祝活动专班成立，专班下设大会组、演出组、展览组、文集论坛组、宣传组；2月24日，成立挖掘组，负责北京文艺70年材料的挖掘、梳理工作；制定北京市文联成立70周年系列活动方案并报送市委宣传部。各筹备组按照任务分工开展系列活动。

【下沉值守】

2月28日至5月31日，6月11日至7月31日，先后组织20名干部职工，分2批驰援昌平区东小口镇店上村抗疫，成立临时党支部。建立实施班子成员下沉工作日制度，不仅抗疫下沉，也让文化下沉，推动回天地区文化建设。

【组织开展第九届北京市文学艺术奖其他艺术类作品评选工作】

3月3日，北京市文联作为“其他艺术类作品专项评委会”牵头单位，负责“其他艺术类作品”的评审工作。3月6日，印发《北京市文联关于转发〈关于开展第九届北京市文学艺术奖评选工作的通知〉的通知》，向各文艺家协会、市属文艺企事业单位、社会组织征集作品。4月1日，在北京市文联召开其他艺术类作品专项评委会会议。5月18日，市委宣传部印发《中共市委宣传部、北京市人力资源和社会保障局关于表彰第九届北京市文学艺术奖获奖作品的决定》。杂技《九级浪——杆技》、小品《办公室的故事》、舞蹈《运河船工》获第九届北京文学艺术奖。

【“到人民中去”经典优秀作品音乐会】

6月28日，由北京市文联、北京音协主办的庆祝北京市文联成立70周年“到人民中去”经典优秀作品音乐会在中山音乐堂精彩演出。作品展示了时代变迁下祖国和首都的繁荣与发展，表达了人民对幸福生活的美好向往。

【九届二次主席团会和理事会】

7月31日，北京市文联九届二次主席团会和理事会在国家会议中心召开。会议传达学习习近平总书记关于文艺工作的重要论述、全市宣传部长会议精神、中国文联十届五次全委会会议精神，通报北京文艺评论家协会机构设立事宜，表决通过了第九届理事会副主席免职事项，报告理事增减、替换事宜，通报北京市文联成立70周年系列活动，审议通过《北京市文联九届二次理事会工作报告》。

【北京市文联成立70周年系列活动】

从8月28日开始，北京市文联推出以“和你在一起”为主题的系列文化活动：一是包含“坚实的足迹”“璀璨的星光”“拥抱新时代”三个篇章的主题文艺演出，二是以1500余张照片、30余个视频与460余件实物呈现的成就展，北京卫视《档案》栏目作了专辑，三是19位资深评论家全面总结北京文艺70年辉煌成就及历史经验的高峰论坛，四是60余万字的史料性书籍《文脉流芳　不负韶华——北京市文联七十年撷录》，五是14期《鎏金岁月七十年系列微访谈》，六是组织“北京文学70年的对谈”为北京的文学发展专业定位，七是主题音乐会、优秀曲艺作品展演，八是《北京文学》创刊70周年系列纪念活动。通过新华社、中央电视台、今日头条等27个平台展现了文联的发展历程和辉煌成就，央视新闻、《光明日报》对文联70周年活动进行了综合性报道，在《北京日报》7篇和《中国艺术报》6篇连载专题，网上网下观演观展观视频突破一亿人次，反响热烈。

【市委书记蔡奇同志会见首都文艺家代表】

8月28日晚，蔡奇同志与首都文艺家代表在国家大剧院召开座谈会。参加座谈会的有从艺70年的文艺家代表、有北京市文联历任主席以及现任主席团代表、有获重要奖项的文艺家代表、新文艺组织和新文艺群体代表等33位。座谈会上，蔡奇同志代表市委市政府，向文艺家表示衷心感谢和崇高敬意，指出文艺创作“一定要把握好大的时代背景”，勉励艺术家们“继续潜心创作，我们需要有更多赞美生活、讴歌时代、能够让群众走心的、有感染力和影响力的作品”，并希望北京市文联“为艺术家做好服务”“继续走好下一个70年”。中国文联主席、中国作协主席铁凝，中国文联党组书记、副主席李屹，北京市委常委、宣传部部长杜飞进，北京市委常委、常务副市长崔述强，北京市委常委、市教育工委书记王宁等领导出席活动。

【“和你在一起”文艺演出】

8月28日晚，“和你在一起”庆祝北京市文联成立70周年文艺演出在国家大剧院举行，中国文联主席、中国作协主席铁凝，中国文联党组书记、副主席李屹，北京市委常委、宣传部部长杜飞进观看演出。演出把70年浓缩成90分钟，诚邀了人民艺术家王蒙、小提琴演奏家吕思清、钢琴家郎朗、表演艺术家濮存昕等44名知名文艺家担任主要演员，21家文艺院团倾情出演，陶玉玲、刘恒等十几位优秀创作者在台下与台上互动、高品质演绎，500余人青年文艺家和文艺工作者参与表演。用全新的方式表达首都文艺家们讴歌人民、赞美时代的大境界、大情怀。文艺演出于9月19日

在北京卫视播出，取得了良好的社会反响。

【“与人民同心 与时代同行”高峰论坛】

8月29日，“与人民同心 与时代同行”——北京市文联成立70周年高峰论坛在北京坊举办。市委常委、宣传部部长杜飞进同志出席论坛并发表讲话。论坛邀请文学、戏剧、电影等门类知名文艺家、评论家近20人，从理论层面对北京文艺70年的发展进行了全景式梳理，并深入思考文艺发展面临的新挑战，结合各艺术领域实际，为北京文艺在新时代展现新作为提供理论参考。

【“和你在一起”主题成就展】

9月1日，“北京市文联成立70周年成就展”在首都博物馆展出，展览主展线3个单元及13协会展区共展出约6万字、1500张照片、30个视频资料和463件实物。全面回顾北京市文联的发展历程，呈现首都文艺界70年来的辉煌成就。展览持续了2个月，近5万人参观展览，取得了良好社会效果。

【北京喜剧周】

9月2日，第四届北京喜剧周在北京天桥艺术中心开幕。本届喜剧周联合腾讯视频、猫眼娱乐两大视频网站，在线放映18部经典剧目、开展3场戏剧新探索、举办1场主题为“喜剧与观众如何联结”学术论坛，为全国观众带来了一场喜剧盛宴。持续23天的喜剧周，通过猫眼App了解北京喜剧周的用户高达500余万，逾24万人次在线观看了剧目视频及活动直播。

【小康生活•听曲艺品京味】

9月11日至13日，小康生活˙听曲艺品京味主题活动在北京喜剧院开展。此次主题活动包括一场北京曲协申报入围第十一届中国牡丹奖的部分节目展演、两场北京曲协庆祝北京市文联成立70周年曲艺专场展演。活动同时采取网络直播的形式进行，在16家平台上播出，日均点击率135万人次。三场精心策划的曲艺专场展演赢得了社会各界的广泛关注和好评。

【第十九届新人新作展】

9月24日至29日，由北京市文联、北京美协主办的“北京美协第十九届新人新作美术作品展览”在北京首都图书馆展出。展览共征集作品500余件，最终评出入选作品141件。这些作品以决胜全面建成小康社会的新时代气息、讴歌先进人物、描绘幸福生活、全民阻击新冠疫情为主题，成为一次艺术紧扣时代的生动实践。

【北京国际青年戏剧节】

9月25日至11月25日，第十三届北京国际青年戏剧节在北京举办。本次“青戏节”采取线下剧场与线上空间联动的方式，多维展现了中国当代戏剧青年蓬勃的创造力以及国际交流与合作的创新成果。新冠肺炎疫情肆虐之下，北京国际青年戏剧节作为亚洲重要的前沿戏剧平台，为回应现实作出了自身的努力。

【第九届北京•美丽乡村书法艺术展】

9月26日至10月15日，“辉煌七十载 决胜小康年”——“大美房山”第九届北京•美丽乡村书法艺术展在汉白玉文化艺术宫举办。展览以决胜全面建成小康社会、决战脱贫攻坚为主基调，展出作品共200余件，充分展示出作者对京郊美丽乡村、美好生活、壮丽河山和祖国富强的赞美、讴歌之情。

【2020北京（台湖）影偶艺术周】

9月30日晚，2020北京（台湖）影偶艺术周开幕式在北京通州区台湖公园举办。此次影偶艺术周首次尝试了线上线下相结合的模式。14天内，来自12个国家的22部剧目、10个皮影、木偶剧团在台湖公园进行了175场滚动演出，并以“云演出”方式每天两场进行线上展播。活动其间，台湖主会场吸引了游客1万余人，线上直播间访问量近500万人次，是往年活动参与人数的50倍。

【北京国际标准舞大赛】

10月8日，“第八届北京国际标准舞大赛”颁奖展演在大兴星光影视园举行。比赛分为24个组别进行，共有133组选手获奖。此次比赛利用全新技术手段和多种传播媒介，网罗国内外众多业界知名专家，采取线上线下相结合的评审方式。颁奖展演在多个网络平台全程同步直播，观看量突破31万次，活动微博浏览量突破1700余万次，取得了较好的社会传播效果。

【“京城之脊•一脉绵延”北京中轴线申遗主题创作美术作品展】

10月16日，由北京市委宣传部、北京市文联共同主办，北京美家会承办的“京城之脊•一脉绵延”北京中轴线申遗主题创作美术作品展览在中国美术馆展出。展出作品111幅，其中国画作品47幅，油画作品54幅，版画10幅。美术家们用独特的视角与多样的形式语言展现了中轴线独特风貌。

【第七届当代小剧场戏曲艺术节】

10月21日至11月20日，第七届当代小剧场戏曲艺术节在北京繁星戏剧村举办。本次艺术节会集了跨越南北东西的代表性剧种，16部好戏精彩呈献，4场专家论坛聚焦热点话题。本届艺术节还加入了培源剧目孵化单元，设置了精彩的京剧公益活动，让观众们以多元的方式走近戏曲，感受传统文化的魅力。

【第五届北京大学生魔术交流大会】

11月1日至28日，第五届北京大学生魔术交流大会在北京喜剧院隆重开幕。大会采取线上线下相结合的方式，先后举办了8项内容丰富、形式多样的活动，为广大魔术工作者和魔术爱好者搭建交流学习展示的平台，引领魔术艺术发展创新。8项活动参与者达到2000余人次，直播点击量达到9万次。

【第十一届北京青年相声节】

11月3日至14日，第十一届北京青年相声节在天桥剧场举办。此次相声节包括北京青年相声节比赛、大学生相声人才培养及作品展演、历届青年相声节获奖演员展演、“师•范”庆祝祥瑞合作六十年专场演出活动。北京青年相声节通过丰富多彩的活动内容，已经成为享誉全国的品牌活动。

【民间工艺美术作品展】

11月6日至15日，“京韵天工谱华章——‘全面建成小康社会’民间工艺美术作品展”在中华世纪坛举办。展览分为三个板块，会集北京地区非物质文化遗产传承人、工艺美术大师及当代艺术家的近200件作品。配合展览举办作者日与观众日，使观众全面而立体领略民间艺术风采。

【第二十届北京书法篆刻精品展暨首届临帖展】

11月13日至19日，“百年序章”第二十届北京书法篆刻精品展暨首届临帖展在北京民族文化宫举办。本次展览共收到临帖及创作作品共计8300余件。全面展示了当代北京书坛对书法经典碑帖的学习和研究成果，鼓励广大书法作者植根传统，尊崇经典，努力推出精品力作。

【北京市文联团体会员单位原创优秀文艺作品展演】

12月5日，北京市文联团体会员单位优秀节目展演在天桥艺术中心举办。集中呈现了29家北京市文联团体会员单位和部分社会组织推荐的13个优秀节目。600余名观众一起在现场观看了演出。此次活动为优秀原创作品搭建了更广阔的展示平台。

【文艺志愿服务系列活动】

2月15日以来，30余位首都文艺志愿者开展直播课程800余次，上传网络培训视频千余条，获得点赞量近百万，总点击量2000余万次。首都文艺志愿者参与“方舱直播时间”，网络直播课程200余次，上传培训视频近600条，总点击量1200余万次，以“艺”抗疫、用爱相守。组织首都文艺家先后深入西藏拉萨、新疆和田地区，为当地群众送上16场高质量文艺演出、5场书画交流笔会、3场读者见面会，累计覆盖当地群众、学生、解放军战士、援疆干部近万人次。

开展“圆梦工程——名师美育课堂”网络公共课线上培训课堂近百课时，培训当地文艺工作者和文艺爱好者近6000人。

对外及对港澳台文化交流

【“北京作家日”品牌系列活动】

9月30日，“北京作家日”品牌系列活动拉开序幕，来自美国、德国、意大利、澳大利亚等的20位海外汉学家翻译家，采取线上线下相结合的形式，以“新时代的文学：北京与世界的故事”为主题，开展两场交流活动。“24小时大联播”+445分钟短视频联播，海外累计播放量超过30万次，辐射6大洲47个国家，北京作家的9部译著签约翻译成6种语言，搭建了高水平的交流平台。

【京味文化之旅20周年书法交流会】

12月23日，由北京市文联、北京书协、台湾中国文艺协会和台北市中华书画艺术学会联合主办的“传承·发展”两岸文化大师对话暨京味文化之旅二十周年书法交流会，在北京劝业场举办。以叶国华、潘慧敏为代表的台湾台湾书法大师团队和以北京书协主席团为骨干的北京代表团参加了此次活动。活动采用线上线下两端同步交流形式，由两岸书法艺术类节目知名主持人蒋熹多、陈凯伦连线主持，两岸书法家进行了主题演讲、主旨发言、畅谈研讨、同台挥毫及互赠墨宝。50余人出席活动。

创作与研究

【获奖情况】

1月8日至13日，中国杂技团的杂技《骨血——平衡倒立》《闹元宵——顶碗》获得第十三届布达佩斯国际马戏节获得金奖。

5月22日，由北京市文联组织“回龙观天通苑”主题创作，曲协牵头组织创作、演出并推荐的小品《办公室的故事》，获得第九届北京市文学艺术奖。

5月22日，北京舞蹈家协会与北京舞蹈学院携手打造的当代舞《运河船工》喜获第九届北京市文学艺术奖。

5月22日，中国杂技团的杂技《九级浪——杆技》获得第九届北京市文学艺术奖。

9月16日至19日，在中国杂协第七届理事会第六次会议上，北京杂协因成绩突出，获得中国杂协表彰。

9月25日，李菁、张怡荣获第十一届中国曲艺牡丹奖表演奖。

10月，北京视协推选的电视剧《破冰行动》获得第30届中国电视金鹰奖优秀电视剧奖。

11月，中国杂技团的杂技《骨血——平衡倒立》获得俄罗斯第二届世界的语言国际青少年马戏节金奖。

【理论评论】

5月至12月，北京市文联组织召开了“北京文联成立七十年专题座谈会”“推动基层文艺评论工作创新发展”专题研讨会、“推动成立北京高校文艺评论联盟”专题研讨会、“北京文化气质的当代表达”专题研讨会、“传承·融合·创新——北京杂技70年理论研讨会”等7场座谈研讨，活跃了首都文艺评论氛围，推动了文艺评论与文艺创作的良好互动。

12月1日，由北京市文联主办，北京文艺评论家协会和北京市文联研究部承办的“文化自觉与中国叙事”——2020·北京文艺论坛在北京坊举办。论坛围绕建构中国艺术理论评论话语体系，讲好中国故事、重塑中国文化形象进行深入探讨，进一步强化了新时代文艺评论工作者的使命担当。近百人参加活动。

【创作情况】

1月至12月，由北京市文联与北京舞蹈学院联合创作出品的原创当代舞剧《百年正阳门》，充分展现了中轴线文化之脉的独特魅力，取得阶段性成果。

1月至12月，推进“回天”主题文艺创作，小剧场话剧《回天故事》、四幕相声剧《依然美丽》、音乐作品《回天》《同力回天》等8个艺术门类11个项目取得阶段性进展。

7月，组织“纪念密云水库建成60周年”主题音乐和文学作品创作。北京音协邀请作曲家对三首反映水库建设情景的作品进行了改编，并创作歌曲《生命之水》。北京老舍文学院组织十三位中青年作家深入密云采访，创作报告文学40篇，近30万字。记录下密云人民在半个世纪中作出的巨大奉献，他们守护水库，把历史和未来不断地衔接。

9月4日至18日，公开征集2020年北京市文联创作扶持专项资金项目。制定《北京市文联文艺评奖管理办法》，修订北京市文联创作扶持专项资金项目管理办法及实施细则，投入资金1000余万元扶持文艺创作项目34个，对88个优秀抗疫作品给予创作补贴。推荐两个项目入选中国文联2020青年文艺创作扶持计划项目。

机关建设

【编制人员调整】

1月10日，经北京市文联党组研究决定，窦风华等3名同志晋升为二级调研员；李慧涵等两名同志晋升为三级调研员。

2月13日，经北京市文联党组研究决定，董蕾同志轮岗至组织联络部，任组织联络部主任；张俊峰同志轮岗至办公室，任办公室主任。

2月28日，经市委编办研究，同意为北京市文联机关2018年度接收军队转业干部增加行政编制2名，从73名增至75名。

3月16日，经北京市文联党组研究决定，赖洪波同志任北京文艺评论家协会秘书长。

3月26日，接收安置军转干部田鹏同志，任北京市文联一级巡视员。

4月27日，经北京市文联党组研究决定，王虓同志任北京作协副秘书长（主持工作）；袁悦同志任北京杂协副秘书长（主持工作）；白媛媛同志任人事部副主任。

5月，经北京市文联党组研究决定，引进专业作家文珍为我会驻会作家。

6月4日，经北京市文联党组研究决定，孙树平同志任宣传部主任兼信息中心主任。

6月24日，经北京市文联党组研究决定，张永军同志兼任党建工作部部长。

10月16日，经北京市文联党组研究决定，夏细村等两名同志晋升为一级调研员；薛宝明等两名同志晋升为二级调研员；韩雪鹰等两名同志晋升为四级调研员。

10月，北京市文联录用2名参照公务员管理工作人员何一、王琳琳。

10月、11月接收军转干部张维、徐方亮、桑田、李沛锦4名同志。

11月，经北京市文联党组研究同意，引进河南省专业作家乔叶为我会驻会作家。

【党的建设】

1月19日，北京市文联机关党员大会在二层报告厅召开。听取、审议并通过本届机关党委工作报告、机关纪委工作报告、党费收缴使用管理情况报告，选举产生了新一届机关党委、机关纪委。北京市文联党组成员、副主席刚杰当选机关党委书记，张永军同志当选机关党委专职副书记，刘竞同志当选机关党委副书记、机关纪委书记。按照市编办批复，机关党委加挂党建工作部牌子。

2月9日，北京市文联号召全体党员、干部职工和艺术家捐款19万余元，定向由红十字会用于武汉抗疫，为抗疫贡献首都文艺界的一份爱心。

6月份，北京市文联按照“支部建在协会上”原则，制定《北京市文联所属党支部调整方案》，优化支部设置，以协会为主体设立党支部，将原来的7个党支部调整为19个，实现“支部建在协会上”，建立实施班子成员联系支部制度，加强和改善文艺家协会党的领导，更好贯彻落实“一岗双责”。

7月1日，北京市文联召开庆祝中国共产党成立99周年暨“两优一先”表彰大会，表彰优秀共产党员17人、优秀党务工作者3人、先进党支部1个，推荐的1名党务工作者受到市直机关表彰。组织“共产党员献爱心”活动，募捐善款7720元，捐赠给北京慈善协会。

7月20日至31日，在文联二层报告厅举办党务干部培训班，近40人参训，其间安排了“专题辅导、分组领学、个人研学、集体备课和交流研讨”等课目，帮助党务干部掌握应知应会内容、提高党建履职能力。

10月16日，北京市文联在小剧场召开机关工会第三次全体会员大会，会议选举产生新一届机关工会，北京市文联党组成员、一级巡视员、副主席刚杰同志当选机关工会主席，夏细村当选机关工会专职副主席。

【举办各艺术门类培训班】

2020年，共举办各艺术门类培训班35期，培训2182人，坚持党组书记导向鲜明的“开班第一课”，引导广大文艺工作者深入学习领会党的文艺方针政策，坚定理想信念、自觉用党的创新理论指导文艺实践。

各文艺家协会

【作家协会】

1月至6月，组织作家开展北京地区“最美奋斗者”报告文学写作。配合市委宣传部策划、组织第四届“网络文学+”大会相关工作。组织作家进行抗疫文学创作。稿件总量达5000余篇。配合文联成立七十年系列纪念活动，整理并提供作协相关文字、图片、影像等资料；联系十余位作家参加纪录片录制工作；撰写作家故事，并完成评协、杂协、民协等十余位艺术家的采访写作任务。组织推荐会员作品参评第九届北京市文学艺术奖。

7月21日上午，组织召开新时代乡村题材创作座谈会，传达学习中国作协全国新时代乡村题材创作会议精神，进一步推动北京的乡村题材创作。

8月14日，召开北京作协六届三次理事会。会议学习传达了北京市文联九届二次理事会会议精神，表决通过增补作协副秘书长王虓同志为理事，审议通过《北京作协六届三次理事会工作报告》，

审议通过2019年申请加入北京作家协会人员。

9月10日至12日，举办北京作协新会员培训班，近三年入会的50名新会员参加培训，并组织参观“和你在一起——北京市文联成立七十年成就展”。

9月21日，召开北京作协签约扶持项目韩小蕙作品《协和大院》研讨会。

9月28日，举办北京作协2020年作家签约仪式，12名作家成为北京作协签约作家。

10月，配合市委宣传部，积极组织开展北京十月文学月活动，联合各区作协组织开展了二十余场丰富多彩的文学活动。

10月22日，举办“文学的力量——第五届北京文学高峰论坛”。与会嘉宾围绕“文脉绵长，文学高峰的经典回顾”“交相辉映，群星璀璨的北京文学”“继往开来，面向未来的经典写作”三个主题进行深入探讨，旨在致敬经典，继往开来，打造新时代北京作家群像，推动新时代北京文学创作新的高峰。

10月15日，召开北京作协签约扶持项目史长文长篇小说《京西逸民》研讨会。

11月5至8日，组织签约作家赴上海作协进行交流调研。

12月29日，召开北京作协签约扶持项目凌翼长篇报告文学《新长征 再出发》研讨会。

【戏剧家协会】

6月8日至12日，2020北京戏剧管理人才培训班举办线上授课，总计15名北京地区的正式学员和44名来自全国各地的旁听学员参加。北京市文联党组书记、常务副主席陈宁以《用心、用情、用力推动戏剧发展》为标题，进行了首场线上讲座。

8月13日，北京剧协召开六届主席团第三次会议。主席团成员认真听取了协会2019年及2020年上半年工作报告，审议了下半年工作安排，通过了召开六届理事会三次会议事宜，审议了北京剧协2020年拟发展入会人员名单，同意成立“创作与评论专业委员会”“舞台美术专业委员会”和“新文艺组织工作委员会”。

9月起，组织开展线上“2020金刺猬校园戏剧人才培训班”和面向全国高校剧社征集优秀原创剧本的活动。活动邀请了十位戏剧领域的专家进行线上授课，培训班学员为来自全国高校的32名校园戏剧人才。剧本征集活动共收到65所大学院校的88个剧社的作品140部，最终有10部剧本被评为优秀剧本。

9月24日至25日，“纪念曹禺诞辰110周年座谈会暨学术研讨会”在京召开。北京市委宣传部副部长王杰群出席会议并讲话。与会的戏剧专家学者以及曹禺先生的后人和诸多艺术家共聚一堂，从戏剧理论、戏剧精神到具体的戏剧实践，交流、研讨曹禺的创作和他带给中国戏剧的影响。

9月28日下午，北京戏剧家协会六届三次理事会在北京市文联二层报告厅召开。会议传达学习了中国剧协第八届理事会第五次会议、北京市文联第九届理事会第二次会议的会议精神，审议通过了2020年新申请入会人员名单。

10月22日，北京戏剧家协会舞台美术专业委员会成立仪式在北京市文联举行。会议通过了《北京戏剧家协会舞台美术专业委员会章程》。

12月7日，北京剧协新文艺组织工作委员会成立大会在北京市东城区的南阳•共享际剧场举行。会议通过了《北京戏剧家协会新文艺组织工作委员会章程》。

12月24日，由中国艺术研究院话剧研究所、北京剧协、新剧本杂志联合主办的“全面建成小康社会与戏剧创作学术研讨会”在北京市文联六层第二会议室举行。

2020年，实施老舍青年戏剧文学创作人才培养计划。该活动通过戏剧剧本征集，选出了30部优秀作品的32位青年编剧参加培训。经过线上培训和导师“一对一”辅导，评选出10部优秀剧目，有5部剧目搬上舞台。

【美术家协会】

抗击新冠疫情其间，北京美协倡议广大首都美术家和美术工作者拿起画笔，讴歌战斗在疫区前线的最美中国人。活动共征集到国画、油画、漫画、宣传画等作品700多件，200多位美术家提供了作品。涌现了以范迪安的《挺立风云》，李晓林的《赤胆忠心钟南山》，黄华三的《所愿除国难 再逢天下平——李兰娟肖像》《不负苍生》等为代表的一批优秀作品。先后在北京美协公众平台、雅昌艺术网发布优秀作品224幅；制作了《同心共计，勇克时艰一首都美术家以艺抗疫》专题片，在书画频道和北京文联、北京美协公众平台发布；与央视网联合制作的《用文艺的力量勇面疫情共克时艰》向中央网信办宣推，网信办全网推送，100多家网站转发，当日阅读量2000多万；微视频在北京地铁4、14、16、大兴线73座车站10341块屏幕播出，产生了强烈的社会影响。

5月14日、5月16日，北京市文联将国画手卷《不负苍生》送给了中国工程院院士黄璐琦，中国科学院院士仝小林，中国工程院院士、中国医学科学院院长、北京协和医学院校长王辰，复旦大学上海医学院张文宏教授等4位画中人，向抗疫英雄致以深深的敬意。

2020年，北京美协圆满完成建国门13号院、镜澄街3号院的绘画装饰创作任务。先后组织画家3次进行实地勘察，2次召开专题会议，10余次研究修改设计方案，共创作国画作品109幅，油画作品2幅，其中宽7米多，高2米以上的4幅。

【书法家协会】

元旦、春节其间，北京书协组建近50支书法服务小分队，深入乡村、社区、校园、军营等场所，开展“我们的中国梦”——书法进万家送“福”写春联活动，累计开展活动200多场次，参与书家达1000余人次，精心创作春联、福字等书法作品50000余件，做到了全市各区和重点村全覆盖。

1月7日，北京书协召开第五届主席团第十五次会议。会议听取了2019年工作完成情况和2020年工作计划汇报，以及协会两节其间“送万福 进万家”活动安排，审议了2019年度工作总结和2020年度工作要点。

1月30日，北京书协发出用主题书法作品声援全国人民抗击疫情的倡议。截至3月底，442位书法家捐赠书法作品1085幅。书协遴选出200多幅书法作品分9期刊登于北京文联网上抗疫展厅，166幅书法作品拟赠送北京援鄂医疗队。

1月，第九届“兰亭杯”北京中小学生书法大赛正式启动。本次大赛以“书兰亭墨韵 谱盛世华章”为主题，倡导中小学生书写诗词歌赋、名言警句。6月上旬组织4名专家参与终评工作，从7900余件作品中，评出一等奖作品50幅、二等奖作品100幅、三等奖作品200幅、优秀作品300幅。

3月26日至29日，北京书协联合北京文津阁国际拍卖有限责任公司，开展“以艺抗疫”北京书协慈善义拍活动，最终116幅书法作品、9枚篆刻印章全部成交，共拍得善款43.8万元。所有善款将全额捐赠国家指定慈善机构用于抗击新冠肺炎，为取得抗击疫情胜利尽一份力量。该活动获得了北京电视台、北京时间、今日头条、抖音、爱奇艺、优酷、《中国书画》等战略媒体的大力支持。

4月至10月，配合“和你在一起—北京市文联成立70周年成就展”书法部分的展览工作，系统梳理了北京书法70年发展历程，重点呈现北京书法70年所取得的辉煌成就，撰写启功、康殷、欧阳中石、苏适、林岫、田伯平等7人文联故事，精选北京书法优秀作品进行展出。

9月1日至7日，在中华世纪坛艺术馆举办“深入生活，扎根人民”—第四届“文质兼美”优秀基层书法家创作活动作品成果展。该展着力为基层优秀书法家搭建了展示的舞台，发现、选拔和扶持一批优秀基层书法人才，得到了书法界的高度赞誉。

9月25日，10月10日，北京书协组织5位书法家先后随北京市文联“送欢乐、下基层”文艺志愿服务团赴西藏拉萨和新疆和田参加慰问活动，与当地群众进行了书画交流活动，丰富两地人民群众精神文化生活，受到了热烈好评。

10月26日，“书法进校园”中小学书法教师研修培训班在通州区启动。培训班设置了为期8天30余节的培训课程。来自38所学校的40余位书法美术老师参与了此次培训并给予高度评价。

11月1日至8日，“中国力量”——全国扶贫书法大展在世纪坛艺术馆举办。中国文联主席铁凝、中国文联党组书记李屹等出席开幕式。本次展览筹备历时7个月，会聚50余位策展团队成员、50余位专家学者、162位书坛一线骨干书家、66位书坛大家名家、40家团体会员单位，聚焦扶贫一线，为观众带来可读、可看、可感的沉浸观展体验。北京书协会员的6幅作品入选此次展览。

11月9日，“中国梦·翰墨朝阳”第四届全国书法大赛获奖作品展在书画频道展览馆隆重开幕。本届大赛共收到作品5350件，最终评出获奖作品115件，其中一等奖5件，二等奖10件，三等奖20件，优秀奖80件，评出入展作品150件。

11月19日，召开北京书协有关换届专题会。会议传达了中国书协第八次全国代表大会代表和理事候选人建议人选推荐原则、名额分配情况以及北京书协第六届主席团主席、副主席产生办法、第六次会员代表大会工作安排，并由北京书协第五届主席团成员推选了候选人建议人选。

11月26日，召开北京书协团体会员单位负责人会议。会议对各团体单位报送北京书协第六次会员代表大会代表和理事候选人建议人选工作进行了部署。

11月27日至12月3日，“辉煌七十年 致敬新时代”首都文联系统美术、书法优秀作品展在中华世纪坛举办。此次展览共征集到230幅作品，最终精选出100余幅作品进行展示，充分展现了近年来北京美术、书法创作的成果与水平。

12月8日，召开北京书协换届工作专题会。会议审议通过了《北京书法家协会第五届理事会工作报告》《北京书法家协会章程（草案）》。

【摄影家协会】

9月15日起，由北京市文联、北京摄协主办的庆祝北京市文联成立七十周年、北京摄协成立四十周年“生活”——第三届北京人纪实摄影展览，在首都图书馆一层展厅展出。展览以展现家国情怀为主题，以表现首都北京普通民众生活状态为主线，展出了300余幅反映北京百姓衣、食、住、行、用等生活场景的摄影作品。这些作品饱含了热气腾腾的市井气息，充满了亲切朴实的民生百态。

8月19日至9月2日，举办了北京摄影家协会理事及北京市各区文联所属摄协负责人培训班及2020年北京摄影家协会会员（第一、第二期）培训班。此次培训采取线上“直播+互动”的培训方式进行。本年度，共培训摄协理事及各基层协会管理人员91人，北京市摄影人才370人，其中体制外（新文艺）摄影人才99人，占年度培训人数比26.8%。

【民间文艺家协会】

元旦、春节其间，组织民间艺术家百人次，开展慰问活动8场，包括一场集多种艺术形式为一体的文化民俗庙会，共送出民间工艺品3000余件，为基层百姓送去节日问候，丰富百姓文化生活。

3月至12月，开展“北运河流域民俗文化普查活动及民俗志编纂”项目。开展实地调研10余次，线上调研50余次，线上学术交流20余次，公众号累计发文130余篇。编纂《北运河民俗志·第三卷·民间文学合集》。

7月27日，北京民协组织召开了《中国民间文学大系·北京卷》专家组工作筹备会，明确编纂任务、实施计划和主编负责制。

9月22至25日，在北京军都大酒店举办2020北京民协知识产权保护及自媒体运营培训班，40位学员参加培训，北京市文联党组书记陈宁作了开班动员和专题授课。此次培训班面向新文艺群体，并邀请专业授课教师现场教学。学员们对培训给予高度评价。

10月17日，在中华世纪坛发布厅举办“七十初心 恒心 匠心”——《非遗丛书》阶段性总结推介会，《非遗丛书》编辑、作者、高校学者以及70余位非遗传承人作为嘉宾参加了推介会。120余位观众在活动现场获赠非遗丛书，成为首批读者会成员。推介会采用非遗传承人现场表演加座谈的形式，向观众展示了五个非物质文化遗产项目。

10月19日至22日，北京民协召开第六届主席团第三次会议和第六届理事会第三次会议，审议通过《北京民协2019年工作报告（审议稿）》《北京民协2020年工作要点（审议稿）》和《北京民间文艺家协会“北京民间文艺之乡（含研究传承基地）”评定管理办法》。

2020年，组织编纂“非物质文化遗产丛书”，确定了第九批《非物质文化遗产丛书》书目，包括《葛氏捏筋拍打》《北京绒鸟》《戴月轩湖笔》《盛锡福皮帽》《北刘动物标本》等5本。

【音乐家协会】

自2月份起，组织创作抗击疫情歌曲7首，征集抗疫歌曲1128首，筛选发布优秀抗疫歌曲117首。

3月至6月，北京音协与国家卫健委下属中国人口宣教中心共同主办“白衣天使大爱人间”—致敬中国医护优秀歌曲征集活动，在1128首歌曲中评选出特别贡献奖6首、金曲奖50首、银曲奖89首、天使特别奖17首。

6月30日，在北京市密云区古北口镇古北口村举办歌声献给党“七一”特别节目，李光曦、王宏伟、霍勇、黄华丽等歌唱家演唱歌颂中国共产党的优秀歌曲，为党的99岁生日献上祝福。

7月7日，全民族抗战爆发83周年首都各界群众纪念活动——《和平颂》交响合唱音乐会在北京卫视黄金时间播出。

9月27日，由北京市文联、山东省文联、枣庄市人民政府联合主办，北京音协等单位联合承办的“大型交响声乐套曲大运河”，在山东省枣庄市台儿古城隆重演出。

10月20日，举办北京电子键盘学会成立大会和北京音乐家协会会员培训暨首都电子键盘人才培训。

11月6日，举办北京音乐家协会会员培训暨首都声乐骨干人才培训班，邀请戴玉强、丁毅、黄华丽、王洪波、张天彤、龚荆忆等名师授课，120名专业学员参与。

11月21日，北京音协组织艺术家创作文艺志愿歌曲《我们都是轻骑兵》，在北京市朝阳区六里屯街道举办。

【舞蹈家协会】

自2月份起，舞协向首都舞蹈界发出倡议，组织首都舞蹈家发挥文艺轻骑兵精神，以“舞”战疫，开展主题创作。截至5月底，协会先后创作收集了抗疫作品近600件，其中《口罩》《武汉，你好吗》入围北京市文联2020年抗疫主题创作优秀作品。

6月29日，在中国文艺网、一直播平台召开了题为“北京舞协 生日快乐”的北京舞协成立40周年线上庆生会。活动邀请到了北京舞协第四、五、六届主席吕艺生、陈维亚和一批艺术家。直播在线观看量突破15万次。

7月27日至31日，由北京市文联主办，北京舞协承办的“业务骨干创作培训班”采用线上腾讯会议的方式举办。培训邀请到6位业界知名专家教授为学员进行授课指导，课程覆盖了思想政治、理论研究、业务知识、实例示范等内容。陈宁书记出席活动并为学员讲授第一课。

8月20日至24日，由北京市文联主办、北京舞协承办的“舞蹈教育工作者培训班”通过专家授课、参观体验、理论自学等形式，全面提升了会员的业务能力素质，加强了首都舞蹈教育人才队伍建设。

10月11日至15日，为期5天的“2020北京舞协新会员培训班”成功举办。此次培训首次增设了绘画艺术的历史与赏析等相关课程，借助以点带面的辐射效应全面提升学员的艺术素养。

10月22日，“第八届北京国际标准舞大赛”专题研讨会在京召开。会议围绕疫情下第八届国际标准舞大赛的组织开展情况和创新成功经验等方面进行了研讨交流，为提升协会品牌活动的社会影响力提供了理论参考。

12月1日，第十五届“舞动北京”群众舞蹈大赛颁奖展演在北京地坛体育馆举行。大赛共评选出金奖8个、银奖7个、铜奖6个、最佳创作奖4个以及组织奖若干。

12月11日，由北京市文联主办、北京舞协承办的“第十七届北京舞蹈大赛研讨会”在京召开。会议围绕北京舞蹈大赛赛事的品牌塑造、未来发展和机制创新等方面内容进行了探讨研究，为提升北京舞蹈大赛的内涵品质、优化效果、推陈出新提供了科学合理的改进依据。

12月29日下午，“北京市区舞协2020年工作总结暨2021年工作部署会”在京召开。会议采用线上方式进行。会议回顾了北京市各区舞协2020年度工作成绩，提出2021年主要工作思路，并针对具体问题进行了集体意见摸底和建议征询。

12月底，北京舞协主办的会刊杂志《首都舞苑》增加了正式刊号，并与《北京纪事》杂志社合作编辑并出版发行，为首都舞蹈艺术家提供更广阔、更权威、更开放的理论研究交流平台。

【曲艺家协会】

2月初，号召协会会员发挥积极作用，用曲艺的笔锋投身到“抗疫战”中。疫情其间，共收到抗疫主题曲艺作品209个。其中，作品《王二楞劝妻》《一桌饭》《站哨台》《抓阄儿》《为逆行者点赞》《白衣英雄赞》获得扶持。

6月15日，召开了五届主席团视频会议。会上，审议并通过协会2019年的工作，并对2020年协会的工作计划作了深入讨论。

7月初，启动第八届北京少儿曲艺比赛，19个省区报送212个作品。经过初筛、初评、终评，最终评选出一等奖12个、二等奖25个、三等奖35个、新苗奖40个、园丁奖43个、优秀组织奖23个。

7月15日至25日，通过网络直播平台举办“2020北京曲协曲艺创作培训班”。培训邀请李伟

建、崔琦、李立山、赵连甲、赵福玉等常年从事曲艺表演、理论研究的名家授课。11天的精彩课程，14个直播平台平均每场在线观看人数为29万人次，获得学员和网友们的广泛赞誉。

9月19日，在北京喜剧院举办颁奖暨获奖节目展演活动。活动通过16家网络媒体进行直播，在线观看人数达133万余人次。

10月19日至21日，2020年北京曲协新发展会员培训班顺利举办。北京市文联党组书记陈宁作专题授课，74名新会员参加培训。培训采取专题辅导、观摩学习、交流研讨等多种方式开展，切实发挥文联和曲协团结引导、联络协调文艺工作者的作用。

12月4日，由北京市文联主办，北京曲协承办的“金口传艺技 斗米报师恩——李金斗传承相声艺术专场演出”在北京喜剧院举办。一方面展现李金斗老师在相声艺术传承方面所做的成就，另一方面与广大观众共同感受了曲艺界尊师重道的传统美德。

12月5日，北京曲艺精品节目展演京韵大鼓专场演出在北京喜剧院举办。活动采用了剧场展演和网络直播两种的方式同时进行，为观众奉献了一台鼓曲的饕餮盛宴，充分展示了京味儿曲艺艺术的魅力。线上观众人数达118万。

12月6日、11日、12日、13日，“一城三带”主题曲艺节目创作展演在北京喜剧院演出，将一批优秀的曲艺新作奉献给喜爱京味儿文化的观众朋友们。

2020年，在曲协沙龙完成连丽如、于连仲、李绪良、崔琦、王辅庭等老艺术家口述资料录制，留存珍贵的曲艺史实。

【杂技家协会】

8月9日至14日，举办“第五届北京杂技（魔术）文艺人才培训班”，共招收34名学员。培训班采用线上教学模式，针对杂技（魔术）文艺人才的特殊性和职业需求，设置8次讲座和1次讨论。

8月18日，召开“北京杂协五届三次主席团会和理事会”。理事会传达了北京市文联九届二次理事会会议精神，审议通过《北京杂协五届三次理事会工作报告》，表决通过第五届理事会驻会副主席免职事项，通报协会副秘书长袁悦主持协会日常工作，并对2019年度优秀团体会员单位、个人会员，以及在国内外赛事及协会重大活动中取得成绩的优秀作品予以表彰。

9月21日至24日，“北京杂协2020年新会员培训班”在北发大酒店举办。本次培训邀请文艺理论、杂技教育等方面的专家、艺术家授课。全部课程包括4次讲座、1次讨论和1次参观。

10月22日，由协会参与举办的“第五届中国北京国际魔术大会开幕暨非遗魔术大师魔幻秀”在昌平开幕。大会采用线上线下结合的方式，举办“北京之光”近景魔术大师秀、第五届中国北京国际魔术大会走进“回天”地区等一系列精彩纷呈的活动。

11月13日，11月25日，12月2日，12月4日，举办5场“中华传统艺术进校园”活动，为2000余名师生带来精彩的传统杂技（魔术）专场演出。

12月20日，北京杂协承办的中国杂协“全面奔小康 文化进万家——中国杂协精品杂技走基层赴北京市东城区惠民演出”在东图影剧院上演，中国杂技团的《俏花旦——集体空竹》《圣斗-地圈》《协奏·黑白狂想——四人技巧》等9个节目吸引了东城区300多名观众的观看。

【电视艺术家协会】

2月，为声援战斗在抗击新冠疫情第一线的工作人员，组织协会会员录制祝福短视频，并在北京电视台、北京移动电视、北京地铁、公交循环播放；组织首届北京百位大学生主持新人云录制‘“声”援武汉，唱响明天’公益短片，并在北京电视台文艺频道播出；征集抗击疫情文艺作品93部；原创童话故事《雪立方》。

6月8日，北京视协第六届主席团第四次会议在北京爱奇艺科技有限公司召开。会上，主席团成员审议并同意北京视协网络视听节目服务行业分会换届，确定成立北京视协制片人工作委员会、演员工作委员会，审议通过顺义区影视家协会会长建议人选，同时审议申请加入北京视协、中国视协的个人及团体会员名单。

6月12日，组织开展第三十届中国电视金鹰奖北京地区推选工作。推选出9部电视剧，2部网剧，5部电视综艺节目，3部网络综艺节目，5部电视纪录片，3部网络纪录片，4部电视动画片，3部网络动画片，上报至中国视协参加第30届中国电视金鹰奖的全国评选，其中《破冰行动》获得“优秀电视剧奖”。

8月5日，为纪念中国共产党诞辰100周年、北京援疆工作23周年，召开三十集电视连续剧《大漠魂》剧本创作研讨会。

9月16日至21日，组织160人会员参与“北京视协2020电视文艺人才培训班”线上培训，本次培训班采用了线上直播会议、师生连线解答与互动相结合的方式，授课内容涵盖影视行业政策法规、行业规范、主持人必备的实战技巧等。

9月28日，北京视协演员工作委员会成立大会暨第一届全体成员代表大会在北京会议中心召开，推选出第一届组织机构，吴刚担任会长。多位首都电视艺术家、演员代表齐聚，共同见证北京视协演员工作委员会成立，展望未来首都电视艺术发展新局面。

11月5日，举办42集电视剧《幸福里的故事》创作研讨会。北京市文联全程参与了包括策划、剧本研讨、开机拍摄、制作播出等环节。

11月24日，北京地区代表队3名选手参加中国视协“第十二届海峡两岸电视主持新人大赛”，三选手同时挺进决赛。最终，来自中国传媒大学的付饶摘得金奖，获得唯一的钻石话筒，成为下一届海峡两岸电视主持新人大赛的决赛主持人。

12月10日，第六届北京网络视听节目创新与人物推优活动进入终评，推选出1部“全面建成小康社会”特别奖作品，28部提名作品，其中6部优秀作品，16位贡献人物提名，4位优秀贡献人物。

12月21日至25日，组织49名编剧会员参加“北京视协2020青年编剧研修班”，授课内容囊括了编剧创作实践、作品审查政策、制片人视角的内容创作等。

【电影家协会】

2月，北京影协积极响应北京市文联的号召，邀请艺术家为武汉人民录制祝福视频，共收集到冯远征、范明、黄晓明、潘粤明、杨幂、关晓彤、王宝强、佟丽娅等近百位电影工作者录制的110条视频，为武汉人民加油鼓劲，与全国人民共克时艰。

4月，组织开展第十一届“北京影协杯”剧本征集评选活动。11月10日进行终评工作，最终评选出一等奖1部，二等奖2部，三等奖6部，入围奖10部。

6月，组织开展第十一届北京大学生影评大赛活动。截至到10月15日，共收到全国各地百余所高校1500余篇参赛作品，经过初筛、初评、终评三个阶段，最终评选出50篇获奖作品。

7月，采用线上工作会的形式召开会议，向主席团及理事汇报协会2019年工作情况，审议新申请入会人员情况等相关事宜。

9月21日至27日，组织选拔5名北京地区大众评委参加第35届大众百花电影奖评选工作。

10月31日至11月8日举办第一期电影编剧导演培训班，11月28日至12月6日举办第二期电影产业研究培训班，共有96位首都电影创作人才参加了本年度培训。培训邀请了知名编剧、导演、制片人、理论研究专家为学员进行授课，紧紧围绕“文艺工作者的初心使命”“创作过程中的细节技巧”“如何在实战中应用”等议题，进行了高强度、高质量培训。

2020年，推荐四部作品电影剧本《第十三个》、数字电影《蓝色星光》《运河上的回声》、戏曲动画短片《新三岔口》获得北京市文联文艺创作专项资金扶持。北京影协作为联合摄制单位参与创作院线电影《东北人都是活雷锋之长白山行动》，为2021年建党百年献礼。

【文艺评论家协会】

新冠肺炎疫情其间，北京评协号召协会会员以艺战“疫”。2月至5月，在协会微信公众号发布评论文章、书法作品及诗歌十余篇。

6月12日，“北京文艺评论2020年度推优活动”正式启动。共收到53部（篇）参评作品，内容涉及10个艺术门类。7月24日，组织召开评审会，评选出北京地区优秀文艺评论著作3部、文章15篇。

8月18日至21日，“2020北京青年文艺评论人才读书研讨班”在线举办，来自9个艺术门类的30名青年文艺评论工作者参加培训。北京市文联党组书记、常务副主席陈宁出席开班仪式并作专题授课，王一川、傅谨、于平等5位知名文艺评论家为学员授课。

9月，组织会员积极进行文艺创作项目申报，共报送5个项目，其中李云雷《文艺批评、制度建设与文化领导权——党领导文艺工作的历史经验

(1921—2020)》、颜榴《无疆的视觉：北京当代美术探微》、张慧瑜《文化认同与中国主旋律电影研究》3个项目入选。

10月27日，“北京青年文艺评论丛书”（第五辑）项目启动。项目面向北京文艺评论家协会中青年文艺评论人才广泛征集文艺评论书稿，共收到多个艺术门类的11部书稿。12月3日，组织召开评审会，评选出李云雷《新时代文学与中国故事》、张慧瑜《文学的政治与未来》、王虹艳《当代女性散文概论》3部书稿予以出版。

天津市文联

综　述

2020年，“十三五”收官在即，“十四五”新篇待启，站在“两个一百年”奋斗目标的历史交汇点上，天津天津市文联以习近平新时代中国特色社会主义思想为指导，宣传贯彻党的十九大和十九届二中、三中、四中、五中全会精神，坚持马克思主义在意识形态领域的指导地位，坚守中华文化立场，坚持以社会主义核心价值观引领文化建设，紧紧围绕举旗帜、育新人、兴文化、展形象的使命任务，坚持“二为”方向和“双百”方针，团结带领全市广大文艺工作者认真履行弘扬中国精神、传播中国价值、凝聚中国力量的神圣职责，发挥“团结引导、联络协调、服务管理、自律维权”的职能，为繁荣发展天津文艺事业作出不懈努力，取得了一定成效。特别是在抗击新冠肺炎突发事件面前，听党指挥，积极创作，为打赢抗击疫情全民战争努力吹响鼓舞士气的号角。

重要活动

【“学习全会精神　讴歌伟大时代”学习贯彻党的十九届五中全会精神系列活动】

团结引导天津文艺工作者在认真学习贯彻党的十九届五中全会精神的同时，用文艺的形式宣传全会精神。先后组织十余支文艺小分队，深入宝坻、蓟州、西青等基层深入开展“七进”活动，以文艺为载体，宣传全会精神，激励和振奋海河儿女，在习近平新时代中国特色社会主义思想的指引下，再赴新征程、共筑中国梦。

【“防控疫情”主题创作】

新年伊始，新型冠状病毒感染的肺炎疫情迅速蔓延，波及全国，天津天津市文联第一时间停止所有集会活动，于1月26日向天津文艺界发出了《勇担使命　共筑平安　天津天津市文联致全市文艺工作者的倡议书》，号召文艺工作者以义不容辞的使命担当，积极创作抗击疫情主题作品，用文艺形式鼓舞士气、振奋精神。1月27日，全国首个抗击疫情主题展览“‘万众一心　众志成城’防控新型肺炎疫情天津市书法家新媒体书法展”在网上展出。随后，天津天津市文联组织开展的“抗击疫情　勇担使命——天津文艺界在行动”系列主题活动在天津文艺界全面展开。先后创作包括曲艺、歌曲、书法、美术、摄影、戏剧、民间艺术等作品2000余件。先后举办美术、书法、摄影、民间艺术等抗击疫情主题展览20余期，展出作品近千幅（组）。天津行动迅速，在疫情初期就率先推出了一批感人至深、激荡心灵，又不乏天津人轻松乐观、昂扬向上生活态度的作品，领先全国文艺界，因此备受关注，并迅速在新华网、人民网、搜狐网、中国艺术报等新媒体大幅度传播，在全国产生广泛影响。其中，“‘万众一心　众志成城’防控新型肺炎疫情天津市书法家新媒体书法展”被中国艺术报全部转载；“‘抗击病毒　守护平安’天津防控疫情主题摄影作品网络展”首期展出的作品被中国摄协官方网站全部转发，近半数作品被中央广播电视总台《2020年元宵节特别节目》晚会采用；天津舞蹈界抗击疫情专题的舞蹈宣传片“逆流直上”，在天津广播电视台全频道滚动播出，收视率高达4%。中国舞协官网和各类媒体也同步推送。该片受到中国文联关注，决定由天津市舞协推荐舞蹈工作者参加“文艺进万家　健康你我他”网络文艺志愿服务行动——“方舱直播时间”进行时活动。此外，天津美术家王书平、孟庆占、张福有、张礼军，书法家唐云来、张建会，歌唱家李瑛等艺术家的作品也分别入选了中国艺术报“防控疫情”专题作品集。天津快板《做好防疫筑平安》线上播放已达600余万次。湖北文艺界的同行看了天津的作品后感动得直掉眼泪，说这样的作品对于疫情严重地区、特别是精神压力

巨大的群体起到了重要的抚慰和激励作用。4月29日，天津天津市文联向海河医院捐赠大型国画作品《众志成城战役情》，向白衣天使表达崇高的敬意。

【建党99周年主题创作】

为隆重庆祝中国共产党成立99周年，天津天津市文联举办了“听党话，感党恩，跟党走——主题文艺创作活动”。其中“经典——曲艺大家唱”和“优秀歌曲创作展播”先后在天津天津市文联自媒体平台和津云、抖音、西瓜视频等新媒体平台推出。“‘听党话，感党恩，跟党走’——天津市美术、书法、摄影、民间艺术网络作品展”，面向天津全市征集优秀作品，并在网上进行专题展出。最终展出美术作品100幅，书法作品134幅，摄影作品95幅（组）和民间艺术作品30件（组）。

【厉行节约主题创作】

习近平总书记向全国人民发出“舌尖上的节约”的批示后，天津天津市文联积极组织广大文艺工作者投入主题创作当中，用文艺的形式向人民群众宣传节约光荣、浪费可耻的理念。天津市音协第一时间创作出十首歌曲，让群众在歌声中自觉厉行“节约光荣、浪费可耻”的美德，让文艺作品引领时代风尚；天津市美协以群众喜闻乐见的美术作品形式呼吁全社会拒绝“舌尖上的浪费”，营造浪费可耻、节约光荣的良好氛围。天津市曲协的艺术家也在第一时间创作并发表作品，获得广大观众好评。

【参与主办2020天津相声节】

深入贯彻落实天津市相声创作工作会议部署要求，天津天津市文联积极参与主办2020天津相声节。为进一步扩大相声作为天津独特城市品牌和文化名片的知名度、影响力，力求打造“叫得响、传得开、留得住”的相声精品力作，天津天津市文联周密部署、积极联动，圆满完成任务，推出了一批反应时代声音、深受广大人民群众喜爱并能经久流传的相声新作，培养了一批既有传统功力又有创新意识、德艺双馨的相声新人。相声节的举办吸引了全国多家媒体的关注，大批记者蜂拥而至，相关报道登录天津卫视天津新闻、天津电视台文艺频道文化关注、《天津日报》《今晚报》、津云客户端、天津电视台相声广播、天津电视台文艺广播等媒体，百度、网易、新浪、搜狐等新媒体网站纷纷转载，尤其是本次引入的百度公司对2020天津相声节开幕式进行了全程直播，网络观看人数破十万，位列实时收视率榜单第一名，并开通百度家、度看天津等账号专门对相声节进行宣传报道。除此之外，天津电视台、津云、百度等制作的相关小视频通过抖音、快手、津斗云等平台播放，点击率颇高，尤其是冯巩先生通过自己的抖音账号推出的相声节小视频播放量超百万，点赞人数近十万，对2020天津相声节的宣传起到了有力的助推作用。

【其他主题创作】

2020年是全面建成小康社会和“十三五”规划收官之年，为充分发挥文艺服务中心大局的作用，天津天津市文联组织开展了一系列主题创作活动，团结引导艺术家用笔端、镜头、画面、舞台反映时代精神，真正做到为时代画像、为时代立传、为时代明德。其中，“脱贫攻坚、全面小康主题创作活动”，聚焦“中国梦”“全面小康”等一系列主题开展文艺创作，共征集美术作品、摄影作品百余件，歌曲1000多首。“大运河主题文艺作品”，共计创作完成歌曲5首，舞蹈1支，以文艺的载体歌颂运河文化，传递运河精神。此外，天津天津市文联积极向中国文联对标对表，积极投身国家级项目工程的创作，其中“心中的歌”全国优秀歌曲创作工程入选歌曲4首，“不忘初心 继续前进”大型美术创作工程，入选作品1件；中宣部党史题材美术作品展，7件作品入选。

【“我们的中国梦”——天津市文化进万家系列文艺活动】

2020年年初，天津市文联充分发挥文联组织作为党领导的人民团体的政治优势、组织优势和专业人才优势，重心下沉，工作切实向基层倾斜，充分发挥文联所属的各文艺家协会、基层文联的积极性、主动性和创造性，在组织开展主题实践活动过程中持续关注基层和创作一线以及新文艺群体中的文艺骨干，积极扶持基层文艺团队，疏通各层级文艺创作人才的径路。其中，中国文联、天津天津市文联文艺志愿服务小分队走进天津市宝坻区牛家牌镇赵家湾村、天津市舞协走进河西区第十六幼儿园、天津市书协走进宁河区俵口镇兴家坨村民俗博物馆等活动，通过创新工作方式和工作载体，使2020年两节其间的主题实践活动更加深入人心。

【新时代“红色文艺轻骑兵”小分队系列活动】

2017年至今，十二支新时代“红色文艺轻骑兵”各文艺家小分队，广泛深入乡村、社区、企业、校园、军营等基层一线，通过举办各种类型的培训班、展览演出和公益讲座等文艺服务，弘扬社会主义核心价值观，活跃丰富群众精神文化生活，进一步引导和动员广大文艺工作者在人民群众的伟大创造中抒写新的文艺篇章。2020年，根据天津地区文化资源和需求特点，因地制宜、合理安排，充分发挥天津天津市文联授牌的文艺志愿服务基地的重要作用，把主题实践活动和“深入生活、扎根人民”主题实践活动、“到人民中去”文艺志愿服务活动、“送欢乐下基层”等已有品牌活动结合起来，把文艺工作者的创作需求和基层文化需求有机结合起来。与以往不同的是，2020年在制定计划时便下发《下基层文化文艺小分队工作注意事项》十条，要求每个协会、每个艺术家、每个工作人员牢记注意事项。年初，各文艺家协会计划开展活动30余场，实际开展活动13场，疫情暴发后，天津天津市文联积极转变思路，结合新媒体的传播优势，将已经完成的活动刊登在“学习强国”、天津天津市文联网站、天津天津市文联公众号，全国及本市其他媒体等，继续扩大影响。

创作与研究

【获奖情况】

1.“心中的歌”全国优秀歌曲创作工程入选歌曲4首。

2. 市美协组织创作的9件美术作品入选中宣部和中国文联主办的主题美术创作工程。分别是：于小冬创作的《西藏和平解放》和张耀来创作的《大国外交》等2件作品入选中国文联“不忘初心继续前进——庆祝中国共产党成立100周年大型美术创作工程”；陈治、武欣创作的国画《周恩来邓颖超在天津》，景育民、张启泰创作的雕塑《周恩来、邓颖超青年时代在天津》，张耀来创作的综合材料《星火燎原——向赣南闽西进军》，于露创作的国画《淮海战役总前委——蔡洼会议》，李迅创作的雕塑《优秀干部杨善洲》，万栩创作的油画《红色盘山——包森建立盘山抗日根据地》，路家明创作的油画《新中国从这里走来》等7件作品入选中宣部党史题材美术作品展。

3.“2020年度中国少儿戏曲小梅花荟萃”活动，获得8个小梅花金奖，2个集体节目奖。

4. 在第13届中国旅游电视周优秀电视节目推选活动中，天津视协报送的作品获旅游电视节目好作品奖。

5. 在第十四届全国小康电视节目工程优秀作品推选活动中，天津视协报送的三档节目分别获得一、二、三等奖。

6. 在2020年春节晚会、春节特别节目推优活动中，天津视协报送的2020年天津广播电视台春节联欢晚会、元宵特别节目、少儿春晚获得优秀作品奖。

7. 在“2020•见证伟大的抗疫精神——中国同心战疫纪实影像主题活动”中，天津视协报送的纪录片《惊蛰》获得优秀作品奖。

8.“红色光影”电影院线在2020年度基层理论宣讲中成绩突出，荣获天津市基层理论宣讲先进集体。

【理论研究】

一是充分发挥全国知名的文艺评论双月刊《文学自由谈》的阵地作用，不断加强和改进文艺评论工作。克服疫情影响，天津天津市文联保证了《文学自由谈》杂志的正常出刊，按期完成了六期刊物的编辑出版，刊发了150余篇稿件、近70万字，每期刊物均做到了符合政策法规和编辑出版规范。《文学自由谈》微信公众号运营不断完善，关注用户数量持续增长，截至目前已逾14000人。所推送的文章，天津天津市文联严格把握舆论口径，从文学专业的范畴去理性地讨论，篇点击量大多在一千以上，读者反馈积极，留言活跃。刊物得到业界肯定，被誉为“文学麦田的守望者”。作为与《中国文艺评论》《文艺报》《文学评论》等78家媒体共同成立的中国文艺评论传播联盟的理事单位，积极发挥作用。天津天津市文联筹建天津市评协的工作正在进行中。二是理论研讨活跃，课题研究逐步深入。举办学术研讨，如“穿越时代的灵魂”——纪念曹禺诞辰110周年研讨

会等。《天津文艺界》发刊6期，共计45万余字，稿件来源更加丰富，影响力持续扩大，受到各界广泛关注，产生了良好的社会影响。三是重视文艺舆情信息，做好宣传报道工作。2020年，新华社、《中国艺术报》《中国书画报》等中央媒体以及天津电视台、天津电台、《天津日报》《今晚报》《渤海早报》等本市媒体刊发天津天津市文联相关报道达百余篇（次）。四是推进网上文联建设，积极探索文联服务新模式。“互联网+文艺”建设稳步推进，升级改造“天津文艺界”网站，不断探索运营天津天津市文联微信公众号和头条号的新招法，微信公众号和头条号的关注度在不断增加，进一步扩大了影响。2020年按照中央和市委关于网络安全和网信工作精神，天津天津市文联制定了《天津天津市文联网络与信息安全突发事件应急处置预案（试行）》，定期开展网络信息安全隐患排查。

文艺队伍建设

【人才培养】

受新冠肺炎疫情的影响，2020年的业务培训多借助网络进行，号召文艺工作者积极参加了中国文联组织的依托“中国文联网络培训云平台”进行的系列业务培训等，收到了很好的效果。

按照中国文联的要求，天津天津市文联于3月2日向天津市各文艺家协会转发《中国文联关于征集2020年青年文艺创作扶持计划项目的通知》，面向全市文艺工作者征集青年文艺创作扶持计划项目。经综合评估，最终选出4个项目作为天津天津市文联推荐申报2020年中国文联青年文艺创作扶持计划项目。其中由天津市美协推荐的赵大千的作品《勿忘》（抗击新冠肺炎疫情主题）得到了中国文联的资助。

【机关建设】

2020年天津天津市文联机关党建工作坚持高举中国特色社会主义伟大旗帜，坚持以马克思列宁主义、毛泽东思想、邓小平理论、“三个代表”重要思想、科学发展观、习近平新时代中国特色社会主义思想为指导，全面贯彻党的十九大和十九届二中、三中、四中、五中全会精神，增强“四个意识”、坚定“四个自信”、做到“两个维护”，严格落实“三会一课”制度，确保“两学一做”常态化，积极发挥党支部战斗堡垒作用，标准化规范化做好天津天津市文联党的建设工作。一是层层压实全面从严治党主体责任，党组定期听取党建工作汇报，抓关键少数，找准基层党建薄弱环节，有针对性加强整改。二是健全理论中心组学习制度，充分发挥领学促学作用，深入学习习近平新时代中国特色社会主义思想，学习习近平总书记关于思想文化领域工作的重要论述和指示批示精神等。三是大力加强基层党组织建设，以创建“五好党支部”为载体，督促党支部严格落实“三会一课”制度。四是坚持问题导向和目标导向相结合，持续深入开展不作为不担当专项治理，认真实施形式主义、官僚主义集中整治工作，努力营造风清气正的政治生态。五是坚持把精神文明创建工作贯穿于日常工作生活之中，充分发挥文联优势，深入生活、深入基层、深入实践，宣传文明、传承文明、践行文明。

各文艺家协会

【音乐家协会】

1月2日，辉煌70年 奋进新时代——“春秋杯”第二届京津冀声乐展演颁奖音乐会。

1月9日，天津市精神文明建设“五个一工程”歌曲创作研讨会。

2月22日，“抗疫战歌 绽放希望”天津市音协主题创作歌曲展播。

3月2日，近百位在津和天津籍艺术家共同演唱的原创歌曲《与爱同行》录制完成。

4月初，天津音协出版《逆行战歌》天津市抗疫主题优秀创作歌曲选。

6月28日，“听党话、感党恩、跟党走——天津市音乐、美术、书法、摄影、民间艺术网络主题作品展”。

7月6日，“心中的歌”——庆祝中国共产党成立100周年全国优秀歌词征集活动。

7月17日，天津市音协召开第六次会员代表大会召开。

8月4日，天津市第八批“中国梦”主题新创作歌曲征集。

8月8日，参加京津冀三地知名音乐家深入基层采风创作活动。

8月17日，天津市音协开展创作厉行节约主题歌曲活动。

8月24日，天津市音协创作厉行节约主题歌曲《开源节流好风尚》。

10月10日，2020年度“听见中国听见你”创研会。

10月16日，英雄赞歌——纪念中国人民志愿军抗美援朝出国作战70周年 暨天津市音协慰问天津市保税区消防支队文艺演出。

10月31日，文艺界贯彻党的十九届五中全会精神系列活动启幕，学习全会精神 讴歌伟大时代“小康梦·家乡情”的文艺惠民演出。

11月9日，“礼赞新时代 阔步新征程”——学习贯彻党的十九届五中全会精神文艺宣传演出。

12月18日，天津市音协古筝专业委员会 名师讲堂——公益讲座。

【戏剧家协会】

1. 与天津市文旅局、北方演艺集团策划举办“天津市首届舞台新星选拔专场演出”。

2. 指导天津市剧协少儿戏剧教育委员会排演爱国主义题材儿童剧《战地红缨》。

3. 积极开展“勇担使命、共筑平安天津戏剧界文艺工作者在行动”活动，创作河北梆子戏歌《共迎春来》，入选天津市委宣传部“万众一心 众志成城”天津市打赢疫情防控阻击战主题戏曲演出。

4. 完成2020年列入政府绩效考核的“2020年度中国少儿戏曲小梅花荟萃”活动报送参评工作，获得8个小梅花金奖，2个集体节目奖。

5. 组织报送2020年度中国戏剧梅花奖优秀剧目数字电影作品；天津评剧院中国戏剧梅花奖优秀剧目数字电影《寄印传奇》正式开机。

6. 与中国戏曲表演学会和荣程小百花越剧团共同组织“我陪母亲看大戏”2020年母亲节大型云端戏曲表演汇。

7. 天津文化援建西藏昌都项目历史民族歌舞剧《昌都往事》已经于10月13日完成首演。

8. 创作扶贫题材小戏曲《感恩茶》入选中国剧协和浙江省文联联合举办的全国“小康颂”小戏、小品剧本征集活动，并发表在《剧本》杂志第10期。创作京剧歌曲《节俭谚语歌》，由天津京剧院青年演员完成小样制作。

9. 举办“穿越时代的灵魂”——纪念曹禺诞辰110周年研讨会。

10. 组织召开天津市剧协主席团会，审批新发展会员、研究制定《推荐中国戏剧梅花奖演员产生及报送细则》，并完成天津市梅花奖参赛演员的推荐工作。

11. 收集整理天津市中国戏剧梅花奖获奖演员有关资料，配合中国剧协网站建资料库宣传。

12. 刘强编剧的音乐儿童剧《青蛙王子》荣获第34届田汉戏剧奖·剧本二等奖。

13. 12月24日，天津文联文化援助西藏昌都项目歌舞剧《昌都往事》在天津光华剧院演出，中央电视台文艺频道等媒体进行了宣传报道。

【美术家协会】

1月10日，开展“新时代红色文艺轻骑兵”和文化进万家活动慰问天津武警一支队指战员。

1月13日，开展“新时代红色文艺轻骑兵”和文化进万家活动慰问西青区中北镇人民群众。

1月，在中国文联“青年扶持计划”推荐工作中，市美协推荐的青年画家赵大千和他的作品《勿忘》入选，实现了天津市两新组织画家入选国家项目零的突破。

3月，组织开展抗疫题材美术创作，创作国画、油画、雕塑、漫画、宣传画等作品800余件。在天津天津市文联公众号上推出四期“众志成城，抗击疫情——天津市美协网上作品展”。

4月，与百花文艺出版社合作编辑出版《抗击疫情 携手行动——天津战疫书画作品集》，市美协选送的80余幅作品入选。

4月，积极为抗疫前线捐款捐物。画家王书平、贾广健、尹沧海捐款7万元，为湖北省文联捐款购买防护用品。此外，王书平还自发向抗疫前线捐款数十万元。

4月，王书平、张福有、张礼军合作巨幅国画作品《众志成城战役请》捐赠海河医院。

7月，“听党话、感党恩、跟党走线上美术作品展”展出天津画家创作的主题美术作品100件。

7月15日，召开天津市美协第六次会员代表大会。

8月，开展“新时代红色文艺轻骑兵”和文化进万家活动慰问津南区咸水沽镇。

9月，按照天津市委宣传部的部署，落实中宣部为迎接中国共产党成立100周年党史题材作品征集工作。征集完成作品和创作构思近150件。市美协组织创作的9件美术作品入选中宣部和中国文联主办的主题美术创作工程。

9月，在习近平总书记文艺工作座谈会重要讲话发表六周年之际，组织美术家学习贯彻习近平总书记文艺工作座谈会重要讲话精神，与“人民英雄”国家荣誉称号获得者、中国工程院院士、天津中医药大学校长张伯礼座谈，向张伯礼院士赠送绘画作品。

10月，在抗疫主题创作中，天津画家创作的多幅作品入选在国家博物过举办的“战‘疫’中国——全国美术作品展”，王书平、张福有、张礼军合作的巨幅国画作品《众志成城战疫情》被国家博物馆收藏。

10月，在“学习全会精神 讴歌伟大时代——天津天津市文联学习贯彻党的十九届五中全会精神系列活动”中，组织红色文艺轻骑兵小分队走进蓟州区，开展了“铭记历史，致敬英雄”采风写生活动，以艺术的形式学习宣传党的十九届五中全会精神。

11月22日至27日，深入开展“深入生活、扎根人民”主题实践活动，赴安徽泾县革命老区采风写生，参观皖南事变烈士陵园、新四军史陈列馆、云岭新四军军部旧址、王稼祥故居纪念馆、皖南事变激战地，接受“四史教育”，为建党100周年展览收集创作素材，在红星美术馆举办“笔墨耕耘——天津市名家国画作品展”与安徽美术家共同学习十九届五中会精神进行文化交流活动。

12月5日，组织宝坻区美协开展“学习贯彻党的十九届五中全会精神书画作品展”。

12月12日，组织宝坻区美协开展“大美宝坻——绿水青山篇写生小品展”。

12月13日，组织宁河区美协深入天津市朗威石化有限公司开展“学习贯彻党的十九届五中全会精神下基层活动”。

【书法家协会】

1月5日，天津市书协楷书委员会书法精品展在静海书画艺术馆举办。

1月7日至20日，“我们的中国梦”天津市书协新时代红色文艺轻骑兵小分队送文化进万家，暨“同心同书——祖国新春好”天津市书法家送万福进万家志愿服务公益活动，走进天河科技园国家超级计算天津中心；走进宁河区俵口镇邢坨村民俗博物馆；走进天津水务局宝坻区口东镇帮扶村南王家庄村；走进蓟州区穿芳峪镇穿芳峪村；走进天津天津市文联帮扶村宝坻区；走进天津市政协俱乐部；走进宝坻区新时代文明中心站；走进西青区精武镇付村；走进滨海新区美术馆；走进河西区恒基广场；走进民园体育场；走进天津港保税区文化中心；走进地铁10号线春海路站。

1月18日，天津市书协、滨海新区文联和滨海新区美术馆主办的“翰墨芳华・屋漏奇葩书法展”在新区美术馆举办。

1月25日（正月初一），着手举办“万众一心众志成城”防控新型肺炎疫情天津市书法家新媒体主题书法展。1月27日（正月初三），33件书法作品就以新媒体网络为平台展出，产生了极为广泛的社会影响，中国书协、《书法报》、《天津日报》、今日头条、《中国艺术报》、天津美术网、天津文艺界、《今晚报》、津云、书画共享空间、心墨书画艺术等20多家媒体转载和报道，为全国抗击疫请书法网络展起到了示范带头作用。

2月5日，天津市书协和天津市楹联学会共同主办“勠力同心 联墨壮怀”天津市抗击疫灾主题楹联书法网络展，精选作品251件，分6期展出。

2月29日，天津市书法家孙伯翔、张建会、唐云来、况瑞峰、任长文、刘洪洋、李锋、沈宪民、邵佩英、郝军、喻建十、杨健君为驰援湖北文艺界，共捐款8.4万元，购买口罩，寄往湖北。

3月8日，天津市书协主办，天津市书协女书家委员会承办的天津市女书家迎“三.八国际妇女节”书法作品网络媒体展展出。

4月17日上午，中国书协副主席、天津天津市文联副主席、市书协主席张建会向市慈善协会捐款10万元，用于东西部扶贫工作。

7月8日至10日，天津市书协组织“听党话 感党恩 跟党走”主题创作，推出精品140件，分3期，通过网络展出。

7月29日至31日，天津市基层书法骨干541人，通过网络线上形式，参加了2020年中国书协全国基层书法骨干培训班。

8月8日至23日，天津市书协各委员会举办

“迎接国展和市十届书展看稿会”看稿会等活动。

8月31日，天津市书协举办了“厉行节约、反对浪费”主题书法网络展。

9月10日，天津市书协青年创作基地揭牌仪式暨天津市第二届青年书法篆刻作品观摩展，在天津港保税区文化中心举办。

9月19日，天津市书协在天津市书协青年创作基地，举办迎国展看稿会。备战中国书协举办的“全国第五届正体书法作品展览”和“全国第五届青年书法篆刻作品展览”。

9月29日，天津市书协联合西青区文化馆、区书协举办“迎国庆”助力脱贫攻坚天津市书协红色文艺轻骑兵走进西青区精武镇活动。

10月16日，天津市书协与天津美术学院、甘肃省文学艺术界联合会、天津市美协、天津市宝坻区文化和旅游局等联合主办“飞天舞墨·馨香津沽——马国俊、赵树繁、陈福春书画作品联谊展”在宝坻区书画院开幕。

10月22日，天津市第十届书法篆刻展览评审选出185位作者的作品入展，74位作者的作品入选。

10月25日，2020年天津市书法考级在天津空港文化中心成功举办。

10月29日，天津市书协和省书协、中共淮安市委宣传部共同主办“陈叶新枝”——孙伯翔、孙永志师生书法艺术展览在江苏省淮安市美术馆举行。

11月7日，天津市第五期“艺文兼备”青年书法作者培训班在天津港保税区文化中心天津市书协青年创作基地举办。

12月9日，蓟州区书法家协会深入学习贯彻党的十九届五中全会精神 学以致用转化成果书法作品网络展。

12月10日，由天津市书协主办、北辰区文化馆承办的“心迹双清”——刘彦明书法作品展在北辰区美术馆开幕。

12月21日、23日、24日，由天津市文学艺术界联合会、天津市书协主办的天津市津市第十届书法篆刻展览分三期在网络线上展出。

12月19日，天津市第五期“艺文兼备”青年书法作者培训班第二次课程暨结业式在天津市书协青年创作基地保税区文化中心举办。

12月23日，由天津市书协联合静海区文化和旅游局主办的宣传贯彻党的十九届五中全会精神——天津市书法家新时代红色文艺轻骑兵小分队惠民活动走进了静海区大邱庄镇万全村新时代文明实践站。

【曲艺家协会】

1月6日至9日，天津市曲协组织开展红色轻骑兵进校园活动，优秀相声演员和新人新作分别赴软件管理学院、天津理工大学演出。

1月25日，响应上级号召，天津市曲协组织艺术家进行抗击新冠疫情主题创作，天津市曲协主席籍薇创作了两段梅花大鼓《天使颂》《携手克时艰》，天津市曲协副主席李少杰创作的快板书《抗击疫情做防范》，谢岩创作、王文水快板书《为逆行者点赞》、闫永利创作并演唱的天津快板《做好防范筑平安》、杨好婕创作、李玉萍演唱的河南坠子《请牢记》等多段曲艺作品，经津云等媒体推出，后被中国曲艺网、共青团中央、网易云媒体等多家国家级媒体转发推送，点击率超过五百万，并作为宣传片在天津新闻，天津广播等媒体播放，新浪新闻，网易新闻，《人民日报》官网，天津日报，今晚报等多家媒体采制新闻。

1月30日，由天津市委宣传部、市文旅局、天津市文联、海河传媒中心、北方演艺集团主办的《万众一心 众志成城——天津市打赢疫情防控阻击战主题曲艺专场演出》在群星影院录制。

2月3日，《万众一心 众志成城——天津市打赢疫情防控阻击战主题曲艺专场演出》在天津市卫视频道播出。

6月25日至30日，天津市曲协组织录制“红色经典曲艺大家唱”活动。

8月1日，天津市曲协组织录制厉行节约系列节目。

8月31日，2020天津相声节策划会在市委宣传部举行，确定最终方案。

9月30日，“2020天津相声节”在谦祥益文苑开幕。

9月30日，津味相声地铁站在西北角地铁站揭幕。

10月1日至8日，2020天津相声节黄金周展演在天津市各小剧场举行，推出近300场相声专场演出。

10月9日至17日，2020天津相声节云端展演举行。

10月18日至25日，西岸相声周在西岸会馆举行。

10月26日至11月1日，福乐相声周在福乐茶馆举行。

10月27日，为纪念中国人民志愿军出国作战70周年、缅怀烈士常宝堃，常氏兄弟剧团相声专场演出在恒基广场常氏兄弟剧团小剧场举行。

11月2日至8日，名流相声周在名流茶馆举行。

11月9日至15日，阳光相声周在阳光茶楼举行。

11月16日至19日，九河相声周在南市食品街举行。

11月16日至19日，哏都青年相声周在河东区爱琴海举行。

11月19日，大学生相声展演在师大举行。

11月19日晚，2020相声节新人新作展演及研讨会在天津师范大学举行。

【摄影家协会】

1月2日，天津摄协红色文艺轻骑兵走进民航大学地铁站施工现场，慰问地铁建设者。

1月16日，新时代文明实践宝坻区林亭口镇开展“文艺进万家”活动——天津新时代“红色文艺轻骑兵”小分队走进增良村。

1月17日，2020年“我们的中国梦”——文化进万家，中国文联 天津天津市文联文艺志愿服务小分队 走进天津市宝坻区牛家牌赵家湾村。

1月20日，2020年“我们的中国梦”——文化进万家，天津市新时代“红色文艺轻骑兵小分队走进天津地铁10号线建设工地，为地铁建设工人留影并赠送摄影作品。

1月25日，“抗击病毒，守护平安”天津市摄协主题摄影作品展征稿。2月1日，首期40幅遴选作品在天津文艺界网站展出。2月2日，中国摄协官方网站转发了首期网络作品展全部作品。2月8日，在中央广播电视总台《2020年元宵节特别节目》晚会现场，表现天津各界干部群众抗击疫情的多幅图片作为诗朗诵节目的背景呈现在舞台上，网络展首期推出的四十幅作品中的近半数被晚会编导采用。天津电视台文艺频道对“首期摄影作品网络展”作专题报道。““学习强国”• 天津平台”分四期刊发了“首期摄影网络展”全部作品。2月15日，第二期四十幅（组）在天津文艺界网站和天津摄协微信平台推出。今日头条两次报道“网络作品展览”。百花文艺出版社已将“网络摄影展”作品列入出版计划，目前已进入编辑阶段，计划3月出版《大爱无疆守护平安》摄影作品集。截至目前已收到摄影作品近千幅，征集活动仍在进行中。

2月29日，天津美协、书协、摄协驰援武汉，短时间内筹集了500套防护服和20000个口罩，对口捐赠给湖北省文联。

3月12日，第十九届天津市摄影艺术展览征稿。

4月30日，天津摄协组织会员赴天津各区拍摄纪录扶贫成果照片资料。

8月21日，“听党话、感党恩、跟党走——天津市音乐、美术、书法、摄影、民间艺术网络主题作品展”之摄影专项展在天津天津市文联网站展出。

7月17日，天津市摄协第五次会员代表大会召开。

7月30日，华北电建公司摄影公益讲座。

8月4日，协助天津工艺美术学院申报摄影与摄像艺术专业。

8月12日，摄影采风（滨海新区中新生态城）

9月22日，“津夜光彩”2020天津夜生活主题摄影大赛征稿。

10月2日，“西葛岑寿桃节”一日拍影赛征稿。

10月5日，第八届“西葛岑寿桃节”暨摄影创作基地授牌。

10月15日，“我的社区我的家”摄影大赛征稿。

10月17日，天津市摄协主办的“第十九届天津市摄影艺术展览”的评选公示。

10月21日，天津摄协组织天津籍中国摄协会员120余人，组织相关基层摄影负责人参加网络培训。

10月29日，举办北辰区青广源街摄影公益讲座。

10月30日，举办北辰区小淀镇摄影公益讲座。

11月16日，开展天津市摄协培训项目，首期天津青年纪实摄影师成长计划招募。

10月至11月，天津摄协组织摄影志愿者拍摄“学习贯彻五中全会精神——天津外国语大学志愿翻译突击队风采”系列活动。

12月25日，由天津市文学艺术界联合会、天津市摄协、东丽区文化旅游体育局共同主办的第十九届天津市摄影艺术展颁奖仪式及获奖作品展在东丽区美术馆拉开帷幕。

【舞蹈家协会】

“我们的中国梦”文化进万家活动——天津市舞协“新时代红色文艺轻骑兵”小分队1月8日走进天津市滨海新区塘沽新河街社区，为社区的广大舞蹈爱好者进行了普及、演出、讲座、辅导等活动。

1月16日，天津天津市文联“新时代红色文艺轻骑兵”活动走进宝坻赵家湾村，为当地热爱舞蹈的村民进行了舞蹈基本功和舞蹈作品的辅导。协助志愿者协会策划导演制作了中国文联，天津天津市文联文艺志愿服务小分队走进天津市宝坻区牛家牌镇赵家湾村的文艺演出。

天津舞协征集讴歌医护工作者，讴歌英雄，鼓舞士气振奋精神，传播正能量的舞蹈片段、舞蹈小品等视频的形式的作品。对征集上来的优秀作品进行综合剪辑，制作完成了8期以抗疫为主题、名为“天津舞蹈抖音短视频精选”系列舞蹈视频在天津市文联网站和协会公众号上推出。在线上开展了舞蹈教学活动，持续2个多月，点击量共计25385人次。

天津天津市文联、市广播电视台、市舞协和市摄协联合出品了天津舞蹈界抗击疫情专题的舞蹈宣传片“逆流直上”，并在天津广播电视台全频道滚动播出，津云、今日头条等媒体也第一时间进行推送。中国舞协公众号，天津市文联网站，市舞协微信公众号，抖音也同步推送。

制作拍摄了4部以“厉行节约、反对浪费”为主题的少儿舞蹈宣传片。

天津市舞协推送的天津歌舞剧院芭蕾舞团的黄少帅和天津舞蹈新文艺群体代表、希瑞教育的青年舞蹈教师陈莉颖作为中国文艺志愿者入选中国文联、中国文艺志愿者协会举办的“文艺进万家 健康你我他”网络文艺志愿服务行动——“方舱直播时间”进行时活动。

7月16日召开了天津市舞协第五届会员代表大会，并选举出新一届的主席、副主席和理事。

【民间文艺家协会】

1月16日，中国文联、天津天津市文联文艺志愿服务小分队走进天津市宝坻区牛家牌镇赵家湾村，开展为期两天的2020年“我们的中国梦”——文化进万家活动。天津市民协剪纸专委会会长李强为30余名剪纸爱好者培训剪纸技艺。

2月，天津市民协组织筹备“众志成城 共克时艰”主题民间艺术作品网络展，收集整理作品近100件组，在天津市文联微信公众号展出。

4月，天津市民协组织筹办“天津市第七届民间艺术展”，共收到报送作品200余件组。

5月，天津市民协与《中国民间工艺集成·天津卷》编撰会专家就编撰进度工作进行沟通，现已完成200万字，约四册。

6月15日，天津市民协召开《中国民间文学大系·天津卷》编纂工作推进会。

7月16日，天津市民协第五次会员代表大会召开。

9月，天津市民协组织“听党话、感党恩、跟党走——天津市音乐、美术、书法、摄影、民间艺术网络主题作品展”之民间艺术专项展。收到作品300余件（组），涵盖十余个艺术门类。

12月23日，中国文联副主席、中国民协主席潘鲁生等一行三人赴天津调研，走访了天津霍庆有年画博物馆和天津泥人张美术馆。

12月23日，《天津民间文学大系》《天津民间工艺集成》天津卷编纂工作推动会在天津市文联会议室召开。

【杂技家协会】

1月7日，天津市杂协新时代红色轻骑兵小分队走进武警天津总队执勤第四支队慰问演出。

年初抗击新冠疫情其间，天津市杂协积极组织会员制作了抗疫宣传片，在抖音、快手等媒体平台进行直播和远程教学。

4月8日，天津市杂技团演员王磊网上杂技云课堂与观众见面，弘扬中国传统杂技技艺——顶花坛。

7月15日，天津市杂协第五次会员代表大会在津召开。

7月，天津市杂协会员、国家级非遗项目“戏法”的代表性传承人肖桂森在河东区春花街聚安东园社区为社区的孩子们举办暑期“戏法”讲座，同时常态化开展“戏法”教学。

9月16日至18日，中国杂协第七届理事会第六次会议在山东蓬莱召开。会上，天津市杂协、天津市杂技团获得表彰。

10月11日至12日，由天津市非遗保护中心和天津市杂协共同主办的国家级非遗项目“戏法”进校园传习系列活动分别在河北工业大学和天津

体育学院举行。

12月25日至27日，由天津天津市文联主办，天津市杂协、天津市杂技团承办的“国家级非遗项目‘戏法’艺术讲解、展示、传承系列活动”在天津大剧院小剧场举行。

【电影家协会】

7月18日，天津市影协第五次会员代表大会顺利举办。

天津北方电影集团为龙头的本市影视摄制机构与中宣部、北京嘉映春天影业有限公司联合出品的主旋律励志影片《夺冠》，由陈可辛导演执导，放映获得业内外广泛好评。

中国京剧“像音像”天津基地始终坚持高质量、高效率的标准完成“像音像”作品的录制工作，截至12月1日，天津基地已完成天津京剧院出演的《罗成》、天津青年京剧团出演的《红鬃烈马》、沈阳京剧院出演的《未央宫》、北京京剧院出演的《碧玉簪》等本市及外埠34部剧目录制。2020年4月初，顺利完成评剧《赵锦棠》“像音像”录制工作，该剧是全国四个像音像基地中第一部录制完成并通过审查的地方戏曲“像音像”项目。12月底前完成该批剧目录制工作。截至目前，天津基地京剧“像音像”剧目录制数量突破100部，录制评剧“像音像”剧目11部，总计录制剧目120余部。

影院自7月20日复工以来，争取在最短时间内实现发展规模、速度和效益的突破。本年度票房（1月至10月）与2019年1月、7至10月月度票房收入总额相比有轻微震荡，下降幅度为8%。

全力谋划推动院线收购进度，截至10月底，银光院线年内新增加盟影院10家，院线旗下影院总数达到50家，其中直属影院7家，加盟影院43家。与去年同期相比，总银幕数量共计261块，同比增长56块；总座席数量共计27874座，同比增长6564座。

7月，同步启动“2131工程”农村电影放映工作。截至11月5日，累计放映电影30911场，订购影片55537场。

公益电影放映平台充分利用疫情“空档期”，全年累计放映公益电影240场。

“红色光影”电影院线在2020年度基层理论宣讲中成绩突出，荣获天津市基层理论宣讲先进集体。

天津电影一卡通“魔卫卡”完成新系统升级。

9月11日，“远天凝伫·弱德之美”——叶嘉莹文学纪录片《掬水月在手》学术研讨会日前在天津南开大学迦陵学舍召开。

11月1日于天津南开大悦城举行“金逸影城×开心麻花剧场启幕暨签约仪式”。“金逸影城×开心麻花”剧场每周六、日的演出以开心麻花中小型原创剧目为主要演出方向，此次签约标志着双方开启了“影院＋剧场”新合作模式。

【电视艺术家协会】

7月18日，天津市视协第四次会员代表大会成功召开。

参与《万众一心 众志成城》抗疫专题曲艺戏曲节目的录制。

组织评选2019年度天津市优秀电视艺术作品，共评选出33件获奖作品，其中一等奖7件。

在第13届中国旅游电视周优秀电视节目推选活动中，天津视协报送的作品获旅游电视节目好作品奖。

在第十四届全国小康电视节目工程优秀作品推选活动中，天津视协报送的三档节目分别获得一、二、三等奖。

在2020年春节晚会、春节特别节目推优活动中，天津视协报送的2020年天津广播电视台春节联欢晚会、元宵特别节目、少儿春晚获得优秀作品奖。

在“2020•见证伟大的抗疫精神——中国同心战疫纪实影像主题活动”中，天津视协报送的纪录片《惊蛰》获得优秀作品奖。

组织作品参评中国电视金鹰奖，并参与金鹰奖的宣传与投票。

推荐纪录片参加第26届中国纪录片学术盛典以及亚洲微电影微视频大赛。

河北省文联

综 述

2020年，河北省文联坚持以习近平新时代中国特色社会主义思想为统领，团结引领全省广大文艺工作者，立足“夺取疫情防控和经济社会发展双胜利”目标，围绕中心、服务大局，立足本职、开拓创新，各项工作取得了扎实成效：发挥文艺作用，抗疫成为新主题，有效发挥了文艺鼓舞士气、凝聚力量的重要作用。助力脱贫攻坚，关注现实倾向显著增强。举办河北省“决胜全面小康、决战脱贫攻坚”主题作品展，在社会产生良好反响。牢记初心使命，深入开展文艺志愿服务。河北省文艺志愿者协会获评中宣部、中央文明办全国学雷锋志愿服务“四个100”先进典型“最佳志愿服务组织”。抢抓历史机遇，助力新时代文明实践中心建设。两次召开全省推进基层文联建设工作会，新增县乡村及企业文联1383家，成为历史上基层文联建设发展最快的一年。创新“三精”策略，实施“双推”工程。落实省委“四个一批”安排部署，大力实施“精选、精创、精推”工作策略，努力推出一批文艺精品、培育一批文艺名家。其中，“双决”主题创作活动得到省委常委、宣传部部长焦彦龙同志高度赞扬，电视剧《最美的乡村》得到中国文联主席铁凝同志来函祝贺，服务新时代文明实践中心建设工作做法在中国文联《文联工作通讯》刊发、在全国推广经验，为繁荣发展社会主义文艺做出了积极贡献。

重要会议与活动

【我们的中国梦——文化进万家活动】

河北省文联在元旦、春节其间广泛开展“我们的中国梦”——文化进万家活动。

1月5日，由河北省文联和省音协联合主办的“我们的中国梦——文化进万家 河北省音协‘金钟之星’走进大田洼村惠民演出”在张家口市阳原县大田洼村村民广场举办。演员们用多种表演形式为乡亲们送去新春祝福和亲切慰问。

1月6日，河北省文联、河北省书协主办的“我们的中国梦”——文化进万家暨河北省文联、河北省书协“同心同书・祖国新春好”书法文化惠民公益活动在邢台县会宁村举行。河北省文联副主席、河北省书协驻会副主席兼秘书长刘月卯代表河北省文联、河北省书协向会宁村捐赠春联；书法家们现场书写春联和福字赠送给当地群众。

1月12日，“我们的中国梦”——文化进万家 河北省民协新春送窗花活动在河间市米各庄镇举行。河北省民协副主席周宝忠带领由董存周、宋保树、蔡荣平等艺术家组成的文艺小分队，为乡亲们送去具有浓厚年味的窗花600余幅及春联、福字。

1月12日至13日，“我们的中国梦”——文化进万家活动走进秦皇岛。河北省文联组织文艺志愿服务小分队，先后在北戴河区古城村、北戴河仁德养老公寓以及抚宁区年货大集上举行形式多样、内容丰富的慰问演出。

1月13日，河北省文联机关党委组织书法志愿者走进市庄路第一社区，开展迎新春“送福进万家”书法志愿服务活动。书法志愿者在现场为社区群众书写并赠送春联、福字。

1月15日，省剧协等主办的“我们的中国梦”——文化进万家评剧传承主题活动在唐山举办。省剧协副主席、评剧表演艺术家罗慧琴携弟子及评剧传承班的小学员们共同登台献艺。其间与现场观众开展了评剧知识竞答、体验戏曲服装、学习戏曲念白、学习水袖表演等互动环节。

1月19日，“我们的中国梦”——文化进万家活动走进澳门特别行政区，举行文艺惠民演出。河北省杂协携邢台市杂技团组成文艺志愿服务小分队，为澳门特别行政区同胞送去欢乐。

1月20日，“我们的中国梦”——文化进万家新

春送“福”活动走进省法院。河北省文联邀请22名书法家志愿者现场书写春联、福字，为全体司法干警送上节日祝福。

【河北文艺工作者助力战“疫”】

2月9日，河北省文联积极响应中国文联“同呼吸 共战‘疫’万众一心 加油武汉”活动号召，与湖北河北省文联及时取得联系，共同协商两河北省文联加强战“疫”时期合作事宜，发送慰问视频和战“疫”歌曲供当地电台、电视台、新媒体等进行推送播放。省级各文艺家协会在抗击疫情的第一时间积极行动，纷纷动员广大文艺工作者进行文艺创作。

1月26日，河北省首批支援湖北医疗队出征，1月28日，省音协便推出了首部抗疫音乐歌曲《天使的电话》，献给河北赴鄂抗疫医疗队，为奋战在疫情防控一线的医护人员加油。

1月30日，“学习强国”河北学习平台联合省音协推出了《战“疫”赞歌》原创音乐作品征集活动。活动启动后，获得了全国各地文艺工作者和音乐爱好者的热情参与，“学习强国”河北学习平台编辑部和省音协第一期征集收到300余首作品，经过专业测听和审读，展播优秀作品20首，并成功向“学习强国”总平台推荐选用13首，歌曲《2020中国英雄》被“学习强国”App推荐栏目选用，并在显著位置进行展示。

1月31日，省美协团结引导全省美术工作者积极响应中国美协、河北省文联的要求和倡议，组织发动并征集以防控抗击新冠肺炎疫情为主题的美术创作活动，用美术作品讴歌一线医务工作者，正确解读政策、科普卫生常识等，并在中国美协、河北省文联、省美协微信平台及相关媒体推荐展示。省美协副主席、廊坊市美协主席张玉华的中国画《特殊使命》、承德市美协主席马唯驰的中国画《防疫其间不聚会》、邯郸市画家吕凤台的油画《抗击疫情必胜》、石家庄画家史安东的中国画《太行山乡控疫情》等一大批美术作品。

1月31日，河北省民协向全省民间文艺工作者发出倡议书，动员广大民间文艺工作者以自身特长努力创作，用最接地气的民间艺术精品凝聚起广大人民群众抗击疫情的强大精神力量。全省民间文艺工作者纷纷响应，创作了彩铜浮雕《守望家园》、蛋雕《武汉抗疫 中国加油》、石影雕《钟南山院士》，以及一系列剪纸、木版年画、面塑、泥塑、烙画等作品，展现了抗疫一线工作人员的风采和全民抗疫、众志成城的决心。

2月1日，省曲协启动河北省“众志成城 共克时艰”曲艺作品征集活动，号召全省会员为抗击疫情行动起来。全省曲艺工作者们积极响应，创作了快板书《为逆行者点赞》《送瘟神》《战疫情》、西河大鼓《抗击疫情》、山东快书《齐心协力抗疫情》、乐亭大鼓《最美逆行者》等，用不同形式宣传党和政府的各项政策和措施，讴歌抗疫拼搏的白衣天使，普及新冠肺炎卫生科普知识等。

2月1日，省剧协向全省发出征集“共克时艰 抗击疫情”戏剧作品的通知，全省戏剧工作者积极响应，创作改编唱段、诗朗诵、小品等抗疫主题作品。由河北省文联一级巡视员柴志华，河北省文联党组成员、副主席张海英策划，河北省文联副主席、省剧协副主席兼秘书长贾吉庆导演，省剧协副主席、剧作家智全海填词，省剧协副主席、评剧表演艺术家、中国戏剧梅花奖演员罗慧琴领衔演唱的评剧《科学防范战疫情》MV推出后，被人民视频、燕赵都市网等媒体刊播。由中国戏剧梅花奖得主吴桂云演唱的河北梆子《钟馗自叹》登上新华网。

【河北书画名家迎春邀请展】

1月14日至20日，河北省文联主办，河北省书协、省美协、省民间文化遗产研究中心承办的“燕赵气象·大美河北——河北书画名家迎春邀请展”在北京举办。展览共展出作品130余件。主办方邀请了河北老中青三代不同区域的书法家、美术家参展，他们中既有在全国有影响的名家，又有活跃在河北创作一线的中青年骨干。参展作品以围绕打赢脱贫攻坚战、全面建成小康社会和实现中华民族伟大复兴中国梦为主线，创作主题鲜明，展现了经济强省美丽河北建设新成就。

【决战决胜脱贫攻坚“志智双扶”】

5月12日，为发挥河北省文联“志智双扶”扶贫优势，打赢打脱贫攻坚收官之战，河北省文联党组书记、副主席解晓勇到河北省文联定点帮扶的张家口市阳原县大田洼乡大田洼村走访调研，召开决战决胜脱贫攻坚“志智双扶”座谈会。张家口市文联党组书记、主席王芳等以及市县文联有关人员参加座谈会。座谈会上，大田洼村党支部书记王晓云汇报了个别未脱贫户的脱贫措施和脱贫进展情况。大田洼乡党委书记宋盟介绍了全乡创造性实施五级联包制度以及全乡未脱贫人口在6月底前全部脱贫的工作开展情况。河北省文联驻大田洼村第一书记赵云旺汇报了《桑干巨变——脱贫视角下的泥河湾风物》一书的采编筹备工作。张家口市民协主席吴桐、阳原县文联主席赵勇明、阳原县作协主席常连永等主创人员谈了采编体会。座谈会上，大田洼村脱贫攻坚帮扶联盟成员单位也积极参与河北省文联“志智双扶”活动。

【河北省文联会员信息管理系统上线运行】

5月15日，河北省文联会员信息管理系统在河北文艺网正式上线运行。省各文艺家协会会员均可登录该系统进行会员登

记，填报、查阅、完善个人信息资料。为加快文联信息化建设工作步伐，切实推进“互联网+文联”“互联网+协会”工作，河北省文联党组成立信息化建设工作领导小组，积极谋划部署会员信息系统建设和文艺人才数据库建设，加快推进文联各项工作线上线下一体化运行。会员信息管理系统由会员管理平台和会员服务中心两部分组成。会员管理平台旨在搭建河北省文联、河北省文联各协会、各市级文联协会三级立体化工作平台。各级工作人员通过登录权限所属平台管理账号，便捷地完成会员登记、审核、资料检索、数据统计、管理等功能。通过会员服务中心，可实现会员入会网上注册、网上信息填报、网上信息审核和现有会员信息网上更新等功能并提供会员检索、表格下载等服务；开通会员信息公布、沟通交流平台，及时公布会员工作相关信息；展示会员的创作成果，公布会员名册，公示会员准入退出制度等。会员信息管理系统的应用对进一步做好河北省文联组联工作，提升会员服务与管理以及有效解决会员“失联”现象，接入全国文联组联工作服务平台会员管理系统，实现互联互通和资源共享打下坚实的基础。

【“5.23”文艺志愿服务主题活动】

5月23日，是第七个中国文艺志愿者服务日。河北省文艺志愿者协会联合石家庄市文化志愿者书画院，组织省会书法志愿者，到石家庄市西仰陵村开展“为人民而歌”文艺志愿服务活动。河北省文艺志愿者协会秘书长盖金平出席活动。疫情防控其间，全省广大文艺志愿者创作推出了大量抗疫主题文艺作品，歌颂了大爱，鼓舞了士气，礼赞了抗疫勇士。河北省文艺志愿者协会围绕“决胜全面小康、决战脱贫攻坚”，抗击疫情和服务新时代文明实践中心试点建设工作等，以“文艺进万家 健康你我他”——到人民中去文艺志愿服务主题活动为契机，积极组织广大文艺志愿者深入基层群众中去，开展多种形式的文艺志愿服务活动。石家庄市文联原主席、书法家路继舜，石家庄市书协副主席赵新惠等10位书法家分别在座谈会上发言，并现场为西仰陵村书写并捐赠书法作品。

【“决胜全面小康、决战脱贫攻坚”主题创研暨文艺精品文艺人才宣传推介培训班】

7月15日至17日，由河北省文联主办，河北省文联文艺宣传中心承办的“决胜全面小康、决战脱贫攻坚”主题创研暨文艺精品文艺人才宣传推介培训班在河北省文联举办。党组书记、副主席解晓勇出席开班仪式并授课。党组成员、副主席方竹学主持开班仪式。此次培训旨在深入学习贯彻习近平总书记关于文艺工作的重要论述、党的十九大和十九届二中、三中、四中全会精神，落实河北省委宣传部工作部署以及河北省文联2020年工作要点，切实抓好“决胜全面小康、决战脱贫攻坚”主题文艺创作，深入宣传推介我省文艺精品、文艺人才。除主会场外，培训还设置了分会场，采用主会场授课视频信号切换方式，为河北省文联各机关处室、协会、事业单位负责人及其他干部职工进行直播授课。

开班仪式结束后，河北省文联党组书记、副主席解晓勇以《文艺走进新时代——习近平总书记关于新时代文艺工作的重要论述和要求》为题，进行了专题授课。方竹学作了题为《“双决”主题创作暨“双推”宣传工作》的讲座，并与学员们进行了交流与互动。培训其间，河北省文联党组成员、副主席方竹学，《大公报》原总编辑、武汉大学兼职教授贾西平，《中华文学选刊》执行主编徐晨亮，《大公报》驻河北资深记者顾大鹏，《散文选刊》主编葛一敏，河北民族师范学院教授、知名评论家、作家薛梅，进行了《意识形态工作和宣传工作》《新闻深度报道方法、提升新媒体宣

传影响力途径》《"决胜全面小康、决战脱贫攻坚"主题与新时代现实主义创作的可能性》《我的乡村写作——〈大公报〉乡村经济振兴专栏60期背后的故事》《生活和心灵的新鲜表达》《在"深"与"新"上下功夫》等主题授课。

河北省文联党组成员、副主席张海英，秘书长相洪奇等领导与文联干部职工以及来自全省各市文联分管文艺刊物工作、文艺期刊（含内刊）负责人、参与此次主题创作的骨干作家代表等共同参加了培训。

【《河北艺术史·戏剧卷》出版】

7月24日，《河北艺术史·戏剧卷》出版。该卷文字共36万字，图片200余张，由赵惠芬、贾吉庆任主编。由河北省文联组织的《河北艺术史》编撰工程，自2014年6月启动以来，经过各省级艺术家协会及全体编写人员的辛苦努力，迄今已出版《河北艺术史·杂技卷》《河北艺术史·影视卷》《河北艺术史·戏剧卷》三卷。

【2020"美丽中国"微电影盛典启动】

7月29日，2020"美丽中国"微电影盛典启动新闻发布会在石家庄市召开，本届盛典以"美丽中国"和"善美石家庄"为主题，以微电影为载体和纽带，引导创作优秀微电影作品，挖掘发现优秀微电影创作人才，用积极健康、向上向善的网络文化作品，传递真善美，讴歌新时代，为"双决"凝心聚力。2020"美丽中国"微电影盛典由河北省委网信办、河北省广播电视局、中国影协、河北省文联共同指导，石家庄市委网信办、河北河北省影视家协会等联合主办。大赛分为启动、征集、评选、颁奖阶段，面向全国广泛征集微电影和微视频两类作品，参赛作品均要求为原创，作品内容聚焦抗击疫情、脱贫攻坚、迎接建党100周年等重大事件节点，讲述城市、家庭、个人温馨感人的善美故事。大赛自2015年举办以来，共征集到来自全国各地以及石家庄本地的微电影、微视频、微纪录、微动画等作品5000余部。

【中国文联新时代文明实践文艺志愿服务整体推进试点调研座谈会】

8月24日至25日，中国文联文艺志愿服务中心主任、中国文艺志愿者协会副主席、秘书长冀彦伟一行5人，就新时代文明实践文艺志愿服务整体推进试点情况来河北省文联调研并举行座谈会。河北省文联党组书记、副主席解晓勇，党组成员、副主席张海英，二级巡视员张占芳出席会议。会上，张海英汇报了河北省文联开展新时代文明实践文艺志愿服务工作的推进情况；来自河北省文联各处室、河北省文艺志愿者协会等协会以及石家庄、保定、张家口、承德、秦皇岛、雄安新区宣传中心等各市、县（区）、乡镇、村的有关负责同志进行了交流发言；共同探讨了开展新时代文明实践文艺志愿服务工作的方式与意义。

【赴西藏阿里慰问援藏干部并开展文化交流】

7月25日至8月3日，河北省文联党组副书记、副主席路皓，河北省文联副主席、河北省摄协主席兼秘书长杨越峦，河北省文联秘书长相洪奇等赴西藏阿里地区看望慰问援藏干部翟民青同志，考察了解他的思想和工作表现，到河北省援藏工作队、阿里地委宣传部、对口扶贫点开展了文化捐赠、工作交流、扶贫调研等活动。阿里地委副书记、河北省第九批援藏干部人才领队韩学军、阿里地委组织部副部长张一帆、阿里地委宣传部副部长翟民青等接受了河北省文联捐赠的书画、摄影作品。阿里地委委员、宣传部部长索南才旦向路皓一行介绍了阿里宣传部和文联工作，对翟民青在藏工作情况给予充分肯定。双方就进一步加强合作交流、人才培训等事宜进行了深入探讨。

【"烛光计划"2020书法种子教师培训班】

8月25日，由河北省政协教科卫体委员会、民进河北省委员会、河北省书协和河北师范大学等共同主办的"烛光计划"2020中小学书法种子教师培训开班仪式在石家庄举行。仪式采取视频会议直播形式，河北省文联党组书记、副主席解晓勇，省政协教科卫体委员会二级巡视员尚根树，民进河北省委二级巡视员潘光，河北师范大学党委副书记霍丙泉，民进河北省委社会服务部部长李鸿涛，"烛光计划"发起人、河北省书协副秘书长寇学臣出席主会场仪式。民进中央社会服务部二级巡视员宁永丽，民进新疆区委专职副主委孙钰华，民进北京市委社会服务处处长魏斌，民进天津市委社会服务部部长邓凤臣，首都师范大学中国书法文化研究院副院长宗成振以及参训学员通过视频会议出席仪式。来自贵州省安龙县、金沙县，北京，天津，河北，新疆等地的书法种子教师学员共168人通过线上学习的形式进行了为期

5天的培训。培训主要围绕中小学书法教育理念与方法，规范汉字书写训练、书法章法与创作欣赏，中小学书法教学法等内容开展，旨在提升学员书法技法，注重书法文化与教学方法的传承，并发挥他们的引领和示范作用。

【中国·阜城第三届农民丰收节暨红高粱文化节】

9月8日，河北省文联、衡水市委宣传部、河北广播电视台、阜城县委、阜城县人民政府共同主办，中国文艺志愿者协会、京津冀文艺家大力支持，阜城县委宣传部、阜城县文广旅局等承办的“高粱正红的阜城正丰”中国·阜城第三届农民丰收节暨红高粱文化节举行。河北省文联党组书记、副主席解晓勇，党组成员、副主席张海英，衡水市委常委、宣传部部长马福华出席活动。中国戏剧梅花奖获得者于兰，女高音歌唱家、中国音乐学院教授赵云红，中国戏剧梅花奖获得者、国家一级演员刘凤岭，国家一级演员、天津市青年京剧团优秀荀派花旦张悦，国内知名时尚创意魔术师周乐天，天津谦祥益文苑相声演员王加林、孙跃等倾情演出，刘荣升、梁庚宸、杨国欣、刘斌、刘庆来5位书法家助阵，以实际行动开展文艺志愿服务活动，丰富农民精神文化生活。演出分现场演出、线上直播两种方式呈现，冀时、央视新闻、新华社现场云、腾讯新闻、中国网、新浪微博、今日头条、抖音、快手等平台转播。

【阜平·中国风景摄影大展暨“追梦太行，寻味阜平”全国摄影大展】

9月12日，中国摄协、河北省文联、《中国摄影》杂志社、中国摄协摄影理论委员会、河北省摄协、阜平县人民政府等共同组织的“阜平·中国风景摄影大展”在阜平县晋察冀边区革命纪念馆举行。《中国摄影》杂志社、河北省摄协、阜平县人民政府同步启动了“追梦太行，寻味阜平”全国摄影大展。中国文联副主席、河北省政协副主席、河北省文联主席边发吉，中国摄协分党组书记、驻会副主席郑更生，河北省文联党组副书记、副主席路皓，中国摄协副主席、河北省文联副主席、河北省摄协主席杨越峦，阜平县委副书记、阜平县人民政府县长贾瑞生等参加开幕式，并为两项大展入选摄影师代表颁发了荣誉证书。“阜平·中国风景摄影大展”组委会聘请朱其、刘铮、庄辉、孙慨、杨越峦、袁园、颜长江七位艺术家、评论家组成评委会，从396位投稿作者中评选出了十位优秀摄影师。“追梦太行，寻味阜平”全国摄影大展共评选出98幅入选作品。

【“决胜全面小康、决战脱贫攻坚”主题书法展暨河北省中青年优秀作品展】

9月16日，由河北省文联、河北省书协联合主办的“决胜全面小康、决战脱贫攻坚”主题书法展暨河北省中青年优秀作品展在石家庄举办。河北省委宣传部副部长、河北省电影局局长史建伟，河北省文联党组书记、副主席解晓勇，河北省文联党组副书记、副主席路皓，中国书协副主席、河北省书协主席刘金凯等出席开幕式。河北省文联副主席、河北省书协驻会副主席兼秘书长刘月卯主持仪式。河北省书协副主席任桂子、范硕、肖建科、郎岗峰、陈茂才、吴占良、刘宗超，新闻媒体及书法爱好者200余人共同参加了开幕式。本次主题展共收到书法作品850件，评选出入展作品276件。

【第八届剪纸艺术节】

9月20日，由北京冬奥组委文化活动部指导，中国民协、河北省文联、河北省文化和旅游厅等单位联合主办的“激情冬奥剪彩冰雪”优秀剪纸艺术作品征集活动暨第八届剪纸艺术节在北京八达岭长城启动。河北省文联党组书记、副主席解晓勇，中国民协分党组成员、副秘书长侯仰军，中国民协活动管理处处长李倩，河北省民协副主席、秘书长杨荣国，张家口市委常委、常务副市长郭英，蔚县县委书记梁昆等出席活动。来自新华社、《北京日报》、河北电视台、《河北日报》、张家口电视台、蔚县新闻媒体的同人及剪纸艺术家等百余人参加启动仪式。

【首届贾大山文学奖颁奖典礼】

9月25日，由石家庄市委宣传部、石家庄市文联主办的首届贾大山文学奖颁奖典礼在石家庄广播电视台举行。中国文联主席、中国作协主席铁凝致贺信；河北省委常委、石家庄市委书记邢国辉出席并讲话；河北省文联党组书记、副主席解晓勇，河北省作协党组成员、副主席张勇，石家庄市委常委、宣传部部长、统战部部长王韶华等领导出席。邢国辉、解晓勇、张勇分别为获奖作者颁奖。评选活动评选出贾大山文学奖10件、新人奖2名，另有参评的7件作品因荣获国家级和省级大奖而列为贾大山文学特别奖。

【全省现代题材戏剧创作经验交流会】

10月19日至20日，由河北省文联、河北省剧协、廊坊市文联主办，河北省文联文艺志愿者艺术团、廊坊市剧协承办的全省现代题材戏剧创作经验交流会系列活动在廊坊市举办。河北省文联党组书记、副主席解晓勇，河北省文联副主席、河北省剧协副主席兼秘书长贾吉庆，廊坊市委常委、宣传部部长王金忠，廊坊市文联党组书记、主席董春霖，河北省剧协副主席智全海、赵惠芬、高茂强，廊坊市剧协主席兰万玲，中国戏剧梅花奖获得者刘凤岭、赵玉华、吴桂云、邱瑞德以及各市剧协负责人60余人参加了活动。19日，举行了“相聚廊坊·原创小戏专场”现代题材戏剧观摩演出，集中展示了近年来廊坊市在现代题材戏剧创作中的优秀成果。20日，全省现代题材戏剧创作经验交流会召开。会议现场举行了“河北省精品剧目创作中心”揭牌仪式，并表彰了“共克时艰 抗击疫情”戏剧作品征集活动中的先进个人和团体。与会领导为智全海、罗慧琴、兰万玲、吴桂云、邱瑞德5位先进个人和廊坊市、唐山市、张家口市、邯郸市、保定市、邢台市剧协6个先进集体代表颁发了证书和奖牌。

【“雄安雄安”——中国文联学雷锋志愿服务团走进雄安新区慰问演出】

11月2日，中国文联、中国文艺志愿者协会、河北省文联、河北雄安新区党工委主办，中国文联文艺志愿服务中心、河北省文艺志愿者协会、河北雄安新区宣传中心承办的“雄安雄安”——中国文联学雷锋志愿服务团走进雄安新区慰问演出在雄安新区容东雄安商务服务中心项目建设现场举行。中国文联原副主席、书记处书记、中国评协主席夏潮，中国文联文艺志愿服务中心主任冀彦伟，河北省委宣传部副部长、电影局局长史建伟，河北省文联党组书记、副主席解晓勇，党组成员、副主席张海英等领导观看演出。活动邀请朗诵艺术家瞿弦和，歌唱家关牧村，京剧名家于魁智、李胜素，歌手白雪、任静、付笛声，黑鸭子组合、女子水晶乐坊等演出。活动现场还邀请了“百名雄安工匠”代表来到演出舞台，他们全部来自雄安新区建设一线。中建八局、中铁隧道局、中交集团、北京城建集团等8家新区参建企业的近千名建设者观看演出。

【第七届河间西河大鼓书会】

11月6日至8日，中国艺术研究院曲艺研究所、河北省群众艺术馆、省曲协、省非物质文化遗产保护中心、河间市人民政府主办，河间市文化广电和旅游局承办的第七届河间西河大鼓书会在河间市李多奎大剧院举行。中国文联副主席、省政协副主席、河北省文联主席边发吉，河北省文联一级巡视员柴志华、二级巡视员张占方，省曲协驻会副主席、秘书长袁冀民及沧州市文化广电和旅游局副局长侯俊华，河间市委副书记、市长王少杰等出席活动。鼓曲联唱、西河大鼓、相声、快板书、京东大鼓、河北梆子、乐亭大鼓、评书等精彩节目轮番上演。评书表演艺术家刘兰芳表演的评书小段压轴助阵，让观众大饱眼福耳福，过足“书”瘾。

【“决胜全面小康、决战脱贫攻坚”主题文艺创作美术、摄影作品展】

12月14日，由省委宣传部指导，河北省文联主办，省美协、河北省摄协承办的“决胜全面小康、决战脱贫攻坚”主题文艺创作美术、摄影作品展在石家庄市美术馆举办。省人大常委会副主任聂瑞平，省委宣传部副部长、省电影局局长史建伟，省关心下一代工作委员会常务副主任兼秘书长张增良，河北省文联党组副书记、副主席路皓，党组成员、副主席、省美协主席祁海峰，党组成员、副主席方竹学、张海英，河北省文联副主席、河北省摄协主席兼秘书长杨越峦等领导出席开幕式。路皓主持开幕式，祁海峰介绍了主题文艺采风、创作以及展览筹备情况，史建伟致辞并宣布展览开幕。主题创作展以美术、摄影为主，分为石家庄市美术馆和裕西公园两个展区。石家庄市美术馆展区展出260件美术作品，其中有描绘和反映全省脱贫攻坚奋斗历程和伟大成就的，如《苍烟留胜在、沓秀借风吁》《骆驼湾新貌写生系列》等；有反映扶贫干部担当实干精神和群众脱贫致富美好生活的，如《太行新愚公——李保国》《四十亩滩——我的家》等；还有生动讲述脱贫攻坚“河北故事”的，如《阳原县小庄村致富能手——倔老汉乔军》《蔚县老人白余》。裕西公园展区展出50个摄影专题，100幅单件作品，以独特的视角，聚焦脱贫攻坚主战场，全场景展现驻村第一书记、脱贫带头人、普通贫困户等众多人物的奋斗经历，以小见大，集中体现了党的十八大，特别是十九大以来河北省人民群众稳稳的幸福感和满满的获得感。12月16日，河北省委常委、宣传部部长焦彦龙参观展览。

各文艺家协会

【戏剧家协会】

1月3日，由河北省剧协主办的第四届河北省会校园戏剧节启动仪式在石家庄精英剧场举行。

1月8日，由河北省剧协主办的京剧名家胡金平收徒陈长兰的拜师仪式在石家庄举行。河北省剧协及省内戏剧界相关领导和专家出席活动。

1月10日，由河北省剧协主办的第四届河北省会校园戏剧节迎来了一场特殊展演——由澳门大学学生原创的话剧《苦尽甘来》。该剧通过一对澳门父女的经历，展现了澳门回归祖国20年来的生活变迁以及澳门人深厚的家国情怀。

3月，由河北省剧协策划的《记疫·冀忆——河北省剧协“共克时艰 抗击疫情”优秀戏剧作品选》正式编印。新冠肺炎疫情发生后，河北省剧协于2月1日开始面向全省征集以“共克时艰 抗击疫情”为主题的戏剧作品，最后精选了73部收入作品选。

6月27日，评剧现代戏《山楂恋歌》打磨提升剧本研讨会在清河大剧院召开。

7月12日，由河北省剧协、邯郸市文化广电和旅游局、邯郸市文学艺术界联合会主办，邯郸市平调落子剧团、邯郸市剧协承办的“中国戏剧梅花奖获得者平调‘武派’表演艺术家王红收徒仪式”在邯郸举行。

9月25日，河北艺术职业学院创排剧目河北梆子《党的女儿》新闻发布会在石家庄举办。《党的女儿》主创团队阵容强大。河北省政协副主席、河北省文联主席边发吉出任《党的女儿》剧目的总策划、总导演；河北省文联副主席、河北省剧协常务副主席兼秘书长、国家一级导演贾吉庆担任导演；剧作家刘兴会担任剧本统筹；河北省剧协副主席、中国戏剧梅花奖获得者彭蕙蘅领衔主演；河北梆子表演艺术家齐花坦、雷宝春、张志远等担任艺术指导。

10月6日，由河北省剧协、河北艺术职业学院主办的“中国戏剧梅花奖演员、河北梆子表演艺术家彭蕙蘅收徒仪式”在石家庄举办。

10月25日，由河北省剧协、石家庄市传统文化教育协会主办的2020年重阳节京剧演唱会在河北省杂技团礼堂举办。河北省文联副主席、省剧协常务副主席兼秘书长贾吉庆，国家一级演员、京剧表演艺术家肖月珠，石家庄市传统文化教育协会会长杜平等等领导以及广大戏曲爱好者观看了演出。

10月20日，由河北省文联、河北省剧协、廊坊市文联主办，河北省文联文艺志愿者艺术团、廊坊市剧协承办的全省现代题材戏剧创作经验交流会在廊坊召开。会议现场，举行了“河北省精品剧目创作中心”揭牌仪式，并表彰了“共克时艰 抗击疫情”戏剧作品征集活动中的先进个人和团体。兰万玲、智全海、李杉作了典型发言，向与会领导和专家介绍了自身在现代题材戏剧创作中的先进经验。解晓勇作总结讲话。

10月30日，河北省戏剧界学习习近平总书记给中国戏曲学院师生的回信座谈会在河北省文联举办。

【音乐家协会】

1月26日，河北赴鄂医疗队出征后，河北省音协召开视频办公会，启动《战“疫”赞歌》征集展示活动，共征集和创作出近400首优秀歌曲作品，在“学习强国”河北平台《战“疫”赞歌》专题推出46首优秀作品；《河北音乐》公众号推出优选词曲作品100余首；22首歌曲入选了中国音协和“学习强国”平台联合组织的《全国优秀战“疫”公益歌曲展播》；26首作品入选中国艺术报《战“疫”作品集》歌曲展播；12首被中国音协公众号平台选用。7首歌曲在“白衣天使 大爱人间”中国医护歌曲评选中分获金曲奖、银曲奖等。多部作品还被新华社、人民网、中国文艺网、《河北日报》、河北广播电视台、河北新闻网等国家级、省级媒体以专栏等形式刊登或展播。

3月份，河北省音协启动了“决胜全面小康、决战脱贫攻坚”主题歌曲创作征集活动，共征得作品200余首，优质作品在河北新闻网上展播。

7月份，邀请词曲作家印青、王晓岭、田晓耕、李昕、车行等对歌曲进行评选，共评选出29首优秀作品。

8月4日至7日，在石家庄举办了“2020河北省中青年词曲作者高级研修班”。

8月10日，在张家口万泉县举办了京津冀创作采风活动。

9月9日至12日，在北戴河举办了“2020河北省音乐创作培训班”。

11月3日至4日，到狼牙山、西柏坡进行了创作采风活动。

【美术家协会】

4月，河北省美协组织开展河北省“决胜全面小康、决战脱贫攻坚”主题美术创作，组织发动全省各地美协，陆续开展写生采风活动，通过各种形式充分调动各地美术创作者积极投入创作。同月，河北省美协组建成立了“河北省美协青年美术家委员会”，进一步推进河北青年人才的团结引导和培养推介工作。

6月5日至8日，河北省文联党组成员、副主席，河北省美协主席祁海峰带队，河北省美协副主席颜景龙，河北省美协主持工作副秘书长李小军等走进雄安新区写生采风，与雄县文联、美协等基层文艺界领导和美术工作者、爱好者进行工作和创作交流，与当地重点作者共同深入白洋淀、建设工地等地写生采风，同时对他们的写生创作进行了指导，研讨了当地如何做好主题创作的重点问题。

9月3日至6日，中国文联、中国美协文艺培训志愿服务项目——河北美术培训班在邯郸武安举办，中国美协理事、中国文联美术艺术中心活动管理处处长杜松儒带队，中国美协理事、河北省文联副主席、河北省美协主席祁海峰，中国美协理事、中国国家博物馆书画院院长刘罡，中国美协理事、全国公安文联副主席、全国公安文联美协主席李冬，中国美协理事、中国山水画研究院副院长段铁，吉林省美协副主席、吉林画院院长陈华担任授课老师，对河北美术工作者进行美术培训。

10月13日，由河北省美协、石家庄市美术馆主办的“第三届河北省青年美术作品展览暨石家庄市美术馆建馆十周年美术作品展览”在石家庄市美术馆举办。

【曲艺家协会】

1月1日，河北省曲协为石家庄市丹辉语言培训学校挂牌为“河北省曲艺人才培养工程曲艺人才培训基地”，副主席兼秘书长袁冀民、副秘书长陈晨，河北省曲协主席团委员、廊坊市曲协主席姜子龙参加授牌仪式。1月2日，河北省曲协与河北省心连心艺术团共同打造的“常山书会”在正定举行庆典仪式。中国曲协顾问、评书表演艺术家刘兰芳，省政协副主席、河北省文联主席边发吉出席活动。1月19号，河北省曲协在石家庄举办新文艺群体培训班，来自全省各地的30位新文艺群体代表接受业务、政治培训。河北省文联巡视员柴志华为学员授课。8月，河北省曲协举办河北省第九届少儿曲艺展演活动。9月，河北省曲协在北戴河艺术部落举办了为期四天的鼓曲演员业务培训。特邀中国曲协鼓曲艺委会秘书长、北京市曲艺团副团长、中国曲艺牡丹奖获得者杨菲授课，这是河北省曲协首次专门针对中青年鼓曲演员进行的业务培训，共有60余名演员接受课程辅导。同月，石家庄市的杜宇航代表河北省参加在江苏连云港举办的全国少儿曲艺展演活动。秦皇岛市贾亦真等参加“京津冀快板邀请赛”获金奖。10月，河北省曲协到清河县积极开展新时代文明实践中心活动，在送欢乐下基层演出的同时，对清河县的曲艺爱好者进行了培训指导。11月，河北省曲协在石家庄举办“河北省鼓曲弦师业务提高班”，提高弦师的伴奏水平以及循词上腔、因情谱曲的创编、演出能力。

【舞蹈家协会】

1月9日，河北省舞协志愿者工作委员会在石家庄成立。河北省文联一级巡视员柴志华，河北省文联党组成员、副主席张海英，中国舞协志愿者工作委员会秘书长唐苑，河北省舞协主席兼秘书长张新茹，河北省文联组联处处长张占芳等出席活动。柴志华代表河北省文联为会员单位授牌，张海英、唐苑为志愿者工作委员会主任、副主任颁发聘书，张占芳等为委员颁发聘书。保定学院音乐舞蹈学院舞蹈系主任刘芳代表志愿者发言。

6月6日，为推进新时代文明实践中心建设，发挥河北省舞协对基层舞蹈爱好者的思想政治引领作用，解决基层舞蹈爱好者入会难的问题，河北省舞协首次为农村舞蹈爱好者打开“绿色通道”，吸纳了卢龙县19名县级以下基层舞蹈爱好者为省级会员，为这批新会员代表颁发会员证书、进行了党性教育，并对卢龙县民间舞蹈的传承、发展和群众舞蹈的发展进行了调研。河北省文联党组书记、副主席解晓勇，党组成员、副主席张海英、二级巡视员张占芳等参加活动。

9月3日，河北省舞协2020年主席团会议在河北省文联召开，会议商议并通过了2020年会员培训、采风、新时代文明实践中心建设、河北舞蹈周等活动方案，并对2021年庆祝中国共产党成立100周年活动和协会其他重点工作进行了商讨研究。

9月21日至24日，河北省舞协在北戴河艺术部落举办“2020年全省舞蹈骨干会员创作培训班”。各市舞协、专业院团、院校、新文艺群体推荐的58名骨干会员参加培训班。河北省文联一级巡视员柴志华出席并讲话。培训邀请了北京舞蹈学院教授、编导王玫授课《现实题材舞蹈编创的递进》；河北经贸大学舞蹈系主任吴杨和河北艺术学院编导教研室主任高东等优秀编导，也将自己的创作经验和心得与大家进行分享。

10月17日至25日，河北省文联、河北省舞协联合举办了“2020河北舞蹈周——第九届河北省舞蹈比赛暨第十届华北五省市（区）舞蹈大赛选拔赛”，用舞蹈展示抗疫成果、推作品、出人才。大赛分专业少年、专业青年、业余青年、中老年、幼儿、少儿、少年7个组别，包括剧目和课堂展示两大类。共有396个节目参赛，参演人员3000余人。

12月15日，河北省舞协到藁城区开展“党的十九届五中全会精神宣传暨惠民辅导活动”。河北省文联党组成员、副主席方竹学，河北省舞协主席兼秘书长张新茹、石家庄市文联副主席韩梅玉出席活动，藁城区政协副主席赵志利、藁城区文联主席张广红等参加活动。

【民间文艺家协会】

河北省民协开展“文艺助力，抗击疫情”艺术家主题创作活动。共收到民间工艺作品425件，先后在中国民协公众号推出作品31件，河北文联公众号推出作品58件，河北省民协公众号推出作品132件，河北省非物质文化遗产公众号推出作品85件，《光明日报》推出作品1件，中新网推出作品8件，《燕赵都市报》推出作品3件。

编纂《“一带一路”民间文化探源工程调研论文集》论文集20多万字，完成编审。编纂《河北艺术史•民间文艺卷》卷本完稿交付出版社，全书38章节，近百万字。编纂《燕赵老字号大观》，收录整理出150家燕赵老字号材料、900余张图片，共计35万字。河北省民协承担国家重大文化工程《中国民间文学大系出版工程》河北卷的神话、传说、俗语、歌谣等8卷的编纂任务。《中国民间文学大系 • 故事 • 河北卷》一百多万字完成初稿，通过专家三次审核。

举办燕赵老字号、古代贡品第六批评审会和燕赵老字号传承人培训。8月31日，第六批河北省燕赵老字号、古代贡品专家审核认定工作在石家庄启动，共产生129项燕赵老字号，2项古代贡品。9月5日至8日，2020燕赵老字号传承人培训班在北戴河艺术部落成功举办。来自全省的52名老字号传承人参加培训。

组织艺术家参加全国展演、展览、大赛活动。组织推选的石家庄张晓贺的“中国梦•燕赵情”、蔚县李宝峰、田强的“蔚县剪纸宫灯”参加2020中国（兴宁）花灯文化节。推荐雄安新区王克桥舞龙队，代表河北省参加南宁举办线上舞龙展演，充分展现了河北省民间舞龙艺术的风采。组织艺术家参加2020第七届中国 • 徐州民间工艺博览会暨“第十五届中国民间文艺山花奖•优秀民间工艺美术作品”初评活动，共推选玉雕、砚雕、剪纸、布糊画等艺术门类共10件艺术品参评。

【摄影家协会】

2020年河北省摄协开展文化文艺惠民活动“我们的中国梦”——文化进万家系列活动7场。1月4日，河北摄影公益课堂走进阜平。河北省摄协副主席金昌植作题为《摄影：拍摄与编辑》的专题讲座，阜平县40余位摄影骨干参加培训。1月11日，河北摄协公益志愿委员会春节前走访慰问平山抗战老兵曹吉考、苏永祯、李文学及老兵李三巴的遗属。1月15日衡水摄协走进“全国橡胶十强企业”——衡像科技。1月16日沧州摄协看望老摄影家沈英。1月17日沧州摄协向沧县中学捐赠摄影作品。1月18日邢台摄协开展新春走基层活动，到邢台县路罗镇杜彬村拍摄年俗活动并且为村民拍摄全家福。全年举办培训活动10次，覆盖群众1000余人。1月，河北省摄协在阜平县面向基层摄影爱好者举办专题公益讲座，阜平县40余位摄影骨干参加培训。5月，河北省摄协为基层组织工作

者与优秀摄影人才购买线上摄影培训课程，并在线上进行了系统理论培训。6月，河北省摄协利用钉钉平台，推出针对第25届河北省展在线辅导系列讲座5场次，由河北省摄协副主席们为广大会员及摄影爱好者进行在线辅导。6月，为配合“守望绿水青山——美丽河北 自然印迹”全国摄影大赛，提升河北本土摄影摄影力量，河北省摄协开办了为期两个月的2020“守望绿水青山”摄影工作坊。组织参加中摄协组织的中摄协会员和基层摄影人才培训及中摄协基层负责人培训。

9月13日，“我们过上了好日子——精准扶贫在阜平”主题摄影展在骆驼湾村举办，摄影展办在了村门口，这是骆驼湾甚至是阜平有史以来的第一次。

10月，河北省摄协在北戴河艺术部落举办“2020年河北省中青年摄影人才高级研修班”，来自全省各地的58位摄影骨干人才参加培训。河北省文联党组副书记、副主席路皓为全体学员上党课，中国人民大学新闻学院副教授、视听传播系副主任任悦授课。

河北省摄协全年获国家级文艺奖项102人次（阜平•中国风景摄影大展：赵宇《海市蜃楼》；第20届平遥国际摄影大展：赵占南《玉狗梁》优秀作品奖；刘军昌《最可爱的人》优秀作品奖；李铁强《大地异乡者》优秀画册奖；“追梦太行，寻味阜平”全国摄影大展98人次获奖）；获省级文艺奖项1200余人次。

【书法家协会】

2020年河北省书协围绕重大主题，积极策划组织书法展览。策划并组织了“抗击疫情 万众一心”主题书法网络展。抗疫作品分别在中国艺术报、今日头条、网信河北刊发，《书法导报》对河北省书协抗击疫情工作作了专题报道；举办“奋进小康路 共筑中国梦——河北省第二届农民书法作品展”；举办“决胜全面小康 决战脱贫攻坚”主题书法展暨河北省中青年优秀作品展；举办了“第三届董子杯”全国书法大展；举办了河北省第十届妇女书法展。二是积极开展“我们的中国梦”文化进万家书法文化惠民公益活动。2020年全省各地市、县区书协先后组织开展“我们的中国梦”书法志愿服务活动累计100多场次，受益群众近3万余人，参与活动的书法家达800多人。全年志愿服务公益活动获中国书协表彰并颁发荣誉证书。三是开展“文艺进万家 健康你我他”文艺志愿服务活动。全省各地市、县区书协先后组织开展志愿服务活动80多场次。6月2日，河北省书协前往承德平泉市开展文艺志愿服务；8月1日，走进武警河北总队开展“庆八一 拥军行”公益活动；10月16日，河北省书协走进北戴河西山街道英才社区开展了书法惠民活动。四是紧紧围绕新时代文明实践中心建设工作，深入基层，开展调研。6月12日，河北省书协赴定州市对接新时代文明实践中心建设工作，积极指导帮扶当地书法爱好者。五是积极组织培训工作，以培训促提升。10月13日，河北省书协赴北戴河艺术部落开展河北省书法骨干培训班暨迎接全国第五届青年书法篆刻展看稿会，来自全省各地的55名中青年书法骨干参加了培训工作。六是围绕“千百成峰”工作，建立河北省书协人才数据库。河北省书协认真梳理本艺术门类的艺术家，建立了老中青书法艺术家数据库。同时，河北省书协积极联系新文艺群体和新文艺组织，为中青年书法人才搭建平台。

【杂技家协会】

2020年河北省杂协围绕“决胜全面小康、决战脱贫攻坚”主线，以“推人才、推精品”为根本遵循，改革创新，充分发挥协会联系文艺工作者的桥梁和纽带作用，推动杂技事业和杂技工作向前发展并取得扎实成效。疫情其间发挥协会职能，倾心创作，展杂技人职业精神，以文艺作品向英雄致敬。河北省杂协带领全省杂技艺术工作者以多种方式、创作多种艺术作品表达杂技人的心声，征集到来自全省六个会员单位和个人逾60部原创作品。推出了魔术作品《抗击病毒——中国加油、武汉加油》《中国加油，武汉加油》《加油中国、加油武汉》；抗疫防控作品《加油中国》《万众一心，战疫情》《抗疫沧州杂技团》；石影雕作品《钟南山院士》等，分别于中国杂协公众号、河北省文联公众号、燕赵都市报、今日头条官方、中国杂技抖音App、中国杂技快手App上刊登。

召开河北省杂技创作人才培训班。由河北省文联主办、河北省杂协承办的“河北省杂技创作人才培训班”于11月28日至12月1日在河北省文联举办。全国政协常委、中国文联副主席、中国杂协主席、河北省政协副主席、河北省文联主席、河北省杂协主席边发吉，河北省文联党组书记、副主席解晓勇，河北省文联一级巡视员柴志华，河北省杂协副主席裴殿平、左公社、齐志义、陈书镇、王伟、沈海涛，河北省杂协秘书长李广收出席开班仪式。全省各杂技院团负责人、书记，主席团成员，杂技编创人员，民营团体带头人，演职骨干，绝技绝活的专家等60余人参加了培训。

深入开展“决胜全面小康、决战脱贫攻坚”主题系列活动。11月29日，由中国杂协、河北省文联主办，河北省杂协承办的“中国民间杂技—绝技绝活展演”活动走进河北省杂技团，演出现场精彩纷呈，让广大人民群众感受到中国传统杂技、魔术的艺术魅力。充分发挥“推人才、推精品”的基本职能，打造了文艺精品，推出杂技节目《双扛杆》《高台定车》《双人环舞》和大型杂技剧《冬奥情缘》等，展示了河北杂技艺术的独特魅力。为加强学术交流与研究，河北省杂协组织了40多位艺术家积极参加全国新文艺群体魔术人才研修班、《中等职业学校杂技与魔术表演专业杂技专业课教学指导意见》网络专题培训班、第六届河北省中青年文艺评论人才高级研修班、第五届首都杂技（魔术）文艺人才培训班、第三届中国杂技理论高级研修班等。

河北省杂协精心组织代表参加中杂协第八次全国代表大会。河北代表团在会议其间严格遵守大会各项纪律，履职尽责，建言献策，展现河北杂技界的良好风貌。会议上，边发吉同志成功连任中杂协主席，体现了河北省杂技事业在全国的分量和地位。

【影视家协会】

1月14日，河北省影视家协会“新春走基层小分队”走进“白毛女”的故乡、革命老区平山重温历史、致敬经典。河北省影视家协会驻会副主席汪帆以《知历史方能自信自强》为题和前来平山县体验生活的电视剧《白毛女》剧组部分主创人员座谈交流，一起观看了由平山县河北梆子剧团创作演出的河北梆子《白毛女》。

1月21日，河北省影视家协会、省电影公司、河北中联院线联合举办的“迎新春电影招待会”在省会金熊国际影城举行。放映了由河北电影制片厂等联合出品的电影故事片《那时风华》。

6月4日至6日，河北省影视家协会秘书长康建平赴秦皇岛参加河北省新时代文明实践中心研讨暨基层文联建设工作推进会。为卢龙县新时代文明实践中心捐赠《年画中的传奇》《笑口常开》《武强年画》等影视剧光盘和书籍《河北艺术史·影视卷》。

6月10日，挖掘中华优秀传统文化座谈会在河北省文联召开。河北省文联党组成员、副主席方竹学、精英集团副总李体华等参加了研讨，河北省影视家协会驻会副主席汪帆主持会议。与会者围绕着挖掘中华优秀传统文化中的河北原创作品“老子”IP，进行了创造型转化、创新性发展，扩大优秀传统文化的影响，策划将河北省原创百集《老子道德三百问》转化为舞台剧，使获得金鹰奖等多项国家级奖项的作品产生更广大更广泛的社会影响。

6月10日至12日，电视剧《最美的乡村》在央视一套黄金时间热播其间，河北省影视家协会驻会副主席汪帆赴承德，参加河北省文联人才培养推介项目——双推直播栏目“紫藤树下”第六期，与电视剧《最美的乡村》总编剧杨勇共同做为嘉宾，录制《小乡村上演减贫大事》，节目在河北省文联公众号、冀云、长城网、快手等平台现场直播，收看人数达110万。评论文章《〈待到山花烂漫时〉——评电视剧〈最美的乡村〉》发表在2020年6月17日《文艺报》。

【文艺志愿者协会】

8月14日至16日，河北省文艺志愿者协会组织文艺培训团到新时代文明实践中心试点县辛集市范家庄书法村和“中国民间文化艺术之乡”王下农民画村开展艺术辅导培训活动。河北省文艺志愿者协会秘书长盖金平出席活动。在活动现场，专家学者们与范家庄村、王下村书法和农民画爱好者进行了交流。

8月26日，中宣部、中央文明办推进学雷锋志愿服务工作电视电话会议发布了2019年度全国学雷锋志愿服务“四个100”和疫情防控最美志愿者名单，河北省文艺志愿者协会等14个先进典型入选。会后，河北省委对获评2019年度全国学雷锋志愿服务“四个100”先进典型和疫情防控最美志愿者代表授奖。河北省文艺志愿者协会秘书长盖金平上台领奖。

9月17日至20日，河北省文艺志愿者协会在北

戴河艺术部落举办了河北省文艺志愿者骨干培训班，各市文联、雄安新区、20个新时代文明实践中心试点县文艺志愿服务工作负责同志、河北省文艺志愿者协会部分会员代表参加了培训班。河北省文联党组成员、副主席张海英出席开班仪式并作动员讲话，河北省文艺志愿者协会秘书长盖金平主持开班仪式。

【文艺评论家协会】

5月，河北省评协秘书长汪素芳代表河北参加中国评协视频工作会议。河北作为全国5个代表，首家汇报在充分发挥团体会员和基层协会建设方面的做法、经验和亮点。会议特别邀请邯郸评协主席王承俊列席，邯郸评协也因而成为全国仅有的两个参加会议的市级评协。

6月，河北省评协成立职业道德委员会、“文艺两新”工作委员会。

7月，河北省评协、河北省文联研究室共同组织开展习近平总书记关于文艺工作的重要论述理论研讨会我省论文征集评选活动。全省优秀论文评选后，共3件作品入选，三位作者（方竹学、赵会喜、黄岩军）参加了中国文联举办的习近平总书记关于文艺工作的重要论述理论研讨会。

10月9日至12日，河北省评协在北戴河艺术部落举办第六届河北省中青年文艺评论人才高研班。国内知名专家学者，中国国家博物馆原副馆长陈履生、中国文联文艺研修院常务副院长傅亦轩、中国艺术报社副社长孟祥宁、中国文联文艺评论中心网络信息处处长何美、《人民日报》文艺部理论评论室资深编辑任飞帆等授课。

10月21日，河北省评协一行 6 人受邀参加了由宁夏文联、宁夏评协在宁夏大学举办的“西部文学”研讨培训活动。宁夏评协与河北评协为友好合作协会。驻会副主席陈建忠带队，会员赵会喜在主旨发言环节作了题为《坚持以人民为中心，打造西部文学高地——新时期以来宁夏文学现象透视》的发言。

【企业（行业）文联】

1月19日，省企业（行业）文联组织艺术家开展“送万福进万家”公益志愿服务活动，中书协理事，河北省文联副主席，省企业（行业）文联主席兼秘书长范硕等20余名书法家挥毫泼墨，为广大旅客、职工书写、赠送春联、福字千余件。

4月14日、21日，河北省文联副主席、省企业（行业）文联主席兼秘书长范硕，通过网上直播为河钢唐钢公司基层书法爱好者近200人，分别进行了两次书法培训。范硕先对历代名家法帖进行了深入浅出的剖析，再从书法艺术审美、临帖、读帖、布局等方面进行了详细讲解，后又对大家提交上来的书法作品进行点评。

10月21日至24日，2020年河北省企业、行业文艺人才培训班在北戴河艺术部落举办。河北省文联一级巡视员柴志华，河北省文联副主席、省企业（行业）文联主席兼秘书长范硕，省企业（行业）文联副主席菅新录、顾问靳亚利，河北省文联北戴河艺术部落主任李春光出席培训班开班仪式并讲话。来自全省企业、行业文化干部、文艺骨干及艺术爱好者50余人参加了培训。

11月16日至17日，中国书协理事，河北省文联副主席，河北省企业（行业）文联主席兼秘书长范硕一行到黄骅市考察调研。先后来到黄骅市新时代文明实践中心、官庄乡新时代文明实践所，吕桥镇综合文化站和文化艺术中心等地，听取了黄骅市新时代文明实践中心试点建设工作汇报并为黄骅市百余名书法爱好者开展了书法讲座。

直属单位

【文艺宣传中心】

2020年文艺宣传中心坚持正确舆论导向，抓好文艺战“疫”宣传。全年共征集各类文艺作品17491件（部），在省级及以上媒体刊发2925件，国家级媒体刊发724件，“学习强国”平台刊发245件，在河北省文联微信公众号推发24期、92条，发布作品1117件。开展众志成城 共克时艰——战“疫”主题征稿，《当代人》《民间故事选刊》《小小说月刊》共收到文学作品来稿5000多件，总量超过500万字。《当代人》战“疫”文艺特刊，成为国内同类期刊中最早编辑出版的战疫专刊。组织开展“决胜全面小康、决战脱贫攻坚”主题创作活动和优秀文艺作品宣传推介。

3月份《当代人》杂志及微信公众号开展“决胜全面小康 决战脱贫攻坚”征文及主题创作采风活动，收到报告文学、散文、诗歌、短篇小说来稿共计1456篇。《当代人》杂志及公众号第5至12期连续推出专栏择优刊发征文来稿，并于12月中旬出版“决胜全面小康 决战脱贫攻坚”文艺专刊；组织国内和省内知名专家对征文来稿进行公开公正评审，对80部获奖作品进行了表彰奖励。《当代人》“双决”专刊，入展第十届中国数字期刊博览会助力脱贫攻坚精品展区，获颁荣誉证书。“紫藤树下”双推直播栏目连续四期推出“双决”访谈节目，综合点击量突破272万，每期节目均被“学习强国”推介、转载。出版《当代人》杂志“紫藤树下”增刊，受到业界和读者好评。“紫藤树下”栏目经验做法，被省委宣传部《今日要情》工作信息交流刊发推介。

《当代人》《民间故事选刊》《小小说月刊》及《河北文艺界》2020年推介100多名中青年文艺家及其优秀作品246件。《小小说月刊》入选2019国内数字阅读影响力期刊TOP100，文学文艺类第7名；《民间故事选刊》入选2019国内数字阅读影响力期刊TOP100，文学文艺类第8名。《小小说月刊》第十八届中国微型小说年度奖优秀组织奖。《河北文艺界》2020年第3期被河北省档案馆收藏，首次填补了河北省文联内刊创办40年来以档案资料被收藏的空白。

山西省文联

综　述

2020年是全面建成小康社会和“十三五”规划收官之年，是脱贫攻坚的决战之年，也是全面落实“四为四高两同步”总体思路和要求的重要一年。一年来，山西省文联在省委坚强领导和省委宣传部有力指导下，坚持以习近平新时代中国特色社会主义思想为指导，全面贯彻落实党的十九大和十九届二中、三中、四中、五中全会精神，认真贯彻落实《中国共产党宣传工作条例》和全国全省宣传部部长会议精神，深入贯彻落实习近平总书记视察山西重要讲话重要指示，围绕决胜全面建成小康社会、打赢脱贫攻坚战和迎接建党100周年这一主线，将文艺工作融入山西转型发展大局，坚持培根铸魂、守正创新、融通贯通，坚持以人民为中心的工作导向，团结引导全省广大文艺工作者，为繁荣发展新时代山西文艺事业做出了积极贡献。

重要会议

【专题学习习近平总书记在统筹推进新冠肺炎疫情防控和经济社会发展工作部署会议上的重要讲话】

2月25日，召开党组扩大会议，专题学习习近平总书记在统筹推进新冠肺炎疫情防控和经济社会发展工作部署会议上的重要讲话，同时，对省委专题会议暨省疫情防控工作领导小组会议精神进行了集中学习。会议听取了目前山西省文联疫情防控工作情况的汇报以及抗击新冠肺炎疫情主题文艺创作开展情况的汇报。会议指出，“文艺工作者抗击疫情的‘武器’就是手中的笔、心中的歌”，要认真履行文联职能，充分发挥文联特长，团结带领广大文艺工作者坚持以人民为中心的创作导向，努力创作出更多温润心灵、启迪心智、鼓舞斗志的优秀艺术作品，为打赢疫情防控的人民战争加油鼓劲。

【召开中心组（扩大）会议学习贯彻习近平总书记视察山西重要讲话重要指示】

5月19日，召开中心组（扩大）会议，传达学习习近平总书记视察山西重要讲话重要指示，研究部署全单位贯彻落实工作。会议指出，在决胜全面建成小康社会决战脱贫攻坚之年、在统筹推进疫情防控和经济社会发展的关键时刻，习近平总书记亲临山西考察指导，充分体现了习近平总书记对山西工作的高度重视和对全省人民的关心厚爱。习近平总书记的重要讲话和重要指示，明确了山西各项事业的重大任务，明确了各级党员领导干部的职责要求，为当前和今后一个时期开展各项工作指明了前进方向，提供了根本遵循。全单位要进一步深入学习、全面贯彻落实，牢记嘱托、真抓实干，自觉将文艺工作融入山西转型发展大局，为谱写新时代中国特色社会主义新篇章作出应有贡献。

【召开山西省文联九届二次全委（扩大）会议】

10月22日，召开山西省文联九届二次主席团会议。10月23日，山西省文联九届二次全委（扩大）会议在山西饭店召开。会议深入学习贯彻落实习近平新时代中国特色社会主义思想和党的十九大及十九届二中、三中、四中全会精神，认真贯彻落实《中国共产党宣传工作条例》和习近平总书记视察山西重要讲话重要指示，全面总结山西文联2019年以来的工作，部署近期工作，进一步团结动员全省广大文艺工作者推动山西社会主义文艺事业繁荣发展。

省委宣传部副部长、省政府新闻办主任张羽在会上作了重要讲话。山西省文联党组书记、主席郭健作了题为《坚持守正创新　勇担职责使命为山西转型发展蹚新路贡献文艺力量》的工作报告。会议由山西省文联党组成员、驻会副主席和悦主持。山西省文联第九届全委会委员出席会议。山西省文联名誉主席、荣誉委员、部分市级文联新任党组书记、山西省文联机关、协会、直属单位副处级以上干部列席会议。

重要文艺活动

【文艺志愿服务】

“两节”其间，组织54支文艺志愿服务小分队赴吕梁临县、晋中寿阳县南燕竹镇、吕梁文水县刘胡兰镇等64个乡镇进行理论宣讲、慰问演出、展览展示、辅导培训，面对面服务基层群众3万余人，切实把丰富的精神大餐送到百姓身边，深受当地群众的喜爱。在2020年的“5.23”中国文艺志愿者服务日，各省级文艺家协会采取线上线下相结合的方式，以网络直播展播、微信自媒体授课、深入乡村、医院、社区、院校等基层一线慰问演出多种手段，开展了丰富多彩的“到人民中去”文艺志愿服务。

【首届“山西电影之声”山西省影协会员原创优秀微电影作品展播活动】

6月至7月，举办了首届“山西电影之声”山西省影协会员原创优秀微电影作品展播活动，共展播会员优秀作品56部。其中涌现出一批思想性、艺术性和观赏性俱佳的优秀作品，会员们用微电影作品传递社会主义核心价值观，传播正能量，展现了新时代山西电影工作者担当作为的影响力。此次展播活动极大地鼓舞了电影工作者的创作激情和热情，为山西电影人提供了一个展示作品的平台和机会，对于推动山西电影事业的繁荣发展起到了积极作用。

【向人民汇报——山西省书法美术摄影艺术家深入生活 扎根人民优秀作品汇报展】

7月6日至12日，“向人民汇报——山西省书法美术摄影艺术家深入生活 扎根人民优秀作品汇报展”在山西美术馆展出。把“深入生活、扎根人民”的成果，体现到文艺创作和活动中，展示了全省文艺工作者“深扎”实践的最新创作成果和精神风貌。

【山西省首次摄影大PK“吕梁英雄会”】

8月21日至23日，在吕梁山腹地离石区信义镇，山西省摄协组织11地市摄协参加由吕梁市摄协和离石区信义镇党委、政府主办的山西省首次摄影大PK“吕梁英雄会”。英雄会由多次参加全国摄影大PK且屡有斩获的摄影家樊丽勇担任策划，参赛的11支战队由各市摄协精心组织挑选，山西省摄协派员全程参与指导并现场公开点评评奖。

【大型民族交响乐《关公颂》首演活动】

9月15日至16日，在山西运城，为丰富群众精神文化生活，营造“庆丰收、迎小康”的良好氛围，与运城市委、运城市政府等单位主办大型民族交响乐《关公颂》首演活动。山西省音协主席吕欣荣、秘书长白云，莅临现场指导并参加作品研讨会。

【第五届“山西杂技金菊奖·空竹大赛”】

9月21日至25日，山西省文联、山西省杂协在太原市青春滨秀园举办了第五届“山西杂技金菊奖·空竹大赛”，来自全省各地的300余名空竹选手参加了此次大赛。比赛分为初级、中级、高级、自由发挥四项个人项和集体项目。

“山西杂技金菊奖·空竹大赛”作为本省杂技界的一项品牌性活动，以普及杂技艺术、传播健康文化、丰富群众生活为宗旨，至今已成功举办五届，受到了广大人民群众的欢迎和各有关方面的好评。

【“第三十二届中国华北摄影艺术展”在忻州古城开幕】

10月19日，“第三十二届中国华北摄影艺术展”在忻州古城开幕。来自中国摄协和华北地区五省（市、自治区）的30多名文联、摄协领导、摄影家及忻州市摄影界人士出席了开幕式。本次展览以“黄河、长城、太行”为主题，共展出200余幅精品力作，充分展现了华北五省（市、自治区）壮美的自然风光、独特的人文景观、淳朴的民俗风情和日新月异的发展变化。摄影家聚焦现实生活，既展示了地域文化，又凸显了时代精神，内容丰富，主题突出，风格多样，特色鲜明，对于今后携手并进、共同保护和传承“黄河、长城、太行”文化旅游资源具有重要的推动作用，特别是对于推介山西、推介忻州具有重要的现实意义。

【“脱贫攻坚 奋进小康”山西省美术摄影展】

11月2日至6日，在山西美术馆举办“脱贫攻坚 奋进小康”山西省美术摄影展。聚焦“转型发展”“产业扶贫”“右玉精神”“乡风文明”4个主题，共征集美术作品441件，评选出入选作品184件；摄影作品3700件，评选出入选作品150件。参展作品内容丰富、形式多样、艺术精湛，再现了广大干部群众上下一心、众志成城、排除万难、脱贫攻坚的感人故事和美丽瞬间，体现了山西省文艺工作者践行“以人民为中心”的创作导向和使命担当，全面展示了党的精准扶贫政策在三晋大地的生动实践和丰硕成果。

【山西省第九届群众书法篆刻作品展】

11月27日，山西省第九届群众书法篆刻作品展在山西美术馆开幕。展览共收到来自全省范围内1400余件投稿作品，经过评委会严格评审，最终评出参展作者584名，其中优秀作者20名，入展作者136名，入围作者428名。本次展出的优秀作品和入展、入围作品取法多元、风格多样，比较全面、客观地反映了本省书法篆刻作者的书法创作水平。

【“决胜全面小康、决战脱贫攻坚”优秀主题歌曲征集活动】

面向全省广大音乐工作者征集了一批立足山西、立足全面决胜小康、决胜脱贫攻坚的主题歌曲，以新鲜的视角、生动的笔触讴歌党、讴歌祖国、讴歌人民、讴歌英雄，为脱贫攻坚助力、为全面建成小康社会献礼。共征集到歌曲作品百余首，入围的30首优秀作品在“山西文艺微矩阵”“山西音乐人”集中宣传、展播和推广。

【中国曲协调研组深入沁源县调研指导“中国曲艺之乡”创建工作】

12月3日至4日，中国曲协调研组深入沁源县，对该县“中国曲艺之乡”创建工作进行调研。调研组一行先后深入沁源县新时代文明实践中心、陈赓红军小学、融媒体中心、谷远路社区、齐泉社区、交口乡长征村等地进行实地调研。参观曲艺展馆、非遗展馆，观摩曲艺进校园、进机关、进社区节目表演，沁源县创建“中国曲艺之乡”专场汇报演出等。在调研座谈会上，专家组听取了县委书记金所军的曲艺之乡创建工作汇报，对沁源县的创建工作给予积极的肯定，并围绕曲艺事业发展、曲艺传承、发展和创新进行了深入交流和探讨，提出中肯的建议和意见。

【第八届“德艺双馨电视艺术工作者”推选活动】

12月26日，在太原举办了山西省第八届“德艺双馨电视艺术工作者”推选活动，活动邀请到山西省知名文艺评论家韩玉峰、山西传媒学院教授郭卫东、原山西省广电局总工程师张十洲等9名业内专业人士担任推选委员。推选委员们通过观看参选人员人物短片，审阅纸质版个人简介、事迹材料，综合考量参选人员的业务水平、职业精神等多方面因素，最终推选出许丽萍、高伟、梁旭东等11名电视艺术工作者获得荣誉称号。

抗击疫情文艺活动

【组织创作大量“抗疫”主题优秀作品，营造了全省文艺界“以艺战疫”的浓厚氛围】

年初新冠肺炎疫情发生以来，山西省文联各团体会员认真贯彻习近平总书记重要指示精神，坚决落实党中央、国务院决策部署和省委、省政府工作要求，一方面积极采取防控措施，第一时间成立防疫工作组，制定《疫情防控工作方案》，积极配合辖区做好联防联控工作，全力保障干部职工安全；另一方面充分发挥文艺优势，努力为抗击疫情贡献力量。

1月28日，向全省广大文艺工作者发出倡议书，组织动员文艺界勇担使命，主动投身以抗击疫情为主题的文艺创作，推出了一批内容鲜活、形式多样、影响广泛的优秀文艺作品。共收到文学、书法、美术、音乐、舞蹈、曲艺、摄影、杂技、剪纸、微电影、短视频等各类原创作品4600余件，在“山西文艺微矩阵”平台以“勇担使命·共克时艰——山西文艺界在行动”专栏形式展示展播，发布专题报道159篇，并择优在《山西日报》、中国文艺网、人民网、“学习强国”等媒体宣传刊发，很好地起到了鼓舞斗志、抚慰人心、凝聚力量的作用。

以抗击疫情为主题，举办了“众志成城 春暖花开”书法美术摄影作品特别展、“为战疫铸魂 向英雄致敬”大型书法创作公益赠献仪式、“大爱

无疆 不负韶华”山西省抗击新冠肺炎疫情美术书法作品展、“丹青载道 大爱无疆”三晋书画名家抗疫书画展等文艺活动，以艺术弘扬大爱精神、致敬最美逆行者，展出的优秀作品无偿赠予了山西支援湖北医疗队的一线医务人员。

积极组织全省文艺工作者和文艺志愿者参加“文艺进万家、健康你我他”网络文艺志愿服务活动，通过各类网络平台进行文艺创作、举办公益课堂、参与方舱直播，在线直播共计42个小时，录制短视频326条，其中仅参与方舱直播的舞蹈类课堂，累计观看量71.3万人次，获赞数404.5万人次。

山西省文联所属各协会充分利用新媒体、融媒体传播平台，以多种形式和手段，对抗疫典型、抗疫精神进行了艺术化的重塑和再现，各市文联也积极响应号召，组织开展抗击疫情、推进复工复产主题文艺创作，用心用情推出一批书法、美术、摄影、曲艺、舞蹈、剪纸、戏曲、微电影、短视频等文艺作品，真实记录感人的抗疫故事，表达对奋战在抗疫一线的广大医务工作者和干部群众的敬意。

1.“戏剧人在行动”主题抗疫活动。山西省剧协参加“戏剧人在行动”主题抗疫活动，精选60多部戏剧相关作品报送中国剧协，包括朗诵、戏歌、戏曲等多种形式的音频、视频。戏歌《因为有你》、上党梆子《沁园春·勇战疫情》、北路梆子《众志成城抗疫情》、梅林剧团北路梆子戏歌《助阵歌》等10余部作品分别于4月15日和5月7日发布在中国剧协公众号及山西省文联公众号上。

2.“勇担使命、共克时艰”抗疫优秀歌曲作品展播活动。山西省音协通过会员工作群发出倡议书，音乐工作者们积极响应，创作出一大批感人至深、激荡人心的音乐作品，收到歌曲作品200余首，对其中76首优秀作品进行了展播和表彰。并将优秀抗疫作品发表至中国音协官网、“学习强国”、央视频、山西文艺微矩阵、山西音乐人等网络平台，推荐5首作品收藏于以“艺”战疫中国文艺志愿服务数字博物馆。报送12首优秀抗疫作品至山西省文联。

3.“众志成城、抗击疫情——山西美术家在行动”。1月31日，省美协发布以防控抗击新型冠状病毒肺炎疫情为主题的“众志成城、抗击疫情——山西美术家在行动”征稿倡议，得到全省美术家及美术工作者的热烈响应。截至到2月底，共收到包括中国画、油画、版画、水彩（粉画）、雕塑、漫画、连环画、宣传画、素描、速写、综合材料等来稿作品1100多件，山西省美协择优在微信公众号上累计推送《众志成城、抗击疫情——山西美术家在行动》图文整20篇系列宣传，共计371件作品。推荐选送抗疫题材优秀作品参加中国美协主办的展览。山西省有124人入选中国美协主办的各类全国性大展。

4.“勇担使命 共克时艰”主题网络影展。省摄协组织山西摄影人用镜头记录在疫情防控战疫中涌现出的感人事迹等优秀作品，通过山西省文联文艺微矩阵和省摄协公众号组织“勇担使命 共克时艰”主题网络影展，传播正能量、讴歌真英雄，共展出作品500余幅；组织举办“众志成城 春暖花开”主题摄影展览，共征集作品4000余幅，在山西美术馆展出。

5.“勇担使命，共克时艰——山西省书法界抗击新冠病毒肺炎网上主题书法创作活动”。1月28日，省书协向各会员单位发出网上主题书法创作活动通知，2月11日至13日在山西书法公众号上分3期刊发《勇担使命 共克时艰——山西省书协抗击疫情主题书法网络展》，从收到的800余件作品中选择刊发优秀作品370余件，歌颂和致敬奋战在防控一线的广大医务工作者和干部群众。

6.“勇担使命、攻克时艰”山西文艺界电影工作者在行动。2月至4月，省影协以“山西电影之声”公众号为平台，展播会员作品66部。5月，报送会员作品《暂时妈妈》《一碗小米粥》参加“大爱无疆”抗击新冠肺炎疫情主题短视频剧本大纲征集活动。7月，从中筛选出35部优秀作品结集出版《“众志成城 春暖花开”山西电影之声首刊》。报送会员作品《一碗小米粥》《妈妈打完怪兽早点回家》参加“大爱无疆”抗击新冠肺炎疫情主题短视频作品推介展映活动。

7.山西省视协组织本省电视艺术工作者创作抗击新冠肺炎疫情作品，在微信公众号“山西文艺微矩阵”上展播；开展“站在一起”抗击疫情主题视频作品征集工作，征集到山西广播电视台卫星频道包装部报送的《抗疫公益系列宣传片》、大同广播电视台报送的《夫妻并肩战疫情》、临汾

市影视家协会报送的《打赢战役》等39部作品。

8. 勇担使命，创作优秀抗疫作品。省杂协一方面组织创作魔术、柔术、肩上芭蕾、空竹、歌曲、快板、微小说等形式多样的抗疫作品；另一方面组织会员积极参加中国文联的网络志愿服务活动，在抖音上教学、演出、直播，参加中国杂协开展的“我想对你说”爱心传递活动，向一线最美逆行者表达爱心，传递祝福。

9.“众志成城抗疫情 山西曲艺在行动”。山西省曲协组织会员创作抗疫作品，录制音视频，涵盖曲种17个，有百余人参加创作。编发21期“众志成城抗疫情 山西曲艺在行动”优秀曲艺作品展播微信公众号，展播作品78个。同时将优秀曲艺作品推荐山西文联微矩阵，山西文艺网、曲艺网、曲艺杂志融媒体、山西晚报、“学习强国”等多个平台发布、展播，展播作品50余个。

10. 以舞战“疫”，温暖人心。山西省舞协积极组织全省舞蹈人开展创作，用作品鼓舞人心，致敬白衣天使，慰问病患同胞，为逆行的英雄祝福。2月起，组织开展了“文艺战疫——山西舞蹈人在行动”MV视频录制及展播，共收集53部原创作品，400余人次参与了活动录制，通过协会微信公众平台进行展播，53615人次观看。由中国文艺志愿者协会主办的“文艺进万家 健康你我他”网络文艺志愿服务活动，协会推荐田静、武晋磊讲授《少儿舞蹈基本功阶梯训练教程》和“百姓健康舞”和“抖音网红舞蹈”等，并参加连线方舱医院的“方舱直播时间”。

11. 全省抗疫，民间文艺家在行动。2月，山西省民协征集二千余份抗疫作品图片和文字。7月，在山西省群艺馆举办全省抗疫剪纸作品展。

创作与获奖

【第十三届山东青年微电影大赛】

5月30日，筛选31部优秀微电影作品报送参加第十三届山东青年微电影大赛。其中，故事片《一碗小米粥》由山西太行明珠实业有限公司出品，喜获社会单元故事片银奖；故事片《侠路》由山西传媒学院出品，喜获学生单元故事片银奖；纪录片《婺源老李》由山西传媒学院出品，喜获学生单元纪录片银奖；动画片《双生》由山西传媒学院出品，喜获学生单元动画片铜奖；动画片《撑伞》由山西传媒学院出品，喜获学生单元动画片铜奖。

【第十一届中国曲艺牡丹奖】

10月18日，第十一届中国曲艺牡丹奖颁奖系列活动中，山西省曲协推荐25个节目参评46个子奖项，其中12个节目入围23个子奖项。经过现场展演与评比获得9个奖项提名，其中长子鼓书《闹红火》、潞安大鼓《小毛驴》获节目奖提名，张华、王付贵获表演奖提名，襄垣鼓书《光蛋孩与张爱爱》、潞安大鼓《再唱赵树理》、河东桌子戏《面对黄河一声喊》获文学奖提名，王灏玮、霍亚杰获新人奖提名。最终，长子鼓书《闹红火》荣获节目奖；太原莲花落国家级非遗传承人王灏玮荣获新人奖。

【第二十四届中国少儿戏曲小梅花荟萃活动】

报送解蕊蔓等小演员参加第二十四届“中国少儿戏曲小梅花荟萃”活动的初评。11月12日，经小梅花终审委员会审核，授予苏子玉、张宇畅、解蕊蔓、王威宏、郭财栋、高钰凯、郝俊屹、吴润洋、刘鑫伟、刘子瑞、薛凯尹、梁梓菡12位小朋友地方戏组“小梅花”称号；授予晋剧《盗库银》为传承类小梅花集体节目称号；授予晋剧《沙家浜·奔袭》为创新类小梅花集体节目称号，授予山西省剧协优秀组织单位。

【第八届亚洲微电影艺术节】

征集37部作品参加第八届亚洲微电影艺术节，其中山西传媒学院《不弃》获得优秀作品，山西传媒学院《街角书店》《垃圾不落地》《忙忙奶爸》和忻州市司法局《司法普法系列公益微电影》获得好作品。

【第十三届中国旅游电视周暨第二届大运河文化国际电视周旅游电视节目推选活动】

征集19部作品参加第十三届中国旅游电视周暨第二届大运河文化国际电视周旅游电视节目推选活动，其中长治广播电视台文化遗产节目中心《守望乡村》和晋中电影电视艺术家协会《诗意晋中》获得好专题片，临汾广播电视台《魅力临汾》栏目获得好栏目。

【第十四届小康电视节目工程（农民艺术节）】

征集37部作品参加第十四届小康电视节目工

程（农民艺术节），其中山西传媒学院《沉罟捕冬》和长治广播电视台文化遗产节目中心《守望乡村》获得对农专题片优秀作品；山西广播电视台《在北方“安家”的百香果》《鱼儿和瓜果谈“恋爱”》，山西传媒学院《大山深处的五星红旗》，吕梁广播电视台《改革农村集体产权制度 架起绿水青山通往金山银山的桥梁——记交城县苏家湾村集体产权制度改革》获得对农专题片好作品；翼城县融媒体中心《田苑风》获得对农电视频道、栏目优秀栏目；山西长治广播电视台文化遗产节目中心平顺县虹梯关乡虹霓村获得十佳美丽乡村。

机关建设

【学习贯彻习近平新时代中国特色社会主义思想】

通过党组（中心组）集中专题学习、支部学习，组织全体党员领导干部系统学习党的十九大和十九届二中、三中、四中、五中全会精神，习近平总书记“三篇光辉文献”、《习近平谈治国理政（第三卷）》及习近平总书记视察山西重要讲话重要指示等重要内容。同时，制定《山西省文联青年学习小组实施方案》，成立学习小组，通过集中学习、研讨交流、专题讲座、参观调研、赴外培训等多种形式开展活动，为青年干部搭建学习教育、沟通交流和实践锻炼的平台。

【“圆梦工程——名师美育课堂”网络公开课】

8月—9月，开展山西省“圆梦工程——名师美育课堂”网络公开课文艺培训志愿服务活动，邀请北京山西两地高校教授和省级文艺家协会会员、优秀文艺志愿者参与授课，与36个贫困县定向“结对子”，通过腾讯微视面向大众开设音乐、美术、舞蹈、书法等系统性直播课程，19位专家共开展114次直播授课，打通了文艺志愿服务“最后一公里”，实现了省、市、县、乡、村五级联动，为基层文艺人才学习提升搭建了良好平台。

【修订补订《山西省文联财务管理制度》等制度】

起草《山西省文联关于贯彻落实〈中共山西省委 山西省人民政府关于全面实施预算绩效管理的实施意见〉的通知》；制定《山西省文联预算绩效评价管理办法》和《山西省文联预算支出绩效评价结果应用管理办法》；成立山西省文联预算绩效管理领导小组；建设山西省文联分行业分领域核心绩效指标体系；对2019年事业发展类项目进行绩效自评；重新修订补订《山西省文联财务管理制度》，整理修订《山西省文联财务手册》，重新设计《山西省文联经费报销单》《山西省文联差旅费报销单》《山西省文联借款单》，并印制下发。

【事业单位机构改革】

历时8个月完成事业单位机构改革。将8个事业单位分别整合为山西省艺术创作研究中心、山西美术馆。山西文艺大厦管理服务中心纳入省直机关事务管理局统一改革。

【机关纪委工作】

严格落实中央纪委十九届四次全会精神及省委书记楼阳生在省纪委十一届六次全会上的讲话精神，圆满完成年度各项工作任务。加强政治监督，推动党风廉政建设工作做实做细。及时召开党风廉政建设大会，总结2019年度党风廉政建设工作，安排部署2020年度党风廉政建设工作。配合省纪委监委政治监督专项检查组的检查工作。配合驻部纪检监察组工作。以监督为抓手，有针对性地开展制度建设、事中监督和事后检查工作。强化警示教育，深化干部作风建设。严肃执纪问责，完成案件线索处置。扎实开展一体推进不敢腐、不能腐、不想腐工作，形成《山西省文联“三不”一体推进工作情况报告》。提升政治能力，切实加强自身建设。

各文艺家协会

【戏剧家协会】

1月，先后在晋城市、大同市社区乡村开展5场“我们的中国梦”——文化进万家活动。

3月，推荐晋城市创排的上党梆子现代戏《太行娘亲》和大同市的新编历史剧《平城赋》参加中国戏剧梅花奖数字电影工程剧目。

5月，开展“文艺进万家，健康你我他——到人民中去”文艺志愿服务主题活动。

7月，报送儿童剧《大头兵》、蒲剧《裴公辞

恩》参加第六届黄河戏剧奖·戏剧文学奖，报送《评京剧〈长乐未央〉的新开掘》参加第六届黄河戏剧奖·理论评论奖。

8月，组织文艺志愿小分队赴临汾市襄汾县陶寺乡中梁村，举办纪念中国人民抗日战争暨世界反法西斯战争胜利75周年戏曲展演活动。

10月，组织志愿者在山西省文联帮扶村开展“助脱贫奔小康”国庆送欢乐下基层戏曲展演活动。

11月，组织专家评委赴太原、榆次、运城、临汾、长治现场观看第30届“中国戏剧梅花奖”山西选拔赛的八场演出并现场评审，推荐山西省京剧院单娜、晋中晋榆晋剧演出有限公司郑芳芳参加第30届“中国戏剧梅花奖”的初评。

12月，经中国剧协评审遴选，《云水松柏续范亭》入选中国剧协民间职业剧团优秀剧目线上展演，将于春节其间在中国剧协官网进行展映。

【音乐家协会】

1月，组织文艺志愿服务小分队赴大同市浑源县蔡村镇、壶关县、晋源区巡警大队、地质博物馆等地开展“我们的中国梦——山西省文联新春文化进万家”系列活动。组织开展“左权民歌汇·中国新民歌创作”征集活动。主办运城市音协交响乐团2020新年音乐会。主办“我们的中国梦”文化进万家—我心向往的《草原之歌》中央音乐学院何荣教授师生音乐会。

4月，参加中国音协“听见中国听见你”主题原创作品评选活动。主办山西省音协笛子学会专场音乐会。承办山西民歌赏析音乐会。主办两场会员独唱音乐会；一场会员独奏音乐会。

6月，开通山西省音协微信公众号“山西音乐人”。

7月，组织第十二届“五个一工程”评选工作歌曲作品申报。

8月，与中国传统文化促进会青年歌唱家学术委员会共同举办“中国青年歌唱家公益声乐讲堂”。8月24日至31日，组织开展中国音协音乐考级山西考区线上视频考级工作。主办大型民族交响乐《关公颂》首演活动。

9月，组织山西鼓乐大赛评奖活动。

11月，在晋中市图书馆举办中国音协音乐考级钢琴新教材师资（公益）培训班。组织开展“决胜全面小康、决战脱贫攻坚”优秀主题歌曲展播活动。做好对广大会员各级各类的培训和扶持工作。筹备邓映易百年诞辰纪念活动。

【美术家协会】

1月，组织山西省知名美术家组成文艺志愿服务小分队到榆次区北田镇、阳曲县小店乡、山西六建集团开展美术特色鲜明的惠民慰问活动。

1月8日，“俊逸清雅——王学辉、王爱忠、任晓军、霍俊其写生作品展”在太原怀冰艺术空间开展。

1月19日，“铸就新辉煌——2020军民鱼水情迎春笔会”在山西省人大会议中心举行；“庚子鼠年迎新画展——赵梅生、齐辛民、贾平西、刘曦林中国画名家邀请展”在太原美术馆开展。

6月16日，“庚子之坎·口罩——李众喜水彩人物画展”在山西品逸轩开展。

7月1日，“2020年山西省山水画学术邀请展”在山西省文化馆开展。

7月6日，“向人民汇报——山西省书法美术摄影艺术家深入生活、扎根人民优秀作品汇报展”在山西美术馆开展。

8月12日，“情系乡土 赋彩吕梁——沿黄美术作品展”在山西临县谢永增孙家沟艺术馆开展。

9月24日，“决战脱贫攻坚 决胜全面小康——2020山西省山水画名家作品邀请展”在阳泉展览馆开展。

10月20日，“黄河风情——汪伊虹美术作品展”在山西摩诘美术馆开展。

11月2日，“情系乡土 赋彩吕梁——沿黄美术作品展”在山西美术馆开展。

11月13日，“巾帼建新功·共筑中国梦——全省女职工书画展”在山西省美术馆开展。

11月17日，“百年梦圆——2020•中国百家金陵画展”在江苏省美术馆开幕。

11月27日，“东风西雨——吴膑画展”在山西太原品逸轩开展。

12月5日，“黄河、长城、太行——美好山西长城卷中国画展”在山西美术馆举办。

12月15日，“黄河魂——沿黄九省美术作品展”在山西美术馆开展。

12月22日，“江山如画——山西省第四届中国山水画经典作品临摹展”在山西省图书馆开展。

12月29日，“第二届山西省中青年版画作品展览”在阳泉展览馆开展。

【摄影家协会】

1月，组织文艺志愿者赴吕梁、大同浑源等地开展“我们的中国梦”——文化进万家活动。

2月，组织“勇担使命 共克时艰”主题网络影展。

3月，举办“众志成城 春暖花开”主题摄影展览，并于6月16日至20日在山西美术馆展出。

7月9日，组织50多名摄影家来到大同市浑源县蔡村镇文家庄举行“聚焦脱贫攻坚 定格精彩瞬间”摄影采风活动。

8月21日至23日，组织11地市摄协参加山西省首次摄影大PK“吕梁英雄会”。

10月19日，“第三十二届中国华北摄影艺术展”在忻州古城开幕。

11月，推荐20幅关于脱贫攻坚主题的优秀摄影作品参加在河南省三门峡市举办的第十三届中国摄影艺术节，其中6幅作品入选“一个也不能少——全国脱贫攻坚摄影展览”。

11月2日至6日，举办“脱贫攻坚 奋进小康”主题摄影展。

12月，评选第二届“兼容并蓄，生态龙山”摄影和短视频大赛。

【书法家协会】

两节其间，先后组织开展22场“我们的中国梦”——文化进万家暨“同心同书·祖国新春好”书法志愿服务公益活动，为基层干部群众书写春联、“福”字及各种书法作品6000余幅。

1月11日至21日，“翰逸神飞 石跃峰书法作品展”在山西美术馆展出。

5月18日至7月18日，“丹青载道 大爱无疆”抗疫书画展在山西古建筑博物馆举办。

5月18日至22日，“大爱无疆 不负韶华”山西省抗击新冠肺炎疫情书法美术作品展在山西美术馆举办。

5月20日至22日，为纪念《在延安文艺座谈会上的讲话》发表78周年，山西省书协征稿20余幅“抗疫”作品，于5月23日第七个中国文艺志愿者服务日统一在山西文艺微矩阵刊发。

5月27日，“为战‘疫’铸魂 向英雄致敬”大型书法创作（公益）赠献活动仪式在山西白求恩医院举行。

6月24日，“众志成城 春暖花开”书法作品展在山西美术馆开展。

7月6日至12日，“向人民汇报——山西省书法美术摄影艺术家深入生活 扎根人民优秀作品汇报展”在山西美术馆展出。

7月16日，文化下乡系列活动——振兴乡村走进大寨在山西昔阳县大寨村虎头山举行。

7月30日，山西省书协六届八次主席团（扩大）会议在山西太原文联大厦召开。

9月17日至21日，“凝香如是 武晓梅水墨艺术展”在山西美术馆举办。

9月23日，第31届关公文化旅游节海峡两岸“关公文化与中华文明”海峡两岸书画展在运城学院开展。

9月28日，四川省文联党组副书记、副主席李兵率四川艺术家一行20人来山西省交流工作经验，开展采风创作活动。

9月30日，徐文达书法艺术回顾展在太原美术馆开幕。

10月15日，“桃李情怀——赵承凯先生书法作品暨著作捐赠展”在山西大学美术馆举行。

11月13日至17日，“巾帼建新功·共筑中国梦——全省女职工书画展”在山西美术馆举办。

11月16日，纪念张颔先生诞辰100周年系列活动在介休市博物馆举行。

11月27日，山西省第九届群众书法篆刻作品展在山西美术馆开幕。

12月3日至6日，由山西省书协主办的备战第七届中国书法兰亭奖书法创作培训班在山西太原开班。

【电影家协会】

1月，文艺志愿服务小分队深入到山西农业大学信息学院、晋中市榆次区北田镇张胡村、晋中市太谷县胡村镇胡村开展“文化进万家——优秀电影进乡村”活动。

3月，报送10部作品，参加山西省宣传部2020日至2022年文艺创作选题规划项目，其中会员郑春报送的《抗战文物背后的故事》入选。

5月，筛选31部优秀微电影作品参加第十三届山东青年微电影大赛。

8月10日，选送山西省影协会员高建国、封雪为观众评委参加第35届大众百花电影节。

8月22日，赴忻州古城参与电影《村里的年轻人》开机仪式。

9月23日至27日，赴郑州参加第35届中国金鸡百花电影节。

9月27日，召开电影《风雨日昇昌》推广策略主题研讨会。

10月16日，举办“我和我的祖国”山西省电影工作者进社区主题活动暨“山西电影之声”会员原创优秀微电影展播作品和山西省影协会员抗击疫情优秀文艺作品表彰活动。

10月至11月，举办第五届“三晋·光影杯”山西省大学生电影评论大赛。

11月24日，在山西省传媒学院召开第二届微电影工作委员会换届大会。

11月25日，赴洪洞县小河村参加中国首部动态社火纪录电影——《拆楼》电影开机仪式。

12月7日至11日，赴合肥参加由中国影协举办的全国影协秘书长管理干部培训班。

12月26日，山西省影协作为指导单位指导2020年两岸青年影视文化交流活动。

【电视艺术家协会】

1月，组织影视新文艺群体和影视文艺志愿服务小分队走进晋中市祁县古县镇王贤村、平遥县岳壁乡尹回村、榆次区张庆乡红马营村，开展“我们的中国梦”——文化进万家慰问演出活动。组织文艺志愿者开展“文艺进万家　健康你我他”网络文艺志愿服务。组织山西传媒学院、山西大学、大同大学、中北大学、山西师范大学、太原科技大学、太原理工大学、运城学院8所高校40名学生参与第九届中国大学生电视节网络投票。征集37部作品参加第八届亚洲微电影艺术节。征集16部作品参加第九届女性题材优秀电视作品推选展播活动。征集19部作品参加第十三届中国旅游电视周暨第二届大运河文化国际电视周旅游电视节目推选活动。征集37部作品参加第十四届小康电视节目工程（农民艺术节）。

6月，召开第30届中国电视金鹰奖山西参评作品初审会议，推选9部作品参加第30届中国电视金鹰奖评选；联系山西卫视及有关频道，于7月18日至20日，在新闻节目中对金鹰奖网络投票开启新闻视频进行编报，并播出金鹰奖宣传片；征集6部作品参加重点现实题材电视剧剧本推选；举办山西省第二十二届优秀电视艺术作品推选活动。举办山西省第八届“德艺双馨电视艺术工作者”推选活动。

【杂技家协会】

1月，组织长治市杂技团在长治市武乡县大有乡李峪村、上党区北呈村、上党区苏店村举办“我们的中国梦”——文化进万家文艺志愿慰问演出活动。

1月9日，文艺志愿服务小分队赴太原市晋源区对基层警务工作人员进行慰问演出。以网络展播形式，集中开展“文艺进万家　健康你我他”——到人民中去文艺志愿服务主题活动，在太原市歌舞杂技团、长治杂技团以及群众杂技艺术工作者创作和记录的大量文艺作品、展演展示、网络教学等视频内容中选择了27个具有代表性的优秀节目，通过官方微信公众号对山西杂技进行了集中展映。

8月至12月，陆续走进劲松社区、道场沟社区、洋灰桥社区举行“抖出快乐•杂技惠民服务”进社区常态化辅导活动。开通协会官方微信公众号“山西杂技”，为大众了解山西杂技提供了更多的渠道和平台。

9月，在太原市青春滨秀园举办第五届“山西杂技金菊奖·空竹大赛”。

【曲艺家协会】

1月，“我们的中国梦”——文化进万家文艺志愿服务小分队走进太原市晋源区应急巡防大队、大同市灵丘县、长治市壶关县开展慰问演出活动。

2月，潞安大鼓《等你一生》、长子鼓书《正月天儿》入选第十五届马街书会优秀曲艺节目展演。

5月15日，第九届全国少儿曲艺展演山西省选拔赛以视频评选方式在太原举行。经评审，音乐快板《红色记忆》等9部作品获得一等奖并推荐参加全国少儿曲艺展演活动。

5月22日至25日，开展“文化进万家，健康你我他——到人民中去”文艺志愿服务活动，通过网络授课等方式走进山西少儿频道“鼎鼎”课堂为小朋友进行电视公开课。

6月21日，第九届山西沁州书会优秀曲艺节目展演在长治举行，最终评出泽州鼓书《中国龙》等5个一等奖，忻州鼓书《人间正道是沧桑》等8

个二等奖，潞安大鼓《奇巧》等三个新人奖，并在网络平台举办“沁州书会云端剧场”曲艺节目展播。

7月30日至8月3日，组织交流代表团赴无锡进行学习交流。

8月6日至8日，相声《网课风波》、山东快书《特殊的行李箱》、快板书《哪吒闹海》、单口相声《中国话》入选第九届全国少儿曲艺展演线上和线下展播。

9月25日至29日，山西、湖南、内蒙古三地曲艺家协会文艺志愿者走进内蒙古自治区乌兰察布市和山西省大同市，开展“乌兰牧骑红色文艺轻骑兵”交流采风及惠民演出系列活动。

10月1日至4日，长子鼓书《慈母大爱》参加第十届中国曲艺节线上展播。

10月18日，第十一届中国曲艺牡丹奖颁奖系列活动中，12个节目入围，获得9个奖项提名。

11月8日至11日，潞安大鼓《借彩礼》、长子鼓书《暖春》作为优秀节目参加第三届“通州杯”全国曲艺小剧场新作展演。

11月，长子鼓书《小区王二胖》作为优秀节目参加第二届“嘉定法宝杯——讲好中国法治故事全国曲艺展演活动展演”，小品《国法家情》以及数来宝《法网恢恢》也入选优秀作品。

12月3日至4日，中国曲协调研组深入沁源县，对该县“中国曲艺之乡”创建工作进行调研。

【舞蹈家协会】

1月9日至16日，文艺志愿小分队分别赴晋源区应急巡防大队、壶关县开展“我们的中国梦”——文艺进万家活动。

5月，中国舞协举办“515一起舞”网络展演活动，协会积极组织，共有16家单位参与，300余人次参与视频录制。

8月至9月，在“圆梦工程——名师美育课堂”网络公开课中，协会推荐山西大学贾迪、太原师范学院索美超和山西艺术职业学院孙江惠开设了6次舞蹈网络课堂。

9月25日，在左权举办“2020民歌广场舞大赛”。

10月3日，太原师范学院举办首届“舞韵杯”舞蹈大赛决赛。

10月29日，召开协会六届四次主席团会议。

11月，推荐柳林文工团《添仓》、太原师范学院舞蹈系《我和我的姥姥》《最美的青春》《太行娘亲》《稻草人》等作品参加“中国舞协第十二届荷花奖现当代舞评奖”的初评，并推荐《我和我的姥姥》的编导赵霖参加第一次作品提升会。

11月9日至13日，“山西省基层民间舞蹈创作文艺骨干综合素质提升培训班”在太原开班。

12月，与太原市教育局共同组织了“太原市第30届学校艺术教育活动月学生舞蹈比赛”的报名及评审。

【民间文艺家协会】

1月，组织艺术家在娄烦举办文艺进万家活动，在中华傅山园举办3次文化系列活动。

3月，筹备河津、泽州民间文之乡申报工作。

4月，为全省266名国家级会员办理电子会员证，与中国民协合作开始组织编写《中国民间文学大系·谚语·山西卷》《中国民间文学大系·传说·山西卷》《中国民间文学大系·故事·山西卷》。

5月，五位艺术家入围第十四届中国民间文艺山花奖，给省委宣传部报送山西民间文艺领军人物。

6月，开展为期两个月的清理审查全省民间文艺之乡、民间文艺基地。

7月，在山西省群艺馆举办全省抗疫剪纸作品展。

8月，组织民间艺术家参加北方那达慕民歌推广活动，开展第十五届山花奖评比作品征集工作。

9月，举办全省乡土能人技艺大赛，开展中原六省联展作品征集工作，组织二人台艺术家赴黑龙江开展全国展演活动。

10月，在山西省图书馆开展全省农民画精品展，组织艺术家去江苏徐州参与第十五届山花奖评比，组织艺术家去河南鹤壁参加中原六省工艺品联展，成立山西省工美联盟，参与举办首届山西工艺美术产业博览会暨第七届中国（山西）民族民间工艺美术博览会。

11月，在忻州开展文艺进万家活动。

12月，组织中国文联副主席、中国民协主席潘鲁生到太原市阳曲县、小店区开展民间文艺调研，组织召开《中国民间文艺山西卷》《中国民间工艺集成山西卷》工作推进会议。

内蒙古自治区文联

综　述

2020年，在内蒙古自治区党委的坚强领导和中国文联、内蒙古自治区党委宣传部的有力指导下，内蒙古文联深入学习贯彻落实习近平新时代中国特色社会主义思想，贯彻落实党的十九大和十九届二中、三中、四中、五中全会精神，全面落实习近平总书记关于文艺工作、群团工作、民族工作和内蒙古工作的重要讲话和重要指示批示精神，坚持以人民为中心的工作导向，加强思想引领，推动文艺创作，培育优秀人才，开展文艺惠民，推进深化改革，强化自身建设，在勇担使命中展现新作为，在守正创新中实现新突破。

会议与活动

【春暖草原百花开——内蒙古自治区文学艺术界2020年迎春联谊会】

1月20日，春暖草原百花开——内蒙古自治区文学艺术界2020年迎春联谊会在呼和浩特举行，来自内蒙古各文艺门类的老中青作家艺术家齐聚一堂，共叙深厚情谊，共享事业成果，共话美好未来。

内蒙古自治区党委常委、宣传部部长白玉刚出席活动并致新春贺词。云照光、斯琴塔日哈、王玉泉、胡尔查、张锦贻、张秋歌、乌兰托嘎、克明、肖亦农、阿古拉泰等作家艺术家，以及内蒙古文艺家和文艺工作者代表近300人参加联谊会。联谊会文艺演出共分为“草原迎春瑞”“纵马绘春色”“赞歌报春晖”三个章节，来自内蒙古不同文艺门类的文艺家纷纷登台献艺，各文艺家协会代表也分别登台向内蒙古广大文艺家和文艺工作者送上新春祝福。

【以艺战“疫”主题文艺创作】

2月1日，内蒙古文联发布《致全区广大文艺工作者的倡议书》，号召内蒙古广大文艺家和文艺工作者充分发挥文学艺术温暖人心、鼓舞士气、提振信心的积极作用，创作推出一系列优秀主题文艺作品，会聚起内蒙古各族人民打赢疫情防控阻击战的强大精神力量。倡议发出后，内蒙古文联收到文学、音乐、美术、书法、摄影、曲艺、戏曲等各门类文艺作品13000余件，其中优秀作品在“内蒙古文艺”微信公众平台展览展示。内蒙古文联还充分利用网络媒体做好文艺惠民工作，与内蒙古自治区党委宣传部等联合发布《关于利用“网上乌兰牧骑”进一步丰富群众文化生活的紧急通知》，与人民网联合举办“众志成城、战‘疫’必胜”文艺作品征集展示活动，重点组织“致敬最美逆行者”内蒙古文艺志愿者线上专场演出，在非常时期起到了强信心、聚民心、暖人心、筑同心的独特作用。

【内蒙古文学馆（文学院）建设】

2018年，内蒙古自治区决定将内蒙古美术馆旧馆改建为集展览展示、收藏保护、创作研究、指导培训、学术交流、文学惠民等功能为一体的内蒙古文学馆。3月9日，内蒙古自治区党委常委、宣传部部长白玉刚赴内蒙古文学馆（文学院）调研建设情况。内蒙古自治区党委宣传部副部长、电影局局长乌恩奇，内蒙古文联党组书记、副主席张宇，以及内蒙古自治区党委宣传部、文联、展览馆相关负责人随同调研。白玉刚实地考察了内蒙古文学馆建设情况，并召开座谈会听取研究文学馆建设重点工作。张宇围绕内蒙古文学馆整体建设情况进行了汇报，内蒙古文学馆展陈大纲编撰组负责人包斯钦围绕展陈大纲编撰具体情况进行了汇报，与会人员分别就展陈大纲编撰和展陈具体工作提出了意见和建议。白玉刚对内蒙古文学馆（文学院）前期建设工作给予了充分肯定，对进一步工作提出要求。10月22日，内蒙古文学馆（文学院）征集工作第一次会议在内蒙古文学馆召开。截至2020年12月31日，内蒙古文学馆征集办公室已征集各类书籍、刊物、剧本、创作手稿、来往信札、重要历史文献、获奖证书、影像资料近900件。

【“红色百年内蒙古”系列精品创作工程】

“红色百年内蒙古”系列精品创作工程是内蒙古自治区为庆祝中国共产党成立100周年组织开展的系列精品创作工程，包括主题油画、雕塑工程、内蒙古文学艺术名人主题雕塑创作工程、《内蒙古文学百年大系》编纂工程等。3月29日，内蒙古自治区党委副书记、内蒙古自治区主席布小林赴内蒙古美术馆调研指导“红色百年内蒙古”系列精品创作工程大型主题油画、雕塑工程。内蒙古自治区党委常委、宣传部部长白玉刚，内蒙古自治区副主席郑宏范随同调研。5月21日，“红色百年内蒙古”系列精品创作工程内蒙古文学艺术名人主题雕塑创作审读座谈会召开。内蒙古自治区党委常委、宣传部部长白玉刚出席座谈并讲话。11月10日，内蒙古文学艺术名人主题雕塑创作项目首件作品——舞蹈表演艺术家、内蒙古舞蹈艺术奠基人贾作光先生铜像在呼和浩特市揭幕。中国舞协主席冯双白，中国舞协分党组书记、驻会副主席、秘书长罗斌，内蒙古自治区党委常委、宣传部部长白玉刚出席铜像揭幕仪式。8月5日，“红色百年内蒙古”系列精品创作工程《内蒙古文学百年大系》编纂工程在呼和浩特市启动。内蒙古自治区党委宣传部副部长、电影局局长乌恩奇出席会议并讲话。11月17日，“红色百年内蒙古”系列精品创作工程《万里绿色长城图》《万马奔腾图》百米中国画长卷创作工程草图终稿审读会召开。内蒙古自治区党委常委、宣传部部长白玉刚出席会议并讲话。

【草原文学精品创作工程】

草原文学精品创作工程是内蒙古自治区聚焦现实题材，组织开展的重大主题创作工程，2020年共22部作品入选，涉及脱贫攻坚、抗击新冠肺炎疫情、弘扬蒙古马精神、庆祝中国共产党成立100周年、数字内蒙古等重大主题。4月10日，2020年度草原文学精品创作工程动员部署会在呼和浩特召开。内蒙古自治区党委常委、宣传部部长白玉刚出席会议并讲话。会上，内蒙古作家协会秘书长赵富荣介绍了内蒙古作家协会2019年工作情况和2020年工作计划，以及草原文学精品创作工程实施情况。内蒙古扶贫办政策法规处处长葛林介绍内蒙古脱贫攻坚工作总体情况，以及内蒙古脱贫攻坚过程中涌现的一系列先进人物。布仁巴雅尔、阿古拉泰、萨仁托娅、阿勒得尔图围绕重大选题进行了座谈发言。5月20日，草原文学重大主题作品创作策划座谈会在呼和浩特召开，会议围绕草原文学精品创作工程中的重大主题创作进行了专题研讨。内蒙古自治区党委常委、宣传部部长白玉刚出席会议并讲话。会议听取了部分入选作家创作任务推进情况的汇报，阿古拉泰、李树榕、鄢冬等作家评论家进行了点评发言。

【2020年内蒙古文联工作电视电话会议】

5月22日，2020年内蒙古文联工作电视电话会议在呼和浩特市召开。内蒙古自治区党委宣传部副部长、电影局局长乌恩奇出席会议并讲话。内蒙古文联领导班子成员、各部室、协会、事业单位相关负责人在主会场参加会议，内蒙古文联第八届委员会委员、内蒙古各盟市文联领导班子成员、各旗县区文联领导班子成员在各自分会场参加会议。乌恩奇充分肯定了2019年内蒙古文联所做的工作，要求2020年内蒙古文联要坚持不懈推进学懂弄懂做实习近平新时代中国特色社会主义思想；紧紧围绕精品力作这个中心环节，推动内蒙古文艺事业繁荣发展；高度聚焦“做人的工作”这个核心任务，不断发展壮大草原文艺人才队伍；不断推进文联组织深化改革，切实发挥文联组织行业建设的主导作用。内蒙古文联党组书记冀晓青总结2019年内蒙古文联工作，对2020年内蒙古文联工作进行了安排部署。

【“文艺进万家、健康你我他”——2020年中国文联“送欢乐、下基层”学雷锋文艺志愿服务活动（内蒙古站）】

7月18日，由中国文联、中国文艺志愿者协会、中国文学艺术基金会、湖北省文联、河南省文联、内蒙古自治区文联共同主办的“文艺进万家、健康你我他”——2020年中国文联“送欢乐、下基层”学雷锋文艺志愿服务活动正式启动。活动采取线上线下相结合的创新方式，由北京主会场与内蒙古、湖北、河南三地同步启动，内蒙古站启动仪式在兴安盟科右前旗乌兰毛都苏木举行。

中国文艺志愿者协会主席冯巩在主会场带领内蒙古、湖北、河南三地的文艺志愿者共同宣读《中国文艺志愿者协会用明德引领风尚倡议书》，中国舞协副主席、中国文艺志愿者协会副主席黄豆豆在分会场为内蒙古自治区文联文艺志愿者队伍授旗。启动仪式之后，中国文艺志愿者协会联合各全国文艺家协会、各地文联深入多地，以慰问演出、文艺培训、网络赛歌等形式开展了丰富多彩的文艺志愿服务活动，受到基层群众的广泛欢迎。

【内蒙古2020年“打赢脱贫攻坚战”暨“弘扬蒙古马精神”主题美术、书法、摄影作品展】

8月9日，作为第十七届中国·内蒙古草原文化节的重要组成部分，由内蒙古自治区党委宣传部、内蒙古文联主办的内蒙古2020年“打赢脱贫攻坚战”暨“弘扬蒙古马精神”主题美术、书法、摄影作品展在内蒙古美术馆开幕。内蒙古自治区副主席郑宏范参观展览，乌恩奇、冀晓青、李培燕、李晓秋、李莉、朱晓俊、孟显波、王亚东、吉日木图、郭刚、曾涵、陆文祥，以及何奇耶徒、董从民、乌拉汗等艺术家代表参加开幕式。展览共分八项，涉及油画、雕塑、蒙汉文书法、蒙汉文篆刻、摄影等艺术形式，自2019年11月分别发布征稿启事以来，共收到艺术家和艺术工作者申报作品6766件，经内蒙古文联组织专家评选，最终1176件作品入展。入展作品不仅通过多种艺术形式承载了“脱贫攻坚”征程中蕴含的“蒙古马精神”，更是新时代内蒙古自治区各项事业蓬勃发展的艺术缩影。展览开幕同时，网络系列展正式上线。

【全国网络文学工作会议暨第六届中国网络文学论坛】

8月21日，由中国作家协会、内蒙古自治区党委宣传部主办，中国作家协会网络文学中心、内蒙古文联、赤峰市委宣传部承办的全国网络文学工作会议暨第六届中国网络文学论坛在赤峰市开幕。中国作家协会党组成员胡邦胜，内蒙古自治区党委宣传部副部长乌恩奇出席开幕式并致辞。本届中国网络文学论坛以“新时代、新机遇、新发展”为主题，110余位网络作家、网络文学专家、网络文学组织工作者、文学网站负责人以及相关产业代表参加会议。新时代网络文学发展趋势论坛、网络文学现实题材创作论坛、文学网站负责人培训班等同期举办，欧阳友权、邵燕君、周志强、周志雄、阿菩、蒋胜男、赵云、刘旭东等专家学者、行业人士围绕“网络文学的精品意识”“网络文学的文、艺、娱、产融合发展趋势”“中国网文的国际化传播”“网络文学如何承担社会责任”等问题进行了讨论与交流。

【北方民歌生态保护与传习座谈会】

8月27日，由中国民间文学大系出版工程领导小组办公室、中国民协、内蒙古文联、内蒙古民间文艺家协会等单位举办的中国民间文学大系出版工程社会宣传推广活动——北方民歌生态保护与传习座谈会在呼伦贝尔市召开。中国民协理论研究处处长、中国民间文学大系出版工程编纂出版工作委员会办公室主任王锦强，中国民协民间音乐艺术专业委员会主任朱智忠，内蒙古文联二级巡视员喜山，以及各省区市民协代表、民歌手、口述实录人员和相关专家学者百余人参加座谈会。与会人员围绕民歌的生态保护、传承、发展与利用，民歌文化之乡建设与乡村文化空间，传统民歌的人文价值与当代传播，《中国民间文学大系》之《民间歌谣卷》文本记录与二度利用等问题进行了交流讨论。民歌手从当地民歌的特点、文化生态和传承发展情况等角度进行了发言。

【2020年中国少数民族文学论坛】

8月31日至9月2日，由中国作家协会、内蒙古自治区党委宣传部主办，中国作家协会创联部、内蒙古文联、内蒙古作家协会、兴安盟委宣传部承办的2020年中国少数民族文学论坛在阿尔山市举行。中国作家协会书记处书记邱华栋、内蒙古自治区党委常委、宣传部部长白玉刚出席论坛并致辞，各省区市40余位作家评论家代表参加论坛。论坛以“文学的中华民族共同体意识”为主题，顾广梅、次仁罗布、刘成、刘大先、杨彬、张莉、包晓玲、铁军、胡沛萍、李濛濛10位作家评论家分享了对于论坛主题的看法。论坛同期举行2020年度“中国少数民族文学之星丛书”项目入选证书颁发仪式和2020年度中国作协少数民族文学理论评论家项目签约仪式，并开展了“到人民中去”文学公益活动。

【鲁迅文学院第三十五期少数民族文学创作培训班（内蒙古班）】

9月17日，鲁迅文学院第三十五期少数民族文学创作培训班（内蒙古班）开学典礼在北京举行。中国作协副主席、鲁迅文学院院长吉狄马加，鲁迅文学院副院长李东华，内蒙古文联党组书记冀晓青，鲁迅文学院常务副院长徐可等出席开学典礼。培训班为期两周，共有来自内蒙古自治区十二个盟市的36名学员参加培训。吉狄马加希望学员进一步深入学习贯彻习近平新时代中国特色社会主义思想，明确作为内蒙古作家肩负的社会责任和使命，为守护中华民族共有的精神家园做出应有的贡献。学员孙永斌、谢春卉、宝音吐作为代表进行了发言。

【《草原》创刊七十周年座谈会】

9月19日，《草原》创刊七十周年座谈会在呼和浩特市举行。中国作家协会副主席、党组成员、书记处书记阎晶明，内蒙古自治区党委宣传部常务副部长吴振清出席座谈会，文学界、艺术界、出版界人士200余人参加座谈。中国文联主席、中国作协主席铁凝发来贺电，指出《草原》见证时代巨变，推动文学繁荣，为铸牢中华民族共同体意识作出了重要贡献。云照光、哈斯乌拉、巴特尔、汪浙成、陈广斌、肖亦农、鲍尔吉·原野等作家、编辑代表讲述了自己见证下的《草原》杂志发展历程。陈福民、刘大先等作家、评论家代表进行了发言。阎晶明充分肯定了《草原》在创刊70周年过程中，为内蒙古自治区文学事业所做的贡献，从多个方面对《草原》未来高质量发展方向和内蒙古自治区文学事业努力方向提出了具体要求和殷切希望。内蒙古文联党组书记冀晓青作总结发言。座谈会其间，第二届《草原》文学奖颁奖典礼、“纸上交响”《草原》70年诗文品读会也同期举办。

【2021年度全国春晚及文艺晚会座谈会】

9月24日，由中国视协主办，中国视协电视文艺委员会、内蒙古电视艺术家协会、内蒙古广播电视台承办的2021年度全国春晚及文艺晚会座谈会在呼伦贝尔市召开。来自各省区市电视艺术工作者代表围绕“全面建成小康社会”“中国共产党成立一百周年”“脱贫攻坚”“乡村振兴”“绿色发展”“高质量发展”“春晚”“后疫情时期电视文艺的发展”等主题进行了座谈。其间，由中国视协、内蒙古电视艺术家协会、内蒙古广播电视台联合发起成立了中国电视文艺乌兰牧骑。中国视协顾问、电视文艺委员会会长赵多佳为内蒙古电视艺术家协会青年工作者委员会主任富鹏授旗。座谈会后，中国电视文艺乌兰牧骑深入内蒙古农村牧区开展了文艺惠民活动。

【“赏中华明月、颂祖国华诞”内蒙古自治区国庆中秋文艺晚会】

9月27日，由内蒙古自治区党委宣传部主办，内蒙古文联、内蒙古广播电视台承办的“赏中华明月、颂祖国华诞”内蒙古自治区国庆中秋文艺晚会在呼和浩特市举行，并在新华网、人民网、央视频、草原云、正北方网、腾格里新闻客户端，以及新浪、腾讯、网易、快手等平台同步网络直播。晚会共分月圆中秋人长久、草原欢歌庆华诞、凝心聚力绘蓝图三个篇章，采用虚拟场景、现场连线等多种表现形式，层层推进，深化主题，凝聚内蒙古自治区各族人民守望相助、团结奋斗、铸牢中华民族共同体意识的坚定决心和热爱祖国、热爱家乡，中华民族一家亲的深厚情感。

【第十三届全国美术作品展览进京作品——第三届中国美术奖作品（内蒙古）巡展】

10月1日，由国家文化和旅游部、中国文学艺术界联合会、中国美协主办，内蒙古自治区文学艺术界联合会承办的第十三届全国美术作品展览进京作品——第三届中国美术奖作品（内蒙古）巡展在内蒙古美术馆开幕。展览精选作品221件，其中包含第三届中国美术奖金奖作品9件、银奖作品8件、铜奖作品7件、获奖提名作品23件。展览其间，内蒙古自治区党委副书记、内蒙古自治区主席布小林参观展览，内蒙古文联党组书记冀晓青，内蒙古文联党组成员、副主席艺如乐图陪同参观。

【第十届华北五省（区）市舞蹈大赛内蒙古赛区选拔赛】

10月10日，由内蒙古自治区文学艺术界联合会主办，内蒙古舞蹈家协会、伊金霍洛旗文化和旅游局等单位承办的第十届华北五省（区）市舞蹈大赛内蒙古赛区选拔赛在鄂尔多斯市拉开帷幕。内蒙古文联党组成员、副主席艺如乐图出席开幕式并致辞。中国舞协副主席、内蒙古舞蹈家协会主席赵林平担任大赛评委会主任，南飞雁、王景志、包扎那、何燕敏、吉日木图、哈斯、彭飞、苏建军、乌云嘎娃担任大赛评委。选拔赛旨在繁荣内蒙古舞蹈艺术创作，发现舞蹈艺术人才，备

战第十届华北五省（区）市舞蹈大赛。选拔赛收到内蒙古各艺术院团、艺术院校报送的申报作品237部，经内蒙古舞蹈家协会组织专家评审，共有94部作品入围现场评选。经4场现场比拼，共有44部作品分获一、二、三等奖，并在颁奖晚会进行展演。内蒙古文联党组书记冀晓青出席大赛闭幕式暨颁奖晚会并致辞。

【内蒙古诗歌创作座谈会】

10月11日至12日，内蒙古诗歌创作座谈会在阿拉善盟召开。中国作协副主席白庚胜，《民族文学》主编石一宁，内蒙古文联党组书记冀晓青，内蒙古文联党组成员、副主席包银山，内蒙古作家协会主席满全，阿拉善盟领导乌勒、斯琴、王秋才，以及内蒙古诗人、作家、评论家、文学翻译家代表80人参加会议。座谈会传达了全国十个创作座谈会精神，同期举办了《民族文学》（蒙古文版）作家翻译家培训班。白庚胜以《文化的中华民族共同体意识》为题为与会人员进行了文学讲座。

【相约草原丝路·共建美好家园——2020年内蒙古“一带一路”版画作品展】

11月6日，由中国美协版画艺术委员会、内蒙古文联、内蒙古师范大学联合举办的相约草原丝路·共建美好家园——2020年内蒙古“一带一路”版画作品展在呼和浩特市开幕。中国美协分党组副书记、一级巡视员陶勤，内蒙古自治区党委宣传部副部长、电影局局长乌恩奇出席开幕式并致辞。中国美协版画艺委会主任、北京美术家协会副主席、中央美术学院副院长苏新平，中国美协版画艺委会委员、内蒙古美术家协会副主席乌日切夫作为策展人及参展画家代表致辞。版画家广军宣布展览开幕。开幕式由内蒙古文联党组成员、副主席艺如乐图主持。展览共展出版画作品263件，其中国外特邀作品101件，国内特邀作品58件，全国征稿入选作品104件，荟萃了众多版画家的优秀作品，从不同视角发掘和阐释“一带一路”倡议深厚的历史文化内涵，展现新时代内蒙古政治文明、经济发展、文化繁荣、社会稳定、生态和谐、民族团结的新风貌新气象新精神。

【鸿雁高飞 精神永存——贾作光舞蹈艺术高峰论坛系列活动】

11月10日，由中国舞协、内蒙古自治区党委宣传部、内蒙古文联主办，中国舞协理论评论委员会、内蒙古舞蹈家协会、内蒙古民族艺术剧院承办的“鸿雁高飞 精神永存——贾作光舞蹈艺术高峰论坛”系列活动在呼和浩特市举办。中国舞协主席冯双白，中国舞协分党组书记、驻会副主席、秘书长罗斌，内蒙古自治区党委常委、宣传部部长白玉刚出席部分活动。论坛开幕式上，内蒙古文联党组书记冀晓青致辞，斯琴塔日哈、潘志涛、王景志、赵林平、马跃、江东分别作主题发言，冯双白作总结发言。论坛其间，舞聚云端“鸿雁高飞 精神永存——贾作光舞蹈艺术高峰论坛专题直播”于中国文艺网和哔哩哔哩同时展开，部分舞蹈家和舞蹈工作者还参加了“红色百年内蒙古”系列精品创作工程内蒙古文学艺术名人主题雕塑创作项目首件作品——舞蹈表演艺术家、内蒙古舞蹈艺术奠基人贾作光先生铜像揭幕仪式。

【内蒙古文艺界学习习近平总书记文艺工作的重要论述理论研讨会】

11月21日，由内蒙古文联主办的内蒙古文艺界学习习近平总书记文艺工作的重要论述理论研讨会在呼和浩特市召开。内蒙古文联党组书记冀晓青，内蒙古文联党组成员、副主席包银山，内蒙古文联二级巡视员喜山等出席会议，内蒙古各文艺家协会主席团成员代表及相关专家学者80余人参加会议。会上，刘成、李树榕、海德才、郭培筠、那顺、铁军、刘绪才、刘志忠、鄢冬等专家学者就弘扬乌兰牧骑优良传统、铸牢中华民族共同体意识，特别是进一步学习贯彻习近平总书记文艺工作的重要论述进行了交流发言。会议要求，内蒙古自治区文艺工作和文艺创作要以习近平总书记文艺工作的重要论述为行动指南和工作指引，提高广大文艺工作者的社会责任感和历史使命感，以现实主义精神书写内蒙古草原日新月异的深刻变化，为决胜全面小康、决战脱贫攻坚提供强大的精神动力。

【内蒙古自治区音乐创作座谈会】

11月26日，由内蒙古自治区党委宣传部主办，内蒙古文联承办的内蒙古自治区音乐创作座谈会在呼和浩特市召开。内蒙古自治区党委常委、宣传部部长白玉刚主持会议并讲话。内蒙古自治区党委宣传部副部长、电影局局长乌恩奇，内蒙古文联党组书记冀晓青，内蒙古文联党组成员、副主席包银山出席会议。会议总结梳理内蒙古音乐产业和音乐创作中的存在突出问题，研究探索新时代内蒙古音乐在弘扬内蒙古各族人民团结奋斗、守望相助，铸牢中华民族共同体意识等方面的积极作用。克明、阿古拉泰、色·恩克巴雅尔、呼斯楞、康也维、孙生和、刘武斌、乌力格尔、安然等内蒙古自治区老中青词曲作家和音乐工作者分别发言。白玉刚希望广大音乐工作者紧紧围绕铸牢中华民族共同体意识，继续发扬蒙古马精神，精心创作推出更多更好的优秀音乐作品。

【内蒙古文联新时代文明实践文艺志愿服务试点项目工作培训会议】

11月27日，内蒙古文联新时代文明实践文艺志愿服务试点项目工作培训会在呼和浩特召开。内蒙古文联党组书记冀晓青，内蒙古文联党组成员、副主席包银山，内蒙古自治区党委宣传部基层处副处长王宁等出席会议，内蒙古自治区各文艺家协会负责人及各试点市县级文联负责人和文艺志愿服务工作负责人40余人参加会议。会上，大家认真学习了《中国文联新时代文明实践文艺志愿服务项目五省区扩大试点实施方案》，发布了《内蒙古文联“我们的美好生活”新时代文明实践文艺志愿服务试点项目推进计划》和《新时代文明实践文艺志愿服务试点其间任务量化表》。郭林贵、冯世业、张雅妮、赵富荣、乌兰等部分试点地区文联负责人及内蒙古自治区协会负责人分别发言。

【庆祝《花的原野》杂志创刊65周年、《世界文学译丛》杂志创刊40周系列活动】

11月28日，庆祝《世界文学译丛》杂志创刊40周年座谈会、纪念《花的原野》杂志创刊65周年研讨会在呼和浩特市召开。内蒙古文联党组书记冀晓青出席会议并讲话，内蒙古文联原主席特·官布扎布，《民族文学》杂志社办公室主任永花，《花的原野》杂志社原主编力格登、纳·乌力吉巴图，主编索·额尔登，以及内蒙古作家艺术家代表、有关杂志社负责人130余人参加会议。会上，索·额尔登总结回顾了《花的原野》和《世界文学译丛》杂志的创办、成长历程，特·官布扎布、布仁巴雅尔、苏尤格、策·杰尔嘎拉、额·宝勒德、澈·蒙古勒扎布、哈·巴图吉日嘎拉、力格登、阿尤尔扎那、普力杰、仁钦道尔吉、策·朝鲁门、阿·吉日木图等专家学者分别进行发言。《世界文学经典短篇小说选集》在研讨会上同步首发。

【内蒙古电影家协会成立60周年系列活动】

12月6日，内蒙古电影家协会成立60周年系列活动在呼和浩特举行。中国影协分党组书记、副主席张宏出席活动并讲话，中国影协顾问康健民，中国影协评论学会会长饶曙光等100余位电影艺术工作者共同参加。活动开幕式上，内蒙古自治区党委宣传部副部长、电影局局长乌恩奇，内蒙古文联党组书记冀晓青，内蒙古电影家协会主席伊·呼和乌拉分别发言。光影逐梦60载——内蒙古电影家协会成立60周年主题论坛同期举办，赵卫防、马维干、饶曙光、王海洲、李树榕等作主旨发言。

直属单位

【《草原》杂志社】

2020年完成《草原》杂志出刊12期，增刊“扶贫作品征文专刊”和“创刊七十周年纪念专号”2期，约240万字，增设“新发现”“译空间”“我和《草原》的故事”“内蒙古小说十二家”栏目，杂志刊载的多篇作品被《小说选刊》《散文选刊》《诗选刊》等选载推荐。2月3日起《草原》杂志微信公众号推送“抗疫情·我们与你同在”作品专辑12辑，其中部分征集作品被“学习强国”平台及多家媒体转载。组织举办了2019年度内蒙古诗歌排行榜（汉语）评选活动、“绿色的火焰”——《草原》“五四”青春诗会、《内蒙古女子散文双年选》首发式暨读者分享会、相看两不厌——《草原》创刊70周年读者见面会、《草原》内蒙古大学读者见面会、杨瑛散文集《河流》读书分享会、娜仁高娃中短篇小说集《七角羊》读书分享会等活动。围绕《草原》杂志创刊70周年，组织举办《草原》创刊七十周年纪念座谈会、第二届《草原》文学高峰论坛、第二届《草原》文学奖颁奖典礼、纸上交响：《草原》七十年诗文品读会等活动，并拍摄了《草原》创刊70周年纪录片和《文学草原、光辉岁月》宣传片，编撰志书《〈草原〉春秋》，完成了《草原》70年刊物的收集整理复制工作。

【《花的原野》杂志社】

2020年完成《花的原野》杂志、《世界文学译丛》杂志出版发行工作，编辑出版“脱贫攻坚进小康”主题诗歌专号、庆祝鄂托克前旗成立40周年专号，开设抗击新冠肺炎疫情作品专栏、阿鲁科尔沁旗作家抗击新冠肺炎疫情作品专栏、铸牢中华民族共同体意识专栏、纪念作家孟克专栏和纪念作家阿云嘎作品专栏，多篇作品被《民族文学》《香格里拉》等杂志转载推荐。组织举办纳·赛音朝格图杯诗歌大赛、内蒙古自治区蒙古族青年作者铸牢中华民族共同体意识主题文学培训班等活动。8月8日，组织召开第四届《花的原野》网络文学那达慕颁奖典礼，并同期举办内蒙古蒙古语网络文学发展研讨会暨《鄂托克——金驹》文学座谈会，围绕蒙古语网络文学发展现状、存在问题和未来发展趋势进行了深入的研讨交流。11月28日，组织召开庆祝《世界文学译丛》杂志创刊40周年座谈会、纪念《花的原野》杂志创刊65周年研讨会，编辑出版的《世界文学经典短篇小说选集》在研讨会上同步首发。

【内蒙古美术馆】

2020年内蒙古美术馆完成各类艺术作品展览24个，观众年参观量达13万人次。策划、主办、承办了第十三届全国美术作品展览进京作品暨第三届中国美术奖作品（内蒙古）巡展、第四届中国民族美术双年展（内蒙古巡展）、相约草原丝路·共建美好家园——2020内蒙古“一带一路”版画作品展、内蒙古2020“打赢脱贫攻坚战”暨“弘扬蒙古马精神”主题美术、书法、摄影作品展、风从草原来——内蒙古美术馆馆藏作品展暨“草原画派”油画邀请展、艺无止境——何奇书法艺术汇展、“尽精致、致广大”——谷宝山金属雕刻画作品展等展览。组织开展内蒙古“一带一路”版画作品展专题讲座、民族题材美术创作研讨会等学术研讨活动，以及“美术馆里的文学课”等20余场美育教育活动。围绕当代中国美术家创作精品、全国性美术作品展览内蒙古籍入选作品、抢救性收藏、内蒙古优秀美术家扶持等收藏优秀美术作品62件。推出线上展览4个，编辑制作馆刊合刊1册、馆报8期、展览画册3部，充分发挥了内蒙古美术馆的公共文化服务阵地作用。

各文艺家协会

【作家协会】

以“草原文学重点作品创作扶持工程现实·题材写作计划”为抓手，承办了草原文学精品工程动员部署会和重大主题作品创作策划座谈会，强化重大主题文学创作的前期指导力度。以与中国作家协会签订的《内蒙古文学创作三年帮扶合作计划》为抓手，承办了2020年中国少数民族文学论坛、全国网络文学会议暨第六届中国网络文学论坛、“名刊名编走基层”活动、鲁迅文学院内蒙古作家培训班、《民族文学》作家翻译家培训班、内蒙古诗歌创作座谈会、浙江内蒙古作家交流采风等活动；召开了内蒙古自治区乡村题材创作座谈会，举办了“脱贫攻坚”主题征文活动，遴选出版蒙汉文脱贫攻坚优秀作品集——《阳光下的风景》，被中国作家协会办公厅、创联部授予“深入生活、扎根人民”主题实践先进集体；开展了第五届敖德斯尔文学奖评选工作，定期举办读者谈名家读书会，组织了阿云嘎先生追思会、乌雅泰文学创作研讨会、官布扎布《人类笔记》修订会等活动，全面强化内蒙古自治区文学创作水平。牵头开展内蒙古文学馆（文学院）筹建工作，召开多次会议研究审议展陈大纲，启动馆藏征集工作，打造内蒙古自治区又一公共文化服务阵地。

【音乐家协会】

坚持围绕中心、服务大局，深度参与中国·内蒙古草原文化节，承办了“新理念、新模式、新未来”2020年内蒙古音乐创作与发展研讨会、2020年内蒙古合唱大赛阿拉善展演等活动，参与了“八月飞歌”云上歌曲大赛暨来草原嗨歌活动、草原云·2020年内蒙古民歌大赛等活动，并组织举办了内蒙古自治区第九届键盘乐艺术节、“草原风·中华情”内蒙古民乐新作品音乐会、内蒙古自治区音乐创作座谈会、内蒙古音乐文学学会年会暨培训等活动，有力推动内蒙古自治区音乐事业发展。内蒙古音乐家协会还完成了《草原歌声》杂志的编辑出版发行工作，推出优秀歌曲46首、歌词14首和音乐专稿10篇。

【书法家协会】

通过组织举办各项展览展示活动，强化协

会引领书法艺术创作的积极作用，承办了内蒙古2020年“打赢脱贫攻坚战”暨“弘扬蒙古马精神”主题书法作品展、“守望相助·同心筑梦”内蒙古自治区蒙汉文书法篆刻作品展、“践行新思想·奋进新时代”内蒙古自治区教科文卫体系统职工书法绘画摄影展，举办了第五届内蒙古自治区篆刻作品展、内蒙古自治区青少年书法作品展、艺无止境——何奇书法艺术汇展、2019年度内蒙古书法家协会教学成果汇报展等活动；并积极参与各类文艺志愿服务活动，组织了“同心同书——祖国新春好”内蒙古书法家协会“送万福、进万家”志愿服务公益活动；在抗击新冠肺炎疫情过程中，内蒙古书法家协会向广大会员发出倡议，在征集的千余件作品中精选300件书法作品，以“网上乌兰牧骑——内蒙古书法家协会助力打赢疫情防控阻击战”为主题，分十期在“内蒙古书法”微信公众平台刊发，部分作品在人民网刊发。

【美术家协会】

为庆祝中国共产党成立100周年，组织启动了“红色百年内蒙古”系列大型主题油画、雕塑创作工程、“红色百年内蒙古”内蒙古文学艺术名人主题雕塑创作项目，首座内蒙古文学艺术名人主题雕塑——舞蹈表演艺术家、内蒙古舞蹈艺术奠基人贾作光先生铜像11月落户呼和浩特市；为大力弘扬蒙古马精神，持续推动《万里绿色长城图》和《万马奔腾图》中国画主题长卷创作工程，多次召开研讨会、论证会指导推进相关创作，完成了相关草图的创作；承办了内蒙古2020年“打赢脱贫攻坚战”暨“弘扬蒙古马精神”主题美术作品展，共有473件作品入展。内蒙古美术家协会还组织承办了第十三届全国美术作品展览进京作品暨第三届中国美术奖作品（内蒙古）巡展、第四届中国民族美术双年展（内蒙古巡展）、相约草原丝路·共建美好家园——2020年内蒙古“一带一路”版画作品展，主办了2020年内蒙古自治区油画作品展览、走进乌兰察布——内蒙古美术名家作品邀请展等一系列展览展示活动，开展了内蒙古美术创作“双万”工程采风写生活动、“天下黄河——中国百名油画家主题作品展”内蒙古站写生活动、中国油画名家走进恩和俄罗斯族民族乡采风写生活动等，推动内蒙古自治区美术事业繁荣发展。

【摄影家协会】

以各类展览展示活动为抓手，全面提升内蒙古摄影艺术创作水平，主办承办了内蒙古2020年“打赢脱贫攻坚战”暨“弘扬蒙古马精神”主题摄影作品展、第24届内蒙古自治区摄影艺术展览、我们的家园——内蒙古自然与生态摄影展、视觉影像——内蒙古自治区首届女性摄影展、第3届“天赋河套·最美葵乡”内蒙古巴彦淖尔全国向日葵摄影展等展览展示活动，参与了第3届“金谷银行杯”全国摄影大赛、中国首届“鄂尔多斯四季美”旅游摄影大展、中国·乌梁素海全国摄影作品展、“生态草原——白音锡勒”70周年主题摄影大赛等活动，在乌梁素海和阿里河分别组织承办了两期“云上”摄影训练营，加强会员培训工作。

【民间文艺家协会】

持续推进内蒙古民间文化遗产抢救工程，完成了《内蒙古民间故事集成•科左中旗卷》《内蒙古民俗志•科左后旗卷》的编撰工作，工程累计收集整理出版民间文化书籍40卷，共计2500余万字；并在推进中国民间文学大系出版工程·内蒙古卷的基础上，启动内蒙古民间文学翻译（蒙译汉）工程，先期开展史诗卷和谚语卷约300万字的翻译工作；持续推进《中国民间工艺集成•内蒙古卷》编撰工作和《中国服饰集成·蒙古族卷》编撰工作；召开传承与转化：内蒙古传统美术研讨会，对“内蒙古文化长廊建设计划重点项目——内蒙古传统美术”进行深入研讨。内蒙古民间文艺家协会还举办了第二届内蒙古自治区传统手工艺精品展暨首届呼和浩特民间手工艺作品展、草原剪纸名家作品展暨草原剪纸与当代生活研讨会等一系列活动，并承办了北方民歌生态保护与传习座谈会、中国民协“送欢乐、下基层”学雷锋文艺志愿服务队走进乌拉特中旗等活动。

【戏剧家协会】

认真组织开展各类主题文艺活动，举办了内蒙古戏剧家协会“深入生活、扎根人民”创作采风实践活动及改稿会，围绕“脱贫攻坚”“乡村振兴”等主题创作推出28部作品进行深度打磨；组织了内蒙古蒙古剧编创人员培训班暨内蒙古蒙古剧协会成立大会，推动内蒙古蒙古剧繁荣发展。10月20日至21日，组织了2020年内蒙古戏曲演唱会，武利平、张凤莲、何小菊、孟祥洪、段

八旺、渠建红等戏曲名家与来自内蒙古各地的30位优秀戏曲表演艺术家共同为呼和浩特市民带来二人台、晋剧、京剧、蒙古剧、民族歌剧、评剧、漫瀚剧、二人转八个剧种的表演，并在演唱会后组织戏曲名家深入土默特左旗和和林格尔县开展了两场“娜仁花”戏曲名家志愿服务团“送欢乐、下基层”文艺惠民演出活动。内蒙古戏剧家协会还积极参与中国文联、中国剧协组织的各类活动，参加了中国剧协第九次全国代表大会，参与了第九届黄河戏剧节、中国少儿戏曲小梅花荟萃、中国桐乡小戏艺术邀请展等活动。

【曲艺家协会】

组织开展一系列曲艺人才培训活动，承办了“祝赞新时代”全区蒙古语曲艺（祝赞词）文学创编人员培训班、2020年非物质文化遗产传承人群研培计划——曲艺表演培训班等活动。围绕抗击新冠肺炎疫情，创作推出主题曲艺作品400余部，先后在“内蒙古文艺”“内蒙古曲艺”微信公众平台发布；并积极参与文艺惠民活动，联合举办了中国曲艺名家文艺志愿者“送欢笑”下基层活动，与呼和浩特广播电视台文艺广播联合举办了内蒙古曲艺事业发展专题节目，累计播出80余期，宣传推介了一批曲艺名家和曲艺新人。

【舞蹈家协会】

聚焦工作重点，组织承办了第十届华北五省（区）市舞蹈大赛内蒙古赛区选拔赛和预备会，在95部入围作品中遴选出50部获奖作品；组织了内蒙古舞蹈家“深入生活、扎根人民”采风创作主题实践活动，在深入生活中汲取灵感、推进创作。11月10日，组织了鸿雁高飞、精神永存——贾作光舞蹈艺术高峰论坛，大力弘扬以贾作光先生为代表的老一辈文艺家的优秀品质和经典创作，研究探索当前内蒙古舞蹈艺术事业发展的有关问题。内蒙古舞蹈家协会还积极参与了第八届中国舞蹈节“5·15”一起舞群众舞蹈网络展演活动，推荐优秀作品参与第十二届中国舞蹈“荷花奖”舞剧评奖活动，最终舞剧《骑兵》荣获第十二届中国舞蹈“荷花奖”舞剧奖。

【电影家协会】

重点组织了内蒙古电影家协会成立60周年系列活动，举办光影逐梦60载——内蒙古电影家协会成立60周年主题论坛，深刻回顾了内蒙古近六十年来的电影创作和流变过程，深入剖析了内蒙古电影的跨域性和创新性，分析了新时代下内蒙古电影创作出现的新态势；并联合举办了电影《白云之下》展映及媒体见面会、电影《漫瀚调》研讨会、电影《守望相思树》首映式等一系列活动，组织了2020年内蒙古中青年影视编剧培训班等活动，有力推动了内蒙古电影事业的发展。内蒙古电影家协会还完成了6期《草原·新剧本》的编辑、出版、发行工作。

【电视艺术家协会】

围绕行风建设，举办了第六届内蒙古自治区“十佳”电视艺术家推选活动；围绕“打赢脱贫攻坚战”，承办了“脱贫攻坚”主题纪录片、专题片征集、评选及展播活动、“爱在内蒙古”内蒙古融媒体微广播剧创作展播活动；围绕“抗击新冠肺炎疫情”，承办了内蒙古自治区抗击疫情电视文艺作品征集活动；并密切与中国视协联系，承办了2021年度全国春晚及文艺晚会座谈会，中国电视文艺乌兰牧骑也在内蒙古自治区成立。内蒙古电视艺术家协会还深度参与中国·内蒙古草原文化艺术节，承办了“百景百部”短视频大赛，推动文旅产业融合发展。

【杂技家协会】

聚焦内蒙古杂技团成立60周年，组织开展了一系列庆祝内蒙古杂技艺术发展60年的纪念活动，编辑出版了《内蒙古杂技60年》画册，全面展现内蒙古杂技60年来的光辉成就；举办了创新交融·内蒙古杂技艺术发展研讨会，来自11省区市的专家学者和艺术家代表对内蒙古杂技的发展进行了总结和展望。

【翻译家协会】

扎实推进优秀蒙古文文学作品翻译出版工程，2020年翻译出版5部图书，6部图书交付出版社，工程累计出版图书45部，包括长篇小说、中篇小说、短篇小说、散文、报告文学、诗歌等共计946万字。内蒙古翻译家协会还扎实推进基层文学翻译事业的发展，锡林郭勒盟翻译家协会、兴安盟翻译家协会、呼伦贝尔市翻译家协会相继成立，为内蒙古自治区文学翻译事业发展奠定了基础。

【文艺评论家协会】

充分发挥文艺评论对文艺创作的引领作用，聚焦重大主题创作、重点文艺作品、重要作家艺术家组织开展了一系列文艺评论活动，组织承办了内蒙古文艺界学习习近平总书记文艺工作的重要论述理论研讨会、草原文学理论研讨会、蒙古语网络文学发展研讨会、第十二届锡林郭勒之夏阿巴嘎文学笔会暨锡林郭勒盟第四届作家作品研讨会、传承与转化:内蒙古传统美术研讨会、文学点亮生命：苏莉创作分享会等活动；并扎实推进草原艺术研究工程，编撰出版了《当代草原艺术概观·电影卷》和《当代草原艺术概观·戏剧卷》。编辑出版了《草原·文艺论坛》6期、蒙古文文艺评论期刊《金钥匙》6期，不断强化文艺评论阵地建设。

【职工文联】

坚持围绕中心、服务大局，组织开展了抗击疫情主题创作活动、“讲好脱贫攻坚故事”主题文艺作品征集活动等，通过微信公众号推送内蒙古职工文艺工作者、爱好者创作作品370件；并举办了第六届内蒙古职工美术书法摄影奖评奖活动，在1681件申报作品中评选出150件获奖作品，在内蒙古美术馆展出。内蒙古职工文联还深入基层一线，丰富职工精神文化生活，举办了“笔墨丹青赞高铁”主题美术书法创作活动等。

辽宁省文联

综　述

2020年，辽宁省文联在省委的正确领导下，在省委宣传部的具体指导下，深入学习贯彻习近平新时代中国特色社会主义思想和党的十九大及十九届二中、三中、四中、五中全会精神，贯彻落实习近平总书记关于宣传思想工作的重要思想和文艺工作的重要论述，增强“四个意识”，坚定“四个自信”，做到“两个维护”，围绕决胜全面建成小康社会、决战脱贫攻坚主基调，团结带领全省广大文艺工作者围绕中心、服务大局，繁荣创作、服务人民，守正创新、锐意进取，以艺抗疫，为繁荣发展辽宁文艺事业作出了新努力新贡献。

重要会议与活动

【省文联党组理论学习中心组学习（扩大）会议传达十九届五中全会精神】

11月11日，省文联召开党组理论学习中心组学习（扩大）会议，传达学习习近平总书记在党的十九届五中全会上的重要讲话和全会精神，对省文联系统学习宣传贯彻习近平总书记重要讲话和全会精神进行安排部署。省文联党组书记张兴奎主持会议并讲话，省文联领导班子成员参加会议并进行交流研讨。

会议认为，习近平总书记的重要讲话，把握大局、总揽全局，系统分析了我国发展面临的国际国内形势，系统阐述了全面把握新发展阶段、着力构建新发展格局的丰富内涵和重大要求，深刻阐明了制定“十四五”规划建议的主要考虑、突出特点和重要内容，深刻回答了我国发展中一系列重大理论和实践问题，讲话创造性地提出了许多新思想新观点新论断新要求，是习近平新时代中国特色社会主义思想的最新发展，为推动高质量发展、构建新发展格局，夺取全面建设社会主义现代化国家新胜利提供了科学指南和基本遵循。

会议认为，党的十九届五中全会审议通过的《中共中央关于制定国民经济和社会发展第十四个五年规划和二〇三五年远景目标的建议》，全面总结了决胜全面建成小康社会取得的决定性成就，深入分析了我国发展环境面临的深刻复杂变化，清晰展望了到2035年基本实现社会主义现代化远景目标，明确提出了“十四五”时期经济社会发展的指导思想、遵循原则、主要目标和重大举措，是全面贯彻习近平新时代中国特色社会主义思想的纲领性文件，是开启现代化建设新征程、向第二个百年奋斗目标进军的政治宣言书，是引领和推动高质量发展、构建新发展格局的战略路线图，是今后五年乃至更长时期我国国民经济和社会发展的行动指南，对开启全面建设社会主义现代化国家新征程具有重大而深远的意义。

会议强调，党的十九届五中全会把文化建设摆在更加突出位置，提出了到2035年建成社会主义文化强国的宏伟目标，充分体现了以习近平同志为核心的党中央对文化建设的高度重视，赋予了广大文艺工作者更为重大的责任和更为崇高的使命。省文联要按照中央和省委的统一部署和要求，紧紧围绕习近平总书记在全会上的重要讲话精神、中共中央关于制定国民经济和社会发展第十四个五年规划和2035年远景目标的建议，结合实际，迅速兴起学习宣传贯彻全会精神的热潮。要积极组织以文艺的形式，宣讲好党的十九届五中全会的深刻内涵和重要意义，展示全面建成小康社会取得的决定性成就，憧憬全面建设社会主义现代化国家的宏伟蓝图，会聚奋斗“十四五”、奋进新征程的强大力量。紧密联系文艺工作和文联工作实际，把贯彻落实党的十九届五中全会精神与深入学习贯彻习近平总书记关于文艺工作的重要论述、推进文联深化改革、巡视整改结合起来，以文化建设新要求为引领，探索开展工作的新方法，提出解决问题的新举措，在主题活动、采风创作、评奖办节、理论评论、展览展示、对外交流、志愿服务等各项工作中，坚持弘扬主旋律、传播正能量。要不断把学习宣传贯彻党的十九届五中全会精神引向深入，推动文联工作、文艺事业取得新成绩，再上新台阶。

【党的十九届五中全会精神基层宣讲活动】

为更好地贯彻学习党的十九届五中全会精神，围绕决胜全面建成小康社会和中国共产党成立100周年，按照省委宣传部的部署，扎实推进党的十九届五中全会精神的解读宣讲。党的十九届五中全会闭幕当天就策划在2019年基础上创新形式，创编鼓板书、二人转等多曲种节目，通过采取集中演出、剧场展演、大篷车惠民等多种方式，深入基层进行宣讲。同时，将曲艺节目文本发送给基层文联等单位，鼓励支持基层单位和新文艺组织、新文艺群体做好线上线下宣讲工作。12月16日，首场宣讲活动在沈阳市沈河区雨坛社区举办，目前，已举办线下宣讲活动2场。同时，利用曲艺小剧场、曲艺茶楼等经营场所，每晚加演1至2个宣讲节目，在全省范围内多角度、全方位广泛宣传党的十九届五中全会精神。

【辽宁省文联八届四次全委会】

3月20日，辽宁省文联召开八届四次全委会。省文联领导班子成员、文联机关委员在六楼会议室现场出席会议，其他委员85人通过网络在线参加会议。

会议以习近平新时代中国特色社会主义思想为指导，深入学习贯彻党的十九大和十九届二中、三中、四中全会精神，认真落实全国、全省宣传部部长会议及中国文联十届五次全委会会议精神，传达了省委常委、宣传部部长张福海关于省文联工作的重要批示，通报了辽宁省文联第八届委员会委员调整情况和2019年履职情况，全面总结省文联2019年工作，部署2020年工作。省文联党组书记、主席盖成立代表第八届主席团作了题为《守初心 担使命 为推进辽宁文艺事业高质量发展贡献力量》的工作报告。

3月20日上午召开的省文联第八届主席团第四次会议，审议通过了《辽宁省文联第八届委员会第四次会议议程（草案）》《关于调整辽宁省文联第八届委员会委员的决议（草案）》《关于辽宁省文联第八届委员会委员2019年度履职情况的报告（审议稿）》，审议并原则同意《在辽宁省文联第八届委员会第四次会议上的工作报告（审议稿）》。由于疫情防控的需要，主席团会和全委会的部分议程进行了简化，全国全省宣传部长会议及中国文联十届五次全委会会议精神传达提纲，辽宁省文联2020年工作要点，省文联2019年度在国家级及省级文艺奖项评选中获奖情况通报，省文联2019年优秀青年文艺家和新文艺组织、新文艺群体优秀工作者推选情况通报等部分议程以会后印发材料的形式进行。

【全省文联系统深化改革推进会暨基层文联建设工作会议】

10月23日，全省文联系统深化改革推进会暨基层文联建设工作会议在沈阳召开。会议以习近平新时代中国特色社会主义思想为指导，深入学习贯彻习近平总书记关于文艺工作的重要论述和群团改革工作重要指示精神，贯彻落实中央关于文联深化改革的决策部署，落实省委巡视整改反馈意见，交流经验，明确任务，切实增强全省文联组织推进深化改革的政治自觉和责任担当，确保文联系统深化改革取得实效，推动全省基层文联建设再上新台阶。

辽宁省文联党组书记张兴奎出席会议并讲话。省文联深化改革领导小组成员、全省各市文联负责人及部分县（区）文联代表60余人参加了会议。省文联党组成员、副主席武雪梅主持会议。

张兴奎对全省文联系统深化改革工作提出三点要求：一是要提高政治站位，在大局下思考，切实增强推进深化改革的使命感、责任感、紧迫感；二是要坚持问题导向，勇于迎接挑战，突出抓好深化改革的重点工作；三是要加强组织领导，勇于担当作为，确保深化改革措施落地见效。

会上，沈阳市文联、鞍山市文联、朝阳市文联、大连市金普新区文联、鞍山海城市文联、锦州市凌河区文联、辽阳灯塔市文联、葫芦岛市连山区文联先后进行了会议交流发言，介绍了基层文联工作有关经验和做法。

【省各文艺家协会主席团会议】

10月，省剧协、省音协、省美协、省摄协、省书协、省舞协、省曲协、省民协、省影协、省

视协、省杂协、省理协分别组织召开主席团会议，会议主要传达巡视整改反馈意见及省文联党组会议精神，系统总结各协会深化改革开展情况和具体工作实施情况。省文联党组书记张兴奎出席全部会议。省文联党组成员、副主席林建宇、胡崇炜、武雪梅分别参加相关会议。

会上，张兴奎书记首先就省文联深化改革及巡视整改工作作出总结，他强调四点意见：一、要深化认识。要紧密结合此次巡视整改和推进深化改革，深化对整改、对文联改革和对新时代文艺工作规律的认识。二、要强化创新。要不断优化改革方案，要达到技术创新和制度创新。三、要把握重点。要重点解决好巡视整改意见提出的关键性问题、看行动抓紧政策落实、改革落实。四、打开工作新局面，应不断开展深扎、文艺评奖、文艺骨干培训等活动。健全组织架构，完善会员平台的构建。他提出文联上下要共同努力，把深化改革及巡视整改工作做好，把当前存在的问题解决好，为文联的未来发展开辟新的天地。

【“奋进小康路 开启新征程”名家作品邀请展】

11月18日，由辽宁省委宣传部、省文联、省文化演艺集团（省公共文化服务中心）联合主办，省美协、省书协、省摄协、省民协、辽宁美术馆（辽宁画院）共同承办的“奋进小康路 开启新征程”——辽宁省美术书法摄影民间文艺名家作品邀请展在沈阳开幕。这些艺术作品讲述了辽宁全面振兴、全方位振兴的动人故事，展现了全省人民昂扬向上、奋发有为的精神风貌。

本次展览共展出美术、书法、摄影、民间文艺优秀作品354件。其中，美术作品66幅、书法作品104幅、摄影作品84幅、民间文艺作品100件。

此次展出的优秀作品，是新时代辽宁文艺事业取得的丰硕成果，凝结着辽宁文艺工作者的智慧和汗水，必将激发全省人民干事创业的热情和攻坚克难的信心，必将为辽宁全面振兴、全方位振兴提供强大的精神动力。

【“奋进小康 共谱新篇”辽宁省第二届新曲艺群体新人新作展演】

11月26日至27日，由辽宁省文联主办，辽宁省曲协承办，沈阳市曲协协办的“奋进小康 共谱新篇”辽宁省第二届新曲艺群体新人新作展演在沈阳会友曲艺社举办。来自全省各市9个新曲艺组织和新曲艺群体的近50名演员参加展演。

此次展演多为“80后”“90后”和“00后”的曲艺新人，都是目前活跃在省内小剧场舞台的曲艺新秀。他们拿出自己小剧场演出的特长，结合优秀的原创节目，用相声、快板等适合小剧场演出的曲艺形式展示出新曲艺组织和新曲艺群体的新鲜活力。

【“奋进小康 共铸辉煌”短视频作品推优活动】

为了利用短视频宣传“决战脱贫攻坚 决胜全面小康”的伟大实践，省文联、省广电局联合联合主办了“奋进小康 共铸辉煌”短视频作品推优活动，从4月征稿开始，共征集127部作品，经专家评审，最终有36部作品分获最佳作品、优秀作品和好作品奖。

【中国文联学雷锋文艺志愿服务团走进抚顺系列活动】

12月13日，中国文联学雷锋文艺志愿服务团走进雷锋精神发祥地系列活动在抚顺举行。本次活动由中国文联、中国文艺志愿者协会、省委宣传部主办，辽宁省文联等单位承办。

当日上午，中国文联学雷锋文艺志愿服务先锋队走进抚顺雷锋学院，先锋队成员代表在现场分享学雷锋文艺志愿服务感悟。省文联文艺志愿服务基地挂牌仪式也在抚顺雷锋学院举行，省文联将陆续组织文艺志愿者到这里开展艺术培训、慰问演出、展演展示等活动。

【“我们的中国梦”——文化进万家活动】

元旦春节其间，按照中宣部、辽宁省委宣传部要求，由辽宁省文联、省各文艺家协会组织200余名文艺志愿者，近20支红色文艺轻骑兵小分队分赴省内14个市的乡村、街道、部队、企业等地开展了戏曲、歌舞、曲艺、杂技、魔术等文艺演出，以及美术、书法、摄影、民间文艺等送春联、送讲座、送辅导、送全家福新春文化惠民活动500余场，以多种文艺形式为广大基层群众送去欢乐，传递党的声音和关怀，营造了喜气祥和的节日氛围。

【“文艺进万家 健康你我他”网络文艺志愿服务活动】

2月至4月，辽宁省文联积极响应中国文联倡议，开展“文艺进万家 健康你我他”网络文艺志愿服务活动。辽宁省文艺志愿者协会协同省各文艺家协会组织19名文艺志愿者通过抖音等网络平台开展文艺创作、培训、表演、展示、评论等网络文艺志愿服务活动。其中，刘明、李春锦、白文喜等3名文艺志愿者参与“方舱直播时间”。

在近2个月的时间里，辽宁的文艺志愿者们在抖音、今日头条等网络平台利用直播、录播等方式共开展文艺志愿服务活动274场（录播178场，直播96场），其中方舱直播28场。

【民法典学习宣传工作】

7月21日，辽宁省文联党组理论学习中心组召开专题学习会议，集体学习研讨习近平总书记关于民法典重要论述及《中华人民共和国民法典》，并开展交流讨论。辽宁省文联党组成员、副主席武雪梅作中心组发言，党组书记张兴奎作讲话。张兴奎书记要求省文联各级党组织和全省文联系统将习近平总书记关于《民法典》重要论述和《民法典》纳入学习计划；要求省文联党员干部特别是领导干部要自觉把《民法典》作为工作依据，将学法、用法、守法应用于文艺创作、工作、维权各个环节；要通过不同艺术门类生动形象地宣传普及《民法典》，推动文联和文艺工作进一步发展繁荣。

【“文艺进万家 健康你我他”——到人民中去文艺志愿服务主题活动】

按照中国文联统一部署，辽宁省文联组织动员各团体会员单位在第7个中国文艺志愿者服务日其间紧密围绕主题，在全省范围内集中开展“文艺进万家 健康你我他”——到人民中去文艺志愿服务主题活动共102场，参与活动的文艺志愿者1200余名，线下活动受益群众近万人，线上活动点击量6万余次。

一是紧密围绕“脱贫攻坚”“抗击疫情”和新时代文明实践中心建设，结合当地新冠疫情防控要求和规定，精心组织文艺家深入医院、农村、社区、企业等基层一线，策划举办慰问抗疫一线、抗疫画展、辅导讲座、拍摄全家福及捐赠绘画、书法、摄影作品等一系列文艺志愿服务活动59场，参与文艺志愿者近500名，受益人数近万人。

二是结合疫情防控实际，省文联鼓励和支持文艺志愿者积极拓展线上活动空间，录制或直播艺术讲堂、辅导讲座、展演展示等活动的音频视频，依托新媒体积极开展丰富多彩的线上文艺活动43场，参与文艺志愿者近700名，视频点击量6万余次。文艺志愿服务线上活动既扩大受众覆盖面，又提升文艺传播效果，不断开创文艺志愿服务线上活动新模式。

【端午系列活动】

辽宁省文联积极开展传统节日文化活动，打造端午节系列活动传承中华优秀传统文化。举办“我们的节日•端午民俗线上体验暨端午文化进校园活动”“粽艺飘香 匠心飞扬”民间文艺展演活动，展示中国传统艺术风采。组织辽宁省文联文艺志愿服务小分队走进沈阳市沈河区风雨坛社区等地，讲解端午节来历和习俗，并为社区群众送去舞蹈、东北大鼓、相声、对口快板、歌曲等10余个节目，用文艺的形式满足人们对美好生活的新期待。

【辽宁文艺名家大讲堂】

省文联以“辽宁文艺名家大讲堂”公益品牌为载体，开展了多个艺术门类公益课堂活动。辽宁省音协推出公益音乐微课系列讲座，辽宁省舞协组织开展为期一周的朝鲜族杖鼓公益课堂，辽宁省视协举办小学语文老师普通话正音正调专题讲座“云课堂”直播。

【“文艺为人民，读书正当时”读书诵读活动】

在辽宁省第九届全民读书节其间，辽宁省文联组织省内艺术家积极参与活动。艺术家们从本届读书节推荐的《发现辽宁之美》《感受辽宁之好》《我在辽宁等你》等主题书籍中，选择精彩内容进行诵读并录制视频。黄晓娟、吕萌、齐欣昕、张鹏、白文喜、石竹青、张岩生、张振忠、朱利、房明震10名艺术家录制了诵读视频，在“辽宁文艺”微信公众号、抖音官方平台上进行宣传展映。

【宋雨桂艺术纪念展】

9月30日，由中央文史研究馆、中国美协、辽宁省文联、辽宁省美协、沈阳博物院和北京画院主办，宋雨桂艺术馆承办的“斯人未远去——宋雨桂艺术纪念展”在北京画院美术馆开幕。

展览将画家生前画室的创作场景迁移到展厅中，以制造画家暂时离场的状态。同时从他生活、工作的地方调取了原始档案，选取部分鲜活的材料，向观众呈现极具细节感的生命历程，以此呼应“斯人未远去”的主题。

创作与研究

【2020年全省文艺骨干培训班】

9月28日、29日，由省委宣传部、省文联主办的2020年全省文艺骨干培训班在沈阳举办。省委宣传部副部长孙成杰作开班动员并作专题辅导报告。省文联党组书记张兴奎主持开班式，党组成员、副主席胡崇炜作结业讲话。

孙成杰首先介绍了这次培训的目的和意义，并对参训学员提出了殷切希望，充分体现了省委宣传部对这次培训工作的重视和对全省文艺工作者的关心关爱。他从学习贯彻习近平总书记关于文化文艺工作的重要论述、近年来辽宁文艺工作和文艺发展的主要情况、当前辽宁省文艺领域的现状与问题和下一步文艺工作的重点安排等四个方面作了专题辅导，为今后做好辽宁文艺工作提供了重要指导。

培训班还邀请了国内和省内专家崔凯、王海平、孙浩分别以《增强文化自信攀登艺术高峰》《新时代影视创作的思考》《一切从过程开始》为题为参训学员进行专题授课辅导。

【2020•辽宁文艺论坛】

11月24日，由省文联、省理协共同主办的2020•辽宁文艺论坛在沈阳举行。专家学者及来自省内高校、艺术研究机构和市级评协的艺术家、评论家等近30位嘉宾出席论坛并作研讨发言。本届论坛以“建设适应新时代新征程的辽宁文艺评论队伍”为主题，集中探讨如何进一步凝聚辽宁文艺评论力量，整合辽宁文艺评论资源，打造一支有思想、有锐气、有活力的辽宁文艺评论队伍。

【省文联党组书记张兴奎赴基层文联调研】

为贯彻落实省委第一巡视组巡视省文联党组的反馈意见，抓好文联深化改革工作存在问题的整改，推进文联系统深化改革，8月下旬至9月中旬，省文联党组书记张兴奎率省文联调研组赴沈阳、大连、锦州、盘锦市文联，通过召开座谈会、实地走访等方式开展调研。

张兴奎听取了市文联负责同志近年来文联工作情况汇报，与当地文联、协会相关负责同志、基层文联代表进行了座谈交流。他强调，2020年是全面建成小康社会和“十三五”规划收官之年，是脱贫攻坚的决战之年，文联作为党和政府联系文艺家的桥梁和纽带，要坚持以习近平新时代中国特色社会主义思想为指导，发挥文联在繁荣发展社会主义文艺中的重要作用。要提高政治站位，深入学习贯彻习近平总书记关于文艺工作的重要论述和对文联工作的重要指示批示精神，加强党对文艺工作的思想政治引领。要坚持围绕中心、服务大局，固本培元、守正创新，用优秀文艺作品记录新时代、书写新时代、讴歌新时代。全面推进市县区文联深化改革工作，加强组织领导，抓好工作部署，要切实把改革放在心上，把责任扛在肩上，把工作抓在手上，靠前指挥、抵近督察，抓好改革措施的落地落实。

调研其间，调研组一行实地走访了鼎泰乐和艺术团、阳光展艺中心、中国楹联书法博物馆、大连城市国际交响乐团等新文艺组织、新文艺群体。

【抗疫创作】

庚子新春，突如其来的新冠肺炎疫情牵动着辽宁文艺家和文艺工作者的心。辽宁省文联组织各团体会员单位积极行动起来，动员引导辽宁省广大文艺工作者积极发挥自身优势，创作出一系列宣传防控疫情的文艺作品。时任省委常委、宣传部部长张福海对省文联疫情防控和宣传工作给予充分肯定，作出“以艺抗疫，成效显著，继续努力”的重要批示，使广大文艺工作者备受鼓舞、倍感振奋。

在这场没有硝烟的战争中，省文联组织动员12家省级文艺家协会、14个市文联的全战线人员悉数投入到“抗疫”文艺创作工作中，创作战“疫”主题作品1万1千余件（组）。举办“同呼吸　共战‘疫’万众一心　加油武汉”宣传活动、“众志成城　共克时艰”网络漫画展、招贴展，以及“翰墨战‘疫’　共克时艰”网络书法征集等线上活动32项。通过线上线下制作专题等多种形式，与中央驻辽网络媒体、东北新闻网、爱音斯坦音频平台，以及辽宁日报、辽宁广播电视台、辽沈晚报全面全方位合作，报道转载省文联组织动员抗疫文艺创作情况215次，推送文艺作品1600余件（组）次。省文联还组织田连元、刘兰芳、黄晓娟、铁源、冯玉萍、刘辉、胡宏伟、王丹、吕萌、宋佳伦等艺术家纷纷出镜，为武汉加油。

【王大斌获第十三届中国摄影金像奖】

12月20日，两年一度的中国摄影金像奖颁奖仪式在河南省三门峡市举行，辽宁省摄影家王大斌荣获第十三届中国摄影金像奖。中国摄影金像奖是中宣部批准，由中国文联、中国摄协主办的摄影艺术领域全国性的最高个人成就奖，旨在表彰和奖励在摄影创作领域取得优异成绩的德艺双馨摄影家。

【冯玉萍当选中国剧协第九届主席团副主席】

12月13日至15日，中国剧协第九次全国代表大会在北京召开。冯玉萍当选中国剧协第九届主席团副主席。

【安宁当选中国杂协第八届主席团副主席】

中国杂协第八次全国代表大会12月15日在京闭幕。安宁当选中国杂协第八届主席团副主席。

【尹力当选中国评协第二届主席团副主席】

8月18日，全国文艺评论工作会暨中国评协第二次全国代表大会在京闭幕。尹力当选中国评协第二届主席团副主席。

【辽宁2部作品入选中国文联2020年青年文艺创作扶持计划资助项目】

6月3日，中国文联2020年青年文艺创作扶持计划资助项目公示结束，我会推荐的独幕京剧现代戏《格桑花开》与《查先生的魔法》入选。

【第十八届辽宁戏剧玫瑰奖】

辽宁戏剧玫瑰奖是由辽宁省文联、辽宁省剧协共同主办，旨在为全省戏剧界营造勤学苦练、锐意创新、勇攀高峰的艺术氛围，培养德艺双馨人才，表彰和奖励在编剧、导演、表演、戏曲音乐、舞台美术等方面取得突出成绩的戏剧从业者，促进辽宁戏剧事业的繁荣和发展。

9月，辽宁省文联、辽宁省剧协在沈阳举办第十八届辽宁戏剧玫瑰奖评审活动。经过评委会认真评选，公示无异议，省委宣传部备案，产生获奖者14人。

【第六届辽宁文艺评论奖】

第六届辽宁文艺评论奖评奖结果于2020年1月揭晓。辽宁文艺评论奖是经中共辽宁省委宣传部批准设立，由辽宁省文联与省理协共同主办的全省性文艺评论奖项。此次评奖从突出问题意识、兼顾艺术门类分布、鼓励网络文艺评论等多个方面对评奖作出导向性要求。经过初评、终评，最终评选出获奖作品9篇。

文化交流

【“辽疆一家亲”文艺志愿服务演出】

11月4日至8日，辽宁省文联组织音乐、曲艺、民间文艺工作者为主体的辽宁文艺志愿服务小分队一行16人赴新疆塔城地区开展了文化“三交”活动。

辽宁文艺志愿服务小分队深入到塔城市、和布克赛尔县、乌苏市九间楼乡詹家村举办了3场“辽疆一家亲”文艺志愿服务演出，辽塔两地文艺工作者会聚一堂，齐奏多民族文化和谐乐章，受到塔城地区群众的热烈欢迎。

机关建设

【全面从严治党】

坚持把政治建设摆在首位，党组认真履行全面从严治党主体责任，制定落实《省文联2020年全面从严治党主体责任清单》《辽宁省文联机关2020年党的工作要点》，形成了党组书记为第一责任人，分管领导抓分管领域党建工作责任机制。党组书记带头贯彻中央决策部署和省委工作要求，领导班子成员立足自身职责，严格履行“一岗双责”，坚持一手抓业务、一手抓党建。充分发挥党组领学促学作用，全年召开党组理论学习中心组会议13次，带领文联各级党组织、机关党员干部在学习习近平新时代中国特色社会主义思想等方面学深悟透。

【党风廉政建设】

全年召开3次党风廉政建设专题会议，制定《2020年辽宁省文联党风廉政建设工作要点》，完善《省文联廉政风险排查手册》。严格按照规章制度，加强日常监督，从严落实中央八项规定精神及省委实施细则，整治形式主义、官僚主义，有效运用监督执纪“四种形态”。开展经常性廉政警示教育，按季度更新机关廉政文化墙，教育文联党员干部从典型案例中吸取教训，引以为戒，警钟长鸣。

【制度化建设】

制定《辽宁省文联受处理处分党员干部跟踪帮助办法（试行）》，及时开展受处理处分党员干部跟踪帮助工作。

【巡视工作】

5月29日至7月10日，辽宁省委第一巡视组对辽宁省文联党组进行了机动巡视。辽宁省文联党组主动接受巡视，及时成立领导小组、协调联络组、综合材料组，为巡视工作提供便利。

9月4日，辽宁省委巡视组向辽宁省文联党组反馈了巡视意见。文联党组第一时间成立整改工作领导小组，召开巡视整改专题民主生活会，对照问题开展自查。制定《辽宁省文联落实省委第一巡视组机动巡视省文联党组的反馈意见整改方案》，将省文联深化改革方面存在的3方面8个问题细化为20个具体问题，制定了35条整改措施。现已完成7个问题的整改，1个正在整改的问题细化为9条具体整改措施，已落实7条，1条于2021年1月底前落实，1条长期推进（强化联络协调职能有差距的问题），于2021年2月阶段性完成。

【基层党组织建设】

全面落实《中国共产党党和国家机关基层组织工作条例》《中国共产党基层组织选举工作条例》等基层党建制度，配齐配强机关党务干部，不断加强党支部标准化规范化建设，严格落实"三会一课"制度、"两学一做"学习教育安排，坚持围绕中心、建设队伍、服务群众，全面提高机关党的建设质量。

【干部队伍建设】

6月，根据中共辽宁省委《关于张兴奎同志职务任免的通知》（辽委干发〔2020〕140号），张兴奎任辽宁省文学艺术界联合会党组书记，并提名为辽宁省文学艺术界联合会主席人选。根据中共辽宁省委《关于盖成立免职的通知》（辽委干发〔2020〕76号），盖成立不再担任辽宁省文学艺术界联合会党组书记、主席职务。2020年12月，根据中共辽宁省委《关于林建宇免职退休的通知》（辽委干发〔2020〕237号），免去林建宇的辽宁省文学艺术界联合会党组成员、副主席职务，办理退休。

深入开展职务与职级并行制度实施工作，完成3名四级调研员职级晋升工作。完成3名处级领导职务和1名副处级领导职务转正工作。对8名干部在机关内部进行轮岗锻炼。调整1名驻村工作队队员。从省直机关单位调入1名机关工作人员。

【驻村扶贫工作】

选派5名优秀年轻干部到乡镇和村工作。积极发挥文联优势特点，开展党的创新理论宣讲、抗疫先进典型事迹宣传、文艺支教和慰问演出活动，修建文化广场、文化墙等，加强基层文化建设。突出特色扶贫，大力发展中草药、滑子蘑、架豆种植和大鹅养殖等特色产业。副省长王明玉同志作出重要批示，给予充分肯定。

各文艺家协会

【辽宁省戏剧家协会】

1月，组织开展"我们的中国梦"—文化进万家走进凌源市托管服务中心的文艺志愿服务活动。

1月，组织文艺志愿服务小分队在凌源市万家店镇大杖子村文化广场演出文艺节目。

2月至3月征集全省戏剧工作者抗击疫情作品100余部。

5月23日，在各大网络平台播放抗疫作品。

8月，主办"戏苑新荷——2020辽宁戏曲小梅花荟萃"展演活动。

9月，第十八届辽宁戏剧玫瑰奖评选结束。

9月，召开话剧《孟泰》研讨会。

10月，分别在辽宁轻工职业学院、沈阳1905文化创意园、沈阳师范大学戏剧艺术学院、沈阳北市珍宝古玩城、盘锦市文化馆举办辽宁文艺名家大讲堂。

11月，推荐的获得中国文学艺术基金会、中国文学艺术发展专项基金资助项目现代京剧《格桑花开》公开演出。

12月，冯玉萍再一次当选中国剧协副主席。

12月，成立辽宁省剧协舞台美术专业委员会。

【辽宁省音乐家协会】

1月，组织音乐家赴丹东开展"我们的中国梦-文化进万家"慰问演出。

1月至2月，组织音乐家创作抗疫音乐作品。

3月，新华社客户端刊发了"音乐声援，辽宁省音协为打赢疫情防控阻击战组织创作公益歌曲

300余首”的报道。

6月至12月，组织推出了“公益音乐微课系列讲座”30余讲，并由辽宁日报进行宣传报道。

8月，组织开展了中国音协社会音乐考级钢琴新编教材全省一线教师辅导培训工作。

8月，在全省范围内开展“赞歌献给党”——迎接建党100周年歌词作品征集活动。

12月，完成第七届辽宁音乐金钟奖歌曲作品的收集、整理及组织评选。

12月，成立辽宁省音协流行音乐委员会。

【辽宁省美术家协会】

1月至2月，主办“众志成城 共克时艰”网络漫画展（共6期）、“坚定信心 同舟共济”抗击新冠肺炎招贴网络展（共5期）。

2月，为《辽沈晚报》创作农村防疫漫画10幅，制作抗疫表情包8套100余幅动图。

2月，省美协综合画种艺委会与辽宁省营养师协会联合制作推出“疫情其间的儿童营养知识”漫画宣传。

3月，组织举办美术名家、主席团成员作品义卖活动，共筹集善款13.1万元并捐赠给疫情防控一线。

4月，联合其他单位主办的《周而复始——综合材料绘画学术邀请展》（盘锦站）在辽河美术馆展出。

5月23日其间，组织动员全省美术界集中开展“文艺进万家 健康你我他——到人民中去”文艺志愿服务主题线上、线下活动13次。举办“用画笔向抗疫英雄致敬”为全省医务人员绘制漫像、肖像线上、线下志愿活动5次。

6月，联合其他单位主办的“天行健——抗疫进行时艺术作品主题公益展”在沈阳日报美术馆举办。

7月，联合其他单位主办的第二十三届全国版画作品展辽宁巡展在大连中山美术馆开幕。

8月，联合其他单位主办的“爆•料——纸上•至上2020”在红梅文创园发酵艺术中心举办。

9月，主办的“中国北京国际美术双年展”在盘锦辽河美术馆举办。

9月，联合其他单位主办的2020“心境空间 构筑和谐”中国空间艺术构造大展在鲁迅美术学院举办。

9月，联合其他单位主办的“宋雨桂艺术大展——斯人未远去”回顾展在北京画院美术馆举办。

9月，“奋进小康 共铸辉煌”——宣传画网络展在美协官网“辽宁省网上美术馆”线上展厅举办。

11月，主办“丹青溢彩颂襄平”辽阳市美术精品展。

【辽宁省摄影家协会】

1月，开展“我们的中国梦——文化进万家”省文联、省摄协走进营口港文艺志愿服务活动。

2月，中国摄协网刊发《万众一心 抗击疫情——辽宁摄影人在行动》专题。

5月，举办“深扎”“六个一百”活动，组织辽宁摄影名家走进大梨树采风创作活动，开展辽宁摄影名家大讲堂、“文艺进万家 健康你我他——到人民中去”文艺志愿服务主题活动，组织线上线下活动20场。

9月，开展“辽宁摄影名家”走进大梨树、聚焦丰收节摄影采风活动。

9月，与其他单位联合主办盘锦市“梦圆小康•恒丰杯”村里村外主题摄影展。

10月，王大斌获第十三届中国摄影金像奖。

11月，建立“辽宁省青年摄影之友”线上平台。

12月，第19届辽宁省摄影艺术展、第十三届中国摄影金像奖辽宁参评作品展在辽宁美术馆举办，举办第六届辽宁摄影金像奖颁奖仪式。

12月，成立省摄协青年工作委员会。

【辽宁省书法家协会】

1月，组织全省书法家、书法爱好者开展“同心同书——祖国新春好”书法家送万福进万家志愿服务公益活动。

2月至5月，以“众志成城、防控疫情”为主题向全省书法家征集作品，共收到书法作品4655件，篆刻作品300余件，在网上展播42期，组织作品拍卖所得的40万元全部捐赠给辽宁省慈善总会。

6月，组织主席团部分成员到中国医科大学附属第一医院，慰问抗疫一线的医护人员，捐献书法作品109幅，并在全省举办5场书法文艺志愿服务主题活动。

8月至12月，举办9期重点作者培训班及全省备战全国第五届青年书法篆刻作品展作品观摩点评会。完成全国第五届青年书法篆刻作品展评审

工作。

11月，举办“风潮再起”辽宁十一人书法作品展及研讨会。

12月，选派骨干作者对留学生进行书法培训。

12月，举办2021年迎新春，颂党恩春联征集活动。

【辽宁省舞蹈家协会】

1月，在抚顺顺城区、阜蒙县举办2020年“我们的中国梦”——文化进万家活动。

2月，推出《“文艺进万家 健康你我他”网络文艺志愿服务行动指南》，组织文艺家参加网络文艺志愿服务活动。

5月23日，省舞协开展了2项辽宁文艺志愿者服务活动。

6月20日，开通线上辽宁省舞协网络平台。

7月，举办“朝鲜族杖鼓公益课堂”。

7月，《角儿》入围第十二届中国舞蹈“荷花奖”古典舞终评。

8月，主办第三届“小荷花”少儿舞蹈比赛活动。

9月，主办辽宁省第十届“舞协杯”群众舞蹈展演。

10月，开展现代舞舞剧《永不消逝的电波》观摩活动。

11月，举办第八届辽宁舞蹈荷花奖“荷花有理”评奖。

【辽宁省曲艺家协会】

1月，由辽宁省委宣传部、辽宁省文联主办，辽宁省曲协承办的党的十九届四中全会精神进社区省曲艺小分队宣讲活动圆满结束。

1月，在新冠肺炎疫情暴发的第一时间，组织动员曲艺骨干创作、表演曲艺作品100余篇。

3月，张春丰获第十一届中国曲艺牡丹奖表演奖提名。经省理协“一丁评论”组织撰写评论文章4篇，分别在中国纪检监察报、《光明日报》《中国艺术报》、“学习强国”等媒体平台发表。

5月，举办辽宁省第六届少儿曲艺大赛。

5月23日文艺志愿者服务日前后，省曲协组织部分新曲艺群体举办了网络直播、连线互动等网络文艺志愿活动。

8月，组织创作曲艺节目《老市长的第一课》和《实施民法典做模范》。8月，在沈阳市文化宫以《曲艺应引领时代风尚》为题举办辽宁文艺名家大讲堂。

9月，召开庆祝建党100周年精品曲艺晚会主题策划会。

9月，组织文艺志愿服务工作者赴东升乡善友村开展宣讲党的十九届四中全会精神惠民演出。

10月，由省文联、省曲协主办的2020年“我们的中国梦”文化进万家活动在沈阳举办。

10月，承办第二期东北地区二人转创演经营人才网络培训班。崔凯和赵海燕分别作了题为《坚守正道传承发展东北二人转》《站在传承发展民族优秀文化的高度唱好二人转》的讲座。

11月，举办庆祝中国共产党成立100周年曲艺精品创作研讨会。

11月，由辽宁省文联主办、辽宁省曲协承办的“奋进小康 共谱新篇”辽宁省第二届新曲艺群体新人新作展演在沈阳举办。

12月16日、17日，辽宁省文联曲艺小分队赴基层宣讲五中全会精神巡演分别在沈阳市沈河区雨坛社区、中街御龙城举办。

12月，成立省曲协创评专业委员会和表演艺术委员会。

【辽宁省民间文艺家协会】

1月至2月，组织开展“艺起抗疫”主题创作。

2月，在微信公众号刊发“众志成城，抗击疫情——辽宁民间文艺行动”抗疫主题宣传系列活动，刊发作品110副。

5月，组织开展剪纸网络教学活动。

6月，举办我们的节日•端午民俗线上体验暨端午文化进校园活动。

6月，举办“粽艺飘香匠心飞扬”民间文艺展演。

9月至10月，大连金吉的贝雕作品《貔貅》入围第十五届中国民间文艺山花奖・优秀民间工艺美术作品终评。

11月，海城市民间高跷秧歌艺术团的《最炫东北风》入围第十五届中国民间文艺山花奖（民间广场歌舞）终评。

【辽宁省电影家协会】

3月，围绕抗击疫情主题，组织开展视频作品征集活动，共征集作品83个。

7月至8月，组织130余人参加新媒体创新网络专题培训班。

9月，微电影剧本《街垒中的坏先生》在“大爱无疆”抗击新冠肺炎疫情主题剧本大纲征集活动中被评为优秀作品。

10月，《外星人驾到》在央视电影频道播出。

11月，纪念抗美援朝作战70周年访谈纪实片《使命》获得省文联精品创作扶持。

11月，《不可复制》等5部影片获第八届亚洲微电影节优秀作品奖，姜茂蔚获最佳导演奖。

11月，举办《翱翔雄心》观影会。

11月，举办《应承》观影座谈会。

11月，《红尖尖》获得2020年度第17届圣地亚哥儿童电影节最佳长篇故事奖和最佳女主角奖。

11月、12月，与其他单位联合开展东北三省电影论文征集评选。

12月，成立辽宁省微电影（微视频）专业委员会。

12月，电影《一路疯癫》在央视电影频道播出。

12月，微电影《一个驻村书记的日记》获辽宁省社会主义国家核心价值观微电影大赛一等奖。12月25日，组织开展网络公益培训季精品慕课专项培训。

【辽宁省电视艺术家协会】

1月至3月，征集以抗击新冠肺炎疫情为主题的短视频作品83部。

4月，推荐5部视频作品入选《风雨同歌—中国抗疫主题MV征集典藏》。

4月至12月，举办“奋进小康 共铸辉煌”短视频作品推优活动，征集作品127部，推荐优秀作品在“学习强国”、辽宁文艺微信公众号和辽宁广播电视台北斗融媒进行展播。

7月，组织举办“云课堂”对专职语文教师进行普通话正音正调培训。

11月，姜传术获得第十二届海峡两岸电视主持新人大赛金奖。

12月10日，成立辽宁省视协短视频专业委员会。

【辽宁省杂技家协会】

1月，开展“我们的中国梦，文化进万家”省杂协走进岫岩满族自治县惠民演出活动。

2月、3月，创作抗疫作品5部。

10月，建立青年文艺家之友平台。

12月，成立辽宁省杂协杂技理论研究专业委员会。

【辽宁省文艺理论家协会】

1月至3月，组织创作抗疫主题文艺作品近70篇/件。

3月，组织创作抗疫主题诗歌20余篇，制作成音频在相关公众号推送。

3月至4月，组织撰写抗疫主题文艺评论文章5篇。

5.23文艺志愿服务日主题活动其间，组织举办“新东北作家群”之文学辽军系列对话评议活动。

5月27日、31日，分别以《书之前后莫非书——关于书法的想象与表达》《奋进的旋律与生命之歌——东北工业题材戏剧的艺术表达》为题举办网络授课。

11月24日，举办2020·辽宁文艺论坛。

12月，推荐文章《历史诉求与当代向度：历史哲学视域中的新时期文学艺术史书写》（作者：谢纳、宋伟）被评为第五届“啄木鸟杯”中国文艺评论年度优秀文艺评论文章。

12月31日，成立省理协青年工作委员会。

基层文联

【抚顺市文联】

抚顺市文联下属团体会员单位37个，其中，县区文联7个，街道文联6个，社区文联1个，企业文联1个，行业文联1个，各艺术家协（学）会21个。共有市级注册会员3779人，其中国家级会员129人，省级会员625人。2020年，抚顺市文联在抚顺市委市政府的坚强领导和辽宁省文联、抚顺市委宣传部的强力指导下，坚持以习近平新时代中国特色社会主义思想为指导，全面贯彻党的十九大和十九届四中全会精神，层层压实压紧意识形态工作责任，增强“四个意识”、坚定“四个自信”、做到“两个维护”，紧扣抗击新冠肺炎疫情、决战脱贫攻坚目标任务、决胜全面建成小康社会大局，自觉担负起举旗帜、聚民心、育新人、兴文化、展形象的使命任务，坚定文化自信，坚持守正创新，统筹推进理论武装、精品创作、人才培养、服务人民、深化改革、自身建设等各项工作，团结引导全市广大文艺工作者，为繁荣抚顺文艺事业、推进文化强市建设作出积极贡献。

吉林省文联

综　述

2020年，吉林省文联及各团体会员在中国文联的指导下，在省委宣传部的领导下，深入学习贯彻习近平新时代中国特色社会主义思想，全面落实党的十九大和十九届二中、三中、四中、五中全会精神，坚决贯彻习近平总书记视察吉林时的重要讲话重要指示以及习近平总书记在教育文化卫生体育领域专家代表座谈会上的讲话精神，团结带领全省广大文艺工作者不忘初心、牢记使命，围绕中心、服务大局，扎根人民、精心创作，满足人民群众精神文化生活，繁荣吉林文艺事业。召开吉林省文联系统工作会议暨文艺志愿服务工作现场会议和省广播电视艺术家协会第七次代表大会、省残疾人文学艺术界联合会第二届代表大会，加强党对文艺工作的领导，推进文艺家协会组织建设。同舟共济，“艺”起战“疫”，全省文艺家创作万余件防控新冠肺炎疫情主题文艺作品，为防控新冠疫情营造浓厚氛围，彰显全省文艺工作者的责任担当。“决胜小康•幸福吉林”吉林省文联惠民系列活动、“寻访老兵足迹，讲好英雄故事，传承红色精神”主题文艺作品展、全国美术名家赴长白山重走抗联路采风写生活动等重大主题活动及吉林省第六届农民书法作品展、第三届空竹大赛及交流展示、第七届群众舞蹈展演等群众文艺活动主题鲜明、异彩纷呈。首届吉林民间文艺奖（民间工艺美术作品奖）评奖、第七届东北三省少数民族音乐创编骨干培训班、吉林省第八届少儿戏曲小梅花大赛等活动激励精品创作，聚焦人才培养。“文艺志愿服务小分队走进新时代文明实践中心”系列活动、“最美的歌献给祖国”吉林省少数民族艺术家文化惠民演出活动等品牌活动使广大人民群众共享文艺发展成果。网上文联建设工作蓬勃发展，全省信息员队伍不断壮大。

重要会议与活动

【全吉林省文联系统工作会议暨文艺志愿服务工作现场会议】

11月10日至12日，全吉林省文联系统工作会议暨文艺志愿服务工作现场会议在抚松县召开。吉林省文联党组书记、主席陈耀辉作了题为《牢记使命　开拓创新　全面推进新时代文联工作》的工作报告。总结了第九次文代会以来的工作，对下一阶段全吉林省文联工作提出要求。会议传达中国文联深入学习贯彻习近平总书记文艺工作的重要论述理论研讨会精神和关于学习宣传贯彻党的十九届五中全会精神的通知要求，邀请中国文联文艺志愿服务中心主任冀彦伟作《如何做好新时代学雷锋文艺志愿服务》专题培训，听取长春市、抚松县等8家文联的工作经验交流，并对优秀基层文联组织进行表彰。

【吉林省广播电视艺术家协会第七次代表大会】

6月23日，吉林省广播电视艺术家协会第七次代表大会在长春召开，全省广播电视界的120余名代表参会。大会审议通过第六届理事会、主席团《牢记初心使命　坚定文化自信——努力开创吉林省广电艺术事业繁荣发展新局面》工作报告，修订《吉林省广播电视艺术家协会章程》，选举产生第七届理事会和主席团，推举冯晨、宋江波为名誉主席。

【吉林省残疾人文学艺术界联合会第二届代表大会】

12月18日，吉林省残疾人文联第二届代表大会在长春召开，省残疾人文联代表、各市州残联分管领导和志愿者80余人参加会议。会议听取省残疾人文联及各文艺家协会工作报告，审议通过《吉林省残疾人文学艺术界联合会章程修改草案》，选举产生新一届理事会和主席团，聘请于兵为省残疾人文联第二届主席团名誉会长，通过了秘书长、副秘书长人选。

【防控新冠肺炎疫情主题文艺创作】

面对新冠肺炎疫情，1月27日，吉林省文联向全省文艺界发出题为《风雨同舟 砥砺前行 在防控疫情阻击战中贡献文艺力量》的倡议书，全省各基层文联、文艺工作者积极响应，以文艺创作助力新冠疫情防控工作。吉林省剧协组织推出吉剧《为百姓坚守健康岗》等多部戏曲MV作品。吉林省影协组织“大爱无疆”短视频剧本大纲征集活动。吉林省广播电视艺术家协会组织创作MV《在一起》等近百部抗疫主题广播电视文艺作品。吉林省音协创作出版《永远在一起——吉林省抗击疫情优秀歌曲集》，收入优秀歌曲100余首，其中12首原创歌曲入选中国音协全国战疫优秀公益歌曲。吉林省舞协录制发布《以歌致敬、以舞传情》等多个舞蹈作品。吉林省美协征集、创作抗疫主题美术作品1500余幅。吉林省摄协征集、创作摄影作品1200余幅。吉林省书协征集、创作抗疫主题书法作品600余幅。吉林省曲协征集、创作快板《加油武汉》等150多个曲艺作品。吉林省杂协组织创作《众志成城，居家抗疫》等20多个魔术短视频。吉林省民协征集、创作面塑《钟南山》等200余件工艺美术作品。吉林省二人转艺术家协会创排《众志成城保平安》等多部二人转作品。吉林省民俗学会组织创作发表《在湖北有这样一位女医生》等多首诗作及歌词作品。吉林省书画院创作《逆行者》等60余件美术作品。吉林省文艺志愿者协会组织制作沙画《这个假期做个阻击疫情小卫士》等宣传作品。

在2020年新冠肺炎疫情防控其间，吉林省文联共组织创作发布万余件抗疫主题文艺作品。在新华网、人民网、吉林日报等多家网站开设专栏展播抗疫主题优秀文艺作品200多期、5000多件，被《人民日报》《光明日报》《中国艺术报》中央广播电视总台等80多家媒体发布推广。在微信公众平台推出吉林省优秀战疫作品展播，在快手和抖音直播平台主办两场吉林省优秀原创战疫歌曲云端音乐会，观看人数逾10万。

【防控新冠肺炎疫情工作】

新冠疫情发生后，吉林省文联迅速成立疫情防控工作领导小组，第一时间派出党员志愿者下沉到地铁站参加疫情防控工作，对口支援长春市汽开区锦程社区，派出联络员驻守，组织党员干部深入社区执行进出登记、执勤值岗、车辆管理、体温测量等疫情防控任务，协助社区做好环境美化、居民生活服务等日常工作，参加社区“开展爱国卫生运动 学习雷锋精神共抗疫情”主题志愿活动。各文艺家协会组织艺术家以普及防疫知识、歌颂好人好事、宣传疫情防控为主题，为对口支援的锦程社区创作多部歌曲、美术、二人转作品。协调1万只口罩发放给省内基层文联，通过吉林省慈善总会捐赠2万只口罩，为湖北疫情防控一线捐赠10吨吉林大米。以文艺形式助力脱贫攻坚，组织艺术家参加驻村第一书记官方直播“带货”互动；协调帮助集安市太王镇果农解决6万斤苹果因新冠肺炎疫情导致的滞销问题。

【“寻访老兵足迹，讲好英雄故事，传承红色精神”主题宣传活动】

5月27日，吉林省“寻访老兵足迹，讲好英雄故事，传承红色精神”主题宣传活动启动仪式在长春举行。本次活动共收到退役军人、艺术家和文艺爱好者创作的书法、绘画、摄影、文学、音乐、微视频共计660余件文艺作品，最后评出180余件优秀作品。活动其间，吉林省文联组织书画家先后走进吉林省军休所、南岭军休所同部队离退休干部一起挥毫泼墨，丹青抒怀。7月24日，“寻访老兵足迹，讲好英雄故事，传承红色精神”主题文艺作品展在省图书馆开幕。

【第七届全国道德模范故事汇基层巡演】

10月24日、25日，由中央文明办、中国文联主办的第七届全国道德模范故事汇基层巡演先后举办长春专场和吉林市专场。专场演出由刘兰芳、闫淑平、叮当、杨鲁平、王文水、徐宁等老中青艺术家担纲，以评书、二人转、谐剧、数来宝、湖北大鼓等多种艺术形式呈现全国道德模范的真实故事，省二人转艺术家协会创排的二人转《青春之歌》参加演出。

【全吉林省文联系统信息员培训班】

12月8日至10日，吉林省文联系统信息员培训班在长春国际会展中心举办。吉林省文联所属各文艺家协会和直属单位，各市、州及县（市、区）文联信息工作负责人、信息员共计80余人参加培训。

文艺志愿服务

【“我们的中国梦”——文化进万家活动走进靖宇县新时代文明实践中心慰问演出】

1月6日，由中国文联、中国文艺志愿者协会、省委宣传部、吉林省文联、白山市文联共同主办的“我们的中国梦”——文化进万家中国文联、吉林省文联文艺志愿服务小分队“送欢乐下基层”走进靖宇县新时代文明实践中心慰问演出活动举行。1月7日，文艺志愿服务小分队来到景山镇三角窝石村，送演出、送春联、送福字、送剪纸。

【以“艺”战“疫”网络文艺志愿服务】

自1月30日起，吉林省文联组织开展新冠肺炎防控主题网络文艺志愿服务活动，通过官方抖音号发布网络文艺志愿服务公益培训小视频70余个。与中国文艺志愿服务中心联动，组织开展“文艺进万家 健康你我他”网络文艺志愿服务活动，邀请知名艺术家和文艺志愿者开设文艺创作、文艺培训、文艺表演、展览展示、文艺评论等丰富多彩的公益小课堂和抖音直播课，李玉刚、王小燕、闫淑平、佟长江等25位艺术家参加首批活动，推出音乐、舞蹈、二人转、书法、魔术、摄影、民间工艺、朗诵、戏剧、曲艺、文学欣赏等方面的课程，共发布近千个公益小课堂短视频，被新华社、《中国艺术报》、中国吉林网等多家媒体报道。

【艺术名家带货直播助力脱贫攻坚】

“5·23”中国文艺志愿者服务日其间，吉林省文联、省文艺志愿者协会与省驻村第一书记协会协作，邀请吉林省文艺志愿者形象大使闫学晶、李玉刚为“第一书记代言平台”App拍摄宣传片，组织艺术家走进驻村第一书记官方直播间，宣传扶贫产业，销售扶贫产品，讲好扶贫故事。

5月21日，二人转表演艺术家韩子平、董玮助力“5·21爱心助农、邀您下单”满族专场直播活动，在两个半小时内吸引38600多名爱心助农粉丝互动下单支持伊通县人民脱贫。

5月23日晚，省二人转艺术家协会副主席、秘书长佟长江与长春市九台区驻村第一书记官方直播间连麦，助力扶贫助农公益事业，11780名粉丝观看直播。

8月28日，吉林省文联开展助力乡村振兴“吉林有宝”文艺家代言行，携手省扶贫第一书记协会为吉林省土特产开展公益带货直播活动，闫淑平、佟长江、金勇、金子等八位艺术家被授予“吉林省爱心扶贫大使·第一书记代言平台推荐官”称号。

【“奋飞新时代·青春献北疆”庆祝建军93周年文艺演出】

7月27日，由吉林省文联、长春市宽城区委、区政府和长春空军某部队共同主办的“奋飞新时代·青春献北疆”庆祝建军93周年文艺演出暨吉林省文联“文艺进军营”活动启动仪式在长春举行，部队官兵及家属600多人观看文艺演出。

【“圆梦工程——名师美育课堂”吉林省、湖南省对口网络培训活动】

8月26日至11月1日，吉林省文联、湖南吉林省文联、吉林省文艺志愿者协会、吉林省文艺志愿服务中心共同承办“圆梦工程——名师美育课堂”吉林省、湖南省对口网络培训活动。参加此次活动的有东北师范大学、吉林艺术学院、长春师范大学3所高校12位教师，面向省内8个贫困县及湖南省15个贫困县的乡村少年宫艺术辅导员、文艺工作者、文艺爱好者开展书法、美术、音乐、舞蹈4个艺术门类的线上、线下授课活动，近万人次观看直播。

【第七届吉林省农民文化节启动仪式】

8月29日，省委宣传部、吉林省文联共同主办的第七届吉林省农民文化节启动仪式暨走进新时代文明实践中心文艺演出在长春市九台区马鞍山村举行。当天，文化文艺小分队深入九台区山咀村新时代文明实践站、九台区二道沟村新时代文明实践站，把文艺节目送到农村群众身边。

【“决胜小康 幸福吉林”惠民文艺演出】

9月26日，由吉林省文联主办，吉林省音协、吉林省舞协、吉林省剧协、吉林省曲协、吉林省广播电视艺术家协会、吉林省杂协、吉林省二人转艺术家协会承办的“决胜小康 幸福吉林”吉林省文联惠民系列活动文艺演出在长春市南关区明珠街道佳园社区举行。金勇、陈乃良、边桂荣、王明明、倪茂才、闫淑平、佟长江、左辉、冯福伟等艺术家为社区群众表演了歌曲《我爱你中国》《我的长白山》《满怀深情望北京》、诗朗诵《信仰的力量》、京剧选段《共产党员》、二人转《过河》

《西厢》、杂技《滑稽手技》等多个节目。

【文艺志愿服务小分队走进新时代文明实践中心系列活动】

12月8日至9日，吉林省文联文艺志愿服务小分队在梅河口市光明街道莲花社区、曙光镇连续举办两场“文艺进万家 健康你我他”吉林省文联新时代文明实践学雷锋文艺志愿服务团走进梅河口慰问演出。12月23日，“文艺进万家，健康你我他”吉林省文联新时代文明实践学雷锋文艺志愿服务团的艺术家们来到农安县前岗乡，为群众带来慰问演出。

【中国音协新兴音乐群体轻骑兵赴四平市采风及慰问演出】

12月11日至13日，应省音协邀请，中国音协新兴音乐群体轻骑兵成员、词作家刘新圈和作曲家郭永利到四平市创作采风，为四平创作“优秀城市音乐名片”。12月25日，由中国音协、吉林省文联、中共四平市委、四平市人民政府主办的“向人民汇报”中国音协新兴音乐群体轻骑兵走进四平文艺演出在四平会堂启幕，近700名群众观看演出。演出以迎接中国共产党成立100周年“向人民汇报”为主题，中国音协新兴音乐群体轻骑兵成员演唱经典曲目，刘新圈和郭永利结合四平地域文化特色为四平创作的“优秀城市音乐名片”《沃土》，在现场进行了交接仪式，并由歌手乌兰图雅首唱。

各文艺家协会及直属单位

【戏剧家协会】

2020年新冠肺炎疫情防控其间，组织全省戏剧工作者通过网络平台推出30余部作品。

6月，开通抖音、快手官方账号，发布戏曲类短视频100条。

8月9日，2020年度中国少儿戏曲小梅花荟萃暨吉林省第八届少儿戏曲小梅花大赛闭幕。本次比赛初赛采取线上评审，进入复赛的参赛剧目共52个，涵盖京剧、评剧、吉剧等多个剧种，最终推荐10位获奖选手参加第二十四届中国少儿戏曲小梅花荟萃，均获佳绩。

9月，推荐刘杨、杨雪斌主演的吉剧《孝庄长歌》和京剧《大闹天宫》参加第八届中国戏剧奖•梅花表演奖评选。

12月，组织大型吉剧《小村故事》参加2020年脱贫攻坚主题戏剧作品晋京展演活动。全省戏剧专业院团调研工作贯穿全年，已走访40余位熟悉院团历史且有代表性的创建者、老艺术家、各艺术门类工作者，录制访谈视频上百小时，征集、收集艺术资料近百本，完成对通化地区、延边地区、吉林地区共34个专业戏剧（戏曲）院团的资料整理、汇编、存档工作。编纂出版《吉林戏剧》（半年刊）。

【电影家协会】

8月，组织第35届大众电影百花奖观众评委选拔活动。

9月，选送的两部微电影作品在第十三届（中国）山东青年微电影大赛中获奖并荣获优秀组织奖。

【音乐家协会】

2月至3月，发出为防控新冠肺炎疫情募捐的倡议，共收到捐款共计18万余元及千余件防护用品，通过省慈善总会捐赠给湖北一线。

8月至10月，参加第七届吉林省市民文化节、农民文化节展演活动。组织在吉视生活频道播出的首届非遗线上音乐会录制工作。在快手、抖音、钉钉3家线上直播平台开展吉林省音协音乐听力线上公益讲座，累计观看人数超过4.7万。举办“我们的中国梦”文化进万家吉林省音协新兴音乐群体轻骑兵走进四平演出活动和敦善施塔克曼交响管乐音乐会。在大安、磐石和松原举办吉林省音协音乐文学创作公益讲座。主办“我们的中国梦”——文化进万家系列活动之吉林省音协新兴音乐群体轻骑兵走进抚松演出活动。

9月，组织省内词曲作家20余人赴延边州龙井市开展“金达莱盛开的地方”——中国朝鲜族风情组歌第六次歌词作品研讨会，邀请民俗专家曹保明、词作家胡宏伟作讲座，深入延吉市、汪清县、龙井市进行采风创作。组织参加“文艺进万家 健康你我他”——2020学雷锋文艺志愿服务全民赛歌会文艺志愿服务活动，并在长春市宽城区文化馆主办“幸福吉林 乐致小康”第三届吉林省群众文化文艺展演季——学雷锋志愿服务赛歌会。

10月1日，举办中秋赏月"芳彩华乐"琵琶演奏

会。

10月19日，由吉林省文联、省音协主办，省音协音乐文学学会、省文化馆承办的“金秋之声”2020吉林省原创作品音乐会在长春市宽城区文化馆举行。本次音乐会是“决胜小康·幸福吉林”吉林省文联惠民系列活动之一，也是第七届吉林省市民文化艺术节的主题性活动，活动围绕“脱贫攻坚”“防控疫情”和“全面建成小康社会”为主题征集歌曲，在800余首应征作品中选出14首优秀作品在音乐会上演出。

10月21日，省音协与吉林省少数民族艺术人才培训基地共同主办第七届东北三省少数民族音乐创编骨干培训暨中国朝鲜族风情组歌第七次创作研讨会，并在和龙市金达莱论坛中心举行“最美的歌 献给祖国”吉林省少数民族艺术家文化惠民演出活动。

10月中下旬，组织音乐家在长春、通化、白山、四平、延吉开展5场“决胜小康 幸福吉林”吉林省文联惠民系列活动——省音协音乐培训。

10月，召开第七届主席团五次会议，会议听取省音协第八次会员代表大会的筹备进展情况及相关文件材料所作的说明，对新任主席团候选人建议人选、代表及理事候选人建议人选、章程修改、工作报告等进行审议，审批通过2020年下半年省音协会员推荐名单和2020年中国音协会员推荐名单。

10月至12月，组织“听见中国听见你”2020年度优秀歌曲推选活动吉林省作品评审工作，活动共征集优秀歌曲44首，最终报送8首作品参加全国评选。

12月，举办2020吉林省打击乐教师人才培训专家讲座，邀请打击乐演奏家、教育家焦山林主讲。

【美术家协会】

1月17日，组织美术家参加吉林省文联、长春新区管委会主办的长春新区新春送福笔会暨吉林省文联创作基地揭牌仪式活动。

2月，举办“众志成城渡难关，风雨同舟抗疫情”吉林省美术作品网络展览，展览收到美术作品千余幅，选出优秀作品在吉林文艺网、省美协官网和吉林省美术家微信公众平台展出，共展出19期共200余幅美术作品。展览作品在人民网、《人民日报》、求是网、《吉林日报》、吉林文艺网、中国美协网络展和“我不知你是谁，但我知你为了谁”——全国战“疫”美术作品网络邀请展等平台发表。

4月起，举办吉林省写生作品网络展，共展出6期。

5月22日，为吉林市丰满区捐赠口罩等抗疫物资。

7月至9月，与吉林省文联、长白山保护开发区管委会共同主办全国美术名家赴长白山采风写生活动。

9月19日，在长春世界雕塑园举办第七届吉林省市民文化节活动——“聚力脱贫攻坚、决胜全面小康”吉林省美术写生作品展览，展览围绕“决胜全面小康、建设幸福吉林”主题，以写生的方式创作500余件作品，经过初评、复评，选出近200件作品入展。

9月29日，在第十六届中国国际动漫节颁奖盛典上，吉林艺术学院动漫学院副院长史国娟团队创作的动画艺术短片《生生不息》荣获“金猴奖”综合类动画短片奖金奖，吉林艺术学院动漫学院动画艺术系主任胡浩执导的动画系列片《百鸟朝凤》荣获“金猴奖”综合类动画系列片奖金奖。

10月13日至16日，开展“决胜小康•幸福吉林”吉林省文联惠民系列活动之一——吉林省美协赴松原培训写生活动，多位省内知名美术家深入松原市、前郭县、乾安县开展美术培训及写生交流活动。

10月20日，由中国美协、四平市政协共同主办，省美协承办的的第三届“白山黑水•美丽四平”全国中国画作品展系列活动在四平市举行，画家邹立颖主讲学术讲座，250余位美术爱好者参加学习。

11月23日，在吉林艺术学院举办中国•吉林廉政漫画大展，展览吸引了来自全国近30个省份的漫画家、漫画爱好者及60余所高校大学生的积极参与，共收到2300余件参赛作品，35件作品获奖。

【曲艺家协会】

1月12日，举办“吉林省第六届少儿曲艺大赛”，50余名小选手参加比赛，选拔出优秀节目参加中国曲协少儿曲艺展演。

2月，开展“抗击疫情，吉林曲艺人在行动”

专题网络节目展播，展播8期40余个节目。

4月29日，组织曲艺家走进省纪委，开展“共建书香机关，共创文化吉林”活动，与干部分享读书心得和朗诵技巧。

5月16日，组织专家到农安调研黄龙戏发展相关情况。

8月15日，在长春老新民胡同聚乐茶馆开展惠民曲艺专场演出。

9月26日，参加吉林省文联组织的“决胜小康，幸福吉林”大型惠民演出活动。

12月5日，开展“吉林省高校曲艺节优秀曲艺节目展演”。

12月8日，《艺海沉浮》王凤山珍藏本发布会暨纪念王凤山先生诞辰104周年活动在长春举行。

12月28日，带领曲艺家走进长春市南关区职工新村社区，开展“我们的中国梦——文化进万家”省曲协文艺志愿服务小分队双节慰问惠民演出活动。

【舞蹈家协会】

1月，与吉林广播电视台共同录制“福娃闹春属你闪耀”少儿迎春晚会。

2月，主办线上街舞交流大赛。

9月12日至13日，与团省委共同举办首届吉林省（东北）青少年街舞大赛。

9月15日，吉林省群众舞蹈展演在长春市桃李梅大剧院开幕，16个作品300余名演员参加展演。

9月19日，报送的舞剧《红旗》荣获第十二届中国舞蹈“荷花奖”舞剧奖。

9月21日至25日，作为“决胜小康 幸福吉林”吉林省文联文艺惠民系列活动之一，组织舞蹈家走进长春市幸福乡八一社区弘儒教育综合体进行为期5天的公益培训，200余名舞蹈爱好者参加学习。

9月29日，组织舞蹈家走进辽源，分别在辽源市市委广场、南康社区服务中心、辽源市新睿奥林匹克中心对百余名舞蹈爱好者进行现场辅导培训。

10月12日至16日，组织舞蹈家走进长春市东方模舞艺术中心进行为期5天的舞蹈公益培训，舞蹈教育家陈香兰亲自授课，150人参加培训。

11月6日，与中国舞协教育委员会吉林考区共同主办的2020第二十四届“我爱祖国”少儿舞蹈展演在长春市桃李梅大剧院开幕。来自全省各地的147个群舞作品参加展演，近2000名小演员参加演出。

11月16日至18日，在长春市少年宫举办2020年吉林省舞蹈教师公益培训班，舞蹈家王小燕、中国舞协吉林考区教师吴欣越、吉林艺术学院舞蹈学院副教授王亚平主讲，60名舞蹈专业教师参加培训。

11月26日，在长春市九台区体育馆举办2020年盛装体育舞蹈展示交流活动。11月30日，在吉林艺术学院影视学院举办第二届“以舞悟同”教学展演交流活动。

【民间文艺家协会】

8月，编纂完成《中国民间工艺集成•吉林卷》初稿。全书涵盖吉林省地域特色的民间刺绣工艺、民间陶瓷工艺、民间琉璃工艺、民间雕塑工艺、民间编织工艺、民间工艺绘画、民间金属工艺、民间劳动工具、民间家具工艺、民间剪纸工艺、民间杂艺11个民间工艺门类，共计30多万字，图片1000余张。

8月14日至9月1日，举办“首届吉林民间文艺奖（民间工艺美术作品奖）”评选，经过初评和复审，评出10件“吉林民间文艺奖（民间工艺美术作品奖）”获奖作品。

8月28日至9月6日，与吉林省工艺美术协会、北京华夏民博会展有限公司主办的第十三届中国（长春）国际民间艺术博览会在长春市长江路商业步行街举行，展会为期10天。

9月，组织编纂的《吉商文化》出版。

10月20日，组织文艺志愿者走进长春市南关区东莱南街社区，为社区群众现场展示剪纸、糖画、葫芦雕、面塑等民间工艺。

【摄影家协会】

2月至3月，组织开展“众志成城渡难关，风雨同舟抗疫情”摄影作品网络展览，共推出7期约300幅专题作品。

4月28日，在蛟河市举办首期吉林省摄影公益大讲堂，全年共主办公益大讲堂7期。

9月28日，“全面建成小康社会”吉林省摄影大展和“腾飞和龙”脱贫攻坚奔小康全国摄影大展在延边朝鲜族自治州和龙市开幕，两个展览共征集作品2万余幅，1300幅优秀作品入展。

12月15日，与和龙市人民政府、吉林省图书馆共同主办的“脱贫攻坚奔小康”全国摄影

大赛获奖作品暨和龙市全域旅游摄影展在吉林省图书馆开幕，展览分为“全国脱贫攻坚摄影展获奖作品”“和龙市经济建设成果”“朝鲜族人文民俗”“自然风光”4个版块，展出摄影作品152幅。

【书法家协会】

元旦、春节其间，会同全省各市（州）、县书协在全省范围内开展了“同心同书——祖国新春好”书法家送万福进万家志愿服务公益活动，共开展书法惠民活动430余场次，累计参与活动的书法家4500余人次，书写和赠送春联127700副、福字131400个、书法作品千余件。

1月，邀请省内书法名家围绕迎新春、贺新年主题，在长春火车站举办吉林省书法名家作品迎春展，展出当代书法家段成桂，吉林省书协主席毕政，常务副主席吴玉珩，副主席张金梁、苏延军、刘成、韩庚军等省内骨干书家的书法精品40余件。

2月，举办吉林省书法家战“疫”主题书法作品网络展，作品通过网络平台分批次陆续展出，仅在省书协网络平台上的阅读量就达3万余次。

9月，在长春火车站举办“决胜小康、幸福吉林”新时代新生活主题书画作品展，展览聚焦复工复产主题，共60余件书法作品入展。举办“中国人民抗日战争暨世界反法西斯战争胜利75周年、中国人民志愿军抗美援朝出国作战70周年”吉林省主题书法篆刻作品网络展，168件书法作品入展。举办第六届农民书法作品网络展，共188件作品入展。

9月10日至18日，在吉林省图书馆举办“赵小宁书法作品展”，展出赵小宁先生书法作品80余幅。

9月至11月，在吉林省图书馆举办“毫端万象、行中问道”书画作品邀请展，展出张金梁、苏显双等6位省内高校书法教师的作品。

10月，举办“决胜小康、幸福吉林”吉林省主题书法篆刻作品网络展，共收到投稿作品2000余件，最终入展作品218件。

10月2日至6日，在长春国际会展中心大饭店举办“决胜小康、幸福吉林”吉林省文联惠民系列活动——吉林省书协2020年公益书法临帖创作研讨班和吉林省中小学书法教师公益培训班，来自全省各地的骨干作者、会员和基层书法爱好者共计150余人次参加了学习。

10月30日至11月3日，由吉林省书协指导、吉林省青年书协主办的庆祝中华人民共和国成立71周年“洮儿河杯”吉林省首届青年书法篆刻作品大展在长春乾元美术馆举行。

11月，在长春火车站举办“决胜小康、幸福吉林”吉林省主题书法作品佳作展。全年，省书协志愿服务团“专家大讲堂”先后走进长春市九台区马鞍山村、通化市、集安市、长春市南关区平阳社区、抚松县等地，为基层书法爱好者举办书法讲座并进行现场创作指导。持续开展书法进校园活动，与吉林司法警官职业学院、梨树县教育局、东北师范大学附属中学等学校合作，开展“书法第二课堂”“书法作品展”“校园书画会”“师生座谈会”等活动。

【杂技家协会】

3月，组织创作的杂技剧剧本《战“疫”》在《杂技与魔术》发表。

5月起，创作编排滑稽、杂技情景剧《“疫”点小事》《环卫英雄》。

10月，举办吉林省第三届空竹大赛，10月27日，在长春市南湖公园举行交流展示活动，长春市7个空竹协会和站点成员参加展示。

【广播电视艺术家协会】

10月，主办吉林广播影视奖暨第32届吉林省电视文艺丹顶鹤奖，本届丹顶鹤奖有160余部作品参评，评出文艺节目、纪录片、文艺栏目、戏曲节目、动画节目类13个精品节目奖和5个单项荣誉，推荐获奖优秀作品参加2020“美丽中国”微电影大赛、水仙花微电影节等活动。

11月，组织选手参加第十二届海峡两岸电视主持新人大赛，徐佳琪、孟祥晟获铜奖。

全年，省视协组织评选优秀电视作品参加第八届亚洲微电影艺术节、第30届中国电视金鹰奖、第十四届中国小康电视节目工程、第十三届中国旅游电视艺术周等国际、国家级展演，共20余部作品获奖。

【二人转艺术家协会】

8月至11月，创排的二人转《青春之歌》参加第七届全国道德模范故事汇基层巡演活动。

9月，在吉林市昌邑区曾通村举办第七届吉林省农民文化节二人转专场演出活动。

10月14日至18日，在伊通满族自治县河流源镇保南村、黄岭子镇、景台镇永久村、靠山镇姜家村、新兴乡闫家村举办5场“决胜小康、幸福吉林”吉林省文联惠民系列活动二人转公益培训，培训基层二人转爱好者近300人。9月25日，推荐的二人转《双菊花》获得2020年度第十一届中国曲艺牡丹奖节目奖。

【民俗学会】

组织编纂的《吉林省村落民俗文化志•汪清鸡冠山卷》《吉林省村落民俗文化志•安图石门卷》出版，完成《吉林省村落民俗文化志•黑林子卷》书稿。全年为中国观网录制《施公说节》33期，为长春电视台录制《施公讲东北方言》50期，为喜马拉雅录制《施公话风俗》41期，为《文化吉林》讲坛主讲《鼠咬天开　鼠性通灵——鼠年释说鼠文化》《冬至——阳生》年俗讲座。

【书画院】

3月，组织全院画家绘制抗疫英雄肖像，参加“致敬最美逆行者《面孔》大型公益出版活动”。

7月至10月，组织全体画家参加“关东大地行”之走进临江市、长白山泉阳、湾沟站、松江河等地写生活动。

文艺期刊

【《文艺争鸣》】

10月，在长春市召开中国当代文学：发展与变化研讨会。

策划哈罗德•布鲁姆研究专辑、黄子平学术思想评论专辑、周立波研究专辑、“审美地理学”研究专辑、抗战文学研究专辑、“人工智能时代的文学与艺术”研究专辑、短视频平台文化研究专辑、汪曾祺诞生百年纪念专辑、“当代文学研究的问题与方法”“小说史学面面观”10个研究专辑，所刊发文章被国内权威期刊转载34篇，其中《新华文摘》转载3篇，《中国社会科学文摘》转载4篇，《人大复印资料》转载27篇。

【《民间故事》】

《民间故事》始终坚守“大力抢救、挖掘、保护优秀的传统文化，努力推动各民族民间文化的传承，扎根东北，立足吉林，面向全国”的办刊宗旨，以“故事”为载体，及时深入地传达党和政府各项政策，坚持正确舆论导向，积极参与公益活动，全年刊载多期时代楷模、社会主义核心价值观公益广告外，不定期向社区街道、传统村落赠送刊物，被收录进吉林省2020年农家书屋重点出版物推荐目录。

【《当代音乐》】

《当代音乐》期刊全年出版12期正刊、1期增刊，设有当代音乐家、教授专栏、博士论坛、高等音乐教育、基础音乐教育、民族音乐研究、外国音乐研究、作曲技术理论、表演艺术研究、硕士园地、学术论坛、歌曲新作、器乐作品、艺术歌曲等栏目，刊发论文651篇、音乐作品70余首。3月至8月，开设“抗击疫情优秀作品选登”栏目，共发表20多首疫情歌曲。6月，《当代音乐》出版增刊《永远在一起——吉林省抗击疫情优秀歌曲集》，收录了在本次抗击疫情创作活动中创作的104首优秀词曲作品。

【《小说月刊》】

《小说月刊》全年多篇首发稿件在各类选刊转载，并有作品收录于各类合集、选本、入选试卷阅读题。其中，《小说选刊》转载8篇。在中国小说学会2020年度小小说・微型小说排行榜评选的10篇获奖作品中，《上不了桌面的桌面事》《鸡司令》两篇获奖作品均首发自《小说月刊》。在第十八届中国微型小说年度奖的9篇获奖作品中，《父亲变成一只羊》《功夫》均首发自《小说月刊》。

黑龙江省文联

综　述

2020年，黑龙江省文联坚持以习近平新时代中国特色社会主义思想和党的十九大精神为引领，增强“四个意识”、坚定“四个自信”、做到“两个维护”，在中国文联和省委省政府的关心指导下，顺利召开第七次代表大会，选举产生了黑龙江省文联第七届主席团，规范完成各项换届工作。

在新一任领导的带领下，创新履行文联组织团结引导、联络协调、服务管理、自律维权的职能任务，坚持以人民为中心的工作导向，以推动带领文艺作品创作生产为核心任务，文联工作和文艺工作取得积极进展。

积极组织开展“以艺抗疫”文艺作品创作活动，万余件抗疫主题作品彰显了文艺工作者的爱国情怀和社会担当；创新工作品牌，打造“臻艺”平台，构建综合立体的服务载体和宣传窗口；延伸工作手臂，升级改版文联网站，完善会员管理系统，网上“文艺家之家”建设卓有成效；广泛开展文艺活动，主题活动更加有效服务大局，“我们的中国梦”文化进万家志愿活动更好惠及基层百姓，龙江讲坛“文艺家说”公益讲座让更多群众共享文化成果。

大力培养人才和引导创作，规范组织“第一届黑龙江省文学艺术英华奖”评奖，举办百余次理论和业务培训，推动人才素质提高和作品质量提升。

注重上通下联及对外交流，配合中国文联及国家级协会举办区域性活动，深入基层调研指导工作，组织“丝路同心”等赴外省采风交流，促进文艺资源互鉴共享。

全面提升机关党建工作水平，持续加强队伍自身建设，文联组织凝聚力战斗力进一步增强，全省文艺工作得到更有力的组织保障。

会议与活动

【黑龙江省文学艺术界联合会第七次代表大会】

1月7日上午，黑龙江省文联第七次代表大会在哈尔滨开幕。省委书记、省人大常委会主任张庆伟出席开幕会并讲话，中国文联副主席左中一致辞。省领导王文涛、黄建盛、陈海波、张安顺、王常松、李海涛、傅永国、张雨浦、王兆力、贾玉梅、陈安丽、聂云凌、胡亚枫出席大会。

张庆伟代表省委省政府向大会的隆重召开表示热烈祝贺。他指出，党的十八大以来，习近平总书记多次就文艺社科工作发表重要讲话、作出重要指示，科学回答了新时代文艺社科事业发展的重大理论和实践问题，为我们做好工作提供了根本遵循。全省文艺工作者紧跟时代、紧扣大局，创作了一批叫得响、立得住的精品力作，推出了一批有思想、有见地的研究成果，全省文艺事业呈现一派繁荣兴盛的生动景象。张庆伟强调，中国特色社会主义进入新时代，龙江发展迈入全面振兴全方位振兴新阶段，文艺工作舞台广阔、大有可为。全省文艺工作者要把握正确方向，始终坚持马克思主义指导地位，筑牢理论之基，高举伟大旗帜，坚定文化自信，加快构建和发展具有龙江特色、龙江风格、龙江气派的文艺社科事业。要紧跟时代步伐，用思想的力量巩固团结奋斗的共同基础，用文艺的力量唱响振兴发展的主旋律，用理论的力量为经济社会发展提供智力支撑，积极投身龙江振兴发展火热实践。要聚焦服务人民，坚持以人民为中心，坚持深入生活、扎根人民，坚持成果由人民评判，用心用情用力抒写人民、描述人民、歌颂人民，更好满足人民群众精神文化生活新期待。要潜心精品创作，坚持精益求精，善于创新创造，彰显价值追求，推出更多无愧于时代的优秀作品。要强化立德修身，始终志存高远，锻造过硬本领，坚守职业道德，充分展现新时代文艺工作者良好风貌。张庆伟强调，各级文联要坚持和加强党的领导，把政治建设摆在首位，落实意识形态工作责任制，巩固和扩大群团改革成果，打造规模宏大、结构合理、素质优良的文艺社科人才队伍。各级党委要加强和改善对文艺工作的领导，营造繁荣发展的良好环境。

左中一代表中国文联对大会召开表示祝贺。左中一希望全省文艺工作者坚持与时代同步伐，坚持以人民为中心的创作导向，坚守艺术理想，不断推出更多文艺精品，努力以明德引领社会风尚，进一步激发文联组织生机活力。

黑龙江省文联主席韩会峰在会上作题为《培根铸魂　守正创新 为龙江全面振兴全方位振兴贡献力量》的工作报告。报告从认真学习贯彻习近平新时代中国特色社会主义思想，政治引领力日益强劲；紧扣党中央和省委省政府中心工作，主题文艺活动立场鲜明；打造龙江文艺高峰，文艺精品创作硕果累累；广泛开展主题实践和志愿服务活动，文艺惠民范围不断扩大；深入挖掘地域文化资源，文艺品牌建设和文艺精品生产成绩斐然；完善教育培养体制机制，文艺人才队伍显著壮大；宣传弘扬龙江优秀文艺创作成果，文化交流渠道持续拓展；充分发挥行业建设主导作用，深化改革工作卓有成效；坚持和加强党对文艺工作的领导，机关建设水平稳步提升九个方面总结了六次文代会以来的主要工作。从坚持政治引领，引导广大文艺工作者培根铸魂；坚持围绕中心，持续开展高质量文艺实践活动；坚持服务人民，不断满足群众的精神文化需求；坚持品牌建设，助推精品力作从高原走向高峰；坚持德艺双馨，全力打造新时代龙江文艺铁军；坚持守正创新，完善做好桥梁纽带的体制机制；坚持知行合一，全面提升文联机关的党建水平等八个方面研究部署了今后的工作。

大会选举产生黑龙江省文联第七届主席团，韩会峰当选黑龙江省文联新一届主席，张正明、戴立然、黄锦秋当选黑龙江省文联驻会副主席，于峰、于文秀、王宏宇、司兆国、刘彤、孙启军、李皎、李雪飞、赵云龙、郭崇林、薛金升（按姓氏笔画排序）当选黑龙江省文联兼职副主席。

【文艺志愿服务活动】

春节前夕，组织省直院团、高校、新文艺群体的书法家、美术家、摄影家、曲艺家、民间文艺家组成“我们的中国梦”——文化进万家文艺志愿服务小分队，奔赴绥化市海伦市、齐齐哈尔市拜泉县、佳木斯市同江市和省康复医院开展文艺志愿服务活动。“五一”其间开展“文艺进万家、健康你我他”网络培训公益课活动，共组织十余位艺术家进行24场网络直播。“5·23”中国文艺志愿者服务日其间策划“云艺”生活空间特别节目：“文艺进万家、健康你我他”文艺视频晚会。端午节其间开展“云赏端午·品味龙江”网络文艺直播公益课，共有10位艺术家开展10场网络直播公益课。推出云艺生活空间特别节目——“我们的中国梦”文化进万家云艺公益课堂，共计12位艺术家开展以文艺教学培训为主要内容的38场培训公益课程。

【“臻艺”】

“臻艺”平台是黑龙江省文联利用闲置办公面积重点打造、免费提供给省级以上会员使用的艺术活动平台和小型精品艺术展示空间。通过举办展演、展出、交流、研讨等活动，采取线上线下同步推进、固定与流动展示相结合等方式，深入机关、学校、医院、社区及省内各地举办巡展、交流展，打破空间限制，延伸服务手臂，彰显文艺的示范性、引领性，努力建设集文艺交流、艺术共享为一体的“文艺家之家”。10月16日，“臻艺”开馆首展“抗疫路上　文艺同行”——黑龙江省文艺界抗疫主题摄影作品展举行，除在“臻艺”艺术馆及“臻艺云”空间同步展出外，还深入哈尔滨医科大学、黑龙江大学等地举办巡展。11月10日，举办“抗疫路上　文艺同行”——黑龙江省文艺界抗疫主题美术作品展。11月24日，举办“抗疫路上　文艺同行”——黑龙江省文艺界抗疫主题书法作品展。

【“文艺家说”】

是在“龙江讲坛”中增设的艺术专题系列讲座，向群众免费开放的公益服务性平台。截至2020年末共举办“书法临摹与创作”（胡志平主讲）、“美术鉴赏与批评”（于冠超主讲）、“歌曲演唱的艺术处理及舞台表现力的把控”（刘臣主讲）、“新中国成立后的古筝传承与保护”（李树果主讲）、风光摄影之“诗画龙江”（夏福祥主讲）、黑土奇葩——北大荒与黑龙江版画艺术（于承佑主讲）6期专题讲座。

【“丝路同心、助力扶贫”采风交流】

为深入学习贯彻习近平总书记关于文艺工作的重要论述，加强省际间的文化交流合作，黑龙江省文联组织省内艺术家于2020年10月13日至10月25日，赴甘肃宁夏进行“丝路同心、助力扶贫”采风调研和艺术交流活动。此次活动，得到两省区的高度重视，宁夏回族自治区党委书记陈润儿会见黑龙江省文联领导和全体艺术家，对此次活动给予高度肯定和支持。活动其间，黑龙江省文联分别在甘肃艺术馆和宁夏西部美术馆举办黑龙江省美术、书法、摄影、剪纸交流展，展出了四个艺术门类的120余件优秀作品，呈现了黑龙江省近年来文艺创作的优秀成果。展览同时，还与两省区艺术家们开展笔会、座谈等交流活动。黑龙江省文联分别与两省区文联签署《关于加强文艺交流合作的双边协议》。

【《习近平谈治国理政》第三卷专题辅导】

11月18日，黑龙江省文联在哈尔滨市友谊宫组织开展《习近平谈治国理政》第三卷专题辅导暨文艺骨干人才培训。黑龙江省文联副主席、党组成员张正明在培训班上致辞。他强调，本次培训的目的是学深悟透《习近平谈治国理政》第三卷主要内容，全面领会习近平总书记重要讲话的核心要义和精神实质，增强“四个意识”、坚定“四个自信”、做到“两个维护”，提升“四力”本领，着力建设一支德艺双馨的文艺队伍。首场讲座由省委党校副校长周英东开讲，他从深刻领会重大意义、准确把握精髓要义、推动学习取得实效三个方面，对《习近平谈治国理政》第三卷进行了解读；黑龙江大学艺术学院院长于冠超以《艺术鉴赏与评论的困境与超越》为题，谈了她对艺术创作和评论等问题的思考；黑龙江省文联副主席、党组成员黄锦秋结合自己丰富的文艺工作经验和感受，深入浅出地解读了当前党和国家的文艺方针政策。本次培训采取线下线上相结合的方式进行，省级各文艺家协会主席团成员、理事会成员、省级以上会员代表、文联系统干部职工和基层文艺工作者共500余人参加了培训。

【崇德尚艺　做有信仰有情怀有担当的新时代文艺工作者巡回宣讲】

11月19日，中国文联巡回宣讲团来到黑龙江开展“崇德尚艺　做有信仰有情怀有担当的新时代文艺工作者”巡回宣讲活动，宣讲活动在哈尔滨市友谊宫举行。黑龙江省文联主席韩会峰在致辞中对宣讲团的到来表示热烈的欢迎和衷心的感谢，并希望学员们珍惜这次难得的学习机会，认真听讲，用心领会，在今后的工作和文艺创作中，自觉以优秀艺术家为榜样，向典型学习、向楷模看齐。中国文联全委、北京城市当代舞蹈团团长滕爱民作题为《根深才能叶茂——传统文化是艺术创作的源泉》的宣讲；中国民协理事、湖南长沙美伦湘绣文化传播有限公司艺术总监邬建美的宣讲题目是《做文化传承和创新的“追梦人”》；中国美协主席、中央美术学院院长范迪安分享了题为《立足中国大地，彰显时代精神》的心得体会。3位文艺名家通过自己的亲身经历和创作实践，分享了他们学习领会习近平总书记关于宣传思想工作的重要思想和关于文艺工作的重要论述的深刻领悟，讲述他们践行社会主义核心价值观，坚持以人民为中心的创作导向，以精品奉献人民，用明德引领风尚的感受体会。

“以艺抗疫”

黑龙江省文联引导带领全省文艺工作者创作防疫抗疫主题文艺作品万余件。向中宣部、中国文联、省委宣传部等部门推荐报送优秀作品600余件，《战“疫”春天　龙江力量》（短视频）、《只有中国》（歌曲）、《洗手舞》（舞蹈）、《新生》（摄影）、《我和我的祖国》（魔术）等155件优秀原创作品在“学习强国”、人民网、中国文艺网、《黑龙江日报》等媒体展出播出。与人民网黑龙江频道、黑龙江音乐广播、《黑龙江日报》等省内媒体合作开展抗疫作品征集及网络展播展映活动，共发布优秀作品1000余件。在黑龙江文艺网等内部平台开展黑龙江文艺界战“疫”优秀文艺作品展播及各艺术门类线上抗疫作品展示活动142期，推出文艺作品5000余件。

黑龙江省文联制定疫病防控日报告制度，党组书记杨殿军、主席韩会峰分别深入党员下沉的社区，督导并了解下沉党员在社区工作情况。文联8名同志报名参加义务献血，13名党员干部自愿报名参加下沉社区，党员干部职工共计捐款39380元。

助力脱贫攻坚

黑龙江省文联驻新华村扶贫工作队自2017年6月驻绥化市青冈县迎春镇新华村扶贫，先后三支队伍共十人投入伟大的脱贫攻坚事业中。驻村三年以来，工作队诸位成员能深入学习贯彻落实党的十九大精神和习近平新时代中国特色社会主义思想，并以此指导行动，与新华村两委密切配合，坚持以党建促脱贫攻坚，使新华村基层组织凝聚力、向心力、战斗力进一步增强；工作队争取派出单位黑龙江省文联先后投资120余万元，兴建文化大院、党建活动室、修建涵桥等，使新华村基础设施、文化场所建设进一步完善。

工作队合理利用省直专项扶贫资金共200万元，发展汉麻、白瓜、菇娘等特色产业，购买农机具入茂华合作社，使新华村产业项目带动脱贫的效果进一步明显。

工作队心系贫困群众冷暖，为贫困户多次捐款捐物，组织文联机关职工为村图书室捐赠图书1000余册，消费扶贫近2万元，协调义诊，为贫困户寻医赠药，使新华村群众满意度进一步提升。

工作队依托派出部门黑龙江省文联各文艺协会开展丰富多彩的扶志智教育活动，如举办新华村“自立自强贫困户、文明家庭、孝老敬亲模范”评选活动、“到人民中去”文艺会演、“走进新华”书法绘画笔会、“脱贫攻坚 文化助力”志愿服务活动、“文华记忆 扶贫瞬间”纪实摄影展、“文华杯”篮球赛等，使新华村志智双扶工作进一步加强。

工作队按省市县要求精准施策、精准退出，2018年底完成全村出列的脱贫任务，2020年底全村贫困户61户154人全部退出贫困行列，村贫困发生率为零，使新华村脱贫成果进一步巩固。

三年以来工作队成功迎接国家省市等方面脱贫攻坚目标考核检查近四十次，2018年时仁杰同志获绥化市“十佳驻村第一书记”光荣称号，使新华村的脱贫攻坚工作得到百姓的进一步认可。

获奖情况

【重要奖项】

第二十四届“中国少儿戏曲小梅花荟萃”评选活动，曲俊衡、赵知音、周子玉、赵知昱、赵泽淳、王乙晴、刘美妍、迟斯元、石铭格获京昆组“小梅花”称号，金梓涵获地方戏组“小梅花”称号。

第十五届“和平杯”（全国）京剧票友邀请赛决赛，赫英兰、付鸣获中国京剧“双十佳票友”荣誉称号（二等奖），王文艳获中国京剧“优秀票友”荣誉称号（三等奖）。

第八届亚洲微电影艺术节，《热雨》获好作品奖、优秀编剧奖，《“贷”价》获好作品奖。

第十三届中国旅游电视周暨第二届大运河文化国际电视周，《足迹旅行》获好作品奖，《宁安印象》获优秀作品奖。

声耀平潭·第十二届海峡两岸电视主持新人大赛，王贺获金奖、最佳口才奖，赵辰杰、许航齐获优秀奖。

第十四届小康电视节目工程优秀作品评奖，《新农人创业经》获对农专题片最佳作品奖，系列报道《我的小日子》获对农专题片好作品奖，《帮忙》获对农电视好栏目奖，《帮忙·田妮儿的时间》获对农电视节目主持人提名奖，《中国粮食中国饭碗》获美丽乡村优秀宣传片奖。

首届锦绣中华金鼎奖全国风光摄影大赛，摄影家国徽作品获金奖。

第十一届中国曲艺牡丹奖，刘骥、李大宇创作的相声《超级英雄》获文学奖提名。

第十五届中国民间文艺山花奖优秀民间工艺美术作品终评，石立新鱼皮画《秋意浓》入围。

由黑龙江省文联和黑龙江大学联合出品的抗击疫情公益歌曲《爱在天地间》MV，获教育部评选的“共抗疫情、爱国力行”主题宣传教育和网络文化成果征集展示活动一等奖；中国视协、湖北省广播电视局、湖北省文联、湖北广播电视台等共同举办“风雨同歌”全国抗疫MV征集典藏活动银奖；黑龙江省委宣传部等单位评选的抗击疫情优秀文艺作品二等奖。

【第一届“黑龙江省文学艺术英华奖”】

7月至12月，黑龙江省文联组织开展第一届“黑龙江省文学艺术英华奖”评选工作，该奖项是中共黑龙江省委、黑龙江省人民政府批准设立，黑龙江省文联和黑龙江省作协主办的常设全省性文艺评奖。经资格审核、初评、联评、终评，共

评选出获奖作家5人，获奖作品242件，包括广播剧类作品4件，电影类作品14件，戏剧、电视、书法、曲艺、杂技、文艺评论等六个艺术门类作品各15件，舞蹈类作品17件，民间文艺类作品27件，音乐、美术、摄影等三个艺术门类作品各30件。

机关建设

【机关党建】

认真贯彻落实习近平总书记关于党建工作的重要部署，始终把抓好党建作为第一要务，全面推进党的建设、意识形态建设、党风廉政建设、制度建设和干部队伍建设。利用“学习强国”、青年理论学习小组等载体，深入学习《习近平谈治国理政》第三卷、党的十九届五中全会精神等内容，开展全国文联系统干部增强“四力”网络培训、中国文联“崇德尚艺 做有信仰有情怀有担当的新时代文艺工作者”宣讲等活动。严格执行“三会一课”制度，建设“四强六规范”党支部。严格落实意识形态工作责任制，落实“四个纳入”要求，严格执行“三审”制度，定期开展风险排查。加强作风建设，落实“五细”要求，开展“五整治”“机关作风建设活动月”“机关工匠”评选等活动。推动治理体系现代化建设，制定7个廉政风险防控流程图，加强廉政风险防控，形成49个岗位责任书，健全部门和岗位职责。选举产生新一届机关工会委员会，健全了共青团、女工委员会组织。

【制度建设】

修改完善《黑龙江省文联财务管理办法》，制定《黑龙江省文学艺术界联合会公文处理工作细则》《黑龙江省文联外聘人员管理办法》《黑龙江省文联艺术品管理办法》和《重大活动备案制度》《黑龙江省文联新闻宣传管理办法（试行）》《黑龙江省文联网站管理办法（试行）》《黑龙江省文联微信公众号管理办法（试行）》等14项意识形态工作管理制度。

【设施建设】

建设臻艺艺术馆、臻艺培训教室、臻艺美术创作室、臻艺书法创作室、黑龙江省图书馆艺术分馆。

【表彰奖励】

黑龙江省文联开展践行“工匠精神”先进集体和先进个人评选活动。机关党委、办公室、人事处被评为“先进集体”；尹航、刘鸿哲、刘士伟、郎庆松、张晓鑫、岳芳芳、张锐、葛衍被评为“先进干部”；李振宇、陈静、杜坤被评为“先进处长”。其中葛衍、刘鸿哲、岳芳芳在省直机关工委开展的践行“工匠精神”评选活动中，被评为“先进干部”，陈静被评为“先进处长”。

各文艺家协会

【黑龙江省戏剧家协会】

疫情其间，组织戏剧工作者开展抗疫创作，并向中国剧协推荐20余部作品；在微信公众号编辑11篇戏剧作品展播，中国剧协发布1篇公众号《〈“艺”心战“疫”，和衷共济〉中国剧协抗疫·黑龙江篇》。

7月，举办第二十届“黑龙江省戏剧小梅花荟萃”活动，从300多名6岁至35岁的选手中，评选出专业组和业余组状元花、梅花之星、四度梅花、三度梅花、二度梅花、金花、银花、铜花等称号。

7月底，举办黑龙江省戏剧大赛•第六届名家名票评选暨第十五届“和平杯”中国京剧票友邀请赛黑龙江省选拔活动，选出150余个获奖项目，与往年有所不同的是本次评选活动还出现了歌仔戏、电子器乐与民族器乐相结合、自拉自唱的新形式。

10月，第十五届“和平杯”京剧票友邀请赛，省剧协获优秀组织奖。

10月，在2020年第二十四届“中国少儿戏曲小梅花荟萃”活动中，被授予优秀组织单位。

11月4日，黑龙江省文联、《黑龙江日报》、黑龙江省剧协共同举办线上“学习习近平总书记给中国戏曲学院师生的回信座谈会”。

11月，分别深入黑龙江省委党校、黑龙江职业学院、哈尔滨技师学院开展“校园有戏——国粹正青春”优秀传统文化进校园文艺志愿活动，把优秀传统文化带入校园。

12月14日，中国剧协第九次代表大会在京召开，大会选举产生了中国剧协第九届理事会，黑龙江省剧协主席，齐齐哈尔市话剧团书记、团长艾平，黑龙江省龙江剧艺术中心副主任李雪飞，黑龙江省剧协负责人秦宏当选新一届理事，大会聘请白淑贤为中国剧协第九届顾问。

【黑龙江省影视家协会】

疫情其间，组织影视工作者创作歌曲《等你回家》《前行者》《敬爱的人》、MV《爱不隔离》等作品，并在黑龙江广播电视台卫视频道、电台高校广播、黑河台等11家媒体平台全面推广MV《坚信爱会赢》。

3月，与黑龙江省委政法委联合开展“打赢抗疫阻击战、决胜全面建小康”微视频微电影作品征集、展播、推优活动。在6个月的工作其间，征集作品419部，总时长约2400分钟。经专家评审、网络公示等环节，推选出最佳作品4部、优秀作品8部、好作品13部。选送作品参加第五届平安中国“三微”大赛评奖，共有16件作品获奖。

3月至9月，开展第七届全省微视频微电影作品征集、展播、推优活动，共征集作品361件，总时长约1900分钟，选出最佳作品5部、优秀作品10部、入选作品25部。

4月至10月，黑龙江省委宣传部、省委网信办、省教育厅、省人社厅、黑龙江省文联、黑龙江广播电视台联合主办了2020全省主持人大赛，吸引4107名来自全国各地的高校学子和播音主持爱好者的报名参赛，最终评选出本次大赛的冠、亚、季军及十强选手。

【黑龙江省音乐家协会】

疫情其间，与黑龙江音乐广播联合全国57家省市音乐电台和媒体共同组织抗疫作品展播活动，发布全国首个抗击疫情公益歌曲专辑（共60首），全国累计超过846万人关注和聆听专辑。推出15期“武汉加油”原创公益歌曲展播和18期“音乐人在行动”会员原创战疫歌曲展播，共102首。选送的《只有中国》等10首歌曲入选中国文联、中国音协优秀公益歌曲展播，并在中宣部“学习强国”平台推送；有14首音乐视频作品被中国艺术头条、央视频等媒体选播。

1月，承办“黑龙江之冬”国际艺术节音乐类系列活动，先后举办2020年钢琴新年音乐会、琴怀雅韵古琴新年音乐会、黑龙江爱乐交响管乐团新年音乐会。

开展“幸福小康路上行”歌曲征集活动，9月组织《好日子》《越来越好》的词曲作者车行、李昕等13人赴赫哲、鄂伦春等少数民族聚集地进行为期11天的“幸福小康路上行”创作采风活动。

10月19日，为纪念中国人民抗日战争暨世界反法西斯战争胜利75周年和中国人民志愿军抗美援朝出国作战70周年，承办“奋进新时代”交响合唱音乐会，邀请刘和刚、常思思等我国歌唱家参与演出。

推荐作品《黑龙江流域少数民族音乐国际化呈现》，获得中国文联2020年青年文艺创作基金扶持项目。省音协秘书长陆园媛获中国文联文艺研修院2019年度优秀撰稿人奖。在中国音协主办的中国当代歌曲创作精品工程——“听见中国听见你”2019年度优秀歌曲推选活动中，黑龙江省音协被评为优秀推选单位。

【黑龙江省舞蹈家协会】

疫情其间，组织会员创作抗疫舞蹈作品67件，原创舞蹈影像作品《我们》《洗手舞》被中国文联网站、中国舞协微信公众号、《黑龙江日报》手机端转发，合计点击量超十万。《洗手舞》获得（省委宣传部主办）“众志成城，抗击疫情”网络视听作品征集展播评选活动一等奖。

国庆中秋双节之际，组织黑龙江青年舞团原创舞剧《程. 长》和街舞专场晚会走进黑龙江大学公演。

9月23日，举办“第二届舞蹈界新文艺群体培训班”。

9月23日，举办“黑龙江省舞蹈界新文艺群体舞蹈培训机构发展论坛”，全省28家会员单位及22名新文艺群体代表参加，论坛通过讲座、座谈会走访参观相结合形式开展。

10月14日，组织15名舞蹈志愿者走进大庆市万宝学校开展舞蹈美育进校园红色主题教育活动。

10月15日，举办“2020年舞蹈编导高级人才培训班”。

【黑龙江省美术家协会】

配合疫情防控，征集疫情防控题材美术作品，在省美协微信平台举办四期线上画展，展出国画、水彩画、漫画、速写、农民画作品近百幅。配合省委宣传部，完成“强信心、暖人心、聚民心·疫情防控题材美术作品展”作品征集、奖项

评选工作，共征集作品1500余件，评出获奖作品100件。在红场美术馆，举办“众志成城　抗击疫情——黑龙江省美术作品展”，展览由黑龙江省文联、省美协等单位主办，展出作品近200件。

6月25日至27日，举办三期“端午云鉴·龙江美术家风景写生作品邀请展”。

7月16日，在红场美术馆举办“黑龙江省首届架上连环画作品展”。

8月24日至30日，举办“迎庆建党百年·黑龙江美术家创作采风活动”，组织省内33位美术家分赴大庆、齐齐哈尔、伊春、建三江、牡丹江等地创作采风。

9月10日至27日，举办“迎庆建党百年·黑龙江美术家创作写生活动”，组织省内19位美术家，在牡丹江横道河子创作写生。

9月10日至20日，在肇东举办“首届绥化作品双年展”。

10月12日，在红场美术馆举办“精神的光感—中国水彩CZDC联展全国巡回展”。

10月14日，在通河县举办“第十九届黑龙江省漫画作品双年展”。

11月12日至19日，举办全省油画重点作者创作高研班，邀请国内知名油画家赵培智、俞晓夫担任指导教师。

11月15日，在齐齐哈尔市美术馆举办“第二届黑龙江省版画作品双年展”。

11月20日至12月22日，在红场美术馆举办“第九届黑龙江省水彩画作品双年展”“首届黑龙江省综合材料绘画作品双年展”“第三届黑龙江省中国画作品双年展”。

11月22日至25日，举办全省连环画重点作者创作高研班，邀请中国美协连环画艺委会主任李晨担任指导教师。

出版美术作品集《黑龙江省第十三届美术作品展获奖作品集》《众志成城　抗击疫情——黑龙江美术家在行动美术作品集》。

【黑龙江省摄影家协会】

疫情其间，发出“致战斗在抗击疫情一线的摄影家的一封信”，组织广大摄影家记录在抗击疫情战役中各地各行业的感人瞬间，推出40期《镜头凝聚感动瞬间——龙江摄影家在行动作品选编》，共计千余幅作品，被中国摄影网、《黑龙江日报》、人民网黑龙江频道、龙广新闻夜航、龙视新闻联播、龙广艺术龙江栏目、中央电视台等十余家媒体转编发送。

1月，黑龙江省摄协主席卞永平获戛纳国际摄影节金像奖入围奖。

1月5日，召开第六届主席团第二次会议，修改《黑龙江省摄协会员入会细则》，制定《黑龙江省摄协主席团成员履职工作守则》建议草案，及拟成立黑龙江省摄协专业委员会方案草案，增补王建男为协会顾问，并增补为专家委员会成员。

1月11至14日，开展“我的中国梦——文化进万家”摄影惠民活动，走进五大连池市双泉镇龙头村为老百姓拍摄全家福；并进行冰雪摄影专题创作；利用两个晚上时间传达省文代会精神，举办龙江摄影讲座2期。

6月9日与光影视界网主办“用相机赞美家乡”主题摄影活动。

6月27日至7月4日，为庆祝建党99周年，省委宣传部、省委组织部、黑龙江省文联共同主办，省摄协承办《光影龙江·振兴百图献给党》摄影作品展，共分“脱贫攻坚·小康建设”“绿水青山·生态建设”“美丽人居·城乡建设”“不竭动力·工业建设”“现代粮仓·农业建设”“众志成城·社会建设”六个版块，展出作品230余幅。

7月4至6日，赴逊克县举办志愿服务活动，进行黎明滩草原专题创作，为地方经济专型发展和旅游资源开发作出摄影贡献。

9月20日至26日，组织22位摄影家赴伊春进行“深入生活、扎根人民”摄影专题创作活动。

9月28—30日，与中国艺术摄影学会共赴北大荒集团九三分公司，举办大农业专题创作及黑龙江省摄协九三摄影创作基地授牌活动。

10月，与哈铁集团共同主办的“乘高铁·游龙江”摄影大展启动。

12月4日，在《黑龙江日报》全版刊登《最美冰雪季！龙江冰雪美景来这儿拍》冰雪摄影作品，黑龙江省摄协主席卞永平撰文介绍冰雪景观和全省冰雪摄影创作情况。

全年，在协会公众号上推出《黑龙江省女摄影家摄影作品选编》4期，《致敬龙江最美劳动者》《五月的鲜花　开遍龙江大地》《龙江大地地绵万里春耕忙》《龙江秋意浓　醉美“五花山”》摄影作品专辑。和人民网共同编辑《宅在家里看龙江四季》4期及《云游龙江各地市和行业》14期展览。和黑龙江省政府网共同编辑推出大美龙江网络图片年历。

举办线上《龙江摄影讲堂》32期。

首届锦绣中华金鼎奖全国风光摄影大赛，黑龙江省摄协荣获全国团体总分第九名，摄影家国徽作品获金奖。

【黑龙江省书协、黑龙江省书法活动中心】

推出“众志成城、战胜疫情”黑龙江省书法界抗击新型冠状病毒肺炎网上主题书法、篆刻作品展；通过网络征集“众志成城、战胜疫情”——黑龙江书法界抗击疫情网上主题书法展，共征集作品970件，评选出入网展作品219件；向地市、行业书协传达关于做好《重点场所重点单位重点人群新冠肺炎疫情防控相关技术指南》。

1月20日，举办“我们的中国梦”文化进万家暨“同心同书•祖国新春好”书法文化惠民公益活动，走进黑龙江出入境边防检查总站哈尔滨警犬训练基地，为基层一线民警书写并赠送春联和“福”字200余件。

9月18日，举办“黑龙江书法家北大荒金秋采风行”赴牡丹江、建三江创作采风，活动由黑龙江省文联主办，黑龙江省书协、黑龙江省书法活动中心协办。

11月1日，中国力量——全国扶贫书法大展在北京举办，省书协推荐的作者钱松君、金泽珊、王刚入展。

12月14日，举办“脱贫攻坚文艺助力”黑龙江省书法家走进青冈县（含明水县）送文化传精神文艺志愿活动。17日，举办备战冬奥 • 文艺助力——黑龙江省书法家走进省亚布力体育训练中心文艺志愿活动。22日，举办黑龙江省书法家“书写新时代，携手奔小康”走进甘南文艺志愿活动。

【黑龙江省曲艺家协会】

疫情其间，按照省委宣传部要求，开展了“强信心、暖人心、聚民心”疫情防控题材曲艺作品征集评选，共征集167件作品，评出一等奖10件，二等奖30件，三等奖60件。

8月4日，省曲协第六届主席团第二次会议以视频形式召开。会议审议通过了《黑龙江省曲协个人会员入会细则（草案）》《黑龙江省曲协个人会员管理服务办法（草案）》《黑龙江省曲协理事会理事履职工作规则（草案）》《黑龙江省曲协主席团成员履职工作规则（草案）》《黑龙江省曲协团体会员管理服务办法（草案）》《黑龙江省曲协专业艺术委员会工作规则（草案）》等6项草案。

10月17日至12月末，开展“传播曲艺经典、传承文化薪火”——黑龙江省文联“优秀传统文化进校园”曲艺进校园系列活动。

12月10日，举办黑龙江省曲协新文艺群体培训班。

12月30日，以视频形式召开黑龙江省曲协第六届主席团第三次会议，学习贯彻党的十九届五中全会精神、中央经济工作会议精神、省委十二届八次全会精神及中国曲协八届七次主席团会议文件。

【黑龙江省杂技家协会】

疫情其间，制作魔术视频《众志成城 抗疫必胜》等8个抗疫文艺节目，并在中国杂协、黑龙江省文联微信公众号上相继推出。黑龙江省杂协副主席么广民同志被中国文联选为重点网络推荐对象，为湖北武汉方舱医院医护人员进行了直播互动。

6月，黑龙江省杂协在组织、查找、梳理全省杂技艺术历史资源后，启动口述历史访谈工作，通过老人们的讲述，把黑龙江杂技艺术相关的历史文化以口述视频音频的形式保存下来。截至年底完成10位老杂技人的访谈工作，收集影像文献资料3600余分钟。

10月12日，由中国杂协、中国文学艺术基金会、黑龙江省文联主办，中国文联杂技艺术中心、黑龙江省杂协、黑龙江省杂技团承办的第三届中国杂技理论高级研修班在黑龙江省哈尔滨市举办。全国政协常委、中国文联副主席、中国杂协主席边发吉，中国杂协分党组书记唐延海，黑龙江省委宣传部一级巡视员刘维宽，黑龙江省文联主席韩会峰，黑龙江省文联副主席、省杂协主席、省杂技团团长薛金升，中国文联理研室宣传处处长于雪峰，中国文联杂技艺术中心副主任于秀英等有关领导出席了开班仪式。共有来自全国26个省（自治区、直辖市）的35名学员参加此次培训。

【黑龙江省民间文艺家协会】

疫情其间，组织民间文艺家创作剪纸、蛋雕、鱼皮画、木艺、葫芦雕刻、诗歌、谜语等抗疫主题作品1000余件，推荐到中国民协剪纸作品20件，

黑龙江省文联作品40多件。几十位民间艺术家利用网络平台进行剪纸、面塑、葫芦烙画、布艺、刺绣等优秀的民间文艺直播教学，民间艺术家吴立喜直播教学100多天，直播时长200多个小时，点击量200多万。

9月22日，在第三个农民丰收节到来之际，中国民协授予牡丹江农垦分公司“中国北大荒文化之都”称号。

10月10日，“中国民间文学大系出版工程社会宣传推广活动——传统‘二人台’与‘二人转’传承与发展交流展演活动”在齐齐哈尔市富裕县举办。此次活动由中国民间文学大系出版工程领导小组办公室、中国民协、黑龙江省文联、中共齐齐哈尔市委宣传部共同主办，黑龙江省民协等单位承办。来自内蒙古、山西、陕西、河北、辽宁、吉林、黑龙江等七省区的二人台、二人转演员及演奏团队带来二人台《摘花椒》、传统小戏《打金钱》、呱嘴《二人台唱成万人台》《走西口》，二人转《西厢写书》《包公赔情》《韩琦杀庙》《婆婆丁》等传统剧目。展演活动过程中还举办了传统“二人台”与“二人转”座谈会，和《中国民间文学大系》黑龙江卷（小戏、故事）专家审稿会。

【黑龙江省评论家协会】

8月17日，全国文艺评论工作会暨中国评协第二次全国代表大会在京召开，黑龙江省评协主席傅道彬当选中国评协第二届副主席，黑龙江省评协负责人、《文艺评论》常务副主编尹树凤当选中国评协第二届理事。

10月26日，首届黑龙江省文艺评论家协会会员培训班暨第二届黑龙江省文艺评论家理论研修班在哈尔滨开班。黑龙江省文联党组成员、副主席张正明出席并致辞，广西民族大学文学院教授、博士生导师、广西评协副主席张柱林出席。来自全省各高等院校、社科研究机构、宣传思想文化单位等37位文艺评论骨干和部分黑龙江文艺评论界骨干代表参加开班式。本届培训、研修班围绕“加强文艺理论评论与学术期刊的引领作用”主题，邀请张柱林、马汉广、白浩、傅道彬、徐粤春等五位专家就“现代小说批评方法与写作”“多维视野中的文学与文学研究”“文艺评论者主体性建设与文体活力建设”“‘六经’与‘轴心时代’的思想和文学突破”“文艺及文艺评论与意识形态”等专题为学员授课并与学员交流互动。

《文艺评论》完成变更和结算，自2021年1月1日起变更主管主办单位为省教育厅、黑龙江大学。

直属单位

【黑龙江省美术馆】

疫情其间，策划组织全省版画家进行抗疫专题创作，创作战“疫”版画作品30余件，与人民网黑龙江频道联合主办策划“众志成城·战‘役’必胜——黑龙江省优秀文艺作品网络展播”，发布版画作品两期。《美术馆》杂志编辑部策划推出了“致敬白衣天使”“黑龙江版画家抗疫作品专辑”“战胜疫情、艺术同行——系列黑龙江美术馆藏作品欣赏”等多期抗疫专题线上展示项目。

2月19日至3月13日，与英国曼彻斯特大学孔子学院在英国曼彻斯特大学联合主办一带一路·黑龙江艺术家国际艺术交流项目“黑土魂——黑龙江版画六十年·英国巡回展”。

3月24日至4月26日，在常熟、深圳画院、莞城美术馆举办“卢浮印象——黑龙江省美术馆藏卢浮宫经典版画作品展”，此展览获2019年全国美术馆优秀展览项目提名奖。

7月1日至8月10日，在黑龙江省美术馆举办一带一路·黑龙江艺术家国际艺术交流项目“一线相连——黑龙江省美术馆藏汉斯·哈同艺术作品展”，该展览入选2020年全国美术馆馆藏精品展出季活动项目。

9月17日，《美术馆》创刊发布。

10月15日至11月15日，在黑龙江省美术馆举办“庆祝中华人民共和国成立七十一周年‘画说龙江——黑龙江风情版画主题创作展’”。

10月16日至11月16日，在齐齐哈尔举办“永恒——黑龙江省美术馆藏杜晓东油画作品”。

11月7日至30日，在黑龙江省美术馆举办“吉弟之境——刘吉弟石窟造像艺术作品展”。

12月1日至2021年1月30日，在黑龙江省美术馆与上海苏俄造型艺术馆联合主办“在那遥远的地方——俄罗斯艺术家萨文卡油画写生作品展”。

全年收藏中国画、油画、版画、雕塑作品1000余件。重点收藏了郝伯义版画144件，日本大藏经1套450册，2015—2020国家级版画获奖作品93件。开展龙江美术讲堂公益活动："治艺八十——美术馆临摹季""馆长带你看展览""童年·对画经典""一线相连——美术馆版画实验课堂""王焕堤先生带您看画展""时间深处——美术馆临摹季""怎样完成一幅水彩画·王焕堤先生水彩画现场写生示范课""小花鸟·大世界-中华优秀传统文化系列讲座""美术馆临摹季·小志愿者专场""心构和美的世界•美术馆临摹季""画说龙江·雕刻经典艺术家导赏""吉弟之境 •刘吉弟石窟造像艺术作品展"座谈会"画说龙江&雕刻经典•版画体验（一）"亲子公益活动等。编辑印制《2019年黑龙江省美术馆媒体发布集锦》《于显达美术文论集》《2019文明与互鉴"一带一路·黑龙江艺术家国际艺术交流项目"专刊》《1962—2020黑龙江省美术馆（外国版画）藏品图录》《2019黑龙江省美术馆微信集锦》《呼兰河传》。

【黑龙江新闻图片档案馆】

完成党和国家领导人及黑龙江省委、省政府、省人大、黑龙江省政协领导重要活动、重要会议的摄影服务工作。完成黑龙江省委、省政府的有关会议及主要领导深入黑龙江省防控疫情第一线部署检查防控工作及复工复产、安全生产的摄影服务工作任务和黑龙江省援鄂医疗工作队等场景的工作照片，生动的记录了黑龙江省防控工作的基本情况。一年来共完成党和国家领导人来黑龙江视察、调研5人次；省主要领导会见26人次；省级重要会议、省级领导重要活动等208人次；省级主要领导基层工作调研67人次。拍摄和整理新闻图片66700余幅。

上海市文联

综　述

2020年，上海市文联学习、贯彻、落实习近平总书记关于文艺工作的重要论述，按照市委关于全力打响“上海文化”品牌的部署，在疫情防控常态化前提下，努力探索开展工作的方式方法，团结引导广大文艺工作者自觉担负使命任务，为夺取疫情防控的决定性胜利，开创新时代社会主义文艺工作的新局面贡献力量。

一、高举旗帜、强化引领，形成文艺界新时代的“大合唱”

积极开展抗疫主题系列文艺创作以及公益行动。1.广泛动员、众志成城，彰显上海文艺界团结创造精神。庚子鼠年除夕当晚，上海美协漫画艺委会发起了“众志成城战疫情”网络漫画展，征集作品800多幅；上海书协组织创作书法作品43件，义拍筹得善款80万元，全部购买医用防护物资并捐赠；上海民协组织征集相关作品80余件；上海剧协联合社会力量举办《致敬英雄“艺”起前行——“星期戏曲广播会”12小时全媒体特别直播》，吸引了近300万网友、听众的观看与收听。2.聚焦主题、快速反应，发挥文艺“暖心”的独特作用。京剧表演艺术家尚长荣、“新艺联”主席黄豆豆、曲艺作家徐开麟、快板书演员赵松涛等纷纷自发组织公益行动，在网络、新媒体平台广泛传播。元宵节前夕，上海市文联与湖北省文联共同策划，赶制沪鄂两地艺术家“云合唱”视频，以“互联网+文艺”的形式向一线抗疫医务工作者送去祝福。3.融合创新、组合出拳，会聚决胜抗疫的磅礴力量。作为全面复工复产复市、上海各文化场馆陆续恢复开放后的首个抗疫主题展览，“召唤——上海市抗击新冠肺炎疫情美术、摄影主题展”联合了市卫健委、市文旅局和解放日报社，以“艺术的大合唱”宣传抗疫精神。在1个月的展期里，预约参观团队近900支，累计观展人数超过4.7万人次。4.线上线下、多维传播，为文艺服务社会开拓思路。上海市文联公众微信号平台连续推送抗疫主题原创作品，推出“空中课堂”等一系列“宅家”线上教学视频和直播课，鼓励公众以健康积极的心态投入线下学习生活。

2020年，上海市文联举办了庆祝上海市文联成立70周年座谈会及专题展演活动。各协会的“一会一品”及创作采风活动，聚焦重大主题，开展有声有色。在市委宣传部指导下，美协持续推进“日出东方——上海市庆祝中国共产党成立100周年”大型美术创作；2020上海国际摄影节，摄协首次携手译协“金秋诗会”，助力杨浦滨江“工业锈带”向“生活秀场”转型；视协的首届短视频大赛专辟“抗击疫情”专区，获奖作品在多个主流新媒体平台展播；影协组织开展上海地区“大爱无疆”抗击新冠肺炎疫情主题短视频、剧本大纲征集评选活动；上海市文联组织相关协会围绕“扶贫攻坚”主题，邀请上海优秀文艺家赴上海对口帮扶的西藏日喀则开展文艺创作采风暨文化援建活动；音协与上海民族乐团策划举办《锦绣中华·共饮江河水》民族音乐现场，着力呈现上海对口支援地区的艺术风貌和人文风情。

二、改革创新、夯实平台，助力打响“上海文化”品牌

一是重大品牌活动酌情开展。1.第37届上海之春国际音乐节前期筹备工作充分，但鉴于疫情防治工作处于关键阶段，延期至2021年举办。2.第30届上海白玉兰戏剧表演艺术奖颁奖晚会，受疫情影响延期至9月与中秋戏曲晚会合并举办。3.第一届上海文学艺术翻译奖受疫情影响，推进难度较大，但并未停顿。在上海市文联和市作协的全力推进下，最终申报作品数量共计66部，经资格审定后有64部作品符合申报条件。评奖工作正在按计划推进中。

二是长三角文艺发展联盟在巩固中发展。

1. 联盟平台作用进一步突显。2020年，江浙皖沪三省一市各省级文艺家协会均已建立联盟。“濠江之春”——上海市及长三角文艺家走进澳门慰问演出活动，在中国文联和澳门基金会的支持下举旗帜、开新局，合力呈现了江南文化和海派的文艺精品。2. 四地文艺资源融通共享取得新成果。长三角优秀抗疫原创曲艺作品展演、2020年长三角地区主题创作剧本征集活动、2020首届长三角电影编剧高级研修班、魔炫长三角——金手杖奖魔术展演、长三角民族乐团展演、长三角乡音故事展演暨理论研讨会等活动，通过线上线下相结合的方式征集展演了一大批强信心、暖人心、聚民心的优秀文艺作品，推动四地各文艺界别的深度交流与合作。

三是文艺人才服务工作分类分层推进。组织推荐优秀人才和作品参加全国性评选赛事活动；推荐一大批骨干人才入选市委宣传部、中国文联青年艺术家扶持计划；举办各门类中青年文艺家展演展示、研修培训活动；完成本年度“优秀演艺人才引进”专家现场鉴定及社会文艺工作者中级专业水平认定；加强与区级文联的联动，举办上海文艺嘉年华等各项文化惠民活动，推动服务对象和工作职能从“家”到“者”到“界”的融合与跨越。

三、打基础、补短板、强弱项，提升上海市文联综合管理能力

一是重点抓好疫情防控其间的网络舆情监测研判处置，做好相关防范工作。制定印发了《关于加强上海市文联保密工作的通知》，建立社交媒体软件工作群报备审批及使用管理制度，进一步增强干部职工在使用网络及社交媒体平台中的政治纪律和宣传纪律。

二是重新梳理、调整、设置上海市文联机关处室职能。根据工作需要，依据中共上海市委机构编制委员会办公室《关于同意上海市文学艺术界联合会机关内设机构的批复》精神，重新梳理、调整、设置上海市文联机关处室职能，使各部门的工作设置更合理、协调更顺畅、效率更提高。

三是做实做精会员信息和委员会管理等工作。全面开展会员信息核实，准确统计上海市文联会员总计为18909人；进一步规范会员发展工作程序，规范申报、评审及入会培训；有序推进协会下属专业委员会和艺术专业委员会的创新转型，在提升功能、加强管理、激发活力等方面做了有益探索。

四是继续做好舆情信息的收集整理和文献资料的编辑出版工作。上海文联官方微信号全年共推送文章424篇（原创402篇），并同步至《人民日报》、澎湃、上观、今日头条、政协头条等App，部分被“学习强国”、上海发布等平台转载，累计粉丝数达60000人，总阅读量近300万。《上海市志（1978日至2010）》艺术卷四分卷的编撰审订工作全面收尾。进一步完善入选艺术家标准和流程，《文联名家谈艺》丛书出版、“海上谈艺录”电视纪录片拍摄有序推进。

五是继续完善文艺会堂硬件设施、提升服务水平。在疫情防控常态化的要求下，顺利完成延安西路238号老洋楼修缮工程；文艺会堂全年共举办各类会议近400场，举办展览10个（137场），接待观展人员23000余人次；考级服务创新开展，其中音乐考级主要以线上考试的方式，为25000余名考生提供服务。

四、加强学习、强化担当，引领广大党员干部坚决做到“两个维护”

一是聚焦“主题”强化理论武装。以巩固深化“不忘初心　牢记使命”主题教育、扎实开展“四史”教育为主要载体，推动党组班子成员和各党支部负责同志学在深处、走在前列。

二是聚焦“主体”强化责任落实，督促相关责任人严格落实“一岗双责”。

三是聚焦“主责”强化政治监督，用制度保障习近平总书记重要指示批示精神落地见效。

四是聚焦“主业”强化日常监督。坚持不敢腐、不能腐和不想腐一体推进，重点对近期计划换届的4家协会进行监督，认真学习和重申换届工作纪律“十不准”。

五是聚焦“主角”强化专项监督。以敢担当、负责人的态度全力配合市委第九巡视组开展工作。

会议与活动

【春“艺”盎然·2020上海春节文艺嘉年华】
1月11、12日，由上海市文联与金山区委宣传

部共同主办的春“艺”盎然·2020上海春节文艺嘉年华系列活动在金山区举办。上海市文联党组书记、专职副主席尤存，金山区委常委、宣传部部长时建英，上海市文联专职副主席、秘书长沈文忠，上海市文联专职副主席韩陈青，金山区委宣传部副部长朱卫新，金山区文旅局局长李泱泱，金山区文联主席陆引娟等出席活动。

本届文艺嘉年华包括2台长三角文艺名家演出、4场文艺讲座、14场艺术课堂和1场春联大会，以及展现金山民俗风情的“非遗”文创集市和新春花市等。

【“情系喀什”主题艺术展】

1月13日，由上海市对口支援新疆工作前方指挥部、上海市文联共同主办，上海美协、上海摄协承办的“情系喀什”主题艺术展在文艺会堂展厅开幕。上海市文联党组书记、专职副主席尤存，上海市对口支援新疆工作前方指挥部副总指挥王从春，书画家张培础，工艺美术大师朱立群等出席开幕式。开幕式由上海市文联党组成员、专职副主席韩陈青主持。展览集中了9位美术家、4位摄影家的百余件作品，展期至1月23日。

【上海市文联所属协会组织“抗疫”主题文艺创作及公益活动】

1月24日，上海美协发起“众志成城战疫情”网络漫画展，收到全国各地200多位画家发来的800多幅作品。上海市文联媒体中心和上海美协联合创办“画说人生”栏目，先后推出“守望共朝夕，必唱凯歌还——致敬白衣天使”“引银河之水，浇灌人间至爱”“燃起春的希望，春回大地祖国平安”等专题。

1月25日，上海新艺联倡议推出“云合唱”版《同胞兄弟》，并于28日在B站首发，受到大量网友好评。

1月27日，上海民协倡议艺术家们用艺术创作表达心声，各专业委员会纷纷响应。截至2月3日，共收到故事类作品8则，纸艺作品近30件，其他工艺美术类作品7件，歌谣作品53首。

2月10日，上海书协为抗击新冠肺炎疫情捐赠仪式在上海市慈善基金会举行。活动共创作、捐赠作品43件，所得款项定向用于抗击新冠肺炎疫情。

此外，上海摄协征集抗疫相关摄影作品1200余件，通过上海摄协微信公众号、上海摄影网推送了10个专题的摄影作品200余张。

【上海市文联推进疫情防控工作】

1月30日，上海市文联党组召开扩大会议，决定成立上海市文联疫情防控工作领导小组，党组书记尤存任组长，为疫情防控工作第一责任人。会议也具体明确了日常防控、监督检查、后勤保障、抗疫情主题创作等相关工作的牵头部门和职责。

2月4日，上海市文联召开疫情防控工作领导小组会议。会议听取了对上海市文联系统包括长期聘用人员在内的所有工作人员、物业公司职工等280多人详细情况梳理的汇报。2月9号，上海市文联发出《致上海市文联全体会员的公开信》。

【爱满大中国——沪鄂艺术家元宵节同唱一首歌】

2月8日，2020庚子元宵佳节，上海市文联和湖北省文联联手策划、同时推出三个形式新颖并匹配新媒体传播的文艺作品：“上海—湖北”两地艺术家云合唱《让世界充满爱》；配乐故事诗朗诵《心中的团圆——一封没有寄出的家书》以及以散文为线、书画印剪纸作品为珠的视听结合作品，向在一线抗击疫情的医务工作者的深深的敬意和祝福。

活动由上海市文联主席奚美娟领衔，乔榛、梁波罗、王汝刚、郑辛遥、丁申阳、李守白、曹可凡、蔡金萍、潘涛、印海蓉、华雯、田水、石倚洁、龚天鹏、张冉等均在第一时间各自完成了其艺术创作部分；湖北省文联也邀请了省内一批获得全国文艺大奖的中青年艺术家参与。

【“召唤”——上海市抗击新冠肺炎疫情美术、摄影主题展】

4月8日，由上海市文旅局、上海市文联、上海市卫健委、解放日报社共同主办，上海美协、上海摄协、上海民协、中华艺术宫（上海美术馆）等单位联合承办的“召唤”——上海市抗击新冠肺炎疫情美术、摄影主题展在中华艺术宫厅开展。市委常委、宣传部部长周慧琳，副市长宗明，市政协副主席方惠萍等领导先后观摩了展览。

展览于5月8日闭幕。当日在中华艺术宫举行了“带着作品而来，怀着爱心前行”上海市抗击新冠肺炎疫情美术、摄影主题展作品捐赠仪式。上海市文联党组书记、专职副主席尤存，市文旅局党组副书记、副局长杭春芳，解放日报社副总编陶峰，市卫健委、中华艺术宫、复旦大学附属儿科医院、复旦大学附属金山医院等相关领导以及本次入展作品的作者代表、医疗系统代表等参加活动。活动由上海市文联党组成员、专职副主席沈文忠主持。

捐赠仪式结束后，举行了以“与时代脉搏一起跳动”为题的“召唤”主题展创作研讨会。上海美协主席郑辛遥、上海摄协主席雍和、上海民协主席李守白、上海评协主席汪涌豪和部分参展艺术家、文艺评论家代表面向公众，展开对话。

此次主题展是全国及上海在全面复工复产复市以后的首个以抗击新冠肺炎疫情为主题的大型实体展览。累计观众超过4.7万人次，团队预约参观近900支。

【上海市文联八届二次主席团会议】

5月15日，上海市文联召开八届二次主席团会议。上海市文联主席奚美娟，党组书记、专职副主席尤存，党组成员、专职副主席沈文忠，党组成员、专职副主席韩陈青，主席团成员丁申阳、王汝刚、孙甘露、李守白、杨绍林、辛丽丽、汪大伟、汪涌豪、郑辛遥、何麟、俞亦纲、雍和、滕俊杰、谭晶华、王丽萍、黄豆豆、廖昌永等出席会议。会议由奚美娟主持。

会议审议通过了《关于调整上海市文联第八届主席团成员的建议》，增补上海音协主席廖昌永、上海新艺联主席黄豆豆为第八届主席团副主席；上海市曲协主席吴新伯、上海译协主席魏育青为第八届主席团副主席、委员，第八届委员会委员。王汝刚、许舒亚、何麟、谭晶华同志不再担任第八届主席团副主席、委员。

会议还审议通过了《关于吸收宝山等5家区级文联为上海市文联团体会员的建议》，学习传达了中国文联全委会精神和《关于做好常态化疫情防控其间文联协会相关工作的通知》精神，通报了上海市文联2019年主要工作和2020年工作要点。

【上海市抗击疫情优秀童谣征集活动终评会】

6月16日，由市委宣传部、文明办、教委、团委、妇联、文联六家单位联合举办的“童心协力，众志成城”——上海市抗击疫情优秀童谣征集活动在文艺会堂召开终评会。

本次童谣征集聚焦抗疫专题，首次使用网络投稿与各区级委办推荐两种渠道进行征集，自2月26日至4月30日，征集到原创作品共计5511首，其中近九成为未成年人投稿作品。本次征文初评聘请5位专家，评出作品482首；复评另聘请5位专家，评出作品241首，其中未成年组177首，成年组64首。

【长三角文艺发展联盟2020年度“艺·江南”系列主题活动】

7月2日，由长三角文艺发展联盟主办，沪苏浙皖四地美协、书协、摄协、民协和浙江省文化会堂承办的长三角视觉艺术青年艺术家作品展在浙江省文化会堂开幕。上海市文联党组书记、专职副主席尤存，江苏文联党组书记、常务副主席、书记处第一书记水家跃，浙江文联党组书记、副主席、书记处常务书记陈瑶，安徽文联党组书记、副主席、书记处第一书记何颖共同宣布开幕。

本次展览是联盟成立以来首次举办的以青年艺术家为群体的主题性展览，精选三省一市美术、书法、摄影、民间文艺4个艺术门类320件作品，对长三角区域“海派文化”“吴文化”“越文化”“徽文化”进行生动表达。

开幕式后，2020年度长三角文艺发展联盟会议暨“艺·江南”文艺发展联盟助力乡村振兴论坛召开。三省一市的美协、视协分别签订了“长三角美术发展联盟”协议和“长三角电视艺术发展联盟”协议。至此，三省一市的各省级文艺家协会均已成立联盟。

【庆祝上海市文联成立70周年系列活动】

10月15日，初心•使命•新时代——庆祝上海市文学艺术界联合会成立70周年座谈会在文艺会堂隆重举办。市委常委、宣传部部长周慧琳，市委宣传部副部长高韵斐，上海市文联主席奚美娟，上海市文联党组书记、专职副主席尤存，上海市文联党组成员、专职副主席沈文忠，上海市文联党组成员、专职副主席韩陈青等出席会议。老中青艺术家代表吕其明、黄豆豆、罗陵君，浙江省剧协主席茅威涛作交流发言。中国文联在沪荣委、上海市文联荣委代表，上海市文联本届和历届主席团成员，长三角文艺发展联盟代表等160余位文艺界代表参加座谈会。

会议由奚美娟主持，尤存致辞，沈文忠宣读中国文联贺信，周慧琳讲话。会上还展示了由

画家张培础、张渭人、奚文渊携手创作的中国画《七贤共襄》。

同日，庆祝上海市文联成立70周年主题展演在上汽·上海文化广场举行。年内还举行了“日出东方——上海市庆祝中国共产党成立100周年”大型美术创作活动、《锦绣中华•共饮江河水》民族音乐现场等庆祝上海市文联成立70周年的专题展演活动。

【上海市创意设计工作者协会第三次会员代表大会】

11月18日，上海市创意设计工作者协会第三次会员代表大会在文艺会堂召开。上海市文联党组书记、专职副主席尤存，上海市文联党组成员、专职副主席沈文忠，上海市文联党组成员、专职副主席韩陈青以及来自全市的创意设计工作者代表140余人参加会议。上海市创意设计工作者协会秘书长张同主持会议。

大会审议并通过了上海市创意设计工作者协会第二届主席汪大伟所作的《上海市创意设计工作者协会第三次会员代表大会工作报告（审议稿）》，审议并通过了《上海市创意设计工作者协会章程（草案）》，选举产生了第三届理事会理事70人。在接着召开的第三届理事会第一次会议上，选举产生了新一届常务理事15人。韩陈青宣布新一届领导班子名单：金江波当选为主席，丁乙、丁伟、何根祥、徐军当选为副主席，丁设任秘书长。

【上海市文联专题调研高校摄影联盟创建工作】

12月2日，上海市文联党组书记、专职副主席尤存，上海摄协驻会副主席兼秘书长忻雅华等一行赴上海视觉艺术学院，就筹备成立高校摄影联盟进行专题调研。上海视觉艺术学院董事长、党委书记陈立民，纪委书记、新媒体艺术学院副院长唐余琴，新媒体艺术学院执行院长汪建强等参加调研。

【第十六届长三角民族乐团展演活动】

12月5日至6日，由上海市教委、上海市文联、浙江省文联指导发起的第十六届长三角民族乐团展演活动在浙江台州举办，来自长三角、全国其他省市以及东南亚等地5000余名民乐专家、爱好者和学习者，以线上线下相结合的形式共享民乐之美。

130支团队参加了此次展演，其中上海团队85支、浙江团队17支、江苏团队12支、北京团队5支、安徽团队3支、福建团队2支、海外团队6支，参与人数共计5200人次。围绕“民族文化哺育成长”“中华情·民族韵——庆祝建党100周年民乐展望”两个主题进行学术论坛，为进一步开展长三角民族乐团展演活动作前瞻性指导与规划。

创作与研究

【小戏小品获奖作品《解放日》完成彩排】

5月27日上海解放纪念日前夕，现代题材京剧小戏《解放日》完成彩排，正式从剧本孵化成功。这是上海剧协品牌活动“小戏小品剧本征集”的最新成果。

2019年，上海剧协联合苏浙皖三地剧协与上海市剧本创作中心、上海图书馆共同发起了“难忘家国情——庆祝中华人民共和国成立70周年”小戏小品创作评选活动，共收到四地投稿作品90余部。经过两轮评选与修改提高，上海京剧院创作的京剧小戏《解放日》获专业组一等奖。

【青年马戏团魔术视频创作研讨会】

6月11日，上海杂协在文艺会堂召开青年马戏团魔术视频创作研讨会。魔术师周良铁，青年魔术师周舫、许扬，青年马戏团团长李慧群等参会。会议由上海杂协秘书长姜学贞主持。会议还就青年马戏团近期将开展的项目做了讨论。

【魔术进校园开展线上讲座系列活动】

6月12日，由上海杂协主办、上海高校魔术联盟承办的魔术进校园开展第一期线上讲座活动。讲座邀请上海杂协理事、青年魔术师周舫（火娃）担任主讲嘉宾，百余名大学生参与学习。

6月28日，第二期线上讲座活动举办，青年魔术师王一狄担任主讲嘉宾，百余名大学生参与学习。7月4日晚，魔术进校园第三期线上讲座举办，湖北年轻魔术师代表许清担任主讲嘉宾。多地魔术师和大学生爱好者共同参与线上交流。

【《笑坛欢曲迎双春·童双春》新书发布会】

8月28日，由上海文学艺术院、上海曲协和上海文化出版社联合主办的《笑坛欢曲迎双春·童双春》新书发布会在文艺会堂举行。本书传主童双春和他的老搭档李青，上海市文联党组书记、专职副主席尤存，上海文艺出版社党委书记、社长、总编辑毕胜，上海市文联副主席、上海曲协主席吴新伯，上海曲协顾问、滑稽表演艺术家王汝刚，曲艺名家龚伯康、姚祺儿等出席。

【“电影业在疫情防控常态化中的应变与创新”沙龙】

9月18日，由上海评协和上海影评学会联合举办的“电影业在疫情防控常态化中的应变与创新”沙龙在电影书店举办，近20位沪上电影导演、评论工作者参加。嘉宾们围绕新冠肺炎疫情给全球电影业造成重大影响的现状和背景，分析了中国电影人、电影行业的对策和变化，进而总结中国电影创作及市场在疫情防控常态化中的应变应对、创新创造，并对未来作了展望。

【夏仲翼教授外国文学翻译及研究学术思想研讨会】

11月29日，上海译协与复旦大学外文学院共同主办的“夏仲翼教授外国文学翻译及研究学术思想研讨会”举行。上海市文联党组成员、专职副主席沈文忠，市作协副主席、复旦大学图书馆馆长陈思和，上海市文联副主席、上海译协会长魏育青，上海译协副会长郑体武、袁莉等20余名全国知名学者、教授出席。

【艺坛不老松——滑稽表演艺术家李九松艺术研讨会】

12月11日，上海曲协、上海独脚戏艺术传承中心（上海市人民滑稽剧团）联合召开“艺坛不老松——滑稽表演艺术家李九松艺术研讨会”。上海文化发展基金会副会长陈东，上海市文联党组成员、专职副主席韩陈青，上海市文联副主席、上海视协主席滕俊杰，上海市曲协顾问、上海独脚戏艺术传承中心（上海市人民滑稽剧团）书记、主任王汝刚，上海市文联副主席、上海市曲协主席吴新伯等，以及李九松生前的友人、同事参加会议。

机关建设

【上海市文联干部例会暨“四史”教育学习会】

5月29日，上海市文联召开“四史”教育学习会。上海市文联党组书记、专职副主席尤存，党组成员、专职副主席沈文忠，党组成员、专职副主席韩陈青，上海市文联各机关、各协会、各企事业单位负责人，处级以上干部与会。会议由沈文忠主持。

会议集中观看了大型纪录片《医者仁心》第19集，学习了儿科专家杨霁云的感人事迹，还进行了相关领导职位民主推荐工作。

【上海市文联主管社团“四史”学习暨工作座谈会】

11月24日，上海市文联组织20家主管社团主要负责人等赴杨浦滨江开展“四史”学习暨主管社团年度工作座谈会。上海市文联党组成员、专职副主席沈文忠，杨浦区文旅局党组副书记、副局长杜彪等参加活动。

活动组织参观了秦皇岛路游船码头初心启航展厅、杨浦滨江的黄浦码头旧址、毛麻厂仓库旧址、“人人屋”党群服务站等地，并召开主管社团工作座谈会。

【上海市文联开展“四史”文艺党课活动】

12月17日，上海市文联邀请黄浦区“四史”教育宣讲团成员赵松涛、赵海涛、高瑞3位老师作“兴业路上兴伟业”的授课辅导。上海市文联党组成员、专职副主席韩陈青主持本次党课活动，上海市文联135名在职党员全部参加学习。

各文艺家协会

【2019上海小幅油画展】

1月14日，由上海美协主办、美协创作中心东外滩艺术空间承办的“2019上海小幅油画展”在东外滩艺术空间开幕。展览共收到应征作品423件，展出作品142件，展期持续至1月22日。

【美协“抗击新冠肺炎”系列主题创作助力疫情防控防治】

2月，上海美协积极组织“抗击新冠肺炎”主题创作，收到2543位画家的各类作品投稿7213件。征集过程中，协会公众微信号“拿起画笔、共克时艰——上海美术家在行动”专栏每期遴选20件作品，已推出主题创作24期，助力抗疫。

【中华戏曲12小时全媒体特别直播节目】

5月17日，首次以全媒体直播形式推出的“戏曲马拉松直播”——《致敬英雄“艺”起前行——

“星期戏曲广播会”12小时全媒体特别直播》在众多新媒体平台上同步音视频直播，吸引近300万网友、听众观看与收听。本次活动由上海人民广播电台、上海剧协、上海戏曲艺术中心共同主办，上海戏曲广播、全国戏曲广播联盟承办，会聚了近百位戏曲艺术家。

【首届短视频大赛】

6月8日，由上海市文联指导，上海视协主办，上海广播电视台融媒体中心、上海广播电视台艺术人文发展基金会等特别支持“首届短视频大赛”在文艺会堂举行颁奖仪式。市委宣传部副部长高韵斐，上海市文联党组书记、专职副主席尤存，上海市文联党组成员、专职副主席韩陈青，上海市文联副主席、上海视协主席滕俊杰，上海新冠肺炎医疗救治专家组组长、复旦大学附属华山医院感染科主任张文宏等嘉宾为获奖者代表颁奖。

本次大赛共收到影像作品3352部。其中“抗疫”主题原创短视频作品183部。最终评出一等奖8名、二等奖15名、三等奖15名，“最佳人气奖”“最佳创意奖”“最佳视觉奖”各1名，另评选出3个特别奖和5个组织奖。

【第一期上海青年摄影人才高级研修班】

6月13日，第一期上海青年摄影人才高级研修班开班仪式在文艺会堂举行。上海市文联党组成员、专职副主席沈文忠，上海摄协副主席、研修班导师林路，研修班导师叶明文，以及20位学员等出席开班仪式。上海摄协驻会副主席、秘书长忻雅华主持会议。

仪式结束后，林路为青年学员上了开班第一课。本次研修班为期三个月，雍和、陈海汶、顾铮担任专家指导，学员培训成果作为第五届上海青年摄影艺术展览展出内容。

【上海马戏学校魔术课程论证会】

6月16日，上海市马戏学校杂技与魔术表演专业——魔术方向建设论证会召开。上海杂协主席、上海市马戏学校校长俞亦纲，副主席、副校长毛奇平，秘书长姜学贞，相关教师以及第三方咨询公司等参加会议。

【美协召开2020各区美协工作座谈会】

6月24日，上海美协在文艺会堂召开2020年各区美协工作座谈会。上海市文联党组成员、专职副主席韩陈青，上海美协主席郑辛遥，上海美协秘书长丁设以及15个区的美协主席、秘书长参加会议。

【新艺联新会员见面会】

6月24日，上海新文艺工作者联合会新会员见面会在文艺会堂举行。上海市文联党组成员、专职副主席韩陈青，新艺联主席黄豆豆及57名新入会会员出席。会议由新艺联驻会副主席、秘书长陆琪雯主持。

会上，黄豆豆宣读了《关于接收姚娴菲等129名同志为上海新文艺工作者联合会会员的决定》。随后举办首场新文艺工作者学习讲堂，新艺联副主席符湘林作了题为《新艺联会员面临的政策背景与发展任务》的讲座。

【音协线上考级工作专题论证会】

7月2日，上海音协线上考级工作专题论证会在文艺会堂召开，市文旅局组织人事处、上海市文联考级中心、上海音协及音协部分专业委员会负责人、评审专家等40余人参加会议。会上，上海音协秘书长乔嘉通报了音协线上考级App的开发情况，与会评审专家提出意见与建议。

【扬海派文化 书时代华章——上海市书法小品展】

7月3日，由上海书协、闵行区书协、江川路街道办联合举办的《扬海派文化 书时代华章——上海市书法小品展》在文艺会堂开幕。上海市文联党组成员、专职副主席沈文忠，上海市文联副主席、上海书协主席丁申阳，副主席张伟生、李静、徐庆华、晁玉奎、张卫东，闵行区书协主席吴申耀，闵行区委宣传部副部长、文旅局党委书记、局长杨继桢等出席。

本次展览共收到投稿作品1000余件，最终入展作品145件，其中优秀奖作品5件，提名奖作品9件。所有入展作品编入《扬海派文化 书时代华章——上海市书法小品展作品集》。

【“傅雷杯”全国文艺评论征文大赛各奖项揭晓】

7月6日，由上海评协与上海作协、浦东新区文旅局、航头镇政府等单位联合主办的“傅雷杯”全国文艺评论征文大赛在傅雷故居揭晓。市作协党组书记、专职副主席王伟，上海市文联党组成员、专职副主席沈文忠，上海市文联副主席、上海评协主席汪涌豪等出席。

本次大赛于2019年11月至2020年2月面向全国征集，共收到来自27个省市自治区的投稿153篇。经评审，张荣国的作品《傅雷的美术批评观研究》获一等奖，另评出二等奖3个，三等奖6个。颁奖仪式后举行了文化沙龙，主持人汪涌豪与十几位获奖者就文艺评论的性质、立场、文化和社会价值追求交换了看法。

【上海市第九届篆隶书法展】

7月17日，由上海书协主办，书协篆隶专业委员会、上海市拥军优属基金会黄浦区工作委员会承办，上海海派书画艺术馆、黄浦区书协协办的“上海市第九届篆隶书法展”在文艺会堂开幕。上海市文联党组成员、专职副主席沈文忠，上海市文联副主席、上海市书协主席丁申阳，上海市书协副主席张伟生、宣家鑫、晁玉奎、潘善助、田文惠、张卫东，上海市书协驻会副主席兼秘书长潘善助等出席。

本届篆隶书法展共收到稿件868件，评选出入展作品154件（获奖作品15件），其中非上海书协会员投稿达527件，投稿年龄最小19岁，最大92岁。

【首部抗疫主题原创大型沪剧《玉兰花开》剧本朗读会】

7月31日，首部抗疫主题原创大型沪剧《玉兰花开》剧本朗读会在文艺会堂举行。活动由上海剧协、上海新艺联、闵行区文联主办，上海市文联党组书记、专职副主席尤存，市妇联副主席翁文磊，市卫健委医务工会副主席何园，上海市文联党组成员、专职副主席韩陈青，上海剧协驻会副主席兼秘书长沈伟民等与上海援鄂医护人员、沪剧爱好者近百人观摩了朗读会。

上海剧协顾问、戏剧理论家荣广润，上海剧协副主席、上海沪剧院院长、沪剧表演艺术家茅善玉高度评价了该剧本，并提出意见和建议。

【上海文艺家赴西藏文艺志愿服务及创作采风活动】

8月10日至17日，上海市文联组织文艺家赴西藏拉萨及对口帮扶的日喀则等地区，开展“助力脱贫攻坚、践行文艺志愿、推动主题创作”文艺志愿服务及创作采风活动。

在两地文联座谈会上，上海市文联党组书记、专职副主席尤存介绍了上海的红色文化、海派文化、江南文化资源以及上海市文联的新课题；西藏自治区政协副主席、西藏自治区文联主席扎西达娃介绍了西藏文学艺术的发展及自治区文联的建设等情况。

活动其间，周长江、汪家芳、宋克西、李戈晔、王曦、潘善助、丁设等艺术家与当地美术家、书法家联袂创作。戏剧表演艺术家华雯、沈映丽，相声快板书演员赵松涛，青年魔术师周舫，青年女高音歌唱家席燕娟，上海音乐学院古典吉他教师闵振奇等为当地群众送上表演。

【上海评协参加全国文艺评论工作会暨中国评协第二次全代会】

8月17日至18日，全国文艺评论工作会暨中国评协第二次全国代表大会在北京开幕。大会选举产生了中国评协第二届理事会理事160名，上海代表王雪瑛、厉震林、汪涌豪、胡晓军、聂伟等5人当选为新一届理事。在第二届理事会第一次会议上，夏潮当选为新一届主席，汪涌豪等15人当选为副主席。

【第28届上海市青少年书法篆刻展】

8月23日，由上海市文联、上海书协、上海周慧珺书法艺术基金会联合主办，上海书协青少年书法工作委员会承办的第28届上海市青少年书法篆刻展在文艺会堂开幕。上海市文联党组成员、专职副主席沈文忠，上海市文联副主席、上海市书协主席丁申阳，上海市书协副主席张伟生、李静、宣家鑫、徐庆华、田文惠、张卫东，上海市书协驻会副主席兼秘书长潘善助等出席。

本届篆刻展共收到作品1643件（篆刻37件），共选出获奖作品40件，入展作品110件以及入选作品141件。展览其间，还创新利用“抖音”直播平台，邀请嘉宾进行线上对谈互动。

【第四届上海书法名家书写结婚纪念证书仪式】

8月25日，由上海市文联、虹口区委宣传部指导，上海书协与虹口区文旅局、区文联、区民政局、区团委联合主办的“相约七夕·甜爱一生”第四届上海书法名家书写结婚纪念证书仪式在虹口区海派文化中心举行。虹口区委常委、宣传部部长吴强，区委宣传部副部长、文旅局局长陆文，区民政局局长耿彧，区文联主席、区档案局局长陆健，共青团虹口区委员会书记徐雪琛；上海市

文联党组成员、专职副主席沈文忠，上海市文联副主席、上海书协主席丁申阳，上海书协驻会副主席兼秘书长潘善助等出席。

活动现场，8位书法家为11对新婚夫妇书写结婚纪念证书，王伟平现场展示了《七夕赋》长卷，徐正濂为活动定制篆刻印章“举案齐眉”并为婚书钤印，丁建华朗诵了爱情诗文。

【周慧珺杯——上海市楹联书法大赛作品展】

9月2日，周慧珺杯——上海市楹联书法大赛作品展在上海文艺会堂开幕。上海市文联党组成员、专职副主席韩陈青，上海市文联副主席、上海书协主席丁申阳，黄浦区文旅局局长许艳卿，上海市书协副主席、周慧珺书法艺术基金会理事长李静，以及上海市书协主席团成员、入展作者等出席。

本届大赛共收到来稿1336件，遴选出118件获奖及入展作品，其中一等奖3件、二等奖5件、三等奖9件、优秀奖15件，入展作品86件。

【长三角地区优秀抗疫原创曲艺作品展演】

9月14日，由上海市曲协，嘉定区文旅局、区文联，嘉定工业区工作委员会共同主办的2020年上海市民文化节“曲战疫•艺赞情”上海市优秀抗疫原创曲艺作品云展演活动在嘉定工业区闭幕。上海市群艺馆馆长吴鹏宏，上海曲协主席吴新伯、副主席兼秘书长章燕，安徽省曲协副主席王蒙林、秘书长张俊等出席。

本次活动于5月全面启动“云”征集，同时依托“长三角曲艺合作联盟”平台力量，联动四地曲艺资源。

【《锦绣中华·共饮江河水》民族音乐现场】

9月23日，上海之春国际音乐节特别推介演出，上海民族乐团《锦绣中华·共饮江河水》民族音乐现场在上海大剧院上演。音乐会以“共饮江河水”为主题，由上海民族乐团驻团指挥姚申申、彭菲执棒，上海对口支援七省市的演奏家同台呈现。

【从历史走向未来——“四史”学习教育主题巡演】

9月24日，由嘉定区委宣传部、上海曲协、嘉定区文联主办的“从历史走向未来”——“四史”学习教育主题巡演启动暨2020年嘉定区新增爱国主义教育基地颁牌仪式在安亭镇举行。上海市曲协主席吴新伯，副主席黄震良，驻会副主席、秘书长章燕出席。

本次巡演由音舞快板《学“四史”谱新篇》拉开序幕，在全区12个街镇展开巡演。

【2020上海国际摄影节暨第15届上海摄影艺术展览】

9月25日，由上海市文联、杨浦区政府、上海摄协联合主办的《遇见未来·上海维度——2020上海国际摄影节暨第十五届上海国际摄影艺术展览》在杨浦滨江·毛麻仓库开幕。上海市文联党组书记、专职副主席尤存，上海市文联党组成员、专职副主席沈文忠，上海市文联副主席、上海市摄协主席雍和，美国、日本、印度尼西亚驻沪领事馆，上海友协相关代表，杨浦区相关部门代表，上海市摄协主席团成员等嘉宾200余人出席。

本次主展共收到来自19个国家237位艺术家的3456幅作品，最终54位艺术家（包括来自国外的11位艺术家）创作的407幅作品入展，展品包括10件视频作品、8个装置艺术、1件互动装置以及1件户外大型装置。

展览其间还举办13场学术研讨、名家讲座、主题分享等学术活动，引领摄影人和百姓共同参与。

【第29届“金秋诗会”】

9月26日，由上海译协主办的第29届“金秋诗会”在杨浦滨江毛麻仓库举办。上海市文联党组书记、专职副主席尤存，党组成员、专职副主席沈文忠，杨浦区委宣传部副部长、区文旅局局长、党组书记杨茵喻，上海市文联副主席、会长魏育青，中国资深翻译家陈德民、何敬业、杨伟民及上海译协会员、沪上诗歌和朗诵爱好者等近200人出席。

本届诗会的主题是“大爱”，分为“遇见美好——致生活”“遇见大爱——致生命”“遇见远方——致世界”三个章节。从3月底至6月中旬，共收到了稿件近200首，最终选出45首精彩作品收入《大爱——第29届金秋诗会诗集》。

【“人文松江”艺术论坛】

9月27日，由松江区委宣传部指导，上海舞协、松江区文旅局、松江区文联共同主办的“人文松江”艺术论坛暨2020松江区原创舞蹈作品专题研讨会在松江区图书馆召开。中国舞协分党组书记、驻会副主席、秘书长罗斌，中国舞协副主席赵明，中国东方歌舞团国家一级编导周莉亚和上海市舞协专家组出席并讨论。

【长三角地区（沪苏浙皖）曲艺精品节目专场演出】

9月27日、28日，由上海市群艺馆、上海市曲协、江苏省曲协、浙江省曲协、安徽省曲协等单位共同主办的“共享小康新生活　说说唱唱百姓乐”长三角地区（沪苏浙皖）曲艺精品节目专场演出分别在嘉定区文化馆和南翔镇文化体育服务中心举行，四地曲艺家同台展示。

【第30届上海白玉兰戏剧表演艺术奖颁奖晚会】

9月29日，第30届上海白玉兰戏剧表演艺术奖主题之夜暨2020中秋戏曲晚会在东方艺术中心举行。中共上海市委常委、宣传部部长周慧琳，市人大常委会主任徐泽洲，市政协副主席方惠萍，市政府副秘书长顾洪辉以及市文旅局、上海市文联、上海广播电视台等主办方的领导出席。

尚长荣获白玉兰戏剧奖最高荣誉“终生成就奖”。王佳俊为主角奖榜首，林波、郝杰、拉米·巴鲁赫、王丽达、吴晶晶、辛柏青、齐爱云、张培培、由长平获主角奖。艾拉·兹甘世娜为配角奖榜首，朱洁静、侯红琴、张卓、普布次仁、刘晶晶、杨红霞、李黎、刘洋、韩胜存获配角奖。赵宏运、戚冰雪、郑云龙、王传亮、赵悦获新人奖主角奖，付潜芬、张艾嘉获新人配角奖。

颁奖晚会以“根深花绽放　今宵月更圆”为题。上海白玉兰戏剧奖自1989年创设，共申报剧目2200余台，剧种89个，参评演员3700余名，获奖演员700余人次。

【上海市第十二届版画展】

10月16日，由上海美协、普陀区文旅局主办，普陀区美术馆承办的“上海市第十二届版画展”在普陀区美术馆开幕。本次展览围绕“红色文化”“江南文化”“海派文化”主题，共展出作品140件，还特邀董连宝等多位上海老版画家的作品参展。上海市版画展每两年一届，至今已举办至12届。

【一年好景橙黄——重阳民俗收藏体验展】

10月23日—29日，由上海市文联、上海民协主办，上海市收藏协会承办的“一年好景重阳——重阳民俗收藏体验展”在文艺会堂展厅举办。上海市文联党组成员、专职副主席沈文忠，上海民协主席李守白，上海市收藏协会创始会长吴少华，以及民间文艺家代表、收藏界人士、民俗文化爱好者等出席。

展览展出展品258件，年代最远的藏品可追溯到唐朝。结合实物展，还安排有8场民俗和民艺现场体验、展示活动。包括开幕式举行的汉服吉祥祝福礼演示活动，都在网络直播平台进行了直播。

【2020首届长三角电影编剧高级研修班】

10月23日—30日，由“长三角电影发展联盟”与上海戏剧学院电影电视学院、研究生部共同主办的2020“首届长三角电影编剧高级研修班”在上海举办。本次活动共收到142位作者递交的164部作品，经评审，最终确定46位编剧入选首届长三角电影编剧高级研修班。

在为期一周的研修班上，主办方邀请美国电影学院前任院长Jan Schütte，上海影协主席任仲伦，北京电影学院教授倪震、黄丹等作为大师讲坛主讲嘉宾授课。中国影协分党组书记、驻会副主席张宏，上海市文联党组成员、专职副主席韩陈青，上海戏剧学院副院长唐立兔等领导出席相关活动。

【2020青年译者沙龙】

10月24日，以“翻译、写作与批评”为主题的“青年译者沙龙”秋季活动在杨浦区图书馆举办。本次活动由上海译协与杨浦区图书馆合作举办，上海译协副会长、复旦大学法文系教授袁莉主持沙龙，特邀四位年轻译者担任主讲人。

【魔炫长三角——“金手杖奖”魔术展演暨研讨会】

11月2日，由长三角杂技发展联盟主办的魔炫长三角——“金手杖奖”魔术展演在上海话剧艺术中心上演。中国杂协分党组书记唐延海，中国杂协分党组副书记、秘书长肖世革，上海市文联党组成员、专职副主席韩陈青，浙江省文联副主席、一级巡视员张均林，中国杂协副主席、上海杂协主席俞亦纲，中国杂协副主席戴武琦以及魔术师周良铁、徐秋、李洁、戴滨淳等参加。11名历届获奖选手进行了表演。

11月3日，魔炫长三角——“金手杖奖”魔术

发展研讨会在文艺会堂举行，中国杂协、长三角三省一市文联及杂协领导、业界专家、演员代表等与会。

【青年书法家创作骨干年度培训班】

11月3、4日，由上海书协、上海青联主办，上海青年书协承办的青年书法家创作骨干年度培训班在徐家汇社区文化活动中心举行。中国书协副主席刘洪彪，中国书协草书委员会副主任张旭光，中国书协隶书委员会副主任刘文华，上海书协顾问徐正濂、副主席徐庆华以及安徽、河南、黑龙江等省市书协的书法家为学员授课。

【2020年长三角地区主题创作征集活动获奖作品剧本朗读会】

11月13日，由沪苏浙皖四地剧协、上海市剧本创作中心、上海市群艺馆、静安区文旅局共同主办，静安区文化馆承办的“为了明天——2020年长三角地区主题创作征集活动”获奖作品剧本朗读会在静安区文化馆“静”剧场举行。

此次活动收到来稿作品约300篇，约30部作品入围，按照大戏类和小戏小品类，分别评选出一二三等奖和优秀奖。

【2020“舞动中国梦”少儿舞蹈精品展演】

11月15日，由中国舞协指导，上海舞协、上海市青少年活动中心主办的 2020“舞动中国梦”少儿舞蹈精品展演线上直播举行。直播当天浏览量近10万人次，活动其间的专题线上浏览量累计逾26万人次。

本次活动于8月启动，吸引了426支舞蹈作品，最终推选出241支入围作品，其中43支作品进入线上展演直播，分别有13支作品获“新舞星”荣誉称号、30支作品获“新舞秀”荣誉称号，65位教师获“优秀指导教师”荣誉称号。

【纪念陈云同志诞辰115周年文艺会演】

11月20日，由陈云纪念馆、上海曲协、上海评弹艺术传习所（上海评弹团）联合举办的“穿透岁月的光芒——纪念陈云同志诞辰115周年”文艺会演活动在陈云纪念馆铜像广场举行。上海市文联副主席、上海市曲协主席吴新伯，上海市曲协副主席、上海评弹团团长高博文，上海市曲协副主席兼秘书长章燕等出席，与陈云家乡代表，上海政法学院的师生代表，颜安小学、颜安中学、唯实希望小学、蒸淀小学师生代表等100余人共同观看了文艺会演。

【2020上海少儿戏曲小白玉兰颁奖展演活动】

11月21日，由上海剧协、中华文化促进会戏剧工作委员会、上海大世界共同主办的梨歌新声•蓓蕾绽放——2020上海少儿戏曲“小白玉兰”颁奖暨展演活动在上海大世界举行。上海剧协副主席，上海戏曲艺术中心党委书记、总裁谷好好，上海剧协副主席、上海淮剧团艺术总监梁伟平，上海剧协副主席兼秘书长沈伟民，上戏附属戏曲学校党总支书记、校长钱平安等出席。“小梅花”和“小白玉兰”获奖选手代表进行了现场展示。

2020年下半年，上海剧协首次将线下评选转为视频遴选和线上评选相结合的方式，共有134个个人选手和21个集体节目参加评选，最终共评出8个专业组“小白玉兰”称号、18个业余组“小白玉兰”称号、10个业余组“小白玉兰”称号提名、7个优秀集体节目以及4位最受观众喜爱的“小白玉兰”称号。剧协从上述节目中择优推荐参评2020年度中国少儿戏曲“小梅花”荟萃，最终7位选手摘得“小梅花”“金花”称号，3个集体节目获得传承类和编排类“小梅花”集体节目称号。

【第十八届“海平线”绘画雕塑联展】

11月27日，由上海市文联指导，上海美协和中华艺术宫（上海美术馆）共同主办的“个人史料——第十八届‘海平线’绘画雕塑联展”在中华艺术宫17号展厅开幕，同期举办学术研讨会。上海市文联党组成员、专职副主席韩陈青，中华艺术宫党委书记邓军，上海美协秘书长丁设，本次展览总策展人、上海美协理论与策展艺委会主任李旭，联合策展人汤哲明、马琳、李磊，上海创协主席金江波等出席并参加研讨会。

经遴选，丁力等19位艺术家参展，同时特邀展示了“边跑边艺术”社区艺术项目，以及音乐家孔祥东和摄影家郭一共同创作的抗疫主题作品。

【“童心抗疫 俭以养德”优秀童谣颁奖仪式】

12月14日，由市委宣传部、市文明办、市教委、上海市文联等多家单位联合主办的“童心抗疫 俭以养德——上海市抗击疫情，培养节约习惯优秀童谣征集推广活动”颁奖仪式在闵行莘庄工业区新时代文明实践分中心举行，现场揭晓了80首获评“上海市抗击疫情优秀童谣”原创作品和20个“上海市抗击疫情，培养节约习惯优秀童谣演绎节目”，浦东、徐汇、杨浦、黄浦、闵行、宝山获优秀组织奖。

本次活动共征集原创作品5511首，最终评选出80首入围作品，其中未成年组55首，成人组25首。

【第十七届“上译”杯翻译竞赛线上颁奖仪式】

12月16日，按照疫情防控常态化工作要求，由上海市文联、上海世纪出版（集团）有限公司联合主办，上海译协、上海译文出版社《外国文艺》杂志承办的第十七届“上译”杯翻译竞赛在线上举办颁奖仪式。上海市文联党组成员、专职副主席沈文忠，上译出版社党委书记、社长韩卫东，上译出版社副总编、《外国文艺》杂志主编、上海译协副会长黄昱宁，上译出版社《外国文艺》杂志执行主编李玉瑶，以及本次竞赛的评委出席颁奖仪式。活动由上海译协秘书长范亚敏主持。近2000名翻译爱好者在线观看了活动直播。

英语组和西班牙语组获奖选手代表夏杨、禹玮婷分别发言。专家对参选稿件进行集中点评和延伸发言。

【第五届上海国际杂技教育论坛】

12月18日至20日，由中国杂协、上海市文联共同主办，上海杂协、上海市马戏学校、上海杂技团共同承办的第五届上海国际杂技教育论坛在上海举办。全国政协常委、中国文联副主席、中国杂协主席边发吉，中国杂协分党组书记、驻会副主席唐延海，上海市文联党组书记、专职副主席尤存，上海市文联党组成员、专职副主席韩陈青，上海文广演艺集团党组书记诸培璋，中国杂协副主席、上海市杂协主席俞亦纲等出席。

论坛其间，90余位专家学者、杂技教育同行与院团管理者，以嘉宾对话、现场教学与展示、国际嘉宾视频连线、现场嘉宾座谈研讨等方式展开研讨。疫情防控常态化的特殊要求下，来自澳大利亚、法国、瑞典、南非以及比利时（加拿大）的7位杂技界人士，以视频在线方式分享了他们在教育和培养演员方面的经验和成果。

【上海市第十一届书法篆刻大展】

12月18日，由上海市文联、上海市家协、中华艺术宫共同主办的上海市第十一届书法篆刻大展在中华艺术宫开幕。上海市文联党组书记、专职副主席尤存，中华艺术宫党委书记邓军，上海市文联副主席、上海书协主席丁申阳等出席。

本届大展分两个展区。中华艺术宫展出获奖、入展作品。展览共收到作品1441件（书法1296件、篆刻117件、刻字28件），最终评选出入展作品187件，其中优秀奖作品9件（书法7件、篆刻2件）、提名奖作品10件（书法7件、篆刻2件、刻字1件）、入展作品168件；文艺会堂展厅展出上海市书协名誉主席、顾问、主席团成员、常务理事的特邀作品和评委、监委作品57件。

区县文联

【虹口区书法美术精品展】

1月7日，由虹口区委宣传部指导，虹口区文旅局、区文联主办，虹口区书协、区美协、区文化馆、海派文化中心承办的“海上彩虹——虹口区书法美术精品展”在海派文化中心开幕。区委常委、宣传部部长吴强，区文联主席陆健，区文旅局党组书记、局长陆文，上海书协主席丁申阳，上海美协副主席陈琪等出席活动。陆健主持开幕仪式。

【崇明区“书画送百福”活动】

1月15日上午，由崇明区文旅局、区文联、区美协组织的“书画送百福”活动在东平镇社区文化活动中心举办。活动现场，崇明美协副主席季云龙、陈洪超，秘书长周海洋等美术家们墨笔挥洒自信、画笔点缀芬芳，与东平镇人民群众共迎庚子新春。

【闵行区第八届“百花齐放新时代”系列文化活动】

6月19日，闵行区第八届“百花齐放新时代”系列文化活动暨“美丽闵行”书法作品展在宝龙美术馆开幕。

本次活动包括16场文艺演出、11场展览研讨和8场艺术讲座。作为系列活动的首展，“美丽闵行”书法作品展共展出优秀书法作品140幅。

【杨浦区文联第三次代表大会】

7月31日，杨浦区文联第三次代表大会在杨浦区图书馆举行。杨浦区委常委、宣传部部长刘东昌，上海市文联党组成员、专职副主席沈文忠，以及12家区文联团体会员，区内相关部门和文化

旅游系统、音乐舞蹈工艺方面百名代表参加会议。

开幕式上，杨浦区区文联主席、区委宣传部副部长、区文旅局党组书记兼局长杨茵喻向大会作工作报告。大会选举选举吴良安、张民、张自雯等3位代表为区文联第一届监事会监事。杨茵喻当选为新一届区文联主席。

对外交流

【2020濠江之春——上海市及长三角艺术家赴澳门系列活动】

11月4日至7日，2020濠江之春——上海市及长三角艺术家赴澳门慰问交流代表团一行赴澳门特区，展开系列慰问演出和文化交流活动。代表团会集了上海体制内外的音乐、戏曲名家名人，并特邀长三角地区文艺界代表同行。

作为澳门大型年度文化品牌盛事的“濠江之春”，2020年活动主要包括了澳门与内地艺术家大联欢、上海市及长三角艺术家赴培正中学交流、上海市及长三角艺术家走进澳门文艺演出等。全国政协副主席何厚铧，全国政协常委、澳门中华文化联谊会会长梁华，中国文联党组成员、书记处书记张雁彬等有关领导，中央政府驻澳门联络办公室相关部室以及澳门特区全国人大代表、全国政协委员、立法会议员、全国青联代表、文化艺术界人士近400人出席开幕仪式，并观看了大联欢演出。

2020“濠江之春”系列活动由中央人民政府驻澳门联络办公室、中国文联、澳门基金会作为支持单位，澳门中华文化联谊会、上海市文联、中央人民政府驻澳门联络办公室宣文部、中国文联港澳台办公室主办，上海市文联艺术促进中心、上海新文艺工作者联合会承办。这是该活动举办至今第一次交由地方文联主办，也是长三角文艺发展联盟自成立以来，在2020年疫情突发的形势下首次成功组织的一项大型“走出去”文化交流项目。

江苏省文联

综　述

2020年是极不平凡的一年。一年来，在江苏省委的正确领导下，江苏省文联坚持以习近平新时代中国特色社会主义思想为指导，全面贯彻中央和省委部署要求，积极应对新冠肺炎疫情影响，统筹推进思想引领、精品创作、人才培养、服务人民、深化改革，扎实推动各项工作迈上新台阶、取得新成效。

重要会议

【江苏省文联召开党组扩大会学习贯彻习近平总书记视察江苏重要指示精神】

11月17日，江苏省文联召开党组扩大会学习贯彻习总书记视察江苏重要指示精神。会议传达学习习近平总书记视察江苏重要指示精神和全面推动长江经济带发展座谈会重要讲话精神，以及省委常委、宣传部部长张爱军在十九届五中全会江苏省委报告团动员会及宣传文化系统负责人会议上的讲话精神，并按照省委常委扩大会议部署要求，研究部署江苏省文联贯彻落实工作。

江苏省文联党组书记、常务副主席、书记处第一书记水家跃主持会议并讲话。会议指出，习近平总书记视察江苏南通、扬州，并在南京召开重要会议，这既是对全省贯彻中央决策部署、建设“强富美高”新江苏成果的集中检阅，更是对江苏“十四五”乃至更长时期发展的现场指导，具有极其重大的政治意义、历史意义、实践意义。习近平总书记的重要讲话指示，言近旨远，针对性强，为江苏未来发展提供了根本指南和基本遵循。江苏省文联党组成员、副主席、书记处书记刘旭东、王建出席会议。

【江苏省文联第十次代表大会、省作协第九次代表大会】

12月29日至30日，江苏省文联第十次代表大会、省作协第九次代表大会在南京举行。省委书记娄勤俭出席并讲话，号召全省广大文艺工作者高举习近平新时代中国特色社会主义思想伟大旗帜，深入贯彻落实习近平总书记视察江苏重要讲话指示精神和关于文艺工作的重要论述精神，坚定文化自信、增强文化自觉，让文艺更好地扛起反映时代的使命，以更多精品力作抒写时代、立言中国，推动江苏文艺事业在全省“争当表率、争做示范、走在前列”的新征程上开创新局面。中国文联党组书记、副主席李屹，中国作协副主席吉狄马加应邀出席大会并讲话。李屹表示，我们要紧密团结在以习近平同志为核心的党中央周围，深入学习贯彻习近平新时代中国特色社会主义思想，增强“四个意识”、坚定“四个自信”、做到“两个维护”，潜心创作、勤奋耕耘，不断谱写江苏文艺事业繁荣发展的崭新篇章，为建设社会主义文化强国、实现中华民族伟大复兴的中国梦不懈奋斗。省委副书记、省长吴政隆，省政协主席黄莉新出席大会。省委、省人大常委会、省政府有关领导同志出席会议。全国30多个兄弟省（区、市）文联、作协来电祝贺。省群团组织代表致贺辞。江苏省文联党组书记、常务副主席、书记处第一书记水家跃主持大会，江苏省文联第九届委员会主席章剑华致开幕词。来自全省各地的文艺工作者代表欢聚一堂，共同出席江苏省文学艺术界的盛会。会议选举产生新一届江苏省文联、省作协领导班子，章剑华当选新一届江苏省文联主席，毕飞宇当选新一届省作协主席。

【江苏省文联传达学习省委十三届九次全会精神和江苏省第十次文代会、第九次作代会精神】

12月31日，江苏省文联党组书记、常务副主席、书记处第一书记水家跃主持召开江苏省文联处级以上干部大会，传达省委十三届九次全会精

神和省委书记娄勤俭在省第十次文代会、第九次作代会上的讲话精神，并就如何贯彻落实省委全会和娄勤俭书记的讲话精神提出具体要求。江苏省文联党组成员、副主席、书记处书记刘旭东，江苏省文联党组成员、副主席、书记处书记刘轩明，江苏省文联党组成员、书记处书记，人事部主任何超，江苏省文联党组成员、书记处书记骆朗出席会议。

【江苏省文联2021年工作务虚会议】

12月4日召开。江苏省文联党组书记、常务副主席、书记处第一书记水家跃主持会议并发表讲话，部署江苏省文联2021年工作。江苏省文联党组成员、副主席、书记处书记刘旭东、王建、徐昕出席会议。江苏省文联各部门、协会、单位负责人参加会议，汇报2021年各单位工作打算。水家跃指出，2021年是中国共产党成立100周年的喜庆之年，也是实现第二个百年奋斗目标的开局之年。江苏省文联将以此为工作坐标，深入贯彻落实总书记视察江苏重要指示精神，以文艺的方式深度融入、主动服务全省“两争一前列”的奋斗进程，为“强富美高”新江苏建设再出发、率先实现社会主义现代化上走在前列的伟大实践贡献文艺力量。

重要活动

【“致敬白衣勇士”书画赠送仪式】

4月16日，在第13批江苏援湖北医疗队全部平安凯旋之际，“致敬江苏援鄂白衣勇士”书画赠送仪式在江苏省现代美术馆举行。江苏艺术家专题创作的2813件书画作品赠予2813位江苏援鄂医务工作者，向他们表达最真诚的敬意。省委书记娄勤俭在批示中对组织本次书画创作赠送活动高度肯定，指出活动传递了正能量，充分彰显了江苏文艺界的爱国主义情怀和高尚的道德情操。省委常委、宣传部部长王燕文，副省长、省支援湖北疫情防控前方指挥部总指挥惠建林出席赠送仪式。新冠肺炎疫情发生以来，江苏深入贯彻落实习近平总书记关于支援湖北疫情防控重要讲话和重要指示批示精神，全力以赴落实支援湖北各项任务，用大义大爱和精湛医术谱写了一曲曲英雄赞歌。当英雄们在前方冲锋陷阵之时，文艺苏军同样积极参战，以艺抗疫，用文艺作品鼓舞斗志、凝聚力量。江苏省委宣传部、省卫健委、江苏省文联、新华日报社联合组织为白衣勇士创作赠送书画作品活动。2月，首先向重点承担支援湖北战疫任务和省内定点医疗救治任务的7家医院创作赠送70幅作品，同步面向全省书画家发动征集。江苏书画家热切响应、迅速行动，活动很快征集到近3000件作品，全部作品经公证处摇号后，赠送给江苏援鄂参战的每一位医务人员。

【“同心战疫”主题作品展】

4月23日，“同心战‘疫’”主题作品展在江苏省现代美术馆举行。由江苏省委宣传部、江苏省文联主办，江苏省美协、江苏省书协、江苏省现代美术馆承办。展览共展出作品236件，其中美术作品涵盖中国画、油画、水彩水粉画、版画、雕塑等，书法形式包括真、草、隶、篆等。这些作品聚焦了战“疫”中涌现出来的感人形象，讲述了抗击疫情的典型事迹，展现了江苏书画艺术家们众志成城、同心战疫的坚定信念。

【“逆行者之歌”唱响江苏大剧院】

5月15日，“逆行者之歌”唱响江苏大剧院在江苏大剧院举行。活动由江苏省委宣传部、省卫健委、省文旅厅、江苏省文联主办，省广电总台、江苏省演艺集团、江苏大剧院承办。这是江苏文艺工作者用艺术的方式向2820名援鄂医护人员为代表的最美逆行者表达崇高敬意与深深谢意。驰援湖北胜利归来的白衣勇士和奋战在全省抗疫一线的80万医护人员代表以及文艺界人士参与晚会。

【“百年江苏”大型美术精品创作工程】

11月19日，“百年江苏”大型美术精品创作工程在宁举行启动仪式。江苏省委宣传部副部长徐宁，江苏省文联党组书记、常务副主席、书记处第一书记水家跃，省委党史工办副主任杨中华共同启动“百年江苏”大型美术精品创作工程。江苏省文联党组成员、副主席、书记处书记刘旭东主持了启动仪式。中国美协副主席、江苏省文联副主席、江苏省美协主席周京新介绍了精品工程的实施办法及创作要求。“百年江苏”大型美术精品创作工程由江苏省委宣传部、江苏省文联主办，江苏省美协承办，是举全省之力组织的一项重大文化项目，以百年江苏之历史、人文、经济社会发展为线索，遴选百年江苏各个历史时期最具影响力和代表性的重大历史事件与历史人物为表现内容，由专家精心遴选了100个选题，旨在推出一批立得住、传得开、留得下的美术精品力作，向中国共产党成立100周年献上一份丹青厚礼。

【江苏文艺“名师带徒”计划戏剧曲艺音乐舞蹈展演周】

6月29日至7月4日在江苏省文联艺术剧场举办。（图4）此次展演周包含两场曲艺专场、一场音舞专场和三场戏剧专场，由入选江苏文艺“名师带徒”计划的青年艺术家担当主角，展示其一年来在各位名师培养下取得的成绩和进步。为做好疫情防控相关工作，江苏省文联以在线云戏曲音乐会的形式推广此次展演周，为此特聘专业摄影团队对演出进行录像、剪辑和后期制作，并通过“大蓝鲸App”“交汇点昆虫记”等新媒体平台播放，惠及更广大的艺术爱好者。

【小康颂·第三届江苏美术奖作品展览】

10月26日在江苏省现代美术馆开幕。本次展览共收到投稿作品近3000件，包括中国画、油画、水彩（粉）画、版画、综合画种及美术理论6个类别。最终评出入选作品400件，包括：中国画入选203件，其中获奖提名38件，美术奖14件；油画入选76件，其中获奖提名18件，美术奖6件；版画入选26件，其中获奖提名5件，美术奖2件；水彩（粉）画入选24件，其中获奖提名5件，美术奖2件；综合画种入选54件，其中获奖提名10件，美术奖4件；美术理论入选17件，其中获奖提名4件，美术奖2件。这些作品突出了新时代中国的整体面貌，描绘了小康社会的美好生活，抒发了广大美术家对当代中国价值观念的艺术追求，展示了艺术家们的艺术自信和艺术活力。

【小康大美——第二届中国（南京）农民画优秀作品双年展】

9月30日在宁举行。（图5）由中国民协、江苏省委宣传部、江苏省文化和旅游厅、江苏省文联主办，江苏省民协、江苏省现代美术馆承办。本次展览共收到应征作品1000多件，涉及全国各省、市、自治区的近50个农民画画乡。展览评选工作由来自省内外专家、学者、艺术家等组成评委会与由中国民协、省机关纪委等相关单位、部门领导组成的监委会共同完成。组委会本着公平、公正、公开的原则，经过初评、终评、公示，共选出149幅作品进行展览，其中收藏作品10件。

【2020紫金文化艺术节“艺动青春”江苏优秀青年舞蹈演员专场演出】

10月25日晚在江苏大剧院举行。（图6）江苏省委宣传部副部长徐宁，江苏省委宣传部副部长、省文明办主任葛莱，江苏省文联党组成员、副主席、书记处书记刘旭东等出席演出现场。本次演出由中共江苏省委宣传部、江苏省文化和旅游厅、江苏省文联主办。演出分为上下半场，由十个优秀节目组成，胡琴心、刘迦、周晨、张依伊等江苏优秀青年舞蹈演员代表为观众献上了精彩的舞蹈表演。

【第三届“江苏省文艺大奖·书法奖”】

12月11日在江苏省现代美术馆举行。本届“书法奖”从5月中旬开始征稿，8月15日截稿，共收到962件投稿作品。经初评、交叉复评、终评、面试等环节，评出10名获奖作者和10名获奖提名作者，另有78人入展。优秀作品展于12月举办，取得良好社会反响。

【长三角文艺发展联盟2020年度“艺·江南”系列主题活动】

7月2日下午在浙江开幕。活动由长三角文艺发展联盟主办，沪苏浙皖四地美协、书协、摄协、民协和浙江省文化会堂（浙江展览馆）承办。四省市文联领导及艺术家代表出席开幕式。本次展览精选了沪苏浙皖三省一市美术、书法、摄影、民间文艺4个艺术门类320件作品，这些作品各具特色，是对长三角区域文化的生动表达，彰显出“海派文化”“吴文化”“越文化”“徽文化”独特韵味。

【江苏十佳青年书法家作品展】

11月20日在江苏省现代美术馆开幕。江苏十佳青年书法家作品展是江苏省现代美术馆自主策划的品牌展。经评审委员会评议，最终以投票方式评选出十佳人选：刘建、孙冲、朱志刚、李双阳、李守卫、汪能江、赵彦国、林海珊、陈捷、黄象明。这十位青年书家都曾在全国书法兰亭奖、国展和江苏书法奖中屡创佳绩。他们不但在书法创作中五体兼备、风格多样，而且在书法理论研究、诗文撰写、活动组织、教学宣传等相关领域各有所长。本次展览展出了十位书家新近创作的

书法作品各十幅，参展作品风格各异，有的清淡怡人、秀丽雅致，有的气骨古雅，意象欲生，都很好地体现了书法家们对书法艺术的追求和探索。

品牌活动

【第十一届中国曲艺牡丹奖颁奖系列活动圆满成功，江苏喜摘三朵“牡丹”】

中国曲艺牡丹奖是经中央批准，由中国文联、中国曲协共同主办的全国性曲艺专业奖项，每两年评选一届。颁奖系列活动自2006年落户江苏以来，坚持践行“人民的节日，曲艺的盛会”这一宗旨，至今已成功举办八届。10月15日晚，姑苏牡丹颂——“曲赞全面小康 艺为人民大众”第十一届中国曲艺牡丹奖颁奖仪式暨第二届中国苏州江南文化艺术•国际旅游节汇报演出在苏州文化艺术中心大剧院举行。（图7）中国文联主席、中国作协主席铁凝，省委副书记任振鹤，省委常委、苏州市委书记许昆林，中国文联党组成员、书记处书记董耀鹏出席活动。现场，铁凝、任振鹤为中国文联终身成就曲艺艺术家颁奖，许昆林致辞。本届牡丹奖系列活动共有16项，活动兼具思想性、观赏性、艺术性，突出惠民底色，彰显曲艺特色。400余位文艺家齐聚江苏，集中呈现了近年来中国曲艺艺术和曲艺事业发展所取得的喜人成果。除颁奖仪式外，还有1场比赛、12场演出、1场研讨会和1个启动仪式。在本届牡丹奖评出的4大项20个奖项中，我省喜获丰收、占得三席：原创中篇苏州弹词《军嫂》获得节目奖、中篇评弹《钱学森》获得文学奖、弹词表演艺术家张建珍获得表演奖。特别值得一提的是，苏州评弹表演艺术家邢晏春获“中国文联终身成就曲艺艺术家”荣誉称号。

【2020中国江苏二胡之乡民族音乐盛典活动】

10月14日至27日在南京举行。本届中国江苏二胡之乡民族音乐盛典活动以习近平新时代中国特色社会主义思想和党的十九大精神为指导，旨在坚定文化自信，传承和发展江苏优秀传统文化，持续打造具有江苏特色的文化艺术品牌，让优秀民乐文化普惠全省百姓，让全省百姓共享江苏高质量推动文化建设的发展成果。活动其间将围绕打赢脱贫攻坚战、全面建成小康社会、抗击新冠肺炎疫情、热烈庆祝建党100周年等主题，开展音乐会演出、民族管弦乐和室内乐作品国际征集、学术研讨、专家讲座、民族乐器展示品鉴5个版块的活动，吸引了全国众多民乐专家、音乐爱好者参与其中。

【2020 · 中国百家金陵画展（油画）】

11月17日在省美术馆开幕。中国百家金陵画展创办于2005年，至今已成功举办16届。2020年适逢全面建成小康社会的历史节点，本届展览以“百年梦圆”为主题，倡导美术工作者以高度文化自觉和使命担当，深入生活、扎根人民，砥砺奋进、锐意创新，创造出紧扣时代脉搏、关注社会现实、反映人民生活的优秀作品。展览共收到全国各地美术家参评作品3920件，经过评委会严格的初评、复评，最终100件作品入展，其中10件典藏作品，10件收藏作品。

创作与研究

【文艺活动】

坚持把围绕中心、服务大局作为文联工作的重要定位，用文艺生动表现江苏人民笃定前行的精神风貌、开拓奋进的辉煌成就。一是紧贴重大国家战略开展文艺活动。围绕长三角一体化发展、大运河文化带建设等国家战略，组织开展“艺•江南——文艺发展联盟助力乡村振兴”论坛、视觉艺术优秀青年艺术家作品交流展、长三角影视剧创作峰会、“邮驿路运河情”中国画展等活动，推动跨区域文艺的交流和合作，传承和弘扬大运河文化、长江文化、江南文化。二是聚焦省委重大部署组织主题活动。制定江苏省文联贯彻落实习近平总书记视察江苏重要讲话指示精神工作方案，助力践行“争当表率、争做示范、走在前列”；聚焦“美丽江苏”建设，深入开展学习宣传、文艺采风、文艺纪实、文艺创作、文艺惠民“五大行动”；聚焦打好“三大攻坚战”，重点开展主题文艺创作、组织展示展览活动、开展文艺扶贫支教、组织文艺惠民巡演等工作；开展“美丽家园——江苏省文联聚焦苏北农房改善工程影像纪实行动”项目，用影像反映苏北地区农民住房条件改善的进程和风貌。三是抓住重要时间节点开展重大文艺活动。围绕决胜全面建成小康社会主题，举办“小康墨韵”书法名家主题作品邀请展、2020中国百家金陵画展（油画）、第三届江苏美术奖展览、“大美民间•小康颂歌”全国农民画双年展等活动，记录呈现时代变迁和伟大创举，充分展现江苏改革发展的生动实践，凝聚奋发前行的精神力量。围绕迎接建党100周年，重点打造扶持中篇弹词《邓稼先》、中篇评弹《杨记米行》、扬州曲艺中篇《永远的长征》、曲艺剧《盐阜往事》、中篇评弹《追梦女孩》、短篇评话《接头》等6部作品。四是持续放大文艺活动品牌效应。坚持与中国文联及文艺家协会紧密合作，深入打造中国曲艺“牡丹奖”颁奖晚会、中国二胡之乡民族音乐盛典、东方工艺美术之都博览会、中国百家金陵画展四大全国性文艺品牌。在苏州成功举办了第十一届中国曲艺牡丹奖颁奖系列活动，活动得到多家中央媒体的关注和报道；积极参与“紫金文化艺术节”，共举办11项文艺活动，涵盖戏剧、电影、音乐、舞蹈、书法、美术、摄影、群文活动等类别，展示了江苏文艺创作的丰硕成果；各文艺家协会深化打造“一会一品”“一会多品”，品牌影响力、美誉度不断增强。

【文艺精品创作与文艺家队伍建设】

一年来，围绕推动文化高质量发展、建设“文化强省”目标，紧紧抓住出精品、育人才两个根本任务，着力推出一批富有感染力吸引力的文艺精品，多措并举壮大新时代文艺苏军。一方面，大力推动文艺精品生产创作。歌曲《追》《我相信梦可以像花一样的开》入选中国当代歌曲创作精品工程优秀推选歌曲；《江苏卫视2019—2020跨年演唱会》获第三十届中国电视“金鹰奖”；舞剧《朱自清》、古典舞《雨花石的等待》获第十二届中国舞蹈“荷花奖”；中篇弹词《军嫂》《钱学森》获得第十一届中国曲艺“牡丹奖”。音乐剧《华中鲁艺记》、扬剧《血色浪漫》、音乐电视《中华英雄谱》、民间文艺《传统鱼纹在设计中的应用》等4个项目获中国文联文艺基金资助项目。另一方面，大力推进文艺家队伍建设。继续实施“江苏文艺名家晋京展”，资助“紫金文化奖章”获得者李奕洁到上海举办个人专场表演。实施紫金文化英才培育行动、紫金文化优青储备行动，一批文艺骨干力量加快成长。张建珍获第十一届中国曲艺“牡丹奖”表演奖、评弹表演艺术家邢晏春获“中国文联终身成就曲艺艺术家”荣誉称号。坚持把“名师带徒”计划作为龙头性工程，通过名师高徒作品联展、师徒同台演出等方式，安排高徒参与重大主题性文艺活动、全国性重要展赛、高端人才集训，组织推出“代有才人”——江苏文艺“名师带徒”展演周，涵盖戏剧、曲艺、音乐、舞蹈四个门类41位学徒，有效促进了师徒传承工作。

各文艺家协会

【戏剧家协会】

江苏省第二届戏剧小戏小品展演8月开幕。由江苏省委宣传部指导、江苏省文联主办，江苏省剧协承办。活动共收到来自全省各级文艺院团、艺术院校的95部参赛作品，涵盖昆剧、京剧、话剧、淮剧、锡剧、淮海戏、滑稽戏、柳琴戏、梆子戏等剧种。经初评、复评，最终有42部作品入围终评。一批有生活、接地气的小戏小品轮番上演，小舞台折射大社会，尽显人生百态。

万众一心，戏剧战“疫”，号召全省戏剧工作者创作以“坚决打赢疫情防控阻击战”为主题的文艺作品，创演了诗朗诵《他们说》《春天保卫战》、戏歌《冰融雪消又一春》、扬剧戏歌《开在纸上的花朵》、淮剧戏歌《牵挂你那么多天》、梆子戏歌《因为有你》、昆曲《春江城》等近两百个作品。其中戏歌《冰融雪消又一春》发布后在中央电视台播出，并被“学习强国”、《金陵晚报》《现代快报》、紫金山新闻客户端等多家平台转载，为防疫抗疫注入了戏剧界的力量。

第二届江苏戏剧主创人员培训班12月在南通市举办。来自全省各剧种剧团以及新文艺群体地40位中青年编剧、导演、演员、舞美（服装）设计、音乐（唱腔）设计等主创人员参加培训，深入学习了习近平总书记有关文艺工作的系列重要讲话精神，并由全国知名戏剧等相关领域专家，为学员们讲授了当下戏剧发展状况和前沿理论、传统与创新、编剧导演音乐舞美实践等主题的系列课程。

2020年江苏少儿戏曲小梅花展演11月29日在张家港举办。活动于6月启动，经过省内专家评委对小演员节目的评审，最终8个个人节目、3个集体节目报送中国剧协，参加2020年第二十四届中国少儿戏曲小梅花荟萃活动。活动共评选出7个最佳集体节目、优秀集体节目，11个小选手荣获“金花”称号，16个小选手荣获“银花”称号。国家一级演员、中国戏剧梅花奖、白玉兰奖得主、京剧表演艺术家李奕洁和扬剧表演艺术家徐秀芳两位戏曲名家率徒弟们专程从南京赶来，与获奖少儿演员们一起进行艺术交流，同唱梨园欢歌，彰显了江苏戏曲艺术薪火相传、生生不息的动人景象。

【电影家协会】

第二届江苏文艺大奖•电影奖颁奖暨“拥抱新时代”江苏电影（微电影）大家谈活动作为与中国电影“金鸡奖”相衔接的江苏专业性、权威性的电影最高奖项，“江苏文艺大奖•电影奖”每两年举办一次。第二届“江苏文艺大奖•电影奖”共有2017至2018年度公开发行放映的28部影片参评，获奖的作品有：一等奖《捉妖记2》，二等奖《邪不压正》《神秘世界历险记4》《暴雪将至》，三等奖《西游记女儿国》《心理罪》《二代妖精之今生有幸》《神奇马戏团之动物饼干》《妈妈咪鸭》。这些作品全面展现了江苏电影的无限风采和良好的发展态势。活动其间，还举办了“拥抱新时代”——江苏电影艺术讨论会和“江苏电影艺术大家谈”活动，江苏省影协主席团成员和江苏电影艺术工作者们参加活动，为江苏电影再创佳绩出谋划策。

第35届大众电影百花奖江苏观众评委选拔活动8月7日至21日在江苏举办。本次活动由江苏省影协主办。活动在各大影城、高校、电影理论评论组织、江苏省影协会员中开展了组织发动工作。通过推荐与评选，最终遴选出了5位优秀的观众评委。他们在第35届大众电影百花奖评选工作中圆满完成了任务，受到了中国影协的高度评价与赞扬。

8月24日至28日，由江苏省委宣传部、江苏省电影局主办，江苏省电影创作中心、江苏省影协承办的“2020江苏青年电影编剧集训营”在苏州举办。本次共招收学员40名。为期5天的编剧集训营，不仅有大咖们进行室内教学，还组织学员赴大运河苏州枫桥段、苏州平江路等地，围绕大运河文化和江南文化等主题进行现场教学。此外，每晚还安排学员沙龙、经典修复影片观摩等环节，为老师、学员们带来宽松的学习氛围和交流机会。

由江苏制作出品的电影《解放•终局营救》获得了第33届金鸡奖最佳美术奖。

2020首届长三角电影编剧高级研修班10月24日在上海开班。在为期一周的本届研修班上，美国电影学院前任院长Jan Schütte、上海电影家协会主席任仲伦、北京电影学院文学系主任黄丹教授等作为大师讲坛主讲嘉宾为学员授课，从多元角度剖析当今电影市场的生存状态、成功经验及未来的发展趋势，全面提升编剧对电影市场的理解和电影剧本创作的技巧。在“小班制”的导师工作坊中，导演梁山、李睿珺与编剧张琪、冯华、袁媛、潘雨等导师将就剧本大纲和学员进行深入指导、交流和解答在剧本创作中遇到的个性难题和具体挑战。

【电视艺术家协会】

举办第三十五届“江苏省文艺大奖•电视奖”评审活动。6月上旬，为防控疫情，提高效率，评奖由往届的集中审片改为分头初审、小组评议、集体会审，最终评出40部获奖作品及个人：最佳纪录片12个、最佳电视剧2个、优秀电视剧4个、最佳导演1个、最佳编剧1个、最佳动画片2个、最佳综艺晚会7个、最佳综艺栏目5个、最佳文艺文学专题片3个、最佳主持人3名。报经党组批准后，择优上报第三十届电视金鹰奖组委会参评，取得优异成绩：《江苏卫视2019—2020跨年演唱会》获最佳电视综艺节目奖，《淮海战役启示录》获最佳电视纪录片提名奖。

“2020电视剧剧本创意大赛”由省广电局、江苏省文联联合主办、江苏省视协承办。征集活动重点围绕2021年庆祝中国共产党成立100周年，聚焦重大革命历史和现实主义等题材创作。深刻展现党领导全国各族人民在革命历史进程中的重大事件，全面展示建党建国、改革开放、特别是党的十八大以来现代化建设的伟大成就和祖国城乡发生的巨大变化，支持创作讲述防疫抗疫故事、弘扬防疫抗疫精神的电视剧作品。大赛共征集来自全国24个省（市、自治区）的参赛作品169件。

最终评选出“十佳创意作品奖”和“创意作品提名奖”各10件。

在抗击新冠肺炎疫情斗争中，联合省广电总台创作歌曲并制作MV《别怕》，联合淮安视协创作歌曲并制作MV作品《天使的背影》，联合连云港视协创作公益短片《致敬赴疫区的天使们》，联合常州影视协制作诗歌MV《你是江南第一燕》《爸爸我要上前线》等作品，联系省内外播出平台频频推送。

“2020长三角电视剧创作高级人才培训班”10月17日由江苏省视协与省广电局联合举办。省内共109名主要电视剧制作机构、影视基地相关负责人、业务骨干参加，北京电影学院教授、编剧张巍，南京大学教授周安华分别作题为《如何做好影视改编》《影视剧创作询唤多样化叙事和日常美学》的演讲，为学员授课。

【音乐家协会】

10月14日至27日，2020中国江苏二胡之乡民族音乐盛典活动在南京举行。本届中国江苏二胡之乡民族音乐盛典活动以习近平新时代中国特色社会主义思想和党的十九大精神为指导，旨在坚定文化自信，传承和发展江苏优秀传统文化，持续打造具有江苏特色的文化艺术品牌，让优秀民乐文化普惠全省百姓，让全省百姓共享江苏高质量推动文化建设的发展成果。活动其间将围绕打赢脱贫攻坚战、全面建成小康社会、抗击新冠肺炎疫情、热烈庆祝建党100周年等主题，开展音乐会演出、民族管弦乐和室内乐作品国际征集、学术研讨、专家讲座、民族乐器展示品鉴5个板块的活动，吸引了全国众多民乐专家、音乐爱好者参与其中。

12月18日至19日，纪念沈亚威诞辰100周年系列活动在南京举办。由中国文联、中国音协、江苏省委宣传部、江苏省文联共同主办，江苏省音协、江苏省演艺集团承办。本次活动由作品音乐会和座谈交流两部分组成，以沈亚威的生平为主线，以其创作的音乐作品为主要内容，带领大家一同重温经典，感悟老一辈音乐家的精神风范。

组织开展“抗击疫情”主题歌曲创作活动，江苏省音协带领全省音乐工作者迅速行动，成绩突出，短短时间内创作了300多首音乐作品，其中100余首作品在人民网、中央电视台央视频、《新华日报》、今日头条、凤凰新闻、网易云音乐、QQ音乐等20多家全国主流媒体和音乐频道发布，引起社会各界广泛关注。江苏省音协推荐歌曲《生命线上的守护者》成为首批全国八首优秀抗疫主题作品之一，获中国音协特别表彰。江苏省音协微信公众号累计推送江苏原创抗疫主题歌曲29期，阅读总量达15万人次，转发分享达8400多次，另有《没你不行》《等你回来》《相信》《唱给你听》《天使的背影》《你的背影》等20余首歌曲收录于“学习强国”学习平台。

11月16日至18日，2020江苏省文艺大奖•音乐奖声乐作品、小型器乐作品、音乐理论征集评奖活动在南京举行。活动由江苏省文联主办，江苏省音协承办，共评选出声乐获奖作品12首（一等奖2首，二等奖4首，三等奖6首），小型器乐获奖作品6首（一等奖1首，二等奖2首，三等奖3首），音乐理论获奖作品6部（一等奖1部，二等奖2部，三等奖3部）。

【美术家协会】

9月，开展“第三届邮驿路运河情中国画展”等多个国家级展览的相关工作，展现了江苏省美协良好的沟通能力和工作水平。江苏省美协还积极参与长三角地区艺术活动，7月，参加长三角文艺发展联盟2020年度“艺•江南”系列主题活动，组织全省20名优秀青年艺术家参加了长三角文艺发展联盟“视觉艺术优秀青年艺术家作品交流展”，选送的作品获得了一致好评。

10月26日，小康颂 • 第三届江苏美术奖作品展览在江苏省现代美术馆开幕。本次展览共收到投稿作品近3000件，包括中国画、油画、水彩（粉）画、版画、综合画种及美术理论6个类别。最终评出入选作品400件，包括：中国画入选203件，其中获奖提名38件，美术奖14件；油画入选76件，其中获奖提名18件，美术奖6件；版画入选26件，其中获奖提名5件，美术奖2件；水彩（粉）画入选24件，其中获奖提名5件，美术奖2件；综合画种入选54件，其中获奖提名10件，美术奖4件；美术理论入选17件，其中获奖提名4件，美术奖2件。这些作品突出了新时代中国的整体面貌，描绘了小康社会的美好生活，抒发了广大美术家对当代中国价值观念的艺术追求，展示了艺术家们的艺术自信和艺术活力。

11月17日，2020·中国百家金陵画展（油画）在省美术馆开幕。中国百家金陵画展创办于2005年，至今已成功举办16届。2020年适逢全面建成小康社会的历史节点，本届展览以“百年梦圆”为主题，倡导美术工作者以高度文化自觉和使命担当，深入生活、扎根人民，砥砺奋进、锐意创新，创造出紧扣时代脉搏、关注社会现实、反映人民生活的优秀作品。展览共收到全国各地美术家参评作品3920件，经过评委会严格的初评、复评，最终100件作品入展，其中10件入选典藏作品，10件入选收藏作品。

11月19日，“百年江苏”大型美术精品创作工程在宁举行启动仪式。江苏省委宣传部副部长徐宁，江苏省文联党组书记、常务副主席、书记处第一书记水家跃，省委党史工办副主任杨中华共同启动“百年江苏”大型美术精品创作工程。江苏省文联党组成员、副主席、书记处书记刘旭东主持了启动仪式。中国美协副主席、江苏省文联副主席、江苏省美协主席周京新介绍了精品工程的实施办法及创作要求。“百年江苏”大型美术精品创作工程由江苏省委宣传部、江苏省文联主办，江苏省美协承办，是举全省之力组织的一项重大文化项目，以百年江苏之历史、人文、经济社会发展为线索，遴选百年江苏各个历史时期最具影响力和代表性的重大历史事件与历史人物为表现内容，由专家精心遴选了100个选题，旨在推出一批立得住、传得开、留得下的美术精品力作，向中国共产党诞辰100周年献上一份丹青厚礼。

【曲艺家协会】

第十一届中国曲艺牡丹奖颁奖系列活动取得圆满成功，江苏喜摘三朵“牡丹”。中国曲艺牡丹奖是经中央批准，由中国文联、中国曲协共同主办的全国性曲艺专业奖项，每两年评选一届。颁奖系列活动自2006年落户江苏以来，坚持践行“人民的节日，曲艺的盛会”这一宗旨，至今已成功举办八届。10月15日晚，姑苏牡丹颂——“曲赞全面小康 艺为人民大众”第十一届中国曲艺牡丹奖颁奖仪式暨第二届中国苏州江南文化艺术·国际旅游节汇报演出在苏州文化艺术中心大剧院举行。中国文联主席、中国作协主席铁凝，江苏省委副书记任振鹤，江苏省委常委、苏州市委书记许昆林，中国文联党组成员、书记处书记董耀鹏出席活动。本届牡丹奖系列活动共有16项，活动兼具思想性、观赏性、艺术性，突出惠民底色，彰显曲艺特色。400余位文艺家齐聚江苏，集中呈现了近年来中国曲艺艺术和曲艺事业发展所取得的喜人成果。除颁奖仪式外，还有1场比赛、12场演出、1场研讨会和1个启动仪式。在本届牡丹奖评出的4大项20个奖项中，江苏省喜获丰收、占得三席：原创中篇苏州弹词《军嫂》获得节目奖、中篇评弹《钱学森》获得文学奖、弹词表演艺术家张建珍获得表演奖。特别值得一提的是，苏州评弹表演艺术家邢晏春获“中国文联终身成就曲艺艺术家”荣誉称号。

8月6日至8日，第九届江苏省少儿曲艺展演在张家港市举行。活动由中国曲协、江苏省文联、张家港市人民政府共同主办。省少儿曲艺展演作为省曲协的重点活动项目，与全国少儿曲艺展演相衔接，各市报送项目近40个，最终评出优秀节目14个。江苏省选拔出的14个优秀节目在江苏专场、长三角专场、汇报演出专场中精彩亮相。这些节目涵盖苏州评弹、苏北琴书、相声、评书、快板书、河阳宝卷等曲种，充分展现了江苏少儿曲艺生机勃勃、遍地开花的景象。

8月18日，江苏省第三届快板大赛落下帷幕。本届快板大赛共收到参赛节目34个，经过初评，有25个节目、近70位选手进入决赛（其中少儿组9个、成人组16个）。通过两场激烈角逐，最终评选出成人组一等奖2名、二等奖3名、三等奖5名；少儿组一等奖1名、二等奖2名、三等奖3名，并有3个作品获得优秀作品奖。18日晚，在盐都区举行了畅游盐都金秋行暨省第三届快板大赛惠民演出。

10月24日至25日，首届省故事会大赛在无锡举行。大赛共计收到来自全省各市、县、区，各协会推荐的故事作品33件，21个作品进入决赛。经过两场决赛，共有12件优秀作品脱颖而出，《钥匙》《苹果》《六十万嫁妆》等3件作品荣获金奖。当天下午，举行了颁奖仪式暨“文艺进万家”——曲艺名家新秀惠民演出。

12月5日至6日，“永熙杯”首届省相声大赛在宜兴举行。本次大赛是江苏省首届专业相声比赛，是近年来江苏相声艺术丰硕成果的集中体现，旨在繁荣江苏相声事业，培育更多的优秀相声人才。全省各地有41个节目参赛，共评选出金奖3个、银奖4个、铜奖5个、优秀奖4个。此外，经过网络投票，还评选出了最佳逗哏奖1名，最佳捧哏奖1名。6日晚，大赛颁奖仪式暨曲艺名家新秀惠民演出在宜兴保利大剧院上演。

省曲协于2019年12月发布征集庆祝建党100周年原创曲艺作品的通知，全省各地共报送61个原创作品，涵盖苏州评弹、扬州评话、徐州琴书、南京白局、快板、相声、小品、坠子等十余个曲种，充分显示了江苏曲艺工作者的创作热情和积极性，省曲协还组织专家、曲艺作者等举办了两场作品研讨会。

【舞蹈家协会】

10月25日，2020紫金文化艺术节"艺动青春"江苏优秀青年舞蹈演员专场演出在江苏大剧院举行。江苏省委宣传部副部长徐宁，江苏省委宣传部副部长、省文明办主任葛莱，江苏省文联党组成员、副主席、书记处书记刘旭东等出席演出现场。本次演出由江苏省委宣传部、江苏省文化和旅游厅、江苏省文联主办。演出分为上下半场，由10个优秀节目组成，胡琴心、刘迦、周晨、张依伊等江苏优秀青年舞蹈演员代表为观众献上了精彩的舞蹈表演。

7月1日，江苏文艺名师带徒计划"代有才人"音乐舞蹈专场展演在江苏省文联艺术剧场开演。舞蹈名师吴凝、高徒胡琴心是首批"名师带徒"计划唯一的一对舞蹈师徒。当天下午，高徒胡琴心表演了独舞《心舞集》和《子非鱼》。

9月16日至28日，第十二届中国舞蹈"荷花奖"舞剧终评现场演出及评选在上海举行，在8部入围终评作品中，有5部作品荣获第十二届中国舞蹈"荷花奖"舞剧奖。省扬州市歌舞剧院选送的作品《朱自清》获此殊荣，这是省地方院团首次荣获中国舞蹈"荷花奖"，实现江苏舞蹈零的突破。

10月14日至17日，第十二届中国舞蹈"荷花奖"古典舞终评现场演出及评选在河南洛阳举办，在16部入围终评作品中，有3部作品荣获第十二届中国舞蹈"荷花奖"古典舞奖。由江苏省舞协选送、南京艺术学院舞蹈学院参赛的《雨花石的等待》（原名《半个世纪的等待》）获得本届中国舞蹈"荷花奖"古典舞奖，这是江苏地方舞蹈首次荣获中国舞蹈"荷花奖"古典舞最高奖项。

"南京舞蹈营"是在中国舞协指导下，由中国文联舞蹈艺术中心、南京市文联、江苏省舞协联合主办的青年舞蹈人才培训示范活动。三年来，"南京舞蹈营"以"育人才、出精品"为宗旨，面向全国范围内具有创新能力和发展潜力的青年舞者，连续举办了"中国青年舞蹈人才交流培训基地"挂牌仪式暨"南京青年舞蹈周"、全国青年舞蹈人才培训•南京舞蹈营暨"新生力量"精品展演等活动。2020年，虽受新冠肺炎疫情影响，但"南京舞蹈营"仍坚持用艺术的力量向大众传递着爱与勇气，并创新性地尝试"云舞蹈"的形式，依托网络作为主要载体，以理论讲座直播、工作坊直播、云上影像作品等形式呈现。

【民间文艺家协会】

9月30日，小康大美——第二届中国（南京）农民画优秀作品双年展在宁举行。由中国民协、江苏省委宣传部、江苏省文化和旅游厅、江苏省文联主办，江苏省民协、江苏省现代美术馆承办。本次展览共收到应征作品1000多件，涉及全国各省、市、自治区的近50个农民画画乡。展览评选工作由来自省内外专家、学者、艺术家等组成评委会与由中国民协、省机关纪委等相关单位、部门领导组成的监委会共同完成。组委会本着公平、公正、公开的原则，经过初评、终评、公示，共选出149幅作品进行展览，其中收藏作品10件。

红木雕刻巨作《姑苏繁华图》专家研讨会暨大型红木雕刻《姑苏繁华图》巨作首展和《大匠有神》图书首发仪式7月31日在苏州举行。活动由江苏省民协、省工艺美术学会联合主办。大型红木雕刻《姑苏繁华图》巨作首展暨《大匠有神》图书首发仪式在第九届中国苏州创博会上举行。大型红木雕刻《姑苏繁华图》以清代画家徐扬的画作《姑苏繁华图》为蓝本，由施冬妹及其团队历时11年创作而成。这件作品分为19幅，全长40.47米，高2.13米，多位能工巧匠运用苏作传统的浅雕、深雕、镂空雕、立体雕等技艺，将一件细腻写实的书画长卷，转化成令人惊叹的木雕作品。木雕中，有人物12000余人、房屋2100余栋、船只400余艘、桥梁50余座、文化场景10余处，皆纤毫毕现，栩栩如生，重现了画作中苏州城郊百里风景和街市繁华景象。巨幅的作品也意味着成本的增加，光是原材料，就耗费了45吨红酸枝、25吨大叶紫檀。该作曾获中国民间文艺最

高奖——第13届山花奖。

9月29日，第七届中国徐州文化博览会暨中国徐州民间工艺博览会在徐州开幕。本届文博会由中国民协、中国工艺美协、江苏省文联、中共徐州市委、徐州市人民政府主办。本届文博会为期6天，共设“汉源徐州”主题展区、第十五届“山花奖”初评作品展区、非遗传承与创新展区等8个展区。同期还进行了第十五届中国民间文艺山花奖•优秀民间工艺美术作品初评，“山花烂漫”展区内，23个省、自治区、直辖市和新疆生产建设兵团民协推荐的182件作品参加了评选，涵盖了雕刻、工艺画等20余个民间工艺门类。

11月30日至12月2日，“文化遗产与当代社会”田野工作坊在南京举办。来自中国社会科学院、中国艺术研究院、华东师范大学、南方科技大学、武汉大学、复旦大学、南京大学、东南大学、南京师范大学、南京旅游职业学院和南京农业大学等院校20余位学者参加了本次活动。“文化遗产与当代社会”田野工作坊旨在为中青年学者搭建当代民俗研究交流互鉴平台，目前已顺利举办四期。活动还将邀请北京大学、北京师范大学等高校学者举行田野工作坊系列学术讲座。

【摄影家协会】

新冠肺炎疫情暴发后，江苏省摄协第一时间组织发动全省的摄影工作者，共创作2万余幅作品，江苏省摄协微信公众号连续发布29期“影像无声传大爱”——江苏摄影人战“疫”在行动专辑。其中很多作品被《人民日报》《光明日报》等各级各类媒体刊登，并多次被“学习强国”学习平台采用。江苏省摄协对15名在抗击新冠肺炎疫情行动中表现突出的摄影工作者予以通报表扬，其中1人（林琨）获得省文明办评选的“省疫情防控优秀志愿者”称号，1人（顾炜）被中国摄协评为“抗击新冠肺炎疫情先进摄影工作者”。

“小康光景”江苏摄影大展旨在以影像独特的力量助力江苏打赢三大攻坚战、推动“三农”事业高质量发展。此次展览从12000多幅来稿中精选了300余幅摄影作品，紧紧围绕决战脱贫攻坚、建设美丽家园主题，展示呈现党的十八大以来，在中国共产党的领导下，江苏为高水平全面建成小康社会所作出的努力，记录江苏扶贫工作及“三农”事业的具体实践和丰硕成果。展览被纳入江苏省委宣传部2020紫金文化艺术节，9月30日至10月20日在江苏大剧院共享大厅展出，因疫情防控需要，本次展览推出了VR全景展，采用线上线下同步的形式展出。展览的百余幅作品被“学习强国”平台收录展出，取得了良好的社会效果。

4月，江苏省摄协下发《江苏省文联关于加快推进“美丽家园——聚焦苏北农房改善工程影像纪实行动”的通知》。为进一步推进项目实施，了解项目进展情况，听取有关意见和建议，7月14日至17日，江苏省文联党组成员、副主席、书记处书记徐昕率队赴徐州、连云港等地开展相关调研。9月，依托“小康光景”江苏摄影大展平台，“美丽家园——聚焦苏北农房改善工程影像纪实行动”项目阶段性成果以专题形式展出。展览从徐州、淮安、盐城、连云港、宿迁苏北5市中，重点选取了40余个镇（村），用近200幅图片反映苏北地区农民住房条件改善的进程和风貌，展现产业发展，展示苏北农民安居乐业、建设美好家园的精神风采。

“江苏省文艺大奖•摄影奖”评选是由江苏省文联和江苏省摄协共同主办的江苏摄影领域最高个人成就奖，2020年是第三届。本届摄影奖全部评委从专家评委库抽选产生，此外，本届省展特邀请中国摄协副主席柳军、雍和参加终评评选。本届摄影奖共收到100名作者来稿，最终评选出摄影奖获得者15人（纪录类6人，艺术商业类8人，理论类1人）；提名奖获得者10人（纪录类4人，艺术商业类5人，理论类1人）。

【书法家协会】

10月16日，“小康墨韵”——决胜全面建成小康社会江苏省书法名家主题作品邀请展在江苏省现代美术馆举行。由江苏省委宣传部、江苏省文化和旅游厅、江苏省文联主办，江苏省书协、江苏省现代美术馆承办。本次展览围绕全面建成小康社会的主题指定书写内容，特别邀请省政府扶贫办、省诗词协会、省楹联研究会等单位提供资料并加以精选，书写内容涵盖国家领导人关于小康的重要论述、描写美好生活的古诗词、扶贫工作中涌现的先进事迹等，多视角、多维度展现江苏人民凝心聚力奔小康的奋斗场景。展览邀请125位省内优秀书法家参展，诸体俱全、风格各异、形式多样。

江苏省书协成立四十周年纪念活动以“一书一展一会”向江苏省书协的辉煌历史献礼。梳理江苏省书协成立四十年来的重要人物、重要节点、重大成果，整理出版《江苏省书协四十周年大事记》。目前大事记基本完成，正在征求修改意见；邀请100多位江苏曾在全国书法篆刻展和兰亭奖评奖中获奖的作者（含理论获奖者），举办江苏省书协成立四十年获奖作者作品展，2020年12月与第三届“江苏文艺大奖·书法奖”的获奖作品展同时举办；召集省书法界重要书法家，举办纪念江苏省书协成立四十周年座谈会。尉天池、言恭达、张杰、阙长山、王继安、孙晓云、李啸、王伟林、刘灿铭、黄正明、马亚、金丹、常汉平以及江苏省书协老艺术家、第三届“江苏省文艺大奖·书法奖”获奖、提名奖作者和新文艺群体代表分别发言交流，回顾江苏书协成立40年来的光辉历程，重温江苏书协成立40年来做出的努力与贡献和取得的全方位、开创性成果，也对江苏书协未来的工作与发展提出了宝贵建议。

江苏省第十二届新人书法篆刻作品展共收到各地投稿作品6209件，创江苏历届书法新人展投稿数量新高。投稿作者年龄最小18岁，最大90岁，彰显了江苏书法深厚的群众基础。投稿作品诸体俱全，形式丰富，风格各异，精彩纷呈，展示了书法新人的风采。最终共有553件作品入展，其中59件作品被评为优秀作品。9月18日在无锡江阴华士镇举办了展览开幕式，得到了良好的社会反响。

12月11日，第三届“江苏省文艺大奖·书法奖”在江苏省现代美术馆举行。本届“书法奖”从5月中旬开始征稿，8月15日截稿，共收到962件投稿作品。评审分初评、终评、面试三轮进行，评审时间为9月8日至12日，江苏省纪委监委驻江苏省委宣传部纪检监察组全程嵌入式监督。经初评、交叉复评、终评、面试等环节，评出10名获奖作者和10名获奖提名作者，另有78人入展。优秀作品展于12月举办，取得良好社会反响。

【杂技家协会】

11月2日，大运河文化带杂技精品展演在扬州举行。本次展演由江苏省文联、扬州市江都区人民政府主办。本次展演会聚了省各杂技团的代表性节目，既有《时光炫技——单车手技》《镜中人·耍花坛》《蹬缸》《肩上芭蕾》等惊险刺激的杂技表演，也有《千变万化》《扇子变人》等变幻莫测的魔术节目，为邵伯群众带来一场非同凡响的视觉盛宴，受到广泛好评。

江苏省杂技团创作红色题材杂技报告剧《芦苇青青菜花黄》，南京市杂技团创排的大型杂技系列剧“我们的生活充满阳光”之《桥·家》，射阳县杂技团创作以“一带一路”为主题的杂技剧《沙秀》。江苏省杂协积极指导省优秀节目进行打磨提升，力争打造文艺精品。魔术《月光白鸽》入选文化和旅游部“中国杂技艺术创新工程”重点扶持作品和“庆祝中国共产党成立100周年舞台艺术精品创作工程”重点扶持作品“百年百部”小型作品创作计划。杂技剧《海星花》被商务部、中宣部等五部委评为“国家文化出口重点项目”。

12月16日至18日，江苏省杂协杂技骨干培训班在南京举行。培训班组织骨干会员深入学习党的党的十九届五中全会精神和习近平总书记视察江苏重要讲话指示精神，传达了黄坤明在中国剧协第九次全国代表大会、中国杂协第八次全国代表大会开幕式上的讲话精神，引导广大杂技人切实增强“四个意识”、坚定“四个自信”、做到“两个维护”，自觉承担起举旗帜、聚民心、育新人、兴文化、展形象的使命任务。

【文艺评论家协会】

9月2日至3日，“实话实说——当代书法江苏论坛”在镇江举办。活动由江苏省文联主办，江苏省评协、江苏省书协承办。江苏省文联主席章剑华，江苏省文联党组成员、副主席、书记处书记刘旭东等出席论坛并发表讲话。会上，与会专家、学者聚焦“正本清源 守正创新”主题，紧紧围绕“丑书”现象的存在和批评、如何提升全社会书法审美能力等前沿热点议题，就新世纪以来特别是近几年来我国书法艺术所取得的成就，尤其是存在的问题和解决问题的路径进行了广泛深入的研讨。

10月15至17日，“在新时代的现场”当代文艺评论苏州论坛在苏州举行。中国文联党组成员、书记处书记董耀鹏，中国评协主席夏潮，江苏省文联党组书记、常务副主席、书记处第一书记水家跃等领导出席开幕式。本次论坛由中国评协、

江苏省文联、苏州市委宣传部主办，省评协作为承办方之一，积极配合主办方提供了一系列工作支持，同时组织专家向大会提交了论文、参加了中国评协组织的座谈会。

8月5日至7日，长三角文艺评论发展联盟论坛由长三角文艺发展联盟、浙江江苏省文联主办，浙江省评协、杭州江干区委宣传部承办的长三角文艺评论发展联盟论坛在杭州举办。江苏省作协党组成员、副主席、书记处书记、江苏省评协主席汪政，江苏省评协副主席、南京师范大学文学院教授何平，江苏省评协副秘书长（主持工作）、一级美术师衡正安等一行7人代表江苏省评协出席论坛。本次论坛设“常规论坛”“主题论坛”“专题论坛”三大板块。

浙江省文联

综　述

2020年，浙江省文联认真贯彻党的十九大及十九届五中全会，省委十四届七次、八次全会精神，文艺精品佳作不断涌现，文艺队伍不断壮大，文艺服务不断拓展，文艺对经济社会发展的滋养不断深入，以实的举措和实的作风为在新时代全面展示中国特色社会主义制度优越性的“重要窗口”建设中贡献文艺力量。一年来，浙江文联坚持以政治建设为统领，强化对文艺界团结引领，全省文艺界凝聚力不断增强；坚持以主题创作为抓手，聚焦全面小康开展文艺实践，服务中心大局能力显著提高；坚持以品牌活动为引擎，努力铸造文艺高原高峰，出人才出精品的基础更加夯实;坚持德艺双馨评价标准，着力打造文艺人才队伍，“文艺浙军”更加活力充沛;坚持以人民为中心，推进“深入生活、扎根人民”常态化制度化，开展文艺志愿服务成为常态;坚持筑牢根基补齐短板，扎实推进文联深化改革，文联组织建设实现大提升。

抗击疫情文艺活动

1月28日，浙江省文联发出《浙江省文联关于征集抗击新型冠状病毒疫情主题创作作品的启事》，面向全省征集“2020抗击新型冠状病毒疫情”主题文艺创作活动成果，各团体会员积极发动、征集、推送优秀抗疫作品。

2月8日，积极响应湖北省文联“同呼吸、共战‘疫’，万众一心、加油武汉”的活动号召，组织许江、茅威涛、翁仁康、何水法、席文等省内文艺名家，联袂录制安人心、暖人心的短视频，激发武汉人民打赢抗疫阻击战的昂扬斗志。

2月11日，浙江省书协向全省书法家征集“2020抗击新型冠状病毒疫情”主题文艺创作活动成果，并举办“大爱无疆，我们同在”——浙江省书法界抗击新型冠状病毒疫情网上主题书法篆刻创作展。

2月19日，浙江省文联发出《浙江省文联致广大文艺工作者的信》，号召文艺工作者根据疫情防控、复工复产“两手抓”新阶段要求，主题文艺创作应更加关注各行各业的复工复产和“三服务”活动。

2月26日，《人民日报》8版全版刊登绍兴文艺工作者创作的摄影作品《感恩的瞬间》。面对突如其来的新冠肺炎疫情，绍兴文艺工作者在短短 1个多月时间里，以“抗击疫情、复工复产”为主题，共创作文艺作品4000余件，并通过绍兴市文联微信公众号“文艺绍兴”推出35期作品选登。

4月30日，湖州市抗击新冠肺炎疫情专题书法美术摄影作品展暨“致敬新时代最可爱的人”作品捐赠仪式在湖州举行。

5月14日至15日，浙江省文联联合省卫健委，组织开展抗击新冠肺炎疫情主题文艺创作座谈会和采风观摩活动。

5月31日，“众志成城抗击疫情”全国漫画艺术作品展览活动在国大恒庐美术馆举办。

6月9日，“致敬当代最可爱的人”抗疫主题公益美术作品展在浙江省文化会堂（浙江展览馆）开幕。

7月1日，“时代答卷”浙江抗疫文艺创作特展在浙江省文化会堂（浙江展览馆）开幕。自新冠肺炎疫情发生以来，浙江省文联组织发动全省文艺界投入抗击疫情、复工复产主题创作，共创作各类文艺作品两万多件，并精选300多件优秀作品，以全艺术门类融合的形式进行展出。展览其间，共有5000多名观众现场观展，近50个团组自发观展，65万名观众通过网络直播观展。新华社等近20家主流媒体对特展进行持续报道，网络媒体的报道点击量超80万。

重要会议活动

【浙江省文学艺术界联合会第九次代表大会】

12月29日至30日，浙江省文学艺术界联合会第九次代表大会在杭召开。

省委书记袁家军出席开幕式并讲话，省长郑栅洁在会上作形势报告，中国文联党组成员胡孝汉致辞，葛慧君、陈金彪、朱国贤、梁黎明、成岳冲出席。省文联第八届主席许江致开幕词，省社科联负责人代表各人民团体致贺词。会前，中国文联领导和省领导参观了“奋进五年”——浙江省文联五年工作成果展。

袁家军代表省委、省人大常委会、省政府、省政协向中国文联对浙江的支持表示感谢，向全省广大文艺工作者致以问候，并充分肯定浙江省文艺工作者为浙江改革发展特别是文化浙江建设作出的积极贡献。袁家军强调，实现社会主义现代化，离不开文化的繁荣兴盛，离不开文艺的繁荣发展。全省文艺战线要把牢正确方向，响应时代号召，扎根之江大地，追求艺术理想，繁荣发展新时代浙江文艺，为争创社会主义现代化先行省提供价值引领、精神支撑。要坚定文化自信，坚持以人民为中心，打磨扛鼎之作、传世之作、不朽之作，用精品文艺展现“重要窗口”的中国特色、浙江气派。要促进人的现代化，借力数字化改革，用数智文艺扩大传播力、影响力。全省各级文联组织要深入学习贯彻习近平总书记关于群团工作的重要论述精神，全面落实省委群团工作会议要求，加强政治引领、数字赋能，不断开创文联工作新局面。全省各级党委要高度重视文艺工作，加强和改进党对文艺工作的领导，为新时代浙江文艺繁荣发展创造更优环境。

郑栅洁围绕如何把握当前形势和明年经济工作目标要求，如何把中央和省委决策部署落到实处、确保“十四五”开好局、起好步，向文代会代表作了形势报告。他希望全省广大文艺工作者认真贯彻落实中央和省委、省政府决策部署，铸魂立德，服务大局，全身心投入新时代文化浙江建设，奋力谱写与“重要窗口”相适应的文艺新篇章；以文化人，引领风尚，推动社会公德、职业道德、家庭美德、个人品德提升，促进形成社会主义文明新风尚；紧贴实际，多出精品，关注社会正能量、关注弱势群体、关注经济社会发展热点难点问题，创造出更多有感染力有影响力的文学艺术精品，努力在新时代展现文艺工作者的新作为、新气象。

会议审议通过了省文联第八届委员会工作报告和修改章程的决议；选举产生了省文联第九届委员会。经第九届委员会第一次会议选举，许江当选为主席，陈瑶、陈振濂、赵雁君、茅威涛、麦家、翁仁康、臧军、汪华瑛、杨劲、杨明明当选为副主席。省文联第九届主席团还推举产生了新一届书记处，聘请了25位荣誉委员。

朱国贤在闭幕式上讲话，成岳冲出席。

【浙江省美协第九次会员代表大会】

8月17日至18日，浙江省美协第九次会员代表大会在杭州召开。省委常委、宣传部部长朱国贤，省文联党组书记、副主席、书记处常务书记陈瑶在开幕式上分别讲话。中国美协分党组书记、副主席徐里到会致贺词。省委宣传部常务副部长来颖杰，省文联领导张均林、吕伟刚、赵晓刚、王先中、张赛飞，省美协名誉主席肖峰等出席开幕式。省文联副主席、书记处书记赵雁君全程参加会议。大会审议通过了理事会工作报告及新的协会章程，选举产生了95人组成的第九届理事会以及第九届主席团。高世名当选主席，王敏杰、刘正、何红舟、应金飞、张成毕、茹峰、骆献跃、班陵生、常青、曹晓阳当选副主席，马学文、孔国桥、石君一、郑士龙、余旭红、杨大伟、杨丽、张捷、周武、韩绪、管慧勇、缪宏波、蔡志蔚、魏惠东当选主席团委员。新一届主席团推举许江为名誉主席，聘请王赞、孙永、龙翔、池沙鸿、吴山明、宋建明、何水法、杨奇瑞、张远帆、尉晓榕、蔡瑞蓉为顾问，推举杨参军为艺术指导委员会主任，聘请孙佩梁、陈向迅、陈虹、金光远、黄河清、蒋跃为艺术指导委员会委员，聘任王敏杰（主持工作）、叶瑛、刘海勇、李云雷、潘欣信为副秘书长。

【浙江省摄协第八次会员代表大会】

8月20日至21日，浙江省摄协第八次会员代表大会在杭州召开。中国摄协分党组书记、驻会副主席郑更生到会致贺词。省委宣传部副部长、省电影局局长葛学斌，省文联党组书记、副主席、书记处常务书记陈瑶在开幕式上分别讲话。中国文联副主席、浙江省文联主席许江，省文联领导张均林、赵雁君、赵晓刚、王先中、张赛飞等出席开幕式。省文联党组成员、书记处书记吕伟刚全程参加会议。大会审议通过了理事会工作报告及新的协会章程，选举产生了99人组成的第八届理事会以及第八届主席团。王小川当选主席，王芯克、王培权、毛小芳、张友国、邵大浪、林青松、胡晓阳、高世强、戚颢、傅拥军当选副主席，支江、叶文龙、任齐俊、刘智宁、杨晓东、吴力、金培林、赵志强、俞建虎、袁云、徐斌、黄祖祥、傅为新、储伏龙当选主席团委员。新一届主席团推举吴宗其为名誉主席，聘请叶劲草、庄育平、孙敏、沈珂、徐小凤、陶文杰、矫健、裘志伟为顾问。聘任毛小芳为秘书长，刘轶恒、张新根、范顺赞、郑幼幼、陶将为副秘书长。

【浙江省曲协第九次会员代表大会】

8月20日至21日，浙江省曲协第九次会员代表大会在杭州召开。中国曲协分党组成员、副秘书长黄群到会致贺词。省委宣传部副部长、省电影局局长葛学斌，省文联党组书记、副主席、书记处常务书记陈瑶在开幕式上分别讲话。中国文联副主席、省文联主席许江，省文联领导赵雁君、吕伟刚、赵晓刚、王先中、张赛飞等出席开幕式。省文联副主席、一级巡视员张均林全程参加会议。大会审议通过了理事会工作报告及新的协会章程，选举产生了63人组成的第九届理事会以及第九届主席团。翁仁康当选主席，沈姿颖、尚文波、季承人、周子清、周鸣岐、贾冰、唐爱超、董其峰、蒋巍、潘超超当选副主席，王跃丰、庄洁、邱宏方、陆在良、陈聪、陈金华、袁伟文、凌鹏、高铮、戴佳当选主席团委员。新一届主席团聘请施莉萌、魏真柏、卢和乐、何微、陈忠达为顾问，聘任唐爱超（主持工作）、庄洁、竹莹、陈睿睿为副秘书长。

【浙江省音协第九次会员代表大会】

8月24日至25日，浙江省音协第九次会员代表大会在杭州召开。中国音协分党组书记、副主席韩新安到会致贺词。省委宣传部常务副部长来颖杰，省文联党组书记、副主席、书记处常务书记陈瑶在开幕式上分别讲话。省文联领导张均林、赵雁君、吕伟刚、赵晓刚、张赛飞等出席开幕式。省文联党组成员、书记处书记王先中全程参加会议。大会审议通过了理事会工作报告及新的协会章程，选举产生了97人组成的第九届理事会以及第九届主席团。翁持更当选主席，刁玉泉、王瑞、王天明、严圣民、杜如松、杨九华、邹跃飞、郑培钦、黄于群、薛亮当选副主席，方瑶、方红军、张全武、陈波、陈芬芳、林尚专、周聪、周阿勇、徐锦宝、郭鸣、郭克俭、曹强、董德君、潘力峰当选主席团委员。新一届主席团聘请田耀农、史染朱、朱培华、杨翎、宋家明为顾问。聘任翁持更为秘书长，吴樟华、陈声钢、唐琳、曹强、黄于群、章蔓丽为副秘书长。

【浙江省评协第三次会员代表大会】

8月24日至25日，浙江省评协第三次会员代表大会在杭州召开。中国评协副主席汪涌豪到会致贺词。省委宣传部常务副部长来颖杰，省文联党组书记、副主席、书记处常务书记陈瑶在开幕式上分别讲话。省文联领导张均林、赵雁君、赵晓刚、王先中、张赛飞等出席开幕式。省文联党组成员、书记处书记吕伟刚全程参加会议。大会审议通过了理事会工作报告及新的协会章程，选举产生了59人组成的第三届理事会以及第三届主席团。范志忠当选主席，王瑞、刘如文、杨振宇、吴蒂、沈勇、曹启文、蒋中崎、楼含松当选副主席，卢炜、朱文斌、郑利权、南志刚、夏烈、盘剑、葛继宏、蔡贻象当选主席团委员。新一届主席团聘请吴天行为名誉主席，聘请杨易禾、张子帆、胡志毅为顾问。聘任沈勇为秘书长，杨医华、丁莉丽、张旭敏、周静、夏强为副秘书长。

【浙江省民协第九次会员代表大会】

8月25日至26日，浙江省民协第九次会员代表大会在杭州召开。省委常委、宣传部部长朱国贤，省文联党组书记、副主席、书记处常务书记陈瑶在开幕式上分别讲话。中国民协分党组书记、副主席、秘书长邱运华到会致贺词。省委宣传部副部长、省电影局局长葛学斌，中国文联副主席、浙江省文联主席许江，省文联领导赵雁君、吕伟刚、赵晓刚、王先中、张赛飞等出席开幕式。省文联副主席、一级巡视员张均林全程参加会议。大会审议通过了理事会工作报告及新的协会章程，选举产生了81人组成的第九届理事会以及第九届主席团。杭间当选主席，毛晓青、卢伟孙、朱军

岷、林霞、周正武、郑蓉、孟永国、施珍、郭艺、黄小明当选副主席，占剑、吕新建、许剑锋、孙以栋、李弘、吴光荣、邱建国、范珮玲、周蒋文、胡成敏、雷建栲、潘瀚涛为主席团委员。新一届主席团聘请陈华文、陈双虎、刘小平、宓风光、周金甫、施孝峰、王其全、徐谷青为顾问。聘任郑蓉为秘书长，蒋建云、丁继军、先宏明、张镇西、邵毅霞为副秘书长。

【浙江省视协第七次会员代表大会】

8月25日至26日，浙江省视协第七次会员代表大会在杭州召开。省委常委、宣传部部长朱国贤，省文联党组书记、副主席、书记处常务书记陈瑶在开幕式上分别讲话。中国视协分党组书记、副主席、中国文联电视艺术中心主任廖恳到会致贺词。省委宣传部副部长、省电影局局长葛学斌，中国文联副主席、浙江省文联主席许江，省文联领导张均林、赵雁君、吕伟刚、王先中、张赛飞等出席开幕式。省文联党组成员、书记处书记赵晓刚全程参加会议。大会审议通过了理事会工作报告及新的协会章程，选举产生了81人组成的第七届理事会以及第七届主席团。吕建楚当选主席，王国富、汤丽娟、余新平、张松才、林涌、徐小洲、殷安建、黄建省当选副主席，丁立清、付炳旺、祁汉忠、吴雪岚、吴崇杰、周建业、胡伯良、秦敏、钱群、席文、黄雷光、傅斌星当选主席团委员。新一届主席团聘请赵依芳为顾问。聘任汤丽娟为秘书长，汤学君、马赞、卢炜、刘舟波、陈建平为副秘书长。

【浙江省书协第八次会员代表大会】

8月28日至29日，浙江省书协第八次会员代表大会在杭州召开。浙江省委常委、宣传部部长朱国贤出席开幕式并作重要讲话，中国书协发来贺电，浙江省委宣传部常务副部长来颖杰出席开幕式。省文联党组书记、副主席、书记处常务书记陈瑶出席会议并讲话。浙江省文联副主席、一级巡视员张均林，浙江省文联党组成员、书记处书记吕伟刚、赵晓刚、王先中，浙江省文联党组成员、人事处处长张赛飞等出席相关会议。浙江省文联副主席、书记处书记赵雁君全程参加会议。大会审议通过了理事会工作报告及新的协会章程，选举产生了由117人组成的第八届理事会以及第八届主席团。赵雁君当选主席，王波、白砥、何涤非、汪永江、沈伟、沈浩、沈岩松、胡小罕、蔡毅、戴家妙当选副主席，马跃明、王义骅、方爱龙、卢心东、江吟、李砚（女）、邹建利、范斌、贺能、黄寿耀、黄建新、谢子康、蓝兴龙（畲）、楼建军当选主席团委员。新一届主席团推举鲍贤伦为名誉主席，聘请王冬龄、卢乐群、朱元更、朱关田、李章庸、杨西湖、吴莹、吴舫、余正、陈必武、林剑丹、金鉴才、俞建华、祝遂之、骆恒光、斯舜威为第八届顾问。聘任何涤非为秘书长，王义骅、王自力、田一峰、何来胜、张真（女）、陈峰、赵军、柳晓康为副秘书长。

【浙江省剧协第九次会员代表大会】

9月8日至9日，浙江省剧协第九次会员代表大会在杭州召开。中国剧协分党组书记、驻会副主席陈彦，省委宣传部常务副部长来颖杰，省文联党组书记、副主席、书记处常务书记陈瑶出席开幕式并致辞，中国文联副主席、省文联主席许江，省文联领导张均林、赵雁君、吕伟刚、赵晓刚、王先中、张赛飞等出席开幕式。省文联党组成员、书记处书记赵晓刚全程参加会议。大会审议通过了理事会工作报告及新的协会章程，选举产生81人组成的第九届理事会以及第九届主席团。茅威涛当选主席，王文龙、王锦文、王滨梅、吴凤花、陈美兰、林为林、周正平、赵志刚、翁国生、谢丽泓当选副主席，王布伟、支涛、方汝将、叶志良、刘建宽、吴蒂、吴燕琳、张盛、姚百青、徐铭、蒋中崎、韩洁、鲍陈热、蔡浙飞当选主席团委员。新一届主席团聘请杨小青、汪世瑜、张思聪、蓝玲、周冠均、朱为总、谢群英为顾问。聘任谢丽泓为秘书长，吴优优、王小燕、叶志良、孙强、蒋羽乾为副秘书长。

【浙江省杂协第四次会员代表大会】

9月8日至9日，浙江省杂协第四次会员代表大会在杭州召开。中国杂协分党组书记、驻会副主席王仁刚到会致贺词。省委宣传部常务副部长来颖杰，省文联党组书记、副主席、书记处常务书记陈瑶在开幕式上分别讲话。中国文联副主席、省文联主席许江，中国杂协分党组副书记、秘书长、一级巡视员肖世革，省文联领导赵雁君、吕伟刚、赵晓刚、王先中、张赛飞等出席开幕式。省文联副主席、一级巡视员张均林全程参加会议。大会审议通过了理事会工作报告及新的协会章程，选举产生了55人组成的第四届理事会以及第四届主席团。李洁当选主席，于功、杨宇全、余剑兰、陆丹、陈兴娟、周信群、戴滨淳当选副主席，卢晨、兰锡林、朱德平、罗丹菁、陶永、陶振炎、董亮当选主席团委员。新一届主席团推举吴杭平为名誉主席，聘请沈松宝、吴福妹、杜林森、丁家清、魏真柏、陈平、姜鹏为顾问。聘任戴滨淳为秘书长。

【浙江省舞协第八次会员代表大会】

9月10日至11日，浙江省舞协第八次会员代表大会在杭州召开。中国舞协分党组成员、副秘书长夏小虎到会致贺词。省委宣传部副部长、省电影局局长葛学斌，省文联党组书记、副主席、书记处常务书记陈瑶在开幕式上分别讲话。省文联领导张均林、赵雁君、吕伟刚、赵晓刚、张赛飞等出席开幕式。省文联党组成员、书记处书记王先中全程参加会议。大会审议通过了理事会工作报告及新的协会章程，选举产生了72人组成的第八届理事会以及第八届主席团。崔巍当选主席，朱宁、刘福洋、孙明君、张钎、张星、邵吟筠、顾炯、潘岚当选副主席，马丽萍、王永林、包峥剡、刘海波、苏丹、杨允金、吴嘉雯、应真、张薇、周旭光、钮约、程育青、谢珺、谢培亮当选主席团委员。新一届主席团聘请朱丽仙、朱萍、李香珍、殷放为顾问。聘任潘岚为秘书长，王汲、生梅、吕璐颖、张怡丽、黄德俊为副秘书长。

【浙江省影协第八次会员代表大会】

9月10日至11日，浙江省影协第八次会员代表大会在杭州召开。省委宣传部副部长、省电影局局长葛学斌，省文联党组书记、副主席、书记处常务书记陈瑶在开幕式上分别讲话。中国影协发来贺电。省文联领导张均林、赵雁君、吕伟刚、王先中、张赛飞等出席开幕式。省文联党组成员、书记处书记赵晓刚全程参加会议。大会审议通过了理事会工作报告及新的协会章程，选举产生了72人组成的第八届理事会以及第八届主席团。高克明当选主席，刘志江、吴家平、周迅、徐天福、黄杭娟、蒋余鹰、傅立文、熊颖俐当选副主席，刘洪涛、刘智海、孙鹏、李慧、李晋林、杨扬、吴晨、吴宏亮、沈乐平、陈建瑜、郑重、夏欣才当选主席团委员。新一届主席团聘请苏舟、钱大钧、薛淑杰、伍少康、黄克敏、张子帆为顾问。聘任吴晨为秘书长。

【八届六次主席团会议】

1月19日下午，浙江省文联八届六次主席团会议在杭州召开，主席许江主持会议，副主席陈瑶、陈振濂、翁仁康、应雪林、郁伟年、邹跃飞和党组书记处成员张均林、赵雁君、徐晓、吕伟刚、张赛飞出席会议。会议审议通过全委会工作报告、团体会员和全委会委员变更事宜，同意吸收浙江省横店影视产业文联为省文联团体会员。

【八届五次全委会】

1月19日下午，浙江省文联八届五次全委会在杭州召开。省委宣传部副部长葛学斌出席并讲话，省文联党组书记、副主席、书记处常务书记陈瑶作工作报告，省文联主席许江主持会议。省文联副主席陈振濂、翁仁康、应雪林、邹跃飞和党组书记处成员张均林、赵雁君、徐晓、吕伟刚、张赛飞以及八届五次全会委员参加会议。会议回顾2019年工作，总结经验，研究提出2020年工作思路和主要任务。

【浙江省文艺界2020年新春联欢会】

1月19日下午，浙江省文艺界2020年新春联欢会在杭州举办。省委常委、宣传部部长朱国贤，省政府副省长成岳冲，省政协副主席吴晶等领导和文艺界代表欢聚一堂，喜迎庚子新春，共话浙江文艺。朱国贤代表省委和省委宣传部向现场的艺术家及全省广大文艺家、文艺工作者致以诚挚的问候和新春的祝福。陈瑶主持，许江发表新年致辞。

【浙江省水彩画家协会第六次会员代表大会】

9月27日，浙江省水彩画家协会第六次会员代表大会在杭召开，省文联党组成员、人事处处长张赛飞，省文联二级巡视员、省美协副主席骆献跃等出席会议。会议选举周崇涨为新一届浙江省水彩画家协会主席，徐明慧、郑士龙、邱兴雄、钱慧溟、张晓锋、吴国祥、李利民、张维萍、翟水良、方晓华为副主席，张晓锋为秘书长，徐忠波、余知辛、周蕴智、陈沁杰为副秘书长。

【全省文联系统组联干部培训暨组联工作现场会】

10月21日至23日，2020全省文联系统组联干部培训暨组联工作现场会在丽水召开。会议学习贯彻习近平总书记重要讲话精神，深刻领悟习近

平总书记赋予浙江“重要窗口”新目标新定位的重大意义，部署落实省委书记袁家军讲话精神，并就浙江文艺界如何在“重要窗口”建设中发挥作用进行探讨交流。省文联党组书记、副主席、书记处常务书记陈瑶出席会议并作讲话，省文联领导赵雁君、吕伟刚、赵晓刚、王先中及省级文艺家协会、各市、县（市、区）文联负责同志共140多人参加会议。丽水市文联、杭州市文联、温州市文联、衢州市文联、台州市文联、桐庐县文联、象山县文联、海宁市文联、宁波市鄞州区咸丰镇文联负责人在会上分别作交流发言。

【浙江省文艺两新发展促进会成立大会】

11月20日，浙江省文艺两新发展促进会成立大会暨第一次会员大会在杭州召开。大会通过了《浙江省文艺两新发展促进会章程》，选举产生了28人组成的第一届理事会以及第一届会长、副会长、秘书长、副秘书长。其中张钎当选会长，刘小平、吴家平、张望、陆爱平、韩建鸥为副会长，陆萍为秘书长，张高俊、张健琪为副秘书长。

重要文艺活动

【“我们的中国梦——文化进万家”文艺志愿服务启动】

1月1日，“我们的中国梦——文化进万家”活动杭州市启动仪式暨“走进大运河”文艺演出在在杭州市拱墅区运河广场举行。1月2日，省文联文艺志愿服务小分队走进丽水龙泉岩樟乡岱岭、坑源底两个临近村，举行了“我们的中国梦——文化进万家”活动。

【“百年追梦”浙江美术创作精品工程（四期）启动】

4月29日，“百年追梦”浙江美术创作精品工程（四期）在杭全面启动。工程自2014年底启动至今已完成三期，共计66件作品，第四期美术创作工程拟创作完成34件作品，着重表现“习近平新时代中国特色社会主义思想重要萌发地”的主题。围绕该主题，遴选自2002年以来浙江省政治、经济、文化、社会诸方面的重大题材组织创作，并将于2021年7月举行“献礼中国共产党建党100周年展览”，展出一至四期创作的100件作品。

【浙江省油画院落户萧山湘湖】

6月2日，浙江省文联与杭州市萧山区政府签订战略合作框架协议，省级重要文艺阵地——浙江省油画院落户萧山湘湖。今后，省文联与萧山将以省油画院为平台，携手在湘湖畔打造一个国内外高端艺术人才集聚区，共同推动萧山乃至全省文化事业发展。项目计划于2022年6月建成。

【省级会员学习习近平新时代中国特色社会主义思想培训班】

6月12日至14日，2020年度第一期浙江省文联直属文艺家协会会员学习习近平新时代中国特色社会主义思想培训班在杭州举办。全年共举办3期5，24人参训，采用邮寄辅导材料方式“送训上门”350人，完成培训874人，累计完成培训2801人。

【第十一届中国曲艺牡丹奖全国曲艺大赛（余杭赛区）】

6月21日至24日，由中国文联、中国曲协、浙江省文联、杭州市余杭区政府主办，浙江省曲协、杭州市余杭区委宣传部、余杭区文化和广电旅游体育局、余杭区文联承办的第十一届中国曲艺牡丹奖全国曲艺大赛（余杭赛区）举行。来自上海等14个省区市和中国曲协澳门曲艺家联谊会选送的48个节目分4场展开激烈角逐。获得提名者在10月举办的第十一届中国曲艺牡丹奖全国曲艺大赛上竞摘“牡丹奖”。

【长三角视觉艺术青年艺术家作品展系列活动】

7月2日，长三角视觉艺术青年艺术家作品展在浙江展览馆开幕。本活动由长三角文艺发展联盟主办，沪苏浙皖四地美术家协会、书法家协会、摄影家协会、民间文艺家协会和浙江省文化会堂（浙江展览馆）承办。7月2日下午，2020年度长三角文艺发展联盟会议暨“艺·江南”文艺发展联盟助力乡村振兴论坛在浙江展览馆举行。会议其间，沪苏浙皖三省一市的美术家协会负责人、电视艺术家协会负责人分别签订了“长三角美术发展联盟”协议、“长三角电视艺术发展联盟”协议。至此，三省一市省级文艺家协会全部成立各自艺术门类的联盟。

7月3日，长三角文艺发展联盟2020“艺·江南”会议与会代表一行赴富阳调研考察文艺助力乡村振兴。

【长三角文艺评论发展联盟论坛】

8月6日，长三角文艺评论发展联盟论坛在杭州开幕。本次论坛共设“常规论坛”与“主题论坛”两大板块。论坛聚集了长三角高校网络文艺专业负责人，网络文艺研究者、评论者、组织者，以及网络文艺相关企业代表100余人。

【“浙里小康”省文联系列文艺活动】

8月7日至20日，“浙里小康”浙江省文联系列文艺活动——“诗画浙江”全省风景摄影大展在浙江展览馆展出。影展分“墨海云烟—引言”“诗画浙江”“常山篇”三大板块，所有版块总计入展290件作品。“浙里小康”系列文艺活动包含16个项目：“诗画浙江”全省风景摄影大展、浙江省扶贫成就摄影作品征集、“小康风景看浙里”短视频征集推选展播活动、“小康颂”浙江省文联小戏小品主题征集、“浙里小康”第三届浙江民间故事会、“大美民间”新时代小康生活艺术展、“决胜全面小康”第二届全国农民画展、“圆梦在路上”小康故事电视专题片创作推选展播活动、“开往春天的火车”浙江外来务工子弟少儿舞蹈“云晚会”“浙里小康”浙江书法篆刻征评系列大展、美丽小康浙江杂技（魔术）专场演出、“幸福小康人家”微电影评选展示活动、“百年追梦”浙江省全面建成小康社会美术书法精品创作工程作品展、“之江大合唱”创作与推介、“浙里小康——了不起的手艺人”传播计划、“小康故事说你听”浙江省第九届故事会。

【第五届中国书坛兰亭书法双年展•行草42家展、兰亭雅集42人展】

8月24日，由浙江省委宣传部、省文联、绍兴市政府主办，省书协、绍兴市委宣传部、绍兴市文旅集团、绍兴市文联承办的“第五届中国书坛兰亭书法双年展•行草42家展、兰亭雅集42人展”在浙江展览馆开展。本届从全国书坛中投稿的369人的738件作品（每位投稿作者须书一件内容为《兰亭序》的作品）中，遴选42位书法家的作品参展，从中再评出7位优秀作者，颁以“兰亭七子”称号。“兰亭七子”得主：李砚、张利安、程志宏、王天津、曾锦溪、樊利杰、刘宏卫。

【“文艺名家孵化计划”签约仪式】

3月6日，浙江省文联印发首批美术、书法、戏剧、曲艺、民间工艺等5个艺术门类的名家孵化计划实施方案。9月10日，浙江省“文艺名家孵化计划”签约仪式暨名家学院秋季公开课启动仪式在省文化会堂（浙江展览馆）举行。省委常委、宣传部部长朱国贤出席仪式并参与揭牌。中国文联副主席、省文联主席许江，省文联党组书记、副主席、书记处常务书记陈瑶向55名导师颁发聘书，68名浙江省优秀中青年艺术家与省文联现场签约。孵化计划将通过名师指导、集中培训、主题创作、采风观摩、评论引导、交流提升、宣传推广、成果展示等一系列手段，为培育对象提供有针对性的个性化指导和服务。力争经过3到5年时间，促进培育对象丰富学养、提升涵养、开阔眼界、精进造诣，最终推出10名左右在国家级重大文艺评奖和展赛展演中获得优异成绩、在全国具有影响力的文艺名家。

【第二届全国农民画作品展开幕】

9月22日，由中国美协、浙江省文联、杭州市富阳区人民政府主办，浙江省美协、中共杭州市富阳区委宣传部、杭州市富阳区文联承办，“浙里小康”第二届全国农民画作品展开幕。本次展览收到全国各地广大农民画作者投稿4000余幅作品，精选299幅作品展出。入选作品内容重在表现农民生活场景，多角度记录农民生活、农村变化，作品构图奇特大胆，色彩浓艳热烈，富有强烈艺术感染力。

【2020浦江•第十三届中国书画节暨“万年浦江”全国中国画手卷作品展】

9月26日，由中国美协、浙江省文旅厅、浙江省文联主办，中国文联美术艺术中心、浙江省美协、浦江县人民政府承办的2020浦江•第十三届中国书画节暨“万年浦江”全国中国画手卷作品展在浦江开幕。展览作品面向全国征集，共收到作品2461件，经专家评审，从中评选出入选作品217件，入会资格作品40件，浦江县人民政府在入会资格作品中评选“方增先艺术奖”5件。作品从不同角度体现了浦江当地历史文化、风土人情、自然山水、生态环境等，展示画家们的浓厚生活体验和积极向上的艺术追求，显示他们独有的艺术个性和魅力。

【省级文艺家协会与县级文联结对提升活动】

9月26日至28日，首届浙江志愿服务展示交流活动暨项目大赛在宁波鄞州召开，浙江省文联推

荐的参赛项目“省级文艺家协会与县级文联结对提升活动”项目荣获大赛三等奖。12个省级文艺家协会与24个县级文联结对提升，加强对接联系，重点围绕文艺创作和人才培养，共同商议结对提升的具体项目，拟定2020—2022年三年结对提升规划，指导结对县（市、区）文联开展“一县一品”品牌创建活动。

【浙江书法篆刻征评系列大展】

9月30日，“浙里小康——浙江书法篆刻征评系列大展”在浙江展览馆隆重开幕。展览创新推出以最基层、最广泛的书法家、书法爱好者为参展对象的系列展览模式，分为“浙江省公职人员书法篆刻大展”“浙江书协基层会员书法篆刻大展”“浙江省农民书法篆刻大展”3个子展，得到了浙江社会各界的积极响应，展览收到农民展作品1186件，基层会员作品889件，公职人员作品2148件，分别评出优秀作品25件、优秀作品提名15件，农民入展作品265件，基层会员入展作品258件，公职人员入展作品242件。

【第二届公望富春·中国山水画作品展】

11月3日，由中国美协、浙江省文联、富阳区政府共同主办的第二届公望富春·中国山水画作品展在公望美术馆开幕。本次展览共收到投稿作品4100余件，并从中评出入选作品101件，其中20件为入会资格作品。作品题材丰富、主题鲜明、手法多样、气势恢宏，较全面地展现了新时代中国山水画创作的新气象。为丰富展览内容和提升展览影响力，还面向全国，邀请了在山水领域具有代表性的20位美术家，作为本次展览的特邀作者参加本次展览。

【“小康颂”小戏、小品剧本征集活动】

11月4日，由中国剧协、浙江省文联共同主办，浙江省剧协、《剧本》杂志社承办，浙江文化馆协办的“小康颂”小戏、小品剧本征集活动评选结果揭晓。活动共收到200余件原创投稿作品，最终选出41部作品汇编成册。

【立身致远—2020新峰计划作品展】

11月9日，“立身致远—2020新峰计划作品展”在浙江展览馆顺利开幕。本次展出了400余件2019年入选“新峰计划”青年人才的作品，涵盖美术、书法、摄影、民间工艺等门类，反映浙江省最具潜力的新生代艺术界关照时代、深入生活、赞美人民、体现传承的艺术报复和整体实力。同时，联合下城区教育局举办“立身致远”——当代创作与美育研讨会，配套举办“艺术人间”面对面活动，推进省文联人才培育计划反哺社会美育实践活动走向深入。

【第十二届全国水彩•粉画作品展】

11月10日，由中国美协、浙江省文联共同主办的第十二届全国水彩•粉画作品展在浙江展览馆开幕。本次展览共收到投稿作品3265件，评选出255件入选作品参加展览，集中展示第十一届全国水彩 • 粉画作品展以来中国水彩画、粉画的优秀创作成果，凸显习近平新时代中国特色社会主义思想引领下的中国水彩 • 粉画艺术百花齐放的美好盛景。

【浙江省第十八届摄影艺术展】

11月14日，由浙江省文联、丽水市委宣传部主办，省摄协、丽水市文联、丽水摄影博物馆、丽水美术馆承办的省第十八届摄影艺术展暨2020浙江摄影艺术周在丽水举行。浙江省摄影艺术展览，是浙江省摄协每两年举办一届的综合性摄影艺术展览，是浙江省规模最大的省级摄影艺术展览。展览共收到1777位参赛作者来稿计7532件作品，最终共评出入展作品299件，分别是：纪录（文献）类入展作品114幅（组）、艺术创作类入展作品85幅（组）创意和商业类入展作品20幅（组）、青年组入展作品40幅（组）、多媒体类入展5件、摄影画册入展35本。

【第六届中国青年文艺评论家“西湖论坛”】

11月26日至29日，第六届中国青年文艺评论家“西湖论坛”在浙江海宁盐官举行。论坛以“非常时期文艺的价值与力量”为主题，齐聚“造型艺术”“视听艺术”“舞台艺术”“网络文艺”四大艺术门类专家学者，以主题论坛、主论坛、名家论坛、行业发展趋势论坛等交叉进行的方式举行。

【第六届杭州中国画双年展】

12月26日，中国美协、浙江省文联、省文旅厅、中国美院共同主办“雅集兴答——第六届杭州中国画双年展”开幕雅集在浙江美术馆举行，此次展览邀请全国各地46位艺术家参展，展出作品形式多样，其中不乏巨幛、中堂、屏风、手卷、册页、扇面等形制作品，规模为历届之首。自

2011年以来，杭州中国画双年展已经成功举办5届，成为迄今为止规模最大、规格最高、最具学术性和影响力的中国画展览。分为5个基本单元，分别对应了中国画的几类基本形制：一曰登临，呼应“巨幛”；二曰怀远，寓情“手卷”；三曰履新，意寄“中堂”；四曰醉笔，是言“屏风”；五曰心素，反侧于“册页”和“扇面”。

创作与评奖

【全国性文艺评奖浙江荣誉】

2020年，浙江省文联积极推荐优秀作品参评全国性文艺奖项，取得可喜成绩。共有9件（部）作品、2位艺术家获得国家级重要文艺奖项。邵大浪获第13届中国摄影“金像奖”；《只有芸知道》获第33届中国电影金鸡奖最佳录音；《外交风云》获第32届中国电视剧飞天奖最佳电视剧、最佳编剧；《急诊科医生》第32届中国电视剧飞天奖优秀电视剧；《外交风云》获第30届中国电视金鹰奖最佳电视剧、最佳编剧，《长安十二时辰》获第30届中国电视金鹰奖优秀电视剧、最佳摄像，《知否知否应是绿肥红瘦》《都挺好》获第30届中国电视金鹰奖优秀电视剧；浙江艺术职业学院《西施别越》获第12届中国舞蹈“荷花奖”古典舞奖；杭州摊簧《淑英救弟》获第11届中国曲艺牡丹奖节目奖，评书《一次心灵的对话》获第11届中国曲艺牡丹奖文学奖，金一戈获第11届中国曲艺牡丹奖新人奖。

【第五届“浙江舞蹈奖”】

9月11日，第五届“浙江舞蹈奖”颁奖盛典在浙江省人民大会堂隆重举行，本届“浙江舞蹈奖”最终评选出冷爽、朱宁、李佳雯、何亚丹、李润、王鹏、孙天添、王佳妮8位活跃于舞蹈艺术工作一线的舞蹈艺术工作者。

【第五届浙江戏剧奖·金桂表演奖】

11月18日，第五届浙江戏剧奖·金桂表演奖颁奖典礼在小百花越剧场举行。本届6位金桂奖得主分别是：宁波市甬剧团苏醒、浙江绍剧艺术研究院应林锋、义乌市婺剧保护传承中心季灵萃、浙江话剧团魏鹏、杭州市余杭小百花越剧艺术中心洪燕琴、浙江台州乱弹剧团朱锋。

【第三十届浙江省电视“牡丹奖”】

11月27日，第三十届浙江电视牡丹奖暨2020年度电视艺术颁奖典礼在浙江广电集团举行。“牡丹奖”现设最佳电视剧作品奖、优秀电视剧作品奖、最佳动画片作品奖、优秀动画片作品奖、电视剧最佳编剧奖、最佳导演奖、最佳制片人奖等20个奖项。本届《外交风云》《小鸡彩虹》（第六季）获最佳电视剧和最佳动画片奖，《在远方》《大禹治水》等15部电视剧、电视动画片获优秀作品奖。海飞（《谍战深海之惊蛰》）、简川言（《都挺好》）、吴家平（《在远方》）分获最佳编剧、最佳导演、最佳制片人。第三十届牡丹奖获奖作品和个人，“圆梦在路上”小康故事电视专题片、“小康风景看浙里”短视频展播优秀作品获得表彰。

【第二届“浙江曲艺奖”】

11月30日，第二届“浙江曲艺奖”颁奖晚会在杭州剧院举行。沈莹、陈祥平、高修川获表演奖；颜道会、金一戈获文学奖；张艾嘉、张红坤获新人奖；温州鼓词《精忠颂》获节目奖。

【第四届浙江文艺评论奖】

12月11日，第四届浙江文艺评论奖颁奖典礼在杭州举办。金雅《“美情”与当代艺术理论批评的反思》获文章类一等奖，另评出二等奖2名，三等奖5名。著作类一等奖空缺，胡苏珍《新诗“戏剧化”论说兼诗艺研究》等2人获著作类二等奖，另评出三等奖3名。宁波市评协和湖州市文联获组织工作奖。

机关党建

【党支部建设提升年活动】

5月26日，浙江省文联制定下发《2020年省文联党支部建设提升年活动方案》，确定2020年为省文联党支部建设提升年。

【“机关党委—直属文艺家协会联合支部—社会团体党建联络员”的党建模式】

浙江省文联创新构建“机关党委—直属文艺家协会联合支部—社会团体党建联络员”的党建模式，向19家社会团体选派党建联络员，实现党的组织和工作全覆盖。

直属文艺家协会和直属单位

【浙江省第六届女书法家作品展暨第五届女篆刻家作品展】

5月8日，浙江省书协、杭州富阳区政府主办的浙江省第六届女书法家作品展暨第五届女篆刻家作品展在公望美术馆展出，参展作品242件。

【浙东唐诗之路采风创作走进嵊州作品展】

6月1日，由浙江省书协、嵊州市人民政府、嵊州市委宣传部主办的“自爱名山入剡中——浙江书协浙东唐诗之路采风创作走进嵊州作品展”在嵊州开展。共展出作品89件，有手卷、对联、条屏等式样，以咏剡唐诗为创作主题，通过对唐诗的深刻解读而精心创作，呈现嵊州山水之美、人文之美、诗境之美。

【《红色浪漫——黄先钢戏曲剧作选》首发仪式】

6月8日，《红色浪漫——黄先钢戏曲剧作选》首发仪式在浙江省文联大楼举行，中国戏剧出版社发来贺信。剧作集收录浙江省剧协主席黄先钢十余年笔耕不辍的12部戏曲作品。

【第五届浙江少儿戏曲小金桂荟萃终审】

7月24日，第五届浙江少儿戏曲小金桂荟萃终审在浙江省文联大楼举行，共产生个人节目小金桂金花22个，银花23个，优秀15个；集体节目小金桂3个，小银桂3个，优秀节目3个。推送项玺睿等10人参加第二十四届中国少儿戏曲小梅花荟萃个人节目，《徐玉兰学戏》等6个节目参加第二十四届中国少儿戏曲小梅花荟萃集体节目。

【第三十六届兰亭书法节“兰亭杯”全国农民书法大赛】

8月20日，第三十六届兰亭书法节“兰亭杯”全国农民书法大赛在绍兴举行。来自全国各地的98位获奖候选人在兰亭谢家坞文化礼堂进行现场比赛，共产生优秀作品42件，优秀作品提名作品56件。

【舞蹈公益微电影《青春在浙里起舞》】

9月10日，舞蹈公益微电影《青春在浙里起舞》新闻发布在杭州之江饭店新闻发布厅举行。该片由浙江省舞协、浙江广播电视集团音乐调频联合出品。该系列影片分为《成长的节拍》《秘密基地》《舞！舞！舞！》3个故事篇章，围绕感动、梦想与励志的主题，从青少年的视角出发，讲述他们在圆梦舞蹈途中的坚持与收获，反映浙江人民在新时代追逐幸福生活的快乐与美好、昂扬向上的精神风貌和艺术风采。

【“乡村振兴•和美奉化”浙江省美术作品展】

9月20日，由浙江省美协和宁波市奉化区人民政府联合主办的“乡村振兴•和美奉化”浙江省美术作品展在宁波市奉化区博物馆开幕。展览分中国画、油画、版画、水彩（粉）画、综合材料绘画、农民画6个画种，共展出214件作品。

【大国脊梁圣境峰光——高原雪山画派作品展】

9月30日，由四川省美协与浙江省美协联合主办的“大国脊梁圣境峰光——高原雪山画派作品展”全国巡展在浙江美术馆举办。30余件精品高水平展现西部高原大美的风光地貌。

【文化润疆采风活动】

10月10日至18日，省美协组织15位美术家赴新疆阿克苏地区开展“美丽阿克苏”美术创作采风活动。美术家们创作国画、油画、水彩作品近百件，并将部分优秀作品捐赠阿克苏地区文联。

【全省茶歌大会】

10月23日，2020全省茶歌大会开幕式暨《采茶舞曲》中国民族音乐经典作品音乐会在泰顺东溪举行，浙闽赣皖音乐家跨省齐聚“茶歌小镇”，以茶会友、以歌传情，共同寻觅“茶”与“曲”的故事。

【第三届浙江省民间故事会】

10月25日，浙江省民协、嘉善县人民政府主办的第三届浙江省民间故事会圆满落幕。活动以“浙里小康”问主题，收到全省各地226篇民间故事作品，初评入围作品60篇，推选浙江年度优秀故事30篇，排名最高的前5篇作品入围第八届浙江民间文艺“映山红奖”优秀民间文学作品奖评选。

【浙江省第十一届音乐舞蹈节】

10月30日，浙江省文化和旅游厅、省音协、省舞协主办的浙江省第十一届音乐舞蹈节舞蹈类决赛在举办，全省324个作品参与角逐，评选出金奖作品15个。

【第三届中国戏曲电影展】

12月17日至20日，由中国影协、浙江省影协、桐乡市人民政府、浙江传媒学院共同举办的第三届戏曲电影推优表彰盛典在浙江传媒学院桐乡校区国际影视交流中心举行。本届中国戏曲电影展共有包括京剧、粤剧、越剧、婺剧、豫剧等全国各地13个剧种的24部戏曲电影参展，最终评选出优秀戏曲电影10部，优秀改编戏曲电影1部、优秀原创戏曲电影1部、优秀戏曲电影导演1名以及戏曲电影展评委会荣誉1部。

【第五届浙江省微电影评选活动表彰盛典】

12月22日，浙江省影协等单位承办的“衢州有礼•锦绣江山”第五届浙江省微电影评选活动表彰盛典在衢州江山举行。本届评选活动共征集到来自全国20余个省市的762部作品，产生最佳影片、最佳导演、最佳男女演员等8个单项奖。

安徽省文联

综　述

2020年，安徽省文联坚持以习近平新时代中国特色社会主义思想为根本遵循，在省委坚强领导下，围绕中心、服务大局，深化改革、探索创新，着力加强文艺战线思想政治引领，着力加强精品创作生产，着力办好主题文艺活动，着力深化文艺志愿服务，着力加强文联组织建设。较好地完成了“十三五”收官之年各项目标任务，为决战脱贫攻坚、决胜全面建成小康社会和抗击新冠肺炎疫情、防汛抗洪取得重大战略成果作出安徽文艺界应有的贡献。

会议与活动

【开展2020年“我们的中国梦”——文化进万家暨送“文化年货”活动】

1月2日至20日，安徽省文联及所属协会组织多支文艺志愿服务小分队开展2020年“我们的中国梦”——文化进万家暨送“文化年货”活动，走进大圩镇、中铁四局地铁项目工地、安徽老年大学、太和县等地，为广大群众、职工送上新年文化“大礼包”。

【开展共饮一江清水，同唱“长江之歌”——首届中国（铜陵）长江摄影季】

1月4日，由中国摄协、安徽省文联、中共铜陵市委、铜陵市人民政府共同主办，中国摄协纪实摄影委员会、中国摄影报社、铜陵市委宣传部、铜陵日报社、铜陵市文联承办，安徽省摄协、铜陵市摄协协办的首届中国（铜陵）长江摄影季在铜陵市皖江环球港开幕。本次共展出摄影作品近700幅。展览其间还举行了中国摄协纪实摄影委员会（铜陵）工作会议，中国摄影报（铜陵）长江专题摄影讲习所等活动。

【多支小分队开展脱贫攻坚主题创作调研采风】

3月31日至5月29日其间，共有作家小分队、摄影小分队、美术小分队、音乐小分队、曲艺小分队、民间文艺小分队等6支小分队分别赴沿淮贫困地区、霍山、石台、合肥市长丰县、淮南市寿县、淮北市濉溪县以及阜阳市太和县、潜山市、岳西县、舒城县、临泉县等地，开展以脱贫攻坚为主题的创作调研采风活动。

【大型新创现代黄梅戏《鸭儿嫂》首次彩排并召开专家研讨会】

4月18日下午，大型原创现代黄梅戏《鸭儿嫂》在安庆黄梅戏艺术中心进行了首次彩排，并就排演情况举行了专家研讨会。

【扎实开展深化“三个以案”警示教育系列活动】

4月21日，召开深化“三个以案”警示教育专题学习暨党组理论学习中心组第五次扩大会议。4月22日，领导班子成员、副处级以上党员干部以及部分文艺家代表来到长丰县杨庙镇马郢社区，开展深化“三个以案”警示教育主题党日活动。5月9日下午，召开深化“三个以案”警示教育专题研讨会暨党组理论学习中心组扩大会议。5月25日，开展深化“三个以案”警示教育第二次专题研讨。6月11日下午，党组召开深化“三个以案”警示教育专题民主生活会。

【安徽省文联文艺小分队赴宣城开展主题创作调研实践活动】

4月24日至26日，安徽省文联文艺小分队深入宣城市宣州区、郎溪县、宁国市有关乡镇、村、社区，开展主题创作调研实践活动。

【何颖赴安徽省文联对口扶贫联系点调研】

5月11日，党组书记、副主席、书记处第一书记何颖赴对口扶贫联系点太和县阮桥镇双王村调研脱贫攻坚工作。

【开展“艺”路同心——安徽省文艺界抗疫主题作品网上展演】

在第七个中国文艺志愿者服务日到来之际，

在安徽省文艺志愿者协会成立一周年之际，5月21日下午，“艺”路同心——安徽省文艺界抗疫主题作品展演在安徽省歌舞剧院成功录制，并进行网上展演，集中展现安徽文艺界在抗击疫情其间创作的部分优秀文艺作品。本次展演由省文联、省文艺志愿者协会主办，省音协、省剧协、省舞协、省曲协、省摄协、省民协承办，是省文联2020年“文艺进万家 健康你我他”——到人民中去文艺志愿服务主题活动的重要内容。

【广泛开展“到人民中去”文艺志愿服务活动】

在第七个中国文艺志愿者服务日前后，安徽省文联集中组织了“到人民中去”文艺志愿服务活动。5月22日，党组书记、副主席、书记处第一书记何颖率文艺志愿服务小分队深入肥西县，开展“到人民中去”文艺志愿服务主题实践活动。省文联主席、省书协主席吴雪，省文联副主席、省美协主席杨国新等分别率队赴滁州、蒙城、长丰、颍上、霍邱以及省文联对口帮扶村——太和县阮桥镇双王村等地开展“到人民中去”系列文艺志愿服务活动。

5月31日上午，中国摄协主席李舸与安徽省文联文艺志愿服务小分队成员走进泾县云岭镇铁军小学，开展文艺志愿服务。

5月29日至31日，省作协主席许春樵率作协小分队赴石台，开展“到人民中去”文艺志愿服务——文学创作辅导活动。

6月9日至10日，安徽省文联文艺志愿服务小分队走进和县，深入有关乡镇、重点企业和文化机构开展“到人民中去”文艺志愿服务。

6月16日上午，省文联主席、省书协主席吴雪率小分队赴淮南开展工作调研和文艺志愿服务。连日来，省书协小分队先后在安庆、宣城、黄山、淮南举办公益书法培训。

7月29日，安徽省文联党组书记、副主席、书记处第一书记何颖带领文艺志愿服务小分队赴肥东走访慰问中国人民解放军92752部队官兵，与驻地部队共叙军民鱼水情。

8月1日，安徽省文联党组书记、副主席、书记处第一书记何颖率领的“‘艺’路同心——致敬最可爱的人”文艺志愿服务小分队走进庐江县，慰问参加巢湖保卫战抗洪一线的中国人民解放军73101等9支部队官兵，2000多名抗洪部队官兵和千余名当地群众观看了演出。

8月1日上午，安徽省文联文艺志愿服务小分队走进包公街道，送去党和政府对军人军属、退役军人和其他优抚对象的关心关爱。

8月4日上午，安徽省文联文艺志愿服务小分队走进驻守在巢湖市中埠镇联圩的73021部队某部临时驻点，慰问连续奋战在抗洪一线的人民子弟兵。

9月19日至21日，安徽省文联文艺志愿服务小分队走进阜阳市临泉县，开展“庆丰收 迎小康——到人民中去”文艺志愿服务活动。

9月28日，在西藏山南市第二高级中学举行“皖藏两地一家亲 同心共筑中国梦”2020年庆国庆·迎中秋文化活动。

在第七个国家扶贫日到来之际，安徽省文联文艺志愿服务小分队分别走进太和县双王村、大张村和岳西县老鸭村，开展“艺路同心 喜迎小康——到人民中去”文艺志愿服务活动。

12月5日，为深入学习贯彻党的十九届五中全会和习近平总书记关于文艺工作的重要论述以及考察安徽重要讲话精神，推动省委十届十二次全会精神学习宣传贯彻，安徽省文联文艺志愿小分队赴宣城市宣州区朱桥乡摇橹小镇开展文艺志愿服务活动。

【何颖主持召开2019年度安徽省文联综合考核会议】

5月27日下午，党组书记、副主席、书记处第一书记何颖主持召开2019年度省文联领导班子和省管领导干部综合考核工作会议。省委第七考核组副组长、省司法厅副厅长黄冰霓作动员讲话。何颖代表领导班子作2019年度述职报告。会上对会领导班子、省管领导干部和干部选拔任用工作进行了民主测评和评议。

【“绿色江淮 美好家园”主题摄影创作活动在歙县启动】

5月30日，由安徽省文联、省摄协组织的“绿色江淮 美好家园”主题摄影创作活动在歙县启动。在歙县其间，摄影小分队实地察看了当地开展新安江流域生态补偿机制试点工作，以及推进“新安江百里大画廊”建设，探索摄影助力脱贫攻坚与乡村振兴的有效实践，并创作了不少摄影作品。

【举办向安徽援鄂抗疫医务工作者赠送书画活动】

6月7日上午，由安徽省委宣传部、省文联、省卫健委主办的“向安徽援鄂抗疫医务工作者赠送书画活动”在合肥举办。省委书记李锦斌对全省文艺界积极开展抗疫主题文艺创作作出批示。省委常委、宣传部部长、合肥市委书记虞爱华出席。此次活动中，全省广大书画工作者共赠送书画作品1590件，其中书法作品1063幅、美术作品527幅。此后，赴铜陵、合肥、宿州、淮北、六安等地向援鄂抗疫医务工作者赠送书画作品。

【“有戏安徽·奋斗的青春最美丽”安徽省青年戏剧演员优秀作品“七一”前夕展演】

6月29日，由安徽省文联、安徽广播电视台联合主办的“有戏安徽•奋斗的青春最美丽”—安徽省青年戏剧演员优秀作品展演在合肥举行。来自省内的50余名青年戏剧演员表演了黄梅戏、徽剧、庐剧、淮北梆子戏、坠子戏、泗州戏、二夹弦等剧种优秀剧目，一批为安徽省戏剧事业作出杰出贡献的艺术家，作为梨园守护者向广大戏迷分别推介了参演优秀青年戏剧演员。

【召开安徽省文联第七次代表大会】

7月16日上午，安徽省文联第七次代表大会在合肥开幕。省委书记李锦斌作出批示，中国文联党组书记、副主席、书记处书记李屹，省委副书记信长星出席会议并讲话。此前，7月15日下午，安徽省文联第七次代表大会在合肥先后举行了全体代表预备会议和大会主席团第一次会议，安徽省文联党组书记、副主席、书记处第一书记何颖主持会议。大会于7月17日在合肥闭幕，省委常委、省委秘书长、宣传部部长陶明伦参加闭幕会议并讲话，省政府副省长王翠凤参加闭幕会议。

【中国文联党组成员、书记处书记董耀鹏赴长丰调研基层文联组织建设】

7月27日，中国文联党组成员、书记处书记董耀鹏一行赴长丰县马郢社区调研，并召开基层文联组织建设座谈会。党组书记、副主席、书记处第一书记何颖陪同调研。

【第十一届中国曲艺牡丹奖全国曲艺大赛（合肥赛区）结束】

7月30日，经过3天5场的激烈角逐，由中国文联、中国曲协、安徽省文联、合肥市人民政府共同主办的第十一届中国曲艺牡丹奖全国曲艺大赛（合肥赛区）结束。合肥赛区共有来自北京、天津、河北、山西、辽宁、黑龙江、上海、江苏、浙江、安徽、山东、河南、湖南、广东、重庆、四川、贵州、陕西、甘肃19个省（市）和中国煤矿曲协、全国公安曲协、中国曲协相声艺委会、中国曲协山东快书艺委会、中华全国总工会文工团、中国铁路文工团、中国广播艺术团、中国煤矿文工团的49个节目103名演员参赛。最终产生节目奖提名4个、表演奖提名6人、文学奖提名8个、新人奖提名11人。

【举办机关大讲堂】

8月5日下午，举办机关大讲堂，邀请省委党校（安徽行政学院）政治与法律教研部主任安群作题为“开启权利保护新纪元——《民法典》基本问题解读”专题辅导报告。

12月9日上午，邀请省委党校（安徽行政学院）教授周业柱作“送党的十九届五中全会进机关”暨第七期“送理论进机关下基层”集中宣讲报告。

【“艺道回眸——杨国新绘画作品展”在北京民族文化宫开幕】

8月8日，由中国美协、安徽省文联、安徽省文史馆共同主办的“艺道回眸——杨国新绘画作品展”在北京民族文化宫开幕。展览会集了中国美协理事、安徽省美协主席杨国新近年来创作的99幅优秀美术作品。

【举办“纪念中国人民抗日战争暨世界反法西斯战争胜利75周年”书画摄影展】

9月2日，由省文联主办，省美协、省书协、省摄协承办的“纪念中国人民抗日战争暨世界反法西斯战争胜利75周年”书画摄影展在合肥亚明艺术馆举办。展览以“铭记历史、缅怀先烈、珍爱和平、开创未来”为主题，从近年来安徽省文联及相关文艺家协会重点展览获奖入选作品及主题创作成果中，精选了120幅书画摄影作品（含书法作品60幅，美术、摄影作品各30幅）进行集中展览。

【举办“理论+艺术”主题宣传活动】

9月5日下午，学习宣传贯彻习近平总书记考察安徽重要讲话精神主题活动——“飞入寻常百姓家”首场庐阳站，在合肥市淮河路步行街上举行。

本次活动由安徽日报报业集团、安徽省文联和合肥市委宣传部、庐阳区委联合主办。活动包括让日子越过越红火——学习宣传贯彻习近平总书记考察安徽重要讲话精神名家书法作品展、诗朗诵、歌曲表演，省书协主席吴雪等在现场向群众代表赠送了一批书法作品，皖新传媒合肥新华书店有限公司有关人员现场赠送了《习近平谈治国理政》第三卷，省委党校党史党建部副教授、法学博士方堃应邀上了一堂题为《深入学习宣传贯彻习近平总书记考察安徽重要讲话精神——强化“两个坚持，”实现“两个更大”，推动安徽跨越式发展》的露天党课。

9月11日下午，由安徽日报报业集团、安徽省文联和六安市委宣传部、霍邱县委联合主办的学习宣传贯彻习近平总书记考察安徽重要讲话精神主题活动——“飞入寻常百姓家”走进合肥高新区霍邱现代产业园，活动现场，举办了让日子越过越红火——学习宣传贯彻习近平总书记考察安徽重要讲话精神名家书法作品展，安徽省委党校党史党建部副教授、法学博士方堃，给大家带来一堂主题为《深入学习宣传贯彻习近平总书记考察安徽重要讲话精神，强化“两个坚持”，实现“两个更大”，推动安徽跨越式发展》的露天党课，文艺工作者奉献了歌曲、诗朗诵等节目。

9月17日，由安徽日报报业集团、安徽省文联和阜阳市委宣传部联合主办的学习宣传贯彻习近平总书记考察安徽重要讲话精神主题活动——“飞入寻常百姓家”走进阜阳市。省委党校教授张彪为在场的500多位群众上了堂生动的宣讲课，阜阳市清河路第一小学50名学生与主持人集体朗诵诗歌《中国梦》，歌曲《喊一声王家坝》颂扬了舍小家、顾大家的濛洼蓄洪区人民的无私奉献精神。现场还举办了“学习宣传贯彻习近平总书记考察安徽重要讲话精神名家书法作品展”，书法家们为到场群众书写习近平总书记所引用的古典名句。

【中国文联副主席、中国民协主席潘鲁生来皖指导调研】

10月21日至24日，中国文联副主席、中国民协主席潘鲁生一行专程来安徽，督促指导《中国民间文学大系》出版工程、《中国民间工艺集成》安徽卷编纂工作。在皖其间，召开编纂工作推进会，并赴基层开展调研。

【2020“科创之光·首届中国合肥天鹅湖诗会”在合肥举行】

10月23日至25日，由《诗刊》社、安徽省文联、合肥市委宣传部主办的2020“科创之光•首届中国合肥天鹅湖诗会”在合肥举行。诗会以“科创之光”为主题，集中反映合肥乃至安徽科技创新的活力和实践。中国作协副主席、书记处书记吉狄马加，以及来自北京、天津、甘肃、陕西、重庆、湖北、湖南、浙江、安徽等全国近20位诗人云集诗会，其中鲁迅文学奖获得者8位。

【举办“影像战疫 精神永恒”主题报告会】

10月30日上午，安徽省文联、新华网安徽分公司在合肥联合主办“影像战‘疫’精神永恒”主题报告会，特别邀请中国摄协赴湖北抗击疫情摄影小分队领队、中国摄协主席、人民日报社总编室编务委员李舸以《武汉保卫战，文艺工作者冲在抗疫最前线》为题作报告。

【举办第四届安徽书法大展】

11月20日，安徽省文联、省书协在合肥•久留米美术馆和合肥亚明艺术馆主办第四届安徽书法大展。本届大展共收到投稿4556件，共评出入展作品314件，其中优秀作品69件。

【举办第七届安徽美术大展优秀作品展】

11月29日上午，由安徽省文联、省美协共同主办的第七届安徽美术大展优秀作品展在合肥合柴1972当代美术馆开幕。大展自2019年6月启动征稿，投稿作品近4000千件，经多轮专家严格评审，产生入展作品1450件。此前已于2020年7月至9月，分别在合肥、芜湖、蚌埠、铜陵等展区分12个画种对入展作品予以展出。在此基础上，遴选出369件优秀作品，以及第十三届全国美展入选作品91件（含进京展作品7件），在本次展览中展出。展览涵盖了中国画、油画、版画、水彩·粉画、雕塑、壁画、艺术设计、儿童画、漫画、综合材料绘画、陶艺等画种。

【举办安徽省第二十一届摄影艺术展览】

12月11日，由安徽省文联、省摄协共同主办的安徽省第二十一届摄影艺术展览在合肥•久留米友好美术馆开幕。本次展览自2019年4月启动征稿以来，收到来自近2000名作者的18000余幅来稿，经省内外专家多轮评审，共评选出入展作品300件

（其中纪录类135件、艺术类135件、创意和商业类23件、多媒体类7件）。

【召开大自然文学与新时代生态文明建设研讨会】

12月13日至14日，安徽省文联与安徽大学大自然文学协同创新中心在合肥共同主办“大自然文学与新时代生态文明建设暨刘先平大自然文学工作室成立10周年研讨会”。研讨会对刘先平大自然文学工作室成立十年来取得的成绩和经验进行了全面总结。与会专家学者还紧紧围绕“大自然文学与生态文明建设”主题开展学术交流。会议其间，还召开和举行了大自然文学研究最新成果新闻发布会和新书赠书仪式。

【举办第三届全国小幅水彩画展】

12月19日上午，由中国美协、安徽省文联主办的第三届全国小幅水彩画展在合柴1972当代美术馆开幕。本次展览是中国美协艺委会在水彩画领域的一项学术专项展，共收到投稿作品4303件，经中国美协专家组初评、复评，评选产生入选作品298件，中国美协入会资格作品60件。其中，安徽省入选作品32件，中国美协入会资格作品6件。

【举办“舞动江淮 共庆小康”安徽省新创舞蹈作品展演】

12月20日，由安徽省文联主办的“舞动江淮 共庆小康”安徽省新创舞蹈作品在安徽大剧院展演。此次新创舞蹈展演汇报活动共收到原创作品50部，从中精选出21个佳作参加了展演。

对外交流

【参与长三角文艺发展联盟相关活动】

参与长三角视觉艺术青年艺术家作品展、长三角文学发展联盟大运河文化主题创作实践活动。主办第二届长三角青年诗人作品改稿会。

【举办“安徽·镜像”——安徽省摄影作品展】

9月8日上午，由安徽省文联、省摄协主办，浙江展览馆协办的“安徽·镜像”——安徽省摄影作品展在浙江展览馆开幕。本次展出260余幅（组）作品。

【举办苏皖两省六市书画展】

11月28日，由安徽省文联、江苏省文联、蚌埠市委宣传部共同主办的“传承红色文化 携手共迎小康——苏皖两省六市书画作品展”在蚌埠市文学艺术中心开幕。共展出140多幅书画作品。

创作与研究

面对疫情汛情，及时跟进创作各类抗疫主题文艺作品万余件，推出微信公众号专题120余篇。组织“大浪丰碑”2020抗洪主题诗歌和“众志成城，抗击洪灾——安徽防汛抗洪美术作品展”征稿，择选优秀作品在进行网络展示。

以决胜全面小康、决战脱贫攻坚和建党100周年等为主题，组织“决胜小康 奋斗有我”“携手共圆小康梦”创作竞赛、作品征集和创作采风，在金寨县大湾村与中国艺术报社共同举办脱贫攻坚主题文学创作研讨会。“携手共圆小康梦”主题创作仅摄影作品就征集近3000件。创作征集136首全面建成小康社会主题歌曲，推评优秀作品8首。百部小型优秀原创戏剧曲艺剧本征集作品1055件，评选产生100部优秀作品，面向全省公开认领排演。脱贫攻坚主题现代黄梅戏《鸭儿嫂》入选全国脱贫攻坚题材展演，并作为安徽省唯一在京示范演出的舞台艺术优秀剧目于11月中旬在北京演出。《拯救那片庄稼地》等4部作品以小辑形式在《小说选刊》集中推出。反映安徽省“林长制”的报告文学《安徽绿》在《人民文学》第12期刊发，《就当从没发生过》《岭上开遍映山红》《离幸福九公里》等小说、散文分别在《中国作家》《光明日报》《中国艺术报》等刊发，部分作品一经刊发即被《小说选刊》等重点文学刊物转载。顺利推进2020年中长篇小说精品创作工程，首轮入选的12部作品中，李凤群《长夜》等4部中篇分别在《收获》等刊发，许诺晨《逆行天使》由浙江少儿出版社出版，杨小凡《在希望的田野上》等2部中篇将在《当代》等刊发。省委宣传部重点文艺项目红色题材大幅油画《金刚台上》完成创作，“科技之光”主题美术作品已创作60余件。

结合中长篇小说精品创作工程、第七届安徽省美术大展、第四届安徽书法大展、第二十一届安徽省摄影艺术展和国家级文艺奖项推评等，及时组织文艺评论跟进。组织全国知名文艺评论家、杂技名家看安徽活动。邀请《小说评论》主编王春林等10余位全国知名文艺评论家与安徽省承担重点创作任务的中青年作家一对一、面对面点评指导并举办改稿会，与中国艺术报联合主办“全国知名文艺评论家看安徽”暨安徽省首届现实题材文艺创作研讨会，为安徽文学创作“问诊把脉”。邀请全国政协常委、中国文联副主席、中国杂协主席边发吉等10余位杂技名家来皖调研、现场指导，为安徽杂技事业发展建言献策。开展习近平总书记关于文艺工作的重要论述和现实题材摄影、美术创作等理论研讨征稿，举办纪念徽班进京230周年座谈会、“讲好中国故事的影像书写”——安徽纪录片创作的回顾与展望研讨会、大型新创现代黄梅戏《鸭儿嫂》专家研讨会和2020年度安徽文艺评论推优。

获奖情况

小品《家和月圆》获第十一届中国曲艺牡丹奖“节目奖”。

舞剧《石榴花开》获第十二届中国舞蹈“荷花奖”舞剧奖。

电视剧《外交风云》获第30届中国电视金鹰奖最佳电视剧奖，并获得唯一的最佳编剧奖。

刘国平获第30届上海白玉兰戏剧表演艺术奖“主角奖”提名奖。

杂技《徽风皖韵·顶板凳》《鸟巢·蹬椅子》分获第9届西班牙国际马戏艺术节“银象奖”、蒙特卡洛第九届“新一代”国际青少年杂技比赛金奖。

刘汐月等8人获第二十四届“中国少儿戏曲小梅花荟萃”“小梅花”称号，泗州戏《拾棉花》等3件作品获“小梅花集体节目”称号。

黄梅戏《吉祥草》、泗州戏《哥哥莫要过河来》分别入选中国剧协民间职业剧团优秀剧目线上展演、第九届黄河戏剧节。

潘小平创作的报告文学《大别山上：一个革命老区的壮丽新生》入选中宣部2020年主题出版重点出版物选题。

洪放深入安徽省合肥市经济开发区桃花工业园的文学创作选题——《追风之城》，李云深入安徽省金寨县的文学创作选题——《我是一个兵》，均入选中国作家协会2020年度定点深入生活项目。

由安徽省文联推荐的两个项目：车敏《生如夏花——追记基层青年纪检干部李夏》（中国画）、陈治军《古文字书法篆刻创作与传播》（书法）获得中国文联2020年青年文艺创作扶持计划资助项目立项资助。

《一条大河波浪宽：1949—2019中国治淮全纪实》《你好“皖”美》《“同一条河流”系列丛书》获省直机关精神文明建设“五个一成果”奖、优秀奖。

章飚获全省离退休干部先进个人称号。

吴俊、何冰凌分获2020年度省直机关“最美家庭”荣誉称号。

《清明》读书会获“安徽省十佳阅读推广活动”。

机关建设

2020年，深入学习贯彻习近平新时代中国特色社会主义思想和习近平总书记关于文艺工作的重要论述以及考察安徽重要讲话指示精神，第一时间传达学习党的十九届五中全会和省委十届十二次全会精神。开展形式多样的主题宣传，主要负责同志带头赴基层开展宣讲，推动全会精神进基层、进一线。持续实施文联系统政治能力提升计划，办好“省文联机关大讲堂”，用好“学习强国”、安徽干部教育在线等学习平台，落实好各层级学习制度，组织党组理论学习中心组集中学习16次，每个支部集中学习11次。先后组织习近平总书记给中国戏曲学院师生回信、在教育文化卫生体育领域专家代表座谈会重要讲话、考察安徽重要讲话指示精神专题交流研讨培训，每月向各支部发学习重点提示，重点学习《习近平谈治国理政第三卷》《论党的宣传思想工作》《习近平扶贫论述摘编》《习近平总书记关于文艺工作的重要论述选编》《党的十九大以来习近平总书记关于加强领导干部教育管理监督重要论述摘编》，跟进学习习近平总书记重要讲话精神，学习《中国共产党宣传工作条例》《中国共产党党组工作条例》《中国共产党党和国家机关基层组织工作条例》，学习习近平总书记在全国抗击新

冠肺炎疫情表彰大会上的重要讲话、在深圳经济特区建立40周年庆祝大会上的重要讲话等一系列重要讲话，学习习近平总书记关于文艺工作的重要论述、文章、讲话、批示、信件，并适时安排参学同志结合各自工作谈认识、谈体会、谈心得、谈收获。开展“政治机关意识”教育，更好承担起引导文艺工作者听党话、跟党走的政治任务。开展深化“三个以案”警示教育。在省美协、省摄协成立兼合式党组织并派驻党建工作指导员，向安徽文学艺术院创研机构派驻党建工作指导员。坚持典型示范引领，实施基层党建“领航计划”。组织开展“党员争当先锋、党支部争做战斗堡垒、创建模范机关”活动。开展“七一”主题党日活动，党组主要负责同志作党课报告，并邀请作家石楠作《我的文学之路》专题报告。以送一张政治生日卡、发一本《共产党宣言》、重温一次入党誓词、参加一次志愿服务活动、举办一场专题报告会（党组书记进行一次谈心谈话）等“五个一”方式为党员过政治生日。组织老党员开展主题党日活动。

创研机构

【安徽文学艺术院】

许春樵、丁寺钟、胡竹峰等录制“同呼吸 共战‘疫’万众一心 加油武汉”社会各界知名人士助力抗击疫情短视频；丁寺钟、王亚洲、光胜等将创作的抗疫主题书画作品捐赠给援鄂医务人员；许诺晨创作的抗疫主题小说《逆行天使》入选五月中国好书。

4月24日至26日，牵头组织协调安徽省文联文艺小分队深入宣城市宣州区、郎溪县、宁国市有关乡镇、村、社区，开展主题创作调研实践活动。

8月12日，安徽文学艺术院第六届签约作家签约仪式在合肥举行，经过三轮专家评选，王光龙等14位富有创作实力的中青年作家成为第六届签约作家。

9月20日，安徽文学艺术院主办的青年画家、新文艺群体代表“郭永新油画作品展”在合肥-久留米美术馆举办。

曹多勇的中篇小说《雕像》入选安徽省文联2020年重点精品工程项目，中篇小说《一桩祸事》被《作品与争鸣》选载；戴瑞创作的书法作品《雄关漫道真如铁 而今迈步从头越》《陈毅梅岭三章》《毛主席诗词》《习近平考察安徽创新馆时的讲话》分别入选安徽省文联举办的“全省纪念中国人民抗日战争暨世界反法西斯战争胜利75周年书画摄影作品展”、省文化和旅游厅举办的“纪念中国人民抗日战争暨世界反法西斯战争胜利75周年全省美术书法作品展”、省人大举办的“庆祝中华人民共和国成立71周年全省主题书画展”以及《安徽日报》等单位举办的“让日子越过越红火——学习宣传贯彻习近平总书记考察安徽重要讲话精神名家书法作品展”；丁寺钟牵头继续开展反映安徽科技创新的“科技之光”系列美术作品创作项目，创作的60多幅作品中，4幅入围十三届全国美展初选，1幅入选十三届全国美展，1幅入选文化部“中国艺术节优秀美术作品展”。

12月13日至18日，举办第九届安徽青年作家研修班在安庆潜山举行。44位青年作家参加本次研修班。

【文艺理论研究室】

分别于1月10日、13日、1月17日，组织文艺家赴安徽省人力资源和社会保障厅、省总工会和定远县为广大职工和群众写春联、送“福”字、献画作、点评文艺作品。

组织开展“以艺抗疫”作品研究与评论工作。韩进、史培刚、赵昊、戎龚停、李春荣、方川等积极撰写全省以艺抗疫作品综述、各文艺门类抗疫作品评论、经验总结等理论评论文章共14篇。

5月中旬，围绕中国文联开展的习近平总书记关于文艺工作的重要论述理论研讨会论文征集工作，组织开展专题论文征集、撰写工作。并组织专家遴选5篇重点文章进行修改后报送中国文联。省评协副主席邵明撰写的《坚持以人民为中心的文艺评论方向》入选优秀论文，并应邀参加由中国文联、中国评协在北京举办的习近平总书记文艺工作的重要论述理论研讨会。

8月12日，主办脱贫攻坚题材长篇小说《春到茶岗》作品研讨会。

10月10日，主办散文集《我周围的世界》研讨会。

各文艺家协会

【作家协会】

8月，组织了3支作家宣讲小分队，分别深入皖南、皖北、皖中等地，围绕学习宣传贯彻安徽省文联第七次代表大会精神，紧扣脱贫攻坚、建党100周年、抗击疫情、抗洪救灾、乡村进行时等重大主题，开展主题宣讲、辅导培训、座谈调研等活动。

动员安徽省文联专业作家走上“主战场”，积极投入“决胜小康　奋斗有我”主题创作竞赛。胡竹峰的散文《离幸福九公里》在《中国艺术报》《光明日报》《安徽日报》等刊发，曹多勇的中篇小说《嫁幸福》和郭明辉的电影剧本《幸福的小马灯》正在修改打磨。反映安徽省“林长制”改革探索实践的中篇报告文学《安徽绿》已在《人民文学》12期刊发；聚焦加快建设现代化五大发展美好安徽，围绕“安徽制造”创作一部中篇纪实文学，目前采访组正在紧锣密鼓地调研撰写中；面对大疫大汛，及时跟进组织主题创作，以文学的形式为全省上下共克时艰助力加油。共征集抗疫主题诗歌2600余首、小小说269篇、散文350余篇，并陆续在安徽省文联、省作协微信公众号推出，多部作品被《文艺报》等全国重点文学报刊和中国文艺网、中国作家网、“学习强国”学习平台等转载选发，“大浪丰碑”2020抗洪主题诗歌征稿已在省作协、诗歌月刊微信公众号推出6期。

【美术家协会】

通过微信公众号，推出“以笔作枪，共同战‘疫’！——安徽美术界在行动”网络美术抗疫主题展14期；“文艺聚力，共同战‘疫’——安徽美术界战‘疫’主题美术作品选”3期；在六一儿童节之际，少儿艺委会组织编发了两期“‘疫’路童心——全省少儿抗疫作品展”。

4月11日至-13日，省美协小分队在杨国新带领下，分别到长丰、寿县、濉溪、太和等市县，开展调研采风活动。

7月至9月，组织开展第七届安徽美术大展，入展作品分12个画种分别在合肥、芜湖、蚌埠、铜陵等地展出。

组织开展“众志成城，抗击洪灾”——安徽省防汛抗洪美术作品征集活动，共征集到不同画种的600余幅抗洪主题作品图片，并遴选出部分优秀作品，通过网络平台进行展示。

举行“艺企同心　翰墨寄情——安徽当代书画名家助力脱贫爱心慈善公益拍卖活动”，知名老画家郭公达、鲍加、王涛、柳新生、张松、杨国新等和主席团部分成员以及安徽省美术工作者捐赠作品共拍卖善款20余万元，所得款项全部用于安徽省贫困地区脱贫建设。

【书法家协会】

举办纪念中国人民抗日战争暨世界反法西斯战争胜利75周年书画摄影作品展、携手共圆小康梦书法展、抗疫主题书法作品网络展等主题创作展览和首届安徽省大学生书法篆刻艺术作品展、第四届安徽书法大展、安徽省第十五届书法新人新作展等展赛活动。

完成《中国书法史·安徽卷》编撰工作。

开展安徽省书协青年理论人才信息调查工作，并遴选出28名青年理论人才进入安徽书法理论人才库。

12月12日至13日，在亳州召开安徽省首届书法学术研讨会。研讨会由安徽当代书法发展状态专题研究、安徽书法史研究和梁巘专题研究两大专题组成。自论文征集工作开展以来，共收到应征稿件101篇，最终评出入选论文37篇，其中优秀论文6篇。

12月21日至25日，举办全国书法名家看安徽·全省骨干书法工作者培训班。

【摄影家协会】

多次召开主席团会议，集中学习习近平新时代中国特色社会主义思想特别是习近平总书记关于党的宣传思想工作、文艺工作的重要论述以及党的第十九届五中全会和省委十届十二次全会精神。同时组织主席团成员、团体会员单位负责人集中学习安徽省文联第七次代表大会精神。

召开安徽摄影理论研讨会。

召开《安徽摄影史》编撰工作推进会。

与合肥市文联联合举办“抗疫影像”主题摄影作品展，展出作品150余幅。

【音乐家协会】

1月15日晚，由省音协和安徽乐团联合主办，省音协管乐专业委员会和安徽乐团所属交响乐团

承办的“春满江淮”——安徽省管乐交响新年音乐会在合肥大剧院上演。

7月17日，组织召开大型交响组曲《八月桂花》《民歌安徽》作品研讨会。

8月16日至18日，在铜陵举办安徽省青年音乐人才词曲创作培训班。来自省音协和各市音协推荐的40余名优秀青年词曲作家参加培训。

9月15日至16日，由安徽省文联、省音协主办的“春风一路踏歌来——全面建成小康社会”主题歌曲评选会，省音协主办的“最美奋斗者”主题歌曲评选会在合肥召开。分别对全省报送的136首“春风一路踏歌来——全面建成小康社会”主题应征歌曲和114首“最美奋斗者”主题应征歌曲进行了两轮严谨评选。“春风一路踏歌来——全面建成小康社会”主题征歌共选出8首优秀作品、15首入选作品，“最美奋斗者”主题征歌共选出5首优秀作品、10首入选作品。

9月23日，在安徽大学艺术学院音乐学院音乐厅举办“说凤阳，道凤阳”——国家级非遗凤阳民歌专题学术讲座暨音乐会。

10月18日，安徽音协选送160多名各个专业、组别的选手参加首届长三角管乐艺术联盟（管乐独奏）云展演活动。经过四地专家评委的线上评审，安徽省参展选手余果获本次展演的金奖，并参演了获奖选手音乐会。

【戏剧家协会】

组织省剧协第七届理事会第五次全体会议深入学习贯彻安徽省文联第七次代表大会精神，组织省剧协第七届主席团第八次会议学习传达安徽省委十届十二次全体会议精神、中国剧协第九次全国代表大会精神。

疫情发生以来，倡导全省广大戏剧工作者投身抗疫主题文艺创作，适时推出黄梅戏《生命的守卫》《抗疫十字歌》等作品。

7月，出版发行《击缶歌——安徽戏曲之美》。

【舞蹈家协会】

开展“皖舞同心，战疫同行”为主题的抗击新型冠状病毒肺炎舞蹈作品创作和“我想对你说”等活动。

4月以来，省舞协主席团部分成员分赴铜陵、马鞍山、芜湖、滁州、蚌埠等地市开展协会工作调研。

【民间文艺家协会】

组织艺术家开展战“疫”主题创作倡议，共创作238件/组民间文艺作品。抗疫其间省民间文艺工作者共捐款10万余元、各类抗疫物资价值约10万余元，捐赠民间文艺作品27件。

组织开展“决胜小康　奋斗有我”主题创作民间文艺作品活动，共征集到民间文艺作品167件（组），11月27日评选出入围作品83件、优秀作品20件。

8月6日至8日，省民协“决胜小康　奋斗有我”重点文艺主题创作培训班在歙县举行。省民协主席团成员和60名民间文艺工作者参加培训。

9月1日，召开省民协六届二次理事会。

【曲艺家协会】

围绕抗击疫情、抗洪抢险等突发事件，创作快板书《众志成城》、琴书《母女防疫情》《战洪图》等曲艺作品。孟影等表演的淮河琴书《退低保》作为优秀节目参加了第十届中国曲艺节的展演；芜湖的快板小品《猪宝带你找曾子》、宿州的皖北琴书《文明新风尚》、蚌埠的天津快板《我和我的祖国》参加了第九届全国少儿曲艺展演。蒙城淮河琴书《那个啥》参加了北京少儿曲艺大赛，并获一等奖。

8月27日至29日，在合肥举办“决胜小康　奋斗有我”主题创作培训班，省曲协主席团成员、理事及部分创作一线骨干共40余人参加培训。

【杂技家协会】

成立省杂协职业道德建设工作委员会、新文艺业态工作委员会、青年工作委员会（魔术专业委员会）等专业委员会。

选派蔡燕平、田果果、赵旭、郑倩倩等参加中国文联杂技艺术中心举办的全国杂技剧目创作研修班网络专题培训班；选派侯杰参加第三届全国杂技理论高级研修班。

【电影电视艺术家协会】

反映决胜小康社会题材电影《大事》，首批入围2020第12届澳门国际电影节。

拍摄短视频《马郢计划》，参加中国视协主办的“咱们村的带头人”全网展播活动。

在中国视协第十四届电视小康工程展播活动中，《全国劳模的承诺书》《“大喇叭”显神威》（淮南广播电视台）、《肥东县美丽乡村》（肥东县融媒体中心）获优秀奖；电视动画片《疫战到底》（安徽英达网络科技有限公司）、动画片《小英雄雨来》被国家广电总局推荐为优秀电视动画片，《疫战到底》点击量达到7751.1万。第八届亚洲微电影节，安徽两部入围，一部获优秀奖。

10月，参加在上海戏剧学院举办的首届长三角电影编剧高级研修班，安徽省3名编剧参加了学习。

11月，承办中国视协“2020年现实题材电视剧精品创作中青年骨干人才培训”，选派25名骨干人才参加学习交流。

12月，承办中国影协“全国影协秘书长管理干部培训”选派了11名影视管理干部参加学习。

开展电影进社区、敬老院、乡村50多场次，放映电影20多部，观众达6000多人。

期 刊

【《清明》杂志社】

一年来，发表了蒋子龙、叶兆言、荆歌、尹学芸等作家的作品。中短篇小说被《中篇小说选刊》《小说选刊》《小说月报》等权威选刊选载23篇次，其中，短篇小说《泰斗》（2020年第5期）荣登“2020年度中国小说排行榜”，中篇小说《脑袋里的哪个声音》（2019年第2期）《理想主义青年郑三寿》（2019年第1期）《小镇麒麟》（2020年第1期）荣获“2020年梁斌小说奖”，中篇小说《寻隐者不遇》（2020年第4期）荣登“2020年度城市文学排行榜”。《清明》读书会被评为“安徽省十佳阅读推广活动”。

【《安徽文学》杂志社】

全年编辑出版《安徽文学》12期，为省内外作家发表各类文章近300多万字，被《新华文摘》《中华文学选刊》《小说月报》《小说选刊》《诗选刊》《散文选刊》等知名刊物选载各类文章近40篇。

【《传奇·传记文学选刊》杂志社】

开辟“我在扶贫第一线”专栏，全年刊发原创作品12篇，约10万字。

利用微信公众号推送24期反映伟大抗疫精神和感人事迹的作品。

在重大节点均以头版头条形式刊发优秀纪实文学作品：五期刊发由北海舰队政治部创研室专业作家、鲁奖获得者铁流和徐锦庚撰稿的《国家记忆——〈一本共产党宣言〉的中国传奇》，六期刊发刘楚人的《安徽好人》，七期刊发了由安徽省党史研究院徐涛撰稿的《誓言无声——红色交通线上的安徽人》，八期刊发了《不朽的军魂——他们从硝烟中走来》，十期刊发由新华社记者集体撰稿的《勋章：共和国不会忘记》等系列纪实作品。用文学阵地，生动讲述真实、立体、感人的中国故事。年底，《传奇·传记文学选刊》获得“中国人文大众期刊数字阅读影响力TOP100”榜上第67名。

【《诗歌月刊》杂志社】

开展“打赢防控疫情阻击战”诗歌征集工作，在安徽省文联、省作协倡导下，省作协诗歌专业委员会和《诗歌月刊》杂志社组织诗人采写了一批诗歌作品。《诗歌月刊》收到来自全国的抗疫诗歌二千多首。《诗歌月刊》微信公众号从1月28日起，连续发布了15期抗疫诗歌公众号专辑，刊发200余首诗歌。杂志从第2期到5期在杂志上连续开辟“打赢防控疫情阻击战”诗歌专辑，共发表抗疫诗歌100多首。

与《广西文学》杂志社、《星星》诗刊、新加坡华人诗歌协会四家机构联合发起以“又见村庄”为主题的诗歌征稿活动。目前，已收到征文邮件4000多件，《诗歌月刊》已在杂志上连续登载了四期“又见村庄”诗歌征文作品选专辑。

推出“最美奋斗者”诗歌征文。目前已收到全国各地“最美奋斗者”邮件稿件2000多封。

【《艺术界》杂志社】

入选第二十七届北京国际图书博览会（BIBF）“2020年中国精品期刊展”。

“六一”儿童节前举办了安徽省云上少儿抗疫绘画作品展。

与安徽省美协少儿美术艺术委员会组织专家从300多幅少儿绘画作品中精选出100幅佳作在线展示。

4月23日，《艺术界》杂志社推出35集少儿动漫剧《战国少年——孟轲》《仓鼠兄弟闯世界》云上好书分享线上直播活动。

以《守护我们的地球家园》为主题在全国范围内举办了以抗击新冠肺炎疫情为内容的少儿原

创作品征集活动。活动其间，共收到400多篇童诗、童话、寓言、校园小说等少儿原创文学作品和300多幅少儿绘画作品。并推出了抗疫少儿专号版权。

为响应国际儿童读物联盟主席张明舟发起的《中国原创童书解困世界儿童——抗疫“世界大战”里的中国童书募请函》活动，《艺术界》杂志社捐出了2020年第3期抗疫专号版权。

5月，《艺术界》杂志社携手上海大学儿童文学研究中心、《家教世界》《少年博览》、喜马拉雅合肥·服务商于6月1日至9月1日开展了首届“童诗里的中国”——迎“六·一”主题征文活动。

福建省文联

综　述

2020年，福建省文联在省委省政府的正确领导下，认真履行“团结引导、联络协调、服务管理、自律维权”工作职能，积极发挥行业主导作用，团结引领全省广大文艺家和文艺工作者深入学习贯彻习近平新时代中国特色社会主义思想，全面统筹推进常态化疫情防控和文联各项工作，为全方位推动高质量发展超越、新时代新福建建设作出贡献。

重要会议、事件

【福建省文联召开2020年度全面从严治党工作会议】

5月19日，福建省文联召开2020年度全面从严治党工作会议，会议传达了省委常委、宣传部部长邢善萍4月23日到福建省文联调研时的讲话精神，总结回顾福建省文联2019年落实全面从严治党主体责任情况，部署2020年工作任务。省纪委监委驻省委宣传部纪检监督组通报了2019年工作情况，对2020年福建省文联全面从严治党工作提出要求，要求以接受省委巡视组即将对福建省文联开展巡视工作为契机，一以贯之、坚定不移全面从严治党，以更高的标准、更实的作风，推动全面从严治党责任落地生根，推进福建省文联各项事业取得新发展。

福建省文联党组成员和全体党员、干部职工参加会议，省纪委监委驻省委宣传部纪检监察组组长、省委宣传部部务会议成员李东河出席会议并讲话。

【福建省文联召开干部大会】

11月6日，福建省文联召开干部大会。会上，福建省委组织部常务副部长杨国豪宣读中共福建省委有关任职决定并讲话。省委研究决定，王秋梅任中共福建省文联党组书记、书记处书记。省委宣传部分管日常工作的副部长许守尧主持会议并讲话秋梅作了表态发言。

【福建省文联召开党组理论学习中心组学习（扩大）会学习贯彻党的十九届五中全会精神】

11月9日，福建省文联党组书记、、书记处书记王秋梅主持召开福建省文联党组理论学习中心组学习（扩大）会，学习贯彻党的十九届五中全会精神，研究福建省文联贯彻落实工作。福建省文联党组成员、各部门（单位）负责参加会议。会上，全体党组成员和福建省文联6位党支部书记交流了十九届五中全会精神学习心得体会和贯彻落实计划。省直机关工委宣传部二级调研员丁青春参加了会议。

【福建省文联七届六次全委会在榕召开】

11月23日，福建省文联七届六次全委会在福州召开。会议由福建省文联主席张帆主持并作了讲话。会议增补选举福建省文联党组书记、书记处书记王秋梅为福建省文联副主席。王秋梅在会上就担任福建省文联副主席进行了表态，对近年来全省文艺和文联工作进行了回顾肯定，并对今后工作作了部署。福建省文联七届主席团、全委会委员共93人参加本次会议。

【2020年全福建省文联系统干部能力素质提升读书班在泉州晋江举办】

11月30日至12月3日，福建省文联系统干部能力素质提升读书班在泉州晋江举办，全福建省文联系统等近150位干部参加。本次读书班安排了辅导报告、座谈交流、现场教学和个人自学等丰富多彩的学习形式，旨在新形势下全面兴起党的十九届五中全会“大学习、大宣讲、大创作”热潮。福建省文联党组书记、书记处书记、副主席王秋梅在开班仪式上强调，要把思想和行动统一到全会精神上来，把智慧和力量凝聚到落实全会确定的目标任务、省委明确的部署要求上来，全

方位推进福建文艺和文联事业高质量发展。读书班其间，中央马克思主义理论研究和建设首席专家郑传芳，省委宣传部专家魏胜良，福建师范大学文学院教授、博士生导师孙绍振分别为学员作专题报告。读书班其间，还举行了“一县一品”特色文艺示范基地建设工作座谈交流会和现场教学，组织学员们赴“晋江经验馆”“一县一品”晋江南音传习基地等进行现场学习调研。

重要文艺活动

【“我们的中国梦”——福州火车站春运专场文艺惠民演出】

1月10日春运首日，福建省文联、省广播影视集团、省视协、省音协、中国铁路南昌局集团有限公司党委宣传部共同开展“我们的中国梦”文化进万家——福州火车站春运专场文艺惠民演出，为广大返乡旅客奉献了一场丰富多彩的文艺盛宴。本次惠民活动是福建省文联2020年开展围绕打赢脱贫攻坚战、全面建成小康社会、实现中华民族伟大复兴中国梦的数十场文化惠民活动之一，也是福建电视、音乐文艺志愿者连续第三年走进铁路春运专场惠民演出。

【“武夷山下风展红旗如画”——2020年南平书画笔会暨文艺志愿服务活动】

7月8日，福建省文联、南平市人大常委会、福建省人大书画院联合主办的“武夷山下风展红旗如画——2020年南平书画笔会”暨文艺志愿服务活动在武夷新区隆重举行。本次活动旨在通过书画笔会的方式，建设一个唱响南平好声音的创作舞台，用铁钩银画绘制绿色发展的宏伟蓝图，以妙笔生花书写战疫战贫的生动实践，为全方位推动高质量发展超越，决战脱贫攻坚、决胜全面小康凝聚强大正能量。福建省人大书画院院长叶双瑜，南平市委书记袁毅、福建省文联书记处书记、副主席、福建省美协主席王来文等参加活动。

2017年以来，福建省文联与南平市委、市政府共同主办的文艺“五个一百”工程活动，让南平的好山、好水、好文化发出新时代声音、讲述新时代故事，增加了“大武夷”的亲和力、感染力、吸引力。福建省文联为主举办的南平书画笔会，正逐步打造成为福建省书画艺术的新高地、文化强省的新品牌。

【“小康在福建·主播说脱贫”大型采风采访】

9月14日上午，聚焦“脱贫攻坚奔小康”这一主题，“小康在福建·主播说脱贫”大型主题采风采访活动在福建省漳州市电商直播产业园启动。该活动由福建省文联、漳州市委宣传部、漳州市扶贫协会指导，福建省视协联合漳州市文化和旅游局、漳州市文联、漳州电视台、第五批省派驻村党员干部工作队主办，漳州市委常委、宣传部部长刘伟泽，福建省视协主席翁星等出席启动仪式并致辞。

活动其间，来自央广网、光明网、中新网、中国妇女网以及省内20多家媒体主播采访组分组深入漳州11个县（市、区），通过短视频和直播带货等形式，全面展现漳州市经济社会发展、扶贫攻坚、建设小康社会成果等。采风组先后奔赴云霄县、东山县、诏安县、平和县等地，重温谷文昌精神，接受红色革命教育，并深入乡村一线调研，研究电视媒体服务基层、助力脱贫奔小康的有效举措，力求将扶贫工作做得更扎实。

【“绘本草精华 扬中医国粹”——《清肺排毒汤组画》董希源创作展】

9月21日，由国家中医药管理局、中共福建省委宣传部、中国美协、福建省文联联合主办的“绘本草精华扬中医国粹——《清肺排毒汤组画》董希源创作展”在中国政协文史馆开展。此次展览，展示了42幅由福建省画家董希源历时近5个月创作的《清肺排毒汤中草药图》国画作品，这是中医药与中国画两大国粹一次圆通融合的有益尝试，也是国内首次由中国美协画家将抗击新冠疫情中发挥重要作用的传统中药方剂搬上画卷，以传统中国画艺术的形式为传统中草药画像、立传，充分展示了大时代洪流中充满家国情怀的艺术家所呈现出来的强烈的忧患意识和社会责任感。

国家中医药管理局党组成员、副局长王志勇，中共福建省委宣传部副部长叶燊，中国美协分党组书记、驻会副主席徐里等领导嘉宾出席开幕活动。

【第三届福建省中小学生（少儿）戏剧展演】

由福建省文联、省教育厅和省剧协共同主办的本届展演，经广泛征集共有七个设区市和平潭综合实验区的涵盖京剧、闽剧、高甲戏、梨园戏、莆仙戏、歌仔戏（芗剧）、北路戏、大腔戏等艺术样式的近百部作品参与影像初评。42部作品、300余位选手脱颖而出。终评采取演出录制及专家集中评审的方式进行，特邀闽江公证处全程公证，评选出节目奖和表演奖各等次荣誉。两年一届的展演既发现了一批富有潜力的戏剧新苗，产生了一批优秀的戏剧节目，也孵化了一批以戏剧教学为特色的中小学校和热爱戏剧艺术的教师家长群体。

【第六届福建省书坛新人新作展】

由省书协主办的“守望兰亭·福建省第六届书坛新人新作展”经评审选出入展作品135件、入选作品69件，并于11月10至15日在福建省画院展出入展作品135件。对项展览为推动福建省书法事业的繁荣发展、发现发掘书法新人、加强福建省书法队伍的建设、展示福建省书坛新秀的艺术风貌等方面起到了重要作用。

【“名家进校园——冯远走进福建师范大学”暨国家重大题材主题性美术创作成果展】

11月1日，由《中国美术报》、福建省文联、福建师范大学主办，福建省美协、福建省画院、福建师范大学美术学院承办的“名家进校园——冯远走进福建师范大学”暨国家重大题材主题性美术创作成果展在福建师范大学成功举办。中国文联副主席、中央文史研究馆副馆长、中国美协名誉主席冯远，福建省文联党组成员、书记处书记、副主席、福建省美协主席王来文，福建师范大学党委常委、副校长赖海榕等主承办方领导和代表出席启动仪式，来自福建省文艺界的代表和福建师范大学美术学院的师生数百人参加启动仪式。

【海洋文化主题采访采风活动】

11月16日至20日，由福建省作协主办，福州、平潭、泉州、长乐等地文联、作协协办的海洋文化主题采访采风活动圆满举办。全国政协常委，中国作协副主席，中国纪实文学研究会会长，中国文化遗产保护领导小组成员、专家组副组长白庚胜以及近40名省内外知名作家前往福州长乐、平潭、泉州等地采访采风创作。为期一周的采访采风活动，让采访采风团成员们集中感受了福建丰富、深厚的海洋文化资源以及新时代新福建建设成果。深入挖掘海丝文化、船政文化等底蕴厚重的福建海洋文化资源，创作一批反映福建海洋文化题材的文学作品。

中国作协作家出版社原总编辑张陵，中国作协《中国作家》原主编王山，中国作协《民族文学》原主编叶梅，《人民日报》文艺部原副主任王必胜，国务院研究室中国言实出版社社长王昕朋，解放军文艺出版社原副社长黄国荣，国家林草局退耕办副主任李青松，民盟中央宣传部原部长吴志实以及福建省文联党组成员、书记处书记、副主席，福建省作协主席陈毅达，福建省政协提案委原副主任、福建省文史馆员张建光等省内外知名作家参加了活动。

【福建省中青年电视艺术创作人才学习贯彻党的十九届五中全会精神暨“纪录小康工程”专题培训班】

11月25日至27日，福建省中青年电视艺术创作人才学习贯彻党的十九届五中全会精神暨“纪录小康工程”专题培训班在莆田举行。中国视协副主席、全国政协委员张显，福建省文联党组成员、秘书长、二级巡视员邱守杰，莆田市委常委、宣传部部长吴桂芳等出席开班仪式。来自省内各地电视创作人才和省外业务骨干120余人参加了本次培训。

培训内容丰富多样、精彩纷呈，既有对五中全会精神的解读，也有脱贫攻坚、决胜小康内容的影像创作分享，更有对新时代融媒体形势下创新思维的交流和探讨，现场氛围热烈，引人入胜。

【福建省原创校园歌曲大赛】

2020年福建省举办原创校园歌曲大赛，12月13日举办决赛。本次大赛由中共福建省委宣传部、福建省教育厅、共青团福建省委、福建省文联、福建省广播影视集主办，福建省广播影视集团融媒体中心、福建省音协承办。

作为福建省首届原创校园歌曲大赛，大赛受到全省高校师生的高度关注。大赛以高校师生为主要征集对象，共征集到168首原创校园歌曲，全省数十所高校参与了本次大赛，近300万人观看了大赛决赛。最终《忘不了亲爱的同窗》《那年的相约》《想你的心情》等10首歌曲荣获“十佳歌曲”称号，《学生会》《身影》《苔》等10首歌曲获评“优秀歌曲”。

福建省原创校园歌曲大赛开启了福建省原创

校园歌曲新风尚，引领福建高校师生用歌声点亮青春梦想，唱响时代新声，展现了福建青年学子励志学习、积极向上的精神风貌和青春风采。

【“福建省文艺界践行‘四力’讲好福建故事——百名曲艺家讲百个福建故事”主题创演】

4月起至12月，福建省文联和福建省曲协主办，全福建省文联系统各团体会员和曲协组织广泛参与协办“福建省文艺界践行‘四力’讲好福建故事——百名曲艺家讲百个福建故事”主题创演活动。该活动聚焦决胜全面小康、决战脱贫攻坚主题，聚焦疫情防控工作先进事迹，用艺术的形式生动展示发生在八闽大地上的小康故事、脱贫故事、抗疫故事、时代先锋、英雄楷模、凡人壮举等，旨在讲好福建故事，弘扬福建精神，激发奋斗激情，进一步凝聚起全省人民众志成城奔小康、同心共筑中国梦的磅礴力量。

【“舞动新时代”福建省优秀舞蹈展演】

12月19日，为以实际行动学习宣传贯彻党的十九届五中全会精神，兴起“大学习 大宣讲 大创作”活动热潮，展示新时代福建省舞蹈创作新成果，由福建省文联、福建省舞协主办的“学习宣传贯彻党的十九届五中全会精神：舞动新时代——福建省优秀舞蹈展演”活动在福州大戏院举办。

来自厦门小白鹭民间舞艺术中心、闽南民间歌舞传承中心、福建省舞协街舞委员会、福建师范大学、福建艺术职业学院、福建船政交通职业学院、厦门艺术学校、厦门市思明区青少年宫、晋江市青少年宫、闽西职业技术学院、福鼎市赤溪中心小学、福安市文联少儿艺术团等18个单位400多名演员表演了19个优秀获奖舞蹈节目，得到近千名榕城百姓踊跃观看和热烈好评。

福建省人民政府副省长郭宁宁，省政协副主席阮诗玮，福建省文联党组书记、副主席王秋梅，省政协教科文卫体委员会专职副主任江登峰，省政协文化文史和学习委员会专职副主任李榕光等领导出席活动。

【第六届中国音协高级研修班在漳州举办】

由中国音协、福建省文联、中共漳州市委宣传部共同主办，福建省音协、漳州市文联、市音协承办的第六期全国优秀青年词曲作家高级研修班，于7月25日至31日在福建省漳州市举办。来自全国33个省市区、产业文联音协推荐遴选出的47名优秀青年词曲作家参加培训。中国音协分党组书记、驻会副主席韩新安，中国音协副秘书长、中国文联音乐艺术中心主任熊纬，福建省委宣传部副部长陈立华等领导参加高研班活动，周荫昌、戚建波、任卫新、杨启舫、何沐阳等专家学者为学员授课。

此次高研班把政治学习作为首要任务，课程设置紧扣学习贯彻习近平新时代中国特色社会主义思想和党的十九大精神这一主线，把政治理论学习和业务培训有机结合，推动学员们努力增强“四个意识”、坚定“四个自信”、做到“两个维护”。在为期七天的培训时间里，集中的课堂授课、举办习作赏析会、组织实地采风构成高研班课程设计与实施的“三大版块”。此次活动是全国音乐创作领域的大融合、大交流，不仅为年轻的音乐创作人才搭建桥梁，同时也进一步推动中国音乐创作迈向新高度。

【中国知名作家“闽东之光”采风行在宁德举办】

9月22日至25日，由人民文学杂志社、福建省作家协会、中共宁德市委宣传部、宁德市文联联合主办的中国知名作家“闽东之光”采风行活动在宁德举办。

活动其间，采风团一行参观了宁德市“摆脱贫困”主题展览、宁德时代新能源公司，走访了“中国扶贫第一村”福鼎市磻溪镇赤溪村、小康建设明星村福鼎市硖门畲族乡柏洋村、福鼎市绿雪芽白茶基地、中国少数民族特色村寨福安市穆云乡溪塔村、全国历史文化名村福安市溪潭镇廉村和溪柄镇楼下村、闽东红色根据地柏柱洋村等地，进行实地考察、现场采访，详细了解当地“脱贫攻坚”取得的巨大成果和乡村振兴的工作情况，认真探究闽东地区独具特色的历史文化。以文学的形式助力闽东脱贫攻坚、奋进新时代。

创作与研究

【创作情况】

积极推动抗疫作品创作。共组织创作抗疫文艺作品1.2万多件（文学作品2000多件、戏剧作品

70多件、书画作品5400多件、摄影作品3500多件、音乐作品160多件、民间工艺作品1000多件），其中30多首诗歌作品在“学习强国”“福建平台”推出，1首诗歌朗诵视频在中国作家网推出；10首歌曲入选“学习强国”平台全国优秀战“疫”公益歌曲展播，2首歌曲被评为优秀歌曲；20件戏剧作品在“学习强国”福建学习平台播出；1部电视短片被国家广电总局推广。

突出抓好重大题材文艺生产。围绕决战脱贫攻坚、决胜全面小康，完成展现晋江改革开放历程的大型主旋律连续剧《爱拼会赢》摄制；举办“新时代乡村抒写”福建文学系列活动，十余部（册）中长篇小说、报告文学即将创作完成；组织中国知名作家“闽东之光”采风行、“中国.霞浦”诗刊社第36届青春诗会、海洋文化主题采访采风活动、让“小说走进人民”暨海丝文学创作交流系列活动、福建省“主播说脱贫”主题采访采风创作活动、“小康福建”主题民间工艺专题创作活动，出版福建省“脱贫攻坚”专号，一批有成果、有影响的作品正在形成。

精心开展全省文艺赛事活动。组织福建省首届校园歌曲大赛、第三届福建文学好书榜、福建省第33/34届优秀文学作品榜、第三届福建省中小学生（少儿）戏剧展演、第四届福建省曲艺“丹桂奖”少儿大赛、第五届福建省金钟花奖声乐比赛、第六届福建摄影金像奖、第六届福建省书坛新人新作展、2019年度福建省广播电视艺术奖和“福建省文艺界践行‘四力’讲好福建故事——百名曲艺家讲百个福建故事”主题创演、纪念冰心诞辰120周年系列活动等文艺活动60余场，延伸举办了80多场文艺展演展示展览，有力助推全省文艺事业发展。在“优中选优、优中培优”的基础上，组织采风创作、打磨作品参加全国各文艺赛事展演等活动。配合举办中国电影金鸡奖、中国电视金鹰奖、国家重大题材主题性美术创作等相关活动，做好重点文艺作品、文艺人才的推优扶持，夯实福建文艺事业基础。

【获奖情况】

通过努力，福建省文艺事业不断取得进步发展，其中1名南词说唱表演者获评第十一届中国曲艺“牡丹奖表演奖”，福建曲艺实现该奖“六连冠”；南音表演艺术家、理论家苏统谋被授予“中国文联终身成就曲艺艺术家”荣誉称号，实现福建省该奖重大突破。歌曲《我的中国》入选2019年度全国“听见中国听见你”优秀推选歌曲并排名榜首，4个电视作品获得第30届中国电视金鹰奖提名奖（全国仅47个），1名会员荣获第十三届中国摄影金像奖（福建省时隔13年再次获得该奖），1名会员荣获 2019年“大国工匠年度人物”（全国仅10名），3个作品荣获第24届中国少儿戏曲“小梅花奖”三金一银，成绩喜人，令人鼓舞。

对外及对港澳台文化交流

【“中华情·中国梦”中秋展演系列活动在厦门举办】

9月24日至26日，由中国文联、厦门市人民政府、福建省文联共同主办的2020年“中华情·中国梦”中秋展演系列活动在厦门市美术馆举办。活动以“生命至上”为主题，举办了美术书法作品展、书画笔会和文艺演出活动，来自海峡两岸暨港澳地区的艺术家们以真情描绘、用书画言志，充分展示了中华民族优秀传统文化，表达了海峡两岸暨港澳地区人民一脉相承、血脉相牵的浓浓同胞情。中国文联副主席郭运德，福建省委常委、宣传部部长邢善萍，厦门市副市长国桂荣出席开幕式。

【第五届海峡两岸中青年篆刻大赛在闽举办】

9月25日至10月25日，由中国艺术研究院篆刻院、福建省文联、福建博物院、中国寿山石文化发展研究中心等联合主办的“有福之州”——第五届海峡两岸中青年篆刻大赛暨名家印章艺术邀请展在福建博物院展出。展览以“有福之州”为主题，105件海峡两岸优秀篆刻作品入展。海峡两岸各地千余位篆刻艺术家，以石为媒，同台逐艺，秀出篆刻技艺，不断深化交流内涵，增强海峡两岸文化认同感。

【第十届海峡两岸曲艺欢乐汇在闽举办】

11月23日至25日，国台办年度重点对台文艺交流项目——第十届海峡两岸曲艺欢乐汇，在福建省永安市圆满举办。本届海峡两岸曲艺欢乐汇举办了纪念展览、实地采风、交流展演、研讨学

会、名家讲座，并隆重举行了“国色天香”——中国曲协送欢笑走进福建永安展演等活动，形式多样、内容丰富、热烈喜庆、交流交融，受到海峡两岸曲艺工作者和广大人民群众的欢迎喜爱。

因疫情影响，台湾方面未能派团赴大陆参加活动，但台湾艺术家、演员和专家学者们仍以视频的方式积极参与各项活动，两岸云联接、快乐不掉线，体现了“两岸一家亲、中华心连心”的理念，反映了海峡两岸无法割舍的文化认同和精神需求。

本届海峡两岸曲艺欢乐汇由中国文联、中国曲协、福建省文联共同主办。中国曲协主席姜昆，中国曲协分党组书记杨发航，国务院台办交流局副局长李京文，中国曲协分党组副书记、秘书长曲华江，中国曲协副主席种玉杰，以及福建省市有关部门领导与嘉宾出席了活动，海峡两岸500余名曲艺工作者参与到本次活动。

【第九届海峡两岸电视艺术节在闽举办】

11月20日至25日，由中国视协、台湾中华广播电视节目制作商业同业公会、福建省文联、福建省广播影视集团、平潭综合实验区党工委管委会共同主办的第九届海峡两岸电视艺术节在福建举办。

海峡两岸电视艺术节是国台办年度对台重点文艺交流项目。本届艺术节内容丰富、形式多样、受众巨大，包括“情深艺长”第六届海峡两岸艺术家书画作品展、海峡两岸电视论坛、声耀平潭·第十二届海峡两岸电视主持新人大赛等系列活动。海峡两岸百余名电视专家、艺术家、从业者及上万名高校学子参与活动。由于疫情原因，艺术节在多场活动中采用大陆与台湾“云连线”“云比赛”的形式，让因疫情阻隔无法来到大陆的台湾电视专家、艺术家、从业者及高校学子与大陆共享此次盛事。

第九届海峡两岸电视艺术节在闽成功举办，充分展现了海峡两岸电视人追求艺术理想的活力，彰显了他们不断攀登高峰、与时俱进的文化自信，有力促进了两岸电视艺术的相互借鉴和共同发展，也增进了两岸同根同源的文化意识和情感互通。

【第三届华人音乐创作笔会在福州举办】

11月15日至19日，由福建省文联主办的第三届华人音乐创作笔会在福州举办。本次活动，邀请中央音乐学院作曲教授、作曲家唐建平，上海音乐学院作曲系教授温德青，新西兰籍华人作曲家、浙江音乐学院作曲指挥系教授沈纳蔺及省内外音乐演奏家参加此次活动。活动其间先后举办了华人音乐创作笔会音乐会和研讨会，组织音乐家赴镇海楼、三坊七巷、长乐冰心文学馆等地开展音乐采风创作活动。活动有力促进华人音乐交流与互动，构建一个承载音乐信息、沟通音乐感受的艺术平台，大力繁荣音乐创作，推出的均是首演原创音乐作品，树立了闽台音乐文化品牌。

【“让小说走进人民”暨海丝文学创作交流系列活动在闽举办】

12月8日至12日，由福建省文联牵头主办、中国作家协会《小说选刊》杂志社以及福建省省市县三级文联、作协协办的“新时代 新福建——‘让小说走进人民’暨海丝文学创作交流系列活动”在福建泉州举行。参与本次采风交流活动的作家阵容强大，包括5名鲁迅文学奖获得者在内的全国文学名家和福建省小说作家参与活动。

省内外作家学者沿着“海丝”寻访的脚步，围绕后疫情时代的文学创作与作家责任、海丝文学精品创作、地域文化与地方文学等主题与基层文学创作者开展互动交流。大家一致表示，福建“海丝”文化所具有的包容性与开放性令人印象深刻，丰富多元的福建文化是福建作家文学创作的“富矿”，必须精心呵护、深入挖掘，传播传承、做大做强，努力弘扬唱响中华优秀传统文化，大力宣传推广福建特色地域文化。

【第八届海峡两岸青年舞蹈嘉年华系列活动——第五届海峡两岸青少年街舞大赛在榕举办】

12月20日，第八届海峡两岸青年舞蹈嘉年华系列活动——第五届海峡两岸青少年街舞大赛在福州举行。本次活动由福建省舞协主办，从海峡两岸上千名舞者和百余个节目中突围进入现场决赛的，有49个节目近500名选手，他们齐聚一堂，竞逐金银铜奖。因为新冠肺炎疫情所隔，台湾舞者通过录制视频“云”参赛。来自台湾的三个少儿节目和两个成人节目都斩获奖项，包括金门流行舞蹈团、台湾文艺复兴热舞社摘得成人组铜奖，台湾TheMIXCIN舞团和MIXCINAcademy舞团、台湾板桥区海山小学热舞社，分别取得少儿组金、银、铜奖。

自身建设

【机关建设】

全面加强党的政治建设。召开福建省文联2019年度党风廉政建设形势分析会和2020年全面从严治党工作会议。组织福建省文联2020年度党务干部培训和廉政风险排查，督导各级党员履职尽责和遵守廉政风险防控措施。全力配合做好省委巡视福建省文联党组及整改工作，福建省文联党的政治建设进一步加强。

落实意识形态工作责任制。贯彻《中国共产党宣传工作条例》，严格履行意识形态工作责任制，全面加强对福建省文联所办展览展示、研讨会、讲座、论坛、培训等活动的政治导向把握和意识形态管理，进一步强化意识形态工作的责任意识、工作自觉。

强化文联机关全面建设。组织福建省文联干部职工开展社区共建、义务植树和无偿献血等活动，深入全省农村开展“走前列作表率，助力脱贫攻坚”活动，全力创建第十四届省级精神文明单位，福建省文联在社会发展中作用发挥更加明显，“文艺家之家”牌子更加响亮。

【服务文艺家、服务基层、服务群众】

组织“文艺到人民中去”活动。以新时代文明实践中心为基点、以老区苏区为重点，参与“乡村振兴战略”“文化振兴计划”、文艺“精准扶贫”活动，积极开展文化科技卫生“三下乡”活动、“我们的中国梦——文化进万家”“向人民汇报”“到人民中去”“我们的节日”、闽粤赣客家戏剧展演周等文艺活动110多场，营造了健康向上、积极乐观的精神风貌。

组织文艺志愿服务工作。发挥福建省文联文艺志愿艺术团和各协会“文艺新骑兵”作用，开展2020暖冬圆梦工程、“我们的中国梦”——福州火车站春运专场文艺惠民演出、文化进万家曲艺新春文艺惠民演出、“决胜脱贫攻坚，圆梦全面小康”文艺志愿者赴省委党校文艺演出、“文艺进万家，健康你我他”到人民中去抗疫线下展及现场剪纸志愿活动等60余场次，丰富了广大群众和抗疫一线人员的业余生活。

组织文艺走进基层助学助教。开展八闽戏剧进校园、走进冰心爱的世界、民间剪纸进校园等惠民教学30余场，办好“八闽书院名家大讲堂”、作家讲坛、“闽人.闽读”、舞蹈名家课堂、美术书法流动讲堂、“名师美育课堂”福建省线上培训、文艺进军营等宣教培训60余场，在全省范围内培训和覆盖影响了20余万名文艺爱好者、大中小学生，文联志愿服务活动充分发挥了文艺引领作用。

组织文艺骨干专业培训工作。举办中国音协全国优秀青年词曲作家高级研修班、福建诗歌创作高研班、福建文学新人研修班、中青年戏剧人才培训班、中青年电视创作人才培训班、全省中青年电影编剧培训班、福建省曲艺创作培训班、福建省中青年舞蹈人才高级研修班等，全省各艺术门类1800多名文艺骨干参加了专业培训，进一步提升了省内文艺骨干的艺术素养。

组织优秀文艺人才“拔尖”引领。实施“名家进校园——冯远走进福建师范大学”、福建省青年舞蹈拔尖人才培养工程、福建省幸福百姓健康舞志愿者培训工程、福建魔术名师带徒工程、青年魔术师培训工程等，通过“以老带新、名师带名徒”的方式，大力强化全省中青年文艺创作人才培养，增加对新文艺组织和群体创作人才的团结引领和有效覆盖。

各文艺家协会

【作家协会】

2月，启动福建省第34届优秀文学作品榜暨第16届陈明玉文学榜等文学评奖活动。

6月，举办“我们的节日·端午”第15届集美诗歌节诗歌云展播活动。

7月，举办福建省新时代乡村题材创作会议，加大对新时代乡村题材的关注力度以及创作力度。

8月，联合举办“同心筑梦红砖里，携手远航共乡情”海峡两岸（晋江）诗歌大赛。

9月，联合举办中国知名作家“闽东之光”采风行活动和“新时代乡村抒写”福建文学系列活动之尤溪县半山村采风活动。

10月，举办“诗歌海岸·青春霞浦”——《诗刊》社第36届青春诗会和新时代福建诗歌创作高研班。

11月，举办海洋文化主题采访采风活动。

12月，举办第八届海峡两岸文学笔会、“中国惠安·第十届十月诗会”和重点文学创作高研班。年内，还联合组织“一城七线”题材报告文学作品征集活动。

【戏剧家协会】

2月，在“八闽戏剧”微信公众号上，以“并肩战疫——福建戏剧界抗疫作品展播”的形式，每日2—3个视音频持续不懈地刊载，共推出展播28期、59部作品。

3至10月，在全省范围举办第三届福建省中小学生（少儿）戏剧展演。

10月，在龙岩市武平县举办第二届客家传统戏剧交流展演周。

10月、11月，在龙岩市武平县汉剧传承基地、漳州市龙海市芗剧传承基地举办2020年福建省中青年戏剧人才培训班。

12月，启动第十五届福建省戏剧水仙花奖初赛。

年内，举办八闽戏剧进校园（讲座、展示）20场系列活动。

【美术家协会】

2月，举办“疫情无情 人间有爱——福建省防控抗击疫情少儿主题美术作品展”“坚定信心 共克时艰——福建省美术家抗击疫情主题美术作品微信展”。

3月，共同举办“笔墨只为家国染 书画家在行动——福建省美协书协义捐书画作品助力福建支援湖北白衣战士”。

8月，举办“小康路上看变化——福建省艺术名家走进闽清采风”活动、共同举办“国画大家沈锡纯作品展暨沈锡纯美术馆开馆仪式”。

9月，举办“大地情深——徐国雄中国画作品展”。

11月，举办“意之大者——第七届福建省写意画大展”“名家进校园——冯远走进福建师范大学”暨国家重大题材主题美术创作成果展、“厉行节约 反对浪费——福建省首届连环画展”“画说非遗——全国中国画名家走进福建闽西写生采风活动”，成立省美协霞浦县柘荣县写生创作基地，赴霞浦开展“决胜脱贫攻坚 圆梦全面小康”福建文艺志愿者活动。

12月，启动实施全省美术青年培养“英才计划”。

【音乐家协会】

1月，组织文艺志愿者赴福州永泰嵩口镇开展文艺志愿服务活动，春运其间开展“我们的中国梦”文化进万家——福州火车站春运专场文艺惠民演出。

2月，举办2020年福建原创“抗击疫情”主题歌曲创作。

5月，在福州市举办《520“我爱你祖国”》音乐会。

7月，在漳州市举办第六期全国优秀青年词曲作家高级研修班。

9月，到三明市泰宁朱口镇开展“走在前作表率 助力脱贫攻坚”主题党日活动暨文艺志愿服务演出活动。

10月，举办“百年的呼唤”——交响演唱会《古田颂》巡演。

11月，赴福建省文联挂钩帮扶单位（漳州市长泰县）开展惠民文艺志愿服务活动。举办第三届华人音乐创作笔会和福建省首届校园歌曲大赛评选工作。

12月，举办福建省2020年度“听见中国听见你”优秀歌曲推选活动。

【电影家协会】

1月，与福建万达影城联合举办意大利艺术馆影片展。

7日至12月，举办首届水仙花微电影短视频展。

11月，举办深入学习贯彻党的 十九届五中全会精神第二期全省中青年电影编剧培训班，开展文艺进万家——电影惠民活动。

年内，参与《妈祖回家》《大闹天宫》等重点电影项目的策划、研讨，召开“大爱无疆”抗击新冠肺炎疫情主题短视频剧本征集活动的推进会，举办优秀影片影评征文评选活动。

【摄影家协会】

1月，组织第六届福建摄影金像奖评选。发起“非常春节”，举国战“疫”——福建摄影人在行动。

4月，举办“向东向海——影像记录福建海洋文明”大型摄影展。

6月，举办《七一献礼，益起弘爱》摄影作品展暨展品捐赠仪式。

10月，举办首届锦绣中华（金鼎奖）全国风光摄影大赛作品展和中国•霞浦摄影群英会——第七届“我心中的那片海”霞浦国际摄影大赛。

11月，举办福建基层摄协骨干和新文艺人才培训班，联办“在希望的田野上”福建省乡村振兴摄影展。

12月，邀请中国摄影名家李舸、陈晓波、解海龙走进福建举办摄影公开课。

【曲艺家协会】

1月，赴三明市宁化县、泉州市安溪县及福州市鼓楼区开展5场“我们的中国梦”——文化进万家新春文艺惠民演出活动。

4月至12月，举办“福建省文艺界践行‘四力’讲好福建故事——百名曲艺家讲百个福建故事”主题创演活动。组织第44届世界遗产大会南音节目创作工作。

9月，开展“厉行节约、反对浪费”主题曲艺作品征集活动。并赴平潭综合实验区，南平市建阳区、顺昌县、浦城县开展6场“我们的中国梦”——文化进万家“说唱新时代　阔步奔小康”中秋、国庆文艺惠民演出活动。

11月，举办“学习贯彻党的十九届五中全会精神”——第五期全省曲艺创演骨干培训班和“海峡两岸曲艺欢乐汇”。

【舞蹈家协会】

2月至4月，组织开展“抗疫路上，为你而舞——福建舞蹈界抗疫作品云展播”活动。

5月，举办“‘5.15’一起舞”群众舞蹈网络展演（福建站）活动。

7月，举办福建省中青年舞蹈人才高级研修班系列活动之“弘扬红色精神　决胜全面小康——省舞协红色舞蹈创作采风走进闽东苏区活动”。

9月，举办福建省中青年舞蹈人才高级研修班暨新文艺群体创作舞蹈人才培训班。

11月，组织第三期“新时代　新美育　结对子　种文化——福建省少儿舞蹈美育工程百名志愿者”培训班，开展学习宣传党的十九届五中全会精神——“决胜全面小康、舞动时代风采”福建文艺志愿者艺术团惠民演出。

12月，举行第八届海峡两岸青年舞蹈嘉年华系列活动之同圆舞蹈梦——第五届海峡两岸青少年街舞大赛、海峡两岸优秀街舞走进校园、海峡两岸青少年街舞交流研习、公益课堂等。

【民间文艺家协会】

1月，举办“我和我的家乡-建阳建盏迎新春精品展”。

2日至4月，举办“同舟共济　众志成城”战疫防控主题民间文艺作品微信展播近20场。

5月，做好首批14家福建省民间文艺名家工作室（含国大师工作室）的正式命名与授牌。

6月，主编《中国历史文化名村·福建桂峰》正式出版发行。

7月，举办“虚怀若谷——新文艺群体竹刻艺术作品展”。

9月，举办“有福之州”第五届海峡两岸中青年篆刻大赛暨名家印章艺术邀请展在省博物院展出。

10月，举办“庆丰收、迎小康”——文艺助力乡村振兴省市县文艺家“三级联创”及志愿服务走进建宁客坊乡。

11月，举办“耕石载心——中青年寿山石雕刻艺术邀请展”和福建省民间文艺骨干培训班。

12月，举办“福建省民间文艺山茶花奖·优秀民间工艺美术作品”评选暨传统民间艺术精品展。

年内，还征集举办“小康福建”“建党100周年”主题剪纸巡展、“新时代　新福建——主题灯谜大展猜”“青春有你——青年雕刻艺术作品展”等涵盖寿山石、剪纸、软木画等各门类展览展示进基层活动30余场。

【书法家协会】

1月，举办3场“同心共书——祖国新春好”送万福进万家活动。

5月，开展“文艺进万家，健康你我他”——福建省第七个中国文艺志愿者服务日系列活动。

8月，举办“幸福奔小康”——福建省艺术名家走进闽清采风写生活动和作品展。

7月至8月，举办“守望兰亭·全国第十二届书法篆刻展福建入展作者作品展”。

9月，举办状元杯——福建省第三届篆刻作品展，参加“生命至上”——“中华情·中国梦”中秋展演系列活动。

11月，举行“守望兰亭·福建省第六届书坛新人新作展”，开展书法创作系列公益研修班。

年内，为迎接世遗大会联办“迎接世遗大会

再现名城风采”——古韵汀州杯书法作品展。

【电视艺术家协会】

1月，“我们的中国梦”——文化进万家·福建文艺志愿者艺术团音乐分团、电视艺术家分团文艺惠民演出在永泰县月洲村举行，举办“我们的中国梦”文化进万家——福州火车站春运专场文艺惠民演出（福州火车站）。

9月，开展“小康在福建·主播说脱贫”大型主题采风采访活动。

11月，举办“决胜全面小康·开启崭新征程”学习贯彻党的十九届五中全会精神走进漳州长泰县文艺惠民演出。

11月，在福建福州、平潭举办“第九届海峡两岸电视艺术节”，在莆田举办福建省中青年电视艺术创作人才学习贯彻党的十九届五中全会精神暨“记录小康工程”专题培训班。

年内，完成2019年度“福建省广播电视艺术奖”评奖工作。

【杂技家协会】

元旦春节其间，开展以“我们的中国梦·文化进万家”为主题的新春惠民演出活动。

8月至9月，举办两期全省青年魔术人才培训班。

9月至10月，开展以“宣传民法典，全面助小康”为主题的演出8场。

11月，在福州办第三期魔术培训班。

直属单位

【文艺理论研究室】

1月，组织“我们的中国梦——文化进万家”文艺志愿服务走进长泰县活动。

5月，举行“文艺进万家，健康你我他”到人民中去抗疫线下展及现场剪纸志愿活动，开展“文艺进万家，健康你我他”文艺志愿服务活动。

8月，组织“圆梦工程——名师美育课堂”福建省线上培训工作。

10月，开展“决胜脱贫攻坚，圆梦全面小康”文艺演出和“军民同心筑梦”走进军营文艺志愿服务活动。

年内，在《福建文艺界》开设专栏“评说”，每期刊发2至5篇文艺理论文章。

【文学艺术对外交流中心】

6月，与台湾中华印石艺术收藏协会、福建省雕刻艺术家协会联合举办“第六届海峡两岸雕刻大赛”。

8月，举办“幸福奔小康”——福建省艺术名家走进闽清采风写生活动和采风作品展。

年内，与民盟福建省委、福建省商盟公益基金会联合举办“2020年圆梦工程”系列公益活动，为抗疫一线和贫困大学生捐款捐物。

【省文学院】

1月，举办三千行长诗《落雪的和声——古田，1929》作品研讨会和“迎新春、送万福、文化进万家”——新春惠民主题系列活动。

11月，在南平建阳举办第二届福建文学新人研修班。

12月，在泉州举办《新时代 新福建——让“小说走进人民”暨海丝文学创作交流系列活动》。

年内，举办“八闽书院名家大讲堂”系列大型公益文学活动20余场。

【省画院】

1月，举办“承心传韵——福建省画院画家年度作品展”（第二回）和“墨境寻芳——福建省画院迎春书画作品展”。

5月，举办“百花颂——福建省画院画家线上作品展”。

9月，举办“小康路上好风光——福建省画院画家线上作品展”。

10月，举办“幸福奔小康——福建省艺术名家走进闽清写生作品展”。

12月，举办全国写意画名家学术邀请展。

【冰心文学馆】

1月，举办“福鼠迎新”元旦春节手工剪纸、写对联赠对联活动。

4月，举办“走进冰心爱的世界”活动。

7月，开展“回到文学现场，云游大家故居”系列直播第十一站。

8月，与福州外语外贸学院财金学院“情系冰心”实践队共同开展“云”端微课活动。

10月5日，冰心诞辰120周年之际，举办主题纪念活动，活动包括诗文朗诵和在冰心汉白玉雕像前献花。

年内，还举办了“我们的节日”文艺宣教活动2场。

【《福建文学》杂志社】

年内，保质保量出版12期《福建文学》。完成出版2020年长篇小说专号、“福建文化与自然遗产探寻”专号和“脱贫攻坚·福建故事”专号等。

【《台港文学选刊》杂志社】

年内，编辑出版《台港文学选刊》正刊6期、增刊1期，广受社会好评。精心举办第二届“祖国颂”世界华语文学作品征文活动。

【《故事林》杂志社】

年内，保质保量完成出版《故事林》24期，并推出公益广告12 幅、抗疫主题故事21篇。深入贯彻习近平总书记“要把红色资源利用好、把红色传统发扬好、把红色基因传承好”的精神，编辑出版1期红色主题增刊。

江西省文联

综　述

2020年，江西省文联及所属各文艺家协会坚持以习近平新时代中国特色社会主义思想为指导，深入学习贯彻党的十九大和十九届二中、三中、四中、五中全会精神，贯彻落实习近平总书记关于群团工作、文艺工作、文联工作的重要讲话指示批示，贯彻落实省委十四届十一次、十二次全会精神，聚焦举旗帜、聚民心、育新人、兴文化、展形象的使命任务，团结引导广大文艺工作者坚持与时代同步伐、以人民为中心、以精品奉献人民、用明德引领风尚，大力推进精品创作生产，不断深化文联系统改革，为推动社会主义文化繁荣发展作出了积极贡献。

会议与活动

【召开江西省文学艺术界第九次代表大会】

8月19日至21日，在江西南昌召开江西省文学艺术界第九次代表大会。大会得到江西省委、省政府和中国文联的高度重视，江西省委、省人大常委会、省政府、省政协的主要领导或有关领导出席大会开幕式。江西省委书记、省人大常委会主任刘奇，中国文联党组书记、副主席、书记处书记李屹在开幕式上讲话，江西省委常委、宣传部部长施小琳出席大会并在闭幕式上讲话。大会审议并通过了《江西省文联第八届委员会工作报告》，修订了《江西省文联章程》，选举产生了省文联新一届领导机构。叶青当选为省文联第九届委员会主席，张越、郧定忠、毛国典为省文联第九届委员会副主席，温燕霞为挂职副主席，李小军、余志华、徐渊明、陈丽萍、王东、李雷、熊小玉、杜欢、李媛媛、廖祖峰为兼职副主席。

【举办“决胜全面小康、决战脱贫攻坚”大型文艺创作展览展演活动】

开展涵盖文学、音乐、舞蹈、书法、美术、摄影、农民画、微电影等门类的脱贫攻坚主题文艺活动。举办“走进我们的小康”——江西省脱贫攻坚主题美术、书法、摄影、农民画创作展。展览于10月17日在江西省美术馆开幕，江西省委常委、宣传部部长施小琳，省人大常委会副主任冯桃莲，省政府副省长胡强，省政协副主席李华栋等领导嘉宾和社会各界人士400余人出席开幕式。展览从8591件投稿作品中精选出400多件进行展示，展现出江西省脱贫攻坚的伟大实践和奔向小康美好生活的时代画卷。创作完成大型声乐套曲《幸福欢歌》。以江西省词曲作者为主，邀请全国名家参与，历时1年采风、创作、研讨、打磨，精心创作出10首脱贫攻坚主题歌曲，生动展现江西人民共步小康、唱响幸福欢歌的精彩场景和喜悦心情。套曲中的《是你一直想着我》被收入2020年中宣部重点出版物《百年小康梦圆时——“全面建成小康社会”优秀原创音乐集》，被新华网、中青网、环球网、“学习强国”学习平台等超过80家媒体转载采用；同名视频在新华社全网播出，点击量超3500万次，新华社客户端点击量超200万次，新华社微信公众号阅读量达10万+。举办“小康生活舞起来”——江西省群众舞蹈大赛。活动历时3个月，共吸引617支舞蹈团队参赛，超3万人民群众参与其中，用舞蹈的形式演绎赣鄱子女参与建设富裕幸福美丽现代化江西的激情和热情。还举办了“我们的扶贫故事”主题征文、“决胜之路”优秀微电影（微视频）大赛评选等活动，为江西省高质量打赢脱贫攻坚战鼓与呼。

【开展“抗击新冠肺炎”主题文艺创作】

在统筹推进疫情防控和经济社会发展中，以抗疫和复工复产为主题，组织动员文艺家创作文艺作品1.3万余件，包括文学作品3400余件、音乐700余首、美术1400余件、书法3400余件、摄影

5000余件，不少优秀文艺作品在《人民日报》《中国艺术报》《江西日报》，以及“学习强国”、腾讯视频、抖音等新媒体平台刊播；为江西赴随州援鄂医疗队1200多名队员每人创作并捐赠一幅书法作品，多语种出版美术作品集《向光而行——战“疫”的色彩》，为打赢疫情防控人民战争、阻击战、总体战凝聚力量。

【开展“抗洪”主题摄影创作】

8月10日上午，“众志成城缚洪魔——2020江西省抗洪抢险摄影图片展”在江西省文联展厅开幕。江西省委宣传部副部长黎隆武，省文联党组书记马玉玲、主席叶青，省水利厅、省应急管理厅领导以及入展作者、摄影艺术家、摄影爱好者代表和媒体记者100余人参加开幕式。面对江西境内特大洪涝灾害，江西省文联组织摄影艺术工作者赶赴抗洪一线进行纪实创作，以超常的效率紧急征调摄影作品1200余幅，并从中精选出100幅佳作入展。举办此次摄影展，旨在及时展示江西抗洪抢险成果，用文艺作品表现抗洪救灾中涌现出的先进人物和动人故事。

【开展“万名文艺家下基层”活动】

深入学习贯彻习近平总书记关于文艺工作的重要论述精神，推动全省广大文艺工作者深入基层、服务人民，江西省文联创新文艺志愿服务形式，组织728名文艺家赴江西省78个县（市、区）的221个新时代文明实践中心（所、站）开展“万名文艺家下基层”活动，服务时长11648小时，受到基层文艺工作者、爱好者和广大干部群众的热烈欢迎与好评。江西省委常委、宣传部部长施小琳同志给予充分肯定、多次表扬，江西省文艺志愿者协会荣获2019年度全国学雷锋志愿服务“四个100”先进典型活动“最佳志愿服务组织”称号。

【举办江西省文联所属文艺家协会主席团成员及驻会负责人高级研修班】

9月22日至24日，在江西上饶弋阳方志敏干部学院举办“学习贯彻习近平新时代中国特色社会主义思想”江西省文联所属文艺家协会主席团成员及驻会负责人高级研修班。研修班紧紧围绕“学习贯彻习近平新时代中国特色社会主义思想和习近平总书记关于文艺工作的重要论述精神”主题开展，课程内容涵盖了习近平总书记关于文艺工作的系列重要论述，以及意识形态工作、文艺理论、传统文化、戏曲表演、影视观摩、红色教育等内容。研修班特邀清华大学美术学院长聘教授、陶瓷艺术系主任、中国美协陶瓷艺术委员会主任白明，北京大学文学博士、深圳大学特聘教授李心峰，江西师范大学资深教授、校学术委员会主任、明史研究专家方志远，省委宣传部常务副部长郭建晖等专家学者授课，60多位江西省文艺家协会主席团成员及驻会负责人参加培训。

【开办“江西文艺·名家讲堂”】

讲堂于2020年8月启动，内容涵盖艺术讲座和时政讲座两大类，全年共举办12场专题讲座，先后邀请鲁迅文学奖得主李浩、国家一级舞美设计师周正平、国家一级编剧康健民、作曲家戚建波、中国艺术研究院艺术人类学研究所所长方李莉、中国书协理事李文宝、解放军艺术学院原副院长朱向前等全国知名文艺家赴赣讲学，有效拓宽文艺工作者视野，提升专业素养和创作能力。

【举办“百年赣鄱耀中华”——庆祝建党100周年美术书法作品展览改稿培训班】

12月2日至5日，在江西南昌举办“百年赣鄱耀中华”——庆祝建党100周年美术书法作品展览改稿培训班。培训班特邀中国美协理事、中国美协水彩粉画艺术委员会副主任赵云龙，山东省中国画学会副会长、山东工艺美术学院二级教授于新生，中国美协第二届漆画艺委会委员吴嘉诠，中国美术学院绘画艺术学院油画系主任封治国进行改稿授课。四位授课老师对100多件学员的创作草图——点评，重点在紧扣主题方面、构图方面、人物造型方面进行指导，最后对创作情况进行了全面总结。“百年赣鄱耀中华”——庆祝建党100周年美术书法作品展览，将依托江西丰富的革命历史素材和社会主义建设素材，通过表现发生在红土地上的重大党史事件与场景，展现中国共产党走过的光辉历程和建立的不朽功勋，为建党100周年献上一份特殊大礼。

创作与研究

【举办江西新时代乡村题材创作会】

7月31日，在江西南昌召开江西新时代乡村题材创作会议。省文联党组书记马玉玲、主席叶青，

省作协主席李小军出席会议并讲话。省作协部分主席团成员、各设区市作协主席以及作家代表等30余人与会座谈。

【举办江西优秀青年诗人诗歌创作研讨会】

10月16日至18日，在江西九江瑞昌召开江西优秀青年诗人诗歌创作研讨会。福建省作协副主席、第七届鲁迅文学奖获得者汤养宗，四川省作协副主席、《星星诗刊》主编龚学敏，湖北省作协副主席、汉诗主编、第七届鲁迅文学奖获得者张执浩等专家，以及林莉、李洪华、陈离、龚奎林、木朵、牧斯、傅菲、刘晓彬、范剑鸣、圻子等诗人、评论家对江西优秀青年诗人作品进行集中研讨。

【举办江西中青年散文作家创作研讨会】

10月22日至24日，在江西上饶弋阳召开江西中青年散文作家采风创作研讨会。《散文海外版》主编王燕、《散文》执行主编张森、《广州文艺》执行主编张鸿、《湖南文学》主编黄斌、《花城》编辑部副主任许泽红、散文评论家古耜以及江西省内优秀中青年散文作家、弋阳县当地文学爱好者共30余人参加活动。会上，江西本土散文作家阐述了各自的创作情况和写作理念，被邀请的各位专家就与会作家的作品进行点评，对作家们的创作提出了建议。

【举办江西网络文学座谈会】

10月27日，在新余学院文传学院召开江西网络文学座谈会，40多名网络文学编辑、作家参加座谈。学员代表九灯和善、上山打老虎额、百里玺、净无痕、犁天、纯情犀利哥、夏言冰、纯风一度、猫小咪、何闯等分别介绍了各地市网络作家及自身创作情况，江西籍网络文学媒体从业人员萧逸、逍遥不逍遥、杜启溪就江西网络文学在行业内的表现及未来发展趋势等问题与大家进行深入交流。

【举办重大题材创作暨江西省小说创作研讨会】

11月20日至22日，在江西吉安举行重大题材创作暨江西省小说创作研讨采风活动。《小说选刊》《人民文学》《中华文学选刊》《文艺报》《中篇小说选刊》等全国重点文学报刊主编、编辑、评论家林那北、顾建平、徐晨亮、马小淘、行超等近50人参加活动。研讨会上，与会专家、小说家围绕全面小康和建党100周年重大题材创作情况进行沟通交流，此次活动对于提升江西省小说创作水平，不断推出精品佳作具有积极的意义，是对江西省小说创作整体的一次梳理与把握。

【举办“我们的节日——2020中国（新余）七夕民俗文化研讨暨展演活动”】

8月25日，由中国民协、江西省文联主办的“我们的节日——2020中国（新余）七夕民俗文化研讨暨展演活动”在江西新余举办。中国民协分党组书记、驻会副主席邱运华，中国评协副主席、江西省文联党组成员、主席叶青等出席活动。会议通过地方传统文化资源与文旅融合发展学术座谈会、“七夕文化对话”直播等形式对七夕民俗活动和文化内涵、文化资源转化为旅游资源等话题进行深入探讨。

【举办2020中国（江西上饶婺源）传统村落保护与发展论坛】

12月15日至17日，由中国民协、江西省民协主办的2020中国（江西上饶婺源）传统村落保护与发展论坛在江西婺源举行。论坛组织与会专家和代表对婺源县的多处传统村落进行实地调研，以“以文促旅，以旅兴文，文旅融合，乡村振兴”为主题，深入探讨新形势下传统村落保护与发展的新课题新方法，探索文旅融合、乡村振兴的新途径。

【开展“江西培青”人才培养活动】

8月16日至29日，由中国舞协、江西省文联主办，中国文联舞蹈艺术中心、江西省舞协承办的“青年舞蹈人才培育计划·江西站”暨首届“江西省青年舞蹈创编人才高级研修班”在南昌大学举办。

“江西培青”首开全国培青计划“深入基层、订制培养”的全新模式，是江西省文联实施“人才提升工程”重要举措，活动邀请冯双白、肖向荣、田露、帅晓军、张云峰、谢飞等专家参加授课，30名江西舞蹈界优秀青年编导和演员参加培训，并从中选出优秀人才给予有针对性的重点扶持，力求推出更多反映现实生活与体现江西特色的优秀原创作品，努力打造有凝聚力和影响力的青年舞蹈工作平台。9月19日至22日，由“江西培青”中酝酿创作，经由省舞协选送的原创作品《故土》受邀参加“2020中国舞协首钢园环境舞蹈展演”，作品在全国引起了巨大反响。中国舞协主席冯双白在观看作品后给予评价：“清晰地表达了以人民为中心的创作导向，饱含着深厚的真情实感，能够真正关注人生、关注生活、关注亲情、关注故土，勇于表达心中的梦想”。

【推出一大批优秀作品和优秀人才】

叶青当选中国文艺家协会副主席；朝颜获第十二届全国少数民族文学创作骏马奖和第十一届丁玲文学奖散文新锐奖；彭学军获2020年陈伯吹国际儿童文学奖；王一民获“第五届中国电影编剧终身成就奖”；温燕霞小说《琵琶围》入选2020年“优秀现实题材文学出版工程”；周簌获第18届诗探索“华文青年诗人奖”；鱼小玄组诗《浓雾村》获第10届“诗探索•中国红高粱诗歌奖”；5人入选中国作协2020年定点深入生活项目，入选人数居全国第一；5位书法家作品入选“中国力量——全国扶贫书法大展”；3个文艺创作项目获中国文联青年文艺创作扶持；歌曲《你笑起来真好看》入选中宣部第八批“中国梦”主题新创作歌曲、2019年度“听见中国听见你”优秀歌曲，歌曲《寻找“吴发询”》《呦吙吙》入选2019年度“听见中国听见你”华东地区优秀歌曲；话剧《人间情暖》入选第九届长江流域戏剧艺术节；上饶信河道情《读一读〈可爱的中国〉》获第十一届中国曲艺牡丹奖节目提名奖。

机关建设

【荣获“第六届全国文明单位”称号】

江西省文联党组高度重视精神文明创建工作，努力在优化机制、拓宽领域、丰富内涵上下功夫，获评“第六届全国文明单位”荣誉称号，实现新突破。一是建立健全工作机制，及时调整精神文明建设工作领导小组，形成党组主要领导抓总、班子其他成员协助抓、机关党委具体抓、人人关心、全员参与的工作格局。二是统筹推进任务落实，研究制定年度精神文明建设工作要点，坚持每年不少于两次专题研究精神文明建设工作。三是强化责任落实，细化工作举措，加强监督检查，确保各项任务落地落实，夯实文联机关创建基础。

【深入推进省文联、省作协深化改革】

深入贯彻中央和省委关于群团改革的决策部署，推动文联组织转型发展，《省文联、省作协深化改革方案》各项任务基本完成。一是健全体制机制，建立“专兼挂”领导制度，省文联第九届委员会增设挂职副主席1名、兼职副主席10名。省作协机构改革圆满完成，明确省作协主席为副厅级领导职位，并增加了作协编制，增强了工作力量。二是加强协会建设，调整优化省文艺家协会代表大会、理事会、主席团构成比例，增加基层和创作一线文艺工作者代表。在协会代表大会中，创作一线和基层文艺工作者比例不低于65%，新文艺群体代表比例不低于6.5%，55岁以下中青年文艺工作者代表比例不低于55%。协会主席团体现“老、中、青”相结合的原则，50岁以下的中青年不低于40%，创作一线和基层文艺工作者比例不低于70%。制定省级文艺家协会专业艺术委员会工作规则等制度，建立协会主席团年度考核述职制度、协会工作秘书长负责制、文联内部工作片组制等，推动文联工作规范化制度化科学化。三是创新工作思路，建立与会员所在单位党组织工作联系制度，通过书面了解、实地走访等方式，及时掌握会员思想、工作和创作动态，及时向会员所在单位党组织通报其所获重大奖励、参与重大创作或违法失德等情况。建立与社会文艺组织经常性联系制度，指导21家文艺类社会组织完成年检工作，并在活动策划、文艺创作等方面提供业务指导。

【顺利召开江西省曲协第六次代表大会】

12月24日，在江西南昌召开江西省曲协第六次代表大会，70余名江西曲艺界代表欢聚一堂，共商全省曲艺事业发展大计。江西省委宣传部副部长黎隆武在大会开幕式上讲话，中国曲协分党组书记杨发航致贺词，省文联党组书记马玉玲在大会闭幕式上讲话，省文联主席叶青主持大会开幕式，省文联副主席张越致开幕词并主持大会闭幕式，省文联副主席郧定忠出席会议。大会总结了江西省曲协第五次代表大会以来的工作，部署今后五年的任务，修改通过了协会《章程》，选举产生了新一届领导机构，李小英当选为江西省曲协主席，华巍、刘阳洋、余际松、郑意祯、徐志当选为副主席，聘请柳青为名誉主席，聘请万新明、李媛媛、黄瑶、陆泽浦为顾问。

【开展纪念《星火》创刊70周年系列活动】

《星火》是双月刊杂志，2020年共出版6期《星火》正刊、1期星火驿站作者增刊。2020年是《星火》创刊70周年，在做好基础工作的前提下，

为进一步拓展《星火》品牌效应，扩大纯文学社会影响力，纪念《星火》创刊70周年系列活动有序开展。一是开展星火文学火种环江西传递活动，活动从2020年4月启动，历时三个多月，环绕江西省全境63个《星火》驿站开展《星火》火种传递，其间，各驿站举办朗读、采风和研讨活动共60余场。二是开展《星火》创刊70周年读者恳谈会、原浆散文创作研讨会、第二届“作家教你写作”文艺志愿服务、“稻田写诗”农耕体验、“把《星火》读给你听”街头文艺沙龙、第二届星火写作训练营等特色纪念活动，引导本省作家深入基层、关注现实，推出一批有质量的作品。三是拍摄、出品微电影《海是无数孤独的水》，以故事片的形式展示文学生态，阐释星火倡导的文学理念、工作理念，播出后得到影视界专业人士的好评。相关活动开展情况被中国作家网、中国日报网、凤凰网等媒体的大篇幅报道。中国文联主席、中国作协主席铁凝致信祝贺《星火》创刊70周年。

【全力抓好机关疫情防控】

面对突然暴发的新冠肺炎疫情，江西省文联认真落实中央和省委决策部署，坚定信心、迅速行动，齐心协力、抗击疫情。一是切实抓好省文联机关疫情防控。严格落实疫情防控规定，对进出单位人员实行“录实名、亮绿码、测体温”，做好机关日常消杀及值班值守等，确保机关内部公共卫生安全。二是切实抓好省文联重要会议、大型活动的疫情防控。将原定于2020年3月召开的江西省第九次文代会延期至8月下旬。为了保证文代会的安全有序，会议筹备工作小组在会上印发《江西省文联第九次代表大会防疫工作温馨提示》，指导与会人员正确防控新冠肺炎。三是切实抓好出差返昌人员的防控工作。广泛宣传疫情防控知识，科学做好疫情防控工作，全面摸排干部职工出行轨迹，严格落实14天隔离要求，在职干部职工未发生一起人员感染事故。

各文艺家协会

【作家协会】

1月至12月，编辑出版《新世纪江西文学精品选》大型丛书。丛书分七卷，约180万字，为新世纪20年江西优秀文学作品精选，2020年底由江西高校出版社出版。

1月9日，由《人民文学》杂志社作为学术指导单位，中华文学基金会、江西省作协、上饶市委宣传部主办的首届方志敏文学奖颁奖典礼在江西南昌举行。

1月10日至11日，组织10余位作家赴共青城开展采风活动，引导作家深入挖掘共青城由荒地变城市这一建设过程中的感人事迹，创作出既有历史深度、又有人性温度的文学作品。

4月至5月，先后组织一批作家深入赣州、新余、九江等地脱贫攻坚一线开展采风创作，采风作品在《人民日报》《光明日报》《江西日报》和“学习强国”学习平台等媒体发表。

4月3日，在江西南昌召开江西省作协八届二次常务理事会。

4月19日，在江西南昌举办“决战决胜脱贫攻坚，倾情抒写赣鄱华章”2020年江西谷雨诗会诗歌创作座谈会。吴素贞获2019江西年度诗人奖，叶小青、周簌获2019江西年度诗人提名奖。

7月21日至9月22日，开展“红土地上的脱贫报告”主题征文活动。活动共收到应征作品217篇，经评审后，《口书者》《我的扶贫情愫》《于都河在述说》等37篇作品入选。

7月24日至9月30日，开展江西8090·重点作品创作扶持项目丛书书稿征集活动。活动共收到应征作品14部，经评审后，《流水和白马》《波澜后的涟漪》《到处都是轰鸣》《身体里的石头》《少年走过蓝木街》5部作品入选。

10月16日至18日，组织江西省内外30多位作家、诗人、评论家赴九江瑞昌开展“走进我们的小康生活”采风创作研讨活动。

10月25日，联合江西省当代文学学会、百花洲文艺出版社、南昌大学当代文学研究所在南昌举办长篇小说《凤凰洲》作品研讨会。

10月25日，联合梅岭国家风景区管理局在江西南昌梅岭举办举办“春华秋实”第七届林恩谷雨茶诗会。

11月6日至9日，与中国作协创联部联合举办“我们向着小康走”——中国作家湘东深扎采风创作活动。

11月至12月，开展“奔向幸福小康”楹联大赛活动，面向全国广大楹联爱好者及社会各界人士，征集围绕全面建成小康、乡村振兴、开启全面建设社会主义现代化国家新征程等重大主题创作的楹联作品。

【戏剧家协会】

12月14日至15日，中国剧协第九次全国代表大会在北京会议中心召开，江西省代表龙红、卢勇、杜欢当选中国剧协第九届理事会理事。

8月1日，举办“2020年江西省少儿戏曲小梅花大赛暨第二十四届中国戏曲小梅花荟萃选拔赛”。活动评出个人组8人及4个优秀集体节目参加全国竞赛。最终参加全国竞赛的少儿戏曲爱好者王悦、王子名、刘宸汐、戴楚齐、胡宝宸、邓懿洋、许宸瑜、蔡慧景和集体节目《劈山救母》《钓拐》《萍乡采茶戏联唱》《八大锤》全部获奖。

8月19日，在江西南昌召开江西舞美工作座谈会，中国舞台美术学会会长曹林、上海戏剧学院教授沈倩、中国舞美学会常务副秘书长孙海峰、江西省剧协部分主席团成员和省歌舞剧院、省京剧团、省赣剧团等艺术院团的负责人与会座谈。

9月28日，在江西南昌召开江西省剧协九届二次常务理事会暨2020年工作会。

10月30日至11月15日，第九届长江流域戏剧艺术节在张家港举办，由江西省剧协策划制作出品的原创话剧《人间情暖》入选艺术节展演。

11月13日，江西省剧协应广昌县委县政府之邀而组织创作的广昌孟戏《送衣》在江西南昌首演成功，并参加昆山“百戏盛典”演出。

12月3日，联合江西文演集团开展“‘文演杯’建党100周年主题剧本征集活动”，活动于2021年1月15日截至征稿。

【影视艺术家协会】

4月，推选作品《景漂》《我们正青春年少》申报“全国重点现实题材电视剧剧本创作扶持”项目。

5月21日，举办电影《巨变》剧本研讨会。

6月，组织作品《可爱的中国》《大牧歌》《金兰》《鹤姑娘》参评第30届中国电视金鹰奖。《可爱的中国》及电影导演吴子牛均获提名奖。

7月14日，召开江西省影协六届二次主席团（扩大）会。

9月，协助江西省电影局举办庐山国际爱情电影周，并选派16名会员参加活动。

10月，组织第12届海峡两岸电视主持新人赛（江西赛区）比赛，并在获奖选手中组成江西代表赴福建平潭参加全国总决赛。

11月，江西省文联、江西省影视协面向全国举办2020电影电视剧剧本创意征集，收到电影剧本195个、电视剧剧本100个，评出优秀电影剧本16个、优秀电视剧剧本16个。

12月7日至11日，联合江西省作协开展“景漂”电视剧剧本主题创作采风活动。

【音乐家协会】

1月11日，在江西师范大学召开江西省音协管乐专业委员会理事会。

1月28日，发布“抗击新冠疫情肺炎”主题词、曲征集启示，征集收到作品近千件，部分优秀作品于2月2日至3月27日在江西省音协微信公众号进行了21期连载展播。

4月26日至29日，组织艺术家赴浮梁、乐平、余干开展声乐套曲《幸福欢歌》创作采风；5月11日至14日，组织艺术家赴黎川、南城、南丰采风。

5月20日，中国音协颁发证书，江西省音协获“听见中国听见你”2019年度优秀组织单位。

5月28日，中国文联公示2020年度青年文艺创作扶持计划资助项目，由江西省音协组织推荐报送的“组歌《幸福乡音》——为井冈山率先脱贫而作”入选。

7月1日，中国音协主办“飘扬的旗帜”——中国音协新型音乐群体“七一”云上音乐会。江西省音协作为演唱会承办单位之一，于6月份承办了井冈山分会场的演唱拍摄工作。

7月22日，在江西南昌召开江西省音协工作座谈会。

8月17日，江西省音协发布2020年度音乐考级报名简章。受疫情影响2020年度音乐考级采取线上报名、线上考级（上传视频）的方式进行。9月16日至10月15日，中国音协音乐考级江西考区（线上）考级开始上传视频，江西省共有两万余名考生参加本次考级。

8月27日，在江西南昌召开江西省音协2020年度音乐考级工作会。

9月25日，由江西省音协申报的江西文化艺术基金2020年度重点项目声乐套曲《赣水那边红》

参加答辩，顺利通过答辩并获得立项。

9月29日，在江西南昌召开江西省音协八届三次常务理事（扩大）会议。

11月14至19日，2020年中国音协音乐考级江西考区评审工作在江西南昌举行。

12月5日，新华社影视频部与江西省文联联合制作的脱贫攻坚题材同名歌曲微视频《是你一直想着我》，面向全国各大媒体推出，该曲被收入2020中宣部主题出版重点出版物《百年小康梦圆时——"全面建成小康社会"优秀原创音乐集》和《在希望的田野上——脱贫攻坚大众金曲集》。

12月16日至18日，在江西师范大学举行第六届江西省音乐"映山红"奖管乐比赛。大赛设独奏组、重奏组、合奏组三个组别，共评出一等奖6名、二等奖8名、三等奖9名、优秀奖16名、优秀指导教师奖9名。

12月29日，启动"赣水那边红"——庆祝中国共产党成立100周年优秀歌曲征集，征集时间截止到2021年1月31日。

12月31日，在江西省文联举行"听见中国听见你"优秀歌曲江西省推选活动，经专家评议，推选《是你一直想着我》《幸福欢歌》《听我说谢谢你》等8首歌曲参加全国评选。

【舞蹈家协会】

2月1日，向江西省舞蹈工作者发布《省舞协致全省舞蹈工作者的倡议书》。

3月3日，联合江西2套、抖音、CHUC江西街舞联盟发起"江西首届线上街舞直播大赛"。截至3月8日，"云gai舞大赛"江西首届线上街舞直播大赛共收集舞蹈视频1607个，总播放次数640余万。

5月15日，联合新余市舞协举办"'5·15'一起舞"群众舞蹈网络展演活动。

5月22日，在江西南昌召开"决胜全面小康，决战脱贫攻坚"创作采风（舞蹈）总结会。

6月4日，以视频形式召开江西省舞协七届四次主席团会。

7月17日，在江西南昌召开"决胜全面小康、决战脱贫攻坚"舞蹈创作推进会。

10月10日至11日，由广东、江西、湖北、湖南、广西壮族自治区、海南六省（区）舞协和广东省友谊剧院有限公司主办的首届中南六省（区）"十佳青年领军舞者"展演及颁奖晚会在广东省友谊剧院举行。江西省舞协推荐的李萌博荣获"十佳青年领军舞者"荣誉称号；孙公伟、李跃、彭骐、李思成荣获"十佳青年优秀舞者"称号；陈紫琳、邓诗怡、黄佳怡荣获"入围青年优秀舞者"称号；独舞《行南山》、双人舞《我托着，只要你——走》荣获"优秀原创舞蹈作品奖"。

10月30日，在瑞金叶坪革命旧址群红军广场举办"弘扬长征精神·舞出红色乐章"2020年中国文联、中国舞协文艺志愿服务团"送欢乐 下基层"走进江西瑞金慰问演出。

11月9日至11日，中国舞协分党组成员、副秘书长柳斌，中国舞协舞蹈志愿者工作委员会秘书长唐苑、副秘书长汪杨赴江西九江武宁县调研"新农村少儿舞蹈美育工程"。江西省文联党组成员、副主席张越等领导陪同调研。

11月15日，在江西新余天工大剧院举行2020年江西省第四届"城市群众舞蹈"文化艺术交流展演。

12月15日，由江西省舞协督导的"赣州市第十一届舞蹈艺术节开幕式暨2020中国江西青少年国际标准舞全国公开赛"在赣州举行。

【美术家协会】

6月19日至7月4日，由江西省文联、红谷滩新区管委会主办，江西省美协承办的第二届"赣鄱情"江西名家慈善美术书法作品展在江西省文联展厅举行。

7月21日，在江西南昌召开江西省美协主席团会议，规划未来五年工作。

9月16日至22日，联合江西省委老干部局、省书协、省老年书画学会在江西省文化馆举办"山河同春·家国同心"2020年全省老年书画作品展。

10月1日至15日，在江西省文联展厅举行"遇见·新画卷"江西省脱贫攻坚美术创作作品展。

11月30日，发布"'新生活·新风尚·新年画'——我们的小康生活主题美术创作征集展示活动"征稿通知，征集时间截止到2021年3月。

11月27日，发布"江西省第七届漫画展"征稿通知，展览拟于2021年春节前夕在江西赣州美术馆举行。

12月1日，由江西省文联主办，省美协、省书协承办的惟真惟朴——纪念陶博吾诞辰120周年书画特展暨研讨会在江西南昌举行。

12月2日至4日，由江西省文联主办、省美协承办的“百年赣鄱耀中华”——庆祝建党100周年美术书法作品展览改稿培训班在江西南昌举办。

12月9日，联合中国美协水彩画艺术委员会、江西省文联、九江市人民政府在中国美术馆举办“水路西东——宋跃林水彩·水墨作品展”。

12月11日，“送欢乐 下基层”中国文联、江西省文联学雷锋文艺志愿服务暨“万名文艺家下基层”走进新时代文明实践中心文艺志愿服务活动——书画走进基层，助力乡村振兴启动仪式在江西南城举行。

【书法家协会】

1月6日，在江西鹰潭举行“同心同书·祖国新春好”书法家送万福进万家公益活动启动仪式，活动先后赴全省40余个县（市、区）开展，捐赠春联和福字1万多件。

1月15日，在江西省群艺馆进行“临川之笔”全国书法作品展评审，评出一等奖5名、二等奖12名、三等奖18名，优秀奖25名，入展作者170名。

1月31日，发布“江西省第四届妇女书法展征稿”启事。7月14日，评审结果揭晓，大赛共收到书法作品1191件，最后评出获奖、入展作品260件。

1月31日，发布“‘品味文化庐陵，书写魅力江西’全国书法大赛”征稿通知。6月13日，评审结果揭晓。大赛共收到书法作品3856件，最后评出入展作品249件。

3月1日至2日，将1271件书法作品赠送给江西援鄂医疗队。

6月13日，在江西新余召开江西省书协篆刻专业委员会工作会。

6月26日，在江西抚州召开江西省书协现代刻字委员会工作会。

7月5日，在江西德安举行江西省书协篆刻委员会公益大讲堂，讲座由省书协篆刻委员会主任蒋卫平主讲。

7月27日，在江西省文联召开江西省书协四届五次主席团会。

8月2日，在江西吉安举办“品味文化庐陵，书写魅力江西”全国书法大赛作品展。

8月8日至10日，在江西广昌召开江西省书协篆书委员会2020年度工作会。

8月14日至16日，在江西德兴召开江西省书协草书专业委员会2020年度工作会。

8月18日，在江西鹰潭召开江西省书协楷书专业委员会第一次工作会议。

8月29日至8月30日，在江西吉水开展“井冈源杯”全国书法大展评审，本次展览共收到投稿作品3800余件，评出入展作品275件。

9月5日至6日，在江西上饶召开江西省书协隶书委员会第一次工作会议。

9月12日上午，在江西南昌召开江西省书协学术委员会第一次会议。

9月12日，在江西景德镇举行江西省书协篆刻委员会公益大讲堂（景德镇站）。

9月26日上午，在江西师范大学召开江西省书协书法教育委员会第一次会议。

9月28日，在江西九江召开江西省书协女书法家委员会第一次工作会议。

9月28日，在江西九江中华贤母园主题馆举行江西省第四届妇女书法展。

10月27日，联合中共南城县委、南城县人民政府启动第二届麻姑山全国颜体书法大展征稿，征稿时间截止2020年12月31日。

11月1日至19日，由中国文联、中国书协主办的“中国力量——全国扶贫书法大展”在北京中华世纪坛举行，江西李良东、龙友、贺炜炜、李贵阳、张英俊、陶家鸿6人作品入选并展出。

11月1日，联合省档案馆开展建党百年百名书法家作品征集、评选及入馆珍藏活动，征稿截至时间至2020年12月30日。

11月8日，在江西景德镇召开江西省书协陶瓷专业委员会第一次工作会议。

11月21日，联合中共南城县委、县政府在江西南昌举办“决胜全面小康 决战脱贫攻坚”江西省首届农民书法作品展。

11月21日，江西省书协迎全国第五届青年书法篆刻展览看稿会在江西省文联举行，50余位青年书法作者带投展作品参加看稿会。

11月22日，全国第五届正体书法作品展览评审结束公布，本次展览共有293位作者入展，其中江西19人入展。

12月30日，联合南昌市文联、中共青云谱区委、青云谱区政府在江西省文联展厅举办2020“八

大山人”全国第二届书法作品展。

【摄影家协会】

1月至12月，2020年“金像杯”摄影月赛每月收到全省各地投稿作品平均800余幅，全年12期共收到9800多幅，每月评出获奖作品50余幅，全年共评出600余幅。

1月至12月，2020年“天强杯”摄影双月赛每两个月均收到投稿600余幅作品，全年6期共收到3600多幅作品。每期共评选出优秀奖20名、入选奖30名，视频类优胜奖若干名。

1月至12月，2020“街拍新时代”江西省摄影季赛每季比赛共收到来自各地投稿作品约900幅，全年四季共评出等级奖89幅，优秀奖80幅。

1月17日，江西省第三届风光摄影展在江西省文联展厅开幕。

2月22日，启动江西抗疫防疫摄影作品网络微影展。微影展通过“江西省摄协”微信公众号共展出42期，对460余幅优秀作品作重点推介。

4月24日，在江西省文联召开江西省脱贫攻坚摄影采风创作研讨会，活动邀请纪实摄影家戴军老师作经验分享。

4月27日，全国摄影工作会议以视频方式召开。会上，江西省摄协继2019年受表彰之后再次获通报表扬。

6月1日，由中共宜春市委、宜春市政府、《中国摄影》杂志社主办，中共宜春市委宣传部、江西省摄协承办的“美丽宜春”全国摄影大展启动征稿。经12月中旬组织评审，共评出100幅（组）入展作品。

6月16日，江西省摄协主席徐渊明在江西新余主讲《借我一双慧眼——谈新语境下的摄影创作》专题讲座。

6月23日，组织开展2020年“天人杯”江西省专题（组照）摄影比赛。活动每年度设2季，每季评出获奖作品12件。

2019年7月16日，联合安义古村群深度开发指挥部举办安义古村全国摄影大赛。本次大赛共征集到2600余幅投稿作品，经评审，评出一等奖1名，二等奖3名，三等奖6名，优秀奖30名，入选奖60名。

7月15日，联合天人摄影俱乐部在江西南昌举办“天人杯”专题（组照）摄影比赛启动仪式暨专题摄影讲座。

7月21日，江西省摄协推荐的《千里赣鄱锦绣图》摄影长卷荣获第三届江西文学艺术奖。

7月26日，在江西南昌召开江西省摄协六届四次主席团会。

8月28日至30日，“中华保险杯”短道越野拉力赛新余仙女湖区举行，江西省摄协组织60余名摄影家赴新余赛场开展摄影采风创作。

9月6日，“香港第十届全国摄影艺术展览”系列活动在江西武宁举行，江西省摄协组织50名摄影家赴武宁开展采风创作。

9月28日，在原城纪南昌景区城市文化展举办“罩缘”——熊盛文摄影作品展。

10月30日，在江西省文联展厅举行“中国梦·劳动美”第七届全国职工摄影展。

12月11日，在江西南昌召开省摄协六届三次常务理事（扩大）会。

12月11日，邀请中国摄协副主席、上海市摄协主席、中国摄影金像奖获得者雍和在江西鹰潭为400名影友开展纪实摄影专题讲座。

12月11日，在江西鹰潭举办江西省第25届摄影作品展。

12月22日，联合江西高校摄协在南昌师范学院开展“第十八届、十九届江西省高校摄影艺术作品大赛”投稿作品评审。

【民间文艺家协会】

1月至12月，完成《中国民间文学大系》出版工程歌谣江西卷的编纂工作。卷本约31万余字，收录图片30张、江西民歌主要曲谱50首、江西民歌手简介10人。

6月13日，联合浙江省图书馆、景德镇瓷局在浙江杭州举办“瓷韵匠心 非遗传承——孙立新瓷艺作品公益展”，展出作品近一百件。中国民协副主席刘华出席开幕式。

6月29日，在田北农民画村举办江西省农民画创作培训班，40余名农民画创作者参加培训。

9月21日，在江西省文联展厅举办“大道小康幸福日长”江西省脱贫攻坚农民画创作展，共展出农民画作品70幅。

9月28日至10月3日，2020第七届中国·徐州民间工艺博览会暨“第十五届中国民间文艺山花奖·优秀民间工艺美术作品”初评活动在江苏徐州举行，江西省民协组织10余人参加活动。

11月23日至26日，第十二届中国民间艺术节暨第十五届中国民间文艺山花奖·优秀民间艺术表演作品初评活动在广东中山小榄镇举办，江西省民协组织推荐的《茶山情歌》入选初评并参加开幕式演出。

11月，中国民协分别授予鄱阳县、南城县中国移民文化之乡和中国麻姑文化之乡荣誉称号。

【曲艺家协会】

4月23日，在江西南昌召开江西省曲协五届九次主席团会。

8月22日至26日，在江西南昌举办江西省第二届快板师资培训班，10余家少儿培训机构的老师参加培训。

9月10日，在江西鄱阳举办“鄱阳大鼓”培训班。

9月30日，赴江西萍乡萍师附小开展曲艺进校园调研。

【杂技家协会】

5月22日，在江西南昌召开江西省杂协四届七次主席团会。

8月，邀请江西省内文艺评论家为少儿杂技剧《魔幻大冲关》撰写评论文章，相关文章在《杂技与魔术》、江西日报、《江西画报》等媒体刊载。

9月27日，以视频方式召开江西省杂协四届四次理事会。

10月28日，在江西南昌召开江西省杂协四届八次主席团会。

12月7日，联合江西省杂技团承办由中国杂协、江西省文联、江西文演集团主办的“精品杂技下基层”演出活动。

12月14日至15日，江西省杂技界代表刘晓虹、叶晨红、王莎赴北京出席中国杂协第八次全国代表大会，刘晓虹、叶晨红当选为中国杂协第八届理事会理事。

【文艺评论家协会】

1月至3月，完成江西省文学艺术奖文艺评论类作品征集、初评排序工作。

5月22日，参加全国评协系统“文艺两新”工作座谈会视频会议，会议就文艺评论界“新文艺组织”和“新文艺群体”现状进行深入交流。

5月29日，在江西南昌召开江西省评协四届三次主席团会。

7月28日，在江西南昌召开江西省评协四届四次主席团会。

8月16日至19日，参加中国评协第二次全国代表大会，叶青当选为中国评协副主席，叶青、夏汉宁、杨剑敏当选为中国评协理事。

10月15日至17日，参加由中国评协主办的“在新时代的现场”——当代文艺评论苏州论坛。

11月，组织70篇作品参加由中国文联文艺评论中心、中国评协共同举办的第二届网络文艺评论优选汇，江西省评协获优秀组织奖，省评协会员凌瀚《“云模式”下的综艺众生相》入选全国优秀评论文章。

12月3日至7日，联合江西星火文学杂志社在江西抚州举办星火驿站写作训练营暨锐评团提高班。63家星火驿站的驿长、火炬手、优秀驿友、“锐评团”成员共75人参加培训。

【企业文联】

1月10日，联合中国铁路南昌局集团有限公司、江西省文志协在江西南昌火车站举办“送万福、进万家”活动。

1月15日，联合江西省文志协、方大特钢工会、文联书画协会在江西南昌举办“迎新年义务送春联”活动。

8月18日至19日，邀请中国摄协会员、中国铁路摄协理事王冬斌，中国摄协会员、南昌市艺术摄影学会副会长沈波在南昌铁路局公司党（干）校作专题讲座。

9月16日，联合航空工业洪都工会在南昌航空城举办“书香·航空”《文艺大讲堂》走进航空工业洪都活动。

12月4日，联合江西省书协、省美协在江西南昌举办“礼赞劳动 决胜小康”江西省企业职工书法、美术作品展。

【文艺志愿者协会】

1月8日至9日，在江西宜春市10个县（市、区）的新时代文明实践中心（所、站）开展“万名文艺家下基层”活动。

1月14日，组织志愿者走进江西宜春袁州区三阳镇新时代文明实践所开展“我们的中国梦”——文化进万家活动。

2月至5月，响应中国文联、中国文艺志愿者协会号召，邀请25名艺术家、文艺工作者开展“文艺进万家、健康你我他”网络文艺志愿服务活动。

5月26日，在江西抚州南城县浔溪乡中心小学开展“文艺进万家 健康你我他”——“到人民中去”文艺志愿服务，面向乡村、学校、扶贫点开展图书捐赠、辅导培训、展览展示、文艺支教等活动。

6月至12月，开展“圆梦工程”乡村学校少年宫艺术辅导员线下集中培训，江西上饶余干县、萍乡莲花县乡村学校少年宫艺术辅导员共计120人参加培训。

7月30日至31日，在江西萍乡市5个县（市、区）的新时代文明实践中心（所、站）开展“万名文艺家下基层”活动。

8月25日至28日，在江西赣州市8个县（市、区）的新时代文明实践中心（所、站）开展“万名文艺家下基层”活动。

9月10日至11日，在江西抚州市12个县（市、区）的新时代文明实践中心（所、站）开展“万名文艺家下基层”活动。

9月24日至25日，再次赴江西赣州市10个县（市、区）的新时代文明实践中心（所、站）开展“万名文艺家下基层”活动。

10月29日，在江西吉安市13个县（市、区）的新时代文明实践中心（所、站）开展“万名文艺家下基层”活动。

11月25日至26日，在江西上饶市12个县（市、区）的新时代文明实践中心（所、站）开展“万名文艺家下基层”活动。

12月3日，在江西南昌市9个（市、区）的新时代文明实践中心（所、站）开展“万名文艺家下基层”活动。

山东省文联

综　述

2020年，在山东省委、省政府的正确领导和省委宣传部的具体指导下，山东省文联深入学习贯彻习近平新时代中国特色社会主义思想和党的十九届四中、五中全会精神，聚焦“走在前列、全面开创”的目标任务，统筹疫情防控和经济社会发展，认真履行新时代文联新职能，践行以人民为中心的工作导向，坚持“走下去、请上来、深进去”工作思路，顺势而为、担当作为，各项工作取得明显成效，为推动文化强省建设作出了积极贡献。

新冠肺炎疫情发生以来，山东省文联第一时间发动全省近20万名文艺工作者创作了14万多件（幅）疫情防控主题的文艺作品，成为鼓舞全社会抗击疫情的重要精神力量；围绕脱贫攻坚、乡村振兴主题，开展系列重大主题文艺活动；成功举办以“同唱一首歌、共圆小康梦”为主题的第十三届山东国际大众艺术节等品牌活动，成功将山东省文联山东新年文艺晚会成为节日文化品牌；以全国试点工作为契机，新时代文明实践文艺志愿服务“山东模式”成型推广；重大奖项喜获丰收，精品创作不断涌现；以文联深化改革为动力，文联组织建设取得新进展，文联自身建设得到新提升。各市大企业文联在助力脱贫攻坚、以艺站“疫”、主题创作、深化改革、网上文联建设、文艺志愿服务等方面上下联动、形成合力，持续巩固了全山东省文联系统“一盘棋”工作格局。

会议与活动

【新时代文明实践文艺志愿服务工作推进会】

1月15日至16日，中国文联、中国文艺志愿者协会、中共山东省委宣传部（省文明办）、山东省文联在济南市莱芜区联合召开山东省新时代文明实践文艺志愿服务工作推进会，扎实开展“文艺进万家　健康你我他”新时代文明实践文艺志愿服务项目试点工作。中央文明办、中国文联、中国文艺志愿者协会、山东省委宣传部（省文明办）、山东省文联等单位有关领导出席会议。

2019年，中国文联决定以“文艺进万家　健康你我他”文艺志愿服务项目作为新时代文明实践中心建设的重要载体在山东开展试点，进一步探索文艺志愿服务工作模式。经过一年多积极探索，山东省文联系统不断完善文艺志愿服务体系，以省级文艺家协会会员为依托，建立起11支文艺志愿服务团队，带动全省试点县（市、区）文艺志愿服务队伍建设。创新服务机制，建立了“群众点单、文联派单、艺术家接单、受众评单”的“四单”联动机制，实施“蒲公英”培训计划，打造一系列文艺志愿服务品牌，广泛开展特色文艺活动，不断满足基层群众精神文化新需求。“百姓春晚”、群众性合唱、“舞动千万家”广场舞、农民戏剧展演月、“百县千村”书法惠民等特色活动已经成为基层群众喜闻乐见的文艺品牌。会议其间，与会代表深入莱芜区羊里镇仪封村、陈家庄村现场观摩，观看了张家洼街道徐家河社区“百姓春晚”演出。

【中国文联加强县级文联工作专题调研会】

9月15日至17日，中国文联理论研究室副主任董涛一行来鲁围绕加强县级文联工作开展调研。来自山东、山西、河南、河北、天津、陕西、甘肃等七省市文联相关负责同志及部分县级文联负责同志近30人参加调研座谈。9月16日，在青州市文联召开了中国文联加强县级文联工作专题调研座谈会，紧密围绕县级文联的职能定位、工作思路、工作对象、工作方式等方面，重点针对县级文联组织建设情况和工作中存在的难点堵点痛点问题进行了深入交流研讨。山东省文联党组成员、副主席姜慧参加座谈交流，全面介绍了山东省文

联系统以深化改革和新时代文明实践中心建设为契机，加快推进基层文联组织建设的整体情况以及新形势下面临的机遇和挑战。董涛在座谈会上对山东省基层文联工作推进情况给予了充分肯定。会议其间，与会人员赴山东省潍坊青州市、淄博市临淄区两地开展实地调研。

【山东省新时代文明实践文艺志愿服务项目试点工作推进会】

11月9日，山东省委宣传部（省文明办）、山东省文联召开山东省新时代文明实践文艺志愿服务项目试点工作推进会，深入学习贯彻党的十九届五中全会精神，贯彻落实习近平总书记关于“十四五”时期文化建设作出的部署要求，总结交流新时代文明实践文艺志愿服务工作，扎实推进山东省“文艺进万家 健康你我他”新时代文明实践文艺志愿服务项目扩大试点工作。省委常委、宣传部部长于杰对山东省文联开展新时代文明实践文艺志愿服务项目试点工作作出批示，山东省文联党组书记、副主席王世农，省文明办副主任孙文利出席会议并讲话。会议由山东省文联党组成员、副主席姜慧主持。

会议传达了中国文联新时代文明实践文艺志愿服务项目扩大试点工作培训会议精神，通报了《中国文联新时代文明实践文艺志愿服务项目五省市扩大试点实施方案》，交流典型项目活动经验，对山东省新时代文明实践文艺志愿服务项目试点工作再动员再部署。山东省文联各部门负责人，济南市、淄博市、潍坊市党委宣传部负责人、市文联主要负责人及组联部主任，以及济南市市中区、章丘区、莱芜区，淄博市淄川区、临淄区、桓台县，潍坊市寒亭区、青州市、临朐县党委宣传部、文联负责人等约50人参加会议。

【山东省文联党的十九届五中全会精神宣讲报告会】

12月14日，山东省文联党的十九届五中全会精神宣讲报告会在山东文化艺术大厦举行。会议邀请省直机关学习贯彻党的十九届五中全会精神宣讲团成员、山东社会科学院省马克思主义研究中心副主任、研究员冯锋作专题辅导授课，全面系统地对党的十九届五中全会精神进行了解读，特别是科学梳理和深刻分析全会精神的十大突出亮点，为山东省文联广大干部职工提高政治站位，全面准确理解、深入贯彻落实全会精神，提供了有力指导。

【山东省文联“崇德尚艺、潜心耕耘，做有信仰、有情怀、有担当的新时代文艺工作者”主题实践宣讲活动】

11月11日，山东省文联“崇德尚艺、潜心耕耘，做有信仰、有情怀、有担当的新时代文艺工作者”主题实践活动暨聊城文艺大讲堂2020年度“万人培训”活动在孔繁森同志纪念馆举行。本次活动由山东省文联文艺工作者职业道德建设委员会、聊城市文联主办，孔繁森同志纪念馆承办。山东省文联文艺工作者职业道德建设委员会主任孙立生结合自身的从艺经历和创作实践，做了题为《新时代呼唤优秀的文艺新作——对文艺创作健康发展问题的思考与实践》的宣讲。

【以艺战“疫”】

新冠肺炎疫情发生以来，按照中央和省委的指示，山东省文联第一时间发出倡议，据不完全统计，发动全省近20万名文艺工作者创作了14万多件（幅）疫情防控主题的文艺作品，成为鼓舞全社会抗击疫情的重要精神力量。在全国率先推出战“疫”作品，凝聚强大正能量。最早推出战疫题材歌曲《最美的逆行》，全省音乐界共创作歌曲4000多首；最早组织艺术家为抗疫英模造像，举办“众志成城 抗击疫情——‘山东美术家在行动’作品展”暨公益捐赠仪式，向山东援鄂的省内四家医院捐赠巨幅作品，并为9位抗疫英模造像；最早创作推出全国首部抗疫题材舞蹈诗《逆行》，在省内外演出13场，引起援鄂医疗队和广大医务工作者的强烈共鸣；最早与大众日报等媒体合作开设战疫专栏，举办“战役·曲艺情”曲艺作品展演展播等栏目，总访问量超过1亿人次。开设网络公益课堂，发布视频3200多个（次），在线观看超过5000万人次。举办山东省抗疫歌曲网络音乐会，推出原创歌曲200余首，在线观看人数超过600万人次。携手战疫，谱写鲁鄂合作新篇章。组织山东省知名艺术家为武汉录制加油视频，声援武汉、声援湖北；与湖北共同举办“山河无恙·鄂鲁同心抗疫书法展”。湖北文联专门致函感谢山东文联的支持帮助。

【小康协奏曲——公益歌曲征集展播】

由山东省文联、山东广播电视台主办，山东

省音协、山东演艺集团、山东广播音乐生活频道等单位于2020年8月至11月开展“小康协奏曲——山东省公益歌曲展播活动”，旨在用歌曲讴歌在以习近平同志为核心的党中央坚强领导下，齐鲁儿女在全面创建小康社会、乡村振兴、脱贫攻坚等历程中的鲜活故事、生动事迹、巨大成就和崭新风貌，鼓舞广大群众为实现两个一百年奋斗目标、实现中华民族伟大复兴的中国梦不懈努力。于2020年12月2日完成评审。根据《关于举办“小康协奏曲”——公益歌曲征集展播活动的通知》，对收到的山东省音乐工作者两年来创作的107首作品进行初评、终评，共评选出35首优秀歌曲作品。

【决胜2020日至齐鲁故事会优秀小品曲艺节目展演暨第七届山东省小品（曲艺）新作展演】

9月19日，由山东省文联、山东国际大众艺术节组委会、大众日报主办，山东省曲协、东营市文联、东营市文化和旅游局等单位承办，东营市演艺公司、东营市曲协协办的“决胜2020日至齐鲁故事会优秀小品曲艺节目展演暨第七届山东省小品（曲艺）新作展演”在东营举办。参加本次展演的节目分为小品类和曲艺类两个类别，分别有12个优秀节目进入展演决赛。作品紧紧围绕打赢脱贫攻坚战，决胜全面建成小康社会，热情讴歌和展示社会各阶层的生活风采，提炼和反映当代社会生活中的市井百态，歌颂抗疫英雄事迹，具有较高的艺术感染力，起到了深刻的思想启迪作用。

【“决胜齐鲁”山东省决战脱贫攻坚美术作品展】

11月13日，由山东省文联、大众日报主办，山东省美协、大众日报客户端运营中心、济南市美术馆承办的“决胜齐鲁”山东省决战脱贫攻坚美术作品展在济南市美术馆开幕。本次展出的近300件作品，是近年来山东省美协分批分期组织山东省中青年骨干代表画家和农民画作者奔走黄河滩、寻访沂蒙山、聚焦老病残创作成果的集中展示。这批作品风格鲜明、技法多样、题材生动，体现了山东省新时代美术家和美术工作者的初心和使命，力求以艺术视角和多画种美术作品诠释和反映山东人民摆脱贫困、加快步伐奔小康的崭新精神面貌。

【“助力乡村振兴 决胜脱贫攻坚——山东省农民画作品展”】

9月12日，在第十三届山东国际大众艺术节开幕之际，“助力乡村振兴 决胜脱贫攻坚——山东省农民画作品展”在菏泽市李荣海美术馆开展。本次展览是第十三届山东国际大众艺术节的系列活动之一。根据山东农民画的地域特征，从青岛、潍坊、临沂、日照、菏泽等多个地市的优秀作品中遴选出参展作品102幅。这批作品源自乡村、源于生活、风格鲜明、技法多样、题材生动，体现了民间绘画的艺术特征和百花齐放的时代特征，饱含了广大农民画家对家乡的热爱，寄托着新时代农民对幸福美好生活的追求和向往，为助力脱贫攻坚，全面实现小康社会提供精神动力和智力支持。

【“决胜2020日至脱贫攻坚看山东”摄影展】

9月12日，由山东省文联、省扶贫办、人民网山东频道、新华网山东频道主办，省摄协等单位承办的“决胜2020日脱贫攻坚看山东”摄影展于第十三届山东国际大众艺术节开幕式其间在菏泽市牡丹广场举办。展览自征稿以来，共收到近万幅投稿作品。本次展览精选组照70件，单幅作品120件，内容涵盖第一书记扶贫故事、美丽乡村建设、黄河滩区迁建、农民丰收节等内容。参观展览人数超万人。

【“最美海岸线”摄影展】

6月，由山东省文联主办，省摄协、山东画报社有限公司承办“最美海岸线”摄影展。活动面向全国征集反映山东海岸线自然资源、建设成果，民俗文化等内容的摄影作品。展览分科技海洋、人文海洋、生态海洋、魅力海洋四个篇章，彰显人与自然的和谐相处、文化与生态的完美结合。入展作品200幅，展示了山东海洋建设风貌，展现了山东半岛人民的新文化，新气象，新风貌。

【“黄河入海 我们回家”—— 2020黄河口（东营）摄影大展】

10月，由中国摄协、中共东营市委宣传部主办，中国摄影报社、山东省摄协、东营市文旅局、东营市文联等单位承办“黄河入海 我们回家”——2020黄河口（东营）摄影大展在黄河口生态旅游区开幕。本次大展旨在深入贯彻落实习近平总书记在黄河流域生态保护和高质量发展座谈会上的重要讲话精神，活动通过聚焦黄河流域的文化、旅游、生态等各项资源，用摄影讲好“黄

河故事”、讲好“中国故事”，唤起人们保护黄河、爱护黄河的责任意识。

【大型交响声乐套曲《大运河》】

9月27日晚，由山东省文联、北京市文联、枣庄市人民政府主办，山东省音协、北京音协、枣庄市文联、台儿庄区委区政府承办的大型交响声乐套曲《大运河》在国家5A级景区台儿庄古城魅力呈现。本场演出分为序曲《水在说》、第一乐章《运河人》、第二乐章《运河美》、第三乐章《运河情》、尾声《向未来》五个部分。

【第五届中国（潍坊）民间艺术博览会】

12月27日，由中国民协、山东省文联、潍坊市人民政府主办，中国文联民间文艺艺术中心、山东省民协、中共潍坊市委宣传部、潍坊市文联承办的第五届中国（潍坊）民间艺术博览会在潍坊市鲁台会展中心开幕。本届博览会以“传承民间艺术，赋彩美好生活”为主题，集中展示了年画、农民画、风筝、剪纸、刺绣、布艺、木雕、泥塑、漆器、乐器、文房四宝等40余个民间艺术门类的优秀作品。全国共有18个省市、100余名民间艺术家参展，其中，中国民间文艺“山花奖”获得者、国家级民间艺术大师、工艺美术大师和非遗传承人等30多人参展。

【中国曲艺牡丹奖艺术团“送欢笑”走进郓城】

11月14日，由中国曲协、山东省文联主办的中国曲艺牡丹奖艺术团“送欢笑”走进郓城专场演出暨郓城县“中国曲艺之乡”授牌仪式和菏泽市创建“中国曲艺名城”启动仪式在宋江武校狗娃剧场举行。冯巩、牛群、闫淑平、唐爱国等20余名曲艺名家为郓城群众献上了精彩的文艺节目。

品牌活动

【第十三届山东国际大众艺术节】

9月至12月，第十三届山东国际大众艺术节在城乡全面展开。由中共山东省委宣传部、山东省文联主办的第十三届山东国际大众艺术节，以“同唱一首歌、共圆小康梦”为主题，组织广大艺术家和文艺工作者深入基层，深入生活，为广大人民群众奉献了戏剧、音乐、曲艺、舞蹈、杂技、电影、电视、美术、书法、摄影、民间文艺等11个艺术门类的36项、600余场次各具特色的艺术展演活动。万余名艺术家、文艺爱好者、国外艺术家参加展演活动，约10万人次的观众参与到艺术节中，各级各类媒体进行了广泛的宣传报道，赢得了广大人民群众的热烈欢迎和普遍赞誉，为决胜全面小康、决战脱贫攻坚营造了良好的思想文化氛围。

【山东省第三届农民戏剧展演月】

9月12日，山东省第三届农民戏剧展演月在山东菏泽开幕，十六市同时启动展演活动。随后的2个月多月时间，省剧协组织选拔出的150个农民剧团，携带京剧、吕剧、五音戏、山东梆子、茂腔、柳腔、柳琴戏、莱芜梆子、枣梆、大平调、两夹弦、周姑子等十几个剧种，走进各地乡村，集中展演近500场，为山东180余万农民带去了精彩纷呈的戏剧盛宴。并打造和推出《永远不会忘》《婆婆的新衣》《扶贫路上》等10余部新创小戏，打通戏剧精准服务农民的“最后一公里”。

【山东省杂技魔术大赛】

11月26日，由山东省文联、山东省杂协主办的第十四届山东省杂技魔术大赛颁奖典礼暨杂技精品系列展演在济宁杂技城举行。本届大赛共有6大类29个参赛项目分获一、二、三等奖。济南市杂技团选送的《炫彩车技》、德州市杂技艺术保护教育传承中心选送的《蹬伞》、东阿县杂技团选送的《军旅情—穿越台圈》等15部作品荣获一等奖。

【第四届王羲之奖书法作品展】

9月3日上午，由山东省文联、山东省书协、中共临沂市委宣传部联合主办的第四届王羲之奖书法作品展在临沂市文化中心开幕。本次纪念书圣王羲之诞辰1717周年系列活动，以“砚池追梦”为主题，体现了关注中国书法发展和中国书法艺术使命担当的人文情怀，具有很强的现实意义。开幕式结束后，举行了“第十二届王羲之书法研讨会”。

【山东青年微电影大赛】

9月2日，由省委宣传部、山东省文联主办，省影协承办的第十三届（中国）山东青年微电影大赛颁奖仪式在济南电视台600平演播室魅力呈现。本届大赛以“我的故乡”为主题，共收到来自北京、上海等全国各省、自治区、直辖市近千部作品，共有587部作品进入初评，最终评选出获奖作品104部。

【新时代文明实践试点工作】

经过近三年的探索实践，"文艺进万家 健康你我他"文明实践文艺志愿服务"山东模式"初步形成，得到中宣部、中央文明办和中国文联的肯定和认可。以"山东模式"为基础，中国文联将全国试点省份扩大到5个，全国推广的16个文明实践文艺志愿服务项目模式山东占了11个。

积极创建活动机制。建立"群众点单、文联派单、文艺家接单、受众评单"的服务机制，实现国家、省、市、县、乡、村"六级联动"，在农村社区搭建起"永不落幕的文艺大舞台"。圆满完成中国文联"文艺进万家 健康你我他"文明实践学雷锋文艺志愿服务项目的首场活动。2020年，全省累计开展线上线下文艺志愿服务活动6000余场次，惠及群众9000余万人，极大满足了人民群众对精神文化生活的新期待。创建"百县千村书法惠民""农民戏剧展演月""舞动千万家""蒲公英音乐合唱""百姓春晚"等活动品牌。推出"蒲公英"文艺人才培训计划，以推动建立文艺志愿服务常态化、长效化、机制化为着力点，现场培训各类基层文艺人才1万余人次，实现了"点亮一个，照亮一片"的效果。

探索志愿服务新形式。在疫情防控常态化形势下，山东省文联在全国范围内率先开展"文艺进万家 健康你我他"网络文艺志愿服务行动。山东省文联组织384名艺术家加入中国文联文艺志愿服务团队。11个省级艺术家协会开通网络直播账号。省内各市文联、文明实践试点县（市、区）文联陆续开通蓝V抖音官方账号，探索运用"录频＋直播"的形式进行云宣云教。活动其间，文艺志愿者抖音"公益课堂"直播和抖音话题"山东网络文艺志愿服务行"共发布视频6000余次（个），点击播放量达1800万次。让群众足不出户即可享受艺术之旅。

【2021山东新年文艺晚会】

2021山东新年文艺晚会于12月31日至1月3日在省会大剧院举办。晚会以"精品文艺献人民、艺彩纷呈迎新年"为宗旨，分歌舞、杂技魔术、相声、戏曲四个专场。首场跨年歌舞晚会以"唱支山歌给党听"为主题，以山东省抗击疫情的重大胜利、脱贫攻坚奔小康的重大成就、新旧动能转化的巨大变化为主线。山东省文联倾力打造"亲民、惠民、乐民"的公益文艺品牌，不断满足人民群众对精神文化的需求。晚会面向市民免费开放，山东省文联及时开通网络赠票通道，为喜爱文艺演出的广大市民发出赠票1600余张。今年的四场晚会在6个网络平台同时网络直播，单场单平台最高观看量超过30万，仅4天，网络直播渠道惠及群众超过300万，使广大人民群众足不出户，就能在家中享受节日文化大餐。

创作与获奖

组织"小康协奏曲——公益歌曲征集展播"活动，征集原创歌曲100余首。举办"决胜2020日至齐鲁故事会优秀小品曲艺节目展演"，评出获奖作品12部。举办"决胜齐鲁"——山东省决战脱贫攻坚美术作品展，展出300件美术作品，展示了山东省脱贫攻坚取得的丰硕成果。举办"助力乡村振兴·决胜脱贫攻坚——山东省农民画作品展"，展出优秀农民画作品102幅，突出描绘了社会主义新农村建设成果。举办"决胜2020脱贫攻坚看山东"摄影展，展出540余幅作品，其中的70组组合照片都是脱贫攻坚奔小康的精彩故事。举办山东省"最美海岸线"摄影展，120余幅作品入展，形象地展示了山东省海洋经济发展成果。举办"黄河入海·我们回家"2020黄河口（东营）摄影大展，120幅作品入展，生动地展示了黄河三角洲发展成果。创作大型交响声乐套曲《大运河》，传承和弘扬大运河文化，从不同的侧面展现了大运河的人文、历史、沿岸风土人情以及千百年来的沧桑变化和面向未来的美好信心。

2020年，山东共有千余部作品入围全国性文艺奖项。在第 24 届"中国少儿戏曲小梅花荟萃"活动中，5名选手荣获"金花奖"，2人获得"银花奖"。在第十五届中国国际合唱节上，3部作品荣获优秀新作品奖。在第十一届中国曲艺牡丹奖全国曲艺大赛上，4部作品获得"牡丹奖"提名。在第44届蒙特卡洛国际马戏节上，3个节目荣获集体"银小丑"奖。在第十二届全国水彩·粉画作品展中，3件作品被评为入会资格作品，12位作者的作

品入选。在全国第五届正体书法作品展览中，22人入展，位居全国第二。在全国第五届青年书法、篆刻作品展览中，24人入展，位居全国第三。在第十三届中国摄影金像奖评选中，摄影家曾毅荣获纪实摄影类大奖。在第33届中国电影金鸡奖评选中，1部作品入围评委会提名。在第26届全国电视文艺“星光奖”评选中，3部作品荣获提名奖。在第十五届中国民间文艺山花奖评选中，1件作品入围优秀民间工艺美术作品奖。

机关建设

山东省文联党组认真履行全面从严治党主体责任，不断增强“四个意识”，坚定“四个自信”，做到“两个维护”。专题研究部署党建工作2次，开展党组理论学习中心组学习12次、“我来讲党课”活动20余场。充分运用“学习强国”学习平台“灯塔—党建在线”、中国文联网络培训云平台，抓好党员干部日常学习。严格落实意识形态工作责任制，专题研究意识形态工作3次。深入贯彻落实《中国共产党党和国家机关基层组织工作条例》，扎实开展党支部建设规范提升行动，深化党支部标准化建设梯级提升工程，认真开展述职评议考核问题整改工作，强化“三会一课”、主题党日等各项制度落实，党支部建设标准化规范化水平全面提升。开展形式主义官僚主义突出问题专项整治工作，遏制形式主义官僚主义反弹回潮。选派27人次参加“四进”攻坚工作，党组成员全部建立党支部工作联系点，联系服务群众水平不断提升。

直属单位

【山东省文艺创作研究院】

2020年，山东省文艺创作研究院积极探索、创新实践，着力做好“文艺进万家 健康你我他”山东省新时代文明实践文艺志愿服务项目的全国试点工作。举办“我不知你是谁，但我知你为了谁——全国战‘疫’美术作品网络邀请展”，展出了全国238名知名美术家的436件抗疫力作，点击量达10万余人次。组织评论家撰写战“疫”题材文艺评论文章；其中，董占军、牛光夏、殷波的文章在“学习强国”学习平台和《中国艺术报》上发表。组织策划“同舟共济胜疫情 守望相助迎明天——吴泽浩庚子寒春抗疫诗书画展”。组织召开第二批签约艺术评论家2020年度绩效考评会议。做好山东省文艺理论、文艺评论作品和人才的推荐工作。组织申报第十二届全国少数民族文学创作“骏马奖”参评作品，“泰山文艺奖”（文学）参评作品和2020年度优秀文艺作品入库孵化项目，并推荐省内优秀评论家加入中国评协等。

【《山东艺术》杂志社及山东艺术网】

《山东艺术》杂志继续努力向学术期刊稳定迈进。新开设“刘勰评论”专栏，提升杂志学术品质，推动省内文艺评论健康发展，加强中青年评论人才队伍建设，形成良性学术氛围，优化了杂志的学术框架和内容。年末，在此栏目基础上进行了年度推优活动，推出优秀评论十篇，并进行相关研讨交流活动。在完成全年杂志出刊基础上，完成了由省委宣传部主持编纂的《齐心鲁力——山东战“疫”全景录》作品集《战“疫”情——山东文艺工作者在行动》分卷的编辑工作。

山东艺术网继续发挥山东省文联宣传窗口作用，也日渐成为山东文艺界重要宣传阵地。战疫其间，山东艺术网第一时间行动，会集所有艺术门类艺术家创作的抗疫作品，开设“战‘疫’，山东文艺界在行动”版块，山东省文联App、微信公众号同步推出音乐、美术、书法、摄影、曲艺等多个系列专题，不间断进行抗疫宣传。“512护士节”，山东艺术网直播了山东省文联组织的全省16地市参与的“众志成城的力量——山东省抗疫歌曲系列网络音乐会”共计15场活动，全网累计观看量约650万人次；助力扶贫攻坚，联合省摄协以图片语言的形式开设“决战决胜，‘艺’起行动”栏目，讲述脱贫故事；作为全国文联系统文艺志愿服务试点省份，山东省文联各文艺家协会集中推出了122项下基层文艺活动，山东艺术网全力配合，进行“线上+线下”广泛宣传；第十三届山东国际大众艺术节其间，对“决胜2020日至脱贫攻坚看山东”摄影展等30多项100余场次文艺活动进行了深入持续报道；山东新年文艺晚会网络抢票、直播的创新推出，提升了群众的参与度，扩大了宣传效果，实现了更灵活快捷地为民服务；山东文艺家会员库建设第一阶段任务完成，目前省级会员录入工作基本完成，各地级市会员录入也在进行中，积极向全省文艺界一张网目标推进。

各文艺家协会

【戏剧家协会】

1月3日晚，由山东省文联主办、省剧协承办的“2020山东新年文艺晚会戏曲专场”在山东省会大剧院精彩上演。

1月13日，2020年“我们的中国梦”文化进万家——山东省新时代文明实践文艺志愿服务队戏剧分队走进滨州市滨化集团、化工社区慰问演出。

2至3月份，针对突如其来的新冠疫情，省剧协积极动员组织全省各级剧协和相关专业院团的广大文艺工作者，投身到以抗击疫情为主题的文艺创作。省剧协共收到推送作品110余篇，在公众号上发布主题为“抗击疫情　凝心聚力　山东剧协在行动——战‘疫’系列作品”19期、64篇。

3至4月份，为满足疫情下广大戏迷票友精神文化需要，省剧协充分发挥各地戏曲微信群优势，共组织11场微信演唱会和2场网络直播演唱会。

2至3月份，针对疫情，省剧协积极响应中国文联、山东省文联号召，建立抖音剧协官方账号，邀请段晓玲、王文涛、陈媛、王勇、吕淑娥、高静等戏剧艺术家进行网络直播授课。

5月23日下午，“文艺进万家　健康你我他——到人民中去·2020山东文艺界文艺志愿服务主题活动”5·23山东戏曲名家走进菏泽郓城网络直播演唱会成功举办。

9月12日，山东省第三届农民戏剧展演月在山东菏泽开幕，十六市同时启动展演活动。随后的2个月时间，省剧协组织选拔出的150个农民剧团，携带京剧、吕剧、五音戏等十几个剧种，走进各地乡村集中展演近500场，为山东180余万农民带去了精彩纷呈的戏剧盛宴。打造和推出《永远不会忘》《婆婆的新衣》《扶贫路上》等10余部新创小戏。

9月16日至21日，第十三届山东国际大众艺术节第五届山东省吕剧艺术节暨第八届山东省戏剧红梅大赛（吕剧专场）在山东广饶举办。

9月18日，吕剧名家焦黎、高静、荆延国以及艺术家崔彩彩、郑少华等来到广饶县李鹊镇梨园村，实地观看当地农民剧团演出，并进行现场专业辅导。

9月23日至28日，第八届山东省戏剧红梅大赛复赛（京剧、地方戏专场）在济宁汶上举办，10月9日至10日，话剧、歌舞剧专场在济南举办。本次大赛全省报名参赛的专业演员、演奏员共计1000余人，参加演出人员近3000人。经过初赛、复赛层层选拔，最终386人分别获得大赛一、二、三等奖。

11月18日，第24届“中国少儿戏曲小梅花荟萃”活动圆满结束，山东省报送的冯滢珊、赵晨屹、张涵嘉、朱梓瑞、徐翌文5人获得比赛的最高奖“金花奖”，王辰曦、周松岩2人获得“银花奖”，《吕乡娃娃唱吕韵》获编排类“最佳集体节目”称号。

【音乐家协会】

1月28日开始，省音协在第一时间组织山东省音乐工作者，先后创作出了《最美的逆行》《中国脊梁》《口罩后面的美》《逆行的背影》等歌曲，并联合山东卫视传媒拍摄制作了歌曲MV在各大电视台和网络播放。

1月底至4月，省音协向山东省广大音乐工作者发出倡议书，并启动开展了“山东省抗疫优秀歌曲创作展播”活动。联合大众日报新闻客户端、山东广播文艺频道、生活音乐频道，山东教育电视台、山东省沙画协会等多家媒体和机构进行展播，全省广大音乐工作者共创作抗疫歌曲4000余首，在山东省文联和音协微信公众号展播优秀歌曲百余首，有50多首作品被中国音协优秀抗疫歌曲平台和“学习强国”全国平台展播。

2月24日起，省音协进驻抖音平台注册省音协官方账号，组织几十名音乐骨干专家作为省音协文艺志愿者在抖音进行网络直播音乐讲堂活动，在线为疫情其间居家防疫的广大群众提供精神文化产品。

5月12日至26日，由山东省文联和省卫健委主办、省音协和十四市文联音协承办的“山东省抗‘疫’歌曲网络音乐会”在山东省主流网络媒体播出，网络音乐会共举办15个专场，千余名音乐工作者演唱了山东省的优秀抗疫歌曲百余首，累计在线观看人数600万人次。

在由省音协承办的“蒲公英合唱团”项目中，今年先后在济南章丘区、菏泽单县、滨州滨城区、青岛城阳区、临沂费县、潍坊潍城区等地开展群众合唱培训活动，组织山东合唱联盟的专家通过线上线下多种方式进行培训。联合山东省扶贫开发基金会共同开展“快乐童年合唱项目”，在济南市济阳区和烟台市牟平区辅导培训了20余支乡村合唱团。

8月至12月，由山东省文联、山东广播电视台主办，省音协、山东演艺集团、山东广播音乐生活频道等单位承办了“小康协奏曲——山东省公益歌曲展播活动”，征集一百余首作品并于12月份进行评奖，共评选出35首优秀作品。

9月27日晚，由山东省文联、北京市文联、枣庄市人民政府主办，省音协、北京音协、枣庄市文联、台儿庄区委区政府承办的大型交响声乐套曲《大运河》在国家五A级景区台儿庄古城魅力呈现。

10月7日，由省音协、泰安市文联主办，肥城市委宣传部、肥城市文联、肥城市高新区承办的第十三届山东国际大众艺术节“同唱一首歌　共圆小康梦”——山东省新时代文明实践文艺志愿服务走进肥城高新区南军寨社区慰问演出。

10月24日，2020山东乡村歌曲创作研讨会在我东营市东营区召开。

11月3日，由中央文明办三局、中国文联文艺志愿服务中心主办，山东省文联、省音协承办，威海市文联、荣成市教体局、荣成市文联、荣成市音协协办的2020年“圆梦工程”文艺志愿服务行动暨新时代文明实践山东省荣成市管乐培训结项仪式和座谈会在荣成市举行，标志着“圆梦工程”乡村少年宫管乐培训志愿服务项目圆满收官。

11月13日下午，山东省音协大提琴专业委员会换届会议在山东省文联六楼会议室举行，山东省文联党组成员、副主席姜慧，省音协主席、山东艺术学院副院长刘晓静以及来自全省各地市的30多位大提琴艺术家和工作者出席会议。

12月25日在，由山东省文联、山东演艺集团有限责任公司主办，省音协、山东省话剧院等单位联合承办的原创儿童音乐报告剧《黄河滩区的孩子们》在历山剧院成功首演。

12月31日晚，由山东省文联主办，省音协、省舞协联合承办的“2021山东新年文艺晚会歌舞专场”在省会大剧院激情唱响。

【曲艺家协会】

1月2日，由山东省文联主办，省曲协承办的山东新年文艺晚会相声专场在济南省会大剧院精彩上演。

1月7日，山东曲协在山东省考级工作会上被评为山东省考级先进单位。

2月2日至3月25日，山东文联、山东曲协与大众日报主办“鲁力同心战疫情”山东曲艺人在行动——“战疫·曲艺情”战疫主题曲艺作品展播。

2月21日，山东曲协在中国曲协2020年全国曲协工作视频会上被授予2019年度中国曲协优秀团体会员荣誉称号。

3月16日至19日，由中国曲协、河南山东省文联等单位主办的第十五届马街书会优秀曲艺节目展演走上网络“云”端，山东曲协推荐的山东快书《杨满堂征西》、相声《桃花运》两个作品入围。

5月18日至19日，由山东省文联主办，省曲协等承办的“文艺进万家　健康你我他”省曲协分队曲艺培训走进费县。

6月12日，《山东省曲艺老艺人保护工程——曲艺作品集视频集》出版发行。

5月13日至8月12日，由中国文联、中国曲协等主办的第十一届中国曲艺牡丹奖全国曲艺大赛，山东曲协报送的快板书《井台评功》等9个节目入围牡丹奖，5个节目获得牡丹奖提名。

8月6日至8日，快板书《动物说话》等3个节目入围由中国曲协等主办的第九届全国少儿曲艺展演。

8月7日，由中国曲协等主办的第六届“包公杯”反腐倡廉曲艺作品征集活动评审中山东快书《红信封》获二等奖，单弦《贤母劝廉》获舞台节目类精品奖。

8月20日、22日、25日，由山东国际大众艺术节组委会、山东省文联、大众日报主办，省曲协等单位承办的第三届山东省少儿曲艺展演在滨州、济宁、青岛举办。

9月19日，由山东省文联、山东国际大众艺术节组委会、大众日报主办，省曲协、东营市文联等承办的“决胜2020日至齐鲁故事会优秀小品曲艺节目展演暨第七届山东省小品（曲艺）新作展演”在东营举办。

9月30日至10月3日，山东快书《家传》入围中国文联、中国曲协主办的第十届中国曲艺节展演。

11月9日，山东琴书《孟母教子》等3个节目入围第三届“通州杯”全国曲艺小剧场新作展演。

11月14日，由山东省文联主办，省曲协、聊城市文联等承办的“山东曲艺之乡”授牌仪式暨“文艺进万家 健康你我他”——山东省新时代文明实践文艺志愿服务队省曲协分队文艺演出在临清精彩呈现。

11月6日，山东曲协组队参加由中国艺术研究院曲艺研究所等主办的第七届河间西河大鼓书会演出。

11月14日，中国曲协举办郓城“中国曲艺之乡”授牌仪式暨中国曲协牡丹艺术团送欢笑走进郓城活动。

11月19日至20日，山东曲艺大鼓书培训班和交流展演活动在青岛即墨区举办。

12月15日至17日，由中央文明办、中国文联主办，中国曲协、山东省文联、省曲协等承办的第七届全国道德模范故事汇基层小分队活动走进山东，在济南和淄博进行5场演出。

12月26日上午，“今娱满堂·曲动泉城——印象济南杯沿黄九省市泉城曲艺展演”启动仪式在济南举行。

【舞蹈家协会】

1月5日7日，由山东省文联、山东省舞协主办，淄博舞协承办的“舞蹈名家面对面——朱东黎”山东省第三期少儿舞蹈创作讲习会在淄博举行。

1月8日，参加中国文联2020春节大联欢“百花迎春”演出。

1月10日，由山东省文联、山东省舞协主办的新时代文明实践文艺志愿服务“蒲公英”基层舞蹈骨干教师培训走进日照。

1月31日至3月20日，山东省舞协根据当前疫情防控工作的实际情况，在山东文联微信平台策划推出“百姓健康舞”公益课堂项目，观看人数五万余人。

4月8日至6月20日，由中国舞协支持，山东省文联主办，省舞协推出《舞蹈大讲堂》抖音网络直播活动。在此其间邀请32位当今中国一线及省内的知名青年舞蹈家莅临授课讲台。活动共计32期，惠及群众二十万余人。

4月至11月，由中国舞协支持，山东省文联、山东青年政治学院出品，山东省舞协、山东青年政治学院舞蹈学院表演的战疫舞蹈诗《逆行》，4月28日正式杀青。舞蹈诗《逆行》是全国首部战“疫”题材的现实主义舞蹈作品，时长约70分钟，由山东青年政治学院舞蹈学院院长、山东省舞协驻会副主席傅小青担任总导演（编导），演员均为山东青年政治学院舞蹈学院师生。共演出20场。中国文化报、人民网、“学习强国”等媒体或平台给予集中报道，引发社会强烈反响。

5月15日，由中国文联、中国舞协主办的第八届中国舞蹈节“5.15一起舞，群众舞蹈网络展演”线上发动，山东推出《归来》《万水千山总是情》《最美的逆行》等多部原创舞蹈作品。

7月至12月，由山东省文联、山东省舞协主办，新时代文明实践文艺志愿服务“蒲公英”基层舞蹈骨干教师培训走进菏泽单县（7月14、15日），烟台龙口（8月15、16日），青岛城阳（8月26、27日），潍坊寿光（9月5、6日），威海市环翠区（9月29、30日），泰安市岱岳区（10月15至16日），济宁（11月9日），淄博（11月17日），德州市临邑县（12月23、24日）。

9月22至23日，2020年山东舞蹈创作引导交流会暨“荷花奖”（民族民间舞）评奖山东地区原创作品初审在济南举行。

11月6日至7日，山东省舞协和临沂市舞协联合开展“谢欣——舞蹈名家面对面”“文艺进万家 健康你我他——舞蹈文艺大讲堂”“筑梦青春 舞动沂蒙——临沂舞协青年舞团成立暨专场舞蹈演出”系列活动。

11月23日至24日，由山东省文联、山东省舞协主办，青岛文联、青岛舞协承办的山东省第三届优秀广场舞蹈作品展演系列活动在青岛举行。

11月27日，由省舞协主办的“齐鲁舞韵”——山东省（民族民间舞）原创作品专业舞蹈比赛初评——作品视频评选在省文化艺术大厦举办。

12月17日至18日，“齐鲁舞韵”——山东省（民族民间舞）原创作品专业舞蹈比赛及原创作品研讨会在山东剧院举办。

12月31日，由山东省文联主办，省舞协、省

音协承办的“与梦为舞”——山东新年晚会歌舞专场在省会大剧院上演。

【杂技艺术家协会】

1月1日，山东省文联主办、山东省杂协承办的2020山东新年文艺晚会杂技魔术专场在山东省会大剧院举办。

1月17日，推荐魔术《见证奇迹》参加2020年“我们的中国梦”——文化进万家中国文联、中央民族大学文艺志愿服务小分队走进山东省临沭县。

2月，为进一步传递正能量，强化宣传工作和提高协会影响力，山东省杂协申请开通山东省杂协文艺志愿服务工作抖音官方号，积极开展山东网络文艺志愿服务活动。

6月，推荐杂技剧《梁祝》参选山东省优秀文艺作品入库项目。

7月3日，推荐1人入选“送欢乐下基层”全国领军文艺人才库。

7月13日，在省杂协大力推动下，德州市杂技艺术家协会成立。

7月20日，推荐24名同志参加《中等职业学校杂技与魔术表演专业杂技专业课教学指导意见》网络专题培训班。

7月31日上午，山东省杂技艺术家协会杂技理论委员会、魔术艺术委员会、滑稽艺术委员会、高校魔术联盟成立及艺术委员会委员聘任仪式在省杂协会议室举行。

8月3日，“第十三届山东国际大众艺术节•第十四届山东杂技魔术大赛”获奖揭晓。

8月8日至10日，陪同全国政协常委，中国文联副主席，中国杂协主席边发吉，中国杂协分党组书记、驻会副主席王仁刚出席济南杂技团新编排的大型幻景杂技影画《泉城记忆》首演，并参观山东省文联文艺史馆。

8月27日晚，开展山东省新时代文明实践文艺志愿服务队杂技分队走进宁津京东社区活动。

9月15日，推荐一名同志参加中国杂协10月11日至10月17日在黑龙江省哈尔滨市举办第三届全国杂技理论高级研修班。

9月16日至19日，参加在烟台市蓬莱区召开的第七届理事会第六次会议，山东省杂协因工作突出被中杂协表彰。省杂协秘书长胡名坤在大会上做经验交流发言。

9月20日，推荐3名同志参加中国文联杂技艺术中心承办的《全国杂技剧目创作研修班》网络专题培训班。

10月27日，在省杂协的大力推动下，淄博市杂技艺术家协会成立。

10月29日晚，在沂南县铜井镇黄元村开展山东省新时代文明实践文艺志愿服务队杂技分队走进沂南活动。

11月26日，山东省文联主办、山东省杂协承办的“第十四届山东省杂技魔术大赛颁奖典礼”在济宁杂技城举办。

11日12月，筹备2021山东新年文艺晚会杂技魔术专场。

【美术家协会】

1月13日，由山东省文联、山东省美协、青岛市文联主办的“我们的中国梦”文化进万家——山东省新时代文明实践文艺志愿服务活动走进青岛明月海藻集团有限公司。

1月14日，山东省美协组织山东省美术家赴单县开展“我们的中国梦”文化进万家文艺志愿服务活动。活动由山东省文联、山东省美协、菏泽市委宣传部、菏泽市文联主办。

1月30日，山东省美协发出《致全省美术家和美术工作者的倡议书》，号召全省美术界心手相牵，为夺取疫情防控的胜利贡献力量。自2月1日起，和大众日报编辑部携手，在大众日报客户端打造了一个崭新的新闻与美术融合的栏目《众志成城 抗击疫情——山东美术家在行动》。

5月12日，由山东省文联、大众报业集团、省卫健委主办，山东省美协、大众日报客户端、济南市美术馆、山东新闻美术馆、泰山文交所承办的“众志成城 抗击疫情——‘山东美术家在行动’作品展暨公益捐赠仪式”在济南市美术馆举行。

5月28日，由山东省美协、济南市美术馆、省女书画家协会主办的“多彩・2020”全国女画家作品展在济南美术馆开幕。

6月9日至10日，由山东省文联主办，山东省美协承办的“文艺进万家 健康你我他——山东省美协新时代文明实践文艺志愿服务行・巨野单县”在菏泽市巨野县、单县举行。

7月30日，山东省文联、山东省美协组织山东省知名美术家赴解放军960医院举办“庆八一・山东省文联、山东省美协美术家走进解放军960医院”拥军慰问活动。

8月28日，由山东省文联主办，山东省美协、高唐县委宣传部承办的“文艺进万家　健康你我他——山东省美协新时代文明实践文艺志愿服务行·高唐”举行。

9月11日至20日，山东省美协组织美术家开展“助力乡村振兴　决胜脱贫攻坚”山东省美协“黄河滩区”写生采风活动。

9月12日，由山东省文联、山东国际大众艺术节组委会主办，山东省美协、菏泽市文联、菏泽市美协、菏泽市李荣海美术馆承办的“助力乡村振兴决胜脱贫攻坚——山东省农民画作品展”举办。

9月15日至16日，“第十三届山东国际大众艺术节系列活动——‘文艺进万家健康你我他’山东省美协新时代文明实践文艺志愿服务行·城阳、文登”基层美术人才培训活动成功举办。

11月13日，由山东省文联、大众日报主办，山东省美协、大众日报客户端运营中心、济南市美术馆承办的“决胜齐鲁”山东省决战脱贫攻坚美术作品展在济南市美术馆开幕。

11月22日，由山东省文联、山东国际大众艺术节组委会、日照市委宣传部主办，山东省美协、日照市文联、日照市文旅局、日照市人文与自然遗产保护开发促进会、日照市美协承办的“聚焦脱贫攻坚　歌颂美丽山东——第24届山东美术新人新作展”在日照市美术馆开幕。

12月27日，由山东省文联、山东省美协主办的“第四届山东省青年美术作品展暨‘大地的文脉·学术100’全国巡展”亮相第十届中国画节。

【书法家协会】

1月7日，由山东省人民政府新闻办公室、山东省书协主办，中国山东网承办的“玉鼠报春喜盈门”2020年春联网络书法展评选揭晓，20幅春联书法作品被评为优秀作品，150幅作品被评为入选作品。

1月15日，由山东出版集团、山东省书协等单位主办的“青青子衿　墨韵书香——山东省1970年代书法家九人作品展”在山东出版美术馆举行。展出王瑞、陈靖、邹方臣、方建光、嵇小军、倪和军、逄春伟、高岩、张志鸿等9人的100余幅作品。

1月29日，山东省书协主席团协同山东省青年书协、滨州市书协、邹平市书协筹集资金十万元捐给山东省红十字会，用于支持山东省赴湖北黄冈援助抗击新冠肺炎疫情医疗队购置医用防护用品。

在全国人民群众众志成城，团结奋战，万众一心，共克时艰，坚决打赢疫情防控阻击战之际，“学习强国”山东学习平台联合山东省书协共同推出“笔墨尽传家国情”系列战“疫”主题海报，顾亚龙、孟鸿声等23位书法艺术家参加。

2月23日至3月8日，按照山东省文联《关于开展山东网络文艺志愿服务活动的通知》，山东省书协首批推荐邹方臣等14名优秀书法家在抖音平台开设书法公益课堂。

5月20日至31日，在“5.23”文艺志愿服务日前后，每天晚上8点，先后组织12名优秀书法家在抖音平台开设书法直播课。

8月25日，中共中央宣传部、中央文明办等14部门公布了2019年度学雷锋志愿服务“四个100”先进典型名单，山东省书协“百县千村”书法惠民志愿服务项目获得“最佳志愿服务项目”，在全国书法界尚属首例。

9月3日，由山东省文联、山东省书协、中共临沂市委宣传部联合主办的第四届王羲之奖书法作品展在临沂市文化中心开幕。展出248件作品入展，其中“王羲之奖”作品10件。

9月14日，中国文联党组书记、副主席李屹，中国文联党组成员、副主席李前光，中国文联副主席、中国文艺志愿者协会主席冯巩在中国文艺家之家会见了由中国文联推荐并荣获2019年度学雷锋志愿服务“四个100”先进典型暨疫情防控最美志愿者代表、最佳志愿服务组织和最佳志愿服务项目单位代表，并向他们颁发证书、奖牌。孟鸿声代表山东省书协参加会见并接受表彰。

9月26日，作为第十三届山东国际大众艺术节的一项重要活动，“百年启后——纪念魏启后诞辰一百周年书画精品展”在山东美术馆开幕。展览共展出魏启后先生书法、绘画代表作品约120件（组）及部分珍贵的文献和影像资料。

10月24日，由山东省文联主办，山东省书协、山东省文化馆承办的海岱霞光·山东当代知名老书法家作品邀请展在山东省文化馆开幕。展出山东省70周岁以上目前仍在躬耕于书坛的老书法家代表创作的书法作品62件。

10月30日，中国文联新时代文明实践文艺志愿服务项目扩大试点工作培训会在北京召开。孟鸿声代表山东省书协以《“文艺进万家 健康你我他”——扎扎实实“种”文化，书法走进百姓家》为主题作了经验汇报。

11月21日，“启后奖”第十届山东青年书法篆刻大展在济南市美术馆开幕。展出入展作品195件，其中获奖作品10件。

11月22日，全国第五届正体书法作品展览评审工作在山东省青岛市圆满结束。山东22人入展，入展总数居全国第二。

12月3日，“山河无恙·鄂鲁同心抗疫书法展”在山东出版美术馆举行。展出鄂鲁两省书法家创作的作品100件。

12月4日，在第35个“12·5国际志愿者日”到来之际，“文艺进万家 健康你我他”新时代文明实践学雷锋文艺志愿服务书法惠民活动在临沂市莒南县举行，孟鸿声、王瑞、徐华志、龙岩、邹方臣、郝晓明等书法家为当地驻村干部典型、脱贫攻坚致富典型、抗疫英模、抗美援朝老兵及群众书写主题书法作品100余件。

12月28日，“文艺进万家 健康你我他”2021山东省新时代文明实践文艺志愿服务第十届“百县千村”书法惠民活动在全省各县市区同步启动。

【摄影家协会】

1月16日，“我们的中国梦”文化进万家——山东省新时代文明实践文艺志愿服务活动在德州市乐陵市拉开帷幕。省摄协走访慰问老党员和贫困户，为他们拍摄全家福，为村民们送去了新年的美好祝福。

1月29日至5月，省摄协在微信平台开展战“疫”影像线上图片展，累计展出山东防疫抗疫图片千余张。

2月16日至5月23日，省摄协开展新时代文明实践网络文艺志愿服务，举办网络公益摄影课堂20余场。

3月25日，省摄协积极践行山东省文联“双报到”工作，赴吴家堡进行调研采风活动，用镜头宣传吴家堡街道美丽乡村的独特魅力。

4月9日，由山东省社会科学界联合会、山东省文联主办，山东省摄协承办的山东省社科界第七届人文艺术摄影作品大赛正式启动。

4月27日，中国摄协以视频方式召开全国摄影工作会议，山东省摄协受到通报表扬，并作先进经验分享。

5月27日，由山东省摄协、东营市垦利区宣传部主办，山东画报社、东营市现代渔业示范区管理委员会承办的主题为2019“美丽海岸 蓝色梦想”的摄影大赛圆满落下帷幕。

5月20日，由山东省摄协、中共莱西市委宣传部、莱西市文化和旅游局主办的2020“乐在莱西”第三届旅游摄影大赛正式启动

6月9日，由山东省摄协、山东画报社有限公司主办的山东省“最美海岸线”摄影展在网络展出。

7月3日，由山东省档案馆、山东省摄协、山东省医院协会、《山东商报》社共同策划“记疫·记忆”——山东省卫生健康行业抗疫摄影、视频大赛颁奖典礼在济南举办。

7月11日，山东省摄协沂山摄影创作基地授牌仪式在临朐县沂山举行。新时代文明志愿服务摄影小分队在沂山景区进行了采风创作。

9月13日，由山东省文联、山东省扶贫开发办公室、“学习强国”山东学习平台、人民网山东频道、新华网山东频道主办，山东省摄协、山东广播电视台融媒体资讯中心、山东省市地报新闻摄影学会 、山东画报社承办的“决胜2020日至脱贫攻坚看山东”摄影展在菏泽举行。

9月21日上午，由中国摄协、江苏山东省文联、江苏省沭阳县人民政府主办的第二届吴印咸摄影艺术双年展暨纪念吴印咸诞辰120周年活动在江苏省沭阳县吴印咸故居开幕。其中山东摄影家潘永强作品《济水向北》、宋林继作品《仁增多杰夫妇高原安家救助野生动物》入选“吴印咸摄影资助计划”。

9月28日，由山东省摄协、西藏摄影家协会共同主办的“山东·西藏共话脱贫攻坚摄影展”在日照万平口海洋公园展出。

10月17日上午，由中国摄协、中共东营市委宣传部主办，中国摄影报社、山东省摄协、东营市文化和旅游局、东营市文联、黄河三角洲自然保护区管理委员会承办，富海集团独家冠名支持的“黄河入海 我们回家”——2020黄河口（东营）摄影大展在黄河口生态旅游区盛大开幕。

10月16日至18日，山东省摄协培训班在淄博沂源举办。本次培训邀请了《中国艺术报》副社长孟祥宁，省摄协主席团委员、大众报业集团齐鲁晚报高级记者左庆授课。

10月20日，由山东葛洲坝济泰高速公路有限公司、大众日报社、山东省摄协、山东画报社主办的山东省“最美高速”济泰高速摄影大赛活动落下帷幕。

10月29日，由山东省文联、山东国际大众艺术节组委会、山东省摄协主办，山东省高校摄影学会、山东艺术学院传媒学院承办的第五届山东高校摄影大赛优秀作品展于在济南西部创新园瑾艺术馆开幕。

11月24日，由江苏省摄协、山东省摄协联合指导的“交换秋天”——宿迁·临沂摄影作品展在江苏省宿迁市博物馆开幕。

12月11日至13日，山东省第28届国展征稿培训班在平阴开班。中国文联摄影艺术中心原主任刘宇，省摄协副主席、山东工艺美术学院继续教育学院院长王传东应邀授课。

12月18日至21日，省摄协组织一行18人在山东省摄协常务副主席兼秘书长贾虹荀带领下赴河南三门峡参加第十三届中国摄影艺术节、第四届天鹅之城——中国三门峡自然生态国际摄影大展开幕式暨中国摄影金像奖颁奖典礼。山东省摄协顾问曾毅获第十三届中国摄影金像奖纪实摄影类大奖，多名省会员的作品在本次艺术节亮相。

12月22日，由中国艺术摄影学会、山东工艺美术学院、中共济南市委宣传部等单位主办，山东工艺美术学院美术馆、省摄协等单位承办的第八届济南国际摄影双年展暨“丝路亚洲”国际摄影季开幕，由摄影展览、学术论坛、艺术讲座、国际交流与合作等板块组成。

12月27日上午，山东省新时代文明实践文艺志愿服务队摄影分队走进济阳，开展了文艺志愿服务摄影培训活动 。

【电影家协会】

1月10日，由山东省文联、山东省影协主办，山东新农村数字电影院线有限公司承办的“我们的中国梦”——文化进万家活动走进济南市槐荫区敬老院。

2月8日，山东省影协向全省电影工作者发出倡议，号召电影工作者用光影纪录时代，用影像讴歌英雄，《中国电影报》给予报道。

5月23日，“文艺进万家 健康你我他”——到人民中去·2020山东文艺界文艺志愿服务主题活动微电影网络课堂精彩开讲。

5月29日，由山东电影制片厂、山东省影协等单位联合摄制的电影《沂蒙红嫂俺的娘》首映式在济南举办。

5月30日，由山东艺术学院、山东省影协及山东青台阶文化传播有限公司联合拍摄的电影《九道湾》（又名《黄河村官》）在淄博市高青县常家镇开机拍摄。

8月6日至8月12日，由中共山东省委宣传部、山东省文联主办，山东省影协承办的“全媒体时代电影创作思路与方向云培训”系列讲座线上开讲。

9月2日，由省委宣传部、山东省文联主办，山东省影协承办的山东青年短片展启动仪式、第十三届（中国）山东青年微电影大赛颁奖仪式在济南电视台600平演播室举办。

9月21日，由中国文联、中央广播电视总台指导，中国影协等单位主办，山东省影协、山东电影制片厂联合摄制的“大爱无疆”抗疫微电影《3687公里》在济南开拍。

10月28日，由山东省文联主办，山东省影协、东营区文联承办的新时代文明实践文艺志愿服务“蒲公英”基层电影骨干培训班在东营市东营区举行。

11月7日，第33届中国电影金鸡奖组委会在京举办新闻发布会，由山东省影协会员创作的大型人文纪录影片《大洋深处鱿钓人》入围本届金鸡奖提名名单。

11月7日，第八届亚洲微电影艺术节“金海棠奖”颁奖典礼在云南临沧举办，山东省影协推荐的《微光中的逆行者》等7部微电影荣获优秀作品奖。

11月13日，由山东省影协会员康与江导演的反腐题材院线电影《丑角儿》全国首映式暨新闻发布会在东营市广饶县新天地国际影城举行。

11月25日，由省委宣传部、山东省文联、省广播电视局联合主办，山东省影协承办的社会主义核心价值观主题微电影（微视频）征集展播活

动评审会议在济南举办，共评选出获奖作品45部。

12月3日，由山东省电影局、省残联主办，山东大学影视文化艺术传播研究中心、山东大学新闻传播学院、山东省影协等单位承办的山东省“聆听光影”无障碍观影活动2020年度首场放映在山东特殊教育职业学院举行。

12月6日，由山东省文联、山东省影协主办，烟台市文联、市影协承办的新时代文明实践文艺志愿服务“蒲公英”基层电影骨干培训班在烟台举行。

12月11日至12月20日，由北京奥哲维文化传播有限公司、百老汇电影中心、山东省影协主办的“2020英国舞台影像展”在济南百丽宫影城举办。

12月18日至23日，由山东省文联、山东省影协主办，枣庄市文联、枣庄广播电视台、枣庄市影视家协会承办的新时代文明实践文艺志愿服务“蒲公英”基层电影骨干培训班在枣庄广播电视台演播厅、寿光市新时代文明实践中心文艺之家举行。

12月27日，由山东省文联、山东省影协主办，滨州市文化馆等单位承办的新时代文明实践文艺志愿服务“蒲公英”基层电影骨干培训活动在滨州市文化馆举办。

【电视艺术家协会】

3月，开展“万众一心　共战疫情”主题征稿活动，面向全省会员单位、电视工作者、新媒体工作者征集短视频、公益广告等作品，共收到5000多件文艺作品，展现了抗疫精神和人间大爱。协会联合全省16城市台制作抗疫宣传片《盼妈妈》荣获山东省2019年度公益广告防疫类一等奖。

3月至4月，组织开展“文艺进万家　健康你我他”山东网络文艺志愿服务活动。协会组织全省16城市台优秀主持人在抖音平台开设电视艺术公益课堂，进行网络直播，“云课堂”授课，内容涵盖播音主持、语言表达、诗歌朗诵、音乐电影赏析、快板贯口等多方面的相关知识。累计观看人数超百万，深受广大群众欢迎。

5月，山东省广播电视局主办、省视协承办的2017日至2019年度山东省优秀广播电视节目（电视文艺类）评选活动在济南举办，共评出30部获奖作品。

6月初，组织第30届中国电视金鹰奖评奖活动，向中国视协推选出电视剧3部，电视纪录片6部，电视综艺节目5部，网络纪录片1部。

7月初，与山东广播电视台合作，针对当前新媒体的进一步发展，组织全省电视工作者开展“新媒体运营”培训课、“电视艺术发展”讲座等活动。

8月中旬，第十一届山东省小主持人金话筒电视大赛在济南举办。300多位小选手相聚泉城济南，来自全省13个城市台的专家评委集体点评把关，分别评选出金奖、银奖、铜奖、优秀奖、单项奖、优秀指导教师等多个奖项。

9月，在国家广播电视总局主办、中国电视艺术委员会承办的2017日至2019年度中国广播影视大奖·中国广播电视节目奖（第26届全国电视文艺“星光奖”）中，山东广播电视台《传家宝里的新中国》《美丽中国》《高原上的天行者》等获提名奖。

【民间文艺家协会】

1月11日晚，由山东省文联主办，山东省民协、潍坊市文联承办的“2020山东省首届齐鲁民俗网络春晚”在潍坊经济开发区张氏街道友谊村文化大院举办。

1月17日，举办了“我们的中国梦”——文化进万家·山东省新时代文明实践文艺志愿服务队民间文艺分队走进济宁市兖州区红色故事专场活动。

2月至5月，面对突如其来的新冠疫情，山东省民协向全省民间文艺工作者发出号召，创作了一大批优秀的民间文艺精品，用微信、抖音等网络形式，在“学习强国”、山东艺术网、齐鲁壹点、大众网等平台展示宣传，为打赢疫情攻坚战加油鼓劲。

5月起，开展新时代文明实践文艺志愿服务活动。通过线上线下组织了面塑、剪纸、皮影、雕刻、刻瓷、麦秸画等10余场蒲公英民间手工艺培训。

5月起，在山东艺术网站开设了“炫彩民艺”栏目，先后推介杨洛书、范祚信、聂希蔚、吕蓁立等10余位山东省优秀民间文艺家及其创作的精彩民艺作品。

7月，启动中国民间文化大系山东故事卷的编纂工作，先后召开济南卷、潍坊卷、青岛卷、枣庄卷、临沂卷的编纂、培训、改稿工作会。

9月26日，在莱芜举办“讲好中国故事·第五届齐鲁故事大赛暨颁奖仪式”。冯再臻、等16人获得一等奖，张修齐等19人获得二等奖，刘佳钰、等25人获得三等奖。同时还举办齐鲁红色故事巡讲活动。

9月，在第十五届中国民间文艺山花奖•优秀民间工艺美术作品奖评选活动中，山东省文房四宝作品《红丝砚、拟石涛笔意》入围。

10月，王保祥作品《叶落归根》、梁平作品《京杭运河号》荣获第七届中原（鹤壁）文化产业博览交易会系列活动之“中部六省文化创意产品联展”金奖。

10月5日，在潍坊鲁台会展中心举办了“2020山东省民俗文化博览交易会”，设置了民俗文化板块、民间手工艺板块、非物质文化遗产板块、工艺美术板块、文创精品板块五大板块，350余个特色各异的展位。其中民间陶艺《古树·方》、木板年画《七十年沧桑巨变》、雕塑《丹霞云池》等112件作品获金奖，31个作品获银奖，3个作品获铜奖。

10月30日，在聊城高唐、临清开展了两期“文艺进万家　健康你我他”山东省新时代文明实践文艺志愿服务“蒲公英”培训暨民间工艺调研活动。

12月27日，在潍坊鲁台会展中心举办了“第五届中国（潍坊）民间艺术博览会”，本届博览会以“传承民间艺术，赋彩美好生活”为主题。展会集中展示了年画、农民画、风筝、剪纸、刺绣、布艺、木雕、泥塑、漆器、乐器、文房四宝等40余个民间艺术门类的优秀作品。

河南省文联

综　述

2020年，河南河南省文联坚持以习近平新时代中国特色社会主义思想和党的十九大精神为指导，认真贯彻落实习近平总书记视察河南时重要讲话精神和党的十九届二中、三中、四中、五中全会精神，坚持守正创新，聚焦短板发力，主动担当作为，广泛团结和带领全省广大文艺工作者听党话、跟党走，高效动员以艺战“疫”；主动服务工作大局，扎实开展重大主题文艺实践；积极引导精品创作，着力推出更多高质量文艺作品；聚焦人民文化需求，全力打造不同文艺门类的惠民服务系列产品；坚持正面引导培养，扎实推进文艺队伍建设；全面加强自身建设，进一步激发文联组织生机活力，为决战脱贫攻坚、决胜全面建成小康社会、不断夺取抗疫伟大斗争的胜利作出了应有的贡献。

重要会议与活动

【河南省文联开展春节扶贫慰问】

1月2日上午，河南省文联党组书记王守国、主席邵丽带领班子成员王朝纪、刘鲁豫、杨彦玲、董焕琳和机关处室、协会、直属单位负责人，冒着严寒，驱车来到结对帮扶地宁陵县石桥镇孙迁村，为帮扶户和村民送去了慰问金和米面油等生活用品，同行的艺术家们为村民义写春联、拍摄全家福照片。

【岁月如歌·河南省老艺术家美术作品展——史正学 常胜 禹化兴 王效池 王敬贤作品展】

1月7日至12日，由河南省文联、省美协主办的“岁月如歌·河南省老艺术家美术作品展——史正学　常胜　禹化兴　王效池　王敬贤作品展”在升达美术馆举行。参展的五位老艺术家都在80岁以上，德高望重，在河南美术界具有重要影响。

展览共展出100幅美术作品，均是五位老艺术家潜心创作的精品力作，包括山水、人物、写实等。

【省影视协“我们的中国梦”——河南省文化进万家活动】

1月2日，由河南省文联、省影视家协会主办的2020年“我们的中国梦”——河南省文化进万家活动在郑州爱馨阳光城老年公寓拉开帷幕。省影视家文艺小分队带来了经典曲剧、京剧、歌曲、电影片段等精彩节目。

1月14日，省影视家文艺小分队来到开封，为观众奉献了红色经典曲目和折子戏，为广大群众挥毫义写春联，送福送吉祥。

【我们的节日——2020中国开封·朱仙镇年文化节暨第四届河南省民间文艺金鼎奖颁奖典礼】

1月17日，由中国民协、河南省文联、开封市委宣传部共同主办，河南省民协、开封市文联等承办的“我们的节日——2020中国开封·朱仙镇年文化节开幕式暨第四届河南省民间文艺金鼎奖颁奖典礼”在河南开封朱仙镇启封故园举行。陕州锣鼓书《震天吼》《五谷丰登喜闹春》《中国风》《九莲灯》等部分获得金鼎奖节目在开幕式上展演。

当天下午举行了以“木版年画的当代价值”为主题的文化讲坛。

【“黄河颂”河南省美术书法摄影作品展】

1月8日至19日，由河南省文联主办，省美协、省书协、省摄协承办的“‘黄河颂’河南省美术书法摄影作品展”在河南省文联举行。展出的202幅作品是河南美术书法摄影工作者学习践行习近平总书记关于“保护传承弘扬黄河文化”的指示、采风创作成果的集中展示，描绘了沿黄地市人民群众美好生活画卷，讴歌了高质量发展的辉煌成就，展现了黄河文化的无穷魅力。

【河南摄影小分队赴武汉宣传报道疫情防控】

2月24日，根据中宣部和河南省委宣传部统一部署，由河南省摄协副主席罗勇任组长的10人赴武汉疫情防控宣传报道摄影小分队集结出征，驰援武汉。他们在武汉的30多个日夜里，不畏艰险、冲锋在前，为上海、广东、天津、江苏、浙江、河南等地援鄂医疗队6520位队员拍摄了肖像照。同时，小分队队员在长江两岸和武汉三镇累计行程9000多公里，积极拍摄报道支援武汉医疗队的感人事迹、典型瞬间，并通过报纸、电视、新媒体等各种形式传播，累计阅读量近亿人次。

【第十五届马街书会优秀曲艺节目网络展播】

3月16日至19日，由中国曲协、河南省文联和平顶山市委、市政府共同主办，河南省曲协与宝丰县委、县政府承办的第十五届马街书会优秀曲艺节目展演离开田间地头、走上网络“云”端，在中国曲协“曲艺杂志融媒”、中国文艺网等平台上进行。

原定于2月4日至7日，在线下举办的第十五届马街书会优秀曲艺节目展演，因突发的新冠疫情而取消。2020年，马街书会历史上首次举办网络展演。网络展演得到全国各地曲艺工作者的积极响应和踊跃参与，共收到来自河南、安徽、上海、云南、河北、山东、山西、四川以及中国煤矿曲协等22个团体会员和其他文艺组织推荐的节目126个，涵盖57个南北曲种。中国曲协组织专家对报送节目进行遴选，最终，共有来自13个省、自治区、直辖市的24个节目入围展演活动，涉及20个曲种。

【我们的节日——中国（开封）清明文化节】

4月1日至10日，由中国文联、河南省政府、中国民协主办，中国文联民间文艺艺术中心、河南省委宣传部、河南省委网信办、河南省文明办、河南省文联、河南省民协和开封市委、开封市政府承办的2020中国（开封）清明文化节举行。

2020中国（开封）清明文化节以“传承文明、拥抱春天”为主题，以弘扬优秀传统文化、砥砺初心、慎终追远为主旨，进一步突出活动的文化性、群众性、创新性、连续性和独特性，持续打造中国清明文化时代品牌。

【河南省文联八届二次全委会】

6月4日，河南省文联八届二次全委会在郑州召开。河南省委宣传部常务副部长曾德亚出席会议并讲话，会议由河南省文联党组书记、副主席王守国主持，河南省文联主席、党组副书记邵丽作了题为《牢记初心使命　坚持守正创新　奋力谱写河南文艺事业繁荣发展的时代新篇章》的工作报告。河南省文联副主席王朝纪、刘鲁豫、陈涌泉、刘杰、吴行、李锦利、李新现、庞晓戈，河南省文联二级巡视员董焕琳，省委宣传部文艺处处长常利伟出席会议。

会议传达了全国两会精神和全省宣传部部长会议精神，通报了河南省文联第八届委员会部分委员变更情况。大会对在2018、2019年度和2020年新冠疫情其间文艺志愿服务活动中表现突出的河南作家协会等19个“文艺志愿服务先进单位”，开封市文联等9个荣获“文艺志愿服务组织工作奖”的单位，田君等145名“优秀文艺志愿者”先进个人进行了表彰。会议印发了相关单位交流材料。

因疫情原因，会议采取在郑委员现场参会、其他地市委员线下参会的方式召开。在郑全委会委员、河南省文联机关全体干部、直属单位负责人参加会议。

【我们的节日——中国•鲁山端午节】

6月24日至25日，由中国民协、中国屈原学会、河南省文联、河南省民协、鲁山县委、鲁山县政府、鲁山县委宣传部等主办的“我们的节日——2020中国（鲁山）端午节”系列活动在平顶山鲁山县举行。

因受疫情影响，活动采取线上线下相结合的形式，以网络直播为主举办。主要内容有“蕙兰颂歌”2020年鲁山端午节诗会、“我们的节日——2020中国（鲁山）端午节”开幕式、文艺演出、祭祀屈原仪式、端午民俗展演、民俗文艺会演、端午民俗展示、民俗互动、促进乡村振兴大讲堂、对话民俗现场直播等。

【《脱贫奔小康•幸福就要舞》网络舞蹈展演】

8月24日至9月7日，由省委宣传部、河南省文联主办，省舞协、河南广播电视台全媒体策划中心承办的《脱贫奔小康•幸福就要舞》网络舞蹈展演活动在全省展开。活动摄制组相继来到郑州（黄河南岸炎黄广场）、登封、开封兰考、洛阳、平顶山、新乡、驻马店、南阳、周口鹿邑、信阳等地市县录制短视频。伴随着原创歌曲《共圆小康梦》的音乐，百姓们跳起欢欣的舞蹈，用歌舞讲述河南人脱贫攻坚的故事，分享过上小康生活的喜悦。

【纪念杨兰春诞辰100周年暨中国戏曲现代戏研究会第32届年会】

9月17日至19日，由河南省文化和旅游厅、中国戏曲现代戏研究会、河南省文联、中华豫剧文化促进会等主办的“纪念杨兰春诞辰100周年暨中国戏曲现代戏研究会第32届年会”在郑州举行。

活动分为致敬演出、理论研讨、实地拜谒和参观学习四部分。全国近百位专家围绕豫剧三团在戏曲现代戏创作演出方面所取得的成就、公仆三部曲、杨兰春精神遗产的继承以及对当代豫剧和戏曲现代戏发展的贡献等议题深入研讨。

【守正创新——豫剧人李树建‘忠孝节义’四部曲暨戏曲名家名段演唱会晋京献礼演出】

9月20日至26日“守正创新——豫剧人李树建‘忠孝节义’四部曲暨戏曲名家名段演唱会晋京献礼演出”在国家大剧院上演。

活动由河南省委宣传部、河南省文化和旅游厅、河南省文联、中国艺术报社主办，河南省剧协、河南豫剧院、快手、河南李树建戏曲艺术中心承办，河南豫剧院二团演出。

演出精彩纷呈，既有《程婴救孤》《清风亭上》《苏武牧羊》《义薄云天》这样弘扬忠孝节义传统美德的豫剧大戏四部曲，还举行一场戏曲名家名段演唱会。

9月27日，“忠孝节义”四部曲专家座谈会在北京召开。

【文艺支教】

9月28日，省文明办、省教育厅、河南省文联“快乐成长”乡村学校少年宫文艺支教志愿者岗前培训班暨派遣仪式在河南省文联举行。80名志愿者大学生，分赴兰考县、新安县、汝州市、林州市、辉县市、睢县、新县、光山县、项城市、济源市的40所乡村学校少年宫开展为期3个月的文艺支教。

【2020中国农民丰收节·第三届中国农民电影节】

10月10日，2020中国农民丰收节·第三届中国农民电影节在河南省驻马店市汝南县举行。

活动由农业农村部办公厅、中国影协、中国农业电影电视中心、中国老区建设促进会、中国广播电视社会组织联合会、中国科教影视协会主办，驻马店市委、驻马店市政府、河南省文联联合主办，河南省影视家协会等承办。

本届电影节首次开展“新时代 新农民 新影像”影视作品推优活动。河南省影视家协会联合摄制的戏曲电影《农家妹子》荣获“最适合农民观看的乡村题材故事片”奖。

【丹心铸魂——吴为山雕塑艺术走进河南】

10月18日上午，由河南省文联主办、省美协承办的“丹心铸魂——吴为山雕塑艺术走进河南”在郑州开幕。

开幕式现场，吴为山雕塑作品《焦裕禄》《紫气东来——老子出关》揭幕。

展览共展出吴为山雕塑作品160件。其中既有孔子、老子、李白等为代表的中国历史文化名人系列雕像，又有《睡童》《远古笛声》《唐韵》《春风》等表达人间温情的系列作品，还有《马克思》《顾拜旦》《利玛窦》《超越时空的对话——达·芬奇与齐白石》《灵魂之门——塔拉斯·舍甫琴科与杜甫对话》等一批彰显文化自信、推动文明交流互鉴的经典雕塑。

【河南省新时代文明实践文艺志愿服务项目试点工作】

11月10日，省文明办、河南省文联在郑州召开河南省新时代文明实践文艺志愿服务项目试点工作推进会。

根据部署，河南开展“文艺进万家 健康你我他”新时代文明实践文艺志愿服务项目试点工作，在平顶山市、新乡市、许昌市等3个市、9个县（区）、27个乡镇、81个村开展试点。

【汝州获授“中国女娲文化之乡”】

11月11日，中国民协在汝州市委举行授牌仪式，为汝州授予“中国女娲文化之乡”“中国女娲文化研究基地”牌匾。

【知名作家看河南大型文学采访创作活动】

11月8日至12日，由河南省文联、河南日报报业集团主办的“决胜全面小康 决战脱贫攻坚”知名作家看河南大型文学采访创作活动举行。省委常委、宣传部部长江凌出席活动启动仪式，为采访团授旗并与作家座谈。

采访团由来自国内获鲁迅文学奖和少数民族骏马奖等全国性文学奖项的知名作家近20人组成，深入驻马店等地深度采访和挖掘，书写河南脱贫攻坚的历史成就，展现河南人民自强不息、摆脱贫困的奋斗征程。

【周口市杂技文化产业园开园】

11月15日，由河南省文联、周口市委、周口市政府主办，河南省杂协等承办的周口市杂技文化产业园开园仪式举行。

周口市杂技文化产业园项目由省杂协指导推进。项目占地约2000亩，总投资22.4亿元，集动物观赏、杂技表演、机械游乐、科普教育、休闲度假为一体，已成为豫东南地区规模最大、功能最全、标准最高、动物品种最多的综合性文化旅游项目。

【第七届“河南曲艺牡丹奖”全省曲艺大赛】

11月15日至18日，由河南省文联、省曲协共同主办的第七届河南曲艺牡丹奖全省曲艺大赛在驻马店泌阳成功举办，共评出第七届河南曲艺牡丹奖各类奖项26个，其中节目奖8个、表演奖8个、新人奖6个、文学奖4个。

本届大赛共收到全省各地市曲协报送作品80余件，参赛人数300多人，涵盖河南坠子、二人转、相声、小品、鼓儿哼、三弦书、大调曲子、北京琴书、睢州敲琴、快板、快书等10多个曲种；参赛人员既有专业曲艺团体演职员，也有基层个体艺人，有古稀之年的老人，也有正值青春的曲艺新秀；参赛作品有新改编创作的传统历史故事，也有反映精准扶贫、全民抗疫的时代新作。

【河南省戏曲名家走进宁陵慰问演出暨宁陵县荣获“河南省戏曲之乡”称号授牌仪式】

11月22日上午，由河南省文联、省剧协、宁陵县委、县政府主办，县委宣传部、县文联承办的“我们的中国梦 文化进万家”河南省戏曲名家走进宁陵慰问演出暨宁陵县荣获“河南省戏曲之乡”称号授牌仪式在宁陵县孙迁村举行。仪式结束后，河南戏曲名家为孙迁村的父老乡亲举行慰问演出。

【讲好黄河故事——知名作家看河南】

11月27日至12月2日，由河南省文联、郑州市委宣传部、洛阳市委宣传部、三门峡市委宣传部等主办、郑州人民广播电台承办的“讲好黄河故事——知名作家看河南”黄河文化专题采访创作活动举行。采访团成员均为目前活跃在文坛的一线作家、中坚力量，多位都曾获茅盾文学奖、鲁迅文学奖等全国性文学奖项。采访团一行先后到郑州、焦作、洛阳和三门峡等地，探访郑州中央文化区（CCD）、黄河文化公园、嘉应观、二里头夏都遗址博物馆、龙门石窟、小浪底坝底公园、三门峡天鹅湖国家城市湿地公园、仰韶村考古遗址公园、黄河三门峡大坝等地，深入了解当地的历史文化生态情况，一览黄河两岸的自然风光，深挖黄河文化内涵，感受出彩河南的厚重文化底蕴和当今发展活力。

【文艺志愿服务培训】

2020年，河南举办文艺志愿服务培训13次。线下培训分别在郑州市、信阳市新县、新乡红旗区小店镇举行。线上培训学员约2.7万人。

2月至3月，河南省文联、省文艺志愿者协会组织省内25名文艺志愿者艺术家，开展“文艺进万家、健康你我他”网络文艺志愿服务活动，举办网络公益课堂。25位艺术家在线直播70小时，发布各类教学小视频231条，观看人数逾2.5万人。

自6月份开展，在郑州七中举办“快乐成长”文艺名家讲堂活动，邀请省内各艺术门类文艺家定期到郑州七中开展文艺讲座。

7月18日，在新县宏桥小学举办“送欢乐下基层”走进新县文艺培训。300余人参加培训。

8月至10月，省文艺志愿者协会推荐的20余位高校艺术教师参加中国文联“圆梦工程”线上培训活动，为河南省38个贫困县的乡村学校少年宫艺术辅导员进行音乐、美术、书法、舞蹈线上培训。

9月8日至11日，省文明办、省教育厅、河南省文联在郑州市举办河南省乡村学校少年宫艺术辅导员培训班。全省160余人参加培训。

12月4日至9日，中国文联、河南省文联、河南省文艺志愿者协会举行的“圆梦工程”线下乡村学校少年宫艺术辅导员培训先后在平顶山市鲁山县、三门峡市卢氏县、驻马店市新蔡县举办，共培训216人。

【岁月如歌·河南省老艺术家美术作品展——曹新林油画作品展】

12月2日至10日，由河南省文联、省美协主办的“岁月如歌·河南省老艺术家美术作品展——

曹新林油画作品展”在河南省文联举行。

曹新林是全国知名油画家，曾任省书画院院长、省美协副主席、河南油画学会会长等职，现为中国油画学会理事、中国国家画院研究员。展览共展出曹新林近5年来创作的110余幅作品，涉及人物画、风景画等多种类型，题材广泛，用笔老辣，富有浓郁的时代气息。展览现场，众多观众细细驻足观赏画作，在丹青翰墨中感受岁月如歌。

展览开幕式后，举办了研讨会。20余位省内外文化艺术界专家齐聚一堂，共同回顾曹新林艺术履迹，探讨其艺术风格和成就。

【“大决战”——河南省脱贫攻坚优秀摄影作品展】

12月6日至12日，由省委宣传部、河南省文联主办，省摄协、省作家协会承办的“大决战——河南省脱贫攻坚优秀摄影作品展”首展在省美术馆展出。

展览以河南省脱贫攻坚重大专项工作为核心，融合文字、图片、音频、视频等多媒体传播方式，全方位、多角度呈现河南省在决战、决胜脱贫攻坚过程中涌现出的先进人物、典型故事以及全省取得的辉煌成就。展览从1200多位摄影师的13000余幅作品中，遴选出21个专题和174幅单幅作品。

首展之后，展览先后巡展开封、南阳、新乡、三门峡、信阳、许昌、洛阳、平顶山等地。

展览借助新媒体传播优势，在新华网、人民日报等主流媒体和“学习强国”平台的浏览量超过300万，在河南日报等省内主流媒体浏览量超过500万，在今日头条、新浪、抖音等三方平台包含图文、视频、词条信息等超过1500万条。

【第三届南丁文学奖】

12月13日，第三届南丁文学奖颁奖典礼在郑州举行。知名作家李佩甫凭借长篇小说《河洛图》获奖。中国作协副主席、书记处书记、南丁文学奖评委李敬泽为获奖者颁奖。

【河南当代歌曲创作精品工程“听见中国听见你”优秀歌曲推选】

10月12日至12月15日，由河南省文联、省教育厅共同主办的“河南当代歌曲创作精品工程‘听见中国听见你’优秀歌曲推选活动”举行。最终推选20首作品为2020年度入选作品。

【李树建当选中国剧协副主席】

12月14日至15日，中国剧协第九次全国代表大会在北京召开。河南团16位代表参会。河南省剧协主席李树建再次当选中国剧协副主席。李树建、陈涌泉、蒋愈红、王红丽、贾文龙、杨帅学、黄晓沛等7人当选中国剧协九届理事。

【“黄河两岸是故乡”大型摄影主题展览】

12月12日至17日，由河南省文联主办、省摄协承办的“黄河两岸是故乡”大型摄影主题展览在河南省文联艺术馆举行。

展览从历史、文化、自然、生态等多个维度，精选出96位摄影家的233幅反映黄河流域九省（区）的摄影作品，聚焦两岸人民的生产、生活，呈现出两岸人民与黄河休戚与共、相互依存的情感渊源，凸显出黄河故乡改天换地的新时尚风貌、新发展变迁。

展览在第十三届中国摄影艺术节其间亮相三门峡，央视新闻直播间进行报道，在社会各界引发热议。

【第十三届中国摄影艺术节】

12月20日，第十三届中国摄影艺术节、第四届天鹅之城——中国三门峡自然生态国际摄影大展开幕式暨中国摄影金像奖颁奖典礼在三门峡国际文博城大剧院举行。

第十三届中国摄影艺术节由中国文联、河南省委宣传部、中国摄协共同主办，三门峡市政府、河南省文联承办。

本届艺术节上，河南摄影家魏德忠获“中国文联终身成就摄影家”荣誉称号，河南摄影家郑伟杰、李馨荣获第十三届中国摄影金像奖，河南省摄协被中国摄协授予“抗击新冠肺炎疫情先进集体”，河南省摄协罗勇、薄高鹏、付锐等十名摄影家被中国摄协授予“抗击新冠肺炎疫情先进摄影工作者”称号。

【平顶山成功创建“中国曲艺名城”】

12月22日晚，“中国曲艺名城”授牌仪式在平顶山市文化艺术中心举行。平顶山市成功创建成为全国第六家“中国曲艺名城”。

【2020（第九届）黄河戏剧节】

11月30日至12月23日，由河南省文联、驻马店市委、驻马店市政府、省剧协主办，驻马店市委宣传部、驻马店市文联承办，驻马店市剧协、驻马店市樊粹庭豫剧文化促进会协办的2020（第九届）黄河戏剧节在驻马店市举行。

在23天的演出中，共进行26场线下展演、10场线上展演和39场现场直播，召开20场专家座谈会，举办7次名家课堂及10余场群众文化活动，通过线下展演和线上直播观看演出的观众超过430万人次。

第九届黄河戏剧节覆盖区域广泛，共收到河南、北京、天津、安徽、江苏、湖北、青海、内蒙古、新疆等省、直辖市、自治区的70余部作品，涵盖豫剧、曲剧、越调、京剧、柳琴戏、音乐剧、儿童剧、梆子戏、二人台、淮剧、泗州戏、评剧等12个剧种，覆盖范围之广、申报剧目之多、涉及剧种之丰，创历届黄河戏剧节之最。

【中原风·黄河魂——河南省优秀美术作品展】

12月24日，由中国美协、中国美术馆、河南省委宣传部、河南省文联主办，河南省美协承办，河南省书画院协办的“中原风·黄河魂——河南省美术作品展”在北京中国美术馆举行。中国文联主席、中国作家协会主席铁凝，河南省委常委、宣传部部长江凌出席开幕仪式。开幕仪式由河南省文联党组书记王守国主持。

展览展出作品117幅，以国画、油画为主。展出作品主要由面向全省征集到的880多幅作品筛选而来，并特邀了中国美协主席团、在京河南籍知名艺术家及评委作品。

展出作品以黄河文化、中原文化为主题，生动再现了黄河流域曾经发生的重大历史事件和先贤人物故事，形象展示了雄浑壮阔旖旎秀美的自然风光，真实描绘了中原大地火热的现实生活图景。展览受到各方高度评价。

此前，9月29日，展览在河南美术馆甫一亮相就引起美术界高度关注。

【河南省书协成立四十周年系列庆祝活动】

8月30日上午，作为河南省书协成立四十周年系列活动之一，由中国文联、全国政协书画室、中国书协、河南省委宣传部、河南省文联、郑州大学主办，河南省美术馆、河南省书协、河南省书画院、郑州大学书法学院、当代书法篆刻院承办的“天道酬勤 力耕不欺——张海八十初度新作展”在河南省美术馆开幕。开幕式上，中国文联发来贺信。展出的80余件作品，内容丰富、书体齐全，既有鸿篇巨制，又有精致手札，集中反映了张海先生四年来艺术创作的新风貌、新成就、新境界。

8月30日下午，河南省书协成立40周年座谈会在郑州召开。座谈会回顾了河南省书协的成长历程，总结了40年来河南书法事业取得的经验。中国书协名誉主席张海，中国书协分党组书记陈洪武，河南省委宣传部常务副部长曾德亚，河南省文联党组书记王守国，河南省文联副主席刘鲁豫等50余人参加座谈会。陈洪武、曾德亚、王守国分别致辞，对河南书协40年来取得的成绩给予肯定，对河南书协的未来发展寄予厚望。

12月20日，由郑州大学主办，河南省书协和郑大书法学院承办的“墨海弄潮——新时期河南书法四十年巡展”在河南省文联艺术馆开幕，展出作品118件。

12月27日，纪念河南省书协成立四十周年系列活动“河南书法大展”在郑州升达艺术馆开幕，大展包括四项子展览：河南省已故知名书家遗作展；墨海弄潮百人新作展；河南省获奖（全国奖、兰亭奖）书家作品展；中原书坛新一代作品展。展出作品300余件，同时制作了河南书法四十年电视专题片《行稳致远》。

【文艺志愿服务慰问演出】

2020年，河南共组织文艺志愿者艺术家赴三门峡市卢氏县、郑州市、信阳市新县、新乡市红旗区小店镇、许昌市魏都区、新乡市新乡县等地举办“文化进万家 健康你我他”“送欢乐、下基层”“到人民中去”慰问演出7场。

1月13日至14日，2020年“我们的中国梦”——文化进万家中国文联、河南省文联文艺志愿服务小分队走进卢氏县慰问活动先后在卢氏县卢园广场、卢氏县兴贤里社区举行。卢氏县脱贫户代表、文明示范户代表、社区居民等共1000余人观看。

5月22日，由中国文联、中国文艺志愿者协会、河南省文联、河南省文艺志愿者协会主办的“文艺进万家 健康你我他”——到人民中去文艺志愿服务主题活动在河南省文化馆剧场举行。来自河南文艺界的知名豫剧表演艺术家汪荃珍、贾文龙、于同云、张付中等20余名文艺志愿者艺术家，以戏曲、歌曲、朗诵等形式慰问全省抗疫医护人

员和广大人民群众，并通过网络现场直播形式展现。

7月18日，河南省文联、河南省文艺志愿者协会文艺志愿者走进河南新县田铺乡田铺大塆，举办“文艺进万家 健康你我他”——2020年中国文联“送欢乐下基层”学雷锋文艺志愿服务活动启动仪式（河南站）。中央电视台《朝闻天下》给予报道。

9月22日，河南省文联、河南省文艺志愿者协会文艺志愿者走进河南新乡市红旗区小店镇闫屯社区，在社区文体广场举办“文艺进万家 健康你我他”——中国文联、河南省文联“送欢乐下基层”学雷锋文艺志愿服务暨庆祝“中国农民丰收节”走进新乡市红旗区小店镇慰问演出活动。

12月12日至14日，中国文联学雷锋文艺志愿服务队一行16人，先后走进中国文联新时代文明实践文艺志愿服务项目试点许昌市魏都区许烟社区、新乡市新乡县小冀镇聂庄村开展文艺志愿服务活动，举办两场慰问演出。中央电视台《朝闻天下》给予报道。

12月28日，由河南省文联、郑州航空港经济综合实验区管委会主办的“讴歌新时代 聚焦航空港”——河南省文联作家艺术家深入郑州航空港经济综合实验区采风作品成果汇报文艺演出在河南艺术中心举行。12月29日至31日，“讴歌新时代 聚焦航空港”河南省文联作家艺术家深入郑州航空港经济综合实验区“深入生活 扎根人民”美术、书法、摄影采风创作成果作品展在河南省文联艺术馆举行。

获奖情况

河南省影视家协会联合摄制的重大革命历史题材主旋律电视连续剧《可爱的中国》获第32届电视剧“飞天奖”优秀电视剧奖和第30届中国电视金鹰奖电视剧作品奖提名。

10月15日、16日，第十二届中国舞蹈“荷花奖”古典舞评奖活动在洛阳举办，河南两部作品入围终评：郑州歌舞剧院创作的《唐宫夜宴》和洛阳歌舞演艺集团创作的《大河三彩》。其中《大河三彩》在100多部参报作品中脱颖而出，以98.85的最高分获得第十二届中国舞蹈“荷花奖”古典舞奖。

创作情况

【抗疫创作】

面对疫情，河南省文联制定下发《河南省文联关于进一步加强和引导抗击新冠肺炎疫情主题文艺创作的通知》。

由省卫生健康宣传教育中心、省作家协会、省剧协、省音协、省曲协等十家单位在疫情初期发起“风雨同心·抗击疫情”原创作品征集评选活动，面向海内外共征集作品12395件。作品涵盖文学、戏剧、音乐、曲艺、摄影、平面设计等多个类别。活动分别评选出一二三等奖、优秀奖及特别荣誉奖共190余件作品，并于10月27日在郑州举办“天职”——抗疫优秀宣教作品暨“健康中原公益传播大使”推介会。

省作协在《河南日报》发表诗歌作品专版2期，并会同河南广播电视台电视诗歌朗诵协会组织朗诵家朗诵部分诗歌作品，制作成音频文件通过新媒体推送。组织所属各团体会员单位组织创作疫情防控文学作品万余篇（首）。报告文学《疫情笔记》入选2020年度中国作协重点深入生活扶持项目。

省剧协录制戏歌《严冬退去春满园》《长江长江，我是黄河》，豫剧《打不赢这一仗不把家还》，越调《众志成城，战胜疫情》等，在网络平台广为传播。

全省创作抗击疫情主题公益歌曲600余首。《我们能》《爱是人间最美的春天》《在我身边的总是你》《向您致敬》等歌曲荣登中国音协“全国优秀战‘疫’公益歌曲展播系列”。省音协参与制作的歌曲《我们能》由香港知名歌手张明敏倾情演唱，在全国百余家广播电视台和知名网站密集播出。原创歌曲《福耀中华》《拥抱春天》等全省各地60多首歌曲在“学习强国”学习平台推出。

开展“众志成城、抗击疫情——美术家在行动”征稿活动，通过微信公众号等网络平台发布专栏36期，刊发优秀作品700余幅。

河南省书协组织创作抗疫书法作品近5000幅。

选派3名摄影艺术家奔赴武汉参与抗疫宣传报道工作。

河洛大鼓《打赢疫情狙击战》、河南坠子《万众同心战疫情》、音乐快板《艳阳高照神州红》、快板《复工防“疫”别放松》等曲艺作品荣登中国曲协曲艺杂志融媒抗疫展播。

发起“爱与力量　河南舞蹈在行动”主题活动，号召省内舞蹈爱好者参与自行在家录制30秒舞蹈短视频—《在我身边的总是你》，并在抖音平台接力传播，视频点击量突破180万次。编创《武汉，你好吗》等抗疫舞蹈8个。推荐马斌和陈琳作为河南省文艺志愿者参与由中国文联、中国文艺志愿者协会组织开展的“文艺进万家，健康你我他”网络文艺志愿服务活动，通过抖音直播间在全国志愿者网络平台进行网络公益授课，编排教授居家舞蹈，带动观众居家练习强身健体。

发起“打赢2020年疫情防控阻击战”民间文艺作品创作活动，历时三个多月，360余位非遗传承人创作2000多件“抗疫”主题民间艺术作品。

【文学创作】

出版文鼎中原——河南省作家协会2020年度重点作品扶持文丛。其中中篇小说集6部、短篇小说集2部、散文集4部、诗集2部、小小说集2部、儿童文学1部、文学评论1部、网络文学1部，共19部作品。

出版河南青年作家文丛。计划为15位青年作家每人出版一本作品集。其中已出版短篇小说集5部、诗集1部、小小说集1部，共7部作品。

冯杰出版散文集《画句子》《北中原》《非尔雅》，生动反映了豫北平原的自然景象、生活景象、民间传统、历史记忆和人情世故。

南飞雁创作完成36集电视连续剧剧本《生活万岁》，作品已于10月拍摄完成。在《中华文学选刊》发表随笔《关于作家班的几个关键词》。

陈宏伟出版长篇小说《陆地行舟》、小说集《远方那么远》《面膜》，作品《一念之间》入选2020年河南省五个一工程重点创作项目。

蓝蓝出版诗集《阿基琉斯的花冠》。

赵瑜2020年出版散文集《一碗面里的乡愁》。

萍子选注、编辑《黄河现代诗歌选》，精选新诗百年来有关黄河的精品力作一百多首并加以评注，由河南大学出版社出版。

李清源出版人物传记《墨子》，出版中短篇小说集《此事无关风与月》。

赵大河出版小说集《撒谎的女人》。担任编剧的40集电视连续剧《天下一家之浦东人》开机。中篇小说《我想把孩子生下来》获河南文学期刊联盟奖。

傅爱毛创作完成了反映农村扶贫事迹的纪实文学《情系伏羲山》。

陈霖东在《中国少年儿童》《东方少年》发表儿童文学作品三篇。

【影视创作】

河南省影视家协会联合拍摄的中国首部海外维和战地纪实电影《蓝色防线》于9月18日院线上映。

【杂技创作】

3月，河南省杂协会同郑州市小魔星文化传播有限公司，将儿童魔幻剧《东方魔幻城堡——哇咔哇咔糖果星球》成功申报了省委宣传部2020年度精神文明建设“五个一工程”重点创作项目。

【民间文艺创作】

完成《中国民间文学大系·神话·河南卷》（两卷）编校修订工作，交付出版社进入出版程序。完成《中国民间文学大系·谜语·河南卷（二）》编纂工作，已进入出版程序。

启动《中国民间文学大系·谜语·河南卷（三）》《中国民间文学大系·谚语·河南卷（二）》《中国民间文学大系·小戏·河南卷（二）》《中国民间文学大系·传说·河南卷》驻马店分卷、安阳分卷、三门峡分卷、南阳分卷、《中国民间文学大系·说唱·河南卷》《中国民间文学大系·歌谣·经歌分卷·河南卷》共11卷的编纂任务。《中国民间文学大系·谜语·河南卷（三）》已报送总编委办公室进入审稿程序。

《中国民间工艺集成·河南卷》进入总编委审稿程序。

启动中国民间文化遗产抢救工程重点项目——《中国蓝印花布档案·河南卷》资料调研工作。

启动编纂、出版《中华黄河文化大系》的文化工程，拟先行编纂、出版《中华黄河文化大系（河南卷）》“黄河故事篇”丛书。

【文学评论创作】

何弘在《人民日报》《文艺报》等刊物发表一

系列文学评论。段晓丹发表《以小切口点化大主题——陈宏伟〈陆地行舟〉的叙事分析》《〈河洛图〉人物形象与叙事分析》等评论。

各文艺家协会

【河南省网络文学骨干研修班】

9月20日至24日，由中国作家协会网络文学中心指导、河南省作家协会、河南省文学院主办的河南省网络文学骨干研修班在郑州举办。研修班旨在贯彻习近平总书记在文艺工作座谈会上的讲话精神，加强对网络作家队伍的团结引导、联络协调、服务管理和自律维权工作，促进网络文学繁荣发展。中国作协网络文学中心主任何弘，北京师范大学教授张莉，鲁迅文学奖获得者、知名作家弋舟，南京师范大学教授何平分别作专题讲座。50名新文艺群体参加研修。

【2020年全省基层作家文学创作培训班】

11月16日上午，由河南省作协、河南省文学院主办的“深入生活，扎根人民——2020年全省基层作家文学创作培训班”在洛阳开班。全省五十余位作家开启为期四天的培训。

河南省文联副主席王朝纪在开班仪式上讲话。张宇、冯杰、南飞雁、王安琪、张晓林等作家、编辑先后为学员们带来各具特色的写作课，生动传递文学、艺术领域的真知灼见。

【越调大师申凤梅逝世25周年纪念活动】

7月20日晚，由河南省剧协承办的越调大师申凤梅逝世25周年纪念活动在周口举办。活动播出了中国戏剧界各派名家对大师的追忆；申凤梅大师生前传授艺术的越调剧团中青年艺术家领衔演出，新一代越调演员集体亮相，展示台功；戏剧名家刘忠河、汪荃珍、李金枝等登场演唱，表达缅怀；申凤梅大师关门弟子、知名越调艺术家申小梅登台演唱《老子》片段等，彰显申派艺术风采。

【河南省音协流行音乐专业委员会成立】

8月11日，河南省音协下发通知，成立流行音乐专业委员会。委员会设主任1名、副主任若干、秘书长1名，聘请顾问1名、音乐产业顾问1名。

【河南原创歌曲、器乐曲作品征集】

7月14日至9月30日，河南省音协主办的河南原创歌曲、器乐曲作品征集活动面向全省征集。征集重点围绕中国共产党成立100周年、脱贫攻坚、黄河文化、重大革命历史等主题。共征集123件音乐作品，最终评选出30首歌曲、10首器乐曲为入选作品。

【河南美术家开展“我们的中国梦”文化进万家活动】

1月13日至16日，省美协主席刘杰带领知名画家丁昆、桂行创、连俊洲、殷丽等组成文艺小分队赴桐柏、光山、淮滨、罗山等四县开展“我们的中国梦”文化进万家活动。与当地美术工作者深度交流；以笔会形式向美术爱好者传授绘画技法；以作品点评开展辅导，指明绘画方向。

【河南书法家“文艺进万家 健康你我他”文艺志愿服务】

1月6日，河南省书协主办的“同心同书•祖国新春好”书法文化惠民公益活动在黄河科技学院南校区举行。13日，河南省书协“我们的中国梦”文化进万家暨“同心同书•祖国新春好”书法文化惠民公益活动洛阳小分队在嵩县“两程故里”举行。14日，河南省书协南阳小分队来到南召县城郊乡东庄村开展“我们的中国梦”文化进万家暨“同心同书•祖国新春好”书法文化惠民公益活动，为乡亲送上新春祝福。17日，河南省书协“我们的中国梦”文化进万家暨“同心同书•祖国新春好”书法文化惠民公益活动在郑州机场T2航站楼内举行。与此同时，各地市书协在全省基层开展公益书写活动，洛阳、平顶山、周口等地书协连续举办多次义写活动，仅长垣县书协开展公益活动就达20多次。

【河南省第二十九届群众书法作品展】

6月23日，河南省第二十九届群众书法作品展在郑州唐人街文化中心开幕，展出作品1500余件。

【泌阳创建首个“河南省曲艺之乡”】

10月22日至24日，河南省曲协组织专家考察组到泌阳，考察首个“河南省曲艺之乡”申报地。经认真评定，授予泌阳县“河南省曲艺之乡”称号。授牌仪式于第七届“河南曲艺牡丹奖”全省曲艺大赛其间举行。

【河南曲艺人“119消防宣传日”慰问演出】

11月9日晚，由郑州市航空港实验区消防救援支队、河南省曲协、河南省曲艺团等主办的“河南曲艺人，致敬火焰蓝”慰问演出在郑州航空港举行。全省20余位曲艺名家与300余名航空港实验区消防救援支队指战员代表、巡防队员代表欢聚一堂，通过慰问演出和现场直播，致敬临危逆行的消防指战员，传播消防安全知识。近3个小时的演出直播吸引近6万名网友关注收看。

【“幸福抖出来 健康舞起来”聪明操电视比舞大赛】

6月至8月，由河南省舞协、河南广播电视台公共频道、大象融媒技术有限公司主办的“幸福抖出来 健康舞起来”比舞大赛在郑州、新乡、南阳、洛阳、禹州五大地区举行。活动在丰富群众精神文化生活的同时，在全省营造了老人运动康健的浓烈氛围。

【中国河南第五届街舞文化年度盛典——《街舞弄潮儿》大型黄河文化情景晚会】

12月27日晚，由中国舞协街舞委员会（CHUC）、河南省委统战部、共青团河南省委、河南省青年联合会、河南省青年志愿者协会指导，河南省舞协、中国舞协街舞委员会河南联盟主办，精彩中原网、河南街舞文化艺术中心协办，CHUC河南17地市联盟承办的中国河南第五届街舞文化年度盛典——《街舞弄潮儿》大型黄河文化情景晚会在郑州举办。

晚会由河南省舞协街舞委员会（河南街舞联盟）策划出品，演出共分为《新时代 新使命》《大河源起》《九曲群雄》《潮舞山河》《新时代 新青年 新街舞 新高度》五大篇章。300多名街舞舞者们用当下年轻潮流的街舞语汇讲述盘古开天地、炎黄战蚩尤、大禹治水、长坂坡、哪吒海、五鼠闹东京等中国神话传说和历史故事，用街舞的表现形式塑造了炎黄二帝、大禹、哪吒、孔子、赵子龙、包公、花木兰等民间家喻户晓的人物，为观众演绎了一场时空交错，高潮迭起的文化之旅。

这种以剧幕形式把街舞与黄河文化故事融合的舞蹈作品是全国首创，开创了河南省街舞艺术的新篇章。

【宝丰县首期魔术培训班】

8月22日，河南省杂协、平顶山市文化广电和旅游局、宝丰县委、宝丰县政府共同主办的2020年宝丰县首期魔术培训班开班仪式在“中国魔术之乡”——宝丰县赵庄镇大黄村演艺中心举行。培训主要针对全县从事魔术演艺的相关人员进行魔术知识讲解和魔术创作、表演方面的教学。培训时间3天，共200人参加学习。

【新蔡县、濮阳县娄昌湖村获授“河南省杂技之乡”】

经由新蔡县、濮阳县有关方面申请，河南省杂协组织专家实地考察和审议，决定授予河南省新蔡县、濮阳县娄昌湖村两地为“河南省杂技之乡”。9月29日在濮阳县娄昌湖村，12月2日在新蔡县冰上职业艺术学校分别举行了授牌仪式。

【第七届中华母亲节暨西平嫘祖文化节】

3月29日上午，由中国民协、河南省文联指导，河南省民协、驻马店市文联、政协西平县委员会、西平县委宣传部主办，西平县文联、西平县炎黄文化研究会承办的中华母亲节庚子年嫘祖故里网络拜祖大典在河南省西平县嫘祖文化苑举行。海内外嫘祖儿女以庄严神圣之心，通过网络直播，共拜人文女祖，祈福中华战胜疫情、国泰民安。

【第四届世界汉字节】

4月20日上午，由省民协、平顶山市委宣传部、书写中国公益基金、鲁山县委、鲁山县政府、鲁山县委宣传部主办的“中国（鲁山）第四届世界汉字节”开幕式在鲁山县仓头乡仓颉广场举行。本届汉字节以海内外同心同书中国字、网络连线等线上线下互动的形式进行。

湖北省文联

综　述

2020年，湖北省文联在中共湖北省委和中国文联的正确领导和亲切关怀下，高举中国特色社会主义伟大旗帜，以习近平新时代中国特色社会主义思想为指导，深入贯彻党的十九大和十九届二中、三中、四中、五中全会精神，认真落实习近平总书记关于文艺工作的重要论述精神，增强“四个意识”，坚定“四个自信”，做到“两个维护”，坚持和加强党对文艺工作的全面领导，全面贯彻党的文艺方针，认真履行职能，团结引领全省广大文艺工作者勇担时代使命，围绕中心、服务大局，努力出精品出人才，全力打好疫情防控、脱贫攻坚和成立70周年纪念活动等三场硬仗，圆满完成了年度各项职能目标任务，为湖北疫后重振、高质量发展和文艺事业繁荣发展做出新的贡献。

会议与活动

【2020年“廉洁教育新春行”文艺巡演启动】

1月2日，由湖北省纪委监委、省委宣传部、湖北省文联、省委党校联合主办2020年“廉洁教育新春行”文艺巡演启动式暨湖北省文联荆楚“红色文艺轻骑兵”走进省委党校成功举办，省纪委监委、省委宣传部、湖北省文联、省委党校相关负责人及省委党校主体班学员300余人一同观看了演出。

演出结束后，党校学员们纷纷表示，这些廉政文艺节目给自己上了一堂特殊的党纪国法课，为今后规范用权、廉洁从政再次敲响了警钟。

此次活动的成功举办标志着湖北省文联2020年“廉洁教育新春行”正式启动。

【2020年全国文化科技卫生“三下乡”湖北分会场集中示范活动】

1月10日，由国家广播电视总局，湖北省委、省政府共同组织的2020年全国文化科技卫生“三下乡”湖北分会场集中示范活动在十堰茅箭启动。活动其间，10多名艺术家湖北文艺工作者为乡亲们奉献了一台精彩的文艺演出，书法家们现场泼墨挥毫，为群众书写春联，提前把新春的美好祝福送进千家万户，把“三下乡”活动推向高潮。

【湖北省文联荆楚“红色文艺轻骑兵”活动】

1月4日，湖北省文联荆楚“红色文艺轻骑兵”来到扶贫攻坚主战场十堰，艺术家们精心设计的节目内容丰富再现了十堰的快速发展和脱贫攻坚取得的决定性战果，并用一台精彩的艺术盛宴向十堰人民致以新春问候。省政协副主席、十堰市委书记张维国，湖北省文联党组书记、常务副主席邓长青，十堰市委副书记、市长陈新武以及十堰市委、市政府、市人大、市政协等领导与社会各界群众共同观看演出。2020年“我们的中国梦”——文化进万家暨湖北省文联荆楚“红色文艺轻骑兵”活动启动后，湖北省文联先后组织多支文艺小分队赴全省各地开展文艺惠民演出活动，全年组织和引导全湖北省文联系统开展荆楚红色文艺轻骑兵活动近千场。

【庆祝湖北音协成立70周年座谈会】

1月15日上午，来自全省市（州）音协、音乐院校、演艺院（团）、协会专委会及新兴音乐群体的音乐家、音乐工作者“老中青”代表80余人会聚武汉，在湖北省文联举行庆祝“湖北省音协成立70周年”座谈会。武汉音乐学院、省歌剧舞剧院、省群众艺术馆、华师音乐学院和市（州）音协、省音协专委会、新兴音乐群体“老中青”专家代表13人积极发言，谈感受、忆往昔，深情回顾七十年来走过的辉煌历程，感恩省音协这个大家庭的温暖关怀，讲述工作岗位的成就与感悟，寄语对湖北音乐事业的祝福和期望。

【爱满大中国——鄂沪元宵节同唱一首歌】

2月8日元宵节，湖北省文联与上海市文联联合发起了一场《让世界充满爱》的“云合唱”，上海艺术家奚美娟、曹可凡、华雯、石倚洁、龚天鹏、张冉，湖北艺术家王丹萍、秦德松、周锦堂、柳莺、万莉、董研峰等12位受邀艺术家参加了“云合唱”活动，人民网、新华网、“学习强国”、长江云、荆楚网、湖北文艺网等新媒体平台予以了报道、转发，取得较好的社会反响。该场活动也拉开了湖北省文联全年举办的10余场以艺战“疫”文艺志愿服务活动的序幕。

【湖北省摄影家志愿者小分队为援鄂“白衣天使”造像】

新冠肺炎疫情暴发后，为了给援鄂医疗队广大医务人员拍照，中国摄协主席李舸率4人小分队于2月20日抵汉指导并深入一线亲自拍摄，湖北省文联、省摄协迅速组建省内摄影家志愿者小分队全力参与。2月21日，湖北省文联党组成员、秘书长雷波，湖北省文联副主席、省摄协主席杨发维等带领湖北省摄影家志愿者小分队将前往武汉大学人民医院东院等多所治疗新型冠状病毒肺炎的医院，按照医院要求严格进行防护，分组进入医院指定区域进行拍摄。湖北省摄影小分队承担了为2.2万名援鄂医务工作者拍摄肖像的任务，许多作品参加“人民至上，生命至上”抗击新冠肺炎疫情专题展览，省摄协和68会员分别获得中摄协“抗击新冠肺炎疫情先进集体”和“先进个人”表彰。

【“方舱直播时间”慰问‘白衣战士’专场演出活动】

3月5日，中国文联、中国文艺志愿者协会、湖北省文联主办的“以艺暖心 用爱相助”网络文艺志愿服务行动“方舱直播时间”慰问“白衣战士”专场演出在武汉客厅方舱医院现场连线，同时在“学习强国”学习平台、央视频、中国文艺网、《中国艺术报》客户端、抖音等平台直播进行。本场方舱直播时间演出形式创新、内容精心策划，恰似一支装备轻便、组织精悍、一专多能的网上文艺轻骑兵，用文艺的力量为战斗在抗击疫情一线的医务人员、患者和广大人民提供精神支持，在网络传播新时代作出了创新开展文艺志愿服务活动的一次有益尝试和探索。黄豆豆、张凯丽、佟丽娅、平安、王小玮、周炜等众多艺术家和文艺工作者的热情参与，为方舱医院的广大医务人员和患者们带来了歌曲《站在草原望北京》《我和我的祖国》、方言单口相声《武汉话》、诗朗诵《白衣战士，你最美》、双排键弹唱《爱，不会隔离》、魔术《战“疫”天使妙手回春》等。宁夏援鄂医疗队的医务人员还集体表演了手语舞蹈《平凡天使》，让方舱里和屏幕前每一个观看的人感动不已。

【湖北省文联召开“十四五”时期发展规划编制工作推进会】

5月19日上午，湖北省文联召开“十四五”时期发展规划编制工作推进会。会议由湖北省文联党组成员、副主席肖伟池主持，湖北省文联党组书记、常务副主席邓长青出席会议，湖北省文联各部室、各协会、文学艺术院负责人以及湖北省文联“十四五”规划编制工作起草小组成员参加了会议。会上传达学习了省委书记应勇在省委财经委员会第五次会议上关于全省“十四五”规划编制工作的主要讲话精神，宣读了《湖北省文联关于成立“十四五”时期发展规划编制工作领导小组的通知》。参会人员就“十四五”时期发展目标、发展思路和工作想法展开了交流座谈。

【坚信爱会赢——文艺界“以艺战疫”5.23特别节目】

坚信爱会赢——文艺界“以艺战疫”5.23特别节目，在5月23日这个特别的日子，于多家卫视及人民网、“学习强国”、新华社客户端、央视频、中国文艺网、《中国艺术报》、爱奇艺等多家新媒体平台隆重推出。此次特别节目由中国文联主办，中国视协、中国文艺志愿者协会、湖北省文联、湖北广播电视台、江苏省广播电视总台、北京广播电视台等承办，是中国文联“以艺战疫”优秀文艺作品网络展演系列活动的一项重要内容。本次演出在“英雄之城”武汉设立了拍摄现场，记录武汉人民的日常工作生活场景。节目中，千载悠悠的黄鹤楼、晴川历历下的武汉步行街、横跨天堑的武汉长江大桥……这些武汉市的标志性景观都以生机焕发的姿态出现，向全国和全世界展现武汉保卫战、湖北保卫战取得的决定性成果。

【湖北省“文艺助农奔小康”活动】

7月11日，第十一届湖北（潜江）龙虾节暨湖北省“文艺助农奔小康”启动式在潜江市曹禺大剧院举行。此次活动由中国文艺志愿者协会支持，湖北省文学艺术界联合会、湖北省农业农村厅、湖北省农业事业发展中心、潜江市人民政府联合主办。湖北省文联党组成员、副主席马尚云和潜江市委、市政府领导，以及近千名当地群众共同观看演出。

【中国文联“送欢乐下基层”学雷锋文艺志愿服务活动湖北站启动仪式 】

7月18日上午，“文艺进万家 健康你我他”——2020年中国文联“送欢乐下基层”学雷锋文艺志愿服务活动启动仪式（湖北站）在武汉市珞珈山剧院隆重举行，众多文艺志愿者艺术家为武汉人民献上一场精彩的文艺盛宴。在演出前，举行了启动仪式，中国文艺志愿者协会主席、知名曲艺表演艺术家冯巩宣读《中国文艺志愿者协会用明德引领风尚倡议》，所有参演文艺志愿者跟诵。中国文艺志愿者协会副主席何加林为湖北省文艺志愿者协会授旗。本次活动是中国文联结合当前疫情防控常态化形势，联合湖北省文联、内蒙古自治区文联、河南文联创新策划实施的2020年“文艺进万家 健康你我他”活动，三地同时启动，旨在进一步服务基层人民群众，提升“欢乐下基层”品牌影响力，号召全国文艺工作者用明德引领风尚，用文艺提振基层人民信心，鼓舞群众奋力前行。本次活动在快手、沃视频、百度、斗鱼、虎牙、哔哩哔哩、楚天云剧场等直播平台同步全网直播，156余万群众在线观看。

【“坚信爱会赢——‘中国医师节’致敬抗疫白衣战士”系列活动】

8月18日下午，在第三个“中国医师节”即将到来之际，中国文联、中国视协和湖北省委宣传部、湖北省文联等组织文艺工作者走进武汉湖北大学、同济医院，开启“坚信爱会赢——‘中国医师节’致敬抗疫白衣战士”系列活动，向中国医务工作者送去敬意和祝福。中国文学艺术界联合会副主席、中国视协主席胡占凡，中国视协分党组书记、驻会副主席、秘书长、中国文联电视艺术中心主任廖恳，中共湖北省委宣传部常务副部长邓务贵，湖北省文联党组书记、常务副主席邓长青，湖北大学党委书记谢红星等领导出席活动。18日晚上，部分文艺志愿者专门组成小分队，赶赴同济医院院区，为医护工作者带来慰问演出。19日下午，还组织知名书法、美术、摄影艺术家再次来到同济医院，开展书法、美术、摄影等培训辅导交流活动。

【湖北荣获中宣部 中央文明办等14部门2019年度学雷锋志愿服务“四个100”先进典型暨疫情防控最美志愿者等三项表彰】

2020年8月26日，中宣部、中央文明办召开推进学雷锋志愿服务工作电视电话会议，公布2019年度学雷锋志愿服务“四个100”先进典型暨疫情防控最美志愿者名单。在这次评选表彰中，湖北省文联获三项殊荣。其中，湖北省文联副主席、湖北省摄协主席杨发维获“疫情防控最美志愿者”称号，湖北省文艺志愿者协会获“最佳志愿服务组织”称号湖北省文联荆楚“红色文艺轻骑兵”志愿服务项目获“最佳志愿服务项目”称号。

【2020年“中国农民丰收节”中国文联文艺志愿服务队走进湖北】

9月22日至24日，中国文联2020年“中国农民丰收节”系列庆祝活动在湖北利川、建始、长阳等多地展开。中国文联、湖北省文联的文艺志愿者们走进田间地头，知名艺术家、优秀演员们竞相登场，为当地群众献上一系列以“庆丰收迎小康”为主题的精彩演出。中国文联文艺志愿服务中心副主任李岩、中国文艺志愿者协会理事周炜、臧金生、乌兰图雅和湖北省文联党组成员、副主席马尚云带领文艺志愿者们连续三天，连走三地，为群众送去欢乐，唱响丰收喜悦，凝聚奋进力量。此次活动由中国文艺志愿者协会、湖北省文学艺术界联合会和利川、建始、长阳县（市）委、人民政府主办，中国文联文艺志愿服务中心、湖北省文艺志愿者协会、相关县（市）委宣传部承办，“学习强国”学习平台特别支持，腾讯微视全程媒体支持。

【纪念湖北省文联成立70周年系列活动】

2020年是湖北省文联成立70周年。9月29日，纪念湖北省文联成立70周年座谈会在武汉洪山宾馆举行。“与时代同行 向人民汇报”——湖北省文联成立70周年主题展览展播在湖北省图书馆拉开帷幕。省委常委、宣传部部长许正中出席活动并讲话。省委宣传部、省纪委监委驻省委宣传部纪检监察组、省总工会、团省委、省妇联、省文旅厅、省广电局、湖北日报、省广电台、省社科联、省作协、省社科院、长江出版传媒集团、省演艺集团等部门负责同志，湖北省文联历届主席、党组书记，现任党组成员，第十届主席团成员，各省级文艺家协会、各市州文联、各产（行）业文联、湖北省文联业务主管的社会组织主要负责同志，湖北省文联机关各部室、文学艺术院、今古传奇集团等主要负责同志和艺术家代表出席参加座谈会、展览展播活动。座谈会由湖北省文联主席刘醒龙主持。湖北省文联党组书记、常务副主席邓长青在会上发言。湖北省文联副主席、省作协主席李修文，湖北省文联原主席、知名编剧沈虹光，省音协副主席、知名作曲家方石，湖北省文联副主席、知名画家李乃蔚，省青年书协副主席樊利杰等5位文艺家代表分别发言。会后，举办了湖北省文联成立70周年成就展，以图片的形式回望湖北省文联和湖北文艺走过的70载峥嵘岁月，展示了湖北省文联、湖北文艺的发展历程和辉煌成就。“大美长江”美术作品展、“圆梦小康”书法篆刻作品展和“以艺战疫”摄影作品展，通过美术、书法、篆刻、摄影等不同文艺形式，集中展示了党的十八大以来，湖北省文联团结带领全省文艺工作者践行习近平总书记关于文艺工作的重要论述精神，围绕中心、服务大局，聚焦“大美长江”“圆梦小康”“以艺战疫”等时代主题精心创作的优秀文艺作品。

【“圆梦小康”全省摄影大展】

10月15日下午，由湖北省摄协主办的“圆梦小康”全省摄影大展在省图书馆举行开幕仪式暨颁奖典礼。在全省广大摄影工作者的积极参与下，共征集作品2300余幅（组），评选出金奖5幅（组），银奖10幅（组），铜奖14幅（组），优秀奖119幅（组）。此次展览作品题材包括脱贫攻坚中具有代表性的文化地标、城市建筑、人文风采、历史事件、科技成果创新及其他发展成就等。湖北省文联党组书记、常务副主席邓长青，湖北省文联副主席、省摄协主席杨发维，省档案馆副馆长李宗春，省图书馆副馆长谢春枝等出席展览开幕式并为获奖作者颁奖，各地市州、产行业摄协负责人及获奖代表参加开幕式。

【第五届湖北杂技金菊奖全省魔术展演】

10月5-6日，第五届湖北杂技金菊奖全省魔术展演在武汉欢乐谷拉开帷幕。展演由湖北省文联主办，省杂协、武汉欢乐谷共同承办。展演收到省内外的100多个参展节目，通过筛选，共有22个节目入围决赛。

【国家扶贫日系列活动】

10月17日，在第七个全国“扶贫日”、第28个国际消除贫困日之际，湖北省文联以“唱响平安歌 共圆小康梦”为主题在大悟县宣化店镇开展了国家扶贫日系列活动，推进全面脱贫与乡村振兴有效衔接。湖北省文联党组书记、常务副主席邓长青，党组成员、副主席王永平等领导出席活动，湖北省文联机关党委各支部党员参加活动。陈河村新时代文明实践站揭牌运行，随后在新建成的村图书室举办了“让爱永驻 童声飞扬”陈河村留守儿童合唱团演出。湖北省文联“荆楚红色文艺轻骑兵”在宣化店镇中原突围纪念馆内为当地群众带来了一场高水平的文艺惠民演出，现场500余名观众观看了演出。本场演出与腾讯微视合作同步在网络进行直播，文艺家们现场为当地农产品直播带货，将本地的稻香米、猕猴桃、黄花菜、油面、板栗等特色产品展现给了全国的观众，并推介“大悟E家”电商平台，可持续性的解决了当地农产品推广销售问题。

【中国音协“金钟之星”艺术团走进五峰】

10月21日至22日，中国音协“金钟之星”艺术团走进五峰土家族自治县，开展“送欢乐下基层”慰问演出。慰问演出活动由中国音协、湖北省文联、五峰土家族自治县委、县人民政府主办，湖北省音协、五峰县委宣传部、县文旅局、县文联承办。中国音协分党组书记、驻会副主席、秘书长韩新安，湖北省文联党组书记、常务副主席邓长青，中国音协分党组成员、副秘书长王宏，湖北省文联党组成员、副主席王永平，宜昌市人大常委会副主任、五峰县委书记陈华等领导和五峰群众共同观看了21日晚在五峰土家族自治县群众体育馆的演出。22日上午，“金钟之星”艺术团小分队又来到五峰长乐坪镇百年关村，以精彩的演出再次为山区群众送上丰富多彩的视听盛宴。

【中国文联学雷锋文艺志愿服务团走进十堰】

11月15至16日，中国文联学雷锋文艺志愿服务团的文艺家们，专程赶赴南水北调中线工程水源地湖北十堰，开展“共护一江水 同圆小康梦”主题文艺慰问演出活动、创作采风、书法笔会、直播推介等文艺活动，以文艺助力南水北调中线工程水源地人民打赢脱贫攻坚战、实现全面建成小康社会。中国文联文艺志愿服务中心主任冀彦伟、副主任李岩，湖北省文联党组书记、常务副主席邓长青参加相关活动。分别在十堰市郧西县天河文体广场和郧阳区龙舟广场举行。

【中国抗疫文艺创作的家国叙事和传播策略座谈会】

11月12日至15日，由中国文联指导，中国文联文艺评论中心、湖北省文联、三峡大学联合主办，湖北省评协、宜昌市文联和三峡大学文学与传媒学院共同承办的“中国抗疫文艺创作的家国叙事和传播策略座谈会”在宜昌举行。中国文联文艺评论中心主任徐粤春，湖北省文联主席刘醒龙，宜昌市委常委、宣传部部长王国斌，三峡大学校长何伟军等和来自全国各地的30余位文艺评论工作者、抗疫作品主创人员出席开幕式。湖北省文联党组成员、副主席、一级巡视员肖伟池出席座谈会及闭幕式。中国文联摄影艺术中心原主任、中国摄协赴湖北抗击疫情小分队队员刘宇，湖北省文联副主席、湖北省曲协主席陆鸣，报告文学《生命之证—武汉“封城”抗疫76天全景报告》的作者之一蔡家园，歌曲《武汉伢》的创作者谭旋等4位文艺家代表分别介绍了自己的创作情况，来自全国的专家学者围绕抗疫文艺创作和传播作了主题交流发言。

【2020年“秋之韵”东湖惠民系列音乐会活动】

12月4日至6日，2020年秋之韵东湖惠民音乐会在武汉长天楼举办。全省知名艺术家、文艺志愿者、新文艺群体等，用多种艺术形式重现传统经典歌曲，演绎湖北文艺界原创音乐作品和民族器乐，展现湖北新兴音乐群体文艺创作成果。活动由湖北省文学艺术界联合会、湖北省文化和旅游厅、湖北省普法工作办公室、湖北省中华文化促进会、武汉市东湖风景区管委会联合主办，湖北省文艺志愿者协会、湖北省中华文化促进中心、湖北长天楼文化交流中心承办，湖北省文艺志愿者艺术团协办。

【湖北省新时代文明实践文艺志愿服务项目试点工作推进会】

12月8日，为深入学习贯彻党的十九届五中全会精神和省委第十一届八次全会精神，落实中国文联新时代文明实践文艺志愿服务项目试点工作有关要求，湖北省新时代文明实践文艺志愿服务项目试点工作推进会在武汉召开。中国文联文艺志愿服务中心主任、中国文艺志愿者协会副主席兼秘书长冀彦伟，省委宣传部副部长余红岚，湖北省文联党组书记、常务副主席邓长青，省各试点市文明办领导，各市、县文联负责人，湖北省文联机关各部室、协会、文学艺术院主要负责人参加会议。会议传达学习了中国文联新时代文明实践文艺志愿服务项目扩大试点工作培训会议精神，房县文联以《做好文艺志愿服务 助力新时代文明实践》、秭归县文联以《致力互联互通互融 擦亮志愿服务品牌》、麻城县文联以《让文艺在新时代文明实践中大放异彩》为题现场交流典型项目活动经验。会议还对湖北省新时代文明实践文艺志愿服务项目试点工作进行了再动员再部署，切实推动文艺工作与新时代文明实践中心的深度融合。

【湖北省民协2020年度工作会议暨“首届湖北民间文艺杜鹃花奖”颁奖仪式】

12月5日至6日，湖北省民协2020年度工作会议在武汉举行，会上举办了“首届湖北民间文艺杜鹃花奖”颁奖仪式。湖北省文联党组成员、副主席、一级巡视员肖伟池出席颁奖仪式，为获奖者颁奖并寄语。“首届湖北民间文艺杜鹃花奖”设民间文化著作、民间文学作品、民间文化守望者三个子项，共9个获奖名额。

【“圆梦小康”湖北文艺界助力脱贫攻坚文艺展演】

12月28日，湖北省文联“圆梦小康”湖北文艺界助力脱贫攻坚文艺展演在武汉珞珈山剧场举行。本次展演分为“追梦”“圆梦”两个版块，旨在展示湖北脱贫攻坚文艺力量，总结文艺脱贫攻坚主题创作成果。

演出其间，还举办了湖北省文联扶贫主题文艺作品捐赠仪式，捐赠作品涵盖音乐、美术、摄影、书法、篆刻、民俗志等多个种类。近年来，湖北省文联主动探索文艺扶贫新模式，坚持扶智力、扶精神、扶文化，聚焦脱贫攻坚主题创作，开展文艺助农系列活动，搭建文艺脱贫产业平台，相关经验做法入选“楚治——助力脱贫攻坚十佳案例”，为湖北打赢脱贫攻坚战持续注入蓬勃的文艺力量。

创作与研究

【湖北省书法界主题书法创作展】

3月20日，湖北省文联、湖北省书协举办“群英战疫”——湖北省书法界主题书法创作活动，以精品创作为主线，以致敬英雄为主题，书写全国人民抗击疫情的英雄壮举，讴歌战斗在抗疫一线的广大医务工作者、人民解放军、公安干警、下沉干部、社区工作者、志愿者、社会爱心人士等。此次主题书法创作活动邀请了湖北省书协主席团、省老书法家代表、湖北省百名优秀书法人才代表、第十二届全国书法展湖北入展作者代表、湖北第六届黄鹤奖书法创作奖作者代表等老中青三代书法家。

【“荆楚文艺名家讲堂”第四期培训】

5月29日，湖北省文联“荆楚文艺名家讲堂”第四期培训在长江人民艺术剧院进行现场网络直播，国际在线、长江云、荆楚网、湖北文艺网、快手、百度百家号、斗鱼等多家平台同步发送。本期“荆楚文艺名家讲堂”与“荆楚红色文艺轻骑兵”文艺扶贫网络培训相结合，特邀湖北省文联副主席、湖北省曲协主席、知名相声表演艺术家陆鸣在线主讲，陆老师以“以‘艺’抗疫‘新’铸艺魂”为主题在演播间就自己在疫情其间如何进行曲艺创作和创作小视频的经验进行了分享，并与网友开展了网络问答互动，受到网友的广泛好评，关注达10万人次，点击率达100万人次。

【创作出版《精准扶贫印谱》】

为深入贯彻落实习近平总书记关于扶贫工作的重要论述精神和党中央关于脱贫攻坚的决策部署，充分发挥文艺作品凝聚力量、振奋精神的重要作用，2020年，湖北省书协围绕精准扶贫主题，开展了一系列活动，组织全国及全省70多位篆刻名家，创作了《精准扶贫印谱》。该印谱围绕当前国家扶贫政策、扶贫成果、感人事迹，创作精准扶贫主题印300余方，选取125方结集出版《精准扶贫印谱》。

【2020湖北曲艺作品打磨提升研修班】

2020湖北曲艺作品打磨提升研修班于9月4日至8日在武汉市说唱团举办。本次研修班在武汉市范围内挑选12个曲艺作品入班打磨，近50余名创演人员参加了学习。湖北省文联党组成员、副主席王永平，武汉市文旅局党委委员、副局长杨菁，湖北省文联副主席、省曲协主席陆鸣，湖北省曲协秘书长张萍，武汉说唱团有限责任公司党委书记高青等领导出席了开班仪式。本此研修班邀请了知名快板、相声表演艺术家李立山，相声创作、表演艺术家孙晨，知名喜剧创作、表演艺术家刘岚，知名相声表演艺术家张萌杰四位名家来汉授课。

【湖北舞者在“首届中南六省（区）‘十佳青年领军舞者’展演活动”中斩获佳绩】

由广东、湖北、江西、海南、湖南、广西壮族自治区六省（区）舞蹈家协会主办，广东省友谊剧院有限公司联合主办，广东省舞协承办“首届中南六省（区）‘十佳青年领军舞者’展演活动”于10月10日至11日在广东省友谊剧院圆满成功举行。湖北省有6名舞者荣获“十佳青年领军舞者”称号、6名舞者荣获“十佳青年优秀舞者”称号、6部作品荣获“优秀原创舞蹈作品”。

【湖北省国画院“大美长江”写生采风座谈会】

10月14日上午，湖北省国画院“大美长江”写生采风座谈在武汉举行。湖北省文联党组书记、常务副主席邓长青，湖北省文联党组成员、副主席、一级巡视员肖伟池，湖北省文联文学艺术院负责人蔡家园，湖北省国画院院长陈迪和等出席。本次座谈会，既是践行习近平总书记在文艺工作座谈会上的重要讲话精神及深入推动长江经济带发展座谈会讲话精神，也是湖北省国画院成立8周年的纪念，同时也是湖北省国画院近年来立足长江文明，开创长江文化，围绕大美长江主题探索研究创作采风写生的成果汇报。

【电影《白云生处》在汉首映】

10月15日下午，由湖北省人大常委会办公厅指导，省人大常委会研究室、湖北省文联、武汉春晓文化传媒有限公司联合摄制，反映人大代表

参与脱贫攻坚的故事片《白云生处》在汉首映。省人大常委会党组书记、常务副主任王玲出席首映式并讲话，省政府扶贫办党组书记、主任胡超文，省总工会党组书记、常务副主席董永祥，省委直属机关工委副书记项水伦等领导嘉宾出席首映式，首映式由湖北省文联党组成员、副主席、一级巡视员肖伟池主持。省人大各专（工）委组成人员，省委直属机关工委、省总工会、湖北省文联、省扶贫办等单位负责同志参加首映式。

【中国音协组织新兴音乐群体青年词曲作家赴湖北长江沿岸采风】

为深入学习贯彻落实习近平总书记关于文艺工作的重要论述和在深入推动长江经济带发展座谈会上的重要讲话精神，11月7日至11日，中国音协组织近30位新兴音乐群体词曲作家组成“长江主题”创作团队，赴湖北宜昌长江沿岸进行实地采风。本次活动由中国音协、湖北省文联主办，湖北省音协、宜昌市文联承办，湖北省音协新兴音乐群体工作委员会、宜昌市音协、柏斯音乐集团协办。

【2020年湖北省中青年戏剧编创导人才研修班】

11月30日至12月4日，由湖北省文联主办、湖北省剧协和湖北省文联文学艺术院承办的“2020年湖北省中青年戏剧编创导人才研修班”在武汉举行，共有来自全省20多个戏剧院团和基层文化单位的60多人参加学习。

对外文化与交流

【四川湖北文艺界举办“两新”青年抗疫作品展、诗歌朗诵会】

9月29日，“不忘初心　共抗疫情——四川湖北文艺界‘两新’青年抗疫作品展、抗疫诗歌朗诵会”在四川省艺术院举行，四川、湖北两省文联相关领导、文艺家，四川驰援湖北的医护人员代表和志愿者代表、优秀社区代表见证“开幕时刻”。本次活动由“不忘初心　共抗疫情——四川、湖北文艺界‘两新’青年艺术家抗‘疫’作品展”和“中华英雄儿女——四川、湖北文艺界抗‘疫’诗歌朗诵会”两部分组成。此次活动由四川省文联、湖北省文联主办；湖北省文艺志愿者协会、湖北省朗诵艺术家协会、四川省艺术院（四川省沫若艺术院）、四川省视协、四川省青年文艺人才交流发展促进会、中共成都市龙泉驿区委宣传部承办。

【江西省文联来湖北考察调研】

12月15日至16日，江西省文联党组成员、主席叶青带领江西考察团一行6人赴湖北开展考察调研。15日下午，考察团一行前往武汉客厅展览馆观看“人民至上　生命至上——抗击新冠肺炎疫情专题展览”。参观结束后，在湖北省文联机关召开座谈会。座谈会上，湖北省文联党组书记、常务副主席邓长青介绍了湖北省文艺界在抗击新冠疫情其间的主动作为。双方就文联深化改革、基层文联组织建设、文艺阵地建设以及如何团结引领新文艺组织和新文艺群体等方面深入进行了深入探讨。16日上午，考察团一行走进湖北省博物馆、湖北省国画院考察参观。

直属单位

【今古传奇传媒集团有限公司】

2月至4月，疫情其间公众号连续推送战“疫”专题故事。

5月，出版《武汉大决战》抗疫专刊；公众号推出《封城》系列小说连载获得较大社会效益；公众号“人间故事铺”入驻澎湃新闻，并入围“澎湃年中优质湃客”，与网易达成供稿合作计划。

6月，台网剧《青春创业手册》拍摄全部完成；完成“国家数字出版精品项目”申报工作。

7月，申报2020优秀现实题材和历史题材网络文学出版工程。

8月至9月，举办《追寻候鸟的猫》尼汝发布会、大理发布会、长沙发布会三场新书发布会以及藏区小学赠书活动；成立中华文学院；开展扶贫攻坚2020网络视听节目征集。

9月，启动中华文学人物大型系列访谈项目。

10月，《出版人的故事》影视项目进入央视项目库；签约作品《陈河扶贫手记》入围“2020年湖北省签约制文学艺术创作扶持项目”，与国内优质广播剧制作机构签订录制协议；子公司湖北今古传奇数字新媒体有限公司高新技术企业申报。

11月，台网剧《青春创业手册》后期制作全部完成；与拥有2.6亿用户的中国诵读界龙头品牌“为你诵读”达成战略合作伙伴关系；“湖北见证2020活动”启动。

12月，今古传奇荣获“湖北十大名刊”，新传奇荣获“湖北优秀期刊”；5G+文艺集市“上书房”App入选湖北省期刊发展重点扶持项目；传奇产业园全部结构封顶，传奇时代招商中心建成；子公司湖北今古传奇数字新媒体有限公司高新技术企业申报成功；《建筑大师》剧本创作中。

【文学艺术院】

1至3月，完成抗疫歌曲《中国阻击战》《感恩的心》《雷神之光》《武汉》《挺过寒冬妈妈回》等抗疫公益歌曲的录制、编辑工作；与上海文联协同完成《爱满大中国——沪鄂艺术家元宵同唱一首歌》音乐后期编辑任务。

4月，组织申报全省各文艺家协会、市州文联、林区文联等单位共申报各类文艺项目150个。

5月，完成湖北省文联电视音乐片《我的祖国》音乐录制、编辑工作；重新制定湖北省文联2020年文艺培养项目实施方案，增加线上培训力度。

7月，举办湖北省地方戏辅导小分队十堰行；与楚天都市报合办“荆楚文艺新动力”栏目。

8月，完成省电视艺术家协会“坚信爱会赢”主题晚会音乐录音、混缩、编辑统筹工作。

9月，湖北省文联各文艺家协会对申报项目资格审查；专家评审组初评；参加首届“长江主题歌曲”评选组织、服务工作。

8至9月，举办湖北省地方戏辅导小分队咸丰行、魔术进校园辅导小分队、文艺下基层舞蹈辅导小分队襄阳行。

10月，湖北省文联扶持项目领导小组终评，共有63个项目入围年度签约制文学艺术创作扶持项目；参加中国音协举办“金钟之星”送欢乐下基层赴五峰演出活动，任音乐统筹。

11月，湖北省文联与项目申报人签订项目合同书、承诺书。启动书籍《历史回声 湖北革命历史民歌典藏》收集整理工作。

12月，按照《省财政厅、湖北省文联、省作协关于湖北省签约制文学艺术创作扶持专项资金使用管理办法》文件精神，由湖北省文联财务部门进行了项目资金拨付。

12月完成“圆梦小康”主题音乐专辑后期母带处理工作（30首）；启动湖北省文联重点扶持民族歌剧《乐园春晓》录制工作。

1至6月完成“2020我们在一起”系列歌曲的收集、编辑及后期母带处理（60首）。

4月至12月，完成2020年度湖北省文联中青年优秀文艺人才库入库工作。

6月至12月，开展“荆楚高龄艺术名家数字化记录抢救工程”摄制工作。

10至12月，举办“荆楚文艺名家讲堂”2020文艺骨干培训班、基层民间文艺工作研习班、湖北省篆隶书骨干研修班、新时代电视文艺创作高级研修班；举办基层摄影辅导小分队随州行、基层音乐辅导小分队孝感行、基层文艺理论辅导小分队嘉鱼行。

【湖北省书法院】

1月，组织艺术家走进武汉市江岸区幸福湾社区，开展了“到人民中去——送春联送福活动”公益活动；组织艺术家走进武汉治安管理支队，到警营开展“送春联送福活动”活动。

3月，开展“以艺战疫”活动。

8月，开展“荆楚书坛新秀”专栏推荐工作。

12月，举办“书写新时代•湖北省书法院书法展走进中建三局”活动。

1月至12月，进行《湖北书法资源普查》整理编辑工作。

【湖北省国画院】

1月，在湖北省国画院美术馆举办了“第八届湖北省中国画高级研修班作品展”。

2月，组成党员进社区工作队和工作组，下沉社区，就地就近支持参与社区（村）的防控工作。

3月，召开党员会议，积极参加文联开展的党性教育培训活动。

5月，湖北省文联党组书记、常务副主席邓长青等领导到湖北省国画院进行疫情防抗及复工工作调研。

6月，湖北省文联党组成员、副主席肖伟池到湖北省国画院调研。

7月以来，筹备湖北美丽乡村中国画创作、建党100周年美术创作、大楚八百年国画创作等；组织画院省际交流和研讨活动以及2020年中国美协全国展览各项投稿工作。据统计，2020年湖北省

国画院画家在中国美协主办的国家级展览中，入选37件，获奖13件。

10月，开展了“大美长江”采风写生活动。11月，组织15名画家赴湖北巴东采风写生。

12月，筹备落实“圆梦小康”美丽乡村湖北省中国画作品展展览各项工作。疫情其间，组织画家们创作出大量优秀文艺作品，并以“庚子春”为主题，以微信公众号的方式向社会推出湖北省国画院于疫情其间创作的一批以中国画或文稿的形式的作品。

各文艺家协会

【戏剧家协会】

2月，由省剧协作为支持单位推荐的咸丰县南剧艺术传承保护中心剧目《唐崖土司夫人》荣获湖北省第十届“屈原文艺奖”艺术奖，12月，该剧入选第六届全国少数民族文艺会演剧目。4月，省剧协荣获中国剧协“2019年度优秀团体会员”表彰。

6月，正式启动“2020年湖北少儿戏曲小梅花荟萃”活动，历时三个月，最终16名小选手荣获“最佳个人节目”和“优秀个人节目”荣誉；11个集体节目荣获“最佳集体节目”和“优秀集体节目”荣誉。

7月14日至17日和9月15日至18日，组织戏剧专家分批赴十堰和恩施州咸丰县成功开展“到人民中去——湖北省剧协地方戏辅导小分队”活动。

8月30日至9月5日，举办“2020年‘夏之风’东湖戏剧惠民展演”活动，以线上和线下形式进行。

10月，经省剧协推荐的湖北省戏曲艺术剧院黄梅戏《党的女儿》入选第九届（张家港）长江流域戏剧艺术节八台精品大戏展演。

11月，在第24届中国少儿戏曲小梅花荟萃活动中，由省剧协推选的利昱苇、苏祺祾、罗天涔三位小选手荣获京昆组“小梅花”荣誉，汉剧小戏《曹冲称象》获得原创类“最佳集体节目”称号，省剧协荣获优秀组织单位荣誉。

11月13日，省剧协承办“牡丹争妍——第四届中国（潜江）曹禺文化周闭幕式暨湖北戏剧‘牡丹花’下基层文艺晚会”在曹禺大剧院举行。

11月30日至12月4日，举办“2020年湖北省中青年戏剧编创导人才研修班”。

12月28日，在曹禺大剧院举办“湖北花鼓名家李春华从艺50周年经典唱腔演唱晚会”。

【美术家协会】

2月，组织“心手相连 共同战疫——湖北省抗疫援鄂纪念章设计作品征集评选活动”，评选出10件学术奖作品和90件入选作品，其中10件学术奖作品制作成金属纪念章，赠予部分抗疫援鄂的医务工作者。

3月至4月，推出共二十三辑湖北美术家抗击新冠肺炎疫情主题创作线上展。

6月，举办《助力战疫 手绘阳光》抗疫画集收藏暨儿童战疫优秀画作巡展启动仪式。

7月，以“描绘——城市经典”为主题，举办2020武汉时尚艺术季线上直播与线上云展。

8月，积极配合中国美协理论研究处段泽林主任、北京时代美术馆段晓波馆长到湖北展开民营美术馆调查研讨活动。

9月，举办大美长江美术作品展览。

9月至10月，举行“永恒记忆·不朽丰碑”湖北党史重大历史题材大型美术创作稿图观摩会。

11月，举办2020武汉时尚艺术季“描绘”时尚插画艺术展暨湖北美术学院百年校庆服装艺术设计系校友作品展。

12月，举办同心战“疫”——2020湖北省美术界抗击疫情美术作品展览。

【曲艺家协会】

2月，省曲协向全省曲艺界发出以艺战“疫”倡议，共收到来自全省各地的70余部曲艺作品，在湖北文艺网、“学习强国”湖北平台、“学习强国”武汉平台等平台播出。

4月，组织作品征集、选拔，参加第十一届中国曲艺牡丹奖，湖北小曲《南原突围》获表演奖提名，天门说唱《搬猪场》获文学奖提名。

8月，推荐作品参加第九届全国少儿曲艺展演，最终由江汉油田报送的少儿快板《爸爸去哪儿》入选，赴江苏省张家港市参与展演。

9月，举办湖北曲艺作品打磨提升研修班。10月，编辑湖北省文联成立70周年大型图片展和典藏资料曲艺部分，配合完成湖北省文联成立70周年大型图片展。

10月，联合湖北之声打造《说唱长江》曲艺品牌栏目。

11月，主抓创作的湖北大鼓《买药记》参加由中央文明办、中国文联、中国曲协主办的第七届“全国道德模范故事汇”基层巡演，作者和表演者徐宁入选牡丹绽放英才培育行动。

12月，制定《湖北省曲协第七次会员代表大会实施方案》、修改《湖北省曲协章程》、整理文艺骨干资料等一系列的筹备工作，召开了省曲协第六届主席团会议和第六届理事扩大会议。

【摄影家协会】

1月，湖北省摄协“我们的中国梦　文化进万家”摄影惠民活动联合省市县摄协及体制外摄影群体组成摄影志愿服务小分队，走进3个村、10个社区，为广大农村和社区群众、重点贫困户等拍全家福和肖像照，集中打印装框，免费赠送。

2月，在接到“为天使造像”肖像摄影工作任务后，在中国摄协、湖北省委宣传部、湖北省文联的密切指导下，第一时间召集起一支14人的摄影志愿队伍，自2月22日起，在近一个月的时间内，圆满完成在汉一万四千多名援鄂医疗队员的拍摄任务。各地市摄协在当地召集组建摄影志愿队伍，一周内完成七千多名属地援鄂医疗队员的拍摄任务。微信公众号“湖北摄协”上线“我们在一起·携手战‘疫’——来自湖北一线的纪实影像”“为英雄立传——湖北省摄影家志愿者小分队作品选登”日更板块，共发布省内摄影工作者抗疫题材的摄影作品11期、省摄影家志愿者小分队拍摄的“白衣天使”肖像作品22期。

3月，微信公众号上线“战疫·正青春——抗疫一线‘90后’青年群像聚焦”7期，“感恩天使　英雄凯旋”3期以及其他抗疫题材摄影作品选登10期。

4月，启动“我们在一起·携手战‘疫’”摄影作品展和“圆梦小康”全省摄影大展征稿。

6月，开展第十三届中国摄影金像奖申报动员，启动“鄂旅明珠 天赐沩水”摄影大赛征稿。

7月，组织中国摄协2019年度批次会员申报，评选出刘锋锐等4名湖北省“2019年度摄影人物”，启动与湖北省农业专业技术协会和湖北省科协联合主办的“科普中国惠荆楚——畅享助力·美丽乡村”摄影大赛。

9月，评选并表彰湖北省摄影家志愿者小分队等7个“为援鄂医务人员造像”先进集体和杨发维等238名“为援鄂医务人员造像”先进摄影志愿者，承办“与时代同行　向人民汇报”——湖北省文联成立70周年系列纪念活动之“以艺战疫”摄影作品展。

9月，在中宣部、中央文明办年度学雷锋志愿服务“四个100”评选中，省摄协主席杨发维获“疫情防控最美志愿者”。

10月，举办“圆梦小康”全省摄影大展，承办湖北省摄协赴随州基层摄影辅导小分队，完成“我们在一起·携手战‘疫’”摄影作品展中国摄协专家评审组评审。

12月，中国摄协授予湖北省摄协“抗击新冠肺炎疫情先进团体会员单位”，丁俊杰等68人“抗击新冠肺炎疫情先进摄影工作者”，湖北省摄协理事肖萱安获得第十三届中国摄影艺术类金像奖。与中国新闻社图片网络中心联合主办“维达力杯中国赤壁国际影像大展”，向大悟县捐赠300幅“圆梦小康”“第24届湖北省摄影艺术展”作品。

【舞蹈家协会】

在新冠肺炎肆虐的背景下，湖北省舞协微信公众平台以“以舞致敬，共同战疫”为主题陆续发布二十余篇推文，协会主席团携部分优秀会员录制视频《众志成城，迎接春天的舞步》，召集全省各文艺院团的30位青年舞者用云端排练的方式创作手语舞蹈《坚信爱会赢》，致敬抗疫一线英雄，相继推出全省各舞蹈单位踊跃创作的线上舞蹈视频约30部，致敬最美“逆行者”，湖北舞蹈文艺志愿者开启线上舞蹈公益课堂。扎实做好2020年湖北省院校、院团舞蹈教学成果展演。积极配合做好湖北文联成立70周年系列活动。筹备第八届会员代表大会前期工作。

12月29日至30日在武汉滨湖大厦召开第七届主席团会议和第七届理事（扩大）会议。组织带领湖北舞者参加“首届中南六省十佳青年领军舞者”比赛，6名舞者获得“十佳青年领军舞者”称号，6名舞者获得“十佳青年优秀舞者”称号，6部作品荣获“优秀原创舞蹈作品”。

9月25日至30日，组织“到人民中去”——2020年湖北省舞协文艺下基层舞蹈培训小分队前往襄阳开展活动。推选作品《我的荣光》入选中

国文联青年文艺创作扶持计划和第十三届全国舞蹈展演；推选作品《涟漪》入围第十二届中国舞蹈“荷花奖”古典舞终评。

推选作品《龙腾莲厢》获得湖北省文艺精品创作扶持专项资金；推选男子群舞《快递小哥》、舞蹈《逆行者》、三人舞《若水》、舞蹈《无名的功勋》、小型舞剧《往途》获得2020年湖北省签约制文学艺术创作扶持项目。

【民间文艺家协会】

2月，组织动员全省民间文艺家“以艺战疫”，收到战“疫”主题文艺作品300余件。

3月，中国民协正式命名恩施市为“中国土家族女儿会文化之乡”。

6月，在十堰市房县军店镇高桥村建立“民间文化遗产·黄春萍刺绣艺术精准扶贫基地”；组织专家编写完成《陈河村村志》初稿16万字。

7月，启动首届“湖北民间文艺杜鹃花奖”评奖活动，并于10月、11月分别完成初评、终评工作。

9月，组织推荐湖北省7位工艺美术大师参加第七届中国·徐州民间工艺博览会暨“第十五届中国民间文艺山花奖·优秀民间工艺美术作品”评选。

10月，推荐湖北省工艺名家参加在河南省鹤壁市举行的中部六省文化创意产品联展；湖北基层民间文艺工作者研习班线上开讲。

11月，在襄阳市召开了荆楚民间文化论坛——《黑暗传》研讨会；推荐咸宁市咸安区高桥镇综合文化站、咸安区群众艺术馆表演的《姐乐吔》参加第十二届中国民间艺术界演出活动；开展“江汉群神创世纪”艺术作品征集活动；授予刘德芳、彭明吉、覃发池、沈远义、徐风诚、张同新六位同志“湖北终身成就民间文艺家”荣誉称号。

12月，召开湖北省2020年度工作会，成立湖北民协古瑶文化专业会，改选湖北民协长歌专业委员；出版《神农文化研究》。

全年推进《中国民间文学大系》湖北卷编纂工作，咸宁长歌卷三审定稿，夷陵长歌、黑暗传·江汉神话系列长歌二审材料补充基本完成。

【书法家协会】

1月，举办“坚定信心，众志成城——湖北省书法界抗击新冠病毒肺炎”网上主题书法创作活动。

2月，连续推出防疫篆刻专题和同题同书专题创作等多个专题。

3月，推出“群英战疫——湖北省书法界主题书法展”。

6月，推出荆楚“红色文艺轻骑兵”文艺扶贫网络展播——《精准扶贫印谱》网络展播活动，召开湖北省书协第23次主席团会议（网络），召开2020年省书协网上工作会议。

9月，举办“庆祝湖北省文联成立70周年 荆楚书道——湖北省优秀书法篆刻作品展”“圆梦小康·《精准扶贫印谱》篆刻作品展”。

10月，举办“仙桃、洪湖、潜江、天门四市书法篆刻作品联展”，举办“第二届湖北中小学教师书法作品展”。

11月，举办“湖北省临书临印作品展”，举办“备战第七届中国书法兰亭奖书法创作网络集训班”，召开“纪念中国共产党成立100周年主体书法创作工作项目推进会”。

12月，举办“山河无恙·鄂鲁同心抗疫书法联展”，举办“开心一刻”湖北省首届刻字作品展，召开湖北省书协五届六次理事（扩大）会议。

【电影家协会】

1月23日，发动吴京、黄晓明、黄渤、贾玲等全国知名演艺人士助力湖北抗疫，为湖北发声，为武汉加油，助力视频录制完成之后，与长江云及多家媒体合作，在长江云等十七家媒体上播出。

2月初，与央视6频道联合策划网络直播访谈节目《战疫故事——“电影人和你在一起”融媒体系列直播节目》，该节目在“学习强国”、人民日报客户端及微博、电影频道融媒体中心、腾讯视频等媒体同步直播，视频点击量逾6.8亿次。

3月5日，与中国文艺志愿者协会共同策划组织“以艺暖心 用爱相助”方舱直播时间“慰问”白衣天使专场演出，该节目在“学习强国”、央视频、中国文艺网、抖音等平台上同步直播，让5000余名医护人员和患者共同感受“隔屏不隔爱”的艺术陪伴，网络点击量达8000余万次。

3月至4月，配合与央视6频道制作融媒体系列直播节目《青春诗会》，助力疫后心理重建，在人民日报客户端及微博、电影频道融媒体中心、腾讯视频等媒体同步直播，点击量逾2亿次。

9月至12月，举办湖北·见证2020系列电影活动，遴选优秀扶贫电影作品在网络上展播；组织了多场电影展映活动，把优秀的扶贫电影送进乡村，组织了全国知名的电影评论家、电影人胡智峰、李洋、苏牧等参加六场电影名家讲堂网络直播课程，每堂课平均观看人数逾2万人次。

【杂技家协会】

疫情其间，组织魔术师创作拍摄十多个抗疫主题的节目，其中省杂协副主席邬鹏程的《妙手回春》参加了3月5日中国文艺志愿者协会和湖北省文联共同举办的方舱医院直播。另外，组织会员参加斗鱼直播公益课堂“文艺进万家，健康你我他”网络文艺志愿者服务，累计观看人数50余万。

6月底，湖北省优秀魔术师孙浩然、肖若辰代表湖北赴南宁参加南方六省区青年魔术师展演，分别获得近景魔术最佳手法奖、优秀奖。

10月5日至6日，在武汉市欢乐谷举办第五届湖北杂技金菊奖全省魔术展演。

10月28日，湖北省文联党组成员、副主席、一级巡视员肖伟池，中国杂协副主席、湖北省文联副主席、省杂协主席梅月洲一行赴黄冈市和浠水县就基层文艺工作和新文艺组织、新文艺群体情况进行调研。

11月，和湖北省文联文学艺术院联合举办“魔术进校园文艺辅导小分队”活动，组织省内优秀文艺志愿者、湖北杂技金菊奖获奖选手柯吉、肖若辰等赴武汉大学、武汉工程大学、武汉工商学院、武昌实验小学开展魔术进校园活动。

【电视艺术家协会】

在疫情发生之初，参与组织了由中国视协、湖北省文学艺术界联合会、湖北省广播电视局、湖北广播电视台主办，湖北省视协承办的《风雨同歌—中国抗疫主题MV（短视频）征集典藏》活动；拍摄制作了短视频和MV《武汉莫慌》《阳台上的武汉》《武汉伢》《坚信爱会赢》《我的祖国》等，网络点击量达几十亿人次，其中《坚信爱会赢》还随“嫦娥五号”登上了月球。

5月12日国际护士节，组织了大型直播互动活动《最美逆行者-致敬医护人员，助力经济复苏》，该活动网上点击率过千万。

5月23日，圆满完成中国文联和湖北省文联等单位共同制作播出的大型电视公益活动“坚信爱会赢——文艺界‘以艺战疫’5.23特别节目”，在全国八大卫视（湖北卫视、北京卫视、东方卫视等）滚动播出。

7月7日至9日，组织全省电视剧创作精英参加了国家广电总局主办的“三个重大题材”线上培训。

7月18日，制作了大量的中国文联、中国视协《送欢乐下基层》文化惠民活动，承办了2020年中国文联送欢乐下基层“学雷锋”文艺志愿服务活动启动仪式。

8月19日，承制了《中国医师节致敬白衣天使》特别节目，湖北卫视当天播出了演出实况，赢得了广大医护工作者的高度评价。

9月28日，组织了湖北省广播电视系统“中国农民丰收节赴随县慰问演出”。

10月，参加了工业体裁电视剧《红房子》《红房子　弯管子》《荣耀乒乓》农村题材电视剧《我的幸福我当家》剧本研讨活动。

11月17日至18日，组织主办“长江杯”湖北省全媒体主持新人电视大赛，全省有十所高校派出了40多位选手参加比赛。

11月18日，在中国记者节和世界电视日之间组织新时代、新视界、新使命——湖北广电文艺新骑兵赴武汉大学慰问演出。

11月18日至20日，举办了“学习贯彻十九届五中全会精神全省电视艺术创作高研班”。

11月20日，成功举办第十八届＂春满楚天＂全省春节文艺节目展评活动。

年内，共承作了中国文联、中国视协、中国文艺志愿者协会、湖北省委宣传部、湖北省文联、湖北省广电局等组织的文艺志愿活动近30场；电视剧《小欢喜》《太行赤子》《勿忘初心》荣获第32届飞天奖，综艺节目《戏码头》、纪录片《见证》、电视剧《国家的孩子》《外交风云》等荣获中国电视星光奖、金鹰奖等国家级奖项。

【文艺评论家协会】

4月，启动第十一届湖北文艺评论奖评选工作。

7月，6名湖北省评协会员入选中国评协2020年新会员名单。

11月1日，在武汉主办李专散文创作研讨会，梁必文、刘益善、李鲁平等20余名作家、评论家、编辑对李专近两年来出版的文集《风雅二十四节

气》《崇山之阳》进行研讨。

11月7日，到咸宁市嘉鱼县开展“红色文艺轻骑兵”文艺创作培训及基层新文艺组织和新文艺群体调研活动。

11月12日至15日，由中国文联文艺评论中心、湖北省文联、三峡大学联合主办，湖北省评协、宜昌市文联和三峡大学文学与传媒学院共同承办的中国抗疫文艺创作的家国叙事和传播策略座谈会在宜昌举行。

11月28日，第十一届湖北文艺评论奖在汉揭晓并举行颁奖仪式，共评选一等奖6件、二等奖10件、三等奖13件、优秀奖15件。

12月，10名省评协中青年会员入选2020年湖北省文联中青年优秀文艺人才库。

12月，编辑出版完成2020年度6期《长江文艺评论》杂志，全年共刊发文章133篇。

湖南省文联

综　述

2020年是极不平凡的一年，在湖南省委省政府的坚强领导下，在中国文联的有力指导和省委宣传部的直接领导下，湖南湖南省文联始终坚持以习近平新时代中国特色社会主义思想为指导，认真学习贯彻党的十九大和十九届二中、三中、四中、五中全会精神和习近平总书记关于文艺工作的重要论述、在湘调研考察时的重要讲话精神，团结带领全省广大文艺工作者听党话、跟党走，围绕中心、服务大局，为推动新时代湖南文艺事业高质量发展作出了积极贡献。

重要会议和重大活动

【湖南省文联第九届委员会第十一次会议】

4月14日，湖南省文联第九届委员会第十一次会议在长沙举行。省委常委、宣传部部长张宏森出席会议并讲话，省政协原副主席、湖南省文联主席欧阳斌主持会议，湖南省文联党组书记、副主席、秘书长夏义生以《不忘初心勇担当　牢记使命再出发　努力攀登新时代湖南文艺事业新高峰》为题作工作报告。

会议增补、更替了湖南省文联第九届委员会委员，表彰了2019年度全湖南省文联系统先进单位、先进个人，传达了全省宣传部部长会议精神，总结2019年工作，部署2020年任务，对于团结动员全省广大文艺工作者同心同德，奋发进取，努力开创湖南文联工作新局面，不断谱写新时代湖南文艺高质量发展的壮丽篇章，具有重要意义。

张宏森在讲话中指出，全省文艺工作者要深入学习贯彻习近平总书记关于文艺工作的重要论述，树牢“四个意识”，坚定“四个自信”，坚决做到“两个维护”，在深入学习贯彻习近平新时代中国特色社会主义思想中实现新作为。要始终牢记文艺为人民谋幸福的挚诚初心，为中华民族谋复兴的光荣使命，为世界谋大同的崇高追求。全省文艺工作者要树立高远的理想追求和深沉的家国情怀，在实现中华民族伟大复兴、加快建设富饶美丽幸福新湖南的征程中实现新作为。围绕大局、把握大势，着眼大事，深刻反映湖南历史巨变，讲好湖南脱贫攻坚故事，描绘新湖南的精神图谱。

【湖南省文联第九届委员会第十二次会议】

6月2日上午，湖南省文联第九届委员会第十二次会议在长沙举行。省政协原副主席、湖南省文联原主席欧阳斌、省委宣传部常务副部长蒋祖烜出席会议并讲话，湖南省文联党组书记、副主席、秘书长夏义生主持会议。

大会通过投票选举，鄢福初当选为湖南省文联主席。

【湖南省文学艺术界联合会第十次代表大会】

12月29日至30日，湖南省文联第十次代表大会在长沙隆重召开。

12月29日上午，大会开幕式召开，全面回顾省第九次文代会以来湖南省文艺事业的奋进历程，共商新时代湖南文艺高质量发展大计。省委书记许达哲出席开幕式并讲话，省委副书记、代省长毛伟明，省政协主席李微微出席开幕式。全国人大常委会委员、中国文联副主席左中一在开幕式上讲话。

省领导傅奎、黄兰香、谢建辉、张剑飞、张宏森、李殿勋、姚来英、刘莲玉、谢卫江等出席开幕式，省总工会负责人代表各人民团体致贺词。

许达哲代表省委、省政府向大会的召开表示祝贺，向与会代表和全省广大文艺工作者致以诚挚问候。他说，近年来特别是省第九次文代会以来，全省文艺战线坚持以习近平新时代中国特色社会主义思想为指导，认真贯彻落实党的文艺路线和方针政策，坚持唱响主旋律、弘扬正能量，

为促进全省经济社会持续健康发展作出了积极贡献。

许达哲指出，文艺事业是党和人民的重要事业，文艺战线是党和人民的重要战线。全省文艺战线要紧密团结在以习近平同志为核心的党中央周围，落实中央决策和省委部署，主动顺应时代召唤和发展所需，凝心聚力把实施“三高四新”战略、建设现代化新湖南的事业不断推向前进。

许达哲强调，在新的征程上，我们要始终高举精神之旗，牢牢把握文艺事业发展的正确方向，始终坚持以习近平新时代中国特色社会主义思想为根本遵循，牢固树立马克思主义文艺观，坚定不移走中国特色文艺发展道路。我们要始终唱响时代强音，牢牢把握服务中心大局的基本职责，从实施“三高四新”战略、建设现代化新湖南的铿锵足音中汲取营养、获取灵感，提炼主题、用心创作，更好强信心、聚民心、暖人心、筑同心，加快建设文化强省。我们要始终勇于创新创造，牢牢把握创作文艺精品的中心任务，努力推出更多有筋骨、有情怀、有温度、有湘味的精品力作。我们要始终胸怀赤子之心，牢牢把握以人民为中心的创作导向，主动对接人民群众精神文化需求，努力创作更多接地气、群众喜闻乐见的优秀作品。我们要始终坚守艺术理想，牢牢把握引领文明新风的社会责任，自觉弘扬和践行社会主义核心价值观，始终把作品的社会效益、社会价值摆在首位。全省各级党委（党组）要把文艺工作摆到更加重要的位置，加强组织领导，加大投入保障，理顺体制机制，为文艺事业繁荣发展创造良好生态和有利条件。

12月30日下午，大会举行了闭幕式，选举产生了由127人组成的湖南省文联第十届委员会，审议通过了湖南省文联第九届委员会工作报告，修改了《湖南省文学艺术界联合会章程》，选举产生新一届领导机构。鄢福初当选湖南省文联第十届委员会主席团主席，夏义生、唐贵平、邓清柯、王跃文、张纯当选副主席，邓东源、任军、汤素兰、杨霞、肖笑波、叶红、旷小津、段江华、谢子龙、赵双午、张华立、周雄、魏春雨、王俏当选兼职副主席，邓清柯兼任秘书长。尹律远、田茂军、刘晓斌、纪红建、杨少波、陈善君、金沙当选主席团委员。

省委常委、宣传部部长张宏森在闭幕式的讲话中指出，要认真学习贯彻习近平总书记关于文艺工作的重要论述，按照省委省政府工作部署，切实把思想和行动统一到新时代新发展阶段文艺工作的使命任务上来。做好新时代文艺工作和文联工作，要坚定文化自信，承担起在建设现代化新湖南和推进文化强省建设中的神圣职责，出作品、出人才，培养造就文艺新人，团结引领文艺工作者，进一步深化改革，全面加强党对文艺工作的领导。

【湖南省文艺志愿服务工作联络会】

4月29日，湖南省文艺志愿服务工作联络会在长沙召开，湖南省文联党组书记、副主席、秘书长夏义生，湖南省文联党组成员、副主席邓清柯，湖南省文联副主席、省文艺志愿者协会主席大兵，各省级文艺家协会秘书长、各市州文联分管副主席和联络员出席，会议由邓清柯主持。会议总结了近年来湖南省文艺志愿服务工作中的经验，着重指出了过去工作中存在的问题和不足，分析当前面临的形势，研究了进一步推动全省文艺志愿服务工作的具体意见。

夏义生代表湖南省文联党组在对近年来全省文艺志愿服务工作给予肯定的同时，对今后文艺志愿服务工作，提出了要求。

会上，各省级文艺家协会秘书长、各市州文联汇报、分享了本单位开展文艺志愿服务的情况，并对省文艺志愿者协会今后工作如何开展提出建议和意见。

【“第十三届全国美术作品展览优秀作品”湖南巡展】

6月6日上午，由国家文化和旅游部、中国文联、中国美协主办，湖南省文联、湖南省美协、湖南美术馆承办的第十三届全国美术作品展览进京作品、第三届中国美术奖作品（湖南）巡展开幕式在湖南美术馆举行。

省委常委、宣传部部长张宏森出席并宣布展览开幕。湖南省文联主席鄢福初，中国美协分党组成员、秘书长马锋辉，艺术家代表卢雨等分别在开幕式上致辞。来自全省各地的艺术家及观众300多人参加开幕式。开幕式由湖南省文联党组书记、副主席、秘书长夏义生主持。

全国美术作品展是中国历时最久、规模最大、最具影响力的国家级综合性美术作品展览，每五年举办一次。这次展览是全国美术作品届展第一次走进湖南。湖南省入选第十三届全美展作品共计135件，其中获奖提名作品1件、18件进京作品，入选率全国排名列第11名。举办此次展览既可以促进湖南美术事业的发展，又可以加强与外省的交流，扩大湖南美术影响，擦亮湖南文艺名片，具有积极的历史与现实意义。

【公益体彩·墨香雅韵——湖南省女书法家书法作品展】

6月10日，由湖南省女书法家协会、湖南省体育彩票管理中心主办的“公益体彩·墨香雅韵——湖南省女书法家书法作品展”在湖南国画馆开幕。湖南省文联党组书记、副主席、秘书长夏义生，湖南省文联主席、省书协主席鄢福初出席。省政协原副主席、湖南省文联原主席欧阳斌观看了展览。夏义生宣布展览开幕。

此次展览共收到来稿1273件，经初评、复评、终评，共评出入展作品168件，入选作品130件。

【“小康梦·千年梦”湖南文艺家看千年瑶乡采风创作活动】

为深入挖掘和展示瑶族文化底蕴，助推文艺事业与脱贫攻坚和“文化、生态、旅游”的深度融合，8月31日，在省委宣传部指导下，湖南省文联、省作协组织文艺家深入江华瑶族自治县开展为期4天的采风创作活动。湖南省文联主席鄢福初，湖南省文联党组成员、副主席邓清柯参加采风活动。

9月1日上午，“小康梦·千年梦”湖南文艺家看千年瑶乡采风创作活动启动暨湖南文艺家创作基地、湖南文学创作示范基地揭牌仪式在江华湘江乡桐冲口村举行。省委宣传部一级巡视员龚爱林在仪式上宣布活动启动。湖南省文联主席、省书协主席鄢福初出席仪式并讲话。湖南省文联副主席、省作协主席王跃文主持仪式。

采风创作活动其间，来自全省文学、戏剧、音乐、舞蹈、美术、书法、摄影、民间文艺等多个门类的艺术家，深入“千年瑶寨”桐冲口村、2020年湖南省特色文旅小镇水口镇、迄今已有300多年历史的大圩镇宝镜村古民居等地采风，并实地考察大圩镇易地扶贫搬迁安置点、中国瑶族第一殿盘王殿、江华瑶族自治县规划展示馆等地，感受瑶乡风物之美，书写瑶乡脱贫之变，描绘新时代瑶家人追求美好生活的奋斗历程和精神风貌。

【湖南省文联文艺创作选题规划座谈会】

9月7日，湖南省文联召开文艺创作选题规划座谈会，讨论研究“十四五”文艺创作题材和选题规划。湖南省文联党组书记、副主席、秘书长夏义生出席会议并讲话，湖南省文联主席鄢福初主持会议，湖南省文联党组成员、副主席邓清柯出席会议。

会上，湖南省文联所属各协会及相关单位负责人结合自身实际工作，围绕主题创作、集体创作、个人创作等内容纷纷发言，畅谈“十四五”文艺创作题材和选题规划。

夏义生就如何抓好主题文艺创作作了讲话，他指出，各协会及相关单位一是要突出主题性文艺创作，把主题文艺创作作为湖南文艺创作的中心任务抓好抓实。二是要聚焦重要时间节点，组织好主题文艺创作，认真处理好长远规划和突击创作、主题性创作和主题性演出及展览展示、全省统筹的重点创作项目和各协会单位的重点创作项目、史诗性呈现和主题创作、主题创作和文化市场这五个方面的关系。三是要聚焦优势资源，突出重点，大力提升主题文艺创作的组织化水平，优化资源配置，把最好的文艺人才调集起来。同时，建立完善主题文艺创作的激励机制，为文艺人才培养和作品创作提供坚实保障。

鄢福初要求相关部门单位要认真抓好“十四五”文艺创作选题规划的落实，进一步增强文艺工作的自觉性和坚定性，大力推动文艺创作，努力创作更多无愧于时代的优秀作品。

邓清柯就做好“十四五”时期湖南省文艺创作重点题材和选题提出了具体要求。

【湖南知名美术家推介工程】

为深入贯彻习近平总书记关于文艺工作的重要论述，落实省委省政府文化强省战略，湖南省文联启动了湖南知名美术推介工程。

9月15日上午，“湖南知名美术家推介工程·陈白一艺术展”在湖南美术馆开幕。陈白一先生亲属代表陈明大现场向湖南美术馆捐赠了陈白一《亲语》《摸鱼崽》等7幅艺术精品。开幕结束后，举行了“湖南知名美术家推介工程·陈白一艺术展研讨会”。来自省内外的知名画家、美术

评论家30多人参加。

“湖南知名美术家推介工程·陈白一艺术展”共分为《湘情湘韵入画图》《绚烂之极归素朴》《民间写意成心象》《志洁行芳得真淳》四个部分，以170余件精品力作和文献资料全面呈现陈白一先生“一生为人民”的艺术历程，突出反映了他在中国工笔画发展之路上的执着探索与艺术创新。

9月27日，“湖南知名美术家推介工程·王憨山艺术展”在湖南美术馆举办。王憨山的《太平鸡侣亦仙班》《便觉春光四面来》《一枝洁白高天下》等20幅艺术精品入藏湖南美术馆。此次展览分为“不辞日暮重抖擞”“田园宰相”“困而知之”“鱼为奔波始化龙”4个部分，展出的230余件精品力作和艺术文献以多视角展示王憨山的艺术人生与艺术历程。同日，“湖南知名美术家推介工程·王憨山艺术研讨会”在湖南美术馆举行，来自省内外的30余位艺术家、美术评论家参加并踊跃发言。

【“梦圆2020”脱贫攻坚主题文艺创作颁奖活动】

10月22日下午，“梦圆2020”脱贫攻坚主题文艺创作颁奖活动在湖南广播电视台举行。省委副书记乌兰，湖南省委常委、宣传部部长张宏森为获奖作者颁奖，并为湖南省优秀扶贫干部代表、公共图书馆代表等赠送“梦圆2020”主题征文丛书。

湖南省是“精准扶贫”首倡地，在脱贫攻坚战中不断探索总结，逐步形成了精准扶贫的“湖南样本”。为记录这段波澜壮阔的历史，自2017年9月起，“梦圆2020”主题文学征文活动在全省展开。与此同时，湖南省文联制定《脱贫攻坚主题文艺创作三年行动计划》，要求湖南省各文艺家协会和省、市、县三级文联合力抓脱贫攻坚主题文艺创作。这次主题创作采取湖南省文联重点项目签约制和全湖南省文联系统征稿两种方式。遴选出11个重点项目并与22名创作人员签约，组织创作人员定点深入生活。为了推进主题创作，2018年12月，在怀化召开全省脱贫攻坚主题文艺创作推进会。2019年5月，在张家界召开武陵山区扶贫文艺精品展暨学术研讨会。2019年8月，在怀化沅陵县召开“实景演出与精准扶贫研讨会”。据不完全统计，近3年来，湖南全省创作脱贫攻坚主题文艺作品5万余件。2020年5月12日，湖南省文联印发《关于报送开展脱贫攻坚主题文艺创作情况的通知》，在1个月内，共收到14个市州文联和10个省级文艺家协会经初评后报上来的作品831件。2020年9月6日，组织专家对这批作品进行终评，共评选出4件特别优秀作品、40件优秀作品、40件提名作品。湖南省文联与新湖南、红网合作，分别开设了“圆梦今朝——湖南省脱贫攻坚主题文艺创作成果展”和“脱贫攻坚——文艺的力量”网上专题展，推出作品261件，总点击量超过2230万人次。

【第三届“策展在中国”论坛暨2020年中国美协策展委员会年会】

11月3日上午，第三届“策展在中国”论坛暨2020年中国美协策展委员会年会系列活动在湖南美术馆启动。本届论坛及系列活动题为“全球化与在地化”，由中国美协策展委员会、湖南美术馆主办。

开幕式上，中国美协主席、中央美术学院院长、中国美协策展委员会主任范迪安，湖南省文联主席鄢福初分别致辞，中国美协策展委员会副主任兼秘书长、北京画院院长吴洪亮介绍了论坛暨系列活动情况，湖南省委宣传部常务副部长蒋祖烜宣布论坛暨系列活动开幕。开幕式由湖南省文联党组书记、副主席、秘书长夏义生主持。

开幕式上，范迪安主席还为第三届“策展在中国”论坛暨2020年中国美协策展委员会年会系列活动颁发纪念牌，同时为2021年第四届“策展在中国”举办地厦门大学授牌。

【《中国民间文学大系》《中国民间工艺集成》（湖南卷）编纂工作会】

11月10日，《中国民间文学大系》《中国民间工艺集成》（湖南卷）编纂工作推进会在长沙召开，中国文联副主席、中国民协主席潘鲁生，湖南省文联党组书记、副主席、秘书长夏义生，湖南省文联副主席、省民协主席曾应明出席会议并讲话。会议要求认真落实好中国文联和中国民协的工作部署，严格依照“两大工程”工作手册相关要求，争取如期高质量完成《大系》《集成》（湖南卷）编纂工作。

过去的三年，湖南省文联省民协按照中国文联和中国民协的相关要求，把“中国民间文学大系出版工程”和“中国民间工艺传承传播工程”

湖南卷的编纂工作放在重要位置，始终以《中国民间文学大系》和《中国民间工艺集成》两大工程为抓手，明确工作的方向和重点。三年时间内已经完成了《中国民间文学大系》（湖南卷）小戏•影戏卷、花鼓戏卷、故事卷（上、下）和谚语上卷的编纂任务。其中小戏•影戏分卷作为示范卷得到了中国文联和中国民协的高度肯定，第一批出版并向全国推广。由于编纂质量较高，在中国民协示范卷工作会议上，专家组将原本第二批的湖南卷提前纳入到第一批作为示范卷推广。会议之后，潘鲁生主席一行还考察了省湘绣研究所。

【共圆小康梦——潇湘好歌主题演唱会】

12月8日晚，由湖南省文联、湖南省音协主办的“共圆小康梦—潇湘好歌主题演唱会”在长沙市实验剧场举行。湖南省文联主席鄢福初，党组成员、副主席邓清柯等领导和省委宣传部、省文旅厅、长沙市文联等单位或部门领导观看演唱会。

自2015年开始，省音协在湖南省文联的大力支持下，持续6年打造“潇湘好歌”歌曲创作品牌，当晚演唱的12首作品都是前六届“潇湘好歌”品牌建设中产生的“脱贫攻坚、全面小康”重大主题创作成果。这些作品选自2015年以来通过湖南省文联、省音协报送获中宣部、省委宣传部“五个一工程奖”、入选中宣部“中国梦”主题新创作歌曲、入选中国音协“听见中国听见你”推广活动的作品，或选自湖南省文联脱贫攻坚主题创作优秀奖作品、省音协前六届“潇湘好歌”获奖作品。所有演唱者都是湖南的青年歌唱家和少儿歌手。

本次演唱会是贯彻落实习近平总书记关于文艺工作的重要论述的一次举措，有助于团结引领广大音乐工作者把握时代脉搏，坚守人民立场，不断加强音乐创作队伍建设，创作精品力作，谱写湖南文化强省建设音乐新篇章。

【“决胜脱贫在今朝 · 丹青共筑中国梦”湖南省美术作品展览】

“决胜脱贫在今朝 · 丹青共筑中国梦”湖南省美术作品展览由湖南省文联主办，省美协、省画院、湖南美术馆共同承办。2020年12月11日开展，一直持续至2021年1月13日结束，202件展现脱贫攻坚奔小康新成果的优秀美术作品参加展览。这些参展作品内容丰富，涵盖中国画、版画、水彩画、油画、连环画、烙画、漆画、钢笔画、雕塑等美术种类，重点展示了扶贫现场的人物风貌、山川变化、风土人情，以及脱贫攻坚征程中涌现的典型事迹、先进人物。体现了湖南省美术工作者为时代画像、为时代立传、为时代明德的责任担当。

【文艺战“疫”】

为坚决遏制疫情蔓延势头、打赢疫情防控阻击战贡献湖南文艺界的力量，1月27日，湖南省文联发出了《关于开展阻击新冠肺炎主题文艺创作的通知》，号召全省文艺工作者把防控疫情作为最重要的政治任务，把创作生产优秀主题作品作为当前的重要工作，推出一批鼓舞人民斗志的优秀作品，为坚决打赢疫情防控阻击战鼓与呼。为贯彻落实湖南省文联通知精神，全湖南省文联系统积极响应，迅速行动，共创作出文艺作品16800多件。红网文艺战“疫”专题择优推出作品1856件（篇、幅），“学习强国”推出52件（篇、幅），这些作品在疫情防控工作中充分发挥了强信心、暖人心、聚民心、筑同心的重要作用。经湖南省文联组织专家评审，初评出作品1734件，终评出文学、美术、书法、摄影、戏曲、短视频、民间文艺等艺术门类优秀作品107件。举办了“以艺抗疫，用爱相守”湖南省文艺志愿者在行动活动、“以艺抗疫”线上书法展览11期、《“生命重于泰山”——战“疫”2020湖南大型公益影像纪实作品展》《“讲好中国故事”——舒勇每日一画致敬抗疫英雄主题作品巡展》等。

机关建设

【鄢福初提名为湖南省文联主席人选】

5月18日上午，湖南省文联召开干部职工会议。省委组织部副部长肖百灵宣布省委决定：提名鄢福初同志为湖南省文学艺术界联合会主席人选。省政协原副主席、湖南省文联第九届主席团主席欧阳斌出席并讲话，湖南省文联党组书记、副主席、秘书长夏义生主持会议，湖南省文联主席提名人选鄢福初出席并作表态发言。

肖百灵副部长对欧阳斌主席四年来为湖南文艺事业和文联工作的辛勤奉献给予了高度评价。她对鄢福初同志的基本情况作了介绍，鄢福初同

志政治意识强，专业素养高，工作业绩突出，对自己要求严格，是湖南省文联主席的合适人选。她对湖南省文联领导班子提出了三点要求，一要提高政治站位，始终把牢文艺事业发展的政治方向；二要勇于担当，推动文艺事业高质量发展；三要抓住关键，切实加强领导班子和干部队伍建设。欧阳斌在讲话中强调，省委提名鄢福初同志为湖南省文联主席候选人，这是省委对湖南文艺事业的高度重视和关心。衷心拥护省委的重要决定。“希望同志们像接纳、尊重、支持、包容我一样，对待新来的文联主席鄢福初同志。”欧阳斌说，湖南文艺界是一个相亲相爱、尊老爱幼、求同存异、共同奋进的大家庭，湖南文艺事业的发展，最重要的就是要在习近平新时代中国特色社会主义思想指引下，忠实践行习近平总书记关于文艺工作的重要论述，发扬敢为人先的精神，发扬奉献精神，发扬“富贵不能淫，贫贱不能移”的精神，发扬“十年寒窗”的精神，贯彻落实好宏森部长在湖南省文联九届十一次全委会会议上提出的“实现五个新作为”，为建设文化强省努力奋斗。

夏义生表示，一定尽快圆满落实好省委的决定，建好班子、带好队伍、履职尽责，把强化党的全面领导贯穿到全省文艺界各方面和湖南省文联工作各环节；一定和鄢福初同志肝胆相照、荣辱与共，共同维护保持好文联团结和谐向上的大好局面；一定牢记肩负的责任和使命，紧紧围绕多出文艺精品、多出优秀人才这个中心，振奋精神、团结协作，把省委对湖南省文艺事业和文联工作的关怀厚爱化为奋进的动力，以实际行动和优异成绩为文化强省建设贡献文艺界的力量。

湖南省文联主席提名人选鄢福初在会上作了表态发言，他将竭尽所能，尽忠职守，始终坚持创新创造，在保持优良传统作风的同时，秉承湖湘文化敢为人先的精神，推动文艺工作理论创新、手段创新、内容创新，更加积极有为地促使文联工作始终充满生机和活力；聚焦创作这个中心，聚焦培养文艺人才，带头投入精品创作，推动文艺创作从高原向高峰不断攀登；与大家一道同理同心，同舟共济，营造乐观、健康、向上的文艺风气，当好广大文艺工作者的服务员、联络员；在省委的坚强领导下，在省委宣传部和湖南省文联党组的直接领导下，为湖南文化强省建设作出积极贡献。

【全省基层文联工作座谈会暨基层文联负责人专题培训班】

为深入学习贯彻习近平总书记关于文艺工作的重要论述，加强全省文艺人才队伍建设，切实搭建基层文联集学习、沟通、交流、借鉴的平台，引导基层文联干部积极拓展工作思路、创新工作方法，推动文联系统改革工作落地落实。10月28日至30日，2020年全省基层文联工作座谈会暨基层文联负责人专题培训班在郴州举办。开班仪式由湖南省文联主席、省书协主席鄢福初主持。

本次培训班采用专题辅导、实地调研和大会交流相结合的方式，深入学习贯彻习近平总书记关于文艺工作的重要论述，特别是习近平总书记在湖南考察时的重要讲话精神。培训班由湖南省文联党组成员、副主席邓清柯为学员作专题辅导讲座。郴州市文联、衡阳市文联、常德市文联、长沙市望城区文联、株洲市荷塘区文联、益阳市沅江市文联、郴州市汝城县文联、浏阳市小河乡文联等8家基层文联进行了大会交流发言。

培训其间，与会人员专程到“半条被子”的故事发生地——汝城县文明瑶族乡沙洲瑶族村参观学习，重温“半条被子”的故事，感受中国共产党人的初心和本色。

重要创作与获奖

【大型史诗歌舞剧《大地颂歌》】

9月27日晚，大型史诗歌舞剧《大地颂歌》在长沙首演。9月28日，湖南省文联在湖南宾馆召开大型史诗歌舞剧《大地颂歌》研讨会。省内专家学者40余人参加会议。

11月6日晚，《大地颂歌》在国家大剧院举办进京首场演出。11月7日，由中国评协、湖南省委宣传部、湖南省文联、湖南省演艺集团主办的大型史诗歌舞剧《大地颂歌》研讨会在北京召开。中国评协主席夏潮主持，湖南省委常委、宣传部部长张宏森出席。

专家们一致认为，大型史诗歌舞剧《大地颂歌》以全面反映湖南精准扶贫历程为题材，将扶贫路上涌现出的真实人物和典型事例进行艺术创作，以湘西之事讲湖南，以湖南之事讲全国，展现了湖南“精准扶贫”的决心和精神，传递了湖南人民取得脱贫攻坚战胜利后的获得感、幸福感和对党的感恩之情。以打破常规的艺术表现手法，集歌、舞、音乐、戏剧、影视等多种艺术形式集于一体，全面立体真实地展现我国精准扶贫的重大成效、先进典型和伟大精神，呈现一幅波澜壮阔的精准扶贫中国画卷，奏响了一部气势恢宏、感人肺腑的大地颂歌，是新时代舞台艺术美学的新探索。

《大地颂歌》由谷智鑫、何炅、张凯丽、万茜等主演，分为《风起十八洞》《奋斗》《夜空中最亮的星》《一步千年》《幸福山歌》《大地赤子》六个单元，入选庆祝中国共产党成立100周年舞台艺术精品创作工程“百年百部”创作计划重点扶持项目。在进京演出之前，《大地颂歌》已历经多次彩排、多次演出、多次研讨，反复打磨。

【大型交响叙事组歌《苗寨的故事》】

10月21日晚，大型交响叙事组歌《苗寨的故事》在长沙音乐厅举行首演。省委副书记乌兰，省委常委、宣传部部长张宏森，副省长隋忠诚等观看演出。

10月22日上午，湖南省文联在长沙举行了大型交响叙事组歌《苗寨的故事》研讨会。省内外音乐界、评论界专业人士近40人与会。

会议认为，《苗寨的故事》是一部把生活腹地当成创作高地的潜心耕耘之作，凝结着词曲作者历时近3年长期深入十八洞村等湘西苗寨扎根生活的心血与汗水；是我国第一部表现新时代“精准扶贫”首倡地“首倡之为”的大型交响组歌，展现了湘西苗寨践行习近平总书记“精准扶贫”重要论述共圆小康梦的奋斗历程；是一个用讲故事的方式叙说千年苗寨历史变迁的完整音乐故事，实现了宏大叙事与细节表现的生动结合。

《苗寨的故事》系湖南省文联“脱贫攻坚”主题文艺创作三年行动计划资助项目，组歌词曲创作者金沙、孟勇历时近3年“潜心耕耘”而成。组歌由《云雾深处》《春风吹来》《太阳升起》等3个乐章、共17首歌曲组成。于海、肖鸣担任指挥，400余名演员上台表演。

【肖笑波、成新湘、黄小玲获评“全国劳动模范”】

11月24日，全国劳动模范和先进工作者表彰大会在北京人民大会堂举行。

全国劳动模范和先进工作者五年评选表彰一次，代表着我国劳动工作者的最高荣誉。国家一级演员、邵阳市非物质文化遗产保护传承研究所所长、湖南省祁剧保护传承中心旦行演员、湖南省剧协副主席肖笑波，湖南省湘绣研究所湘绣生产部主任、高级工艺美术师成新湘，醴陵市醴泉窑艺陶瓷有限公司总设计师、高级工艺美术师黄小玲荣获“全国劳动模范”称号。

【谢子龙、严志刚获第十三届中国摄影金像奖】

12月20日，第十三届中国摄影金像奖颁奖典礼在河南三门峡举办，来自纪实摄影、艺术摄影和商业摄影三大类别的19位摄影师获得殊荣。湖南省摄协主席谢子龙获中国摄影艺术摄影类、湖南省摄协理事严志刚获中国摄影纪实摄影类金像奖。这是湖南摄影界时隔11年再次获得中国摄影最高荣誉。

谢子龙获中国摄影金像奖（艺术摄影类）的作品为：《光荣的劳动者》《田野.舞者》《影话中国故事》，所呈现的是镜头下中国大地上的风土人情、时代精神与传统文化。评委对他的评语是：“谢子龙以全国劳模的身份拍摄全国劳模，以乡土湘人的情感拍摄湘西土家人，以家国情怀创作《影话中国故事》，三个摄影专题以三部曲式的乐章在潇湘大地上长歌吟唱。”严志刚获中国摄影金像奖（纪实摄影类）的作品为：《日常中国——中国城市影像街头纪实30年》和《人生若初见》系列，评委给他的评语是：“从传统纸媒到互联网平台，始终走在时代的前沿，为影像在互联网时代发挥更大的能量与价值不断探索求新。”

直属单位

【湖南省画院】

组织专职画家参与中国美协“送欢乐下基层”走进湖南湘西土家族苗族自治州花垣县十八洞村慰问活动；积极做好抗疫工作并且组织画家进行抗疫创作和捐赠作品；推出《众志成城、抗击疫情——美术家在行动》《正是共担风雨时 ——湖南省画院抗击新冠肺炎疫情美术作品选》两篇专题报道；组织专职画家、青年画院画家、艺术志

愿者等20余人组成的采风团，赴郴州市汝城县三合村开展采风写生创作活动，创作大幅国画《三合新貌·云顶仙居》，组织艺术志愿者赴三合村云顶新居——石泥坑异地扶贫搬迁集中安置点进行艺术墙绘创作；举办“‘筑梦新时代——精准扶贫奔小康，丹青描绘中国梦’湖南省画院美术作品展”；组织创作的山水国画《春暖十八洞》、人物油画《春天来喽》获湖南省文联脱贫攻坚主题文艺创作优秀作品奖，并参加省美协组织的脱贫攻坚专题展览；人物国画《春风拂过十八洞》，被评为湖南省文联脱贫攻坚主题文艺创作提名作品。

【湖南省文联文艺创作与研究中心】

《湘江文艺》《文艺论坛》影响不断扩大，办刊成绩突出，2020年被《新华文摘》《中国人民大学复印报刊资料》《小说选刊》《小说月报》《中华文学选刊》等权威选刊选载41篇次。在省出版产品质量监督检测中心的检测活动中，《湘江文艺》被评为优秀等级。

主持完成湖南省文联脱贫攻坚主题文艺创作三年行动计划资助的11个创作项目；主持湖南省文联阻击新冠肺炎主题文艺创作活动，推出了一大批强信心、暖人心、聚民心的文艺作品，编辑出版了《文艺战疫——湖南省文联阻击新冠肺炎主题文艺创作优秀作品集》；与省委宣传部驻部纪检组合作，组织拍摄《党的纪律处分条例》宣教短视频16个；积极参与指导扶贫电影《在河之洲》的拍摄筹备工作；联合主办了“第十届中国新锐批评家高端论坛”、长篇小说《春天里》新书分享会等。

【湖南美术馆】

举办“湖南知名美术家推介工程”陈白一艺术展、王憨山艺术展，作为研究推介本土艺术家的工作开端；举办“楚韵湘魂——湖南美术馆藏湖南重大历史题材作品展”，展览画册入选国家文旅部“2020年全国美术馆馆藏精品展出季项目”“一生师范——王正德捐赠作品展”入围文旅部2020全国美术馆青年策展人扶持计划；举办第三届“策展在中国”论坛暨中国美协策展委员会年会系列活动。着力打造“湖南高校毕业季美术作品展”品牌，助力高校培养青年人才。

2020年，湖南美术馆全年共收藏“首届中国水彩风景画展”藏品36件，省美协首届风景水彩画展入会作品40件，第十三届全国美展藏品7件，“湖南知名美术家推介工程·陈白一艺术展”捐赠作品7件、“王憨山艺术展”捐赠作品20件。

【湖南省文联网络文艺发展中心】

试用“网上文联”工作平台，完善“网上文艺家之家”服务体系，会员管理网格化初步完成。共录入会员人数14930名，占比65.23%。在完善会员资料的基础上，接入中华文艺资源人才库，建设湖南省文联资料数据库。2020年湖南文艺网共编纂刊发各类稿件891件，“湖南文联”微信公众号刊发稿件312篇。与红网、新湖南合作开辟“文艺战疫”“湖南省脱贫攻坚主题文艺创作成果展”“湖南省文学艺术界联合会第十次代表大会”“湖南省文联第九届委员会第十一次会议”4个专栏，共发专题稿件1000余篇，总点击量超过1.8亿人次。举办了湖南省文联系统网络舆情管理及意识形态工作专题培训班。

各文艺家协会

【戏剧家协会】

举办2场“戏韵•湖南”——名家讲座进校园活动。举办省剧协2020年第四期学习贯彻习近平总书记关于文艺工作的重要论述专题培训班。协助湖南省文联对2019年中国戏曲学院多剧种表演、器乐班的19名湖南籍学员给予助学资助。参加中国剧协第九次全国代表大会，由省剧协主席团推荐的王峰、李红飚、肖笑波、周文清、彭玲当选为中国剧协第九届理事会理事。湖南省文学艺术界联合会第十次代表大会召开，肖笑波、叶红当选湖南省文联第十届主席团副主席，周祥辉、王阳娟为湖南省文联第十届委员会名誉副主席。

【电影家协会】

举办第二期学习贯彻习近平总书记关于文艺工作的重要论述专题培训班。以习近平总书记在纪念红军长征80周年大会上讲述的唯一个长征故事为原型创作的电影《半条棉被》，创下了主旋律电影在湖南票房的新高。响应湖南省文联号召，广泛发动会员深入抗疫一线体验生活，创作了一大批传递正能量、讴歌真英雄的微电影、短视频作品。扎实开展“深入生活、扎根人民”活动，组织会员到湖南十八洞村、芙蓉镇、汝城县等地进行创作采风，为未来的选题策划积累素材。

【音乐家协会】

举办深入学习贯彻习近平总书记关于文艺工作的重要论述专题培训班、学习贯彻党的十九届五中全会精神和习近平总书记考察湖南重要讲话精神培训班及“共圆小康梦”——潇湘好歌主题演唱会。主办了“决胜小康之声”——第六届“潇湘好歌”征集活动、“我们的新湖南”——新时代新农村主题歌词创作采风创作活动。发出《在全省开展“聚音乐力量 克疫情难关”主题音乐创作的倡议书》，共收到作品1384件。创作了我国第一部表现“脱贫攻坚”主题、全景式演绎苗乡巨变的音乐史诗大型交响叙事组歌《苗寨的故事》，并成功首演；组歌中的歌曲《奔驰在祖国大地上》入选中宣部第七批“中国梦”主题新创作歌曲和中宣部主题重点出版物《百年小康梦圆时》，并在中央广播电视总台主办的“2020新年音乐会——扬帆远航大湾区”上演唱；《我们圆了小康梦》，入选中国音协“小康欢歌”大型交响音乐会。

【美术家协会】

举办“湖南省美协会员学习贯彻习近平文艺思想专题培训班”，培训会员170余人。参与“我们的中国梦——文化进万家”中国美协文艺志愿服务小分队“送欢乐下基层”赴湘西花垣慰问活动。举办“文艺战疫——湖南美术家在行动”线上展览，共收到4500件投稿作品，文艺战疫专辑微信推广27期，共登载805件作品；在湖南省文联文艺战“疫”主题文艺创作优秀作品评选中，共有26件作品获得优秀奖。联合举办“第十三届全国美术作品展览优秀作品”湖南巡展。举办“决胜脱贫在今朝，丹青共筑中国梦——湖南省美术作品展览”，共展出202件展现脱贫攻坚成果的美术作品。共同举办“2020湖南高校毕业季美术作品展”、第三届“齐白石”大学生文化艺术节美术作品（中国画）展览。

【曲艺家协会】

联合举办“2020年送文艺进机关下基层”活动，开展志愿服务演出7场。联合举办湖南·内蒙古·山西三地曲艺家协会“乌兰牧骑”红色文艺轻骑兵交流采风活动。举办湖南省曲协第三期学习贯彻习近平总书记关于文艺工作的重要论述专题培训班，培训会员88人。承办“笑满三湘”系列文艺志愿服务活动演出10场，该项目被湖南省文明委、湖南省直工委评为“最佳志愿服务项目”。被全国宣传推选学雷锋志愿服务“四个100”先进典型活动组委会评为“最佳志愿服务组织”。衡阳渔鼓《三袋米》获第十一届中国曲艺牡丹奖节目提名奖、文学提名奖。

【舞蹈家协会】

举办“学习贯彻习近平总书记关于文艺工作的重要论述专题培训班”。发出“勇担使命、共克时艰”致全省舞蹈工作者的倡议书，举办“众志成城、抗击‘疫’情”主题舞蹈视频展播，组织推广“舞蹈网络公益课堂”慕课计划、文艺进万家“中国舞协健康养生舞抖音直播课”“一米见方之舞”“我想对你说”等抗疫公益活动。组织第八届中国舞蹈节“‘5·15’一起舞”群众舞蹈网络展演。联合主办“首届中南六省（区）‘十佳青年领军舞者’展演”，湖南6名优秀青年舞者入围，1名获得领军舞者称号，4名获得优秀舞者称号。在2020“舞动中国梦”少儿舞蹈精品展演活动中，《旱龙船》获最高奖“新舞星”，《泳气》《等抖玛》荣获“新舞秀”。

【民间文艺家协会】

积极组织抗疫作品创作，共收到剪纸、竹木雕刻、陶艺、谜语等80余件抗疫作品。组织征集了脱贫攻坚主题文艺创作作品11件，2件获优秀作品奖，1件获提名奖。举办学习贯彻习近平关于文艺工作的重要论述培训班，100余名省民协会员参加。做好中国文联副主席、中国民协主席潘鲁生来湘调研的安排和接待工作，并召开两大工程湖南卷编纂工作座谈会。组织并带领古丈县摆手舞节目《浓摆浓查毕兹卡》到中山市参加第十五届山花奖民间广场歌舞评选活动；启动并完成《中国民间文学大系》（傩戏卷）（谚语卷）的编纂工作。

【摄影家协会】

举办两期全省会员培训班，500余名省摄协会员和新文艺群体摄影人才、积极分子参加培训。举办“生命重于泰山”——战“疫”2020湖南大型公益影像纪实作品展，与中国民主促进会中央委员会等单位联合主办“走进湘桂黔边•关注老少山穷”第五届（2020）全国摄影展，协办“中国·张家界”首届世界遗产摄影大展。谢子龙、张黎明两名摄影家被评为湖南省首批新文艺群体领军人才。在第十三届中国摄影金像奖评选中，谢子龙荣获艺术摄影类、严志刚荣获纪实摄影类金像奖，这是湖南摄影界时隔11年再次获得中国摄影最高殊荣。

【书法家协会】

组织征集来自全省书法界的抗疫专题书法篆刻作品2000余件，其中15件作品获湖南省文联阻击新冠疫情主题文艺创作优秀作品，省书协获优秀组织单位。举办第五期学习贯彻习近平总书记关于文艺工作的重要论述专题培训班。举办“公益体彩、墨香雅韵——湖南省女书法家作品展”“云起新湖南、墨舞大洋河”——第二届湖南省中青年书法展、“墨韵湖湘”湖南省女书法家书法作品巡展、墨润湖湘——“湘军杯”湖南省第六届中小学教师书法作品展。举办首届全国褚遂良书法学术研讨会论文征评活动。组织“祖国新春好、幸福进万家”送万福书万联进万家下基层公益活动18场次。在全国第五届青年书法展中，湖南入展18人，名列全国第五。

【杂技家协会】

《梦之旅》《欢乐中国年》欧洲巡演及湖南文旅图片巡展102场，通过巡演+图片展的形式，将杂技艺术向文旅融合的方向迈出了一步。面对疫情主动出击，积极参与将演艺融入云端的探索，通过“天下一家”“有请湘剧场”系列云演艺活动，开启杂技艺术线上云演出、云合作、云观看的新模式。与省杂技剧院共同举办“名师讲堂——杂技艺术系列讲座”；12月14日至15日，中国杂协第八次全国代表大会在北京召开，赵双午同志当选为中国杂协第八届主席团副主席。

【电视艺术家协会】

举办“后疫情时代影视媒体功效与应对”研讨会、2020年新剧本推介会、新时代电视文艺精品评说大会、“芒果派纪录片的风格、情怀与情操”行业对话活动等。承办第三十届中国金鹰电视艺术节，电视剧《共产党人刘少奇》获优秀电视剧奖，纪录片《中国出了个毛泽东》获最佳电视纪录片；金鹰节其间，中国文联党组成员、副主席胡孝汉一行参观了湖南电视50周年纪念展，并与集团公司（台）党委书记、董事长，省视协副主席张华立，以及省视协副主席兼秘书长盛伯骥，副主席黎日坚、黄晖和各专业委员会负责人座谈。

【评论家协会】

参与组织在北京、长沙召开的大型史诗歌舞剧《大地颂歌》研讨会。参与组织大型交响叙事组歌《苗寨的故事》观摩研讨评介活动。开展第二届湖南文艺评论推优活动。完成《一路飘香》大湘西“一县一品”新民歌集的编辑出版。与湖南师范大学文学院合作，完成“湖南文学名作连环画的改编”相关资料收集整理、写作发表工作。组织出版《祖国的笑容这样美——首届中国水彩风景画展论文集》。

【企（事）业文联】

策划成立十八洞村文化交流协会，探索送文化、种文化、育文化、兴文化的文化扶贫模式。策划推出《守护好一江碧水一一千年湖湘“一湖四水”文脉图记》大型文献图书，关注生态文明之道。策划推出《一带一部一一千年湖湘道》大型文献系列专题报道，为湖南打造内陆地区改革开放的高地。策划推出《千年湖湘八景图典》大型文献，助推湖南文旅高质量发展。组织策划《千年湖湘书院图记》大型文献图书，全景呈现湖南千年书院文脉。

广东省文联

综　述

广东省文联坚持以习近平新时代中国特色社会主义思想为指导，全面贯彻党的十九大及十九届二中、三中、四中全会精神，深入学习贯彻习近平总书记出席深圳经济特区建立40周年庆祝大会和视察广东重要讲话、重要指示精神，增强“四个意识”、坚定“四个自信”、做到“两个维护”，把牢以人民为中心的工作导向，切实履行“团结引导、联络协调、服务管理、自律维权”职能，围绕中心、服务大局，弘扬社会主义核心价值观，聚焦重大题材、繁荣文艺创作，以艺战“疫”，充分发挥文艺力量，打造精品、助力文化强省建设和“人文湾区”建设，推进文联自身建设，持续开展文艺志愿服务和惠民活动。

重要会议与活动

【首届广东省签约文艺评论家签约仪式在广州举行】

1月10日，由广东省文联、省评协主办，在广州举行。签约仪式上，广东省文联党组书记王晓、副书记吴华钦，广东省评协主席林岗等出席会议并为张晋琼、李楠、郑焕钊、罗丽、王学佳、易文翔、唐诗人、王艾、刘镇、卜松竹、袁瑾、王洪琛、王祥、李博等14名首届签约文艺评论家颁发聘书，聘期两年。

【广东省文艺界投入抗疫】

1月31日，广东省文联向广东省文艺工作者发出《关于抗击新型肺炎疫情的倡议书》及《关于征集抗击新型肺炎疫情主题文艺作品的通知》，号召广大文艺工作者行动起来以艺抗疫，共收到作品3万多件。其中广东省剧协征集到各类抗疫主题文艺作品192部；广东省影协策划拍摄的反映援助鄂医疗队系列纪录片《最美逆行》上线，并在“学习强国”广东平台发布；广东省视协动员文艺工作者创作的文艺作品380件，分别在“学习强国”、央视频、广东省视协微信公众号、触电新闻等平台展出；广东音乐人创作主题歌曲974首，其中63首歌曲入选全国优秀战“疫”公益歌曲展播，《天使的歌唱》《有一种力量》《你是光，你是爱》等86首歌曲在“学习强国”广东平台播出；广东省舞协组织创作抗击疫情主题舞蹈作品24部。

6月5日，广东省美协在广州举办“大爱无疆 艺路战疫——广东省抗击新冠肺炎疫情优秀美术作品展”，展出作品412件（套），并组织向广东省第二中医院援鄂医护人员赠送画像作品。

7月15日，广东省书协在广州举办“同舟共济 艺起战疫——广东省抗击疫情主题书法作品展”，展出作品175件，并组织向广东省妇幼保健院援鄂医护人员赠送书法作品。

广东省摄协收到抗疫主题作品2000多件，在协会网站和微信公众号开辟“疫情非常时期”“广东战疫影像”专栏。

广东曲艺工作者创作《众志成城抗病毒》《生命的召唤》《一碗热干面》等150部曲艺作品、录制音视频86件，涵括粤曲、快板、木鱼歌、双簧、潮州歌册、禾楼歌、客家方言五句板等曲种，并在“学习强国”、《曲艺》杂志融媒体、金羊网等媒体推出。

广东民协组织抗疫文艺作品征集，民间文艺家创作泥塑《信心》、剪纸《武汉加油》等以“抗疫情，传真情”为主题的民间文艺作品。

广东省评协征集到文艺评论工作者抗疫主题文艺作品2700多件，并通过中国文艺评论网、广东文艺网及《南方日报》等媒体平台发布。

广东省杂协和广东省舞协组织制作教学视频、健康舞教材视频，在微信公众号、抖音等平台开设网上课堂，号召大家强身战“疫”。

广东公安文联等行（产）业文联组织文艺工

作者创作歌曲《战疫》、中国画《防疫一线》、篆刻《逆行者》等一批文艺作品。

2月7日，广东省文联收到湖北省文联《关于恳请为“同呼吸共战‘疫’，万众一心加油武汉”湖北省抗击新型冠状病毒感染肺炎疫情宣传活动录制视频的函》，马上向艺术家们发出号召，全力支持此次疫情防控宣传活动，并邀请刘斯奋、李劲堃、李仙花、唐彪等数位有代表性的艺术家，录制短视频，为武汉加油、为湖北人民送去问候和祝福。

3月25日，湖北省文联向广东省文联发来感谢信。

【中国文联理论研究室到广东调研县级文联建设】

5月21日至23日，中国文联理论研究部副主任徐粤春等一行到广东开展“加强县级文联工作专题调研”活动。广东省文联党组副书记、专职副主席吴华钦，副秘书长、创作研究部主任梁少锋，潮州市文联主席程小宏等一同参加调研。21日，调研组前往潮州市潮安区文联进行实地调研，考察办公环境，了解各文艺家协会状况，并与潮安区委、区文联、各协会负责人、新文艺组织代表进行工作座谈，与会人员围绕区文联和协会发展状况谈体会、提建议。22日，调研组在潮州召开“加强县级文联工作专题调研”座谈会，潮州市文联及广东省县级文联负责人代表出席会议，程小宏就潮州市各县区文联基本情况和基层文艺工作的进行简要汇报。

【与广东省国强公益基金会签署战略合作框架协议】

6月2日，王晓与广东省国强公益基金会理事长陈翀签署战略合作框架协议，双方将发挥双方资源优势，加强战略合作，其中包括：一、开展艺术人才培养与推介，帮扶基层和公益文艺组织，扶持优秀文艺创作项目；二、合作开展扶贫艺术作品展及相关活动，以各类艺术形式展现中国脱贫攻坚的伟大历程，讲述精准扶贫故事；三、探索文艺发展新形式，以“文艺+互联网”“艺术家+社区”的方式，搭建艺术品展示交易网络平台，让普通市民走近艺术、了解艺术、欣赏艺术、购买艺术品；四、开展文艺合作，团结服务文艺组织、文艺家，助推基层艺术发展，帮扶乡村文化振兴，组织文艺活动走进企业、社区。

【开展服务乡村文化振兴专题调研】

6月29日至7月2日，吴华钦带领广东省文联调研组往云浮、肇庆开展服务乡村文化振兴专题调研。调研组前往云浮市云城区新文艺群体书法家工作室、云石遗址公园、郁南县连滩镇南江文化博物馆，肇庆市广宁县宾亨镇妙村、四会Live抖音直播基地等地，对当地历史文化、民间艺术活动开展情况、非遗文化和两广源流博物馆建设情况等进行调研，就如何做好文艺文联服务乡村文化振兴工作同当地宣传文化部门和文艺工作者交流。

【开展帮扶点慰问暨“七一”主题党日活动】

6月30日，王晓带领广东省文联机关和直属单位党支部以及有关部室的负责人，赴对口帮扶点揭西县五经富镇联和村开展慰问暨“七一”主题党日活动，为全村党员干部上题为“学习贯彻习近平新时代中国特色社会主义思想 为广东实现‘四个走在全国前列’贡献力量”的党课，代表广东省文联向联和村捐赠一批图书，并带队到村困难党员和老党员家中走访慰问。7月1日，揭阳市委书记、市人大常委会党组书记蔡朝林会见王晓一行，双方就进一步加强文艺交流合作、推进精品创作、推动文艺人才培养等方面进行交流探讨；随后，王晓带队往省级爱国主义教育基地揭东区玉湖镇汾水战役纪念馆开展党性锻炼活动。

【与中国人寿广东省分公司合作启动“文艺志愿行，国寿保无忧”行动】

8月12日，广东省文联与中国人寿广东省分公司在广州召开“文艺志愿行，国寿保无忧”签约仪式视频会议暨新闻发布会，双方签订战略合作协议。主会场设在广州，王晓，广东省文联一级巡视员、省文艺志愿者协会主席李仙花，广州市文联党组书记李鹏程，广东国寿党委委员黄胤立，文艺志愿者代表吴正丹、李春来等出席会议，会议其间，广东省文联、广州市文联分别与中国人寿广东分公司签订“文艺志愿行，国寿保无忧”行动合作框架协议，广东省其他各地级以上市文联主席、分管文艺志愿者协会领导及负责人，中国人寿各地市分公司负责人、相关分管负责人通过各地分会场视频参与活动。根据协议，中国人寿广东省分公司向广东省文联免费赠送“文艺志愿者保险计划”，凡是参与广东省各级文联文艺志愿服务部门主办或承办的志愿服务活动，且在中国文艺志愿者注册管理平台登记注册、从事志愿服务活动的年满18周岁的文艺志愿者，皆可获得由中国人寿广东省分公司免费赠送的综合保险保障，包括意外伤害身故、意外伤害残疾、交通意外伤害身故和残疾保障。

【广东省文联到云南调研文艺工作】

9月4日至7日，李仙花带队到云南省文联、玉溪市滇剧院进行调研，就扩大艺术交流和工作覆盖、剧团建设、剧目打造及人才培养等进行经验交流。

【大美“双区”——广东省庆祝经济特区建立40周年美术作品展在广东举办】

9月25日，由广东省委、广东省人民政府、中国文联、中国美协联合主办，广东省委宣传部、省文化和旅游厅、省文联、省美协、深圳市委宣传部承办的“大美‘双区’——广东省庆祝经济特区建立40周年美术作品展”在广州举办。展览以大美“双区”为主题，分为逐梦先行、扬帆奋进、多彩画卷三大板块，共展出198件记录经济特区建立40年的伟大成就的作品。10月9日，“大美‘双区’——广东省庆祝经济特区建立40周年美术作品展”移至深圳展出。

【中国文联国际部赴广东进行专题调研】

10月20日至22日，中国文联国际部副主任李琦等一行，就“了解基层组织开展对外文化交流的情况和需求”赴广东开展调研工作。10月20日，调研组在广东省文联召开专题座谈会，吴华钦主持会议，广东省文联办公室、组织联络部、广东省剧协、省舞协、省书协相关负责人参加会议。广东省文联从走出去、请进来、助力粤港澳大湾区建设三方面简要汇报近五年来的对外文化交流工作情况和存在问题。会后，调研组一行赴广州市和深圳市文联开展调研工作。

【广东省文联成立七十周年座谈会在广州召开】

11月26日，广东省委宣传部领导，广东省文联第八届主席团成员，广东省文联部分往届主席、党组书记，广东省文联机关各部门、各省级文艺家协会、直属单位主要负责人和广东省文联荣誉委员、艺术家代表100余人出席座谈会。座谈会由广东省文联主席李劲堃主持。座谈会上，王晓回顾广东省文联70年来的发展历程，姚璇秋、刘斯奋、陈翘、谢楚余、吴正丹、郑秋枫6名广东文艺界老中青文艺家代表先后结合自身文艺创作经验，畅谈文艺工作的感悟和体会；会上还向从事文艺工作满70年的文艺家和文艺工作者宣读致敬词，为老艺术家代表颁发荣誉证书。中国文联发来贺信向广东省广大文艺工作者表示热烈的祝贺和诚挚的问候，并充分肯定广东省文联70年来的光辉历史与重要贡献，对做好新时代广东文艺工作提出明确要求。

【中国摄协主席李舸到广东作抗疫创作主题报告】

11月30日，中国摄协主席李舸应邀到广东省文联做《中国战疫，文艺工作者冲在最前线》的报告。广东省文联全体干部职工及广东省摄协会员代表参加报告会。李舸通过一张张图片、一段段前线视频讲述抗疫一线亲身经历的感人故事，生动呈现医护工作者救死扶伤的医者仁心、呈现人民警察和基层一线下沉干部负重逆行的使命担当。

文艺人才培养

5月22日，广东省舞协举办网络“2020年广东省新文艺群体舞蹈人才培训班（第一期）暨2019年度中国舞协中国舞考级（广东地区）考级工作会议”，广东省外语艺术职业学院副院长朴红梅授课。9月20日至25日，由广东省音协、茂名市委宣传部主办的广东省音乐创作人才专项培训在茂名举行，56名学员参加培训学习和相关采风活动，培训采用评析学员作品+师生互动+创作/制作的形式促进词曲配对创作。11月21日，由广东省视协主办的“穗苗影视编剧培训暨对准热点选题进行影视创作”培训活动在广州举行，影视编剧、导演、制片人等共100人参加培训，导演杨骏、赵卫国围绕“近段时间主流选题叙事要求和审查制度下的影视创作”“新时代我们需要什么样的战争片”等话题向学员进行剖析和阐述。12月14日至16日，由广东省电影局主办，广东省影协、省电影行业协会承办的“2020粤港澳电影编导与制片人培训班”在广州举行，来自广东和澳门的60多名编剧、导演和制片人工作参加培训，电影频道（CCTV-6）创作部主任唐科，编剧袁媛，国家一级电影文学编辑祁海，香港导演李力持等进行授课。

【广东省青年文艺骨干培训班在潮州举办】

12月6日至9日，广东省文联在潮州举办广东省青年文艺骨干培训班。来自广东省21个地级以上市文联、13个省级文艺家协会及广东省文联机关的青年文艺骨干、各艺术门类青年文艺工作者共76人参加培训学习。王晓结合文艺工作实际对培训班学员提出要求、勉励全体参训学员不断强化自身思想素养，切实提升政治理论水平、文艺创作水平和业务工作水平，更好地贯彻以人民为中心的工作理念，努力创作生产出更多无愧于时代、无愧于人民的精品力作，为广东省文艺事业全面繁荣，努力走在全国前列作出更大的贡献。中央党校原副校长、博士生导师徐伟新教授作“鸦片战争与中华民族的伟大复兴”报告，广东省委党校党史党建部毕德教授围绕学习党的十九届五中全会精神，学习习近平总书记出席深圳经济特区建立40周年庆祝大会和视察广东的重要讲话、重要指示精神作辅导讲座，词曲作家陈小奇为培训班学员作“流行音乐发展脉络暨我的词曲创作”艺术讲座；中国民协副主席、广东省民协主席李丽娜围绕“如何开展文联及各文艺家协会工作”开展专题讲座。培训其间，学员到凤凰山革命纪念公园缅怀革命先烈，并到广济桥、饶宗颐学术馆、韩文公祠等潮州地方文化特色场所进行现场教学和观摩考察。

文化惠民活动、文艺志愿服务与扶贫工作

元旦其间，广东省舞协组织34名舞蹈工作者、歌唱家往清远市阳山县举办“我们的中国梦”——2020年文化进万家演出活动。

1月5日，广东省书协在东莞举办“我们的节日·春节”——2020年广东省道德春联进万家活动，送出春联1000多副，“福”字2000多件。

1月12日，广东省书协组织书法家在佛山义务为百姓创作春联500多副，“福”字500多件。

1月15日，广东省评协和省文联机关第一党支部组织书法家在广州开展送“福”字、送春联进社区活动。

5月21日至22日，广东省摄协组成36人的摄影小分队分赴汕头、汕尾、中山，珠海、东莞等地举办“文艺志愿行动·聚焦复工复产”纪实摄影志愿服务活动。

10月至12月，由广东省影协主办的“如花岁月·粤影风华——优秀广东电影百场校园展映暨‘乡镇文化行’”活动在广州、深圳、珠海、阳江、肇庆等地展开。

11月，广东省杂协举办杂技艺术进校园活动。

11月16日，广东省影协与广州市美术中学共同主办的“与影同行，与美同行”——电影进中小学系列活动启动仪式。

2020年，广东省文联邀请文艺家到汕头、韶关等10个地市的新时代文明实践中心建设试点县（市、区），以合唱、漆画、书法、摄影等艺术形式开展文艺志愿培训活动，广东省文艺志愿者协会配合中国文艺志愿者协会开展“圆梦工程——文艺培训志愿服务行动”，配合云南省文联组织各艺术院校音乐、舞蹈、书法、美术教师开展线上网络课程教学，线上培训约2万人次；参与“七个一百”精品项目下基层活动，组织30个艺术类精品节目赴阳江、梅州、茂名、汕尾、汕头等地进行文艺演出，与部队、基层文联和基层单位合作举办文艺志愿活动进军营、到社区，与各艺术院校、艺术院团合作开展青年文艺志愿孵化活动。

粤港澳大湾区文艺交流

【举办2020新时代全媒体影像创作前沿论坛云直播】

8月28日，由广东省文联、广东广播电视台、珠江电影集团有限公司主办，在佛山举办，广东省内5名专家在主会场现场、广东省外13名专家学者在线上参与活动，与会专家围绕2020新时代全媒体影像创作这一主题从新时代影像融合、粤港澳大湾区影视专业化、影视产业竞争新格局等不同视角进行云端交流发言。

【“诗境人生——叶嘉莹文学纪录片《掬水月在手》研讨会”在广州举办】

10月9日，由广东省文艺研究所、省影协、省电影行业协会、《粤海风》杂志主办，在广州举办。研讨会是大湾区电影观察系列活动之一。《掬

水月在手》是现年96岁叶嘉莹先生唯一授权的文学纪录片，由两岸三地联手打造、广东本土出品，获第二十三届上海国际电影节金爵奖。广东省文联、省影协、电影出品方、专家学者等20多位专家学者出席研讨会，呼吁在中华民族伟大复兴的当下，需要弘扬传统与人格合一的诗境人生。

【举办首届粤港澳大湾区（广东）杂技艺术周】

11月19日至22日，由中国杂协、广东省文联、深圳市文联、深圳市宝安区人民政府主办，在深圳举办，共20个参演团队参加、共举办活动26场次。活动内容包括粤港澳杂技魔术节目交流活动、嘉宾杂技艺术论坛、中国杂技成果70年回眸展、杂技魔术道具展销会、杂技艺术科普学堂等。

创作与研究

广东省文联、广东省文艺研究所、广州十三行博物馆、粤海风杂志社主编出版“人文湾区”双语图书《艺述大湾区——十三行故事》（广州出版社出版）。该书将十三行故事采用年历的方式分成若干个词条，用中英对照的形式讲述——365天，周一至周五每天讲述一个词条故事，周六和周日为十三行藏品展示。广东省文艺研究所出版抗疫歌曲CD专辑《以生命的名义》一张，出版《粤乐大家·黄锦培百年诞辰纪念音乐会》光碟一套。

各文艺家协会

【戏剧家协会】

1月7日，由广东省剧协、广东粤剧院等单位主办的“艺影凡声——丁凡艺术传承晚会”在广州举办，晚会通过视频投影与演出相结合的方式诠释丁凡从艺45年的艺术特点和代表作。

9月19日，由广东省剧协主办的“英雄赞歌——迎国庆致敬白衣战士潮曲演唱会”在广州举行，演唱会展演《不负使命护民安》《华夏大地尽芳芬》《共保家国永安泰》《春风践约到园林》《亿万民众盼春光》等10首歌颂抗疫医护工作者的作品。

11月21日，由中国剧协、广东省文联、省剧协、省影协主办的“第二届新时代戏曲电影发展论坛”在广州举行，戏剧人、电影人、相关行业专家等近300人参加论坛，期间展映粤剧《花月影》、锡剧《三三》、眉户剧《父亲啊父亲》、汉剧《白门柳》四部戏曲电影，与会专家就“戏曲电影发展的现状、成绩和面临的挑战”展开讨论。

12月14日，李仙花、王筱頔、林金洲、张怡凰、欧小胡、杨春荣、曾小敏、张广武、黄锡宏等9人当选为中国剧协第九届理事会理事。

“精准扶贫奔小康”主题小戏小品征集活动5月，广东省文联、省剧协面向广东省开展“精准扶贫奔小康”主题小戏小品征集活动，评出获奖作品一等奖1部、二等奖3部、三等奖5部以及优秀奖5部，12月21日、23日，由广东省文联、省文联创作研究部、省剧协等单位主办的“广东省精准扶贫奔小康”小戏小品获奖剧目展演分别在江门开平和广州举办，展演小话剧《拔穷根》、粤语小品《一袋“金子”》、客家话小品《最后一个贫困户》、小粤剧《扶贫风波》《老头子的秘密》和小品《越来越好》《采访》《装》《柚子树》《谁是小芳》等剧目。

【电影家协会】

1月9日至11日，由广东省影协主办的“惠州电影文化产业峰会”在惠州举办，来自全国各地的53名专家学者出席会议、探讨惠州电影产业发展路径及对策，峰会共间，与会专家学者到惠州各地实地调研，从地理、人文、生态、旅游等维度梳理惠州电影拍摄资源。

11月25日，由共青团广州市委员会、广东省影协、珠江电影集团有限公司等单位主办的“2020广州文交会暨第17届广州大学生电影展青穗之夜”在广州举行，影展以“趁青春　去发现”为主题，影片《少年的你》被评为最受大学生欢迎电影。

广东省影协以在线直播方式向广大市民举办“普及电影知识”“繁荣广东电影文化”“促进电影业复工复产活动”的系列讲座。活动由广东省影协和广州图书馆主办。

7月4日，举办题为《中国电影的价值观和文化坚守的意义》的“周末电影讲坛”第19期暨“名家云讲座”第一期，由北京师范大学亚洲与华

语电影研究中心主任周星主讲。

8月15日，举办题为《香港与内地合拍片的历史关照与现状观察》的“周末电影讲坛”第20期暨“名家云讲座”第二期，由广州大学副教授张燕主讲。

9月19日，举办题为《武舞天下——中国武侠电影的美学特征》的“周末电影讲坛”第21期暨“名家云讲座”第三期，由中国艺术研究院原副院长贾磊磊主讲。

10月17日，举办题为《期待一种“美好”的中国电影》的“周末电影讲坛”第22期暨“名家云讲座”第四期，由北京大学艺术学院副院长李道新主讲。

【电视艺术家协会】

由广东省委宣传部、省广播电视局、广东广播电视台、汕头市委宣传部、广东省视协、广东龙达影业股份有限公司联合策划的40集大型电视连续剧《出洋》成功立项，立项单位为北京中联影视、广东省视协。广东省视协在广东省8个贫困县建立“影视小屋”，组织电视艺术界的专家学者立足“影视小屋”，举办影视知识讲座培训、指导贫困地区的学生完成“属于自己、属于家乡”的影视作品，8个“影视小屋”均设在新时代文明实践中心。

【音乐家协会】

11月19日、20日，由佛山市委、佛山市政府、广东省音协主办的大型原创情景交响组歌《这就是我们》在佛山首演两场，其中，20日晚的首演由金羊网、羊城派、酷狗直播平台全球网络直播，100万余名网络观众在线同步观看，该组歌由广东省音协组织的22位词曲作家创作。

广东省音协、广东广播电视台音乐之声、佛山电台等单位开展“唱响小康幸福歌”公益歌曲展播，活动于2020年5月20日启动，共征集到歌曲210首、其中包括MV视频63首，评选出105首在广东广播电视台音乐之声、佛山电台、“抖音”“人民网”等平台展播。

【舞蹈家协会】

12月19日，广东省舞协、江门市蓬江区委宣传部等单位主办的2020“戴爱莲杯”人人跳全国群众舞蹈展演（广东省）选拔活动在江门举行，共18部作品入围，《夺冠》《鱼恋蓬江》等8个节目获“魅力之星”荣誉称号。

10月10日至11日由广东、湖北、江西、海南、湖南、广西壮族自治区六省（区）舞蹈家协会和广东省友谊剧院有限公司主办的首届中南六省（区）“十佳青年领军舞者”展演活动在广州举行，共300位舞者报名参加，65名舞者进入终评、参加现场展演，展演包括舞蹈剧目和个人即兴舞蹈，88万人次在舞谱网直播平台观看演出。

【美术家协会】

7月17日，由广东省美协、广东画院、广东美术馆主办的第二届“1荐1日至广东省美术名家荐才行动”展览在广州举办，展出罗玉鑫、杨得聆、喻涛等10位青年画家的作品115件，作品涵盖中国画、油画、版画、雕塑及综合画种等艺术门类。

9月7日，由广东省美协、广州图书馆、广州美术学院美术馆和广东省美协综合材料绘画与美术作品保存修复艺委会主办的“理念与方法——艺术品保存修复研究展”在广州举办，展览分为“红色经典艺术品的保护修复”主题展区和非主题展区，主题展区展出来自中国国家博物馆的《转战陕北》、中国美术馆的《出击之前》和广东美术馆的《公社假日》等修复作品30套；非主题展区面向广东省征稿，展出评审入选作品25套；参展作品内容包括文物艺术品的收藏、整理、保护、预保存、修复、复制等范畴的工作案例和科研、教育成果等。

10月28日，由广东省委宣传部、省文联主办，广东省美协、广东美术馆承办的“美好生活——广东省美术作品展”在广州举办，共收到投稿作品2350件，评出入选作品299件，其中优秀奖25件。

11月7日，由广东省文联、广东省美协、汕尾市委宣传部、汕尾市文联主办的“红色故土 靓丽明珠——汕尾市美术作品赴穗调展”在广州举办，展览共收到投稿作品262件，评出入展作品149件，其中优秀奖30件。

11月13日，由广东省美协主办的“广东第七届当代油画艺术展”在江门举办，展览共收到投稿作品823件，评出入选作品243件，展览首次以“中国油画第一人”李铁夫命名奖项，向优秀参展作者颁发“李铁夫艺术奖”（5人）“李铁夫学术奖”（5人）和“李铁夫创作奖”（11人）。

【书法家协会】

11月15日，由广东省文联、省书协举办的“第九届广东省新人新作书法展”在广州举行，评选并展出作品200件。

11月21日，由广东省书协、佛山市南海区文化广电旅游体育局等单位主办的“大沥杯”广东省第六届中青年书法篆刻作品展览在佛山举行，展览共收到投稿作品2284件，评选出优秀作品35件，入展作品265件。

为检验广东省中国书协会员对书法经典碑帖的学习成果，2月5日，由广东省书协主办的“融古出新 传承岭南——广东省中国书协会员培训成果展”在广州举办，共展出作品430件，其中入展作品193件、特邀作者作品237件。

【摄影家协会】

6月21日，由广东省摄协、省文艺志愿者协会、广州市越秀区文化广电旅游体育局主办的“‘潮涌珠江’广东复工复产摄影展”在广州举行，共展出作品100件，包括广东省摄协组织的摄影小分队围绕“科学有序进行复工复产”主题创作的作品及公开征稿入选作品。

9月11日至13日，由广东省摄协、佛山市顺德区北滘镇政府主办的“北滘杯”广东省第28届摄影展览在佛山举行，展览共收到投稿作品11854件，评出入选作品274件。

11月27日，由广东省文联、省摄协主办的“丰年人乐业 陇上踏歌行——广东脱贫攻坚、全面建成小康社会”主题摄影展在广州举行，展览共收到投稿作品4200件，评出入选作品200件。

11月28日，由中国摄协纪实摄影委员会、广东省摄协、开平市政府主办的“‘世界的开平’摄影旅游自媒体峰会暨第二届沙飞摄影周”在江门开平举行，活动包括开平文化旅游全国摄影大展、“世界的开平”摄影旅游自媒体峰会等项目，共展出千余幅摄影作品。

【曲艺家协会】

10月22日至23日，由广东省曲协、东莞市中堂镇人民政府、东莞市文化馆主办的第二届广东省（中国）曲艺之乡精品展演在东莞举办，展演决胜全面建成小康社会、决战脱贫攻坚主题原创曲艺作品22部，近40万观众通过网络平台观看展演。

11月7日，由广东省文联、省曲协主办的第十四届广东省青少年曲艺“明日之星”选拔赛综合曲种专场决赛在深圳举行，共17个节目入围决赛，陈一笑、张晋瑞等5人获“明日之星”称号。

11月14日，由广东省文联、省曲协主办的第十四届广东省青少年曲艺“明日之星”选拔赛粤语曲种专场决赛在佛山举行，共33个节目入围决赛，萧玥怡、林钲城等7名选获“明日之星”称号。

11月29日，由广东省文联联合会、广东省曲协主办的第五届广东省少儿曲艺“小牡丹绽放”展演在佛山举办，展演邀请中国曲艺牡丹奖获得者和部分历届“明日之星”获奖者参加演出。

12月22日，由广东广播电视台南方生活广播、广东省曲协、广州市荔湾区文化广电旅游体育局主办的微粤曲大赛优秀原创作品展演（2020·广州站）在广州举行，活动组织历届大赛获奖选手演唱微粤曲作品创作赛获奖作品，通过广东广播电视台南方生活融媒平台、粤听App“南方生活广播”官方号等进行全程视频直播，超过71万人次在线观看。

【杂技家协会】

2月2日，广东杂技界选送的《升降软钢丝》（表演单位：广州市杂技艺术剧院）在第41届“明日”世界杂技节上获大赛最高奖——法兰西共和国总统奖金奖。

11月23日，由广东省文联主办，省杂协承办的“奇幻大师魔术之旅”魔术交流展演活动在东莞举办，展演展示的魔术表演突破传统、运用现代科技将多媒体技术与魔术技艺结合。

12月14日，王召、李赛、江艺阳、吴正丹、苏展航、钟志刚、茹仙古丽（维吾尔族）、燕列松、魏葆华等9人当选为中国杂协第八届理事会理事，吴正丹当选为中国杂协第八届副主席。

12月19日，由中国杂协、广东省杂协支持，广东卫视出品的全国首档大型原创杂技文化节目《技惊四座》在广东卫视首播（之后逢周六21:10播出，连播10期），节目通过高科技手段全方位为观众展现30组国内外杂技个人和团队的60场杂技节目。

【民间文艺家协会】

1月14日，由中国民协、广东省精神文明建设委员会办公室、广东省文联、兴宁市人民政府主办的“2020 中国（兴宁）花灯文化节暨广东省第八届花灯文化节”在梅州举行，来自上海、福建

等13个省（自治区、直辖市）的41支花灯代表队300多盏（组、套）花灯参加花灯节和第十五届中国民间文艺山花奖·优秀民间工艺美术作品（灯彩）初评活动。

4月24日，由广东省文联、省民协主办的“广东省第九届民间文艺著作奖评奖活动”在广州举办，《宝安历史文化民俗》《花都名人家风家训》《瑶族歌堂文化》等3部作品获一等奖，《广东汉乐三百首》等6部作品获二等奖，《广州榄雕》等9部作品获三等奖。

9月29日，由广东省民协、东莞市文化馆、东莞市清溪镇政府主办的广东省第六届麒麟文化节颁奖典礼在东莞市清溪镇举行，活动在线上进行，来自广东各地的26支麒麟队参加麒麟舞大赛，征集到306幅麒麟头创新设计大赛作品，麒麟舞大赛中《麒麟献瑞·平安如意》等获传统组奖、《麒麟送吉祥》获创新组奖，麒麟头创新设计大赛中，陈志豪的金狮（盖子狮）扎作获麒麟（狮）头设计获麒麟（狮）头设计大赛奖。

11月23日，由中国文联、中国民协主办，广东省文联、中山市委等承办的第十二届中国民间艺术节在中山举行，活动包括第十五届“山花奖”·优秀民间艺术表演作品（广场歌舞、民歌）初评、“城市化背景下的民俗文化传承”论坛、“建设美丽乡村、脱贫攻坚奔小康”第三届广东省农民画展、民间艺术下基层文艺志愿展演等内容，25个省（自治区、直辖市）的34支民间文艺表演队伍及20多位民俗文化专家学者参加活动。

【文艺评论家协会】

1月17日，由广东省评协、羊城晚报副刊部等单位主办的“岭南学的想象与建构暨《唐前岭南文明的进程》新书研讨会”在广州举行，刘斯奋、章以武等20位专家学者出席会议，藉探讨《唐前岭南文明的进程》（作者：陈桥生，2019年广东高等教育出版社出版）的突破，展望“岭南学”研究的发生、发展及未来。

8月18日，林岗、谢有顺、梁少锋、仝妍、赖莎、罗丽、于爱成等7人当选为中国评协第二届理事会理事。

9月29日，广东省文联、广州美术学院、广东省人民政府文史研究馆主办，广东省美协、省评协、广州美术学院美术馆承办的“大道真意——郭绍纲从艺七十周年作品展”学术研讨会在广州举行，郭绍纲2015年被授予第二届广东文艺终身成就奖。展览分“时代肖像”“生活之美”“美育人生”三大部分，结合艺术作品与相关文献，展现郭绍纲从艺70周年历程中的美术创作与美术教育事业。会上，与会专家指出郭绍刚遵循并秉承欧洲的油画艺术传统，在油画民族化的探索与拓进等方面付出努力并取得一定突破。

广西壮族自治区文联

综　述

2020年，广西壮族自治区文联（以下简称：广西文联）以习近平新时代中国特色社会主义思想为指引，全面贯彻党的十九大和十九届二中、三中、四中、五中全会精神，积极发挥党和政府联系文艺工作者的桥梁纽带作用，履行文联“团结引导、服务管理、联络协调、自律维权”职能，围绕中心、服务大局，开展了一系列卓有成效的工作，在服务人民、繁荣社会主义文艺事业上，取得了新的成绩。紧扣决胜全面小康、决战脱贫攻坚、建党百年等重要时间节点和重大主题，精心策划开展文艺创作和主题文艺实践；广泛组织开展抗疫主题文艺创作，为抗击疫情贡献文艺力量；着力推进广西当代文学艺术创作工程规划项目，推出一批展现广西特色、讴歌时代精神的文艺精品力作；创新工作机制，推进文艺志愿服务和文艺扶贫工作，举办“圆梦工程”文艺培训、“文艺进校园”等多项主题鲜明、内涵丰富、面向基层的文艺实践活动。

会议与活动

【学习宣传贯彻习近平新时代中国特色社会主义思想和党的十九届五中全会精神】

10月30日，广西文联召开党组会，专题学习党的十九届五中全会精神。落实党组会“第一议题”学习制，通过党组带头学、支部深入学、部门广泛学、培训辅导学，全方位、大力度宣传阐释全会精神，进一步统一思想、凝聚力量。党组书记、主席吕洁带头学、带头讲，撰写理论文章《激发新时代文艺创造活力》刊发于《广西日报》，深入文联扶贫点大新县五山乡开展宣讲，把讲理论、讲政策、讲故事与互动交流贯通起来。班子成员分赴全区各地新文明实践中心（所、站），面向基层、面向群众，开展形式多样、内容丰富的宣讲活动。举办广西文联2020年学习党的十九届五中全会精神暨提升“四力”业务工作分享会，组织文联干部参加中央宣讲团党的十九届五中全会精神宣讲报告会、区直机关宣讲团党的十九届五中全会精神宣讲报告会。加强网上宣传引导，在广西文联网开设“学习宣传贯彻党的十九届五中全会精神”专栏，及时报道和转载全会有关内容，专题宣传全区文联系统学习宣传贯彻的相关情况，教育广大党员干部增强政治定力、站稳政治立场。

【组织开展抗疫主题文艺创作】

2月1日，广西文联向全区文艺工作者发出《开展抗击新型冠状病毒感染的肺炎疫情文艺作品创作倡议书》，广泛发动开展抗疫主题文艺创作，为抗击疫情贡献文艺力量。据不完全统计，全区文联系统共创作诗歌、散文、歌曲、美术、书法、曲艺、剪纸等文艺战“疫”作品5000余件。组织举办广西“抗击新冠肺炎疫情”影像作品展、“防控疫情，决胜小康”书法作品展，在广西文联网、“广西文艺界”微信公众号等平台开辟“文艺战‘疫’”专栏，共推出相关专题130期近1400余件作品，超过300件优秀作品被“学习强国”平台、人民日报客户端、中央广电总台、《中国艺术报》等重要媒体平台展播或刊发。

【广西文联十届四次全委会】

3月27日，广西文联十届四次全委会在南宁召开。会议宣读了自治区党委关于广西文联主要领导调整的决定。吕洁同志当选广西文联主席。会议总结了2019年广西文联各项工作取得的新进展：持续强化文艺界理论武装，思想政治引领更加鲜明有力；精心组织重大主题文艺实践，文艺力量服务大局更加务实有效；大力推进出名家名作工作，文艺精品创作更加繁荣；广泛开展文艺志愿活动，服务基层更加走深走实；统筹推进文联深

化改革，文联组织更加充满活力；认真组织“不忘初心、牢记使命”主题教育和巡视整改，文联工作更加科学规范；不断强化履职担当，基层文联工作更有成效。会议对2020年全区文联系统的主要工作进行部署，紧紧围绕学习宣传贯彻习近平新时代中国特色社会主义思想这一首要政治任务，紧扣决胜全面建成小康社会、决战脱贫攻坚这一主基调，努力实现服务大局有新作为、精品创作有新成果、文艺惠民有新举措、自身建设有新提升，努力开创新时代全区文联工作新局面。

【广西影视艺术家协会组建】

4月28日，广西影视艺术家协会组建大会在南宁举行。自治区党委宣传部副部长韩流，广西文联党组书记、主席吕洁，党组成员、副主席石才夫出席会议。会议通报广西影视艺术家协会关于理事会理事更替、增补人员情况，听取并审议通过《广西电影家协会第八届主席团工作报告》和《广西电视艺术家协会第七届主席团工作报告》，审议通过《广西影视艺术家协会章程》，选举产生广西影视艺术家协会主席团，黄著诚当选主席。广西影视艺术家协会由广西电影家协会和广西电视艺术家协会整合组建而成，是广西电影电视艺术家及影视机构组成的人民团体，是党和政府联系影视艺术工作者的桥梁和纽带。作为广西文联的团体会员，接受其领导，并在业务上接受中国影协、中国视协的指导。

【新时代广西少数民族文学创作研讨会】

6月18日，新时代广西少数民族文学创作研讨会在南宁召开。来自广西区内外的文学评论家和广西少数民族文学作家，围绕新时代广西少数民族文学创作的发展、全国语境下的广西少数民族文学创作、广西当下少数民族文学创作及作品的特色与影响等议题进行了有益探讨。本次研讨会旨在促进广西少数民族文学创作，加强广西少数民族文学评论，探讨新时代广西少数民族文学创作与评论的新思路。

【传达学习自治区党委常委、宣传部部长范晓莉对广西作协工作批示精神】

6月24日，广西文联召开座谈会，传达学习自治区党委常委、宣传部部长范晓莉对广西作协工作批示精神。党组书记、主席吕洁在座谈会上指出，范晓莉同志的批示是对广西文艺工作、广西作协工作的高度肯定和鼓励，是对“文学桂军”及广大作家的关怀和支持，要认真学习领会批示精神，更加团结一心，振奋精神，再接再厉，坚持以人民为中心的创作导向，不断推出精品，立志勇攀高峰，要搭建好各种平台，提供优质创作环境，鼓励作家弘扬主旋律，传递时代声音，为繁荣发展广西文艺事业作出新的更大贡献。广西作协主席东西、副主席朱山坡、蒋锦璐、李约热，广西评协副主席唐春烨、冯艳冰，《广西文学》主编覃瑞强等先后发言，表示要认真总结“十三五”其间广西文学创作成果，高标准做好“十四五”文学创作规划，建立人才信息库，抓好后备人才队伍建设，进一步深入基层、扎根生活，与时代同步，不断推出高质量文学作品，勇攀文学高峰。党组成员、副主席石才夫主持座谈会。

【3个项目参与广西当代文学艺术创作工程第一批扶持项目成果展示活动】

6月24日至7月26日，自治区党委宣传部在南宁举办广西当代文学艺术创作工程第一批扶持项目成果展示活动。广西文联组织实施的3个项目参与展示活动。一是文学桂军“出名家出名作”项目。该项目实施一年多来，取得显著成果，主创成员在国家重点文学刊物发表作品近60篇（首），出版作品10部，两部作品获第九届广西文艺创作铜鼓奖，两篇中短篇小说荣登中国小说学会2019年度小说排行榜、收获文学排行榜。二是《庆祝新中国成立70周年　纪念湘江战役85周年创作歌曲集》，收录了15首精品佳作。歌曲《湘江渡》入选中国当代歌曲创作精品工程“听见中国听见你”2019年度优秀歌曲。三是红色题材的侗族琵琶歌《特殊礼物》。作品巧妙运用侗族琵琶歌的曲调和表演形式，吸收传统曲艺的叙事手法，使其既具有少数民族的曲艺特点，又符合传统曲艺的表现样式。

【广西文联业务主管社会组织2019年度工作总结暨党建工作会】

7月10日，广西文联业务主管社会组织2019年度工作总结暨党建工作会在南宁召开，40个社会组织的负责人及部分党员代表参加会议。会议通报2019年度文联业务主管社会组织工作及党建情况，对广西文联业务主管社会组织管理工作提出了建设性指导意见。3个社会组织代表作了年度工作述职发言。

【第十二届全国少数民族文学创作骏马奖广西获奖者座谈会】

9月2日，第十二届全国少数民族文学创作骏马奖广西获奖者座谈会在南宁举行。会议深入学习贯彻习近平总书记关于文化文艺工作的重要讲话精神，与获奖者分享丰收喜悦，交流创作体会，探讨研究共同推动广西民族文学创作繁荣发展。自治区党委常委、宣传部部长范晓莉代表自治区党委向获奖作家表示祝贺，指出奖项的取得标志着当代广西文学从“高原”向“高峰”迈进。她强调，广西文学创作要紧扣重大时间节点，深入生活、扎根人民，用丰厚文化滋养为民族培根铸魂；要坚持尊重文艺创造与加强组织引导相统一，全力推进创作生产，齐心合力打造精品；要优化创作人才培养，扩大文学桂军影响力，在各民族人民丰富多彩的生活和创造中讲好广西故事、中国故事，为加快建设民族文化强区作出新的更大贡献。获奖者潘红日、李约热、莫景春，广西文联党组书记、主席吕洁和广西作协主席东西分别作了发言。党组成员、副主席石才夫参加座谈会。

【“见证•前行——广西环江毛南族实现整族脱贫摄影展”】

9月21日，“见证•前行——广西环江毛南族实现整族脱贫摄影展”在中国文艺家之家展览馆开幕。本次展览旨在进一步展现广西脱贫攻坚成效，以摄影形式讲好广西环江毛南族实现整族脱贫的故事，带动广西及全国其他贫困地区脱贫。展览前，广西摄协组织摄影家到环江采风创作，精选出100余幅摄影作品在本次展览中呈现，真实、全面地反映了环江县在脱贫攻坚进程中的生动场景、社会力量对脱贫攻坚工作的参与支持，以及人民勇于拼搏、攻坚克难、追求幸福生活的精神风貌。

【广西第四届花山诗会、第八届广西诗歌双年展“又见村庄”研讨会暨诗歌创作培训班】

10月20日，广西第四届花山诗会、第八届广西诗歌双年展“又见村庄”研讨会暨诗歌创作培训班在贺州举行。“花山诗会”是广西作协打造的重要平台，已连续举办四届，产生积极影响。广西诗歌双年展连续举办了八届，已成为广西诗歌创作的一个重要展示平台。围绕“又见村庄”主题举办诗歌联展，以诗歌助力脱贫攻坚、以诗歌为时代发声，充分彰显诗歌的现实主义精神，进一步提升广西诗人的抒写格局，有效推动广西诗歌的繁荣发展。来自广西区内的七十多名诗人和学员及四川、安徽的诗人代表参加此次活动。

【组织开展文艺助力脱贫攻坚主题实践活动】

广西文联深入学习贯彻习近平总书记对毛南族实现整族脱贫作出的重要指示精神，与中国艺术报社在北京共同举办“广西环江毛南族实现整族脱贫摄影晋京展”，组织作家采写完成《沸腾的毛南山》等毛南族整族脱贫主题报告文学。参与承办“决胜全面小康 决战脱贫攻坚”2020广西艺术作品展览中的美术作品展、书法（篆刻）作品展和摄影作品展。组织开展“打赢脱贫攻坚战、实现全面小康社会”歌曲创作征集活动，评选出《山里山外》《承诺》等8首优秀歌曲作品，在“学习强国”平台、广西新闻网等媒体进行集中展播。联合自治区扶贫办举办广西脱贫攻坚摄影、短视频作品征集活动。《广西文学》自2019年4月起面向社会公开征集脱贫攻坚题材作品，于2020年8月编辑出版“脱贫攻坚·广西故事”增刊，全方位展示广西脱贫攻坚进程中的今昔变迁和辉煌成果。以“时代楷模”黄文秀为原型，组织广西文艺家开展文艺创作。电影《秀美人生》（作家红日、朱山坡编剧）展示了黄文秀同志用青春芳华诠释共产党人初心使命，报告文学《黄文秀——青春之花》入选2020年中国作协重点作品扶持项目“决胜全面小康、决战脱贫攻坚”主题专项，报告文学《新时代的青春之歌——黄文秀》在《民族文学》发表后由广西人民出版社出版。在广西33个贫困县（市区）开展“圆梦工程”文艺培训，通过音乐、美术、舞蹈、书法等直播课程，提升基层文艺队伍综合素质。前后选派三名优秀文艺家接力担任驻村第一书记。

【组织开展文艺惠民和志愿服务活动】

元旦春节其间，配合中国文联在三江侗族自治县开展“我们的中国梦”——文化进万家启动仪式活动，并广泛动员广西文联系统开展系列活动，在南宁火车东站、凤岭北社区、平果县等多地开展慰问演出、书写春联、拍“全家福”等活动。实施由中央文明办、中国文联主办的“圆梦工程”文艺培训志愿服务行动，采取线上和线下

相结合的方式，为33个县（市、区）的乡村学校少年宫艺术辅导员进行文艺培训。开展“文艺进万家，健康你我他”网络文艺志愿服务活动，推荐11位文艺志愿者共130多条短视频在抖音等平台开展音乐、舞蹈等公益课堂。继续推进“文艺进校园”活动，组织志愿者先后到20余所校园开展文艺志愿活动。整合12个全区文艺家协会和14个设区市文联的资源，集中力量、突出特色，打好广西文艺志愿服务“组合拳”。组建自治区、市、县、乡镇四级文艺志愿服务团（队）281个，全年累计开展文艺志愿服务活动800余场次，参与活动的文艺志愿者2000余人次，受益群众7万余人。

创作与研究

【创作情况】

广西作协学习贯彻全国新时代乡村题材创作会议精神，探讨落实激励奖励措施、明确创作主题，多方联动，推进新时代乡村题材文学创作。举办第十六届广西青年文学讲习班暨2020年《广西文学》改稿班、第十一届“广西校园戏剧节”重点剧目推进会、“打赢脱贫攻坚战、实现全面小康”主题歌曲创作笔会、“共圆小康 奋斗有我”2020年广西舞蹈创作作品展演、“防控疫情，决胜小康”书法作品展、广西艺术作品展主题书法创作培训班，实施“不忘初心继续前进——庆祝中国共产党成立100周年大型美术创作工程”，协办北海市中国画作品展、“我和我的祖国”——摄影、短视频优秀作品北海巡展。《广西文学》杂志推出《又见村庄——第八届广西诗歌双年展》专号，《南方文坛》以“新时代青年写作的可能性”为主题，举办广西青年批评家培训班，促进广西作家批评家的成长；《美术界》刊登“2019广西水彩画年度展”“象州籍书画艺术家优秀作品巡展作品选”“北部湾海丝路风情水彩画展”“庆祝新中国成立70周年桂林新文艺群体中国画优秀作品展”入选作品。

【获奖情况】

经过一年来的努力，一批会聚广西元素、广西风格的优秀文艺作品，在全国性文艺展演赛事评奖中获得好成绩。长篇小说《驻村笔记》（作者红日 瑶族），中短篇小说集《人间消息》（作者李约热 壮族），散文《被风吹过的村庄》（作者莫景春 毛南族），获第十二届全国少数民族文学创作骏马奖；陶丽群中篇小说《七月之光》、李约热短篇小说《喜悦》入选2020年度中国小说排行榜；申弓的《电话号码》、蒙福森的《崩塌》、苏龙的《老杨头和老李头》入选 2020年中国微型小说排行榜。

在第二十四届“中国少儿戏曲小梅花荟萃”活动中，3个个人节目获地方戏组“金花”称号，2个集体节目获原创类“最佳集体节目”。

歌曲《湘江渡》《年画》《海耕谣》入选由中国音协主办的中国当代歌曲创作精品工程——“听见中国听见你”2019年度优秀歌曲，《年画》入选中宣部第八批“中国梦”歌曲征集。

广西文场《帆过漓江天地红》获第十一届中国曲艺牡丹奖“节目奖”提名，侗族琵琶歌《特殊礼物》、瑶族铃鼓《长桌宴》、广西南曲《香莲传》、桂林弹词《爽神汤》、桂林渔鼓《开箱》入围第十一届中国曲艺牡丹奖。

28件作品入展“最美小康路——2020年中国西部民间工艺主题创作展”，3件作品入展“匠心筑梦——中国脱贫攻坚民间艺术作品展”，现代山歌剧《立志扶智》获“中华颂”第十一届全国小戏小品曲艺大展云端展演优秀节目奖。

6件摄影作品入选中国摄协主办的脱贫攻坚全国摄影作品征集活动，3组专题摄影作品入选“2020·中国民族影像志摄影双年展”。

230件美术作品入选全国性美术作品展，12件作品获奖，在中国美协主办的百年梦圆——2020·中国金陵百家（油画）展中，韦明思的油画《春天计划》、何光的油画《阿爸阿妈》、汪鹏飞的油画《黑白变奏曲》3幅作品被评为典藏作品（最高奖），在中国油画学会主办的可见之诗——第四届中国油画风景作品展（2020）中，雷璨铭的《痕迹》之三、汪鹏飞的《祈福》、文瑶的《阳光正好时》、吴志军的《造船》4幅作品获学术奖（最高奖），张学的油画《小城故事系列三》、韦明思的油画《牧归》获优秀奖，覃泽佳的油画《西藏记忆·策门林寺 》获第十届“民族百花”中国各民族美术作品展铜奖，李伟东的中国画《红土》、何光的油画《扎西德勒》、刘瑞森的油画《节日气球》获第十届“民族百花”中国各民族美术作品展优秀奖。

广西书法家王子靖、韦廷贵、史倩、傅绍尉的作品入选2020“书圣故里·中国临沂”中国书法临书大会，夏杰、陈若靖、黄新悦、张凯、谢元艺、刘红杉、杨科云等7人作品入展全国第五届正体书法作品展览，卢传龙、刘树彪、班少军、滕广鹏、朱昌辉、刘磊仁、李鹏飞、杨嘉寿、黄建山、廖秋洁等10人作品入展2019“中国书法•年展”全国楷书作品展。

杜晓杰、张靖池的文艺评论《“疏野”之境与国产动画古典美学的意境呈现——以〈山水情〉〈白蛇：缘起〉为例》被评为第五届“啄木鸟杯”中国文艺评论年度优秀作品。

【理论评论】

以广西当代文学艺术创作工程三年规划为抓手，积极落实“新时代广西文艺‘出名家出名作’的探索与实践研究”项目，组织对广西当下文学艺术创作进行跟踪评论，特别是围绕大型主题活动及重要获奖作品——“防控抗击新型冠状病毒肺炎疫情”主题艺术作品征集活动、广西当代文学艺术创作工程第一批扶持项目成果展示活动、第十二届全国少数民族文学创作骏马奖广西获奖作品、扶贫题材电影《秀美人生》等开展评论，组织撰写文艺评论文章30多篇。

举办《百鸟衣》发表65周年暨《文学桂军研究资料丛书•韦其麟研究》新书座谈会。

围绕长篇报告文学《新时代的青春之歌：黄文秀》《广西文学》“扶贫攻坚·广西故事”增刊、扶贫题材山歌剧《乐奔》以及扶贫题材电影《秀美人生》展开研讨。

举办“《南方文坛》年度奖颁奖暨‘文艺史料学的问题与方法’研讨会”，参与举办“王蒙作品研讨会暨第十一届‘今日批评家’论坛”。

举办广西音协（花山）歌曲创作研讨会，推广广西优秀音乐作品。

对广西美术特别是版画、雕塑等缺少关注的画种进行研究，推出评介专题《薪火相传·勇担使命——口述广西艺术学院版画专业发展历程》《薪火相传——刘开渠与朱培钧的雕塑传承》《朱培钧、陈禾衣与广西现代雕塑》《广西桂林摩崖造像、石刻与文化空间》等。

文艺交流

【广西作协与广西出版传媒集团推动中缅当代文学互译出版】

4月7日，广西作家协会和广西出版传媒集团在南宁召开座谈会，就中缅当代文学互译出版工程的实施开展研讨交流。2020年是中缅建交70周年，为进一步深化中缅两国的文化交流，在自治区党委宣传部和广西出版传媒集团的支持下，漓江出版社启动中缅当代文学互译出版工程。广西作家协会将深度参与此项互译出版工程，主席东西、副主席凡一平就中缅当代文学交流提出建议。

【中芬三江民间文学联合考察纪念活动暨考察成果出版座谈活动在三江侗族自治县举行】

8月6日至7日，中国民协考察组到三江侗族自治县开展中芬三江民间文学联合考察纪念活动暨考察成果出版座谈活动。中国民协分党组书记、驻会副主席邱运华，广西文联一级巡视员、中国民协副主席、广西民协主席韦苏文，中国民协副主席万建中参加活动。1986年4月，中国和芬兰近60名专家学者对三江地区民间文学进行系统深入考察和学术交流，出版了一批高质量的学术论文，双方学者调查和记录了大量民俗事象和民间文学作品。但许多资料流落海外多年，几经波折才于2018年底回到国内，经中国民协初步整理和编辑，在出版前到三江侗族自治县征求意见。

【广西文联党组书记、主席吕洁赴河北学习调研】

11月16日至19日，广西文联党组书记、主席吕洁带队赴河北省沧州市学习考察。在“文艺精品与树立新时代地域形象”主题研讨会上，吕洁表示，河北省作协和沧州市文联在挖掘本土文化资源、开拓文艺创作空间、塑造与传播地域文化形象等方面，工作力度大，改革意识强，许多做法和经验都走在前列，为广西开展相关工作提供了值得学习的宝贵经验。广西文联将认真学习借鉴，以更大的气魄、更宽的视野、更高的标准组织开展文艺精品创作、讲好时代篇章、展现广西精神，推进广西文艺“出名家出名作”实现新突破，从而将党的十九届五中全会提出“促进满足人民文化需求和增强人民精神力量相统一”的目

标落到实处。调研组先后考察了海兴县辛集镇辛集村、沧州市博物馆，在辛集小学开展“名作家小作者——大手牵小手”联谊活动，在海兴中学开展书画交流活动，增进了两地文艺家友情。

【黑龙江广西两省（区）文联交流座谈会】

12月1日，黑龙江省文联、广西文联交流座谈会在南宁举行。两省区与会人员围绕如何加强文艺评论工作展开交流座谈。黑龙江省文联和广西文联就如何更好开展文艺评论工作及如何推进文艺评论基地建设进行了深入交流，并签订《关于加强文艺交流合作的协议》。

机关建设

【广西文联学习贯彻党的十九届四中全会精神培训班、全区文联系统2020年文艺家读书班】

7月27日至30日，广西文联学习贯彻党的十九届四中全会精神培训班、全区文联系统2020年文艺家读书班以两班套开的形式在自治区委党校举行。围绕学习贯彻习近平新时代中国特色社会主义思想、党的十九届四中全会精神、《中国共产党宣传工作条例》和在党的十九届四中全会精神引领下如何做好文艺工作等，党组书记、主席吕洁同志以《提高政治站位，准确把握好新时期意识形态工作新要求》为题作辅导讲座，授课专家分别以《文学创作与公文写作》《加强政治建设 打造高素质文联干部队伍》《文学桂军是怎样炼成的》《迈向国家治理体系及能力现代化——党的十九届四中全会精神解读》《信仰的力量：中国共产党人的精神密码》《行动学习理论和广西实践探索》为题作专题讲座。广西文联系统约180人参加学习培训。

【广西文联学习贯彻党的十九届五中全会精神暨2020年提升“四力”业务工作分享会】

11月25日，广西文联举办学习贯彻党的十九届五中全会精神暨2020年提升“四力”业务工作分享会。党组书记、主席吕洁就深入学习十九届五中全会精神对全体干部职工提出四点要求：一要始终坚持马克思主义在意识形态领域的指导地位；二要始终坚定文化自信；三要始终坚持以社会主义核心价值观引领文化建设；四要始终围绕举旗帜、聚民心、育新人、兴文化、展形象的使命任务。自治区党校熊水龙副教授作《党的十九届五中全会精神解读》专题辅导报告。《广西文学》编辑部主任韦露作《散文写作与鉴赏》专题讲座，广西美术家协会常务副主席长陈毅刚作《少数民族题材美术创作——广西青年美术作品赏析》专题讲座。

【全力开展脱贫攻坚工作】

广西文联强化脱贫攻坚主体责任，加大脱贫攻坚工作力度，全力以赴抓好帮扶工作。先后4次组织全体帮扶干部入户走访，了解民情，宣传党的扶贫政策。组织驻村队员和村屯骨干到自治区党委宣传部的帮扶点龙州县参观考察，学习先进经验，激发群众内生动力；组织致富能人到平南县和桂林市学习民间工艺品编制技能，到广西农科院学习蘑菇培植技术，以促进乡村产业发展。下拨38万元帮扶资金给帮扶点大新县五山乡三合村，用于购买沙石水泥等原材料，通过村民投工投劳方式，美化村屯环境，提升群众的幸福感和获得感。通过各种渠道和途径，为三合村筹集资金，争取项目。通过自治区住建厅争取了30万元项目经费；通过自治区体育局争取了6套价值15万元的体育器材；通过自治区林业厅争取了8名护林员公益性岗位。联系爱心企业向五山乡中心小学赠送了2.1万元学习用品和560套校服，为种老屯、巴瑞屯各安装1套儿童滑滑梯；联系爱心人士向三合村20名大学新生捐资2万元；联系广西科技出版社为浪屯文化活动室增添图书。为常屯、布唔屯和种老屯三个屯共安装了102盏太阳能路灯。组织画家深入三合村，绘制社会主义核心价值观等精神文明建设系列主题户外墙画100幅，面积达1364平方米。12月底，广西文联联系广西电视台“八桂新风行”栏目组到三合村拍摄专题，把镜头对准脱贫攻坚带给乡村的可喜变化。

各文艺家协会

【广西作家协会】

把脱贫攻坚题材作品纳入重点扶持项目，并跟踪创作过程，加强服务指导。组织作家深入乡村、深入脱贫攻坚一线采风，增强“四力”，推出新作。建立广西新时代乡村题材文学实践基地。向全区各市作协下发《关于征集2020年度乡村题材重点文学作品的通知》，征集10部乡村题材重点文学作品，予以重点扶持。

发起“庆祝中国共产党成立一百周年”重点主题文学创作征文活动。参与举办以“全民共筑中国梦，勠力同心奔小康”为主题的第六届广西网络文学大赛。谋划中国-东盟文学交流中心筹建工作。

【广西戏剧家协会】

召开第十一届“广西校园戏剧节”重点剧目推进会，推选出3个优秀剧目参评“第七届中国校园戏剧节”。顺利完成9场“戏曲进校园”活动。

协助永福县举办第三十五届“茅江之夏”农村彩调大赛。协助由南宁市政府、自治区文化和旅游厅主办的首届中国-东盟文化艺术周戏剧展演暨第八届中国-东盟（南宁）戏剧周活动。组队参加中国剧协第九次全国代表大会。

【广西音乐家协会】

组织抗疫主题音乐创作，通过各展播平台传播抗疫歌曲。推进广西当代文学艺术创作工程扶持项目2020年度任务，开展“打赢脱贫攻坚战、实现全面小康社会”主题歌曲征集与创作。

举办2020年广西音乐家协会会员培训班。举行广西音乐家协会（花山）歌曲创作研讨会暨音乐创作基地挂牌仪式。

协办第九届“中国—东盟音乐周”，举办中国管弦乐作品音乐会、室内乐团专场音乐会等10场精品音乐会及中国作曲与作曲理论学会年会等高峰论坛、理论研讨会。

【广西美术家协会】

主办“第三届广西青年美术家作品提名展”以及“广西青年美术创作研讨会”。

实施广西当代文学艺术创作工程扶持项目“庆祝中国共产党成立100周年”主题美术创作工程，推动中宣部、中国文联、中国美协于2018年开始启动实施的大型主题美术创作项目“不忘初心继续前进——庆祝中国共产党成立100周年大型美术创作工程”。

参与举办“决胜全面小康　决战脱贫攻坚”2020广西艺术作品、2020全国漆画作品邀请展暨第二届广西漆画作品展·优秀作品展、2020首届广西工笔画作品展、中国—东盟国际城市雕塑与公共艺术活动周等展览和活动。

【广西曲艺家协会】

配合中国曲协举办第五期边疆民族地区（广西）曲艺工作者网络培训班。举办2020年广西曲艺精品创作研修班。组织侗族琵琶歌《特殊礼物》到有代表性的群众活动场所、红军经过的侗族地区进行展演。

【广西舞蹈家协会】

举办“共圆小康　奋斗有我”首届2020年广西舞蹈创作作品展演。推送作品《雨歇》入围第十二中国舞蹈“荷花奖”古典舞终评现场展演。

推送作品参加“首届中南六省（区）‘十佳青年领军舞者’展演活动”，多名舞者获奖。

开展“‘5·15’一起舞”群众舞蹈网络展演活动，“文艺进校园”、新时代文明实践活动和“圆梦工程”文艺培训志愿服务行动。

成立广西舞蹈家协会社会舞蹈（少儿、街舞、国标舞）专业委员会。

【广西民间文艺家协会】

主办或举办“魅力天峨·梦圆小康”桂黔滇湘三省一区山歌擂台赛、2020青秀国际传统舞龙邀请赛、2020　八桂民俗盛典·广西少儿传统工艺展评、2020　八桂民俗盛典·广西稻田文创作品展评暨首届广西大学生稻田艺术节、“我们的节日”2020八桂民俗盛典·瑶族盘王节（土瑶“坐歌堂”）系列活动。

组织参与扶贫攻坚题材山歌剧《乐奔》的创编与演出活动。组织专家指导“中国土司文化之乡”“中国壮锦艺术之乡”创建工作。

赴湖南省开展梅山文化寻源活动，举办两省区民俗文化研讨会。推进《中国民间文学大系》《中国民间工艺集成》出版工程广西卷编纂工作。

【广西摄影家协会】

举办广西环江毛南族实现整族脱贫摄影展览、“决胜全面小康　决战脱贫攻坚”2020广西艺术作品展摄影作品展、广西“抗击新冠肺炎疫情”影像作品展、广西国资国企“决胜全面小康　决战脱贫攻坚”摄影大赛、“摄影聚焦脱贫攻坚，影像助力乡村振兴”研讨会。

联合举办向海金融城杯“丝路明珠　魅力北海”全国摄影大展、“山水茶乡·生态凌云”全

国摄影大展、2020“荷美覃塘”杯广西摄影大赛、“我们的生活充满诗情画意”广西第二届画意摄影作品展等。

【广西书法家协会】

在平果县、桂平市开展新时代文明实践文艺志愿活动（书法培训班）。

在柳州、贺州开展“决战脱贫攻坚 决胜全面小康”2020广西艺术作品展主题书法创作培训活动。

主办广西首届刻字艺术展，最终评出优秀作品10件，入展作品110件。

组织教学经验丰富的书法家在抖音平台开设书法直播课堂辅导培训。

【广西杂技家协会】

举办南方六省区青年魔术展演。组队参加中国杂协第八次全国代表大会。

【广西文艺评论家协会】

以广西当代文学艺术创作工程规划为抓手，实施“新时代广西文艺‘出名家出名作’的探索与实践研究”项目，共组织撰写文艺评论文章30多篇。

在贺州学院、广西教育学院设立第二批广西文艺评论基地。

举办新时代广西少数民族文学创作研讨会、广西—东盟高校研究生文艺理论研讨会、《百鸟衣》发表65周年暨《文学桂军研究资料丛书•韦其麟研究》新书座谈会。

【广西影视艺术家协会】

开展2019年度“广西广播电视奖”电视文艺优秀作品推选工作。

组织广西代表队参加第十二届海峡两岸电视主持新人大赛、第十四届小康电视节目工程推选活动。

组织推荐会员和区内影视传媒机构参加第三十五届大众电影百花奖的评选和颁奖典礼。

推动团体会员重点重大题材影视作品的创作与拍摄。

电影《秀美人生》在全国公映。电视剧《江上有红船》在各大视频网站上线。

基层文联工作

南宁市文联举办“百里秀美邕江”书法美术作品展巡展，展现南宁市生态文明建设和经济社会发展的辉煌成就。

柳州市文联举办第四届“美丽龙城”柳州艺术作品双年展。桂林市文联开展“决胜全面小康 决战脱贫攻坚”美术写生创作培训活动，并在当地进行艺术辅导。

梧州市文联举办“从鸳鸯江出发——黄咏梅作品研讨会”。北海市文联举办2020年“文化北海”建设活动周暨第八届北海文学艺术周。

防城港市文联开展“百里边海行——国界零公里”采风活动，创作兴边富民题材的文学作品。

钦州市文联举办全国首个中国摄影名家社区文艺志愿服务站落户钦州揭牌仪式和专题讲座，承办“走海丝之路、看大美钦州”百家媒体聚焦钦州摄影采访宣传活动成果图片展。

贵港市文联举办贵港市2020年北帝山采风作品展、“唯有家山不厌看”中国画山水精品展、荷美覃塘美术书法作品展、荷而不同——贵港荷文化主题艺术作品展。

玉林市文联举办“扶贫攻坚·我行动”西部书界新秀作品展，“打赢脱贫攻坚战、全面实施乡村振兴”主题音乐电视创作展播活动，“乡村振兴网红直播”活动。

百色市文联组织8位作家深入脱贫攻坚一线采访，撰写一批优秀报告文学，以专刊形式发表于《时代报告·中国报告文学》。

贺州市文联举办“迎国庆、庆中秋、话脱贫”森林音乐会。

河池市文联组织开展“全面建成小康社会、建党100周年”为主题的文学创作活动。

来宾市文联主办“任重道远 奋斗幸福”2020年原创歌曲大赛，评选“来宾文学奖”。

崇左市文联组织拍摄扶贫题材纪录片《我和我的村庄》。

海南省文联

综　述

2020年海南省文联认真学习贯彻党的十九大及十九届历次全会精神和习近平总书记关于文艺工作的重要论述、关于海南工作的重要讲话和重要指示批示精神，全面贯彻落实省委七届历次全会精神和重大决策部署，聚焦举旗帜、聚民心、育新人、兴文化、展形象的使命任务，团结引领广大文艺工作者围绕中心、服务大局，深入生活、扎根人民，深化改革、履职尽责，为推动海南文艺事业繁荣发展作出积极贡献。

重要会议与活动

【深入学习党的十九届五中全会精神专题讲座】

12月30日，海南省文联作协在海南省文联会议室举办党组理论中心组学习（扩大）会专题讲座。继当月基层文联会议学习党的十九届五中全会精神文化专题讲座后，再一次深入学习党的十九届五中全会精神。邀请省委党校经济学教研部教师、博士康兴涛作辅导讲座。海南省文联作协机关全体人员，各支部全体党员、下属单位主要负责人近50人参加学习辅导。

【积极扛起以艺抗疫文艺担当】

海南省文联组织学习贯彻落实习近平总书记关于疫情防控工作的重要讲话和重要指示批示精神，以及党中央、省委疫情防控工作决策部署，成立海南省文联作协疫情防控工作领导小组在抓好自身防控的同时，积极扛起文艺担当，第一时间向全省文艺工作者发出了“抗疫防控·我们在一起”主题文艺作品创作活动的倡议，动员组织全省文艺界以“艺”抗疫，运用文学、音乐、戏剧、美术、书法、摄影、影视、曲艺等各种艺术形式，讴歌抗疫防控一线的最美“逆行者”。1月末至4月，共组织创作各类文艺作品3000余件，通过中国文艺网、抖音、QQ音乐、海南文艺网、微博和微信公众号等省内外媒体平台进行广泛宣传展示，由海南省文联等联合制作的歌曲《中华儿女挽起手臂》，省书协、省美协连续推出的30期“万众一心、抗击疫情”“抗疫防控—我们在一起”主题书法、美术作品线上展等，深受广大群众欢迎。此外，全省广大艺术家还积极通过义拍义卖、捐款捐物等形式，助力海南、湖北两地抗击疫情。海南省文联、省美协共募集20000只医用外科口罩和56800元爱心捐款，用实际行动会聚万众一心、众志成城，坚决打赢疫情防控人民战争、总体战、阻击战的强大力量。

【“我说文艺”特别专栏】

5月23日，在纪念毛泽东同志《在延安文艺座谈会上的讲话》发表78周年之际，海南省文联在两微一端（微信、微博、海南文艺网）隆重推出“我说文艺”特别专栏。2020年度专栏推出：韩少功《回答一个世纪之问》；冯双白《当代舞史之大变局》；吴东民《再谈新时代的书法创作》；孔见《一泓清泉在襟怀》；李少君《疫情，将改变诗歌与文学吗？》；王艳梅《英国访学碎片》；陆明《用先进文化筑牢海南自贸港团结奋进的共同思想基础》；梅国云《警惕作家死守传统载体创作会越来越尴尬》；刘复生《我到底想成为一个什么样的文学批评家》等18篇文章。

【旅琼文艺家大讲坛】

省旅琼文艺家协会自成立以来，响应海南省委省政府“百万人才进海南”的号召，7月推出旅琼文艺家大讲坛活动。自7月11日起每半月举办一场活动。由旅琼文艺家协会的艺术家担纲推出的讲座有：程连仲主讲《论天人合一，中西方传统审美的分水岭》；刘劲主讲《我演周恩来总理》；高华中主讲《书法的四大品质》；海滨主讲《苏东坡在海南》；王昌楷主讲《油画民族化，

我永远的使命！》；刘炜东主讲《汉画像——个时代的伟大艺术精神》；伊恩（英国）主讲《伊恩看海南——论海南自贸港建设背景下海南特色本土文化的挖掘与推广》；倪明主讲《相声、笑声、人生》；陈永峰主讲《浅谈当今民族声乐的发展》。

【历史文化重大题材美术创作工程美术作品展】

历史文化重大题材美术创作工程，是海南首次开展的大规模主题性美术创作活动。2013年8月，海南省美协组织成立“海南省历史文化重大题材美术创作工程”办公室，2014年4月正式启动“海南历史文化重大题材美术创作工程”项目。历经7年，“纪念海南解放70周年——海南省历史文化重大题材美术创作工程作品展”于7月31日在省博物馆展出，共展出以中国画、油画、版画、雕塑、水彩画、综合材料等艺术形式的作品57件，集中展现了海南厚重的人文历史和艰苦卓绝的解放战争，抒写改革开放以来海南人民奋发有为的时代精神。

【第二届“感悟大海、守护南海、走向海洋”海洋风主题歌曲作品展演】

9月28日，第二届“感悟大海、守护南海、走向海洋”海洋风主题歌曲作品展演在海南省歌舞剧院成功上演，并与9月29日举办了展演活动专题研讨会。中国文联副主席、中国视协主席胡占凡，省委副书记李军，海南省委常委、宣传部部长肖莺子，以及孟卫东、张军、王艳梅等有关方面负责人，屈塬、王持久、王备、姚峰、何沐阳、蒋力等音乐家出席活动；戴玉强、曹芙嘉、喻越越、周强、顾莉雅、郑棋元、扎西顿珠、王上等歌唱家和歌手参加演出。

本次展演历经一年时间进行实地采风创作，推出了一批优秀的海洋风主题歌曲作品。在展演活动中，呈现了作曲家印青、王备、舒楠、姚峰、何沐阳、王艳梅、杨一博、张江、印倩文、利宇翔等，词作家屈塬、清风、王持久、尹约、杨玉鹏等精心创作的《这里是我的海》《迷人的海岛》《红色的海洋》《南海多辽阔》《蓝色海洋风》《面朝大海盛放》《孩子》《海的方向》《有一扇窗子对着大海》《海边》《海上日出》等15件作品。全国征集评选出《莫惊》《蓝色耳语》《舟楫为家》《蓝色国土》等4首优选作品。

【海南自由贸易港政策文艺宣讲巡回演出】

为深入学习贯彻落实习近平总书记“4·13”重要讲话精神，全面落实《海南自由贸易港建设总体方案》，根据中共海南省委宣传部的部署，海南省文联组建文艺轻骑队，省文艺志愿者协会负责落实执行，从10月30日起至12月底，全省开展20场“潮起海之南·建功自贸港”海南自由贸易港政策文艺宣讲巡回演出活动汇演。

【海南省文联直属各文艺家协会换届动员大会】

11月7日，海南省文联直属各文艺家协会换届动员大会在海口召开。海南省委宣传部常务副部长、省电影局局长符宣国作动员讲话。海南省文联专职副主席王艳梅，海南省文联作协党组成员、海南省文联专职副主席陆明，海南省文联党组成员、省作协主席梅国云，以及海南省文联机关干部、省各文艺家协会主席团成员、理事共300多人出席。海南省委宣传部常务副部长、省电影局局长符宣国作动员讲话指出，海南省文联直属协会换届工作，是全面贯彻落实习近平总书记关于文艺工作的重要论述的具体举措，是文联系统深化改革的重要内容，对于加强和改进党对文艺工作的领导，选好配强省文艺家协会领导班子，谋划好未来五年各文艺门类发展思路，繁荣发展新时代海南文艺事业具有十分重要的意义。海南省文联作协党组成员、海南省文联专职副主席陆明主持大会。海南省文联专职副主席王艳梅宣读《海南省文联直属文艺家协会换届工作实施方案》，海南省文联作协党组成员、省作协主席梅国云宣读《省各文艺家协会领导班子届末考核和新一届主席团成员候选人推荐考察工作方案》，省书协副主席兼秘书长陈洪代表海南省文联直属各文艺家协会主席团成员作表态发言。

【党建创新引领发展暨文艺舆情工作培训班】

11月10日上午，海南省文联作协系统党建创新引领发展暨文艺舆情工作培训班在澄迈县盈滨半岛开班。海南省文联作协党组成员、海南省文联专职副主席陆明作开班动员讲话。海南省文联作协机关党委专职副书记陈海东主持开班动员会议。为深入贯彻习近平新时代中国特色社会主义思想，全面贯彻党的十九大精神，提升党员干部的思想政治素质，持续推动“不忘初心、牢记使命”主题教育，引导党员干部坚定理想信念，切实增强“四个意识”、坚定“四个自信”、做到“两个维护”，适应海南自由贸易港建设的新要求，发挥党建工作在海南自由贸易港建设中的引领作用，推动全海南省文联作协系统提高党建和业务工作水平，海南省文联作协党组举办此次党建创新引领发展暨文艺舆情工作培训班。各市县、自治县文联，海南省文联作协机关各处室，省各文艺家协会，省书画院、省文学院，海南特区报社、天涯杂志社等有关负责人参加培训。此次培训班持续5天，采取现场教学、专题辅导、个人自学、分组讨论、集体交流、体验式活动相结合；培训内容丰富，包括习近平新时代中国特色社会主义思想与全面加强党建工作、新媒体传播思维与舆论导向能力提升、红色文化专题讲座等。

【长篇非虚构叙事《海南岛传》首发式座谈会】

11月23日上午，由海南省文联、新星出版社联合主办，省评协承办的《海南岛传》首发式座谈会在海口举行，省内外专家及业内人士70余人出席。《海南岛传》是海南省知名作家、学者孔见创作的长篇非虚构叙事文学作品，全书以时间为轴，以人、物、事为经纬，由点带面，以个人、具象之事与物作为时代的见证者，展现每个时代的政治体系、社会生活以及文化的发展等。正值海南自由贸易港建设隆重启动之年，以文学方式为海南岛立传，在海南进行新书的首发式，是一件具有特殊意义的盛事。首发式由海南省文联专职副主席王艳梅主持，海南省文联作协党组成员、海南省文联专职副主席陆明出席。中国外文局副局长陆彩荣、省委宣传部副部长吴泽明相继致辞，对《海南岛传》的出版表示祝贺。中国外文局副局长陆彩荣，省委宣传部副部长吴泽明和海南省文联作协党组成员、海南省文联专职副主席陆明，向省图书馆、海南大学图书馆、海南师范大学图书馆赠送了图书。座谈会由省评协主席、省作协副主席、海南大学人文传播学院院长刘复生主持，与会专家学者对《海南岛传》作了多角度解读。

【第三届海南岛国际电影节】

由海南省文联作为执行单位之一的第三届海南岛国际电影节新闻发布会11月28日在三亚海棠湾举行。发布会公布了本届电影节的各个版块以及主视觉海报，章子怡担任本届电影节形象大使。海南岛国际电影节由中央广播电视总台与海南省人民政府共同主办，本届活动12月5日至12日在三亚市举办，电影节内容包含开幕式、电影展映、大师班、专题论坛、闭幕式等多个主体活动。本届海南岛国际电影节从全球范围甄选佳片，在报名期内累计收到来自114个国家及地区的报名影片4376部，同比数量达到了去年的293%。经过两届努力，海南岛国际电影节在全球电影人心目中的地位正在稳步攀升，已成为越来越多“新鲜佳作”的首选地。“官方推荐”设置剧情长片、纪录长片和剧情短片三大类别，突出国际性、专业性和包容性的选片态度，尊重并鼓励多元的表达，展现电影艺术的不同侧面，致力于加强国际电影文化交流与合作，推动电影产业发展，促进电影创作繁荣。本届电影节大师班将邀请国内外知名导演、演员、制片人，结合2020年焦点议题和焦点影人，以座谈或连线的形式向业内人士及影迷讲述大师们从事电影工作的心得和体会， 让更多的人感受电影和电影人的魅力和故事。电影节设立海南自由贸易港电影促进高峰论坛、国际电影合作高峰论坛、文学的现代性电影改编创作论坛、女性电影论坛等重点活动。

【全省基层文联工作暨培训会议】

12月17日至18日，海南省文联召开全省基层文联工作暨培训会议。海南省文联作协党组成员、海南省文联专职副主席陆明出席会议并讲话。全省各市县文联负责人、海口市琼山区文联负责人、省各文艺家协会有关负责人以及负责组联的工作人员参加会议。会议由海南省文联副主席、儋州市文联主席王威主持。海南省文联将基层文联组织的工作纳入全海南省文联工作的大局考虑，坚持每年都举办这样的会议，通过学习交流，专题培训，目的是进一步帮助基层文联提高政治素质、理论水平和业务能力，进一步提升贯彻落实党的文艺方针政策的自觉性和坚定性，推动基层文联工作更上新台阶。海南省文联作协党组成员、海南省文联专职副主席陆明作开班动员讲话。会议邀请省委党校詹贤武教授和杨显教授，分别作“从文化大国迈向文化强国”和“坚定文化自信”两场学习贯彻党的十九届五中全会精神的文化专题讲座。会议还安排学员参观学习了“文艺两新”组织党建工作。 会议其间围绕基层文联的工作职

能、工作定位、工作对象、工作方向和工作着力点等开展讨论交流，三亚、儋州、琼海、琼中、琼山区等五个市县（区）文联在会上作了工作经验交流。

各文艺家协会

【美术家协会】

至2020年底，会员786人。1月30日起，以“众志成城、抗击疫情——海南省美术家在行动”为主题，发动全省美术家、美术工作者创作美术作品并通过网络媒体传播美术作品600余幅。

2月7日，积极发起“爱心捐助抗疫”行动，组织近百名画家爱心捐款抗疫，共计募捐善款45800元。

7月31日，承办“纪念海南解放70周年——海南省历史文化重大题材美术创作工程作品展”。

8月20日，省美协主办、海南省书画院承办“丹青颂琼州•扬帆自贸港”曾祥熙中国画展。

11月7日，在海口召开省美协第六届四次理事会，会议传达“海南省文联直属文艺家协会换届动员大会”会议精神，听取审议陈茂叶主席的述职报告和阮江华副主席兼秘书长代表理事会作的《2020年理事会第四次会议工作报告》《第六届主席团任期述职报告》，并对主席团成员进行民主测评，对新一届协会主席团成员候选人进行民主推荐。

11月16日，与海南师范大学美术学院共同举办“2020春华秋实——周建宏教授师生油画作品汇展”。

12月29日，“岁月回响 • 彩墨华章——谢耀庭从艺70年美术作品回顾展”在海南省书画院展。

【戏剧家协会】

至2020年底，会员396人。9月，省剧协与定安县文化馆联合主办了省剧协第二期会员艺术素养培训班，河南大学戏剧学院原院长、戏曲声乐副教授王凯歌，省内梅花奖获得者、琼剧表演艺术家陈素珍以及戏曲音乐专家陈明春、林斯柏分别为会员作了《在戏曲演中“声”与“腔”的科学化运用》《琼剧旦角的“唱”和“演”》以及戏曲音乐理论授课，同期，省剧协邀请中国剧协分党组成员、秘书长、一级巡视员崔伟率领调研小组前往定安县琼剧团作基层剧团调研。

10月，为期五天的“中国剧协2020年重点题材改稿会”暨“中国剧协2020年大湾区中青年创作人才高研班”在海口举行。海南省文联作协党组成员、海南省文联专职副主席陆明致辞，中国剧协分党组书记、驻会副主席、茅盾文学奖获得者陈彦作开班动员。来自全国知名戏剧专家、矛盾文学奖获得者、剧作家及海南、广东的中青年编剧、导演等90余人，对抗击新冠疫情、扶贫脱贫奔小康以及庆祝建党百年为主题的优秀剧本进行研讨、打磨提升，交流创作经验，提高创作水平。

【民间文艺家协会】

至2020年底，会员556人。6月30日，与海南大学在海南省博物馆联合举办大型传统手工艺人文纪录片《匠韵琼艺》首发式暨海南文化传承与发展高端论坛。

10月29日，在海南省博物馆举办海南文化创意研究院成立暨首届海南自贸港全国文创大赛启动仪式。

12月1日，海南省民协与琼台师范学院共同筹备的海南崖州民歌文化研究中心揭牌仪式在琼台师范学院举行。

12月3日，召开《中国民间文学大系》《中国民间工艺集成》海南卷编纂工作推进会，中国文联副主席、中国民协主席潘鲁生出席；会后，中国文联副主席、中国民协主席潘鲁生在海南省文联副主席、海南省民协主席蔡葩等的陪同下到海口骑楼老街、演丰镇瑶城美丽乡村民宿等地调研考察。

【曲艺家协会】

至2020年底，会员160人。1月，组织曲艺小分队举办3场“我的中国梦——文化进万家”曲艺专场慰问演出；向中国文联、中国文学艺术基金会报送舞台快板剧《登陆临高角 解放海南岛》项目。

2月至5月，完成抗疫创作作品23个并录制。

6月，组织曲协创作委员会为三沙进行《三沙文明我先行》为主题的曲艺作品创作、演出和录制。

7月，组织起草《“一带一路”中国海南国际曲艺艺术周》项目计划书并呈报海南省文联。

9月，组织曲协创作委员会完成5件关于《海南自贸港总体方案》全省宣传的曲艺作品创作、投排和演出；进一步完善省曲协深化改革方案。

10月，指导保亭县成立保亭县戏剧曲艺家协会，启动筹备海南省曲协新一届换届准备工作。

12月，启动“第十二届中国曲艺牡丹奖海南选拔赛暨第四届海南省曲艺大赛”并召开新闻发布会。

福星相声社小剧场公益演出至2020年底已达153场次。

【摄影家协会】

至2020年底，会员825人。2月，海南省摄协志愿服务小分队走进屯昌县乌坡镇青梯村，举办“大美海南”摄影艺术作品展活动，志愿服务小分队先后走访了儋州市俄蔓镇长沙村、三亚市育才生态区马脚村。

5月，策划并举办海南省抗击新冠肺炎疫情海南战“疫”摄影网络展，展出100幅会员作品，共同关注持续中的海南战“疫”。

7月，由儋州市委宣传部、海南省摄协举办“乡村振兴石屋行”摄影大赛，全面展示石屋村建设和发展。

10月，中共昌江黎族自治县委宣传部、海南省摄协共同主办第七届“昌化江木棉红”全国摄影大赛在昌江县举行。

12月，由中国摄协、海南省文联主办，海南省摄协、海口市摄协承办的2020中国摄协“送欢乐下基层”学雷锋文艺志愿服务活动走进海口，开展系摄影志愿服务活动，推动海南自贸港建设。

【书法家协会】

至2020年底，会员928人。1月10日，“我们的中国梦”——文化进万家书法文化惠民公益活动在海口市龙华区城西镇举行。

2月2日至3月26日，举办“万众一心，抗击疫情”主题书法网络展，收到书法作品842件，刊发在省书协微信公众号498件，共刊发39期。

5月30日，海南省书协六届主席团第十一次会议暨省第十届书法篆刻作品展评审预备会在省书画院召开。

8月27日，海南省书协主办“海南省五市县书法作品联展”评审工作在海口举行。五个市县书协共收集书法参评作品330件，共评出入展作品142件。

10月18日，“纪念海南解放70周年”——海南百景书画作品展在海口开幕。

10月26日，由省书协主办的“海南省五市县书法联展”在临高县文化艺术中心举行，共展出书法作品154幅。

11月7日，省书协第六届三次理事会召开。中国书协副主席、省书协主席吴东民出席此次会议。

11月8日，“墨韵中广文博·翡翠五指山城”全国书法名家邀请展在五指山市开幕，展出100件书法名家精品。

11月21日，省书协第六届主席团第十二次会议在海南省文联协会党支部会议室举行。

【舞蹈家协会】

至2020年底，会员555人。1月21日，由海南省文联主办，省舞协承办的“我们的中国梦”——文化进万家文艺志愿服务活动走进琼海新市村。

2月1日起，组织海南省舞蹈工作者，创作舞蹈《我们一定会胜利》、舞蹈《爱的归途》、舞蹈《送上你的爱心》、舞动合集《抵“疫”飞扬》等舞蹈抗疫作品。分别报送中国舞协和海南省文联，用舞蹈艺术的形式为抗疫出一份力。

10月10日在广东举办“首届中南六省（区）十佳青年领军舞者”展演活动，海南省舞协秘书长陈仁华带队参加。

12月，省舞协派理事参加中国舞协十届四次理事会和中国舞协举办的“第三届中国舞蹈维权培训班”线上培训。

【音乐家协会】

至2020年底，会员608人。2月，省音协开展“抗疫防控 我们在一起”主题歌曲创作征集活动，音乐工作者创作了《中华儿女挽起手臂》《爱让我们相连》等一批原创公益歌曲。

第二届“感悟大海 守护南海 走向海洋”海洋风主题歌曲新闻发布会于9月18日在海口举行。展演音乐会于9月28日晚上演，本届展演活动共15件作品，全国征集评选出《莫惊》《蓝色耳语》《舟楫为家》《蓝色国土》等4首优选作品。9月29日，举办作品创作展演活动专题研讨会，国内多位知名音乐家及评论家出席研讨会。

“讴歌新时代 唱响自贸港”主题歌曲全国创作征集及评选工作，全国各地应征作品303件。省音协组织省内音乐界创作专家和声乐专家组成评

审组，10月13日召开评审会议，选出6件等次奖作品和6件优秀奖作品奖。

10月，组织省音协创作和声乐骨干参与纪念建党100周年主题大型组歌《海南颂》采风活动，与国内创作名家屈塬等赴定安、琼海、五指山和三亚等地进行采风。省音协创作和声乐骨干深入儋州和琼海两地进行采风交流，开展海南民歌作品创作交流活动。

【影视家协会】

至2020年底，会员183人。3月28日抗疫题材微电影《椰子侠》，在海南日报新浪微博、海南日报微信公众号、海南日报客户端首播，近70家媒体平台相继转载。

4月20日至5月10日电视剧《天涯热土》在央视一套播出。

6月5日微电影《鸟叔》，以中英文版在人民日报官方微博微信和客户端发布。

6月11日微电影《1949 北京来电》，在五指山市革命根据地纪念园开机，影片讲述了海南岛第一面五星红旗升起来的故事，9月28日该影片在全国26家重点媒体网站上线推出。

11月6日省首部教育移民扶贫题材电影《穿过雨林》，在海南昌江开机。

【文艺评论家协会】

至2020年底，会员59人。8月，承办纪念海南解放70周年——海南历史文化重大题材美术创作工程作品展研讨会。

11月，承办长篇非虚构叙事文学作品《海南岛传》首发式暨座谈会，省内外专家及业内人士70余人参加。

12月，配合省影视家协会举办海南教育移民题材《穿越雨林》剧本研讨会；与海南大学人文传播学院联合组织第二届全国苏学论坛。

【文艺志愿者协会】

至2020年底，在中国文艺志愿管理平台注册的志愿者有178人。

1月，组织开展“我们的中国梦”—文化进万家活动，中国文联、海南省文联文艺志愿服务小分队走进秀英施茶村琼海新时代文明实践中心慰问，为当地创作赠送书法作品65幅，美术作品12幅，总计77件作品。义务写春联2000余幅，“福”字780余张，3000多名群众观看表演及参与书画挥春。

至2月底，由省文志协牵头，省各文艺家协会以文艺志愿服务小分队形式开展系列文化惠民文艺志愿服务活动共31场。

3月至4月，广泛开展“文艺进万家、健康你我他”网络文艺志愿服务行动，邀请艺术家、文艺工作者开展音乐、曲艺、舞蹈、书法、戏剧、民间文艺、美术等各艺术门类公益课堂。邀请艺术家30余人，用培训辅导、展览展示、互动分享等多种方式走进群众身边，以“艺”抗疫、持续通过网络为广大人民群众送上最好的精神食粮。

5月，在第7个中国文艺志愿服务日，组织开展“文艺进万家 健康你我他”——到人民中去文艺志愿服务主题活动走进屯昌县青梯村。本次活动的主题是“文艺助力脱贫攻坚”、文艺战“疫”、文艺助力新时代文明实践。

6月至9月，组织开展省“圆梦工程——名师美育课堂”，12名艺术专家参与授课，与琼中、白沙、临高、保亭、屯昌、五指山等6个贫困县定向“结对子”，帮扶6个县专兼职艺术辅导员，开展音乐、美术、舞蹈、书法4类直播培训。至9月27日，总共开展24次培训，为基层文艺人才学习提升搭建了良好平台。

9月至12月，承办青梯小学童声合唱团第二期培训班。屯昌县乌坡镇青梯村小学是海南省文联定点帮扶的贫困村，是海南第一支从贫困村里走出来的童声合唱团。国庆其间以贺中秋庆国庆为主题，在海口、文昌、定安等地组织开展了3场文化惠民慰问演出活动。

11月至12月，征集创作以海南自由贸易港建设政策为主题的文艺作品，组建文艺轻骑队，开展20场海南自由贸易港建设政策文艺宣讲巡回演出。

【旅琼文艺家协会】

2月至4月，组织旅琼文艺家参与新冠肺炎疫情防控工作，创作抗疫文艺作品。沈经伟的广播剧《大爱无疆》，在中央人民广播电台播出，无场次话剧《叩问生命》由杭州市话剧团演出等都为海南抗疫文艺留下了浓墨重彩的一笔。

“临高角海南解放公园纪念馆提升改造”项目被列为省委纪念海南解放70周年系列活动之一。“解放海南岛”雕塑群由副主席程连仲主创，马良、田世信、王洪亮等参与创作。

7月至12月，省旅琼文艺家协会和省图书馆联合主办“旅琼文艺家大讲坛”活动。

9月28日，第二届“海洋风”主题歌曲创作展演在海口举行，孟卫东、王持久、皓天等旅琼音乐家参与。

10月14日，省旅琼文艺家协会“候鸟”人才工作站获评首批省“候鸟”人才优秀工作站。

12月25日以网络方式举行主席团会议。

12月28日，省旅琼文艺家协会第一届理事会第三次会议以网络方式举行。

12月30日，由省旅琼文艺家协会、省南方美术研究院主办，海南蓝色视觉绘画艺术承办的中国知名油画家、旅琼文艺家协会顾问王昌楷“东寻西找山河美，天南地北民族情”画展开幕。

文学艺术作品出版入选入展获奖

【美术】

第三届全国（宁波）综合材料绘画双年展入选作品：《沉积》（林明俊）；《远古-魂》（志勇）；《故城草木生》（张天佐）；《崖州故城今犹在》（陈翔宇）；《秋山如许》（黄克勤）；《春韵》（吴平）；《浮光》（王羽）。

第二届深圳大芬国际油画双年展入选作品：《渔港纪事》（符嘉臻）；《生活印象-昔日旧港一景NO.15》（李新赞）；《古韵》（符巨谟）。刘思妤《秋来太行》入选雨花满天——全国山水画作品展。韦瑞进《雨林墨韵》入选同源——第二届中国画作品展。

【书法】

冯伟、李海滨和唐敏文3位作者作品入展由中国文学艺术界联合会、中国书协主办的“中国力量——全国扶贫书法大展”。郑文师和王名召入展全国第五届正体书法作品展。彭智发、孟令琦、李海滨、冯宗辉入展全国第五届青年书法篆刻作品展。

【音乐】

中国音协和中宣部“学习强国”主办的抗疫歌曲作品征集，《坚守一座城》（彭子柱作词、张胜作曲）、《春来了》（彭子柱作词、周亚辉作曲）、《这个寒冬有些漫长》（彭子柱作词、符禹迅作曲）获全国优秀抗疫歌曲。

5月，彭子柱作品《雨岭南》获中国音协主办“听见中国听见你”优秀作品奖。

6月，梁乔荣在“国际乐器演奏日”活动中荣获优秀指导教师奖。

7月，庄丹嘉创作抗疫歌曲（作曲）《风雨过后依然你最美》参加感动中国十大抗疫歌曲展评活动，荣获金奖。同时由中国音乐家音像出版社出版在《2020众志成城抗疫歌曲特辑上》；论文《浅谈音乐训练对认知能力的影响》发表在《西部论丛》西部论丛杂志社，获一等奖。

9月，在第二届“海洋风”主题歌曲创作全国作品征集中《海魂蓝》（彭子柱作词、周毅作曲）《海符号》（彭子柱作词、符禹迅作曲）《半卷三沙》获创作“入围奖”；梁乔荣荣获“第19届少儿蒲公英”比赛优秀指导教师奖。

11月，廖裕文在第四届成都金芙蓉音乐比赛中获声乐组银奖；重庆市委宣传部主办、重庆市音协承办的脱贫攻坚歌曲征集中，《丰收的田野》（彭子柱作词、周亚辉作曲）获2020重庆市脱贫攻坚十大原创金曲。

12月，海南省文联主办的“讴歌自贸港·唱响新时代”主题歌曲征集活动中，彭子柱作词、于宏作曲的《南海是港 海南是船》获三等奖；刘海作词、蔡先民作曲《点赞海南》获三等奖；彭子柱作词、周毅作曲的《来了还想来》获优秀奖。

【民间文艺】

5月，省民协周凤姣、汤全兴、王殿锋、周烨4人入选省人才局评定的“南海工匠”。

6月，海南省文联副主席、省民协主席蔡葩散文集《南洋船歌》获海南文学双年奖。

9月，省民协麻双鸣雕刻艺术文化产业团队（文化产业）、海南柴艺坊黄花梨艺术创作及其产业化研发团队（文化产业）、中国特色自由贸易港工艺会展创新创业团队（会展业）3个团队入选海南省“双百人才”团队。

12月，省民协副主席麻双鸣荣获“国务院特贴专家”称号。

【摄影】

第九届全国科普摄影大赛，周反美作品《虫

界大师》组照获得优秀奖、作品《蛙眼》组照获得优秀奖。第七届“中国梦劳动美”全国职工摄影展，蔡晶作品“琼州海峡上的使命”获优秀奖。中国摄协疫情防控专题摄影展，邓祥平作品《防疫云视讯》入选。第22届全国艺术摄影大赛，尚野作品《烟雨春游》获“艺术摄影类”优秀奖。第十三届中国摄影艺术节，尚野作品《后池村的脱贫致富路》组照入选。

【舞蹈】

省舞协推选的舞蹈作品《鲲鹏游》《一戏·一生》《告别》参加“首届中南六省（区）十佳青年领军舞者”展演。《鲲鹏游》获“优秀原创舞蹈作品奖”和“十佳青年优秀舞者”；《一戏·一生》获“十佳青年优秀舞者”；《告别》获“优秀青年舞者称号”。

【影视】

电视剧《天涯热土》入围2020第三十届中国电视“金鹰奖”最佳电视剧竞赛单元。电影《穿过雨林》剧本荣获海南“民族团结一家亲”为主题的省民族文化“七个一”作品征集评选活动剧本类特等奖。电影《圆梦》入选中宣部电影数字节目管理中心推出的“脱贫攻坚系列公益影片推荐”。电影《1949北京来电》荣获海南共青团2020年青春正能量微电影（微视频）大赛“美丽海南岛 魅力自贸港”微电影征集单元一等奖。微电影《椰子侠》荣获省共青团2020年青春正能量微电影（微视频）大赛“美丽海南岛 魅力自贸港”微电影征集单元三等奖。微电影《鸟叔》荣获第八届亚洲微电影艺术节“最佳作品奖”。5部影视作品荣获第十三届中国旅游电视周各类奖项：由省广播电视总台创作的《海的味道 西岛知道》《潮起海之南•品味》《遇见海南美》三部作品分别荣获优秀专题片奖、优秀栏目奖和好栏目奖，海口市电视台创作的《游钓西沙 深海寻鱼》荣获好短视频奖，海南海戈影音文化传播有限公司创作的《向往昌江》荣获优秀宣传片奖。

重庆市文联

综　述

2020年，重庆市文联带领全市广大文艺家和文艺工作者紧密团结在党中央周围，推进习近平新时代中国特色社会主义思想学习宣传贯彻，决战脱贫攻坚、决胜全面小康，锐意进取、开拓创新，为重庆市文艺事业发展和繁荣作出积极贡献。一是文艺创作硕果累累。在全国文联系统率先发出倡议，组织创作4万余件抗疫主题文艺作品。刊发《抗疫文艺作品应当聚焦人民大众》等19篇引导抗疫文艺作品创作方向的评论文章。完成1000余件以建党100周年、疫情防控、脱贫攻坚、全面建成小康社会、双城经济圈建设、重庆红色文化及历史人物事件等为主题的重点文艺创作。二是文艺活动精彩纷呈。举办第十一届中国西部大地情全国中国画油画作品展、中国舞蹈“荷花奖”现当代舞重庆原创作品专家面对面、第十一届重影杯电影剧本征集评选、第二届重庆市群众书法大赛、第七届重庆大学生戏剧演出季、首届重庆市中青年歌手大赛、重庆市大学生短视频大赛、重庆市脱贫攻坚摄影作品展、第七届重庆市曲艺大赛、第二届重庆山歌会、第六届“啄木鸟杯”中国文艺评论推优申报等文艺活动。助推双城经济圈建设，举办川渝街舞邀请赛、川渝杂技魔术展演、成渝戏剧创作展演周、川渝美术名家中国画作品联展及巡展、成渝双城当代影像展、“同饮一江水·共护长江源”环保公益行等17项文艺活动。三是文艺志愿服务活动如火如荼。重庆市文联精心策划、组织实施了“我们的中国梦——文化进万家”“梦想驿站”“圆梦工程——名师美育课堂”“奉献人民、放歌巴渝”“奋进新时代、共圆小康梦”和新时代文明实践“六讲”文艺志愿服务活动。

截至2020年年底，重庆市共有市级文艺家协会会员17003人，国家级会员2418人，基层文联会员51435人。

组织建设与业务培训

【川渝两地签订文艺先行战略合作框架协议】

5月14日，重庆市文联与四川省文联就如何在推动成渝地区双城经济圈建设中发挥文艺先导作用，达成深入合作意向，并签订战略合作框架协议，提出共同开展系列文艺活动、繁荣主题文艺创作、加强文艺人才交流、提升文艺品牌影响等目标任务，从制度层面建立川渝双方合作的长效机制。一是深入落实中央决策部署。把握中央决策部署重大机遇，在学术研讨、体系构建、作品打造、人才培养、成果展示等方面下功夫，实现优势互补、资源共享、合作共赢，推动中华优秀传统文化创造性转化、创新性发展。二是助推经济高质量发展。立足成渝地区重大规划、项目布局、产业发展、惠民措施等主题开展创作，全方位多角度反映经济社会发展取得的巨大进步和成果，为新时代改革发展实践提供强大精神支撑。三是助力人民高品质生活。推动文艺与规划并行，增加公共文化供给，让文艺进入建筑、进入生活，用文艺提升品位、浸润心灵，提升市民审美情趣和鉴赏水平，以此不断提升城市品位和内涵，全力打造高品质生活宜居地。四是巩固巴蜀一家亲观念。积极探索建立信息共享平台、协会会员资格互认等机制，启动成渝地区街舞表演邀请赛、“沿着总书记扶贫的足迹”川渝美术家助力脱贫攻坚采风创作等10　余项活动，延续并巩固巴蜀一家亲观念。五是打造巴蜀文化品牌。对川剧、蜀锦、蜀绣、石刻、竹编、夏布等非遗项目开展共同研究、梳理和保护传承；通过重启川渝文化合作论坛，深入对话形成共识；全力加强合作，共创巴蜀文化品牌，实现从区域品牌到全国品牌的成长

嬗变。

【川渝长江嘉陵江流域文艺联盟】

10月30日，川渝长江嘉陵江流域文艺联盟（又称川渝“两江流域”文艺联盟）成立大会在四川省广安市举行。川渝长江嘉陵江流域文艺联盟是在两省市文联的指导下，由四川省广安市、宜宾市、南充市，重庆市渝北区、合川区等5家文联作为发起单位，由长江嘉陵江流域四川省境内的市、重庆市境内的区（县）文联共26家一起组建起来的文艺合作组织，通过举办文艺采风、开展主题文艺创作、举办文艺评论研讨等活动，牢固树立“巴蜀一家亲”的理念，推动川渝两地文化旅游产业融合发展，促进两地文艺事业大发展、大繁荣。该联盟的成立对于两地文艺界进一步团结动员文艺工作者推动文艺大发展、大繁荣具有十分重要的意义。大会其间，两地还举办了“同绘川渝景·共抒巴蜀情”重庆、四川美术名家作品联展（2020广安站）。与会人员还前往川渝示范合作项目高竹新区等地进行了采风活动。

【重庆市“建功新时代 弘扬德艺双馨”文艺实践座谈暨重点文艺创作推进会】

为充分运用重庆艺术奖和重庆中青年德艺双馨文艺工作者评选激励作用，形成“作品评奖”和“人员评奖”双管齐下的奖励体系，2020年8月27日，重庆市“建功新时代 弘扬德艺双馨”文艺实践座谈暨重点文艺创作推进会在重庆市文联召开。会上，重庆市文联党组书记、副主席陈若愚强调，要把握宣讲要求，努力营造学先进、争先进、赶先进的浓厚氛围，明确创作重点，打造无愧于历史、无愧于党和人民的精品力作，突出宣讲活动和重点文艺创作实效。要加强组织领导，精心组织主题宣讲，落实重点文艺创作责任。要强化工作保障，有效做好疫情防控，确保主题宣讲活动和文艺创作安全。要加强重点文艺创作扶持，分期分批推出优秀作品。注重宣传效果，实现网上网下有机结合、整体传播，让主旋律有高频率、正能量有大流量。

继2020年9月17日首场“建功新时代 弘扬德艺双馨”文艺实践主题宣讲在重庆市沙坪坝区举办后，2020年10月28日至30日，“建功新时代 弘扬德艺双馨”全市文艺界“四力”教育实践主题宣讲活动分别走进重庆市黔江区、武隆区、万州区、开州区、渝北区、永川区等区县，为当地基层艺术家和文艺工作者带去一场场生动讲座。

【文艺抗疫】

新型冠状病毒感染的肺炎疫情发生以来，重庆市文联坚决贯彻落实党中央、国务院决策部署以及中共重庆市委、重庆市政府工作安排，及时建立快速反应机制，全面落实各项防控措施，防疫工作有序开展。重庆市文联立足意识形态工作主阵地，充分发挥文艺作品宣传引导力量，通过音乐、漫画、视频等形式引导市民正确防疫，在主流媒体发表《抗疫文艺作品应当聚焦人民大众》《不应将抗疫诗歌“污名”化》等评论文章，积极引导文艺家理性开展文艺创作和市民理性看待问题，为全市防疫工作营造良好社会文化环境。同时，重庆市文联带领各市级文艺家协会积极组织开展抗疫主题文艺创作，共创作各类抗疫主题文艺作品4万余件，并在各媒体平台推出近万件。歌曲《坚信爱会赢》在央视播出，抖音视频播放超44亿次。油画《永恒与短暂》等5件美术作品精彩亮相国家博物馆，其中4件在央视一套大型节目中展播。“坚信爱会赢”抗击疫情主题创作美术书法摄影民间文艺作品成果展分别在重庆美术馆、重庆市文联美术馆展出。举行抗疫故事分享会，出品《大爱无疆，因为有你》原创歌曲选辑，向抗疫医务工作者等赠送800余张。

在重庆市文联号召下，各区县文联也积极响应，广泛组织开展抗疫主题文艺创作，以文艺的方式关爱患者、讴歌英雄，凝聚起共同抗击疫情的强大精神力量。

【文艺扶贫】

重庆市文联作为重庆市巫山县双龙镇安静村定点脱贫帮扶单位，一直努力寻求文艺工作与精准扶贫的交汇点，积极开展文艺扶贫。一是巫山红叶化身艺术品，让贫困地区富起来。位于小三峡核心区域中滴翠峡西岸峭壁之上的安静村，有贫困户82户291人，贫困发生率达14.3%。重庆市文联邀请专家进行实地调研，组织民间文艺专家、植物学专家召开院坝座谈会，提出发展叶雕文创产业，并邀请民间工艺大师对村民进行叶雕培训。重庆市文联联系中粮可口可乐饮料（重庆）有限公司以“我们在乎——我们有福”项目助力红叶叶雕产业，在产品设计包装、销售渠道、物流方面给予帮助。二是文艺活动补足精神之钙，让贫困地区乐起来。重庆市文联从改变贫困人群的文化观念、精神面貌等方面入手，通过组织文艺展演、文艺辅导、作品捐赠等多种形式，持续开展“送欢乐下基层”“到人民中去”“文联大讲坛”“文艺进校园”“奉献人民、放歌巴渝”“结对子、种文化”等六大文艺志愿服务品牌活动，筑牢农村文化之基。尤其是坚持“送”“种”结合，寓“种”于“送”，组织广场舞、腰鼓、舞狮等表演艺术家赴安静村开展实地培训教学，并送去服装、道具、音响等表演设备。目前，参加培训的40名村民已能独立完成舞蹈、腰鼓、舞狮等步伐要领，为安静村建立了一支“带不走”的文艺演出队伍。三是文艺精品创作提升知名度，让贫困地区靓起来。重庆市文联将脱贫攻坚主题文艺采风创作纳入年度目标任务考核，从采风创作、文艺活动、基地建设等方面建立长效保障机制，鼓励艺术家深入贫困地区感受贫穷之痛和脱贫之喜，记录脱贫攻坚先进人物和事迹，组织创作油画《大梁山的亲人们》、歌曲《你从黄土地走来》《一辈子记得你》《大地知道》、电影剧本《村里来了个耶鲁生》、摄影《大家一起来致富》《绽放的笑脸》等脱贫攻坚重点文艺作品 500 余件。推荐重庆市彭水县为中国文艺志愿者协会歌曲创作项目服务地，为其量身打造原生态苗歌《娇阿依》，获中国民间文艺山花奖·优秀民间艺术表演作品奖。为重庆市城口县、开州区量身定做歌曲《小河弯弯唱山歌》《你最美》，为城口县孩子创作舞蹈《小小巴山“红”》，均获全国重要奖项。重庆市文联还以“小三峡陆路旅游”为切入点，实施“文艺六个一”，从“文艺+”“生态+”等方面加以考虑，提升乡村文艺，推动文旅融合，发展乡村旅游。向安静村赠送名家书画、摄影作品 130件、农家乐牌匾 33个，并建立美术、摄影、电影等创作基地。为城口县赠送100幅“颂”城口书法作品以及大巴山森林人家店招、店牌等。

【文艺志愿服务活动】

2020年，重庆市文联精心策划、组织实施了“我们的中国梦——文化进万家”“梦想驿站”“圆梦工程——名师美育课堂”“奉献人民、放歌巴渝”“奋进新时代、共圆小康梦”和新时代文明实践“六讲”文艺志愿服务活动。

2020年1月7至8日，中国文联、重庆市文联文艺志愿服务小分队走进重庆市城口县新时代文明实践中心，在城口县体育馆举办大型文艺演出，并派出小分队赴鸡鸣乡、沿河乡，把党和政府的温暖带到基层，受到当地群众的热烈欢迎，受众3000余人。2020年1月10日由中共重庆市委宣传部、重庆市文联等单位主办的2020年“梦想驿站”主题志愿服务活动在重庆北火车站南广场正式拉开序幕，12名书法家、摄影家、剪纸艺术家为800余人书写春联、免费拍摄并打印照片、剪纸等现场文艺志愿服务。2020年9月26日，重庆市文联组织优秀艺术家赴西藏自治区昌都市开展“辉煌七十年　礼赞新昌都”美术、书法、摄影文艺志愿服务活动。2020年10月9日，由中共重庆市委宣传部、重庆市文化和旅游发展委员会、重庆市文联主办的“奋进新时代·共圆小康梦”系列文化活动走进重庆市梁平县、开州区，现场及网络直播观看达5万余人次。2020年，重庆市文联针对对口扶贫区县，组织重庆市美协、重庆市书协、重庆市音协、重庆市舞协、重庆市文艺志愿者协会共12名专家学者开设“圆梦工程——名师美育课堂”共48课时，4000余名文艺工作者在线学习取得良好成效。组织文艺志愿者先后在重庆市巴南区、潼南区、江津区、合川区、永川区、綦江区、丰都县、巫溪县、巫山县、奉节县、开州区、黔江区、石柱土家族自治县、酉阳土家族苗族自治县、江北区、两江新区等区县开展新时代文明实践“六讲”文艺志愿服务活动，采取“微宣讲+文艺演出+志愿服务”形式，深入基层宣讲309人次，惠及群众6.5万余人次。组织“奉献人民、放歌巴渝”等文艺志愿服务46场次，惠及群众20万余人次。

【中国民歌表演艺术中青年人才高级研修班】

10月26日，中国民歌表演艺术中青年人才高级研修班在重庆市长寿区开班。该研修班是中国民协2020年的第一次专业人才线下培训，由中国文学艺术基金会资助，中国民协主办，中国文联民间文艺艺术中心、中国民协民间音乐艺术专业委员会、重庆市民协联合承办。中国民协分党组书记、驻会副主席邱运华为全体学员作了《深入生活，调查研究——学习习近平总书记调查研究的体会》专题报告。

活动其间，第二届重庆山歌会在重庆市长寿区菩提古镇举办。参训学员们不仅现场观看了重庆本地各民族、地区的特色民歌，同时也派出代表登台表演，与本地的艺术家和观众们现场交流、互动。

【重庆市第九期中青年文艺骨干研修班】

9月13日，重庆市第九期中青年文艺骨干研修班开班仪式在西南大学举办。重庆市文联党组书记、副主席陈若愚作了题为《贯彻新思想、拥抱新时代、实现新作为，打造精品力作为重庆文艺事业繁荣发展作出积极贡献》的专题讲座，从文学艺术的重要性、文艺发展的新途径、文艺创作的新思路等方面深入浅出讲解党的文艺理论知识。重庆市文联党组成员、副主席龙川为学员作了题为《弘扬德艺双馨精神、推进文艺事业繁荣发展》的专题讲座。

【中共重庆市文联社会组织党员大会】

7月23日，中共重庆市文联社会组织党员大会在重庆市文联剧场召开。重庆市文联所属社会组织各支部全体党员112人参加会议。

大会审议通过了《中共重庆市文联社会组织综合委员会工作报告》。报告指出，中共重庆市文联社会组织综合党委自2012年成立以来，始终坚持把党的政治建设摆在首位，不断完善支部组织生活会、民主评议党员等制度。重庆市文联主管的社会组织有26个，按照“应建尽建”原则全部完成了党支部建设工作。通过党建工作带动文艺工作，扎实开展文艺活动和文艺作品创作，促进文艺繁荣。7年来，重庆市文联社会组织综合党委组织各艺术门类展示展演活动达1000余场次，参与的文艺工作者达4万人次。

大会选举卫洪、邓建强、江洋、苟晓燕、姜明、谈维、黄振伟等7名同志为中共重庆市文联社会组织综合党委新一届委员会委员。重庆市文联党组成员、副主席黄振伟当选为综合党委书记，谈维同志当选为综合党委副书记。

【重庆市文联青年理论学习小组】

为进一步提高青年干部职工理论素养和业务能力，重庆市文联成立青年理论学习小组，将机关40岁以下青年干部职工纳入学习范围，通过定期推出主题演讲、创意PPT、诵读经典等学习交流活动，教育引导全体青年干部职工深入学习习近平新时代中国特色社会主义思想，牢固树立“四个意识”、坚定“四个自信”，做到“两个维护”。

5月28日，重庆市文联组织召开了青年理论学习小组开班式暨第一次集体学习会议，学习2020年五四青年节前夕习近平总书记对新时代青年的寄语和《习近平关于青少年和共青团工作论述摘编》。

【重庆市视协开展网上编剧课学习】

为满足本土编剧和电视从业者的需求，从2020年3月开始，重庆市视协借助编剧帮平台，按照一周一课的进度，开展网络培训课程。培训其间，推送了海政电视艺术中心原主任、中国视协原副主席、国家一级编剧周振天的《进阶优秀编剧的必经之路》，编剧、博士、中国戏剧学院电影电视系副教授、硕士生导师倪骏的《美剧的制作模式为什么值得借鉴？》，爱奇艺副总裁、自制剧开发中心总经理戴莹的《“国潮”正年轻，看爱奇艺自制剧〈鬓边不是海棠红〉如何俘获人心》，知名编剧袁子弹的《你要抬头望天，也要脚踏实地——论电视剧创作的理想与现实》等课程。

【重庆市摄影创作高级网络培训班】

6月19日，由重庆市摄协主办的摄影创作高级网络培训开班，全市20名骨干摄影创作者参加培训。此次培训邀请中国摄协副主席陈小波、杨越峦分别就纪实类和艺术、商业类摄影两个专题对学员进行授课。陈小波以《从发烧友到独立摄影师——影像个案分析》为主题，论述从摄影爱好者、发烧友到独立摄影师的途径和方法技巧。杨越峦以摄影的艺术特质和世界摄影史为主题，从摄影的前世今生、艺术的生命在于创造、摄影创造性的体现到自身的工作经历和体会进行专题辅导。

【第二期重庆市中青年词曲创作骨干培训】

11月29日至12月6日，由重庆市文联主办，重庆市音协、中共大渡口区委宣传部、大渡口区文旅委、大渡口区文联承办的2020年重庆市“百人百作”音乐精品创作推进会暨第二期中青年词曲创作骨干培训班在大渡口区举办。本次培训包括交流讲座、小组创作、现场教学、作品评析、专家授课、新作展示等活动，近100名中青年词曲创作骨干参加培训。本次培训邀请到中国文联音乐中心主任、中国音协副秘书长、一级作曲熊纬，

《词刊》主编、一级编剧、知名词作家王晓岭，作曲家王备，作曲家、音乐制作人王晓锋，作词人梁芒等词曲家为全体学员授课，并现场评析、修改学员作品。培训其间，学员们前往重庆市石柱土家族自治县中益乡华溪村开展现场教学，探访了石柱土家族非物质文化遗产啰儿调传承人刘永斌。又到万盛经开区关坝镇凉风村，欣赏当地独具特色的苗家音乐，和苗族同胞一起载歌载舞，感受浓郁的地方风情。

【首期重庆市文联周末成人篆刻班】

为引领广大艺术爱好者开展篆刻艺术创作，5月30日，首期重庆市文联周末成人篆刻培训班在重庆市文艺家活动中心开班。重庆市知名篆刻艺术家、西南大学书法篆刻教师张一农为周六班学员授课，来自全市的25名学员参加首次培训。首期重庆市文联周末成人篆刻培训班共开设两个班次，44名学员分周六班和周日班轮替上课，学制6个月。培训内容将涉及篆刻史、篆刻理论、篆书与篆刻临摹、印稿设计、篆刻刀法示范、边款临摹与运用、钤印及拓边款方法、印屏制作等。培训对象主要是热爱篆刻艺术、有一定艺术修养，渴求得到专业提升的中青年文艺工作者和爱好者。

【重庆市硬笔书法家协会换届】

11月1日，重庆市硬笔书法家协会第三次会员代表大会在重庆市南岸区委党校召开。会议审议通过了《重庆市硬笔书法家协会第二届理事会工作报告》《重庆市硬笔书法家协会章程（修改草案）》，选举了产生了新一届的领导班子和理事会成员，聘请了名誉主席和顾问，并对张莉等10名重庆市硬笔书法家协会第二届先进工作者进行了表彰。重庆市政协委员、南岸区政协常委蔡锡田当选第三届市硬笔书法家协会主席。

展演活动与创作成果

【第七届全国道德模范故事汇小分队基层巡演赴渝】

12月15日至17日，由中央文明办、中国文联主办，中国曲协、重庆市曲协、重庆市文艺志愿者协会承办的第七届全国道德模范故事汇小分队基层巡演活动走进重庆市万州区。

小分队先后深入万州区龙驹镇新时代文明实践所、赶场中心小学新时代文明实践站、龙沙镇新时代文明实践所、国网重庆市万州区供电公司新时代文明实践所、武警重庆总队船艇支队三大队新时代文明实践站等地组织了5场演出。演出紧扣弘扬道德模范精神主题，充分发挥曲艺作为“红色文艺轻骑兵”在弘扬社会主义核心价值观方面的独特优势，通过极具巴渝特色的谐剧、四川清音、四川竹琴、评书、快板等曲艺形式生动讲述道德模范的感人事迹。

【中国·重庆大足第二届川剧文化艺术节】

10月17日至18日，由重庆市文化旅游委员会、四川省文化旅游厅、重庆市大足区政府指导，重庆市非物质文化遗产保护协会、重庆市剧协、中共大足区委宣传部、大足区文化旅游委员会、大足区文联、大足石刻旅游集团、大足区雍溪镇政府主办的“川渝交流·戏汇大足”中国·重庆大足第二届川剧文化艺术节在大足区雍溪镇举办。

活动其间，举行了“雍溪里”“大足美”“大足味”等最佳歌词、最佳摄影、最佳节气美食作品颁奖活动。举办了巴蜀文化旅游走廊中川剧文化的传承发展与创新高端论坛。中国剧协副主席、重庆市文联主席、重庆市川剧院院长沈铁梅，大足石刻研究院党组书记、副院长谢晓鹏，四川省青年艺术团团长、国家非物质文化遗产川剧代表性传承人肖德美作了主旨演讲。与会专家就川剧的创造性转化、创新性发展进行了深入研讨。会上，还举行了川剧艺术联盟、巴蜀文化走廊共建项目“川剧艺术”战略合作项目、川渝地区部分市区县文联共推“川剧艺术”传承与创新战略合作项目等协议的签约仪式。

【第三届全国美术高峰论坛·重庆】

10月28日，第三届全国美术高峰论坛·重庆在四川美术学院揭开序幕。本届论坛由中国美协、重庆市文联、四川美术学院主办，重庆市美协、中国美协理论艺委会承办，重庆市评协、四川美术学院艺术人文学院及重庆市美协策展与理论艺委会协办。

本届论坛为期3天，以习近平新时代中国特色社会主义思想为指导，旨在通过深入的研讨，全面了解中国美术学术建设的现状，明晰新时代中国美术发展的方向，促进当代美术理论建设，强

化美术批评对创作的引领，挖掘培养美术理论、美术批评人才。全国美术工作者围绕美术思潮与学术方位、美术创作、美术理论、重庆美术专场4个分论坛主题，对新时代中国美术理论与创作、重庆美术理论与创作的发展进行讨论。

【“双城剧汇”成渝戏剧创作展演周】

10月31日至11月5日，由重庆市剧协、四川省剧协主办，四川职业艺术学院承办的“双城剧汇”2020成渝戏剧创作展演周在重庆市举办。

该创作展演周活动由剧目演出和剧本研讨两部分组成。10月31日、11月2日、11月4日分别在涪陵大剧院、璧山文化艺术中心、国泰艺术中心展演了由四川职业艺术学院创作排演、四川省剧协主席陈智林主演的川剧《草鞋县令》。11月4日至5日在重庆市文联会议室召开剧本研讨会。重庆市文联党组成员、副主席黄振伟，四川省文联副主席、四川省剧协主席陈智林，重庆市文联副主席、重庆市剧协主席程联群，成渝两地的专家李祥林、谭昕、杜建华、胡明克、夏祖生、黄波、卫洪以及剧本作者、青年戏剧人等20余人参加研讨活动。专家们围绕剧本主题思想开掘、主要事件选择、典型环境设置、人物性格塑造、地域特色文化运用等方面，对四川省剧协选送的古永鹤创作的川剧《梨花村驱“鬼”记》、李珂创作的音乐剧《天梯上的阿依莫》，重庆市剧协选送的周津菁创作的川剧《翠妈妈的幸福生活》、陈国亮创作的话剧《巴清》、王宏亮创作的话剧《母与子》等剧目进行了认真分析和深入研讨。

【中国电影基金会钟惦棐电影评论发展专项基金发布仪式暨2020中国电影评论高峰论坛】

12月18日，中国电影基金会钟惦棐电影评论发展专项基金发布仪式暨2020中国电影评论高峰论坛在重庆市江津区举行。活动由中国电影基金会、中国电影评论学会、重庆市电影局、重庆市文联主办，重庆市江津区政府、重庆市影协、重庆市评协承办。

钟惦棐（1919-1987），重庆江津人，是中国优秀文艺评论家、电影理论和批评家，中国电影理论与批评史上标志性的理论家，为新时期的电影美学理论呕心沥血，撰写了百多万字的理论、评论和美学论文，开创了中国影评一代新风，开“中国电影学派”之先河，被誉为中国电影美学的奠基人。

高峰论坛上，原中国文联副主席、中国评协主席、中央文史研究馆馆员仲呈祥，中国电影评论学会会长饶曙光作主旨演讲。众多行业专家学者围绕“中国电影评论与电影强国建设”这一主题进行交流发言。

钟惦棐电影评论发展专项基金，将用于助推电影评论工作发展，弘扬钟惦棐先生电影理论与批评的学术精神，搭建专业性电影评论工作交流平台，开展全国性电影评论学术活动、培训工作及相关公益活动等，以及助推重庆影视城建设发展。在中国电影基金会钟惦棐电影评论发展专项基金发布会上，重庆白沙文化旅游发展管理有限公司与中国电影基金会签订钟惦棐电影评论发展专项基金捐赠协议。江津区政府与中国电影评论学会就战略合作进行了签约。双方将充分利用自身资源开展合作，助推江津区影视产业高质量发展，助力重庆文化产业发展。

【首届“技炫巴蜀”川渝杂技魔术展演】

11月7日至8日，首届“技炫巴蜀”川渝杂技魔术展演暨合作交流研讨会在重庆市举行。该活动由中国杂协、重庆市文化和旅游委员会、重庆市文联、四川省文化和旅游厅、四川省文联主办，由重庆市杂协、四川省杂协承办，重庆杂技艺术团有限责任公司协办。该活动本着“服务大局、共谋发展”原则，通过座谈交流、战略签约、节目展演等系列活动，推进川渝杂技艺术优势互补、资源共享、合作共赢。

两地杂技魔术界召开了川渝杂技魔术合作发展研讨会，围绕川渝杂技魔术的交流、合作及发展进行了研讨。川渝两地杂技家协会签订了川渝杂技魔术合作协议，双方将在后期围绕学术研讨、作品打造、人才培养、成果展示等方面进行深入的合作。活动其间，由川渝两地杂技院团共同打造的“技炫巴蜀”川渝杂技魔术展演专场演出在重庆国际马戏城上演。宜宾市酒都艺术研究院杂技团、遂宁市杂技团、南充市杂技团、自贡市杂技团、杨屹魔术团队、万州三峡杂技团和重庆市杂技团7个市级杂技院团分别带来了《一帘幽梦》《高椅》《力量一勇》《顶板凳—中国龙》《双人皮条》《车技》等获奖节目，吸引了1000余名观众观看。演出队伍还赴重庆市九龙坡区华润凌江社区开展了“技炫巴蜀”川渝杂技魔术文艺惠民演出活动。

【成渝地区大学生播音主持大赛暨第六届重庆市大学生播音主持电视大赛】

成渝地区大学生播音主持大赛暨第六届重庆市大学生播音主持电视大赛由重庆市文联、重庆广播电视集团（总台）主办，重庆市视协、重庆市播音主持协会，重庆广播电视集团（总台）都市频道、重庆广电都视传媒有限责任公司承办，旨在展示当代大学生的才艺修养和青春风采，提升重庆市青年主持人才的综合素质。本次大赛共有来自于重庆、四川地区20余所高校、1400余名学子参加比赛。

12月27日，以“青春建功新时代·双城建设我先行”为主题的总决赛在重庆市文联举行。历经“文艺常识”“搭档主持”“新闻进行时”三个比赛环节，来自西南大学的欧阳佐维和王路瑶从20名选手中脱颖而出，荣获一等奖。

【成渝两地三江源环保公益行】

8月17日，由重庆市文联、四川省文联、重庆市生态环境局、四川省生态环境厅主办，重庆市视协、四川省视协承办的“同饮一江水·共护长江源”成渝两地三江源环保公益行启动仪式在重庆市文联举行。

8月18日至25日，中央电视台主持人敬一丹携手川渝两地的主播们前往塔里木、昆仑山、可可西里、长江源头纪念碑开展多项环保主题活动，并将沿途纪录摄制作品集结成纪录片，进行宣传推广。

【第二届重庆山歌会】

为发展和传承丰富多彩的巴渝民间特色文艺，2020年10月26日，由重庆市文联主办，重庆市民协、中共重庆市长寿区委宣传部、长寿区文化旅游委员会、长寿区文联承办，长寿区文化馆、长寿区民间文艺家协会协办的第二届重庆山歌会，在长寿区长寿古镇举办。来自重庆市长寿区、渝北区、黔江区、石柱土家族自治县、酉阳土家族苗族自治县、涪陵区、巴南区、北碚区、綦江区等区县的10支山歌队伍、60余名演员登台献艺。

重庆山歌种类十分丰富，包括黔江土家族南溪号子、石柱土家族啰儿调、彭水鞍子苗歌、酉阳民歌、武陵酉水船工号子等，高亢有力、激越明朗，演唱有对唱、领唱、合唱等丰富多彩的形式，无论从音乐形式、曲调因素、唱和音声，还是歌词的句式结构等方面都独具巴渝特色。本届山歌会融汇了大量少数民族原始唱腔，原生态气息浓厚，展现了重庆人坚韧顽强、乐观豁达、开放包容的性格特点和文化基因。

【第七届重庆青年电影展】

10月30日，由重庆市电影局、重庆市文联共同主办，四川外国语大学新闻传播学院、重庆市影协、四川外国语大学教务处、重庆跳轴影视文化有限公司共同承办，重庆市电影制片人协会、万德希普文化娱乐（重庆）有限公司协办，重庆电影“扶垚计划”全程支持的第七届重庆青年电影展（Chongqing Youth Film Festival）开幕。

重庆青年电影展自2014年创办至今，共邀请了百余名行业嘉宾及电影从业人员参与影片展映及论坛活动，目前共放映了近500部境内外影片，组织了400余场线下活动，先后联动全国70所高校、10余个文创园区和多家院线，总参与人数已超10万人次，成为西部地区最具规模和影响力的专业型电影节展之一。

本届青年电影展自4月31日至7月31日开放征片通道以来，影展评委会共收到全球范围内496部竞赛影片，制片地区涵盖了美国、日本、韩国、澳大利亚等国家与地区，最终短片入围16部、长片入围5部。经过激烈的角逐，评选出最佳影片、最佳导演等15项大奖。其中，魏巍执导的影片《卧云》获得最佳影片奖，《澡堂鼓手》获得最佳剧情短片奖，游盼导演的影片《一个唱，一个不唱》获得最佳线上人气短片奖，《会考试的猛犸象》编剧兼导演王念一获得最佳编剧奖。

【第七届重庆大学生戏剧演出季】

10月至12月，由中共重庆市委宣传部、重庆市教育委员会、重庆市文化旅游委员会、重庆市文联主办，重庆市剧协承办，重庆大学、西南大学、重庆师范大学、四川外国语大学协办的第七届重庆大学生戏剧演出季，在重庆高校师生中掀起了演戏、看戏、追戏、评戏的热潮。

本届演出季共收到重庆17所高校的24个剧社创作排演的话剧、京剧、音乐剧、舞剧等剧种的40部大小剧目申报，其中原创剧目24部。经过认真评审，8个原创剧目获优秀创作剧目奖，7个剧目获优秀演出剧目奖，孙丽萍、徐赤、何谐获优

秀编剧奖，邵鹏、徐赤、何谐、赵虎、陈建辉、吴娇、申琴获优秀导演奖，24位演员获优秀演员奖，18位教师获优秀指导教师奖，10所大学获优秀组织单位奖。本届演出季展呈现出题材广泛、主题鲜明的特点，体现了重庆市大学校园戏剧当前的创作、演出水平。

【“畅想新时代·阔步迎小康”优秀原创剧目展演】

12月18日、12月22日，由重庆市剧协主办的“畅想新时代·阔步迎小康”优秀原创剧目展演在国泰艺术中心举行，分别上演了重庆三峡歌舞剧团原创方言话剧《薪火》和重庆梨园艺术团创作排演的方言话剧《梦乡村》。

《薪火》入选全国优秀现实题材舞台艺术作品展演剧目和中宣部脱贫攻坚题材优秀剧目。《梦乡村》剧本从全国245部现实主义题材申报戏剧作品中脱颖而出，入选由中宣部、文旅部2019年全国戏剧评论与创作人才培训班（大戏大剧方向）40部打磨作品之一，入选2020年文旅部中央公服资金资助项目。话剧《薪火》《梦乡村》两部作品，展示了重庆戏剧工作者为助推全面小康建设所作出的努力和肩负的“举旗帜、聚民心、育新人、兴文化、展形象”使命任务。

【“中国力量”四川美术学院疫情防控主题展】

5月6日，由中共重庆市委宣传部、重庆市委教育工作委员会、重庆市教育委员会、重庆市文联主办，四川美术学院承办的“中国力量”四川美术学院新冠肺炎疫情防控主题创作展在四川美术学院美术馆开幕。该主题创作展立足中国新冠肺炎疫情防控的伟大实践，从四川美术学院上千名师生参与创作的千余幅作品中，遴选出雕塑《冬去春来》、油画《永恒与短暂》、国画《中国精神》等近300件优秀作品现场展出。这些作品，生动记录了以习近平同志为核心的党中央团结带领全国人民风雨同舟、共克时艰，取得疫情防控阻击战重大战略成果的艰辛历程，热情讴歌了医务工作者、人民解放军、公安干警、志愿者等逆行奋战的感人事迹。

【书法家刘恒先生书法创作讲座】

11月6日，由重庆市文联、重庆市书协主办的书法家刘恒先生书法创作讲座在重庆市文联举行。

刘恒于1982年毕业于北京大学历史系，先后担任中国书协研究部副主任、展览部主任，中国文联书法艺术中心主任。现为中国书协理事、学术委员会秘书长、《中国书法》杂志特约编审、西泠印社社员。其作品多次在全国展、中青展等展赛中参展或获奖，并长期担任全国展、全国书学讨论会、中国书法兰亭奖等重大书法展赛评委。出版有《中国书法史•清代卷》《历代尺牍书法》等著作，对全国书法展赛所反映出的各种问题有深入的了解和思考，对书法鉴赏和当代书法发展的现状有独到见解。

讲座中，刘恒认为，书法作者要注重传统文化和自身综合修养的提升，力戒文字错误、内容低俗、重技轻文、形式单一空洞等弊病，突出作品的原创性、艺术性、人文性，从而达到内外兼修、艺文兼备。讲座现场，刘恒还回答了部分书法作者的提问，并与大家进行深入交流。

【彭柯、石文君、彭石、胡焱四人国画（花鸟画）作品义卖】

11月18日至11月26日，由中共重庆市委宣传部、重庆市文联、中共巫山县委、巫山县政府主办，重庆市美协、重庆市文艺家活动中心、渝中区文联承办的“艺扬大爱•助力脱贫”彭柯、石文君、彭石、胡焱四人国画（花鸟画）作品义卖展在重庆市文联美术馆展出。

彭柯现为中国美协会员，重庆梦斋国画艺术中心院长。其国画作品参加国家级展赛20余次，并多次获奖。其父彭志灵（已去世）、妻子石文君、儿子彭石、儿媳胡焱均为中国美协会员，为全市唯一一家三代拥有5名中国美协会员的书香门第。现一家四口均为职业画家，是重庆市新文艺群体中的佼佼者。在党和国家扶贫政策及各行各业扶贫行动的感召下，彭柯一家自愿将近年来精心创作的80余件作品以义卖的形式回馈社会、奉献爱心。这批作品立意新颖、笔墨精湛，展现了作者对生活的理解和热爱。2020年12月6日，该展全部展品由重庆尚文斋艺术品拍卖有限公司在五洲大酒店进行拍卖。义卖所得全部定向捐赠给巫山县乡助山野公益发展促进会，用于巫山县双龙镇安静村文化建设。

【刁蓬美术作品展】

6月23日，由重庆市文联、重庆市美协、中共江津区委宣传部联合主办的“百年人生，八秩丹青”刁蓬先生美术作品展在重庆市江津区文化馆开幕。

刁蓬生于1921年，现为中国美协会员、重庆市文史馆馆员、知名山水画家，是重庆市目前仍健在的两位已过百岁的美术家之一。该展共展出其各个时期的作品68幅，彰显了刁蓬80年笔耕不辍，百岁人生出华彩的艺术生涯。

展览其间，还举办了刁蓬美术作品研讨会。与会专家围绕刁蓬从艺经历、作品风格等话题进行了深入研讨。

【各文艺门类成绩斐然】

2020年，虽然新型冠状病毒感染的肺炎疫情肆虐，但在全市文艺工作者和文艺家的共同努力下，重庆文艺仍捷报频传，文艺成绩斐然。重庆市青年相声演员宋好凭借相声《乡音乡情》获第十一届中国曲艺牡丹奖文学奖，成为重庆曲艺界继徐勍、凌宗魁、刘靓靓、凌淋、吴文、何菊芳、袁国虎之后第8位牡丹奖获得者，也是重庆市首位牡丹奖文学奖获得者。重庆市摄协首次被中国摄协评为优秀团体会员单位。重庆万州区、铜梁区分别被中国曲协授予“中国曲艺之乡”“中国龙灯龙舞文化之乡”称号。国内首次全景展现刘少奇人生历程的电视连续剧《共产党人刘少奇》获得第30届中国电视金鹰奖优秀电视剧奖。以古田会议作为时代背景讲述红军武装力量成长过程的连续剧《绝境铸剑》与重现100多年前重庆城老影像的纪录片《城门几丈高》获得第30届中国电视金鹰奖提名奖。在疫情其间，全市文艺家积极助力疫情防控，推出抗疫主题文艺作品4万余件，其中涌现了一批精品力作。由九龙坡区文化馆干部、知名作词人梁芒作词的《坚信爱会赢》由中国文联、中国视协、中国影协、中国音协和中共湖北省委宣传部联合推出，传遍大江南北，鼓舞了全国人民抗击疫情的信心和决心。中国美协副主席、重庆市美协主席、四川美术学院院长庞茂琨的油画《永恒与短暂》、四川美术学院副院长焦兴涛团队主创的大型雕塑《冬去春来》、重庆市油画学会会长翁凯旋、油画家刘影主创的油画《决战前夜——记火神山医院建设》、四川美术学院青年教师赵晓东的油画《公元2020——众志成城》等抗疫主题美术作品，在继8月1日亮相国家博物馆“众志成城——全国抗疫美术作品展”展览后，又登上中央电视台大型特别节目《新时代最可爱的人》。这些精品力作是重庆文艺界抗疫的艺术化呈现，充分发挥了文艺作品记录伟大时代、讴歌祖国英雄、关切人民悲欢、温暖鼓舞人心的作用，凝聚起上下一心、共同抗击疫情的强大精神力量。

四川省文联

综　述

2020年，在四川省委的坚强领导和中国文联的有力指导下，四川省文联深入学习贯彻习近平新时代中国特色社会主义思想和党的十九大及十九届二中、三中、四中、五中全会精神，全面贯彻落实习近平总书记关于文艺工作的重要论述及四川省委十一届七次、八次全会精神，团结带领广大文艺工作者，坚定文化自信、坚持服务人民、勇于创新创造、坚守艺术理想，认真履行“团结引导、联络协调、服务管理、自律维权”职能，坚定不移举旗帜、聚民心、育新人、兴文化、展形象，各项文艺工作取得新的成效。

会议与活动

【四川省文联七届五次全委会在成都召开】

6月5日，四川省文联七届五次全委会在成都召开，会议深入学习贯彻落实习近平新时代中国特色社会主义思想和党的十九大及十九届二中、三中、四中全会精神，传达中国文联十届五次全委会、全省宣传部部长会议精神，传达中国文联、省委省政府领导批示精神，全面总结四川省文联2019年及2020年上半年工作，部署2020年下半年工作，进一步团结动员全省广大文艺工作者推动社会主义文艺繁荣发展。

四川省委宣传部副部长高中伟到会指导工作，并作了重要讲话。四川省文联主席郑晓幸在会上作了重要讲话。四川省文联党组书记、常务副主席平志英同志作题为《提高政治站位　坚定文化自信　在决胜决战之年奋力贡献四川文艺力量》的工作报告。四川省文联党组副书记、副主席李兵，四川省文联党组副书记刘建刚，四川省文联党组成员、机关党委书记江永长，四川省文联党组成员、秘书长仲晓玲出席会议。四川省文联副主席沙马拉毅、王达军、陈智林、王玉兰、林戈尔、张旭东、童荣华、李明泉、宋凯，四川省文联主席团委员梁时民，四川省文联第七届全委会委员出席会议。省委宣传部有关处室负责人到会指导工作。有关全省文艺家协会、四川省文联机关各部门、各直属单位负责同志列席会议。

【川渝两地文联文艺先行助力成渝地区双城经济圈建设座谈会在成都举行】

4月23日，川渝两地文联在成都共同召开加强川渝两地文联全方位合作、助推成渝地区双城经济圈建设座谈会，草签了双向合作的框架协议，标志着成渝地区双城经济圈文化合作建设正式吹响“号角”。重庆市文联党组书记、副主席陈若愚，四川省文联党组书记、常务副主席平志英，以及川渝两地文联领导班子成员、部分文艺家协会、机关处室负责同志参加座谈。

【四川省文联、重庆市文联《成渝地区双城经济圈建设文艺先行战略合作框架协议》在重庆正式签署】

5月14日，四川省文联代表团一行赴渝就共同推动成渝地区双城经济圈建设文艺先行合作事宜进行深入研讨，共商两地文艺界协同发展战略。当天，川渝两地文联正式签署《成渝地区双城经济圈建设文艺先行战略合作框架协议》，从制度层面建立了川渝双方合作的长效机制。在协议构架下，双方进一步拟定了本年度的具体实施计划，推动四川省各州市县与重庆市各区县开展多角度全方位的文艺合作。四川省文联党组书记、常务副主席平志英，党组副书记刘建刚，四川省文联副主席、成都市文联党组书记宋凯，四川省文联党组成员、秘书长仲晓玲，重庆市文联党组书记、副主席陈若愚、中国剧协副主席、重庆市文联主席沈铁梅，重庆市文联党组成员、副主席龙川、黄振伟，以及四川、重庆两地文联相关处室及协会负责同志参加活动。

【“同饮一江水·共护长江源”川渝主播环保公益行启动】

“同饮一江水·共护长江源”川渝主播环保公益行是由四川省文联、重庆市文联、四川省生态环境厅和重庆市生态环境局主办的一项公益活动。6月至8月，川渝两地主播利用自身的传播优势，在攀枝花、宜宾、泸州、雅安、都江堰、内江、重庆等长江干流、支流地区接力慢跑捡拾垃圾，围绕当地的河流湖泊沿岸收集各地水源，向公众普及长江生态保护的重要性。活动在社会上引起了广泛关注，引发社会各界热议。8月18日，活动走向青海三江源，将环保公益带向长江源头。中国视协名誉主席、原中央电视台台长赵化勇、中央电视台知名主持人敬一丹特邀共同参与。青海之行，主播们收集的各地水源带到了长江源头开展环保主题活动，并将拍摄剪辑制作成两部90秒的环保宣传片。9月，“同饮一江水·共护长江源”公益广告在四川卫视、四川广播电视台所有地面频道、康巴卫视和成都、攀枝花、泸州、乐山、雅安、南充、甘孜等长江沿岸地区电视台上线播出。

【“爱满校园 传承校园——2020戏剧进校园活动”在绵阳开展】

6月10日，“爱满校园 传承校园——2020戏剧进校园活动”在绵阳游仙万达小学开展。本次活动由四川省文联、四川省教育厅、四川省文化和旅游厅主办。这次演出的剧目为《哪吒》，是由国家一级编剧董妮执笔，国家大剧院导演沈亮执导，市艺术剧院艺术团青年演员主演的一部以践行社会主义核心价值观、传播正能量的优秀儿童剧，也是绵阳市第一部获国家艺术基金大型舞台剧项目资助艺术作品，累积观看人数近10万。

【梁时民美术馆在绵阳三台县潼川古城开馆】

7月2日，梁时民美术馆在绵阳三台县潼川古城开馆，中国美协、香港特别行政区文联、四川省政协文化文史专委会、四川省政协书画研究院发来贺信。省老领导黄彦蓉宣布开馆。四川省文联主席郑晓幸，四川省文联党组书记、常务副主席平志英，四川省文联党组副书记、副主席李兵，四川省文联党组副书记刘建刚等领导以及数百名嘉宾出席开馆仪式。

平志英与中共绵阳市委常委、秘书长、宣传部部长张学民共同为省美协花鸟画写生基地、省美协山水画会写生创作基地、中国徐悲鸿画院梓州写生创作基地、北京国画院梓州写生创作基地、四川省诗书画院写生创作基地、绵阳市美协写生创作基地揭牌。

开馆仪式结束后，领导嘉宾及群众共同参观了美术馆。梁时民美术馆展出了梁时民、姚叶红、邝明惠等画家的经典著作，包括《包谷林》《暖冬》等在内的画作100余幅和100余件藏品。

【“打开新视界，助推成渝经济圈建设——川渝媒体共话未来”工作交流会在山城举行】

8月5日，由四川省视协与重庆市视协联合主办的“打开新视界，助推成渝经济圈建设——川渝媒体共话未来”工作交流会在山城举行，交流会上，川渝代表就广电媒体如何助力成渝双城经济圈建设这个话题，畅所欲言，热烈讨论。来自四川广播电视台、康巴卫视、十七家市州广播电视台、县级融媒体中心、省视协纪录片专委会、电视剧专委会、动漫专委会、新媒体专委会、四川传媒高校在内的20多家单位与重庆市对口单位，展开了热烈的交流讨论。

【两大展览登录四川数字艺术馆，线上线下同步开展】

8月5日，四川省脱贫攻坚主题美术作品展和四川省第十七届摄影艺术展在四川美术馆相继展出，同时，两大展览也登录四川数字艺术馆，入展作品进行数字化后分别在四川数字艺术馆网上展厅开启线上展览，广大观众可以足不出户或“一机在手”在四川数字艺术馆观看线上展览。

四川数字艺术馆目前由美术馆、书法馆、摄影馆、表演艺术馆和综合馆构成，是四川省文联“四川文艺云”的重要组成部分，四川省文联系统所属的一切展览均可在数字艺术馆进行线上展览。四川数字艺术馆的展览将在互联网上永久存在，是四川“永不落幕的展览馆”。四川数字艺术馆支持账号注册、个性化观展、留言评价等，未来可实现互动交流、作品关联信息查阅、链接作者个人数字艺术馆等功能，具备文献性、权威性，拥有传播广、互动强、个性化等特点，与四川文艺资源数据库数据共通。该艺术馆作为“四川文艺云”的重要组成部分，将随着数据的充实，为繁荣四川文艺事业发挥更大的作用。

【四川省第十七届摄影艺术展在蓉城开展】

8月15日，四川省第十七届摄影艺术展（下简称“省展”）在四川美术馆开展。两年一届的省展是四川规模最大、规格最高、影响最广的全省性摄影活动。此次省展以脱贫攻坚为主题，从各个方面反映了脱贫攻坚的丰硕成果。展览设记录和艺术两个类别，展出的199幅（组）摄影作品，涵盖了近几年国内外重大时事变化，涉及抗击疫情、脱贫攻坚、援藏援彝、长江禁渔、乡村旅游、直播带货、信息时代等题材。

【中国音协八届三次理事会在成都召开】

8月18日至20日，中国音协八届三次理事会在成都召开，会议旨在进一步团结动员广大音乐家和音乐工作者深入学习贯彻习近平新时代中国特色社会主义思想和党的十九大精神，为迎接中国音协第九次全国代表大会统一思想、凝聚共识。李前光在开幕会上讲话，叶小钢作闭幕会总结讲话。会议其间还召开了中国音协第八届主席团第八次会议和中国音协行风建设委员会第二次会议，举办了“走进音乐殿堂，畅享艺术人生——音乐大师讲堂”，叶小钢受邀为成都原创音乐人、音乐工作室、音乐院校（系）师生等授课。中国文联党组成员、副主席李前光，中宣部干部局副局长陈晓琳，中国文联人事部主任郑希友，中国音协分党组书记、驻会副主席韩新安，四川省文联主席郑晓幸，成都市人民政府副市长敬静，以及印青、关峡、关牧村、余隆、宋飞、宋祖英、张千一、张国勇、孟卫东、赵塔里木、廖昌永、谭利华等中国音协主席团成员，王宏、张天文、熊纬等中国音协领导班子成员，中国音协第八届理事会理事，中国音协有关团体会员负责人，特邀代表等173人出席会议。

【四川谐剧《找到你》亮相第七届全国道德模范故事汇基层巡演】

8月25日，由中央文明办、中国文联主办，中国曲协、首都文明办承办的第七届全国道德模范故事汇基层巡演启动仪式暨首场演出在北京民族剧院举办。其中，四川谐剧《找到你》精彩亮相。该剧以来自四川甘孜雪线邮路的全国敬业奉献道德模范其美多吉为原型进行创作，通过三个人物，三个故事，三个视角，再现其美多吉的敬业事迹和奉献情怀，讴歌英雄，赞颂楷模，弘扬时代精神。中国文联党组书记、副主席李屹，中宣部副部长傅华等领导和道德模范代表共同启动巡演并观看了首场演出。《找到你》以四川谐剧特有的表现方式和别致的舞台手段进行展现，得到了现场领导、嘉宾和观众的热烈欢迎。同时，谐剧《找到你》也得到了莅临现场的其美多吉本人的高度认可。

【中国文联加强县级文联工作专题调研座谈会在成都召开】

9月15日至18日，为进一步做好加强县级文联工作有关文件的起草，中国文联理论研究室组织四川、重庆、江西、湖南、湖北、云南、贵州、广西、青海、海南等十省（市）文联负责同志及部分县级文联负责同志，在成都召开了加强县级文联工作专题调研座谈会。

参会代表赴成都市成华区文联和青白江区文联进行了实地调研并召开了专题调研座谈会，重点围绕县级文联的组织建设、工作思路、工作对象、工作方式等进行深入探讨，对于找准摸透基层诉求、基层文联组织工作的定位和着力点，研究提出加强县级文联工作的思路、对策和具体措施起到了积极推动作用。

中国文联理论研究室主任周由强，青海四川省文联党组书记班果，四川省文联党组成员、机关党委书记江永长，江西四川省文联党组成员、副主席邬定忠，湖北四川省文联党组成员、副主席肖伟池，贵州四川省文联二级巡视员李雯，广西壮族自治区文联党组成员、副主席牙韩彰，海南四川省文联专职副主席王艳梅等参加专题调研座谈会。

【“第四届四川省青年舞蹈展演”在成都成功举办】

10月24日下午，四川省文联、四川省舞协主办的“第四届四川省青年舞蹈展演”在四川大剧院成功举办。此次展演申报作品73个，入围终评作品23个，均来自各市州舞协、歌舞团，省直院团及新文艺组织，作品题材丰富、形式多样，展示了四川舞蹈深刻的文化内涵和昂扬向上的精神面貌。终评现场，中国舞协、四川省委宣传部、四川省文联的领导嘉宾及四川舞蹈界的老艺术家们出席并观看了演出。

【川渝长江嘉陵江流域文艺联盟成立大会在广安举行】

10月30日，为贯彻落实党中央推动成渝地区双城经济圈建设，推动四川省文联、重庆市文联签署的《成渝地区双城经济圈建设文艺先行战略合作框架协议》相关项目落地落实，川渝长江嘉陵江流域文艺联盟成立大会在广安市举行。四川省文联党组书记、常务副主席平志英在会议上发言。重庆市文联秘书长周和平，广安市市委副书记赵波，广安市委常委、宣传部部长洪丽，广安市人大常委会副主任陈全禄以及26个川渝两地地（市、县）级文联联盟单位负责人，部分新闻媒体近200人参加会议。

【重庆、四川美术名家作品联展（2020广安站）在广安市启动】

10月30日，由四川省文联、重庆市文联共同主办，广安市委宣传部、广安市文联、邓小平故里管理局承办的“同绘川渝景•共抒巴蜀情”重庆、四川美术名家作品联展（2020广安站）在广安市启动。

本次展览会集了川渝两地近百余名画家的62幅优秀国画作品。此次联展是建设巴蜀文化旅游走廊的实际行动，深化川渝两地文艺界交流合作，发挥文艺的力量，切实推动川渝文艺事业繁荣发展。此次联展从10月30日持续到11月20日。四川省文联党组书记、常务副主席平志英，重庆市文联秘书长周和平出席开展仪式，广安市委副书记赵波出席仪式并宣布展览开展，广安市委常委、宣传部部长洪丽，川渝两地的近百名的文艺工作者出席开展仪式。

【首届“技炫巴蜀”川渝杂技魔术展演活动在渝举行】

中国杂协、重庆市文旅委、重庆市文联、四川省文联、四川省文旅厅主办，重庆市杂协、四川省杂协承办的首届“技炫巴蜀”川渝杂技魔术展演在重庆成功举办。

11月7日上午举行川渝杂技魔术合作发展研讨会暨战略合作框架协议签约仪式；当日下午由川渝两地共同打造的“技炫巴蜀”川渝杂技魔术展演专场演出在重庆国际马戏城上演。活动吸引了1000余名观众观看演出。同时，为满足广大人民群众的精神文化需求，川渝两地杂技艺术家于11月8日上午赴重庆市九龙坡区华润凌江社区开展了“技炫巴蜀”川渝杂技魔术文艺惠民演出活动，深受群众欢迎。

【2020中国传统村落保护与发展高峰论坛在甘孜州乡城县举行】

11月9日至12日，2020中国传统村落保护与发展高峰论坛在甘孜州乡城县举行。开幕式举办了“中国白藏房文化之乡”授牌仪式，中国文联民间文艺艺术中心主任徐岫鹃主任宣读了中国民协关于命名四川省乡城县为“中国白藏房文化之乡”的决定，中国民协副主席万建中代表中国民协授牌，乡城县长黄进代表乡城县委县政府接牌。开幕式后，曹建奎、张睿智、冯新刚、王伟英、李永革、黄涛、孙以栋分别围绕乡城县文旅融合发展道路、传统村落保护与文旅高质量发展等主题做主旨发言。与会者围绕怎样建立健全传统村落保护的科学体系，如何保护和培养传统村落非遗传承人等热点话题开展交流讨论。中国民协副主席、北京师范大学教授万建中，中国文联民间文艺艺术中心主任徐岫鹃，副主任刘德伟，四川省文联党组副书记刘建刚，省民协主席孟燕，省民协副主席、秘书长黄红军，相关省市自治区民协负责人，传统村落保护相关领域的特邀嘉宾及《人民日报》海外版、《中国艺术报》等媒体记者出席此次活动。论坛由万建中教授主持。四川省文联党组副书记刘建刚在开幕式上致辞。

【第二届郭沫若文化周在乐山启动】

11月16日，四川省社会科学院、四川省文联、四川省作家协会、乐山市人民政府主办的“第二届郭沫若文化周”启动仪式在乐山师范学院举行。四川省社会科学院院长向宝云，四川省文联党组书记、常务副主席平志英，四川省作协党组副书记张颖，郭沫若亲属郭庶英女士、张鼎立先生，以及中国鲁迅研究会、中国郭沫若研究会、中国茅盾研究会的专家学者，乐山市级有关部门负责人，院师生代表，新闻媒体共500余人出席启动仪式。启动仪式上，向宝云、平志英、张颖、郭庶英分别致辞。当天，文化周举办了“第三届鲁迅、郭沫若、茅盾研究高端论坛”，来自省内外的专家学者互相交流分享学术研究成果。本届郭沫若文化周从11月16日起到11月22日结束，活动通过一场论坛、一场讲座、一场文化进万家活动、推选一批沫若文艺少年、一项曲艺进校园活动，一场戏剧惠民演出和多个沫若主题的群众性文化活动，提高沫若文化品牌的影响力和吸引力。

【《主播看四川——乡村振兴区县行》大型媒体行动颁奖活动暨川渝两地“生命长江”主播宣讲团成立大会在成都新华宾馆举行】

11月18日，四川省文联、四川广播电视台主办，省视协承办的《主播看四川——乡村振兴区县行》大型媒体行动颁奖活动暨川渝两地“生命长江”主播宣讲团成立大会在成都新华宾馆举行。《主播看四川——乡村振兴区县行》大型媒体行动联合全省100多个区县融媒体中心共同开展，自6月1日开播以来，每天一期15分钟的节目，旨在通过主播的视角全景展示四川脱贫攻坚的丰硕成果，介绍四川实施乡村振兴战略的好经验、好做法，让广大观众足不出户就感受到四川各地乡村通过实施脱贫攻坚、乡村振兴战略所发生的巨大变化。10月，四川省视协从众多的作品中评出了10件优秀作品和10位区县十佳电视主持人予以表彰。全国政协常委、四川省政协副主席、农工党四川省委主委王正荣，四川省文联党组书记、常务副主席平志英，四川省文联副主席、四川广播电视台党委书记、台长、四川省视协主席刘成安等领导嘉宾及170多名来自全省各市州广播电视台、各区县融媒体中心的电视艺术工作者参加了本次活动。

【四川省文联新文艺组织培训工作会在绵阳召开】

11月19日，四川省文联主办的“四川省文联新文艺组织培训工作会”在绵阳四川文化艺术学院梓潼校区开班。四川省文联主席郑晓幸，四川省文联党组副书记、副主席李兵等相关领导出席了开班仪式。李兵主持开班仪式并作开班动员。开班仪式结束后，郑晓幸以“繁荣发展社会主义文艺的新生力量”为题进行授课，从四川省新文艺组织和新文艺群体的调研成果，提出了发展新时期文化产业的方案等内容，为大家解读了党的十九届五中全会精神，得到了学员们的好评。为期两天的培训，翁莹香、陈健以、吴彬、薛海燕还做主题授课和现场教学。来自全省各地200多个新文艺组织、新文艺群体的负责人参加了此次培训。

【中国剧协和中国杂协全国代表大会四川代表团行前会议在成都召开】

12月10日，四川省文联参加省委宣传部组织召开的中国剧协第九次全国代表大会、中国杂协第八次全国代表大会四川代表团行前会议。四川省委宣传部常务副部长、四川省文明办主任傅思泉同志参加会议并讲话。会议强调，与会代表要提高政治站位、强化使命担当，深入学习领会会议精神，增强贯彻落实的自觉性坚定性；要认真履职尽责、积极建言献策，站在全局高度，结合四川实际，把握群众期待，提出建设性的意见建议；要珍惜难得机会、加强交流互鉴，认真学习各地发展戏剧和杂技事业的好经验好做法，同时当好四川形象“代言人”、四川文化“传播者”和四川艺术“联通桥”；要恪守纪律规矩、展示良好风貌，认真落实疫情防控要求，确保圆满完成各项任务。

【2020年度百家“推优工程”发布会在蓉举行】

12月16日，四川省文联主办的“四川省文联2020年度百家‘推优工程’发布会”在成都新华宾馆召开。会议表彰了2020年度百家“推优工程”推选出的100件优秀原创文艺作品。曲艺类、民间文艺类、舞蹈类、戏剧类优、文艺评论类获奖艺术家代表做获奖发言。百家“推优工程”是四川省文联重点品牌工程，2020年度推优工作于10月14日启动，严格遵守公开、公平、公正的原则，按照申报、初审、复审、终审、公示、发布6个程序，执行“推出优秀作品、推出优秀人才”的双推标准，从552件符合条件的申报作品中，最终推出100件优秀原创文艺作品。四川省文联主席郑晓幸，四川省文联党组书记、常务副主席平志英，四川省文联党组副书记、副主席李兵，四川省文联党组成员、机关党委书记江永长，部分四川省文联主席团成员，四川省文联主席团委员，以及2020年度百家“推优工程”优秀作品艺术家代表，各市州文联主要负责人、文艺创作骨干，省级各文艺家协会主席和负责人，四川省文联机关各处（室）、直属事业单位负责人、部分四川新文艺组织负责人和媒体的朋友们出席发布会。

【四川省脱贫攻坚主题摄影展在西昌举行】

12月18日，四川省文联、凉山州人民政府主办，中共凉山州委宣传部、四川省摄协、凉山州文联承办的“向人民汇报——四川省脱贫攻坚主题摄影展”在西昌开幕。本次展览是四川近40年来规模最大的摄影展，展出的1153幅（组）作品，是从5万余件投稿作品中甄选而出的。展场面积近10000平方米，展线超过1200米。展览通过“向贫困宣战、生活巨变、基础建设、新村新寨、全面保障、百业竞兴、金山银山、文明新风”等八大板块，用影像的艺术语言，生动再现了四川脱贫攻坚各条战线决胜脱贫攻坚战役的奋进历程，充分展示了四川脱贫攻坚取得的重大胜利。展览持续1个月，从2020年12月18日至2021年1月18日。四川省文联党组书记、常务副主席平志英，凉山州政协主席杨文泉，凉山州委副书记张伟，凉山州人大常委会副主任卢强，凉山州人民政府副州长肖春，省美协主席梁时民，省摄协主席贾跃红，省摄协、凉山州摄协部分参展代表，新闻媒体代表，以及西昌观展群众近千人参加了展览开幕活动。

创作与研究

【获奖情况】

4月30日，四川省剧协获中国剧协通报表扬。中国剧协下发〔2020〕6号文件“关于表扬2019年度优秀团体会员的通报”，通报表扬2019年度优秀团体会员。包括四川省剧协在内的18个团体会员因工作表现突出获得了通报表扬。

5月21日，四川省曲协选送5个节目入围中国曲艺最高奖项——牡丹奖。由四川省曲协组织选送的四川清音《绣蜀》、四川竹琴《张松献地图》、四川评书《永不凋谢的索玛花》、四川清音《小姑出嫁》、四川竹琴《竹琴声声》共5个节目分别入围表演奖、新人奖、节目奖。入围的5个节目分别赴浙江余杭赛区（南方鼓曲唱曲类节目）、安徽合肥赛区（相声小品三书类节目）进行现场比赛。

6月17日，四川美术馆连续荣获全国美术馆优秀公教项目和优秀展览提名项目奖项。文化和旅游部办公厅正式公布2019年度全国美术馆优秀项目评选结果，共评选出优秀展览项目10个，优秀公共教育项目10个，优秀展览提名项目20个，优秀公共教育提名项目10个。由四川美术馆申报的公教项目“东方华彩——壁画保护及岩彩画推广项目（第一季）”荣获2019年度全国美术馆优秀公共教育项目，“野原——何多苓个人作品展”获2019年度全国美术馆优秀展览提名项目奖项。

6月21日至24日，四川3个参赛作品获中国曲艺最高奖牡丹奖提名。由中国文学艺术界联合会、中国曲协主办的第十一届中国曲艺牡丹奖全国曲艺大赛（余杭赛区）在杭州举行。共有来自四川、浙江、上海等14个省（区、市）和中国曲协澳门曲艺家联谊会的48个节目295名演员参加了中国曲艺最高奖——牡丹奖的比赛，角逐节目奖、表演奖、文学奖、新人奖提名奖。由四川省曲协组织选送的四川竹琴《竹琴声声》、四川清音《绣蜀》荣获中国曲艺牡丹奖节目奖提名；四川清音《小姑出嫁》荣获中国曲艺牡丹奖新人奖提名。同时获得节目奖提名的南音《村史馆》，也参加了中国曲协、四川省曲协组织举办的第二届中国彭州曲艺牡丹嘉年华系列活动——“美丽乡村”曲艺原创优秀作品展演活动。

7月2日，第六届南方六省（区）青年魔术新秀展演圆满落幕，四川选手炫彩南宁。由中国杂协、广西文联主办的“追寻中国梦，精彩南国风”——第六届南方六省（区）青年魔术新秀展演在广西南宁圆满落下帷幕。在为期2天的展演活动中，来自广西、四川、广东、云南、湖北、福建六省（区）的10多位优秀青年魔术新秀“魔力”对决，一展风采。其中，四川省杂协推荐曹俊表演的《炫彩和平鸽》获舞台类最佳手法奖，周明禹表演的*infinity*获近景类优秀奖。

8月6日至8日，四川省3个少儿曲艺节目入选第九届全国少儿曲艺展演。由中国曲协主办的第九届全国少儿曲艺展演在江苏张家港市举办。四川清音《天梯上的阿果》，谐剧《起跑线》，四川金钱板《疑人偷鸡》3个曲艺节目喜获入选展演。四川清音《天梯上的阿果》是四川唯一一个参加现场展演的节目，取材于四川大凉山悬崖村的故事，以孩子的视角生动展示悬崖村的变化，是决战脱贫攻坚的优秀曲艺题材。

8月26日，四川省文联寒露同志被评为最美志愿者。中宣部、中央文明办召开推进学雷锋志愿服务工作电视电话会议，四川省设分会场。会上公布了2019年度全国学雷锋志愿服务“四个100”先进典型和疫情防控最美志愿者名单，四川13个先进典型上榜，包括3名最美志愿者、3个最佳志愿服务组织、4个最佳志愿服务项目、1个最美志愿服务社区、2个疫情防控最美志愿者。四川省寒露同志被评为最美志愿者。

9月1日，电影《笑里藏刀》入围第十五届中国长春电影节。第十五届中国长春电影节组委会公布入围名单，四川省文联重点文艺作品——川剧题材电影《笑里藏刀》与《我和我的祖国》《中国机长》等15部影片入围，角逐“金鹿奖”。《笑里藏刀》剧本由四川省文联一级作家李牧雨创作。该剧展现了3位血气方刚川剧演员的爱恨情仇，歌颂了男主人公金慕莲对舞台艺术、对美好人性的忠贞坚持与不懈追求，在一定程度上对中国文艺史乃至社会史进行了反思，勾勒出川剧在历史变革过程中生动、鲜明、珍贵的历史画面。

9月17日，四川省杂协获中国杂协表彰。中国杂协第七届理事会第六次会议在山东蓬莱召开。这次会议是全国杂技界深入学习贯彻习近平总书记关于文艺、文联工作的系列重要讲话精神，落实中宣部、中国文联重要部署，为筹备迎接中国杂协第八次全国代表大会而召开的一次凝聚共识、共商发展的重要会议。会议表彰了一批年度先进单位，四川省杂协因在夯实根基、积极开展会员信息采集、数据库建设方面成绩突出，获得表彰。遂宁市杂技团和自贡市杂技团作为在2019年度艺术创新创作等方面成绩突出的杂技艺术团体，获得中国杂协表彰。

9月28日，《努力餐》获第十二届中国舞蹈“荷花奖”舞剧奖。第十二届中国舞蹈“荷花奖”舞剧评奖在上海举办。全国八部入围终评的舞剧中包括四川推送的成都艺术剧院作品《努力餐》和四川省歌舞剧院作品《川藏・茶马古道》。《川藏・茶马古道》作为开幕剧目，率先于上海国际舞蹈中心震撼上演，最终《努力餐》荣获第十二届中国舞蹈“荷花奖”舞剧奖。终评其间，四川省文联党组书记、常务副主席平志英带队助阵并观看了演出。

9月29日，在中国民协、江苏四川省文联等联合主办的第七届中国徐州民间工艺博览会暨2020中国“汉博杯”工艺美术创意设计大赛上，经四川省民协推荐，绵阳市民协组织12位会员参展，其中潘德贵的粮艺画《勤劳奔小康》、陈恒荣的内画《鸟语花香》等2件（套）作品获金奖；胡国兵的木雕《云朵上的新羌寨》、杨华娟的刺绣《古羌遗韵》等2件获银奖；谢洪松的原木系列画集《荷韵》获铜奖；罗松的炳林毛笔《醉翁系列》、朱裕的刺绣《隔离•坚守•关心》、潘德贵的粮艺画《索玛花开》等3件（套）作品获优秀奖。

10月15日，四川清音演员罗捷喜获中国曲艺最高奖牡丹奖新人奖。姑苏牡丹颂——“曲赞全面小康　艺为人民大众”第十一届中国曲艺牡丹奖颁奖仪式在江苏省苏州文化艺术中心大剧院隆重举行，四川清音演员罗捷喜获牡丹奖新人奖，四川省文联党组副书记、副主席李兵带队出席颁奖仪式。中国曲艺牡丹奖是全国曲艺界的最高奖，共设置了4个子项，分别为节目奖、表演奖、文学奖和新人奖。从2000年中国曲艺牡丹奖设置评奖以来，四川省先后有14位曲艺家获“牡丹奖”殊荣，有3个曲艺节目获得“牡丹奖”节目奖。

12月5日，四川多个关于黄河文化主题美术创作作品入选文旅局重点选题草图名单。国家文旅部艺术司公布《黄河文化主题美术创作重点选题入选草图名单》，全国共103件重点选题草图入选，其中四川省有5部作品入选：刘刚创作的国画《大美黄河》、刘浪涛创作的国画《黄河之源》、张垚创作的油画《大河之上》（三联画）、钱磊创作的国画《陕北锣鼓、乡恋如歌、又有牧歌》、李兵创作的国画《雪域欢歌》。

【创作评论】

5月15日，四川省曲协召开启动曲艺剧《红杜鹃》创排工作会。四川省曲协副主席、秘书长李蓉，四川省曲协副秘书长赵蓉，中共岳池县委宣传部副部长余君，岳池县文联副主席王春梅，广安市曲协主席、曲艺剧《红杜鹃》作者雷允树等人在四川省曲协召开了启动曲艺剧《红杜鹃》的创排工作会。余君、王春梅、雷允树先后汇报了关于《红杜鹃》的创作及经费落实情况，并希望能得到省曲协在该剧创排工作中的大力支持。创排工作会最终决定省曲协将尽快组织专家赴岳池搭建主创团队、培训专业演员，并对剧本的修改提出了建设性的意见。

6月9日至10日，四川省文联考察“四川文艺创作培训”等基地建设和活动开展情况。四川省文联党组书记、常务副主席平志英一行在阿坝州理县考察“四川文艺创作培训基地”“羌绣传习基地”“四川省摄协创作基地”建设和活动开展情况。省文联党组成员、机关党委书记江永长和相关处室负责人参加考察活动。平志英要求，要依托文艺基地，深入开展“藏寨羌乡送全家福”“藏寨羌乡送万福”等文化惠民活动，围绕中心，服务大局，充分发挥文艺基地作用，开展一系列文化艺术展览、培训，把文学艺术创作抓好、抓实，引导文艺工作者增强“脚力、眼力、脑力、笔力”，把理论学习与创作实践结合起来，真正入脑入心，更好地推动实践、指导创作。

7月13日至14日，四川省文联献礼建党100周年主题文艺创作暨四川历史文化名人研讨会在眉山召开。为隆重庆祝建党100周年和宣传推广四川省第二批历史文化名人，按照省委宣传部“两个一百年”历史交汇期工作的总体部署和计划安排，四川省文联组织部分相关文艺专家在眉山市洪雅县七里坪文艺示范创作基地召开了主题创作研讨会。会上，相关专家围绕建党100周年主题文艺创作的规划思考，文艺活动的展演、呈现方式，以及四川省第二批历史文化名人的艺术表达进行了主题交流发言。与会代表踊跃建言献策，积极发言，对本次主题创作活动的历史切入点、开展形式、研讨组织、创作规划等各方面展开了热烈研讨。在听取了眉山市文联和金杯半山集团对四川省文联授牌的“七里坪文化艺术示范基地”建设情况汇报后，与会代表赴七里坪文化艺术示范基地开展了考察调研。

7月13日，四川省首届老年书法篆刻作品展评审工作圆满结束。由中共四川省委老干部局、四川省文联指导，四川省书协、四川省老年书画研究会、中共遂宁市委组织部、中共遂宁市委宣传部主办，中共遂宁市委老干部局、遂宁市文学艺术界联合会、遂宁市书协、遂宁市老年书画研究会承办的“四川省首届老年书法篆刻作品展”评审工作在成都举行。评审委员会的11名评委在12名监审维权小组成员的全程监督见证和优秀志愿者团队的协助下，经过初评、初评复查审核、文本和文字审读、复评、终评五个环节，从2077件有效来稿中评选出了32件优秀作品、147件入展作品、80件入选作品。活动得到了全省各市州老年作者的大力支持，大家积极创作、踊跃投稿，收到的作品数量和质量均超过预期，共计收到有效稿件2077件。投稿作者中，年龄最大的100岁1人，90-99岁12人，80-90岁158人。

7月31日，四川省原创音乐创作出版推广中心挂牌成立。由四川省文联、新华文轩主办，四川音乐学院、四川省音协、新华文轩四川数字出版传媒承办的“蜀韵飞歌唱中国”四川精品原创音乐创作出版推广扶持计划在四川音乐学院正式启动。活动现场，“四川省原创音乐创作出版推广中心”正式挂牌，并现场发布了“四川精品原创音乐创作出版推广扶持计划”。本计划从“主题创作扶持计划”“主题出版扶持计划”“宣传推广扶持计划”“音乐奖项扶持计划”“版权保护交易扶持计划”五个板块实施。其中，战“疫”歌曲征集出版推广是2020年一个重要成果，自2020年1月29日至3月29日，共收到全国1300多首投稿作品，最终精选出30首四川省优秀战“疫”歌曲，汇编成音乐集作品在全国公开正式出版发行。

8月17日至23日，省美协到万源开展“深入生活·扎根人民”红军长征主题创作采风交流活动。省美协到万源开展“深入生活·扎根人民”红军长征主题创作采风交流活动。7天6夜里，60余位艺术家深入万源各乡镇红军战斗、生活过的地方，开展采风写生创作，追寻红军足迹，用画笔弘扬长征精神。此次主题创作采风交流活动由四川省文联、省美协主办，中共万源市委、万源市人民政府承办，达州市文联、市美协，万源市委宣传部、市文联、市美协协办。

8月22日，省书协第二期青年书法创作骨干研习班在成都举办。为引导全省书法家和书法爱好者不断提升传统学养、拓宽学术视野，四川省书协主办的“国学修养与书法•四川省书协第二期青年书法创作骨干研习班”在成都开班。四川省文联党组成员、机关党委书记江永长出席开班仪式并讲话。中国书协理事、四川省文联副主席、四川省书协主席戴跃，四川省书协副主席林峤、王道义，副秘书长唐昊、冷柏青、王书峰，四川省书协培训中心副主任、成都市书协副主席兼秘书长赵安如，四川省书协宣传工作委员会主任赵立、副主任何晓巍，四川省协行草专业委员会秘书长汤文俊，志愿者薛垲睿、颜振东、邓长春、魏佳等，以及从全省各市州遴选出来的60名学员参加了简短的开班仪式。开班仪式结束后，中国书协顾问、四川省书协名誉主席何应辉作了题为《我的书法观》的开班首讲专题讲座。

8月28日，“礼赞百年——四川省民间文艺主

题创作研讨会”在德阳召开。由四川省文联指导，四川省文联创作理论研究室、四川省民协主办，《现代艺术》杂志社承办，德阳市文联支持，四川省评协民间文艺评论专委会与新文艺群体评论专委会协办的“礼赞百年——四川省民间文艺主题创作研讨会”在德阳市成功召开。会议通报了江苏省“紫金奖·文创产品设计综合赛”、2020第七届中国·徐州民间工艺博览会暨“第十五届中国民间文艺山花奖·优秀民间工艺美术作品”评选活动、“最美小康路—2020年中国西部民间工艺主题创作展”的相关信息以及《现代艺术》创刊20周年连续三期推出的“正青春，在路上”系列策划及四川省文联2020年度百家“推优工程”相关信息。会议还进行了分组讨论，参会嘉宾踊跃发言，为进一步推动四川省民间文艺的发展提供了许多新的思路、意见和建议。四川省文联党组副书记刘建刚作总结讲话。四川省文联主席郑晓幸，四川省文联党组副书记刘建刚，德阳市委常委、宣传部部长吴成钢等相关部门负责人以及全省各市州新文艺、民间文艺工作者代表和媒体朋友等近200人参加会议。

9月10日，《只有峨眉山》戏剧研讨会在川召开。由四川省文联作指导单位的《只有峨眉山》戏剧研讨会在峨眉山市召开。《只有峨眉山》戏剧幻城项目由中国知名导演王潮歌担任总策划导演。该剧上演一年来，已接待观众近7万人次，在受疫情影响的情况下，仍然取得了良好的社会效益和经济效益，成为峨眉山文旅产业发展的新亮点，成渝经济圈“夜经济”的新名片。四川省文联主席郑晓幸，四川省文联党组书记、常务副主席平志英，中国评协副主席、省评协主席李明泉以及全省部分知名文艺评论和文化产业研究专家参加了研讨活动。

9月24日至29日，四川省文联组织艺术家赴河南、山东、山西开展交流采风创作活动。为了增进省际文艺交流，促进文艺创作的融合发展，由四川省文联党组副书记、副主席李兵率队，组织书法、美术、音乐、文学、摄影等相关艺术家近二十人，赴河南、山东、山西文联开展了文艺交流和采风创作活动。带队领导李兵书记总结本次活动。

9月25日至30日，2020年四川舞协藏戏弦子舞创作采风活动成功举办。“2020年四川舞协藏戏弦子舞蹈创作采风活动”在甘孜州成功举行。采风团先后与甘孜州歌舞团共同举办了“传统弦子舞蹈创新与传承主题研讨会”，新都桥木雅藏戏民间传承观摩调研及四川民族学院藏族舞蹈教学交流会。团员通过观看采访、座谈交流，对甘孜弦子舞蹈的风俗特点、发展情况有了更直观深入的了解。五天的采风活动以“弘扬优秀传统文化，推动弦子舞蹈创新发展”为主题，深入乡村草原里，深入藏族群众中，这不仅加深了汉、藏文艺工作者之间的交流与了解，也为促进民族舞蹈事业共同发展发挥了积极的作用。

10月13日，四川省美协在金牛宾馆召开美术创作座谈会。会议集中学习重温了习近平总书记关于文艺工作的重要论述，重点讨论了开展“大美四川”美术创作工程的相关工作。与会人员参观了金牛宾馆改（扩）建工程中已建成的天府楼和蜀韵楼，围绕金牛宾馆新区艺术氛围布置，从组织、队伍、机制方面进行了梳理，从题材、内容、风格方面进行了界定，从理念、思路、途径方面提出了创新性意见。四川省文联党组副书记、副主席李兵出席座谈会。省美协、美术馆有关负责同志和画家代表20余人参会。

10月16日，“川派评论：文艺理论与实践”学术研讨会之川西论坛在西昌召开。研讨会由四川省文联指导，四川省评协主办，凉山州文联、凉山州文艺评论家协会承办。本次论坛的主题是“新时代的新使命：川派文艺评论的美学风格、表达方式和历史定位”。论坛开展了主题讲座，发布了《“川派理论：文艺理论与实践”系列论坛西昌倡议》，对获得“川派理论：文艺理论与实践”学术研讨会之川西论坛优秀学术论文的作者进行了颁奖。四川省文联党组副书记刘建刚出席会议。省评协负责同志，阿坝州、甘孜州、攀枝花市评协负责同志，雅安市作协负责同志，优秀学术论文入选代表，凉山州文艺评论家协会代表等40余人参加会议。

10月19日至25日，四川省文联赴甘孜州、阿坝州开展“送欢乐走基层”暨重走长征路采风创作活动。为贯彻中央第七次西藏工作座谈会议精神，按照省委宣传部安排部署，结合四川省文联本年度制定的“全面建成小康社会”和明年“建党100周年献礼”文艺行动工作计划。由四川省文联党组书记、常务副主席平志英，党组副书记、副主席李兵带队组织含戏剧、音乐、舞蹈等艺术门类共计60余名艺术家，赴甘孜州道孚县、炉霍县，阿坝州金川县、马尔康市开展以“迈入小康路，铸牢中国魂”为主题的文艺惠民演出和重走长征路大型采风创作活动。艺术家们克服高寒缺氧，行程近2000公里，共开展文艺演出4场，书画创作笔会5场，惠及民众2500余人。期间，平志英书记对金川县新时代文明实践中心、马奈乡新时代文明实践站工作进行了调研和指导。

12月9日，四川省文联参加省委宣传部庆祝建党100周年主题文艺创作和重大文艺活动专题策划会。省委宣传部组织召开专题会议，会议传达学习省委领导关于庆祝建党百年主题文艺创作和重点文艺活动的重要批示精神，聚焦“抓重点、出亮点”，牵头策划梳理重点项目。会议强调，要高度重视、精心组织、文艺表达、抢抓时间，群策群力抓好工作落实；要着眼满足人民精神文化需求，凝聚人民精神力量，深挖全省文艺创作资源，广泛发动行业和社会力量参与；要立足工作职能职责和明年重点工作安排，制定项目实施图，提升作品质量，扩大活动社会影响。四川省文联相关处室负责人及部分省级文艺家协会负责人参会。

12月，省影协赴大邑开展创作采风活动。为了积极践行“四力”要求，引导四川省影视艺术工作者主动深入基层、深入生活，在省影协主席、峨眉电影集团党委书记、董事长韩梅的带领下，四川省影协于近日组织省影协主席团部分成员和部分影视艺术工作者代表走进了成都大邑县，开展创作采风活动。采风组参观了大邑县稻乡渔歌、美丽南岸等多个新农村示范点，感受四川社会主义新农村的崭新风貌，为创作积累素材和灵感。在参观川影“电影电视文创城”时，举行了四川本土影视精品创作研讨会，共同研讨如何推进四川本土影视精品的创作工作。

机关建设

【自身建设】

3月3日，在四川省文联向中国文联报送的《关于四川省文联新文艺组织群体工作开展的情况汇报》上，李屹书记作出批示：四川省文联对加强新文艺组织、新文艺群体团结引领工作，认识到位、行动迅速、措施具体、成效初显，在全国文联系统作出了积极影响。望深入调研、深化措施，在可操作性、有效性、示范性上取得积极进展。

3月24日，四川省文联召开党组理论学习中心组学习会。四川省文联召开党组理论学习中心组学习会，认真学习习近平总书记在决战决胜脱贫攻坚座谈会上的讲话，《中国共产党党组工作条例》《中国共产党党和国家机关基层组织工作条例》《党委（党组）落实全面从严治党主体责任规定》，开展学习研讨。四川省文联党组班子成员李兵、刘建刚、江永长、仲晓玲参加了学习研讨会。

3月，四川省文联获省直部门（单位）2019年度党组（党委）理论学习中心组学习先进单位。省直机关工委印发通报，表彰2019年度省直部门（单位）党组（党委）理论学习中心组学习先进单位，四川省文联党组理论学习中心组荣获学习先进单位。

4月27日，四川省文联召开党组理论学习中心组（扩大）学习会。会上，学习了习近平总书记在湖北省考察新冠肺炎疫情防控工作时的讲话，习近平总书记对安全生产作出的重要指示精神，习近平总书记在《求是》杂志上发表的署名文章《团结合作是国际社会战胜疫情最有力的武器》，传达了中央经济工作会议和四川省委经济工作会议精神。会议由党组书记、常务副主席平志英主持，党组副书记李兵以抗疫题材文艺创作为例，就如何组织引导艺术家开展主题文艺创作作重点发言，党组副书记刘建刚作重点发言。党组班子成员参加了会议，省级文艺家协会、机关处室和直属事业单位负责人列席了会议，省级文艺家协会负责人代表作交流发言。

5月27日，四川省文联开展讲授廉政党课活动。党组副书记、副主席李兵以《家风家教与清廉人生》为题给分管部门、单位党员同志讲授廉政党课。结合省纪委监委录制的凉山州金阳县原副书记、县长李德强挪用扶贫资金和四川粮油批发中心原党委委员范盛良严重违纪违法的廉政警示教育片，李兵从违法违纪的根源谈起，讲了一场生动有趣、意蕴深刻的党课，让每一个聆听讲授的党员思想和灵魂受到了触动。

6月2日，四川省文联传达学习全国两会精神。四川省文联学习传达全国两会精神大会在四川省文联四楼会议室召开，党组书记、常务副主席平志英主持会议并讲话，强调各部门各单位要认真学习贯彻习近平总书记参加有关团组审议讨论时的重要讲话精神和全国两会精神，紧紧围绕中心，自觉服务大局，为推动文艺事业发展凝聚智慧和力量，全力以赴完成今年文联工作的目标任务。平志英还传达了省委书记彭清华在四川省传达学习全国两会精神大会上的重要讲话。四川省文联党组成员、机关党委书记江永长，党组成员、秘书长仲晓玲出席会议。四川省文联机关各处室负责同志，四川省文联各直属事业单位负责同志，省级各文艺家协会负责同志，四川省文联主管主办的报刊负责同志参加会议。

7月17日，四川省文联学习传达省委十一届七次全会精神。四川省文联召开会议，传达学习贯彻省委十一届七次全会精神，研究贯彻落实意见，安排部署下半年工作。会议指出，省委十一届七次全会审议通过的《中共四川省委关于深入贯彻习近平总书记重要讲话精神、加快推动成渝地区双城经济圈建设的决定》，对在新的历史起点上推动治蜀兴川再上新台阶具有十分重要的意义，全体党员干部要增强政治自觉、思想自觉和行动自觉，确保党中央和省委的决策部署在四川省文联落地生根、见到实效。四川省文联党组书记、常务副主席平志英主持会议。四川省文联党组成员、机关各处室主要负责同志，各直属单位领导班子成员参加了会议。

7月17日，2020年度四川省文联项目签约仪式在成都召开。为全面统筹推进、按时保质完成2020年省委省政府下达给四川省文联的目标任务，切实压紧压实主体责任，四川省文联开创性的举行了2020年度四川省文联项目签约仪式。这种模式在四川省文联历史上尚属首次。四川省文联2020年度预算项目涉及4个机关处室、11个文艺家协会和3家杂志社。签约仪式上，四川省文联党组副书记、副主席李兵，四川省文联党组副书记刘建刚，四川省文联党组成员、机关党委书记江永长，四川省文联党组成员、秘书长仲晓玲分别与分管的机关处室、文艺家协会、杂志社负责同志签订了《项目责任书》，明确了职责范围和时限要求。签约仪式后，平志英书记作了总结讲话。会议及签约仪式由四川省文联党组书记、常务副主席平志英主持。四川省文联机关各处室主要负责同志，各直属单位领导班子成员以及财务部门主要负责同志等30余人参加了签约仪式。

8月26日至27日，四川省文联召开党组理论学习中心组学习（扩大）会。四川省文联召开党组理论学习中心组学习（扩大）会。会上，平志英同志领学了习近平总书记的重要指示《坚决制止餐饮浪费行为 切实培养节约习惯 在全社会营造浪费可耻节约为荣的氛围》，党组副书记、副主席李兵，党组副书记刘建刚，党组成员、机关党委书记江永长，党组成员、秘书长仲晓玲同志分别领学了《习近平谈治国理政（第三卷）》“坚持以人民为中心”“铸就中华文化新辉煌”专题中的内容。省直机关党校副校长陈学明同志以《提升治理能力，推进成渝地区双城经济圈建设—省委十一届七次全会精神解读》为题进行了精彩授课。全体中心成员出席了会议，机关处（室）、省级文艺家协会、直属事业单位负责同志列席了会议，会议由党组书记、常务副主席平志英主持。

9月9日，四川省文联组织离退休干部收看《习近平谈治国理政（第三卷）》网上学习辅导报告会。四川省文联离退休工作处组织离退休干部40多人分别在家通过网络收看《习近平谈治国理政（第三卷）》学习辅导报告会。退休干部在微信交流群上进行了讨论和心得交流。支部班子成员带头学习，并以各种形式组织老同志开展学习讨论，利用互联网，深入交流学习体会，将第三卷的学习、宣传、贯彻工作落到实处。

9月23日至25日，四川省文联系统干部综合素能提升培训班赴重庆交流学习。培训班一行先后深入到重庆两江新区果园港、两江协同创新区、重庆零壹空间科技集团公司生产车间、红岩革命纪念馆、李子坝抗战遗址公园、重庆国际物流枢纽园区等地调研采风。培训班由四川省文联机关党委书记、党组成员江永长带队，四川省文联相关处室负责人，各地、州、市文联负责人40余人参加考察。重庆市文联党组成员、副主席龙川出席交流会并致欢迎辞，重庆市文联秘书长周和平，副秘书长、组联部主任胡启华等相关部室负责人陪同调研采风和参加交流活动。

11月2日，四川省文联召开干部职工大会，传达学习党的十九届五中全会精神。四川省文联党组书记、常务副主席平志英主持会议。会议全文传达学习了《中国共产党第十九届中央委员会第五次全体会议公报》。会上，平志英同志从14个方面解读了党十九届五中全会公报精神，传达了中宣部学习贯彻党的十九届五中全会精神电视电话会议精神及甘霖部长有关指示精神。党组副书记、副主席李兵传达了四川省委常委（扩大）会议精神。平志英在会上对四川省文联学习宣传贯彻党的十九届五中全会精神，进一步做好当前各项工作提出了三点要求：一是深入学习宣传党的十九届五中全会精神；二是精心组织开展主题文艺创作和主题文艺活动；三是强化思想作风建设，努力培育德艺双馨的文艺队伍。

11月6日，四川省文联开展2020年消防安全培训。为加强文联系统消防安全教育和管理工作，提升消防安全意识，提高火灾防控水平，实现消防工作常态化。四川省文联办公室组织开展“关注消防，生命至上——四川省文联2020年消防安全培训”，四川省文联干部职工及物管工作人员近40人参加。培训内容分为消防理论培训和消防演练，其中理论培训包括部分火灾案例、消防法律法规、责任制及处罚、办公区域的火灾隐患及种类，在火灾状态下的扑救报警、高层逃生及人员疏散等。参训人员深刻体会火灾的危害以及“防风险、除隐患、遏事故”的重要性，了解了许多常见的火灾隐患，掌握最重要的“四力”：检查和消除火灾隐患的能力，扑救初起火灾的能力，组织引导人员疏散的能力，消防安全知识宣传教育的能力。

11月19日，四川省文联举办2020年预算绩效管理培训。此次培训围绕全面实施绩效管理的重点任务和工作流程，以实施预算绩效管理、推动财政资金聚力增效为主题，讲授了预算绩效管理的必要性和实务操作，还有四川省预算绩效管理的相关政策及改革情况。2020年预算绩效管理培训组织了四川省文联各机关处室、各文艺家协会、直属事业单位及有关杂志社财务人员、有关项目单位负责人等50余人参加培训。

12月2日至3日，四川省文联系统信息舆情工作培训会在成都举办。四川省文联系统信息舆情工作培训会在成都新华宾馆举办。四川省文联党组副书记刘建刚回顾了今年四川省文艺信息舆情工作，通报了全省文艺信息舆情报送和采用情况，对全体同志的努力工作进行了充分肯定，并对下一阶段四川省文艺信息舆情工作提出五点要求：一是要围绕中心大局和热点事件以及各单位的重点工作进行信息采集和写作；二是要注重时效性，把握第一时间报送信息的原则；三是要不断提高文稿写作能力，杜绝一稿多用、千篇一律；四是要注重信息安全，提高保密意识；五是参会人员要及时向单位主要负责人汇报，认真贯彻传达会议精神。会上，省委办公厅专家喻萍以《如何做好党委信息工作》为题作了授课，省委宣传部舆情信息处副处长潘美四以《提升新时代舆情信息工作业务水平》为题作授课。各市州文联、省级各文艺家协会、机关各处室及直属企事业单位共计50余人参会。

12月7日，四川省文联召开全体会议传达学习省委十一届八次全会精神。会议提出，要深入学习贯彻习近平新时代中国特色社会主义思想和习近平总书记对四川工作系列重要指示精神，全面贯彻落实党的十九届五中全会精神。会上，为统一思想、凝心聚力，在新的历史起点上推动治蜀兴川再上新台阶，平志英就进一步做好当前各项工作，贯彻落实全会精神提出三点要求，第一是深入领会全会精神，准确把握实质要义；第二是深度融入新格局，扎实抓好各项任务，以优异的成绩迎接建党100周年；第三是加强疫情防控常态化管理，保障生命健康，维护社会秩序。四川省文联党组班子全体成员，省级各文艺家协会、文联机关各处室及直属企事业单位干部、职工参会。四川省文联党组书记、常务副主席平志英主持会议。四川省文联党组副书记、副主席李兵带领大家学习了《中国共产党四川省第十一届委员会第八次次全体会议公报》。

12月23日，四川省文联召开党组理论学习中心组学习（扩大）会。会议围绕全面深入学习贯彻党的十九届五中全会精神和省委十一届八次全会精神，传达学习了《中共中央关于制定国民经济和社会发展第十四个五年规划和二〇三五年远景目标的建议》《中共四川省委关于制定四川省国民经济和社会发展第十四个五年规划和二〇三五

年远景目标的建议》，认真学习了《论党的宣传思想工作》部分章节。党组副书记、副主席李兵，党组成员、秘书长仲晓玲作了重点发言。中心组成员出席会议，省级各文艺家协会、机关各处室、直属事业单位和企业负责同志列席会议，党组书记、常务副主席平志英主持会议。

【抗疫情况】

2月至3月，新冠肺炎疫情暴发以来，四川省文联心系湖北武汉，在以习近平同志为核心的党中央坚强领导下，共组织创作和征集文艺作品13679件。8首作品被中国音协采用到全国优秀战“疫”公益歌曲展播系列，53首音乐作品在“学习强国”学习平台上发布。专门录制了四川艺术家为湖北加油的App视频10余部，并且在较短的时间内筹集了口罩、消毒液等防疫物质，以最快的速度发往湖北，支援坚守岗位、深入社区一线的湖北文联同志，同时寄去慰问信，表达了与湖北文联风雨同舟、共克时艰的坚定决心。

2月，四川省文联党员为支持疫情防控工作踊跃捐款。四川省文联机关党委组织四川省文联党员为支持新冠肺炎疫情防控工作捐款，此次组织捐款，坚持自觉自愿、量力而行。四川省文联党员同志心系疫区，情系群众，热烈响应，慷慨解囊，通过网银、微信转账等方式踊跃捐款，奉献爱心，表达支持疫情防控工作的热烈愿望。

2月，四川省文联主管社团组织为抗击疫情积极捐款捐物。四川省文联主管的社团组织（新文艺组织）情不缺位，积极作为，通过各种方式和渠道捐款捐物。据不完全统计，仅捐款金额达30余万元，其中，请文联转赠给省红十字会共10个社团单位、190余人捐款133397元。

3月16日，四川省委副书记邓小刚对四川省文联战疫工作作出批示。自新冠肺炎病毒疫情发生以来，四川省文联严格按照习近平总书记关于疫情工作的重要讲话精神，中央和省委、省政府的要求，四川省文联积极做好战疫工作，并向邓小刚书记书面汇报《四川省文联关于近期战疫工作的情况报告》，邓小刚在报告上批示：四川省文联战疫工作扎实有效。

3月31日，四川副省长杨兴平对四川省文联战疫工作作出批示。自新冠肺炎疫情发生以来，四川省文联严格按照习近平总书记关于疫情工作的重要讲话精神，中央和四川省委、省政府的要求，四川省文联积极做好战疫工作，并向杨兴平副省长书面汇报《四川省文联关于战疫工作的情况报告》，杨兴平3月31日在报告上批示：全省文联系统围绕防疫积极开展文艺创作，在凝神聚力、抚慰一线医务人员和患者心灵等方面发挥了重大作用，望办好抗议主题美术作品展，助力疫情防控，凝聚强大的社会正能量。

【扶贫及助力乡村振兴】

4月3日，四川省文联党组领导深入理县佳山村走访调研。四川省文联党组书记、常务副主席平志英带队深入理县佳山村走访调研脱贫攻坚工作，慰问大病医疗困难群众。四川省文联党组成员、机关党委书记江永长，四川省文联基层党支部书记和机关党委同志参加调研，理县县委书记依当措，县委副书记郑子强、吴勇刚陪同调研。

6月10日，四川省文联党组领导看望帮扶点困难群众。四川省文联党组书记、常务副主席平志英同志到四川省文联定点帮扶的阿坝州理县桃坪镇佳山村走访慰问困难群众马土花，为她家送去资助物资和资助资金。四川省文联机关党组成员、党委书记江永长和有关部门负责人参加走访慰问活动。平志英要求单位下派干部好好工作，要心里想着群众、眼中关注群众，切实为他们解决实际困难。马土花表示，感谢党和政府，感谢四川省文联多年来一直帮扶我们，把群众冷暖挂在心上。马土花的小儿子也在现场即兴唱歌跳舞，表达感激之情。

6月19日至21日，四川省文联帮助定点帮扶村村民进城摆摊“羌山市集”促销佳山村特色农产品。四川省文联在成都万达广场（锦华店）举办“羌山市集”，为对口帮扶的理县佳山村和省干部函授学院帮扶的蒲溪村村民促销生态农产品和手工艺品。四川省文联在组织干部职工“以购代帮”的同时，提出结合成都“地摊经济”政策，将桃坪滞销农产品带到成都摆摊促销的活动方案，活动得到了万达广场（锦华店）的大力支持。四川省文联党组书记、常务副主席平志英，机关党委书记、党组成员江永长亲自来到“羌山市集”现场，慰问村民，并带头购买农产品。围观市民纷纷购买，货品销售情况良好。

8月5日 ，四川省脱贫攻坚主题美术作品展在四川美术馆开幕，展出的81件精品力作，涵盖国画、油画、雕塑等多元艺术形式，多维度、深层次展现四川省脱贫攻坚工作所取得的成效。本次展览由四川省文联主办，四川省美协、四川美术馆联合承办。展览免费对公众开放至9月10日。

8月6日，四川省文联赴理县桃坪镇宣讲省委十一届七次全会精神。四川省文联党组书记、常务副主席平志英带领机关党委同志及机关三支部党员代表深入阿坝州理县桃坪镇，举行省委十一届七次全会精神宣讲报告会。平志英向镇村两级党员干部作了省委十一届七次全会精神宣讲报告。报告会现场，四川省文联机关党委、机关第三支部与桃坪镇党委、佳山村党支部开展了“党建结对共建”活动，赠送了党建书刊、文艺书刊、影像资料等，与当地党员同志开展交流谈心、党建共建活动。

8月7日，四川省文联组织理县桃坪镇脱贫村少年儿童开展“走出大山看世界”暑期夏令营活动。四川省文联党组书记、常务副主席平志英一行带领桃坪镇佳山、增头等脱贫村的41名中小学生赴汶川映秀镇开展“走出大山看世界”暑期夏令营活动。本期夏令营以“铭记历史·不忘党恩”为主题，孩子们在映秀宣誓广场齐唱国歌，参观了映秀震中遗址、汶川大地震震中纪念馆、青少年活动中心等爱国主义教育基地。平志英同志深情勉励同学们：祖国是人民最坚实的依靠，英雄是民族最闪亮的坐标，要勿忘灾难、牢记党恩，在学习、生活中用实际行动报效祖国，争做祖国的栋梁之材。

9月30日，四川省文联助学佳山村学子。四川省文联2020年助学扶智助学金发放仪式暨党建促脱贫工作调研座谈会在理县佳山村举行，7.3万元助学金一一发放到佳山村75名学生手里，在国庆节、中秋节前为学生们送去了节日的祝福。2010年起，四川省文联开始对阿坝州理县桃坪镇佳山村进行定点帮扶，十年来，四川省文联按照省委省政府安排部署，先后派出五名干部驻村帮扶，认真扎实开展各项帮扶工作。2016年，佳山村全村25户贫困户（共95名贫困人口）实现全面脱贫，整村顺利实现了脱贫摘帽。2019年，佳山村获得了理县年度“最美村寨”称号。目前，佳山村各项经济指标在理县名列前茅，“一超、两不愁、三保障、三有”标准完全实现，乡村良好风气和美丽人居环境正在形成。

11月3日，乡村振兴“艺术乡村”彩绘项目研讨会在理县桃坪镇佳山村举行。由四川省文联主办的乡村振兴“艺术乡村”彩绘项目研讨会在理县桃坪镇佳山村举行。来自省内部分高校及业内知名专家二十余人参加了研讨会。专家们围绕佳山村彩绘项目进行深入探讨和论证。对如何用艺术的形式盘活佳山村文化旅游资源，走文旅结合之路，尝试市场化产业化发展等方面进行了交流。专家们通过先进案例介绍、地方传统文化挖掘、文创产业发展、新媒体传播等角度共同为佳山村的乡村振兴事业建言献策。

11月3日，四川省文联脱贫攻坚成果展开幕暨“乡村美术馆”揭牌仪式在理县桃坪镇佳山村举行。开幕式上，刘建刚、金天强共同为“乡村美术馆”揭牌，四川省文联向理县桃坪镇佳山村乡村美术馆捐赠美术作品18幅、书法作品10幅，还进行了精彩的文艺演出。四川省文联党组副书记刘建刚，党组成员、机关党委书记江永长，理县县委书记金天强，四川省文联部分机关负责同志，部分省级文艺家协会的负责同志及文艺家参加了开幕式。四川省文联脱贫攻坚成果展是四川艺术基金资助项目，该展集中反映2010年至2020年四川省文联定点扶贫成效和助力脱贫攻坚的温暖历程，展示文联系统党员干部“不忘初心、牢记使命”的责任担当，为全面实施乡村振兴战略，推进治蜀兴川再上新台阶，凝聚正能量。

11月11日，四川省文联脱贫攻坚成果展在成都开展。四川省文联脱贫攻坚成果展在成都东郊记忆中国新视觉影像艺术中心开幕。四川省美协、四川省书协为展览提供了美术和书法作品，四川省摄协在四川省文联对口帮扶村佳山村连续十年拍摄全家福和摄影作品，为展览提供了丰富的素材。四川省文联党组书记、常务副主席平志英，省委宣传部机关党委书记孟华，省直机关工委副书记张平森，四川省文联党组成员、机关党委书记江永长，四川省文联副主席、省书协主席代跃，省摄协主席贾跃红出席开幕式。部分四川省文联机关处室、省级文艺家协会负责同志，省诗书画院、西南民大及社会组织的有关同志参加了开幕式。

各文艺家协会及直属单位

【四川省美协、四川美术馆】

1月16日 ，举办第七届四川省青年美术作品展，本次展览共收到来自全省青年美术家的参评作品830件，经过严格评审，最终评选出入选作品189件，优秀作品50件。

3月19日，四川美术馆恢复开放。开放时间为每周二至周日10：00日16：00(15：30停止入馆)，周一闭馆。为避免人流密集，在疫情防控其间，美术馆采取限流观展措施，观展群众经过出示健康码、监测体温无异常、完成信息登记、身份识别后有序进入。

6月10日，举行李少言抗战版画原作《一二〇师在华北》及相关文物捐赠中国人民抗日战争纪念馆仪式。四川省文联党组副书记、副主席李兵等出席了捐赠仪式。

7月、8月，分别开展“沿循总书记的足迹—川渝艺术家助力脱贫攻坚走进凉山采风写生活动”和“沿循总书记扶贫足迹—川渝美术名家赴石柱中益乡助力脱贫攻坚采风写生活动”。

8月、9月，分别组织策划四川省文联庆祝建党100周年天府天工——四川工业题材美术创作中国画、油画、版画高研班，邀请省内外知名专家到川授课，参加培训班学员分别来自全省市州美协、画院、美术类高校、新文艺群体等，参与人员共计百余名。

10月16日，启动“精彩非凡全国美术作品名家邀请展——百城冬奥文化推广计划冰雪文化美术作品名家公益行（成都）”活动。四川省文联党组书记、常务副主席平志英等出席开幕式。

12月12日，举办“笔墨终无悔 盛世拂清风”中国画作品展。现场展出了梁时民、李兵、姚叶红、杨梁相、胡真来、李江、周雅玲、钱磊、吴泽全，吴晓东、陈乃建等11位特邀嘉宾和200余位入选作者的作品共200多幅。

【四川省曲协（省杂协）】

2月3日，发出“众志成城、共抗疫情”倡议书。号召全省曲艺工作者广泛动员、统一行动、迅速反应、主动作为，全面打响防控疫情战。

6月10日，在岳池县召开大型革命题材曲艺剧《红杜鹃》创排工作座谈会。省曲协副主席、秘书长、省沫若艺术院院长李蓉带队，省曲协副秘书长赵蓉等出席座谈会。

6月，中国曲协批准、四川省文联承办的第十一届中国曲艺节定于2023年在四川成都举办。

7月6日，在四川广安岳池县举办“四川曲艺流动讲堂”。作为2020年第一期开班的四川曲艺流动讲堂，此次培训共有40余名来自岳池县基层各工作战线的青年曲艺爱好者参加，集中培训从7月6日到7月10日共5天。

10月，协办“首期全国基层（市县）曲协组织负责人培训班”。四川省文联主席郑晓幸，四川省文联党组副书记、副主席李兵，中国曲协曲艺研修院执行院长、省曲协副主席兼秘书长李蓉出席开班仪式。

11月，组织召开庆祝谐剧开创80周年研讨会。中国曲协副主席、四川省文联副主席、省曲协主席张旭东（叮当)，重庆市文联党组成员、副主席龙川等50余人出席研讨会。

11月7日至8日，首届“技炫巴蜀”川渝杂技魔术展演暨合作交流研讨会在重庆举行。活动吸引了1000余名观众进场观看演出，深受群众欢迎，取得了良好的社会反响。

【四川省书法家协会】

1月，组织书法志愿服务小分队到峨边县、洪雅县、广安及理县等基层一线开展文化惠民公益活动，为老百姓书写春联近千副。

2月，主办“戮力同心控疫情——四川省书法界抗击疫情网络书法作品展”，展览以网络形式分五期在四川省书法家网展出，共展出作品148件。

4月，参与《四川抗疫主题书系—文艺卷（书法)》编纂出版工作，遴选、并经四川省文联组织专家评委评选出抗疫主题优秀书法作品20件入选该丛书。

5月27日，在遂宁开展“文艺进万家，健康你我他—到人民中去文艺志愿服务主题活动”，与当地100多名老年书法家、书法爱好者进行了座谈，受到全国广大书法爱好者的广泛赞誉。

6月，组织四川省15名书法名家创作15件作品参与省文明办、省志愿服务联合会主办的“战疫情·颂英雄——四川志愿服务书画作品展”活动，并捐赠给省医疗机构及战疫医疗队。

8月，在成都举行“国学修养与书法·四川省书协第二期青年书法创作骨干研习班”。遴选出的60名青年书法创作骨干参加了为期10天的研习，课程包括儒释道的文化精神内涵、诗词欣赏与创作等内容，主题突出、特色显著、异彩纷呈。

10月19日，在遂宁举办“四川省首届老年书法篆刻作品展”。老年作者踊跃投稿，共收到有效稿件2071件。展览把握正确的艺术导向，组织严密，取得了良好的社会效果。

11月，组织书法家为“四川省抗击新冠肺炎疫情和防汛救灾表彰大会”书写先进个人、先进集体邀请函1321份，表达了四川省书法家对四川省抗击新冠肺炎疫情、防汛救灾英雄和先进们的敬意。

11月28日至12月5日，举办“四川省第二届行草书大展”。展览共收到1260件作品，评选出的184件作品在四川福宝美术馆展出。

12月15日，在成都举办省第五届书学理论研讨会并出版《四川省第五届书学理论研讨会论文集》。共收到全国作者论文投稿116篇，评出优秀论文10篇，入选论文43篇。

【四川省文艺志愿者协会、四川省文艺家维权中心】

1月，组织文艺家、文艺志愿者赴雅安芦山县开展“我的中国梦—文化进万家”惠民文化慰问活动，由四川省文联党组副书记、副主席李兵带队，开展书画创作，为当地创作赠送书画作品，为广大群众写春联、送福字。

5月，组织15名书画家赴小平故里广安开展“文艺进万家、健康你我他”系列文艺惠民活动，举办书画创作活动，开展支教培训、采风创作和文艺家座谈交流活动。

9月、10月，组织舞台艺术表演文艺家赴广元、广安、绵阳、凉山、乐山、雅安等地开展文艺惠民巡演活动。参加惠民活动的文艺家、文艺志愿者多达300人次，累计观看演出活动的群众达5万人次，深受广大人民群众欢迎。

11月，组织16名书画家赴宜宾屏山县、叙州区开展了“笔颂大美.梦圆小康”书画惠民创作活动，开展书画创作笔会，开展支教培训活动。

11月29日至30日，在成都召开四川省文艺志愿者协会第一次全省代表大会。在全省推选了98名优秀文艺家、文艺志愿者代表参会，代表大会上选举产生了四川省文艺志愿者协会第一届理事会理事77名，选举产生主席团成员11名，聘任秘书长、副秘书长各1名。

12月1日，承办《四川民间文化大典》出版座谈会。四川省文联党组副书记、《四川民间文化大典》总编审刘建刚等同志出席了座谈会。此次座谈会消息通过新华社、中新社、《四川日报》《华西都市报》等媒体宣传后，关注浏览点击量达20万人次。

【四川省民间文艺家协会】

1月17日，在阆中召开“2020落下闳天文学暨春节文化论坛”。来自国内的专家、学者及国外嘉宾会聚阆中，围绕落下闳、春节、太初历等主题，展开研讨，着力发掘春节文化内涵。

4月，启动四川“清廉乡村”（蒲江）故事会活动；8月底，评出30篇优秀故事汇编成册；11月18日，在蒲江举办创作成果发布会。

8月8日至11日，组织省内专家、学者、民间文艺家一行10人，深入凉山州金阳县小银木乡色堵口村等地，参加剪羊毛民俗活动，调研当地民俗文化资源，研讨如何利用这些特色资源，加强文旅融合。

9月7日至12日，中国民协分党组成员、副秘书长吕军一行来四川泸州调研。先后走访了纳溪、泸县、叙永、古蔺四个县区，此次调研内容丰富，成果突出，为筹备“中国民协首届会员日”活动打下了基础。

9月23日，中国文联、中国民协文艺志愿服务团“送欢乐、下基层”慰问演出暨“中国巴文化之乡”授牌仪式在宣汉举行。近年来，宣汉县通过创建“中国巴文化之乡”，打造巴山大峡谷景区，直接解决一万多人就业，带动九万多人脱贫。

11月9日至12日，在甘孜州乡城县举行2020中国传统村落保护与发展高峰论坛。来自全国各地从事传统村落保护相关领域的特邀专家、学者、教授共同探讨新形势下传统村落保护与发展的新课题、新方法，探索文旅融合、乡村振兴的新途径。

【四川省电影家协会】

推出电影《九条命》、微电影《逆行者》、纪录片《三星堆探秘》；电影《随风飘散》参展塔

林黑夜国际电影节（国际A类电影节），荣获第十七届意大利罗马国际电影节最佳外语片奖；参与筹备电影剧本《人间四月天》和《末代王妃》，入围第十七届世界民族电影节；《随风飘散》《九条命》《多吉的夏天》《珙桐花开》《格桑花》等五部作品入选四川省文联2020年度百家推优工程；电影《逆火前行》入选四川省2020年度10个重点影视选题；电影《夺冠》荣获第三十三届中国电影金鸡奖，并代表中国内地角逐第九十三届奥斯卡金像奖国际影片奖；电影《日夜江河》入围第二十三届上海国际电影节。

【四川省电视艺术家协会】

1月5日，在四川广播电视台举行四川省第三届青少儿“金话筒”电视主持大赛总决赛暨颁奖典礼。该活动推动了全省青少儿艺术素质教育，提高孩子的语言表达能力、培养孩子的艺术兴趣、树立孩子的自信心，发掘和培养了优秀的青少年主持人新苗。

5月8日，在成都召开《主播看四川——乡村振兴区县行》大型媒体行动全省县级融媒体线上培训交流会，来自全省146家区县融媒体中心的1000余名学员参加了本次培训。

6月1日，在成都启动“同饮一江水•共护长江源”川渝主播环保公益行。6月至8月，川渝两地主播在攀枝花、宜宾、泸州、雅安、都江堰、内江、重庆等长江干流、支流地区接力慢跑捡拾垃圾，围绕当地的河流湖泊沿岸，收集各地水源。该活动在社会上引起了广泛关注。

8月18日，启动“同饮一江水•共护长江源，川渝主播赴青海三江源环保公益行”。特邀中国视协名誉主席、原中央电视台台长赵化勇、中央电视台知名主持人敬一丹共同参与。

10月28日至31日，组织专家组赴达州指导《第一书记》创作拍摄工作。与摄制组的一线主创人员就拍摄中遇到的各种问题进行了深入的沟通和交流。

11月10日，在成都举行2020年度百家“推优工程”电视类作品评审会。本次征集活动共收到来自省视协各团体会员单位、各市州广播电视台的68件电视作品。经过初评、复评两轮评选，最终推选出12件电视作品。

12月3日，在巴中举办“影视大讲堂”。来自巴中市广播电视台以及巴中所辖三县两区融媒体中心的100多名电视艺术工作者参加了培训学习。

【四川省艺术院】

5月，与射洪市委宣传部共同举办“来者深情—敬庭尧师生画展”。会集了13位敬庭尧师生群体画家的100余幅美术精品。

8月，落户全国首家“中国曲协曲艺研修院”，为开展曲艺教育培训搭建了新的平台，有利于探索建立中国曲艺常态化培训机制，打造曲艺艺术教育品牌。

9月，举办“不忘初心、共抗疫情—四川湖北文艺界‘两新’青年抗‘疫’美术作品展、抗‘疫’诗歌朗诵会”。共收到十几个画种的来稿作品300余件，经评审，60件作品入选参展，另精选出诗歌作品20首参演。

10月25日至30日，举办首期全国基层（市县）曲协组织负责人培训班。来自四川、重庆、陕西、山西、湖北、广东、江苏、浙江等14个省市区的50名基层（市县）曲协组织负责人参加了培训。

11月22日至26日，承办“蜀派古琴艺术家公益培训计划”首期培训班。从公开报名者中选取的40名古琴艺术家参与培训。

贵州省文联

综　述

2020年，在中共贵州省委、贵州省人民政府的坚强领导下，在中国文联的有力指导下，在中共贵州省委宣传部的关心支持下，贵州省文联团结引领各团体会员和全省广大文艺工作者，坚持以习近平新时代中国特色社会主义思想为指导，更加紧密地团结在以习近平同志为核心的党中央周围，树牢“四个意识”，坚定“四个自信”，做到“两个维护”，坚持“二为”方向、“双百”方针和“三贴近”原则，坚持以人民为中心的工作导向，紧紧围绕省委、省政府中心工作，自觉承担起举旗帜、聚民心、育新人、兴文化、展形象的使命任务，坚持以文化人、以文聚力、以文兴业，全省文艺精品层出不穷，文艺人才青蓝相继，群众文艺百花齐放，文艺惠民蓬勃开展，全年圆满完成各类文艺活动近百场，获得省领导肯定和鼓励批示6次，荣获2020年度省直机关创新项目评选一等奖，以丰富的文艺作品唱响牢记嘱托、感恩奋进的新时代凯歌，积极发挥“文军”优势，助力新冠疫情防控和脱贫攻坚，全贵州省文联和文艺工作整体发展态势良好，为推动多彩贵州民族特色文化强省建设，奋力开创百姓富、生态美的多彩贵州新未来作出了文艺界应有的贡献。

会议与活动

【贵州省文联党组召开应对新型冠状病毒感染的肺炎疫情防控暨脱贫攻坚工作会】

2月12日，贵州省文联党组召开应对新型冠状病毒感染的肺炎疫情防控暨脱贫攻坚工作会，进一步贯彻落实习近平总书记关于新冠病毒肺炎疫情防控工作和脱贫攻坚工作的重要指示精神，切实落实中央、省委的工作部署，坚决扛起疫情防控和脱贫攻坚政治责任，坚决打赢疫情防控阻击战和脱贫攻坚战，讴歌典型、凝聚人心、鼓舞士气，传递文艺正能量。坚决打赢疫情防控阻击战，进一步严格工作纪律，落实防控措施，更好发挥文联优势，贡献文艺力量，充分发挥基层作用，主动担责尽责；坚决打赢脱贫攻坚战，在脱贫攻坚中会聚文联资源，彰显文艺优势，检验文军担当，落实督战责任。万众一心，充分展示文联组织和文艺工作者的担当作为，确保“两场战役”都要打赢，“两个胜利”都要必得。

【中共贵州省委常委、宣传部部长卢雍政到贵州省文联调研】

3月26日，中共贵州省委常委、省委宣传部部长卢雍政同志到贵州省文联调研指导工作。卢雍政部长主持召开贵州省文联、省作协工作座谈会，听取了贵州省文联、省作协关于学习贯彻落实习近平总书记关于文艺工作的重要论述、《中国共产党宣传工作条例》、意识形态工作责任制、围绕唱响新时代英雄赞歌开展文艺创作等工作汇报。卢雍政部长就文艺界如何进一步唱响新时代英雄赞歌、聚焦脱贫攻坚伟大实践出伟大作品、文艺家深入生活扎根基层、推动网络文艺繁荣发展、整合文艺政策项目资金资源、加强文艺领军人物培养和文艺团队建设、做好文艺人才“传帮带”、文艺界行风建设等与参会同志进行了深入交流。卢雍政部长指出，全省宣传思想文化战线要围绕“守底线、唱赞歌、兴产业、促融合”的要求，紧扣“一个根本任务”，即把学习宣传贯彻习近平新时代中国特色社会主义思想作为根本任务；把牢“两个关键环节”，即加强理论修炼和实践锻炼两个关键环节；防止“三空”，即防止思想空心、内容空洞、方法空泛；不断增强“四力”，即不断增强脚力、眼力、脑力、笔力；努力做到“五有”，即学之有心、信之有情、言之有物、传之有方、行之有效。他强调，贵州省文联、省作协要团结带领全省文艺界紧贴时代脉搏、根植贵州大地、

聚焦脱贫攻坚，唱响新时代英雄赞歌，推动贵州文艺事业繁荣发展，以精品力作反映贵州翻天覆地的伟大变革和历史画卷，为百姓富、生态美的多彩贵州新未来书写壮丽篇章。会后，卢雍政部长一行走访贵州省文联所属各文艺家协会，看望艺术家代表，并鼓励他们要深入基层、深入生活、深入人民群众中汲取养分、获取灵感、潜心创作，把双脚踩在大地上，推出更多接地气、有温度的文艺作品。中共贵州省委宣传部常务副部长徐静，一级巡视员晏世忠，贵州省文联主席、省作协主席欧阳黔森，贵州省文联党组书记、副主席杨晓曼及贵州省文联其他班子成员陪同调研。

【贵州省文联召开脱贫攻坚扶贫督战工作专题会】

3月24日，贵州省文联召开脱贫攻坚扶贫督战工作专题会议，研究部署、聚焦督战重点开展工作。会议传达学习了习近平总书记在决战决胜脱贫攻坚座谈会上的重要讲话精神，中共贵州省委常委、组织部部长李邑飞主持召开挂牌督战晴隆县脱贫攻坚问题整改协调会议精神，省人民政府副省长胡忠雄听取分管联系部门扶贫工作汇报会议精神等。贵州省文联分管领导及各部门人员充分发表了意见和建议，会上研究部署了贵州省文联脱贫攻坚督战重点任务和方向。3月25日、26日，贵州省文联召开督战队工作调度会和专题培训会，安排部署挂牌督战工作，就“一达标两不愁三保障”及饮水安全的政策要点、整改问题清单、台账等内容进行培训。

【贵州省文联召开2020年党风廉政建设暨警示教育大会】

4月9日，贵州省文联召开2020年党风廉政建设暨警示教育大会。会议传达学习了贵州省委书记孙志刚在十二届省纪委四次全会上的讲话精神和在全省党风廉政警示教育大会上的讲话精神，《十二届省纪委四次全会上的工作报告》，省委常委、宣传部部长卢雍政在文联调研座谈会上的讲话精神，宣读了《贵州省文联2020年党风廉政建设工作要点》。会议要求，要紧扣十二届省纪委四次全会和全省党风廉政警示教育大会精神，结合工作实际，坚决贯彻省委、省纪委、省监委要求，切实增强文联全体干部职工贯彻落实的自觉性，全面做好党风廉政工作。

【贵州省文联召开2020年意识形态及目标绩效管理工作会议】

5月9日，贵州省文联召开2020年意识形态和目标绩效管理工作会议。会议传达学习了省委宣传部《关于认真做好2020年意识形态工作坚决防范化解意识形态领域风险的通知》精神及《2020年全国文联“互联网+文艺”建设工作实施方案》《贵州省文联2020年“互联网+文艺”建设工作实施方案》《关于印发〈2020年省直机关目标绩效管理体系权重设置及管理方案〉的通知》，宣读了《贵州省文联2020年意识形态工作要点》《贵州省文联2020年网络意识形态工作要点》，研究部署了意识形态工作；会议总结了2019年目标绩效管理工作取得的成绩和经验，安排部署了2020年目标绩效管理工作；会上，贵州省文联党组书记、副主席杨晓曼与各分管领导签订了《贵州省文联2020年度目标绩效管理工作责任书》。

【贵州省文联召开学习贯彻2020年全国“两会”精神会议】

6月1日，贵州省文联召开了学习贯彻2020年全国“两会”精神会议。会上，全国人大代表、贵州省文联主席、省作协主席欧阳黔森学习传达了十三届全国人大三次会议精神、全国政协十三届三次会议精神、习近平总书记全国“两会”其间系列重要讲话精神和贵州省传达学习全国“两会”领导干部会议精神，贵州省文联全体干部职工参加会议。

【贵州省文联召开第八届主席团第二次、第三次会议】

8月4日，贵州省文联第八届主席团第二次会议在贵阳召开。会议宣读了《中共贵州省委关于兰义彤同志任职的通知》，并按照《贵州省文学艺术界联合会章程》规定，表决通过了兰义彤任贵州省文联第八届主席团副主席。同日召开贵州省文联第八届主席团第三次会议，贵州省文联党组书记、副主席兰义彤传达了省委十二届七次全会精神和全省半年经济工作会议精神并审议了相关工作。会议由贵州省文联主席、省作协主席欧阳黔森主持。

【贵州省文联开展学习宣传贯彻《民法典》专题讲座】

8月27日，贵州省文联组织开展学习宣传贯彻《民法典》专题讲座，邀请一级律师、贵州省律师协会理事郑世红授课。郑世红以《民法典》与知识产权为主题，充分结合《民法典》各个章节内容和实际案例，深入讲解了实施《民法典》的重大意义。贵州省文联党组书记、副主席兰义彤主持会议，贵州省文联全体干部职工和离退休干部代表参加了学习。

【贵州省文联召开政治生态研判会】

9月22日，贵州省文联组织召开政治生态研判会。贵州省文联党组书记、副主席兰义彤主持会议，贵州省文联党组成员、秘书长何长锁通报了贵州省文联政治生态研判报告，各班子成员就分管领域政治生态建设情况进行了交流发言，兰义彤对如何加强贵州省文联政治生态建设，营造风清气正的良好政治生态作了安排部署。贵州省文联机关班子成员及处室负责人参加会议。

【贵州省文联召开传达学习党的十九届五中全会精神会议】

11月11日，贵州省文联组织召开传达学习党的十九届五中全会精神会议。会上，贵州省文联党组书记、副主席兰义彤从全会的重大意义、重大任务、重大措施等多个方面宣讲了党的十九届五中全会精神，安排部署了贵州省文联学习贯彻落实全会精神的措施。会上还传达学习了《中国共产党第十九届中央委员会第五次全体会议公报》《中共中央关于制定国民经济和社会发展第十四个五年规划和二O三五年远景目标的建议》《中共贵州省委关于认真学习宣传贯彻党的十九届五中全会精神的通知》。贵州省文联机关班子成员、全体干部职工及离退休党员代表参加会议。

【文艺扶贫】

贵州省文联召开脱贫攻坚工作专题推进会，针对定点帮扶晴隆县三宝街道（三宝彝族乡）新塘社区（干塘村）、新宝社区（三宝村），及脱贫攻坚挂牌督战晴隆县中营镇高原村、小红寨村，茶马镇青山村、达土村，制定脱贫攻坚帮扶计划和督战工作方案，贵州省文联驻村工作队由柴永兴、石佳昱、李海成3人组成，柴永兴同志担任队长，石佳昱同志担任副队长兼新宝社区（三宝村）第一书记，李海成同志担任干塘村驻村干部；并明确2名副厅级领导干部、选派10名机关干部参与全省脱贫攻坚挂牌督战工作。

帮扶工作方面，针对定点帮扶点开展群众演员、绣娘、制鞋、新市民等技能培训，帮扶村参培603人次；帮扶村2261人实现稳定就业；帮扶晴隆县创作“六个一”文艺作品，即编一本《晴隆故事》选集、一本脱贫攻坚摄影作品选集、一组脱贫攻坚歌曲、一部脱贫攻坚微电影、一场脱贫攻坚文艺演出、一本脱贫攻坚文学作品；帮扶村兑现精准扶贫教育资助798人40.85万元；配合县、乡完成帮扶村905户4588人搬迁入住；帮扶土地全部纳入退耕还林、国家储备林项目，不断拓宽群众增收致富路，已兑现补助资金223.51万元；设立护林员岗位75个，实现建档立卡贫困人口75户就业，兑现补助75万元；完成帮扶村“农转城”低保395户1656人；捐赠防疫口罩2万个、酒精和消毒水各100瓶用于帮扶村防疫工作，组建了疫情防控党员先锋宣传队，发放宣传资料2000余份，累计排查过往车辆800余车次，排查流动人员1000余人次；协调8万元完成安置点新塘社区各功能室布置；协调2辆电动三轮垃圾清运车用于社区环境整治。挂牌督战方面，贵州省文联督战工作队采取有效措施，围绕中营镇高原村、小红寨村及茶马镇青山村、达土村4个村的贫困对象253户，先后组织督战队员15次深入各村进行遍访和督查，累计实地走访群众780户（次），电话了解情况189户（次），查找到问题498个；贵州省文联累计为晴隆县投入扶贫资金100余万元、协调项目资金200余万元，捐赠口罩1.3万只，酒精、消毒液共200瓶，并向企业订购新能源垃圾清运车8台，捐赠给晴隆县4个扶贫督战村解决村寨垃圾清运问题；按照产业发展“八要素”，采取“龙头企业+合作社+农户”发展等方式，支持高原村核桃产业种植3000亩，现已挂果1800亩，覆盖215户853人；深入晴隆县茶马镇达土村、青山村，中营镇小红寨村、高原村和丫口村等开展帮扶督战工作及“居家净”农村人居环境提升活动等。

已争取到中国文学艺术基金会对望谟县等9县30名贫困生进行学业资助。组织文艺工作者深入脱贫攻坚一线开展文化惠民活动，重点覆盖了水城县、望谟县、册亨县、沿河县等国家级贫困县，杨梅乡、高峰镇、大寨村、冗渡镇等贫困乡镇和民族村寨，卡法村、花茂村等红色革命老区以及江口坝社区、联桥社区、柏杨林街道、文峰街道、阿妹戚托小镇和腾龙岭新市民社区易地扶贫安置点等；组织脱贫攻坚书法艺术作品网络展；开展

“V·贵州”脱贫攻坚影像志视频征集活动；举办助力决战决胜脱贫攻坚小戏小品编剧研修班；举办民族传统手工艺领军人才暨乡村文化旅游技能型人才研修班等活动，评选出16名贵州民族银饰艺术大师、22名贵州民族刺绣艺术大师、22名贵州民族蜡染艺术大师；推出精准扶贫电视剧《花繁叶茂》、报告文学《江山如此多娇》《车行山水间》、剧本《看万山红遍》等，牵头推进“脱贫攻坚故事”征集整理记录传播文艺采风创作，拍摄脱贫攻坚微电影《咿哟！幸福的你》，创作脱贫攻坚主题歌曲《幸福加速度》《把幸福引进门》《脱贫攻坚书画长卷》、脱贫攻坚舞蹈《苗家阿婆笑哈哈》、脱贫攻坚雕塑“时代楷模黄大发”“党员姜仕坤”“楷模邓迎香”、相声《我们的驻村干部》《新农家乐》、贵州群口溜《风景还是贵州好》《梁三叔夸息烽》《夸瓮安》；完成全省脱贫攻坚档案资料收集428件等。

【文艺抗疫】

1月30日，贵州省文联发出《致贵州省广大文艺工作者的倡议书》，各省级文艺家协会牵头，9个市（州）文联及全省广大文艺工作者积极响应，省影协组织创作《社区疫情防控之哨兵》《“空城”贵阳，只为更好的春暖花开》等公益片，播放量600多万次；省视协推出抗疫诗朗诵《伟大的民族屹立的中国》；省音协推出声援战“疫”原创歌曲特辑20余期、词曲作品1000余首，出版《生命之重——贵州战“疫”公益歌曲专辑》，单曲《生命之重》入选全国优秀战“疫”公益歌曲；省美协推出“此刻，我们都是一家人——用设计声援武汉”“贵州美术战‘疫’行动”主题美术创作、“抗击疫情”网络展征集等活动，收到作品5000多件；省书协开展8期“心手相连，同舟共济”书法网络展；省摄协以“记录真、善、美，用镜头讲好抗‘疫’故事”“抗击疫情·复工复产”为主题征集影像作品9000多幅，刊发抗疫专题47期；省舞协组织创作《坚信爱会赢》等系列抗疫舞蹈视频；省剧协组织创作“抗击疫情”黔剧唱段、京剧抗疫作品《你志在击病勤奔忙》；省曲协发起“战疫情”曲艺工作者在行动、助力复工复产脱贫攻坚曲艺作品征集，创作曲艺作品100多件；省杂协组织创作魔术节目《武汉加油》微视频；省民协组织创作300余件（首）抗疫作品，推出《贵州剪纸艺术家教你防控新型冠状病毒》宣传册；省评协撰写《抗疫情，贵州文艺界在行动》等评论文章。文艺抗疫作品在新华社、人民网、“学习强国”等多个国家级、省级媒体平台刊载、展播。

【“我们的中国梦”——文化进万家·多彩贵州百姓大舞台贵州省文联文艺志愿服务小分队“送欢乐·下基层”活动】

1月4日至21日，圆满完成了由贵州省委宣传部、省精神文明办、贵州省文联共同举办的20场“我们的中国梦”——文化进万家·多彩贵州百姓大舞台贵州省文联文艺志愿服务小分队“送欢乐·下基层”活动，活动历时近20天，辗转贵州省9个市（州）、贵安新区和18个县（市、区），活动行程近7000公里，文艺工作者350余人次参与，为基层群众献上了高质量、高标准4场文艺慰问演出，15场写春联送全家福活动和1场读书辅导培训活动。来自省、市（州）、县（市、区）三级书法、摄影文艺工作者共为群众书写春联近11000副、“福”字近5000张，拍摄并制作全家福超2600张，现场参与群众累计近10000人。同时，展开了多角度、多层面、多渠道的宣传报道，积极向中央和省级新闻媒体推送。据不完全统计，各类新闻媒体累计报道231篇，截至2020年1月24日，通过百度网引擎搜索2020年“我们的中国梦”——文化进万家·多彩贵州百姓大舞台贵州省文联文艺志愿服务小分队“送欢乐·下基层”词条，共搜到相关结果约47.800个。活动得到了基层群众一致好评。

【“我们的中国梦”——文化进万家中国文联、中国文艺志愿者协会、贵州省文联文艺志愿服务小分队走进水城县杨梅乡、册亨县巧马镇、织金县慰问演出活动】

根据中宣部、中国文联、省委宣传部的安排部署，1月4日、12月10日至11日，分别开展2020年“我们的中国梦”——文化进万家 中国文联、贵州省文联文艺志愿服务小分队走进贵州省水城县杨梅乡、册亨县巧马镇、织金县专场慰问演出，参与演职人员180余人次，现场观众累计近3000人，共为群众书写春联近1400副、“福”字近900张，拍摄并制作全家福超600张，通过丰富多彩的文艺活动，积极营造起喜庆祥和的节日氛围，增强了基层群众文化自信，提升了人民群众的文化获得感幸福感。

【举办脱贫攻坚电视连续剧《花繁叶茂》首播新闻发布会】

5月11日，电视连续剧《花繁叶茂》首播新闻发布会在贵州贵阳举行，并于11日晚8点在中央一套黄金档播出。该剧改编自欧阳黔森创作的报告文学《花繁叶茂，倾听花开的声音》，以“脱贫攻坚、全面小康”的时代号召为背景，深刻讲述了贵州脱贫攻坚的动人故事，是一部反映党的精准扶贫伟大实践的电视剧，该剧为2020年国家广播电视总局脱贫攻坚重点剧目，贵州省文艺创作重点项目。该剧取材于贵州遵义枫香镇花茂村、纸坊村和大地方村等村寨，讲述当地百姓立足人与自然和谐共生，成功打造“四在农家·美丽乡村”，铺就发展“乡愁经济”的富民之路，演绎了一个又一个精彩感人的花茂故事、发展故事和致富故事。贵州省委宣传部常务副部长徐静，贵州省文联主席、贵州省作协主席、该剧总制片人和编剧欧阳黔森，贵州省文联党组书记、副主席杨晓曼，贵州广播电视台台长刘冲，贵州省作协党组书记黄昌祥，贵州省广播电视局副局长向建军，遵义市委常委、宣传部部长、统战部部长郑欣，昆鹏影视文化有限公司董事长刘小锋等出席新闻发布会。

【承办中国文联文艺工作者“崇德尚艺，做有信仰由情怀有担当的新时代文艺工作者巡回演讲”活动】

11月19日，贵州省文联在贵阳市承办了由中国文联主办的2020年度“崇德尚艺，做有信仰有情怀有担当的新时代文艺工作者巡回宣讲”活动，全国政协委员、中国曲协副主席盛小云，中国舞协副主席、中国文艺志愿者协会副主席黄豆豆，中国文联全委、李伯男导演工作室（北京）艺术总监李伯男3位文艺名家作主题宣讲，近300名省直、市（州）、县级文艺工作者参会。

【完成“圆梦工程”文艺培训志愿服务行动贵州线下培训活动】

11月23日，“圆梦工程”文艺培训志愿服务行动贵州线下培训活动在贵州省晴隆县启动。根据《贵州省2020年“圆梦工程”文艺培训志愿服务行动实施方案》，8月15日至10月31日，来自贵州大学、南京师范大学、浙江大学等16所高校的36名高校艺术老师参与线上授课培训活动，分别与贵州省8个市（州）的66个贫困县定向“结对子”，开展音乐、美术、舞蹈、书法两百余次网上培训，参训学员共1.3万余名。11月23日开始，组织省级音乐、美术、舞蹈、书法文艺工作者参加线下“结对子、种文化”活动，深入7个市（州）的9个脱贫攻坚挂牌督战县和2个线下培训实施县，分别对乡村学校少年宫艺术辅导员开展为期3天的集中线下辅导，形成“1+1带1县”线下结对帮扶机制，帮助培养一批专业素养高的乡村学校少年宫艺术辅导员队伍。

【贵州省县级文联组织建设情况调研】

7月至9月，为进一步摸清基层文联组织建设、阵地建设、品牌活动等底数，完成了全省9个市（州）文联、87个县级文联问卷调研工作，并形成2.5万字的调研报告和《全省市（州）、县（市、区）文联基本情况汇总册》；同时，向中国文联李屹书记、中国文联办公厅、国内联络部、国际联络部作了《贵州省县级文联组织建设情况报告》专报。

创作与研究

【获奖情况】

电视剧《伟大的转折》荣获飞天奖优秀电视剧奖、金鹰奖电视剧作品奖荣誉提名奖；电视剧《花繁叶茂》荣获第十六届中美电视节“中华文化传播力奖”；电视剧《伟大的转折》《星火云雾街》、歌曲《心远天高》荣获2019年度贵州优秀文艺作品奖；微电影《凡人趣事》在第四届社会主义核心价值观微电影大赛中获三等奖；脱贫攻坚主题歌曲《感谢老张》入选“中国当代歌曲创作精品工程——‘听见中国听见你’2019年度优秀歌曲”；微电影《寻父》荣获第八届亚洲微电影艺术节二等奖；银器作品《金鸡报喜》、刺绣《水族马尾绣儿童背带》入围第十五届山花奖·优秀民间工艺美术作品终评；在第十二届海峡两岸电视艺术节暨海峡两岸电视主持人新人大赛中荣获铜奖1名、指导奖1名、组织奖1名。2020年，各省级文艺家协会会员获国家级、省级以上奖励达482人次，作品入选全国性展览展示展演等99人次，省

级展览展示展演437人次。

【创作情况】

国家新闻出版广电总局脱贫攻坚重点剧目、34集电视连续剧《花繁叶茂》于2020年全国“两会”其间在央视综合频道黄金档播出，收视率居全国卫视同时段第一，在以年轻观众为主的B站评分高达9.4分，以专业观众为主的豆瓣评分达8.1分；《人民文学》头条、《人民日报》《中国作家》分别推出欧阳黔森创作的脱贫攻坚报告文学《江山如此多娇》《车行山水间》，脱贫攻坚剧本《看万山红遍》；献礼中国共产党建党100周年广播剧《红城天使》在中央人民广播电台播出；献礼建党100周年主题歌曲《心中的路》《百年之路》《共和国最亮的星》等歌词创作完成，歌曲《我的名字叫中国》《易地》《生命之重》在《歌曲》杂志发表，歌词《凯里情歌》《驻村日记》《远亲》《第一书记》《幸福加速度》《我怎能责怪你》《红岩魂》《遵义好》《最稳的靠山　最深的牵挂》在《歌词》杂志发表；电视剧《看万山红遍》、电影《霜晨月》《红军菩萨》拍摄稳步推进；首部讲述亚鲁王文化的电影《依梦重生》拍摄完成并进入后期制作阶段，贵阳美食美景系列剧《食物·恋》拍摄完成；侗族音乐话剧《清水江文书》完成排演，短视频剧本《屯堡小幺嬢》入选中国文联2020年青年文艺创作扶持计划资助项目；创作完成贵州说唱《节约最时尚》《节约才像话》《陶瓷小花碗》《罗幺哥请客》等短视频，与相关单位联合打造的《黔言曲苑》贵州说唱“民法典”系列抖音短视频作品已创作完成70余部；《贵州音乐史话》《翰墨春秋》丛书第二辑—《耆年回首》出版发行，完成《贵州电视艺术发展简史》《贵州民间剪纸艺术汇典》编纂，完成《中国民间文学大系·叙事长诗·贵州卷》之《仰阿莎》《阿嬌与金丹》《多往頌》《王玉连》等约100万字文稿初编；《艺术评鉴》出版发行24期约600万字、《贵州文艺界》发行10期、《今日文坛·贵州文艺评论》编审稿件40万字。

【展览展示展演】

完成了贵州脱贫攻坚主题文艺作品线上3D专题展，贵州脱贫攻坚主题文艺作品第一次上线中华数字艺术城和进入中华数字艺术库；评书《奇招》入围第十一届中国曲艺牡丹奖全国曲艺大赛合肥赛区大赛，布依族八音坐唱《军民同“昂央”》入围第十一届中国牡丹奖全国曲艺大赛余杭赛区大赛；庆祝农工党成立90周年·夺取脱贫攻坚战全面胜利·“君品习酒杯”第二届多彩贵州美术书法作品展，2020贵州高校美术教师优秀作品双年展，“税收带来祖国美”书法绘画摄影展，红色印记—纪念遵义会议85周年美术作品展，贵州遵义土城美术培训班成果汇报展，防控疫情阻击战全国美术作品展，省第六届“恒安杯”篆书隶书篆刻艺术大展，省第二届书法刻字艺术作品展，省脱贫攻坚书法艺术作品网络展，“穿越神秘格凸河·见证紫云脱贫攻坚”贵州紫云全国摄影作品展，“康养之都　神秘兴义”探索之旅全国摄影作品展，备战“荷花奖”贵州省舞蹈新作品暨全省“脱贫攻坚”优秀舞蹈展演；全省中小学教师书法比赛，全省中小学生“祖国好·家乡美”书法绘画大赛，金彩盘州全国摄影大赛，“绿美建造·科技兴环”摄影大赛，“追逐中国梦·筑梦贵阳”贵阳市第七届微电影微视频大赛。

【文艺采风】

实施“相约2020日至全国知名作家、音乐家走进贵州脱贫攻坚一线”采风活动，邀请中国作协副主席何建明、八一电影制片厂厂长柳建伟以及《收获》主编、上海芭蕾歌舞团团长等全国知名作家、音乐家赴贵州采风；省音协大力推进全国名家音乐贵州采风创作基地建设，完成基地省内外音乐名家资料布展及贵州音乐民族民间乐器资料收集，邀请肖白、田真、玉镯儿等省内外词曲作家深入贵州基层采风；省摄协组织开展摄影大篷车下基层暨“聚焦决战脱贫攻坚、决胜全面小康”摄影创作，500余名摄影艺术工作者走进晴隆、修文、纳雍、紫云等地；省美协组织艺术家到贵阳乌当、遵义、安顺、铜仁等开展文艺采风创作暨培训交流活动。组织开展“会聚磅礴力量，决胜脱贫攻坚——百名艺术家走进晴隆县”采风创作活动，组织12个省级文艺家协会深入基层开展“讲好脱贫攻坚故事”小分队采风活动，组织贵州“脱贫攻坚故事”民间工艺传承发展现状调研采风活动，组织“美丽乡村行”——电视艺术家采风创作活动，组织“脱贫攻坚”舞蹈采风团走进民族地区采风创作活动，组织献礼建党100周年实现全面同步小康歌曲采风创作活动，组织省影协走进修文脱贫攻坚采风活动。

机关建设

专题召开贵州省文联2020年意识形态、网络意识形态和目标绩效管理工作会、贵州省文联政治生态研判会、贵州省文联学习贯彻十二届省纪委四次全会精神会议，出台贵州省文联党组工作要点、党建工作要点、党风廉政工作要点，签订党的工作暨党风廉政建设责任书、意识形态工作责任书等。

坚持每半年组织1次全体党员集中学习会，每季度组织1次党组中心组理论学习，每季度召开1次机关党委委员会议，每月组织1次支部党员大会“四个一”学习机制；组织贵州省文联和各协会干部职工参加文联系统干部增强“四力”网络培训班、文联系统学习党的十九届五中全会精神专题班；完成5个党支部换届选举，做好巡视反馈问题整改、主题教育问题整改、政治生态存在问题整改等，建立政治监督活页档案，深入开展政治家访，完善28名处级干部廉政档案和60名科级以下干部职工廉政档案，充分利用“元旦”“春节”“五一”“十一”等重要时间节点开展机关作风建设情况专项监督检查。

贵州省文联完成了《关于进一步加强和推进贵州省文艺事业繁荣发展的实施意见》文本起草和征求意见；召开了专题会议就省委全会研究“十四五”规划征求意见工作进行座谈交流，提出“十四五”时期促进贵州省文艺发展的政策措施建议，制定贵州省文联“十四五”工作初步打算；完成了贵州省文联所属省书协、省摄协、省音协换届工作，选举产生新一届协会理事会理事和主席团领导班子；加强文艺工作者职业道德建设和文艺家协会行风建设，做好省文艺工作者职业道德委员会筹备工作等；贵州省文联获2020年度贵州省直机关创新项目一等奖。

贵州省文联切实加强保密纪要和国家安全、人民防线、平安贵州、法治贵州建设、重大风险防范工作，通过宣传教育、制度机制建设、风险点排查和控制切实打造平安机关，充分发挥文艺优势促进平安贵州、法治贵州宣传教育；加强离退休干部学习教育管理服务，加强对工青妇、网站、机关服务中心等的管理和建设，确保文联机关各项工作制度规范、落实到位、运转有效。

各文艺家协会

【贵州省书协第七次代表大会在贵阳举行】

12月10日，贵州省书协第七次代表大会在贵阳举行，参会代表100名。大会听取并审议了贵州省书协工作报告，修订了《贵州省书协章程（草案）》，明确了今后工作方向和工作重点。选举产生了王宾等58名理事组成的贵州省书协第七届理事会，选举包俊宜为主席，吴鹏、吴勇、岑岚、朱俊首、雷俊芝、徐晓军、杨建、李茂江、张洪荣、吴昌军为副主席，杨昌刚为秘书长的第七届主席团。

【贵州省摄协第七次代表大会在贵阳举行】

12月14日至15日，贵州省摄协第七次会员代表大会在贵阳举行，参会代表132名。大会总结了第六次代表大会以来的工作，展望“十四五”时期贵州摄影艺术事业的发展，听取并审议了贵州省摄协第六届理事会《团结奋进、开拓创新——为推动贵州摄影事业繁荣发展作出新贡献》的工作报告和《关于省摄协章程修改的说明》。大会选举产生了马安杰等59名理事组成的贵州省摄协第七届理事会，选举彭波为主席，王绍帅、刘黔、李宁、邱俊、邱高顺、陈正军、徐世鹏、高翀、黄晓青、滕树勇为副主席，王曙才为秘书长的第七届主席团。

【贵州省音协第七次代表大会在贵阳举行】

12月17日，贵州省音协第七次会员代表大会在贵阳召开，参会代表138名。大会听取并审议了贵州省音协第六届理事会《与新时代同频共振，以精品意识攀高峰——努力为贵州民族文化繁荣发展谱写新乐章》的工作报告，通过了《贵州省音协章程（草案）》。选举产生了王一晋等60名理事组成的贵州省音协第七届理事会，选举刘媛为主席，马关辉、王松雪、方玲、孙红莺、李佳佳、杨乾江、宋扬、黄承志为副主席，李栋梁为秘书长的第七届主席团。

基层文联

全省9个市（州）、87个县（市、区）文联共派出驻村干部212名、督战人员101名，本级文联所属文艺家协会驻村干部1506名、督战人员314名；文联及所属文艺家协会脱贫攻坚帮扶资金近1000万元，引进项目47个，项目资金6900余万元；开展脱贫攻坚一线慰问演出及采风活动2700余场，涉及参演艺术家近5万人次、现场观众近380万人次；共创作各艺术门类脱贫攻坚作品26万余件。组织开展疫情防控主题文艺创作，共创作文学、戏剧、音乐、美术、书法、曲艺、摄影、舞蹈、民间文艺、影视等文艺作品近4万件。贵阳市文联成功召开第七次代表大会；举办了“决胜记——脱贫攻坚大型书法美术摄影展”，并在所辖区市县巡展；开展24场“戏曲进乡村”“戏曲进校园”活动；推出“贵阳市文联网络平台”项目策划，实现“互联网+协会”目标建设。遵义市文联举办30余场曲艺、戏剧专场演出和文艺进校园活动；在央视电影频道黄金档推出反映仡佬族题材电影《碧血丹砂》；参与制作的脱贫攻坚题材电视连续剧《吉他兄弟》在央视电视剧频道播出；支持绥阳县、正安县、湄潭县提升打造中国诗乡、中国小说之乡、贵州漫画之乡文艺品牌。六盘水市文联参与制作的反映“三线”建设电视连续剧《正是青春璀璨时》在央视电视剧频道播出；推出电影《幸福的滋味》在央视电影频道黄金档播出；17件作品入选“决胜全面小康”第二届全国农民画作品展。安顺市文联以“艺术+”的形式对乡村旅游资源和艺术创作资源进行整合，推出了十佳摄旅黄金线路；举办“双阅读”分享活动300多场次，九溪文学社阅读者王家武获教育部终身学习品牌“百姓之星”称号；举办首届“我们的城·我们的歌——社区街巷巡回音乐节”等。毕节市文联短篇小说《反光镜》荣获第十六届滇池文学年度奖；抗疫题材漫画作品《大国精神——抗疫篇》组画入选“子恺杯”第十三届中国漫画展；剪纸《逆行者》获“同心同创·共抗疫情”全国美术作品二等奖；《古城秘境》《新境》《时代·生态》《丝路乐章·敦煌》《山静幽居》5件美术作品入围全国美术作品展等。铜仁市出台《关于促进铜仁市文学艺术繁荣发展的意见》；散文《乌江水远》在《人民文学》刊发；出版《迁喜——铜仁市易地扶贫搬迁纪实》《迁喜——图说铜仁易地扶贫搬迁》文集。黔东南州成立了“文艺创作中心”，所属公益一类事业单位；完成9个所属文艺家协会换届工作；完成了大型报告文学《历史的丰碑——苗岭的答卷（黔东南卷）》；出版芦笙教材《芦笙音乐与演奏》；在中国美术馆举办“守望乡愁——贵州黔东南苗族侗族自治州民族文化暨脱贫攻坚主题美术作品展”，6幅作品被中国美术馆永久收藏。黔南州文联创作红色文化及爱国题材文艺作品48件，绿色生态题材文艺作品218件，民族文化题材文艺作品126件，旅游文化题材文艺作品132件；开展月月广场“百姓大舞台”文艺演出活动200场。黔西南州文联成功召开第七次代表大会；完成复工复产微电影《2020大返岗》《2020大稳岗》拍摄制作工作；精心打造阿妹戚托舞蹈节目参加首届公安部警察艺术节。

云南省文联

综　述

日月其迈，岁律更新。2020年，云南省文联团结带领全省广大文艺工作者深入学习贯彻习近平新时代中国特色社会主义思想和党的十九大精神，全面贯彻习近平总书记关于文艺工作的重要论述和考察云南重要讲话精神，面对新冠肺炎疫情，众志成城，共克时难，不断创新工作思路和举措，各项工作全面推进。一年来，云南省文联切实加强政治引领和理论武装，开展“不忘初心”主题教育实践活动，持续推动习近平新时代中国特色社会主义思想在全省文艺界入脑入心；围绕抗击新冠肺炎疫情、2020年脱贫攻坚、全面建成小康社会、建党100周年等重大事件和历史节点，精心组织开展系列重大主题文艺活动；积极开展“深入生活、扎根人民”主题文艺实践和“送欢乐下基层”“文艺轻骑兵”等文艺志愿服务，直接服务群众数十万人，文艺志愿服务之花开遍云岭大地；不断完善创作生产激励机制，持续开展“云南文学艺术创作奖”评选工作，文艺精品创作成果丰硕；加强文艺人才培养培训，按照《2019日至2023云南省文联省级文艺家协会会员培训工作规划》，实施常态化文艺家协会会员培训工程，全年培训会员1000余名；积极推进文联深化改革，自身建设不断加强；全省标志性重大文化设施云南文学艺术馆搭建文学艺术展示交流、教育研究平台，传播云南文化的作用逐渐显现，全省文艺事业呈现新变化，文联工作取得新进展。

会议与活动

【云南省文联工作组赴独龙江乡走访慰问帮扶挂联户】

1月6日至10日，深冬的独龙江，气温骤降，云南省文联工作组一行九人在党组成员、副主席崔文的率领下，冒雪翻越高黎贡山来到独龙江乡献九当村，走访慰问44户挂联户，为他们送去大米、食用油等生活物资以及云南省文联全体干部职工的关怀与温暖。

【云南省文联文艺志愿服务团赴临沧耿马自治县开展活动】

1月8日，由云南省文联主办，云南省剧协等承办的“我们的中国梦”文化进万家云南省文联志愿服务团慰问活动走进临沧市耿马自治县，开展丰富多彩的文化惠民服务活动，受到当地各族群众的热烈欢迎。

【云南省文联文艺志愿服务团赴佤山沧源开展服务活动】

1月9日，云南省文联文艺志愿服务团带着党和政府的关心关爱和文艺工作者的深情厚意，行程千里来到中缅边境佤山沧源开展志愿服务。在2020年新春开始之即，为当地群众、干部职工、驻地官兵的带来了精神粮食，营造出欢乐祥和、喜庆热烈、文明进步的浓厚节日氛围。

【云南省文联文艺志愿服务团赴红河开展服务活动】

1月12日，云南省文联文艺志愿服务团走进红河州红河县宝华镇开展2020年元旦春节“我们的中国梦”文化进万家“送欢乐·下基层”活动，开展文艺志愿服务演出1场，并组织摄影家、书法家现场为百姓拍全家福、写春联。

【云南省文联文艺志愿服务小分队参加全国文化科技卫生“三下乡”示范活动】

1月16日，2020年全国文化科技卫生“三下乡”云南分会场集中示范活动在曲靖市会泽县新时代文明实践中心广场举行。云南省文联组织了20名省市县书法家和摄影家开展现场为老百姓写春联送祝福、拍全家福等活动。云南省文联党组成员、副主席李琦全程参加了此次活动，并代表云南省文联向会泽县捐赠了19万元文艺培训项目

经费和活动经费。

【中国美协文艺志愿服务小分队“送欢乐 下基层”走进会泽】

1月13日至16日，由中国美协、云南省文联主办，中国文联美术艺术中心、云南省美协、曲靖市文联、中共会泽县委、县人民政府承办，会泽县文联协办的“我们的中国梦——文化进万家”中国美协文艺志愿服务小分队“送欢乐、下基层”赴云南省会泽县开展慰问活动。

【云南省书法家送万福进万家走进曲靖麒麟区】

1月18日，由云南省文联主办，云南省书协等单位承办的云南省书法家“同心同书、祖国新春好”文化惠民活动走进曲靖珠江源广场，来自省市书协的书法名家们送万福、进万家，义务为广大市民书写春联，把浓浓的祝福送给千家万户。

【云南省文联对抗击疫情创作传播发出倡导】

2月5日，为切实凝聚正能量、更多产生好效果，云南省文联对全省各级文联组织、各级文艺家协会、各类文艺团体及广大文艺工作者发出倡议书，号召云南省广大文艺工作者认真贯彻落实党中央和省委决策部署，充分发挥文艺凝聚力量、温润心灵、鼓舞斗志的优势作用，聚焦疫情防控主题和题材，不断创作推送文艺作品，以实际行动为打赢疫情防控阻击战作出积极贡献。

【《共同战“疫”我们在一起》公益宣传在云南广播电视台推出】

2月8日，2020年元宵，为坚定信心，号召大家共同战“疫”，共克时艰，由中共云南省委宣传部牵头，云南广播电视台携手云南省文联、云南电视艺术家协会，策划制作《共同战“疫”，我们在一起》公益宣传片在云南卫视等媒体平台播出，号召大家团结一致，抗击疫情，为武汉加油，为云南加油，为中国加油！

【开展“文艺进万家 健康你我他”防控新冠肺炎疫情网络文艺志愿服务】

2月17日，发出《关于开展“文艺进万家 健康你我他”网络文艺志愿服务活动的通知》，组织26名网络文艺志愿者，运用抖音、今日头条、西瓜视频、微信等网络平台，录播网络文艺志愿服务视频节目193个，开展26场网络直播，观众12.2余万人次。

【云南省委第九巡视组向云南省文联党组反馈巡视情况】

3月9日，云南省委第九巡视组向云南省文联党组领导班子反馈了巡视情况，并向云南省文联党组书记李勇移交了巡视相关材料，传达了云南省委书记陈豪在听取十届云南省委第九轮巡视情况汇报时的重要讲话精神，云南省委巡视工作领导小组对巡视整改提出明确要求；李勇主持反馈会议并作表态讲话。

【李勇到独龙江开展脱贫攻坚调研】

4月13日至16日，在脱贫攻坚进入最关键的时刻，云南省文联党组书记、主席李勇到独龙江开展脱贫攻坚调研，突出抓好脱贫工作重点，坚决打赢打好脱贫攻坚战。

【云南省文联组织开展党组理论学习中心组学习习近平总书记考察云南重要讲话精神】

4月27日，云南省文联党组书记、主席李勇主持召开党组理论学习中心组2020年第二次学习，会议深入学习了习近平总书记考察云南重要讲话精神，提出要以永不懈怠的精神状态和一往无前的奋斗姿态，坚定不移沿着习近平总书记指引的方向奋勇前进，切实把习近平总书记的关怀转化为推动文联工作改革创新的强大动力，转化为服务广大文艺工作者的实际成效，谱写好新时代云南文艺事业繁荣发展新篇章。

【云南省文联八届二次全委会在昆召开】

5月28日，云南省文联八届二次全委会在昆明召开。会议深入学习贯彻习近平新时代中国特色社会主义思想，全面贯彻落实党的十九大和十九届二中、三中、四中全会精神，贯彻落实习近平总书记关于文艺工作的重要论述、考察云南重要讲话精神，贯彻落实省委十届八次、九次全会和全国、全省宣传部部长会议以及中国文联十届五次全委会精神，认真总结2019年以来工作情况，分析形势要求，安排部署2020年今后工作任务，团结引导全省文艺界和广大文艺工作者进一步担当作为，为推进新时代中国特色社会主义云南新实践作出新的积极贡献。

【云南省文联完成云南文学艺术资源普查工作】

1月至6月，完成《云南省文学艺术资源普查报告》起草、校对、配图等工作，按要求报送2.4万字的普查报告、30张配图及各文艺类别统计表

15个、汇总表1个。

【云南省文联召开所属产业行业文联工作座谈会】

6月17日，云南省文联党组成员、副主席缪开和主持召开云南省文联所属产业行业文联工作座谈会，加强和规范全省性产业行业文联业务服务管理工作，推动产业行业文联工作健康有序发展。

【云南省文联召开所属社会组织工作座谈会】

6月18日，云南省文联召开所属社会组织工作座谈会，加强和规范云南省文联主管的文艺类社会组织业务监管工作，推动文艺类社会组织健康有序发展，更好发挥其参与社会事务、提供社会服务的重要作用。

【云南省庆祝建党100周年大型美术作品展创作选题座谈会在昆召开】

6月19日，“云岭百年红”云南省庆祝建党100周年大型美术作品展创作选题座谈会在昆召开。统一全省美术家思想、提高站位，用心用力、讲责任、讲担当、义不容辞、全身心投入，突出云南的特点和地位，以云南为基点、以党史为主线，紧紧围绕建党100周年伟大史诗创作出史诗般的美术作品，向中国共产党成立100周年献礼。

【云南省文联开展“万名党员进党校”集中培训】

7月8日至10日，云南省文联举办2020年度“万名党员进党校”集中培训。云南省文联党组书记、主席李勇作题为《党章是增强党性修养的根本遵循》的专题党课辅导，云南省文联党组成员、副主席崔文作动员讲话，云南省文联党组成员、副主席李琦、缪开和，云南省文联一级巡视员张维明，云南省文联全体党员、云南省文联主管的文艺类社会组织党员90余人参加培训。

【第十一届云南戏剧“山茶花”表演艺术展演在昆明开幕】

7月14日，由云南省文学艺术联合会主办，云南省剧协承办，云南省大剧院、云艺实验剧场、昆明剧院协办的第十一届云南戏剧“山茶花”表演艺术展演活动在昆明剧院开幕。

【第八届云南文学艺术奖颁奖晚会在昆举行】

7月29日晚，由云南省文联主办的“筑梦新时代”第八届云南文学艺术奖颁奖晚会在云南省大剧院隆重举行。云南省文学、戏剧、美术、音乐、舞蹈、民间文艺、摄影、书法、曲艺、杂技、电影、电视、文艺评论等13个艺术领域136件作品、17名文艺工作者和1个文艺团队获得云南文学艺术领域的最高荣誉。

【云南省文联2020年文艺轻骑兵基层行走进建水】

8月15日，来自全国和云南省县的30多名艺术家，第一站来到历史文化名城建水，艺术家们与当地老百姓欢聚一堂，为奋战在小康路上的广大干部群众加油鼓劲、点赞喝彩。

【中国剧协第八届理事会第五次会议暨2020年工作会在昆明召开】

9月1日至3日，中国剧协第八届理事会第五次会议暨2020年工作会在云南省昆明市召开。中国文联副主席、中国剧协主席濮存昕，中宣部干部局副局长陈晓琳，中国文联人事部主任郑希友，中国剧协分党组书记、驻会副主席陈彦等领导出席会议。中共云南省委宣传部常务副部长罗杰，云南省文联党组书记、主席李勇，云南省文联党组成员、副主席缪开和及来自全国各地的中国剧协理事、各团体会员负责人等130余人参会。会议深入学习贯彻习近平总书记关于文艺、文联工作的系列重要讲话批示精神，落实中国文联、中宣部近期重要部署，筹备迎接中国剧协第九次全国代表大会。

【云南省文联积极开展文艺精品创作扶持】

2020年争取省委宣传部文艺精品创作扶持项目5个，扶持项目经费380万元。9月22日，争取到中国文联2020年青年文艺创作扶持计划项目《民族团结跟党走剪纸创作》，资助资金6万元。筹集13万元组织开展滇中引水工程文艺采风创作。

【“奋斗杯”云南省群众文艺作品大赛获奖作品展演在昆举行】

9月27日晚，由省委宣传部、省文化和旅游厅、云南省文联主办，云南广播电视台承办的“奋斗杯”云南省群众文艺作品大赛获奖作品展演在云南省大剧院举行。云南省委常委、省委宣传部部长赵金，云南省委宣传部常务副部长罗杰，省文化和旅游厅党组书记、厅长曾艳，云南省文联党组成员、副主席缪开和，省文化和旅游厅一级巡视员马迎春，云南广播电视台副台长丁勇胜等领导出席活动。

【云南省文联文艺轻骑兵基层行系列活动走进文山】

10月16日至17日，由云南省文联主办，云南省剧协承办的文艺轻骑兵基层行系列活动走进文山州广南县、富宁县开展文艺志愿服务活动。

【云南省文联文艺轻骑兵基层行系列活动走进楚雄彝族自治州】

10月19日至23日，由云南省文联主办，云南省舞协承办，楚雄彝族自治州文联、元谋县委宣传部、元谋县文联、元谋县文旅局、牟定县委宣传部、牟定县文联、牟定县文旅局协办的“2020年云南省文联文艺轻骑兵基层行系列活动”在楚雄彝族自治州元谋县、牟定县成功举办。来自全省各个领域的十余位知名文艺家为元谋、牟定两县人民献上两场精彩的文艺盛宴。

【云南省召开全省基层文联工作座谈会】

10月25日，在曲靖市罗平县召开全省基层文联工作座谈会，深入学习贯彻习近平总书记关于文艺工作的重要论述和考察云南重要讲话精神，贯彻落实全国基层文联工作座谈会工作要求，总结交流基层文联工作经验，统一思想、提高认识、研讨举措，加强对基层文联工作的业务指导，提升全省基层文联建设水平。

【第三届澜湄国际电影周在云南昆明举办】

10月31日至11月2日，为积极融入“一带一路”国家发展战略，践行云南成为面向南亚东南亚辐射中心的战略定位，充分利用好云南得天独厚的自然资源、民族文化资源和国际地缘优势，大力推动云南民族文化强省建设而创立的第三届澜湄国际电影周在云南昆明正式举办。来自全国各地的电影界专家、学者，影视创作、制片、宣发和知名演职人士以及云南省影视文化行业相关机构领导参加了本次活动。

【云南省文联深入学习领会党的十九届五中全会精神】

11月3日上午，云南省文联组织召开专题党组会议，原文传达学习了党的十九届五中全会公报，指出全省文艺界和文联全体职工要充分认识五中全会召开的重大意义，掀起学习五中全会精神热潮。必须明确“十四五”规划的目标、任务，自觉用五中全会的精神统一思想和行动，并以扎实有效的工作贯彻落实。

【首届云南原创舞蹈展演活动在昆成功举办】

11月3日至6日，由云南省文联主办，云南省舞协承办的“讴歌新时代·共筑中国梦”——首届云南原创舞蹈展演活动在云南省歌舞剧院成功举办。来自全省16个州、市的舞蹈院团、艺术院校、新文艺群体、文化企事业等 29 家单位的 500 余名舞蹈演员参加展演，现场观看演出人数超过1600人次。

【李勇深入独龙江乡开展脱贫攻坚调研】

11月10日，云南省文联党组书记、主席李勇一行四人再次深入独龙江开展脱贫攻坚工作调研。独龙江脱贫攻坚工作已经进入收尾巩固提升阶段，要加大对致富能手、产业带头人的培养，发展好乡村旅游业、新兴种植业，做好长期规划带领群众巩固收入，并加大政策宣传力度，发挥党员干部的先锋模范作用，不断提升群众的满意度和幸福感。

【云南省“圆梦工程”文艺培训志愿服务行动线下培训在昭通举行】

11月13日，由中央文明办三局、中国文联文艺志愿服务中心、云南省文明办、云南省文联、云南省志愿服务联合会主办，昭通市文明办、昭通市文联、镇雄县文明办、镇雄县文联、镇雄县教体局承办的“圆梦工程”文艺培训志愿服务行动——云南省线下培训启动暨开班仪式在昭通市镇雄县举行。

【“我们的中国梦·文艺助脱贫”文艺志愿服务团赴云南镇雄慰问演出成功举办】

11月14日，由中国文联、中国文联文艺志愿服务中心、云南省委宣传部、云南省文联主办，昭通市委宣传部、昭通市文联、镇雄县委、县人民政府承办的“我们的中国梦·文艺助脱贫”文艺志愿小分队到云南昭通镇雄县开展慰问演出，为决战决胜脱贫攻坚开启新征程的干部群众加油鼓劲。现场1万多名观众观看演出，并通过镇雄融媒体中心直播，全县干部群众及广大网络观众同步收看。

【中国文联“崇德尚艺 做有信仰有情怀有担当的新时代文艺工作者巡回宣讲”在昆举行】

11月20日，中国文联“崇德尚艺 做有信仰有情怀有担当的新时代文艺工作者巡回宣讲”活动在昆明海埂会堂举行，全省350余名文艺工作者参加宣讲活动，深入学习贯彻习近平总书记关于宣传思想工作的重要思想和关于文艺工作的重要论述。

【云南省美术家、舞蹈家、文艺评论家协会会员代表大会在昆召开】

12月14日，云南省美协、舞蹈家协会、文艺评论家协会会员代表大会在昆明召开。省委常委、宣传部部长赵金出席会议并强调，全省广大文艺工作者要深入学习贯彻习近平总书记关于文艺工作的重要论述和党的十九届五中全会、省委十届十一次全会精神，坚持与时代同步伐、以人民为中心、以精品奉献人民、用明德引领风尚。在出人才、出作品上下功夫，着力实施云南文化精品工程、云岭文化名家工程，围绕云南省贯彻新发展理念、融入新发展格局、推动高质量发展的生动实践创作推出一批精品力作，为云南文艺繁荣发展作出新的贡献。

【2020中国文联美术培训班在云南大理成功举办】

12月15日至24日由中国文联、中国美协、中国文艺志愿者协会主办，中国文联美术艺术中心、云南省美协、大理州文联承办，大理州美协、中共剑川县委宣传部、剑川县文联协办的“美育圆梦 用爱相伴”2020中国文联、中国美协文艺培训志愿服务项目（中级）美术培训班在大理州剑川县沙溪古镇成功举办。

【“圆梦工程”文艺培训志愿服务行动昌宁县线下培训成功举办】

12月18日至20日，云南省“圆梦工程”文艺培训志愿服务行动——保山市昌宁县线下培训成功举办。来自云南师范大学的4位专家在昌宁县开展了为期3天的线下面对面集中培训，培训涉及音乐、美术、书法、舞蹈4个类别，262名专兼职艺术辅导员、文艺爱好者和部分在校学生和部分乡村学校少年宫学生参训。

【“圆梦工程”文艺培训志愿服务行动会泽县线下培训成功进行】

12月25日至27日，云南省“圆梦工程”文艺培训志愿服务行动——曲靖市会泽县线下培训成功进行。来自云南民族大学和云南师范大学的4位专家在会泽开展为期3天的线下志愿培训，涉及书法、美术、音乐、舞蹈4个类别，培训学员274名。

【云南省文联文艺志愿服务团赴滇中引水工程建设工地慰问演出】

12月26日，云南省文联、云南省滇中引水工程建设管理局、云南省总工会共同联手主办，云南省滇中引水工程有限公司、昆明市文联、中国水利水电第十四工程局有限公司参与协办的文艺志愿服务系列活动，在滇中引水工程昆明段松林施工1标小鱼坝举行“艺敬劳动者•梦圆新时代”采风创作及慰问演出。来自全省各艺术门类的文艺家与滇中引水工程项目的建设者、劳动模范、行业标兵、先进代表们欢聚一堂，展示劳动美、讴歌建设者，共抒奋斗情。

获奖情况

【云南省3名作家获少数民族文学创作骏马奖】

8月23日，云南省彝族作家吕翼的中短篇小说集《马嘶》，回族作家段平的报告文学《宋文骢——从游击队员到歼10之父》，白族作家李达伟的散文《大河》，分别获得第十二届全国少数民族文学创作骏马奖中篇小说奖、报告文学奖和散文奖。

【云南戏剧山茶花奖艺术团志愿服务活动获评2019年度最佳志愿服务项目】

8月26日，中宣部、中央文明办在北京召开全国推进学雷锋志愿服务工作电视电话会议，会上发布了全国2019年度学雷锋志愿服务“四个100”先进典型暨疫情防控最美志愿者名单。中国文联共有3人获得“最美志愿者”，3人获得“疫情防控最美志愿者”，3个组织获得“最佳志愿服务组织”，云南戏剧山茶花奖艺术团志愿服务活动等3个项目获得“最佳志愿服务项目”。

【云南五部作品在第十三届中国旅游电视周暨第二届中国大运河文化国际电视周上获奖】

10月26日至29日，由中国视协和扬州市人民政府主办，扬州广播电视传媒集团（总台）承办的第十三届中国旅游电视周暨第二届中国大运河文化国际电视周系列活动在扬州举行。云南报送的五件作品在本次活动中获奖：楚雄广播电视台报送的《彝乡之恋》获最佳作品奖，《乡愁楚雄》获优秀作品奖，云南炫影文化传播公司报送

的*YUNNAN THE CHINA YOU NEVER KNEE*获好专题片奖，云南省视协报送的《行走印度》获好专题片奖，云南广播电视台都市频道报送的《跟着米轨去旅行》获好栏目奖。

【云南六部作品在第八届亚洲微电影艺术节获奖】

11月6日至9日，由中国视协、中央新影集团、中共云南省委宣传部、云南省文化和旅游厅、云南省广播电视局、临沧市人民政府联合主办的第八届亚洲微电影艺术节系列活动在云南省临沧市举办。云南6部电影作品获得奖项：《木鼓谣》获最佳作品奖，《美食共创》获优秀作品奖，《向长眠桥墩的烈士鸣笛致敬》《回家》《方山谣》《依朵思语》获好作品奖。本次亚微节共收到来自中国以及法国、俄罗斯、美国、伊朗、墨西哥等国家和地区的5019 部微电影作品，参评作品的数量和质量均达到近年的最高值。

研究成果

【完成《光辉岁月——改革开放40年与云南民族民间文学论文集》编辑出版】

2020年5月，省民协完成《光辉岁月——改革开放40年与云南民族民间文学论文集》编辑出版，该学术文集收录26篇作品，全面客观反映了云南民族民间文学40年的发展历程。

【征集出版《跨越——云南扶贫攻坚文学作品集》】

8月至12月，省作协编辑出版了《跨越——云南脱贫攻坚文学作品集》（上、下），遴选全省作家创作以脱贫攻坚为主题的小说、诗歌及散文及纪实文学作品，全面反映云南省脱贫攻坚所取得的成就，书写在脱贫攻坚中涌现的动人事迹和感人形象。

【制作完成《七彩小康路》云南原创作歌曲系专辑】

为助力脱贫攻坚，决胜全面建成小康社会，喜迎中国共产党成立100周年，省音协开展“七彩小康路·百年铸辉煌”主题原创作品征集活动，共征集134首参评作品，评选出《舍不得你走》《爸妈回家》《祖国星河灿烂》《我们是一家》《那天》《赞歌献给党》《三声鼓响幸福来》《贴心的人》《美丽的新时代》《独龙村寨幸福长》等10首体现新时代要求，突出云南民族特色的优秀作品制作完成《七彩小康路》云南原创作歌曲系专辑。

【完成《中国民间文学大系》云南长诗卷编纂】

10月19日，《中国民间文学大系》云南长诗卷（一）（二）以及史诗（二）通过中国民间文学大系出版工程编纂出版工作委员会专家初审。中国民协理论研究处处长、大系出版工程编纂出版工作委员会办公室主任王锦强，云南省民协主席、编审，大系出版工程云南省专家委员会主任杨海涛，大系出版工程编纂出版工作委员会办公室常务副主任张礼敏，大系出版工程“长诗”专家组组长、中南民族大学教授向柏松，大系出版工程“史诗”专家组专家、西南民族大学教授杨正文以及《大系》云南史诗、长诗卷主编左玉堂，执行副主编何少林，副主编董艾，编委孙婉竹参与了《大系》云南史诗、长诗卷审稿会。

机关建设

【开展2020年云南省文联党支部书记集中培训】

4月28日至30日，举办为期三天的云南省文联党支部书记集中培训，云南省文联所属党支部书记和云南省文联主管的社会组织党支部书记22人参加培训。本次培训突出习近平新时代中国特色社会主义思想的学习，坚持把习近平总书记关于加强思想政治引领的重要论述作为重要内容，深入学习贯彻十九届四中全会精神，以及《中国共产党支部工作条例（试行）》《中国共产党党和国家机关基层组织工作条例》《中国共产党党员教育管理工作条例》等党内法规。

【开展2020年度“万名党员进党校”集中培训】

7月8日至10日，举办为期三天的2020年度“万名党员进党校”集中培训，云南省文联党组书记、主席李勇作题为《党章是增强党性修养的根本遵循》的专题党课辅导，云南省文联全体党员、云南省文联主管的社会组织党员90余人参加培训。本次培训集中学习《中国共产党章程》《中国共产党支部工作条例》《中国共产党党和国家机关基层组织工作条例》《中国共产党党员教育管理工作条例》《中国共产党宣传工作条例》及省直机关工委有关会议和文件精神，观看了警示教育片《清风云南》，教学视频《十九届四中全会精神解读》。云南省文联杨海涛等八名同志分别介绍了在各自工作岗位中的经验做法和先进事迹。

各文艺家协会

【省作家协会】

6月1日至5日，由省作协、红河州文联、红河县委宣传部联合组织作家10人，由省作协副主席、秘书长胡性能带队，深入红河县各乡镇、各村寨进行脱贫攻坚文学创作采风活动。

8月10日至14日，省作协在昆明市举办省作协会员培训班，来自昆明、曲靖、昭通、文山四州市省级会员及部分州市级会员共120余人参加培训。云南省文联党组书记、主席李勇，云南大学副教授一行、《花城》原主编田瑛、云南大学滇池学院人文学院院长宋家宏、省作协副主席、昆明作协主席张庆国、《美文》常务副主编穆涛进行培训讲座。

8月23日至26日，由省作协主办，昆明市文联承办的2020年云南文学年会暨云南网络文学创作培训班在昆明举办，来自全省各州市、各网络协会的73名作家代表参加了年会活动。年会以网络文学创作为主题，围绕“网络文学文体的认识和体会”和“个人经验与网络文学创作的局限与突破”进行交流发言。中国社科院文学所研究员，文艺理论研究室主任、《网络文化研究》主编陈定家为学员进行网络文学讲座。

9月9日至12日，由云南省文联主办，省作协、昆明市文联、昆明儿童文学研究会共同承办的云南儿童文学作家培训班在昆明举办，邀请了中国作协创作研究部副主任、研究员李朝全、中国儿童文学研究会副会长徐德霞、北京老舍文学院作家周晓枫等专家通过专题讲座与交流研讨相结合的方式进行培训，来自全省各地的50余位儿童文学作家参加培训。

10月19日至22日，省作协在丽江市举办云南女性作家“边地女性写作”研讨会暨培训班，来自全省各州市42名女作家参加活动。知名作家周晓枫，《人民文学》编辑部主任马小淘，新疆文艺评论家协会副主席、评论家何英，北京师范大学教授、博士生导师张莉进行文学讲座及文学创作交流。

11月3日，由省作协、昭通学院主办的第七届全国大学生野草文学奖邀请赛颁奖典礼在昭通学院举行，评出特等奖2名，一等奖6名，二等奖9名，三等奖12名，优秀奖51名。《小说选刊》副主编顾建平，《十月》副主编宗永平，知名评论家、中国作协创作研究部研究员牛玉秋，云南省文联原主席、原云南省副省长梁公卿，云南省文联党组书记、主席李勇，省作协副主席、秘书长胡性能，省作协副主席、《边疆文学》杂志社总编辑潘灵等出席会议并颁奖。

11月10日至13日，由中国作协主办，省作协承办的“推动中国-东盟文学交流工作座谈会”在昆明举办。中国作协党组成员、书记处书记胡邦胜，外联部主任张涛，广西文联党组成员、副主席石才夫，云南省文联成员、副主席缪开和，云南省文联副主席、省作协主席范稳等35名作家、专家参加会议，就中国和东盟国家文学交流现状和问题进行交流探讨。

11月15日至18日，由云南省文联、省民族宗教委主办，省作协承办的云南少数民族文学工作会暨少数民族文学创作培训班在昆明举办。云南省委常委、宣传部部长赵金，中国作协创研部主任彭学明，云南省文联党组书记、主席李勇出席会议。全省各州市文联（作协）负责人、各州市市民宗委（局）负责人及全省各民族作家共计80余人参加会议。

12月2日，由省作协、中共丽江市委、丽江市人民政府、天津百花文艺出版社共同举办的纳西族作家木琴香散文集《清香原野》首发式暨作品研讨会在丽江召开。云南省文联副主席、作家协会主席范稳出席首发式并致辞。中国当代文学研究会副会长、中国社会科学院文学研究所研究员陈福民，知名作家、鲁迅文学奖得主宁肯；知名作家、天津市作协副主席龙一，知名作家、《青年作家》副主编卢一萍，知名评论家、北京大学副教授丛治辰，中国社会科学院社会学研究所研究员鲍江，云南师范大学教授、知名文化学者余嘉

华出席研讨会并发言。

12月7日至14日，由省作协、昭通市委宣传部主办，昭通市文联承办的云南文学内刊编辑培训班在昭通举办，邀请全国近10位知名编辑家、作家授课就办刊定位和创意、审稿和改稿、文学阅读、文学创作等内容进行培训，全云南省文联（作协）系统文学内刊编辑60余人参加培训。

12月25日至31日，由省作协牵头组织的第五小分队文艺轻骑兵基层行活动在大理、保山、德宏三州市开展，活动组织了文学、书法、摄影、美术等讲座、交流及文学创作培训。其间，还举行了德宏少数民族作家文学培训班，省内知名作家宋家宏、张庆国、周勇、窦红宇等授课，当地作家40人参加了培训。

【省戏剧家协会】

1月31日，省剧协向全省戏剧界发出书面倡议，号召全省戏剧家和广大戏剧工作者开展抗疫主题创作。共收到涵盖京剧、滇剧、花灯、话剧、少数民族戏剧等剧种，作品形式多样，有朗诵、广播剧、小品剧本、戏歌唱段、小戏小品、方言说唱、快板书等各类戏剧作品46件，并通过《中国演员》《云南文艺网》《春城晚报》《云南网》《“学习强国”》等平台展示。

1月和10月，省剧协分别组织2020年“我们的中国梦”文化进万家文艺志愿服务演出和“奋进小康路，唱响幸福歌”云南省文联文艺轻骑兵基层行深入临沧市耿马县、沧源县，文山州广南县、富宁县，开展文艺演出4场、文艺辅导培训8场，服务基层各族观众3300余人，培训基层文艺工作者300余人，捐赠书法作品10余幅，为群众拍“全家福”60余幅、书写春联80余副。

10月27日至30日，省剧协在宣威举办2020年云南省剧协会员暨中青年戏剧人才培训班。云南省文联党组书记、主席李勇等领导出席活动，来自全省16个州、市的戏剧专业院团及新文艺群体文艺工作者130余人参加了培训学习交流、重温理想、碰撞观点、更新理念，取得良好的教学效果。

4月，云南省文联第八届云南文学艺术奖（云南戏剧“山茶花”奖）评审会议认真开展评选活动，花灯剧《郑喇叭外传》、花灯小戏《谷花鱼》获戏剧剧本奖；滇剧《回家》、花灯剧《山茶花红》、话剧《昆明老宅》、儿童剧《战德和他的藏獒犬》、彝剧小戏《喝三秒》获戏剧作品奖；小话剧《守望》（2013年获第五届中国戏剧奖·小戏小品优秀剧目奖）、陈亚萍（2013年第二十六届中国戏剧奖·梅花表演奖）、朱福（2015年第二十七届中国戏剧奖·梅花表演奖）获特别荣誉奖；李俞龙（云南省滇剧院）、宁国旺（云南省京剧院）、谭瑞（云南省花灯剧院有限公司）、丁璇（云南省话剧院有限公司）、李娜（玉溪市滇剧院）获云南戏剧“山茶花”奖。

11月16日至22日，云南省花灯滇剧艺术周在楚雄州元谋县举办。全省16支代表队和23个花灯小戏，13个滇剧小戏、15个花灯歌舞800余名演员在元谋人广场参加剧（节）目展演，由省内外知名戏曲艺术家组成的专家评审团评选出一、二、三等奖和编剧、导演、编导、音乐、表演5类单项奖；52名演员参加青年演员演唱比赛，评选出一、二、三等奖和优秀奖。

12月16日，由云南省文联、云南艺术学院主办，省剧协、云南艺术学院戏剧学院、云南省话剧院承办的昆明庭院戏剧发展论坛在昆明老街马家大院庭院剧场举行。来自中国话剧协会等单位领导和省内外戏剧专家、昆明民营庭院剧场经营管理和创作团体的负责人以及云南艺术学院戏剧学院部分教师、研究生和本科生，近100人参加了论坛。

【省美术家协会】

新年伊始，新冠肺炎疫情蔓延全国，举国上下打了一场严峻的疫情阻击战。云南省美协在云南省文联党组的部署和指导下，向全省美术工作者和爱好者发出倡议，并组织重点画家创作关于抗疫题材的美术作品。至3月，共征集到疫情题材美术作品1000余件，在云南网、云南文艺网、云南美协微信公众平台、云南美术馆微信公众平台等举办了4期云南画家抗疫美术作品网络展，阅览量达到数万人次，产生了很好的社会影响。

3月31日，共收到319人近600件美术作品，于4月中旬进行了认真仔细、公平公正的初评，评选出160余件入展作品。4月下旬，在入选作品中最终评出金奖2名、银奖3名、铜奖5名。7月在云南文学艺术馆举办“第十四届云南美术作品展”。

4月至12月，云南省文联高度重视云南省庆祝建党100周年美术作品展工作，多次组织召开专题会议，研究部署中国共产党建党100周年美术展览相关工作。6月19日，召开“云岭百年红——云南省庆祝中国共产党建党100周年大型美术作品展”创作选题座谈会，有力推进展览各项工作。

6月13日，为反映全国人民同舟共济齐心抗疫，讴歌抗疫一线的战斗英雄，记录各行各业的感人事迹，展显美术工作者在灾难面前尽己所能、为国分忧的责任和担当，云南省美协、云南美术馆、云南画院在云南美术馆举办“笔墨戎装•抗击疫情”云南美术作品展。

8月21日至25日，由云南省文联主办，云南省美协承办，曲靖市文联、曲靖师范学院美术学院、曲靖市美协协办的“2020云南省美协会员培训班”在曲靖市成功举办。邀请4名省内外美术名家授课，100余名会员参加了培训。

8月25日至30日，由云南省文联主办，云南省美协、云南省书协承办，曲靖市美协、昭通市美协协办的2020年云南省文联文艺轻骑兵基层行系列活动（第六小分队）分别在曲靖宣威市、昭通威信县成功举办，云南省20位知名美术、书法、摄影、文学骨干作者举办了8次讲座，受到广大人民群众的广泛好评。

9月11日，在云南省文联举行第一届“钟开天青年美术资金”扶持对象实施工作启动仪式，对4名符合条件的基层美术工作者进行了扶持。

12月13日至15日，云南省美协第八次会员代表大会于在昆明召开，大会选举产生了第八届理事会理事共60名，选举产生新一届主席团，其中罗江担任云南省美协第八届主席，包朝阳、汤海涛、陈流、陈劲松、李春华、贺昆、郭巍、戴杰担任第八届副主席，聘任李春华同志为云南省美协秘书长，王凯骐、杨恩泉两位同志为云南省美协副秘书长。

【省音乐家协会】

8月23日至8月27日，云南省文联统一安排，由省音协牵头圆满完成了云南省文联“文艺轻骑兵”基层行——大理宾川、南涧文艺志愿服务演出活动，各文艺家用精彩的节目赢得当地老百姓的热烈欢迎。

9月25日至9月29日，为提高云南音乐创作水平，在昆明举办云南省音协第二期会员综合培训，进一步提高了广大会员的思想素质和业务水平，全省8个州、9个市、5个县的云南省音协会员参加了培训。

11月5日至13日，在曲靖师范学院举办了第六届云南本土歌曲创作暨展演活动。来自全省的专业院团的学生及演员、新文艺群体1000余位选手，按照民族唱法、美声唱法、流行唱法和原生态唱法四个组别进行分组比赛，共37场次，56人次评委先后参加评审，参赛作品158件、民族唱法369人、美声唱法225人、流行唱法145人、原生态唱法31人，推出了一批优秀作品和优秀人才。

【省舞蹈家协会】

1月31日，云南省舞协发出倡议，号召全省各州市舞协、舞蹈机构、广大舞协会员积极创作优秀舞蹈作品弘扬正气。共收到全省《有一种爱不变》《口罩的风》《平凡》《患者日记》《血脉相牵》《2020寄往人海的一封信》等新创作的20余部舞蹈作品，分别在中国舞协、舞蹈中国、云南文艺网、中国舞协教学网、共青团中央、中国政协等官方网站、微信、网络平台、视频网站转发传播，浏览量达到了十余万次。

4月8日至10日，第八届云南文学艺术奖云南舞蹈金孔雀奖评奖在昆明揭晓，群舞《阿罗汉》《串少》《咿板嘟》《跳人之舞》，舞蹈诗《茶马古道》5部作品获得特别荣誉奖；大型舞蹈《佤部落》《哈尼古歌》，群舞《守望高原》《山之子》《生命的激情》《顶家女》《灵境》7部作品获民族民间舞奖；舞蹈诗《阿佤人民再唱新歌》《行走的贝叶》《心悟》3部作品获得舞剧舞蹈诗奖。

7月28日至30日，省舞协第二期省级会员培训班在昆明成功举办。中国艺术研究院博导江东教授、北京舞蹈学院张守和教授、中央民族大学沙呷阿依教授、知名词作家、撰稿人蒋明初老师分别进行了授课。全省16个州市舞协、院（校）、院（团）及新文艺群体推荐的90余名省舞协会员参加培训。

10月10日，云南省舞协第五届第十次理事会在昆召开。会议学习了习近平新时代中国特色社会主义思想、习近平总书记关于文艺工作的重要论述和考察云南重要讲话精神，并传达了有关会议精神。总结省舞协2019年以来工作情况，分析当前形势，对今后工作进行了安排部署。

11月3日至6日，由云南省文联主办，云南省

舞协承办的“讴歌新时代·共筑中国梦”——首届云南原创舞蹈展演活动在云南省歌舞剧院成功举办。来自全省16个州、市的舞蹈院团、艺术院校、新文艺群体、文化企事业等29家单位的500余名舞蹈演员参加展演，现场观看演出人数超过1600人次。

11月20日至22日，省舞协2020年“新农村少儿舞蹈美育工程——少数民族舞蹈课堂”项目师资培训在昆明成功举办。聘请云南民族大学艺术学院舞蹈教师付波进行改编，此套民族课间操共分彝、傣、佤、白、纳西5个民族，共6个小节。文山州广南县珠琳小学、保山市腾冲县明光镇自治完小、德宏州芒市三台山九年制学校和云南民族大学的10名舞蹈志愿者参加培训。

12月14日，云南省舞协第六次会员代表大会在昆明召开。大会选举了第六届理事会理事66名，选举新一届主席团：杨丽萍担任云南省舞协第六届主席，农布七林、何军、杨洲、杨旭康、张国忠（疆嘎）、陶春、徐梅、郭丽娟担任第六届副主席（副主席排名不分先后，按姓氏笔画排序）。聘任郭丽娟为云南省舞协秘书长。聘请王佳敏、朱红、侯跃、杨晓帆、廖大昆为云南省舞协第六届理事会名誉副主席。

【省民间文艺家协会】

2月，省民协发出《致全省民间文艺工作者的倡议书》，积极组织会员开展抗疫作品创作。包括剪纸、民间绘画、篆刻等作品发布于云南文艺网及民协微信公众号。剪纸作品《边寨春晓防疫情》组图、《以信心铸牢安全防疫线》《众志成城》等被中国民协选中发布。

9月22日，省民协推荐报送“民族团结跟党走剪纸创作”（昆明市盘龙区合虚民族民间文化传习馆）入选“中国文联2020年青年文艺创作扶持计划项目”。该项目分四个单元“跟党走进崭新的社会”“民族团结和谐的社会”“脱贫攻坚奔小康”“党的100年历程奠定着我们的腾飞”，以传统民族剪纸、金水漏印剪纸、立体剪纸、合虚七彩剪纸等形式创作作品40幅。

10月10日至12日，由云南省文联、云南省文化和旅游厅主办，云南省民协、曲靖市文联、曲靖市文化和旅游局承办的“2020云南民间故事展演”在曲靖市麒麟区文化馆举行。《牡帕密帕》《麒麟仙女麒麟城》《娴捧凰-香发公主》《青春作伴》《唤醒自然神》《创世纪》《南娥与洛桑》等20件作品参加展演。

10月16日至20日，2020年云南省民协会员培训班在玉溪举行，玉溪、昆明、迪庆、怒江、普洱、西双版纳等12个州市的省民协会员80余人参加培训。培训以《大系》为契机进行民间文学专题培训，中国民协副主席、中国艺术研究院研究员、大系出版工程“说唱”专家组组长苑利，王锦强主任以及大系出版工程“故事”专家组副组长、华中师范大学文学院教授陈建宪等专家分别为会员授课。

【省杂技家协会】

2020年初，疫情发生以来，省杂协第一时间发出倡议，组织抗疫。创作魔术《中国加油　致敬英雄》、健身操《俏金花》等抗疫教学视频在微信平台宣传推广。2月19日，抗疫作品《中国加油　致敬英雄》被中国杂技官微公众号上转发。同时，省杂协积极参与中国文艺志愿者协会主办的网络文艺培训活动，在网络平台推广杂技知识、开展运动健身教学。

4月9日，省杂协组织开展第八届云南省文学艺术创作奖（杂技金丝奖）评选工作，16件作品参加杂技金丝奖评选，其中杂技作品11件，魔术作品5件。最终确定《傣鼓情-蹬鼓平衡造型》《都市阳光-蹦床爬杆》《心之所在》《禅浮—水晶球与三连环》4件作品获第八届云南省文学艺术创作奖（杂技金丝奖）。

6月30日至7月1日，由中国杂协、广西文联主办“追寻中国梦　精彩南国风”——南方六省（区）青年魔术新秀展演在邕城南宁举行。来自广西、云南、广东、湖北、四川、福建六省（区）13位优秀青年魔术演员在邕城展示魔术的欢乐与神奇。云南省青年魔术师赵晓磊表演的《醉美云南》获得近景类“优秀节目奖”，彭恺的《ATOM》（原子）以巧妙的构思，新颖的手法，赢得了专家评审团的一致好评，夺得全场唯一的“最佳创新奖”。

【省摄影家协会】

6月8日，省摄协六届三次理事会在昆明召开。会议听取了省摄协主席刘明作题为《不忘初心　担当使命》的工作报告，审议通过了《云南省摄协道德委员会建议名单》和《云南省摄协道德委员会职能职责》，并增补马玉梅同志为省摄协六届三次理事会理事，云南省文联党组成员、副主席缪开和出席会议并讲话，省摄协39名理事参加会议。

8月1日至6日，中国摄协、省摄协，组织摄影家赴云南迪庆藏族自治州开展“深入生活、扎根人民”采风创作活动，活动成果在北京举办“晴朗的天空”—青藏高原各族人民的新生活主题摄影展。云南省摄协的组织工作得到中国摄协的表扬。

9月16日，省摄协针对第十三届中国摄影金像奖组织了摄影金像奖申报研讨会，云南省摄影金像奖获得者、专家和申报者针对申报工作进行研讨。全国共269人申报，云南省有五位作者申报。

9月29日，由中国西南摄影联展组委会主办，贵州省摄协等单位承办的第十三届中国西南六省区（市）摄影联展在安顺市开幕。云南省共选送20幅作品参加展览。

10月27日，2020年云南省摄协会员综合培训班在昭通市委党校开班，来自昭通市、曲靖市的100余名会员参加了培训。昭通市委党校副校长陶永强、西部战区空军的军旅摄影家、四川省摄协副主席刘应华、省摄协主席刘明、省摄影协副主席李雄春、中国文联摄影艺术中心主任刘宇为会员们进行了授课。

12月20日，第十三届中国摄影艺术节在河南省三门峡市举办，第十三届中国摄影金像奖在艺术节其间颁发。云南省摄影家龙江以艺术类排名第一的成绩获得艺术类金像奖。

12月25日至2021年1月20日，由云南省文联主办，云南省摄协承办的第八届云南摄影艺术展在云南文学艺术馆展出。

【省曲艺家协会】

2020年疫情其间，省曲协发出疫情防控主题曲艺创作倡议，收集整理曲艺说唱、白族调弹唱、彝族说唱、花灯戏歌、白族大本曲弹唱、莲花落、快板、相声、情景剧等抗疫主题曲艺作品43部，先后在中国曲协主办的《曲艺》杂志融媒体、云报、云南网、云南文艺网、微信公众号、微信朋友圈、抖音等平台发布传播，得到广泛关注和群众欢迎。同时，积极参与中国文艺志愿者协会网络平台以曲艺说唱的形式宣传抗疫知识，开展曲艺创作网络培训。

6月21日至24日，第十一届中国曲艺牡丹奖全国曲艺大赛余杭赛区（南方鼓曲唱曲类节目）比赛在浙江省杭州市余杭区举行，云南彝族烟盒弹唱《猴子掰苞谷》节目荣获曲艺牡丹奖文学奖和节目奖。

8月25日至27日，由云南省文联、云南省文化和旅游厅、云南省关心下一代工作委员会主办，云南省曲协承办，云南艺术学院附属艺术学校协办的“小百合——2020云南省少儿曲艺展演”在云南艺术学院实验剧场成功举办。昆明、曲靖、玉溪、大理等地的优秀小品、快板、评书、梅花大鼓及独具云南少数民族特色的剑川白曲等24个优秀节目入围展演，展现云南省少儿曲艺传承与发展新成就。

9月26日至30日，云南省曲协会员综合业务培训班在大理举行，来自14个州市的87名学员参加了培训。培训聘请全国知名的表演艺术家和专家为学员授课，并设置了现场教学，力求理论和实际相结合，贴近工作实际，强化思想政治引领，持续提升综合素质、业务能力、编创水平，培养曲艺艺术人才。

【省书法家协会】

自新冠疫情突发，省书协在“学习强国”、云南网、云南文艺网等媒体先后进行3期抗疫书法作品网络展。2020年4月，省书协主席团自筹资金，通过省红十字会向湖北省咸宁市（云南对口支援单位）组织捐赠人民币26万元，助力打赢疫情防控阻击战，以实际行动展现了云南省书法工作者用艺术回馈社会、服务人民的责任与担当。

2020年春节前夕，省书协组织书法小分队一行11人，深入边境扫雷一线、武警训练基地、消防指挥学院开展书法慰问活动。与云南省退役军人事务厅、省军区共同承办了“赞颂辉煌成就、军民同心筑梦——云南省慰问驻训部队”大型文艺活动，为部队捐赠及现场创作书法作品140余件。

2月，省书协广泛开展“我们的中国梦”文化进万家活动，组织书法家深入双江县、耿马县、沧源县，泸西县、红河县、德钦县、贡山县、宣威市、会泽县、威信县等地开展文化惠民及书法教育培训活动。

7月29日，第十四届云南书法作品展在云南文学艺术馆开幕，10件第八届云南省文学艺术创作奖（书法奖）获奖作品和111件入选书法作品及特

邀参展作品31件，共142件书法作品进行展出，展示了云南书法的艺术修养和艺术创作，引领云南书法发展。

8月8日，省书协在玉溪市委党校组织开展云南省书协第二期省级会员培训，邀请国内书法界知名人士朱中原、王厚祥、李明喜迁授课，为努力打造一支明方向、重品行、富学养、强素质的优秀书法创作和学术人才队伍，推进云南书法事业发展作出积极的努力。

9月15日，以“同讲普通话，携手进小康”为宣传主题的云南省第二十三届全国推广普通话宣传周启动仪式暨第六届书法名家进校园等文化志愿服务活动在宁洱县举行。省书协第四届副主席、云南艺术学院教授陈鸿翔为师生们举行书法专题讲座，云南省书协秘书长张斌和省、市几位书法名家现场挥毫泼墨，并为各学校赠送一幅字画作品。

11月21日，由中国书协展览部、云南美术馆、云南省书协主办、廊坊市书协承办的“逸笔滇霞——行草十家展”在云南省昆明市云南美术馆展出。

【省影视协会】

2020年面对突如其来的新冠肺炎疫情，云南省影视协会贯彻党中央和省委的决策部署，按照云南省文联的要求，广泛动员会员积极投入战役情的行动中，在云南文艺网和协会微信公众号推出“云南影视人抗击疫情宣传纪实视频选播”共5期专题节目。与云南卫视共同策划，推出《共同战“疫”我们在一起》——文艺工作者公益宣传片，宣传片于2月8日起在云南卫视、七彩云端同步播出，与云南音协共同创作MV《加油，武汉!加油，中国!》荣获中国视协主办的《风雨同歌—全国抗疫 MV(短视频）征集典藏活动》铜奖。这些作品体现了影视人的社会责任感、职业道德感，为遏制疫情扩散、夺取防控斗争的胜利贡献了影视人舆论引导的作用。

9月14日至17日，云南省影视协会会员暨创作骨干综合业务培训班在昆明举办。全省12个广播电视台、4个融媒体中心、46个新文艺组织推荐的近120名云南省影视协会会员参加培训。云南省文联党组成员、副主席缪开和，云南广播电视台副台长、云南省影视协会主席马建宇，云南艺术学院影视学院院长、云南省影协主席宋杰出席开班仪式并讲话。云南省委党委副校长欧黎明、中国传媒大学教授田维钢、国广市场调查公司首席研究员靳智伟、北京字节跳动科技有限公司政务合作总监金浩、青年电影制片人、诗人王磊为学员授课。

云南省影视协会立足工作职能，2020年10月启动了“云南本土电影放映推介活动”。已经开展电影《一点就到家》《天堂的张望》两次观影研讨推介活动，人数达300多人，包括多个行业、不同门类的电影工作者、电影爱好者及媒体。云南广播电视台、云南日报、云南网等多家媒体进行宣传报道20多篇次。力求通过活动搭建电影宣传发布平台，为云南电影的推广和发展探索一条可持续发展的道路，积极创建云南面向全国以及南亚东南亚国家间的电影产业聚合、辐射、交流、互助、创新、发展的合作平台。

10月30日11月2日，参与筹办第三届澜湄国际电影周。电影周活动吸引了百余位来自全国各地的电影界专家、学者，影视创作、制片、宣发和知名演职人士参与。来自中国、缅甸、老挝、泰国、柬埔寨、越南的21部优秀影片在电影周其间进行展映。澜湄流域国家电影人就加强澜湄流域和东南亚、南亚诸国间的影视合作发展交流研讨。

【省评论家协会】

8月24日至28日，由云南省文联主办，云南省评协、曲靖市文联承办，曲靖市评协协办的云南省评协会员培训班在曲靖举行，来自16州市的81名学员和20余名曲靖珠源文学社成员参加了学习“习近平新时代中国特色社会主义文艺思想的四个维度”“新媒体时代的艺术表达”“网络文艺发展与20年媒介环境下的文艺批评”“文艺精品创作谈”“艺术品位与创造”专题。

12月14日，云南省评协召开第二次会员代表大会，选举产生了新的一届主席团，聘任了第二届理事会秘书长。本次选举产生的主席团成员7名，李琦当选主席，王新、方冠男、李骞、李秦槟、李雄春、胡彦当选副主席，本届理事会聘任李秦槟为秘书长。

【《边疆文学》编辑部】

2020年4期，《边疆文学》开设了“抗疫文学作品专辑”，登载了张执浩、尹马等省内外15位作家30余篇作品。于1月30日至2月2日连续4天，在

《边疆文学》微信公众号推出“同心抗疫”主题文学作品专辑4期，发表王单单、夏文成等4位作家作品15篇，累计阅读人数万余人。与云南省作家协会联合发出《致云南作家和全省文学工作者的倡议书》，并登载于云南文艺网、云南省文联微信公众号、《边疆文学》微信公众号。

为展示云南青年诗人的整体风貌，《边疆文学》于2020年第5期推出了“云南青年诗人专号”。收录了年龄跨度从1980年至2000年的141位云南优秀青年诗人共计495首诗歌作品。

《边疆文学》于第10期开设“脱贫攻坚作品专辑”，发表了张庆国、周勇、哥布、胡性能、陈洪金、程健等六位作家的六篇红河州脱贫攻坚题材的散文。于第12期推出“脱贫攻坚作品专号”，推出汪政、尹马、孔祥庚、张尚峰等作家一系列以脱贫攻坚为主题的小说、报告文学、散文、评论、诗歌等文学作品。

8月3日至8月7日，由《边疆文学》编辑部主办的每年一度的《边疆文学》年度笔会在普洱市举行。云南省文联党组成员、副主席崔文出席开幕式并讲话。笔会邀请了江苏省作家协会副主席、党组成员、书记处书记汪政，《江南》杂志主编、浙江省作家协会副主席钟求是，《西湖》杂志主编吴玄，广西民族大学文学影视创作中心教授、小说家、诗人朱山坡为学员作了四场高质量的文学讲座。来自云南各州、市、县及普洱本土的80余位骨干作家、诗人参加了此次笔会。

【云南文学艺术馆】

7月29日，第十四届云南美术作品展、云南书法作品展在云南文学艺术馆正式开幕。展览为期一个月，共有160件美术作品和142件书法作品参展。

云南文学艺术馆面向全省完成6名事业单位人才的选调工作；根据《云南省事业单位公开招聘工作人员办法》（云人社发〔2016〕182号）等有关文件规定，经中共云南省委组织部批准，云南文学艺术馆完成面向社会公开招考工作人员15名的工作。

西藏自治区文联

综　述

2020年，西藏自治区文联在西藏自治区党委的坚强领导下，在中国文联的亲切关怀下，在西藏自治区党委宣传部的有力指导下，以习近平新时代中国特色社会主义思想为指引，围绕学习贯彻党的十九大和十九届历次全会及中央第七次西藏工作座谈会精神，贯彻落实习近平总书记治边稳藏和关于文艺工作的重要论述，贯彻落实自治区第九次党代会和区党委九届六次、七次、八次全会精神，切实履行“团结引导、联络协调、服务管理、自律维权”职能，团结引领广大文艺工作者围绕中心、服务大局，深入生活、扎根人民，深化改革、履职尽责，创作推出文艺作品，扎实开展文艺惠民活动，努力构建中华民族共有精神家园，铸牢中华民族共同体意识，为西藏长治久安和高质量发展提供了强大的精神动力和有力的文艺支撑。

会议与活动

【深入学习贯彻习近平总书记关于文艺工作的重要论述】

6月10日，西藏自治区文联党组召开理论学习中心组学习会，传达学习习近平总书记关于文艺工作的重要论述。会议强调，习近平总书记关于文艺工作的重要论述是当代中国文艺实践的科学总结，是新时代社会主义文艺的旗帜和方向，是马克思主义普遍真理与当代中国文艺实际结合的最新理论成果，表明中国化马克思主义文艺理论进入了新阶段，在继承和弘扬马克思主义文艺理论的基础上，开辟了马克思主义文艺理论新境界。作为文联组织和文艺工作者，必须学习好、领会好、贯彻好、落实好习近平总书记关于文艺工作的重要论述，这是我们文艺工作者肩负的使命任务使然，是我们做好本职工作、繁荣文艺创作的迫切需要。

【开展“抗击疫情　西藏文艺界在行动”主题文艺作品创作活动】

2月4日至6月1日，西藏自治区文联坚持防疫、创作两手抓、两不误、两促进，开展“抗击疫情　西藏文艺界在行动”主题文艺作品创作活动，录制抗疫短视频“西藏文艺界在行动”，及时推出一批以抗击疫情为主题的诗歌组诗、美术书法作品、摄影作品和相声、小品等近1000首（个、幅）艺术作品。向中国影协推送“大爱无疆”抗疫公益短视频剧本《一路同行》《贡卡姆桑》并入选为扶持拍摄项目。在《西藏文学》《西藏文艺》《邦锦梅朵》《西藏人文地理》文艺期刊开设抗疫专栏，用文艺作品传递战“疫”信心决心。

【深入学习领会西藏自治区党委书记吴英杰在西藏自治区文联第六次代表大会开幕式上的讲话精神】

3月30日，西藏自治区文联党组理论学习中心组学习会上，传达学习西藏自治区党委书记吴英杰在西藏自治区文联第六次代表大会上的讲话精神，4名同志围绕“学习吴英杰书记讲话精神、繁荣发展西藏文艺事业”作交流发言。

会议要求，要把学习领会吴英杰书记的讲话精神作为当前乃至今后一个时期西藏文艺界和广大文艺工作者的重要任务。

文联干部职工要原原本本学、入心入脑学，深入领会吴英杰书记讲话的丰富内涵和精神实质，以讲话精神指导文艺工作，正确认识文艺工作面临的新形势，研究新情况解决新问题，把讲话精神落实到思想认识提高上，落实到社会责任感增强上，落实到创作水平提升上，落实到多出成果多出人才上。

【“中华民族一家亲，携手同心奔小康”第二届民族团结摄影、书法、美术、文学作品有奖征集活动启动】

8月7日，由西藏自治区文联、西藏自治区民委主办的“中华民族一家亲，携手同心奔小康”第二届民族团结摄影、书法、美术、文学作品有奖征集活动启动。活动现场，书法家们泼墨挥毫，书写了“加强民族团结，建设美丽西藏”“天下没有远方，人间都是故乡”“同呼吸共命运，心连心一家亲”“同心共筑中国梦”“世界人民一家亲”等30余幅技艺精湛的书法作品，展示了书法艺术的独特魅力，表达对民族团结的礼赞和拥护。

【“第十三届西藏珠穆朗玛摄影大展——西藏自治区脱贫攻坚专题展”在拉萨成功展出】

8月21日至24日，由西藏自治区人民政府主办，西藏自治区党委宣传部、西藏自治区文联、西藏自治区脱贫攻坚指挥部办公室和拉萨市人民政府承办，中国摄协支持的“第十三届西藏珠穆朗玛摄影大展——西藏自治区脱贫攻坚专题展”在拉萨展出。

西藏自治区副主席多吉次珠，西藏自治区政协副主席、西藏自治区文联主席扎西达娃出席开幕式。展览全面宣传展示党的十八大以来西藏脱贫攻坚事业取得的历史性成就、发生的历史性变革，用光影记录全区广大干部职工和各族群众在脱贫攻坚历史进程中的鲜活事例。为期4天的展出，吸引了拉萨市市民和全国各地游客10000多人参观展览，不少观众写下留言，为西藏脱贫攻坚成果点赞。

【传达学习中央第七次西藏工作座谈会精神】

9月2日，西藏自治区文联召开专题会议传达学习中央第七次西藏工作座谈会精神。

大家一致认为，要切实增强“四个意识”、坚定“四个自信”、做到“两个维护”，把学深悟透习近平总书记在中央第七次西藏工作座谈会上的重要讲话作为重要政治任务，把握核心要义和精神实质，转化为推动全区文艺工作和文联工作的强大动力，按照习近平总书记在座谈会上提出的“十个必须”工作要求，继续发扬“老西藏精神”，缺氧不缺精神、艰苦不怕吃苦、海拔高境界更高，踊跃担当作为，不断增强责任感、使命感，增强能力，锤炼作风，引领全区广大文艺工作者，深入生活、扎根人民，创作更多优秀文艺作品，用实际行动践行对习近平总书记和党中央的绝对忠诚。

【举办第六届《西藏文学》走进校园“掘文杯”征文大赛】

9月19日，由西藏自治区党委宣传部为指导，西藏自治区文联主办的第六届《西藏文学》走进高校“掘文杯”征文大赛暨名家进校园活动在西藏藏医药大学举办。本届征文大赛主题为“美丽家园”，通过文学创作的形式，展示和歌颂在党中央坚强领导和深切关怀下，西藏发生的翻天覆地的历史巨变，引导广大青年学生进一步了解国情、党情、区情，了解西藏经济、社会、文化等各方面取得的成就，坚定走中国特色社会主义道路的信心与决心，鼓舞师生为实现中华民族伟大复兴中国梦凝心聚力，贡献力量。该活动已于2019年底正式列入西藏“全民阅读”活动。

【召开贯彻落实中央第七次西藏工作座谈会精神、铸牢中华民族共同体意识文艺创作规划专题工作会议】

9月24日，西藏自治区政协副主席、西藏自治区文联主席扎西达娃主持召开贯彻落实中央第七次西藏工作座谈会精神、筑牢中华民族共同体意识文艺创作规划专题工作会议。

会上，传达了西藏自治区党委书记吴英杰在9月23日全区干部大会上的讲话精神，听取各协会、编辑部关于近期工作贯彻落实的计划，分析研判当前工作重点，部署贯彻落实的具体方案。会议要求，一是要切实抓好国庆节前、节中、节后三个时间点，紧扣中央第七次西藏工作座谈会精神，梳理相关主题，分类组织实施，想方设法推出文艺新作。二是统筹做好节后铸牢中华民族共同体意识主题摄影展、美术作品展、曲艺作品进校园、民间文艺进社区等文艺活动，保证行动迅速有力，工作务实有效。三是要不折不扣贯彻落实中央第七次西藏工作座谈会精神，充分发挥文联职能作用，把握正确导向，找准铸牢中华民族共同体意识与文艺创作的结合点，梳理、挖掘、创作更多关于西藏自古以来各民族交往交流交融历史事实的艺术作品，积极通过微信公众号、西藏日报、西藏电视台等渠道呈现给各族群众，通过强化思想政治引领，以实际行动推动中央第七次西藏工作座谈会精神落到实处、见到实效。

【“庆祝新中国成立71周年”全区首届隶书展在拉萨开幕】

9月30日，由西藏书协主办，西藏书协隶书专业委员会承办的全区首届隶书展在拉萨开幕。展览共征集隶书作品129幅，经专家评审入展展品41幅（含优秀作品16幅）。组委会还邀请了区内外藏汉书法名家作品56余幅。这些作品是广大书法家坚持以人民为中心的创作导向，深入生活、扎根人民，继承优秀传统、树立精品意识、加大创作力度的具体体现，反映了当前西藏隶书创作的整体面貌和水平。

【开展“学习宣传贯彻落实中央第七次西藏工作座谈会精神，铸牢中华民族共同体意识”主题创作活动】

10月1日至11月16日，西藏自治区文联认真学习宣传贯彻落实中央第七次西藏工作座谈会精神，广泛开展铸牢中华民族共同体意识主题创作活动，先后创作完成折嘎《赞中央第七次西藏工作座谈会》、藏戏小品《绿色希望》等剧本；在西藏日报、西藏文联微信公众号等推出美术、摄影、书法、音乐、文学等作品70幅（篇）。以铸牢中华民族共同体意识作为主题内容，着眼八廓街文化元素为创作素材，组织实施八廓街文化“八个一”文艺创作系列活动。

【传达学习《中国共产党第十九届中央委员会第五次全体会议公报》】

11月5 日，西藏自治区文联党组召开理论学习中心组（扩大）会议，传达学习《中国共产党第十九届中央委员会第五次全体会议公报》（全文）。西藏自治区文联党组成员、副主席陈人杰围绕学习贯彻中央第七次西藏工作座谈会精神作题为《党的恩情照边疆、边疆人民心向党》的专题党课。

【第六届“见即愿满”西藏精品唐卡展在拉萨开幕】

11月20日，第六届“见即愿满”西藏精品唐卡展在拉萨开幕。西藏自治区政协副主席、西藏自治区文联主席扎西达娃出席开幕式。展览会集次仁旺加、平措多布杰、平措扎西等唐卡画师的精心之作，打造了一批艺术精湛、制作精良的当代唐卡艺术作品，凸显了中华各民族交往、交流、交融的鲜明主题，展示了当代唐卡艺术的标杆和水准，突出了铸牢中华民族共同体意识这个主题。经过近八年的努力，“见即愿满”西藏精品唐卡展已列入中国美协展览活动名录，列为西藏自治区常设性文艺创作主题展。

【晴朗的天空——青藏高原各族人民的新生活主题摄影展开幕】

12月11日，由中国文联、中国摄协、西藏自治区文联主办，西藏摄影家协会、西藏牦牛博物馆承办的“晴朗的天空——青藏高原各族人民的新生活主题摄影展”在拉萨举行。西藏自治区党委宣传部、西藏牦牛博物馆、西藏摄影家协会等有关领导及现场观众100余人参加开幕式。展览展出90多幅精选照片，通篇采用“纪实切入，艺术表达”的呈现方式，力图通过一幅幅图片，围绕稳定、发展、生态、强边四件大事，形象地表现西藏和邻省涉藏地区经济发展、民生改善、社会稳定、民族团结、对外开放、生态良好、宗教和谐的生动景象，带观众走进新时代的青藏高原，感受巨大变化和各族人民的美好生活。

【庆祝《西藏文艺》创刊40周年座谈会暨第二届“双年奖”颁奖仪式在拉萨举行】

12月26日，《西藏文艺》创刊40周年座谈会暨第二届“双年奖”颁奖仪式在拉萨举行。活动上，回顾了《西藏文艺》40年发展历程，肯定了取得的成绩，提出了努力的方向，举行了颁奖仪式。西藏自治区党委宣传部副部长普布次仁讲话，西藏自治区文联党组成员、副主席、一级巡视员吉米平阶代表文联党组讲话。西藏自治区文联党组成员、副主席陈人杰主持，西藏自治区作家、编辑、学者等60余人参加。

文艺惠民活动

【开展“2020年‘同心同书——祖国新春好’送万福进万家志愿服务公益活动”】

1月20日至21日，西藏自治区文联组织20多名书法家在2020年元旦、春节、藏历新年其间，赴生态搬迁安置点、部队开展“2020年‘同心同书——祖国新春好’送万福进万家志愿服务公益活动”，为搬迁点群众和官兵书写春联、“福”字、“扎西德勒”等近2000多件。

【开展“文艺进万家 健康你我他”——到人民中去文艺志愿服务主题活动】

5月10日至29日，西藏自治区文联组织摄影家赴七市（地）开展了“文艺进万家 健康你我他”——到人民中去文艺志愿服务主题活动，拍摄100人家庭的“全家福”赠送给群众、赠送摄影作品成品200件、摄影作品影集600册，发放宣传抗疫科普知识图书1000余份。

【2020年“我们的中国梦”——中国文联、西藏自治区文联文艺志愿服务小分队走进五保集中供养服务中心进行慰问演出】

10月26日，由中国文联、西藏自治区文联文艺志愿服务中心主办的“我们的中国梦”文化进万家慰问演出活动在拉萨市达孜区五保集中供养服务中心举行。活动以决战脱贫攻坚、决胜全面小康为主题，突出了铸牢中华民族共同体意识这条主线。演出中为老人送去了舞蹈《吉祥九重天》、小品《四讲四爱》、藏戏《挤牛奶》、堆谐《觉拉扎西》、群口相声《青创西藏》等表演，书法家现场写了20多幅书法作品赠送给五保集中供养服务中心和老人们。这次活动是西藏文艺志愿者以实际行动展现文艺助力脱贫攻坚，宣传全区各民族在交往交流交融中建设美丽家园的生动实践。

【2020“圆梦工程”文艺培训志愿服务行动在拉萨开展】

12月10日，中国文联、西藏自治区文联共同举办的“2020‘圆梦工程’文艺培训志愿服务行动”在拉萨开展。活动中，西藏自治区艺术家与参训学员一同参观了达孜区中心小学国防教育馆、藏文书法室，观看了兴趣班同学精彩歌舞、藏戏表演。随后书法家挥毫泼墨，指导学员学习书法创作，音乐家现场教授音乐创作知识。活动旨在加强乡村学校素质教育水平，提升乡村学校艺术教师专业能力，助力全区乡村振兴，为全面建成小康社会提供智力支持。

获奖情况

《消防唐卡组画》入围“第十五届中国民间文艺山花奖·优秀民间工艺美术作品”。3幅油画作品、2幅国画作品入选“第十五届全国美展”。摄影作品《易地扶贫搬迁点牧民欢度——百万农奴翻身纪念日》（组照）入围“脱贫攻坚全国摄影展”。3名书法家的书法作品入选中国文联、中国书协举办的“中国力量——全国扶贫书法大展”。诗歌《山海间》获中国作家协会诗歌委员会指导的第五届中国长诗奖的最佳文本奖。诗歌《世界屋脊的瓦片下》获得第二届“浪漫海岸杯”国际华文爱情诗特等奖。音乐作品《洁白的仙鹤》《恩重如山》和报告文学集《格桑花盛开的地方》荣获西藏自治区第七届精神文明建设“五个一工程”奖。联合西藏广播电视台制作的我区第一部新闻广播剧《央吉阿妈的战“疫”》在“影响中国传媒”全国广播影视推介调查活动中，荣获“2019—2020年度战疫优秀作品”。8幅美术书法作品入选2020年“凝心聚力 抗击疫情”七省（区）市美术、书法、摄影微展。中篇小说《我的汉族爷爷》获四川省阿坝藏族羌族自治州人民政府主办的“首届‘青稞文学奖’中篇小说奖”。

创作情况

【赴岗巴采风调研成果丰硕】

4月20日至24日，应西藏自治区日喀则市岗巴县委、县政府邀请，西藏音协、西藏舞协、西藏曲协一行8人赴岗巴县开展文艺事业采风调研活动。通过采风调研，将为岗巴县创作歌曲《天边岗巴》《哈达献给总书记》，重新编排舞蹈《黑绵羊与牧女情》和《女子歌舞》，编排小品《学习双语的好处》《分歧》等。

【第七届西藏“珠穆朗玛文学艺术奖”评奖活动顺利开展】

4月27日至29日，第七届西藏“珠穆朗玛文学艺术奖”在拉萨举行。按照文学影视类、美术书法摄影类、戏剧曲艺音乐舞蹈类组成了3个专项评审小组，完成初评，共评出62件入围作品，并按要求开展终评工作。

【圆满完成“深入生活、扎根人民”昌都笔会活动】

5月16日至26日，西藏作协联合西藏昌都市文联、作协，紧密围绕决战决胜脱贫攻坚、昌都解放70周年，讲好昌都故事、繁荣昌都文学创作主

题，组织区内外作家20人，先后前往八宿、洛隆、芒康、察雅、丁青等县，到农牧民家、异地搬迁户、各县产业基地等开展为期10天的“深入生活、扎根人民”昌都采风活动。期间，采风采访团在洛隆县召开文学创作座谈会，在昌都市召开“深入生活、扎根人民”笔会。活动邀请了河南省文联主席、作协主席邵丽，贵州省文联副主席肖江虹，吉林省作协主席金仁顺等6名国内知名作家和文学评论家参加。

【西藏民俗玄幻小说《藏地罗生门》新书发布会在拉萨举行】

5月17日，由西藏作家协会主办，西藏作家羽芊、妙莲创作，西藏藏文古籍出版社出版的西藏首部涉及西藏民风民俗题材的长篇现实主义玄幻小说《藏地罗生门》新书发布会在拉萨举行。西藏自治区人大常委会副主任纪国刚等出席发布会。小说故事温暖，风格独特，杂糅了穿越、武侠、科幻等元素，引人入胜、妙趣横生，打破常规套路，从独特的视角与维度出发，把故事架构于博大精深的西藏文化沃土之上，从西藏民风民俗中汲取营养，捕捉创作灵感，使小说镌刻上时代特征和高原印痕，生动再现了当代西藏青年作家在创作中的可贵探索。

【完成中国作家协会“我们向着小康走”主题采访活动走进西藏】

7月23日，中国作家协会以“我们向着小康走”为主题的系列采风活动在拉萨拉开帷幕。由中国作协党组成员、副主席阎晶明带队的作家代表团在藏采访8天。

采访内容涵盖了经济、民生、生态、文化等多个方面，采访团真正走入最基层的藏族群众之中，走入火热的生产生活一线，感受决战决胜脱贫攻坚中最真实的西藏。期间，西藏自治区党委副书记严金海亲切会见采访团全体成员，简要介绍了西藏经济社会发展的整体情况，并希望作家们能从西藏之行中汲取营养，创作出反映西藏新时代新风貌的优秀作品，展现西藏各族人民走向小康的幸福生活。西藏自治区政协副主席、西藏自治区文联主席扎西达娃与采访团进行了交流座谈。作家徐则臣、江子、沈念、傅逸尘、杜立明、黄国辉、岳雯、李宏伟、李壮以及西藏作家吉米平阶、罗布次仁等参加活动。

【西藏青年作家研讨会在拉萨举行】

8月16日，由西藏自治区党委宣传部、西藏自治区文联、中国作家协会青年工作委员会共同主办的西藏青年作家研讨会在拉萨举行。中国作家协会党组成员、副主席、书记处书记阎晶明，西藏自治区政协副主席、西藏自治区文联主席扎西达娃出席并分别讲话。研讨会由西藏自治区文联党组成员、副主席、一级巡视员、西藏作家协会主席吉米平阶主持。研讨会上，谢有顺、次仁央宗、刘大先、夏吾才旦、季亚娅等评论家围绕朗嘎扎西、央吉次仁、达娃央金、永中久美、陌上千禾、拉央罗布等西藏青年作家的作品展开深入研讨。此次研讨的作品既有汉文作品，也有藏文作品，涉及小说、诗歌、散文等多种体裁。大家认为，与会青年作家的作品关注现实、有鲜明的现实感，对当代西藏人民的社会生活和精神世界进行了多角度展示，生动描绘了各族群众携手追求美好幸福生活的时代画卷。

【西藏作家次仁罗布新作《废墟上的涅槃》出版】

10月31日，西藏作家次仁罗布历时半年多创作的长篇报告文学《废墟上的涅槃》出版。该书为中国作家协会与国务院扶贫办开展的“脱贫攻坚题材报告文学创作工程”之一。作品聚焦云南省昭通市鲁甸县脱贫攻坚伟大实践，以宽广的历史视野与人类视野，关注脱贫攻坚事业中涌现出的典型事例和鲜活人物，捕捉和表现新时代、新思想、新气象。细节与全景、温度与人情、脱贫一线人员的责任与担当、人民生活的沧桑巨变，在书中得到开阔而生动的呈现。

理论评论

西藏自治区政协副主席、西藏自治区文联主席扎西达娃撰写了理论文章《铸牢中华民族共同体意识　文艺界使命在肩》，被政协第十一届西藏自治区委员会第四次会议确定为大会发言材料。西藏自治区党组书记、副主席段胜前撰写了理论文章《深入贯彻落实吴英杰书记六次文代会讲话精神　不断开创新时代我区文艺事业新局面》在《西藏日报》理论版刊登。影视评论文章《刑侦剧为何再度“走俏”荧屏》在《中国文艺评论网》刊发；文学评论文章《用生命书写善与美的故事——读江党迟长篇小说〈雪莲花〉》和《贴近时代 直面现实 深入基层——2019年度西藏小说、散文作品创作综述》在《中国民族报》刊发，后者被中国作家网和“藏人文化网”转载；《西藏自治区文联坚持防疫、创作两手抓、两不误、两促进》被《中国文联工作要情》（第8期、总第104期）采用。

文化交流

【西藏自治区文联、上海市文联在拉萨召开工作座谈会】

8月11日，由上海市文联党组书记、专职副主席尤存带领的赴藏采风团一行20人与西藏自治区文联在拉萨召开座谈会，西藏自治区政协副主席、西藏自治区文联主席扎西达娃等出席会议，会议由西藏自治区文联党组成员、副主席、一级巡视员吉米平阶主持。会上，两地艺术家代表对西藏的历史文化和人文景观进行了热烈的讨论，大家各抒己见、畅所欲言，并结合个人工作体会、创作风格和创作所感所想等方面进行了经验交流，并表示愿意加强合作，共同推出更多优秀的文艺作品，为推动文艺事业繁荣发展贡献力量。会后，两地艺术家进行了书画笔会交流，互赠了书籍画册。

【西藏摄影家协会赴安顺参加西南六省区市摄影联展】

9月28日，由西藏自治区文联党组成员、副主席陈人杰带队的西藏摄影家协会一行，参加了第十三届中国西南六省区市摄影联展暨安顺摄影联展。本次活动展出贵州、西藏、四川、广西、云南、重庆等六省区摄影家的优秀摄影作品，其中西藏摄影家推选20幅优秀作品参展。

【“盛世华章·西藏印象——张飙、郑山麓、黄家林书法、美术作品联展”在北京开幕】

10月10日，由西藏自治区文联主办，西藏自治区人民政府驻北京办事处、《一带一路与茶马古道》筹委会共同协办的“盛世华章·西藏印象——张飙、郑山麓、黄家林书法、美术作品联展”在北京开幕。来自全国的书画家代表、首都各界人士100余人参加开幕式并参观展览。中国文联国际部主任董占顺，中国文联离退休干部局局长庞井君，中国文联离退休干部局原局长王守明，西藏自治区文联党组成员、副主席冯志端等出席开幕式并分别致辞。展览展出了3位当代书画名家的100余幅书法、国画、油画作品。艺术家们传承和创新传统艺术形式，通过手中的画笔向首都人民汇报在党中央坚强领导下，西藏经济、社会、文化、生态方方面面取得的巨大成就，展示西藏各族人民“加强民族团结、建设美丽西藏”的生动实践，展示“神圣国土守护者、幸福家园建设者”的精神风貌。同时，以书法、绘画、诗词等不同艺术形式讴歌在新冠肆虐的抗疫一线，“不论生死、不计报酬”逆流而上的英雄人物和“不破楼兰终不还”的感人事迹，歌颂生命至上、人民至上、众志成城、不畏艰险的抗疫精神，表达了深沉的大爱情怀和人文精神。

机关建设

【党建工作】

坚持党对文艺工作、文联及协会工作的领导，落实全面从严治党主体责任，制定《西藏自治区文联机关党委工作规则》等党建工作制度，召开会议研究部署党建和党风廉政建设工作，狠抓落实，取得成效。加强机关内部机制建设，建立健全各项规章制度，努力形成用制度规范行为、按制度办事、靠制度管人的长效机制。严格落实“三会一课”等基本制度，加强基层党组织建设，做好挂靠我会的协会及“两新”组织党员的管理工作。严格落实《党政领导干部选拔任用条例》，选拔提任使用干部2人，晋升职级干部6人，聘任事业单位管理人员4人，树立正确的用人导向。制定文联工作人员和文艺家协会考核考评实施办法，对行政人员和专业人员实行区别考核。

【廉洁建设】

落实中央八项规定及其实施细则和区党委实施办法精神，切实加强文联党风廉政建设，落实反腐败的各项措施，健全长效机制，纠正“四风”不止步，切实解决形式主义、不严不实和机关化、行政化等问题，切实转变工作作风、改进工作方

式，努力营造风清气正、干事创业的良好环境。落实监督责任，凡涉及“三重一大”事项，主动邀请驻区党委宣传部纪检监察组列席会议、听取意见建议、自觉接受监督。组织参观廉政警示教育基地、爱国主义基地等活动3次，开展党纪党规学习25次，机关纪委约谈干部7名，用好监督执纪“四种形态”，教育警示广大干部职工廉洁自律、廉洁从政。

【意识形态工作】

高度重视文艺领域风险防范工作，召开专题会议对文联2020年意识形态工作进行安排部署，印发《中共西藏自治区文联党组全面落实意识形态工作责任制实施办法》，层层签订责任书，压紧压实责任；制定《区文联风险防控工作方案》，及时对文艺工作、文联工作面临的风险形势进行研判和评估，坚持在各种工作场合上强调组织纪律和维稳纪律，给干部职工敲警钟，坚持在日常工作生活学习中了解掌握文艺从业人员的思想状况，要求文艺家们在创作作品时把准政治方向。

【文联深化改革工作】

成立深化改革工作推进领导小组，制定《贯彻落实〈西藏文联深化改革方案〉的任务分工方案》和任务清单，强化督导落实工作。50项改革任务已完成37项，正在推进的任务13项。在区党委、政府的高度重视下，西藏美术馆项目于今年3月23日开工建设。A区主展厅已顺利封顶，完成土建部分投资约1.37亿元，占项目总投资约66%，主体工程总体完成58%。完成第二标段室内装修和室外景观的招标工作；完成第一批藏品征集，启动第二批藏品征集。

各文艺家协会

【作家协会】

4月27日至4月29日，顺利完成第七届“珠穆朗玛文学艺术奖”文学类的初评会。

7月，参加在成都召开的西部六省（区、市）文学工作协作座谈会，与六省（区、市）作协交流工作经验、提出意见建议，共商文学发展大计。

11月12日，组织作家撰写“最美奋斗者——尼玛顿珠”长篇报告文学。

【美术家协会】

7月，完成第二期“百幅唐卡工程”尾期作品的验收工作，并交付西藏自治区党委宣传部。

9月，西藏美术家协会验收“格桑花开幸福路主题美术创作”部分作品，并纳入2021年西藏美术馆开馆大展项目中。

11月，西藏美术家协会召开六届三次理事会议，会议决议免去韩书力同志西藏美术家协会主席职务。

【书法家协会】

1月，配合中国书协编辑出版《守护神圣国土、建设幸福家园——纪念西藏民主改革60周年西藏书法晋京展作品集》。

9月，发出“西藏首届书法临创作品网络展”征稿启事，历时两个月征集120多幅作品，并开展评审，于11月底展出。

9月，配合中国书协活动，组织推荐会员参加中国文联、中国书协等单位主办的“深入生活、扎根人民”——第四届“文质兼美”优秀基层书法家创作活动作品成果展、“中国力量——全国扶贫书法大展”等全国和省市展览。

【摄影家协会】

7月28日至8月4日，由中国文联、中国摄协进藏“深入生活、扎根人民”采风创作活动其间，西藏摄影家协会2名同志全程陪同。活动结束后，中国摄协发来感谢信。

8月至9月，应西藏阿里地委组织部、那曲市委宣传部邀请，组织8名摄影家分别赴两地协助拍摄基层党建主题和那曲宣传专题内容。

【音乐家协会】

5月23日至6月5日，组织文艺创作人员一行7人赴察隅县开展“深入生活、扎根人民”文艺采风活动。

11月，与西藏克莱德曼音乐艺术学校完成了中国音协音乐考级西藏考场的考级工作，增加林芝考点。

【舞蹈家协会】

1月，应西藏电视台邀请，西藏舞协承担了年度藏历新年晚会创编任务。

4月，应岗巴县政府邀请，西藏舞协主席达娃拉姆、副主席加永江村等随同音协、曲协组成8人采风小组，深入岗巴县采风。

5月，应中央电视台“六一”儿童节晚会节目组邀请，组织拉萨市实验小学22名学生在南山公园录制舞蹈《六一儿童节开场片花》，该节目于6月1 日在中央电视台“六一”儿童节晚会上播出。

【戏剧家协会】

7月，为围绕庆祝改革开放40周年打造的大型话剧《八廓街北院》在拉萨藏戏演艺中心演出7场，得到了上级领导和广大观众的高度评价，演出取得圆满成功。

12月21日至23日，《次仁拉姆》剧在拉萨“藏戏艺术中心”剧场公演3场。

【曲艺家协会】

5月至12月，先后推荐会员和曲艺爱好者参加了中国曲协举办的“第二期全国曲艺小品创作表演编导网络专题培训班”“第二期全国文艺两新人员曲艺创作培训班”“第二期全国基层曲艺工作者网络培训班”“第三期边远地区曲艺工作者网络培训班”“第三期曲艺网络编辑创作推广人才线上培训班”。

【民间文艺家协会】

5月8日，与西藏山南市文化局、桑日县联合主办“首届桑日‘格萨尔岭卓’考察研讨会”。西藏民协主席次仁平措、副主席贡久多吉出席考察研讨会并探讨了民间文艺助力县区文旅品牌建设的方式方法。

9月，推荐西藏自治区非遗办广场舞、西藏新牧人组合民歌参加“第十五届中国民间文艺山花奖·优秀民间艺术表演”初评。其中新牧人组合民歌《阿布霍的天堂》通过初评。

【影视艺术家协会】

9月24日至26日，西藏影视家协会副主席柯克参加第35届大众电影百花奖的相关活动。

9月21日至26日，西藏影视家协会赵军、扎西旺加作为终评评委参加第35届大众电影百花奖。

基层文联

【拉萨市文联】

9月30日至10月4日，组织书法、摄影、音乐、曲艺等艺术家分别深入拉萨市5县3区开展“送万福进万家”“送全家福照片”和文艺下乡演出等，实现文艺下基层、文艺服务群众全覆盖。

【日喀则市文联】

围绕全面建成小康社会、决战决胜脱贫攻坚内容为主题，制定《日喀则市2020年主题文艺创作计划》，明确文学、书法、美术、摄影、音乐、舞蹈、曲艺、专题片等9大类200余条创作计划，推出了近150余个文艺作品。

【山南市文联】

组织山南市书协会员，在山南市乃东区、加查县、贡嘎县等举办4次“迎新春、送春联”文化惠民活动。活动为群众赠送了1050副对联和500多幅新年祝词，为群众免费赠送了《山南文艺》530多册。

【林芝市文联】

组织17名书画工作者，先后赴林芝市4县区村镇、部队、医院、儿童福利院等开展了“赞辉煌送万福进万家”书法文化惠民活动，营造了浓厚的节日氛围，受到了广大干部群众的热烈欢迎和一致好评，累计开展送春联活动12场次，参写书画家130余人次，服务群众近13000人次，书写春联、福字13500副（对）。

【那曲市文联】

9月7日至8日，召开了那曲市文联第一次代表大会。会议审议通过市文联工作报告、《那曲市文学艺术界联合会章程》（修正草案）和各协会章程；选举产生了李红伟等23人组成的市文联第一届委员会委员和第一届委员会副主席。

【昌都市文联】

9月28日，举办了“辉煌70年 礼赞新昌都——庆祝昌都解放70周年书法美术摄影展”。邀请了援昌省市——天津市、重庆市、福建省大批文艺工作者来昌采风并创作作品参加展览，同时积极衔接四川省甘孜州文联、青海省玉树州文联共同参与展览活动。展出的作品包括书法类94件（汉文59件、藏文35件）、绘画类48幅、唐卡类14幅、摄影类218幅。昌都市委、市人大常委会、市政府、市政协地厅级领导共14人出席开幕式，各单位党员干部代表及市民500余人参加开幕式并参观展览。

【阿里地区文联】

组织力量赴阿里地区7县的18个乡（镇）、8个村（居）、4个组（牧业点）开展了“2020决胜全面小康·决战脱贫攻坚”文艺下基层活动。

陕西省文联

综　述

2020年，陕西省文联紧紧围绕中央、省委的决策部署，认真学习贯彻习近平新时代中国特色社会主义思想和习近平总书记来陕考察重要讲话及重要指示精神，紧密联系工作大局和行业发展实际，团结引领全省广大文艺工作者深入生活、扎根人民，不断拓展工作职能和工作领域，创新工作方式，扎实完成了各项工作任务，并形成了新的工作亮点和特色。

会议与活动

【“以文抗疫”抗疫主题文艺创作宣传活动】

2020年初，面对突如其来的新冠肺炎疫情，陕西省文联在全省文艺战线发起抗疫主题文艺创作宣传活动，号召全省文艺工作者发挥自身优势，以文抗疫，弘扬伟大抗疫精神，用爱相守，共克时艰。截至6月底，共征集新创作抗疫主题文艺作品近万件，按艺术门类或地区，通过网站、公众号、视频号等新媒体平台广泛宣传，发布抗疫主题宣传稿件160多篇，主动引导线上舆论，传播正能量，营造强信心、暖人心、聚民心的整体氛围。为适应疫情防控形势，陕西省文联及各文艺家协会积极探索“互联网+文艺”新模式，开设网络公益课堂，线上直播近300场，丰富人民群众的精神文化生活。

4月12日，由陕西省文联、陕西省音协将联合主办“致敬英雄 拥抱春天”陕西省抗疫歌曲网络直播公益演唱会，通过网络平台在陕北民歌大舞台直播剧场直播，演出陕西音乐家的原创抗疫歌曲作品，50 余名陕籍歌手深情演绎抗疫主题歌曲，近110万人次观看了演出，开创了陕西省网络云端演唱会的先例。

6月5日，“文艺进万家 健康你我他”——陕西文联到人民中去文艺志愿服务主题活动网络文艺演出在西安成功举办。艺术家们通过网络，屏对屏、心连心，把精彩的文艺表演和真诚祝福传递给屏幕前的观众，168万人在线观看直播，慰问抗疫一线医护人员，向他们赠送书画作品。

10月30日至11月2日，由省摄协副主席叶子胜策展的“大疫之记——不能忘却的2020摄影展”在大唐西市成功展出，精选140幅（组）优秀作品，定格感人肺腑的瞬间，铭记惊心动魄的时刻，线上线下同步展览。

【陕西省文学艺术界学习贯彻习近平总书记来陕考察重要讲话精神座谈会】

6月5日，陕西省文学艺术界学习贯彻习近平总书记来陕考察重要讲话精神座谈会召开。省委常委、宣传部部长牛一兵讲话。67位陕西省作家、文艺名家认真学习习近平总书记来陕考察重要讲话和关于文艺工作的重要论述，围绕文艺创作繁荣发展、加快文化强省建设凝聚共识、坚定信心。贾平凹、肖云儒、郭线庐、王勇超、吴克敬、李梅、李震、宋亚平、苗阜、王江、郝萌、孙维12位代表交流发言。大家一致认为，习近平总书记来陕考察重要讲话高瞻远瞩、思想深邃，内涵丰富、情真意切，体现了习近平总书记对陕西工作和家乡父老的关心厚爱，为陕西新时代各项工作指纲定向，注入了强大动力。要牢记殷殷嘱托，扛起使命责任，加快文化强省建设，为文化自信注入更多营养，展现陕西担当。会议强调，全省文学艺术界要深刻认识习近平总书记来陕考察重要讲话的重大意义，深刻把握精髓要义、精神实质和实践要求，以勇立潮头、争当时代弄潮儿的志向和气魄，只争朝夕、真抓实干，用文艺力量培根铸魂、烛照时代。要坚持以人民为中心的创作导向，坚持深入生活、扎根人民，大力弘扬中华优秀传统文化、革命文化、社会主义先进文化，以更多精品力作呈现三秦大地的生活画卷，书写三秦儿女的精神风貌，为全面建成小康社会、奋力谱写陕西新时代追赶超越新篇章凝聚强大精神力量。

【“小康路上”——新时代文明实践中心试点县文艺创作骨干系列培训走进宜君】

7月29日至31日，由陕西省文联主办的新时代文明实践中心试点县文艺创作骨干系列培训在宜君县举办。由陕西省文联党组成员、专职副主席陈谦带队，陕西省文艺志愿者协会副主席、陕西省音协副主席安金玉，陕西省评协副主席、西北大学文学院院长段建军等13位文艺名家组成的培训团队，为宜君县200余名文艺创作骨干和文艺爱好者面对面传授技艺、答疑解惑，全面提升基层文艺创作水平。为检验培训成果，31日上午，由老师带领学员们为当地群众及文艺爱好者献上了一场精彩纷呈的结业汇报展演。培训班学员们表演了诗朗诵《中华少年》《我的中国梦》、歌曲《父亲的草原》《绒花》《我心爱的人你可听见》等节目；老师们更是亲自登台，中国曲艺“牡丹奖”获得者杨锦龙所表演的快板《武松打虎》赢得喝彩连连，陕西省歌舞剧院歌剧团一级演员喻红与学员共同唱响《把一切献给党》，陕西人民艺术剧院国家一级演员赵宏深情朗诵《回延安》，中国戏剧“梅花奖”获得者任小蕾带领学员全新演绎秦腔选段《祖籍陕西宜君县》，安金玉与学员合唱的《我和我的祖国》为汇报展演和本次培训画上了圆满的句号。

【“我们的中国梦”——文化进万家中国文联、陕西文联文艺志愿服务小分队慰问活动】

8月24日至28日，“我们的中国梦”——文化进万家中国文联、陕西文联文艺志愿服务小分队慰问活动圆满举行。5天时间里，由陕西省文联党组成员、专职副主席陈谦带队，刘远、安金玉、米东风、周春晓、于海涛、巨石、刘鹏、王松等20多位优秀表演艺术家和书画家组成的小分队，穿行于秦岭山间，横跨陕南三市，先后走进汉中市镇巴县、安康市紫阳县、商洛市丹凤县，把丰盛的文化大餐送到了老百姓的家门口。此行的紫阳县高滩镇白鹤村是陕西省文联对口扶贫村。2018年4月，陕西省文联受领结对帮扶紫阳县高滩镇白鹤村工作任务，并按要求选派干部组成驻村扶贫工作队，进驻紫阳县高滩镇白鹤村开展工作，党组成员先后带领工作组赴白鹤村开展走访慰问、实地调研、现场办公、座谈交流20余次，组织机关干部入户走访500多人次。先后投入资金30多万元建设“生产路”“亮化工程”和文化广场（文化室），配合县脱贫总体“路路通”工程，建设慈善桥2座，投入资金10万余元改善白鹤村小学教学设施，购置乐器、黑板、投影仪、打印机等教学器材。组织干部职工为白鹤村贫困家庭新入学大学生捐款近2万元，为贫困家庭捐赠了2万余元的生活物资。经过两年多的努力，陕西省文联结对帮扶的白鹤村201户贫困户已全部脱贫。

11月24日至26日，“决战脱贫攻坚　决胜全面小康”陕西省文联文艺志愿服务小分队慰问活动圆满举办。由陕西省文联党组成员、专职副主席陈谦带队，刘远、于海涛、齐爱云、张红春、郑墨泉、巨石、屈健等艺术家组成的志愿服务小分队，先后走进安康市平利县和商洛市柞水县，为基层群众送去别开生面的文化大餐。本次活动形式多样，内容丰富，通过广泛开展文艺志愿服务活动，陕西省文联把既“接地气”又“合口味”的文化产品送到群众家门口，不仅丰富了群众文化生活，提升了群众文化素养，同时推动城乡文化交流，撒播文艺志愿服务火种，对推动新时代文明建设和乡村文化振兴起到了积极的示范带动作用。

【陕西省市县（区）、行业文联负责人培训班】

9月20日至23日，陕西省市县（区）、行业文联负责人培训班在咸阳举办，来自全省各市县（区）、行业文联的120余人参加了培训。本次培训以习近平新时代中国特色社会主义思想和党的十九大精神为指导，旨在进一步深入学习贯彻习近平总书记来陕考察重要讲话精神和关于群团工作、文艺工作的重要论述，着力培养高素质专业化文联干部队伍，持续提升全省基层文联建设水平。出席开班仪式的领导有陕西省文联党组书记、常务副主席吴丰宽，中共咸阳市委常委、宣传部部长马俊民，陕西省文联人事处处长吴江峰，咸阳市文联党组书记贾黎明等。开班仪式由陕西省文联党组成员、专职副主席禹剑峰主持，马俊民代表中共咸阳市委、市政府致欢迎辞并简要介绍咸阳文艺创作发展情况。吴丰宽为大家作了题为“把握根本遵循、守好意识形态主阵地——学习《习近平谈治国理政》第三卷”的专题辅导。培训

班还邀请省委党校（陕西行政学院）社科教研部教授侯建会和省美协主席、西安美院院长郭线庐分别作了题为“全面落实党中央决策部署，奋力谱写陕西新时代追赶超越新篇章——学习习近平总书记来陕考察重要讲话精神”和“中国传统装饰艺术与现代设计”的讲座。学员们围绕基层文联建设和文联深化改革等进行了讨论交流，参观了咸阳文化场馆及特色文化展览展示。

【小康·小康——陕西美术作品展】

9月25日，由陕西省委宣传部、陕西省文联、省美协“小康·小康——陕西美术作品展”陕西美术馆开幕。开幕式由陕西省美协党组书记、副主席兼秘书长吕峻涛主持，陕西省文联党组书记、副主席吴丰宽、陕西省美协主席郭线庐讲话，陕西省委宣传部常务副部长、陕西省电影局局长王吉德宣布展览开幕。此次展览共收到全省美术工作者创作的各类美术作品144幅，经过展览评委会评审，遴选出134幅参加展览，包括中国画、油画、版画、雕塑等多个画种品类，这些作品是全省广大美术工作者以饱满的热情、生动的笔触讲述新生活、讴歌新时代的真情再现，是文艺工作者身体力行“深入生活、扎根人民”主题创作实践活动和增强脚力、眼力、脑力、笔力的集中展示，是文艺工作“围绕中心、服务大局”为人民而创作的生动实践。2020年我国是全面建成小康社会之年，据了解，此次展览充分展示了陕西省在决胜脱贫攻坚、生态文明建设、美丽乡村建设、繁荣文化事业发展等方面取得的新气象、新成就，全面反映全省人民追赶超越的昂扬斗志和精神风貌。展览作品题材丰富，充满了艺术的表现力，从沟纵横的黄土高原到沃野千里的美丽关中，再到峰峦叠翠的秦巴山区，一幅幅壮丽画卷徐徐铺展开来。省美协主席郭线庐表示，希望通过这次展览，激发广大群众创造美好生活的精神力量，为奋力谱写陕西新时代追赶超越新篇章贡献力量。

【清风拂面——陕西百青书法、美术、摄影、民间文艺、文艺评论新作展】

10月12日，由中共陕西省委宣传部、陕西省文联主办的“清风拂面——陕西百青书法、美术、摄影、民间文艺、文艺评论新作展”在陕西美术馆正式开幕。陕西省文联党组书记、常务副主席吴丰宽出席开幕式并致辞。陕西省文联党组成员、专职副主席禹剑峰，陕西省文联党组成员、专职副主席陈谦，陕西省文联党组成员、专职副主席蔺雨，陕西省委宣传部文艺处副处长王国权等领导出席开幕式。开幕式由陕西广播电视台主持人、“百青人才”刘芳主持。吴丰宽指出，陕西百名青年文艺家扶持计划是全省“十三五”其间文化强省建设的一项重大举措，项目实施以来，在陕西省委宣传部的大力支持下，78位入选的优秀中青年文艺人才得到了形式多样的资助和扶持，通过采风学习、慰问演出、专题培训、作品研讨、展演展示、赛事交流等方式，锤炼品格，提升能力，快速成长，取得了丰硕的成果。他勉励百青人才要脚踏实地，不断进取，立足陕西，走向全国。陕西省文联也将一如既往重视青年文艺人才的培养，为他们搭建平台、提供机会，助力他们成长为德艺双馨的文艺大家。陕西省美协副主席、省评协副主席、西北大学艺术学院院长屈健代表“百青人才”发言。他表示作为新时代的青年文艺工作者，要把弘扬中国精神、凝聚中国力量作为自己的追求，不断创作出反映时代心声、引领时代风气，思想精深、艺术精湛、制作精良的优秀作品。陕西省美协副主席，陕西省美术博物馆党组书记、馆长邢庆仁作为艺术家代表发言。他鼓励青年文艺工作者要继承发扬优秀传统文化，深入生活、扎根人民，从传统文化和人民生活中汲取创作营养，为时代抒写，为人民抒怀，在作品中展现新时代新气象。本次展览是“清风拂面”陕西百青人才汇报展演展示系列活动的第三场，会聚了书法、美术、摄影、民间文艺、文艺评论等艺术门类的一百余件作品，集中展现了30位参展百青人才近年来的艺术足迹和创作成果，是对陕西百名青年文艺家扶持计划的阶段性总结和汇报。展览持续10天，至10月21日结束。

【最美小康路——中国西部民间工艺主题创作展系列活动】

10月28日，“最美小康路——中国西部民间工艺主题创作展系列活动”在陕西省美术博物馆盛大开幕。活动由中国文联、中共陕西省委宣传部指导，中国民协、陕西省文联主办，陕西省民协、陕西省文化产业协会承办，展览为期5天，免费对公众开放。同期还举行了“第十五届中国民间文艺山花奖·优秀民间工艺美术作品”的初评活动，举办了“民艺+扶贫”“民艺+产业”西部论坛。中国文联党组成员张雁彬，中国文联副主席、中国民协主席潘鲁生，中国民协分党组书记、驻会副主席、秘书长邱运华，中国民协分党组成员、副秘书长侯仰军，中共陕西省委宣传部副部长单红，陕西省文联党组书记、常务副主席吴丰宽，陕西省文联党组成员、专职副主席藺雨，中国民协副主席吴元新，中国民协副主席、陕西省文联副主席、陕西省民协主席王勇超，中国民协活动管理处处长李倩，陕西省民协副主席兼秘书长刘丽玲等单位相关领导、负责人和民间文艺家等200余人出席了开幕式。开幕式上，邱运华、吴丰宽分别代表中国民协和陕西省文联致辞，参加开幕式的领导共同启动了开幕仪式。本次展览自2020年4月启动以来，经过主题创作作品征集，共收到12省（自治区、直辖市）和新疆生产建设兵团民协推荐作品计278件，其中重庆市18件、贵州省24件、广西27件、甘肃省27件、宁夏27件、内蒙古25件、青海省22件、四川省35件、陕西省45件、云南省15件，其他地区13件。西部12省每个省都有精选作品报送，为突出12个省份的民间工艺特色，按照省份布展。本次活动使用互联网和音视频技术，线上线下同时举办展览，观众可以通过网络直播，在线上全方位看展，了解传统工艺制作流程，聆听国家级、省级工艺美术大师的故事等。本次活动还与电商平台联系，推动参展单位和艺术家与电子商务平台开展多种形式的合作。

【五届十一次全委会】

11月5日，陕西省文联五届十一次全委会在西安召开。会议认真学习党的十九届五中全会公报、习近平总书记在教育文化卫生体育领域专家代表座谈会上的讲话和《习近平谈治国理政》第三卷关于文化建设的重要论述，全面回顾和总结陕西省文联今年以来重点工作，安排部署下一阶段工作要点。会议号召全委会要进一步团结引领全省广大文艺工作者，以饱满的热情和奋斗姿态，坚持正确方向，勇敢担当作为，为推动陕西文艺事业繁荣发展贡献力量。陕西省文联党组书记、常务副主席吴丰宽，陕西省文联党组成员、专职副主席藺雨，陕西省文联党组成员、专职副主席贺晋东，陕西省文联一级巡视员禹剑峰，陕西省文联主席团成员、五届委员会委员、机关各处室及各直属文艺家协会负同志参加了会议。会议由陕西省文联党组成员、专职副主席陈谦主持。会议审定了《陕西省文联章程（修改意见稿）》，拟提交陕西省文联第六次代表大会审议通过。会议审议了《陕西省文联关于“十四五”其间重点工作的意见（讨论稿）》。会议通过了贺晋东同志任陕西省文联第五届副主席的决定，增补张胜伟等同志为陕西省文联五届委员会委员。

【“消费扶贫我先行　好歌唱三秦”——陕西消费扶贫文艺推广公益演出榆林专场】

12月4日，由陕西省扶贫开发办公室、陕西省文联筹划指导，榆林市扶贫开发办公室、榆林市文联共同主办，陕北民歌大舞台、榆林扶贫产品集采中心具体承办的“消费扶贫我先行　好歌唱三秦”——陕西消费扶贫文艺推广公益演出榆林专场在西安市陕北民歌大舞台“陕西消费扶贫文化专馆”成功举办。陕西省文联党组书记、常务副主席吴丰宽，省扶贫办党组成员、副主任王彪，陕西省文联党组成员、专职副主席贺晋东，榆林市政府党组成员、扶贫办主任王志强，省音协党组书记、主席尚飞林，省美协党组书记、副主席吕峻涛，榆林市扶贫办副主任左慧生等出席活动。在活动现场，榆林市扶贫办还聘请王向荣、冯健雪、郭庆丰、王宽、红岩、话剧《路遥》中路遥的扮演者谭希和为榆林消费扶贫形象大使；沙莎、韩军、李政飞、马盼、苏文为榆林扶贫产品代言人，为榆林特色消费扶贫产品点赞代言。同时，部分出席活动的领导和文艺工作者也积极参与认购榆林消费扶贫产品共计2万元人民币。

本次活动是陕北民歌大舞台被确定为“陕西省消费扶贫文化专馆”后，以“文艺扶贫+消费扶贫+直播云服务”模式举办的首场公益演出，新浪微博、爱奇艺、快手等10多家网络平台共同参与了活动直播。活动旨在以群众喜闻乐见的文艺演出形式将扶贫政策宣传、扶贫产品推介与地域特色文艺节目相结合，不断创新文艺扶贫模式、传播消费扶贫理念、宣传扶贫助困文化、推广消费扶贫产品，并逐步形成“人人参与消费扶贫、人人支持消费扶贫、人人宣传消费扶贫”的良好社会氛围。为全省各地（市）扶贫产品走进省城、走向全国奠定良好基础，同时也为西安观众带来了一场宏大的视听盛宴。

获奖情况

相声新秀卢鑫表演相声《我们不一样》获第十一届中国曲艺牡丹奖新人奖，陕北说书优秀演员熊竹英凭借《陕北婆姨陕北汉》获第十一届中国曲艺牡丹奖表演奖。

杨紫路、彭敬尧、常锐豪、刘亦航4人荣获“第二十四届中国少儿戏曲小梅花荟萃”金花称号。《叙事的变革——近40年中国戏剧观察刍议》（作者：李季）荣获第三十四届田汉戏剧奖理论奖一等奖。

理论评论

【中国文联首期全国中青年文艺领军人才高级研修班第二阶段集中研修在西安开班】

11月10日，由陕西省文联协办的中国文联首期全国中青年文艺领军人才高级研修班第二阶段集中研修在西安举行开班式。中国文联文艺研修院常务副院长傅亦轩，陕西省文联党组成员、专职副主席陈谦出席开班式。本次研修班共37名来自全国的学员参加，其中有4名陕西学员。研修班为期三天，将通过专题辅导、项目研讨、创作交流、现场教学等环节开展研修活动。

【陕西文艺大奖颁奖典礼举行】

12月14日，由陕西省委宣传部、陕西省文联共同主办的2020年度陕西文艺大奖颁奖典礼在陕歌大剧院举行。副省长程福波出席。颁奖典礼在热烈的气氛中拉开序幕。首先隆重表彰了第十一届中国曲艺牡丹奖表演奖获得者熊竹英、新人奖获得者卢鑫，第二十九届中国戏剧梅花奖获得者李小青，第十四届中国民间文艺山花奖民间工艺美术奖获得者薛宏权等4位全国文艺大奖获奖者。接下来依次为第二届陕西曲艺牡丹奖、第十五届陕西电视金鹰奖、第七届陕西音乐奖、第二届陕西书法奖、第二届陕西戏剧奖等五大类陕西省最高文艺奖项共83名获奖者颁发了证书。刘远、安金玉、米东风等艺术家以及部分获奖者为观众奉献了精彩的文艺表演，展现了陕西省文艺工作者昂扬向上的精神风貌。

【陕西省“双百人才”培训班开班】

12月16日，由陕西省委宣传部指导，陕西省文联、省作协承办的全省“双百人才”培训班在我市开班。省作协党组书记、常务副主席齐雅丽出席开班式并讲话，陕西省文联党组书记、常务副主席吴丰宽主持开班式。“百青计划”和“百优计划”是陕西省深入贯彻落实习近平总书记关于文艺工作的重要论述，培养文艺人才、壮大文艺队伍、推动文艺创作繁荣的一项重要举措。2014年启动实施以来，在陕西省委宣传部的精心指导下，项目顺利推进、成效初步显现，不少佳作陆续推出，青年文艺家队伍渐次成型。此次培训班为期3天，将邀请知名文化学者、专家、教授进行辅导授课。

各文艺家协会

【戏剧家协会】

元旦至春节其间，省剧协文艺小分队分别在西安、咸阳、渭南、汉中、安康、商洛等6个地市的9个村镇演出了9场（其中包括文联帮扶村，紫阳县白鹤村和文联第一书记挂职村，佛坪县沙窝村各演出一场）

6月29日至7月3日，由陕西省文联、陕西省剧协主办的“2020年陕西戏剧创作研修班”在西安市成功举办。

9月16日，由陕西省文联、陕西省剧协主办，渭南市委宣传部、市文旅局、市文联、市剧协共同承办的陕西省第八届小戏小品展演颁奖典礼在渭南市儿童剧院成功举办。

9月26日，由陕西省剧协、陕西省电视台联合主办的第13届陕西省少儿戏曲小梅花荟萃活动在省电视台胜利闭幕。

10月31日，第八届陕西省阅读文化节其间，在陕西省文化和旅游厅的指导支持下，陕西省图书馆联合陕西实验话剧院特别策划举办了——《祖脉秦岭诗赋诵读》大型朗诵会。

11月10日至12月10日，第二届陕西戏剧奖表演奖，分别在陕西省戏曲研究院剧场、商洛市剧场、曲江创意谷剧场等地举办了7场现场竞演，最终屈鹏、屈苏红、李淼 、魏艳妮、张强、杨静、杜芳、欧阳宏媛8名青年演员，荣获表演奖。陕西戏剧奖-剧本奖，于12月1日至2日在省剧协召开了评审会，经过终评，评选出3部作品获得第二届陕西戏剧奖-奖剧本，分别是：《红箭 红箭》（作者：阿莹）、《路遥的世界》（作者：谢迎春）、《二十四个奶奶》。

【音乐家协会】

6月19日，由中共陕西省委宣传部指导，陕西省文联、陕西省音协共同主办“走在小康路上”陕西省脱贫攻坚原创歌曲云直播演唱会。云直播演唱会由人民日报、新华网、央视网、陕西广播电视台公共文艺频道等25家媒体平台进行了直播，网络观看量高达327万。

7月9日至12日，组织词曲作家十余人赴安康紫阳进行以“讲好陕西故事，谱写时代乐章”为主题的采风活动，并为陕西省委宣传部精品工程项目“陕南民歌”及“建党100周年歌曲创作”等音乐活动整理素材。词曲作家一行深入一线了解紫阳历史、人文物产、生产生活，与群众面对面交流，掌握第一手创作素材，创作群众喜闻乐见、反映人民心声的作品。

8月7日，由陕西省音协、汉中市文化和旅游局、汉中市林业局和佛坪县委、佛坪县人民政府主办的第十一届秦岭大熊猫文化旅游节在陕西省佛坪县的大山中拉开序幕。此次活动以“全域旅游促发展，乡村振兴谱新篇”为主题，全方位展示了佛坪全域旅游的发展现状。讲述了佛坪人在生态保护、脱贫路上的故事。

9月16日，由文化和旅游部联合黄河流域9省区举办的黄河流域舞台艺术优秀剧目展演展播活动在山东济南奥体中心体育馆拉开帷幕。陕西省参与演出的情景歌舞《黄河歌谣》随着陕北青年水灵和俊生的爱情故事展开，将陕北人的酸甜苦辣和社会发展变化展现在观众眼前。

10月3日，由北京市文联、陕西省文联、陕西省音乐家音协、甘肃陕西省委宣传部、文旅厅、陕西省文联、嘉峪关市委市政府共同主办的大型交响乐《长城》由兰州交响乐团在古丝路重镇嘉峪关激情奏响，由知名指挥家林大叶执棒，还特邀知名二胡演奏家于红梅联袂奉献。

11月10日至24日，联合陕西省文明办、财政厅、教育厅等单位组织开展“2020陕西乡村学校少年宫辅导员培训班”活动，来自渭南、榆林、汉中、安康、商洛5市的300名乡村学校少年宫辅导员教师分为音乐类、舞蹈类两期培训。

11月16日至19日，陕西省音协主席尚飞林、副主席安金玉、韩兰魁、张君仁、薛天信，理事党红岩一行赴延安安塞开展采风调研活动。

12月28日，由陕西省文联、陕西省音协主办的2021陕西新年音乐会通过网络直播的方式在西安音乐厅举行。

【美术家协会】

1月9日，省美协在陕西雍村饭店召开了陕西省美协五届三次主席团会议，会议通过了陕西省美协2020年工作会议议程、陕西省美协2019年工作报告，并就2020年的工作计划提出具体意见，主席团成员按照履职规则分别述职。

1月10日，陕西省美协召开了2020年工作会议，会议传达了中国美协2020年工作会议精神，省美协主席郭线庐、党组书记吕峻涛对2020年工作进行了全面的部署和动员。

2月11日，西安中国画院联手武汉市美术界，共同举办“搭起连心桥 共绘同心圆——‘武汉西安 心手相握 共抗疫情’”两地主题美术作品网络联展，展出作品20幅。

3月7日，陕西省美协少儿美术艺委会组织百余家学校机构参与，推出“抗击疫情”美术作品网上展览，持续一周展出三千余幅少儿美术作品，用七彩童心和丹青妙笔为全民抗击疫情加油。

6月30日，省美协党支部组织党员到西安八路军办事处纪念馆进行“纪念党的生日，继承革命传统，做新时代合格党员”主题党日活动。

8月6日至8日，陕西省“庆祝中国共产党成立100周年美术作品展览第三期创作培训班”在延安举办。

8月19日至21日，陕西省“庆祝中国共产党成立100周年美术作品展览第四期创作培训班”在安康举办。

8月26日，陕西省美协组织党员干部开展“倡廉洁、践使命”主题党日活动，赴扶眉战役纪念馆参观学习，进行革命教育。

10月14日，陕西省“庆祝中国共产党成立100周年美术作品展览第五期创作培训班”在宝鸡举办。

10月23日，由陕西省美协、四川省美协联合

举办的“丝路豪情 西部放歌——川陕中国画作品交流展”在陕西美术馆开幕。

10月28日，陕西省“庆祝中国共产党成立100周年美术作品展览第六期创作培训班”在渭南举行。

12月10日，陕西省美协铜川照金溪山胜境景区写生基地揭牌仪式成功举行。陕西省美协主席郭线庐，党组书记、副主席吕峻涛，副主席杨光利、罗宁及景区主要成员参加了揭牌仪式。

12月11日，由省美协主席郭线庐，党组书记、副主席吕峻涛，副主席杨光利、罗宁，西安美术学院潘晓东教授组成的专家组，来到了位于铜川市印台区文化馆的展厅，现场观摩铜川市美协画家们创作的美术作品，并进行了现场指导。

12月18日，由省美协副主席、创评部主任巨石，省美协副主席贺荣敏，省美协副秘书长、陕西国画院人物画院执行院长王志平，西安美术学院教授戴信军、张立宪组成的专家组，来到了位于汉中市群众艺术馆的展厅，现场观摩汉中市美协画家们创作的美术作品，并进行了现场指导。

12月18日，由省美协主席郭线庐，副主席石丹，副主席、西安中国画院院长王犇，西安美术学院中国画学院院长刘西洁，省美协副秘书长、组联部主任何虎林，省美协水彩艺委会秘书长、长安大学副教授杨毅柳，西安美院副教授董文通等7人组成的专家组，来到了位于商洛市的秦岭画派研究院，对商洛市美协画家们创作的美术作品进行指导。

12月23日，由省美协党组成员、副主席刘奇伟带队，副主席杨光利，西安美术学院潘晓东、赵健、张凌、吕书峰教授组成的6人专家组赴延安开展主题美术创作观摩和指导工作。

12月24日，由省美协党组成员、副主席刘奇伟带队，副主席杨光利，西安美术学院潘晓东、赵健、张凌、吕书峰教授组成的6人专家组赴榆林学院艺术学院认真观摩了榆林画家创作的32幅作品。

12月25日，由省美协副主席、西安美院副院长姜怡翔，省美协副主席宋亚平，省美协副主席、西安建筑科技大学艺术学院院长蔺宝钢，省美协副秘书长李玉田、西安美院教授杨季、西安美院油画系副主任杨洋组成的专家组，赴渭南开展观摩指导工作。

【书法家协会】

7月30日，陕西省书协走进空军军医医院、空军工程大学开展庆“八一”书法创作慰问活动。

7月31日，由团省委、省教育厅、陕西省文联、省青联、省少工委、省书协六家单位联合主办的“张载千年祭——陕西省第三届中小学生书法大赛”在西安曲江书城召开发布会。

9月26日，陕西省书协第五届楷书委员会第一次会议在陕西书学院成功召开。

9月27日，陕西省书协第五届对外交流委员会第一次全体委员会议在西安华夏大厦召开。

10月30日，由陕西省书协、中共汉阴县委、汉阴县人民政府联合举办“中华好家训”全国书法作品展开展暨颁奖仪式在汉阴县书法艺术馆举行。

11月8日，陕西省书协草书委员会第一次全委会在西安曲江国际饭店召开。

11月23日，终南印社成立40周年全国篆刻名家邀请展暨社员作品展览在西安亮宝楼隆重开幕，旨在隆重纪念终南印社成立40周年，弘扬中国篆刻艺术，增进省内外篆刻艺术交流。

11月29日，陕西省书协第五届书法行业建设委员会第一次全体委员会议在西安广成大酒店召开。

12月23日，由陕西文联、中共铜川市委宣传部主办，陕西省书协、铜川市文联承办的第二届“陕西书法奖”展览开幕式在铜川书画公园举办。

【摄影家协会】

1月11日至12日，陕西省摄协主席冯晓伟，副主席兼秘书长杨洪波，协会工作人员宋天宇一行3人到汉中市摄协开展基层摄影组织调研工作。

1月12日至16日，在省摄协副主席兼秘书长杨洪波的带领下，由市、县多名基层摄影人组成的志愿者服务队先后走进略阳县金家河社区和黄家沟村、紫阳县白鹤村、平利县金沙河村、旬阳县蜀河镇开展“我们的中国梦”文化进万家——陕西文联摄协文艺小分队志愿服务活动。

6月12日，“大秦岭•中国脊梁”摄影展巡展（宝鸡站）在陈仓老街开展。

6月19日，由中共陕西省委宣传部，陕西省文联主办，陕西省摄协、中共汉中市委宣传部承办，汉中市摄协协办的“大秦岭•中国脊梁”摄影展巡展（汉中站）在汉台区滨江路天汉楼广场举行。

6月24日，由中共陕西省委宣传部，陕西省文联主办，陕西省摄协、中共商洛市委宣传部、商洛市文联承办，商洛市摄协协办的“大秦岭•中国脊梁”摄影展巡展（商洛站）在商洛市丹鹤楼广场隆重举行。

8月1日，函院陕西分院的历届学友三十余人，跟随王应超常务副院长走进黄河入海口—东营市，来到了这个黄河文化、古齐文化、红色文化、石油文化、移民文化等交相辉映的黄河三角洲的中心城市，进行了为期六天的游学创作活动。

9月6日，陕西省摄协2020年主席团（扩大）会议在省体育宾馆召开。

9月12日至17日，函院陕西分院院长杨洪波、陕西分院常务副院长王应超，带领二十余位学友赴黄山进行了为期6天的游学创作活动。

9月15日，资深媒体人、摄影家吴峻先生主讲的“昨日深圳 我和摄影”分享会在西安富德艺术剧院举办。

9月26日，由陕西省老摄影家协会主办，天朗控股集团承办的大型摄影文献《陕西摄影100人》新书出版首发式在太白山唐镇举行。

9月29日，渭南市摄协第三次会员代表大会在渭南职业技术学院召开。

10月17日，郑国渠景区第二届泾峡红叶节启动仪式暨陕西郑国渠旅游风景区创作基地揭牌仪式在郑国渠景区郑国广场举行。

10月18日，华山西峰观光大索道摄影创作基地授牌仪式暨百名摄影家采风活动在华山西峰索道下站隆重举行。

10月23日，陕西省摄协纪实委员会研讨会在西咸摄影家协会会议室召开。

11月6日，陕西省摄协纪实摄影专业委员会揭牌仪式暨委员见面座谈会在沣西新城西咸新区摄影家协会驻地举行。

11月28日，陕西省摄协商业摄影专业委员会授牌暨委员会第一次会议在朗图时代摄影化妆学校举行。

12月19日，陕西省摄协青少年摄影专业委员会授牌仪式在宝鸡举行。

12月19日，陕西省摄协教育摄影艺术委员会年会在宝鸡举行。

12月22日，陕西省摄协新媒介摄影专业委员会授牌暨第一次工作会议在西安举行。

【曲艺家协会】

1月16日，由陕西省曲协主办，各市曲协、西安曲艺团承办，竹韵斋陕西曲艺传承中心、小战友艺术学校、靖边金逗曲艺口才培训学校、宝鸡海棠花开曲艺工作室协办的2020年陕西少儿曲艺网络春晚决赛暨优秀节目展演活动在西安市陕北民歌大舞台举办。

4月27日上午，省曲协组织召开“脱贫故事”曲艺创作动员座谈会。陕西省文联党组书记、常务副主席吴丰宽出席会议并作指导讲话。省曲协副主席、秘书长李晓春主持会议并安排部署“脱贫故事”曲艺创作工作。

5月9日，省曲协副主席、秘书长李晓春一行赴延安曲艺馆就该馆陕北说书传承保护发展情况进行调研。

6月10日，中国文联曲艺艺术中心“新文艺组织行业评价体系建设”调研组一行5人深入西安青曲社、西安相声新势力对曲艺小剧场建立行业评价体系进行调研。

7月8日，省曲协在西安曲艺团召开“陕西快板讲陕西故事”创作研讨会。

7月14日，省曲协在西安曲艺团培训中心为竹韵斋陕西曲艺传承中心省级非遗“陕西快板”传习基地挂牌。

8月3日至4日，由陕西省文联主办、陕西省曲协承办的第二届陕西曲艺牡丹奖大赛决赛在西安易俗社剧场举行。

9月3日，西安市曲协第四次会员代表大会暨换届大会在西安市曲江创意谷隆重举行。西安市文联党组书记、常务副主席王晓锋出席会议并讲话。陕西省曲协致贺辞。于海涛被推选为西安市曲协理事会会长，苗阜、任丹峰、杨锦龙、卢鑫、吕华、马静担任副会长，苗阜兼任理事会秘书长。

9月4日，延安市曲协第五次会员代表大会暨换届大会在延安市隆华酒店隆重举行。陕西省曲协主席韩应莲出席会议，陕西省曲协副主席、秘书长李晓春出席会议并致贺辞。曹伯炎当选为延安市曲协第五届主席，曹军民当选常务副主席，古海、孙建芳、孙宏亮、岳峰、赵华英、贺连善、高尔峰、樊九平当选副主席，曹军民兼任秘书长。

9月10日至13日，“曲艺助力乡村振兴”研讨

交流及公益演出系列活动在江苏省宿迁市举行。省曲协副主席、秘书长李晓春参加系列活动，卢鑫、张玉浩参加公益演出。

9月13日至14日，榆林市曲协第一次会员代表大会暨成立大会在榆林举行。陕西省曲协副主席、秘书长李晓春出席开幕式并致贺词。榆林市文联主席张胜伟主持开幕式并讲话。薛志章当选为榆林市曲协第一届主席，温永开、郝宝林、牧彩云、梁梅当选为副主席。

9月15日，陕西省曲协副主席兼秘书长李晓春到府谷县文化馆考察指导工作。

10月16日，中国曲协第三批“牡丹绽放——曲艺英才培育行动”启动仪式在江苏省苏州市举行。中国文联党组成员、书记处书记董耀鹏出席仪式。陕西省青年快板演员、第十届中国曲艺牡丹奖表演奖获得者杨锦龙入选，成为第三批培养对象。

10月29日至11月2日，全国曲艺之乡曲艺名城工作推进会暨第二期中国曲艺之乡（名城）管理服务干部培训班在江苏省淮安市涟水县举办。省曲协副主席、秘书长李晓春，安塞区文联主席拓艳玲，陕西省曲协理事、西安曲艺团副总经理师戈参加活动。在其间召开的曲艺杂志年度通联会上，陕西省曲协连续五年获评上为优秀通联单位。

11月2日上午，由无锡市文联、陕西省曲协主办，无锡市曲协、延安市曲艺馆承办的“陕·苏锡南北曲艺交流座谈会”在星程酒店举行。2日下午，由无锡市文联、陕西省曲协主办，无锡市曲协、延安市曲艺馆、江南影视艺术职业学院承办的“文艺进万家——曲艺名家新秀走进高校惠民演出”在江南影视艺术职业学院彩虹剧院举行。

11月3日至4日，陕甘宁蒙陕北说书传承发展论坛暨交流展演在榆林市横山区举办。陕西省曲协主席韩应莲，陕西省曲协副主席、秘书长李晓春等出席活动。

11月22日至23日，陕北说书馆开馆仪式暨中国曲协“送欢乐，下基层”惠民演出走进延安活动在延安市曲艺馆举办。

11月27日，中国文联艺术发展基金、中国文联青年创作扶持计划项目“陕西快板讲陕西故事”牡丹蓓蕾青年创作扶持计划专场汇报演出暨陕西曲艺进校园活动在陕西学前师范学院长安校区举办。

【舞蹈家协会】

4月21日，陕西省舞协与师大音乐学院联合在网络平台上举办了“众志成城，医心不改”主题云党课，邀请国家援鄂医疗队队员、西安交通大学第一附属医院普通外科副主任樊林教授为广大舞蹈工作者带来题为“白衣执甲，逆行出征”的主题报告，进一步加强了理想信念教育，增强了大家的责任担当。

5月15日，陕西省舞协组织全省舞蹈工作者和舞蹈爱好者举行了“515一起舞-中国舞蹈日”群众网络舞蹈展演活动。

5月24日，由陕西省舞协选送的群舞《东方红》在央视《舞蹈世界》2019年度舞蹈巡礼“舞典华章”栏目中，代表陕西第一个出演，给观众展现了陕西人民粗犷、激越、诙谐的刚劲舞姿和豪放、顽强的精神风貌。

8月18日至23日，陕西省舞协和渭南市文联举办了为期一周的首期新文艺组织和新文艺群体舞蹈培训班，活动共有来自渭南各县市区的60余名舞蹈教师参加了培训。

10月17日至18日，由陕西省舞协指导的陕西街舞联盟承办了第八届WDG 中国（郑州）国际街舞大赛西北分赛，此项竞赛组别分为：个人赛（solo）和团队赛（齐舞）。来自西北各地，以及山西等兄弟省份的近400名选手参加了比赛。陕西选手天天勇夺LOCKIN第一名。

11月21日，“全国中小学舞蹈教师培优计划”陕西站线下培训暨结业展示在西安举行。

12月11日，由陕西省文联、省舞协主办，延安市安塞区委宣传部、区教体局、区文联承办的第20期“文艺扶贫 文化惠民”文艺志愿服务“新农村少儿舞蹈美育工程”小学幼儿园舞蹈教师师资培训班结业考核汇报演出仪式在安塞区文化大楼三楼影剧院举行。

【民间文艺家协会】

8月3日至7日，陕西省民协副主席兼秘书长刘丽玲一行4人，先后对耀州瓷、皮影、铜瓷、烙画、漆艺、玉雕、泥塑、制埙、唐三彩等中青年民间文艺家工作室进行了实地考察调研。

9月13日至18日，陕西省文联、陕西省民协、陕西省国学研究会组成调研组，以陕西省文联党组成员、专职副主席蔺雨，中国民协副主席、省民协主席王勇超，省民协副主席、秘书长刘丽玲，省国学研究会常务副会长、《中国民间文学大系·陕西卷》主编王盛华一行9人，连续6天，行程1600多公里，奔赴汉中市、留坝县、宁强县、安康市汉阴县，身入基层，作实际考察和调研，和当地主管文化的市、县领导，宣传部门、民协、国学分会的负责人，民间文学研究方面的专家学者、民文工作者、收集者、整理者等多次召开座谈会，畅谈《中国民间文学大系·陕西卷》的宏伟设想，了解当地民间文学多年来的收集、整理、编纂情况，解决实际问题，广泛收集现有的民间文学资料，为确保陕西省示范卷编辑出版工作起到了很好的推动作用。

9月18日，中国民协命名汉阴县为全国首个“中国家训文化之乡”。陕西省文联党组成员、专职副主席蔺雨受中国民协委托宣读了中国民协关于命名陕西省安康市汉阴县“中国家训文化之乡”的决定，中国民协副主席、陕西省民协主席王勇超为汉阴县授牌。省、市、县部分领导及广大干部群众600余人参加了活动。

10月25日，“我们的节日•中国（平利）重阳民俗文化艺术节”开幕式举办，一场会聚多种民俗表演的文艺演出在平利女娲文化广场上演。此外，艺术节还开设了民间手工艺品展示及民俗体验环节。当日下午，中国重阳文化论坛在平利县召开。

11月30日至12月4日，由中国文学艺术基金会“中国文学艺术发展专项基金”资助，中国民协、陕西省文联主办，中国文联民间文艺艺术中心、陕西省民协、中国工艺美术学会鼻烟壶研究会联合承办的“2020年中国内画技艺中青年人才高级研修班”在陕西省西安市顺利举办。

【评论家协会】

10月21日至22日，由宁夏文联主办，宁夏评协承办的“西部文学”研讨交流活动在银川举办。来自西部十二省的文艺评论界专家、学者齐聚一堂，商讨如何共同推进培养文学新人、创造“西部文学”佳绩。陕西省评协李震主席代表陕西评协参加了会议并作了精彩发言，受到了大会专家们的广泛关注和一致认可。

10月28日，陕西省评协联合陕西师范大学邀请北京师范大学文学院教授、中国评协副主席、中华美学学会副会长、中国文艺理论学会副会长王一川做客“长安评论”讲坛，通过腾讯视频会议的形式，以《当代中国文艺评论的由来和品格》为主题作了精彩讲座。全省评协会员及陕师大师生共近300人聆听讲座。近两个小时的讲座通篇精炼、辩证、务实，启迪心灵，引人深思，令全场听众受益匪浅，纷纷点赞。

【杂技家协会】

1月10日，陕西省杂协六届七次主席团暨理事会会议在省杂技团会议室召开。陈海燕、司凡、魏征、刘斌学、孟丁5名主席团成员，李绍忠、杜红旗、高艾妮、张华、陈灏、王艺、牛建新、雷鸣、李嘉辉9名理事，共计14人参加了会议，李绍忠秘书长主持了会议。通过研究评比，评选出了高艾妮、张华、吴浪浪、李艺红、王欢欢、王喜喜、陈卓欣、曹俊俊、张东帅、张瑞、武海洋、郭文静12名会员为2019年度优秀会员。

9月18日，中国杂协第七届理事会第六次会议在山东蓬莱圆满落幕。陕西省杂技艺术家协会在推进“互联网+协会”建设，综合运用新媒体平台，积极通过网络开展工作，推动魔术文化区域传播，在协会建设多方面取得突出成绩，被中国杂协颁发2019年度表彰“履职尽责”证书。

10月17日，陕西省第二届大学生暨青年魔术展演在西安八八空间国际艺术中心上演，并在腾讯直播和抖音App全程现场直播，不漏精彩。

10月17日，陕西省高校魔术联盟第四届换届大会暨年度表彰大会在西安八八空间国际艺术中心召开。陕西省高校魔术联盟团体会员单位负责人、新任理事、社团成员代表等70余人出席了会议。

12月5日，由陕西省杂技艺术家协会指导，陕西省高校魔术联盟主办的第一期“菁英计划”陕西省高校魔术社团干部培优班和“擅眩计划”陕西省高校魔术联盟魔术研修班第一讲在陕西省文联会议室成功举办。

【电影家协会】

4月初开始，面向全省电影工作者和各高校影视专业、影视制作公司发出通知征集抗击新冠肺炎疫情主题短视频剧本大纲，该活动由中国影协、中国电影股份有限公司等单位联合举办，对征集到的优秀作品提供10万至20万元的拍摄扶持资金。该活动全省共征集剧本大纲30余部，经省影协组织专家进行评审后向中影协报送了2部优秀作品参评。

8月19日，由陕西省影协指导，渭南市委宣传部、大荔县委宣传部联合摄制，陕西乐七影视文化传媒有限公司等承办的红色革命题材电影《春雷》开机新闻发布暨项目推介会，在渭南市大荔县举行。陕西省陕西省委宣传部电影处主任吴思、陕西省影协主席张阿利、陕西省影协秘书长王珍，以及渭南市委宣传部、大荔县委宣传部相关领导，影片出品方以及相关专家出席。

【电视艺术家协会】

8月11日，由陕西省文联主办，陕西省视协、商洛广播电视台、丹凤县委宣传部承办的第十五届陕西电视金鹰奖评奖活动在商洛市丹凤县举行。

10月31日，由陕西省文联、陕西省视协主办，陕西师范大学等省内六所院校联合协办的2020年度陕西省电视主持新人大赛暨陕西省参加第十二届海峡两岸电视主持新人大赛选拔活动在西安举办。

11月20日至25日，第十二届海峡两岸电视主持新人大赛在福建平潭举办，来自西安外国语大学的向建睿同学在预赛、复赛中表现突出进入决赛，最终以90.24分喜获大赛铜奖，陕西师范大学的夏伊买尔丹·艾买提和西安体育学院的谢佳博喜获大赛优秀奖。

甘肃省文联

综　述

甘肃省文联在甘肃省委省政府的坚强领导下，在中国文联的精心指导下，坚持以习近平新时代中国特色社会主义思想为指导，认真学习宣传贯彻党的十九大和十九届二中、三中、四中、五中全会精神，全面贯彻落实习近平总书记关于文艺工作的重要论述、习近平总书记视察甘肃重要讲话和指示精神，根据中国文联全委会及全省宣传部部长会议工作部署，自觉承担举旗帜、聚民心、育新人、兴文化、展形象的使命任务，大力弘扬社会主义核心价值观，团结引导甘肃省广大文艺工作者，为推动全省文艺事业大繁荣、大发展作出了积极贡献。

会议与活动

1月以来，甘肃省文联开展“众志成城战疫情——甘肃文艺界在行动”抗疫防疫主题创作活动，与中国甘肃网联合策划并推出了甘肃省文艺界战“疫”主题文艺作品展播活动，先后刊发各类艺术作品200余部。通过抖音等新媒体平台开展文艺创作、文艺表演、文艺培训、文艺评论等网络文艺宣传展示行动，以“文艺志愿”话题发布短视频100多部。涌现出《方舱里的萨日朗》《定西处方》《响鞭迎春》《抗击疫情国必胜》《抗击疫情我们在行动》等一大批优秀文艺作品。

1月，甘肃省文联“情系陇原”文艺志愿艺术团连续开展6场“我们的中国梦——文化进万家”文艺志愿活动，现场受众近万人次，网络直播受众达四百多万人次。

5月，甘肃省委组织部、省委宣传部、甘肃省文联共同举办“第五届甘肃省中青年德艺双馨文艺工作者”评选活动。

5月25日，甘肃省文联五届九次全委会在兰召开，甘肃省文联党组书记、主席王登渤同志作工作报告，会议更替和增补了甘肃省文联委员，任命张有为同志为甘肃省文联秘书长。

6月至7月，甘肃省文联所属13个省级文艺家协会，分四批召开了全省会员代表大会，完成换届工作。

7月20日至9月20日，甘肃省委第三巡视组对甘肃省文联党组开展了两个月的巡视工作，11月18日，甘肃省委第三巡视组进行了巡视反馈，甘肃省文联党组成立整改工作领导小组，研究制定整改方案，建立销号制度，做到问题不遗不漏、任务清晰明确，全面落实整改任务。

8月4日，中共甘肃省委常委、宣传部部长王嘉毅到甘肃省文联调研指导工作。

9月15日至17日，中国文联党组书记、副主席、书记处书记、十九届中央委员李屹同志带领中国文联扶贫办公室、中国书协、中国美协、中国舞协、中国音协、中国文学艺术基金会有关负责同志赴甘肃省陇南市武都区开展定点帮扶和调研工作，副省长何伟，省政府副秘书长祁建邦，甘肃省文联党组书记、主席王登渤，甘肃省文联副主席潘义奎，以及陇南市和武都区相关负责同志陪同调研。

9月至12月，甘肃省文联与中共甘肃省委宣传部、甘肃省扶贫办共同主办了“决胜全面小康·决战脱贫攻坚”甘肃省主题文艺采风创作和展览展演活动，内容包括：（一）组织全国及省内知名作家通过采风创作反映脱贫攻坚事业的大型报告文学集；（二）组织省内外知名美术家、书法家、摄影家深入扶贫工作一线采风创作并举办脱贫攻坚美术书法摄影专题作品展览；（三）组织知名音乐家开展脱贫攻坚主题歌曲征集暨采风创作；（四）组织创作脱贫攻坚题材秦腔《村上春秋》并由专业院团排演；（五）举办“全面脱贫攻坚奔小康”甘肃陇东农民画作品展。

10月17日至10月20日，甘肃省文联与临夏州委宣传部在临夏市共同举办“2020世界扶贫日·百名知名艺术家写临夏画临夏拍临夏脱贫攻坚采风行活动”。

11月9日，由中国文联主办，中国文联国内联络部、甘肃省文联承办的“崇德尚艺 做有信仰有情怀有担当的新时代文艺工作者巡回宣讲（甘肃站）活动”在兰州启动。甘肃省文联干部、各文艺家协会在兰理事会成员约400人参加。

7月至11月，甘肃省文联组织实施“圆梦工程”文艺培训志愿行动——甘肃省培训项目，对全省58个县乡村学校少年宫和12个重点项目实施的教师学生进行线上线下培

创作与研究

报告文学《甘肃扶贫纪实》、歌曲《扶贫组歌》、“决胜脱贫攻坚·描绘小康生活”美术作品展、“助力脱贫攻坚·书写山乡巨变”甘肃省扶贫书法作品展、“脱贫攻坚·圆梦小康”甘肃摄影展、扶贫题材秦腔剧《村上春秋》等工作被列入甘肃省委宣传部《伟大历程——甘肃扶贫纪实》记录工程。开展国家重大文化工程“中国民间文学大系出版工程”甘肃卷和“国家社科基金特别委托项目”《中国民间工艺集成·甘肃卷》《中国唐卡文化档案·甘南卷》的编纂、出版工作。现代秦腔剧《村上春秋》在兰成功展演，省委宣传部已上报中宣部将《村上春秋》作为2021年国家“五个一工程”储备作品，同时将《村上春秋》列为“甘肃省舞台精品剧目”。大型舞剧《问道崆峒》在兰州通过审演，填补了用舞剧表达中国优秀传统文化的空白。扎西才让诗集《桑多镇》荣获“第十二届全国少数民族文学创作骏马奖”。《黑木耳》入选2020年度“中国少数民族文学之星丛书”。组织创作完成中国作协重大扶持项目定点生活报告文学《战石油》，脱贫攻坚报告文学《拔河兮》。反映西路军浴血奋战的重大革命历史题材四十集电视连续剧《英雄的旗帜》剧本创作，荣获国家广电总局2020年度电视剧引导扶持专项资金扶持项目。《大美肃北》《兴隆四季》在“第十三届中国旅游电视周暨第二届大运河文化国际电视周旅游电视节目推选活动”中分别荣获好专题片奖和好宣传片奖。《莫高窟与吴哥窟的对话》《重走来时路》《河西走廊之嘉峪关》《沙海传奇》入选国家广电总局所推荐的2019年第四季度优秀国产纪录片。《莫高窟与吴哥窟的对话》获国家广电总局国产纪录片推优项目优秀长片奖，荣获第二十六届电视文艺星光奖优秀纪录片提名奖。荣获第二十六届中国纪录片长片十优作品奖。甘肃火鸟影视文化有限公司申报的电影《八步沙的儿女们》3个项目获得中国文联2020年青年文艺创作扶持计划立项资助，这是甘肃省近年来入选该项目数量最多的一次，也是本年度西北地区入选数量最多的省份。《幸福像花儿一样》《年画》入选“听见中国听见你”年度优秀歌曲，《大漠治沙人》入选西北地区优秀推选歌曲，甘肃省音协获得优秀推选单位称号。

【文艺期刊】

公开发行期刊：《飞天》月刊。内部交流期刊：《甘肃书法》。

【深化改革】

《甘肃省文联深化改革方案》确定的30项改革任务已基本完成，13个省级文艺家协会深化改革方案全部印发实施。全省14个市州文联已全部出台改革方案，比例达100%；推动文联系统改革向市县级延伸，全省86个县级行政区中，成立文联组织的有82个，占比达95%。全省共有1357个乡镇、街道，成立文联组织的共有25个，通过改革，部分市县文联解决了编制、人员、资金、场地等问题。不断加强会员联络服务管理基础性工作，修订完善个人会员入会细则，科学设置入会条件和审批程序，进一步畅通各类文艺工作者入会渠道。

甘肃省作家协会

【综述】

在甘肃省文联党组领导下，在中国作协的指导下，甘肃省作协坚持新时代中国特色社会主义文艺方向，按照中共甘肃省委关于繁荣发展文艺工作的要求，组织和引导会员及广大文学爱好者深入生活、扎根人民、勤奋创作，认真落实甘肃

省文联五届九次全委会精神，把出人才出作品作为主要任务和目标，为推动新时代甘肃文学事业繁荣发展作出了积极贡献。

【会议与文学活动】

6月1日，甘肃省作家协会第七次会员代表大会在兰州顺利召开，大会投票选举产生了协会第七届主席团成员。

8月上、中旬，“决战脱贫攻坚·书写陇原巨变”采风团分三批次走进甘肃八个市州二十余县的乡村，深入生活、扎根人民，进行深度采访和挖掘。

8月11日至15日，“我们向着小康走——中国作家甘南行”主题采访团深入甘肃省甘南藏族自治州各镇村，汲取创作养分，用文学的方式生动反映甘南地区决胜全面建成小康社会、决战脱贫攻坚取得的历史性成就。

9月26日至30日，“美好生活基层行——全国知名作家编辑走进甘肃”采访采风团分两个小组深入甘肃天水、陇南、临夏、甘南、武威和定西等地开展采访采风活动，对甘肃脱贫攻坚成就进行了深度采访和挖掘。目前，已完成对采风作品的征集整理工作，报告文学集《伟大的道路—甘肃省脱贫攻坚主题采访文集》，共计15万字。预计在2021年3月结集出版发行。

甘肃省作协名誉主席马步升创作了脱贫攻坚报告文学《伟大历程——散点透视陇上脱贫攻坚》，共约32万字，计划和采访文集同时出版发行。

【志愿服务】

甘肃省作协会员龙巧玲作为第三批援鄂医疗队成员，赴武汉方舱医院直接参与抗疫工作，她创作的《方舱里的萨日朗》入选中国文联中国文艺志愿服务“以艺战疫”数字博物馆，并由中国剧协主席濮存昕朗诵。

【创作与研究】

叶舟作品《敦煌本纪》获第四届“施耐庵文学奖”，《芳草》杂志年度大奖；滕飞作品《河西走廊之嘉峪关》获国家广电总局2019年度优秀国产纪录片奖，情景剧《“永远的经典”——纪念中国经典民族舞剧〈丝路花雨〉创演40周年文艺晚会》获第二十六届电视文艺“星光奖”提名奖，纪录片《中国》（第一季）在湖南卫视黄金时段首播；扎西才让诗集《桑多镇》获第十二届全国少数民族文学创作骏马奖。高凯创作的长篇报告文学《拔河兮》，生动反映了中国作协对口扶持的临潭县脱贫攻坚中的动人故事。定点生活报告文学《战石油》出版发行；陈玉福原创并编剧的电影剧本《八步沙》，在《中国作家》杂志2019年第四期头条首发；王小忠中篇小说《黑木耳》入选2020年度“中国少数民族文学之星丛书”。藏族作家白晓霞入选2020年度中国作协少数民族文学理论评论家签约项目。

【文学培训】

9月，在白银市举办为期三天甘肃省首届“融入乡村生活·记录脱贫故事”网络作家培训班。

甘肃省剧协

【综述】

在甘肃省文联党组的领导下，在中国剧协的精心指导下，认真学习贯彻习近平新时代中国特色社会主义思想和党的十九大及十九届四中、五中全会精神，深入领会党的文艺方针和政策，认真履行协会职能，不断提升戏剧创作质量，培养戏剧人才，打造特色文艺品牌，认真开展文艺扶贫工作，为甘肃省戏剧事业的繁荣发展努力奋斗，圆满地完成了各项任务。

【会议与活动】

6月3日，甘肃省剧协第六次会员代表大会在兰州召开。大会选举产生协会新一届理事会成员，并在第六届理事会第一次会议上，投票选举产生新一届主席团成员。

12月28日，第六届甘肃戏剧红梅奖大赛前站会在张掖召开。此次红梅奖大赛从全省申报的17台剧目和84名参赛演员中，评选出入围终评剧目8台，非遗展演剧目1台，入围终评个人表演类演员30人。

【主题创作】

朱晨霞脱贫攻坚现代秦腔剧《村上春秋》在兰展演，省委宣传部已上报中宣部将《村上春秋》作为2021年国家“五个一工程”储备作品。

剧作家朱晨霞创作秦腔剧本《当号角吹响》、牛勃创作的大型秦腔现代剧《隔离》等作品具备排演水平。

【竞赛展演】

王紫轩、鲜彩佳通过第二十四届“中国少儿戏曲小梅花荟萃”（个人项目）地方戏组终审，被授予“小梅花”称号。

推荐京剧《丝路花雨》（梅花奖演员马少敏主演）、秦腔《火焰驹》（梅花奖演员苏凤丽主演）参加戏剧梅花奖数字电影工程。推荐眉户剧《崆峒山下》参加“2020年脱贫攻坚主题戏剧作品晋京展演”剧本征集活动。推荐大型新编秦腔历史剧《许铁堂》、高山戏《米仓魂》参加曹禺剧本奖评选。推荐《椒乡里的麻辣事》《崆峒山下》参加中国剧协民营剧团优秀剧目线上展演。

【志愿服务】

2月2日，“甘肃戏剧”微信公众号首发梅花奖演员周桦豫剧唱段《众志成城定把凶魔歼》，受到了广大观众的好评。

2月3日，“甘肃戏剧”微信公众号开辟了《甘肃省戏剧人抗疫专题》，此后每天一期，择优刊发优秀抗疫作品，受到了全省戏剧爱好者的普遍欢迎。

甘肃省影协

【综述】

在甘肃省文联党组的正确领导下，在中国影协的精心指导下，甘肃省影协以习近平新时代中国特色社会主义思想为指导，深入学习贯彻领会习近平总书记关于文艺工作的重要论述，围绕中心，服务大局，始终坚持“以人民为中心”的创作导向，立足省情，深化影协改革，拓展工作半径，搭建平台，树立形象。

【重要会议】

6月5日，组织召开甘肃省影协第六次会员代表大会，大会选举产生新一届主席团成员，并完成换届工作。

【影视活动】

3日7月，有序推进“同心战疫·拥抱春天—甘肃在行动”短视频、摄影、微剧本作品征集评选表彰活动。共收到社会来稿205部（组、幅），共评出40部（组、幅）。其中，短视频获奖13部，微剧本获奖2部，摄影作品25部（组、幅）。

8日至9月，组织第三十五届大众电影百花奖观众评委甘肃选拔活动暨全省影评大赛。最终，两位评委作为观众评委参加在河南郑州举办的百花奖评选活动，对评选出的7篇优秀影评文章颁发荣誉证书。

6日至10月，举办“聚焦老年风采，弘扬敬老美德”微视频、微电影大赛活动。

【影视创作】

筛选报送“大爱无疆”抗疫题材短视频《春暖》《万里之行》参加全国评选。推荐《童趣之套麻雀》《关爱儿童——拒绝语言暴力》参加第十三届（中国）山东青年微电影大赛，分别获学生单元动画片、公益片铜奖，甘肃省影协获得优秀组织奖。

联合摄制脱贫攻坚主题电影《马莲花开》，微电影《山下有新天》。11月，为电影《马莲花开》入展全省“脱贫攻坚”优秀电影公益展映组织推介仪式。

推选报送微电影剧本《中巴公路沿线的中国人》，先后获得中国影协剧本创作资金扶持、重点扶持项目。

【志愿服务】

2日至3月，以兰州浩发影视、甘肃表是文化、甘肃华盛集团、甘肃润田文化、甘肃八月潮影视为代表的民营影视机构在疫情初期主动作为，想方设法多方筹措采购防护服、口罩、酒精等紧缺医疗物资，总计捐款捐物价值40余万元，彰显了甘肃电影人的家国情怀和责任担当；

3月，由省影协朗诵专业委员会组织诗歌朗诵《我们和祖国在一起》抗击疫情特别节目共12期，进行抗疫公益宣传，鼓舞士气，发挥文艺工作的社会效应；

甘肃省音协

【综述】

在甘肃省文联党组领导下，甘肃省音协加强理论学习，聚焦“一带一路”、脱贫攻坚、抗击疫情等重大主题开展活动，持续深入开展主题教育实践活动，进一步改进工作作风，创新工作思路，对标对表，克服疫情带来的不利影响，较好地完成了全年工作任务，有力地宣传了甘肃，增强了甘肃的知名度。

【会议活动】

6月1日，甘肃省音协第六次会员代表大会在兰州召开。会议讨论并通过了甘肃省音协第五届理事会所作的工作报告及新的《甘肃省音协章程》，选举产生了甘肃省音协第六届领导机构。

7月，举办第三届国际管乐艺术节，与兰州交响乐团合办《黄河之滨——管乐音乐会》。

9月27日在甘肃兰州举办“2020金钟之星‘一带一路’民族音乐会”。

10月3日在嘉峪关关城，首次和长城沿线9省（市）联合举办“交响丝路·如意甘肃——大型交响乐《长城》”音乐会。

10月19日，举办第三届“唱响中国梦·陇上之歌”优秀歌曲评选活动。评选产生优秀歌曲10首，特别推荐歌曲1首。

【音乐创作】

组织动员全省广大音乐工作者主动投身以抗击疫情为主题的音乐创作，作品《你是英雄》《妈妈，你去哪儿了》等优秀抗疫作品多次登上“学习强国”、央视频等平台。

8月，举办“决战脱贫攻坚、歌唱山乡巨变”主题歌曲创作采风及征集活动。组织创作采风团分两批深入扶贫一线进行创作采风。面向全国征集了159首歌曲作品，组建创作团队进行脱贫攻坚组歌创作。

【音乐培训】

面向基层群众与广大音乐爱好者，在“甘肃音乐”微信公众号上开辟“名师在线”系列讲座专栏。

推荐甘肃省16名基层骨干特别是新文艺群体优秀音乐人才参加中国音协、中国文联文艺研修院举办的基层音协负责人增强“四力”等多个专题培训班。

【推优评奖】

征集报送音乐作品《幸福像花儿一样》《年画》入选“听见中国听见你”年度优秀歌曲；推荐《大漠治沙人》入选西北地区优秀推选歌曲，甘肃省音协获得优秀推选单位称号；《年画》入选中宣部第八批“中国梦”主题新创作歌曲；《山杏花开的时候》《年华》《门前有条幸福路》《幸福像花儿一样》入围中国音协联合中国文艺网推出的“讲述小康故事·传递幸福声音——全国优秀原创歌曲展播系列”。薛鹏新评为甘肃省优秀青年文化人才。

【公益服务】

10月，甘肃省音协二胡、琵琶、钢琴等专业委员会分别举办了多项送艺术进校园进基层公益活动。

组织8名专家参加“2020年‘圆梦工程’文艺培训志愿服务行动”甘肃省线下培训活动。

甘肃省美协

【综述】

在甘肃省文联党组的领导下，甘肃省美协团结引领广大美术家和美术工作者，坚持以人民为中心创作导向，先后举办和承办国家级展览3项、省级美术展览和活动10多项，完成采风、宣讲、培训、资料报送、项目申报等工作10余项。持续关注新文艺群体发展，广泛宣传，有力推动了甘肃美术事业新发展，圆满地完成了各项工作任务。

【重要会议】

6月5日，甘肃省美协第六次会员代表大会胜利召开，会议回顾了近五年美术事业的繁荣发展及今后五年的总体规划，审议并通过了第五届理事会工作报告和关于修改《甘肃省美协章程》，选举产生了新一届的领导班子成员及理事人选。

【美术展览】

6月5日，在甘肃庆阳举办“美丽中国 生态甘肃”书法美术音乐摄影作品展。此次展览共收到作品753幅，最终评选出获奖作品51幅。

10月，“民族团结进步创建”甘肃省美术作品展在临夏州美术馆（临夏画院）展出。

11月，举办丹霞神韵 • 彩绘张掖——第五届甘肃省十四市（州）美术作品联展。

11月7日至17日，“光辉历程 红色经典——庆祝新中国成立70周年”全国第六届架上连环画展巡展在兰举办。

11月23日至12月2日，“第四届中国民族美术双年展”在兰州举办。此次展览共收到投稿作品4932件，经过初评、复评，遴选出中国画和油画作品261件，其中入会资格作品60件、入选作品201件。

12月15日至25日，“第四届“‘朝圣敦煌’——全国美术作品展”在兰州巡展。此次展览共征集作品6688件，经初评、复评，最终展出入会资格作品及入选作品175件。

【主题创作及展览】

举办“为时代楷模立像——全国知名美术家及甘肃美术家武威写生创作活动”。邀请全国知名美术家甘肃省创作骨干28人，深入八步沙林场实地采风写生，完成写生作品130余幅，最终筛选出作品104副展出。分别在甘肃省武威市、兰州市和北京市举办为“时代楷模”立像——八步沙“六老汉”三代人专题美术作品展。

组织40人采风团前往习近平总书记视察过的东乡族自治县高山乡布楞沟村和定西市渭源县田家河乡元古堆村、平凉市多地进行为期5天的“幸福小康——决胜脱贫攻坚甘肃美术专题作品展”采风写生活动暨草图观摩创作动员会。11月7日，举办“幸福小康——决胜脱贫攻坚甘肃省美术专题作品展”暨第三届甘肃省美术“金驼奖”颁奖仪式。其中金奖10件，银奖14件，铜奖16件。从入选作品中筛选出展出作品140幅。

举办“献礼建党100周年，讲好陇原红色故事”为主题的大型油画创作工程。第一期50件作品草图征集及初评已经结束，正在进行创作。

举办“众志成城·抗击疫情——甘肃美术家在行动主题创作活动 ”。

【志愿服务】

2月，甘肃省美协参加“众志成城、抗击疫情——甘肃美术家在行动义拍义捐活动”，共筹集善款13.2524万元，全部捐赠武汉市慈善总会。

5月20日至6月10日，举办“书画进农家”美术作品义捐活动。

7月30日至8月5日，召开退休老教授座谈会，传达老艺术家的殷切关怀与真诚祝福，并对居住外地的老艺术家以电话形式表达了慰问。

【美术培训】

6月1日至10日，举办“农民画创作培训班”，共有全省各地20多名学员参加，培训其间创作了一批优秀的农民画作品。

甘肃省曲协

【综述】

在甘肃省文联党组的领导和中国曲协的指导下，甘肃省曲协深入学习贯彻习近平新时代中国特色社会主义思想和党的十九大及十九届二中、三中、四中、五中全会精神，认真贯彻落实习近平总书记关于文艺工作的重要论述，学习贯彻习近平视察甘肃重要讲话和指示精神，自觉承担起举旗帜、聚民心、育新人、兴文化、展形象的使命任务。通过组织培训、交流、调研等方式，团结引导全省广大曲艺家和曲艺工作者进一步坚定文化自信、增强文化自觉，推出精品、提高审美、引领风尚。

【会议与活动】

6月1日，甘肃省曲协第五次会员代表大会在兰州胜利召开。大会认真审议并通过了甘肃省曲协第四届理事会工作报告，讨论并通过了新修订的《甘肃省曲协章程》，选举产生了甘肃省曲协新一届领导机构。

推荐甘肃省曲艺作品在曲艺杂志融媒“抗击疫情·曲艺在行动”活动中展播；征集曲艺作品数十件，选择优秀作品在甘肃文艺公众号推出。

【曲艺评奖】

推荐15部曲艺作品参加第十一届中国曲艺牡丹奖评奖。相声《回娘家》入围节目奖、表演奖，兰州鼓子《城里妹妹到我家》入围表演奖、文学奖，秦安小曲《改革开放再扬帆》入围节目奖，分别赴合肥、山西参加演出。

报送优秀曲艺作品参加第十届中国曲艺节，秦安小曲《改革开放再扬帆》入围。《改革开放再扬帆》在网络展播第二场中播出。

报送曲艺作品参加第九届全国少儿曲艺展演、新时期曲艺星火扶贫工程成果巡礼展演、“通州杯”新作展演等曲艺竞演活动。

【曲艺培训】

11月8日至11日，甘肃省曲艺业务骨干研修班（第二期）在嘉峪关市举办，来自全省的曲艺骨干65人参加了培训，培训主要以专家辅导与讨论交流相结合、理论学习与创演实践相结合的形式组织开展。

报送会员参加中国曲协举办的第二期曲艺专家名家精品创作研修班（网络）、中国曲协2019新发展会员培训班（网络）、第三期边远地区曲艺工作者网络培训班、首期中国曲协会员先进典型代表人物网络培训班、第十二期全国曲艺创作高级研修班、第三期曲艺网络编辑创作推广人才线上培训班、第四期全国曲艺自由职业者优秀人才培训班等。

甘肃省舞协

【综述】

根据甘肃省文联党组部署以及机关党委的统一安排，甘肃省舞协深入学习贯彻党的十九大和十九届二中、三中、四中、五中全会精神，以及习近平总书记视察甘肃重要讲话和指示精神。重点学习了习近平总书记关于文艺工作的重要论述，坚持文艺的“二为”方向、“双百”方针，树牢“四个意识”，坚定“四个自信”，坚决做到“两个维护”，不断巩固全省舞蹈工作者的共同思想基础，确保全省舞蹈事业沿着正确的方向健康发展。

【重要会议】

6月1日，圆满完成协会换届工作。大会审议并通过了甘肃省舞协五届理事会工作报告，讨论并通过了新修订的《甘肃省舞协章程》，规划部署今后五年协会事业发展的蓝图，选举产生了甘肃省舞协第六届理事会和主席团。

【品牌活动】

8月8日，举办“经典碰撞·时空对话”——舞剧《丝路花雨》与《大梦敦煌》经典展演活动，活动受到新闻媒体广泛关注，40余家国家级媒体、省内主要媒体、全国知名网媒、自媒体对活动进行宣传报道。截至8月10日上午9时，各平台累计覆盖量达137.1万，累计互动量达12208次，视频累计播放量超过42.2万次。

【舞蹈培训】

举办“全国中小学舞蹈教师培优计划”2020年度甘肃站培训活动。本次培训线上课程参训学员累计达到4万人次，报名人数共计915人，选出优秀舞蹈教师50人参加为期3天的线下培训。

推荐3位同志参加中国文艺志愿者协会举办的“文艺进万家　健康你我他”活动，在抖音开设敦煌舞教学等网络培训。

【推优评奖】

报送甘肃省6部舞蹈作品参加中国舞蹈“荷花奖”古典舞评奖。报送舞剧《彩虹之路》参加第十二届“荷花奖”舞剧评奖，该剧与全国其他7部优秀舞剧共同入围终评。

1名优秀舞蹈演员评为甘肃省优秀青年文化人才。

【志愿服务】

积极响应抗击疫情号召，报送10个抗疫舞蹈作品，参加抗击新冠疫情防控宣传活动，部分优秀作品在新华网、凤凰网等媒体刊发。号召会员积极为抗疫捐资捐物，共募集捐款7万余元、口罩3800只，200多名会员作为志愿者参加志愿服务活动。

组织推荐4名舞蹈志愿者教师，赴武都区为高中学生进行为期15天的舞蹈支教活动，以文化帮扶的形式，为提升武都区高中生的美育教育工作作出了积极贡献。

甘肃省民协

【综述】

在甘肃省文联的坚强领导和中国民协的精心指导下，甘肃省民协团结引领全省广大民间文艺工作者，以习近平新时代中国特色社会主义思想为指导，认真学习贯彻党的文艺路线和方针政策，全面加强协会自身建设，团结引领全省广大民间文艺工作者，积极推动甘肃省民间文艺事业的繁荣发展，有力地提升了甘肃民间文艺在全国的影响力。

【重要会议】

6月1日，甘肃省民协第六次会员代表大会顺利召开，圆满完成了各项会议议程，顺利选举产生甘肃省民协新一届领导机构，为甘肃省民协今后几年的工作奠定了良好基础。

【集成志书编纂】

4月，甘肃省民协与中国民协签订《中国民间文学大系·甘肃卷》故事、歌谣和长诗3个分卷的编纂协议。至此，“中国民间文学大系出版工程”甘肃省卷已展开6个分卷的普查、编纂。其中传说、故事（陇东卷）、歌谣（汉族卷）和长诗4个分卷已基本完成初稿，神话（甘宁卷）和俗语卷分别完成初稿的70%和50%，预计于2021年第一季度完成初稿。

《中国民间工艺集成·甘肃卷》课题组在全省范围内对甘肃省民间工艺进行了普查，掌握了翔

实的资料，现已完成田野调查和初稿编写工作的70%，编纂和修改工作有望在2021年完成，并进入出版流程。

《中国唐卡文化档案·甘南卷》已完成出版工作。该项目用20万字、200余幅图片，首次立体而全面地呈现了甘南藏族唐卡特别是民间唐卡的艺术风貌和文化背景。

《中国民族服饰集成·裕固族卷》被列入“十三五”国家重大出版工程规划项目之一，已进入出版流程，目前正在按出版社要求进行修改，预计2021年一季度完成修改。

启动并组织实施《中国历史文化名城名镇名村丛书》之《中国历史文化名村·甘肃张坝》的普查、编纂工作，已完成初稿。该书以7万字、200幅左右的图片全面反映陇南市琵琶镇张坝村的村落建筑、历史、民俗风情、口传文学等物质和非物质文化遗产。

【田野调查】

7月23日至25日、8月13日至18日，中国文联副主席、中国民协主席潘鲁生，中国民协分党组书记邱运华分别赴甘肃临夏和河西走廊进行甘肃民间文化的调研，对甘肃的民间工艺、民间文学、民间表演艺术等内容进行了深入考察。

9月23日至28日、10月9日至14日，甘肃省民协联合中国民间文学大系出版工程领导小组办公室，举办中国民间文学大系宣传推广“河西宝卷”田野调查活动。召开4次专题座谈会，观摩10场“宝卷”念唱活动，访谈数十位“宝卷”传承人，系统梳理了“河西宝卷”的文本资料。《文艺报》已于11月27日用两个版面选登了部分文章。

【推优评奖】

8月底，甘肃省民协选派5名裕固族民间歌手参加北方民歌那达慕活动。

9月底，组织选送6件民间工艺美术作品参加第七届中国民间工艺博览会暨第十五届中国民间文艺山花奖·优秀民间工艺作品的初评。

10月底，组织入选的28件（组）民间工艺美术精品参加在西安举办的“最美小康路——2020年中国西部民间工艺主题创作展”暨第十五届中国民间文艺“山花奖·优秀民间工艺作品”初评，其中泥塑《河州秧歌系列》和木雕《母亲的味道》入围第十五届“山花奖·优秀民间工艺美术作品”终评。

11月中旬，甘肃省民协组织民间广场鼓舞《凉州攻鼓子》、哈萨克族民歌《牧羊马》参加第十二届“中国民间艺术节”展演暨第十五届“山花奖·优秀民间艺术表演作品”初评活动，双双入围“山花奖”终评。

【民间文艺活动】

12月20日，“纸花流韵”甘肃剪纸艺术展在平凉市开展。展览共征集到144位甘肃剪纸艺术家的作品331幅（组），经组织专家进行评选，91位剪纸艺术家的91幅（组）作品和16位剪纸老艺人的150多幅收藏作品入选。

甘肃省摄协

【综述】

甘肃省摄协在甘肃省文联党组的领导下，以习近平新时代中国特色社会主义思想为指导，深入贯彻党的十九大和十九届二中、三中、四中、五中全会精神，认真学习习近平总书记视察甘肃重要讲话和指示精神，始终坚持“以人民为中心”的创作导向，围绕文艺抗疫、协会换届、精准扶贫等中心任务开展了一系列卓有成效的工作。

【重要会议】

6月5日，甘肃省摄协第六次会员代表大会召开。大会听取了协会第五届理事会工作报告，规划部署了今后五年事业发展蓝图。讨论并通过了新修订的《甘肃省摄协章程》，选举产生了协会新一届领导机构。

【文艺抗疫】

抗疫伊始，开展了一系列抗疫摄影活动。据不完全统计，甘肃省摄影人创作的疫情防控为主题的摄影作品，已在央视元宵晚会、五一晚会及《人民日报》《中国摄影报》《中国石油报》《甘肃日报》等报刊登，取得了较好的反响。甘肃省摄协副主席后俊被评为全省新冠疫情防控优秀者荣誉称号，这也是甘肃省文艺界唯一获此殊荣的代表。

【摄影采风】

7月31日至8月3日，“深入生活、扎根人民”甘肃、青海摄影采访采风创作调研组一行12人，深入甘肃省甘南州临潭县、合作市、碌曲县、夏河县进行摄影采访采风调研活动。

9月至10月，“决胜全面小康·决战脱贫攻坚”摄影采风团一行深入甘肃武威、张掖、临夏、酒泉等市州乡镇、村落和扶贫项目点，全面记录了甘肃省东西两千多公里的纵贯线上生机勃勃的脱贫攻坚、圆梦小康的生产和建设场景。

【志愿服务】

1月4日至6日，“我们的中国梦·文化进万家”——中国文联、中国摄协、甘肃省摄协文艺志愿服务小分队先后走进甘肃天水市秦安县、麦积区，开展摄影志愿服务活动。

【展览赛事】

6月18日，甘肃省摄影采风创作基地挂牌仪式在甘南州全域旅游培训基地举行。甘肃省文联副主席潘义奎，甘肃省摄协驻会副主席路学军等为“创作基地”揭牌。

7月4日，“羲皇故里，康养福地”三省摄影家（陕西、甘肃、四川）走进天水市采风活动在天颐园康养中心隆重举行。

9月16日，举办“甘肃工行杯”新甘肃新时代摄影展。摄影展共收到408位摄影师的6018幅作品。经过严格筛选，有120幅作品入选，其中80幅作品入展。参展作品中，有16幅（组）作品获收藏荣誉，其中3幅（组）作品获金质收藏，5幅（组）作品获银质收藏，8幅（组）作品获铜质收藏。摄影展还特邀11位知名摄影家和5位一线媒体记者的作品参展，为观众奉上了一场生动而精彩的视觉艺术盛宴。

10月25日，“聚焦老年风采·弘扬敬老美德”微视频和摄影大赛优秀作品展隆重举行。99幅摄影作品入选，6幅作品获奖。作品多视角、多层次、全方位集中反映陇原大地老年人生活。

甘肃省书协

【综述】

在甘肃省文联的坚强领导下，甘肃省书协始终以习近平新时代中国特色社会主义思想为指导，认真履行协会职能，全面加强协会自身建设，聚焦“抗击疫情”“脱贫攻坚”等重大时代主题，深度挖掘丝路文化资源，大力弘扬地域书风，全力打造“书法陇军”。

【会议与活动】

7月8日，甘肃省书协第五次会员代表大会在兰州胜利召开。大会总结回顾了协会五年来的主要工作，修改完善了协会章程，选举产生新一届甘肃省书协理事会和主席团。

完成“元旦、春节”两节其间的“书法家送万福进万家”下基层志愿服务公益活动。

先后组织中书协会员参加“三下乡”启动仪式和“2020世界扶贫日·百名知名艺术家写临夏画临夏拍临夏脱贫攻坚采风行”活动。

【书法展览】

12月8日，举办“助力脱贫攻坚·书写山乡巨变”——甘肃省扶贫书法作品展。本次展览共展出书法作品97件，将全部零稿酬收藏，展览结束后用于精准扶贫公益活动捐赠，成为甘肃省文联、甘肃省书协凝心合力打造文化扶贫精品工程的有力注脚。

【书法评奖】

12月7日，“甘肃省第六届‘张芝奖’书法大展”评审工作圆满结束。展览共收到符合征稿要求的书法作品2014件，其中草书作品812件，楷书作品534件，篆隶、篆刻作品668件。经过评审，最终评选出获奖作品14件、一等奖2件、二等奖4件、三等奖8件、入展作品181件。入展作品于2021年1月10日，在甘肃艺术馆展出。

【书法培训】

甘肃省书协与兰州大学书法研究所、兰州交通大学中国书法文化研究所，联合举办甘肃省书法创作高级研修班。

甘肃省杂协

【综述】

甘肃省杂协在甘肃省文联党组的正确领导下，深入学习贯彻习近平新时代中国特色社会主义思想，学习贯彻党的十九大和十九届二中、三中、四中、五中全会精神，全面贯彻落实党的文艺方针政策，坚持以人民为中心的工作导向，认真履职尽责，团结凝聚广大杂技工作者，积极开展主题实践和文艺志愿服务活动，精心举办评奖活动，为甘肃杂技事业的繁荣发展作出了积极贡献。

【重要会议】

6月1日，甘肃省杂协第五次会员代表大会召开，会议回顾总结了协会过去五年的工作，审议通过了《省杂协第四届理事会工作报告》，修改了《章程》，选举产生了新一届领导班子，科学谋划、合理安排了今后五年的工作任务。

【主题创作】

创作出了以《响鞭迎春》《抗击疫情国必胜》《抗击疫情我们在行动》等为代表的优秀杂技作品，在甘肃文艺上推送“众志成城战疫情——甘肃杂技工作者为抗疫防疫助力”两期，在中国甘肃网发布[甘肃文艺界战“疫”]精品展两期、在中国杂协公众号“阻击疫情”文艺征集中入选三期。

【杂技评奖】

10月30日至11月1日，圆满完成第三届甘肃杂技菊花奖评奖工作。经过严格评审，共产生杂技类优秀节目奖9个、魔术类优秀节目奖6个、滑稽类优秀节目奖2个、优秀导演奖3个。

【杂技培训】

推荐甘肃省杂协副主席许蕊参加第十五期全国中青年文艺人才高级研修班并顺利结业；推荐甘肃省杂协副主席邵桂珍等22人参加《中等职业学校杂技与魔术表演专业杂技专业课教学指导意见》网络专题培训班，其中新文艺群体约占30%，所有学员已完成全部课程并获得结业证书；推荐方冉等3人参加全国杂技剧目创作研修班，所有学员已完成全部课程并获得结业证书；推荐并报送朱星潼等3人参加全国新文艺群体魔术人才研修班学习。

甘肃省视协

【综述】

在甘肃省文联的坚强领导和中国视协的精心指导下，甘肃省视协团结引领全省广大电视艺术工作者，以习近平新时代中国特色社会主义思想为指导，认真学习贯彻党的文艺路线和方针政策，全面加强协会自身建设，认真履行“团结引导、联络协调、服务管理、自律维权”职能，积极推动甘肃省电视艺术事业的繁荣发展，有力地提升了甘肃电视艺术在全国的影响力。

【重要会议】

6月5日，甘肃省电视艺术界协会第五次会员代表大会召开，会议回顾和总结了甘肃省视协第四次会员代表大会以来取得的成就，规划部署今后工作任务，修改《甘肃省视协章程》，选举产生新一届理事会和主席团。

【推优评奖】

组织征集甘肃省作品47部，参加“第八届亚洲微电影艺术节”“第十三届中国旅游电视周暨第二届大运河文化国际电视周旅游电视节目推选活动”“第十四届小康电视节目工程征集作品”等各类推优评奖活动。其中《大美肃北》《兴隆四季》在“第十三届中国旅游电视周暨第二届大运河文化国际电视周旅游电视节目推选活动”中分别荣获好专题片奖和好宣传片奖。《向阳》获“第八届亚洲微电影艺术节”优秀作品奖。

纪录片《莫高窟与吴哥窟的对话》《重走来时路》《河西走廊之嘉峪关》《沙海传奇》入选国家广播电视总局所推荐的2019年第四季度优秀国产纪录片。《莫高窟与吴哥窟的对话》获国家广电总局国产纪录片推优项目优秀长片奖，同时又荣获第26届电视文艺星光奖优秀记录片提名奖，荣获第 26 届中国纪录片长片十优作品奖。

《百合花开》荣获对农专题片最佳作品奖；《希望的田野》荣获对农专题片优秀作品奖；《生态文明小康村》荣获美丽乡村（县、镇、村）宣传片奖。

【品牌活动】

12月，完成陇西县定西中医药科技中等专业学校“影视小屋”和崇信县木林中学“影视小屋”的创建活动.

推选参评作品12部，参加第30届中国电视金鹰奖的评选，其中电视剧2部，网络剧1部，电视纪录片5部，电视综艺节目4部。7月18日至8月20日其间，协调各电视台对第30届中国电视金鹰奖进行多次宣传推广。

完成中国视协以“时代传承，青春不悔”为主题第九届中国大学生电视节“最受大学生瞩目”推选工作。此项活动于7月正式启动，9月18日至19日，在四川省成都市成功举办节庆活动。

【主题影视创作】

参与“站在一起”抗击疫情主题视频展示活动，《风雨同歌》—中国抗疫主题 MV 征集典藏活动，先后共征集到抗疫作品30余部。

甘肃省委宣传部、甘肃表是文化传播集团股份有限公司等联合出品的电视剧《陇原英雄传》版权在疫情其间捐赠于湖北省各级电视台播出。

审核选送5部主题鲜明、质量上乘的防疫抗疫短视频作品参加省委宣传部组织的战“疫”优秀文艺作品网上展播、展映活动。

【培训交流】

9月25日至28日，在甘肃省张掖市举办“甘肃省视协文艺业务骨干研修班（二期）”。来自全省市州、县区电视台，民营影视公司的基层电视艺术工作者50人参加了研修班。

甘肃省评协

【综述】

在甘肃省文联党组的领导和中国评协的指导下，甘肃省评协及广大会员深入学习贯彻习近平新时代中国特色社会主义思想和党的十九大及十九届二中、三中、四中、五中全会精神，学习贯彻习近平视察甘肃重要讲话和指示精神，认真履行“团结引领、联络协调、服务管理、自律维权”职能，积极主动，结合评协的实际完成各项工作。

【重要会议】

6月3日，甘肃省评协顺利完成协会换届工作，选举产生第二届理事会和主席团。

【文艺论坛】

8月28日，“甘肃文艺论坛·后疫情时代文艺创作传播对策研讨会”召开，聚焦、探讨疫情防控常态化背景下文艺创作传播的变量与常量，对疫情后时代文艺创作和传播的面貌格局、机遇挑战、对策措施进行了有深度的前瞻性预测、分析和探讨。

10月21日至22日，“西部文学”研讨活动在宁夏银川举办。甘肃省一行五人，由甘肃省文联党组成员、副主席王正茂同志带队参会。研讨会探讨了“西部文学”特色，共商“西部文学”前景，进一步加强了西部文学评论工作交流互鉴，更好推动西部文艺事业繁荣发展。

10月30日，举办“甘肃文艺论坛——现状与未来：甘肃如何从书法大省走向书法强省”论坛。甘肃省书法家、专家学者80多人参加会议。论坛从“现状·差距”“对策·路径”“理论·批评”“创作·观念”四个板块展开，在全面分析甘肃省当前书法现状的基础上，从创作、理论研究与批评、教育培训、资源挖掘、队伍建设、人文修养提升等方面进行深入研讨。

【文艺评奖】

11月6日，第四届甘肃文艺评论奖评奖工作圆满结束。本届参评作品86件，较上年届增加26%，评出获奖作品27件，其中文学类11件，艺术类15件，藏文类1件，较上届减少20%，奖项的含金量和影响力进一步提升。

青海省文联

综　述

2020年，青海省文联在省委省政府的坚强领导下，在中国文联和省委宣传部的有力指导下，坚持以习近平新时代中国特色社会主义思想为指导，全面贯彻落实党的十九大和十九届二中、三中、四中、五中全会，深入贯彻落实全国和全省宣传部长会议精神，围绕决战脱贫攻坚、决胜全面建成小康社会、打赢疫情防控阻击战这一主线，牢记初心使命，坚持守正创新，自觉担负起举旗帜、聚民心、育新人、兴文化、展形象的使命任务，着力在理论武装、服务大局、精品创作、服务人民、人才培养、自身建设上取得新成效，团结引导广大文艺工作者，为繁荣发展新时代青海文艺事业作出积极贡献，为全面建成小康社会提供强大精神动力。

会议与活动

【我们的中国梦 同心同书 祖国新春好，青海省书法家送万福进万家志愿服务公益活动】

1月11日，“我们的中国梦·同心同书·祖国新春好——青海省书法家送万福进万家志愿服务公益活动”启动仪式在西宁市新宁广场启动。启动仪式现场全体书法志愿者为广大市民书写并赠送春联、福字1000余件。启动仪式结束后，青海省文联、青海省书协“送万福 进万家”志愿服务11个小分队联合西宁市、海东市、海西州、海北州、青海油田小分队深入全省农村、社区、生产一线、服务行业窗口单位、公共安全部门、机关，书写春联、“福”字36700余件。

【《昆仑之春——新年交响独唱音乐会》】

1月15日，由青海省文联联合中共青海省委宣传部、青海省文化和旅游厅主办，青海省音协、青海正同能源集团有限公司在青海大剧院承办的“昆仑之春——新年交响独唱音乐会”举行。音乐会特邀国内知名红色指挥家蒋燮斌执棒新组建的青海爱乐交响乐团，知名青年钢琴演奏家邓垚担任艺术指导，青海音协青年合唱团、青海民族大学艺术学院启明星合唱团担任合唱，青海籍青年歌手郭艳华、张明旭等倾情放唱，共同祝福祖国繁荣昌盛、国泰民安。

【青海省文联扶贫联点村春节慰问帮扶活动】

1月16日，青海省文联党组书记、主席班果带队赴青海省文联扶贫联点村仓家峡开展党的十九届四中全会和省委十三届七次全会精神宣讲及春节慰问帮扶活动，青海省文联全体干部职工、乐都区及乐都区寿乐镇相关领导参加活动。

【文艺战“疫”系列活动】

青海省文联坚决落实中央和省委工作部署，1月29日，向全省文艺界发出《青海省文学艺术界联合会关于文艺界抗击新型冠状病毒感染的肺炎疫情倡议书》，联合青海省网信办、人民网、新华网、中新网、青海新闻网等单位和媒体迅速开展“文艺战‘疫’——我们在一起”网上文艺作品主题创作展播活动，不到两个月时间，创作各类文艺作品近5000篇幅，截至3月19日，向各级各类媒体遴选推送文学、戏剧、美术、书法、摄影、音乐、民间曲艺、影视等各文艺门类优秀作品约2500篇（幅），刊播290余条次专题报道，阅读点击量约1300万人（次），部分摄影、音乐作品的点击量超过100万人次，1至3月，广大文艺工作者向疫情防控捐款超过32万元。

【“新青海精神高地”主题教育展馆党性教育现场教学点挂牌仪式】

4月23日，中共青海省委组织部、省委党校在“新青海精神高地”主题教育展馆举行党性教育现场教学点挂牌仪式。省委组织部副部长务国强出席并讲话，青海省文联党组书记、主席班果主持揭牌仪式，省委党校副校长李广斌、青海省文联副主席李国权，省委组织部、省委党校、青海省文联相关部门负责人及青海美术馆、主题教育展馆党员代表参加仪式。

【审议八届五次全委会议工作报告】

5月，受新冠肺炎疫情影响，青海省文联八届五次全会未能召开，通过向全体委员征求意见建议的方式，审议通过了青海省文联党组书记、主席班果所作《牢记初心使命 坚持守正创新 为全面建成小康社会提供强大精神动力》工作报告，全面客观公正总结了青海省文联2019年工作，部署了2020年七项重点工作任务。

【第三届昌耀诗歌奖评选活动】

5月26日，第三届昌耀诗歌奖终评结果揭晓，知名诗人林莽获“特别荣誉奖”；文学批评家、诗人耿占春获“理论批评奖”；王家新组诗《王家新近作选》、西渡组诗《西渡诗歌》、彭惊宇诗集《最高的星辰》获“诗歌创作奖”。本次评选活动共收到297位诗人参评诗作。其中诗集71部，组诗或长诗226件。

【纪念昌耀先生逝世20周年座谈会】

9月19日，青海省文联联合青海省作协、《青海湖》文学月刊编辑部、青海省文评协举办“纪念昌耀先生逝世20周年座谈会”。青海省文联党组书记、主席班果出席并讲话，青海省作协主席梅卓主持座谈会。昌耀先生之子王俏也，威海职业技术学院教授、评论家燎原，北京师范大学教授、评论家谭五昌，西藏自治区文联副主席陈人杰，历届昌耀诗歌奖获得及青海省作协副主席团成员等来自省内外70余名嘉宾参加座谈会。

【青海省文联党组书记深入沿黄河流域基层文联开展调研】

5月27日至6月5日，青海省文联党组书记、主席班果围绕省委书记王建军关于“保护、传承、弘扬源头文化、河湟文化，增强青海黄河文化生命力、传播力、影响力”的指示要求，先后深入湟源县、民和县、乐都区、兴海县、贵德县等地开展实地调研。调研其间，班果代表青海省文联看望慰问基层文艺家代表。

【全国“两会”精神专题会议】

6月3日，青海省文联召开学习全国“两会”精神专题会，传达学习全国两会精神和习近平总书记在全国两会期间的重要讲话精神，就贯彻落实会议精神作出安排部署，青海省文联党组书记、主席班果同志主持会议并讲话，各班子成员，一、二级巡视员，全体干部职工参加学习。

【致敬“最美逆行者”志愿服务活动】

6月12日，青海省文联联合青海省卫健委，组织省内知名书画家、省市电视台节目主持人开展致敬“最美逆行者”志愿服务活动。志愿者先后慰问青海省人民医院、青海省第四人民医院、青海大学附属医院、青海红十字医院援鄂医护人员和抗疫一线医务工作者，活动创作朗诵诗歌作品10首，现场赠送书法作品128幅，大幅美术作品8幅，青海省文联副主席谷晓恒，青海省卫健委党组成员、驻委纪检监察组组长郑明辉，青海省卫健委党组成员、副主任库启录出席活动，各文艺家代表、慰问医院抗疫一线医护人员代表及省垣媒体记者参加活动。

【第二届青海省《格萨尔》研究成果奖颁大会】

7月15日，第二届青海省《格萨尔》研究成果奖颁奖会举行，青海省委宣传部副部长龚波，青海省文联党组书记、主席班果等领导出席并为获奖作者颁奖。文扎、才让所南等27位《格萨尔》史诗研究者分获著作类、论文类一、二、三等奖。

【青海省格萨尔史诗保护研究中心挂牌仪式】

7月15日，青海省格萨尔史诗保护研究中心挂牌仪式在青海美术馆举行。青海省委宣传部副部长龚波，青海省文联党组书记、主席班果为中心揭牌，青海省文联党组成员、副主席、青海省作协主席梅卓主持揭牌仪式，省内相关单位负责人、60余名青海省《格萨尔》专家学者和传承艺人及青海省文联各文艺家协会负责人参加揭牌仪式。

【陈瑞峰部长调研青海省文联工作】

8月4日和6日，青海省委常委、宣传部部长陈瑞峰赴部分中央驻青新闻单位和省直宣传文化部门看望慰问新闻工作者、调研有关工作。6日，陈瑞峰一行到青海省文联调研并座谈，对今后青海省文联工作提出意见和希望，青海省文联党组主席团成员及各部门、协会负责人参加座谈会。

【青海省文联学习党的十九届四中全会精神暨艺术骨干“人员大培训、岗位大练兵”培训活动】

8月中旬，根据青海省文联与南京艺术学院签订的战略合作协议，“学习党的十九届四中全会精神暨艺术骨干‘人员大培训、岗位大练兵’

培训班”举行。培训班特邀南京艺术学院音乐学院、舞蹈学院、美术学院范晓峰、程楠、王延智、邢璐、王玉健、刘训美、许志斌、任洁用、陈静9位专家进行现场授课，青海省音协、舞协、美协、书协以及新文艺群体文艺骨干近200人参加培训。

【举办“我们的节日·贵德六月会”专家采风研讨活动】

8月10日至12日，青海省文联联合中国民协、海南州人民政府、海南州委宣传部主办，省民协、海南州文体旅游广电局、海南州文联等单位协办“我们的节日·贵德六月会”专家采风研讨活动。中国民协分党组书记、驻会副主席邱运华，青海省文联副主席谷晓恒，海南州委宣传部副部长、海南州文体旅游广电局党组书记葛文军等领导及相关部门负责人出席研讨会，中国民协分党组成员、副秘书长侯仰军主持会议。

【孙盛仁先生逝世一周年追思会及作品展】

8月20日，孙盛仁先生逝世一周年追思会在青海美术馆举行，孙盛仁先生的夫人及子女、省文艺界人士等80余人参加追思会。“天边的云——孙盛仁作品展”同时举行。

【全省基层文联深化改革工作座谈会】

8月27日，全省基层文联深化改革工作座谈会在海东市平安区召开，来自全省市（州）、县（市、区）、企行业文联组织负责人以及各省级文艺家协会和青海省文联机关各部室主要负责人等70余人参加会议。青海省文联党组书记、主席班果讲话，海东市委常委、宣传部部长任瑞翔出席会议并致辞，西宁市、海东市、海西州和化隆县文联代表作交流发言。座谈会后，与会人员实地考察调研新文艺群体创业基地——海东艺馨创意文化园。

【向祖国致敬 为援青礼赞——对口援青十周年美术书法邀请展】

9月10日，由青海省文联主办“向祖国致敬 为援青礼赞——对口援青十周年美术书法邀请展”在青海藏文化博物院正式开展，成就展通过9个板块全面展示了广大支援方送政策、送项目、送资金、送人才、送技术、送理念，为促进青海省经济跨越发展、社会和谐稳定和民族团结进步作出的积极贡献，青海省委、省政府和支援方主要领导干部参观展览。

【青海非遗展暨黄河流域刺绣艺术大展】

9月26日，“青海非遗展暨黄河流域刺绣艺术大展”举行。青海省委书记、省人大常委会主任王建军，青海省委副书记、省长信长星，青海省委常委、统战部部长公保扎西等领导莅临现场参观指导。

【青海省文联作风突出问题集中整治专项行动】

9月30日至10月21日，青海省文联开展作风突出问题集中整治专项行动，其间举行动员部署会和专题学习研讨发9次。青海省文联党组书记、主席班果同志主持专项行动动员部署，青海省文联全体干部职工参与专项行动，党组主席团成员及各部门、协会负责同志结合自身工作就作风突出问题集中整治进行研讨发言。

【青海省第四届书坛新秀20人作品展暨首届篆书篆刻展作品研讨会】

10月10日，青海省文联主办“雏凤新墨”青海省第四届书坛新秀20人书法篆刻作品展暨青海省首届篆书篆刻展作品研讨会。青海省文联党组书记、主席班果，副主席谷晓恒，挂职副主席王光献，青海省书协顾问姚忠宝、知名老书法家巨积文、刘惠斌，青海省书协部分副主席、理事，书坛新秀20人代表，创作骨干等60人参加研讨会。省书协主席石力主持研讨会。

【2020年度国家艺术基金青年美术作品展】

10月17日，青海省文联、国家艺术基金管理中心、青海省美协、青海省书协、青海美术馆联合举办“2020年度国家艺术基金美术类成果运用作品巡展，新时代图景——决战脱贫奔小康 青年美术作品展”。青海省文联党组书记、主席班果致辞，国家艺术基金管理中心主任雷喜宁致辞并宣布展览开幕。展览涵盖国画、油画、版画、雕塑、漆画、工艺美术、书法、篆刻、摄影九大门类近70件/组作品。

【攻坚克难 你我同行——歌颂脱贫攻坚先进事迹曲艺创作演出】

10月19日，由青海省委宣传部、青海省文联共同主办的“攻坚克难 你我同行——歌颂脱贫攻坚先进事迹曲艺创作演出”在青海省文化馆群星剧场展演。青海省文联党组书记、主席班果，青海省文联副主席谷晓恒，省委宣传部文艺处处长王晓东及近百位观众共同观看演出。

【青海国家公园示范省农牧民生态摄影成果展】

10月28日，青海省文联联合青海省林业和草原局、三江源国家公园管理局、青海湖景区保护利用管理局、祁连山国家公园青海省管理局主办“青海国家公园示范省农牧民生态摄影成果展”。国际自然保护摄影师联盟成员、野性中国工作室创始人、知名野生动物摄影家奚志农出席开幕式并致辞，青海省文联党组成员、副主席李国权主持开幕式。本次展览展出全省农牧民摄影作品150幅。

文艺创作与成果

2020年，纪念昌耀去世20周年《高车——昌耀诗歌图典》《中国唐卡文化档案·藏娘卷》《青海格萨尔图典》《格萨尔简明读本》编辑出版。作家龙仁青、曹建川、王伟名入选中国作家协会2020年度定点深入生活项目；作家陈华长篇小说《烟火的尘埃》、孔占伟诗集《恰卜恰的星空》、王静淙诗集《祁连山辞典》、马明全报告文学《红星照耀黄河》、索南达杰长篇小说《结》（藏语）等5部作品入选2020年中国作家协会少数民族文学重点作品扶持项目；作家辛茜长篇报告文学《青海长云——全国援青纪实》入选2020年中国作协重点作品扶持项目；网络作家懿小茹的《我的草原星光璀璨》入选2020年中国作协网络文学重点作品扶持项目；2020年出版《青海湖》文学月刊12期；作家索南才让的中短篇小说集《德州商店》入选2020年度“中国少数民族文学之星丛书”项目；《收获》杂志头条刊发青海省牧民作家索南才让作品《荒原上》；海杰作品《放生羊》在《北京文学》发表后，先后被《小说月报》《中华文学选刊》《新华文摘》转载。2020年成功举办多项展览与活动：“玉树4.14抗震救灾十周年摄影展”“第五届青海省青年美术作品展”“雏风新墨青海省第四届书坛新秀20人书法篆刻作品展”“青海国家公园示范省首届鸟类摄影大展”“农牧民生态摄影成果展”“青海首届篆书篆刻作品展”；完成天下黄河——中国百名油画家主题作品展青海段写生、“晴朗的天空”——青藏高原各族人民的新生活主题摄影展采风活动等。积极参与全国各项赛事，取得佳绩：第十二届（2016-2019）全国少数民族文学创作骏马奖获奖评选活动中，青海省作协主席梅卓长篇小说《神授·魔岭记》、拉先加中短篇小说集《睡觉的水》（藏文）分别获长篇小说奖、中短篇小说奖，《青海湖》杂志主编龙仁青获得翻译奖；梅卓《神授·魔岭记》荣获首届“青稞文学奖”长篇小说奖、万玛才旦、龙仁青《天湖》获影视剧本奖；马文秀长诗《老街口》荣获第五届中国长诗奖最佳新锐奖；省摄协理事李善元摄影作品《当妈妈说跑步前进》获得第56届国际野生生物摄影年赛哺乳动物组冠军，同海元摄影作品《生存》获得高度赞扬奖；省摄协副主席鲍永清荣获第十三届中国摄影金像奖·纪实类金像奖；省曲协组织推荐的6名优秀曲艺工作者被入选中国曲协《曲艺月报》2020第1期会员风采栏目；海南州共和县杜鹃声调民间情歌发展协会演唱的《藏族对歌》入围第十五届中国民间文艺山花奖·优秀民间艺术表演作品终评。

文艺惠民活动

2020年，结合元旦、春节、全国第七个文艺志愿者日、第三届农民丰收节等重要节点，组织各艺术门类艺术家以集中和小分队形式分别赴西宁市上滨河路社区、西宁市社会福利院、西宁市大通县、海东市互助县东沟乡、海南州贵德县尕让乡二连村开展“我们的中国门梦——文化进万家文艺志愿慰问演出活动”“到人民中去”“送福送春联”“百幅肖像进万家”“书法美术进社区”“美术进农家”“文学进村社”“我们的中国梦　同心同书·祖国新春好——青海省书法家送万福进万家志愿服务公益活动”“送文艺入户”“文艺一对一”“庆丰收　迎小康”等主题系列活动26场（次），书写赠送春联3700余副，拍摄装裱赠送肖像及全家福照片450余幅，赠送中国文联“送欢乐　下基层”祥瑞包200个，赠送美术作品30余幅，文学书籍近千册，服务群众达1.5万人。持续推动戏剧进校园、乡村学校少年宫艺术辅导员培训等项目落地生根，辅导师生7000余人次，进一步拓展受益群体。发挥美术馆文艺服务主阵地作用，承办青海非遗展暨黄河流域刺绣艺术大展，举办“西泠公益行”等活动

20余场。充分发挥“新青海精神高地”主题教育展馆作用，参观人数突破12万，网上点击量近12万，成为全省党员干部党性教育基地、党校系统教学基地、中小学生爱国主义教育平台和新青海精神宣传阵地。配合中国文艺志愿服务中心，联合复旦大学、中国地质大学、山东曲阜师大、青海大学、青海师大、青海民大六所高校的美术、音乐、舞蹈、书法4个艺术门类的教师，通过企业微信网络平台，面向大众，重点针对全省8个市、州及44个县的乡村学校少年宫艺术辅导员、学校学生以及文艺爱好者，组织开展“圆梦工程”，开设线上艺术直播课，受训人员达千人。

机关建设

2020年，推荐“青海学者”“高端创新人才千人计”培养领军人才、青海省“西部之光”访问学者4名，引进高端人才1名，采取公务员遴选、考录、事业单位招聘等方式，补充年轻干部6名，取得《2020-2024年青海省哲学社会科学教学科研骨干研修工作规划》研修名额1名。2020年度制定出台《青海省文联重大事项报告制度（试行）》《公务员年度考核实施办法》《青海省文联机关公务员平时考核工作实施方案（试行）》《青海省文联机关离退休和干部职工慰问工作意见》《干部培训教育管理》《青海省文联机关临时聘用人员管理规定（试行）》等多项制度，建立《青海省文联干部学习培训个人档案》；强抓干部队伍建设，推进“人员大培训、岗位大练兵、环境大整治”活动，先后举办党的十九届四中、五中全会和《习近平谈治国理政》（第三卷）读书班、岗位能力提升培训、学习十九届四中全会精神暨艺术骨干“人员大培训、岗位大练兵”等业务培训班等50期，培训文艺管理干部、省级文艺家协会会员、基层文艺工作者和新文艺群体代表1070人次。

直属单位

【青海省《格萨尔》史诗保护研究中心】

5月7日，青海省《格萨尔》史诗研究所邀请青海省文化馆学术刊物《藏族民俗文化》资深编辑、知名作家才加举行省《格萨尔》史诗研究所人员培训讲座。

5月18日下午，青海省文联召开建设青海《格萨尔》文化传承保护和国际研究交流中心（基地）项目讨论会。

6月1日，青海省编办下发《关于青海〈格萨尔〉史诗研究所更名并调整编制的通知》（青编办〔2020〕42号），同意将青海省《格萨尔》史诗研究所更名为青海省格萨尔史诗保护研究中心，编制调整后，青海省《格萨尔》史诗保护研究中心核定全额拨款事业编制8名。

6月8日至13日，青海省《格萨尔》史诗研究所人员先后赴黄南州泽库县、河南蒙古族自治县、同仁县、尖扎县进行了为期5天的田野考察，研究所人员深入泽库县泽曲镇、宁秀乡、和日乡，河南县宁木特乡、托叶玛乡、多松乡，同仁县隆务镇、保安镇、曲库乎乡、年都乎乡，尖扎县坎布拉镇等11个乡镇30多个格萨尔遗迹和《格萨尔》文化保护传承情况进行实地考察和现场采访，并向考察地区赠送《格萨尔》书籍。

7月15日，青海省格萨尔史诗保护研究中心挂牌仪式和第二届青海省《格萨尔》研究成果奖颁奖会、习近平总书记关于《格萨尔》史诗重要讲话精神学习座谈会在青海美术馆隆重举行。

8月10日至12日，2020年青海省《格萨尔》非遗传承人培训班在海南州贵德县举办。

11月，全国《格萨尔》办公室和省格萨尔史诗保护研究中心联合召开《格萨尔集成1998日至2020（当代卷）》编纂工作讨论会；青海省格萨尔史诗保护研究中心主办，玉树州《格萨尔》研究学会承办2020年青海省（玉树州）《格萨尔》非遗传承人培训班在玉树州结古镇举办。2020年，青海省格萨尔史诗保护研究中心授予青海湖环湖格萨尔说唱协会为“格萨尔文化传承保护基地”，玉树市江西乡嘎玛嘎赤唐卡惠牧职业学校为“格萨尔文化传承保护基地”，达日县岭嘎尔•超同纪念馆为“格萨尔文化传承保护基地”，尖扎县仁青尖措格萨尔绘画艺术室、同仁市和年都乎村格萨尔庙、热贡江什加民间藏戏团为“格萨尔文化传承保护基地”，并颁发“格萨尔文化传承保护基地”证书。

12月7日至8日，青海省《格萨尔》史诗研究保护中心和玉树州文联、玉树州雪域格萨尔文化中心、玉树州《格萨尔》研究学会在玉树州结古镇举办《格萨尔》神授、掘藏、口传和吟诵艺人省级鉴定会。

【青海省文联文学创作与理论评论中心】

年初，积极参与青海省委宣传部安排的《文化思想引领机制研究》调查报告的撰写。

7至9月，针对青海文艺创作实际，聚焦文艺创作主体针对性地开展调研，完成海东市调研报告和海北州调研报告。

年内，按照青海省委宣传部文艺处安排和要求，对第14届青年电影节参展影片审查。参加中国文联“习近平总书记关于文艺工作的重要论述”征稿并与11月参加理论研讨会。

部门成员公开发表文艺评论、文艺研究文章《河湟影戏与民俗调查研究》《冷色浪漫》2篇。

【大湖出版文化传媒有限责任公司】

1月，根据审计工作要求，完善公司管理制度，组织全体员工学习《公司法》《关于加强新闻出版中央财政资金项目支付个人报酬事项管理的通知》《现金管理暂行条例实施细则》等法律法规及文件，制定并完善《大湖公司出版工作制度》《大湖公司考勤制度》等制度。

4月《青海湖》编辑出版“青海湖·纪念玉树地震10周年专刊”。

4月28日，在青海美术馆召开关于在第二届国家公园论坛中增设“极地意识·生态文化与文学分论坛”暨“首届国家公园生态文学笔会”的讨论会。

6月，编辑出版“青海湖·昌耀诗歌奖专号”，刊发获得第三届昌耀诗歌奖获得者及入围者的优秀文学作品。

7月，完成《青海湖》杂志改版工作，《青海湖》文学月刊由大16开异形开本变更为正度16开，内页由70克轻型纸变更为80克轻型纸，页码不变为128页，印刷要求不变，为内页黑白印刷，封面四色印刷。

7月，《青海湖》杂志编辑出版“庆祝中国共产党成立99周年华诞”专刊。

9月18日至21日，协办“第三届昌耀诗歌奖活动”，出版《青海湖·纪念昌耀逝世20周年座谈会评论专辑》。

10月23日，召开大湖公司发展专题会议；10月，举办2020年《青海湖》重点作者读书班。

10月30日至11月5日，第十一届青海文学周其间举办2020年度《青海湖》重点作者读书班，来自全省各地的70余名中青年作家参加了本期读书班学习。

【青海美术馆】

7月14日，中组部干部三局副局长、青海省委组织部副部长务国强、青海省委组织部干部教育处处长马锁安陪同中国延安干部学院副院长靳铭、教学科研党史教研室主任、教授宋炜、教务部教学计划与资源开发处处长黄晓征等参观“新青海精神高地”主题教育展馆。

9月，中组部人才管理局带领“高层次人才国情研修班”全体学员参观“新青海精神”主题教育展馆。

9月7日，全国“两弹一星”118名青年英才参观青海美术馆“新青海精神高地”主题教育展馆。

11月初，青海美术馆2020年度典藏工作圆满完成，13件全国优秀美术作品收藏入馆。

11月20日，召开青海美术馆工作专题会议，青海省文联班子成员，各部门、各文艺家协会负责人及青海美术馆全体干部职工参加会议。

2020年，承办“天边的云——孙盛仁作品展暨先生逝世一周年追思会”“西泠公益行——西泠十家走进青海省书画篆刻展”“丹心育美——姜丹书与近现代美术教育展”“青海非遗展暨黄河流域刺绣艺术大展”“青海省第四届书坛新秀20人书法篆刻作品展和青海省首届篆书篆刻展”“2020年度国家艺术基金美术类成果运用作品巡展‘新时代图景’决战脱贫奔小康青年美术作品展”“青海国家公园示范省农牧民生态摄影成果展”“青海省美协成立60周年暨第五届青海省青年美术作品展”8场，（因疫情原因）累计开馆天数198天，共接待观众2.42万人，其中接待团队242个，参观人数单日最多达2100人次，累计近29万人次参观。

2020年，中共青海省直属机关工作委员会和青海省总工会在美术馆正式挂牌“职工书屋”，作为青海省直机关职工书屋示范点，青海省委组织部授予青海美术馆为全省“党支部组织生活共享阵地”，并挂牌全省党性教育现场教学点。

2020年，积极开展人员培训工作，青海美术馆职工分别赴湖南、重庆、北京、江浙培训；参加2020年全国美术馆公共教育培训班、中宣部全国美术馆策展人培训班、中国文联第四期视觉艺术策展人高级研修班等业务培训学习，取得结业证书。

各文艺家协会

【作家协会】

2020年，青海省作协立足重创作促发展，举办分享会3次.

5月31日，举办撒拉族作家韩庆功长篇小说《黄河从这里拐弯》分享会。

6月5日，举办农民作家王连学长篇小说《风雪一枝梅》出版分享会。

12月21日，举办迎新年“青稞文学”散文作品分享会。

7月17日至9月4日，青海作家赴玉树采访小分队前往玉树州、海北州、黄南州各市县开展“扎根沃土 笔耕高原”——青海作家2020年“深入生活、扎根人民”主题采访创作活动。

10月31日，第十一届青海文学周在青海美术馆正式启动，文学周安排省作协八届三次委员会、基层作协主席联席会议暨基层作协负责人培训班、黄河文化视野下的文学书写——青海文学创作会议、新时代青海网络文学回顾与展望暨青海作协网络文学委员会工作会议、青海省中青年作家暨《青海湖》重点作者读书班、2020“中国一日·美好小康——中国作家在行动”等活动。

11月27日，举办第三届全国藏语短篇小说大奖赛颁奖仪式，评选出获奖作品6篇：索朗列谢作品《 我小时候》获一等奖；才项加作品《厕所》、旦正措作品《远行岁月与阿佳边珍》获二等奖；更让东周作品《门槛》、玛机措作品《天珠》、公保才让作品《我们去哪里》获三等奖。

8月15日至9月15日，推荐凌如隐、蝶之灵等15位网络作家参加中国作家协会举办的首期全国网络作家在线学习培训班，蝶之灵被评为全国优秀学员。

10月31日至11月5日，联合《青海湖》编辑部举办2020年度青海省中青年作家暨《青海湖》重点作者读书班，青海省文联党组成员、省作协主持梅卓主持开班式。2020年，推荐班玛南杰、旦文毛、尕德、那萨、索南才让等五位作家申报2020年度“中国少数民族文学之星”丛书项目。

推荐龙仁青等13位作家申报中国作协2020年度定点深入生活项目；推荐辛茜等6位作家申报中国作协2020年度重点扶持项目；推荐切蒋参加中国作协2020年度少数民族理论评论家签约项目。

推荐格桑花下、七月初三等参加2020年度中国作协网络文学重点扶持项目；推荐索南达杰等11位作家申报中国作协2020年度少数民族文学重点作品扶持项目。

2020年，推荐通过马文秀、王晓玲（蝶之灵）、陈敬松、拉青加、罗洪、赵有年、韩庆功为中国作协会员。

【音乐家协会】

1月15日，在青海大剧院承办《昆仑之春——新年交响独唱音乐会》。

3月，在第57个雷锋日，创作完成由青海省文联党组成员、副主席秦光明作词，省音家主席苍海平作曲的雷锋MV歌曲《再唱雷锋好榜样》，并在“学习强国”、中新网、青海省文联、青海省音协等公众平台发布。

4月，开展”2020抗击新冠肺炎疫情”主题音乐创作活动，创作完成抗疫歌曲《我心我爱》《感谢有你》MV、《战疫之歌》《我的国》《雪域的感恩》等歌曲80余首，并在“学习强国”、人民网、青海网、新华网、中新网等公众平台推出。

5月，遴选15首优秀作品，举行表彰大会予以鼓励。

7月，邀请南京艺术学院教授，联合完成青海省文联学习党的十九届四中全会精神暨艺术骨干“人员大培训、岗位大练兵”培训班活动。

9月，联合上海、湖北、重庆、云南、西藏、贵州、新疆等地音协在上海共同主办锦绣中华“共饮长江水”民族管弦乐音乐会，音乐会演奏了由青年作曲家李玥锦根据青海藏族音乐创作的竹笛、扎木念与乐队《江源弦歌》，扎木念由青海籍多旦才让演奏。

9月29日，青海省音协青年合唱团应青海省总工会的邀请，参加省总工会举办的“中国梦劳动美”决胜小康奋斗有我”庆国庆全省职工文艺会演，青海省音协荣获优秀组织奖。

年内，联合《青海湖》杂志开辟“视听世界”栏目，完成24位青海音乐家自传撰写及刊登。

【戏剧家协会】

1月30日至2月4日，青海省剧协在疫情暴发期间积极捐资助款，组织剧协会员捐款83笔，共计13350元。

1月31日至4月14日，青海省剧协会员上报抗疫作品共22件，青海文联等公众号、青海新闻网、今日头条、新华网发布14件（次），点击量达2万余次；与西宁艺术剧院有限公司合作开展天天小剧场战“疫”绘春天系列演出活动，共播发文艺作品13件（次）。

组织协会主席团成员及青海省梅花奖获得者录制抗疫宣传视频，制作《文艺抗疫　共克时艰　青海省戏剧界在行动》专题宣传短视频，撰写抗疫文稿，优选抗疫作品，上报中国剧协，中国剧协公众号于4月14日推出中国剧协抗疫青海篇。

5月至7月，邀请海东艺馨秦腔研究团团长乃东红，中国剧协会员、青海省剧协理事、省京剧团青年演员张晓文，青海省剧协副秘书长张晓宇在海东市平安区第三小学、西宁市周家泉小学、西宁一中连续开展三次戏剧讲堂活动，近2400名师生聆听讲座。

6月1日至9日，分别在互助县城东小学、黄南州尖扎县坎布拉昂拉乡尕吾昂寄宿民族中学、黄南州同仁县曲库乎乡江什加学校开展2020年戏剧（藏戏）进校园活动，近百名师生参与演出，2300多名观众观看演出，活动其间，为加强戏剧文化关注度和扶持力度，青海省剧协授予互助县秦韵戏曲演艺有限公司、海东艺馨秦腔研究团戏剧进校园活动辅导基地，互助县土族自治县城东小学戏剧进校园活动示范基地。

6月19日，主办“戏曲进校园　童心沐经典”——西宁市周家泉小学第四届戏剧进校园汇报演出活动，40余名学生在校电教室表演节目，首次推出“分散辅导+网络直播”，全校19个班1100余名同学在各自教室收看直播。

9月26日，举行青海省戏剧界新文艺群体秦腔网络演唱比赛并举行颁奖典礼，乃东红等65名新文艺群体选手获奖。

12月13日，青海省剧协付晋青、仁青加、史红刚、耿熙遥、梁宏章5名代表参加中国剧协第九次全国代表大会，付晋青、史红刚、仁青加三位代表当选为第九届中国剧协理事。年内，青海省剧协主动作为，服务基层，组织协会主席团成员及部分理事分别赴海东艺馨戏曲研究艺术剧团、平安驿河湟戏苑、乐都区戏曲协会、乐都区蒲台乡秦腔团、乐都区财源秦腔剧团、乐都区眉户剧团开展民间剧团及新文艺群体戏剧社调研工作。

【舞蹈家协会】

2月至3月，青海省舞协广泛开展抗疫主题文艺创作及捐款活动，共计收到抗疫主题舞蹈作品50余件，青海省舞协微信公众号推送抗疫主题舞蹈作品19条，中国舞协转发4条，青海省文联转发4条，青海省舞协会员、省内舞蹈工作者共计467人，捐款6.5540万元。

2020年，主承办“首届仓家峡乡村文化旅游节开幕式”“2020年青海省国有艺术院团（校）岗位大练兵成果展演及舞蹈作品主创人员座谈交流会”“青海省第二届‘我和我的祖国’广场舞展演暨2020年西宁市‘绿水青山·幸福西宁’广场舞大赛”“青海省第十二届国际标准舞锦标赛”“‘5.15一起舞’群众舞蹈网络展演”“疫情无情人有情，武汉加油　中国加油——青海省“口罩杯”国际标准舞公益视频舞蹈大赛”“以艺抗疫　用爱相守‘文艺进万家　健康你我他’文艺志愿者”网络培训”“文艺进万家　健康你我他——到人民中去·2020青海省文联走进互助县东沟乡文艺志愿服务”等多项大型赛事及活动。

2020年，继续开展舞蹈考级工作，8月组织开展中国舞协“中国舞蹈”考级工作，考级人数421人，通过率99.9%；9月组织开展北京舞蹈学院“中国舞”考级工作，考级人数1425人，考级通过率99.9%。年内，承办全省文艺评论培训班，邀请全国知名舞蹈评论家梁戈逻来青进行舞蹈评论授课，并组织实施了青海舞蹈新人新作扶持项目，协会投入6万元专项经费，用于扶持省内中青年舞蹈编导作品创作。

邀请全国知名青年舞蹈家万玛尖措来宁举办“舞蹈作品创作交流会”，活动采取作品文本阐述、现场交流、现地指导等方式实施，省内部分舞蹈编创骨干参加了现场交流会；组织协会主席团成

员及部分理事赴海东市、海北州开展了“强四力、转作风、走基层”调研系列活动；组织开展“青海省文联学习党的十九届四中全会精神暨文艺骨干‘人员大培训、岗位大练兵、环境大整治’培训班”舞蹈基训，来自省内的30名学员参加本次培训。

组织省内部分业务骨干赴甘肃兰州观摩学习“经典蹴撞　时空对话——舞剧《丝路花雨》与《大梦敦煌》经典展示”。

【书法家协会】

1月11日，承办“我们的中国梦·同心同书·祖国新春好，青海省书法家送万福进万家志愿服务公益活动”。

1月31日，省书协在微信平台向全省书法工作者发出倡议为抗疫捐款，共募得捐款38185.98元，同时创作抗疫内容书法作品，利用各种媒体进行推广，西宁市书协、西宁市湟中区书协等利用政府、协会微信平台，美篇等工具，共发布以“抗疫”为主题的网络展播链接47个，发布作品1739幅，网络点击量70000多次。

6月12日，协办“文艺进万家　健康你我他—到人民中去·青海省文联致敬‘最美逆行者’志愿服务活动”。

9月25日，联合省美协、贵德县文联在贵德县尕让乡二连村联合举办学雷锋文艺志愿服务活动。

11月8日，青海省书协学雷锋志愿服务活动书法分队第七组组长雷义林在西宁市大通县举办书法公益大讲堂活动，大通县书协书法家、书法爱好者30余人参加活动。

11月8日，青海省书协隶书公益“沙龙”开班。

11月20日，省书协召开青海省中国书协会员会议暨省书协六届十九次主席团会议，推举石力、陈治元、郭强、谢全胜、刘建平为中国书协第八次全国代表大会代表推荐人选，推举石力、陈治元为中国书协第八届理事会理事候选人选。

年内，举办“三八妇女节青海省女书家书法作品网络展”“青海省隶书创作培训班结业汇报展”“青海省首届篆书篆刻展”“‘西泠公益行’西泠十家走进青海书画篆刻展暨书法公益大讲堂”“‘雏凤新墨’青海省第四届书坛新秀20人书法篆刻作品展暨首届篆书篆刻展研讨会”“青海省书协隶书网络展”

【美术家协会】

2020年积极组织“文化惠民人心暖　墨香彩重年味浓——青海省美协‘两节’文艺志愿活动”“众志成城　抗击疫情——青海美术家在行动”活动，共收到爱心捐款29586元。疫情其间组织全省美术工作者创作美术作品，前后共收到作品770余幅，在新华网、人民网、“学习强国”、青海平台“文艺展战‘疫’”、青海省文联、今日头条、青海省文联微信公众号、青海省美协微信公众号等媒体平台发表优秀作品近160幅，选送作品参加全国战“疫”美术作品云展览，总点击量达7.5万次。

8月4日至12日，与黄南州委宣传部、北京当代中国写意油画研究院在黄南藏族自治州共同开展“天下黄河——中国百名油画家主题作品展青海段写生活动”，中国美协主席、中央美术学院院长范迪安和青海省文联副主席在启动仪式上分别致辞。

年内，举办“天边的云——孙盛仁作品展暨先生逝世一周年追思会”“成林具象——朱成林油画作品展暨朱成林艺术陈列馆开馆活动”“向祖国致敬　为援青礼赞——对口援青十周年美术书法邀请展”“2020年度国家艺术基金美术类成果运用作品巡展‘新时代图景’——决战脱贫奔小康　青年美术作品展”“‘光辉历程　红色经典——庆祝新中国成立70周年’第六届全国架上连环画展”“来自玉树的卓巴阿太绘画作品展”“庆祝青海省美协成立60周年暨第五届青年美术作品展”。年内，积极参与开展文艺志愿服务活动，协办“文艺进万家　健康你我他—到人民中去·青海省文联致敬‘最美逆行者’志愿服务活动”；“书法美术进社区”——走进西宁市社会福利院志愿服务活动；“赞老兵　送老兵”书画进军营活动、“书画下基层翰墨寄真情——青海省美协、省书协赴贵德县二连村开展基层精神扶贫活动”。

2月20日至3月31日，开展线上“以艺抗疫　用爱相守——文艺进万家　健康你我他文艺志愿者网络培训活动”。

年内，邀请南艺美术学院中国画系讲师程楠博士进行为期六天的讲学交流，培训学员80余人；开展高校藏族绘画艺术作品指导培训、海南州共和县美术教师培训等活动。

10月29日，青海省美协七届二次理事会，王筱丽当选青海省美协第七届主席。

【摄影家协会】

1月30日，省摄协发出《青海省摄协爱心捐助倡议》，共筹集捐款24500元。青海省摄协副主席张文郡向省抗疫一线捐助30万元并通过协会捐助口罩、消毒水等抗疫物资，副主席陈有钧在极短时间内组织拍摄反映青海省医务工作者驰援武汉专题视频《无畏逆行 战疫有我》。

省摄协公众号以《战“疫”，青海摄影人在行动》为题连续推送12期摄影作品，其中六期被“学习强国”青海学习平台转载，部分被各行业平台转载，新华网客户端发表保护野生动物宣传海报《这场战“疫”，关乎你我！敬畏自然，尊重生命》15期，点击阅读量900多万，“学习强国”青海学习平台推出4期，中国摄协官网和微信公众平台及抖音平台、中国文艺网也相继推出青海摄影家作品。

8月25日和27日，“昆仑圣殿”格尔木“云上”摄影训练营同期开班。两次直播课总观看人数达到13000余人次。

10月13日，“深入生活 扎根人民 2020年青海农牧民摄影培训班”在果洛州达日县德昂乡开班，达日县、甘德县、班玛县等地的50余名牧民摄影师参加了培训。年内，青海省摄协举办多项展览活动：“抗击新冠状肺炎疫情摄影展”“家园4.14玉树地震十周年纪念摄影展”“昂首阔步康庄道 同心共筑中国梦——青海省脱贫攻坚奔小康摄影巡展”“凯乐石杯玉珠峰民间攀登三十周年纪念活动摄影大赛”“最美海东 七彩互助 卓扎滩之夏手机摄影展”“保护青海湖、我是志愿者——第四届梦幻青海湖生态摄影大赛”“昆仑圣殿格尔木中国长江沿线生态摄影联展”“青海国家公园示范省首届鸟类摄影大展”“海东工业园区成立十周年、海东河湟新区成立两周年摄影大赛暨影展活动”“2020年青海刚察沙柳河国家湿地公园建设成果展暨生机沙柳河杯摄影及短视频大赛”“青海国家公园示范省农牧民生态摄影成果展”。

年内，青海省摄协理事李善元《当妈妈说跑步前进》获得第56届国际野生生物摄影年赛哺乳动物组冠军，摄影家同海元摄影作品《生存》获得高度赞扬奖；推荐50余位摄影人参加“美丽中国，我是行动者”2020年生态环保主题摄影大赛，共参展300多幅生态摄影作品，其中赵育海《小藏狐的好奇心》获人与自然和谐共生类一等奖，李友崇《冬格措纳湖之秋》获美丽中国大好风光类二等奖，蔡征《黄河命脉》、冯锐强《雅丹地貌》获美丽中国大好风光类三等奖。

2020年，摄协3名会员获批为中国摄协会员。

【民间文艺家协会】

1月，创作防控战役优秀作品共108件。

2月，自发向受疫情影响生活困难民众捐赠生活物资和防疫物资共计295000元，并开设扶贫培训班，解决贵南、果洛农牧区贫困户和边缘贫困户就业问题。

7月20日，首届中国五省区藏族“勒雪”电视展演在海南州广播电视台演播大厅举行，来自 11个地区的近70名藏族知名歌唱家和歌手用安多方言、康巴方言、卫藏方言等独具特色的曲调，展示“勒雪”不同的演唱形态。

7月24日至8月22日，20名新入中国民协会员参加中国民协“中国文联网络培训云平台中国民协新入会会员培训班”。

8月5日至11日，“我们的节日·贵德六月会”专家采风研讨活动在青海省贵德县举行。

8月26日至30日，“中国民间文学大系出版工程社会宣传推广活动——2020·中国北方民歌那达慕暨北方民歌生态保护与传习座谈会”在内蒙古自治区呼伦贝尔市陈巴尔虎旗举行，海西州蒙古族民歌手国卫、乌兰巴特尔、曼吉力参加活动。

10月17日，中国慕容鲜卑历史文化研究中心及中国酩馏酒文化之乡揭牌仪式在湟中区慕容古寨举行。

10月28日，会员拉毛叶忠参加《最美小康路——中国西部民间工艺主题创作汇报展》暨“第十五届中国民间文艺山花奖·优秀民间工艺美术作品”汇报展，其作品《岭国三十员大将》入围第十五届中国民间文艺山花奖·优秀民间工艺美术作品终评。

11月23日至26日，共和县杜鹃声调民间情歌发展协会演唱的《藏族对歌》入围第十五届中国民间文艺山花奖·优秀民间艺术表演作品终评，终评评选工作将于2021年进行。

【曲艺（杂技）家协会】

1月25日至3月上旬，积极开展文艺抗疫活动，共组织创作作品84篇，推送采用作品130多篇次。

7月24日至9月18日，曲协主席团一行9人，在海晏、湟中、互助、贵德、大通等地，开展“青海曲艺（重点为河湟地区）发展现状摸底调研”活动。

8月13日至9月21日，由青海省曲艺杂技家协会、西宁市文化旅游广电局主办，西宁市文化馆承办，五区两县文化馆协办的第四届青海地方曲艺大赛在西宁成功举办。

10月23日，从众多脱贫攻坚曲艺作品中选出10篇优秀作品刊登在当日的青海日报人文周刊。

年内，组织中国曲协会员及杂技工作者参加第二期曲艺专家名家精品创作网络研修班、2019年中国曲协新发展会员培训班、第三期边远地区曲艺工作者网络培训班、中国文联文艺培训网络云平台“首期中国曲协会员先进典型代表人物网络培训班”、《中等职业学校杂技与魔术表演专业杂技专业课教学指导意见》网络专题培训班。

【电影电视艺术家协会】

1月至6月6日参加作品《格萨尔藏戏》与电影短片《拉面女孩》首映式。

1月21日至3月4日 影视协发起捐助号召通过发布倡议，共募得捐款13400元。组织引导会员创作上报抗疫微电影、宣传视频、动画宣传片等9件，分别在新华网、西宁电视台、西宁网络广播电视台、海北电视台、海东电视台播发，观众量超10万人次。6月开展走进西宁市第六污水厂、西宁市第一再生水厂、走进青海省文联扶贫点乐都区寿乐镇仓家峡村“我眼中的青海”拍客采风活动。

11月23日，联合青海省委宣传部、省广电局召开“全省提升影视作品创作质量座谈会”。会议梳理近几年青海省影视作品创作成绩和特征，分析当前青海省影视工作的不足与短板，就如何摆脱当前剧本创作粗糙、题材同质化、作品表现形式单一、影视精品不多、影视制作人才短缺等问题进行座谈交流。

【文艺志愿者协会】

2020年初，研究制定《青海省文联学雷锋文艺志愿服务活动实施方案》，明确5大类17项具体计划，进一步推动学雷锋文艺志愿服务活动科学化、制度化、常态化、专业化。围绕元旦、春节等重要时间节点，赴贵德、大通、互助各乡镇开展“我们的中国梦”惠民活动16余场，以文艺演出、书法美术作品创作、拍摄全家福等群众喜闻乐见形式赠送美术书法作品、全家福600余幅，春联福字3万余件，直接参与活动志愿者达400余人（次），受益群众1.5万余人。

5月28日，承办“文艺进万家 健康你我他”——到人民中去2020青海省文联走进互助县东沟乡文艺志愿服务活动，青海省文联副主席、省文艺志愿者协会主席谷晓恒，青海省音协、青海省舞协、省曲杂协、省摄协、省文志协负责人和互助县委、东沟乡相关部门负责人出席活动，各艺术门类50多位艺术家志愿者和500多名群众参加活动。

6月12日，联合青海省卫健委、青海省作协、青海省美协、青海省书协举办“文艺进万家 健康你我他——到人民中去·青海省文联致敬‘最美逆行者’志愿服务活动”。

9月24日上午，承办“庆丰收 迎小康”2020年农民丰收节学雷锋文艺志愿走进贵德县尕让乡二连村慰问演出活动，青海省文联党组书记、主席班果，贵德县委、尕让乡党委、乡政府相关负责同志出席活动，二连村500名群众观看演出。

宁夏回族自治区文联

综　述

2020年，在宁夏回族自治区党委政府的坚强领导下，在中国文联的有力指导下，宁夏回族自治区文联（以下简称：宁夏文联）以习近平新时代中国特色社会主义思想为指导，认真学习贯彻习近平总书记关于文艺工作的重要论述和视察宁夏重要讲话精神，团结带领全区广大文艺工作者，勇于担当、主动作为，努力推动文联各项工作取得新进展。

会议与活动

【宁夏文联广泛开展文艺志愿活动】

1月8日至17日，由宁夏文联组织，宁夏书协、宁夏音协、宁夏影视协、宁夏民协、宁夏曲杂协、宁夏评协文艺志愿服务小分队先后到吴忠市利通区新时代文明实践站——秦桥社区、新华社区，吴忠市消防支队、中卫市海原县关桥乡麻春村、同心县杨河套子村、宁夏大学，西吉县新营乡、兴隆镇下范村、将台堡镇开展“六个一心连心”“我们的中国梦”—文化进万家、“同心同书·祖国新春好”等文艺活动，向群众捐赠了2020年迎新春祥瑞包、书法作品、春联以及书籍资料等慰问品。

【中国文联、中国摄协、宁夏文联文艺小分队开展文艺志愿活动】

1月16日至19日，为持续深化“不忘初心、牢记使命”主题教育，激发坚决打赢脱贫攻坚战，决胜全面建成小康社会必胜的信心和决心，中国文联、中国摄协、宁夏文联、宁夏摄影志愿服务小分队一行到海原县海城镇王井村、武塬村和彭阳县草庙乡新洼村、红河镇红河村，开展文艺志愿服务活动。中国摄协分党组书记、驻会副主席郑更生，副主席柳军，宁夏文联党组书记、副主席崔晓华，党组成员、副主席兼秘书长庾君，湖北省摄协副主席、中国摄影金像奖获得者宋刚明，中国艺术研究院一级摄影师、中国摄影金像奖获得者黑明，宁夏文联副主席、宁夏摄协主席兼秘书长张春荣等参加活动。

【宁夏文联开展文艺创作征集活动助力抗击“新冠肺炎”疫情】

1月29日至3月26日，新冠肺炎疫情发生以来，宁夏文联先后印发了《自治区文学艺术界联合会倡议书》《宁夏“抗击新冠肺炎”疫情主题文学、朗诵作品集征稿启事》《关于抗击疫情主题文艺作品征集审核推送发布流程的通知》《宁夏文联关于进一步开展万众一心抗击疫情主题文艺创作的通知》《宁夏抗击新冠肺炎疫情纪实》系列出版物征稿启事和《关于推荐“我身边的战‘疫’模范”的通知》等。

截至3月底，共征集抗击疫情主题文艺作品8724件（幅），在“宁夏文艺界”网刊发63期707件作品，在各文艺家协会、部门微信平台共推送作品1428件（幅）。并向新华网、人民日报客户端、光明日报客户端、“学习强国”等媒体平台刊发信息80多篇，推送作品480多件。

【宁夏文联建立签约文艺家制度】

2020年3月2日，为围绕中心、服务大局，繁荣文艺创作、服务人民群众，推动重大现实题材创作，引导文艺家积极作为，力推人才多出精品，促自治区文艺事业再上台阶，宁夏文联出台《文艺家签约工作实施办法（试行）》，建立签约文艺家制度，开展文艺家签约工作。根据《办法》规定，签约文艺家坚持重大题材组织化创作与自主创作相结合，优先签约重大题材创作的文艺家，每期签约人数为若干名，期限为2年，给予创作补助，续签不得超过2期。签约其间，对文艺家实行质量与数量相结合的计分考核制，专家评审组对每期签约文艺家完成创作任务情况进行评议，评

出优秀签约文艺家若干名。

根据2020年主题创作的特殊要求和实际情况，按照《办法》规定，在各文艺家协会推荐基础上，经文联党组会议研究，首期签约10名文艺家，开展为期2年的主题文艺创作。

【宁夏文联召开八届主席团第三次（扩大）会议】

4月16日，宁夏文联八届主席团第三次（扩大）会议在银川召开。会议研究了第八届全委会委员变动事宜、宁夏文联八届三次全委会事宜。宁夏文联党组书记、副主席崔晓华作了题为《牢记初心使命 坚持守正创新 为建设美丽新宁夏作出新贡献》的工作报告，总结了宁夏文联2019年工作，部署2020年工作。宁夏文联主席杨洪涛主持会议。

【宁夏回族自治区直属机关工委常务副书记陈刚一行到宁夏文联调研机关党建工作】

2020年4月29日，自治区直属机关工委常委副书记陈刚同志和第七督查组一行4人，到宁夏文联调研机关党建工作。宁夏文联党组书记、副主席、机关党委书记崔晓华，党组成员、副主席樊虹、庾君，机关各党支部书记参加调研座谈会。

陈刚同志结合自身工作体会，就开展机关党建工作的重要意义、学习党的基本知识、落实“三强九严”工程、领导干部参加双重组织生活会等内容和大家进行了深入广泛交流，并指出这次调研了解的情况和平时掌握的情况一致，对文联党建工作取得的成效深感欣慰，感到文联党组高度重视党建工作，抓党建责任压的实；不断创新工作制度，着力打造党建品牌；强化党建和文艺工作融合，不断提高工作实效。

陈刚要求，要继续深入学习贯彻落实习近平总书记在中央和国家机关党的建设工作会议上的重要讲话精神，《中国共产党党和国家机关基层组织工作条例》《中国共产党支部工作条例（试行）》等有关规定；党组要继续严格落实好全面从严治党主体责任；要深入推进“三强九严”工程，不断提高党建工作质量；要着力解决好党建工作突出问题，着重解决好“两张皮”、党支部发挥政治功能和落实今年党建工作任务方面的问题。

【宁夏文联推出“公益文艺课”栏目】

4月30日，宁夏文联“公益文艺课”栏目首次在宁夏教育厅教育资源公共服务平台“空中课堂”推出。课程涵盖文艺理论、文学艺术创作与欣赏，文艺批评等内容。授课老师包括中国文联文艺评论中心副主任周由强、知名影视编剧陈建忠、宁夏回族自治区知名文学评论家郎伟等。

继这次推出线上“公益文艺课”后，宁夏文联还计划在文艺志愿者活动和移动App等多平台延伸开展培训宣传，目前文艺志愿者视频培训的录制工作正在紧张进行当中。接下来宁夏文联将持续加大关注和投入，把该项工作纳入长期工作计划中，向社会推广多门类、高质量的优秀文艺作品。

【宁夏文联文艺创作扶持项目——《长渠流润宁夏川》摄影作品展在银川举办】

2020年5月15日，由宁夏文联、宁夏摄协主办，宁夏博物馆承办的宁夏文联2019年文艺创作扶持项目——《长渠流润宁夏川》李鹏摄影作品展在宁夏博物馆举办。宁夏文联党组成员、副主席兼秘书长庾君，宁夏文联副主席、宁夏摄影家协会主席兼秘书长张春荣，宁夏博物馆党支部书记梁应勤，以及部分宁夏摄影家协会主席团成员、会员和宁夏博物馆干部职工参加了开幕式。

【宁夏文联开展“‘文艺进万家 健康你我他’到人民中去”文艺志愿服务主题活动】

5月22日，宁夏文联在第七个“中国文艺志愿者服务日”到来前夕，开展“‘文艺进万家 健康你我他’到人民中去”文艺志愿服务主题活动。内容包括线上文艺演出、文艺培训、摄影展览等。通过录制音视频和网课，依托抖音、宁夏文艺界网站、各文艺家协会微信公众号等多种载体，广泛开展“文艺进万家 健康你我他”到人民中去文艺志愿服务主题活动，进一步擦亮“文艺进万家 健康你我他”文艺志愿服务品牌。

【宁夏文联开展线上文艺志愿服务活动】

5月23日，毛泽东同志《在延安文艺座谈会上的讲话》发表78周年纪念日。宁夏文联积极响应中国文联倡议，坚持“以人民为中心”的工作导向，围绕“脱贫攻坚”“抗击疫情”和新时代文明实践中心建设，以“云端送艺”形式，延伸服务手臂，组织开展了一系列线上文艺志愿服务活动。此次活动是宁夏文联按照中国文艺志愿服务中心的工作安排，探索“互联网+文艺”志愿服务的崭新工作模式，扩大文艺志愿服务的覆盖面，提升文艺传播效果的有效实践。

【宁夏青年作家入选中国作协创作项目】

6月1日，中国作协发布2020年度“中国少数民族文学之星丛书”和中国作协少数民族文学理论评论家签约项目评审结果公告，宁夏青年作家马金莲、乌兰其木格分别入选。

该项目自2018年实施以来，全国入选作家共计30人，宁夏少数民族作家李进祥、乌兰其木格、阿舍、马占祥、马金莲先后入选，占到入选总数的六分之一。

【中国文联理论研究室一行来宁专题调研】

6月3日至5日，中国文联理论研究室副主任董涛一行三人来宁专题调研。调研组在吴忠市利通区召开关于加强基层文联工作座谈会，吴忠市文联及所属县（区）文联、银川市永宁县文联、灵武市文联等基层文联负责人参加，宁夏文联党组成员、副主席兼秘书长庾君主持。

【李进祥作品研讨会在宁夏同心县举行】

6月15日，由中国作协创联部、宁夏文联、宁夏作协联合举办的李进祥作品研讨会在同心县举行。中国作协全委会委员、宁夏文联党组成员、副主席雷忠，中国作协全委会委员、宁夏作协主席郭文斌出席会议。

【宁夏文联深入学习贯彻宣传习近平总书记视察宁夏重要讲话精神】

7月14日，宁夏文联党组书记、副主席崔晓华主持召开党组理论学习中心组第7次集体学习会，党组成员崔晓华、樊虹、庾君、雷忠围绕深入学习贯彻宣传习近平总书记视察宁夏重要讲话精神，结合当前工作实际，进行专题研讨交流。区直机关工委第七督导组组长史国鹏到会指导。

【中国文联副主席、中国民协主席潘鲁生一行来宁调研】

7月20日，中国文联副主席、中国民协主席潘鲁生，中国民协理论研究处副处长孔宏图一行来宁，对《中国民间文学大系》《中国民间工艺集成》“两大工程”编纂工作进行指导和实地调研，并在银川召开工作推进会。宁夏文联党组成员、副主席樊虹陪同调研。

【宁夏文联召开“文评面对面”脱贫攻坚题材作品研讨会】

7月28日，为进一步宣传动员全区文艺力量参与脱贫攻坚工作，切实发挥文艺助力脱贫攻坚的积极作用，宁夏文联与中卫、固原两市在银川联合召开“文评面对面”脱贫攻坚题材作品研讨会。会上对《翻越最后一座“高山”——固原脱贫攻坚纪事》和《大搬迁》两部现实移民题材作品进行研讨，有近40名作家、评论家参加。宁夏文联党组成员、副主席雷忠，宁夏大学副校长、宁夏评协主席郎伟参加研讨会。

【宁夏文联开展“塞上江南 美丽宁夏”摄影作品征集活动】

8月，为全面展示美丽宁夏的自然之美、人文之美、和谐之美，激发全区广大干部群众奋斗精神，为继续建设经济繁荣民族团结环境优美人民富裕的美丽新宁夏凝聚磅礴力量，由宁夏回族自治区党委宣传部、宁夏文联主办，“学习强国”宁夏学习平台和宁夏摄协承办，开展了“塞上江南 美丽宁夏”摄影作品征集活动，征集到2343幅摄影作品。经集体评审，共评选出优秀组织奖5个，一等奖5个，二等奖10个，三等奖20个，优秀奖50个。

【宁夏文联举办“学习习近平总书记视察宁夏重要讲话精神党员干部培训班”】

8月10至12日，宁夏文联举办“学习习近平总书记视察宁夏重要讲话精神党员干部培训班”。培训以党课教育、专题辅导、分组讨论、自学等方式开展，宁夏文联党组成员和机关党员干部职工参加培训。宁夏文联党组书记、副主席崔晓华以《用奋斗精神激发担当作为，真抓实干答好时代大考卷》为题，围绕学习贯彻习近平总书记视察宁夏重要讲话精神和宁夏回族自治区党委十二届十一次全委会精神，作了党课教育宣讲辅导。

【宁夏文联开展《民法典》宣讲活动】

8月11日，宁夏文联邀请宁夏大学法学学科负责人、民商法学硕士生导师、教授戴新毅，以《积极学习宣传 扎实推动〈民法典〉实施》为题开展专题辅导授课。为进一步推进法制机关建设，方便广大人民群众、文艺工作者学法、用法，在文联门户网站“维权”专栏上，转发司法部系列普法知识读物，用问答和漫画相结合的形式，通俗易懂、深入浅出地阐释《民法典》系列新规定、新概念、新精神。

【宁夏诗人马占祥诗集《西北辞》获第十二届全国少数民族文学创作骏马奖】

8月23日，宁夏诗人马占祥创作的诗集《西

北辞》获得第十二届全国少数民族文学创作骏马奖。宁夏回族自治区副主席杨培君作出批示，予以肯定。

此次获奖的诗集《西北辞》曾入选中国作协少数民族文学之星丛书，由作家出版社于2019年8月出版。评委认为，马占祥的《西北辞》得益于西北大地的秘密馈赠，体现了浓郁的乡土气息和独特的民族神韵，笔墨安详从容，语言素朴深情。被评论家们认为是充分体现诗人进入中年写作后的严谨、严肃和严格，从而极大提升了诗歌的内在品格；胸襟和视野显得坦荡而又开阔。

马占祥作品获骏马奖，是2020年全面建成小康社会和决胜脱贫攻坚之际，宁夏宣传思想文化领域取得的一项优异成绩。

【宁夏文联举办首期诗歌诗词朗诵研修班】

8月27至30日，宁夏文联主办，宁夏文学艺术院、宁夏作协承办，吴忠市文联协办的“宁夏文联首期诗歌诗词朗诵研修班”在青铜峡举办。来自全区40名诗歌诗词骨干作者和朗诵爱好者参加了研修学习。

【宁夏文联开展“纪念中国人民抗日战争暨世界反法西斯利75周年”“中国人民志愿军抗美援朝出国作战70周年”活动】

9月1日至17日，为“纪念中国人民抗日战争暨世界反法西斯战争胜利75周年”“中国人民志愿军抗美援朝出国作战70周年”，传承伟大抗战和弘扬伟大抗美援朝精神，宁夏作协举办“致敬伟大的爱国主义”诗歌诵读会；宁夏书协特举办“纪念中国人民抗日战争暨世界反法西斯战争胜利75周年——宁夏书协理事书法网络展”“纪念中国人民志愿军抗美援朝出国作战70周年宁夏书协理事书法网络展”；宁夏民协组织向全区民间文艺工作者征集“纪念中国人民抗日战争暨世界反法西斯战争胜利75周年”“中国人民志愿军抗美援朝出国作战70周年”剪纸、楹联、葫芦烙画等民间文艺作品。书法和民间文艺作品在宁夏文艺界网、协会微信公众平台、宁夏日报艺术风尚微信公众平台展出。

【宁夏文联举办首期文艺志愿者培训班】

9月8至11日，宁夏文联举办首期文艺志愿者培训班，来自全区50名文艺志愿服务骨干参加培训，中国文联文艺志愿服务中心主任冀彦伟为学员授课。宁夏文联党组书记、副主席崔晓华出席开班式并讲话。中国人寿保险股份有限公司宁夏分公司党委书记、总经理刘彦军向全区文艺志愿者捐赠文艺志愿者保险计划保单。

【中国作协创联部和宁夏文联举办“弘扬黄河文化”2020宁夏文学周】

9月21日，由中国作协创联部和宁夏文联主办的“弘扬黄河文化”2020宁夏文学周暨宁夏青年作家创作会议在银川拉开帷幕。文学周暨青创会的举办是宁夏全面贯彻落实党的十九大精神、推动文学发展繁荣的一次生动实践，也是中国作协服务基层、面向社会传播文学魅力的一项具体举措。中国作家协会党组成员、书记处书记邱华栋，中国作家协会创联部主任彭学明，宁夏回族自治区党委宣传部副部长吴静，宁夏文联党组书记、副主席崔晓华等出席启动仪式。

此次文学周以“弘扬黄河文化”为主题，结合宁夏青创会，十余位知名作家、知名期刊主编、网络作家将与宁夏五市及各高校师生、文学爱好者一起，展开多元活动：以“文学的脚步——小康社会采风行”“文学的影响——宁夏青年作家创作会议”“文学的坚守——作家主编面对面”“文学的力量——‘文学照亮生活·公益大讲堂’”“文学的声音——《诗经》至《清平乐 六盘山》系列诗歌活动”为5条主线，将集中呈现宁夏文学近年取得的成果，吸引广大读者一起感受文学的魅力，鼓励青年创作，实现文学照亮生活与社会人心，推进宁夏“决胜全面小康、决战脱贫攻坚”的主题创作。

【宁夏文联举办“美丽新宁夏·脱贫攻坚全面建成小康社会美术摄影主题作品展”开幕】

9月22日，由宁夏回族自治区党委宣传部、宁夏文联主办的“美丽新宁夏·脱贫攻坚全面建成小康社会美术摄影主题作品展”开幕，展览展出美术作品114件、摄影作品135件。宁夏回族自治区党委宣传部副部长吴静致辞，宁夏文联党组书记、副主席崔晓华主持。

全区广大艺术工作者通过画笔和镜头聚焦脱贫攻坚主战场，展示就业、生态、教育、健康、文化等各行各业扶贫成果，特别是习近平总书记亲自倡导的闽宁对口扶贫协作模式所取得的辉煌成就。展出作品积极向上，注重时代性和创新性，也代表近年来宁夏美术、摄影创作的最新成果，从不同角度反映全区各族人民响应伟大号召，认真贯彻落实习近平总书记视察宁夏重要讲话精神，继续建设经济繁荣、民族团结、环境优美、人民富裕的美丽新宁夏的信心和决心。

【宁夏文联举办“书写华章 赞美黄河”宁夏中国书协会员书法精品展】

9月25日，由宁夏文联主办，宁夏书协承办的“书写华章 赞美黄河”宁夏中国书协会员书法精品展在银川西部美术馆开幕。本次展览共展出我区中国书协会员的81件作品，作品从内容、书写、装饰都体现出新时代艺术创作对思想精深、艺术精湛、制作精良的不懈追求和生动展陈，是书法家们讲好“黄河故事”，延续历史文脉，增强文化自信的情感表达和艺术实践。本次展览旨在大力弘扬黄河文化，激励宁夏人民切实担负起建设黄河流域生态保护和高质量发展先行区的时代重任，朝着继续建设经济繁荣、民族团结、环境优美、人民富裕的美丽新宁夏的宏伟目标奋力前行。

【宁夏文联举办深化基层文联改革建设现场交流推进会】

10月15日至16日，全区深化基层文联改革建设现场交流推进会在吴忠市、贺兰县召开，来自全区各市、县（区）文联、宁夏文联相关部（室）、各区级文艺家协会的主要负责人40余人参会。宁夏文联党组书记、副主席崔晓华，宁夏文联二级巡视员、宁夏民协主席刘伟，吴忠市委常委、宣传部部长高建博出席。

【黑龙江省文联采风团来宁举办艺术交流展】

10月20日，黑龙江省文联主办的美术、书法、摄影、剪纸交流展在宁夏西部美术馆开幕，中国书协理事、黑龙江省书协主席张戈主持。宁夏文联党组书记、副主席崔晓华，黑龙江省文联党组成员、副主席戴立然分别致辞。黑龙江省文联党组书记杨殿军，宁夏文联党组书记、副主席崔晓华共同签署两省区《关于加强文艺交流合作的双边协议》，并参观展览。

两省区文联进行加强文艺工作座谈交流，黑龙江省文联副主席、党组成员戴立然，宁夏文联党组成员、副主席兼秘书长庾君分别介绍了两省区近年来文联工作和文艺工作发展情况等。座谈会结束后，两省区艺术家进行了现场创作交流笔会。

宁夏与黑龙江省同为“一带一路”重要节点城市，共同肩负着携手推动“一带一路”建设行稳致远职责任命。黑龙江省文联组团来宁开展“丝路同心、助力扶贫”采风交流活动，与宁夏文联签署加强文艺交流合作双边协议，是两省区深入贯彻习近平新时代中国特色社会主义思想和党的十九大精神，围绕“一带一路”建设，进一步促进两省区文联相互交流、相互借鉴、相互提升，共同推动文艺事业发展。

【宁夏文联举办“西部文学”研讨培训活动】

10月21至22日，由宁夏文联主办，宁夏评协、宁夏作协联合宁夏大学人文学院、北方民族大学文学与新闻传播学院、宁夏师范学院文学院共同承办的“西部文学”研讨培训活动在宁夏大学国际交流中心举行。宁夏文联党组成员、副主席雷忠参加本次活动并在开幕式上致辞，甘肃省文联党组成员、副主席王正茂做开班讲话。河北省文联副主席陈建忠、云南省文联一级巡视员张维明、中国社会科学院研究员李建军出席了开幕式。

【宁夏文联举办“宁夏2020年中国农民丰收节”文艺惠民慰问演出活动】

10月23日，由宁夏文联、同心县委宣传部共同主办的“宁夏2020年中国农民丰收节”文艺惠民慰问演出活动在同心县举行。宁夏文联党组成员、副主席兼秘书长庾君出席活动。

【中国民协、宁夏文联开展“我们的节日·中国（宁夏盐池）重阳节暨我们的节日·传承与发展研讨会”系列活动】

10月24日，为丰富传统节日文化内涵，发挥优秀传统文化的滋养和引导作用，探索新时代“我们的节日”与时代发展融合前景，由中国民协、宁夏文联主办，中国文联民间文艺艺术中心、宁夏民协、中共盐池县委、县人民政府共同承办的“我们的节日·中国（宁夏盐池）重阳节暨我们的节日·传承与发展研讨会”系列活动在宁夏吴忠市盐池县拉开帷幕。

【宁夏文联举办宁夏首届曲艺小品大赛】

10月30日，由宁夏回族自治区党委宣传部、宁夏回族自治区文化和旅游厅、宁夏文联主办，宁夏曲杂协等承办的宁夏首届曲艺小品大赛落下帷幕。大赛组织有序，公平公正，历经7个月，经过初选、复评、决赛3个阶段，分别评出作品

一二三等奖、表演一二三奖和优秀组织奖。

为保证大赛规模和艺术质量，宁夏曲杂协和宁夏文化馆组织专业人员深入吴忠市、盐池县、青铜峡市、中宁县、中卫市、固原市、彭阳县、泾源县、石嘴山市、平罗县等地进行调研，与当地相关单位、文艺团队、作者演员交换意见、座谈研讨，鼓励创作者和演员积极参与，调动各方力量，并从专业角度解决了作者演员对曲艺艺术认识模糊、节目定性不准等问题，以确保大赛专业性和顺利开展。

【2020新农村少儿舞蹈美育工程少数民族舞蹈课堂正式启动】

11月6日，“共祝中国梦·温暖农村娃”2020新农村少儿舞蹈美育工程少数民族舞蹈课堂在固原市彭阳县第四小学正式启动，宁夏文联党组成员、副主席樊虹参加启动仪式。

【宁夏文联举办“宁夏第十届摄影艺术展”】

11月13日，由宁夏文联主办、宁夏摄协承办的“宁夏第十届摄影艺术展”在银川美术馆举办。宁夏文联党组书记、副主席崔晓华，宁夏文联党组成员参加开幕式。

宁夏摄影艺术展览是由宁夏文联主办、宁夏摄协承办的展现我区最高摄影艺术水准的展览，五年一届，已经成功举办了9届。本次大展自启动至截至时间，共收到来自全区各地市、县投送稿件2996件、8163幅作品，多媒体作品25件。征稿结束后，经过专家评委初评和终评，共评选出各类入展、获奖作品197幅（组）进行展示。

【宁夏文联举办“天下黄河——中国百名油画家主题作品展”】

11月22日，由宁夏文联、北京当代中国写意油画研究院、宁夏日报报业集团、宁夏报业传媒集团有限公司联合主办的“天下黄河——中国百名油画家主题作品展”在银川美术馆开开幕。本次展览以“天下黄河·美丽新宁夏”为主题，集中展出全国近百位油画家精心创作的百余幅黄河主题油画作品，通过“万古长河·大美江山”“泽被华夏·生态家园”“黄河铸魂·民族崛起”“砥砺图强·河海汇流”四大主题版块，以精神与图式的艺术探索为宗旨，集中表现黄河、赞美黄河，展现改革开放以来黄河两岸发生的重大历史变迁。

【宁夏文学艺术基金会召开第二届二次理事会】

11月23日，宁夏文学艺术基金会第二届二次理事会举行。宁夏文联党组成员、副主席雷忠，宁夏文联组联部主任、宁夏文学艺术基金会监事杨永圣及宁夏文学艺术基金会理事参会。

【宁夏作家漠月小说改编电影获得最佳导演奖】

11月28日，第33届中国电影金鸡奖颁奖仪式在福建厦门市举行，根据宁夏作家漠月的短篇小说《放羊的女人》改编，北京电影学院青年电影制片厂拍摄的文艺电影《白云之下》的导演王瑞斩获最佳导演奖。

【宁夏文联举办“圆梦工程”线下文艺培训班】

11月27日至29日，宁夏回族自治区文明办、宁夏文联组织文艺志愿者前往固原市，举办为期三天的2020年“圆梦工程”文艺培训志愿服务行动——固原市西吉县线下文艺培训班。西吉县52名艺术教师、爱好者参加了培训。宁夏文联党组成员、副主席兼秘书长庾君出席活动。

【宁夏文联“六个一心连心”文艺惠民工程喜获殊荣】

12月3日，宁夏文联“六个一心连心”文艺惠民工程在2019年度自治区学雷锋志愿服务“四个十佳”先进典型推荐评选活动中，被推选为最佳志愿服务项目。

【宁夏文联召开学习贯彻党的十九届五中全会精神宣讲会】

12月11日，宁夏文联召开学习贯彻党的十九届五中全会精神宣讲会。邀请自治区党委十九届五中全会宣讲团成员，宁夏回族自治区党校、宁夏行政学院政治学教研部主任杨立宾教授作了题为《开启全面建设社会主义现代化国家新征程》的专题辅导报告。

【宁夏文联文艺创作扶持项目——《梨园人家》摄影作品展在银川举办】

12月15日，由宁夏文联、宁夏摄协主办，民盟吴忠市委会、青铜峡市摄协承办的宁夏文联2020年扶持文艺创作项目——《梨园人家》南长滩扶贫影像曹文德摄影作品展在银川市美术馆举行。宁夏文联党组成员、副主席兼秘书长庾君出席开幕式。

本次展出的100幅摄影作品是作者历时3年，往返南长滩村20余次拍摄的精选佳作，内容包含当地村民日常生活、辛勤劳作以及生活习俗，是作者深入基层、用影像助力脱贫攻坚、讲述宁夏黄河故事的具体体现。

【中国文联文艺志愿服务中心、宁夏文联在西吉县龙王坝举办慰问演出】

12月22日，由中国文联文艺志愿服务中心、宁夏文联共同主办，宁夏文艺志愿服务中心承办，中国文学艺术基金会中国文学艺术发展专项基金提供资助的“‘送欢乐下基层’文艺志愿服务活动走进龙王坝慰问演出”在西吉县龙王坝举办。

【宁夏文联召开文学作品改编影视广播剧创作研讨会】

12月28日，宁夏文联、宁夏评协和宁夏作协，围绕宁夏文学作品改编影视广播剧创作趋势，以及取得的突出成绩，组织召开研讨会。宁夏文联主席、宁夏电影电视艺术家协会主席杨洪涛，宁夏文联党组成员、副主席雷忠出席研讨会。

【宁夏文联和宁夏文学艺术基金会向秦腔“宏志班”捐赠练功服】

12月29日，宁夏文联和宁夏文学艺术基金会负责人向宁夏秦腔戏曲“宏志班”学员捐赠练功服装，学员们展示学习成果并向宁夏文学艺术基金会回赠锦旗。宁夏文联党组成员、副主席雷忠参加活动。

各文艺家协会

【作家协会】

4月10日，为贯彻落实全国和全区宣传部长会议精神，扎实推进宁夏文学创作，宁夏作协召开2020年宁夏文学工作会议，宁夏文联党组成员、副主席雷忠，宁夏作协主席郭文斌等出席会议。会议对《宁夏文学2020日2025年创作规划》和《2020年宁夏重大文学题材创作扶持方案》进行了讨论，对2020年宁夏作家定点深入生活创作基地工作进行了研究。

【戏剧家协会】

11月23日，第二十四届“中国少儿戏曲小梅花荟萃”终审结果揭晓，由宁夏剧协选送的刘儒英荣获（个人项目）京昆组业余A组“小梅花”称号。宁夏剧协被评为活动优秀组织单位。

【音乐家协会】

8月5日，“2020年陕西、山东、宁夏三省（区）音乐家采风创作活动”正式启动，宁夏文联党组成员、副主席樊虹出席并讲话，宁夏回族自治区党委宣传部文艺处处长闵生裕、宁夏音协主席范晋国参加启动仪式。

【舞蹈家协会】

9月29日，由宁夏舞协、广东省舞协、中共江门市蓬江区委宣传部共同主办的2020迎国庆“戴爱莲杯”人人跳全国群众舞蹈调演宁夏选拔暨第三届全区“百姓艺术健康舞”展演在银川举行。宁夏文联党组成员、副主席雷忠，广东省文联党组成员、副主席梁军出席。

【美术家协会】

10月26日，由宁夏美协主办的“2020宁夏综合材料与雕塑艺术作品展”在银川美术馆开展。展览是宁夏美协雕塑、综合材料、绘画壁画艺术委员会自成立以来，在宁夏境内作为独立展的首次亮相，会集了全区优秀综合材料绘画作品104件、雕塑作品37件。宁夏文联党组成员、副主席兼秘书长庾君出席活动。

【摄影家协会】

12月14日，宁夏摄协组织银川市摄协、石嘴山市摄协、兴庆区摄协、贺兰县摄协、大武口区摄协以及惠农区文联、惠农区摄协组成三级协会联动志愿服务小分队，深入惠农区礼和乡星火村、红果子镇下营子村开展“欢乐进万家 温暖全家福”走基层活动。宁夏摄影家协会给礼和乡星火村、红果子镇下营子村两个村委会赠送“脱贫攻坚全面建成小康社会”摄影作品10幅，小分队组成六个摄影小组分别进入村民家中，拍摄全家福30幅并现场打印装框赠送给村民。

【书法家协会】

5月20日，由宁夏书协主办的宁夏第十二届临摹书法展（网络展）在宁夏日报艺术风尚、宁夏书协微信公众平台上开始分期进行展览。本次展览共收到全区800余位作者的书法篆刻临作，创宁夏书法展览投稿作者数量新高。经过评委会严格评审，共有10位作者获优秀奖，177位作者入展。

【民间文艺家协会】

8月22日至25日，为了更好的推进《中国民间文学大系花儿宁夏卷》编纂工作，提高全区花儿

歌手及爱好者的演唱和研究水平，进一步做好宁夏花儿的传承与创新，推动宁夏民歌（花儿）事业的繁荣发展，由宁夏文联主办，宁夏民协、宁夏文学艺术院共同承办的“花儿漫六盘　颂歌献给党”——宁夏文联第十五期文艺（花儿）研修班于在固原市举办。宁夏文联二级巡视员、民协主席刘伟，固原市文联主席杨风军，石嘴山市文联主席王奋勤及60多名学员参加开班式。

【曲艺杂技家协会】

9月14日，为进一步提高全区首届曲艺小品大赛作品质量和表演水平，由宁夏回族自治区文化馆和宁夏曲杂协主办，盐池县文化馆承办的全区首届曲艺小品大赛改稿会及表演提高班在县文化馆举办。此次大赛共收到参赛作品78件，与会专家将对在初审、复审基础上筛选出的入围作品改稿6篇和表演提高班作品10个逐篇进行点评，并提出具体修改意见和建议。

【文艺评论家协会】

10月20至24日，宁夏评协分别与北方民族大学文学与新闻传播学院、宁夏师范学院文学院成立“宁夏文艺评论创研基地”，并邀请中科院博士生导师李建军教授在宁夏大学、北方民族大学、石嘴山市文联、宁夏师范学院文学院进行授课。

【文学艺术院】

10月，宁夏文学艺术院“三多一推”人才培训工程被宁夏授予2020年“终身学习品牌项目”称号。“三多一推”人才培训工程，采取线上线下相结合的办班方式，联合各部室协会承办各类培训、研修、改稿、高研班28期，自主培训文艺人才1834人次，创历年培训人数之最。同时，宁夏文学艺术院进一步深化机构改革，将《朔方》编辑部并入。先后组织刊发了抗疫情专辑、改稿班作品辑、地方作品专号、脱贫攻坚纪实作品特辑等，组织开展第四届《朔方》文学奖评奖，提前策划2021年编辑计划，开辟并加强本刊推荐、朔方新锐、本期一家、同期品评等五个主打栏目。

基层、行业文联

【自治区税务系统文联成立】

7月9日，宁夏回族自治区税务系统文学艺术界联合会召开成立大会，宁夏文联党组书记、副主席崔晓华，宁夏回族自治区税务局党委书记、局长马建民出席会议并讲话。宁夏回族自治区税务局党委委员、总审计师于琬河，宁夏回族自治区党委宣传部创建处处长马萍，宁夏回族自治区税务局党建领导小组成员单位负责同志参加会议。

【银川市文联第八次代表大会召开】

12月4日，银川市文联第八次代表大会开幕，自治区党委副书记、银川市委书记姜志刚出席会议并讲话。宁夏文联党组书记、副主席崔晓华到会并致辞。银川市人大常委会主任左新军、市长杨玉经、银川市政协主席马凯及市委副书记周云峰出席大会。银川市委常委、宣传部部长李虹主持开幕式。

大会总结了银川市文联第七次代表大会以来的工作，确定今后五年工作的指导思想和目标任务，选举产生了新一届主席团，主席代晓宁，副主席杨红选、徐振宁、唐荣尧、刘银安、李晓春、詹安稳、图娅、王岩森、张时荣，秘书长李德超。通过了《关于银川市文学艺术界联合会第七届委员会工作报告的决议》《关于修改〈银川市文学艺术界联合会章程〉的决议》。

【抗击新冠疫情，石嘴山市文艺界在行动】

2020年初，新冠肺炎疫情突如其来，石嘴山市文联积极开展抗击疫情主题文艺创作，通过网络媒体宣传推送优秀作品，用艺术凝聚抗击疫情的强大动力，提高对疫情的认识与防护，激发人民群众坚定打赢疫情防控攻坚战必胜的信心。

防疫其间，石嘴山市作协创作散文、代诗歌460篇（首），有的作品被《湖北文学》《朔方》《贺兰山》等杂志刊登。同时楹联学会创作抗疫楹联1150副，优秀作品通过微信平台向全国推送4辑；诗词学会精选抗击疫情诗词在《石嘴山市诗词学会》微信平台刊登了3辑105首；书法家协会组织书法家创作110幅书法及篆刻作品，部分作品被宁夏书法家协公众平台、《宁夏文艺界》刊发。民间艺术协会以“以梦为马，守住这片净土”“武汉你好”“坚持就是胜利”为题创作推送网络美文169篇。市美协征集抗击疫情作品21幅，部分刊登在《宁夏文艺界》；市曲协和市音协创作歌曲8首，其中4首歌词谱曲，演唱制作成MP3和MV，2部快板小段表演制成MP3，市剧协创作抗击疫情京剧4节视频联唱，在石嘴山文化云线上推送，部分在宁夏音协主题创作平台展播。电影电视艺术家协会站在抗击疫情的第一线，创作了“石嘴山人，全民战‘疫’，人人出力”系列微视频14辑在市电视台、今日头条等媒体播放，在今日石嘴山App发布“万众一心·阻击疫情”等14部原创短视频，其中10条短视频推到“学习强国”平台；摄影家协会组织力量在防疫一线拍摄了大量珍贵的照片，参加了石嘴山市开展的“身边的感动感恩感奋”微摄影纪实大赛。

【固原市文联文艺助力脱贫攻坚工作成效显著】

固原市是宁夏脱贫攻坚主战场。固原市文联紧扣市委决战脱贫攻坚中心工作，组织动员全市广大文艺工作者用优秀的文艺作品为决战脱贫攻坚凝心聚力。一是开辟了脱贫攻坚文学专栏。市、县文学期刊《六盘山》等，以专栏、专题等形式，推出脱贫攻坚题材的文学作品30余篇。二是创作了脱贫攻坚报告文学作品。组织20多位骨干作家，深入脱贫攻坚一线，历时10个月采写报告文学20篇共计20万字，于《六盘山》第5期刊发。三是集中创作了主题文艺作品。全市作家积极投身脱贫攻坚现场，创作了大批精品力作，把脱贫攻坚固原故事讲到了全国各地。纪实文学集《翻越最后一座高山——西海固扶贫攻坚纪实》、诗歌《在张撤》、报告文学《悸动的春天》等在国内多家媒体刊发并得到好评。固原市文联推出的歌曲《翻越》被“学习强国”平台推荐。四是文艺志愿服务走进千家万户。开展“文艺进企业、颂歌感党恩”活动1场次，“送戏下乡、进军营”演出活动50场次，“戏曲进校园”演出活动12场次，“书法进校园”活动30场次，“文艺进社区”活动2场，“文艺进乡村”8场次。

【中卫市文联多道文化大餐为脱贫攻坚添彩】

中卫市文联认真贯彻落实习近平总书记视察宁夏重要讲话精神，充分发挥文联助力脱贫攻坚、全面建成小康社会和推动乡村文化振兴的重要作用，以“圆梦小康”为主题，组织全市各文艺家协会、文艺爱好者创作文学、微电影、摄影、美术、书法、音乐等多种形式的文化大餐为脱贫攻坚添彩。

拍摄主题微电影，高举“振兴”之旗。组织拍摄微电影《不回家的妈妈》。影片展现了王丽萍舍小家顾大家、无私奉献的驻村干部形象，表现了广大党员干部投身脱贫攻坚、乡村振兴的敬业精神。

组织文学创作，点亮“振兴”之灯。组织在市县文艺期刊《沙坡头》等设置专栏，集中刊发讲述脱贫攻坚的各类文艺作品，出版脱贫攻坚文学作品集《我们的脱贫之路》，多侧面、全方位宣传展示中卫市脱贫攻坚工作成果。

举办主题朗诵，擦亮“振兴”之炬。举办以“助力脱贫攻坚、倡导生态文明、推进全域旅游”为主题的大型朗诵活动，不断丰富“乡村振兴奔小康”新的时代内涵，会聚起“建设美丽新宁夏，共圆伟大中国梦”的精神动力。

举办主题展览，照亮“振兴”之路。举办“圆梦小康”主题摄影、美术作品展。共征集到摄影、美术作品850余件（幅），入展280件幅。作品集中新时代中卫发展态势、风土民情、美丽风光，生动展现了中卫人民在新时代发展中的精彩表现。

【吴忠市红寺堡区、利通区文联召开第一次代表大会】

5月27日，吴忠市红寺堡区文联第一次代表大会举行，大会审议通过了《红寺堡区文学艺术界联合会章程》，选举产生了红寺堡区文联第一届领导班子，红寺堡区委宣传部副部长马文涛当选第一届文联主席。宁夏文联党组书记、副主席崔晓华出席大会。

6月22日，吴忠市利通区文联第一次代表大会召开，大会审议通过了《吴忠市利通区文学艺术界联合会章程》，选举产生了利通区文联第一届主席团，利通区委宣传部副部长王红苗当选为利通区文联第一届主席。宁夏文联党组书记、副主席崔晓华出席大会。

新疆维吾尔自治区文联

综　述

新疆维吾尔自治区文联（以下简称：新疆文联）增强“四个意识”、坚定“四个自信”、做到“两个维护”，坚持以习近平新时代中国特色社会主义思想为指引，深入学习贯彻落实党的十九大和十九届二中、三中、四中、五中全会精神，贯彻落实第二次、第三次中央新疆工作座谈会精神，贯彻落实习近平总书记关于新疆工作、文联、文艺工作的重要论述、重要讲话、重要指示批示精神和新时代党的治疆方略，贯彻落实中央和自治区党委关于统筹常态化疫情防控和经济发展的决策部署，贯彻落实自治区党委九届十次、十一次会议精神，牢牢扭住社会稳定和长治久安总目标，坚持以人民为中心的创作导向，坚持“二为”方向和“双百”方针，紧扣决胜全面建成小康社会、决战脱贫攻坚，紧密团结全区各民族文艺工作者，同心同德，奋力拼搏，圆满完成全年各项工作任务，推动了文联和文艺事业不断进步，为实现新疆文艺事业大繁荣大发展发展奠定了坚实基础。

重要会议及活动

【文联召开2019年度工作总结暨文艺工作者迎新春民族团结联谊会】

1月22日，新疆文联2019年度工作总结暨文艺工作者迎新春民族团结联谊会在乌鲁木齐市举办。新疆文联党组书记、副主席张新生，党组成员、副主席张君超、哈德别克·哈汉，党组成员、秘书长熊红久，新疆文联副主席迪丽娜尔·阿布都拉、巴音巴图、阿迪力·吾休尔、李学亮、郃振明，新疆文联名誉主席夏侃·沃阿勒拜，文联老领导、离退休老同志、老艺术家、文艺家代表等，以及文联全体干部职工230余人喜聚一堂，欢歌笑语，叙旧谈新。联谊会上，新疆文联老中青三代文艺工作者纷纷登台，展现才艺，独唱、歌舞表演、杂技、相声，各类节目精彩纷呈。活动现场洋溢着热烈祥和的节日氛围。

【文联召开第八届主席团第三次（扩大）会议】

4月9日，新疆文联召开第八届主席团第三次（扩大）会议，新疆文联第八届主席团成员、部分委员以及各协会、杂志社、机关各处室负责人共49人参加会议。会议传达陈全国书记在自治区党委常委会听取新疆文联关于中国文联十届五次全委会会议精神和今年工作安排汇报后的重要讲话精神；听取和审议《新疆文联八届三次全委会工作报告》；审议接受新疆金融文联为新疆文联团体会员事宜；通报新疆文联第八届委员会委员更替和增选事宜；通报文联八届二次全委会以来委员履职情况。报告认真总结了2019年工作，对2020年工作进行了安排部署。

【文联召开党风廉政建设和反腐败工作会议】

4月24日，新疆文联召开党风廉政建设和反腐败工作会议，新疆文联党组书记、副主席张新生作2020年党风廉政建设和反腐败工作动员讲话，自治区纪委监委驻自治区党委宣传部纪检监察组副组长马瑞到会指导。会议由新疆文联党组成员、副主席张君超主持。张新生在讲话中指出，2019年，在自治区党委正确领导下，在自治区纪委监委驻自治区党委宣传部纪检监察组具体指导下，文联党组认真贯彻党中央关于全面从严治党、推进党风廉政建设和反腐败工作的一系列部署和自治区党委工作要求，政治引领更加旗帜鲜明，责任体系更加健全完善，廉政教育更加入脑入心，正风肃纪更加精准有效，形成了一批持续抓好党建、带好队伍、推动文艺事业发展的制度成果，文联新风正气不断充盈，政治生态明显好转，文联党员干部的面貌、新疆文艺界的面貌焕然一新。同时指出，深入推进新疆文联2020年党风廉政建设和反腐败工作要加强领导，落实责任，确保党风廉政建设工作任务落到实处。会上，张新生代表文联党组与党组成员，党组成员与分管部门负责人分别签订了党风廉政建设和反腐败工作目标责任书。

【文联召开深化标本兼治推进以案促改工作会议】

5月26日，新疆文联召开2020年深化标本兼治推进以案促改工作会议，文联党组班子成员，全体干部职工参加会议。会议深入学习贯彻习近平总书记关于全面从严治党的重要论述，落实《党委（党组）落实全面从严治党主体责任规定》，按照自治区党委关于深化标本兼治推动以案促改工作常态化的部署和自治区纪委监委驻自治区党委宣传部纪检监察组要求，抓好自治区党委巡视整改落实各项工作，做实做细案件查办“后半篇文章”，充分利用查办的违纪违法案件，深化标本兼治，警示广大党员干部进一步筑牢思想防线，努力打造忠诚干净担当的干部队伍，为推进文艺事业高质量发展提供坚强保障。新疆文联党组书记、副主席张新生就落实自治区纪委监委驻自治区党委宣传部纪检监察组整改建议、深化标本兼治推进以案促改工作讲话。自治区纪委监委驻自治区党委宣传部纪检监察组副组长马瑞同志出席会议并向文联党组提出整改建议。

【文联召开上半年工作座谈会】

7月10日，新疆文联2020年上半年工作座谈会在乌鲁木齐召开。新疆文联党组书记邓选斌出席会议并讲话。新疆文联党组成员、副主席张君超主持会议。新疆文联党组成员、副主席哈德别克·哈汉，在乌的新疆文联八届主席团成员，各地州市文联主要负责人，新疆文联各文艺家协会主席、秘书长，文联各杂志社主编、社长，机关各处室负责人参加会议。座谈会上，15个地州市文联主要负责人先后作交流发言，介绍工作经验和体会，分析存在的问题，就做好下半年基层文联工作提出了意见建议。邓选斌指出，今年以来，全区文联系统坚定坚决贯彻党中央决策部署和自治区党委工作安排，围绕中心、服务大局，化危为机、担当作为，推动文联和文艺工作取得积极成效。战“疫”主题文艺创作成果丰硕，脱贫攻坚主题文艺创作有序推进，重点文艺活动丰富多彩，文联深化改革不断深入，基层文联建设稳步推进。要坚持守正创新，高质量做好下半年重点工作。

【哈巴河杯·第六届西部文学奖颁奖】

9月24日至28日，哈巴河杯·第六届西部文学奖颁奖活动在新疆哈巴河县举办。活动由新疆文联、阿勒泰地委宣传部主办，哈巴河县委、县人民政府、《西部》杂志社承办。本届西部文学奖获奖作品是从2018至2019年度《西部》刊发的作品中评选产生的，延续了往届小说奖（内地、新疆作者各一）、散文奖（内地、新疆作者各一）、诗歌奖（内地、新疆作者各一）、翻译奖（一个）的设置，新增90后新锐奖（一个），以奖掖90后写作者。

【麦盖提县农民诗集《心中的爱》首发仪式暨农民诗人培训活动举办】

9月24日，新疆文联在麦盖提县巴扎结米镇恰木古鲁克村文化活动中心举行麦盖提县农民诗集《心中的爱》首发仪式暨农民诗人培训活动。新疆作协主席阿拉提·阿斯木，喀什地委宣传部、文联，麦盖提县委等单位有关领导以及麦盖提县农民诗人代表等50余人参加首发式。首发仪式上，新疆作协向麦盖提县巴扎结米镇、恰木古鲁克村、阔什艾肯村等乡村文化室捐赠《中国当代文学作品选粹》等系列书籍。喀什地委宣传部、喀什地区文联向农民诗人代表颁发“农民诗人”牌匾，麦盖提县委有关领导向新疆作协回赠书法作品。

农民诗人诗集《心中的爱》由农民写、写农民两部分组成。在“农民写”部分，选择以麦盖提县为主的具有一定文学创作能力、思想觉悟高的农民创作的歌颂在中国共产党领导下社会主义新农村建设取得巨大成就的主旋律诗歌作品，共收录33位农民诗人的作品。在“写农民”部分，收集新疆文联“访惠聚”驻村干部及文联结亲干部近年来创作的歌颂农民、农村、农业的诗歌作品。新疆文联及新疆作协还组织了麦盖提县农民诗人培训活动，30余位农民诗人参加培训。

【“相约金山·西部作家写作营暨新疆中青年作家创作研修班”在可可托海金山书院成功举办】

10月8日，“相约金山·西部作家写作营暨新疆中青年作家创作研修班”在富蕴县可可托海镇金山书院举办开班仪式。研修班由《西部》杂志社和金山书院主办。来自乌鲁木齐、阿勒泰、克

拉玛依等地的近30位中青年作家参加了此次研修班。在为期5天的研修班上，老师和学员们就小说和散文创作展开深入的学习和讨论。学习交流之余，学员们深入红色教育基地三号矿脉、海子口地下水电站，阿依果孜矿洞、地质陈列馆等地采风，在第一现场感受、见证老一代矿工用可可托海精神创造的功勋伟绩，积累了生动、鲜活的创作素材。

【文联召开深入开展文化润疆工程座谈会】

10月20日，新疆文联召开深入开展文化润疆工程座谈会。新疆文联党组书记邓选斌讲话，文联党组成员、副主席张君超主持会议。各文艺家协会驻会主席、副主席、秘书长，各杂志社社长、主编，机关各处室负责人参加会议。座谈会上，新疆文联党组成员、秘书长熊红久与新疆作家协会、新疆美术家协会、《塔里木》杂志社等10位协会、杂志社、机关处室负责同志围绕深入开展文化润疆工程，分别作了交流发言，其他部门作了会议书面交流。邓选斌在讲话中说，要充分认清文联肩负的职责和使命，全力以赴投入文化润疆工作中。文联组织要做文化润疆工作的引领者，立时代潮头，为时代发声；做文化润疆工作的宣传者，做到人人都是宣传员、人人当好宣传员；做文化润疆工作的推动者，讲好中华民族一家亲故事，以优秀的作品鼓舞人，努力使文艺成为新时代的号角。要在“润”字上下功夫，以铸牢中华民族共同体意识为主线，坚持多元一体的中华文化，大力弘扬中华优秀传统文化，弘扬社会主义核心价值观，把中华文化蕴涵的思想和理念用群众喜闻乐见的形式展现出来，为建设新时代中国特色社会主义新疆提供文化支撑。

【文联党组举行专题党课 强调深入学习贯彻第三次中央新疆工作座谈会精神 推动新疆文艺事业高质量发展】

10月28日，新疆文联党组书记邓选斌以《深入学习贯彻第三次中央新疆工作座谈会精神 推动新疆文艺事业高质量发展》为主题，为文联党员干部讲授专题党课，就学习贯彻好党的十九届五中全会精神提出要求。文联党组成员，各协会、杂志社、机关处室负责人，文联机关、协会、杂志社党总支委员、各党支部委员集中听讲。邓选斌在授课中强调，第三次中央新疆工作座谈会从战略和全局高度谋划推进新时代新疆工作，具有划时代、里程碑意义。习近平总书记的重要讲话是指导新时代新疆工作的纲领性文献，是引领新疆工作守正创新、胜利前进的强大思想武器。要推动学习贯彻第三次中央新疆工作座谈会特别是习近平总书记重要讲话精神走深走实，领会精神实质，把握核心要义。深刻认识第二次中央新疆工作座谈会以来新疆工作取得的重大成效，完整准确贯彻新时代党的治疆方略，为建设新时代中国特色社会主义新疆凝聚强大精神力量。要坚持底线思维，在做好常态化疫情防控工作上持续推进文艺工作；聚焦总目标，在助力保持社会大局持续稳定长期稳定上展现文艺担当；坚持铸牢中华民族共同体意识，在助力巩固加强民族团结上展现文艺优势；贯彻新发展理念，在文艺助推经济高质量发展上彰显作为；坚持以人民为中心的价值追求，在不断满足人民群众精神文化需求上尽责尽力。

【文联党组召开会议 认真学习贯彻党的十九届五中全会精神】

10月30日，新疆文联党组召开会议，认真学习《中国共产党第十九届中央委员会第五次全体会议公报》，就新疆文联“十四五”规划编制工作进行了安排部署。新疆文联党组书记邓选斌主持会议，新疆文联党组成员、副主席哈德别克•哈汉，各协会、机关各处室副处级以上干部参加会议。会议指出，党的十九届五中全会，是在全面建成小康社会胜利在望、全面建设社会主义现代化国家新征程即将开启的重要历史时刻召开的一次十分重要的会议。文联广大干部职工要增强“四个意识”、坚定“四个自信”、做到“两个维护”，坚决把思想和行动统一到党的十九届五中全会精神特别是习近平总书记的重要讲话精神上来，同心同德，努力奋斗，为推动新疆文艺事业实现高质量发展作出积极贡献。会议要求，要把学习党的十九届五中全会精神特别是习近平总书记的重要讲话精神，作为当前和今后一个时期的重大政治任务，迅速兴起学习宣传的高潮，持续深入学、融会贯通学、联系实际学，学深悟透，学以致用，全面理解掌握习近平总书记重要讲话的核心要义和精神实质，以扎实有效的工作推动学习贯彻走深走实，切实增强贯彻落实的思想自觉、政治自觉、行动自觉，切实用党的十九届五中全会精神指导实践、推动工作。要认真编制好文联“十四五”规划，把着力点放在文艺发展的具体实践中，确定好文联和文艺工作未来五年发展的指导思想、目标任务和具体措施，坚持以中华民族共同体意识统领文艺工作，坚定不移推进“文化润疆”工程，聚焦“兴文化”，坚持“出精品”，形成鲜明的目标导向，问题导向、发展导向，推进“十四五”其间新疆文艺事业大繁荣大发展。

【第九期新疆作家研讨班在湖南毛泽东文学院开班】

10月13日上午，由湖南省作家协会主办，毛泽东文学院承办的第九期新疆作家研讨班在毛泽东文学院报告厅举行开学典礼。湖南省作家协会党组副书记、主席王跃文，新疆文联党组书记邓选斌，湖南省作协党组副书记、专职副主席游和平，副主席、毛泽东文学院管理处主任谢宗玉等出席开学典礼。本期新疆作家研讨班由来自新疆作协、新疆兵团作协推荐的20位作家参加，研讨班以讲座的形式，聘请国内知名作家、学者授课，并组织学员进行作品研讨和创作交流。

【新疆文联文艺小分队赴莎车县 开展“中国农民丰收节”千人培训活动】

10月12日至14日，由新疆音协、舞协、杂协、民协、评协、视协组成的20人文艺小分队赴喀什地区莎车县部分贫困村庆祝“农民丰收节”慰问演出，并开展传统文化培训活动。这次演出及培训活动是践行习近平总书记在第三次中央新疆工作座谈会提出“文化润疆”的生动实践。小分队艺术家们以饱满热情，深入乡村，激情放歌，舞动身姿，展示技艺，传播中华优秀传统文化的魅力，用高质量的文艺演出和培训赢得村民的喜欢和肯定。

【文联领导赴天山电影制片厂开展调研】

11月4日上午，新疆文联党组书记邓选斌一行赴天山电影制片厂对新疆电影家协会工作开展情况进行专题调研，自治区党委宣传部副巡视员、新疆影协主席、天山电影制片厂厂长高黄刚，天山电影制片厂副厂长木拉提·买买提、穆克亚提·热木扎提，新疆影协秘书长彩才等陪同调研。邓选斌一行先后来到天山电影影厂制作部和摄影棚进行实地观摩，详细了解天山电影制片厂电影创作生产情况和目前工作的开展情况，高黄刚对天山电影制片厂近年来电影创作生产、选题准备情况进行了介绍。实地调研结束后，进行了座谈交流。

【新疆戏曲界文艺工作者热议习近平总书记给中国戏曲学院师生的回信】

11月3日，新疆文联在乌鲁木齐京剧团召开新疆戏剧界文艺工作者学习习近平总书记给中国戏曲学院师生的回信座谈会，新疆文联党组成员、副主席哈德别克·哈汉出席会议并讲话，新疆剧协主席团成员，新疆京剧、秦腔等戏曲界文艺工作者、院校戏曲教师代表参加了座谈会。新疆戏剧家协会主席、国家一级编剧、导演戈弋表示：“新疆戏剧人要砥砺前行，继续奋斗，为新疆本土的戏剧传承抓好创作，培养人才，戏剧家协会要为广大戏曲工作者做好服务。众人拾柴火焰高。让我们共同努力，搞好戏剧传承。”哈德别克·哈汉在座谈讨论中要求，新疆戏剧界文艺工作者要认真学习领悟习近平总书记回信精神，充分认识“情”是戏曲人的从艺之根，“艺”是戏曲人的立身之本，“德”是戏曲人的为人之先；坚定戏曲工作的正确方向，努力开创新疆戏曲工作新局面；积极传承中华优秀传统文化，为繁荣发展新疆社会主义文艺事业贡献力量。新疆文联向京剧团赠送了书法和美术作品。

【文联召开机关青年理论学习小组成立大会暨开班仪式】

11月9日，新疆文联召开机关青年理论学习小组成立大会暨开班仪式，新疆文联党组成员、副主席哈德别克·哈汉出席会议并讲话，有关处室负责人及机关青年理论学习小组全体学员参加会议。会议指出，成立文联机关青年理论学习小组在文联历史上尚属首次，是文联机关党的建设和干部队伍建设工作的创新之举，也是机关青年政治生活中的一件大事和喜事，各位学员要深入学习贯彻习近平新时代中国特色社会主义思想，在读原著、学原文、悟原理上再下功夫，用科学理论深化认识、武装头脑、指导实践，进一步提升政治能力、增强工作本领、补齐短板缺陷，努力成为“有理想、有本领、有担当”的青年文艺人，同时带动文联机关上下营造出人人学、时时学、处处学的浓厚氛围。

【文联举办党务干部培训班】

11月19日，新疆文联举办党务干部培训班。新疆文联党组成员、副主席哈德别克·哈汉，新疆文联机关、文艺家协会、杂志社党总支以及各党支部支部委员50余人参加培训。此次培训邀请自治区党校中共党史教研室主任、法学博士毛志强，乌鲁木齐市委机关工委组织部部长李丽梅，对《中国共产党支部工作条例》、“三会一课”的程序和规范讲解等内容进行专题辅导。

【文联召开机关党员大会】

11月22日，新疆文联召开机关党员大会，会议总结四年来新疆文联机关党委工作，选举产生新一届中共新疆维吾尔自治区文学艺术界联合会机关委员会和纪律检查委员会，自治区直属机关工委书记姚晓君、新疆文联党组书记邓选斌出席会议并讲话，自治区纪委监委驻党委宣传部纪检监察组副组长马瑞出席会议，新疆文联党组成员、副主席、机关党委书记哈德别克·哈汉主持会议。大会在雄壮的国歌声中拉开帷幕，来自新疆文联各文艺家协会、各文艺期刊、机关各处室近百名党员和老干部党员代表参加了大会。会议作了上一届中共新疆维吾尔自治区文学艺术界联合会机关委员会、纪律检查委员会工作报告以及党费收缴、使用和管理情况的报告。讨论通过了本次大会的选举办法（草案），酝酿通过了文联机关新一届机关党委委员和纪委委员候选人名单、监票人和总监票人名单。经过规定的选举程序，大会以无记名投票的方式选举产生了新一届文联机关党委和纪委委员。

【文联开展党的十九届五中全会精神专题宣讲活动】

11月25日，新疆文联学习贯彻党的十九届五中全会精神专题宣讲活动在文联大厦举行，新疆文联党组书记邓选斌作宣讲报告。会议指出，党的十九届五中全会是国家将进入新发展阶段，实现中华民族伟大复兴正处于关键时期召开的一次具有全局性、历史性意义的重要会议，文联全体党员干部要充分认识党的十九届五中全会召开的重大意义，深刻领会精神内涵，准确理解把握“十三五”时期我国发展取得的重大成就，党的十九届四中全会以来的新进步、新成就，准确理解到2035年基本实现社会主义现代化远景目标，准确理解把握全面建设社会主义现代化国家的形势，准确理解把握党在经济社会发展中的领导核心作用，把思想和行动统一到全会精神上来，切实增强学习贯彻的政治自觉思想自觉行动自觉。会议要求，文联全体党员干部要把学习宣传贯彻十九届五中全会作为当前和今后一个时期头等大事和首要政治任务，与学习贯彻习近平新时代中国特色社会主义思想紧密结合起来，与学习贯彻第三次中央新疆工作座谈会精神紧密结合起来，认真系统学，联系实际学，深入思考学，及时跟进学，坚持学思用贯通，知信行统一，切实把学习成果转化为推动工作的强大动力。

【文联举办“与法同行”主题宣讲】

12月3日，新疆文联举办“以第三次中央新疆工作座谈会精神为统领，大力弘扬宪法精神，推动民法典贯彻实施”为主题的“与法同行”主题宣讲，正式启动2020年新疆文联“宪法宣传周”活动。文联机关各处室、文艺家协会、杂志社干部职工100余人参加。新疆文联党组成员、副主席哈德别克·哈汉围绕切实把握《民法典》的法律地位和贯穿其中的宪法精神，坚定不移走中国特色社会主义法治道路、深刻理解《民法典》的修订历程和主要特点，坚定“四个自信”、充分认识颁布《民法典》的重大意义，切实增强学习贯彻实施《民法典》的思想自觉和行动自觉、认真学习《民法典》的新规定新概念新精神，为贯彻实施好《民法典》奠定坚实基础等四个方面展开宣讲，引导全文联干部职工自觉成为《民法典》的忠实崇尚者、自觉遵守者、坚定捍卫者。

【新疆脱贫攻坚主题文艺图书出版发行】

12月4日，新疆脱贫攻坚主题文艺图书首发仪式在乌鲁木齐新华国际图书城举行。新疆文联党组成员、秘书长、新疆作家协会副主席熊红久主持首发仪式。自治区党委宣传部副部长任彦宾、自治区扶贫办一级巡视员陈雷、新疆人民出版总社党委副书记、副总编辑范聪卓、自治区党委宣传部文艺处处长张太保、自治区扶贫办脱贫攻坚督查专员张代茂、新疆人民出版总社出版编务部部长罗卫华，以及相关单位领导、自治区党委宣传部机关团委代表、新疆文联代表、新疆人民出版总社代表，作家代表、译者和媒体记者参加首发仪式。自治区党委宣传部副部长任彦宾讲话，全面总结了脱贫攻坚主题图书的策划、创作、出版整个过程，为新疆今后的主题创作提出了要求。在自治区党委宣传部的统一安排部署下，新疆文联、新疆作家协会、新疆人民出版总社联合精心策划，组织全疆优秀作家，奔赴全疆各地，深入人民生活，用拳拳赤子之心、深厚的国家情怀、充沛激昂的感情、细致入微的笔触，创作了脱贫攻坚主题图书《春风化雨——脱贫攻坚南疆故事》《筑梦——脱贫攻坚新疆纪事》《诗意栖居柯柯牙》《幸福花开塔里木》《博格达来信》，从不同视角全面书写了新疆脱贫攻坚故事，反映了新疆各族人民群众携手奋斗奔小康的幸福生活。首发仪式上，《春风化雨——脱贫攻坚南疆故事》的作者雅楠、《诗意栖居柯柯牙》的作者钱建军、《博格达来信》的作者玉苏甫·艾沙发言，介绍图书的创作背景、创作故事、图书内容，分享自己的创作、出版感受。首发仪式上，熊红久代表文联，范聪卓代表出版总社，陈雷代表自治区扶贫办，分别向新疆图书馆、乌鲁木齐市沙依巴克区八一片区管委会古城南社区以及乌鲁木齐县水西沟镇平西梁村农家书屋赠书。

【新疆摄影家李嘉宾荣获十三届中国摄影金像奖】

12月20日，第十三届中国摄影金像奖颁奖典礼在三门峡国际文博城大剧院举行。纪实摄影类、艺术摄影类以及商业摄影类三大类别奖项揭晓，19位摄影师获此殊荣。中国摄协商业委员会委员、新疆文联摄影家协会副主席、新疆文联商业摄影学会主席李嘉宾获得商业类摄影金像奖。

【大型新年音乐会《致敬2020》在乌录制】

12月23日，由新疆文联 、新疆维吾尔自治区文化和旅游厅主办，新疆维吾尔自治区音乐家协会、新疆艺术剧院承办，新疆艺术剧院木卡姆艺术团、乌鲁木齐市艺术剧院交响乐团演出的大型新年音乐会《致敬2020》在乌鲁木齐市录制完成，并于元旦前播出。本场音乐会由第一篇章《石榴花开》、第二篇章《最可爱的人》、第三篇章《幸福家园》三个部分组成，以交响乐的形式并配以合唱、舞蹈等艺术呈现。

【新疆第三届春联书法作品展举办】

12月25日，由自治区党委宣传部、新疆文联、自治区社科联主办，新疆书法家协会、兵团书法家协会、新疆楹联家协会、兵团诗词楹联家协会协办，新疆书法艺术榜书研究中心与库车市委宣传部承办的“文化润天山·春联进万家”新疆第三届春联书法作品展启动仪式在阿克苏地区库车市龟兹文化艺术中心举行。自治区社科联党组书记徐锐军出席会议并讲话，自治区政协提案委员会副主任、新疆书法家协会理事、新疆书法艺术榜书研究中心名誉主任范崇民宣布“文化润天山·春联进万家”新疆第三届春联书法作品展启动，阿克苏地委委员、宣传部部长常玉轩致辞，阿克苏地委委员、库车市委书记秦加友致欢迎辞，新疆文联书法家协会常务副主席兼秘书长李志顺介绍作品展基本情况。截至2020年，“文化润天山·春联进万家”活动已连续成功举办三届，受到基层干部群众的普遍欢迎，已将600余万幅春联免费发放到全区1万多个乡镇，惠及群众2000多万人，极大满足了全区各族干部群众美好精神文化生活的新期待。

【统筹做好常态化疫情防控和文联文艺工作】

坚定坚决落实中央和自治区党委关于疫情防控各项决策部署，统筹好疫情防控和文艺发展，做到两手抓，两不误，特别是在7月新发疫情其间，全疆各地州市文联、文联各协会、各杂志社以抗击疫情为主题，充分发挥自身专业优势，创作了30000余幅有血有肉、感人肺腑、温暖人心，积极向上的优秀文艺作品，发表了5000余幅包含真情实意有温度、有力量、有筋骨的文艺作品。抗疫其间，文联微信公众号编发40余期近千幅作品、人民日报客户端推出17期近600余幅文艺作品，“学习强国”推出5期近100余幅文艺作品，文联各族干部响应号召，或坚守岗位，参与值班备勤；或甘于奉献，参与志愿服务；或居家办公、积极开展创作，充分发挥了文艺和文联干部的作用，激发了各族人民勇往直前的斗志，凝聚起抗击疫情强大的力量。

【新疆文联召开文艺精品创作推进会】

12月24日，新疆文联召开文艺精品创作推进会。新疆文联党组书记邓选斌出席会议并讲话。党组成员、副主席哈德别克·哈汉主持会议，中国摄协副主席、新疆文联副主席、新疆摄影家协会主席李学亮，以及各文艺家协会秘书长及有关处室负责人参加会议。会上，第十三届中国摄影

金像奖获得者、新疆摄影家协会副主席李嘉宾分享了获奖心得和创作经验。李学亮，新疆摄影家协会秘书长孙国福、新疆音乐家协会秘书长袁帅、新疆舞蹈家协会秘书长高善君、新疆作家协会副秘书长艾布就加强精品文艺创作，勇攀文艺高峰，再创新疆文艺界新辉煌，作了交流发言。会议要求，要围绕深入开展文化润疆工程，以此次获得金像奖为契机，聚焦建党100周年，狠抓精品文艺创作，进一步聚焦主题，把握导向，体现特色，倾注心血，做到眼中有方向，心中有信念，努力推出既有“高原”又有“高峰”，引领社会风尚、讴歌新时代中国特色社会主义新疆的精品力作。

各文艺家协会

【作家协会】

5月9日至20日，为深入贯彻落实习近平总书记关于“最美奋斗者”学习宣传的重要指示精神，用英雄模范的感人故事激励全党全国各族人民坚守爱国情怀、坚定奋斗意志，阿拉提·阿斯木、毛玉山、艾贝保·热合曼、张弛、王族、高天龙六位作家，前往“最美奋斗者”所在地深入采访采风。从5月20日至6月底，创作完成了《时代好男儿》《塔克拉玛干的呼唤》《护边守边比生命更重要》《腔热血挥洒故乡土地》《帕米尔雄鹰》《谁持彩练当空舞》六篇报告文学。

年初通过发布“脱贫攻坚”主题创作征集作品、约稿等形式，组织各民族作家深入脱贫攻坚战第一线，创作完成了长篇报告文学《脱贫路上追梦人》《幸福花开塔里木》《永远的传家宝— 库尔班大叔和他的子孙们》《博格达来信》、作品集《我们都在路上》等5部集中反映我区脱贫攻坚战成果的图书。

围绕“庆祝中国共产党成立100周年”重大主题，统筹做好主题采风创作工作。在自治区党委宣传部的统一安排下，联合新疆人民出版社，确定了自治区“庆祝中国共产党成立100周年”重点主题创作选题11部图书，分别是《夜莺歌唱黎明》《白水台》《最美援疆人》《红旗漫卷天山》《军魂》《见证》《帕米尔之恋》《天路》《军功马》《可可托海》《大地雕像》，并安排阿拉提·阿斯木、叶尔克西·库尔班、毛玉山、任茂谷、王有才、赵北明、艾贝保·热哈曼、王族、赵光鸣、丰收等10位作家负责创作。6月初至7月底，各位作家前往新疆各地，采风采访，收集素材，目前正在创作中，计划于年底完成初稿。

9月18日，新疆作家协会在乌鲁木齐市举行“庆祝建党100周年”主题创作座谈会，新疆文联党组书记邓选斌，新疆作协主席阿拉提·阿斯木，新疆建设生产兵团作协主席丰收，新疆人民出版总社出版编务部部长罗卫华，新疆作协副主席叶尔克西·库尔班拜克，以及自治区党委宣传部、新疆人民出版总社相关人员、自治区“庆祝中国共产党成立100周年”重点主题创作选题创作作家参加座谈会。阿拉提·阿斯木主持会议。

配合中国作家协会做好“我们向着小康走——中国作家新疆行”主题采访采风活动。10月10日至17日，中国作家协会组织30余位全国知名作家，组成由中国作协书记处书记邱华栋任团长，中国作协创联部主任彭学明任副团长的“我们向着小康走——中国作家新疆行”主题采访采风团，分成三个小分队，在东疆、北疆、南疆哈密、吐鲁番、昌吉、伊犁、塔城、博尔塔拉、喀什、和田等地，深入脱贫攻坚战第一线，对我区脱贫攻坚成果进行全方位采访采风。

10月19日，第九届新疆作家创意写作培训班开班仪式在上海崇明西来农庄举行。上海作协党组书记、专职副主席王伟，新疆作协主席阿拉提·阿斯木出席开班仪式。来自新疆各地州的20位各民族作家学员参加了为期一个月的创意写作培训班。

征集到150余位各民族作家近200篇报告文学、散文、诗歌、小说等抗击疫情作品，在“新疆文学艺术界联合会”“新疆作家协会”“西部杂志社”等微信公众号登载，部分作品被“学习强国”、《文艺报》《新疆日报》等媒体转载。4月选编抗击疫情作品集《信念如山》，七月中旬组织动员各民族作家，创作“众志成城 抗击疫情”主题作品，在新疆作家协会微信公众号开设“众志成城 抗击疫情”主题创作作品选栏目，共发表20期72篇各种题材的优秀作品，与新疆广播电视台、乌鲁木齐市文联联合举办“抗疫有你”线上文学作品朗诵活动，共举行7期活动，在新疆电视台“丝路视听”客户端、新疆作家协会微信公众号发表42位各民族作家的42篇优秀作品，推荐的19篇优秀作品被人民日报客户端转载。

有序推进第八批“新疆原创和民汉互译工程”工作，共征集新疆各民族作家的共95部作品（1183万字），向自治区党委宣传部上报初审通过的作品77部。

联合文联所属民文杂志，2020年6月至2021年6月在全区范围举办民文“庆祝中国共产党成立100周年”有奖征文活动，奖励一批篇中短篇小说、报告文学、散文、诗歌精品佳作，以优秀的作品迎接中国共产党成立100周年。目前，征文活动正在进行中。

为深入贯彻落实第三次中央新疆工作座谈会精神，以铸牢中华民族共同体意识为主线，巩固优化“新疆文学原创和民汉互译工程”，进一步推进“文化润疆”工作，根据自治区党委宣传部安排部署，制定了“文化润疆”（2021-2023）三年翻译工程方案。

11月24日，新疆作家协会网络作家分会第一次代表大会在文联大厦召开，新疆文联党组书记邓选斌出席会议并讲话，新疆作协主席阿拉提·阿斯木主持会议，媒体记者、各民族网络作家60余人出席了会议。

【音乐家协会】

1月11日至13日组织新疆知名艺术家扎根基层，服务群众，开展多项“我们的中国梦”——文化进万家系列群众文化活动，大力实施文化惠民工程，走进麦盖提县恰木古鲁克村，巴楚县阿纳库勒乡，莎车县米夏乡、塔尕尔其乡等开展6场文化进万家活动。

疫情其间，发起“众志成城，抗击疫情”公益歌曲征集活动，截至4月底，协会共征集119首歌词，组织音乐家谱曲83首，制作音乐小样42首。协会利用流行音乐学会网络平台将《爱的力量》《不曾孤单》《中华儿女一条心》《春天里的身影》《我的秀发》等一大批原创公益歌曲推向全国。推出《致敬白衣天使》优秀抗疫歌曲选辑。

6月2日至11日组织刘新圈、杨玉鹏、许会锋、赵思恩、魏光、陈子文、白嘉信、吴核等十余位知名词曲作家赴麦盖提县、莎车县、墨玉县、皮山县近20个村进行以“脱贫攻坚”为主题的采风创作活动。创作完成18首歌词和歌舞剧《一个也不能少》文本。

9月25日至10月5日，中国音协采风团熊纬、李昕、杨启舫、孟文豪、刘新圈、杨玉鹏等一行十余人在新疆石河子市、克拉玛依市、塔城市、和布克赛尔县、185团军武哨所、富蕴县、清河县开展了以“向中国共产党成立100周年献礼”为主题的深入生活、扎根人民采风创作活动。新疆文联、新疆音乐家协会负责了中国音协采风团的行程安排及具体事宜的协调，新疆音乐家协会袁帅、陈子文、吴核全程参加了采风团活动。

10月12日至14日，由新疆文联音乐家协会，舞蹈家协会，杂技家协会等六家协会组成的20人文艺小分队赴喀什地区莎车县部分贫困村庆祝“农民丰收节”慰问演出，并开展传统文化培训活动。

【美术家协会】

1月29日，新疆美术家协会发出“众志成城 坚定信心”致全疆美术工作者的倡议书。截至3月25日，共收到各类作品约26734 件，美术作者超过万人。在微信公众平台择优推送《众志成城、抗击疫情——美术家在行动》22期，《以艺抗疫——新疆中小学生主题绘画作品展》4期，《新疆中小学生美术教师作品展》2期，《抗击疫情 礼赞祖国 自治区、兵团中小学生主题绘画作品展》2期，《巾帼英雄 中国女画家协会用画笔致敬逆行者新疆特辑》2期，《我们都是一家人 公益海报设计优秀作品选集》1期，共计推出1385件作品。

5月7日，新疆美术家协会召开2020年度新疆美术家协会主席团会议。对疫情其间新疆美协组织的“众志成城，抗击疫情——美术家在行动”表现突出的单位和个人进行表彰。主席团会议全体成员对2019年中国美协会员申报、审批情况进行总结同时对新疆美术家2019年申报会员进行审议，审核通过了许剑、阿依努尔·艾热提等97位同志为新疆美术家协会入会新会员并且通过微平台进行公示推送。会议评选出《众志成城抗击疫情——美术家在行动微平台展》入选的200幅作品；评选出《2020年美术教师小幅美术作品展》的120幅作品。

5月22日，由新疆巴音郭楞蒙古自治州文化体育广播电视和旅游局、新疆巴音郭楞蒙古自治州

文学艺术界联合会主办，新疆美术家协会漫画艺术委员会、新疆巴音郭楞蒙古自治州美术馆、新疆巴音郭楞蒙古自治州文化馆承办的“文艺进万家·健康你我他”——新疆漫画作品展在巴音郭楞蒙古自治州美术馆免费向市民开放。

6月18日，新疆美协《众志成城、抗击疫情新疆美术作品展》网络展厅成功上线，该展览是由新疆美术家协会对疫情其间收集的作品重新筛选出200幅作品组成。

7月16日，举办了“文艺进万家 健康你我他”新疆美术界助力抗疫线上美术展览活动，该展览共推送5期，推送抗击疫情优秀作品200余幅。

9月14日，号召全疆各族漫画家和漫画爱好者积极创作相关主题漫画作品，开展了“崇尚节约、反对浪费”网络漫画作品展。

9月22日至28日，新疆美协走进木垒县，进行“美丽乡村行——助力脱贫攻坚”美术作品展及采风活动，采风活动为期7天，邀请画家22名，创作作品80余幅，并成功举办“美丽乡村行——助力脱贫攻坚”美术作品展。此次美术展由新疆美术家协会主办，福建援疆南平分指挥部、中共英格堡乡委员会、木垒县文旅局协办。

10月4日由新疆美术家协会水彩·粉画艺术委员会主办，无锡凤凰画材集团协办的“天山行”写生活动在吉木萨尔县成功举办。

10月27日，新疆美术家协会、新疆书法家协会走进北新路桥集团举办绘画书法作品展暨北新艺术中心启幕仪式举行。新疆文联副主席、新疆美协主席郄振明，中国书协理事、新疆书协主席李方等9名新疆艺术家，十一师党委书记、政委赵卫东，十一师党委副书记、副师长刘彤等参加活动。

11月3日，新疆美术家协会版画艺术委员会换届会议成功召开。

【摄影家协会】

1月13日至19日在喀什地区麦盖提县、莎车县开展“我们的中国梦，文化进万家”文化惠民活动，创作作品约120幅。

5月18日至27日在喀什地区麦盖提县开展脱贫攻坚主题采风活动，创作作品约240幅。

9月18日至27日配合中国摄协开展采风创作活动，创作作品约120幅。

11月2日，举办新疆第21届摄影艺术作品展，本次展览共收到来自全疆各地来稿10000余件，最终120幅优秀作品脱颖而出。新疆摄影艺术作品展是新疆最高级别的综合摄影艺术展（简称“届展”），该影展每两年举办一届，已成功举办20届。

新冠肺炎疫情发生以来，为了更好的宣传防控一线的奉献者们勇敢无畏的精神，新疆摄影家协会号召全疆广大摄影工作者立即行动起来，充分发挥自身的专业优势，利用新疆摄协微信公众号、中国摄协微信公众号、新疆文联微信公众号进行疫情防控宣传。新疆摄协微信公众号通过定期更新“众志成城，共克疫情，新疆摄影人在行动”系列，给关注公众号的广大会员介绍新疆摄影人在抗疫一线活跃的身影。

【书法家协会】

元旦和春节其间，开展“我们的中国梦”——书法进万家志愿服务公益活动。先后组织130余位书法家走进农村（莎车县、麦盖提县、乌鲁木齐县）、企业（机场集团、中国财产保险公司新疆分公司）、社区（天山区光明路社区、沙区揽秀园社区、骑马山社区）、走进市公安局、新疆军区部队、新疆工程学院、自治区检察院等地开展活动共计21场次，书写春联、福字7000余件，惠及群众7000余人。同时，全疆各地州（市）书协也组织600多位书法家开展书法进万家志愿服务公益活动，写春联、送福字20万余件，惠及各族群众近20万人。

2019年12月28日至2020年1月22日，在自治区图书馆举办新疆第二届春联展，展出名家书写春联120幅，展览其间每天安排2名书法家现场为市民义务写春联送福字，25天时间书写春联福字8000余件，春联展作品已分别在库车市、和硕县、和静县、哈密市巡展，惠及群众2万余人。

1月29日，新疆书协组织发起《众志成城——新疆书法界抗击新型冠状病毒肺炎网上主题书法、篆刻创作活动》。截至3月12日，作品连续在新疆书协微信公众号和兵团文联微信公众号上发布了24期，共计发布作品300余幅。

5月份，新疆书协组织文艺志愿者到麦盖提巴扎结米镇恰木古鲁克村开展书法辅导培训、展览展示以及慰问系列活动。

7月初，组织书法家深入喀什地区麦盖提县和莎车县，向麦盖提县新时代文明实践中心和驻村工作队赠送书画作品100多幅。

7月10日在网上举办“新疆麦盖提县脱贫攻坚书画作品网络展”，展出作品110多幅。

7月22日发布《“文艺进万家，健康你我他”—新疆书法界助力抗疫网络主题书法、篆刻作品展征稿通知》，动员广大书法工作者积极行动起来进行抗疫主题书法创作，用书法的形式为新疆抗疫助力加油。先后推出的5期抗疫书法、篆刻作品网。其中，书协第一、二期网展作品被人民日报网络客户端转载，网上浏览量达到11万多。

10月中旬，按照自治区“千人培训工程”工作计划，新疆书协先后赴吉木萨尔县和阿克苏市开展书法培训活动，来自昌吉州两市三县75名和阿克苏地区（市、县）100余位学员参加了为期5天培训。此次培训还建立了钉钉网上直播平台，先后有110多人参与网上听课和互动交流。。

【民间文艺家协会】

1月，民间文艺家协会组成文艺小分队分别深入阿勒泰市、福海县和莎车县等地开展“我们的中国梦——文化进万家”文化惠民活动。

7月，积极组织全疆26位各族民间文艺家发挥各自的特长，创作抗疫作品187幅（件），包括剪纸、面塑、纸塑、农民画、钢笔画、说唱（音视频）等，有38幅（件）作品先后在民间文艺家协会微信平台、新疆文联微信平台刊发三期，并被中国民协微信平台转发两期、人民日报客户端转发两期。

10月12日至14日，由新疆音乐家协会、新疆舞蹈家协会、新疆杂技家协会、新疆民间文艺家协会、新疆文艺评论家协会、新疆电视艺术家协会组成的20人文艺小分队赴喀什地区莎车县部分贫困村庆祝“农民丰收节”慰问演出，并开展传统文化培训活动。

【文艺评论家协会】

1月7日至10日赴喀什地区莎车县孜热甫夏提乡四个贫困村，库木巴格5村、萨依巴格村8村、库孜玛勒村2村、阔什铁热克6村开展“我们的中国梦”——文化进万家活动。开展《乡村女性美丽课堂》、中华传统文化课剪纸课程、播放电影《2019大阅兵》《烈火英雄（汉语）》，《荣誉之上》《英雄之战（维吾尔语）》受益群众1000余人。

7月22日，新疆文艺评论家协会在文艺评论界组织“以艺抗疫”主题文艺创作，发出了开展主题文艺创作的倡议，鼓励文艺评论工作者围绕战“疫”主题，积极开展文艺创作。评论工作者利用美篇和自媒体平台发表各类题材宣传抗疫作品400余篇。

【戏剧家协会】

5月，新疆剧协积极参与中国剧协“2020年脱贫攻坚主题戏剧作品晋京展演”活动，经过专家评议选送的剧目是和田新玉歌舞团编排的脱贫攻坚音乐歌舞剧《麦吐孙的故事》。

10月8日至10组织新疆剧协会员（新疆艺术学院附属中专戏曲教学部）张含、高曷老师赴兵团阿拉尔市开展千人培训“戏曲进校园、进社区”活动。

【舞蹈家协会】

1月17日至19日，由新疆文联主办，新疆舞协、新疆杂协、新疆民协、阿勒泰地区文联承办的2020年“我们的中国梦”——文化进万家文艺志愿服务小分队来到阿勒泰地区，与当地社区居民同欢乐，和各族农民共相聚。

10月12日至14日，由新疆音协、舞协、杂协、民协、评协、视协组成的20人文艺小分队赴喀什地区莎车县部分贫困村庆祝“农民丰收节”慰问演出，并开展传统文化培训活动。

新疆舞协积极组织会员进行舞蹈创作，聚焦”疫情防控“主题，创作了《爱，在你我左右》《爱在人间》《等待春暖花开时》《2020武汉，我等你》等舞蹈作品。其中舞蹈《爱在人间》被中国舞协《驱逐疫厉·兴邦耀华——武汉，我们与你同在》专题栏目收录发布，另外《爱在人间》《等待春暖花开时》在“学习强国”平台进行发布。

7月16日新疆新冠肺炎疫情发生以来，新疆舞蹈家协会积极动员舞蹈工作者先后策划编排并制作了战“疫”舞蹈视频《众志成城 抗击疫情》《致敬逆行者》《爱生长的地方》《听我说谢谢你》《携手同行》《疫情过后》。其中《致敬逆行者》《听我说谢谢你》被选入人民日报客户端。《听我说谢谢你》入选“学习强国”学习平台。

新疆舞协积极参与中国文艺志愿者协会推出“文艺进万家 健康你我他”网络文艺志愿服务行动，邀请了多位当地知名舞蹈家和舞蹈工作者通

过互联网开展舞蹈培训，让群众安心宅家，在艺术中享受健康丰富的精神文化生活。

11月1日至3日，由新疆维吾尔自治区舞蹈家协会、克拉玛依市委宣传部、克拉玛依市文联主办，克拉玛依市舞协承办的“文化润疆”——舞蹈编导大师班在克拉玛依市开课。协会邀请北京青年编导许郯文、新疆青年教师张鹏为本次受训的舞蹈编导和舞蹈工作者带来了专业的课程和指导，本次培训学员75人。

【曲艺家协会】

1月6日至8日，新疆曲协、新疆美协、新疆书会组成的文艺小分队开展“我们的中国梦　文化进万家”走进喀什地区莎车县文联深度贫困村、麦盖提县文联驻村工作队惠民演出活动。

5月23日，第七个中国志愿者服务日“文艺进万家　健康你我他”，新疆曲协慰问援鄂护士、首府一线交警、捐赠22个文明出行爱心包。

6月19日，新疆曲协走进乌鲁木齐市虹港湾社区迎端午、送真情慰问建筑工地工人。

6月23日，新疆曲协迎“七·一”建党99周年走进新疆有色陈列馆参观学习，重温入党誓词，庆祝建党99周年。

9月20日至21日，新疆曲协庆祝中国农民丰收节暨第九届新疆昌吉菊花节展、乌苏市九间楼乡农耕文化旅游节。

1月28日、7月16日组织曲艺工作者积极用曲艺形式来为抗击疫情贡献力量，共计创作曲艺作品96个音视频。

【电视艺术家协会】

1月3日，首部反映内地青年学生赴新疆支教的励志电影《西域的天空》剧本研讨会在乌鲁木齐隆重召开。现电影剧本《西域的天空》已改名为《大漠红柳》。

1月7日，“我们的中国梦”——文化进万家2020年文艺小分队下基层暨走进莎车县活动在孜热甫夏提塔吉克族乡库孜马力村隆重举行。

10月12日至14日，文化润疆　舞动乡村——新疆文联文艺小分队赴莎车县开展“中国农民丰收节”千人培训活动。

组织会员参加中国视协“坚信爱会赢—文艺界‘以艺战疫’5·23　特别节目”新疆篇的节目拍摄创作，鼓励广大新疆电视艺术工作者围绕抗击疫情为主题创作了同心抗疫的正能量电视宣传作品31部（参与人数200人以上），诗歌三首。15部作品参加中国视协开展的《站在一起》抗击疫情主题视频作品征集活动和《风雨同歌-中国抗疫主题MV征集典藏》活动，其中《紧握我们的手》《在一起》两部作品获得中国视协《风雨同歌-全国抗疫MV（短视频）征集典藏活动》典藏银奖。

【电影家协会】

新疆影协联合天山电影制片厂自治区电影公司、新疆爱森电影制片有限公司共同发起“战疫情”微电影剧本征集活动。征集来自全国各地作品三十九部，阅读量上千，主要征集宣传平台是微信公众号新疆电影。征集的作品经专家评审，选出一、二、三等奖9部，优秀组织奖一部，从中又选出2部优秀作品选报中国影协，参加“大爱无疆抗击疫情主题剧本征集”的活动。

4月，策划组织拍摄完成抗击疫情的微电影《一个人的婚礼》，经审核的维语版已在新疆本土视频平台播出，并译成汉语参加自治区宣传部“关于征集第四届社会主义核心价值观主题微电影优秀作品”、中国影协“抗击疫情微电影征集”等活动。

7月，组织拍摄完成脱贫攻坚题材纪录片《心中的爱》。

8月，组织协会文艺志愿者通过网络媒体平台，开展“文艺进万家、健康你我他”——到人民中去的文艺志愿服务，进行网上授课。

10月，在塔城举办抗日战争胜利75周年影片放映活动，放映10场抗日战争题材影片。

5月至10月，在喀什麦盖提县放映主旋律影片10场。

【杂技家协会】

1月13日至19日，在喀什地区麦盖提县、莎车县、泽普县开展“送欢乐下基层”“深入生活、扎根人民”等主题文艺实践活动，共开展活动9场次。

10月12日至14日，赴喀什地区莎车县库木巴格村、萨依巴格村、库孜玛勒村和阔什铁热克村等贫困村举办“中国农民丰收节”千人培训活动。

参与中国文艺志愿者协会开展的“文艺进万家　健康你我他”网络文艺志愿服务活动，在微信平台上，网络公益课堂开办10天免费学魔术节目，共20个视频。

组织新文艺群体魔术师们制作的视频作品《家园》在“阻击疫情”文艺征集中，被中国杂协采用，同时选送的《百变成钢 百毒不侵》作品，被评为全国优秀公益魔术节目。

8月16日，组织魔术师拍摄“居家抗疫的魔术袋”视频节目，在新疆丝路视听节目中和网络上广泛播出。

8月21日至26日，与乌鲁木齐MMC魔术社团举办了由12岁以下儿童参加的“新疆首届儿童网络魔术比赛”。9月16日，在MMC魔术社团举行了“新疆首届儿童网络魔术比赛”颁奖仪式，56名获奖者得到荣誉证书和物品奖励。

8月29至31日，和新疆青少年发展中心合作举办“科普战役情 希望同奋进 争做好队员”线上融情研学夏令营活动。

8月19日至21日，与新疆青少年发展中心举办魔术科普活动，受益人数12000多人。

新疆生产建设兵团文联

综　述

新疆生产建设兵团文联（以下简称：兵团文联）成立于1983年，内设机构2个，办公室（文艺创作研究部）、组织联络和协会工作部；下属事业单位1个，绿洲杂志社（专业创作组）。截至2020年，有兵团级文艺家协会13个：兵团作家协会、兵团书法家协会、兵团美术家协会、兵团摄影家协会、兵团曲艺家协会、兵团杂技家协会、兵团戏剧家协会、兵团音乐家协会、兵团舞蹈家协会、兵团民间文艺家协会、兵团诗词楹联家协会、兵团影视家协会、兵团文艺志愿者协会。现有国家级会员520名，兵团级会员2945名，长期活跃在兵团文艺战线的文艺骨干1万多人。

会议与活动

【兵团文艺轻骑兵走进十师北屯市慰问演出】

1月13日，鼠年春节来临之际，兵团文联组织一支20人的“文艺轻骑兵”文艺志愿小分队深入开展“我们的中国梦　文化进万家”活动，为边境职工群众送文化、送欢乐。“文艺轻骑兵”走进“西北民兵第一夫妻哨”的马军武哨所，一八六团北沙窝哨所，兵团英模、“全国五一劳动奖章”获得者付永强的“家里”，把演出和祝福送到职工群众身边。三天时间里，演员行程两千余公里，演出4场次，送出春联300余副，送出福字600余张，惠及各族群众1300余人次。

【开展文联深化改革调研】

5月7日至11日，兵团文联党组成员副主席李斌同志带队组成调研组一行3人，先后赴第五师双河市、七师胡杨河市、六师五家渠市、十二师四个师市，91团、124团和共青团农场3个团场开展文联深化改革调研，实地了解文联工作开展情况，四个师市文艺事业繁荣发展、深化改革、文艺阵地建设和文艺人才培养状况。

【众志成城，以艺战“疫”】

为认真贯彻落实习近平总书记关于新型冠肺炎疫情防控的重要讲话和重要指示精神、党中央的决策部署和自治区党委、兵团党委的部署，1月29日、7月23日，兵团文联向各师（市）文联、各文艺家协会发出了《致兵团文艺家的一封信》，动员广大文艺工作者，制作以文字、图片、视频、歌曲等为主的内容丰富、短小精悍的文艺作品网络展，加强疫情防控中涌现出的先进集体和英雄模范宣传。兵团广大文艺工作者响应号召、主动作为、积极行动。两次疫情其间共创作抗疫主题文艺作品17880件，通过“学习强国”、胡杨网、兵团文艺网、微摄平台等媒体宣传发布主题展393期，同心战“疫”的倾情实践，生动诠释了文艺工作者担当作为的时代内涵、时代价值，充分彰显了文艺工作者的文化自觉和高尚的精神品质，取得良好的社会反响。

【面向全国征集兵团题材文艺作品】

6月18日，兵团召开面向全国征集兵团题材文艺作品新闻发布会，征集活动正式启动，征集时间为期两月，将重点聚焦兵团题材，面向全国征集演绎兵团故事、弘扬兵团精神的文学艺术作品。征集作品的体裁包括文学（含小说、散文、报告文学、诗歌等）、电影（含纪录片、微电影和动画）、电视剧（含纪录片和动画）、广播剧、舞台艺术（含声乐、器乐、舞蹈、小品、杂技、戏曲等）、美术摄影六大类。

征集阶段结束。自面向全国征集兵团题材文艺作品活动启动以来，历时两月，共征集全国各地文艺工作者、文艺爱好者和文艺团体、机关企事业单位兵团题材文艺作品2791件，最终认定2252件作品符合征集要求。

组织开展初评。9月10日至11日，兵团文联组织26位专家评委在十二师党委党校，对经认定符合要求的2252件征集作品封闭式进行进行了专业、严谨的初评。专家每3人一组，从题材、体裁和作品质量三个方面进行盲评，经专业、严谨的评选，822件征集作品通过初评。

进行最终评审。通过多环节严格规范的评选，征集活动共评选出332件具有深刻思想性、较高艺术性、较好可视性、较强传承性的优秀作品。其中兵团文艺贡献奖作品80部（首、件），兵团文艺荣誉奖作品11部（首、件），兵团文艺佳作奖作品146部（首、件），兵团文艺佳作提名作品95部（首、件）。

【文艺精品工程扶持项目】

2020年度文艺精品工程实施方案要求，扶持项目分为重大题材项目和现实题材项目。根据拟扶持项目实际情况，将预算总额度调整为900万元。根据申报项目方案要求，收到申报作品49件，于9月11日至10月27日组织开展了初评、专家评选以及作品政治审读工作。经专家评审及兵团文艺精品工程领导小组审定，共扶持项目16部（件）。文学丛书《绿洲文库》、报告文学《春晖—兵团脱贫攻坚纪实》，广播剧《昆仑山下的白衣天使》、舞蹈《胡杨》等文艺作品拟获扶持。

【举办首届农民画大赛】

“中华情•暖万家”兵团首届文艺扶贫助力小康农民画创作培训班于2020年9月26日在图木舒克市53团拉开序幕。全国政协常委、中国作家协会副主席白庚胜，中国戏剧学院副教授孙淑玲，兵团文联党组成员、副主席李斌，兵团作家协会主席丰收，兵团文联“访惠聚”工作队、第三师图木舒克市等相关领导出席开班仪式。40多名维吾尔族农民画爱好者参加学习培训并创作近百幅作品，在第三师图木舒克市44团展出。

【开展主题文艺实践活动】

举办“中华保险杯”兵团文艺扶贫助力小康摄影作品网络展20期，展出900余幅作品，通过“学习强国”展出作品52期；举办扶贫原创音乐作品创作活动，展播音乐作品80余首；编辑出版《大美新疆·多彩兵团》摄影画册并通过6期网络展展出摄影作品180幅；组织兵团摄影家赴第三师图木舒克市进行脱贫攻坚专题摄影创作，并在当地集中展示。

【兵团女画家协会成立】

10月6日，新疆生产建设兵团女画家协会成立大会在徕远宾馆召开，兵团各师局单位的17位代表参加成立大会。会议其间安排领学了第三次中央新疆工作座谈会精神，按程序宣读并通过了女画家协会章程，按照推选程序民主选举出首届兵团女画家协会理事会和主席团。中国美协会员，新疆兵团美术家协会乌鲁木齐分会常务副主席张艺当选为兵团女画家协会第一届主席，谷水清、张紫燕、熊秀丽、孙晨当选为第一届女画家协会副主席，孙晨兼秘书长。

【兵团摄影家协会第七次代表大会】

11月22日，兵团摄影家协会第七次代表大会在乌鲁木齐召开，来自兵团各师市的摄影家代表50余人出席会议，中国摄协发来贺函，兵团文联党组成员、副主席李斌出席会议并讲话。会议审议通过了兵团摄影家协会主席闫波成所作的《讴歌新时代，展现新作为，努力推动兵团摄影艺术事业迈向新征程》工作报告和《兵团摄影家协会章程（修正案）》，选举产生了兵团摄影家协会第七届理事41名。选举梁斌为兵团摄影家协会第七届主席，牛立江、谷水清、李军、李春江、耿新豫、戴宏疆当选为副主席，马向玲、杨子江、高亮任副秘书长。

【兵团音乐家协会第七次代表大会】

兵团音协第七次代表大会，于2020年11月22日在乌鲁木齐市召开。兵团文联党组成员、副主席李斌出席会议并讲话。会议修改《新疆生产建设兵团音乐家协会章程》，兵团音协主席吴军代表第六届兵团音协理事会作工作报告，选举产生由44人组成的新一届理事会。选举唐军为新一届兵团音协主席，王云峰、宋广斌、杨淞建、徐光春、杜瑶、李二伟、古再努尔·努尔为副主席；任命王云峰为兵团音协第七届秘书长，徐健、王强、刘娜为副秘书长，对兵团音乐事业作出贡献赵国华、刘希里、魏光等18位老艺术家颁发了“终身成就奖”。

【文艺人才队伍建设】

推荐文艺骨干71人次参加中国文艺研修院、各省市文联和各协会组织的文艺骨干培训，选派文联干部16人次参加各类专题培训。举办各文艺家协会作品网络媒体展览展播，一批基层文艺人才、新文艺群体脱颖而出，活跃在兵团文艺创作前沿。

各文艺家协会

【作家协会】

2020年，兵团作协有兵团级会员376人，中国作家协会会员23人。疫情防控其间，兵团作协冲锋在前，号召文学爱好者广泛参与以文战疫主题活动。作家们用诗歌、散文等形式，书写战疫一线最美志愿者，表达了风雨同舟，战疫必胜的信念，通过网络平台推送抗疫作品集，广泛宣传推介，收到了良好社会反响。选派作家赴兵团南疆师团开展采风，进行创作，以南疆师团扶贫、脱贫路上的感人故事为背景，创作出主题纪实文学作品10余篇并编辑作品集《春晖》。依托兵团唯一的省级文学期刊《绿洲》杂志，开辟《南疆叙事》专栏，给基层文学爱好者和有基层工作生活经历的写作者们提供作品展示的平台。加强与援疆省市作协的合作，年内推荐13名中青年作家参加山西文学院、毛泽东文学院交流研讨班。

【书法家协会】

2020年，兵团书协有兵团级会员350人，中国书协会员32人。1月29日，兵团书法家协会与新疆书协联合开展“众志成城——新疆书协、兵团书协抗击新型冠状病毒肺炎网上主题书法篆刻创作”活动，得到了兵团书协、新疆书协主席团、理事会、广大会员们的积极参与，兵地作者克服困难集中精力搞创作，在兵团文联公众号、新疆书协公众号推送16期。2月11日，录“’同呼吸——共战疫’万众一心加油武汉”手机视频在各主流媒体、抖音等网络新媒体平台传播。7月与新疆书协联合向全疆书法作者发起“文艺进万家，健康你我他”新疆书法界助力抗疫网络主题书法、篆刻作品展征集活动，推送作品5期。

【美术家协会】

2020年，兵团美协有兵团级会员330人，中国美协会员35人。兵团美协组织美术家开展抗击疫情主题创作及网络画展，全年共征集和创作抗击疫情美术作品 1700余幅，编辑推送《美术兵团》微信公众平台85期、美术作品 900余幅，在兵团文联微信公众号、《兵团日报》等媒体和平台刊发近二十余期。编辑推送兵团美术作品助力脱贫攻坚专题微信链接3期，选发作品80余幅。马贵先中国画作品《于阗巴扎》入选2020“万年浦江”全国中国画（手卷）作品展；刘锐水彩作品《高原日记之二》入选第三届全国小幅水彩画展；陈功军油画作品《巴扎——正午》入选第四届中国民族美术双年展；陈敏国画《情寄八荒》入选第五届“八荒通神”——哈尔滨美术双年展。尤山的连环画《最美社区人》、秦建新的国画《寒春出征》入选“战疫中国”全国美术作品大展并被中国国家博物馆收藏。

【音乐家协会】

2020年，兵团音协有兵团级会员422人，中国音协会员54人。歌曲《你是好人》（荣获2018年兵团文联文艺精品工程扶持项目）在2020年8月被兵团电视台以“抗击疫情为主线”拍成MV，并在人民日报平台上播出，点击量达到60万。参与自治区文化馆《以“艺”战疫·与爱同行》新疆群众抗疫原创歌曲征集展播评选活动；举办《胡杨民族乐团》大提琴演奏家李云演奏音乐会和“弘扬兵团精神、展示兵团文化、讲述兵团故事、助力全民战疫取得最后胜利”网络音乐会；征集评选“2020年听见中国·听见你”优秀歌曲等40余项活动。在“兵团题材文艺作品征集活动”中，84首声乐、器乐作品获奖（其中兵团文艺贡献奖20首，兵团文艺荣誉奖3首；兵团文艺佳作奖36首，文艺佳作提名奖25首）。3部作品获自治区文化馆《以“艺”战疫·与爱同行》新疆群众抗疫原创歌曲征集展播评选优秀作品奖。

【摄影家协会】

2020年，兵团摄协有兵团级会员421人，中国摄协会员63人。兵团摄协先后两次组织开展“以艺抗疫——兵团摄影人在行动”和“以艺战疫——艺起行动”主题活动，组织摄影人先后创作抗击疫情摄影作品12300余幅，其中8000余幅摄影作品在兵团文联微信公众号、“学习强国”和中国摄影微信公众号、微摄影平台、《新时代摄影》《兵团日报》等媒体报刊发，40位摄影家先后将自己创作的优秀作品进行义捐，将义捐所得全部捐助疫情灾区。组织开展“大美新疆·多彩兵团——禹恒达杯摄影大赛”，举办网络展和编辑出版《大美新疆·多彩兵团》摄影画册。举办“中华情·暖万家”文艺扶贫助力小康公益摄影作品网络展，共展出980余件作品，主题作品在第三师44团18连兵团现场会时展出，11月对参赛作品评选，先后有60件作品荣获一二三等奖。王梓林的《最美抗疫人》获第二十二届全国艺术摄影展纪实类金奖，刘浩的《博斯腾湖渔歌》获风光类优秀奖，宋长军的《守望》获花卉动物类优秀奖。王新平的《水产致富尝甜头》获全国扶贫展三等奖，朱德民的《辣椒喜获丰收》获优秀奖。杨子江的《幸福路》获大美中国2020第二届全国旅游摄影大赛铜奖，杨银学的《秀丽天山入画屏》获大美中国2020第二届全国旅游摄影大赛优秀奖，宋长军的《守望》获大美中国2020第二届全国旅游摄影大赛百佳奖。梁斌的《棉花朵朵白》、王梓林的《沐浴阳光》《大地诗行》、李沙平的《劳动者之歌》、朱德民的《辣椒丰收》、王新平的《渔民的喜悦》、崔显朝的《俯瞰新居》、邓国立的《走向富裕》、宋长军的《致富路上》、刘书梅的《晒秋》等10件摄影作品入展第十三届中国摄影艺术节。

【曲艺家协会】

2020年，兵团曲协有兵团级会员60人，中国曲协会员10人。1月13日至15日，兵团曲协会员郭亚军、加依达尔主演相声小品《我要脱贫》随兵团文联赴第十师开展“我们的中国梦·文化进万家”慰问演出活动。受抗击新冠肺炎疫情中的真实事迹影响，兵团曲协先后创作情景讲述《疫情轶事》、小品《格民古丽扶贫记》、小品《跟我走》、小品《好兄弟》、诗朗诵《思考·力量》、快板书《刘小鱼旅行记》、山东快书《抗疫情的那些事儿》、抗疫歌曲《戴口罩的你最美》、快板《战疫情，兵团命令下基层》、抗疫故事《梦魂》、秦腔《新花木兰抗疫》等作品共计30个。

【杂技家协会】

2020年，兵团杂协有兵团级会员78人，中国杂协会员36人。跨界舞台剧《当祖国需要我们的时候》《九儿——集体造型》入选文化和旅游部“百年百部”创作计划；《唐古百戏》入选中宣部对外文化交流项目；杂技剧《楼兰寻梦》入选第六届全国少数民族文艺会演项目。开展“云上抗疫”作品创作，充分利用互联网、短视频、微博等信息化平台，制作以“最美逆行者”“武汉加油 中国加油”等为主题的视频，其中“亲爱的最美逆行者”被中国杂协选中在中国杂技官微宣传。杂技剧《楼兰寻梦》在“学习强国”——云赏视频分享，全年播放次数达6万次。创作《集体柔术》《俏花旦——集体空竹》《转碟》《集体绸吊》《软杆》《手技》《滚灯》7个杂技作品。

【戏剧家协会】

2020年，兵团剧协有兵团级会员30人，中国剧协会员6人。疫情其间，兵团剧协先后创作作品200多个，讴歌党、讴歌祖国、讴歌兵团、讴歌白衣天使，让疫情其间的人们感受到党中央的关怀，感受到祖国的温暖。完成了现代戏《沙门子风情》《在绿色的原野上》的前期创作，创作《年夜饭》《志愿者》《风雨之夜》《英雄》《风雨道》等多部抗疫小品。9月，兵团剧协张培培获得第三十届上海白玉兰主角奖，陶卿卿荣获第三十届上海白玉兰新人提名奖。10月，豫剧《枣儿红了的时候》完成编排、彩排和国家艺术基金的验收。

【舞蹈家协会】

2020年，兵团舞协有兵团级会员296人，中国舞协会员34人。创作《坚信爱会赢》《我们春天回家》《天使的心声》《妈妈你怕不怕》等作品，通过“学习强国”、微信朋友圈、兵团舞蹈家协会公众号、微摄等平台进行宣传，受到极大的关注，演员们用自己的舞蹈和真情来向祖国祝福，向奋斗在第一线的医护人员和公安干警们表达出最崇高的敬意。全年增补21名舞协理事，共推选16名优秀舞者加入中国舞协。

【民间文艺家协会】

2020年，兵团民协有兵团级会员276人，其中125人为中国民协会员。组织第十五届中国民间文艺山花奖·民间工艺美术作品奖初评，送展作品第七师史攀金丝彩釉画《军垦爱情》组画7幅入展。第九师杨新平套彩烙画《军垦红色记忆历程长卷》（组图21幅）入围第十五届中国民间文艺山花奖·民间工艺美术作品奖。表彰以艺战疫先进个人38人，先进集体4个（分别是一师、七师、八师、十二师民协）。

【诗词楹联家协会】

2020年，兵团诗词楹联家协会有兵团级会员156人，中国诗词楹联家协会会员54人。兵团诗词楹联家协会积极响应抗疫号召，向各团体会员、个人会员、疆内外广大诗词楹联爱好者发出

倡议征稿，共征集全国各地诗词楹联家创作的抗击疫情作品2000多首，协会微信公众号“兵团诗词楹联”每天展示一期抗击疫情主题作品。积极向中华诗刊推荐50首优秀诗词。

1月19日，“不忘初心，不负韶华”和平之声迎新春朗诵会在鑫都大酒店隆重举行，朗诵会邀请新疆及兵团知名作家，聚集了兵团系统朗诵名家与朗诵爱好者，以诗歌迎接新年，以声音赞美幸福生活。兵团朗诵艺术学会与乌鲁木齐和平文化艺术团、新疆万御天铎文化传媒有限公司、有书空间四家单位签订了有关方面的合作协议。

9月28日，在头屯河谷森林公园中心广场举行第十二师第二届中秋诗会暨“民族团结一家亲”联谊会，诗会共分为“最美逆行”“花好月圆”“热血兵团”“祝福祖国”4个篇章18个节目，涵盖了诗朗诵、独唱、舞蹈等艺术形式，讴歌了伟大的党和伟大的祖国，赞颂了抗疫精神和兵团精神，为兵团第十二师职工群众奉献了一场精彩的文艺盛宴。

11月4日，第六师五家渠市诗词楹联家协会成立，为兵团诗词楹联家协会团体会员，师市党委组织部、宣传部、文联等部门领导30人在该师市文化馆参加了成立仪式。

【影视家协会】

2020年，兵团影视艺术家协会有兵团级会员150人，中国影协、视协会员48人。纪录片《我的兵团我的家》荣获中国广播影视大奖第26届电视文艺“星光奖”优秀电视节目提名奖。抗疫主题歌曲《等你凯旋》获中视协风雨同歌——中国抗疫主题MV铜奖。《坚强的青春》《我和果农有个约会》、第三师图木舒克市《我的昆仑我的连》获得第十四届小康电视节目工程优秀作品。第五师《爱国是最动听的语言》《三年一生》获中宣部组织的“我爱我的祖国”微视频作品二等奖。第八师石河子市微电影《血缘》获第八届亚洲微电影艺术节“金海棠”奖最佳作品奖，微电影《兄弟》获第五届中国梦青年影像盛典一等奖。拍摄制作了五集纪录片《小康路上》。选取各行各业先进典型的不凡业绩，精心编纂了大型系列广播剧《兵团魂》18部（36集）剧本，鲜活饱满的人物形象，艺术展示动人心魄的故事情节，倾情演绎兵团几十年的奋斗历程。

机关建设

【推进政治建设】

坚持把政治建设摆在机关党的各项建设的首位，突出政治引领，把握政治方向，教育引导广大党员干部认真学习贯彻中央及自治区党委、兵团党委的各项决策部署。积极参加兵直党工委组织的党组织书记抓党建述职评议暨党的工作会议、党组织书记抓党建和作风建设座谈会，按照《关于新时代加强和改进兵直机关思想政治工作的意见》《兵直机关创建“让党中央放心、让人民群众满意的模范机关”实施方案》，推进政治机关建设。

【深化理论武装】

督促指导党员干部采取集体学习、专题研讨、领导干部上党课、知识竞赛、在线学习、“学习强国”学习、观看电教片等形式，深入学习贯彻习近平新时代中国特色社会主义思想和党的十九大及十九届二中、三中、四中、五中全会精神，坚持用党的创新理论武装头脑、指导实践、推进工作。积极组织处级干部参加学习贯彻党的十九届四中全会精神培训班，培训处级干部7名；参加党员干部学习贯彻党的十九届四中全会精神和党的基本知识竞赛活动、第三次中央新疆工作座谈会精神宣讲报告会学习，推进理论武装工作，提高了党员干部的思想政治素质。

【组织生活制度】

兵团文联党支部全年共组织25次集体学习，召开4次支部党员大会、12次支委会议、1次建言献策会、1次专题组织生活会、2次专题研讨会，讲党课4次，开展13次主题党日活动，不断提升文联党内组织生活的吸引力、感召力和针对性、实效性。坚持把政治标准放在首位，落实政治审查制度，严把党员入口。

【打牢思想基础】

坚持打基础、强责任、促落实，认真实施《兵直机关党建工作目标管理考评实施办法》，认真落实“三会一课”等组织生活制度，不断提高党建工作质量。按照兵直党工委《党支部选举程序规范》《党支部“三会一课”程序规范》《党支部民主评议党员程序规范》要求，着力推进党支部工作规范化、标准化。组织开展“元旦”“春节”走访慰问老党员、生活困难党员工作，走访慰问4人，发放慰问金4400元。围绕庆祝建党99周年，积极开展“学习党的创新理论”“重温入党誓词”“革命传统教育”“走访慰问生活困难党员和群众”等主题党日系列活动。

【抓好作风建设】

认真贯彻兵团党委关于加强机关作风建设的部署要求，按照《兵直机关工作人员行为规范》，教育引导党员干部转变作风，真抓实干，为统筹推进疫情防控和经济社会发展工作提供坚强作风保证。制定《兵团文联开展“作风建设大学习大讨论活动”实施方案》和“四抓四强”“四个到位”具体措施，抓实抓细常态化疫情防控和文联日常工作。督促各部门（单位）联系实际开展学习讨论，召开8次学习交流研讨会，组织全员谈心谈话，推动文联干部自省自警、自查自纠，着力解决“不想干”“不愿干”“干不好”的问题，推进各项工作上水平、上台阶。

【群团和民兵工作】

深入贯彻落实党的群团工作精神，加强对群团组织的领导和重视，做到群团工作与党建工作同部署、同总结、同考核。支持工会等群团组织按照章程独立开展工作，鼓励群团组织开展形式多样、积极向上的主题活动，为机关干部之间搭建交流平台，促进和谐机关建设。全年集中开展工会活动4次，组织观看主旋律电影2场次、参加观影38余人。进一步加强民兵建设，不断强化文联党员干部“兵”的意识和责任，积极支持、派人参加兵团机关民兵集中训练，努力提升“兵”的素质和能力。

中国石油文联

综　述

2020年，石油文联在集团公司思想政治工作部的正确领导下，中国文联的指导关怀下，各专业协会、会员单位以及广大石油文艺工作者共同努力，坚持贯彻落实习近平新时代中国特色社会主义文艺思想，坚持“二为”方向和“双百”方针，紧密围绕集团公司中心工作，全面贯彻落实习近平总书记关于新冠肺炎疫情防控指示，落实集团公司党组对海外疫情防控的重要精神，助力集团公司“战严冬、转观念、勇担当、上台阶”主题教育活动，组织各专业协会、企事业单位文联组织和广大石油文艺工作者开展主题文化活动，创作、展演了一批具有时代气息、石油特色的文艺精品，弘扬主旋律，传播正能量，为企业文化建设作出了积极贡献。

【加强政治理论和业务知识学习】

石油文联全年采取集中学习、自学、座谈会等多种形式，扎实提升理论水平和业务能力，并结合集团公司“马上就办、担当尽责”进一步加强和改进作风建设等工作，全面学习宣贯习近平总书记关于文化建设、党的作风建设重要论述精神、《习近平谈治国理政》第三卷、总书记在教育文化卫生体育领域专家代表座谈会上的重要讲话精神等，力争做到系统学、贯通学、深入学。

围绕党的十九届五中全会、集团公司2020年领导干部会议、中国评协第二次全国代表大会等重要会议，石油文联第一时间传达会议精神和有关领导同志的讲话精神，并迅速就今后学习贯彻落实工作做好安排部署。通过定期、不定期组织开展业务学习、心得交流，督促做好学习笔记、心得体会，石油文联全体干部员工的政治思想和业务素质不断获得提升。

【组织开展走访调研工作】

加强对上级、兄弟单位和基层的联络走访调研。一是与中国文联、中石化文联加强联系，进行调研交流。二是组织召开驻川石油企业文联工作座谈会，与6家企事业单位的文联工作负责人、文艺骨干就工作亮点、思路举措、意见建议等进行座谈交流，引领基层文联组织统一思想、主动作为，推动文联各项工作迈上新台阶。三是赴大庆油田、大庆石化开展调研，以座谈会的形式广泛了解当前基层文艺工作现状、取得的成绩和面临的困难，指导基层文联加强基础建设，团结骨干队伍，不断发挥文化工作独特作用，为企业发展作出更大贡献。四是对石油企事业单位负责文联工作的部门、基层文联工作现状、人员联络方式，各专业协会国家级会员情况、工作成果和入会条件等进行统计。

【组织“送文化到海外”直播慰问活动】

为助力海外疫情防控取得最后胜利，特别是把集团公司党组对海外员工的关心关怀送到海外员工及家属心里，今年5、6月组织开展了两场“送文化到海外”系列直播慰问演出，实现了海外与武汉、西安、大庆、北京等多地同观看、心连心。石油文联组织的网络直播慰问演出活动为海内外员工家属搭建了感情交流平台，在广大员工中获得了愈发强劲的支持与强烈反响。第一场直播线上观众1.4万余人次，点赞数8900多次，评论1100多条。第二场直播线上观众近8万人次，点赞数3.2万次，评论4200多条。

【组织《千江有水千江月》云直播中秋晚会】

中秋节前夕，组织专业队伍赴西南油气田紧张录制，并借助中油阅读、新华丝路双平台，举办了《千江有水千江月》慰问海外员工云直播中秋晚会。戴厚良董事长多次在云直播活动中向海外石油员工发来慰问电和寄语，对海外员工科学防疫、克服困难、坚守一线，为海外疫情防控作出的突出贡献表示肯定。中秋晚会新华丝路平台阅读人数达307.78万，中油阅读平台观众82.6万，话题互动1130条，云直播慰问演出活动已被逐渐打造为石油文联又一品牌工程。

【结合中心工作组织大型现场演出】

根据领导有关批示，围绕油田上产、集团公司团拜会等重大项目、重点工作，组织多场次大型现场演出。一是根据“关于共同举办集团公司首届一线生产创新大赛的函”，组织选派3个音乐类节目参加西南油气田“送文化到基层”暨川中油气矿千万吨建产庆祝文艺演出活动；二是根据“塔里木油田突破三千万吨慰问演出意向”，组织5名编创人员赴塔里木油田，利用5天时间策划、研讨、创编了时长90分钟的主题性综艺晚会方案，并组织长庆艺术团、湖北宝石花艺术团和相关演职人员开展节目的编排和准备；三是积极配合有关部门，组织演员和节目，做好集团公司新春团拜会舞台有关工作。

【深入开展文化培训和会员服务】

为加强与石油企事业单位文联工作交流、联络，进一步探索文联组织服务企业中心工作、服务广大石油员工及文艺爱好者的有效机制，深入开展文化培训。一是特邀知名摄影名家金俊主讲“用手机拍好身边人讲好是有故事”网络讲座，活动观看达28万余人次，深受广大干部员工好评。二是积极服务专业协会、企事业文联负责人、文艺骨干，组织参加中国文联增强“四力”网络培训、中国音协骨干培训、中国作协年度新会员线上培训等。三是充分发挥网络效益，在抖音和今日头条完成以艺抗疫、用爱相守“文艺进万家健康你我他”文艺志愿者网络书法培训12期。四是认真开展各专业协会骨干会员、文艺爱好者的专业培训指导、信息化建设和国家级会员申报等服务工作，扎实推进“石油文艺家之家”和基层文联文艺阵地建设。

【倡议石油文艺工作者助力战“疫”开展创作】

面对年初新冠疫情，石油文联发出倡议，号召广大石油文艺工作者积极响应党中央的号召和全面落实集团公司党组的相关要求，充分发挥文联文化艺术工作优势，投身疫情防控工作、开展文艺精品创作，助力打赢新型冠状病毒肺炎疫情防控阻击战。广大石油文艺工作者围绕疫情防控、油气保供、履行社会责任、加快复工复产、加快生产等主题踊跃创作，以文艺的形式记录全国人民众志成城、勇往直前的精神风貌，展示百万石油人坚决听党话跟党走，统筹防疫和生产的良好形象，鼓舞士气、振奋精神，为全力打好疫情防控阻击战加油鼓劲。倡议发出后，收到文学、美术、书法、音乐、曲艺等以抗击疫情为主题的优秀文艺作品近300件，包括书法篆刻99幅（部）、美术作品98幅、文学作品57篇、快板京东大鼓等曲艺作品8篇、音乐作品5首，其中原创歌曲《爱的力量》入选中宣部战“疫”优秀歌曲。这些鼓舞斗志、温暖人心的作品通过网络不断传播，充分发挥文艺凝神聚力、抚慰心灵的独特优势，为疫情防控工作贡献精神力量。

【开展系列主题文艺创作和征集活动】

石油文联围绕集团公司中心工作，积极开展以文艺感染人，以文化影响人的主题作品创作和征集活动，发挥文化艺术凝聚人心、鼓舞士气、传递正能量的独特作用，助力集团公司提质增效专项行动与“战严冬、转观念、勇担当、上台阶”主题教育活动。一是开展“我与提质增效”抖音演讲（一分钟）征集评选活动。二是举办“战严冬、转观念、勇担当、上台阶”新媒体书法美术作品网络展。三是组织提质增效专项行动短视频比赛。四是以“提质增效，共克时艰”为主题，征集广大文艺工作者创作的音乐、舞蹈、戏剧、曲艺作品，择优进行多平台展演和广泛宣传。

【获得多项省部级以上奖励】

石油文艺术家、文艺工作者的作品荣获多项省部级以上奖励：大庆石化胡大伟的作品获“庆祝新中国成立71周年美术作品展暨首届中国石油职工美术作品展”银奖，吉林石化孙岩的篆刻获“封龙山杯”书法作品展三等奖，东方物探何广春的作品获全国中国画展“京畿古韵”三等奖，吉林销售陈凤华的作品获全国总工会“抗击疫情，劳动闪亮”征文三等奖，大港油田李亚宁《约好的，听您讲集邮党课》论文获中华全国集邮联三等奖，大庆油田于森获黑龙江省戏剧大赛业余组“京韵名票”最高称号等，石油文化底蕴和艺术家风采得以在社会范围彰显和展示。

【加强文联机关建设】

筑牢基础，提高秘书处服务质量和工作水

平。一是根据民政部通知要求，按时完成石油文联年度检查和有关工作；二是根据中国文联有关工作要求，对制度进行修订；三是梳理石油文联历史沿革、工作亮点、工作设想等，向上级领导汇报；四是积极开展文联“十四五”规划及“建党100周年”活动策划工作；五是发挥“协调、联络、服务、指导”职责，做好与上级单位的沟通协调和对文联各有关单位、艺术家、爱好者的服务工作。

【加强专业协会和文联单位管理】

加强与专业协会、企事业单位联系和服务。一是认真指导石油电视协会、华北油田召开有关换届工作会议；二是及时对石油美协主席人选进行增补；三是根据中国文联有关文件要求和工作需要，向中国音协、舞协等协会呈报理事变更申请。

【专业协会积极开展各类文艺活动】

协会和有关单位积极组织举办、参加各类活动，成果丰硕。《地火》杂志开设“战疫特稿”，刊发了长篇纪实通讯《“封城”之后》等5万余字作品，音协组织创作15首战疫歌曲在全国展播，书协征集作品170幅并为60名援鄂宝石花医疗医务人员创作、赠送书法珍品，美协征集作品230幅并制作H5展览两期，邮协展出各类邮品、粮票、钱币等作品数百枚。各单位通过积极举办、参加“助力西南油气田上产三百亿”志愿服务创作、中国石油首届大字艺术展、“听见中国听见你”2020年度优秀歌曲推选、“走向我们的小康生活”主题摄影比赛、“百场集邮党课献党百年华诞”等各类大型比赛、展览、展演活动，积累了大量优秀文艺成果，获得中国文联的认可和广大文艺工作者的广泛关注。

中国石化文联

综　述

2020年，中国石化文联在集团公司党组的领导下，以习近平新时代中国特色社会主义思想为指导，深入学习贯彻党的十九大和十九届历次全会精神，认真落实中国文联十届五次全委会会议精神和集团公司工作会议安排部署，坚持“二为”方向和“双百”方针，积极发挥专业协会作用，自觉肩负起举旗帜、聚民心、育新人、兴文化、展形象的使命任务，团结引导广大文艺工作者和爱好者，为打赢疫情防控阻击战、推动全员持续攻坚创效，打造世界领先洁净能源化工公司提供精神动力和文化支撑。

品牌活动

【开展“我心向党”中国石化庆祝中国共产党成立100周年作品创作征集活动】

围绕建党百年、脱贫攻坚、全面建成小康社会等重大战略和集团公司2020年改革发展重点工作，以群众性广泛征集的方式，推出一批讴歌党、讴歌祖国、讴歌人民、讴歌英雄的精品力作，通过赞颂爱国之情、报国之志，用多元艺术的手法描绘时代的精神图谱，彰显新时代文艺底色，以优异成绩向中国共产党成立100周年献礼。

【举办中国石化原创公益作品征集活动】

坚决贯彻习近平总书记重要指示精神和党中央决策部署，认真落实集团公司党组安排，第一时间吹响文艺战“疫”冲锋号，用文艺的方式记录抗疫中的感人故事、英雄壮举、大爱精神，用文艺的力量引导员工群众坚定打赢疫情防控阻击战的信心和决心，积极投身复工复产。作家协会推出7期战“疫”文学作品专辑，记录感人故事，讴歌人间大爱。音乐舞蹈家协会开展“为爱发声、为你加油”中国石化原创公益作品征集活动，创作近百首强信心、暖人心、聚民心、筑同心的文艺作品。美术家协会推出6辑抗疫美术作品专版，征集39家单位报送的326件作品。书法家协会征集30家单位的书法、篆刻作品150余幅（电子版），并在石化书协微信群刊播优秀作品，以实际行动助力打赢疫情防控阻击战。

【组织中国石化朝阳文艺志愿服务在线演出】

自觉践行以人民为中心的工作导向，进一步完善文艺志愿服务常态化机制，通过打造线上线下平台，创新开展丰富多彩的文艺志愿服务活动，更好满足员工群众精神文化生活需求。结合“5.23”中国文艺志愿者服务日，文艺志愿服务由单一的线下集中组织转变为线上的展示交流，组织举办了“春天的交响”中国石化朝阳文艺志愿服务在线演出，抒写讴歌了战疫中的感人故事和先进事迹，营造出风雨同心、共克时艰的良好氛围。

【成功举办中国石化2020年新春团拜会】

突出“四自”方针和“唯美”品质，通过党组领导热情洋溢的新春贺词和生动活泼的文艺形式，营造喜庆、文明、和谐的节日氛围，展现广大员工在党组领导下决胜全面可持续发展的奋斗姿态。文艺演出形式多样、内容丰富，歌颂和祝福伟大祖国，传承石油精神、弘扬石化传统，振奋精神、凝聚力量。团拜会通过“奋进石化”“中国石化职工之家”“多彩石化”等微信公众号全方位、多角度、广覆盖宣传，观众达10万人次，达到凝聚人心、鼓舞士气，传播正能量，释放正效应的目的。

【组织中国石化第十三届职工文艺录像调演】

调演共收到43个单位报送的282件文艺作品。其中，舞蹈作品66件、晚会23台、声乐作品52件、歌舞作品39件、器乐作品6件，综合类作品95件。按照充分酝酿、民主评议、严格评审、逐项评分的原则，通过晚会、音乐、综合三个专业

评审小组科学严谨、公平公正的评审，评出表演等次奖、最佳创作奖和优秀组织单位等各类奖项，检阅全系统职工文艺活动的水平和实力，总结基层文艺工作的好经验、好做法，展现了高质量高水平。

【开展“传承石油精神•弘扬石化传统”中国石化主题征文活动】

收到24家单位报送的作品237部，经专家评审，西南油田魏龙的《双龙探源》等9部作品获得一等奖，巴陵石化刘明国《请师傅》等20部作品获得二等奖，江汉油田朱涛《生活处处是风景》等36部作品获得三等奖，茂名石化陈少萍《往事在这里流淌》等49部作品获得优秀奖。活动深入传承习近平总书记关于大力弘扬石油精神的重要批示精神，引导干部员工永葆干事创业、真抓实干的激情，永葆谦虚谨慎、艰苦奋斗的作风，不断夯实应对挑战、推动发展的共同思想基础和艰苦奋斗的精神支柱。

【举办“最美一线　翰墨铸情”中国石化第二届隶书作品展】

展览共收到89家企事业单位投寄的隶书作品684件，通过网络评选，评选出获奖作品36幅、入展作品95幅、入选作品146幅。根据投稿情况和作品质量，评出中原油田书协、江汉油田书协、茂名石化书协、洛阳石化书协等优秀组织单位8个。另特邀作品10件。这些作品形式规范、风格多样、墨韵生动、内涵丰富、装饰性强、雅俗共赏，充分展现石化书法家“笔正心正”的精神世界和多姿多彩的艺术追求。展览采用“网络展”模式，制作“电子展图”，传发各单位挂网展览，“展厅”更多，受众更广。

获奖情况

在第二届中国工业文学作品“光耀杯”大赛中，胜利油田马行中篇报告文学《无人区旗语》、陈东中篇小说《缨红的荧光海》获二等奖；茂名石化龙泰良中篇报告文学《匠心》、江汉油田严岛影长篇报告文学《国之底气》获三等奖，中国石化获奖人数占41部优秀获奖作品的10%。周蓬桦散文集《浆果的语言》，刘平平诗歌《画外音》入选第五届“泰山文艺奖”文学创作奖。胜利油田来卫东（东郭冰冰）获第二届义乌骆宾王国际记儿童诗歌大赛奖提名奖，首届谢璞儿童文学奖童话奖。中原油田张建国获首届“大湾”散文诗大赛优秀奖。胜利油田5名作者获山东省“聚焦八大发展战略、助力九大改革攻坚行动”主题文学征文奖项，其中，尹希东散文《荒原轶事》获一等奖，吴丹短篇报告文学《让原油回家》获二等奖 ，尚长文短篇小说《流水》、吴朝标诗歌《孤岛底气》、铄城散文《为油而来》获三等奖 。西南石油局参加四川省总工会“网聚职工正能量　争做四川好网民”系列活动，歌曲《创新之歌》《再次起航》提报网络正能量歌曲、《为国壮气》、《战疫情》等5部作品提报四川省职工演讲与诵读作品、《谁是最可爱的人》等9部作品提报四川省总工会第六届微电影大赛参赛作品，1部获得优秀作品奖，8部优秀文艺微视频作品参加中国能源化学地质工会“京能杯”第三届微电影微视频创作大赛，获1个特等奖，2个二等奖、2个三等奖。燕山石化歌曲《开启新征程》、音乐舞台剧《消防战歌》、情景剧《生命线》等，参加北京市文联新人新作和北京团市委、市应急局安全小品评比活动。书法家协会参加全国、省级书法展30余次，入展、获奖60余人次。推荐6位作者作品入展“全国第十二届书法篆刻作品展览”，胜利油田郭振坤获提名参展《际会兰亭》首届全国书法篆刻名家展，江苏油田张勇作品入展“全国第五届正书展”，江汉油田葛明作品入展“全国首届魏碑书法展”。郭振坤荣获“全国第十二届书法篆刻展”组织先进个人荣誉称号，胜利油田项继云荣获书法报社书法宝App提名（登上国展百强榜）。河南油田周桂珍（女）、川维化工秦启俊（女）作品入展“中国梦•劳动美”第七届全国职工书法美术作品展；胜利油田郭振坤作品荣获首届“颛臾杯”全国书法篆刻展优秀奖；齐鲁石化赵锐作品荣获“儒韵清风”全国廉政书画展优秀奖；中原油田杨根喜作品荣获“圆梦中国书法邀请展”二等奖、“全国写意书法邀请展”优秀奖、“中国书法年展”优秀奖；茂名石化易成风作品荣获“墨子杯”全国书法展二等奖、“香城泉都　诗经嘉鱼”杯全国书法展二等奖、首届“陈光宗奖”全国书法大赛优秀奖，入展“古韵汀州杯”全国书法大赛、“融古出新　传承岭南”

广东省中国书协会员培训成果展；山西石油魏全海作品荣获“三十省区老年书画展”一等奖；胜利油田郝守波作品入展第六届“四堂杯”全国书法大赛；河南石油宋玉磊篆刻作品入展“中华群星谱——庚子黄帝故里拜祖大典百名篆刻家作品展”“感恩杯—全国第四届孝文化书法展”“海上丝绸之路篆刻展”。江苏油田张勇作品荣获“江苏省第四届书法大展”一等奖，获江苏省“第三届文艺奖书法奖”一等奖；河南油田赵华篆刻作品入展“河南省第六届篆刻艺术展”。中国石化职工美术作者在全国及各省市举行的60余个网络展事活动中，530多件作品入选，70余件作品获得各种奖项。在全国总工会举行“中国梦•劳动美”第七届全国职工书法美术作品展览中，石化美协报送41件作品，有11件名中国石化职工作品入展，胜利油田孙志刚国画作品荣获银奖，荆门石化作者赵琳的版画作品获优秀作品奖。

理论培训

石化作协推荐1人参加鲁迅文学院学习，推荐龙泰良（茂名石化）、董玮（胜利油田）、陈远芳（江汉油田）、路玉河（齐鲁石化）4人加入中国作家协会，中国石化的中国作协会员已达到45名。

音乐家协会组织胜利油田、中原油田、江苏油田、仪征化纤等单位的音协负责同志和音乐骨干，参加中国音协基层音协负责人增强“四力”专题培训班、第二期全国优秀中青年音乐评论人才网络培训班，进一步提高艺术人才的政治站位、理论素养、业务素质和工作作风。

石化书协一方面开展网上书法培训，组织石化系统高水平作者，制作楷书、隶书、行书、草书、篆刻书法培训课件，在石化书协微信群、基层书协单位网传播发布，达到课件到个人、手机随时看的学习效果；另一方面鼓励基层单位灵活机动地开展网络公益讲座、小班式教学等培训活动。胜利油田书协开展网上培训和公益讲座活动，使得疫情其间广大书法爱好者依然能够在家学习。

中原油田书协组建由刘改成、张学成、赵福民等高水平作者组成的讲师团，通过钉钉直播的方式开课12次，培训上千人次。川维化工书协邀请重庆市书协副主席曾学斌举办书法讲座，开阔会员视野。

中国石化美协进行各种形式的培训和交流，不断培养壮大职工美术创作队伍。

胜利油田美协分别在油田临盘采油厂、胜利采油厂举办职工国画培训班，于孤岛采油厂举行素描培训班，积极开展培训、写生等交流活动。

中原油田美协先后组织百余件作品参加中国工业版画研究院、河南工业版画院、河南省美协多个大型主题展览活动，有力提升了油田美协整体创作水平。

河南油田美协积极举办美术写生培训、交流活动。江汉油田美协组织40名美协会员举办18天的版画创作培训班，展出作品70余幅，参加8次全国和省部级协会组织的美术作品网络展览。

齐鲁石化美协通过见面会和内部专家点对点的培训模式，针对21名青年作者进行定期讲课。

荆门石化美协每季度定期组织美术骨干进行座谈提高美术技艺。

石化摄协持续开展摄影人才培训专题讲座，通过开通协会官方微信公众号，专门开辟网上课堂，发布摄影讲课课件，为摄影人提供开放式培训资源。

创作情况

胜利油田樊俊利申报的《地球还在抖》入选中国作协定点深入生活项目、重点作品扶持项目。齐鲁石化周蓬桦作品《沿着河流还乡》进入中青阅读10月推荐书单。胜利油田诗朗诵作品《这是战“疫”的声音！》、解品军诗歌《雪花，或天使》、菅李峰等的诗朗诵《临盘战“疫”》、洛阳石化吴文奇诗歌《这是十四亿人的战斗》、江汉油田彭松江的情景剧《战“疫”2020》在“学习强国”平台发布，身处疫区的胜利油田吴朝标作品《疫区日记》入选《中国校园文学》杂志，胜利油田沈默作品《民族的凝聚力》在《清明》发表，湖北石油韩少君诗歌《点一支烟下山去》《短篇》登载于《长江丛刊》。江汉油田严岛影在获得中国作协“深扎”活动先进个人称号后，今年10-11月，又深入塔克拉玛干沙漠腹地，进行为期一个月的

“深扎”。创作出报告文学《大漠之巅》，发表于《中国报告文学》2021年第1期。江汉油田秦佳敏获湖北省第五届最美文艺志愿者称号。胜利油田创作歌曲《携手未来》、中原油田原创歌曲《生命相连　血脉情义》、江汉油田歌曲《最美英雄》、长岭炼化创作歌曲《守望春天》、洛阳石化创作歌曲《爱在一起》、齐鲁石化创作歌曲《天使的身影》《用爱坚守希望》《为你守候》及配乐诗朗诵《今天，我们有一个共同的名字》、天津石化音乐快板《坚决打赢这一仗》、快板《心系灾区战狂澜》、扬子石化歌曲《新铁人的担当》、仪征化纤创作《爱的呼吸》《武汉挺住》、茂名石化群舞《爱》《逆行者》，创作歌曲《勇者荣耀》等作品，都展现了高质量高水平。美术家协会创作报送120多件作品入围集团公司“持续攻坚创效”职工美术作品展览征集活动。

机关建设

建立健全用党的创新理论不断教育和武装文艺工作者的工作机制，突出把学习党的十九届五中全会精神、习近平总书记关于文艺工作的重要论述和最新指示批示作为培训重要内容，分层次举办协会理事会成员、基层文联干部、青年文艺骨干人才等培训班，引导广大文艺工作者和爱好者不断增强“四个意识”、坚定“四个自信”、做到“两个维护”。坚持党建带群建，持之以恒加强文联组织自身建设，把持续增强政治性、先进性、群众性要求贯穿到群众文化工作全过程。按照“延伸工作手臂，创新工作方式，扩大工作覆盖面”要求，规范协会组织建设和制度建设。按时按要求参加了中国音协八届三次理事会议、全国音协工作会议、2020全国舞协工作会议网络会议、中国舞协十届四次理事会议、中国音乐家协会第九次全国代表大会、中国舞蹈家协会第十一次全国代表大会，进一步明确方向，提高认识。严格落实意识形态工作责任制，加强对专业协会和基层文联意识形态阵地的建设和管理。深入推进传承石油精神、弘扬石化传统教育常态化，通过多种文艺形式讲好石化故事，展现新时代石油精神、石化传统在基层一线落地生根的生动实践。

直属单位

胜利油田举办老168优良传统教育现场会，弘扬传承“苦干实干”“三老四严”的石油精神。中原油田组织开展“石油乌兰牧骑”文化走基层活动，组织文艺志愿小分队赴山东管道、榆济管道、榆林上古天然气厂以及外部市场慰问演出，赴东濮老区、普光新区、内蒙古探区，开展文艺培训、体育辅导、文化交流志愿服务65场次。河南油田“五一”其间组织文艺小分队赴生产一线慰问演出8场次。江汉油田举办第三届水杉琴台音乐会，开展“送文艺　下基层”慰问演出7场次、社区文艺演出5场次。江苏油田举办“扭亏为盈、奋斗有我”石油石化主题重点歌曲学唱传唱活动，提振队伍士气，助力攻坚创效。西南石油局举办“传承石油精神、弘扬石化传统”故事大赛，展现新时代的石油精神和石化传统。东北石油局举办中国石化驻吉企业迎新春团拜会暨文艺会演和“庆十一、共联欢”活动。茂名石化举办“石化后浪、扬帆远航”迎新晚会，新入职青年职工自编自演小品《每一滴油都是承诺》、话剧《家同心、共战疫》等节目，为企业疫情防控、攻坚创效“双胜利”凝聚了强大精神力量。高桥石化开展职工网络才艺达人秀活动，上传才艺视频820项，活跃职工生活。荆门石化举办职工工间操比赛活动，推广广场舞《我奋斗我幸福》等曲目。洛阳石化编排录制以歌颂石化工人为主题的大型舞蹈《工地节奏》，参加2020洛阳市春节联欢晚会，公司职工黄赓代表公司参加2020中央电视台中秋晚会，参与录制以歌颂祖国大好河山与传统文化的歌曲《山河图》《说唱百家姓》。沧州炼化举办新生入厂培训结业汇报演出，10个节目全部由公司职工自编自导自演。润滑油公司举办最美石化长城人颁奖典礼暨新春团拜会。燕山石化组织《“辉煌五十年　奋进新时代”职工文艺会演》，14个节目全部原创。仪征化纤组织《歌唱新中国　逐梦新时代》庆国庆迎中秋“文艺进社区”公益演出，参加江苏省紫金艺术节群文专场演出，组织文艺骨干赴基层推广辅导“百姓健康舞”。四建公司组织开展“砥砺前行　不负韶华”新春团拜会、“百日攻坚创效　用声音传递力量”主题活动、“忆初心勇担责

任使命 善作为持续攻坚创效”主题故事会，掀起全员持续攻坚创效热情。

各文艺家协会

【作家协会】

作协组织开展了抗疫题材创作活动，推出7期战“疫”文学作品专辑，助力中国石化报“文学天地”专栏落实部分稿件，刊登17名作家作品。创办并编辑出版《太阳河》卷1-4，打造集思想性、知识性、引领性、权威性为一体的石油石化文学阵地。

组织第四届中国石化短篇小说创作大赛，共收到13家单位报送的作品127部。组织“传承石油精神·弘扬石化传统”主题征文活动，共收到24家单位报送的作品237部。

启动“庆祝中国共产党成立100周年主题文艺作品创作”活动。推荐9人加入中国作协，龙泰良（茂名石化）、董玮（胜利油田）、陈远芳（江汉油田）、路玉河（齐鲁石化）4人加入中国作协，中国石化的中国作协会员已达到45名。推荐1人参加鲁迅文学院学习。推荐15名作者申报中国作协定点深入生活项目、重点作品扶持项目。胜利油田樊俊利申报的《地球还在抖》入选。

扎实推进“深入生活、扎根石化”主题活动，组织“中国石化胜利油田甘肃扶贫公益行”活动，组织文学艺术工作者奔赴甘肃东乡县精准扶贫。

【音乐家协会】

音协、舞协配合中国石化文联举办了中国石化2020年新春团拜会，营造了喜庆、文明、和谐的节日氛围。配合国资委宣传局开展“武汉加油 央企与你同在”原创公益诗歌、音乐作品征集活动，收到38个中央企业报送231件原创公益作品。

开展“为爱发声 为你加油”中国石化原创公益音乐作品征集活动，创作了近百首强信心、暖人心、聚民心、筑同心的文艺作品，以实际行动助力疫情防控阻击战。

依托中国石化“朝阳”文艺志愿服务团，结合“5.23”中国文艺志愿者服务日，组织举办了“春天的交响”中国石化朝阳文艺志愿服务在线演出。

组织中国石化第十三届职工文艺录像调演评审活动。

开展“我心向党”庆祝中国共产党成立100周年歌曲、舞蹈作品创作征集活动，以优异成绩向建党百年献礼。

根据中国文联“以艺抗疫 用爱相守”文艺志愿活动要求，申报中国石化朝阳文艺志愿服务团文艺骨干管先利、刘玉福作为石化文艺志愿者，利用抖音、微视频平台，开展网上舞蹈、摄影等艺术门类授课，用新颖独特，接地气的形式，教授专业知识，传播优秀作品。

在“学习强国”平台、“国资小新”平台推发优秀作品，促进文化交流。

办好“多彩石化”微信公众号，做好网上“央企好声音”作品展示，创办“中国石化之歌”网络平台，推进“全方位、多层次、广覆盖”工作矩阵。

组织基层音协负责同志和音乐骨干，参加中国音协基层音协负责人增强“四力”专题培训班、第二期全国优秀中青年音乐评论人才网络培训班，提高艺术人才队伍的政治站位、理论素养、业务素质和工作作风。

【美术家协会】

美协紧密围绕抗击疫情、“百日攻坚创效、持续攻坚创效”等中心工作，组织会员作者以各种网络线上、线下等创新工作方式，开展员工主题艺术活动。

以“众志成城”“万众一心”“同舟共济”“铁壁长城”“共克时艰”“使命担当”陆续推出6辑抗疫美术作品专版，39家单位报送的326件作品中，评选出158件优秀作品进行编辑发布，专辑发布后，中国石化报、中国石化职工之家、山东、重庆、湖北等地多种媒体陆续进行了刊载和转发，影响效果显著。推出10期中国石化美术家抗疫时期散记专辑，推出了17个抗击疫情石化美术家在行动的专题，发布作品310余件，多层面、多角度地反映中国石化抗击疫情的央企担当。

承办集团公司“持续攻坚创效”职工美术作品展览征集活动，从各单位报送初选出120多件入围作品，最终选取26件优秀作品在集团公司展出。

一年来，中国石化职工美术作者在全国及各省市举行的60余个网络展事活动中，530多件作品入选，70余件作品获得各种奖项。其中，在全国

总工会举行的“中国梦·劳动美”第七届全国职工书法美术作品展览中，胜利油田、中原油田、川维化工、荆门分公司及江汉油田共报送了41件作品，有11件名中国石化职工作品入展，胜利油田作者孙志刚的国画作品荣获银奖，荆门石化作者赵琳的版画作品获得了优秀作品奖。

【书法家协会】

书协开展以抗疫为主题的网络书法展，征集150余幅书法、篆刻作品，在石化书协微信群刊播。

组织举办“‘最美一线　翰墨铸情’中国石化第二届隶书作品展”“中国石化‘全国第十二届书法篆刻作品展览’入展作者作品展”。

编辑出版“‘最美一线　翰墨铸情’中国石化第二届隶书作品展”作品集，完成书法类主题作品创作的宣传动员工作。加强协会组织建设，创新工作方式，进一步明确各工作部、专业委员会组织构成与职责，更好地发挥协会协调服务职能；发展新会员，壮大职工书法队伍。

石化书协和各单位书协共组织参加全国、省级书法展30余次，取得优异成绩，入展、获奖60余人次。

开展“迎新春、送春联”“书法家送万福进万家”等公益惠民活动80次。

在微信平台、企业公众号发布“挥毫铸剑·石化职工书法家‘艺’起战疫网络书法展”“‘最美一线　翰墨铸情’中国石化第二届隶书作品展”“中国石化‘全国第十二届书法篆刻作品展览’入展作者作品展”“中原油田‘居家抗疫，共克时艰’临帖网络展”“川维化工‘三八妇女节’女职工书法微展”“仪征化纤‘墨香致敬奉献者’书法作品微展”等展览60余次，在企业、社会取得良好影响。

【摄影家协会】

摄协与《中国石化报》联合组织“百日攻坚创效我先行”摄影作品专版，收到来稿5570幅，在23个版面讲述了“百日攻坚创效”的生动故事；3个版面记录了攻坚创效重点工程；6个版面展现了各企业持续攻坚创效的精彩画面。《中国石化报》一至八版陆续发布575幅，石化新闻网新闻图片频道上共发布作品1200余幅（组）。

召开中国石化摄协第五次代表大会，总结五年来取得的摄影艺术创作成果与贡献，分析石化摄影事业面临的形势，明确提出未来五年中国石化摄协的工作目标。审议通过《中国石化摄协章程》《中国石化摄协个人会员入会细则》，首次明确个人会员入会评分考核制度。会议选举产生1名主席，4名副主席，1名秘书长，3名副秘书长，7名常务理事，44名理事。

以工业题材专题创作为主线，在南京组织摄影人才专题培训，江苏省摄协名誉副主席沈遥为代表们作主题讲座，并针对代表们提交的摄影作品进行现场点评与互动交流。开通协会官方微信公众号，开辟网上课堂，发布摄影讲课课件，为摄影人提供开放式培训资源。

基层文联

胜利油田组织“中国石化胜利油田甘肃扶贫公益行”活动，组织文学艺术工作者奔赴甘肃东乡县精准扶贫，为岳西县响肠镇石化希望小学、东乡县布楞沟村小学捐赠文学书籍、图书和文体用品，讲授石油石化公益课，深受当地政府和学校师生欢迎。

中原油田邀请油田专家学者和优秀人才举办“文艺辅导、文学创作、文化传播”培训班，开展中国古典舞、剧本与微电影创作、摄影基础及新媒体应用等21项课题的培训，4年来累计培训近千人次。

河南油田开展2020“百日攻坚创效”活动诗词楹联作品征文，收到作品350余篇（首），优秀作品在《河南文艺家报》发表。

江汉油田开展“为了那抹石化蓝，走进咸宁石油”文学采风活动，创作完成了28篇高质量人物、故事作品，制作完成一部纪录片《使命在肩》，一本50年纪念画册、一部作品集《为了那抹石化蓝——致敬中石化咸宁石油的奋斗者》。

西北油田以文学刊物《翰海潮》及《西北石油》四版作为西北油田文学和专题创作的主阵地。西南石油局特邀四川省音乐学院表演专业老师，通过“现场+视频”线上线下相结合的方式开展主持、朗诵培训班，培训文艺骨干80人次。

荆门石化组织以“传承石油文化”为主题的文学征稿活动，收到稿件130多篇。

洛阳石化开展“绿色石化，幸福家园”征文活动。

上海石化开展“公司展示馆历史照片背后的故事”主题采写活动，通过查阅档案资料，老领导访谈，征集线索，寻访当事人等，采写形成系列文章34篇。

长岭炼化对有文艺爱好的员工进行音乐舞蹈培训，吸收有特长的新入厂青工加入活力艺术团。

沧州炼化每周组织中国舞教学培训课程，搭建舞蹈工作者、爱好者学习平台。

荆门石化组织声乐培训班，近百人参加培训，创作舞蹈《战疫》展现公司职工抗击疫情，保障供给的大无畏精神。

润滑油公司组织公司宣传骨干参与集团公司新媒体写作与摄影技巧网络培训班，打基础、提技能。

燕山石化组织6名职工参加国家广场舞教练员取证。

齐鲁石化广泛吸收青年音乐舞蹈新秀入会，配合山东省音协完成网上会员注册工作。

镇海炼化开展“以艺战役”线上音舞作品征集活动、“云端好声音”全民K歌作品征集活动，吸引了大量职工爱好者参与。

四建公司组织开展舞蹈网络培训，为基层文艺建设储备了人才，培养了队伍。

高桥石化推广居家健身操的学习运用，丰富防疫抗疫其间职工业余文化生活。

广州石化给协会会员发相关舞蹈视频学习，线上沟通交流学习心得。

武汉石化开展“宅在家”网络瑜伽课程班、健身街舞班。

中国铁路文联

综　述

2020年，铁路各级文联始终把学习贯彻习近平新时代中国特色社会主义思想、党的十九大精神和十九届历次全会精神、习近平总书记对铁路工作的重要指示作为首要政治任务，牢牢把握铁路文艺发展的正确方向。在铁路文艺骨干业务培训班上，专题学习《习近平总书记关于文艺工作的重要论述》和《中国共产党第十九届中央委员会第五次全体会议公报》，用重要讲话精神统领铁路文艺工作，提高政治站位，引导文艺骨干牢牢把握新时代繁荣发展文艺事业的方向、目标、任务，坚决把党的文艺方针政策贯彻落实到具体工作中。

重要会议

7月28日，铁路文联主席王志国主持召开了铁路文联主席团会议，会议听取了铁路文联作家、摄影、书法、美术分会主席履职三年来工作情况的汇报。铁路文联秘书长李强通报了2020年上半年主要工作和下半年重点工作内容。国铁集团宣传部副部长王滨对文联工作提出指导性意见。铁路文联主席王志国作了讲话。会议分析了铁路文联及各分会工作取得的成绩、存在的问题和不足，研究了今后一个时期铁路文联工作的努力方向和重点任务。

创作情况

长篇报告文学《中国速度》国际影响力不断提升，现已出版中、英、法、德、西班牙、俄、日、罗马尼亚、阿拉伯等9种文字版本，面向全球发行。《静静的桑干河》获得第二届中国工业文学作品“光辉杯大赛”电影剧本组一等奖，微电影《热雨》荣获好作品奖和优秀编剧奖；长诗《传他，或者自传》获第五届中国长诗“最佳新锐奖”。一批铁路作家相继在《人民日报》《光明日报》《诗刊》《北京文学》等全国重点报刊发表报告文学、小说和诗歌。《我和我的祖国——我与铁路70年》文学征文优秀作品选，共计50万字，已由中国铁道出版社出版发行。铁路作家分会组织创作的“铁路历史文化”系列丛书，《永远的“毛泽东号”》《品读京张铁路》《唐胥铁路往事》即将由中国铁路出版社出版发行。书法分会骨干参加了中国书协“中国力量——全国扶贫书法大展”。有多幅摄影作品先后参加了第二届全国七大产行业大型摄影联展、全国扶贫展、藏区扶贫摄影创作展、长江移民摄影创作展、深圳经济特区成立40周年国际摄影大展等。

业务培训

11月份，举办铁路摄影协会负责人培训班和铁路美术骨干提高班。邀请中国摄协的主席、顾问等3位摄影家为铁路60名摄影骨干授课、进行作品点评，并开展采风交流，收到良好效果。邀请山东中国画创作研究院院长、海军政治部文艺创作室专职画家、中国人民大学名家工作室导师和中央美术学院水墨人物画创作班导师等专家为学员授课，来自铁路系统的60名美术骨干参加了培训，现场进行笔会交流。铁路作家分会、书法分会积极支持各集团公司文联办好培训班，采取面对面授课、一对一改稿指导等方式，提升了铁路基层文艺骨干的艺术水平和创作积极性，实现了队伍建设与繁荣创作双丰收。

品牌活动

一是成功举办“众志成城抗疫情”为主题的文艺创作活动和创作成果展。为深入宣传贯彻习近平总书记关于疫情防控阻击战、整体战的一系列重要指示精神，落实国铁集团党组关于疫情防控工作的决策部署，

2月，铁路文联向铁路各级文联组织发出了《关于开展以“众志成城抗疫情”为主题的文艺创作活动的通知》。各级文联组织以及所属作家、书法、美术、摄影分会积极响应，推出一系列反映铁路疫情防控、助力复工复产的优秀文艺作品。组织铁路书法分会和美术分会共编辑“众志成城抗疫情”书画美篇52期，推出书法、美术作品1300余幅，中国文联文艺志愿者协会专号转发了铁路抗疫书画作品专辑。摄影分会“铁路摄影家”公众号共编辑“战疫情保畅通——铁路摄影人在行动”专刊13期，推出摄影作品753幅，视频13个。

铁路作家分会组织开展“战疫情，与您同行”文学征文活动，收到各类文学作品600余篇（首），《中国铁路文艺》及公众号刊发101篇，《人民铁道网》刊发75篇，其中推荐至《人民网》发表纪实作品5篇；12首讴歌中国铁路人抗疫情的诗歌，通过《中国铁路文艺》公众号平台，以“空中诗歌朗诵会”的形式展现，点击量超过几十万次，受到路内外读者的一致好评，并选出《铁路的担当》等5首诗歌，报送中国文艺志愿服务数字博物馆，向社会展示了广大铁路职工抗疫情、保安全的精神风貌。

5月，铁路文联发出《关于举办“众志成城抗疫情”主题文艺创作成果展的通知》，收集到书法、美术、摄影作品共计3000余幅。经专家评审后，共有268幅作品参加了11月份在中国铁道博物馆举办的“众志成城抗疫情”专题摄影、美术、书法作品展。中国铁道博物馆对部分作品进行了收藏。同时，出版了摄影、美术、书法优秀作品画册。

二是组织开展“以人民为中心”的系列文艺志愿服务活动。春运送文化。与全国总工会、中国书协联合组织了春运“送万福•进万家”大型书法公益活动。启动仪式在北京站举行，500余名路内外文艺志愿者踊跃参加，在铁路300多个车站、上千趟旅客列车以及各基层单位向广大旅客和干部职工发放春联和“福”字80余万副（幅）。同时，还通过边境口岸站和国际联运列车，向海外华人华侨和港澳台同胞送“福”。《人民日报》、央视新闻联播、新华社等多家媒体对活动进行报道。助力脱贫攻坚。

1月，铁路文联组织10余位书画、摄影、演唱、音乐、舞蹈等文艺骨干，组成“我的中国梦——文化进万家”文艺志愿者服务小分队，走进铁路对口扶贫的河南省栾川县龙潭村和河南村，为数万名当地老乡送上了祥和包及装裱精美的书画摄影作品150余幅，在现场举办了丰富多彩的文化活动。

9月，铁路文联协调济南局集团公司，会同山东省总工会、山东省文联、山东省作协、中国铁路文工团等单位共同开展“美丽济铁万里行”文化采风暨“送文化到一线”志愿服务行动。铁路艺术家按照活动安排，进行了为期一周的送文化采风活动。

10月，组织由13名铁路摄影、书法、美术分会文艺骨干组成的送文化下基层小分队，赴南宁局集团公司开展“送文化下基层”活动。铁路文联在铁路征集书法、美术、摄影作品57幅，装裱后一对一赠送给南宁局57位省部级以上劳模。铁路作家分会捐赠了一批铁路作家图书。深入南宁局集团公司管辖的南宁动车所、柳州工务机械段、焦柳线八斗公寓、贵广线三江南高铁综合维修工区和阳朔站等7个一线站段及车间班组，为职工创作了3000余幅书画摄影作品，为一线职工送去了宝贵的精神食粮。

11月，铁路作家分会与洛阳市作家协会联合主办的“寻访铁路小镇，乡村振兴重渡行”文学征文活动，组织铁路作家深入河南省栾川县铁路小镇采访，推出了一批铁路扶贫的文学作品，展示了铁路在脱贫攻坚中的责任与担当。

中国煤矿文联

综　述

2020年以来，在中国文联的亲切指导和中国煤炭工业协会的正确领导下，在中国能源化学地质工会的大力支持下，中国煤矿文联深入学习贯彻习近平总书记系列重要讲话精神，认真落实各级有关行业文化工作的部署，按照《全国煤矿文化艺术发展指导意见》总体要求，秉承“立足矿区、服务矿工”的宗旨，在煤炭行业深化改革和高质量发展的新形势下，团结引导广大煤矿文艺工作者，配合疫情防控和复工复产，创造性开展文化艺术工作，为推动全国煤矿文化艺术事业繁荣发展作出了积极努力。

会议与活动

【深入学习贯彻习近平新时代中国特色社会主义思想和党的十九大精神】

党中央对社会主义文艺工作高度重视。中国煤矿文联始终把党中央和各级党组织部署的学习教育工作作为重要政治任务，不断增强“四个意识”、坚定“四个自信”、坚持“两个覆盖”、做到“两个维护”。积极组织号召党员干部，联系本职岗位，深化政治理论学习，通过视频和网络会议等方式，集体学习总书记关于新冠肺炎疫情防控、决战决胜脱贫攻坚和稳定社会经济发展工作等重要讲话精神，结合“十三五”煤炭文化建设规划，准确把握中央推动文艺繁荣发展的指导思想和方针原则，立足实际，着眼大局，以党建带动业务，努力为扎实推动煤矿文化艺术事业稳步发展提供有力政治保障。

【组织开展系列抗击新冠肺炎疫情主题文艺活动】

1月底开始，全国上下总动员，投身新型冠状病毒肺炎疫情防控阻击战。煤矿文联和所属分会带领全国煤矿文化艺术工作者，为疫情防控斗争开展多项活动，创作多种形式的文艺作品，鼓舞军民士气，致敬白衣天使，慰问病患同胞，引起社会各界热烈反响。

煤矿书协于1月30日起举办“生命重于泰山”中国煤矿书法家声援武汉抗击疫情网络书法展，展览于1月31日和2月2日、4日、5日共推出四期，展出书法篆刻作品178件。

1月31日，《阳光》杂志社联合煤矿作协在网上推出了《生命重于泰山——抗击疫情，全国煤矿诗人在行动》第一辑共6篇作品。随后，在2月3日、6日、7日分批发布共37篇精选抗击疫情诗歌作品。

煤矿音协于2月12日起组织开展煤炭行业优秀战“疫”公益歌曲展播活动，共推出十期30多首抗击疫情主题歌曲。4月至5月，煤矿音协联合开滦集团文联通过网络直播平台组织开设多次音乐创作公益课堂。

煤矿摄协、美协和曲协也于2月初纷纷发出号召，组织会员进行抗击疫情作品专题创作。

中国煤矿文化网和《阳光》杂志微信公众号分别从2月初开始，专题发布全国煤矿抗击疫情主题文艺活动信息和文学艺术作品。《阳光》杂志在第三、四期开设了主题文学和艺术作品专栏，精选刊发了25篇约3万字文学作品和大量艺术作品。

煤矿文联举办的全国煤矿抗击新冠肺炎疫情文艺作品征集推选活动，共征集文学、书法、美术、摄影、音乐、曲艺、朗诵、舞蹈和戏曲等文艺作品4490 余件，推选出了一大批思想性艺术性俱佳的优秀文艺作品。这些作品紧扣疫情防控主题，反映抗击疫情其间全国煤炭企事业单位在保护职工健康、保证安全生产、保障煤炭供应、强化疫情防控宣传和驰援湖北疫区等方面所采取的有力举措和取得的扎实成效。

4月和7月份，煤矿文联与中国煤矿文化宣传基金会、中国煤炭运销协会、中国煤炭教育协会合作，克服疫情防控严峻形势及种种不利条件，制作推出了《煤炭人的担当——全国煤炭行业疫情防控纪实》和《凝心聚力，以艺抗疫——全国煤矿文艺工作者抗疫纪实》两部专题片，呈现了全国350万矿工急国家之所急、想国家之所想和全行业疫情防控、复工复产的真实场景，记录了全国煤矿文艺工作者发挥文艺作用、创作文艺作品、凝聚文艺力量、投身疫情防控的担当作为。

疫情无情人有情。在这场疫情防控阻击战中，全国煤炭人心往一处想，劲往一处使。各矿区层层设防、24小时值守，筑起坚实屏障，确保“抗疫”“生产”两安全；矿山白衣使者主动请缨，奋不顾身奔向荆楚大地；各煤炭企业捐款捐物，紧抓复工复产，紧急向湖北疫区发送“抗疫煤”等，体现了煤炭行业“靠得住、顶得上”的强大凝聚力，彰显了新时代中国矿工特别能战斗、特别能奉献的奋斗精神。

【开展“送万福进万家”文艺志愿服务活动】

1月14日至16日，煤矿文联和煤矿书协组织在江西煤业集团丰城煤业公司开展中国煤矿书法家“送万福进万家”文艺志愿服务活动。丰城矿区煤矿职工、书法家和书法爱好者等100余人参加，活动其间共书写春联520副，送“福”字200多个，同时举办了书法艺术发展与创作讲座。

1月19日至20日，“同心同书·祖国新春好”中国煤矿书法家“送万福进万家”文艺志愿服务活动小分队走进山东裕隆矿业集团。期间，文艺志愿者们先后在单家村煤矿、孔府制药公司和裕隆集团机关为矿区书法爱好者举办书法创作讲座，为职工创作春联近300副，“福”字500多个，书法美术作品90多幅，赠送“社会主义核心价值观2020新春祥瑞包”260多套。

【开展2020年“我们的中国梦”——文化进万家活动】

“我们的中国梦”——文化进万家活动由中央宣传部、中央文明办、中国文联等联合主办，紧扣全面建成小康社会的时间节点，聚焦脱贫攻坚主题，与新时代文明实践中心试点工作结合，深入基层，把文艺演出、创作辅导、展览讲座等活动送到百姓身边，为奋战在脱贫攻坚第一线的广大群众加油鼓劲。

8月16日至22日，煤矿文联文艺志愿服务小分队一行书法家画家10人，先后在吕梁市石楼县和临县的多个乡村、文化场馆、学校等地进行作品赠送、书画创作、书法艺术讲座和书画作品点评辅导等。小分队走进革命老区，到石楼县褚家峪村红军东征战斗过的黄河岸边农民家中，到临县湫水河畔以“青塘粽子”脱贫致富的前青塘村村民身边，送文化、送理念、送作品，谈创作、技法，美学、哲学……交流艺术与生活、文化与致富，帮助转变新思想、开拓新思路，与当地群众和书画爱好者结下了深厚的情谊，活动现场气氛热烈和谐。志愿者们以笔墨文艺助力吕梁山区脱贫攻坚战，赢得了普遍认可。

【承办2021年度全国煤炭交易会暨中国太原煤炭交易大会煤矿职工文艺演出】

12月8日，由中国煤炭工业协会主办，中国煤矿文联、中国煤炭运销协会、晋能控股集团承办的“同心同行”煤矿职工演出在“2021年度全国煤炭交易会暨中国太原煤炭交易大会”开幕式上举行。参加交易会开幕式的有关领导和企业代表等1000多人在现场观看。知名表演艺术家瞿弦和、知名歌唱家邓玉华和晋能控股集团、华阳新材料科技集团、山西焦煤汾西矿业集团、山东能源龙口矿业集团等单位的文艺团体向大会开幕式献上了一台精彩的文艺节目，一部部具有煤矿题材和地域特色的文艺作品，展现了新时代煤炭工业的辉煌发展乐章和“特别能吃苦、特别能战斗、特别能奉献”的煤炭精神。

【召开中国煤矿文联第五届理事会第三次会议】

中国煤矿文联第五届理事会第三次会议于9月9日在天津召开。煤矿文联理事和代表等90多人参加。会上总结了煤矿文联一个时期的重点工作，对有关任务进行了部署。会议其间，对全国煤矿抗击新冠肺炎疫情文艺作品推选活动优秀组织单位、优秀文艺作品进行了表彰，与会代表进行了煤矿文艺工作经验交流。

【召开2020年度中国煤矿文化网、《阳光》杂志工作会议】

2020年度中国煤矿文化网、《阳光》杂志工作会议于10月22日在四川成都召开。2020年度全国煤矿文化网络宣传、《阳光》杂志编务工作先进单位和个人代表等90多人参加会议。会上对《阳光》

杂志、中国煤矿文化网的工作进行了总结，就下一步《阳光》杂志的办刊思路和发展方向等情况作了说明，并介绍了2021年全国煤矿文化网络宣传重点工作任务。会议其间，与会代表就杂志期刊编务、网络宣传、文艺人才队伍建设等工作进行了交流探讨。

【开展《煤炭工业“十四五”文化建设指导意见》研究】

根据中国煤炭工业协会统一部署，结合煤炭工业特点，煤矿文联成立专家组，以分析煤炭文化建设现状，研究“十四五”煤炭文化建设的指导思想、发展思路和目标，提出主要任务和保障措施等为主要内容，经过调研走访、征求意见、专家研讨和交流审查等，于8月底顺利结题，完成研究任务。

【所属分会积极开展文艺活动】

煤矿作协于11月1日至3日参加中国作协2020“中国一日•美好小康——中国作家在行动”全国作家联动大型文学主题实践活动；11月7日联合煤矿文联、煤炭报社举办了“生活是矿井，爱是矿灯——刘庆邦长篇小说《女工绘》分享会”。

煤矿摄协于12月3日在国家能源神东煤炭集团召开八届理事会第三次会议暨全国煤矿摄影系列活动（神东站）总结会。煤矿摄协理事、煤炭行业摄影工作者等50多人参加。会议其间，邀请摄影名家进行现场讲座，并通过全国煤矿摄影系列活动推出了一大批以捕捉和记录矿山事、矿山人、矿山景为重点，以展示煤炭工业改革发展时代风采为主题的优秀摄影作品。

业务培训

【推进“百矿千名”全国煤矿文化管理干部和文艺骨干培训工程】

9月下旬，培训工程第七届高研班正式开班。七届高研班与中国煤炭工业协会培训中心联合举办，利用互联网平台，采用远程教育的形式进行授课。高研班紧密结合当前形势，突出煤矿文化特点，聘请北京大学和北京外国语大学教授，分析全球疫情下最前沿的文化新变局、新发展，讲述新资讯、新观点，帮助学员深入了解当前文化动态和发展趋势，启发企业文化干部对煤矿文化工作创新性思考。在业务实际能力提高方面，多位在文学、美术、音乐、摄影、书法等方面具有独到见解的学者、专家为学员授课，强化了针对性和可操作性。高研班至12月份结束，先后有700多名学员在网上进行了深入学习交流，各会员单位对培训工作和效果给予了充分肯定。

【举办全国煤矿曲艺创作研修班】

11月25日至28日，全国煤矿曲艺创作研修班在山东能源龙矿集团举办，56名曲艺创作骨干参加培训。研修班以文艺创作理论、曲艺创作原理和写作技法、优秀曲艺作品和曲艺音乐赏析等为主要内容，邀请曲艺表演创作名家为学员讲述曲艺人生，现场答疑解惑，并通过交流表演、解构剖析等形式，促进提升学员曲艺创作和表演水平。

中国电力文协

综　述

2020年，中国电力文学艺术协会（以下简称：电力文协）深入学习贯彻习近平新时代中国特色社会主义思想和党的十九大精神，全面落实国资委重要决策部署，按照中国文联各项工作要求，以高度负责的精神，在常态化疫情防控和生产生活秩序全面恢复进程中，发挥文艺引领作用，切实担当使命责任，服务广大电力职工，确保了各项工作有序、有效地开展，圆满完成全年工作目标。

会议与活动

【重要会议】

1月8日，中国电力书法家协会召开五届三次主席团工作会议。审议通过了电力书协2019年工作报告和2020年工作计划；增补柳晓康、孙立琨为电力书协五届理事会副主席，增补孙培严、李斌为电力书协五届理事会副秘书长，增补蔡华立、谢顺、陈同法、孙庆阁、李增辉为电力书协五届理事。张羡崇主席作了讲话，号召电力书法家们继续深入领会习近平新时代中国特色社会主义思想，坚持“四书”理念，围绕“3455”目标，为新时代中国特色社会主义文化繁荣、为电力工业创新发展贡献力量。

10月16日，中国电力美术协会主席团工作会议在京召开。会议总结回顾了2019年以来的工作，同意增补白学贵、王万春担任中国电力美术协会副主席，刘涛担任特邀副主席，马龙担任副秘书长，蔡声芸、邹嘉华不再担任中国电力美术协会副主席，宋晓艳不再担任中国电力美术协会副秘书长。会议围绕“庆祝建党100周年”活动，部署安排了2021年全国电力美术作品展览工作，并以此为契机，筹备组建中国电力美术馆。

【重要活动】

1月上旬，按照中宣部组织开展“我们的中国梦—文化进万家”活动要求，根据中国文联的整体部署，中国电力文协及时编制活动方案，协调各分会资源，迅速组织了甘肃、云南两个文艺志愿小分队，于1月8日至12日分别走进甘肃秦安、云南红河等国家级贫困区县，举办书法培训讲座、文艺演出、写春联送福字、为希望小学赠送学习文具等文化活动，充分体现了电力文艺工作者深入基层、服务群众的文化惠民宗旨，表达了新时代各族人民共筑中国梦的美好愿望，进一步增强了中国特色社会主义文化自信。

1月14日，中国电力文艺协会联合中国电力体育协会，携众位电力书法家，走进八一跆拳道训练基地，共同开展“祖国新春好——送福进万家”志愿服务公益活动，为正在训练备赛的跆拳道健儿们书写春联、福字、书法作品近400件，为他们送去新春祝福，并鼓励体育健儿们在军运赛场上再立新功！

自1月上旬始，中国电力文协、中国电力书协相继组织百名电力书法家，多次走入国家电网、中国华能、中国大唐、中国华电、国家能源、中国能建等多家电力企业基层单位开展送福进万家志愿服务公益活动，累计创作书法作品近8000幅。

为深入贯彻落实习近平新时代中国特色社会主义思想和党的十九大精神，引导广大电力文艺工作者面向基层、服务群众，以丰富多彩的文化活动和艺术作品，不断满足电力职工对文化生活的新需求、新期待，8月31日至9月4日，中国电力文学艺术协会、中国电力书法家协会、甘肃电力工会组成文艺小分队，先后奔赴甘肃新华、魏店、麦积供电所和秦安县魏店小学，开展送文化到基层、进校园活动，为学校师生和基层电力职工分别举办了书法培训、音乐公益讲座和文艺演出，赠送了书法用品和文化用具，现场创作近200幅书法作品。同时，就如何坚持“以人民为中心”创新开展电力文艺工作等主题，与甘肃电力文协进行了调研交流，并确定甘肃电力书法协会为中国电力书法家协会“甘肃创作基地”，中电联专职副理事长、中国电力书法家协会顾问魏昭峰与甘肃电力公司纪委书记严光升共同为创作基地揭牌。

主题展览

8月19日至21日，庆祝中国共产党成立99周年暨2020全国电力行业第2届集邮展览在浙江嘉兴举办，来自国家电网、南方电网、中国大唐、浙江能源等10个电力集团公司的71部、176框邮集参加了展出。本次邮展分为竞赛类和主题类两大部分，设立“精准扶贫”“绿水青山就是金山银山”“抗疫防疫”“庆祝中国共产党成立99周年”等4个主题，充分展示了电力工业的发展历程和辉煌成就，反映了电力员工热爱电力、奉献光明的精神风貌。

12月22日至25日，第三届电力职工摄影大展暨全国电力行业抗疫保电、脱贫攻坚摄影作品展在京举办。中国电力企业联合会党委副书记夏忠，中国文联文艺志愿服务中心主任、中国文艺志愿者协会副主席兼秘书长冀彦伟，中国文联社会组织党总支副书记周雪静，中国摄协党组成员、副主席居杨等领导出席开幕仪式并为获奖代表颁奖。中国华能集团、中国长江三峡集团、国家能源集团等工委负责人，相关行业摄影协会领导，中电联有关部门负责人以及电力企业摄影爱好者共200多人参加了开幕式并观看了展览。本次展览作品题材丰富，参与人员众多，电力职工摄影、抗疫保电和脱贫攻坚等主题分别收到1483名作者的10683幅（组）、158位作者的4888幅（组）和108位作者的2058幅（组）照片，经过评委的认真评审，最终分别选出120幅（组）、65幅（组）和25幅（组）照片为优秀作品，并且在本次摄影大展上集中展示。

电力文学创作

组织电力作家创作电力抗疫防疫和复工复产诗歌、散文、报告文学、小说、故事、微电影等作品3300多件，200多件作品分别被《人民日报》《光明日报》《工人日报》《中国作家》、新华网、人民网、央视网、《“学习强国”》等主流媒体刊发。将“决战决胜脱贫攻坚”列为2020年文学创作的重中之重，组织100多名电力作家分别深入“三区三州”深度贫困地区以及电力各单位帮扶的贫困地区，创作出600多部（篇）作品，其中出版、发表长篇报告文学《红石榴》《点亮山乡》《照亮乡村》《光耀那曲》等9部、报告文学集《初心》《责任的印记》《阳光的味道》等4部、中短篇报告文学等45部（篇）、纪实散文26篇；创作出长篇小说《向阳而生》《阳光在上》《红房子》《噶莫阿妞》《美女屯》等6部、中短篇小说《灸信》《喊月》《万岁山》《一只鸟儿为一种伤而飞》《窝铺》等29部（篇）；影视剧文学《亲吻阳光》《阿果》等13部。会同各电力单位创作、修改、推荐作品264篇，参加国资委“第三届央企好故事优秀作品评选”。

谋划“庆祝建党百年”文学创作，落实创作计划，确定了60多位重要作家的60多部重点题材。出版《脊梁》6期，每期近28万字，发行2万多份，发表电力题材原创作品在90%以上。

中国水利文协

综　述

2020年是全面建成小康社会和“十三五”规划收官之年，也是水利部党组“推动水利工程补短板再掀新高潮、水利行业强监管再上新台阶”的关键一年。一年来，中国水利文协以习近平新时代中国特色社会主义思想为指导，认真学习贯彻党的十九届五中全会和习近平总书记关于文艺工作的重要论述及在全面推动长江经济带发展座谈会、黄河流域生态保护和高质量发展座谈会上的讲话精神，深入落实水利改革发展总基调，大力弘扬新时代水利精神，坚持围绕中心，服务大局，扎实开展水利文学艺术活动，水利文艺事业蓬勃发展、成效显著。

会议与活动

【第七届理事会第四次会议】

4月20日至29日，中国水利文协以通讯方式召开第七届理事会第四次会议。会议总结2019年水利文学艺术工作，研究部署2020年重点任务，审议通过《中国水利文协2019年经费（会费）收支情况报告》及决议，审议新增部分常务理事单位和理事单位，调整增补部分理事。

【抗击新冠疫情主题文艺创作活动】

2月4日，中国水利文协开展阻击新冠肺炎主题文艺创作活动，号召水利文学艺术工作者积极投身抗击疫情主题文学艺术创作。活动得到水利文艺工作者的积极响应，通过文学、美术、书法、摄影、音乐、曲艺、短视频等艺术门类和形式，创作推出一批水利特色鲜明的文学艺术作品，鼓舞了人民斗志，振奋了水利职工精神，传播了正能量。活动涌现出25家优秀组织单位、28名优秀组织者、13名优秀水利作家、45名优秀水利艺术家、67名优秀水利文艺工作者。

【庆祝中国共产党成立99周年美术书法摄影作品主题创作活动】

7月1日前夕，中国水利文协组织水利系统艺术工作者和爱好者新创作歌颂党及水利事业红色主题文艺作品60余幅（件），并在“中国水利文苑”（原水利文艺之家）微信公众号上成功推出网络展。

【防汛抗洪主题文艺作品创作活动】

6月以来，我国江南、华南、西南暴雨明显增多，多地发生洪涝地质灾害。全国水利系统认真贯彻习近平总书记对做好防汛救灾工作重要指示精神，落实国务院统一部署，按照水利部有关要求，采取有力有效措施，积极开展监测预警、堤库排查和应急抢险救援等工作，尽最大努力保障人民群众生命财产安全和生产生活秩序。

7月15日，中国水利文协启动防汛抗洪主题文艺作品创作征集活动。活动得到全国水利系统文学艺术工作者和爱好者的积极响应，涌现出一大批优秀防汛抗洪主题文艺作品，共收到以文学、美术、书法、摄影、短视频等艺术形式为主的作品120余个。作品聚焦防汛抗洪救灾一线、聚焦水利生活，宣传党和政府对防汛抗洪救灾的决策部署，记录防汛抗洪救灾精彩瞬间和宏大过程，反映奋战在防汛抗洪救灾一线的水利党员干部职工感人故事，鼓舞了士气，振奋精了神，弘扬了主旋律，传播了正能量。

此次活动创作出的部分优秀作品，分十期在水利文协微信公众号“中国水利文苑”刊登，部分作品在中国水利网、《大江文艺》以及地方报纸、杂志刊登。

【第三届中国水利摄影展】

12月30日，以“助力决战小康社会，共建共享幸福河湖”为主题的第三届中国水利摄影展网络展在“中国水利文苑”微信公众号上举办。

此次展览共收到摄影作品5000余件，经专家

评审，入选作品500件，入展作品120件。鉴于抗击新冠疫情需要，此次摄影展采取线上和线下相结合的方式举办。

【《使命•担当》——第二届全国七大产行业大型摄影联展】

11月21日，《使命·担当》——第二届七大产行业大型摄影联展在陕西省西安市汉城湖开幕。

本次联展由中国水利、电力、石化、铁路、纺织、煤矿、民航七个产行业摄影协会联合主办、水利摄协承办。中国水利文协主席何源满出席开幕式并讲话，中国摄协主席李舸宣布开幕。来自全国各地七个产行业的摄影工作者和爱好者，以及参加2020年全国水利系统摄影创作培训班的300余名学员，共计千余人次参观了展览。

本次展览共展出摄影作品140件、每个产行业作品20件。这些作品记录了各个产行业2020年在应对新冠疫情、复工复产、决胜小康社会、决战脱贫攻坚、抢险救灾等方面的感人瞬间，用记实的角度展示了各行各业职工冲锋在前、无私奉献的精神风貌，体现了时代特征、行业特色、较高水准，发挥了文艺作品强信心、暖人心、筑同心的重要作用，弘扬了主旋律，传播了正能量，展示了时代风采。

【“决胜全面小康•决战脱贫攻坚”水利人在行动文学作品征集活动】

6月，中国水利文协会同中国水利政研会等单位联合主办了“决胜全面小康•决战脱贫攻坚”水利人在行动文学作品征集活动，共收到报告文学、戏剧剧本、小品等作品49篇、近50万字。经评审，共评出一等奖3篇、二等奖5篇、三等奖10篇、优秀奖18篇。

【聚焦黄河主题开展文艺作品征集活动】

3月，中国水利文协会同部宣教中心开展“黄河文化”主题文学作品创作评选活动，征集短视频、科普文章、学术论文、报告文学、散文等作品90余件。经专家评审，评出文字类一等奖4名、二等奖8名、三等奖12名；视频类一等奖1名、二等奖3名、三等奖7名。

5月，中国水利文协会同中国水利报社主办了“镜头里的黄河故事”全国摄影作品征集活动、黄河幸福故事征文活动。

水利文艺走基层志愿服务

【“宪法宣传周”水利文化艺术走基层主题活动】

在12月4日第七个国家宪法日和第三个“宪法宣传周”其间，中国水利文协组织水文化艺术专家走进河北省水利厅、邯郸市水利局及岗南水库、口上水库（京娘湖）、东武仕水库等基层水管单位，现场创作以习近平法治思想、宪法、依法行政、依法治水管水为主题的美术、书法作品，并赠送给基层水利单位和干部职工。

【水利文艺走基层进工地、进景区送文化种文化活动】

6月以来，中国水利文协会同水利部宣传教育中心、中国水利报社、中国水利政研会、中国水利工程协会等单位，开展水利文艺走基层进工地、进景区送文化种文化活动。

组织文学、美术、书法、摄影、音乐、舞蹈、戏剧工作者和水文化专家，先后赴云南省、浙江省、山东省、河南省、陕西省、江苏省、贵州省、四川省、海南省和广西大藤峡水利枢纽工程、中国水利博物馆等单位，走进水利工程建设一线、尤其是国家172项节水供水重大水利工程，国家水利风景区、水利院校、水利扶贫村镇开展送文化种文化活动。了解各地各单位水文化建设和水利文学艺术工作进展情况、经验成效与典型案例，对接水利系统机关、企事业单位与基层单位文化艺术需求，开展座谈研讨与水文化建设指导咨询服务。开展文艺采风创作活动与培训活动，新创作一批展示水利工程建设成就、水利建设者光辉形象、水利特色鲜明的美术书法作品，并赠送给水利建设者。

一年来，累计派出专家200多人次，赠送美术书法作品500多幅，现场培训水文化与文艺爱好者2000多人次。邀请部分水利书法家，参加部机关党委工会组织的送春联活动。

【元旦春节其间水利文艺进基层活动】

元旦前夕，中国水利文协开展以“新时代 新精神 新梦想”为主题的全国水利系统文艺工作者走基层送文化艺术活动。组织水利美术、书法、摄影艺术工作者到山东、广西两省区水利基层单位、社区、农村开展送春联、送作品活动。

人才队伍建设

【建立常态化年度培训机制】

10月，中国水利文协印发《关于做好水利文化艺术培训活动的通知》，明确各分会年度培训工作要求，大力支持各会员单位开展文化艺术培训活动，积极培育水利文协走基层送培训品牌活动。

【设立水利文艺创作培训基地】

2020年，中国水利文协选取会员单位中资源禀赋优越、环境优美、文化优质的河湖水域、水利工程和场所试点设立水利文艺创作展示基地。经自愿申报及考察审批，成功设立山东潍坊峡山水库美术书法摄影创作展示基地、江苏靖江美术书法创作展示基地，为水利文艺工作者和爱好者提供创作采风、研讨培训、展览展示、交流互鉴的平台与渠道。

【全国水利系统摄影创作培训班】

11月18日至22日，中国水利文协2020年度全国水利系统摄影创作培训班在西安成功举办。中国水利文协主席何源满出席开班仪式并讲话。

培训班采取专家授课、互动问答、课外采风、创作分享等方式进行，突出水利行业摄影理念、摄影重点和摄影技巧培训，培训会员近300名。

宣传平台建设

【出版《中国水利年鉴·文学艺术卷（2020）》】

2020年，中国水利文协成立《中国水利年鉴·文学艺术卷（2020）》编纂理事会和特约编辑通联队伍，完成年鉴内容编纂、出版工作。本年鉴收录了中国水利文协及各分会1984年成立以来的发展历程和辉煌成就，记录了水利系统各单位2019年精神文明建设和文化艺术活动开展情况。

【拓宽水利文艺宣传渠道】

10月10日，中国水利文协微信公众号更名改版，更名后的“中国水利文苑”微信公众号及时发布全国水利系统文艺活动信息动态，刊发文学文艺作品。中国水利文协会同水利部宣传教育中心开展“全国水利系统文艺专题宣传”活动，整合系统内外有关媒体网络资源开展水利文艺专题宣传。《大江文艺》杂志行业影响力日益提高，刊物质量稳步提升。

全国公安文联

综　述

2020年，全国公安文联以习近平新时代中国特色社会主义思想为指导，全面贯彻落实党的十九大和十九届二中、三中、四中、五中全会精神，认真贯彻习近平总书记关于疫情防控工作重要讲话和指示精神，贯彻落实习近平总书记在中国人民警察警旗授旗仪式上的重要训词精神，在公安部党委和公安部政治部坚强领导下，在中国文联有力指导下，在全国公安机关和各相关部门的大力支持下，紧紧围绕庆祝首个中国人民警察节、全面建成小康社会、决战脱贫攻坚和抗击新冠肺炎疫情开展主题活动，深入推动“不忘初心、牢记使命”主题教育活动，坚定文化自信，坚持守正创新，团结引领广大公安文艺工作者深入实施文化强警战略，立足火热警营，服务公安实战，奋力创新创作，为繁荣公安文艺事业作出新的积极贡献。

会议与活动

一年来，全国公安文联坚持马克思主义文艺观，不断强化党的建设，牢牢掌握意识形态工作领导权，不断增强“四个意识”、坚定“四个自信”、做到“两个维护”。认真履行团结引导、联络协调、服务管理、自律维权职能，不断创新工作理念、组织形式、活动方式和服务手段，不断丰富作品形式，展现全国公安民警坚决贯彻落实习近平总书记重要训词精神的实践成效，全面展示新时代公安民警砥砺前行、昂扬向上的精神风貌。

【坚持理论学习，提升党性修养】

组织学习党和国家大政方针、公安部各项规章、行政管理办文办事办会工作程序和规范等制度规定，提升理论素养、政策水平和依法管理能力。

坚持政治理论学习与定期培训、专题研讨相结合，把学习贯彻习近平总书记重要讲话精神作为首要政治任务，紧密结合文艺和文联工作实际，原原本本学，融会贯通学，及时跟进学，认真组织学习党的十九届四中、五中全会精神和习近平总书记在中国人民警察警旗授旗仪式上的重要训词精神及公安部党委决策部署，对公安文联开展主题教育进行安排部署，全国公安文联主席王俭多次主持召开主席办公会议，深化理论学习，巩固教育成果，提升党性修养。推动学习往深里走、往心里走、往实里走，用习近平新时代中国特色社会主义思想武装头脑、指导实践、推动工作，引导广大公安文艺工作者更加坚守艺术理想，更加坚定文化自信。

1月6日至8日，中国文联十届五次全委会在北京会议中心召开，全国公安文联主席王俭出席会议。会议深入学习贯彻落实习近平新时代中国特色社会主义思想和党的十九大及十九届二中、三中、四中全会精神，贯彻落实全国宣传部长会议精神，全面总结中国文联2019年工作，部署2020年工作，进一步团结动员广大文艺工作者推动社会主义文艺繁荣发展。

3月2日，为积极响应党中央对广大党员的号召，落实中央组织部关于组织党员自愿捐款支持新冠肺炎疫情防控工作的部署要求，全国公安文联领导通过所在党支部带头捐款，以实际行动支持疫情防控工作。

6月15日至16日，由中国舞协举办的2020年度全国舞协会工作会通过网络会议方式召开。全国公安文联舞蹈专业委员会副主席兼秘书长崔恩全同志参加会议。

9月7日至8日，中国舞协第十届理事会第四次（扩大）会议在北京召开，全国公安文联舞蹈专业委员会副主任兼秘书长崔恩全参加会议。

9月22日至26日，全国公安文联副主席、美术专业委员会主任李冬应邀参加吉林省美协举办的全国美术名家在长白山“重走抗联路”学习写生活动。

9月22日，全国公安文联副主席毕晓明出席山东省济南市公安局历下分局举办“铸忠诚铁军•与祖国同行”国庆书画摄影展暨历下公安文联、历下前卫体协揭牌仪式。

10月22日，全国公安文联主席王俭出席国家移民管理局在北京大兴机场举行的全国移民管理文联成立大会并讲话，全国公安文联秘书长孙洁出席会议。

11月6日，全国公安文联副主席李冬应邀出席北京市公安局刘贞亮书法创作工作室揭牌仪式暨2020年昌平公安分局书法笔会活动。

11月22日，由中国警察协会、全国公安文联、华东政法大学、人民公安报社等单位联合主办的第二届新时代“枫桥经验”与构建现代警务模式高端峰会在浙江省绍兴市举行。全国公安文联顾问祝春林作主旨演讲。

【开展文化惠警、文艺志愿服务活动】

1月4日至11日，中国文联、全国公安文联文艺志愿服务小分队先后到云南省昆明市东川区、广东省佛山市顺德区、福建省福州市闽侯县等地和基层公安机关开展“我们的中国梦”——文化进万家活动。为基层民警送“福”字、写春联、书“家风”、绘丹青。组织600余名全国公安书画家参加活动1000余次，为广大基层民警和群众书写对联、福字8万余幅。全国公安文联书法专业委员会被中国书协评为“全国书法进万家活动先进集体”，并有3名公安书法家被中国书协评为先进个人。

1月15日至16日，全国公安文联组织书画小分队赴广西开展“新春送万福 书画进警营”慰问活动，全国公安文联副主席李冬出席活动。

1月20日，全国公安文联“新春送万福 书画进警营”走进铁路公安一线慰问活动在北京站派出所举行。10余名书画家写春联、写福字慰问基层公安民警。

12月7日至11日，为喜迎首个中国人民警察节，全国公安文联组织的公安书画主题创作研讨笔会在中国人民公安大学举行。来自各地25名公安书画家用艺术形式反映公安中心工作和队伍建设成果，创作出一批优秀公安书画作品，展现新时代公安民警风采和良好形象，增强广大公安民警职业荣誉感、自豪感、归属感。

【围绕主题，开展文艺活动】

1月10日，由中宣部和公安部主办，中央广播电视总台承办的《奋进新时代 平安大地春》——2020年中央广播电视总台“心连心”艺术团赴公安机关新春慰问演出在中国人民公安大学警体综合训练馆举行，并于春节其间在中央电视台播出。

由公安部新闻宣传局、全国公安文联等单位于2020年2月组织开展“抗击疫情 警徽闪耀”主题文艺作品征集展示活动。在本次活动中，共报送文艺作品7800余件。经组织专家评选，评出散文50篇、诗歌朗诵46首、视频短片及微电影50部、歌曲40首、书法50幅、美术49幅、摄影47幅七类共332件获奖作品。优秀诗歌、散文作品汇编成《警徽在战“疫”中闪耀——全国公安机关抗击疫情主题诗歌散文精选》一书，由群众出版社出版发行。获奖作品主题鲜明、内容丰富、形式多样、催人奋进，作品紧贴公安生活、聚焦公安基层，生动描绘了公安机关抗击疫情的战斗场景，艺术地展现了基层一线公安民警辅警忠诚履职、舍生忘死、顽强拼搏、无私奉献的崇高精神风貌。

获奖作品在文联微信公众号编辑制作展示，并在抗疫其间推出系列“公安书法家”“美术家”“朗诵家”“公安诗人”在行动，“音乐人的战疫时刻”“镜头下的公安铁军”等原创作品，得到了广泛好评。

围绕抗击疫情重大主题，策划组织系列文艺实践活动，缅怀在抗击疫情和维护稳定一线因公牺牲的公安民警辅警，讴歌人民警察坚守岗位、不怕牺牲、冲锋在前的英雄本色，激励广大公安民警辅警向英雄学习，全国公安文联组织了“致敬•缅怀•前行”2020年全国公安系统清明主题诗会，于4月4日15时全网推送播出。主题诗会采用音诗画艺术形式，通过非现场、云制作的方式，缅怀公安英烈，追思英雄事迹，弘扬英烈精神，诗会在人民网、新华网、中国长安网、中国警察网、腾讯、今日头条、抖音、快手等网络平台和公安新媒体矩阵全网同时播出，总计2500万人次观看，8万人次点播，广大观众网友纷纷留言，获

得广泛关注，引发强烈反响。主题诗会由《在此刻》《另一种雪》《春天的诗》《永远的绽放》《前行》五个篇章构成，共17个节目，通过诗歌朗诵和歌曲演唱等艺术形式进行视频呈现。

11月1日至4日，天津市公安局河西分局挂甲寺派出所四级高级警长谢沁立、陕西省西安市公安局新闻中心四级调研员胡杰同志分别赴广西壮族自治区柳州市三江县、贵州省黔西南州普安县参加中国作家协会2020“中国一日•美好小康——中国作家在行动”全国作家联动大型文学主题实践活动。

【注重人才培养，强化队伍建设】

5月28日至29日，由中国文联主办、中国文联网络文艺传播中心承办的全国文联网络运营管理工作培训班以在线形式开班。这是中国文联首次依托自主建设的在线视频会议系统举办全国范围线上业务培训。全国公安文联办公室、联络活动部同志参加培训。

9月18日至23日，全国公安文联影视专业委员会联合甘肃公安文联在甘肃省兰州市举办全国公安影视创作培训班。来自全国24个省（市、自治区）的30余名学员和甘肃省公安系统90名具有影视创作基础的民警、辅警等共120余人参加了培训。

11月2日至10日，全国公安文联会同中国作家协会鲁迅文学院在中国人民公安大学成功举办鲁迅文学院公安作家文学创作培训班。

中国作家协会副主席、鲁迅文学院院长吉狄马加，全国公安文联主席王俭，中国作家协会书记处书记邱华栋，鲁迅文学院常务副院长徐可、副院长邢春，全国公安文联副主席张策、秘书长孙洁等领导出席。

来自全国26个省、自治区、直辖市及行业公安文联的50名学员参加了培训。邀请了知名的作家、诗人、评论家、学者为学员授课，组织高水准的文学对话和讲座。

培训班取得圆满成功，达到了强化公安文学队伍建设、打造公安作家人才矩阵、有效推动全国公安文化事业发展的预期目的。

11月24日至27日，中国作协在浙江湖州举办省级作协行业作协负责人专题研修班，研修班安排了分组讨论和大会交流，全国公安文联副主席武和平参加研修班并作交流发言。

12月4日至9日，全国公安文联摄影研讨创作活动在广东省广州市举行，全国公安文联主席王俭出席活动并讲话，来自全国各地及广东省80余名公安摄影骨干参加，公安摄影研讨会以及深入广东公安基层一线摄影采风创作等活动，用镜头记录、宣传了新时代广东公安新风貌，为基层公安培养了摄影人才、提高摄影水平。

【公安文艺创作成果显著】

一年来，广大公安作家坚持以人民为中心的创作导向，坚持与时代同步伐，大力开展“深入生活、扎根人民”主题实践创作活动，不断提升创作水平，围绕现实题材，用手中的笔讴歌新时代、宣传公安英模，推出一批精品力作，为凝聚警心、繁荣警营文化发挥了积极作用。多名公安作者的选题入选中国作家协会定点深入生活项目、获得少数民族文学创作骏马奖，吉林省梅河口市公安局李春良长篇报告文学《重访海兰江》，全国公安文联创作室初曰春、安徽省淮南市公安局米可合著长篇小说《上半城》，河南省郑州市公安局连忠诚《疫情笔记》，北京铁路公安局艾诺依《追光者》，湖北省武汉市公安局侯国龙《疫线》，湖北省武汉市公安局夏凯《为了春天的呼吸》等7人6部作品，成功入选中国作协2020年度定点深入生活项目；第十二届（2016-2019）全国少数民族文学创作骏马奖获奖名单中，湖北省恩施市公安局民警徐晓华的长篇民族风情散文《那条叫清江的河》荣获骏马奖散文奖。

疫情其间，安排侯国龙、夏凯、谢沁立、陈晨、米可等战斗在抗疫一线的公安作家进行采访创作，组织10位作家对英模阿真能周事迹进行创作，受疫情影响，首次采取线上集体采风写作模式，每位作家确定创作方向，集中挖掘典型事迹，部分作品在《人民日报》《人民公安报》《中国文化报》等主流媒体刊发，以文学方式展示了公安队伍的良好形象。

为配合全国集邮联“抗击疫情 集邮人在行动”活动，文联集邮专委会于3月初开展公安集邮人献爱心义捐义拍活动，筹集义拍款22593元，全部捐献给牺牲在抗疫一线的湖北公安民警郑勇遗属。集邮专委会被全国集邮联评为“抗击疫情先进单位”。

1月10日，由全国公安文联组织编纂、群众出版社出版的《中国公安文学精品文库（1949-2019）》新书发布会在中国国际展览中心举行。全国公安文联主席王俭出席会议并讲话。

9月25日至27日，由公安部新闻宣传局、国家禁毒委员会办公室、全国公安文联等单位联合制作禁毒题材音乐剧《重生》在深圳保利剧院进行首演。该剧讲述公安部二级英模、云南省临沧市永德县公安局民警罗金勇的真实事迹，以罗金勇和罗映珍夫妇坚贞不渝、不离不弃为爱重生的故事为原型创作，是一部以点带面聚焦我国一线缉毒干警群体的现实主义题材作品。

12月21日至23日，中国作协“深入生活、扎根人民”主题实践经验交流暨创联工作会议在广东深圳举行，来自全国各地的“深入生活、扎根人民”作家代表参加会议。中国作协办公厅、创联部联合表彰“深入生活、扎根人民”主题实践先进集体、先进个人暨创联工作先进集体、先进个人。全国公安作协荣获中国作协“2020年度创作联络工作先进集体”。由公安作协推荐的湖北省武汉市公安局宣传处民警侯国龙被评为“深入生活、扎根人民”主题实践先进个人。

机关建设

【完善文联组织结构，规范制度建设】

全国公安文联认真贯彻落实中央关于加强党的群团工作的重大部署，着力增强文联组织的政治性、先进性、群众性，抓住文联自身改革创新的重大机遇，深入调研、精心谋划，突出问题导向、加强作风建设、完善制度建设。截至2020年底会员发展到5365人，积极探索做好新时代公安文联工作的新思路和新方法，更新发展理念，梳理部门机构设置。加强全国公安文联微信公众号建设，发挥新媒体矩阵优势，打造公安文化宣传新阵地。开展“坚持政治建警全面从严治警”教育整顿，加强对所属网站的安全维护和综合治理，注销了“公安书画网”“中国警察书画网”，将“中国公安文学精选网”移交给中国人民公安出版社主办。健全全国公安文联《网络使用管理规定》《财务管理规定》，研究制定《全国公安文联创作基地管理办法》《全国公安文联干部职工慰问管理办法》等规章制度，以制度管人、管事、管权，增强制度的约束力。

中国人民银行文联

综　述

2020年，中国人民银行文联以习近平新时代中国特色社会主义思想为指导，全面贯彻落实党的十九大和十九届二中、三中、四中、五中全会精神及习近平总书记关于宣传思想工作的重要思想和关于文艺工作的重要论述，在中国文联和人民银行党委正确领导下，围绕决胜全面建成小康社会、打赢三大攻坚战这一主基调，团结引导人民银行系统广大文艺爱好者积极开展文艺创作，为繁荣央行文艺事业、服务央行科学发展作出新的贡献。一是以政治建设为统领，深入贯彻落实中央《关于加强党的政治建设的意见》，把政治建设要求体现到文联工作的全过程和各方面。二是以服务大局为使命，紧扣决战脱贫攻坚、抗击新冠肺炎疫情等重大主题，深入开展文艺创作和文化活动。三是以“文化惠民、文化为民、文化乐民”为宗旨，推动志愿服务和文化下基层活动向更广更深更实的方向拓展。四是以自身建设为根本，搭建文艺平台开展学习交流，鼓励各艺术门类多出精品多出名家，文联组织的生机和活力得到激发和显现。

重要会议活动

【工会常务副主任田文雄调研文联工作】

9月14日在郑州培训学院开展。人民银行文联摄影协会主席周波、音舞协会主席姚力、书协秘书长左晓杰分别从围绕服务中心工作开展文化活动、倡导明德引领守正创作、搭建文艺平台开展学习交流、用心用情讲好央行故事、培养人才骨干发挥辐射作用、鼓励各艺术门类多出精品多出名家、凝聚会员力量建设央行事业等方面汇报了近年来各专业协会的工作情况。田文雄充分肯定各专业协会工作并强调，人民银行文联及各专业协会要加强思想统领，筑牢央行文艺工作的思想基础；要坚持明德引领，把握央行文化的发展方向；要讲好央行故事，展现职工精神风貌；要加强机制建设，培养高素质文艺爱好者队伍。同时，对加强文艺交流平台打造、积极利用“央行智慧工会”App开展线上活动等提出要求。

【“全力支持复工复产　金融助力脱贫攻坚”职工网络摄影大赛】

8月至10月由人民银行文联和摄影协会联合举办。大赛征集到展现人民银行系统抗击新冠肺炎疫情、支持复工复产、助力脱贫攻坚的摄影作品1239幅（组）。经专家初评，评选出200幅（组）作品参加“央行智慧工会”App网络投票，历时10天总投票量达230287票，根据排名评选出网络人气一等奖5名、二等奖15名、三等奖30名。同时，经专家复评评定专家评审一等奖10名、二等奖30名、三等奖50名、优秀奖85名。

【扶贫文艺类成果征集评审活动】

7月开始在全系统举办。人民银行文联围绕学习习近平总书记关于扶贫工作的重要论述的最新成果、定点扶贫的典型模式案例、脱贫攻坚故事等主题，向全系统职工征集书法、美术、音乐、诗歌等文艺类作品，旨在展现“决战脱贫攻坚、决胜全面小康”的时代情怀，展示人民银行系统贯彻落实党中央脱贫攻坚决策部署取得的积极成效。至10月底，已完成作品初评工作，共有109幅书法作品、50幅美术作品入围复评，进入复评的作品将采取原作评审方式，评选出一、二、三等奖，并通过多媒体平台联合展示。

【“央行艺术家”选树活动】

2020全年选树“央行艺术家”17名，其中书法协会5名、摄影协会4名、作家协会3名、音舞协会5名。“央行艺术家”选树标准为作风正派、专业功底扎实、文艺创作有影响。活动还编印《中国人民银行文联艺术家宣传册》17册，展示“央行艺术家”崇德尚艺、明德修身的鲜活事例及“时代发展”“讴歌央行”“述说央行事”的主题佳作。

品牌活动

【“万里送上全家福 文化下乡暖民心”活动】

10月14日在四川甘孜州九龙县偏桥村举办。活动由中国文联、中国文艺志愿者协会、人民银行文联主办，摄影协会、四川分会承办。人民银行文联副主席王克俭，人民银行文联副主席、摄影协会主席周波，成都分行、甘孜州中支及九龙县相关领导参加。王克俭作开场讲话。人民银行系统的文艺志愿者用专业的镜头和敬业的精神为群众拍摄全家福照片，并精心制作、现场打印装裱，弥补了一些村民家庭从来没有拍过全家福的遗憾，成就了一对结婚20余年的彝族夫妻结婚后第二次拍摄合影的浪漫。当地群众反响热烈。活动还通过成都分行云工会进行直播，回播点击率达3000余次。

【“我们的中国梦 文化进万家”慰问演出】

12月10日晚在贵州黔西南州望谟县蟠桃街道福临社区文化广场举办。活动由中国文联、中国文艺志愿者协会、人民银行文联及人民银行文联贵州分会主办，黔西南州分会、中共望谟县委宣传部承办。人民银行文联秘书长鲍其卉出席活动并讲话。来自人民银行的文艺志愿者、黔西南州分会等演出单位带来通俗歌曲《把一切献给党》《福报中国》《追寻》《祖国我的最爱》、民族舞蹈《玛吉阿米》《青春踢踏》《搬出大山》《竹竿粑棒舞》、京歌《梨花颂》、戏曲表演《天女散花》《西厢记·琴心》、手风琴演奏《花儿与少年》、歌伴舞《天边》、大合唱《我和我的祖国》等节目，现场千余名人民群众观看表演。

各文艺家协会

【“为时代书写创作 打赢防控疫情阻击战”网络书法作品展】

2月由书法协会下发通知征集作品。25位书法协会理事以习近平总书记重要讲话、党中央国务院相关决策部署为指引书写作品。多名国家级、省市级书法协会会员还参加所在地文联、书法协会组织开展的创作活动或作品捐赠、义卖等文艺志愿活动。

【美术协会二届六次理事会暨送文化下基层艺术创作活动】

10月29日，在人民银行广州分行召开。人民银行文联副主席胡碧珠、秘书长鲍其卉，人民银行文联副主席、美术协会主席徐维，美术协会主席团成员、理事及特邀嘉宾参加。会上学习了习近平总书记在教育文化卫生体育领域专家代表座谈会上的讲话精神，听取了美术协会工作报告。胡碧珠作讲话，对美协工作给予充分肯定，对今后的工作提出“五个一”工程，即围绕“中国共产党建党100周年”这一个主题；以“讲政治、出精品、惠民生”为主线，走创新这一条道路；集体创作一幅百米长卷，讴歌中国共产党百年光辉历史和伟大成就；构筑一个美术交流平台，多渠道、全方位展示央行美术作品；打造一支“德艺双馨”美术队伍，多吸收美术人才，增强理事会力量。徐维对下阶段工作提出具体要求，并强调要根据“五个一”工程要求共同维护、建设好美协。会后，举办以“丹青抒锦绣 淡墨绘新篇”为主题的送文化下基层创作交流活动，美术协会理事、会员挥毫泼墨，创作了一批彰显文化自信、凝聚爱国热情、传递人间大爱的作品。

【美术协会艺术交流采风活动】

10月30日在广州举办。美术协会理事一行20余人赴广州艺术博物院和广东省博物馆，观看“领新标异——清代扬州画派精品展”“纪念杨之光诞辰100周年作品展”等展览。同日还到访广州书画专修学院，开展艺术交流，与学院教师们挥毫雅集，联袂创作多幅作品。

【摄影协会参加第三届“中国·米脂窑洞古城国际摄影周”展览】

2月4日至9日参加。展览因疫情影响，由现场活动改为线上展览，摄影协会在“米脂县文化馆”线上平台展出“央行人·祖国情·中国梦”主题摄影作品93幅。

【“众志成城 抗击疫情”摄影作品展示活动】

2月至3月在全系统举办。摄影协会以“众志

成城 抗击疫情”为主题向人民银行系统摄影爱好者征集作品，旨在记录人民银行系统职工坚守岗位、高效履职、勠力同心抗击疫情的生动瞬间，讴歌基层央行人奋战一线、抗击疫情、众志成城的感人故事和可贵精神，展示人民银行系统上下一心、从容应对、积极向上的工作、生活和服务保障等情况。活动共征集到作品800余幅（组），编发“众志成城 抗击疫情 摄影人在行动”美篇8期。

【摄影协会理事会暨2020年工作会议】

11月12日至13日在长沙召开。人民银行文联副主席、摄影协会主席周波，摄影协会副主席徐波、叶建华、刘晓钟，秘书长梁虹及理事参加会议。徐波主持会议。理事会前召开摄影协会主席团会议，提名增替补理事、副秘书长人选。理事会上，学习了中国共产党十九届五中全会精神、习近平总书记在文艺工作座谈会上重要讲话精神以及在教育文化卫生体育领域专家代表座谈会上的重要讲话精神。周波作工作报告，对协会前期工作进行总结，对今后工作作安排。会议还表决理事会成员增替补人员、缺职副秘书长增替补人员，新增理事4名、副秘书长1名；安排5位理事进行作品交流，周波、徐波、叶建华、刘晓钟、梁虹分别作点评。

【优秀文学作品助力抗疫】

2月6日通过央行作家微信群征集作品。作家协会发出《众志成城 诗歌在行动——抗击新型冠状病毒感染肺炎疫情诗歌征稿启事》，积极发动会员和央行职工关注疫情防控阻击战，创作优秀诗歌作品，当天收到作品30余首，编辑推出电子诗集《众志成城 央行诗人在行动》。同时期，广大会员也积极向各类媒体投稿，作家协会主席魏革军作品《过年随想》被人民日报新媒体平台收录，其他作家散文、小说、诗歌各类文体纷呈，散见于各类报刊、公众号。

【作家协会二届四次理事会会议】

11月25日在陕西咸阳召开。作家协会副主席颜溶主持会议。会上，作家协会秘书长陈忠宣读人民银行文联副主席王克俭的致辞，充分肯定了作协2020年的工作，并对今后的工作提出了举精神之旗、铸时代之魂、怀赤子之心、树凌云之志的期望和要求。受人民银行文联副主席、作家协会主席魏革军委托，陈忠作了作协2020年工作报告。随后，副主席刘振海带领理事会全体参会人员学习党的十九届五中全会精神内容。会议还增补董信义为作家协会副主席，马海敏、王若羽为副秘书长，李新耀为理事，讨论了作家协会今后创作和发展事项，并就人民银行定点扶贫融媒体书籍初稿进行交流。

【抗击疫情音乐舞蹈作品创作】

2月在全系统举办。来自人民银行系统的44名文艺志愿者在家里、办公室里创作、编排了主题突出、形式各异的文艺作品。9位央行文联的朗诵爱好者创作快板作品《众志成城保平安》；3位戏曲爱好者用黄梅戏、豫剧、越剧、京剧国粹表演形式，录制戏曲联唱《服务金融不怕险 为国作贡献》；10位器乐演奏家用钢琴、古筝、手风琴、琵琶、小提琴、二胡、单簧管、扬琴、萨克斯等乐器合奏《祝你平安》；13位舞者录制舞蹈视频《我们在一起》、10位歌者录制合唱视频《让世界充满爱》。

【音舞协会理事（扩大）会议】

10月21日在海南海口召开。人民银行文联副主席王克俭、秘书长鲍其卉，人民银行文联副主席、音舞协会主席姚力，音舞协会副主席缪斌出席会议，近30位协会理事（会员）参加，音舞协会秘书长蒋素梅主持会议。王克俭代表人民银行文联作重要讲话。姚力作工作报告，回顾总结2020年音舞协会主要工作，安排部署下一阶段主要工作任务。会议增补1位协会副秘书长及3位理事会成员，安排新老理事、会员进行现场交流。王克俭对协会下一步工作提出具体要求：一是提高站位，坚定文化自信；二是凝聚力量，加强文艺创作；三是固本强基，加强队伍建设。交流讨论环节中，新增补的协会副秘书长、理事以及来自全国各地的文艺骨干们用简短的话语和专业特长进行现场交流。

【“欢歌新时代 跃舞新征程”送文化下基层慰问演出】

10月21日晚在海南海口市秀英区石山镇施茶村委会美富村开展。活动由人民银行文联音舞协会主办，海南分会承办，海口市秀英区石山镇人民政府协办。人民银行文联副主席王克俭、秘书长鲍其卉到场指导，美富村200余位村民观看演出。演出节目精彩纷呈，来自人民银行的20余名艺术家带来歌曲独唱《祖国之恋》《我爱五指山，我爱万泉河》《春思曲》、歌曲联唱《你的万水千山》《呼伦贝尔大草原》《福报中国》、流行歌曲串烧《想起了你》《梨花又开放》《风吹麦浪》《爱的勇气》、蒙古舞《希格希日》、独舞《无价之姐》、歌伴舞《带我到山顶》、越剧《梁祝——记得草桥两结拜》、京剧《智斗》、乐器联奏《美丽的非洲》《渔舟唱晚》《彝族舞曲》《金蛇狂舞》、京韵大鼓《风雨归舟》及大合唱《我和我的祖国》。

【音舞协会文艺采风活动】

10月22日在海南海口大致坡镇举办。人民银行文联副主席、音舞协会主席姚力，音舞协会副主席缪斌及30名理事、会员参加。采风活动参观了大致坡镇琼剧文化广场，详细了解琼剧发展历史、唱腔特点及乐器构成，并与当地琼剧艺人深入进行艺术交流，活动取得良好效果。

基层文联

【江苏分会“礼赞劳动美　共筑央行情”送文化下基层活动】

6月中旬在淮安开展。江苏分会常务副主席缪斌，书法美术协会前名誉主席黄正威、邓志国，前主席许德馨，现任主席李晓峰，秘书长陆长东，摄影协会副主席曹灵兰，音舞协会秘书长魏健等文联会员参加。活动中，音乐舞蹈艺术家设艺韵讲堂，缪斌介绍唢呐、二胡、琵琶等民族器乐，亲自演奏笛子名曲《姑苏情》《春到湘江》选段；音舞协会会员陈子、冯梦现场演示我国东西南北方特色民族舞蹈。书法美术协会会员以书画传情，连夜创作书画、扇面作品赠送给淮安市中支的守库员、调查统计员、老干部、服务员和驾驶员代表。分会还向淮安市中支的职工赠送图书和亲手书画的折扇。

【山东分会“纪念建党99周年及鲁西银行成立80周年”史料专题展】

6月至7月在济南分行办公楼一楼大厅举办，之后在山东省各市中心支行巡展。展览由山东分会联合齐鲁钱币博物馆、山东省钱币学会共同举办，共制作展板35块，分为鲁西银行创建与发展、印刷所创建与发展、鲁西银行业务、重要人物简介、大事记、挖掘与研究等六个部分，展示鲁西银行在抗日烽火中艰苦奋斗、百折不挠的创建发展历程，总结鲁西银行在机构建制、货币印制发行、支持经济发展、货币反假斗争等业务发展中积累的丰富经验。济南分行党委书记、行长周逢民等行领导及职工参观。

【广东分会“颂扬劳动美　共筑中国梦”主题征文比赛】

6月在广东举办。比赛共收到投稿200多篇，讲述基层央行人助力脱贫攻坚战及建功新时代的感人故事。经评委会评选，评出“聚焦脱贫攻坚战　见证奋进新时代”主题征文一等奖1篇，二等奖2篇，三等奖3篇；“颂扬劳动美　共筑中国梦”主题征文一等奖1篇，二等奖2篇，三等奖3篇，优秀奖10篇，优秀组织奖单位3个。

【广东分会“金声粤韵”金融知识文艺宣传云直播】

6月中旬通过在广州设主会场、省内10个节目外景地连线直播的方式举行。活动以“普及金融知识，守住‘钱袋子’”为主题，分“心中有火，眼里有光”“知识护航，国阜民安”“复兴梦炽，同奔小康”三个篇章，演出歌曲、“阿卡贝拉”、京剧脸谱、花朝戏、朗诵、快板、舞蹈、街舞、光影幕布剧、全息影像舞台小品、沙画等20个文艺节目。活动当天，南方+、央视新闻移动网、腾讯视频、爱奇艺直播等17个国内主流直播平台进行全网同步直播，吸引超过880万网友在线收看。

【广东分会主题摄影采风创作和文艺志愿演出活动】

10月12日至14日在广东云浮罗定开展。摄影采风创作活动以“助力脱贫攻坚战　共建美丽新农村”为主题，摄影协会主席黄昌隆带领协会部分骨干深入罗定长岗坡渡槽田间地头进行采风拍摄，用镜头记录罗定脱贫攻坚工作取得的新变化、新成效，展示罗定群众脱贫致富的幸福生活和走进新时代的良好精神风貌。活动当天，共拍摄图片近1000幅。文艺志愿演出活动以“团结艺心　脱贫攻坚”为主题，音乐舞蹈协会主席毛东梅带领会员代表为罗平镇双莲小学师生们表演歌曲、京剧、乐队合奏、舞蹈等文艺节目。表演其间，会员还向学生介绍和展示各种乐器，并让学生亲自体验。

【四川分会云工会“晒品牌 展才艺”网络直播活动】

7月21日在四川峨眉山市支行开展。四川分行工会办主任张梦简要介绍直播活动的背景，四川分会书画协会的文艺志愿者提笔作（字）画并分享书画研习心得。人民银行文联理事杨虎以行书书写“见贤思齐”并介绍行书的用笔技巧和结构特点；彭州市支行陈川作现代彩墨山水画并介绍研习绘画的心得；中国金融书法家协会会员李勇以隶书书写“宁静致远”并介绍研习书法心得；四川省书协会员全斌以草书书写“气定神闲”并介绍草书用笔技巧和结构特点；阿坝州中心支行王恩双以楷书书写“翰墨联知己 诗书悦雅怀”并分享参加活动的感受。现场还邀请部分文艺爱好者进行书画才艺展示。活动中，场外近千名职工通过观看手机直播、发弹幕的形式参与，陆续有职工线上“点师”求字（画），被点老师应邀作字（画），线上线下“点作”呼应。活动线上求字（画）40余幅，直播结束后，又有80余名职工通过私信反馈字画需求，工作人员均作登记，将在老师们完成创作后陆续邮寄。

【四川广元分会“红五月”职工诗词书法美术摄影作品展】

5月29日至6月4日在四川广元举办。活动采取广泛征集、集中展示、专业讲解、故事分享、全天开放方式进行，共征集原创作品108件，遴选出67件参展，其中七言绝句书法作品33幅、摄影作品26件、写生作品8件，参展作品坚持贴近时代、贴近履职、贴近生活、贴近广元的原则。活动还选派四川分会书法协会会员全斌和广元市诗词楹联学会金融分会会长杨天达作专业讲解，先后共进行5次集中性作品解读。最后，评选出一等奖2件、二等奖3件，三等奖6件，选制出央行文化灯片8张。

【陕西分会美术作品创作骨干培训班】

7月27日至31日在汉中市高裕德美术工作室举办。培训聘请汉中市首届美协主席、汉中市文学艺术终身成就奖获得者、陕西省文史馆研究员高裕德为授课老师，在提升美术理论、鉴赏水平的同时，更注重创作实践。高裕德针对性地辅导和指点，亲手示范，帮助学员在画稿上添笔加景，赋彩润色，美术协会8名文艺骨干参加培训，日夜反复练习以加深对构图、造型、笔墨等体会，人均习作近20幅。

【陕西分会“送文化下基层”活动】

10月12日至13日在凤县支行开展。陕西分会秘书长张锋介绍近年来大力推动“送文化下基层”活动的目的意义，并向凤县支行赠送辖区艺术家最新创作出刊的文学著作和书画摄影专集。现场活动分文化交流和互动、书画创作交流赠送两部分。收藏协会主席赵晓明对收藏特别是货币的发展历史、朝代更迭以及货币演变的相互作用进行深度分析，现场对职工个人的钱币、器物等数十件藏品进行鉴定讲解。写作协会理事余佑学作文学创作专题讲座，从“带着问题、写作要素、写作文体、谋篇布局、通俗易懂“等五个方面总结写作之道。美术协会主席范文杰就绘画的欣赏和创作与职工进行交流分享。活动现场还向职工赠送“宁静致远”“厚德载物”“不负韶华、只争朝夕”“莲洁图”“秦岭秋景图”等30多幅佳作。

【浙江分会“红五月”讴歌劳动美歌唱作品创作活动】

5月至6月在浙江开展。活动共收集作品53件，浙江分会会员、文艺爱好者自主编排、歌唱《劳动最光荣》《只要平凡》《我的祖国》《我爱你中国》《凯旋》《追随》等曲目，唱出了基层央行职工的正能量，唱出了对祖国母亲的爱和对广大劳动者的崇高敬意。经筛选，制作《浙江省人民银行系统职工“红五月”讴歌劳动美歌唱作品合辑》并在线展示。

【浙江湖州分会“战‘疫’之路”主题文化长廊】

4月20日在浙江湖州市中支展出。长廊以漫画形式、分5个篇章全景回顾抗疫阻击战中的生动故事。“动员号召”讲述干部职工战疫80多天的艰辛历程；“金融为民”记录各县支行、各职能部门在疫情防控和复工复产“两手硬、两战赢”的实际行动；“志愿服务”描绘志愿者投身结对社区24小时服务的活动场景；“身边典型”传递职工在疫情防控中不畏困难、冲锋在前的品格力量；“最美祝福”表达全辖上下打赢抗疫阻击战的信心决心。中支全体职工分批学习观摩。

【浙江舟山分会“海上丝绸之路上的舟山钱币”专题讲座】

6月13日在舟山博物馆举办。浙江分会收藏协会会长、舟山市钱币学会秘书长林斌围绕“丝绸之路：互学互鉴 促进未来合作”主题，从海上贸易通道中以货币实物为主线和全球化背景下的宽广视域出发，围绕舟山港的特殊地理位置及针对东北亚的交往特点等内容展开，讲述舟山钱币在海上丝绸之路上的重要地位、舟山历史钱币与南洋、台湾的往来及其与福建、普陀山佛教名山形成之间的密切关系，分析了舟山历史上的古钱币品种、构成等地域特征。全市100余位文史爱好者到场参加。

【福建分会“凝聚力量 共抗疫情”主题文艺作品展】

5月，在福建举办。共收到86位福建分会会员、文艺爱好者的书法、美术、摄影、文学、音乐、剪纸等文艺作品188幅（件）。作品突出抗击疫情主题，反映福建省人民银行系统广大干部职工积极投身疫情防控工作，坚守岗位、抗击疫情，坚决打赢疫情防控阻击战的精神风貌。经筛选，优秀作品被整理编辑成美篇通过“福州中支工会”“福建省书画摄影”等微信群发布展出。

【安徽分会“送文化下基层”书画笔会】

11月15日，在安徽来安支行举办。合肥中支工会办主任杨晓兰，安徽分会书美协会主席、淮南市中支副行长程云龙及部分书画爱好者参加。活动持续近三小时，书画家们以笔寄意、以画传情，创作出书法“不忘初心、牢记使命”、水墨写意兰花图与荷花图等书画作品40余件，让现场观摩的基层职工零距离感受中华民族传统文化的魅力。

【河南分会“凝心聚力战疫情 高效履职保发展”系列微展】

3月至4月，在河南开展。共征集到书法作品61幅、美术作品20幅、摄影作品222幅和文学作品74篇。作品内容既有春暖花开的自然美景，又有抗击疫情的“学”与“思”；既有央行职工助力复工复产的奋斗身影，又有日常生活重启美好的动人瞬间。经筛选，共评出优秀书法作品18幅、美术作品10幅、摄影作品42幅和文学作品13篇，制作8期美篇进行线上展示。

【河南分会主席团会议】

12月15日召开。会上学习了中国共产党十九届五中全会精神及刘国强副行长在机关第十四届工会会员代表大会第一次会议上的讲话，研究通过分会秘书长变更事项。河南分会主席刘艳主持会议并作工作报告，总结2020年分会工作，对2021年工作进行安排部署并提出相关要求。翟向祎及其他副主席、秘书长、副秘书长等11人参加。

【广西分会2020年理事会线上会议】

11月30日召开。广西分会秘书处韦少卉副调研员主持，全区51位行政理事、专业理事和文联工作人员参加。会上，参会代表审议通过《中国人民银行文学艺术联合会广西分会理事会2020年工作报告》，同意秘书处关于做好理事会人员换届的工作计划，明确新时期重点做好强化文艺活动政治引领、加强线上线下文艺交流、增强七方面专业人才储备等工作目标。中国金融美术家协会会员、人民银行文联理事覃丹颖围绕艺术创作和加强文化建设做专题发言；百色分会代表介绍与地方文联强化沟通联系的先进经验；贺州分会代表交流引导职工积极参与网络投票活动的主要做法。会议还对文艺工作面临的挑战开展专题讨论，提出搭建活动平台提升兴趣小组活力、组织体验生活共同创作精品、专业理事选拔优秀文艺苗子培养、建立包容性更大的职工文艺作品展示平台等建议。

【海南分会“人民银行经理国库业务35周年主题宣传”书法作品展】

7月24日在海口琼泰大厦一楼大厅举办。书法作品遴选自前期举办的创作笔会活动，辖区书法协会会员及书法爱好者28人参加。作品向机关干部职工及社会群众展示和宣传国库业务知识及人民银行经理国库35年来的伟大成就，引导社会各界更加关注、理解和支持人民银行经理国库工作，为人民银行履行经理国库职责营造良好环境。

【贵州分会手机摄影讲座】

11月27日下午在贵阳中支职工之家举办。贵州分会摄影协会会员等 60余名摄影爱好者参加。讲座邀请贵州省老年大学摄影课老师阎芷晗，以《手机摄影和后期制作》为题从手机摄影和后期制作两部分作介绍。阎芷晗对构图的作用技巧，华为手机7个常用摄影模式以及手机摄影后期制作处理等作详细阐述，既有理论讲解，又有运用实践的现场指导，图文并茂。

【贵州毕节分会“同圆中国梦 礼赞劳动美”主题摄影采风活动】

8月25日在贵州毕节黔西县金碧镇新兰村举办。活动旨在通过摄影采风宣传，帮助新兰村侯先志夫妇解决家庭农场葡萄滞销问题。活动特邀毕节电视台摄影记者罗大富参与，毕节分会摄影爱好者共计20余人参加。罗大富围绕拍摄主题，从场景选择、相机参数设置、构图和光线运用等方面进行授课，对纪实类摄影作品的特点进行详细讲解。拍摄现场，摄影爱好者有的拍摄百亩葡萄园的景象，有的聚焦葡萄挂满枝头的盛景，有的抓拍正在采摘葡萄的果农，形成风格各异的作品。拍摄结束后，大家分享交流了拍摄时的所感所思。

【甘肃分会“送文化下基层”活动】

6月16日至19日在甘肃陇南市中支、天水市中支及礼县和秦安县支行开展。来自全省系统的7名书画家为前来求取墨宝的职工留下精美精湛的作品，书画爱好者簇拥观摩学习书画家们的创作，并就书法、绘画的创作技巧进行交流。活动现场，还向陇南市中支、天水市中支捐赠一批书籍和书画作品，并在天水市中支举办“人民银行文联甘肃分会书法美术创作基地”挂牌仪式，成立了全省首家书法美术创作基地。

【宁夏分会二届一次会员大会】

9月10日以电视电话会议形式在宁夏召开。共计148名会员参加。会议审议通过《中国人民银行文学艺术联合会宁夏分会章程》（修订稿），选举产生新一届理事、常务理事及领导机构人员，银川中支张克立当选为新一届宁夏分会主席。张克立作工作报告，全面概括总结宁夏分会自成立以来的主要工作，充分肯定宁夏分会积极发挥基层央行文联优势，围绕中心、服务大局，多项工作所取得的突出成绩。会上，四个地市中支就本辖区特色工作作经验交流。

【“文艺进万家 健康你我他”公益书法讲座】

5月23日在上海举办。中国文艺志愿者协会会员、中国书协会员、人民银行文联书法协会副主席宋汉光主讲，以“高古博大——伊秉绶隶书之气象”为题，介绍书法大家伊秉绶的生平事迹、分享人物成就及影响，并结合伊秉绶的隶书作品，从字的“方正、奇肆、恣纵、更易、减省、虚实、肥瘦”入手，进行书法作品风格及赏析讲解。讲座中，还与听众开展书法心得交流和作品集分享。

中国金融文联

综　述

2020年，全国人民众志成城抗击疫情，是极为特殊而又不平凡的一年。中国金融文联认真贯彻党中央的决策部署，在中国文联、中国金融工会的领导下，积极组织广大会员，克服疫情带来的不利影响，根据实际情况及时调整了年度计划工作，高举社会主义核心价值观旗帜，坚持以人民为中心，满足金融职工精神文明生活的需要，繁荣文艺创作，培养文艺新人，保证金融文联及所辖文艺协会各项工作稳步推进。

会议与活动

一、提高政治站位，进一步加强理论学习

2020年，金融文联把理论学习摆在更加突出的位置，积极用党的创新理论成果武装头脑、指导实践、推动工作，始终保持理论清醒和政治坚定。深入学习贯彻习近平新时代中国特色社会主义思想和党的十九大及十九届四中、五中全会精神，认真组织学习习近平总书记关于文艺工作的重要论述精神，自觉站在增强“四个意识”、坚定“四个自信”、做到“两个维护”的高度，筑牢全体金融文艺工作者的思想根基，构筑坚固的思想防线，坚持正确的先进文化前进方向。

二、坚持以“艺”抗疫，凝聚疫情防控正能量

积极组织开展主题文艺创作活动号召广大金融职工以书法、美术、摄影、文学、音乐、曲艺、舞蹈等多种艺术形式，创作抗击疫情的各类文艺作品。2月，中国金融工会、中国金融文联下发《关于在金融系统开展“众志成城.抗击疫情”主题文艺创作征集活动的通知》，活动以来，金融书协、美协举办“众志成城·金融职工抗击新型冠状病毒肺炎主题书法美术微展”活动，展播作品500余件。以各类志愿者服务活动为契机，现场和非现场创作、捐赠“抗疫”主题书画作品300余件。金融摄协开展抗疫主题作品征集，共收到2363幅作品，其公众号开辟了《全国金融系统“众志成城·抗击疫情”系列图片新闻报道》，全年至今已连续报道了100期。金融作协开展金融职工抗击疫情文学作品征集，先后在各类杂志、期刊、公众号平台发表文章108篇。金融戏协、音协、舞协开展线上戏曲音舞活动助力抗疫，征集到现代京剧、快板、朗诵、越剧等23部，金融职工抗疫歌曲58首。通过抖音等自媒体推出金融职工工间健身舞教学、民族舞蹈赏析等视频220个，累计点击观看量达16.84万人次。

三、繁荣文艺创作，加强文艺团结引领作用

金融文联以各种活动为载体，通过凝聚各协会的力量，推动金融文艺创作，丰富职工群众精神文化生活。

1.举办“我们的中国梦——文化进万家”系列活动。开展“送万福进万家”活动，据不完全统计，元旦春节其间，中国金融书协、美协及其团体会员单位共组织活动1146次，参加书法家及爱好者4327人，为基层单位、一线员工和广大群众现场书写春联等书法作品45.3万件，惠及基层职工24.9万人。各协会定期开展培训研讨活动，积极参与到中国文联“网上文艺之家”建设中，完善“互联网+文联”“互联网+协会”工作模式，延伸工作手臂，拓展服务范围，丰富文艺样式。

2.强化交流，成功举办2020中国艺术品鉴藏和金融高峰论坛。10月30日，由中国金融文联、西泠印社、杭州市文化创意发展中心主办的“2020首届中国艺术品鉴藏与金融高峰论坛”在杭州白马湖国际会展中心召开。来自全国各地金融界、文化艺术界、收藏界的专家学者和代表围绕“新时代下艺术品市场和金融业的新机遇”等议题建言献策。本次论坛包括主题性演讲和高峰对话两部分，作为第十四届（2020）杭州文博会论坛

的主要论坛之一，旨在搭建一个跨界的交流平台，以艺术品金融研究为核心，充分依托和发挥西泠印社、中国金融文联等的学术优势和行业影响力，探寻艺术与金融的融合发展新思路。会后，编辑出版《“2020首届中国艺术品鉴藏与金融高峰论坛”——全国金融系统论文集》。

3.进一步做好志愿服务活动。金融书协建立书法志愿服务机制，提升“送欢乐、下基层”书法志愿服务活动文化含量，开办“金融书法公益大讲堂”，推动文化惠民常态化、制度化。金融美协积极开展各类志愿服务主题活动，共有22人次自发和应邀参加了志愿服务和培训活动。金融戏剧家、音乐家、舞蹈家协会积极响应、广泛征集，组织金融专业人才在网络平台上开展丰富的文艺志愿活动，打造金融系统“文艺进万家 健康你我他”文艺志愿服务品牌。

4.办好各金融文艺协会公众号和刊物。由于疫情影响，年内出版中国金融作家协会刊物《中国金融文学》杂志2期，出版中国金融书法、美术、摄影家协会专刊各1期。杂志结合当前疫情防控形势，突出重点栏目，对协会动态进行全方位组稿，有效发挥杂志载体的宣传、引领作用，展示各协会风采。

四、围绕中心工作，配合开展扶贫工作

1.金融文联根据中国文联要求开展文化扶贫活动。确定湖北恩施土家族苗族自治州巴东县、云南昭通市鲁甸县、新疆克孜勒苏自治州阿图什市、内蒙古兴安盟阿尔山市等4县（市），为2020年元旦春节其间文艺进万家志愿服务小分队慰问区域，分别为每支小分队安排捐赠 260 套“社会主义核心价值观 2020 新春祥瑞包”和书画集、文学作品集、宣纸和印刷对联等。小分队完成巴东县、鲁甸县、阿图什市等地的慰问工作，为当地金融职工、学校师生、车站、驻村工作队、村民送等“福”字、送春联3000余件，送名言警句800余幅，还开展了弘扬中华文化书法宣讲，受到贫困地区人民的热烈欢迎。

2.各金融文艺协会配合开展扶贫工作：金融书协在2019年开展的“正大气象”庆祝新中国成立七十周年书法微展暨捐赠书法作品展选出70幅作品的基础上，于6月又征集书法作品200余幅，从中选取130幅精品，与金融美协征集的113幅作品一同拍卖，所得款项全部捐献给定点扶贫地区。金融摄协认真贯彻扶贫攻坚计划，以摄影协会的特色把金融扶贫工作的开展情况宣传好，公众号共计报道相关主题25篇，并上报中国摄协2020年度扶贫摄影展。金融作协出版发行《当代金融文学精选》丛书，全面反映中国金融文学创作成果，赠送给“新时代金融职工讲习堂”“女职工爱心书屋”及金融机构定向扶贫点等地。

五、抓好组织建设，文联队伍不断壮大

1.推动金融文联管理创新和宣传创新。探索完善金融文联系统分类分级管理机制，在团体会员制基础上，明确不同层级金融文联及所属文艺家协会的职能任务和工作规则。进一步完善各文艺家协会章程，明确职能定位、覆盖范围、主要任务、组织架构等，明确会员的权利和义务，完善动态管理机制，出台有关金融文联和各文艺协会的管理办法，突出对会员政治立场、道德品质和行为规范的自律要求，不断提高服务管理水平。

2.注重加强金融文联干部和文艺工作者的能力建设。不断提高脚力、眼力、脑力、笔力，打造一支素质过硬、作风扎实、敢于担当的金融艺术骨干队伍。积极倡导社会主义核心价值观，营造尊重艺术、尊重人才、尊重创作的良好氛围。加强所辖各金融文艺协会班子建设，支持协会开展活动，帮助协调活动经费、活动场所，实现协会活动常态化、规模化。支持协会发掘专业人才，壮大文艺队伍，培育文艺新人。

2020 China Federation of Literary and Art Circles Events

2021

2020年中国文学艺术界联合会大事记

1月

★1月2日至6日，由中国文联、中国舞协、中国文艺志愿者协会、云南省文联、普洱市委宣传部、红河县委县政府主办的“我们的中国梦”——文化进万家·中国文联、中国舞协文艺志愿服务小分队慰问演出分别走进普洱市江城哈尼族彝族自治县、红河哈尼族彝族自治州红河县，把新春祝福送到少数民族同胞的心坎上。

★1月6日至10日，中国文联2019年外事干部培训班在京举办。

★1月7日至8日，中国文联第十届全国委员会第五次会议在京召开。

★1月9日至11日，第33届北京图书订货会在北京举行。中国文联文艺类图书在北京图书订货会上广受关注。

★1月11日，中国文联、中国摄协走进河南省淅川县大石桥乡郭家渠村为村民拍摄全家福，并慰问郭家渠村、老城镇穆山村贫困户。

★1月13日至15日，在辽河油田开发建设50周年之际，由中国文联、中国文艺志愿者协会、中国书协、中国石油书协主办，中国文联书法艺术中心、中国石油辽河油田公司工会、中国石油辽河油田文联协办的2020中国文联、中国书协“我们的中国梦”文化进万家暨“同心同书·祖国新春好”书法文化惠民公益活动在辽宁省盘锦市辽河油田公司特油公司前线驻地员工活动中心举行。

★1月16日至19日，由中国文联、中国摄协、中国文艺志愿者协会、宁夏文联主办的“我们的中国梦”——文化进万家摄影志愿服务活动陆续在宁夏海原县、彭阳县开展。

★1月17日，2020年中国文联职工春节联欢会在中国文艺家之家举办。

★1月24日，中国文联主席、中国作协主席铁凝和中国文联党组书记、副主席李屹分别打电话给湖北省文联主席刘醒龙，党组书记、常务副主席邓长青，详细了解湖北文艺界防控疫情的情况，代表中国文联向湖北文艺工作者表示慰问。

★1月25日，由中国文联主办，中国文联文艺志愿服务中心承办，中国剧协、中国影协、中国音协、中国美协、中国曲协、中国舞协、中国民协、中国摄协，中国书协、中国杂协、中国视协、中国文艺评论家协会、中国文艺志愿者协会、中国文学艺术基金会协办的“百花迎春——中国文学艺术界2020春节大联欢”，从大年初一开始，陆续在八大地方卫视、中央数字电视书画频道、中央广播电视总台经典音乐广播和爱奇艺与观众见面。

★1月29日，中国文联党组印发《关于文联各级党组织坚决贯彻习近平总书记重要指示精神和党中央决策部署在打赢疫情防控阻击战中充分发挥作用的通知》。

2月

★2月2日，由中国文联、中国视协、中国影协、中国音协和湖北省委宣传部、湖北省文联共同出品的文艺界抗击疫情主题MV《坚信爱会赢》首发。

★2月21日，2020年全国曲协专题视频会在京召开。中国文联党组成员、书记处书记、中国曲协分党组书记、驻会副主席董耀鹏，中国曲协主席姜昆等90余人在线出席会议。

★2月26日，中国文联党组书记、副主席李屹作出指示，要求认真落实中共中央组织部、中央和国家机关工委通知精神，迅速有序地做好党员抗疫自愿捐款工作。

3月

★3月2日，中国文联公开征集2020年青年文艺创作扶持计划项目。

★3月5日学雷锋纪念日，由中国文联、中国文艺志愿者协会、湖北省文联主办的慰问“白衣战士”专场演出直播活动举办。

4月

★4月10日，在文联各直属党组织书面述职的基础上，中国文联召开2019年度直属党组织书记现场述职评议会，对文联各直属党组织书记抓党建工作进行测评。

★4月14日，中国文联召开第11次党组会议暨党建工作领导小组专题会议。

★4月25日，历时66天，中国摄协赴湖北抗击疫情摄影小分队回京。中国文联党组成员、副主席李前光前往北京西站迎接凯旋的小分队成员，并听取中国摄协摄影小分队领队、中国摄协主席李舸介绍逆行武汉的拍摄情况。

★4月26日，中国文联启动了以“鼓励创作创新，营造清朗网络环境，建设绿色美好中国”为主题的知识产权宣传周活动。

5月

★5月12日，中国文联召开党支部标准化规范化建设试点工作座谈会。

★5月15日，中国文联在京召开2020年全面从严治党工作会议和党建工作会议。

★5月15日，中国文联、中国舞协主办的第八届中国舞蹈节预热活动“‘515一起舞’群众网络舞蹈展演”正式上线。

★5月16日，“让爱铭记——中国文艺志愿服务‘以艺战疫’数字博物馆”征集活动启动。由中国文联、中国文艺志愿者协会主办，12个全国文艺家协会协办，中国文联文艺志愿服务中心、湖北省文联、爱奇艺承办的启动仪式通过多家平台进行网络直播。

★5月18日，中国文联向文艺界征求《中华人民共和国著作权法(修正案草案)》修改意见。

★5月23日，由中国文联、中国文艺志愿者协会、河南省文联、河南省文艺志愿者协会等单位举办的“文艺进万家健康你我他”——到人民中去文艺志愿服务主题活动在河南省文化馆剧场举行。

★5月23日，中国文联主办“坚信爱会赢——文艺界‘以艺战疫’5·23特别节目”。

★5月28日，由中国文联主办、中国文联网络文艺传播中心承办的全国文联网络运营管理工作培训班以在线形式开班。

6月

★6月1日，第十一届中国曲艺牡丹奖全国曲艺大赛汇报演出暨中国曲艺牡丹奖艺术团“送欢笑”走进苏州专场演出在苏州昆剧院成功举办。本次“送欢笑”专场演出活动由中国文联、中国曲协、江苏省文联主办，由江苏省曲协、苏州市文广旅局承办。

★6月16日，2020年度全国舞协工作会(网络会议)在北京召开。

★6月18日，中国文联在京召开“转变作风、重心下沉，广泛联系、紧紧依靠广大文艺工作者，切实增强文联组织政治性先进性群众性”专题研讨会。

★6月22日至23日，由中国文联、中国曲协、浙江省文联、杭州市余杭区政府主办，浙江省曲协、杭州市余杭区委宣传部、余杭区文化和广电旅游体育局、余杭区文联承办的第十一届中国曲艺牡丹奖全国曲艺大赛(余杭赛区)举行。

★6月29日，“疫・镜——国际抗疫影像纪实”云摄影展在中国北京启动。中国外文局局长杜占元，中国文联党组成员、副主席李前光在北京启动仪式现场致辞。

★6月30日，由中国曲协举办的深化改革基层试点工作视频座谈会在京举行。

★6月30日，由中国文联组织编写的《2019中国艺术发展报告》在中国文艺家之家举行云发布仪式。

7月

★7月2日，中国书协机关党支部开展了“不忘初心，弘扬优良家风”主题党日活动。中国文联党组书记、副主席李屹，中国文联机关党委常务副书记刘国强以普通党员身份参加活动并讲话。

★7月5日，著名电影艺术家、事业家于蓝遗体告别仪式在北京八宝山公墓举行。中国文联名誉主席孙家正对于蓝逝世表示哀悼，对家属表示慰问;中国文联主席、中国作协主席铁凝，中国文联党组书记、副主席李屹，中国文联副主席赵实，中国文联党组成员、副主席李前光以及中国影协、中国文联办公厅等单位负责人，首都电影界、文艺界人士，各界群众代表前往送别。

★7月10日，由中国文艺评论家协会主办、中国文联文艺评论中心承办的庆祝建党100周年电视剧本《太阳出来了》研讨会在京举行。中国文联党组成员、书记处书记董耀鹏，天津市委常委、宣传部部长陈浙闽，中国文艺评论家协会名誉主席李准，中国文联副主席左中一，本剧编剧王朝柱，以及主承办方负责人、中国文联有关部门负责人、在京评论家代表、电视剧制作方代表出席研讨会，中国文艺评论家协会主席仲呈祥主持研讨会。

★7月13日，由北京冬奥组委、中国文联主办，北京冬奥组委文化活动部、中国音乐家协会、北京广播电视台、北京文投控股股份有限公司承办的北京2022年冬奥会和冬残奥会第一届冬奥优秀音乐作品正式发布。

★7月16日，安徽省文学艺术界联合会第七次代表大会在合肥开幕。中国文联党组书记、副主席李屹出席大会开幕式并致辞。

★7月18日，2020年“文艺进万家健康你我他”——“送欢乐下基层”学雷锋文艺志愿服务活动采取线上线下相结合的方式创新开展活动。

★7月23日至24日，中国文联学习贯彻“两个条例”加强基层党组织标准化规范化建设培训班在京举办。

★7月27日至30日，由中国文联、中国曲协、安徽省文联、合肥市政府主办，合肥市文旅局、合肥文广集团、合肥大剧院承办的第十一届中国曲艺牡丹奖全国曲艺大赛(合肥赛区)在安徽省合肥市举行。

★7月28日，中国文联党组书记、副主席李屹以“强化政治机关意识，扎实走好第一方阵”为题，为中国文联党员干部讲专题党课。

8月

★8月10日至13日，由中国文联、中国曲协、山西省文联、长治市政府主办，长治市委宣传部承办、山西省曲协协办的第十一届中国曲艺牡丹奖全国曲艺大赛(长治赛区)在“中国曲艺名城”山西长治举行。

★8月16日至18日，全国文艺评论工作会暨中国文艺评论家协会第二次全国代表大会在京召开。中国文联主席、中国作协主席铁凝出席开幕式。中国文联党组书记、副主席李屹出席开幕式并讲话。

★8月下旬，中国文联、中国煤矿文联文艺志愿服务小分队走进山西省石楼县、临县开展2020年“我们的中国梦”——文化进万家活动。

★8月18日至19日，在第三个“中国医师节”到来之际，由中国文联、湖北省委宣传部、中国视协主办，中国文联电视艺术中心、湖北省文联、湖北省广播电视局、湖北广播电视台承办的“坚信爱会赢——‘中国医师节’致敬抗疫白衣战士”系列活动组织文艺工作者走进湖北大学和武汉同济医院，向湖北省及武汉市各大医院的抗疫典型人物、援鄂医疗队代表送去敬意和祝福。

★8月20日至21日，中国文联党组书记、副主席李屹率调研组来到江西省景德镇市，就文联组织如何更好地团结引领新文艺组织和新文艺群体开展专题调研。

★8月24日至9月4日，由中国文联主办、中国文联文艺研修院承办的2020年全国市县文联文艺骨干(美术、摄影、书法)网络培训班举办。

★8月25日，由中央文明办、中国文联主办，中国曲协、首都文明办承办的第七届全国道德模范故事汇基层巡演启动仪式暨首场演出在中央民族歌舞团民族剧院拉开帷幕。

★8月28日，中国文联网络培训工作推进会在中国文艺家之家举行。

★8月30日，由中国文联、全国政协书画室、中国书协、河南省委宣传部、河南省文联、郑州大学主办的“天道酬勤 力耕不欺——张海八十初度新作展”在河南省美术馆开幕。

★8月31日至9月11日，由中国文联主办、中国文联文艺研修院承办的2020全国新文艺群体造型艺术人才“艺术创作与四力”网络培训班举办。

9月

★9月1日，由中国文联、中国书协、北京市文联主办，中国文联书法艺术中心、北京书协承办的第四届“深入生活扎根人民”文质兼美全国优秀基层书法家创作活动作品成果展在京开幕。

★9月2日，由中国文联、四川省委宣传部主办，中国文艺志愿者协会、中国影协、四川省文联、凉山州人民政府承办的中宣部、中国文联“我们的中国梦”——文化进万家、心连心文化文艺小分队赴四川凉山开展学雷锋文艺志愿服务活动的队伍，循着习近平总书记的足迹来到了昭觉县三岔河乡三河村开展慰问演出活动。

★9月3日至9月6日，由中国文联、中国美协主办的“中国文联、中国美协文艺培训志愿服务项目——河北美术培训班”在河北邯郸举办。

★9月11日，中国文联在京召开“摄影小分队抗疫事迹报告会”。

★9月11日，中国文联、中国文艺评论家协会“美育圆梦用爱相伴”文艺培训志愿服务贵州省榕江县文艺结对帮扶项目来到榕江县第三高级中学开展活动。

★9月14日，中国文联党组书记、副主席李屹，中国文联党组成员、副主席李前光，中国文联副主席、中国文艺志愿者协会主席冯巩在中国文艺家之家会见了由中国文联推荐并荣获2019年度学雷锋志愿服务“四个100”先进典型暨疫情防控最美志愿者代表张继、卞留念、周宇、杨发维、舒楠、古丽米娜·麦麦提以及最佳志愿服务组织代表和最佳志愿服务项目单位代表，并向他们颁发证书、奖牌。

★由中国文联主办、中国文联文艺研修院承办的中国文联第10期全国少数民族地区文艺骨干(舞台艺术)研修班9月14日至26日举办，中国文联第11期全国少数民族地区文艺骨干研修班9月14日至24日举办。

★9月15日，由中国文联、中国视协主办，厦门市委宣传部、厦门市文联承办，福建省广播影视集团、厦门广播电视集团协办的第30届中国电视金鹰奖提名发布会在厦门举办。

★9月16日，中国文联党组书记、副主席李屹带领对口帮扶工作组赴甘肃省陇南市武都区调研，推动落实2020年度中国文联定点帮扶工作计划，听取武都区对帮扶工作的意见建议，共同研究下一步帮扶工作的思路措施。

★9月16日，由中国文联、上海市委宣传部、中国舞协主办的舞动长宁·第十二届中国舞蹈“荷花奖”舞剧评奖在上海开幕。

★9月16日，中国音协支教团在武都区实验中学与中国舞协、中国美协、中国书协共同举办了中国文联艺术培训开班式。中国文联党组书记、副主席李屹，甘肃省副省长何伟，中国文联办公厅主任邓光辉，中国音协分党组成员、副秘书长张天文，会同中国舞协、中国美协、中国书协、中国文学艺术基金会、对口帮扶工作组相关负责人现场观摩表演节目并参观了培训班学员学习情况。

★9月17日，2020年中国文联青年文艺创作扶持计划项目、江苏省艺术基金项目——原创大型民族音乐剧《华中鲁艺记》公演获得圆满成功。

★9月17日，为筹备迎接中国杂协第八次全国代表大会，中国杂协第七届理事会第六次会议在山东蓬莱召开。中国文联党组成员张雁彬等有关领导出席会议。

★9月18日至19日，由中国文联、中国视协、中国传媒大学联合主办，成都市人民政府承办，中国教育电视台特别协办的以“时代传承·青春不悔”为主题的第九届中国大学生电视节在四川省成都市都江堰市举办。

★9月19日，由中国文联、首钢集团、中国舞协主办，中国文联舞蹈艺术中心、首钢园共同承办的“2020中国舞协首钢园环境舞蹈展演”在北京首钢园区内开幕。

★9月19日，由中国文联、中国外文局主办，中国音协、中国舞协、清华大学全球共同发展研究院等承办的纪念联合国成立75周年线上艺术研讨会举办。

★9月21日，“见证·前行——广西环江毛南族实现整族脱贫摄影展”在中国文艺家之家展览馆开幕。

★9月21日，第二届吴印咸摄影艺术双年展暨纪念吴印咸诞辰120周年活动在江苏沭阳开幕。中国文联党组成员、副主席李前光宣布双年展开幕并在纪念吴印咸诞辰120周年摄影艺术研讨会上讲话。

★9月21日，由国家中医药管理局、中共福建省委宣传部、中国美协联合主办的“绘本草精华扬中医国粹——《清肺排毒汤组画》董希源创作展”正式亮相北京。

★9月24日，由中国文联、厦门市人民政府共同主办的2020年“生命至上”——“中华情·中国梦”中秋展演系列活动在厦门举行。

★9月24日，由中国文联、中国影协、河南省郑州市人民政府主办的2020年中国金鸡百花电影节在河南郑州启幕。

★9月24日，由中国美协主办的“中国美术世界行暨海外研修工程成果汇报展”在北京炎黄艺术馆开幕。中国文联党组书记、副主席李屹，中国文联党组成员张雁彬等有关方面领导，以及亚美尼亚驻华大使谢尔盖·马纳萨良、塔吉克斯坦驻华大使默罕默德·伊格姆祖德及白俄罗斯、厄瓜多尔等国驻华外交使节出席开幕式。

★9月25日，由中国文联、中国曲协、江苏省委宣传部、江苏省文联主办，苏州市委、市政府和江苏省曲协承办的第十一届中国曲艺牡丹奖颁奖系列活动新闻发布会在江苏苏州举行。

★9月27日，2020年中国文联出版工作会议在京召开。中国文联党组成员张雁彬出席会议并讲话。

★9月28日，“全国中小学舞蹈教师培优计划”2020年度上海站培训落幕。中国文联党组成员、书记处书记董耀鹏，中国舞蹈家协会分党组书记、驻会副主席兼秘书长罗斌等有关领导出席结业展演。

★9月29日，由中宣部、中国文联主办，内蒙古自治区党委宣传部、中国文艺志愿者协会、内蒙古自治区文联等共同承办的“我们的中国梦——文化进万家”中宣部、中国文联文艺志愿服务队走进科右中旗活动举办。

★9月29日，由中国音乐家协会、中国文艺评论家协会共同主办的“音乐的力量”——抗疫主题音乐创作座谈会暨优秀抗疫公益歌曲荣誉证书颁发仪式在中国文艺家之家举办。

★9月29日至10月4日，由中国文联、中国曲协、平顶山市政府主办的第十届中国曲艺节在河南平顶山举行。

10月

★10月11日至25日，由中国文联主办、中国文联文艺研修院承办的中国文联第十五期全国中青年文艺人才高级研修班举办。

★10月15日，时值习近平总书记在文艺工作座谈会上的重要讲话发表六周年之际，中国文联、中国曲协、江苏省委宣传部、江苏省文联共同在江苏苏州成功举办姑苏牡丹颂——“曲赞全面小康艺为人民大众”第十一届中国曲艺牡丹奖颁奖仪式暨第二届中国苏州江南文化艺术·国际旅游节汇报演出。

★10月15日至17日，由中国文艺评论家协会、江苏省文联、苏州市委宣传部主办，江苏省文艺评论家协会、苏州市文联、苏州大学艺术学院、苏州市吴中区委宣传部承办的2020“在新时代的现场”当代文艺评论苏州论坛在苏州举行。中国文联党组成员、书记处书记、中国文艺评论家协会副主席董耀鹏，中国文艺评论家协会主席夏潮等领导以及来自全国的100余位专家学者出席开幕式。

★10月16日，由中国文联、中国舞协、河南省委宣传部主办，中国文联舞蹈艺术中心、河南省文联、洛阳市人民政府、洛阳市委宣传部承办的第十二届中国舞蹈“荷花奖”古典舞评奖活动在河南洛阳闭幕。

★10月16日，青藏高原各族人民的新生活主题摄影展览在京开幕。中国文联党组书记、副主席李屹，党组成员、副主席李前光，党组成员张

雁彬，中宣部人权事务局局长鲁广锦，以及中国摄协主席李舸，中国摄协分党组书记、驻会副主席郑更生等出席开幕式。

★10月16日，由中国文联、湖南省人民政府、中国视协共同主办的第13届中国金鹰电视艺术节在长沙盛大启幕。

★10月17日，由中宣部、文化和旅游部、中国文联、国务院扶贫开发领导小组办公室共同主办的全国脱贫攻坚题材舞台艺术优秀剧目展演在京开幕。民族歌剧《扶贫路上》作为开幕剧目在北京国家大剧院上演。中宣部常务副部长王晓晖，文旅部部长胡和平，中国文联党组书记、副主席李屹，国务院扶贫办主任刘永富等领导观看演出。

★10月18日，第13届中国金鹰电视艺术节闭幕式暨第30届中国电视金鹰奖颁奖晚会在湖南国际会展中心举行。中国文联党组书记、副主席李屹，湖南省委书记、省人大常委会主任杜家毫出席闭幕式并为获奖者颁发荣誉证书。湖南省政协主席李微微，中国文联党组成员胡孝汉，国家广电总局副局长、党组成员朱咏雷，中国文联副主席、中国视协主席胡占凡，中国文联荣誉委员、中国视协名誉主席赵化勇，湖南省领导乌兰、张剑飞、冯毅、张宏森、刘莲玉、谢卫江出席闭幕式。

★10月18日，由中国文联主办，中国文联文艺研修院承办，安徽省文联、宣城市文联协办的“深化文联改革、推进创新发展”中国文联第十九期全国市县级文联负责人研修班在安徽省宣城市泾县开班。

★10月18日至21日，第十三届中国摄影金像奖评选在北京进行。中国文联党组成员、副主席，本届金像奖组委会主任李前光出席。

★10月20日，由中国音协主办的“记录时代的乐音——庆祝《人民音乐》创刊70周年座谈会”在中国文艺家之家举行。

★10月28日，中国文学艺术基金会、中国文学艺术发展专项基金资助项目“最美小康路——2020年中国西部民间工艺主题创作展”系列活动在陕西省美术博物馆开幕。活动由中国文联、陕西省委宣传部指导，中国民协、陕西省文联主办，陕西省民协、陕西省文化产业协会承办。中国文联党组成员张雁彬，中国文联副主席、中国民协主席潘鲁生，中国民协分党组书记、驻会副主席邱运华，陕西省委宣传部副部长单红，陕西省文联党组书记、常务副主席吴丰宽，以及蔺雨、吴元新、王勇超等有关方面负责人及200余位民间文艺家出席开幕式。

★10月29日，中国文联、中国剧协文艺法律志愿服务活动走进北京码字人书店，特邀法律专家面向戏剧、影视工作者举办著作权公益讲座沙龙，开展普法宣传。

★10月30日至11月2日，由中国曲协主办，中国曲协曲艺之乡(名城)建设委员会和江苏涟水县委、县政府承办的全国曲艺之乡曲艺名城工作推进会暨第二期中国曲艺之乡(名城)管理服务干部培训班在江苏省淮安市涟水县举办。

11月

★11月1日至8日，中国文联与中国书协共同举办的“中国力量——全国扶贫书法大展”在中华世纪坛展出。

★11月2日，中国书协召开干部任职宣布大会。中国文联党组书记、副主席李屹出席会议并讲话，会议由陈洪武同志主持。李昕任中国书协分党组书记。

★11月3日，“中国美术家协会油画、插图装帧、中国画艺术委员会换届大会暨国家重大题材美术创作艺术委员会成立大会”在北京召开。中国文联党组书记、副主席李屹出席会议并讲话。

★11月4日，中国文联召开党组扩大会议，传达学习党的十九届五中全会精神。

★11月4日，由中国文联、中国曲协共同主办的“新时代曲艺星火扶贫工程成果巡礼展演”拉开帷幕。中国文联党组成员、书记处书记董耀鹏以及中国曲协分党组书记杨发航等相关领导、嘉宾出席。

★11月5日，由中国文联、中国文艺评论家协会主办，中国文联理论研究室、中国文联文艺评论中心、中国艺术报社、中国文联网络文艺传播中心承办的习近平总书记文艺工作重要论述理论研讨会在京召开。

★11月5日，2020濠江之春暨“魅力江南”——上海市及长三角文艺家走进澳门慰问演出上演，拉开了此次“濠江之春”系列活动的帷幕。演出由中央人民政府驻澳门联络办公室、中国文联、澳门基金会支持。

★11月7日，由中国文联、湖北省人民政府主办，中国剧协、湖北省文化和旅游厅、湖北省文联、天津市文联、潜江市人民政府承办的第四届中国(潜江)曹禺文化周在曹禺故里湖北潜江开幕。

★11月8日至14日，中国文联启动“崇德尚艺做有信仰、有情怀、有担当的新时代文艺工作者巡回宣讲”活动，组织活跃在创演一线的文艺名家赴甘肃、广东、江西开展2020年度巡回宣讲。

★11月13日，由中国文联指导，中国文联文艺评论中心、湖北省文联、三峡大学主办，湖北省文艺评论家协会、宜昌市文联、三峡大学文学与传媒学院承办的“中国抗疫文艺创作的家国叙事和传播策略”座谈会在湖北宜昌召开。

★11月15日至16日，由中国文联、中国文艺志愿者协会主办的中国文联学雷锋文艺志愿者服务团走进南水北调中线工程水源地湖北省十堰市郧阳区、郧西县，开展慰问演出、创作采风、书法笔会、直播推介等活动。

★11月16日至22日，由文化和旅游部、中国文联、全国政协京昆室、北京市人民政府主办，中国戏曲学院承办的“张君秋先生百年诞辰生平艺术展”在中国政协文史馆举办。

★11月18日，天津市社会科学界联合会第七次代表大会、天津市文学艺术界联合会第五次代表大会、天津市作家协会第五次代表大会在天津召开。天津市委书记李鸿忠，中国文联党组书记、副主席李屹，中国作协党组成员、副主席吉狄马加出席开幕式并讲话。

★11月19日至20日，中国文联“崇德尚艺做有信仰有情怀有担当的新时代文艺工作者巡回宣讲”活动分为两路分别奔赴黑龙江哈尔滨和贵州贵阳、云南昆明进行宣讲。

★11月23日，由中国文联、中国民协主办的第十二届中国民间艺术节在广东中山开幕。

★11月23日至26日，第十届海峡两岸曲艺欢乐汇在福建省永安市举办。本届海峡两岸曲艺欢乐汇由中国文联、中国曲协、福建省文联主办。

★11月24日，“声耀平潭·第十二届海峡两岸电视主持新人大赛”在福建平潭举行。福建省副省长郭宁宁，中国文联党组成员胡孝汉，中国文联港澳台办公室主任董占顺，中国视协分党组成员、副秘书长范宗钗，福建省文联党组书记、副主席王秋梅等出席了总决赛。

★11月25日，由中国文艺评论家协会、中国音协支持，中国艺术报社、深圳市文联主办，深

圳市文联创研部、深圳市音协、深圳市文艺评论家协会承办的“深圳原创歌曲40年历程回顾与发展研讨会”在中国文艺家之家举行。

★11月26日，广东省文联成立70周年座谈会在广州召开。中国文联发贺信。

★11月26日，由中国文联、中国视协、广西文联主办，中国文联电视艺术中心、桂林市文联、中共全州县委、全州县人民政府承办的“送欢乐下基层”文艺志愿服务团走进广西全州慰问活动在全州举办。

★11月26日，由中国曲协、浙江省文联主办，浙江音乐学院、浙江省曲协承办，高等教育出版社协办的第六届全国高等院校曲艺教育峰会在浙江杭州召开。中国文联党组成员、书记处书记董耀鹏出席并讲话。

★11月26日，中国文联在京举办党的十九届五中全会精神专题辅导讲座。

★11月27日，第33届中国电影金鸡奖颁奖盛典系列活动在厦门举办。

★11月28日，中国文联、民盟中央、浙江省人民政府、中国书协联合主办的“碧血丹心——纪念沙孟海诞辰120周年书法篆刻艺术展暨文献展”在中国美术馆开幕。

12月

★12月1日至3日，由中国文联、中国曲协共同主办的第八届全国相声小品优秀节目展演在京举办。

★12月8日，“大美民间——中国民协七十华诞展览”开幕式在中国文艺家之家展览馆举办。中国民协成立70周年座谈会同期举办。

★12月10日，2020年“我们的中国梦”——文化进万家中国文联、贵州省文联文艺志愿服务小分队走进贵州省黔西南州册亨县易地扶贫搬迁巧马镇安置区开展慰问演出、写春联、送全家福活动。

★12月11日，由中国文联、中国摄协、西藏自治区文联主办，“晴朗的天空——青藏高原各族人民的新生活主题摄影展”在拉萨开展。

★12月14日至15日，中国戏剧家协会第九次全国代表大会、中国杂技家协会第八次全国代表大会在北京召开，中共中央政治局委员、中央书记处书记、中宣部部长黄坤明出席开幕式并作重要讲话。中宣部常务副部长王晓晖，中国文联主席、中国作协主席铁凝，中国文联党组书记、副主席李屹，文化和旅游部党组书记、部长胡和平，中国文联党组成员胡孝汉，中国文联党组成员、书记处书记董耀鹏等领导同志出席了开幕式。

★12月14日至19日，由中国曲协、中国文联人事部、中国文学艺术基金会主办的第十二期全国曲艺创作高级研修班在河北省张家口市举办。中国文联党组成员、书记处书记董耀鹏出席开班仪式。

★12月16日至17日，由中国文联、中国文艺志愿者协会主办，中国文联文艺志愿服务中心、内蒙古文联、内蒙古文艺志愿者协会、中央民族大学等承办的“文艺进万家健康你我他”中国文联新时代文明实践学雷锋文艺志愿服务队走进内蒙古自治区呼和浩特市土默特左旗和包头市土默特右旗。

★12月16日至18日，中国文联第二期意识形态工作培训班在北京举行。

★12月18日至19日，由中国文联、中国音协、中共江苏省委宣传部、江苏省文联共同主办的纪念沈亚威诞辰100周年作品音乐会及座谈会在南京举行。

★12月20日，第十三届中国摄影艺术节暨第四届中国三门峡自然生态国际摄影大展在河南省三门峡拉开帷幕，第十三届中国摄影金像奖同期颁奖。中国文联主席、中国作协主席铁凝宣布第十三届中国摄影艺术节开幕。中国文联党组成员、副主席李前光，河南省委常委、宣传部部长江凌等有关方面负责人出席活动。

★12月21日，中国文学艺术基金会第五届理事会第七次会议在京召开。

★12月22日，由中宣部、中央文明办、文化和旅游部、国家广播电视总局、中央广播电视总台、中国文联主办的2021年“我们的中国梦”——文化进万家活动启动仪式暨慰问演出在北京市海淀区上庄镇举行。

★12月22日，中国文联2020年加强和改进社会组织党的建设和业务管理工作会在中国文艺家之家召开。

★12月23日，由中国文联、中国音协主办，协同全国多个省、市、自治区音协和老、中、青音乐家共同创作并推出的大型主题音乐会《小康之歌》在国家大剧院上演。

★12月29日，江苏省文学艺术界联合会第十次代表大会、江苏省作家协会第九次代表大会在南京开幕。中国文联党组书记、副主席李屹，江苏省委书记娄勤俭，中国作协党组成员、副主席吉狄马加出席大会并讲话。江苏省委副书记、省长吴政隆，省政协主席黄莉新出席大会。

★12月30日，中国文联在中国文艺家之家召开警示教育大会。中国文联党组书记、副主席李屹，中央纪委国家监委驻中宣部纪检监察组组长贾育林讲话，中国文联党组成员、副主席李前光主持会议并通报了赵长青严重违纪违法案件剖析材料。

索　引 INDEX

汉语拼音索引

A

B

C

D

F

G

H

J

K

L

M

N

P

Q

R

S

T

W

X

Y

Z

标点符号索引

数字索引